최신 집단정신치료
이론과 실제

THE THEORY AND PRACTICE OF GROUP PSYCHOTHERAPY

This edition published by arrangement with Basic Books,
an imprint of Perseus Books, LLC,
a subsidiary of Hachette Book Group, Inc., NY, New York, USA.

This Korean edition was published by arrangement with Perseus Books LLC.
through Duran Kim Agency, Seoul.

The THEORY and PRACTICE of GROUP PSYCHOTHERAPY

최신 집단정신치료 이론과 실제

6TH EDITION

최해림, 장성숙 옮김

IRVIN D. YALOM, MOLYN LESZCZ

圖書出版 하나醫學社

이 책에 대한 찬사

"이번 6판은 어빈 D. 얄롬과 몰린 레쉬의 협업에서 나온 지혜와 전문성을 활용할 수 있는 소중한 기회를 제공해 준다. 5판의 강점인 귀중한 임상적 통찰과 사례를 유지하면서, 한층 더 강화되고 새로운 자료를 안내한다. COVID-19라는 새로운 위기에 대응하여, 온라인 집단에 관한 장을 새롭게 추가하였으며, 최신 연구 결과를 바탕으로 한 이번 책을 학생 및 동료들과 공유할 수 있기를 기대한다!"

– 알레시스 D. 애버네시

풀러 신학교 심리학과 교수

"얄롬과 레쉬의 협업은 이미 지난 50년 간 이 분야를 개척하며 형성한 이 책에 새로운 독창성을 불어넣었다. 최신 학문적 연구를 기반으로 대인관계 모델을 광범위하고 포괄적으로 발전시킨 이 책은 모든 치료사들에게 다시금 중요한 위상을 부여하며, 실무자와 교육자 모두에게 오랫동안 귀중한 보물이 될 것이다."

– 존 슐라포베르스키

『카우치에서 집단으로: 집단정신치료의 실제』 저자

"이 책은 진정한 고전이다. 여러 국가의 보건 시스템 내에서 집단정신치료에 대한 수용이 증가하는 상황에서, 이번 6판은 임상가들에게 필수적인 도움이 되고, 연구 결과와 임상적 지식 사이의 훌륭한 징검다리로 작용한다. 이 책은 그동안 집단 심리치료사들의 근간이 되어온 집단 이론과 실제에 대한 새로운 사안들을 일러준다."

– 베르나르 슈트라우스

예나대학교 심리사회의학, 심리치료 및 정신 종양학 연구소 소장

이 책을 지난 65년간 나와 함께하고,

2019년에 세상을 떠난 아내 마릴린에게 바친다.

- Irvin D. Yalom

미래가 될 시드, 피트, 루시, 그리고 마고에게

- Molyn Leszcz

| 목차 |

6판 서문

이 책의 5판이 나온 지 15년이 지났다. 이번 6판에서 우리의 과제는 이 기간에 나타난 집단치료의 새롭고 중요한 혁신을 설명하는 것이다. 우리는 40년 전 스탠퍼드 대학에서 시작된 오랜 협력을 계속하게 되어 기쁘고 감사한 마음이다. 우리는 경험이 풍부한 공동 치료자로서 이 작업에 임했고, 서로를 지원하면서 동시에 도전하고자 노력했다. 우리는 크게 '우리'라고 쓰고, 둘의 목소리를 한데 엮어 사용했다. 특정 지점에서 개인적인 경험을 식별할 때는 1인칭으로 전환하고, 발화하는 사람(IY 또는 ML)을 나타내는 약어를 괄호 안에 표기했다.

우리의 목표는 독자에게 집단치료의 실천에 대한 새로운 지식과 축적된 지혜를 종합적으로 제공하는 것이다. 우리는 임상 사례를 폭넓게 다룸으로써 이러한 개념과 원칙을 생동감 있게 전하고, 더욱더 실용적이고 유익한 책을 만들고자 했다. 이전과 마찬가지로 이 판본은 학생, 교육자, 일선의 실무자, 감독 및 교사를 대상으로 한다.

집단치료는 1940년대에 처음 도입된 이래로 임상실습의 변화를 반영하며 지속적으로 적응해 왔다. 새로운 임상 증후군, 설정 및 이론적 접근법이 등장함에 따라 집단치료의 해당 이형도 등장했다. 형태의 다양성은 오늘날 매우 분명하기 때문에 '집단치료'를 말하는 것보다 '집단치료들'을 말하는 것이 더 알맞은 듯하다. 모든 연령과 임상적 조건에 걸쳐 집단치료가 효과적이며, 일반적으로 개별적인 치료와 동등한 결과를 내면서도 비용은 훨씬 적게 든다는 증거가 매우 일관되게 나타난다. 이는 정신건강과 약물 중독 치료뿐만 아니라 의학적 환자에게도 해당한다.

인터넷은 오늘날 집단치료를 디지털 이전 세계에서보다 훨씬 더 쉽게 접근할 수 있게 한다. 지리적 장벽은 더는 치료의 방해 요소가 아니다. 새로운 기술 플랫폼은 집단치료자에게 새로운 기회와 과제를 제공한다. 그렇다면 집단치료가 물리적 공간에서 화면으로 이동했을 때 무엇이 같고 무엇이 다를까? 이는 온라인 심리치료 집단에 초점을 맞춘 새로운 장에서 다룰 질문들이다(14장 참조).

이제 북미든 다른 지역이든 다양한 민족 · 문화적 배경을 가진 환자들이 집단치료를 위해 찾아오는 만큼 치료자는 다문화적 지향성과 더불어 문화 적응에 대한 민감성과 전문성을 개발하는 것이 중요하다. 치료 집단은 항상 '어려운 대화'와 담화를 위한 환경이 되어 주며, 인종 및 성 정체성 문제는 반응 치료 집단 환경에서 효과적으로 다룰 수 있다(16장 참조). 집단치료는 정신적 충격을 받고 방황하는 사람들에게 매우 강력한 수단이다.

그러나 역설적으로 집단치료자를 위한 전문적인 훈련은 집단치료법의 광범위한 임상 적용 속도를 따라가지 못하고 있다. 심리학, 사회복지, 상담 또는 정신의학 분야와 무관하게 미래의 의사들에게 필요한 훈련과 감독의 깊이를 제공하는 훈련 과정 수가 줄어들고 있다. 그리고 너무 자주, 그리고 너무 많은 상황에서 치료자들이 집단치료에 대한 훈련이나 감독 없이, 복잡한 이력과 다양한 요구를 가진 환자 집단을 이끌고 있다. 경제적 압박, 직업 간 영역 다툼, 그리고 정신건강에서 생물학적 설명과 약물 치료의 지배적인 지위가 이러한 상황에 기여했다. 각 세대는 진정한 해법을 발견했다고 순진하게 믿고 있다. 정신건강은 전문가에게조차도 광적인 과대평가와 광적인 평가 절하 사이에서 요동치는 독특한 분야다. 따라서 우리는 미국 심리학 협회American Psychological Association가 최근 집단 심리치료를 전문 분야로 인정했다는 점에 고무되어 있다. 이 결정은 교육과 훈련에 대한 더 많은 투자를 장려할 것이며, 우리는 이 결정이 집단치료가 점점 더 확대되는 밑거름이 되길 희망한다. 훈련이 혁신을 가져올 수 있다는 점을 알고 있기 때문이다.

오늘날 집단치료자들은 실무에서 더 큰 책임감이 요구된다. 증거 기반 치료는 우리 모두 준수해야 하는 표준이다. 수년 동안 치료자들은 연구, 측정 및 데이터를 업무의 자율성을 저해하고 창의성을 침해하는 것으로 치부하고, 이를 지침으로 사용하길 거부했다. 그러나 증거 기반 치료를 편협한 규범으로 생각하는 것은 시대착오적이다. 더 효과적인 접근 방식은 증거 기반 치료를 임상적 효과를 향상시키는 일련의 지침 및 원칙으로 받아들이는 것이라고 생각한다. 본문 전반에 걸쳐 우리는 증거 기반 집단치료자의 특징을 자세히 설명한다. 응집력 있는 집단과 강력한 관계를 구축하고, 진정성 있고 정확한 공감을 효과적으로 전달하고, 역전이를 관리하고, 문화적 인식과 민감성을 유지하는 것이다. 과업에 대한 우리의 접근 방식을 돌아보고 지속적인 전문성 개발에 주안점을 두는 것은 증거 기반 집단치료자가 되는 일의 한 면모다. 진행 중인 집단의 데이터 수집을 통해 회기 간, 환자 간에 실제로 어떤 일이 일어나고 있는지 시기적절하고 의미 있는 피드백을 얻을 수 있다(13장 참조).

우리는 집단치료자들이 현재 황당할 정도로 다양한 접근법을 사용하고 있다는 점을 인지하고 있다. 인지행동, 심리교육, 대인관계, 게슈탈트, 지지-표현, 현대 분석, 정신분석, 동적 상호작용, 심리극 등을 포함한 많은 방식을 집단치료에 사용하고 있다. 또한 인간 애착과 대인관계의 신경 생물학에 대한 이해를 넓혀 가며, 집단치료와 신체, 정신, 뇌의 통합 사이를 연결하려는 시도를 계속하고 있다(2~3장 참조).

비록 한 권의 책에서 이 모든 집단치료법을 다루는 것은 크나큰 도전이지만, 이 책의 초판 때부터 이어 온 전략이 아직 유효하다고 믿는다. 그 전략은 각 집단치료에 대한 논의에서 '앞단'과 '핵심'을 분리하는 것이었다. 여기에서 앞단은 양식, 형태, 기법, 전문 용어, 그리고 주어진 이념적 학파를 둘러싼 분위기로 구성된다. 한편, 핵심은 치료 과정에 내재된 경험의 측면, 즉 변화 기제의 민낯이라고 볼 수 있다.

만약 '앞단'을 무시하고 환자의 변화에 영향을 미치는 실제 기제만을 고려하면 변화 기제의 수가 적고, 집단이 서로 간에 상당히 유사하다는 것을 알게 된다. 외형만 보았을 때는 본질적으로 달라 보여도, 유사한 목표를 지니는 치료 집단은 동일한 변화 기제에 바탕을 두고 있을 수 있다. 이 기제는 지속적으로 이 책을 구성하는 핵심적인 원칙이 된다. 이 책은 11가지 치료적 요소에 관한 상세한 논의로 시작해, 이를 기반으로 하는 집단심리치료 접근법을 설명한다(1~4장 참조).

논의 집단의 유형을 결정하는 것은 또 다른 딜레마가 되었다. 집단치료의 종류는 이제 너무 방대해서 각 유형의 집단을 개별적으로 다루는 것은 불가능하다. 따라서 우리는 우리의 논의를 전형적인 상황, 즉 외래 심리치료 집단에 집중시킨 다음, 치료자가 이 근본적인 집단 모델을 전문적인 임상 상황에 맞게 수정하게 하는 일련의 원칙을 제공한다(15장 참조).

우리의 전형적인 외래 심리치료 집단은 증상 완화와 성격 변화라는 야심 찬 목표를 가지고 최소 몇 달 동안 진행된다. 우리는 이 집단을 개념에서 결론까지 자세히 설명한다. 효과적인 선별, 집단 구성 및 준비의 원칙에서 시작해(8~9장 참조), 집단 발전, 집단의 첫 번째 회기부터 고급 단계, 그리고 일반적인 임상 과제에 관해 다룬다(10~12장 참조).

경제적 요인에 의해 주도되는 오늘날의 치료가 제한된 목표를 가진 단기간의 집단 위주로 이루어질 때, 왜 이러한 특정한 형태의 집단치료에 집중해야 할까? 장기 집단치료가 수십 년 동안 존재해 왔으며, 치료자들이 경험적 연구와 임상 관찰 모두에서 방대한 지식을 축적해 왔기 때문이다. 우리는 이 책에서 설명하는 전형적인 집단이 환자와 치료자 모두에게 많은 것을 요구하는 집중적이고 야심 찬 형태의 치료라 믿는다. 또한 이 집단은 치료자들에게 집단 과정, 집단 역학 및 집단 리더십을 배울 수 있는 독특한 관점을 제공함으로써 모든 임상 작업에서 도움이 될 것이다. 이러한 집단을 이끄는 데 필요한 치료 전략과 기법은 정교하고 복잡하다(5~7장 참조). 그러나 일단 학생들이 이를 숙달하고 전문적인 치료 상황에 맞게 수정하는 방법을 이해한다면, 다른 환경의 다양한 임상 집단에도 효과적인 집단치료법을 만들 수 있는 위치에 서게 될 것이다.

훈련생은 이론을 실천에 옮길 수 있는 창의적이고 공감하는 치료자가 되기를 열망해야 한다. 이를 위해서는 비슷한 이해력을 가지고 공감해 주는 감독자가 필요하다(16장 참조). 임상 치료와 집단치료의 효과와 효율성에 대한 수요 증가는 미래 치료의 기준이 된다. 따라서 집단치료자는 이 기회를 위해 준비해야 한다. 그리고 다른 사람들을 효과적으로 대하고 일에서 의미를 찾을 수 있도록 자기 자신을 잘 돌볼 수 있어야 한다.

이 책의 독자가 대부분 임상의인 만큼 이 책이 즉각적인 임상 관련성을 갖도록 의도했다. 그러나 이와 동시에 임상의가 학계에 정통한 상태를 유지하는 것이 필수라고 생각한다. 비록 치료자들이 직접 연구에 참여하지는 않더라도, 다른 사람들의 연구를 평가하는 방법을 알아야 한다.

이 책에서 가장 중요한 기본 가정 중 하나는 지금-여기의 대인관계적 상호작용이 효과적인 집단치료에 결정적인 역할을 한다는 것이다. 진정으로 강력한 치료 집단은 환자들이 다른 사람들과 자유롭게 상호작용할 수 있는 영역을 제공하고, 집단원의 상호작용에서 무엇이 잘못되었는지 식별하고 이해하도록 돕는다. 궁극적으로 환자는 이를 통해 부적응적인 습관을 바꿀 수 있다. 심리교육 또는 인지행동 원리와 같은 다른 가정에만 기반을 둔 집단은 치료 효과를 충분히 거두지 못한다고 생각한다. 이러한 집단치료의 각 형태는 대인관계 과정에 대한 인식을 통합함으로써 더 효과적일 수 있다. 이 책에서 우리는 상호작용 초점의 범위와 본질, 그리고 성격과 대인관계에 중요한 변화를 가져올 수 있는 능력에 관해 깊이 있게 논의한다. 상호작용에 초점을 두는 것은 집단치료의 원동력이며, 이를 활용할 수 있는 치료자는 상호작용을 중시하지 않는 집단 모델까지 포함한 모든 형태의 집단치료를 더욱 잘 수행할 수 있다. 또한 집단 모델이 상호작용의 중심성을 강조하거나 인정하지 않더라도 이를 활용할 수 있는 치료자는 모든 형태의 집단치료를 훨씬 더 잘 수행할 수 있다(15장 참조).

나[IY]의 소설 『쇼펜하우어, 집단심리치료Schopenhauer Cure』를 이 텍스트의 부록으로 활용할 수 있다. 이 소설은 치료 집단을 배경으로 하며, 집단치료 과정과 치료자 기법의 다양한 원칙을 소개한다. 그러므로 이번 판본의 몇몇 지점에서 우리는 『쇼펜하우어, 집단심리치료』에서 치료자 기법을 소설상으로 묘사하는 부분을 인용한다.

분량이 지나치게 많은 책은 보통 '참고 서적' 서가에 방치되기 일쑤다. 이러한 운명을 피하기 위해 우리는 본문의 길이를 크게 늘이지 않았다. 따라서 새로운 자료를 추가하기 위해 오래된 내용과 인용을 잘라 냈다. 이는 매우 고통스러운 작업이었으며, 문단을 제거하는 이러한 일은 우리 마음뿐만 아니라 손가락에 멍으로 남았다. 하지만 그 결과 향후 15년과 그 이후에도 학생과 실무자에게 도움이 될 시의적절한 최신 작업이 되길 바란다.

역자 서문

Irvin D. Yalom의 저서 『The Theory and Practice of Group Psychotherapy』(3rd. Edition, 1985)를 번역하고 얼마 후 4판을 번역했고, 또다시 5판을 번역한 바 있다. 그리고 15년 만에 개정된 6판을 다시 번역하게 되었다. 수많은 세월에 걸쳐 6판까지 개정한 만큼 집단치료 및 집단상담에 대한 저자의 끈질긴 열정과 그 누구도 따라올 수 없는 정수를 담고 있는 책이라 할 수 있다.

저자는 각 학파에 따른 집단치료 및 집단상담에 대한 특성이나 형태 같은 '표면'적인 것을 소개하기보다 변화를 도모하는 치료적 요인을 위시한 '핵심'적인 내용을 다루었다. 즉, 변화를 중심으로 하는 치료 과정의 보편적 기제를 설명함으로써 집단치료에 대한 깊은 이해를 도모하고 있다. 나아가 풍부한 임상 경험을 바탕으로 제시하는 생동감 넘치는 수많은 사례는 단순한 정보 나열 이상으로 깊이 있는 이해를 돕는다.

이번 개정판에서는 최신의 유력한 자료나 임상적 연구를 곳곳에 첨가했고, 참만남 집단에 관한 내용을 빼는 한편 온라인 치료 집단을 추가했다. 코로나19라는 세계적인 전염병으로 새로운 형태의 비대면 집단이 활성화된 점을 반영한 것이다.

오늘날 많은 사람이 겪는 어려움은 다름이 아닌 인간관계의 갈등이다. 과도한 경쟁으로 힘들어하고, 가족 간의 친밀함도 예전 같지 않다. 그리하여 의외로 많은 사람이 상호작용하는 방식을 어려워해 뿔뿔이 흩어져 각자 외로이 살고 있다. 이러한 세태에 축소된 사회를 이루는 집단치료 및 집단상담은 사람들과 어떻게 교류하고 교감하는지 실제로 연습하고 학습할 기회를 제공한다. 그러므로 환자뿐만 아니라 일반인에게도 점점 더 확산하고 있는 집단상담인 만큼, 이 분야에서 일하는 사람들은 고전서로 알려진 Yalom의 '정신치료의 이론과 실제'를 통해 집단의 힘이 얼마나 큰 것인지 깊이 이해하고 익히기를 바란다.

1~8장은 장성숙 교수가 번역하고, 9~16장은 최해림 교수가 번역했다. 마지막으로 좋은 의학서를 발간하고자 끊임없이 애쓰는 하나의학사의 노고에 감사드린다.

2023년 10월

대표역자 **장성숙**

감사의 글

이 책을 저술하는 데 필요한 학문적 자유와 연구시설을 제공해 준 스탠퍼드 대학에 감사한다. 또한 집단치료를 소개해 주고 성실과 헌신의 모범이 되어 준 나의 훌륭한 멘토 Jerome Frank에게 감사를 표한다. 많은 분이 이번 6판을 읽고 비평해 주었다. Ruthellen Josselson 박사, Meenakshi Denduluri 의학박사, 그리고 여러 장을 편집해 준 나의 아들 Ben Yalom에게 감사의 말을 전하고 싶다. 마지막으로, 치료 집단의 힘과 효과에 대한 나의 믿음을 끊임없이 북돋아 준 나의 치료 집단에 감사를 전한다.

- Irvin D. Yalom

이 책의 저술 작업을 후원해 준 토론토 대학 정신과와 Mount Sinai Hospital에 감사한다. Lesley Wiesenfeld 의학박사, Joel Sadavoy 의학박사, Danny Silver 의학박사, Paula Ravitz 의학박사, Jan Malat 의학박사, Roisin Byrne 의학박사, Smrita Grewal 의학박사, Robert Maunder 의학박사, 그리고 Jon Hunter 의학박사를 포함한 토론토 대학의 동료들이 이번 6판을 완성하는 데 큰 도움을 주었다. Gary Burlingame 박사, Greg Crosby, Haim Weinberg 박사, Martyn Whittingham 박사, Steinar Lorentzen

박사를 포함한 집단치료 동료들이 제공해 준 내용은 많은 자산이 되었다. Liz Konigshaus는 엄청난 효율성과 굽히지 않는 고운 마음으로 참조와 각주를 종합하는 고생스러운 작업을 맡아 주었다. Jon Grosz는 편집 작업으로, Marie Maguire는 행정 지원으로 큰 도움을 주었다. 나의 자녀 Benjamin, Talia, Noah Leszcz, 그리고 나의 아내 Bonny Leszcz는 이 책을 쓰는 내내 통찰력과 격려를 보내 주었다.

- Molyn Leszcz

우리 둘 모두는 매우 사려 깊고 포괄적인 편집 작업을 진행해 준 Lisa Kaufman과 Katherine Streckfus에게 감사를 전한다.

1장

치료적 요인

집단치료가 환자들에게 도움이 되는가? 물론 그렇다. 집단치료가 매우 효과적인 정신치료의 형태임이 설득력 있는 수많은 연구 결과를 통해 명백하고도 지속적으로 입증되어 왔다. 그뿐만 아니라 의미 있는 도움을 제공하는 측면에서 최소한 개인정신치료와 동등한 효과를 보이며 정신치료 자원을 효율적으로 활용하게 한다.[1] 그러나 역설적으로 정신건강 전문가의 훈련 프로그램에서 집단치료의 비중은 줄어들었다. 이는 중대한 문제로, 환자들의 요구 수준과 얻고자 하는 효과를 위해서는 집단치료의 수준을 높게 유지할 필요가 있다.[2] 이 글을 통해 우리는 치료 효과에 영향을 끼치는 집단 요인 및 리더의 특성에 초점을 두고자 한다.

집단치료는 어떻게 환자들을 돕는가? 이는 아마도 순진한 질문일 것이다. 하지만 만약 이 질문에 어느 정도 정확하고 확실하게 답할 수 있다면, 우리는 정신치료에서 논쟁거리가 되었던 가장 난감한 문제에 접근할 수 있고, 나름대로 중심이 되는 구성 원리 하나를 세울 수 있을 것이다. 일단 변화 과정에 대한 핵심적인 측면이 밝혀지기만 한다면, 이는 다양한 치료 장면에 있는 다양한 환자가 집단경험을 통해서 그들의 성장력을 극대화하는 전략과 전술을 치료자들이 선택할 수 있는 합리적 토대를 마련해 줄 것이다. 집단치료 자체가 효과가 있을지라도, 치료자의 효과에 따라 큰 격차를 보일 수 있다.[3] 어떻게 이러한 치료적 절차를 잘 적용할지에 대한 이해가 집단치료 효과의 핵심이다. 다행히도 이에 관한 해답은 연구 증거를 통해 얻을 수 있다. 오로지 경험만으로는 좋은 성과를 얻을 수 없다. 그 대신 신중한 치료, 자기반성, 치료에 대한 피드백, 그리고 공감과 능숙한 치료적 관계의 현명한 활용이 필요하다.[4]

앞으로 우리가 '치료적 요인들therapeutic factors'이라고 부르게 될 치료적 변화는 인간 경험의 난해한 상호작용을 통해 일어나는 매우 복잡한 과정이다. 단순한 것에서부터 시작해 복잡한 것으로 접근해 들어가는, 즉 기본적인 구성 과정을 통해 총체적 현상으로 접근하는 방식에는 상당한 이점이 있다. 따라서 이러한 기본적인 요인을 기술하고 논의하는 것으로 시작해 보고자 한다.

우리의 견해에서는 치료 경험을 아래와 같은 11가지 주요 요인으로 나누는 것이 자연스럽다고 본다.

1. 희망 심어 주기(instillation of hope)
2. 보편성(universality)
3. 정보 전달(imparting information)
4. 이타주의(altruism)
5. 초기 가족의 교정적 재현(corrective recapitulation of the primary family group)
6. 사회화 기술의 발달(development of socializing techniques)
7. 모방행동(imitative behavior)
8. 대인관계 학습(interpersonal learning)
9. 집단 응집력(group cohesiveness)
10. 정화(catharsis)
11. 실존적 요인(existential factors)

이 장의 나머지 부분에서는 처음 7가지 요소에 대해 다룬다. 대인관계 학습과 집단 응집력은 매우 중요하고 복잡하기 때문에, 다음 두 장에서 별도로 다룰 예정이다. 실존적 요인은 4장에서 논의하며, 이 요인은 여기에 제시된 다른 자료의 맥락 하 가장 잘 이해될 것이다. 카타르시스는 다른 치료적 요소와 복잡하게 얽혀 있으며, 이 역시 4장에서 다루고자 한다.

치료적 요인 간의 구분은 임의적일 수 있다. 즉, 우리가 이러한 요인을 하나씩 따로 논의하더라도 이 요인들은 상호 의존적이며, 각각 발생하거나 따로 기능하지 않는다. 또한 이 요인들은 변화 과정의 각기 다른 부분을 나타내기도 한다. 어떤 요인(자기-이해)은 인지적 수준에서 작용하고, 어떤 요인(사회화 기술의 발달)은 행동의 변화를 나타낸다. 어떤 요인(정화)은 감정의 수준에서 작용하고, 어떤 요인(응집성)은 변화의 전제 조건으로 보는 것이 더 정확할 수도 있다. 비록 각각의 치료 집단에 동일한 치료적 요인이 작용하고 있다 해도 각 요소의 상호작용과 차별적인 중요도는 집단 간에 현저하게 다를 수 있다. 더욱이 사람마다 개인차가 있는 만큼 같은 집단 내 환자라도 다른 치료적 요인에 의해 도움을 받을 수도 있다.[5]

우리는 치료적 요인이 임의적인 구성 요소임을 염두에 두면서, 이것이 독자를 위한 인지 지도cognitive map를 제공하는 것으로 볼 수 있다.[6] 이러한 치료적 요인의 분류는 영구적으로 고정된 것이 아니다. 다른 임상가와 연구자들도 상이하고 임의적인 치료적 요인군을 만들어 냈다. 한 연구팀은 핵심적인 치료 요인이 있다고 보았는데, 이는 환자가 희망과 더불어 관계에 대한 의식과 감정 표현이 사회적 학습으로 변환된다고 느끼는 것이다.[7] 어떠한 설명 체계도 모든 치료를 포괄하지는 못한다. 그 핵심에 이르게 되면, 경험상 치료 과정이 무한히 복잡하고 통로도 무수히 많다(이 문제는 4장에서 더 상세하게 논의하겠다).

제시된 치료적 요인의 항목들은 우리의 임상적 경험 및 다른 치료자들의 경험, 성공적으로 치료받은 집단 환자들의 경험과 이와 관련된 체계적 연구로부터 나왔다. 그러나 이러한 출처가 모두 의심의 여지가 없는 것은 아니다. 어떠한 집단 구성원과 집단의 지도자도 완벽하게 객관적이지 못한 데다가, 우리의 연구 방법도 그 범위에 있어 한계를 지닌다.

일반적으로 우리는 집단치료자들로부터 드넓은 범주의 환자와 그룹에 대한 연구를 반영한, 다양하고 본질적으로 서로 일치하지 않는 치료적 요인의 항목들을 얻는다. 공정하거나 편견이 없는 완벽한 관찰자가 아닌 치료자들은 한 가지 특정 치료 접근법에 숙달되는 데 상당히 많은 시간과 노력을 투자한다. 그들의 답변은 충성 효과, 즉 자기가 믿는 특정 학파의 신념에 크게 좌우된다.[8] 심지어 똑같은 이념을 가지고 동일한 용어를 쓰는 치료자 사이에도 환자들이 왜 호전되었는지에 대한 합의가 이루어지지 않는 경우도 있다. 그러나 이러한 사실이 놀랍지는 않다. 왜냐하면 정신치료의 역사에는 치료 효과가 있어도 그것이 치료자가 생각했던 이유 때문이 아니었던 경우가 많기 때문이다. 하지만 전혀 알 수 없는 이유로 엄청나게 호전되는 환자를 겪어 본 적 없는 사람이 누가 있단 말인가?

한 가지 중요한 정보 출처는 그룹 구성원들이 가장 도움이 되고 가장 덜 도움이 된다고 생각하는 치료적 요인을 결정하는 데서 나온다. 연구자들은 치료적 요인 연구에 관한 다음과 같은 중요한 질문을 지속적으로 제기하고 있다. 치료적 요인이 모든 그룹 구성원에게 공평하게 적용되는가? 무엇이 환자들의 반응에 영향을 미치는가? 어쩌면 치료자 또는 집단과의 관계, 혹은 회기의 질과 깊이가 영향을 줄 수 있다.[9] 또한 환자들이 평가한 치료적 요인이 치료자나 그 치료 집단을 관찰한 사람들이 언급하는 치료적 요인과 크게 다르다는 점도 연구를 통해 밝혀졌다.[10] 구성원의 반응은 많은 요인에 의해 영향을 받을 수 있다. 예를 들면, 치료 시간의 길이와 환자의 기능 수준, 집단의 유형(외래환자 집단, 입원환자 집단, 낮 병원, 단기 치료 집단 등),[11] 환자의 연령과 진단,[12] 환자의 동기부여 단계와 애착 유형,[13] 집단지도자의 이데올로기,[14] 그룹 구성원들이 같은 사건을 다른 방식으로 경험하고 서로의 경험에 영향을 미치는 방식 등이 환자의 평가에 영향을 미친다.[15]

이러한 한계에도 불구하고 환자들은 풍부하고 비교적 가공되지 않은 정보를 제공한다. 결국 환자들의 경험이 중요한 만큼, 환자들의 체험으로부터 멀어지면 멀어질수록 우리의 결론은 더 추론적으로 된다. 확언하건대, 여기에는 환자의 지각 밖에서 벌어지는 변화 과정의 측면이 있지만, 그렇다고 환자들이 말하는 것을 무시해도 되는 것은 아니다. 지필 검사나 설문의 분류는 정보를 쉽게 제공하지만, 환자 경험의 미묘한 차이나 풍부함을 놓쳐 버리는 경우가 많다. 환자의 보고를 얻는 것은 하나의 예술 작업이다. 질문자가 더 깊이 환자의 경험 세계로 들어갈수록 치료 경험의 보고는 더욱 명료해지고 의미를 가진다.

치료자의 관점이나 환자들의 보고 이외에 치료적 요인을 평가하는 중요한 제3의 방법이 있다. 바로 체계적인 연구다. 가장 흔한 연구 전략은 일련의 치료 내 변인들을 치료를 통해 나타난 환자의 최종 결과와 연관시키는 것이다. 어떠한 변인이 성공적인 결과와 유의미한 관련이 있는지 찾아냄으로써 치료적 요인을 설명할 합리적 기반을 마련할 수 있다. 그러나 이 접근에는 결과 측정 자체의 방법론적인 문제와 문제 영역, 그리고 치료 내 변인들을 선별하고 측정하는 일 등의 문제가 내재한다.[16]

우리는 이 책에서 논의하는 치료적 요인을 유도해 내고자 이 모든 방법을 사용했다.

하지만 이러한 요인들이 결정적이라고는 보지는 않는다. 오히려 이 요인들을 다른 임상 연구가들이 조사하고 확장할 수 있는 잠정적인 지침으로 제시한다.

희망 심어 주기

연구는 지속적으로 희망을 심어 주고 그것을 유지하는 것이 모든 정신치료에 매우 중요하다는 것을 증명해 왔다. 여러 연구조사를 통해서 치료가 큰 도움이 될 것이라고 기대하는 것이 긍정적인 치료 결과와 유의미하게 관련이 있음이 밝혀진 바 있다.[17] 희망과 확신만을 통해서 이루어지는 신앙 치유faith healing나 위약 처치placebo treatment의 효능을 보고하는 많은 자료를 보라. 집단상담에서 희망의 존재는 집단에 대한 환자의 참여를 심화시킨다.[18] 정신치료에서 긍정적인 결과는 치료자와 환자 모두 치료에 대해 비슷하고 긍정적인 기대를 가질 때 더 잘 일어난다.[19] 기대의 힘은 상상을 넘어선다. 뇌 영상 연구에 따르면 위약 효과는 피동적인 것이 아니며, 뇌에 직접적으로 생리적 효과를 미친다고 밝혀졌다.[20]

집단치료자들은 어떻게 해서든지 집단의 효용성에 대한 환자의 믿음과 확신을 증가시킴으로써 희망 심어 주기라는 요인을 부각시킨다. 이 작업은 집단이 형성되기 전, 곧 집단 형성 이전의 오리엔테이션에서 시작된다. 여기에서 치료자는 환자의 긍정적 기대를 강화하고, 부정적인 선입견을 제거하며, 특히 환자의 문제점을 문화적으로 공감하면서 친숙하게 설명해 줄 집단의 치료 효과를 분명하고 강력하게 설명한다(집단 형성 이전의 준비 과정에 관해서는 9~10장 참조).

집단치료는 긍정적 기대로 유발된 일반적인 향상 효과뿐만 아니라, 집단이라는 형식에 있어 독특한 희망의 원천으로부터 이익을 얻는다. 치료 집단은 적응과 붕괴coping-collapse의 연속선상에서 각기 다른 지점에 위치한 개인으로 구성되어 있다. 각각의 구성원은 종종 비슷한 문제를 지닌 사람들을 만나거나, 치료 효과로 인해 회복된 다른 사람과 만나게 된다. 나는 집단치료가 끝날 무렵, 환자들이 다른 환자의 회복을 지켜보는 것이 얼마나 중요했는지 언급하는 것을 종종 듣곤 한다.

집단치료자는 환자들의 호전에 주기적으로 주목함으로써 이 요인을 이용해야 한다. 가령 최근에 집단치료를 마친 집단원으로부터 계속 호전되고 있다는 소식을 들었다면,

반드시 현재의 집단원들과 함께 이 내용을 공유한다. 집단 구성원 중 고참들은 종종 의심이 많은 신참 집단원에게 자발적으로 이와 같은 증거를 제공함으로써 이러한 기능을 대신하기도 한다.

노인 정신건강 낮 병원에서 이에 관한 매우 강력한 예시를 찾아볼 수 있었다.

> 집단치료가 내키지 않았던 86세의 우울증을 앓는 여성 베티가 첫 번째 모임에 참석했다. 집단지도자들이 준비나 격려의 형태로 제공한 것은 88세의 기존 멤버인 사라가 다음과 같은 방식으로 신참을 맞이했을 때 나타난 놀라운 영향력에 비할 바가 되지 못했다. "베티, 모임에 온 걸 환영해요. 만약 당신이 저와 같다면, 이곳에 오리라고 전혀 생각하지 않았을 거고 아마도 딸의 강요로 오게 됐을 거예요. 하지만 제가 한 가지 말씀드리면, 이곳은 더할 나위 없이 특별한 장소랍니다. 이곳이 제 인생을 바꿔 주었거든요. 이제 졸업할 때가 되었지만 정말 많은 것을 얻었어요. 저는 이 프로그램 밖에서 제 삶에 도움이 될 작은 보석 주머니를 챙겨 떠납니다. 저는 외롭다는 것이 얼마나 나쁜 일인지 배웠고, 도움을 청하고 사람들에게 다가가는 법을 배웠으며, 제가 사람들의 보살핌과 관심을 받을 자격이 있다는 것을 배웠어요. 절 믿으세요. 이곳에 와서 모임에 참여한다면 당신에게도 똑같은 일이 일어날 거예요."

연구 결과에 따르면 치료자들이 자신과 집단의 효과를 믿는 것은 매우 중요하다. 자신의 치료 효과성에 대한 감각을 배양하고 유지하는 것은 필수적이다(치료자의 자가 관리에 관한 자세한 내용은 16장 참조).[21] 환자와의 최초 상담에서 우리는 환자들에게 우리의 확신을 공유하고 낙관성을 받아들이게 하고자 노력한다.

많은 자조집단self-help groups, 예컨대 동정 어린 친구들Compassionate Friends(자녀를 잃은 부모들의 모임), 폭력을 극복하는 남자들Men Overcoming Violence(가정폭력 남성), 근친상간 생존자 모임Survivors of Incest, 길다스 클럽Gilda's Club(암 환자 및 가족 모임), 우울증 및 양극성 장애 지원 연맹Depression and Bipolar Support Alliance, 심장 수술 환자들의 모임Mended Hearts 등은 희망을 주입하는 데 가장 중점을 둔다.[22] 알코올 중독자 재활회(Alcoholics Anonymous, AA), 약물 중독 재활회Narcotics Anonymous, 폭식 장애 재활회Over-eaters Anonymous와 같은 12단계 회복 모임은 대부분 한 구성원이 '경험, 힘 그리고 희망'에 관한 이야기를 다른 구성원과 공유하는 것으로 시작한다. AA에서 금주에 성공한 회원들은 그들의 좌절 경험과 프로그램을 통해 회복한 이야기를 반복적으로 나눈다. 이는 새로운 구성원에게 희망을 심어 주는 것은 물론이고, 그들이 금주를 지속하는 한 삶이 계속해서 '더 나아질' 수 있다는 것을 스스로 상기시키기 위해서다. 이 조직의 가장 큰 장점은 전문가가 아닌 구성원에 의해 운영된다는 것이다. 연설, 집단 지도 등이 모두 회복 중인 알코올 중독자에 의해 진행되며, 이는 다른 구성원에게 영감이 된다.

약물 남용 치료 프로그램도 회복된 약물 중독자를 집단의 지도자로 세움으로써 환자들 내면에 희망이 샘솟게 한다. 다수의 프로그램 창립자 혹은 운영진 중에는 중독에서 회복한 이후 전문적인 상담사 또는 치료자가 된 이들이 있다. 집단원들은 자기와 같은 길을 걷다가 정상으로 되돌아온 사람들을 만남으로써 영감을 얻고 회복에 대한 기대가 높아진다. 관절염이나 심장질환과 같은 만성질환으로 고생하는 사람들에게도 비슷한 방식이 사용된다. 이런 자조-관리 집단에서는 훈련받은 동료가 다른 집단원에게 그들의 상태를 적극적으로 대처하도록 격려한다.[23] 훈련받은 동료로부터 영감을 받은 집단 참가자들은 상당한 호전을 보이거나 의료비 지출이 줄어들기도 하고, 자기 효능감이 향상되기도 한다. 이러한 집단원의 개입은 종종 개인치료보다 더 효과적이기도 하다.[24]

보편성

많은 환자가 자기만 유독 비참하며, 끔찍하거나 용납될 수 없는 문제나 생각이나 충동 그리고 공상을 갖고 있다는 불안을 가진 채 치료에 참가한다. 이는 어느 정도까지는 모든 사람에게 해당한다. 그러나 많은 환자에게서 그들이 느끼는 극도의 사회적 고립감으로 인해 나만 힘들다는 느낌이 고조되어 있다. 환자들이 느끼는 대인관계의 어려움은 친밀한 관계 형성을 불가능하게 한다. 일상생활에서 환자들은 타인과 유사한 느낌과 경험을 배우지도 못하고 그들 자신을 털어놓는 기회를 이용하지 못함으로써 궁극적으로는 타인으로부터 검증되고 수용되는 기회를 놓치게 되는 것이다.

치료 집단에서, 특히 모임의 초기 단계에서 나만 이렇다는 환자의 느낌이 사실이 아님을 보여 주는 것은 환자에게 상당한 위안이 된다. 다른 집단원들이 자기와 유사한 걱정을 털어놓는 것을 듣고 난 후 환자들은 이 세상과 더 가까워진 느낌이라고 보고하며, 그 과정을 '인간으로 받아들여지는' 경험으로 묘사하기도 한다. 간단히 말해, 그 현상은

"우리는 같은 배를 타고 있다"라든가, 좀 더 냉소적으로 말한다면 "불행은 동반자를 필요로 한다"라는 식의 상투적 표현과 같은 것이다. 일부 환자가 다른 사람 사이에서 인간됨을 느끼는 것은 회복의 시작이며, 집단치료자들이 창조하고자 하는 치유 맥락의 중심적인 특징이다.[25]

타인의 경험으로부터 완전히 동떨어진 인간의 행동이나 사고는 없다. 나는 집단원들이 근친상간, 강도, 횡령, 살인, 자살 미수 혹은 그보다 더 절망적 공상을 털어놓는 것을 들어왔다. 그러나 그때마다 다른 집단원들이 이러한 행동을 그들 자신에게도 일어날 수 있는 일로 받아들이고, 팔을 내밀어 그들을 안아 주는 것을 관찰해 왔다. 그리고 종종 한 집단원의 신뢰와 용기가 다른 이들의 마음을 열어 다른 집단원들도 자기의 문제를 공개하며 자기개방의 문을 통과하는 것을 관찰하기도 했다. 이러한 형태의 도움은 집단치료에만 국한되는 것이 아니다. 비록 개인치료의 경우에는 치료자가 투명해지고자 하는 정도가 덜하기에 합의적 검증consensual validation의 기회가 적은 편이지만, 보편성은 개인치료에서도 한몫한다.

600시간의 개인 분석을 받던 중에 보편성이라는 치료적 요인을 직접 경험할 기회가 있었다. 그 경험은 내가 어머니에 대한 극도의 양가감정ambivalence을 얘기하는 중에 일어났다. 나는 어머니에 대해 퍽 좋은 감정을 가지고 있었음에도 불구하고, 어머니의 재산을 물려받을 상속자로서 어머니가 돌아가시면 좋겠다는 희망에 사로잡혀 있었다. 나의 분석가는 단순히 이렇게 반응했다. "우리는 다 그렇죠, 뭐." 그 꾸밈없는 한마디가 큰 위안이 되었고, 더 나아가 나의 양가감정을 깊이 탐색하게 해 주었다.

인간이 가진 문제는 복잡하지만, 그 문제 가운데에는 공통된 특징이 분명히 있으며 집단원들은 그러한 유사성을 곧 깨닫게 된다. 한 가지 예를 들어 보겠다. 여러 해에 걸쳐서 나는 T-그룹의 집단원들(이들은 환자가 아니고 대부분 의대생, 정신과 레지던트, 간호사, 정신과 기술사, 평화봉사단 자원봉사자들이었다)에게 '극비top-secret' 작업에 참여하도록 권했다. 집단원들은 무기명으로 종이에 자신이 집단에 알리기를 가장 껄끄러워하는 내용을 한 가지씩 적었다. 그들의 비밀은 놀라울 정도로 비슷했다. 가장 공통된 비밀은 자신이 기본적으로 부적절하다는 깊은 확신으로, 자신이 근본적으로 무능하며, 교묘하게 허세를 부리며 살고 있다는 것이었다. 그다음으로 많은 비밀은 대인관계에서 느끼는 소외감으로, 겉보기와 달리 남을 진정으로 사랑하거나 배려하지도 않고, 또 그렇게 할 수도 없다는 것이었다. 세 번째로 많았던 유형은 다양한 성적性的인 비밀이었다. 환자가 아닌 사람들에게서 나온 이 중요한 고민은 전문적인 도움이 필요한 환자들의 고민과 질적으로 같다. 환자들은 거의 한결같이 자신의 가치, 그리고 다른 사람들과 관계 맺는 능력에 대해 깊이 고민하고 있다.1)

비밀이 특히 중요한 고립 요인으로 작용하는 사람에게 비슷한 경험을 지닌 개인으로 구성된 특정 집단은 보편성이 강조될 경우 수치심과 낙인을 없애는 효과를 가져올 수 있다. 이런 개인에게는 개별 치료보다 집단치료가 더 좋은 효과를 보일 수 있다. 한 예로 폭식bulimic 환자들을 위한 단기 구조화 집단에서는 자기개방, 특히 자기 몸매에 대한 태도와 먹고 배설하는 습관에 관해 상세히 털어놓는 것을 행동 규약으로 삼고 있다. 극히 드문 경우이기는 하지만, 환자들은 자기만 그런 것이 아니라 다른 사람들도 똑같은 갈등을 느끼며 생활한다는 점을 발견하고는 큰 안도감을 표현하기도 한다.[26]

성적 학대를 받은 집단 구성원들 역시 보편성의 경험으로부터 큰 도움을 받는다.[27] 이런 집단에 없어서는 안 되는 중요한 부분은 성적 학대를 받은 자세한 내용이나 그 결과로 고통받은 정신적 황폐화의 경험을 깊이 나누는 것인데, 종종 집단원 중에는 성적 학대 경험을 나누는 것이 그들의 일생에서 처음인 경우도 있다. 이런 집단의 집단원들은 어린 시절에 비슷한 성폭력을 경험한 다른 사람들을 만날 수도 있고, 그들이 자신에게 일어난 일에 책임이 없으며, 깊은 수치심과 죄책감과 분노와 불결함 등의 감정 때문에 고통받아 왔다는 것을 알게 된다. 보편성의 감정은 HIV/에이즈 환자나 자살 시도 여파에 시달리는 환자들처럼 수치심과 치욕감 그리고 자기 비난의 짐을 지고 사는 환자들의 치료에서 종종 중요한 디딤돌이 된다.[28]

동질적인 집단의 집단원들은 경험에서 묻어나는 수긍할 만한 신빙성을 바탕으로 서로에게 얘기해 줄 수 있는데, 이는 치료자들이 할 수 없는 부분이기도 하다. 예를 들면, 일전에 나[ML]는 우울한 70~80대 노인 집단을 이끌고 있었다. 한번은 모임에서 최근에 부인을 잃은 77세 노인이 자살하고 싶다고 말했다. 나는 무슨 얘기를 하든지 고지식한 얘기로 들릴까 봐 말하기를 주저하고 있었다. 그때 집단원 가운데 91세 노인이 얘기를 시작했다. 그는 자신이 60세 때 부인을 잃고 자살하고 싶을 정도로 얼마나 큰 절망에 빠

1) 집단 작업에서 이러한 정보를 사용하는 방법에는 여러 가지가 있다. 한 가지 효과적인 기법은 익명의 비밀을 집단원들에게 재배포해 각자 다른 사람의 비밀을 받는 것이다. 그런 다음 각 집단원에게 비밀을 소리 내어 읽고, 그러한 비밀을 품고 있을 때 어떤 기분이 들지 말하게 한다. 이 방법은 일반적으로 보편성, 공감 능력, 다른 사람의 이해 능력을 드러내는 데 유용하다.

졌는지, 그리고 결국에는 어떻게 절망에서 벗어나 삶을 누려 오게 되었는지 이야기했다. 그 노인의 말은 깊은 공명을 일으켰고, 쉽게 잊히지 않았다.

현대 치료 집단은 성별, 성적 지향, 문화적 구성 등의 다양성을 지닐 뿐 아니라 우리 사회를 전반적으로 대표하기 때문에 그룹 리더는 이러한 그룹의 보편성에 대한 느낌에 특히 주의를 기울여야 한다. 주로 백인 집단 내의 문화적 소수자들은 공개, 상호작용 및 효과적인 표현에 대한 다른 문화적 태도 때문에 배제된다고 느낄 수 있다. 인종, 성 정체성 그리고 성적 지향에 대한 논의는 어려우며, 용기와 신뢰와 겸손이 요구된다. 치료자들은 문화, 억압, 소외 그리고 특권이 각 개인의 인격 감각에 미치는 영향을 그룹원들이 인식할 수 있도록 도와야 한다.[29] 또한 인간 상황과 비극에 대한 문화적, 즉 보편적 반응을 살펴봐야 한다.[30] 젊은 동성애 팔레스타인 남성과 노년의 이성애자 유대인 여성이 사회적 정의를 위해 소외된 목소리를 낸다는 강한 정체성을 공유할 수 있는 것처럼, 문화적으로 다른 개인은 집단치료에서만 공통점을 찾을 수 있다. 따라서 치료자들은 환자의 문화와 공동체 그리고 그들의 문화에 대한 애착 정도에 관해 가능한 한 많이 배우는 것이 필수적이다.[31] 다문화적 역량은 치료자의 효과와 강하게 연관되어 있다.[32]

다른 치료적 요인과 마찬가지로 보편성은 분명한 경계선이 없이 다른 요인들과 융합되어 있다. 환자들은 자기가 다른 사람과 비슷하다고 지각하고 깊은 관심을 나누게 됨에 따라, 이에 수반되는 정화와 다른 집단원에 의한 절대적인 수용으로부터 더욱더 도움을 받게 된다.

정보 전달

정보 전달이라는 일반적인 제목은 치료자나 환자들이 제공하는 충고, 제안, 또는 직접적 지도direct guidance뿐 아니라, 치료자가 제시하는 정신건강, 정신질환 그리고 일반 정신역동psychodynamics에 관한 교수적 강의didactic instruction를 포함한다.

교수적 강의

상호작용 집단치료를 성공적으로 마무리할 즈음이면 대부분 환자가 공감, 증상의 의미,

대인관계와 집단의 역동, 그리고 정신치료의 과정 등에 관해 많은 것을 배우게 된다. 집단치료는 감정 지능을 향상시킨다.[33] 우리는 종종 집단치료를 관찰하는 학생들이 이러한 주요 개념에 대해 입증하는 집단 구성원들의 지식에 경탄하는 모습을 보았다. 그러나 일반적으로 교육 과정은 묵시적이고, 대부분 집단치료자는 상호작용 집단치료에서 대인 피드백 방법을 제공하는 초기 단계 이후에는 설교식의 강의를 하지 않는다. 최근에는 더욱더 많은 집단치료 방법이 공식적 교육이나 심리교육psycho-education을 프로그램의 주요한 일부로 만들어 왔다.

심리교육에서 가장 영향력 있는 역사적 선례는 Maxwell Jones의 작업이다. 그는 1940년대에 큰 집단에서 주당 3시간씩 중추신경계통의 구조와 기능, 그리고 그것이 정신과적 증상이나 장애와 어떠한 관련이 있는지 강의했다.[34] 심리교육을 중요시했던 L. Cody Marsh도 1930년대에 환자들로 학급을 편성해 강의하고 과제물을 내주었으며 그에 따라 학점을 주었다.[35] 다른 많은 자조집단도 정보 전달에 주력하고 있다. 암 환자들의 모임Make Today Count Wellspring, 편부모 모임Parents Without Partners, 심장 수술 환자들의 모임Mended Hearts 등은 집단원 간의 정보 교환을 장려하고, 종종 전문가 초청해 강연을 연다.[36] 학습이 이루어지는 집단 환경이 매우 중요한데, 이 모든 집단의 분위기는 지시와 일방적 종속이라기보다는 파트너십과 협업 분위기다.

현대 집단치료 문헌들은 몇몇 특정한 질환이 있거나 인생에서 결정적인 위기에 직면한 환자들, 예컨대 공황장애panic disorder,[37] 비만,[38] 폭식bulimia,[39] 이혼 뒤의 적응,[40] 포진herpes,[41] 관상동맥질환,[42] 성적 학대를 당한 어린이의 부모,[43] 여성을 때리는 남성,[44] 사별,[45] HIV/에이즈 환자,[46] 성기능 장애,[47] 성폭행 피해자,[48] 유방절제 수술 후 자아상 적응,[49] 만성적 고통,[50] 이식 수술,[51] 우울증 재발 방지,[52] 자폐 스펙트럼 장애,[53] 자폐 아동의 부모, 지적 장애를 앓는 개인,[54] 진행 중인 암에 대한 유전 및 가족력 소인[55] 등을 겪는 환자들로 구성된 특수 집단에 관한 기술을 풍성하게 다루고 있다. 물론 인터넷 및 SNS상에서 일어나는 다양한 문제에 대한 집단 또한 폭발적으로 생겨나고 있다.[56]

일반적으로 이러한 집단은 상호 지지를 포함해 심리교육적psycho educational 접근에 근거해 환자의 질환이나 삶의 본질에 관한 명백한 교육을 시행하고, 환자가 자기 병에 대해 가지는 잘못된 생각과 도움이 되지 않는 사고를 재검토한다. 예를 들어, 공황장애 환자 집단의 지도자들은 공황장애의 생리적 원인을 설명할 수 있다. 고조된 스트레스와 각성 수준이 아드레날린의 흐름을 증가시키며, 이는 과도한 공기의 유통, 숨 가쁨, 현기증

등을 일으키는 것이다. 지도자는 이 증상을 '내가 죽어 가고 있어, 내가 미쳤나 봐' 등으로 잘못 해석하면 오히려 증상이 점점 악화되어 악순환을 가져온다는 점을 지적한다. 일반적으로 지도자들이 공황발작panic attack의 무해한 측면을 설명하고, 처음에 발작을 가볍게 맞이하는 법을 가르치며, 나아가 중간에 이를 멈추는 방법과 초기에 발작을 인지하고 이를 예방하는 방법을 가르쳐 주는 것은 도움이 된다. 또한 바람직한 호흡법과 점진적인 근육 이완법을 가르칠 수 있으며, 공황 상태에 빠진 집단원을 지지하기 위해 전체 집단이 운동에 함께 참여하도록 요청할 수도 있다.[57]

집단 가운데는 스트레스를 감소시키는 데 도움이 되는 명상에 기초한 마음챙김 접근을 가르치는 곳도 있다. 지켜보는 힘을 훈련함으로써 집단원들은 마음이 명료해지고, 있는 그대로 수용하며, 자신의 생각과 감정을 판단하지 않고 바라보는 법을 배운다. 그리고 우울에 대한 취약성과 불안 및 스트레스를 감소시키는 방법도 배운다.[58]

사별한 사람들을 위한 집단의 지도자들은 집단원에게 자연스러운 사별 과정에 대한 정보를 제공함으로써 그들이 고통의 과정을 거치고 있고, 따라서 그들의 고통은 자연적이고 필연적으로 사라질 것이라는 사실을 알려 주기도 한다. 또한 환자들이 사별 첫해에 맞는 명절이나 기념일, 생일과 같은 중요한 날에 느낄 수 있는 아픔 등을 예상하도록 돕기도 한다.[59] 초기 유방암 여성을 위한 심리교육적 집단에서는 집단원에게 유방암에 대한 정보와 선택할 수 있는 치료 방법, 그리고 향후의 위험 요인이 무엇인지 정보를 제공해 줄 뿐만 아니라 암과 공존하면서 건강한 생활양식을 만드는 방법에 대해서도 권고해 준다. 이런 집단에서 시행한 집단치료 결과 평가에 따르면 참가자들이 상당한 심리적 도움을 받으며, 그 효과가 오랫동안 지속되는 것으로 나타났다.[60]

대부분 집단치료자는 정신치료 집단이라는 두려운 상황에 들어가야 하는 환자들을 위해 사전 모임과 같이 집단치료를 예측해 볼 수 있는 방안을 활용한다. 사전 모임에서는 자기를 탐색하는 방법에 대한 지침을 주고, 심리적 장애에 대한 주요 원인을 이해하기 쉽게 설명해 준다.[61] 환자들의 두려움을 예견하고, 그들에게 인지적 구조를 마련해 줌으로써 환자가 정신치료를 시작할 때 경험할 수 있는 문화적 충격에 효과적으로 대처할 수 있도록 도와준다(10장 참조).

이와 같이 교수적 강의는 정보를 전달하고, 집단을 구조화하고, 질병의 진행 과정을 설명하기 위해 다양한 방법으로 사용되어 왔다. 흔히 이러한 교육은 다른 치료적 요인이 작용하기 전까지 집단을 단결시키는 힘으로 기능하기도 한다. 하지만 어느 정도의 설명과 명료화는 그 자체가 효과적인 치료적 인자로 작용한다. 현상에 관해 설명하는 것은 현상을 통제하는 첫 단계다. 만약 화산 폭발이 화가 난 신에 의해 일어나는 것이라면, 적어도 그 신을 기쁘게 만들면 된다는 희망이 생기는 것과 마찬가지다.[62]

지식은 숙달, 즉 모든 효과적인 치료의 공통 경로인 자기 효능을 촉진한다. 치료자들은 현대 세계의 두려움과 불안에 대한 가장 좋은 대응은 사기가 저하된 상태에서 회피하는 것이 아니라, 반대로 적극적으로 대처하는 것(삶에 관여하고, 공개적으로 말하고, 상호 지원을 제공하는 것 등)이라고 지적한다. 이러한 자세는 상식에 호소하는 것이기도 하지만, 신경생물학적 연구에 따르면 실제로 능동적인 대처는 신체의 조절을 돕는 뇌의 중요한 신경 회로를 활성화시킨다.[63]

이러한 현상은 정신과 환자들에게서도 발견된다. 정신병 증상의 원인이나 의미, 심각성이 불확실한 데서 오는 두려움과 불안이 너무 크기 때문에 환자들이 효과적으로 자신의 상태를 탐색하는 것을 매우 어렵게 한다. 따라서 그들에게 구조와 설명을 제공하는 교수적 강의는 그 나름대로 고유한 가치를 가지며, 치료적 도구 중 하나가 될 만하다(5장 참조).

직접적 충고

치료자가 주는 명확한 교수적 강의와 달리 집단원에게서 나오는 직접적인 충고는 모든 치료 집단에서 예외 없이 나타난다. 역동적인 상호작용 치료 집단dynamic interactional therapy group에서 직접적인 충고는 집단 초기 활동의 일부이며 매우 규칙적으로 일어나기 때문에, 집단이 얼마나 오래 지속되었는지를 추정하는 데 사용될 수 있을 정도다. 만약 어떤 집단의 환자들이 어느 정도 규칙적으로 "당신은 이러저러해야 한다고 생각해요"라고 하거나, "당신이 해야 할 일은요" 또는 "왜 하지 않지요?"라고 말하는 것을 관찰하거나 듣게 된다면, 그 집단은 시작한 지 얼마 되지 않았거나 오래된 집단이지만 발전에 장애를 주는 일시적인 퇴행을 일으키는 문제에 직면한 경우 중 하나로 볼 수 있다. 달리 말하면, 충고하는 것이 저항을 불러일으켜 깊은 연대를 맺는 것을 막을 수 있는데, 그럴 때 집단원들은 서로 연결되기보다 타인을 조종하려고 시도한다. 상호작용 집단치료의 초기에는 충고하는 것이 흔하지만, 어떤 문제에 관해 구체적으로 충고해 주는 것이 환자에게 직접적으로 도움이 되는 일은 적다. 그러나 간접적으로 볼 때, 조언의 내용보다는 조언 과정이 관심과 배려를 전달한다는 점에서 유익할 수 있다. 자신의 내재적 악함이 자녀가 사회적 불안을 느끼는 원인이라고 말하는 어린 아들을 둔 아버지는 자녀를 위한 지역사회 자원에 대해 제안받을 수도 있다. 그러나 더 큰 영향은 그의 아들뿐 아니라 다른 집단 구성원들에게 분명히 나타나는 그의 품위와 보살핌 그리고 관대함에 대한 집단 구성원들의 피드백이다. 한 치료 집단의 졸업생은 그가 그룹 안에서 배운 것을 외부 생활에 적용하려고 할 때 정기적으로 집단을 연결시킬 것이라고 언급했다. 그는 WWGS(What would group say?, 집단에서는 어떻게 이야기해 줄까?)라는 문신을 새길 것이라고 농담 삼아 말하기도 했다.

충고하는 행동이나 충고를 구하는 행동은 종종 대인관계적 병리를 설명하는 데 중요한 단서가 된다. 예를 들면, 다른 사람의 충고와 제안을 끊임없이 요구하지만 결국에는 그 충고나 제안을 거절함으로써 도움을 주는 상대를 좌절시키는 환자는 집단치료자들에게 '도움을 거절하는 불평자'나 '예, 그러나' 환자로 알려져 있다.[64] 어떤 환자들은 해결할 수 없는 문제나 이미 해결된 문제에 관해 충고해 달라고 요청함으로써 관심이나 보살핌nurturance을 받으려고 하기도 한다. 어떤 환자들은 참을 수 없는 목마름으로 빨아들이듯이 충고를 받아들이지만, 자기와 똑같은 충고가 필요한 다른 환자에게는 절대로 자신이 받은 것과 같은 충고를 해 주지 않는다. 어떤 집단원들은 집단 안에서 높은 지위의 역할이나 초연하고 자족해 보이는 모습을 유지하는 데 관심을 집중한 나머지 절대로 직접적으로 도움을 청하지 않는다. 어떤 사람은 다른 사람들을 기쁘게 하고픈 나머지, 자신을 위해서는 아무것도 요구하지 않는다. 어떤 사람은 과도하게 감정적으로 감사를 표시한다. 그런가 하면 어떤 사람은 그 자리에서는 충고를 인정하지 않고, 마치 뼈다귀를 혼자서 즐기기 위해 가져가는 것처럼 그 충고를 집으로 가져간다. 이러한 패턴은 집단 활동에서 도움을 줄 수 있는 방향으로 다루어 볼 수 있다.

상호작용에 초점을 두지 않는 다른 유형의 구조화된 집단들은 직접적인 제안과 지침을 명백하고 효과적으로 사용한다. 예컨대 행동조형 집단들, 환자들에게 자율적인 생활을 준비시키는 부분 입원환자 집단, 의사소통 기술 집단, 알코올 중독자 재활회 등은 모두 매우 직접적인 충고를 제공한다. 알코올 중독자 재활회는 '한 번에 하루씩', 즉 앞으로 24시간 만이라도 금주하라는 등의 지침과 표어를 사용하기도 한다. 만성질환 정신의학 환자를 위한 한 소통 기술 집단은 집중적인 피드백, 비디오테이프 재생 및 문제 해결 프로젝트를 포함하는 구조화된 집단 프로그램을 통해 우수한 결과를 보였다.[65] 중국의 한 조현병 환자 단체는 환자와 그 가족을 위한 정신교육을 프로그램에 추가했을 때 상당히 긍정적인 영향을 미쳤다고 보고했다.[66] 병의학과 정신질환을 앓고 있는 퇴역 군인들은 신체적 건강을 더 잘 관리하고 스트레스에 대처하기 위한 대처 기술을 장려하는 전체론적 교육 그룹의 혜택을 받는다.[67] 지역사회 기반 집단 교육의 개입은 정서적 인식을 가르치고 역경에 대한 회복력을 기른다.[68] 집단은 학생들에게 정서적 취약성과 그들의 음주 행동 사이의 연관성을 보여 줌으로써 청소년 음주를 퇴치하기 위해 학교 시스템에서 사용되어 왔다.[69]

충고의 유용성에도 차이가 있을까? 남성 성범죄자로 구성된 행동조형 집단에 관한 연구에서 충고는 집단에서 보편적일 뿐 아니라 그 유용성에도 차이가 있다는 것이 밝혀졌다. 가장 효과가 적은 충고 형태는 "핸드폰 좀 그만 보렴"과 같이 통제로 받아들이기 쉬운 직접적인 제안이었고, 이에 반해 가장 효과적인 형태의 충고는 어떻게 하면 의도하는 목적을 이룰 수 있는지에 관한 여러 가지 대안을 제시하는 것이었다. "고립감을 덜 느끼고 싶다면 단체로 하는 활동에 더 많이 참여하는 것은 어떻습니까? 방에 있는 것보다 라운지에 오는 것이 어떨까요?" 이러한 제안은 협력적으로 받아들일 가능성이 더 높다.[70] 우울이 가족 관계에 미치는 영향에 대한 심리교육에서는 참가자들이 감정적 수준에서 우울이 자기 삶과 가족과의 관계에 어떻게 영향을 주는지 직접 면밀히 검토했을 때 훨씬 더 효과적이었다. 같은 정보를 지적이고 객관적인 방식으로 환자들에게 제공했을 때는 효과가 훨씬 떨어졌다.[71]

이타주의

한 율법교사가 천국과 지옥에 관해 하나님과 대화를 나누는 오래된 유대교 이야기가 있다. 하나님은 "내가 너에게 지옥을 보여 주겠다"라고 말씀하시고는 율법교사를 어떤 방으로 안내하셨다. 그 방에는 허기져 아우성치는 사람들이 크고 둥근 식탁을 가운데 두고 앉아 있었다. 식탁 한가운데 있는 커다란 그릇 안에는 모두가 먹고도 남을 만큼의 음식이 담겨 있었다. 음식 냄새가 하도 좋아서 율법교사의 입에도 군침이 돌았다. 그런데 음식을 먹는 사람이 아무도 없었다. 사람들은 저마다 손잡이가 매우 긴 숟가락을 들고 그릇에 담긴 음식을 떴지만, 손잡이가 팔보다 길어 아무도 음식을 자기 입에 넣을 수 없었다. 율법교사는 그들의 참혹한 모습을 보고 동정심에 머리를 숙였다. 하나님은 "이제 내가 너에게 천국을 보여 주겠다"라고 말씀하시며 다른 방으로 그를 데려가셨다. 그 방에도 첫 번째 방과 똑같이 크고 둥근 식탁이 있고, 같은 크기의 그릇과 같은 음식에 손잡이가 긴 수저가 있었다. 하지만 그 방의 분위기는 명랑했고, 사람들은 모두 영양 상태가 좋아 포동포동 살이 올라 있었으며, 서로 웃으면서 이야기하고 있었다. 율법교사는 영문을 알 수 없었다. 그때 하나님이 "간단하지만 어떤 기술이 필요하단다"라고 말씀하셨다. "보아라, 저들은 서로가 서로를 먹여 주고 있단다."[2)]

치료 집단에서도 마찬가지로 환자들은 주는 행동을 통해 받는다. 준다는 행위 자체에서 보람을 찾는 것이다. 치료를 시작하는 정신과 환자들은 대체로 의기소침해 있으며, 자신에게는 남들에게 줄 만한 가치 있는 것이 아무것도 없다고 생각한다. 따라서 자신이 남들에게 중요한 존재가 된다는 사실은 생기를 주고 자아존중감을 북돋워 준다. 이런 점에서 집단치료는 환자들이 다른 사람에게 도움을 주는 경험을 제공하는 유일한 치료다. Martin Seligman의 긍정 심리학 같은 힘 기반 접근법은 병리학에 대한 이 분야의 대세에 도전하고 구성원의 강점, 긍정적인 속성, 의미, 감사 및 관대함에 초점을 맞추도록 장려한다.[72] 서로 주고받는 이타주의는 도움을 받는 역할과 도움을 주는 역할을 다양하게 번갈아 하도록 격려해 주기도 한다.[73]

따라서 환자들은 집단치료 과정에서 서로에게 엄청난 도움이 된다. 서로에게 지지, 위로, 조언, 통찰을 제공하며 비슷한 문제를 공유한다. 흔히 환자들은 치료자보다 다른 집단원의 관찰을 더 기꺼이 받아들인다. 많은 환자에게 치료자는 돈을 받는 직업인일 뿐이지만, 다른 집단원들은 현실 세계를 대표하며 자발적이고 진실하게 반응하고 피드백하는 사람으로 간주된다. 치료 과정을 돌이켜볼 때 거의 모든 환자가 다른 집단원들에게 호전의 공을 돌린다. 때로는 다른 환자들에게 조언이나 충고를 하기도 하고, 때로는 단지 존재만으로 도움이 되기도 한다.

두 명의 집단원 간에 일어나는 상호작용의 예를 보자. 만성적인 불안과 고립감을 경험해 온 40대 남성 Derek은 최근 집단에 새로 들어왔다. 하지만 Derek은 다른 집단원들의 관심과 피드백을 끊임없이 거부하며 집단원들을 화나게 했다. 이런 Derek에게 만

2) 1973년에 말기 암 환자들을 위한 첫 집단이 열렸을 때, 한 집단원이 첫 회기 모임에서 이 우화를 모든 집단원에게 들려주었다. 이 여성[나는 이 여성을 Paula West라는 이름으로 『Momma and the Meaning of Life』(Basic Books, 1991)에서 언급한 적이 있다]은 말기 암 환자를 위한 집단을 만들고 조직하는 일에 처음부터 나와 함께해 주었다(15장 참조). 그녀의 우화는 통찰력 있는 것이었으며, 많은 집단원이 이타주의라는 치료적 요인에 의해 도움을 받았다.

성 우울증과 약물 남용 문제를 가진 35세 여성 Kathy가 자신이 집단경험에서 얻은 매우 귀한 교훈을 나누어 주었다. Kathy는 처음 몇 달 동안 다른 집단원들이 보인 호의를 거절했는데, 자신이 그런 호의를 받을 만한 가치가 없다고 느꼈기 때문이다. 나중에 집단원들이 그녀가 자꾸 호의를 거절하는 것이 그들에게 상처가 된다고 알려 준 후에 Kathy는 다른 사람들의 호의를 좀 더 수용해 보겠다고 결심했다. 그러고 나니 놀랍게도 기분이 한결 나아지기 시작했다. 달리 말해, Kathy는 다른 사람들로부터 받은 지지에서 도움을 받기도 했지만, 결국 그녀가 자신에게 뭔가를 베풀 수 있는 가치가 있다고 느끼도록 타인들이 도와준 것임을 알게 된 것이다.

이타주의는 다른 치료 체계에서도 오래전부터 있어 왔다. 원시 문화권에서는 고통받는 환자가 공동체를 위해 축제를 준비하거나 모종의 봉사를 하도록 임무를 맡는 일이 자주 있었다.[74] 루르드Lourdes 같은 가톨릭 성지에서도 이타주의는 치유 과정에서 중요한 역할을 한다. 여기서 병자는 자기 자신을 위해서 기도할 뿐 아니라, 서로를 위해서도 기도한다. 인간에게는 쓸모를 지니고 어디엔가 사용되고자 하는 욕구가 있다.

그렇지만 집단에 처음 들어온 사람들은 다른 사람들로 인한 치료 효과의 진가를 이해하지 못한다. 많은 환자가 다음과 같이 반문하며 집단치료의 조언에 저항한다. “어떻게 소경이 소경을 인도할 수 있다는 거죠?”라든가, “다른 사람들도 나와 똑같이 헤매고 있는데 도대체 내가 그들에게서 무엇을 얻을 수 있다는 겁니까? 결국 서로를 망하게 할 뿐이에요”라는 식이다. 이와 같은 저항은 환자의 비판적인 자기평가를 살펴봄으로써 가장 잘 이해할 수 있다. 일반적으로 다른 환자에게 도움을 받을 수 없다고 개탄하는 환자가 실제로 말하는 것은 “나한테는 다른 사람에게 줄 만한 것이 아무것도 없어요”이다.

이타적 행위에는 좀 더 미묘한 다른 좋은 점이 내재해 있다. 무의미하다고 불평하는 많은 환자가 빠져 있는 병적인 자기 침잠은 강박적인 내성obsessive introspection의 형태나 이를 악물고 자기를 실현하고자 하는 형태로 나타난다. 그러나 나는 삶의 의미는 계속 생겨나는 것이지 의식적으로 추구할 수는 없다는 Victor Frankl의 말에 동의한다. 삶의 의미란 우리가 우리 자신을 초월했을 때, 즉 우리 자신을 잊고 우리 밖에 있는 어떤 사람(또는 어떤 대상)에 몰입할 때 실현되는 파생적인 현상이다.[75] 암과 같이 삶을 위협하는 병을 안고 살아가는 환자들을 돕는 집단정신치료자들에게는 삶의 의미와 이타주의에 초점을 맞추는 것이 특별히 중요하다.[76]

초기 가족의 교정적 재현

집단에 참여하는 환자들은 외상 후 스트레스 증후군post-traumatic stress syndrome이나 의학적 또는 환경적 스트레스로 고생하는 사람을 제외하고는 대부분 가장 중요한 집단인 가족에 대해 만족스럽지 못한 경험을 가지고 있다. 치료 집단은 권위를 가지거나 부모 역할을 하는 인물, 형제와 같은 동료, 매우 사적인 폭로, 강한 정서, 적대감이나 경쟁적인 감정 및 깊은 친밀감 등이 존재한다는 측면에서 가족과 공통점을 갖고 있다. 그래서 많은 집단이 가능한 한 부모의 모습과 유사하게 보이도록 의도적으로 남자와 여자로 구성된 혼성 치료 팀에 의해 주도된다. 일단 초기의 불편이 극복되면, 집단원들은 예전에 부모나 형제들과 상호작용했던 것처럼 지도자들이나 다른 집단원들과 상호작용하게 된다.

만약 집단지도자들이 부모와 같은 인물로 보인다면, 지도자들은 부모나 권위적인 인물과 연관된 반응을 집단원들에게서 끌어내게 된다. 어떤 집단원은 지도자에게 무력하게 의존하는데, 이때 환자는 지도자가 모든 것을 알고 있다고 생각하며 그를 엄청난 능력을 가진 존재로 받아들인다. 어떤 이는 맹목적으로 지도자에게 반항하기도 하는데, 이 경우 환자는 지도자가 자신을 어린아이 취급하거나 조종하려 한다고 생각한다. 어떤 이는 지도자가 그들의 개성을 말살하려 한다고 믿고 지도자를 조심스러워하기도 한다. 부모 사이에 불화와 경쟁을 일으키려는 시도에서 공동 치료자 사이를 이간질하려는 환자도 있다. 어떤 이는 공동 치료자 가운데 한 명이 자리를 비우면 자신의 속내를 깊이 털어놓기도 한다. 어떤 집단원은 치료자로부터 관심과 보살핌을 받고자 다른 집단원들과 치열한 경쟁을 벌이는 경우도 있다. 어떤 이는 지도자가 다른 누군가에게 관심을 집중하면 질투에 사로잡히기도 한다. 또 치료자를 넘어뜨리고자 다른 환자들과 규합하려는 환자도 있으며, 겉으로는 다른 집단원과 지도자들을 위로하고 배려하면서도, 자신의 이익에 대해서는 소홀히 하는 환자들도 있다.

개인치료에서도 이와 유사한 현상이 나타나기는 하지만, 집단은 개인치료보다 엄청나게 많은 수와 영역의 재현 가능성을 마련해 준다. 나[IY]의 집단에서 두어 차례 모임을 하는 동안 내내 뿌루퉁한 채로 조용히 앉아 있던 Betsy라는 환자가 있는데, 자기가 일대일 개인치료를 받는 것이 아니라는 사실에 슬퍼했다. 그녀는 집단이 자신의 욕구를 만족시킬 수 없다는 것을 알기에 모임에서 감정을 드러내지 않았다고 말했다. 그렇지만 개별적으로 치료자나 다른 한 사람의 집단원과 대화한다면 자유롭게 속내를 털어놓을 수 있으리라고 생각했다. 사람들이 압력을 가하자 Betsy는 사람들이 자기보다는 다른 사람들을 편애하고 있어 불편함을 느낀다고 털어놓았다. 최근 누군가가 휴가를 마치고 모임에 돌아오자 모두 환영해 주었는데, Betsy가 휴가를 마치고 돌아왔을 때는 이를 알아주는 사람이 거의 없었던 것이다. 게다가 어떤 환자는 다른 집단원에게 중요한 해석을 했다고 칭찬을 받았는데, 그녀가 몇 주 전에 그와 비슷한 말을 했을 때는 아무도 신경을 쓰지 않았다. 또한 얼마 동안 그녀는 집단이 모임 시간을 함께 나눈다는 사실에 점차 화가 끓어오르고 있음을 알아차리게 되었다. 그녀는 말할 차례가 돌아오기를 기다리는 것을 참지 못했고, 관심이 그녀로부터 떠나 버릴 때마다 화가 났다.

Betsy는 옳은가? 집단치료는 Betsy에게 잘못된 치료인가? 분명히 그렇지 않다! Betsy의 비난은 어린 시절 형제들과의 관계 속에 깊이 뿌리내리고 있는 것으로, 이는 집단치료에 대한 정당한 비판이 아니다. 정반대로 집단 형태는 그녀의 질투와 관심에 대한 갈망이 드러나게 해 주었다는 점에서 Betsy에게 특히 가치 있는 것이었다. 개인치료의 경우 치료자가 환자의 모든 말과 걱정에 일일이 귀를 기울이고 환자가 진료 시간의 전부를 사용하기 때문에 이런 질투나 갈구는 나타나더라도 나중에야 나타나게 된다.

중요한 것은 집단 내에서 초년기의 가족 내 갈등이 다시 살아날 뿐 아니라, 이런 갈등이 교정적으로 다시 살아난다는 점이다. 치료되지 않은 채로 갈등이 재현되는 것은 상황을 더 악화시킬 뿐이다. 많은 가족 구조에서 특징적으로 나타나는 경직되고 완고한 체제로 인해 성장을 방해하는 관계가 굳어지도록 허용해서는 안 된다. 고정된 역할들은 끊임없는 탐색과 도전을 받아야 하고, 따라서 관계를 탐색하고 새로운 행동을 시험하기 위한 기본 원칙들이 계속해서 고무되어야 한다. 많은 환자에게 치료자 및 집단원과 함께 문제들을 다루어 나가는 것은 예전의 미해결 과제를 해결해 나가는 것이기도 하다(과거의 욕구가 얼마나 분명하게 작용하는지에 관한 것은 복잡하고도 논쟁을 일으키는 사안인데, 이는 5장에서 다루겠다).

사회화 기술의 발달

기본적인 사회 기술 개발인 사회적 학습은 집단치료의 유형에 따라 가르칠 기술의 본질과 그 과정의 명료성이 매우 다양하지만, 모든 집단치료에서 작용하는 치료적 요인이다.

예를 들어, 낮 병원에서 퇴원을 준비시키는 집단이나 청소년 집단 같은 몇몇 집단에서는 사회적 기술의 발달에 직접적으로 중점을 두기도 한다. 환자들은 미래의 고용주에게 접근하는 상황, 상대방에게 데이트를 신청하는 상황 등에 대해 역할 놀이를 하기도 한다.

사회적 학습이 훨씬 간접적인 집단도 있다. 대인 치료 집단의 환자들은 솔직한 피드백이 집단의 기본 규칙이기 때문에 부적응적 사회행동에 관한 상당한 정보를 얻기도 한다. 예를 들면 환자는 자기가 대화하는 동안 상대를 쳐다보지 않는 불안한 버릇을 가졌다거나, 다른 사람이 그의 태도에서 오만하고 왕 같은 태도의 인상을 받는다거나, 자신에게 사회적 관계에 손상을 준 여러 가지 사회적 습성이 있다는 것을 알게 된다. 친밀한 관계가 부족한 환자들에게 집단은 정확한 인간관계의 피드백을 위한 최초의 기회를 마련해 준다. 많은 이가 자신의 이해하지 못할 외로움에 대해 한탄한다. 그럴 때 집단치료는 자신의 외로움과 소외를 어떻게 스스로 초래하는지를 배우는 풍부한 기회를 제공해 준다. 예를 들어, 거절과 수치심을 예상하는 젊은이는 침묵을 지키고 그룹에 대해 자신의 존재감을 줄이는데 이는 결국 원치 않는 부정적인 결과로 이어진다.[77]

집단치료는 또한 각 세션 전후에 소소한 대화를 나누는 귀중한 기회를 제공한다. 사교를 위한 이 보너스 시간은 큰 가치를 지닌다. 예를 들어, 남들이 자기와의 대화를 피하거나 사회적 관계를 맺기를 꺼린다는 것을 아는 한 환자는 집단치료를 받으면서 처음으로 자기가 다른 사람들과 대화할 때 강박적이다시피 아무 관련도 없는 시시콜콜한 내용을 늘어놓아 상대를 당황하게 만든다는 사실을 깨닫게 되었다. 수년 후 그 환자는 나에게 그의 일생에서 잊지 못할 사건은 집단원 중 한 명(너무 오래되어 이름은 잊었으나)이 다음과 같이 말한 것이라고 고백했다. "당신이 자신의 느낌에 관해 얘기할 때는 당신이 좋아지고 친하게 지내고 싶어져요. 그런데 사실과 관련 없는 시시콜콜한 이야기를 하기 시작하면 나는 이 방에서 당장 나가고 싶어져요!"

치료는 복잡한 과정이며 단순한 자각이나 의식적이고 의도적인 사회적 행동의 변화 이상의 것이므로 우리는 치료를 지나치게 단순화시키고 싶지는 않다. 그러나 3장에서 더 자세히 말하겠지만, 자신의 문제를 타인을 통해 자각하는 것은 상당히 중요하며 종종 초기 치료 단계에서 매우 유익하다. 이를 통해 환자는 자신의 의도와 실제 타인에게 끼치는 영향 사이에 간극이 있다는 것을 이해하게 된다.[78] 대인관계에 미치는 영향에 대해 배우는 것은 대인관계 학습의 핵심이며, 지속적으로 큰 이익이 된다.

흔히 치료 집단의 고참 집단원들은 매우 세련된 사회적 기술을 습득하게 된다. 그들은 과정에 조화되어 있다(집단 내 개인 간의 관계). 즉, 그들은 다른 사람들에게 도움이 되도록 반응하는 법을 알고, 갈등 해결을 위한 방법을 터득하는 것이다. 그들은 덜 평가적이며, 더 정확하게 공감하고 이를 표현할 수 있게 된다. 이러한 기술은 향후 사회적 상호작용에 도움이 되며, 정서 지능과 적응 및 사회적 기능의 토대가 되기도 한다.[79]

모방행동

개인정신치료를 받는 동안 환자는 그들의 치료자처럼 앉고 걷고 말하며, 심지어 생각까지도 치료자처럼 생각하게 된다. 자기개방이나 지지, 알맞은 시점의 열정적인 피드백 같은 특정 행동이 본보기가 되어 집단의 의사소통 양식에 큰 영향을 미친다는 상당한 증거가 있다.[80] 집단원들은 서로가 문제에 대처하는 모습을 지켜보면서 배운다.[81] 인지-행동적 집단에서 정신과 환자들에게 환청을 줄이는 전략을 가르칠 때처럼 비슷한 문제를 공유하는 동질의 집단에서 이런 배움은 특히 강력하게 나타난다.[82]

치료 과정에서 모방행동의 중요성을 가늠하기는 어려운 일이지만, 사회심리학적 연구들은 치료자들이 모방행동의 중요성을 과소평가하고 있다는 점을 시사한다. 사회학습을 직접적 강화에 기초해 적절히 설명할 수 없다고 주장하는 Bandura는 모방이 효과적인 치료적 힘이라는 사실을 실험적으로 입증해 냈다.[83] 집단치료에서 환자가 자기와 유사한 문제를 가진 다른 환자들의 치료를 관찰함으로써 도움을 얻는다는 것은 아주 흔한 사실이다. 이러한 현상은 일반적으로 대리vicarious 또는 관찰spectator 치료로 불린다.[84]

치료 초기에는 동일시할 집단의 고참이나 치료자가 더 필요하기에 모방행동은 집단치료의 후기보다는 초기에 더 중요한 역할을 한다.[85] 모방행동이 오래가지는 못할지라도 새로운 행동을 실험할 수 있도록 환자의 경직을 풀어 주고, 결국 이를 통해 적응적 연속순환adaptive spiral을 시작할 수 있게 한다. 실제로 환자가 치료받는 동안 다른 사람의 어떤 면모들을 '시도'해 보고, 자신에게 어울리지 않아 그만두는 경우가 흔하다. 이러한 과정에는 확고한 치료적 영향이 있을 수 있다. 즉, 현재 나의 모습이 아님을 알게 되는 것은 우리의 모습을 발견하는 방향으로 나아가는 과정인 것이다.

38세의 기혼 기술자인 Ken은 대립 끝에 화가 나서 아내를 벽에 밀어붙인 일 이후 집단치료를 시작했다. 그는 자신의 충동적인 행동에 간담이 서늘해지고 부끄러웠지만, 그것이 중요한 감정을 인식하고 말하는 그의 부족함에서 비롯되었다는 것을 깨달았다. 그는 대체로 과묵했지만 감정적인 상태에 직면하면 간헐적으로 폭발했다. 그는 자신의 감정적 무감각함이 매우 엄격한 분위기의 전통적인 이민 가정에서 자라는 동안 형성되었다는 것을 깨달았다. 그의 권위주의적인 아버지는 가혹하게 가정을 다스렸고, 가족의 행동에 영향을 주기 위해 수치심을 하나의 수단으로 사용했으며, 아버지의 권위에 대한 어떠한 도전도 용납하지 않았다. 그런 환경에서 Ken은 모든 반대 감정을 억제하는 법을 배웠다.

치료 집단에서 Ken은 긴 시간 침묵했지만, 가끔 겉으로 보이는 얼굴에 숨겨진 깊은 감정을 반영하는 발언을 하기도 했다. 차츰 그의 삶은 나아졌고, 아내와 아이들과도 더 가까워졌다.

이러한 변화에 대해 질문하자, 그는 구성원들이 자신의 감정을 공개적으로 말하는 모습에 놀랐다고 말했다. 이는 그에게 큰 배움의 기회였다. 특히 비슷한 문화적 배경에서 왔으며 자신의 성장하는 대인관계 개방성에 관해 이야기한 공동 치료자, 그리고 자신의 표정에 나타나는 모호함을 해석하기가 어렵다는 다른 회원들의 유용한 피드백에 영향을 받았다. 집단치료자와 Ken의 동일성은 그가 침묵에 대한 문화적 영향을 극복하는 데 도움을 주었다. Ken의 자기개방은 다른 멤버들보다는 그 정도가 낮았지만, 그는 개방성이 부끄러움보다는 친밀함을 낳는다는 것을 알게 되었다.

2장

대인관계 학습

우리가 정의하고자 하는 대인관계 학습은 광범위하고 복합적인 치료적 요인이다. 이는 개인치료의 통찰, 전이의 해결, 교정적 정서 체험과 같은 중요한 치료적 요인을 집단치료에 유사하게 적용시킨 개념이다. 하지만 이들은 집단치료 장면에 고유한 과정으로 치료자의 특정 작업의 결과로만 드러난다. 대인관계 학습(치료 관계와 진실하고 정확한 공감 사이의 깊은 연관성)을 이해하는 것은 효과적인 집단 리더십에 관한 연구에서 집단치료자에 중심을 맞춘다.[1] 대인관계 학습이 개인의 치료적 변화를 어떻게 중재하는지 설명하기 위해 먼저 세 가지 다른 개념을 다룰 필요가 있다.

1. 대인관계의 중요성
2. 교정적 정서 체험
3. 축소된 사회(social microcosm)로서의 집단

대인관계의 중요성

인류 진화의 역사를 넓게 훑어보거나, 또는 한 개인의 발달을 면밀히 따라가거나, 인간 사회를 어떤 관점에서 연구하든지 우리는 항상 인간을 대인관계라는 기반에서 생각하게 된다. 원시 인류문화에 관한 연구와 현대 사회를 살펴보면 인간은 언제나 집단 속에서 살아왔다는 것을 알 수 있다. 이러한 집단은 구성원 사이의 강하고 지속적인 관계로 특징되고, 집단에 소속되고자 하는 욕구는 강하고 근본적이며 전반적인 동기가 된다.[2] 어린 시절의 애착은 지속적으로 영향을 미치며, 애착은 감정을 인식하고 관리하고 평생 동안 관계를 구축하는 능력을 형성한다. 이러한 결론은 세대에 걸쳐 81명의 남성 코호트를 추적한 80년간의 연구에서 분명하게 드러났다.[3] 초기의 안전한 애착은 회복력을 길러주는 반면, 어린 시절의 중요한 역경은 다수의 의학적 · 심리적 질병에 대한 취약점으로 이어질 수 있다.[4] 스트레스 호르몬과 우리 몸의 염증 반응에 의해 매개되는 이러한 효과는 가장 기본적인 단계에서 일어나며, 유전자 발현을 변화시키고 잠재적으로 평생 위험 요소가 된다.[5]

초기 모자母子 관계에 대한 연구에서 John Bowlby는 애착 행동이 생존에 필수적일 뿐 아니라, 핵심적이고 유전적으로 그리고 신경생물학적으로 애착을 찾도록 설계되어 있다는 결론을 내렸다.[6] 만약 어머니와 아기가 격리되면, 모자는 잃어버린 대상을 찾을 때 나타나는 극심한 불안을 각각 경험한다. 그리고 격리가 지연되면 아기에게 심각한 결과를 가져온다. D. W. Winnicott도 비슷한 말을 했다. "아기라고 불릴 만한 것은 없다. 엄마-유아의 한 쌍이 있을 뿐이다."[7] 저명한 심리분석가 Stephen Mitchell에 따르면 우리는 '관계의 모체' 속에서 살고 있다. "사람은 양탄자처럼 짜인 과거와 현재의 관계 속에서만 이해할 수 있다."[8] Bowlby와 Winnicott는 현대 관계형 신경과학과 대인 신경생물학을 예측했다. 이들은 연관성의 심리학과 생물학에 대한 통합적인 이해를 추구했다.[9] Daniel Siegel은 이러한 연결고리를 확장해 마음, 뇌 및 대인관계의 상호 연결을 '건강의 삼각형'이라고 언급했다. 이 세 가지 영역은 자체 통합 및 규제의 관점에서 정보를 처리하기 위해 함께 작동한다.[10] 우리의 관계적 과정은 신경생물학적으로 내재되어 있다. 관계와 생물학적 요소 사이의 반향을 이해하면 환자를 더욱더 효과적으로 돕고 참여시킬 수 있으며, 언어적 · 비언어적 커뮤니케이션을 활용해 환자를 이해하는 데 도움이 된다.[11] 이러한 이해에 대한 환자의 경험은 부끄러움과 편견으로 인해 억압되었던 기본적인 감정적 욕구를 정상화하는 데 도움이 될 수 있다. 이는 우리의 치료 효과를 심화하고, 치유적인 치료 맥락을 창조한다.[12]

조울증과 강박장애를 가진 여성 Elena는 휴가에서 돌아온 후 집단 구성원들에게 근황을 전했다. 여행 전에 Elena는 평소처럼 어머니를 찾아가지 않고 남자친구인 Juan과 함께 외출할 계획이라고 했다. 그녀는 자신의 병을 늘 부끄러워하고 공격했던 어머니와 함께 있는 것이 두려웠다.

집단치료 초기에 그녀는 Juan과 같이 사랑하는 남성에게서 안전함과 신뢰감을 느끼는 것이 얼마나 어려웠는지 이야기했다. 그와 하룻밤을 보낸다는 생각은 잠을 잘 수 없을 정도로 큰 불안감을 불러일으켰고, 결국 그의 보살핌을 받을 자격이 없다는 생각으로 이어지며 감정이 복잡해졌다. 집단 구성원들은 그녀가 집단의 시간과 지원을 찾기 어려워했던 점과 Juan의 보살핌을 받을 자격이 없다고 느끼는 것 사이의 연관성을 이끌어 냈다. 또한 그녀가 자기 삶에서 파괴적인 자극을 줄이기 위해 관계를 끝내기로 계획했을 때 건설적인 비판을 제기하기도 했다.

Elena가 남자친구와 함께 휴가를 가기로 동의한 것은 이에 대한 반응이었다. 예상했던 대로 그녀는 호텔에서 잠을 자는 것과 매일 밤 Juan과 침대를 같이 쓰는 데 어려움을 겪었다. 그러나 이에 관해 미리 Juan과 의논했고, 그는 Elena가 잠을 잘 자지 못하면 자기를 깨우라고 말했다. Elena는 첫날에는 그렇게 하기를 꺼렸지만, 둘째 날 밤에는 그를 깨웠다. Juan이 달래듯이 그녀의 등을 어루만지자 그녀는 다시 잠이 들었다. 비록 수면으로 인해 일주일 내내 다소 힘든 시간을 보내기는 했지만 Elena는 남자친구와 함께 있는 시간을 즐길 수 있었다.

집단은 그녀의 솔직함을 열정적으로 지지했지만, Elena는 칭찬을 받아들이기 힘들어했다. 그러나 시간이 흐르면서 집단과 더 많이 시간을 보낼수록, 그녀는 Juan과 더 공개적이고도 사랑스러운 관계를 이어 갈 수 있었다. 한 번은 Juan이 그녀만큼 여행을 좋아하는 사람은 없을 거라고 말했다고 이야기했을 때 집단은 박수로 호응했다. 이는 Elena에게 연민과 감사 그리고 애정 어린 보살핌이 얼마나 필요했는지, 그리고 어떻게 충족될 수 있었는지에 대한 강력한 증거가 되었다. "

우리는 사회적으로 관계를 맺도록 만들어졌으며, 깊고 의미 있는 관련성만큼 우리 건강에 더 중요한 것은 없다. 예를 들어, 외로운 사람과 사회적으로 떨어져 있는 사람의 사망률이 거의 모든 사망 원인에서 유의미하게 높다는 설득력 있는 근거가 있다.[13] 사회적 고립은 흡연이나 비만 같은 명백한 요인만큼이나 조기 사망률을 높이는 위험 인자다.[14] 반대로, 사회적 관계와 조화는 암이나 HIV/에이즈 같은 심각한 질병의 진행 과정에도

긍정적인 영향을 미친다.[15]

관계에서 연결됨과 애착의 중요성이 심리치료사 사이에서 인정받으면서 현대의 역동적 치료 모델도 발전해 왔다. 한 사람에게 초점을 두고 접근하는 프로이트 심리학에서 효과적인 정신치료의 중심에 환자의 대인관계적 경험을 놓고 '두 사람 관계'에 초점을 두는 심리학으로 발전해 온 것이다.[16] 집단분석 및 현대 분석 집단 방식은 관계적 모델을 사용하기도 하는데, Mitchell을 인용하자면 "관계적 모델이란 다른 사람들과의 관계라는 상호작용 속에서 자기self를 토대로 삼아 마음을 그려 보는 것을 말한다."[17]

Harry Stack Sullivan의 공헌과 그의 대인관계적 정신의학 이론에 토대를 둔 정신치료의 대인관계적 모델이 유명하다.[18] Sullivan의 저서가 대인관계적 모델의 원전으로서 중요성을 지님에도 불구하고, 현대의 치료자들은 그의 책을 거의 읽지 않는다. 한 가지 이유는 그의 어법이 난해하다는 점이다(쉬운 영어로 저술된 그의 연구에 관한 훌륭한 번역서가 있기는 하지만).[19] 또한 그의 이론이 현대 정신치료 사상에 너무도 광범위하게 영향을 미쳤기 때문에 원작이 지나치게 친근하거나 당연한 것으로 보이기 때문이기도 하다. 그러나 최근 정신치료에서 인지적 접근과 대인관계적 접근이 서로 융합되면서 Sullivan의 저술에 관한 관심이 다시 높아졌다.[20] 저명한 대인관계 이론가이자 연구자인 Donald Kiesler는 사실상 대인관계적 틀frame을 치료자들의 인지적 · 행동적 · 정신역동적 접근을 모두 의미 있게 종합해 주는 가장 적절한 모델로 보았다.[21]

비록 대인관계 이론에 관한 포괄적인 논의가 이 책의 범위를 벗어나기는 하지만, Sullivan의 공식이 집단치료 과정을 이해하는 데 매우 도움이 되고 대인관계 신경 생물학에 대한 우리의 더 많은 이해와 합치하는 만큼 우리는 몇 가지 핵심 개념을 설명할 것이다.[22] 그의 생각이 긴 시간 이어져 온 것은 매우 놀라운 일이다. 오히려 시간이 지남에 따라 발전한 것이 사실이다. Sullivan은 인간의 성격은 거의 전적으로 중요한 인물과의 상호작용에서 나타난 산물이라고 주장한다. 다른 사람과 친한 관계를 맺으려는 욕구는 어떠한 생물학적 욕구만큼이나 기본적이며, 무기력한 긴 유아기 과정을 고려할 때 생존에도 필수적이다. 발달 과정에 있는 아이는 안정을 추구하면서 환영받는 자아의 특질과 측면은 개발하고 강조하지만 비난받는 자아의 특질과 측면들은 억압하거나 부정한다. 결국 개인은 자기에게 중요한 타인의 평가에 기초해 자아, 즉 자기역동을 발달시키는 것이다.

> 자아는 반영된 평가(reflected appraisals)에 의해 구성된다고 할 수 있다. 부모가 원하지 않았던 아이처럼 한 번도 사랑을 받아 본 경험이 없는 아이나, 아이에 대한 진정한 관심이 없는 양부모의 손에 자란 아이처럼 평가가 주로 모욕적인 경험, 즉 자기역동이 주로 경멸의 경험으로 구성되어 있는 경우에는 다른 사람들에 대해 적대적이고 얕보는 평가를 하게 될 것이고, 자기 자신에 대해서도 모욕적이고 적대적인 평가를 하게 될 것이다.[23]

자신에게 중요한 타인의 반영된 평가에 기초해 자기존중self-regard을 구축하는 과정은 전 발달 단계를 통해 지속된다. 청소년기를 연구해 보면 만족스러운 동료 관계와 자아존중감은 불가분의 관계임을 알 수 있다.[24] 성인의 경우도 마찬가지다. 우리는 의미 있는 연결됨에 대한 욕구에서 벗어날 수 없다.[25]

Sullivan은 타인에 대한 지각을 왜곡하는 개인의 성향을 기술하기 위해 관계왜곡parataxic distortion이라는 용어를 사용했다. 관계왜곡은 대인관계에서 타인의 현실적 속성에 근거하기보다 자신의 심리적 세계 속에 존재하는 인격화된 인물personification에 근거해 관계를 맺을 때 일어난다. 관계왜곡은 전이transference의 개념과 유사하지만, 두 가지 중요한 차이점이 있다. 우선 범위가 더 넓다. 즉, 관계왜곡은 치료자에 대한 개인의 왜곡된 관점뿐 아니라, 모든 대인관계와 연관된다(집단 구성원들과의 왜곡된 관계도 포함된다). 두 번째 차이점은 이론의 근원이 더 폭넓다는 점이다. 관계왜곡은 단순히 과거에 실제 인물에게 가졌던 태도가 현재의 관계로 전이되는 것뿐만 아니라, 대인관계적 욕구에 반응해 대인관계 현실을 왜곡하는 것을 포함한다. 우리는 일반적으로 오늘날 치료자 사이에 일반적인 관행처럼 이루어지는 고객과 치료자 또는 고객과 그룹 구성원들 사이에서의 모든 대인관계 왜곡을 언급하기 위해 이 책에서 '전이'라는 용어를 사용할 것이다.

전이 왜곡은 깊은 곳에 저장되어 있는 생애 초기의 상호작용 경험의 기억들로부터 나온다.[26] 이런 기억들은 개인의 삶에서 지속되는 애착 패턴을 형성하는 내적 작동 모델internal working model의 구조에 기여한다.[27] 내적 작동 모델은 도식schema이라고도 알려져 있는데, 도식은 개인이 자기 자신에 대해 가지고 있는 신념, 대인관계에서 일어나는 일들을 이해하는 방식, 그리고 그 이해에 잇따르는 대인관계적 행동으로 이루어져 있다. 여기서 대인관계적 행동은 자기 자신의 행동뿐 아니라 타인으로부터 유도해 내는 행동도 포함된다.[28] Lester Luborsky의 핵심 갈등 관계 테마Core Confictual Relationship Theme,

Hans Hermann Strupp과 Jefrey Binder의 잘못된 구조 순서misconstrual-misconstruction sequence, Paul Wachtel의 순환적 심리역학cyclical psychodynamics, 그리고 Mt. Zion의 제어 마스터 모델Control Mastery model을 포함한 많은 현대 심리치료 모델이 이러한 원리에 근거하고 있다.[29] 예를 들어, 우울하고 자식에게 부담을 주는 부모 밑에서 자란 여성은 누군가와 밀접한 관계를 맺거나 애착을 갖게 되면 상대에게 아무런 요구도 할 수 없고, 자신의 독립성을 억제해야 하며, 그의 감정적인 요구에만 맞추어야 한다고 느낄 가능성이 크다. 정신치료는 그녀가 자신의 경직되고 제한된 대인관계적 지도를 버릴 최초의 기회를 제공해 줄 수 있다.

대인관계의 왜곡은 자기영속적인 경향이 있다. 예를 들면, 경멸적이고 저하된 자아상을 가진 개인은 선택적인 부주의나 투사를 통해 다른 사람을 거칠고 거부적인 사람으로 잘못 지각한다. 더욱이 굴종, 방어적 적대감, 경멸 등의 행동적 특성이나 매너리즘을 발달시킴으로써 결국 다른 사람이 자기를 실제로 거칠게 대하고 거부하도록 유도한다. 이런 연속적 과정은 보통 '자기충족적 예언self-fulfilling prophecy'이라고 불린다. 개인은 다른 사람들이 특정한 방식으로 행동하리라 기대하고, 그런 기대로 인해 자신도 모르는 사이 다른 사람들이 그렇게 행동하도록 유도하는 것이다. 달리 말해서 관계에서의 인과관계는 일방향linear으로 이루어지는 것이 아니라 순환적이다. 많은 연구가 개인이 대인관계에 대해 가지는 신념이 행동으로 표현되어 다른 사람들에게 예측 가능한 영향을 끼친다는 증거를 제시하며 자기충족적 예언을 지지한다.[30] 대인관계의 방어는 문제가 될지언정 해결책이 되지 못한다.[31] 이러한 패턴은 임상 평가와 객관적인 대인 측정을 통해 조명할 수 있다.[32]

Sullivan의 견해에 따르면 관계왜곡은 자신의 대인관계적 평가를 다른 사람의 대인관계적 평가와 비교하는 합의적 검증consensual validation을 통해 수정될 수 있다. 합의적 검증은 집단치료에서도 중요한 개념이다. 집단에서 어떤 중요한 사건에 대한 다른 집단원의 관점을 견본으로 삼아 자신의 왜곡을 고치는 일은 드물지 않다.

이것이 치료 과정에 대한 Sullivan의 견해다. Sullivan은 정신건강 연구의 적절한 초점은 사람들 사이에서 일어나는 일과 관련된 과정을 연구하는 것이라고 주장했다.[33] 정신질환 또는 여러 가지 다양한 형태로 나타나는 정신과적 증상은 대인관계적 용어로 해석되어야 하고, 그에 따라서 치료되어야 한다.[34] 부적응적인 대인관계적 행동은 경직성, 극단성, 왜곡, 순환성 그리고 외관상 도피할 수 없음 등으로 심도 있게 정의될 수 있다.[35]

따라서 치료는 대인관계의 왜곡을 고치는 방향으로 나아가 그 사람이 좀 더 충만하고도 덜 제한적인 삶을 살고, 상호 만족하는 실제의 대인관계 맥락 속에서 다른 사람들과 협조적으로 참여할 수 있게 해 주어야 한다. Sullivan이 말했듯이 "사람은 자신의 대인관계를 자각하는 만큼 정신적 건강을 얻게 된다."[36] 정신의학적 치유는 "환자가 알고 있는 자기 모습이 다른 사람들에게 행동하는 자기 모습과 같은 것이 되도록 자신을 확장하는 것"이다.[37] 비록 자신에 대한 핵심적인 부정적 신념들이 치료로 완전히 사라지지는 않지만, 효과적인 치료는 대인관계를 숙달하는 능력을 길러 준다. 그래서 환자들은 더 확장되고, 융통성 있으며, 공감적이고 적응적인 행동 양식으로 대인관계에 대처할 수 있으며, 악순환적이던 대인관계 양상을 건설적인 것으로 바꿀 수 있다.[38]

품행장애나 반사회적 행동에 초점을 두고, 부모와 아동이 함께 참여하는 집단치료 개입에서는 대인관계 의사소통 능력을 향상시키는 데 중점을 둔다. 아동이 자신의 욕구를 잘 표현하지 못하거나, 부모가 아동에게 거는 기대를 잘 전달하지 못하게 되면 부모나 아동 모두 무기력감과 무능력감을 느끼게 된다. 그러면 아동의 비행이 일어날 수 있고, 부모 또한 아동을 적대적으로 대하거나 평가 절하하면서 경솔한 격앙 반응을 보이게 된다.[39] 이런 집단에서는 부모와 아동 모두 심리교육, 문제 해결, 대인관계 기술 훈련, 역할 훈련, 피드백 주기 등의 방법을 통해 부적응적인 대인관계의 고리를 인식하고 바로잡는 것을 배운다.

심리치료가 목적과 방법에서 넓은 의미로 대인관계라고 보는 이러한 생각은 집단치료에서 참으로 적절하다. 하지만 이것이 모든 또는 다수의 환자가 대인관계에 대해 명확하게 도움을 요청한다는 의미는 아니다. 환자들의 치료 목표가 종종 집단 회기가 진행되면서 바뀌는 것을 관찰해 왔다. 집단 초기의 목표인 고통 완화는 대개 그 본질이 대인관계적인 새로운 목표로 점차 대치된다. 목표는 불안이나 우울의 완화로부터 다른 사람들과 의사소통하는 것을 배우거나, 다른 사람을 더 믿거나, 정직하게 되거나, 사랑하는 법을 배우는 것 등으로 변화한다. 단기 집단치료에서는 환자의 관심이나 염원이 대인관계적인 것으로 옮겨 가는 것이 평가 단계나 집단 준비 단계 같은 치료 초기에 협력적이고 투명하게 일어날 필요가 있다.[40]

목표가 고통 완화에서 대인관계적인 것으로 변하는 것은 역동적 치료 과정의 초기 단계에서 필수적이며, 치료자의 생각도 이와 같이 변하는 것이 중요하다. 우리는 우울증이 여러 가지 요인에 의해 발생한다는 것을 인식하고 있지만, 대인관계 병리가 중요한 인과적 역할을 하며 이를 영속시킬 수 있다고 믿는다. 그렇기에 우울증 환자와 집단치료를 진행할 때는 먼저 우울을 대인관계적 용어로 바꾼 뒤 기저에 있는 대인관계적 병리를 치료하는 것이 중요하다.[41] 따라서 치료자는 우울을 수동적 의존, 고립, 아부, 화를 표현하지 못함, 격리에 대한 과민 등과 같은 대인관계 용어로 번역하고, 치료에서 이러한 대인관계적인 문제를 다룬다.

대인관계가 정신건강에서 가지는 중요성은 현재 정신의학적 사상에 너무 많이 통합되어 있기에 더 강조할 필요는 없다. 사람은 최초의 생존과 그 생존의 연장을 위해, 사교적인 교제를 위해, 만족의 추구를 위해 사람을 필요로 한다. 죽어 가는 사람, 추방된 사람, 절대적인 힘을 가진 사람 등 누구도 인간 접촉의 욕구를 초월할 수는 없다.

수년 동안 암이 진행된 환자들의 집단을 지도하는 동안, 우리는 환자들이 죽음에 직면했을 때 존재가 없어지는 것이나 허무보다는 죽음에 수반되는 절대적 외로움을 두려워한다는 사실을 깨닫고 여러 번 충격을 받았다.[42] 죽어 가는 환자들은 흔히 대인관계적인 걱정, 즉 살아 있는 세계로부터 버림받거나 차단되는 것에 대한 걱정으로 괴로워한다.

말기 환자들의 고립은 흔히 양면적이다. 환자들은 사랑하는 가족과 친구들을 자신이 처한 절망의 늪에 빠지게 할까 봐 두려워서 사랑하는 사람들을 피한다. 가족과 친구들 역시 회피, 어떻게 말해야 할지 모르는 무지無知, 접촉하기를 머뭇거리는 것, 소통 과정에서 계속 거리를 두는 것, 그리고 대화함으로써 환자나 그들 자신이 울적해지는 것을 원하지 않음 등의 이유로 환자의 고립에 기여한다. 문제는 환자에게 그의 치명적인 질병에 관해 얘기하느냐 마느냐가 아니라 환자에게 어떻게 터놓고 정직하게 얘기할 것인가라는 점이라는 Elisabeth Kubler-Ross의 말에 우리는 동의한다. 환자는 항상 살아 있는 사람들의 태도나 움츠림을 통해 자신이 죽어 가고 있다는 것을 암암리에 알게 된다.[43]

의사소통에서 회피와 잠정성의 희생양이 되기 쉽다. 내[ML]가 전이성 유방암 여성 단체를 이끌던 중 어머니가 췌장암 말기 판정을 받았던 기억이 난다. 어느 날 저녁 식탁에서 어머니는 왜 가족 중 아무도 8개월 뒤에 예정된 우리 아들의 성년식에 관해 이야기하지 않는지 의문을 제기했다. 그리고 오랜 침묵이 이어졌다. 그러자 어머니는 "모든 사람이 내가 그 전에 죽을 것을 알고 있기 때문에 사람들이 Benji의 성년식에 관해 이야기하지 않는다"라고 덧붙였다. 평소에 온화하고 자제심이 많은 아버지가 동요했고, 너무 비관적인 어머니에게 그렇게 부정적으로 생각하지 말고 희망을 가져야 한다고 말씀하셨다.

어머니는 낙담한 듯 보였고, 나는 집단 구성원들과 그들의 가족에게 격려했던 것을 행동으로 옮기기로 했다. 나는 어머니에게 다가가 "어머니, 저는 어머니가 아픈 것에 대해 잘못 알고 있는 거면 좋겠지만, 어머니 말씀이 옳을지도 몰라요. 그리고 우리가 Benji의 성년식에 관해 이야기하지 않는다는 걸 지금 깨달았어요. 왜냐하면 지금까지 어머니가 우리와 함께 있지 않을지도 모른다는 사실을 생각할 필요가 없었기 때문이에요. 또한 우리의 회피가 어머니를 외롭고 단절감을 느끼게 만든다는 것도 알아요. 병의 결과를 바꿀 수는 없지만, 지금 이 순간의 경험은 바꿀 수 있어요. 앞으로의 계획을 최대한 알려드리고 함께하겠다고 약속할게요."

어머니는 미소를 지으며 고맙다고 하시더니 "이제 네가 어떤 일을 하는지 알겠구나"라고 말씀하셨다. 어머니는 Benji의 성년식까지 계시지는 못했지만, 삶의 마지막 몇 달을 훨씬 더 개방적이고 소통적인 방식으로 보냈다. 이는 모두에게 좋은 일이었다.

의사들도 상당한 심리적인 거리를 유지함으로써 말기 암 환자들을 고립시키는데, 이는 의사로서의 실패와 무능력에 대한 느낌을 피하거나 자신의 죽음에 대한 공포를 피하기 위해서다. 결국 의사들은 그들이 할 수 있는 것은 더 이상 없다고 결론 내리는 실수를 하게 된다. 그러나 이때가 바로 환자에게는 기술적인 도움 때문이 아니라 순수한 인간의 실재實在로서 의사가 가장 필요한 때다. 환자에게 필요한 것은 접촉하는 것, 다른 사람들을 접하고 걱정되는 점을 솔직하게 이야기하는 것이며, 떨어져 있지만 동시에 그들의 일부임을 기억하는 것이다. 정신치료적 접근에서는 말기 환자들이 가지는 소외에 대한 두려움 그리고 사람들과의 관계에서 존엄성을 유지하고자 하는 욕구 같은 특정 관심사에 초점을 두기 시작했다.[44]

사회적으로 격리된 사람들, 즉 거부반응에 너무 익숙해져서 아무도 필요하지 않다고 주장하는 사람들을 생각해 보자. 그들은 대인관계의 필요성에 둔감한 듯 보일 수 있지만 그렇지 않다. 내[IY]가 교도소에서의 경험한 일은 이러한 인간 욕구의 보편적 특성에 대한 기억을 강하게 되살려 주었다. 경험이 없는 한 정신치료자가 자기가 맡은 12명의 재소자로 구성된 치료 집단에 대해 자문을 요청했다. 그 집단의 구성원은 모두 미성년자 성폭행에서 살인에 이르는 다양한 죄목의 범죄자들이었다. 그 집단은 활기가 없고, 집단과 관계없는 자료에만 계속로 주목한다고 치료자가 불평했다. 나는 그 집단을 관찰하기로 동의했고, 우선 치료자가 각 집단원에게 집단원의 일반적인 인기의 서열을 매기도록 개인적으로 요청함으로써 사회관계적인 정보를 얻도록 제안했다(나는 이 과제에 대한 토론을 통해 집단원들이 집단 자체에 관심을 갖게 되기를 바랐다). 치료자와 나는 그 결과를 다음 모임이 있기 전에 미리 논의하기로 계획했는데, 뜻밖의 상황이 생겨 미리 이야기를 나누지 못했다.

열의는 있지만 전문적 경험이 부족하고 대인관계 욕구에 민감하지 못했던 치료자는 다음 집단 모임이 진행되는 동안 집단원들의 인기투표 결과를 발표하겠다고 말했다. 그러자 집단원들은 겁먹고 위협을 느끼며, 투표 결과를 알고 싶지 않다고 분명히 말했다. 몇몇 집단원은 그들이 가장 인기가 없을 것이라는 가능성 때문에 너무도 강력히 거부했고, 결국 치료자는 재빨리 투표 결과 발표를 포기했다.

나는 다음 모임을 위한 대안을 제시했다. 각 집단원은 누구의 투표를 가장 소중히 여기는지, 그리고 그 이유는 무엇인지 설명하게 했다. 이 제안 역시 너무 위협적이어서 3분의 1만 호응했다. 그럼에도 불구하고 이 집단은 상호작용적인 수준으로 옮겨졌고, 전에 없던 긴장과 참여 및 유쾌함이 생겼다. 이들은 사회로부터 최후의 거부 메시지를 받았다. 그들은 수감되었고, 격리되었으며, 추방자로 낙인찍혔다. 보통 사람의 눈에 이들은 모두 무감각하고 냉담하며, 대인관계에서 오가는 승인과 거부의 미묘함에 관심이 없는 것처럼 보였다. 그러나 그들은 걱정했고, 몹시 신경 썼다.

타인으로부터의 수용과 상호작용에 대한 욕구는 정반대 운명에 처해 있는, 즉 엄청난 권력이나 명예 또는 부를 지닌 사람들에게도 마찬가지다. 나[IY]는 굉장한 갑부인 환자를 3년 동안 치료한 적이 있다. 그녀의 주된 문제는 다른 사람 사이에 돈 때문에 생긴 분열이었다. 어느 누가 그녀의 돈보다 그녀를 소중하게 여겼겠는가? 그녀는 계속해서 다른 사람들에게 이용당했던 것인가? 그녀는 9,000만 달러에 달하는 재산에 대한 부담감을 누구에게 하소연할 수 있겠는가? 재산에 대한 비밀은 그녀를 다른 사람들로부터 고립시켰다(이러한 외로움은 집단치료자와도 관계가 있다. 집단치료자의 역할에 내재하는 고독은 7장에서 언급하겠다).

모든 집단치료자는 집단에 관심이 없거나 초연한 환자들을 만나게 된다. 그들은 "나는 다른 사람들이 나에 대해 어떻게 이야기하든지 개의치 않아요. 그들은 나에게 아무 의미가 없으니까요. 나는 다른 집단원들을 존중하지 않아요"라고 말하거나 이와 유사한 말을 한다. 우리의 경험에 따르면 회피형 또는 멸시형 애착 유형을 가지는 환자들의 경우 쉽지 않지만, 만약 그러한 환자들이 집단에 오래 있게 되면 다른 모습이 불가피하게 나타나게 된다.[45] 그들은 매우 깊은 수준에서 집단에 관심이 있다. 이러한 상황에서 과제는 대인관계 패턴이 다른 집단 구성원들로부터 돌이킬 수 없는 반감과 원한을 불러일으키기 전에 문제를 해결하는 것이다. 수개월 동안 무관심한 태도를 일관하던 한 환자에게 집단에 대해 가장 하고 싶은 질문을 하게 했을 때, 놀랍게도 그녀는 "당신들은 어떻게 나 같은 사람을 견디나요?"라고 질문했다.

많은 환자가 열정이나 불안감을 가지고 모임에 참여한다. 모임을 한 후 어떤 구성원은 너무 충격을 받아 운전을 힘들어하는 경우도 있고, 어떤 사람은 전날 밤에 잠을 이루지 못하기도 한다. 그리고 많은 사람이 한 주를 지내는 동안 상상 속에서 집단원들과 대화를 나누기도 한다. 더욱이 집단에서 다른 사람들과 가지게 되는 관계의 영향은 종종 오랫동안 지속된다. 치료가 끝난 후 몇 달 또는 몇 년 동안 집단원들에 대해 꿈을 꾸고 생각하는 환자도 많이 봤다.

한마디로 사람들은 자기 집단의 사람들에게 오랫동안 무관심하지 않다. 사람들은 권태 때문에 치료 집단을 떠나지는 않는다. 조롱, 모욕, 두려움, 의기소침, 수치, 공포, 미움은 믿어도 상관없지만, 무관심만은 믿지 말라!

요약하면, 이제까지 대인관계 이론의 견지에서 성격 발달, 대인 신경생물학, 성숙한 기능, 정신병리, 그리고 정신 의학적 치료의 몇 가지 측면을 개관해 보았다. 우리가 제기한 많은 문제, 즉 환자가 느끼는 고통의 주된 부분이 교란된 대인관계에서 비롯되었다는 개념, 대인관계 왜곡을 수정하는 데 있어 합의적 검증의 역할, 대인관계의 적응적 수정으로서 치료 과정에 대한 정의, 사회적 욕구의 본질과 그 영향력 등은 집단치료의 치료적 과정에 중대한 영향을 미친다. 이제 대인관계 학습의 치료적 요인을 이해하는 데 필요한 세 가지 개념 중 두 번째인 교정적 정서 체험을 살펴보겠다.

교정적 정서 체험

1946년 Franz Alexander는 '교정적 정서 체험'이라는 개념을 소개했다. Alexander는 "치료의 기본 원칙은 과거에는 처리할 수 없었던 정서적 상황에 환자를 좀 더 우호적인 환경에서 노출시키는 것이다. 환자가 도움을 받기 위해서는 이전의 외상적 경험을 수정하기에 적당한 교정적 정서 체험을 겪어야만 한다"라고 했다.[46] Alexander는 지적인 통찰만으로는 부족하고 반드시 정서적 요소와 체계적인 현실 검증이 있어야 한다고 주장했다. 환자는 전이로 인해 왜곡된 방식으로 치료자와 감정적인 상호작용을 하면서, 점차 "이러한 반응은 환자와 치료자 사이의 상황에 맞지 않으며, 환자가 일상생활에서 맺는 인간관계에도 마찬가지로 맞지 않는다"는 사실을 깨달아야 한다.[47]

교정적 정서 체험은 진짜가 아니라는 오해 때문에 오랫동안 비판을 받아왔지만, 현대 정신치료에서는 치료 효과를 위해 교정적 정서 체험이 필수적이라고 본다. 행동적 수준에서의 변화와 더 깊은 수준인 과거 관계가 내면화된 이미지의 변화는 모두 해석과 통찰을 통해서만 일어나지는 않는다. 변화는 환자의 병리적인 신념이 잘못되었음을 확인시켜 주는 지금-여기의 의미 있는 관계 경험을 통해서 일어난다.[48] 병리적 신념이 부당했음을 확인하게 될 때, 변화는 극적으로 일어날 수 있다. 환자들은 감정을 더 잘 표현하고, 더 개인적으로 관련 있는 발달상의 경험을 떠올리고, 더 대담해지고 자기 자신에 대해 명확해지는 증거들을 보여 준다.[49] 환자들은 관계가 작동하는 원리와 관계에서 그들의 역할에 대해 더 균형 잡힌 이해를 얻는다.[50] 교정적 정서 경험은 대부분 처음으로 대인관계 세계에 대한 신뢰를 회복하거나 창출하게 하는데, 저명한 심리치료 이론가이자 연구자인 Peter Fonagy와 그의 동료들은 이를 인식론적 신뢰epistemic trust라고 부른다. 사람들의 언행을 믿고 지나친 경계심 없이 세상에 나설 수 있는 역량을 키운다는 것이다.[51]

치료에서 정서 체험의 중요성과 현실 검증을 통해 환자의 대인관계 반응의 부적절성을 발견하게 하는 개인치료의 기본 원리는 집단치료에서도 마찬가지로 매우 중요하다. 왜냐하면 집단 장면이 개인치료보다 교정적 정서 체험의 생성을 위한 더 많은 기회를 제공하기 때문이다. 개인치료 장면에서도 교정적 정서 체험이 가치 있지만 쉽게 일어나지 않을 수 있다. 왜냐하면 치료자-환자 관계는 섬에 머무는 것과 같이 제한적이기도 하고, 환자가 자발적인 행동과 시야 그리고 치료 관계의 진정성에 대해 이의를 제기하는 것이 좀 더 수월하기 때문이다. (실제로 Alexander도 이런 점을 인식했기 때문에 분석자가 때로는 연기자가 되어 원하는 정서적 분위기를 만드는 역할을 해야 한다는 제안을 했다고 우리는 믿는다. 이러한 점에서 초기에 기만이라는 비판이 있었다.)[52] 최근에는 '치유적' 측면에서 중요한 촉매로서의 존재감을 되찾기도 했다.[53]

치료 집단에서는 그러한 역할 수행이나 가장simulation은 필요하지 않다. 치료 집단에는 성장기 초기 원시적 층에 깊이 근원을 둔 형제간의 경쟁, 지도자나 부모의 관심에 대한 경쟁, 지배와 지위를 위한 몸부림, 성적 긴장, 관계왜곡, 집단원 간의 사회적 · 경제적 계급, 교육, 문화, 인종, 성, 민족, 가치의 차이 등과 같은 긴장이 있다. 그러나 이러한 솔직한 감정을 환기시키고 표현하는 것만으로는 충분하지 않고, 교정적 정서 체험으로 전환되어야 한다. 이를 위해서는 두 가지 조건이 필요하다. (1) 이러한 긴장이 솔직하게 표현될 수 있도록 집단원들이 집단을 충분히 안전하고 지지적인 장으로 경험해야 하고, (2) 효과적인 현실 검증이 가능하도록 충분한 참여와 솔직한 피드백 그리고 이를 잘 처리하는 것이 있어야 한다.[54]

다년간의 임상 작업에서 나는 집단치료가 끝난 이후에 환자들과 면담을 진행한다. 면담에서는 치료에서 결정적이었던 사건, 전환점 또는 가장 도움이 된 한 가지 사건에 관해 묻는다. 그러면 환자들은 늘 정서적으로 상당히 무게 있고, 치료자가 아닌 다른 집단원들과 연결되는 사건을 선택한다. 이러한 사건에서 치료자의 역할은 크지 않다.

나[IY]의 환자들이 보고한 가장 흔한 사건 유형(Jerome Frank와 Eduard Ascher의 환자들도 마찬가지다)[55]은 다른 집단원에 대한 강한 분노나 미움의 갑작스러운 표현이었다. 이들 각각의 경우 의사소통이 지속되고 격정은 잠잠해졌으며, 환자는 내적인 억제로부터 해방된 느낌을 경험했을 뿐 아니라 자신의 대인관계를 더 깊이 탐색하는 향상된 능력을 체험했다.

이와 같은 결정적인 사건들의 중요한 특징은 다음과 같다.

1. 환자는 강한 부정적 감정을 표현했다.
2. 이 표현은 환자에게 특이하고 신기한 경험이었다.
3. 환자는 분노를 표현하는 것을 항상 두려워했지만, 세상이 무너지는 일은 일어나지 않았다. 아무도 떠나거나 죽지 않았고, 지붕이 무너지지도 않았다.
4. 현실 검증이 뒤따른다. 환자는 표현된 정서의 강도나 방향이 부적절했거나, 그동안 정서 표현을 피해 온 것이 비합리적이었음을 깨닫는다. 환자는 부적절한 정서 혹은 정서 경험이나 정서 표현 회피를 설명하는 이유에 관해 통찰을 얻을 수도 있고, 그렇지 않을 수도 있다.
5. 환자는 좀 더 자유롭게 상호작용할 수 있게 되었고, 대인관계를 더 깊이 탐색할 수 있게 되었다.

따라서 집단에서 두 집단원 사이에 갈등이 일어나면, 나는 그것이 치료 과정에서 서로에게 매우 중요한 기회라고 생각한다. 갈등이 특별히 더 불편한 것이라면 나는 그 갈등의 골에 대해 소리 높여 얘기함으로써 갈등의 불편한 면모가 더 드러나게 해 잠재적인 두려움의 순간에 도움이 되는 억제와 희망을 함께 전달하기도 한다.

결정적인 사건 중 두 번째로 흔한 사건 역시 강한 정서를 포함하지만, 이번에는 긍정적인 정서다. 한 예로, 어느 분열성 환자가 치료실을 뛰쳐나가 괴로워하는 다른 환자를 쫓아가 위로해 주었다. 후에 그는 자신이 누군가를 보살피며 도울 수 있다는 사실을 알게 되어 얼마나 감동받았는지 모른다고 말했다. 다른 사람들도 유사하게 그들이 살아 있음을 발견한 일이나, 그들 자신과 만난 느낌 등에 관해 말한다. 이러한 사건들은 다음과 같은 특징이 있다.

1. 환자는 강렬한 긍정적 정서를 표현하는데, 이는 그에게 드문 일이다.
2. 조롱, 거부, 휘말림, 다른 사람의 파괴 등과 같은 재앙은 일어나지 않았다.
3. 환자는 이전에 알지 못했던 자기 모습을 찾았고, 그 결과 새로운 방식으로 다른 사람들과 관계할 수 있게 되었다.

세 번째로 많이 보고되는 반응은 두 번째와 유사하다. 환자들은 자신을 집단에 더 많이 몰입하게 만든 자기개방과 관련된 사건을 회상했다. 한 예로, 늘 위축되어 있던 과묵한 한 환자는 모임에 두 번 결석한 후 다시 집단에 참석했는데 그때 집단원들이 그동안 보고 싶었다고 말하는 것을 얼마나 듣고 싶었는지 모른다고 솔직히 털어놓았다. 그는 다른 사람들 역시 이러저러한 방법으로 도움과 지원 또는 집단의 인지가 필요하다는 것을 집단에 알리는 위험을 감수한 것이다.

요약하면, 집단치료에서의 교정적 정서 체험에는 다음과 같은 몇 가지 요소가 있다.

1. 환자가 위험을 감수하고 털어놓는 대인관계 지향적인 강한 정서 표현
2. 이러한 위험 감수가 허용될 정도로 지지적인 집단
3. 환자가 다른 집단원들로부터 합의적 검증의 도움을 받아 사건을 검토하는 현실 검증
4. 특정한 대인관계의 느낌과 행동의 부적절성 혹은 회피했던 대인관계 행동의 부적절성에 대한 인식

5. 다른 사람들과 더 깊고 정직하게 상호작용할 수 있는 개인의 능력을 최대한 촉진

치료는 정서적이면서 교정적인 경험이 되어야 한다. 치료의 기회 없이 취약함을 비추는 것은 징벌적이고 사기를 떨어뜨릴 수 있다. 만약 취약성과 희망과 두려움을 가진 모습 그대로 집단 안에 들어오도록 구성원들을 격려한다면, 참여하는 것 자체가 가치 있는 일이라는 확신을 주는 것은 우리의 의무다. 이러한 치료 과정의 이중적 성질은 본질적으로 중요하며, 이 책에서도 이 점을 반복해서 이야기할 것이다. 우리는 무언가를 강하게 체험해야 하지만, 또한 이성의 기능을 사용해 그 정서 체험의 의미를 이해해야 한다. 최초의 과정은 환자의 정서적 경험과 더불어 정서적 표현이 필요하며, 정서적 수용을 통해 완성된다.[56] 시간이 지남에 따라 환자의 마음속에 깊이 박혀 있던 신념이 변화할 것이다. 그리고 대인관계에서 환자의 새로운 행동이 건설적인 대인관계 반응을 불러일으키게 되면 신념의 변화가 강화될 것이다. 미묘한 대인관계의 변화조차도 심오한 변화일 수 있으며, 치료자와 집단원들이 이를 인지하고 장려해야 한다.

우울감을 호소하는 젊은 여성 Bonnie는 자신의 소외감과 고립감을 생생하게 묘사했다. 그러고는 계속 침묵을 지키던 Alice를 바라보았다. Bonnie와 Alice는 종종 실랑이를 벌였는데, 자신을 무시하거나 거부한다고 Bonnie가 Alice를 비난하곤 했기 때문이다. 하지만 이번 모임에서는 Bonnie가 부드러운 목소리로 Alice에게 침묵의 의미가 무엇인지 물어보았다. Alice는 자신은 잘 듣고 있으며, Bonnie와 자신이 얼마나 공통점이 많은지 생각하고 있었다고 대답했다. 그러고는 Bonnie가 예전처럼 자신에게 관심을 가지지 않는다고 몰아붙였다면 자신을 방어하느라 실랑이를 벌였을 텐데, Bonnie가 그러지 않고 부드러운 목소리로 질문해 주어서 자기 생각을 잘 표현할 수 있었다고 말했다. 겉으로 보기엔 사소한 것 같지만 Alice에게 공감적으로 질문한 Bonnie의 접근 방식은 실로 중대한 변화였고, 서로 경쟁하기보다는 관계를 회복할 기회를 만들어 주었다.

이 공식화는 6장에서 깊이 있게 다룰 집단치료의 중심 개념인 '지금-여기' 개념과 직접적인 관련이 있다. 지금은 기본 전제만을 이야기하겠다. 즉, 치료 집단이 지금-여기에 초점을 맞추는 정도만큼 집단의 힘과 효과는 증가한다.

그러나 만약 지금-여기에 초점을 맞추는 것(즉, 바로 이 순간 이 방에서 일어나는 일에 초점 맞추는 것)이 치료적이기 위해서는 두 가지 요소가 갖추어져야 한다. 집단원들이 가능한 한 정직하고 자발적으로 서로를 경험해야 하고, 그 경험에 대해 되돌아보아야 한다. 감정적 경험이 치료적이기 위해서는 되돌아보는 것, 즉 자기반영의 순환 과정self-reflective loop이 결정적이다. 5장에서 다룰 치료자의 과업에 관한 논의에서 살펴볼 바와 같이 대부분 집단이 지금-여기의 정서적 흐름으로 들어가는 것은 쉬운 일이지만, 그 과정에서 집단으로 하여금 자기반영self-reflective을 유지하게 하는 것은 치료자가 해야 할 일이다. 강렬한 정신적 체험 자체만으로는 변화를 위한 충분한 동기가 되지 못한다. 현대의 정신치료는 바로 그 오류로부터 생겨났다.

심리치료 과정이 감정적 요소와 지적 요소를 모두 포함한다는 증거는 내[IY]가 두 명의 동료와 함께 수행한 집중적인 연구로 뒷받침할 수 있다. 우리는 1970년대에 유행했던 많은 만남 기법을 살펴보았는데, 이는 정서적 경험(강한 정서 표현을 경험하고, 자기개방에 참여하며, 피드백을 주고받는 것)을 촉진하거나 유도하는 것을 강조했다.[57] 이 연구는 이러한 집단에서 구성원의 경험과 결과 사이의 관계를 여러 가지 방법으로 탐구했다. 우리는 성공적인 집단경험의 주요 요소에 대한 많은 현대적 고정관념을 타파하는 놀라운 결과를 얻었다. 정서적 경험이 매우 중요하게 고려되었지만, 이것이 성공적인 집단원과 성공적이지 못한 집단원을 구분해 주지는 못했다. 달리 말해 집단치료 후에도 변화가 없거나 심지어 좋지 않은 경험을 한 집단원들도 많이 호전된 집단원만큼이나 집단의 정서적 사건에 높은 가치를 두었다. 연구를 통해 인지적 요소가 필수적이었다는 분명한 증거가 있다. 일종의 인지 지도가 필요하며, 어떤 지적인 체제가 경험을 구조화해 집단에서 발생한 감정을 이해하게 만드는 것이다.

축소된 사회로서의 집단

구조적인 제약 없이 자유롭게 상호작용하는 집단은 이내 참가한 집단원들로 이루어진 축소된 사회로 발달한다. 그리고 충분한 시간이 주어지면 집단원들은 본래 자신의 모습이 되기 시작한다. 그들은 사회 상황에서 다른 사람과 상호작용하듯이 집단원과 상호작용할 것이며, 그들이 기존에 형성하던 것과 같은 똑같은 대인관계를 집단 내에서도 형성해 낼 것이다. 다시 말해, 환자들은 치료 집단에서 자동적이고 필연적으로 자신의 부적응적 대인관계 행동을 보이기 시작할 것이다. 자신의 병력에 관해 상세히 말할 필요도 없이 조만간 집단원 앞에서 그들의 병리를 행동으로 보일 것이다.3)

그들의 행동은 당사자가 스스로 알지 못하기에 자신에 대해 보고할 수 없는 약점에 관한 정확한 자료를 제공하는 기능을 한다. 성격적인 병리의 문제는 종종 개인이 스스로 보고하기 어려운데, 이는 이 병리가 자기 구조 안에 너무나 깊이 동화되어 있어 개인이 의식적으로 자각할 수 없기 때문이다. 그렇기에 피드백에 중점을 두는 집단치료는 성격적인 병리를 가진 사람들에게 특히 효과적이다.[58] 뉴욕 타임스에 기고하는 데이비드 페인은 설득력 있는 개인적인 관점을 제시한다. "집단치료가 효과가 있었던 이유"라는 제목의 글에서 그는 다음과 같이 언급했다.

> 개인치료가 효과 없는 상황에서 왜 집단치료가 도움이 되었는가? 그중 일부는 9개의 다른 거울이 나의 문제적 행동을 반영해 일대일 교환에서 피할 수 있었던 것을 훌륭하고 논쟁의 여지가 없는 빛으로 이끌어 냈다. 또한 개인치료는 내가 어릴 때 받았던 상처에 초점을 맞추도록 격려해 주었다. 집단치료는 내가 지금 어떤 사람인지, 때로는 상처 입은 어른이 된 지금의 모습을 보게 했다. 나에게 그것은 변화를 이끄는 쓴 약과 같았다.[59]

이 개념은 집단치료에서 매우 중요하며, 우리가 언급한 모든 접근의 주춧돌이 된다. 각 집단원의 대인관계 양상은 결국 집단에서 이루어지는 상호교류에서 드러난다. 어떤 양상은 집단 활동 초기의 대인관계에 마찰을 일으킨다. 예를 들면 지배적이거나 화를 내거나 보복적이거나 가혹하게 판단적이거나 매우 수동적이거나 또는 화려하게 교태를 부리는 성향의 사람들은 초기 모임에서도 개인관계에 있어 상당한 저항을 유발할 것이다. 그들의 부적응적인 사회 양식은 금방 집단의 감시를 받게 될 것이다. 어떤 사람들은 집단의 지금-여기에서 그들의 병리가 명백하게 드러나기까지 시간이 걸리는 경우도 있다.

---

3) 2015년 연구에서는 207명의 개별 집단원이 소속감과 지배력이라는 핵심 대인관계 차원에 대해 스스로 평가한 결과를 조사했다. 연구진은 집단 외부 행동에 대한 자기 평가와 집단 내 행동에 대한 다른 집단원의 평가 사이에 상당한 일관성이 있음을 발견하고, 다음과 같은 개념에 대한 경험적 지지를 더했다. S. Goldberg and W. Hoyt, "Group as Social Microcosm: Within-Group Interpersonal Style Is Congruent with Outside Group Relational Tendencies," Psychotherapy 52 (2015): 195–204.

이런 사람 중에는 은밀하게 타인을 이용하거나, 사람들과 어느 정도는 친밀감을 형성하지만 이내 관계에서 철회하거나, 또는 관계를 맺는 척하면서 타인이 시키는 대로 고분고분하게 따르는 입장을 취하는 사람들이 있다. 이들은 다른 환자들처럼 성격적인 병리가 매우 심각해도 대인관계적 문제가 미묘해서 잘 드러나지 않을 수 있다.

집단의 초기 작업은 대개 대인관계에서 가장 명백한 병리를 가지고 있는 집단원을 다루게 된다. 어떤 대인관계 양상은 단 한 번의 상호교류만으로도 분명히 드러날 때가 있다. 어떤 것은 한 번의 집단 모임만으로도 알 수 있고, 어떤 것들은 수개월의 관찰이 필요하기도 하다. 몇 가지 임상적인 예가 이 원리를 더 분명하게 해 줄 것이다.[4)] 또한 소설 『쇼펜하우어, 집단심리치료』에 바탕을 둔 〈집단치료: 실황Group Therapy: Live Demonstration〉이라는 영상과 전미 집단정신치료협회 연례 회의에서 상영하는 영상을 참고할 것을 권한다. 이 자료들에는 여기에서 묘사한 서술의 종류와 함께 과정 해설, 교육 가이드가 포함되어 있다.[60]

먼저 공격하라

George는 자녀의 출산을 앞두고 집단치료를 시작했다. 그는 자신이 사람들을 위협하고, 직장이나 대인관계에서 공격적이고 왕따로 보인다는 것을 알고 있었다. 사실 그는 여성 사회복지사인 개인치료자로부터 집단치료를 추천받았는데, 그의 미묘한 성적 발언이 위협이 되기 시작했다.

George는 아버지로부터 굴욕과 괴롭힘을 당했던 자신의 성장 과정을 쉽게 떠올렸고, 그는 다른 부류의 아버지가 되기로 결심했다. 그가 집단에서 이야기한 가장 중요한 기억은 그의 아버지가 친근한 부자간의 레슬링으로 시작된 일에 그를 일상적으로 참여시켰다는 것이다. George는 계속해서 굴욕당했고, 아버지는 만약 George가 더 강해지지 않는다면 사람들이 항상 그를 밀고 다닐 것이라고 말했다.

George는 이 관점을 통해 세상을 보았다. 그의 병적인 믿음은 바로 친밀함이 굴욕으

---

4) 다음 임상 사례에서는 본문의 다른 부분과 마찬가지로 고객의 개인 정보를 보호하기 위해 이름, 직업, 나이 등 특정 사실을 변경했다. 또한 본문에 설명된 상호작용은 그대로 재현된 것이 아니라 각 치료 회의 후에 작성한 상세한 임상 기록에서 해체한 것이다. 이는 모두 임상 사례 사용에 대한 고객의 동의를 얻은 자료임을 밝힌다.

로 이어진다는 것이었다. 그는 항상 상대를 먼저 공격함으로써 자신의 안전을 보장했는데 어떻게 그가 상냥해질 수 있을까? 그는 집단에서 감정적인 참여를 거부했고, 다른 사람들이 서로에 대한 밀접함을 증가시키는 가치를 도발적으로 멀리했다. 그리고 사람들이 서로를 돌보는 정직함에 아랑곳하지 않고 내내 다리를 쩍 벌린 채 자리를 차지하고 있었다. 하지만 그는 모임에 제시간에 왔고, 거의 빠지지 않았다.

한 모임에서 Diane이라는 여성 회원이 세 명의 다른 남자와 보낸 우울한 주말을 회상했다. 그녀는 감정적으로 매우 괴로워하면서, 왜 섹스는 쉽게 이루어지는데 감정적인 친밀감은 그토록 힘든지 설명하는 데 도움을 요청했다. 그녀는 종종 자신의 몸만이 매력적이고 가치 있다고 느꼈다. 집단 구성원들은 솔직한 감정을 드러낸 그녀의 용기에 지지를 보내며 응수했다.

그때 George가 말했다. “난 당신의 문제가 뭔지 알아요. Diane, 당신은 창녀예요. 한눈에 알 수 있지.” 그의 발언이 끼친 영향은 예측 가능하게도 매우 폭발적이었다. Diane은 울음을 터뜨렸고, 집단원들은 George의 잔인함과 파괴력을 공격했다. 처음에 그는 ‘보이는 대로 이야기하는 것’이라고 주장하며 자신의 입장을 고수했다. 집단지도자로서 나[ML]는 George가 Diane에게 말할 때 들었던 것처럼 George를 가혹하게 비판하고 싶지 않다는 것을 알았다. Diane은 이제 집단에서 취약함을 드러내 보인 것에 대한 지원이 더 필요한 상황이었다. 그래서 나는 George가 Diane에게 한 말에 관해 물었다. 그 피드백에 대한 의도는 무엇이었는가? Diane에게 어떤 영향을 미칠 거라고 생각했는가? 그녀가 어떻게 느꼈다고 생각하는가? 그룹의 다른 사람들이 그에게 어떤 감정을 느낄 것이라고 생각했는가? 나는 George의 발언이 너무 도발적이어서 단순히 반응할 것이 아니라 이해하고 넘어가야 한다고 덧붙였다.

다소 흔들린 George는 Diane을 다치게 하려던 건 아니라고 말했다. 하지만 그녀를 좋아했던 만큼 그녀에게서 더 연약함을 느꼈고, 자신의 말에 대한 그녀의 반응을 걱정했다. George는 덜 취약하고 통제력이 강하다고 느끼는 것을 선호했다. 집단 구성원들은 Diane에 대한 그의 피드백이 어떻게 그의 연약함에 대한 감정에서 비롯되었는지 탐구했다. 자신의 취약함을 감추기 위해 남을 공격하는 행위는 집단의 반발을 야기해 정확히 반대의 결과만 낳을 뿐이었다. (학생들이 이 그룹을 단방향 창문을 통해 관찰했는데, 이후 리뷰에서 한 관찰자가 집단에 끼어들어 George를 나무랄 뻔했다고 얘기하기도 했다.)

George는 안전하고 환대하는 환경을 적대적인 환경으로 바꾸었다. 그는 사람들을 끌어들여 동맹으로 만들 수도 있고, 공격자를 거부하게 만들 수도 있는 상당한 통제력을 가지고 있다는 피드백을 추가로 받았다. Diane은 "당신의 문제를 이해할 수 있어요, George. 하지만 전 당신의 치료를 위해 저 자신을 희생하러 온 게 아니에요. 얼마나 더 참아야 하죠?"라고 반문했다.

George는 그녀에게 용서를 구했고, Diane은 다음과 같이 말했다. "용서하고 싶어도 용서가 즉시 가능한 것은 아니에요. 오랜 기간 당신이 나를 다르게 대하는 모습을 봐야겠어요. 하루아침에 용서할 수 있는 건 아니니까요."

이 교류는 두 구성원 모두에게 귀중한 체험이 되었다. 집단 구성원들이 그녀를 돌보고, 그녀를 대신해 George에게 분노하는 경험을 하면서 Diane은 그녀의 삶에 한계를 정하고 자신을 더 잘 돌보게 되었다. George에게도 전환점이 되었다. 그는 자신의 방어적 공격을 포기하기 시작했고, 집단의 인정을 얻기 위해 활동하면서 훨씬 더 부드러워졌다.

"나쁜 놈들"

세 차례 이혼한 경력이 있는 46세 여성 Linda는 불안과 심한 소화기 장애로 인한 고통 때문에 나[IY]의 치료 집단에 들어왔다. 그녀의 주된 대인관계 문제는 현재 남자친구와의 사이에 이루어지는 고통스러운 자기 파괴적 관계였다. 사실 그녀는 그동안 그녀를 정신적 · 육체적으로 혹사시킨 여러 남자(아버지, 오빠 및 남동생, 직장 상사, 애인, 남편)를 만났다. 그녀가 남자들에게 당했고, 또 지금도 당하고 있는 학대에 관해 설명 듣는 것은 가슴 아픈 일이었다.

집단원들은 Linda의 상처에 진통제를 발라 주고, 직장 상사와 남자친구의 계속적인 학대에 대한 Linda의 이야기를 공감하며 들어주는 것 이외에는 도울 수 있는 일이 별로 없었다. 그런데 사건이 일어났고, 이는 그녀의 내적 역동을 여실히 보여 주었다.

어느 날 아침 Linda는 매우 고통스러워하며 나에게 전화했다. 그녀는 남자친구와 매우 심하게 다투었고, 공포에 질려 자살을 생각했다. 나흘 뒤에나 있을 다음 모임을 기다릴 수 없었던 그녀는 즉각적인 개인 면담을 요청했다. 상당히 번거로운 일이었지만, 나는 그날 오후 일정을 모두 바꾸고 그녀와 약속을 잡았다. 하지만 그녀는 약속 시간 30분 전에 나의 비서에게 전화해 약속에 오지 못한다는 메시지를 남겼다.

다음 집단 모임에서 무슨 일이 있었는지 물었다. Linda는 오후가 되면서 기분이 약간 나아졌고, 또한 내가 집단치료를 하는 동안 매우 급한 경우에 한해 단 한 차례만 개인 면담을 하는 것이 규칙이라는 것을 알았기 때문에 응급 면담을 취소했다고 말했다. 그녀는 자신이 더 심한 위기에 빠질 때까지 그 한 번의 기회를 아껴 두는 것이 좋겠다고 생각한 것이었다.

나는 그녀의 대답에 당황했다. 왜냐하면 나는 그런 규칙을 세운 적이 없기 때문이다. 나는 위기에 처한 사람을 만나는 것을 거절하지 않는다. 또한 다른 집단원 중 누구도 내가 그런 규칙을 정한 적이 있다고 기억하는 사람이 없었다. 그러나 Linda는 양보하지 않았다. 그녀는 내가 그렇게 말하는 것을 들었다고 주장했으며, 그런 규칙을 언급한 적 없다는 나의 부인이나 다른 집단원들의 일치된 합의에도 전혀 동요하지 않았다. 그뿐만 아니라 약속을 취소함으로써 나에게 불편을 끼친 것에 대해서도 전혀 신경 쓰지 않는 것처럼 보였다. 집단에서의 토론에서 그녀는 점점 더 방어적이고 신랄해졌다.

집단이라는 축소된 사회에서 벌어진 이 사건은 많은 것을 시사해 주었고, 남자들과 문제가 많은 관계에서 Linda의 책임에 대해 하나의 중요한 시각을 가져다주었다. 그때까지만 하더라도 집단은 이러한 관계에 대해 그녀의 묘사에만 전적으로 의존하고 있었다. Linda의 설명은 확신에 차 있었고, 그래서 집단은 자신을 '모든 나쁜 놈'의 희생자로 보는 그녀의 견해를 받아들였다. 집단에서 벌어진 지금-현재의 사건은 Linda가 그녀의 인생에서 적어도 단 한 명의 중요한 남자인 치료자에 대해 왜곡된 지각을 했다는 사실을 보여 준다. 더욱이 매우 중요한 점은 그녀가 사건을 매우 예측 가능한 형태로 왜곡시켰다는 것이다. Linda는 나를 실제의 나보다 훨씬 무심하고 둔감하고 권위적인 사람으로 경험했다.

이는 새로운 자료였다. 게다가 모든 집단원의 눈앞에서 펼쳐진 일이기에 매우 믿을 만한 자료였다. 집단은 처음으로 남자들과의 관계에 대한 Linda의 설명이 정확한지 의심하기 시작했다. 의심할 바 없이 그녀는 자신의 느낌을 정확하게 묘사했지만, 거기에는 지각 왜곡이 작용했을 것이라는 점이 명백해졌다. 남자들에 대한 기대와 남자들과의 심한 갈등 관계 때문에 Linda는 자신에 대한 남자들의 행동을 잘못 지각했던 것이다.

축소된 사회로부터 배울 것은 그것 말고도 또 있었다. 중요한 정보는 대화할 때 나타나는 방어적이고 짜증 섞이고 화를 내는 어조였다. 나 역시 Linda와 만나기 위해 일정을 변경하면서 겪었던 불편에 대해 그녀가 고마워하지 않는 것에 짜증이 났다. 더구나 내가 말한 적도 없고 다른 사람들도 그런 일 없다고 인정하는 무심한 규칙을 내가 말했다고 주장하는 데에 화가 났다. 나는 공상에 빠져서 나 자신에게 이렇게 물었다. '일주일에 1시간 30분이 아니라 항상 Linda와 같이 산다면 어떨까?' 만약 이와 같은 사건이 여러 번 일어난다면 그녀에게 화를 내고, 지치고, 무관심해져 버릴 나 자신을 상상할 수 있었다. 이는 앞에서 기술했던 자기충족적 예언이라는 개념의 좋은 예다. Linda는 남자들이 그녀에게 어떤 식으로 행동하리라는 것을 예상하고, 무의식적으로 그 예상이 맞아떨어지도록 조종했던 것이다.

느낄 수 없는 남자들

30세 미혼 과학자인 Allen은 한 가지 너무나도 분명한 문제로 치료를 받으러 왔다. 그는 여자에게서 성적인 자극을 느끼기를 원했다. 이 어려운 문제에 흥미가 생긴 집단은 해결책을 찾기 시작했다. 그들은 Allen의 유년 시절, 성性 습관, 환상 등을 조사했지만 끝내 실패하고 집단의 다른 문제로 관심을 돌렸다. 집단 모임이 계속될수록 Allen은 자신과 다른 사람의 고통에 둔감하고 무감각해지는 것처럼 보였다. 예를 들면, 한 번은 큰 고통을 받는 미혼 집단원이 흐느끼면서 자신이 임신했고 곧 중절 수술을 받을 계획이라고 말했다. 깨어날 수 없는 악몽을 꾸고 있는 것 같다며 자신이 느끼는 공포를 이야기하면서, 자신이 나쁜 환각성 버섯을 복용한 적도 있다고 언급했다. 하지만 Allen은 그녀의 딜레마보다 마약이라는 주체에 더 이끌려 그녀의 눈물에 아무런 동요 없이 환각 약물의 효과에 관해 계속 질문하다가 집단이 그의 무감각함을 추궁하자 당황했다.

이와 유사한 사건이 너무 많이 일어나자 집단은 Allen에게 아무런 감정도 기대하지 않게 되었다. 그는 자신의 감정에 대해 질문받을 때면 마치 산스크리트어나 아랍어를 들은 것처럼 반응했다. 몇 달 후 집단은 "왜 나는 여자에게 성적인 감정을 느끼지 못할까?"라는 Allen의 반복되는 의문에 새로운 대답을 찾아냈다. 그들은 그 의문 대신 Allen에게 왜 그가 어떤 인간에게도 아무 감정을 느끼지 못하는지 생각해 보도록 요청했다.

Allen의 행동은 매우 점진적으로 변화했다. 얼굴이 붉어지거나, 위가 죄어 오거나, 손바닥에 땀이 나는 등의 자율신경계 밖으로 드러나는 징후에 초점을 맞추면서 점점 감정을 감지하고 식별하게 되었다. 한번은 집단에서 다혈질인 여성이 '심리적으로 귀머거리고 바보인 빌어먹을 로봇'과는 상대할 수 없다고 격분하면서, 자기가 집단을 떠나겠다고 위협했다. 그러자 Allen은 여전히 냉정하게 "나는 당신의 수준으로 떨어지지 않을 것입니다"라고 대답했다.

그러나 다음 주 모임에서 그날 집에 가서 어떻게 느꼈는지 말해 달라고 요청하자, Allen은 그날 모임 후에 집으로 가서 어린아이처럼 울었다고 말했다(1년 뒤 그가 집단을 떠날 때 Allen은 치료 과정을 돌아보며 이 사건을 결정적 전환점으로 기억했다). 이후 몇 달 동안 그는 점차 감정을 느끼고 표현할 수 있었다. 집단 내에서 Allen의 역할은 참아 주는 마스코트에서 수용되는 동료로 변했고, 다른 사람들이 그를 점점 더 존경하는 것을 알게 됨에 따라 그의 자아존중감도 높아졌다. 나아가 그는 자신의 사회생활을 꾸려 나가기 시작했고, 처음으로 데이트를 하기도 했다.

일일 최소 요구량

다른 집단에 있던 47세 기술자 Ed는 자신에게 맞는 친구를 찾을 능력이 없고 외로워서 치료를 받게 되었다. 그의 사회적 관계 양상은 보잘것없었다. 그에게는 절친한 동성 친구가 한 명도 없었고, 한결같이 결국에는 그를 거부하는 여자들과 불만족스러운 짧은 이성 관계를 가질 뿐이었다.

집단 초기에 그는 사교적 기술과 밝은 유머 감각으로 집단원들에게 높은 평가를 받았다. 그러나 시간이 지나고 집단원 간의 관계가 깊어짐에 따라 Ed는 뒤처지게 되었다. 몇 차례 모임 이후 집단에서 경험이 그의 사회생활과 매우 유사하게 된 것이다. Ed의 행동 중 가장 눈에 띄는 면은 여성에 대한 제한적이고 무례한 접근이었다. 그의 시선은 주로 여성들의 가슴이나 사타구니를 향했고, 관음증적으로 여성들의 성생활에 관심을 가졌다. 여성에 대한 Ed의 의견은 단순하고도 성적인 것이었다. 그는 수개월 동안 집단 내 남성과는 단 한 차례의 상호 교류도 하지 않았다.

그는 애착 관계의 의미를 평가 절하하며, 사귀는 사람이 있더라도 언제든지 상대를 교체할 수 있다고 여겼다. 예를 들면, 한 여성이 남자친구가 늦을 때마다 그가 자동차 사고로 죽었으리라고 생각한다고 자신의 강박적인 환상에 관해 얘기하자 Ed는 그녀가 젊고 매력적이어서 다른 남자를 찾는 데 별 어려움이 없을 것이라고 확신시켰다. 또 다른 예를 들면, 보조 치료자 중 한 명이 일시적으로 집단에 빠졌을 때나 혹은 치료자가 영원히 떠나는 일이 생기면 Ed는 그런 일을 걱정하는 집단원들의 태도를 이상하게 생각했다. 의심할 여지 없이 그는 심지어 학생 중에도 동등한 능력을 지닌 치료자가 있다고 제안하기까지 했다(실제로 그는 복도에서 매력적인 심리학도를 본 적 있는데, 그런 사람을 특히 치료자로 환영했을 것이다).

Ed가 애정에 대한 자신의 일일 최소 요구량에 관해 말했을 때, 그의 성향이 더 분명하게 드러났다. 얼마 안 가서 집단원들은 Ed에게는 일일 최소 요구량을 주는 사람이 누구인지는 중요하지 않으며, 신뢰성과도 관계가 없음을 알게 되었다.

대인관계에 병리를 보이는 것으로서 집단치료 과정의 첫 번째 단계가 진행되었다. Ed는 타인과 관계를 맺는다기보다는 단지 자기 삶의 욕구를 채워 줄 대상, 즉 도구로서 그들을 이용했다. 그의 황폐한 습관적인 대인관계 세계는 집단에서 오래되지 않아 재생되었고, 그로 인해 모두로부터 따돌림받게 되었다. 남성들은 Ed의 전적인 무관심에 무관심으로 상응했다. 여성들은 대체로 그의 일일 최소 요구량을 채워 주고 싶어 하지 않았으며, 특히 Ed가 관심을 두었던 여성들은 그의 편협한 성적인 관심을 거절했다. 집단 안에서 Ed의 대인관계적 병리가 드러나자 이후 Ed의 집단치료 방향이 분명해졌다. 집단원들과 대인관계를 맺는 방식에 초점을 두면서 Ed는 집단치료로 큰 도움을 얻게 되었다.

축소된 사회: 역동적 상호작용

집단원과 집단 환경 사이에는 풍부하고도 미묘한 상호작용이 있다. 집단원들은 그들 자신의 축소된 사회를 만들고, 상호작용이 자발적일수록 축소 사회가 더 빨리 발달하면서 진짜 사회의 특색을 띠게 된다. 그 결과 모든 집단원이 가진 주요 문제 행동이 재현되고 다루어질 가능성이 더 커진다.

소집단은 집단원들의 부적응적 행동이 분명하게 드러나는 축소된 사회를 제공할 뿐 아니라, 그 행동의 역동성이 더 명확하게 보이는 실험실이 되기도 한다. 치료자는 행동뿐 아니라 그 행동을 촉발하는 사건, 그리고 그런 행동에 대한 다른 사람들의 반응을 더 중요하게 본다.

집단 상호작용은 매우 풍부해서 각 집단원의 부적응적인 대처 양상이 반복해서 드러나고, 집단원들은 이를 이해하고 숙고해 볼 많은 기회를 얻게 된다. 하지만 병리적인 신념이 바뀌려면 명확하고 유용한 피드백을 받아야 한다. 만약 피드백을 전달하는 방식이 너무 도발적이거나 스트레스를 가중시키면, 집단원들은 다른 집단원이 알려 주는 피드백을 소화해 내지 못할 수 있다. 때때로 충분한 피드백을 감내하기 쉬워질 만큼 신뢰가 형성되기 전에 너무 일찍 피드백이 전해지는 경우도 있다. 또 어떤 경우에는 피드백이 자신을 깎아내리거나, 강압적이고 또는 모욕적인 것으로 경험될 수도 있다.[61] 그렇다면 도움이 되지 않거나 해로운 피드백을 어떻게 피할 수 있을까? 만약 집단원들이 표면적인 행동을 넘어서서 서로의 내적인 경험과 근본적인 의도를 이해하는 데 민감해진다면, 서로를 공격하거나 비난하지 않을 수 있다. 그러므로 성공적인 집단에서는 공감이 핵심 요소다. 하지만 도발적이고 공격적인 환자들을 공감하는 것은 집단원이나 치료자 모두에게 너무 무리한 요구로 여겨질 수 있다. 집단지도자의 공감 표현은 환자의 안전, 정서적 행복 및 발전에 매우 중요하다.[62] 게다가 지도자는 의사소통과 진정한 참여가 어떻게 배려심 있고 도전적일 수 있는지 모델링한다. 공감대는 우리가 식별할 수 있는 사람들과 상호작용할 때 더 쉽게 나타나고, 우리 자신이 스트레스를 덜 받고 덜 두려워할 때 더 쉽게 유지되며, 치료자의 자기 지식과 역전이는 매우 가치 있다.[63]

상호주관적 및 현대 분석 집단 접근intersubjectivity and modern analytic group approach의 최근 공헌이 여기에 매우 적절하고 도움이 된다.[64] 이 모델에서는 집단원과 치료자에게 다음과 같은 질문을 제기한다. "내가 보기에는 당신의 행동이 도발적인 것 같은데, 그 도발에 내가 어떻게 관련되어 있나요? 내가 기여한 부분이 무엇인가요?" 달리 말하면, 집단원과 치료자는 끊임없이 서로에게 영향을 미친다. 그들의 관계 패턴은 외적인 영향에 의해서 명령을 받거나 고정된 것이 아니라 함께 만든 것이다. 집단의 상호작용 과정에서 발생하는 사건에 대한 집단원의 왜곡된 관점은 오롯이 그 사람의 책임이라고 볼 수 없다. 그러나 상호주관적이고 더 균형 잡힌 관점에서는 집단지도자와 다른 집단원들이 집단에서의 지금-여기 경험에서 서로의 행동에 기여한다는 것을 인정한다.

반복해서 집단 모임에 늦는 환자가 있다고 하자. 이 환자가 모임에 늦게 오는 것은 짜증이 날 만한 일이고, 집단원들은 결국 이 성가심을 표현할 것이다. 하지만 치료자는 늦는 환자의 행동에 담긴 의미가 무엇인지 집단원들이 탐색해 보도록 촉구해야 한다. 모임에 늦게 오는 것은 '나는 집단에 대해서 신경 쓰지 않아'라는 뜻일 수도 있다. 하지만 늦게 오는 것은 좀 더 복잡한 대인관계에서의 의미를 지닐 수도 있다. 예를 들면 '내가 없어도 아무 일도 일어나지 않아. 그러니 서둘러 갈 필요 없어' 또는 '아무도 내가 도착하지 않은 걸 모를 거야. 일찍 도착했다 해도 아무도 나를 알아봐 주지 않을걸' 또는 '시작 시간은 다른 사람들에게나 해당하는 것이지 나는 예외야' 등의 다른 의미일 수 있다.

집단원들이 서로에 대해 공감적인 이해에 도달하려면, 개인 행동의 근원적인 의미와 그 행동이 다른 사람들에게 미치는 영향을 모두 밝히고 처리할 필요가 있다. 집단 참여는 구성원의 감성 지능과 정신화mentalization(심적 상태, 욕구, 두려움, 신념, 기대, 자신과 타인에 대한 열정을 이해하는 것)를 길러 주고,[65] 치료 집단에서 학습한 것을 환자들의 삶에 더 광범위하게 적용하게 해 준다. 우리는 타인의 실제 동기와 염원을 고려하지 않고, 타인을 자신만의 이야기 속에서 미리 결정된 역할을 수행하는 배우인 것처럼 생각 없이 영입해 버리기 때문에 타인의 내적 세계에 대한 이해 없이는 관계에서 혼란스럽고 좌절된 상태가 반복된다.

Leonard는 꾸물대는 문제로 집단에 들어왔다. Leonard의 입장에서 꾸물대는 일은 문제인 동시에 해명이었다. 꾸물거림은 그의 직업적 · 사회적 실패를 해명했으며, 의기소침과 우울함과 알코올 중독을 해명했다. 그러나 이것은 그의 행동에 대한 의미 있는 설명을 모호하게 만드는 것이었다.

집단에서 우리는 Leonard의 꾸물거림을 잘 알게 되었고, 종종 좌절감을 느끼기도 했다. 구성원들이 열심히 그의 문제를 해결하고자 노력하거나 그의 신경증적 성격의 일면이 뿌리 뽑히게 될 것 같으면, 그는 집단의 작업을 연기할 방법을 찾았다. "나는 오늘 집단에 의해 혼란스러움을 느끼고 싶지 않습니다", "이 새로운 직업은 나에게 좋을 수도 있고 해로울 수도 있습니다", "나는 아슬아슬한 상태에 있어요", "나를 휘젓지 말고 내버려 두세요", "지난 모임 이후 석 달 만에 술을 마셨어요" 등 구실이 다양했지만, 맥락은 항상 일정했다.

어느 날 Leonard는 오랫동안 노력해 온 대단히 발전적인 일 하나를 발표했다. 그가 직장을 떠나 교사라는 새로운 직업을 얻게 되었다는 것이다. 이제 남아 있는 유일한 일은 교사 자격증을 얻는 데 필요한 지원서를 두 시간에 걸쳐 작성하는 일이었다.

단 두 시간이면 되는데도 그는 그것을 할 수 없었다! 실제로 마감 시간이 될 때까지 연기했고, 하루를 남겨 두고 집단에 마감을 알렸으며, 꾸물대는 자신을 한탄했다. 치료자를 포함해 집단의 모든 사람이 Leonard를 앉혀 놓고 손가락에 펜을 쥐여 지원서를 쓰게 하고 싶은 강한 욕망을 느꼈다. 집단에서 어머니 같은 역할을 했던 한 환자는 실제로 그렇게 했다. 그녀는 그를 집으로 데려가 선생님처럼 그를 먹이고 지원서를 쓰도록 일일이 도왔다.

우리는 그에게 무슨 일이 생긴 것인지를 살펴보면서 그의 꾸물거림이 어디에서 온 것인지 알 수 있었다. 그것은 상실한 어머니에 대한 시대착오적인 애처로운 호소였다. 그 일 이후 사랑을 받기 위한 절망적인 또 다른 호소이기도 했던 Leonard의 우울, 알코올 중독, 강박적인 과식 뒤에 있는 역동 등을 포함한 많은 점이 이해되었다.

축소된 사회의 개념은 분명하다. 만일 집단원들이 방심하고 자기의식 없이 행동할 수 있도록 집단이 운영된다면, 그들은 가장 생생하게 그들의 병리를 집단에 보여 줄 것이다. 이때 훈련된 치료자라면 집단 모임 안의 살아 있는 드라마를 통해 각 환자의 행동에 대한 역동을 이해하고, 익숙한 부정적 대인관계의 굴레를 해결할 독특한 기회를 얻게 된다.

축소된 사회에서의 행동 양식에 대한 인식

치료자가 축소된 사회를 치료적 목적으로 사용하려면 환자의 반복되는 부적응적인 대인관계 패턴을 알아볼 수 있어야 한다. Leonard의 경우 중요한 단서는 그의 행동에 대한 집단원들과 지도자의 정서적 반응이었다. 치료자나 집단원들은 한 집단원에 대해 화가 나거나, 이용당했다고 느끼거나, 고갈되었다고 느끼거나, 강요 또는 위협을 받았다고 느끼거나, 지루하거나, 슬프거나 또는 그 외에 타인에게서 느낄 수 있는 무수한 방식의 감정을 느낄 수 있다.

이러한 감정은 매우 유효하고 필수적이기에 치료자는 이러한 자료를 진지하게 다루어야 한다. 만약 다른 사람에게서 유발된 감정이 환자가 유도한 감정과 많이 일치하지 않거나 혹은 유발된 감정이 비록 의도대로였지만 성장을 방해하는 것이라면(Leonard의 경우에서처럼), 거기에는 환자가 가지고 있는 문제의 중요한 일면이 있다. 바로 이 현상에 치료자는 주의를 기울여야 한다. 이런 주제에는 다양한 복잡함이 내재해 있다. 어떤 비평가들은 강한 정서적 반응이 그 주체의 병리 때문이 아니라, 반응하는 사람의 병리에 기인한다고 말할지도 모른다. 예를 들면, 자신감 있고 자기주장이 강한 남자가 다른 남자에게 두려움이나 강한 질투나 격심한 분노를 일으킨다면, 우리는 이 반응이 자신 있는 남자의 병리를 반영하는 것이라고 결론짓기 어렵다. 하지만 여기에 집단치료 형식의 뚜렷한 이점이 있다. 집단 안에는 많은 관찰자가 있어서 개인에게 특유하고도 매우 주관적인 반응을 객관적인 반응과 구별해 내는 것이 쉽기 때문이다.

집단 구성원들은 자연스럽게 이런 종류의 피드백에 목소리를 낼 권한이 있다고 느끼지 않을 것이다. 종종 그들은 너무 옹호하게 되거나, 무엇이 무시되고 있고 무엇이 묻히고 있는지 알기 위해 치료자의 격려가 필요할 수도 있다. 우리의 정상적인 사회적 담론은 전형적으로 개방적인 성찰과 해설을 장려하지는 않지만, 그것은 효과적인 집단치료의 본질이다.[66]

치료자들은 이러한 증거로 일정 기간에 반복되는 패턴과 많은 다른 집단원들의 주된 반응을 찾는다. 그리고 무엇보다도 치료자들은 가장 가치 있는 증거로서 자신의 정서적 반응을 신뢰한다. Kiesler가 말했듯이, 만약 우리가 한 집단원의 대인관계적 행동에 '말려들었다'면 그의 행동에 대한 우리의 반응은 그 환자가 우리에게 미친 영향이 무엇인지를 알려 주는 최상의 대인관계적 정보다.[67] 그러나 치료자의 기능이 치료적 진가를 발휘하는 것은 환자가 다른 사람들로부터 유발하는 행동을 치료자가 하지 않고, 환자의 행동에 '말려들지 않을' 때만 가능하다. 치료자가 같은 반응을 하면 환자의 대인관계 패턴은 강화될 뿐이다. 치료자가 객관성을 회복하거나 유지하게 되면 대인관계 양상에 대해 의미 있는 피드백을 얻게 된다. 이런 관점으로 각 집단원에게서 유발되어 치료자의 마음에 일어나는 생각, 공상 그리고 실제적 행동을 황금처럼 귀중한 정보로 다루어야 한다. 우리의 반응은 실패가 아니고 귀중한 정보다. 그러나 환자가 모든 사람에게서 불러일으키는 것과 우리에게 더 주관적인 것을 구분하고, 현재 또는 역사적 경험에 비추어 볼 필요가 있다. 이것이 완전히 구별되는 것은 아니지만, 치료자로서의 주요 임무 중 하나는 환자에 대한 치료자 반응의 근원을 알아내는 것이다.[68]

모든 치료자가 각각의 맹점과 대인관계상 왜곡이 있다는 점에서 치료자의 반응이 객관적인지 어떻게 알 수 있을까? 공동 치료(둘 이상의 치료자가 집단을 이끄는 것)가 이 질문에 대한 한 가지 답을 준다. 공동 치료자는 똑같은 임상 상황에 함께 노출된다. 치료자들의 반응을 비교하면 집단원과의 상호작용에 대한 객관적인 평가와 치료자 자신의 주관적인 반응을 좀 더 명확하게 구분할 수 있다. 더욱이 개인치료자와 달리 집단치료자는 집단원들과의 상호작용 중심에 있지 않을 때라도 억지스러운 부적응적인 대인관계 드라마가 수없이 펼쳐지는 것을 목격할 수 있다. 그래서 집단치료자들은 고요한 가운데 있으면서도 집단원들의 행동을 관찰할 수 있는 특별히 유리한 위치에 있을 수 있다.

우리는 이 점을 치료자의 훈련, 과업, 치료 기술에 관해 다루는 장章에서 심도 있게 논하겠지만, 지금은 단지 이러한 논쟁이 치료자가 자기 자신에 대해 최대한 알아야 하는 강력한 이유라는 점에 주목하고자 한다. 따라서 초보 집단치료자는 개인치료와 집단치

료를 모두 포함하는 평생의 자기탐색 여행을 떠나야 하는 의무가 있다.[69]

이는 절대로 치료자가 심한 장애가 있는 환자를 포함한 모든 환자의 반응이나 피드백을 심각하게 받아들여서는 안 된다는 의미가 아니다. 비록 아주 과장되고 비합리적 반응일지라도 거기에는 현실에 대한 핵심이 들어 있다. 더욱이 혼돈 상태에 있는 환자도 때때로 정확하고 가치 있는 피드백을 줄 수 있다(누구도 모든 영역에서 심한 문제를 갖지는 않는다).

이 마지막 논점은 집단치료자들이 기본적으로 기억해야 하는 점이다. 집단원들은 흔히 같은 자극에 매우 다르게 반응한다. 집단 내 7~8명의 구성원이 집단에서 일어난 한 사건을 각각 다르게 인지하고, 관찰하고, 해석할 수도 있다. 하나의 사건에 어떻게 8개의 다른 반응이 나타날 수 있을까? 유일하게 타당한 설명은 8개의 각각 다른 내적 세계가 존재하기 때문이라는 것이다. 멋지지 않은가! 따라서 각기 다른 반응을 분석하는 것은 집단원들의 내적 세계를 이해하는 왕도인 셈이다.

다시 집단 모임의 구조적 측면을 고려해 보자. 집단원들은 집단이나 치료자의 관심을 공유하는 데 있어 자신을 노출시키거나, 도움을 청하거나, 다른 사람들을 돕는 데에 매우 다른 반응을 보인다. 치료자에 대한 구성원들의 반응인 전이보다 그 차이가 더 분명한 것은 없다. 각 집단원은 동일한 치료자를 따뜻하거나 차갑게, 거부적이거나 수용적으로, 또는 유능하거나 무능한 사람으로 경험할 것이다. 이렇게 관점의 폭이 다양한 것은 치료자, 특히 초심 치료자를 실망시키기도 하고 심지어는 당황하게 만들기도 한다.

집단이 일종의 로르샤흐 테스트 역할을 할 수 있다는 것은 두 명의 공동 치료자가 한 그룹을 관찰하면서 설명할 수 있다. 한 집단 구성원은 집단지도자들이 전문적으로 접근할 수 있고 그것이 자신에게 적합하다고 생각했다. 또 다른 사람은 두 지도자 모두 불투명해 보였고, 그들과 더 친해지기를 열망했다고 한탄했다. 세 번째 구성원은 공동 치료자들과 친하게 지내는 데 도움을 주는 많은 정보가 이미 주어졌다고 말했다. 네 번째 구성원은 한 공동 지도자가 다른 지도자보다 더 투명해 보인다고 언급했고, 공동 지도자 사이의 관계에 대해 궁금하게 만들었다. 다섯 번째 사람은 무엇을 느끼거나 생각하는지 걱정할 필요가 없도록 불투명하고 멀리 떨어져 있어야 한다고 말했다. 그는 어린 시절 자기 말과 행동에 대한 어머니의 반응에 목매면서 삶을 보냈다. 이 활기찬 모임이 진행되는 동안 집단의 새로운 구성원은 눈물을 흘리며 압도되는 기분이었다고 말했다. 그녀가 항상 옳다는 것을 알기 위해 필요한 일관성과 확신은 어디에 있었는가? 만약 같은 질문이 그렇게 다양한 반응을 일으킬 수 있다면, 그녀는 어떻게 세상을 살아갈 수 있었을까?

축소된 사회, 사실인가?

축소된 사회의 진실성은 집단원들에 의해 자주 도전받는다. 그들은 이 특정 집단에서 그들의 행동이 비전형적이며, 그것이 자신의 정상적인 행동을 대표하는 것은 아니라고 주장한다. 또는 이 집단은 자신을 정확하게 인식하지 못하는 문제를 가진 사람들이 모인 곳이라고 주장하기도 한다. 심지어 집단치료는 진짜가 아니며, 개인의 진짜 행동을 반영하기보다는 오히려 왜곡시키는 인위적이고 조작된 경험이라고까지 주장한다. 경험이 많지 않은 치료자에게 이러한 논쟁은 만만치 않으며 그럴듯하게도 보이지만, 그들은 사실상 진실을 왜곡하고 있다. 어떤 의미에서 집단은 인위적이다. 집단원들은 집단에서 친구를 만들지 않는다. 그들은 서로에게 중요한 인물이 아니다. 그들은 함께 살지도, 같이 일하거나 식사하지도 않는다. 개인적으로 관계를 맺지만, 그들이 갖는 관계는 일주일에 한두 번씩 전문가의 사무실에서 모이는 것이 전부다. 그들이 맺는 관계도 일시적이어서, 관계가 끝나는 것 역시 처음부터 사회적 계약으로 정해진다.

이러한 논쟁에 직면할 때 나[IY]는 종종 오래전에 내가 이끌었던 집단의 환자였던 Earl과 Marguerite을 생각하곤 한다. Earl은 Marguerite보다 넉 달 먼저 집단에 들어왔다. 그들은 서로를 보고 얼굴을 붉혔는데, 우연하게도 한 달 전 시에라 클럽Sierra Club의 캠핑 여행에서 하룻밤을 함께 보내며 '친밀'해진 사이였기 때문이었다. 그들은 둘 다 집단에 함께 있는 것을 원하지 않았다. Earl에게 Marguerite은 바보같이 머리가 빈, 후에 그가 집단에서 이야기하기를 '당나귀처럼 생각이 없는' 여자였다. Marguerite에게 Earl은 자신의 남편에게 보복하기 위해 그의 성기性器를 사용했을 뿐 별 의미 없는 존재였다.

그들은 일주일에 한 번씩 일 년간 집단치료를 함께 했다. 그러는 동안 서로를 진정한 의미에서 친밀하게 알게 되었다. 그들은 자신의 가장 깊은 감정을 나누었고, 맹렬하고 고통스러운 싸움을 극복해 나갔으며, 자살할 정도의 우울증으로부터 벗어나기 위해 서로 도왔다. 또한 여러 번 서로를 위해 울었다. 어느 것이 진정한 세계이며 어느 것이 인위적인 세계인가?

한 집단원이 이렇게 얘기한 적이 있다. "오랫동안 저는 집단이 꾸며진unnatural 경험을 하는 자연스러운natural 장소라고 믿었어요. 그런데 오히려 그 반대라는 것을 깨달았답니다. 집단은 자연스러운natural 경험을 하는 꾸며진unnatural 장소예요."[70] 치료 집단을 현실로 만드는 많은 것 가운데 하나는 집단이 사교적이거나 세력적이거나 또는 성적인 게임을 제거한다는 것이다. 집단원들은 함께 생동감 있는 삶을 경험한다. 진실을 왜곡하는 겉모습은 집단원들이 서로에게 정직하고자 노력하는 동안 점점 벗겨진다. 나는 집단원들이 "내가 누군가에게 이것을 말하는 건 처음이에요"라고 말하는 것을 여러 차례 들었다. 이미 이들은 모르는 사람들이 아니다. 이와는 정반대로 그들은 서로를 매우 깊이, 완전히 잘 알고 있다. 구성원들이 서로의 생활에서 아주 적은 시간만 함께 보내는 것은 맞는 말이다. 그러나 심리적인 현실은 물리적인 현실과 다르다. 심리적으로 생각할 때 집단원들은 물리적으로 같은 방 안에서 일주일에 한두 번 모이는 것보다 무한대로 많은 시간을 함께 지낸다.

전이와 통찰

대인관계 학습이 변화를 매개한다고 결론짓기 전에 좀 더 논의할 필요가 있는 두 가지 개념, 즉 전이와 통찰에 대해 살펴보고자 한다. 전이와 통찰은 대부분 치료 과정에서 너무나도 중심적인 역할을 하기에 가볍게 지나칠 수 없다. 우리는 치료 작업에서 이 두 가지 개념에 매우 의존하고 있으며, 이를 중요하게 여긴다. 따라서 이 장에서 두 가지 개념을 대인관계 학습 요인에 포함했다.

전이는 대인관계에서 생긴 왜곡된 인식의 특정한 형태다. 개인치료에서 이러한 왜곡을 인식하고 해결하는 것은 매우 중요하다. 집단치료에서도 대인관계의 왜곡을 다루는 작업은 상당히 중요하다. 그러나 왜곡의 범위와 다양성은 집단치료에서 훨씬 더 크다. 즉, 환자와 치료자 관계에서 나타나는 왜곡인 전이를 해결하는 일은 치료 과정에서 치료자가 검토해 나가는 일련의 왜곡 중 하나일 뿐이다.

치료자와 환자 간 관계는 많은, 아니 어쩌면 대부분 환자가 훈습해야 할 가장 중요한 관계다. 왜냐하면 치료자는 환자의 부모상象, 선생님, 권위, 기존의 전통, 가치의 구현과 같은 것이 인격화된 인물이기 때문이다. 그러나 대다수 환자는 권력, 자기주장, 분노, 동료와의 경쟁, 친밀감, 성적性的 관심, 관용, 탐욕, 시기심 등과 같은 다른 대인관계 문제에서도 갈등을 겪고 있다. 많은 연구가 집단원과의 관계에서의 훈습을 강조한다.[71]

비록 집단 환자에게 있어 자기 이해가 매우 중요하지만, 집단치료는 대인관계와 상호작용 영역에 초점을 맞추고, 개인치료는 개인 내 치료와 정신 내 치료에 더 많이 참여한다.[72] 1년 후의 단기 위기 집단에 관한 후속 연구에서 한 연구팀은 집단 구성원들에게 각 집단이 받은 도움의 출처를 밝히도록 요청했다. 42%는 집단 구성원이 도움이 되고 치료자는 도움이 되지 않았다고 생각했으며, 28%는 둘 다 도움이 되었다고 응답했다. 오직 5%만이 치료자만이 변화에 주요한 기여자라고 말했다.[73]

이 연구 자료는 집단치료자들의 기법에 관해 중요한 함축적 의미를 지닌다. 치료자는 단순히 자신과 환자 간의 관계에 초점을 맞추는 것보다는, 집단원 간의 상호작용을 발전시키고 훈습을 촉진시켜야 한다. 이런 문제들에 관해서는 6장과 7장에서 더 자세히 이야기하겠다.

통찰에 대해서는 정확하게 기술하기가 어렵다. 통찰은 단순한 개념이 아니다. 우리는 이 개념을 문제의 명료화, 설명, 탈억압derepression을 포함하는 '안으로 들여다보기'라는 일반적 개념으로 사용한다. 통찰은 자신의 행동, 동기 체계 또는 무의식에 대해 중요한 무언가를 발견할 때 생긴다. 이것은 또한 Daniel Siegel이 '마음 통찰력'이라고 부르는 자신의 관계 세계에서 타인의 감정적 경험을 개인이 더 잘 이해하게 해 주는 발판을 마련한다.[74]

집단치료 과정에서 환자들은 적어도 다음과 같은 네 가지 수준의 통찰을 얻는다.

1. 환자들은 자신이 대인관계에서 어떻게 비치는지에 관해 객관적 시각을 얻는다. 그들은 자신이 긴장하는 듯이 보이는지, 따뜻하게 보이는지, 냉담해 보이는지, 유혹적으로 보이는지, 신랄한 사람으로 보이는지, 거만하게 보이는지, 잘난 척하는 사람으로 보이는지, 아첨하는 사람으로 보이는지 등 다른 사람에게 어떤 모습으로 보이는지 처음으로 알게 된다.
2. 환자들은 자신의 복잡한 대인관계 행동 패턴을 이해하게 된다. 남을 이용하는지, 끊임없이 찬사를 보내는지, 유혹하고는 거부하거나 뒤로 물러나는지, 혹독하게 경쟁하는지, 사랑을 애원하는지, 치료자하고만 관계를 맺는지, 아니면 남자들 또는 여자들하고만 관계를 맺으려 하는지 등의 수많은 패턴이 명백해진다.
3. 환자들은 자신의 대인관계 행동 바탕에 있는 동기를 배울 수 있다. 종종 환자들은 서로 다른 행동이 굴욕, 경멸, 또는 버림받음과 같은 재앙을 가져올 것으로 믿기 때문에 그들은 일정한 방식으로 행동하는 것을 배운다. 예를 들어, 냉담하고 초연한 환자들은 관계에 휩쓸리는 것이 두려워서 친밀감을 꺼린다는 것을 이해할 수

있고, 경쟁적이고 앙심을 품고 통제력을 가진 환자들은 성장기에 형성된 깊고 만족할 줄 모르는 갈망을 두려워할 수 있으며, 소심하고 억눌린 개인은 자신의 분노가 폭발할 것을 두려워할 수 있다.

4. 마지막으로, 환자들은 자기 행동의 깊은 뿌리를 이해하게 된다. 초기 가족 및 환경 경험의 영향에 대한 탐구를 통해 환자는 현재 행동 패턴의 기원을 이해하게 된다. 이 네 번째 수준의 통찰력은 불행하게도 '심오한' 또는 '좋은' 것과 동일시되었고, 다른 수준들은 '피상적인' 또는 '무의미한' 것으로 여겨졌다. 현재의 어려움에 대한 해결책으로서 과거의 탐구에 초점을 맞추는 것은 자기인식과 대인관계 기술 습득을 방해할 수 있다.[75]

모든 치료자는 출신 가족, 발달 과정 또는 사회문화 환경에 의해 형성되거나 영향을 받은 방식에 대해 상당한 통찰력을 얻었음에도 치유적인 진전을 이루지 못한 환자를 접하게 된다. 이러한 통찰력의 획득과 변화의 지속성 사이에는 입증되고 일관된 관계가 없다. 더욱이 그러한 통찰력이 없을 때라도 중요한 임상적 변화가 일어나는 것은 흔한 일이다. 사실 초기 경험의 종류와 성인 행동 및 성격 구조 사이의 관계에 대해 가장 유력한 가정의 설명에 의문을 제기할 이유는 충분하다.[76]

한 가지 더 살펴볼 것이 있는데, 기억 저장에 관한 최근의 신경생물학적 연구를 고려해야 할 것이다. 근래에 기억은 두 가지 구분되는 뇌의 경로를 가진, 최소한 두 가지 종류로 이루어져 있다고 알려졌다.[77] '외현기억explicit memory'으로 알려진 기억의 종류는 이미 익숙하게 알고 있을 것이다. 이 기억은 회상해 낸 세부 사항이나 사건 그리고 자서전적인 삶의 회고로 이루어져 있으며, 정신역동 치료에서 탐색과 해석에 중점을 두며 역사적으로 오랫동안 조명을 받아왔다. 두 번째 기억의 종류는 '암묵기억implicit memory'인데, 이는 생애 초기의 관계적 경험과 대부분 언어나 상징을 사용하기 이전에 있었던 경험을 담고 있다. 이러한 기억은 다른 사람들과 어떻게 관계를 맺는지에 영향을 미친다. 그러므로 혼잣말은 기억을 형성하면서 이러한 초기의 영향을 바꾸지 않을 수도 있다. 변화의 원동력이 되는 것은 치료 관계의 실제 순간마다의 일어나는 환자의 경험이다.[78]

정신분석적 이론은 암묵기억에 대해 새로 이해하게 된 결과로 변화하고 있다. Peter Fonagy는 정신분석의 진행 과정과 결과에 대해 매우 철저한 문헌 연구를 수행했다. 그의 결론은 다음과 같다. "과거의 경험을 떠올리는 것은 도움이 될 수도 있다. 하지만 현재 다른 사람들과 함께 소통하는 방식을 이해하는 것이 변화를 위한 핵심이다. 이를 위해서는 자기와 타인에 대한 표상이 모두 변경되어야 하며, 표상의 변화는 지금 여기에서만 효과적으로 이루어질 수 있다."[79]

인과성에 관한 더 이상의 언급은 대인관계 학습에서 너무 멀리 이탈되기 때문에, 이 주제는 5장과 6장에서 깊이 다루고자 한다. 현재로서는 지적인 이해가 변화의 기제를 부드럽게 한다는 것에 별 의심의 여지가 없다. '안으로 들여다보기'인 통찰이 발생적genetic 의미가 아닌 일반적generic 의미에서 일어난다는 것이 중요하다. 정신치료자들은 집단치료에서 '깊이 있는' 또는 '심오한' 지적인 이해를 일시적인 숙고와 구분해야 한다. 깊게 느껴지거나 환자에게 깊은 의미가 있는 것이 대개는 행동의 초기 기원을 이해하는 것과 상관없을 수도 있다.

개관

우리는 대인관계 학습의 치유적 요인을 세 가지로 나누어 정의하고 기술했다.

1. 대인관계의 중요성
2. 교정적 정서 체험
3. 축소된 사회로서의 집단

이제 이를 순서대로 종합해 고려하면, 치료적 요인으로서 대인관계 학습의 원리가 더 명확하게 보일 것이다.

Ⅰ. 정신과적 증상은 혼란스러운 대인관계에서 비롯된다. 정신치료의 과업은 환자가 왜곡 없는 만족스러운 대인관계를 어떻게 발전시킬 것인지 배우도록 돕는 것이다.

Ⅱ. 엄격한 구조적 제약으로 인해 집단의 발달이 방해받지 않는다면, 정신치료 집단은 각 환자의 사회적 환경이 소형화된 축소된 사회로 발전된다.

Ⅲ. 집단원들은 다른 집단원들의 피드백과 자기관찰을 통해 각자의 대인관계 행동

에 대한 중요한 측면을 알게 된다. 자신의 강점, 한계, 대인관계 왜곡, 다른 사람들로부터 원하지 않는 반응을 끌어내는 부적응적 행동 등을 알게 된다. 과거에 계속 불행한 관계를 맺었고 결과적으로 거부당해 왔던 환자는 그러한 과거 경험으로부터 배우지 못했다. 왜냐하면 사람들이 이 환자의 불안정성을 앎에도 불구하고 정상적인 사회에서 상호작용을 지배하는 예절을 지키느라 그 환자를 거부하는 이유를 당사자에게 말하지 않았기 때문이다. 따라서 환자가 자기 행동의 불쾌한 측면과 완전히 수용될 수 없는 사람으로서 자기개념을 구별하도록 배운 적이 전혀 없다는 사실은 중요하다. 치료 집단은 정확한 피드백을 장려하기 때문에 그러한 구별을 가능하게 해 준다.

Ⅳ. 치료 집단에서 드러나는 규칙적 대인관계의 단계는 다음과 같다.
   A. 병리의 노출: 집단원이 자기 행동을 드러낸다.
   B. 피드백과 자기관찰을 통해서 환자들은
      1. 자기 행동을 더 잘 관찰하게 된다.
      2. 자기 행동이 다음 사항에 미치는 영향을 평가한다.
         a. 다른 사람들의 느낌
         b. 다른 사람들이 갖는 자신에 대한 견해
         c. 스스로 자신에 대해 가지는 견해

Ⅴ. 이러한 단계를 충분히 인식한 환자는 그에 대한 개인적 책임을 느끼며, 각 개인은 자신의 대인관계를 창조한다.

Ⅵ. 대인관계 세계에 대한 자신의 책임을 충분히 받아들인 사람은 자신이 그러한 대인관계의 세계를 만들었다면 그것을 변화시킬 힘도 있다고 생각하기 시작한다.

Ⅶ. 이러한 이해의 깊이와 의미는 진행 단계와 관련된 감정의 양에 정비례한다. 경험이 진실되고 감정적일수록 그 영향력은 더욱더 강력하다. 경험이 거리감이 있고 지적일수록 학습 효과는 떨어진다.

Ⅷ. 집단치료의 결과로 환자는 다른 사람과 지내는 새로운 방식을 시도해 봄으로써 점점 변화한다. 변화가 일어날 가능성은 다음 사항들과의 함수다.
   A. 변화에 대한 환자의 동기와 현재의 행동 방식에 대한 불편과 불만족의 정도
   B. 집단에 대한 환자의 몰입, 즉 환자가 집단을 중요하게 여기는 정도
   C. 환자의 성격 구조와 대인관계 방식이 지니는 경직성

Ⅸ. 비록 작은 것일지라도 일단 변화가 일어나면, 환자는 이제까지 그 행동을 막아 왔던 재앙이 결국 합리적이지 않았으며, 또한 거부할 수 있다는 사실을 알게 된다. 이 새로운 행동은 죽음, 파괴, 버림받음, 조소 또는 휘말림[5)]과 같은 재앙을 초래하지 않았다.

Ⅹ. 축소된 사회의 개념은 양방향적이다. 집단 밖에서의 행동이 집단 안에서 나타날 뿐 아니라, 집단에서 배운 행동은 결국 환자의 사회적 환경으로 옮겨가 집단 밖에서 환자가 맺는 대인관계 행동에 변화가 나타난다.

Ⅺ. 적응적 나선은 처음에는 집단 내부와 외부에서 서서히 움직인다. 환자의 대인관계 왜곡이 줄어들면서 보람 있는 관계를 형성할 능력이 향상된다. 사회적 불안감이 줄어들고, 자존감이 높아지며, 타인에 대한 냉혹한 판단이 누그러지며, 자기 억압의 필요성이 줄어든다.

이러한 각 단계에는 치료자의 차별적이고 구체적인 촉진이 필요하다. 예를 들어, 다양한 시점에서 치료자는 구체적으로 피드백하기, 자기관찰 격려하기, 책임감의 개념을 명확하게 하기, 위험의 감수 격려하기, 재앙적 결과에 대한 망상을 버리게 하기, 학습의 전이 강화하기 등을 해야 한다.[80] 이러한 과업과 기법은 이후에 충분히 논의할 것이다.

---

5) 새로운 관계적 경험은 뇌의 더 많은 감정적인 부분(아피질)이 더 많은 인지, 계획, 평가 부분(전두엽 피질)에 영향받는 신경 경로를 활성화함으로써 신경생물학적 변화를 촉진할 수 있다. 신경생물학적 영향은 심지어 초기 삶의 역경에 의해 손상된 개인의 유전적 기질을 복구할 잠재력을 포함할 수 있으며, 정신-뇌 간 연결을 강조한다. D. Siegel, Pocket Guide to Interpersonal Neurobiology: An Integrative Handbook of the Mind (New York: W.W. Norton, 2012). S. Gantt and B. Badenoch, eds., The Interpersonal Neurobiology of Group Psychotherapy and Group Process (London: Karnac Books, 2013). A. Smith et al., "Epigenetic Signatures of PTSD: Results from the Psychiatric Genomics Consortium PTSD Epigenetics Workgroup," Biological Psychiatry 81 (2017): S36 참조.

3장

집단 응집력

이 장에서는 치료적 요인으로서의 집단 응집력에 관한 여러 가지 유용한 증거와 응집력이 치료적인 영향력을 발휘하는 여러 가지 경로를 다룸으로써 응집력의 속성에 관해 검토하고자 한다.

응집력이란 무엇이며, 치료 성과에 어떤 영향을 미치는가? 집단치료에서 응집력은 개인치료에서의 관계와 비슷하다고 볼 수 있다. 먼저, 개인정신치료에 대한 상당한 양의 연구에서 치료자와 환자 간의 좋은 관계가 긍정적인 치료 결과를 위해 필수적임을 입증해 준다는 점을 염두에 두자. 치료적 동맹과 치료 결과 사이의 관계는 우리 분야에서 가장 신뢰할 수 있는 사실 중 하나다.[1] 집단치료에서도 좋은 치료 관계가 필수적인가? 연구 문헌에 따르면 '관계'가 집단치료에서도 긍정적인 결과와 밀접한 관련이 있다는 데는 의문의 여지가 없다.[2] 하지만 집단치료에서 관계는 개인치료에서의 관계보다 훨씬 더 복잡한 개념이다. 개인치료에서는 단지 두 사람 간의 교류가 있을 뿐이지만, 집단치료에서는 보통 6~10명가량 되는 많은 사람이 함께 작업한다. 성공적인 집단치료를 위해 좋은 관계가 필요하다고 말하는 것은 충분하지 않다. 어떤 관계가 필요한지 명확히 말해야 한다. 환자와 집단치료자(공동 지도자가 있다면 치료자들) 사이의 관계를 말하는가? 또는 집단원과 다른 집단원들과의 관계, 또는 개인 사이와 집단 전체를 놓고 보았을 때의 관계를 말하는가?

다시 말해, 고려해야 할 변수에는 개인 내부 변수, 개인 간 변수, 집단 변수가 있다.[3]

지난 60여 년 동안 정신치료의 결과에 대한 수많은 통제된 연구가 입증해 온 바에 따르면 정신치료를 받은 보통의 사람들이 상당한 호전을 보였고, 집단치료 결과도 사실상 개인치료의 결과와 동일했다.[4] 더욱이 어떤 환자들은 다른 접근보다 집단치료를 통해 더 큰 혜택을 받을 수 있다는 증거가 있는데, 특히 치욕감이나 사회적 고립 문제를 안고 있거나 새로운 대처 기술을 찾는 특정 환자들의 경우가 그렇다.[5]

집단정신치료의 전반적인 효과에 관한 연구 증거가 너무나 확실하기에, 이제는 효과적인 정신치료를 위한 필요조건들을 더 완전히 이해하는 데 노력을 쏟아부을 때다. 모든 정신치료가 성공적인 것은 아니다. 사실 치료로 더 나아지기도 하고 혹은 더 나빠지기도 한다는 증거가 있다. 즉, 대부분 치료자가 환자들에게 도움을 주지만 어떤 치료자들은 환자들을 더 악화시키기도 한다.[6] 왜 그럴까? 성공적인 치료에 기여하는 것은 무엇인가? 효과적인 치료자는 환자와 공감할 수 있도록 자신을 맞추며, 장애와 치료법에 대한 이해 가능하고 문화적으로 공감할 수 있는 설명을 제공함으로써 환자의 자기 효용을 높인다.[7] 가장 유용한 연구 증거는 성공적인 치료(심지어 성공적인 약물치료를 포함해서)는 신뢰, 따뜻함, 공감적 이해, 수용 등의 성격을 지닌 치료자와 환자의 관계에 매개된다는 결론을 압도적으로 지지한다.[8]

긍정적인 치료적 동맹이 모든 효과적인 치료에서 공통적으로 나타나기는 하지만, 치료적 동맹이 판에 박힌 듯 쉽게 수립되지는 않는다. 대규모의 치료 연구가 치료적 동맹과 치료적 동맹을 수립하고 유지하는 데 필요한 특정 개입에 중점을 두고 시행되어 왔다.[9]

치료자-환자 관계의 질은 각 치료자가 따르는 이론적 바탕과 관련이 있는가? 경험적 증거들은 '그렇지 않다'고 말한다. 여러 학파(심리역학, 심리분석, 감정중심, 인본주의, 대인관계, 인지-행동)로부터 배출된 숙련된 유능한 임상가들의 이상적인 치료 관계에 대한 관점과 그들이 환자와 맺는 관계의 본질은 서로 비슷하다(그리고 그들 자신의 학파 내에서도 미숙련자들과 차이가 있다).[10]

응집력이 있는 치료적 관계는 심지어 기계론적 접근이라고도 불리는 인지적, 행동적 또는 체계 지향적인systems-oriented 정신치료의 형태를 포함해 모든 효과적인 정신치료에서 필요하다는 점을 유념하길 바란다.[11] 정신건강 국가연구소(The National Institute of Mental Health, NIMH)의 우울증 치료 공동 연구 프로그램에서 대규모 정신치료 비교 실험을 시행했다. 이 연구의 최초 결과에 따르면 성공적인 치료는 그것이 인지-행동 치료든 또는 대인관계적 치료든 관계없이 "자애롭고, 지지적이며, 위안을 주는 권위 있는 인물에게 긍정적인 애착을 맺는 것"이 필요하다고 결론지었다.[12] 이 연구에서는 환자-치료자의 유대와 인지치료의 기술적인 요소가 함께 있으면 상승 효과를 낸다고 보고했다. 즉, 강력하고 긍정적인 유대는 그 자체로서 우울을 일으키는 신념의 부당성을 입증하고, 인지적 왜곡을 수정하는 작업을 촉진시킨다. 긍정적인 유대가 없으면 기술적인 개입이 효과가 없거나 또는 해롭게 되기까지 한다.[13] 환자가 치료자에 대해 가지는 경험은 매우 중요하며 결과를 예측할 수 있는 좋은 예측 변수다.[14] 그리고 이 경험은 치료자의 행동과 자아의 사용에서 크게 나타난다.[15] 이러한 치료자의 핵심 관계 역량이 교육 프로그램의 초점으로 인식되고 있다.[16]

앞서 언급했듯이, 집단치료에서도 관계는 똑같이 중대한 역할을 한다. 그러나 집단치료에서 개인치료의 환자-치료자 관계와 비슷한 개념은 더 넓은 개념이라는 것이 명백하다. 이는 환자와 집단치료자와의 관계뿐만 아니라 환자와 집단 내 다른 집단원들과의 관계, 그리고 환자와 집단 전체에 대한 관계를 포함한다. 언어상의 혼동을 초래하게 될지 모르겠지만, 나는 '집단 응집력'이라는 이름 아래 이러한 모든 요인을 언급하고자 한다. 응집력이란 수백 건의 연구나 매우 큰 데이터를 구축한 메타분석 연구에서 연구되기도 했고, 광범위하게 연구되는 집단의 기본 속성이다.[17] 하지만 불행하게도, 연구 문헌들에서는 응집성에 대한 정의, 척도, 피험자 그리고 측정하는 사람들의 관점이 서로 달라서 응집성에 대한 합의가 부족하다.[18]

그러나 일반적으로 집단들에 따라 집단에 존재하는 '집단성groupness' 정도가 다르다는 데는 의견의 일치를 보고 있다. 연대감이나 '우리라는 것we-ness'을 강조하는 사람들은 집단을 더욱더 가치 있게 생각하고, 출석과 참여와 상호 지지 비율이 더 높을 것이다. 그럼에도 불구하고, 응집성의 명확한 정의를 내리는 것은 어렵다. 한 개관연구는 응집력에 관해 "존엄성처럼 모두가 인식하고는 있으나 설명하지도 못하고, 측정하기는 더 어려운 개념이다"라고 결론지었다.[19] 문제는 응집력이 서로 중복되는 특질을 나타낸다는 점이다. 어떻게 보면 전체적인 단결성esprit de corps이라는 집단적 현상일 수도 있고, 또 달리 보면 개개인 사이의 응집력(더 엄밀히 말하면, 개개인이 집단에 대해 끌리는 매력)일 수도 있다.[20] 게다가 환자의 정서적 체험과 집단 내 효율성은 모두 응집력에 기여한다.[21]

이 책에서 응집력은 구성원들이 느끼는 집단의 매력이다.[22] 응집력이란 구성원들이 집단에서 따뜻함과 편안함, 소속감을 느끼고, 집단을 가치 있게 여기며, 다른 집단원들로부

터 자신의 가치를 인정받고, 무조건적 수용과 지지를 받게 되는 집단의 조건을 말한다.[23]

집단의 단결성과 개인의 응집력은 상호 의존적이며, 집단 응집력은 종종 집단에 대해 각 집단원이 느끼는 매력의 수준을 합해 계산된다. Gary Burlingame과 그의 동료가 개발한 집단 문항(Group Questionnaire, GQ)처럼 집단 응집력을 측정하는 섬세하고 새로운 방법이 더 유효하고 신뢰할 수 있는 평가 방식으로 인기를 얻고 있다.[6)]

응집력을 탐구하면 할수록 더 큰 복잡함을 맞닥뜨리게 된다. 예를 들어, 우리는 이제 환자의 응집력에 대한 관점이 다른 집단원이 느끼는 집단 응집력의 영향을 받는다는 사실을 알고 있다. 집단 응집력은 보통 각 집단원이 가지는 소속감의 총합으로 보았으나, 집단원들은 각각 다르게 집단에 매력을 느낀다는 점과 성격, 대인관계 패턴, 애착 유형 모두 큰 영향을 지닌다는 사실 또한 주목해야 한다.[24] 더 나아가 응집력은 한 번 이루어지면 영원히 지속되는 불변한 것이 아니라, 집단의 과정이 진행되는 동안 크게 변하는 유동적인 것이라는 점 또한 기억해야 한다. 초기의 응집성은 나중에 나타나는 도전적인 과제들을 집단원들이 감내하는 데 없어서는 안 되는 중요한 요소다.[25] 연구는 개개인의 소속감과 집단이 전체적으로 얼마나 잘 기능하는지에 대한 집단원들의 평가를 구분했다. 한 개인이 "집단은 잘 진행되고 있으나, 나는 그 집단의 일부가 아니다"라고 느끼는 것은 흔한 일이기 때문이다.[26] 또한 섭식장애 환자와 같은 집단원들은 집단에서의 상호작용과 긴밀한 유대감을 귀중하게 여기지만, 근본적으로 집단의 목표에 대해서는 반대하는 경우도 있다.

집단 응집력은 그 자체로서 하나의 강력한 치료적인 힘일 뿐 아니라, 다른 치료적 요인이 최상의 기능을 하게끔 하는 하나의 필수적인 선행조건이라는 점이 매우 중요하다. 개인치료에서 "병을 고치는 것은 관계다"라고 말할 때, 이 말은 사랑이나 애정 어린 수용

---

6) GQ는 집단 응집력, 집단 분위기, 치료 동맹, 공감의 차원을 세 가지 척도로 종합한 30개 항목의 자체 보고서로, 집단 구성원의 전체 집단 관계 경험을 함께 담아 낸다. GQ는 집단의 두 가지 핵심 차원, 즉 관계의 질과 관계의 구조를 합성한다. 관계의 질 측면은 긍정적인 구성 요소 또는 부정적인 구성 요소이며, 관계 구조는 문제가 되는 관계가 집단원 간, 집단원-지도자 또는 집단원-집단인지 반영한다. 긍정적 결합 척도(Positive Bond Scale)는 집단원 간 응집력, 집단원-지도자 연맹 및 집단원-집단 분위기를 반영한다. 긍정적 작업 척도(Positive Work Scale)는 집단원 간 및 집단원-지도자의 과업과 목표를 반영한다. 부정적인 관계 척도(Negative Relationship Scale)는 집단원 간 공감의 실패, 집단원-지도자 동맹 단절 및 집단원-집단 갈등을 반영한다. 이 포괄적인 평가는 응집력 및 집단 관계 측정의 재현성과 관련된 이전의 문제에 효과적이다. J. Krogel et al., "The Group Questionnaire: A Clinical and Empirically Derived Measure of Group Relationship," Psychotherapy Research 23 (2013): 344-54. G. Burlingame, K.Whitcomb, S.Woodland, J. Olsen, M. Beecher, and R. Gleave, "The Efects of Relationship and Progress Feedback in Group Psychotherapy Using the GQ and OQ-45: A Randomized Clinical Trial," Psychotherapy: Theory, Research and Practice 55 (2018): 116-31.

만으로 충분하다는 의미가 아니다. 이는 이상적인 치료자-환자의 관계가 피할 수 없는 위험을 감수하게 해 주고, 정화가 일어나게 하며, 내재적 및 대인관계 문제에 대한 탐구를 전개하게 해 주는 조건들을 만들어 낸다는 것을 의미한다. 집단치료에서도 마찬가지다. 응집력은 다른 치료적 요인이 작용하는 데 필요한 요소다.

집단 응집력의 중요성

치료적 요인을 각각 논의했지만, 이 요인들은 대단히 상호의존적이다. 예를 들면, 정화와 보편성은 완벽한 과정이 아니다. 단순한 감정의 배출 과정이나, 자신의 문제와 비슷한 다른 사람의 문제를 발견하는 것, 또는 자기 자신만 비참한 듯한 느낌을 집단의 도움으로 벗어나는 것만이 중요한 것이 아니다. 가장 중요한 것은 자신의 내면세계를 타인과 정서적으로 공유하고, 그들에게 수용되는 것이다. 타인에게 수용된다는 것은 기본적으로 자신은 사람들이 매우 싫어할 만하다거나, 받아들여질 수 없다거나, 사랑스럽지 못하다고 여겼던 자신의 믿음에 반문하게 만든다. 친밀한 관계에 대한 욕구는 모두 선천적으로 타고난 것이다. 집단에 소속되는 것과 집단 안의 개인에게 애착을 가지는 것은 모두 이런 욕구에 대응하는 것이다.[27] 치료 집단은 긍정적이고, 스스로 강화하는 '신뢰-자기개방-공감-수용-신뢰'의 고리를 만들어 낸다.[28] 집단의 성립 초기에 판단 없는 수용과 포용이라는 기준이 확립되어 있다면 정상이 아닌 생활방식, 사회적 실패, 매춘 경력, 성도착, 약물 중독, 범죄행위 등 모든 것이 치료 집단에서 수용될 수 있다.

정신과 환자들은 대부분 대인관계의 기술 장애 때문에 일대일 관계 또는 단체에서 사회적 관계를 맺을 기회가 제한되어 있다. 이런 점에서 집단은 많은 경우 그들에게 유일하게 깊은 인간적 접촉을 의미한다. 그들은 단지 몇 차례 회기 후에 다른 어느 곳에서보다 집단에서 편안한 느낌을 갖는다. 몇 년 후 집단에 대한 대부분 기억이 점차 사라져 버렸을 때도 소속감과 수용에 대한 따뜻한 느낌은 기억할지 모른다.

치료에 성공한 한 환자는 2년 반의 치료 기간을 회상하면서 다음과 같이 말했다. "치료에서 가장 중요했던 것은 항상 내가 대화할 수 있으며, 나를 버리지 않을 사람들이 있는 그런 집단이 존재한다는 것이었어요. 그 집단에는 많은 보살핌, 사랑, 미움이 있었고, 나는 그 일부였죠. 나는 이제 호전되었고 내 자신의 삶도 찾았지만, 이제 그 집단이 더는 존재하지 않는다고 생각하면 슬퍼요."

더욱이 집단원은 그들이 단순히 수동적인 집단 응집성의 수혜자가 아니라, 아마도 인생에서 처음으로 오랫동안 유지되는 관계를 형성하면서 그들 역시 집단 응집성을 만든다는 것을 안다. 한 집단원은 자신의 외로움을 늘 불확실하고 고치기 어려우며 적의를 품고 있는 성격적 실패 때문으로 여겼다. 외로움에 영향을 미친 것이 자신의 의기소침과 무망감의 책임 때문이라는 것을 발견한 후에 그는 집단에 정기적으로 결석하는 일을 멈추었다. 그러자 집단에서의 관계가 소원해지지 않았다. 그의 외로움은 대부분 다른 사람을 등한시하는 선택을 한 데서 비롯된 것이었다.

환자들은 집단을 자기 것으로 내재화하고, 집단을 통해 내면의 세계를 채워 나가기도 한다. 몇 년 후 한 환자는 "집단이 마치 내 어깨 위에 앉아 나를 지켜보고 있는 것 같아요. 나는 집단이 이것이나 저것에 관해 어떻게 말할지를 끊임없이 나 자신에게 물어요"라고 말했다. 흔히 치료적인 변화는 지속되며 통합되는데, 심지어 수년이 흐른 후에도 집단을 실망시키고 싶지 않기 때문이다.[29]

그러나 대부분 정신과 환자는 어떤 집단에 통합되거나 가치를 인정받는 느낌을 받아 본 적 없는 빈약한 사회적 관계를 가지고 있다. 이런 환자들의 경우 긍정적인 집단경험 자체가 치유에 도움이 된다. 집단에 소속되는 것은 자아존중감을 높여 주고 집단원들의 의존 욕구를 충족시켜 줄 뿐 아니라, 책임감과 자율성을 길러 주기도 한다.[30]

몇몇 집단원에게 소속감은 심리적 역행의 감정을 만들어 낼 수도 있다. 소속감은 자아의 상실과 자율성의 포기라는 점에서 두려울 수 있기 때문이다.[31] 그러나 보통 치료 집단의 집단원들은 서로에게 상당히 중요한 의미를 두게 된다. 처음에는 중요성을 지니지 않은 인위적인 집단으로 보이는 치료 집단이 시간이 지나면서 가장 내밀한 생각을 공유하고, 매우 중요한 가치를 지니게 되는 것이다. 우리는 집단원이 극심한 우울증, 조증 에피소드, 이혼, 임신중절, 자살, 성폭력 등의 문제를 겪거나 심지어 집단의 규칙을 어기고 집단원 두 명이 서로 성적으로 엮이는 배신의 상황에서도 지금-여기 감정 등을 함께 겪고 응원하는 것을 보아 왔다.

C형 간염 정맥 주사 약물 환자 모임에서 진행된 최근 연구를 보면, 가장 그러지 않을 것 같은 집단원도 집단 응집력을 형성해 낼 수 있다.[32] 우리는 어떤 집단에서 한 집단원을 실제로 병원으로 옮기는 것을 보기도 했고, 다수의 집단이 집단원의 죽음을 함께 슬퍼하는 것을 본 적도 있다. 그리고 암 환자들의 지지집단 구성원들이 작고한 집단원의

장례식에서 송사를 낭독하는 것을 본 적도 있다. 관계란 종종 감정적으로 강렬한 경험을 공유하면서 단단히 굳어지기도 하는 것이다. 우리의 삶에서 얼마나 많은 관계가 이렇게 풍요로운 면을 가지는가?

집단 응집력의 장점: 근거

치료 과정에서 집단 응집력의 중요성에 관한 연구 증거는 개인정신치료에서 관계의 중요 성을 실증하는 연구와 비교할 때 초보 단계에 불과하지만, 그 명료함이나 관련성만큼은 확실하다.[33] 응집력의 효과에 관한 연구는 더 복잡하다.[34] 왜냐하면 이 연구는 집단 분위기(관여의 정도, 회피, 집단에서의 갈등),[35] 치료자 공감,[36] 동맹(집단원-치료자 관계)[37] 같은 응집성과 밀접하게 관련된 변인에 관한 연구를 포함하기 때문이다. Burlingame과 동료가 개발한 집단 문항은 이러한 측면을 모두 종합한다.[38] 그러나 이 모든 관점으로부터 연구된 결과들은 같은 결론을 내린다. 곧 좋은 치료의 핵심에는 관계가 있다는 것이다.[39]

집단 응집력은 삼자 감독third-party oversight과 같은 영역에서도 중요하다. 사실 현대의 집단치료자는 외적인 방해나 관료적 통제로부터 치료적 관계를 보호해야 할 매우 큰 책임이 있다.[40]

이제 응집성에 관한 현대 연구들과 문헌을 개관해 보겠다. 집단 연구자들이 집단 응집력과 그 임상적 영향을 평가하고 이해하기 위해 사용한 많은 접근 방식을 알아보고자 한다. (연구방법론에 관심이 적은 대신 직접적인 임상적 관련성에 흥미를 지닌 독자들은 곧바로 요약 부분으로 넘어가도 좋다.)

- 초기의 집단정신치료 환자들에 관한 한 연구에서 연구자들은 집단원의 절반 이상에게 일차적으로 도움이 된 형태는 상호 지지라는 것을 발견했다. 집단이 응집력 있다고 지각한 환자들은 더 많이 출석했고, 다른 집단원들과 더 많은 사회적 접촉을 경험했으며, 집단이 치료적이라고 판단했다. 그들 자신이 향상되었다고 보고한 환자들은 다른 집단원들에게 수용되었다고 느꼈고, 집단경험에 관해 질문을 받았을 때는 특정인들에 관해 상세하게 언급했다.[41]
- 1970년에 나[IY]는 집단치료를 성공적으로 수행한 환자들을 조사한 연구논문을 발표했는데, 환자들에게 집단치료 경험을 되돌아보고 이 책에 기술된 일련의 치료적

요인이 가진 효과의 순서를 평정하게 했다.[42] 그 후 수많은 연구가 비슷한 방식으로 수행되었으며, 집단치료의 어떤 면이 유용했는지에 대한 환자들의 관점에 대해 수많은 중요한 자료가 나오게 되었다. 다음 장에서 이런 결과들을 깊이 검토할 것이다. 지금은 환자들이 집단 응집력을 성공적인 집단치료의 매우 중요한 요소로 간주한다는 점을 주지하는 것으로 충분하다.

- 6개월에 걸쳐 두 개의 장기 치료 집단을 관찰한 연구자들은 수용, 활동, 민감도, 발산(정화), 호전 등의 다섯 가지 변수에 따라 각 집단원에게 점수를 매기는 방식으로 각 회기의 과정을 평가했다.[43] 또 일주일마다 각 집단원에게 자기 평가서를 받았다. 연구 결과는 연구 평가자와 집단원 모두 '수용'을 호전과 강력하게 연관되는 유일한 변인으로 지각한다는 사실을 지적했다.
- 12개 정신치료 집단에 속해 있던 환자 47명에 대한 연구도 비슷한 결론에 도달했다. 집단원들이 스스로 느끼는 성격의 변화가 집단에 참여한다는 느낌, 그리고 전체 집단의 응집력에 대한 평가와 유의미한 상관관계를 나타냈다.[44]
- 나[IY]의 동료들과 나는 5개의 외래환자 집단에서 치료를 시작한 모든 환자(N=40)에 대한 치료 결과를 연말에 평가해 보았다.[45] 치료 결과는 치료의 처음 3개월에 측정된 많은 변수와 상관관계가 있었다. 긍정적인 치료 결과는 집단 응집력과 일반적 인기라는 두 가지 변수와 상관관계가 있었다. 즉, 집단에 처음부터 강하게 매료되었던 환자들(높은 응집력)과 집단치료 6주 차와 12주 차에 측정한 인기 평가에서 높은 점수를 얻었던 환자들은 50주 차에 가서 더 좋은 치료 결과를 나타냈다.[46] 이 연구에서 응집력보다 치료 결과에 더 긍정적으로 상관관계를 보였던 인기는 집단 응집력에 관계되는 것이며, 집단 응집력이 변화를 매개하는 기제가 무엇인지 알게 해 준다.
- 좀 더 구조화된 집단에서도 같은 결과가 나타났다. 행동치료 집단에 열 차례 참석했던 환자 51명에 대한 연구에서 '집단에 대한 매력'은 환자의 자아존중감이 증진되는 데 유의미한 상관관계가 있었으며, 집단의 조기 탈락률과는 부적상관을 보였다.[47]
- 집단원 간 관계의 질적 측면은 T-그룹과 절차 집단과 같이 참가자에게 집단 역학을 가르치고자 하는 실험 집단에서도 중요한 구성 요소로 알려진 바 있다. 정밀하게 설계된 초기의 한 연구는 총 64시간 동안 일주일에 두 번씩 만났던 11명으로 구성된 T-그룹에서 치료 결과와 집단원 간 관계의 질적 측면 사이의 중요한 관계를 발견했다.[48] 두 사람 사이에 상호적인 치료적 관계를 가장 많이 맺었던 집단원들이 집단치

료 과정 동안 가장 많은 호전을 보였다.[49] 게다가 지도자와의 지각된 관계는 변화의 정도와 상관 없었음이 밝혀졌다.

- 나[IY]는 Morton Lieberman, Matthew Miles와 함께 당시 주요하던 10개의 관념 학파(게슈탈트, 교류분석, T-집단, Synanon,[7)] 개인 성장, Esalen, 정신분석, 마라톤, 심리극, 참만남 녹음)를 포함하는 18개의 참만남 집단에 참가한 210명을 대상으로 대규모 연구를 수행했다.[50] 몇 가지 방법으로 응집력을 평가했고, 이는 치료 결과와 상관이 있었다.[51] 연구 결과, 집단에 대한 매력은 치료 결과에 대한 강력한 결정요인으로 나타났다. 응집력을 측정한 모든 방법에서 응집력과 치료 결과는 긍정적인 상관관계를 나타냈다. 집단에 대해 소속감이나 집단에 매력을 느끼지 못했던 환자는 집단으로부터 아무런 소득도 얻지 못하는 것으로 보였으며, 부정적인 결과를 보이는 경향이 있었다. 더욱이 응집력이 전반적으로 높은 수준의 집단은 그렇지 못한 집단보다 훨씬 종합적인 성과가 높았다.
- 또 다른 경험적 훈련집단에 관한 대규모 연구(N=393)도 친분(응집력과 상당히 비슷한 개념)과 치료 결과 사이의 강한 관련성을 말해 주었다.[52]
- 20명의 장기 입원환자 집단을 대상으로 한 연구에서 Roy MacKenzie와 Volker Tschuschke는 '집단 작업'에 대한 구성원들의 평가와 '집단에 대한 정서적인 연결성'을 구분했다. 개인이 느끼는 소속감은 미래의 치료 결과와 상관관계가 있는 반면, 전체 집단 작업은 그렇지 않았다.[53]
- Simon Budman과 그의 동료들은 훈련받은 평정자들에게 비디오로 촬영한 집단 모임을 관찰하게 함으로써 응집력이라는 현상을 더 정확하게 측정하는 고유한 척도를 개발했다. 이들은 15개 치료 집단을 연구했는데, 연구 결과 정신질환적 증상의 감소와 자아존중감의 증진은 가장 응집력이 높은 집단에서 나타났다. 각 집단 회기의 초기 30분 이내에 보이는 집단 응집성은 더 나은 치료 성과를 예측해 주었다.[54]
- 많은 연구가 집단치료에서 환자와 집단지도자 간 관계의 역할에 대해 조사했다. Elsa Marziali와 동료들은 경계선 성격장애 환자로 이루어진 고도로 구조화된 30차례 회기의 대인관계적 치료 집단에서 집단 응집성과 환자-지도자 관계를 조사

---

7) 마약 상습자의 갱생을 지도하는 미국의 사설 단체(역자 주).

했다.[55] 응집성과 환자-지도자 관계는 상관관계가 높게 나왔는데, 이는 Budman의 연구 결과를 지지하는 것이며, 두 가지 변인 모두 치료 결과와 높은 정적상관을 보였다.[56] 그러나 환자-지도자 관계가 치료 결과를 더 강력하게 예측하는 것으로 나타났다. 환자와 치료자 사이의 관계는 변덕스러운 대인관계 양상 또는 취약함을 보이는 환자들에게는 특히나 더 중요한 것으로 보이는데, 치료자가 이들을 포용하거나 지지하는 중요한 기능을 하기 때문일 것이다.

- Anthony Joyce와 동료들은 여러 상실과 사별에 대한 간단한 집단치료에서 치료받은 환자들의 경험을 탐구했다. 그들은 치료자와의 동맹에 대한 환자의 강점이 더 나은 결과로 이어졌으며, 집단 응집력보다 결과와 상관관계가 더 높은 것으로 나타났다고 보고했다. 이는 개별 환자의 경험을 살펴보고 집단 응집력뿐 아니라, 특히 초기에 긍정적인 시작을 해야 하는 단기 집단의 경험을 살펴보는 것이 중요하다는 것을 강조한다.[57]
- 사회공포증에 대한 집단치료 결과는 치료 종료 시, 그리고 K. R. Mackenzie가 개발한 집단 설문에서 환자가 참여도가 더 높다고 보고한 후속 조치 시에 모두 현저하게 향상되었다. 반면, 회피 점수가 높을수록 환자의 고통은 커진다. 높은 갈등은 집단치료에서 문제일 뿐 아니라, 집단지도자들이 받아들여야 할 집단 발전의 필수적인 단계라기보다는 집단 문제의 징후일 수 있다.[58]
- 사회공포증 환자들을 위한 구조화된 단기 인지-행동치료 집단에 관한 연구에서는 치료자와의 관계가 12주간 치료에 걸쳐 더 깊어졌고, 치료 결과와 정적인 상관을 나타냈다.[59] 그러나 응집성에는 변화가 없었고 치료 결과와도 관련이 없었다. 이 연구에서 집단은 치료를 위한 환경이었을 뿐 치료의 동인은 아니었다. 치료자는 집단원 간의 유대를 장려하지 않았다. 연구자는 고도로 구조화된 집단에서 가장 중요하게 다루는 것은 치료 과업을 위해 환자와 치료자가 협력하는 것이었다고 결론지었다.[60]
- 12회기의 상호작용적 문제해결 집단에서 치료받은 우울과 사회적 고립을 호소하던 환자 34명을 대상으로 한 연구에서는 집단지도자로부터 긍정적인 존중과 따듯함을 경험했다고 기술한 환자들이 더 높은 치료 결과를 보여 주었다. 반대의 경우도 일어났는데, 부정적인 환자-지도자 관계는 부정적인 치료 결과와 관련되었다. 이 상관연구는 인과관계에 초점을 맞추지는 않지만, 과연 환자들이 치료에 열심히 참여했기 때문에 치료자에게 더 많은 호의를 받았는가? 또는 치료자에게 많은 호의를 받았다

는 것이 환자들의 안녕감을 증진시켜 환자들이 치료에 열심히 참여하게 했는가?[61]

- 현역 군인의 PTSD 치료를 위한 입원환자 집단치료에 대한 연구 결과는 집단 응집력의 상당한 역할을 입증했다. 집단의 응집력은 결과에 50% 차이를 기여했는데, 각 군인의 능력과 집단 내 다른 군인들과 함께 협동하려는 의지가 결과에 대한 중요하고 독특한 예측 변수였다.[62]
- 미국 집단정신치료협회 연구소의 단기 집중 훈련프로그램의 치료 결과 평가는 높은 수준의 참여engagement에 영향을 받았다.[63] 긍정적인 치료 결과는 집단 참여에 의해 잘 매개되었는데, 집단 참여는 대인관계 의사소통과 자기개방을 촉진한다.[64]
- 자기개방과 피드백에 대한 공개를 장려하는 데 있어 집단 동질감을 매우 높게 평가한 170명의 정신의학 레지던트를 대상으로 진행한 집중적인 실험 집단 훈련에서도 유사한 결과가 보고되었다.[65]
- 개인의 애착 유형이 응집력과 결과 사이의 관계에도 영향을 미친다는 좋은 증거가 있다. 집단 응집력을 통해 안정을 찾는 불안 애착을 가진 개인과 무시하고 회피적인 애착 유형을 가진 집단원 사이에는 강한 반발력이 생길 수 있으며, 각자에게 맞춘 속도로 집단 내에서 협력할 수 있도록 지원이 필요할 수 있다.[66]
- 12주 동안 일주일에 두 번 만나는 정신역학 그룹을 중심으로 진행한 집중적인 입원환자 프로그램에서 치료된 327명을 대상으로 진행한 연구는 집단 응집력과 결과 사이에 상당한 상관관계가 있지만 일부 차이가 있음을 보여 주었다. 대인관계 유형은 응집력-결과 관계에도 영향을 미친다. 집단 응집력은 냉담하고 통제적인 대인관계 스타일을 가지고 있으며, 순종적인 집단 구성원보다 참여하기 어려운 구성원들에게 특히 중요했다.[67]
- 조화도 중요하다. 많은 연구가 이를 강조한다. 집단에 대한 개인의 참여 의식이 집단 전체의 참여 수준과 일치할수록 참여와 결과 사이의 관계는 더 강해진다.[68] 조화는 문화적 규범에도 영향을 받는다. 권위, 감정 표현, 자기개방 및 개인주의에 대한 서구의 태도는 다른 문화의 전통과 대조를 이룰 수 있다.[69]
- 연구들은 또한 집단지도자가 집단 응집력과 환자들의 집단에 대한 매력과 연결성 정도를 과대평가하는 경향이 있다는 것을 보여 준다. Burlingame팀의 집단 문항이나 Barry Duncan과 Scott Miller의 그룹 회기 평가 척도Group Session Rating Scale와 같은 방식을 사용해 집단지도자에게 지속적인 피드백을 제공함으로써 응집력이

떨어지거나 뒤떨어지는 구성원에 대해 치료자에게 경고해 줄 수 있다. 이 경고는 일찍이 문제를 해결할 기회를 제공하며, 더 나은 결과를 내는 데도 관련이 있다.[70]

응집력-결과 간 관계: 요약

응집력과 결과 관계에 관한 연구 문헌의 주요 결과를 요약해 보자. 응집력은 결과에 유의미하고 일관되게 기여하는 바가 있다. 이는 단기 및 장기(20회 이상) 집단치료 모두에 해당하고 설정, 환자 연령, 환자 증상의 특성 전반에 걸쳐 일관되게 나타난다. 응집력-결과 관계는 9명 이하의 집단에서 가장 뚜렷하게 나타나며 더 큰 집단에서는 잘 유지되지 않는다. 상호작용이 있는 집단에서는 상관관계가 가장 두드러지는데, 고도로 구조화된 집단에서도 상관관계가 있다. 환자의 애착과 대인관계 유형은 응집력-결과 관계의 차이로 이어진다. 문화, 성별, 성적 지향 및 민족에 주의를 기울이는 것은 집단 내에서 관계를 형성하는 치료자의 능력을 향상시킨다.

집단원들은 치료 집단으로부터 받는 포용과 지지를 매우 중요하게 생각한다. 치료 결과는 집단에 대한 끌림과 집단 인기, 집단 지지 및 수용과 밀접한 관련이 있는 변수와 양의 상관관계가 있다. 긍정적인 결과를 얻은 개인은 다른 집단원들과의 상호관계에 대한 만족도가 더 높다. 정서적 연결성, 자기개방 그리고 집단 효용의 경험은 모두 집단의 응집력에 기여한다. 집단의 초기 모임에서 응집력의 존재는 긍정적인 결과와 관련이 있다. 지도자들이 응집력을 가지고 문제를 신속하게 해결하고 각 집단원의 집단 내 개인적인 경험에 대해 경각심을 갖는 것이 중요하다. 집단지도자는 집단 내 연결과 참여 정도를 과대평가하는 경향이 있다. 응집력을 위해 치료자가 구성원과 집단의 역동적인 상호작용에 대해 부지런히 주의를 기울이는 것이 필요하다. 집단과 구성원의 상태에 대한 정기적인 피드백은 이러한 주의를 환기시키는 데 도움이 되는데, 치료자가 적절한 대응을 할 수 있도록 집단지도자에게 그룹 응집력에 대한 위협을 경고해 준다.

일부 환자 및 집단(특히 고도로 구조화된 집단)의 경우 지도자와의 관계가 필수 요소가 될 수 있다. 강한 치료적 관계는 긍정적인 결과를 보장하지 않을 수도 있지만, 부정적 치료 관계는 효과적인 치료로 이어지지 않는다.

다수의 연구는 집단 응집력이 더 나은 참석률, 더 많은 집단원 참여, 집단원의 더 큰 영향력 및 다른 많은 효과를 가져온다는 것을 보여 준다. 응집력이 치료적 변화를 촉진하는 기제에 관해 논의하면서 이러한 결과를 자세하게 탐구할 것이다.

다음의 임상 예시는 집단 응집력에 대한 경험에 따라 나타나는 각기 다른 집단원의 반응에 귀 기울이는 것이 얼마나 중요한지 기술한다.

35세 대학교수인 Karen은 학생들과의 대인관계 개선을 위해 집단치료를 모색했다. 그녀는 매우 능력 있는 교수였고 항상 뛰어난 평가를 받았음에도 불구하고, 방해되고 거슬리는 학생들을 원망했다. 그녀는 "수업이 끝난 후 연구실로 돌아가는 순간을 기다릴 수 없어요. 나는 연구실에 들어서자마자 곧바로 문에 '방해하지 마세요'라는 팻말을 붙여요"라고 말했다.

그녀의 사생활도 다르지 않았다. Karen은 고독을 추구했다. 한때 5년간 결혼생활을 한 적이 있지만, 모든 점에서 친밀한 관계를 거부했다. 관계가 그녀를 위협했는데, 이는 친밀함이 그녀의 자율성과 성격을 위협한다고 느끼는 데서 비롯했다.

집단치료를 처음 시작할 때, Karen은 다른 사람들과 가까워지는 것에 관심이 없다는 점을 분명히 했다. 대신, 그녀의 목표는 사람들을 관리하고 용인하는 방법을 배우는 것이었다. Karen은 자신이 내린 모든 결정에 대해 본인의 생각을 강요하며 강렬하게 통제하고 평가 절하하는 어머니와의 관계로 인해, 친밀한 애착을 형성하는 것에 무관심하게 되었다는 점을 의심하지 않았다. Karen은 어머니와 가까이 지내는 것이 불가능하다고 생각했지만, 또한 자신을 통제하려는 어머니의 요구에 저항하는 것 또한 불가능하다고 느꼈다.

Karen은 두 명의 새로운 멤버가 합류했을 때 몇 달 동안 그 그룹에 있었다. 새로 들어온 멤버 중 한 명인 중년 남성 Joe는 고질적인 고립감과 소외감을 줄이려는 열망이 컸고, 곧바로 집단원들에게 가까이 다가가려 했다. 집단을 시작한 지 얼마 되지 않아 Joe는 Karen에게 그녀의 결혼이나 연애 상태와 같은 사생활에 관해 물었다.

Karen은 Joe에게 쏘아붙이며 "절대로 저에게 사적인 질문을 하지 마세요. 제가 모르는 사람과 사생활에 관해 이야기하고 싶지 않으니까요"라고 말했다.

Joe는 당황하며 애원하듯 나[ML]를 쳐다보았다. Joe는 "이 집단을 통해서 서로에 대해 더 잘 알아 가고, 더 공개적으로 발전해 나가는 줄 알았는데 혼란스럽네요. 이 집단은 어떤 방식으로 운영하는 겁니까?"라고 말했다.

Karen을 집단 시작 때부터 알아 왔던 다른 집단원이 Karen에게 대놓고 말했다. "당신이 자기 자신에 관해 이야기하는 걸 불편해한다는 건 잘 알아요. 하지만 Joe는 집단원에 대해 알아 가고자 한 것뿐이라고요. 만약 당신이 계속해서 자신의 이야기를 하지 않으려 한다면, 집단이 무슨 소용 있나요?"

나는 Karen의 방어적 태도와 고집이 새로운 집단원을 당황케 하고, 자기개방과 피드백 같은 중요한 집단 규약이 만들어지는 걸 방해하리라는 것을 잘 알고 있었다. 그리고 Karen이 나의 질문에 "당신이 요청할 때마다 반사적으로 응하게 되는 훈련된 원숭이 같은 짓은 하지 않을 거예요"라고 답했을 때 이는 걱정으로 변했다.

Karen의 '훈련된 원숭이' 발언은 집단 규약과 응집력 그리고 나에 대한 공격으로 느껴졌다. 화가 나는 것은 물론이고 집단을 지키기 위해 "Karen, 집단에 참여하지 않으려면 여기에 왜 있는 거죠?"라고 너무나 말하고 싶었지만 가까스로 참았다. 이런 발언은 해로울 뿐 아니라 Karen을 집단으로부터 몰아내는 결과를 초래할 것이 분명하기 때문이다.

대신 나는 "당신의 강한 반응에 상당히 놀랐습니다. 집단에서 당신에게 무슨 일이 일어나는지 상당히 궁금하군요. 지금 집단원들이 상당히 날카로워져 있어요."

Karen은 "제가 여기 처음 왔을 때 확실히 했을 텐데요. 저는 남을 용인하는 법을 배우려고 왔어요. 남에게 달달 볶이려고 온 게 아니라고요."

"우리가 처음 대화를 나누었을 때로 돌아가 봅시다. 당신은 강압적인 어머니와의 관계에 관해 이야기했죠. 그리고 당신은 강압에 매우 민감하고, 타인의 의지에 휘둘리지 않겠다고 첫 모임 때부터 확실하게 말했어요. 제가 보았을 때, 집단은 이런 당신의 바람에 응해 고통스러운 부분에 관해 질문하길 자제하고, 당신이 이러한 주제에 관해 이야기하는 것이 편해질 때까지 기다려 주었던 것 같습니다. 제 말이 맞나요?"

"네, 오늘 사건이 있기 전까지는 그랬죠. 이 집단의 누구에게도 휘둘리고 싶지 않아요."

나는 새로운 집단원에게 시선을 돌려 질문했다. "Joe, 기분이 어떤가요?"

"어…." Joe는 Karen을 돌아보며 말했다. "여기가 처음이다 보니…. 사과하겠습니다. 여기 있는 게 땀이 날 정도로 불편해서 빨리 적응하고 싶었어요. 제가 좀 서투른 편입니다. 절대로 당신의 기분을 상하게 할 의도는 없었어요."

Karen은 시선을 회피하고 곁눈질하더니 화제를 바꿀 때가 되었다는 신호를 보냈다.

이 모임은 Karen에게 깊은 인상을 남겼다. 그리고 차후 치료 과정에서 중요한 학습 경험이었다고 회고했다. 그녀는 그 누구도 그녀가 '훈련된 원숭이'가 되길 원하지 않으며, 현재 집단에 머물면서 그녀의 속도대로 참여하고, 그녀의 자기개방에 대한 불안감을 새로운 집단원과 바로 나눌 수 있다는 점을 깨달았다.

흥미로운 추신: Karen은 3년 동안 이 집단에서 활동했으며 존중받는 집단원이 되었다. 몇 년 후 나는 그녀의 남편을 만났다. 그들은 두 명의 자녀를 두었고, 그녀는 남편이 우울증과 사회적 회피감을 해소할 수 있도록 집단치료에 참여할 것을 강력히 제안했다. Karen은 그에게 더 많은 감정적 참여를 강요했다.

행위의 기제

집단의 수용, 그리고 집단원 간의 신뢰 문제가 있는 개인을 어떻게 도울 수 있는가? 단순한 지지나 수용 이상의 것이 분명히 있을 것이다. 치료자는 이 직업에 첫발을 내디딘 순간부터 사랑만으로는 충분하지 않다는 것을 배운다. 치료자-환자 관계의 질이 중요한 것도 사실이지만, 치료는 따뜻하고 솔직하게 환자들과 관계를 맺는 그 이상의 것이다.[71] 치료적 관계는 다른 과정이 발생할 수 있는 좋은 조건을 만든다. 그렇다면 다른 과정이란 무엇을 말하는가? 그리고 얼마나 중요한가?

치료적 관계, 치료자 공감의 구심점, 진실함, 무조건적인 긍정적 사고에 관해 Carl Rogers가 70년 전에 제시한 깊은 통찰력은 그때만큼이나 지금도 적절하다. 물론 이러한 개념은 현대 연구에서 크게 발전했다. 개인치료에서 치료 관계의 행동 방식에 대한 Rogers의 견해를 살펴봄으로써 우리의 탐색을 시작해 보자.[72] 치료 과정에 대한 가장 체계적인 기술에서 Rogers는 이상적인 치료자-환자 관계가 존재한다는 조건하에 다음의 특성을 지닌 과정이 환자에게 발생할 것이라고 말한다.

1. 환자는 자기 느낌을 표현하는 데 점점 자유로워진다.
2. 현실 검증을 하기 시작하고 자신의 환경, 그 자신, 다른 사람들 그리고 자신의 경험에 대한 지각과 느낌을 더 잘 분별하게 된다.
3. 점점 자신의 경험과 자아 개념 사이의 불일치를 깨닫는다.
4. 이전에는 알기를 거부하거나 왜곡했던 느낌에 대해 알게 된다.
5. 이전에 거부하거나 왜곡했던 측면을 포함한 자아 개념이 이제는 자신의 경험과 더 많은 일치를 이루게 된다.
6. 점점 두려움 없이 치료자의 무조건적인 긍정적 존중을 경험하며, 무조건적인 긍정

적 자기존중을 느끼게 된다.

7. 점점 대상이나 경험의 본질에 대한 평가의 중심으로서 자신을 경험한다.
8. 자신에 대한 다른 사람들의 평가에 덜 반응하고, 자신의 발전을 고취시키는 데 효과적인 경험에 더 반응한다.[73]

2017년의 한 연구 리뷰는 Carl Rogers의 7점 척도 환자 경험 지수Client Experiencing Scale를 작성한 다양한 심리치료 환자 400명을 바탕으로 경험의 깊이를 알아보았고, 그 결과 위의 원칙을 확인했다. 연구 결과에 따르면, 환자 경험의 깊이와 긍정적인 치료 결과 사이에는 유의미한 상관관계가 있었다.[74] 경험의 깊이는 의미를 얻기 위해 필요하며, 강한 치료적 관계하에 나타난다.[75] 치료자는 환자들에게 이런 점을 상기시킬 필요가 없다(마치 우리가 그럴 수나 있다는 듯이!). 그 대신 치료자에게 주어진 과제는 환자의 성장 과정을 방해하는 장애물을 제거해 주는 것이다. 이렇게 하는 한 가지 방법은 치료 집단 안에 이상적인 치유 분위기를 형성해 주는 것이다. 집단원 사이의 밀접한 유대는 직접적으로 개인의 무가치감을 버릴 수 있게 할 뿐 아니라, 기꺼이 자기개방을 하고 대인관계에서의 위험을 감수할 마음이 생겨 나게 한다. 이러한 변화는 자기개념에 대한 오래된 부정적인 신념을 제거하는 것을 도와준다.[76]

개인치료에서 좋은 관계rapport(강한 동맹, 치료자 공감, 기대치의 일치)를 형성하는 것과 집단치료에서의 응집력은 환자의 자기반성을 촉진한다는 실험적 증거가 있다. 물론 가장 중요한 것은 환자의 경험이지만, 동맹의 형성에 가장 많이 이바지하는 것은 치료자의 태도와 행동이다.[77] 높은 응집력은 높은 친밀도, 위험의 감수, 공감적 경청, 피드백 주기와 밀접히 연관된다. 자신의 집단이 대인관계 학습 과업을 잘 해 나가고 있다고 집단원들이 인식하게 되면, 이는 긍정적이고 자기 자신을 강화해 주는 고리를 만들어 내는데, 그 고리 안에서 집단 응집성이 더 강해진다.[78] 집단 과업을 성공적으로 해내는 것은 집단 내의 감정적인 유대를 더욱 강화해 준다.

아마도 응집력이 중요한 이유는 대부분 정신과 환자들이 어린 시절 또는 성인 이후 동료들로부터 계속적이고 확고한 수용의 혜택을 받아 보지 못했기 때문일 것이다. 한 집단의 신참인 Ann은 교사라는 자신의 직업을 두려워한다고 밝혔다. 그녀는 학생들을 사랑했지만, 동료들과의 관계는 적대적이었으며 긴장의 연속이었다. 개인치료는 거의 도움이 되지 않았지만 집단에서 빠르게 드러난 점이 있었다. 바로 항상 옳아야 한다는 그녀의 강렬한 욕구였는데, 이는 타인을 비하하고 독선적인 모습으로 보였다. 집단원들은 Ann이 경험한 문제인 대인관계 행동과 그에 따른 고통을 쉽게 관찰할 수 있었다. 그녀는 다른 사람들에게 미치는 영향에 대해 명확하고 직접적인 피드백을 받았고, 이를 집단 내에서뿐만 아니라 집단 밖에서도 빠르게 사용할 수 있었다. 환자에게 있어 다른 집단원들에 의한 검증은 새롭고 중요한 경험이다. 더욱이 집단원 사이에 일어나는 수용과 이해는 치료자에 의해 수용되는 것보다 더 큰 힘과 의미를 가진다. 다른 집단원들은 상관하거나 이해할 필요가 없다. 그들은 그런 일을 한다고 보수를 받는 것도 아니며, 그들의 '직업'도 아니다.[79]

우리는 또한 애착과 대인 신경생물학에 관한 현재 연구의 초점을 통해 집단 응집력의 힘을 알아볼 수 있다. 응집력이 있는 집단은 구성원들에게 정서적 안정과 함께 탐구하고 위험을 감수하려는 의지를 촉진하는 안전한 애착 기반을 제공한다. 집단원은 그들을 환영해 줄 안전한 피난처가 마련된 것이다.[80] 응집력이 있는 집단은 거부, 수치, 질책에 대한 구성원들의 두려움을 낮춘다. 이는 효과적인 치료에 필요한 정서적 각성과 관련해 더 많은 상호작용과 관용을 촉진한다.[81] 연결성은 정서적 고통을 관리하는 데 중요한 역할을 한다. 인간은 존재감, 검증, 공감적 반응을 통해 서로를 감정적으로 조절한다.[82]

집단에서 발달된 친밀함은 사회적으로나 직업적으로나 여가 문화적으로나 모든 방면에서 우리의 관계를 냉혹하게 비인간화시키는 기술 문화의 저항 세력으로 보일 수 있다. 친밀감은 SNS와 가상의 관계를 실제의 대면 접촉으로 바꾼다. 실제 사람 간 만남보다 스마트폰을 선호하는 젊은 세대에서 우울증과 사회적 고립이 치솟고 있는 상황을 보라.[83] 식당에서 사람 간 대화를 디지털 기기가 대체한 상황을 본 적 없는 사람이 있을까? 치료 집단은 매우 희귀하게도 디지털 기기가 없는 공간이며, 직접적인 사람 간 소통이 장려되는 곳이다. (하지만 14장에서 다룰 내용처럼 온라인 회의처럼 화상으로 집단치료를 가능케 하는 기술의 장점 또한 인지해야 한다.)

대인관계를 지속시키는 전통적인 경계와 구조가 점차 허물어지고 의미를 잃어 가는 세상에서 집단에 소속되고, 소속 집단에서 정체성을 가지고자 하는 욕구는 예전보다 훨씬 더 크다. 현대 사회는 연결되어 있다는 착각을 만들고 실제 관계를 끊어 내곤 한다.

다른 사람들에게 수용되는 것과 자기수용은 상호의존적이다. 즉, 자기수용이 기본적으로 다른 사람에 의한 수용에 의존적이며, 다른 사람을 수용하는 것은 자기 자신을 수용할 수 있을 때만 완전히 가능한 것이기 때문이다. 이 원리는 임상적 경험에서 우러나

온 지혜와 연구 결과 모두의 지지를 받는다.[84] 치료 집단의 집단원들은 심한 자기 경멸과 다른 사람들에 대한 깊은 경멸을 경험하기도 한다. 이러한 감정은 환자가 '미치광이들의 집단'에 참여하기를 처음에 거절하거나, 불행의 소용돌이에 휩쓸릴 것만 같은 두려움 때문에 고통받는 개인으로 이루어진 집단에 관련되는 것을 꺼리는 것 등으로 표현된다. 한 80대 노인이 우울한 노인들을 위한 집단에 초대받았을 때 했던 말이 이런 집단에 대한 특정한 반응을 생각나게 한다. 그 노인은 죽은 나무에 물을 주어 봤자 시간 낭비요 쓸모없는 짓이라고 말했다. 이는 요양원에 있는 다른 노인들을 빗대어 표현한 것이었다.[85]

우리의 경험에 따르면 정신건강 전문가들의 도움이 필요한 모든 개인은 (1) 의미 있는 대인관계를 맺고 유지하는 것, (2) 개인적 가치에 대한 느낌(자아존중감)을 유지하는 것 등의 두 가지 큰 어려움을 가지고 있다. 이러한 두 가지 상호의존적인 영역을 분리된 실체로 논의하기는 어렵지만 대인관계의 수립에 관해서는 이미 앞 장에서 다룬 만큼 여기에서는 자아존중감에 집중할 것이다.

자아존중감은 자신이 정말 가치 있는지에 대한 자신의 평가를 뜻하며, 과거의 친밀한 관계에서 가졌던 경험과 밀접하게 연결되어 있다. "자아self란 반영된 평가로 구성된다고 말할 수 있다"라는 Harry Stack Sullivan의 말을 떠올려 보자.[86] 다시 말해, 사람은 성장하는 동안 자신에 대한 다른 사람의 태도와 지각에 따라 자신을 어떻게 바라보고 평가해야 할지 결정한다. 사람은 이러한 지각들을(만약 이 지각이 지속적이고 적절하다면) 내재화시키고, 자기가치를 안정되게 측정하기 위해 이렇게 내재화된 평가에 의존한다.

그러나 사람들은 내면에 저장된 자기가치에 더해 타인의 현재 평가, 특히 자신이 속해 있는 집단 구성원이 제공하는 평가에 항상 관심을 가지고 영향을 받는다. 사회심리학에서의 연구는 이런 임상적 지식을 지지해 준다. 우리가 속한 집단과 그 집단에서의 관계는 자기개념 속에 녹아든다.[87] 집단에 대한 개인의 애착은 다면적이다. 애착은 두 가지 측면에 따라 형성된다. 하나는 자신이 집단에 매력적인 사람이라는 자신감의 정도(나는 호감 가는 집단원인가?)이고, 다른 하나는 개인이 집단에 소속되고자 하는 상대적인 열망의 정도(나는 여기에 속하고 싶은가?)다. 자신의 집단을 어떻게 식별하는지는 소속감과 정체성에서 중심적인 역할을 한다.[88]

한 개인에 대한 집단의 평가인 공적 존중감의 영향은 그 집단을 얼마나 중요하게 여기는지, 공적 존중감에 대해 집단 구성원들이 얼마나 자주 그리고 구체적으로 의사소통을 하는지, 그리고 개인이 나타내는 특질이 얼마나 그 개인에게 특징적인 요인인지와 같은 여러 가지 요인에 의존한다. 다시 말해 개인에게 집단이 가지는 의미가 클수록, 그리고 개인이 집단의 가치에 비중을 둘수록 집단의 판단을 중시할 가능성이 더 크다.[89]

개인에 대한 집단의 평가가 개인 자신에 대한 평가보다 낮다고 가정해 보자. 어떻게 사람들은 이 불일치를 해결할 수 있을까? 한 가지 방법은 자신의 공적 존중감에 대한 집단의 평가를 틀리게 인식하거나 부인하거나 왜곡시키는 것이다. 치료 집단에서 이것은 악순환을 낳기 때문에 건강한 방법이 아니다. 우선 집단은 집단 과업(집단치료의 과업은 자기 자신과 다른 사람들과의 관계에 대한 적극적 탐색)에 참여하는 데 실패한 구성원을 낮게 평가하게 된다. 방어의 증가와 의사소통의 문제는 그 집단원이 집단에 의해 더 낮은 평가를 받게 할 뿐이다. 이와 같은 불일치를 해결하는 흔한 방법은 집단을 평가 절하하는 것이다. 예를 들면, 집단이 인위적이며 심한 장애가 있는 개인으로 구성되었다는 점을 강조하면서 자신을 다르게 평가해 주는 다른 집단(사회적 또는 직업상 집단)과 비교해 나쁘게 평가한다. 이런 과정을 밟는 집단원은 대개 집단을 중도 포기하는 것으로 끝을 맺는다.

성공적인 집단치료의 종결을 앞둔 시점에서 한 집단원이 자신이 집단에 대해 가졌던 생각을 다음과 같이 얘기했다. "오랫동안 저는 여러분이 모두 미쳤거나, 또는 제가 가까이 접근하기 어렵고 방어적이라고 피드백해 준 내용이 모두 어리석은 얘기라고 생각했어요. 저는 그만두고 싶었어요. 그렇게 그만둔 경험이 여러 번 있거든요. 하지만 이 집단에서 여러분과 연결되어 있음을 충분히 느꼈기에 그만두지 않고 머물기로 결심했어요. 그렇게 결심하고 나니, 여러분이 저에게 하는 말이 모두 틀렸을 리 없을 거라는 생각이 들더군요. 그것이 저의 치료에서 전환점이 되는 순간이었어요." 이러한 결과는 개인이 집단에 더욱 이끌릴 때, 그리고 공적 존중감이 자기존중감보다 너무 낮지 않을 때 나타날 가능성이 크다.

하지만 이것을 개인의 행동이나 태도를 변화시키기 위해 집단 압력을 사용하는 사회공학의 형태로 볼 수 있는가? 이것이 너무 기계적이지는 않은가? 사실 집단치료는 행동적 원리를 사용한다. 다양한 정신치료는 기본적으로 학습의 한 형태다. 가장 비지시적인 치료자들조차 무의식 수준에서 조작적 조건화 기술을 사용한다. 즉, 그들은 환자에게 명백하게 혹은 미묘하게 바람직한 행동이나 태도에 관한 신호를 보내면서 대인관계의 인과에 대한 의식을 키워 나간다.[90]

행동과 태도의 변화는 그 원인과 상관없이 다른 변화로 이어진다. 집단이 환자를 더 긍정적으로 평가할 경우, 환자는 집단에 속해 있는 것 자체에 자기 만족감을 더 크게 느끼며, 이전 장에서 기술한 적응적 순환이 시작된다. 환자에 대한 집단의 평가가 환자의 자체 평가보다 높다면 환자는 부조화의 상황에 놓여 이 간극을 줄이고자 행동한다. 이러한 상황에 놓인 환자는 어떤 행동을 취할까? 아마 본인의 부적절함을 노출해 공적 존중감을 낮추고자 할 것이다. 그러나 모순적이게도 치료 집단에서 이런 행동은 공적 존중감을 높이는 효과를 가져온다. 부적절함을 노출하는 것은 집단에서 가치 있게 보는 규범이고 집단의 수용으로 이어진다. 치유적으로 바람직한 또 다른 시나리오에는 집단 구성원이 재탐구를 통해 낮은 수준의 자아존중감을 바꾸는 것이다. 다음의 사례가 이 간단한 설명을 보충해 줄 것이다.

정서적으로 메마른 배경을 가진 34세 가정주부 Maryetta는 일련의 혼외정사 때문에 생긴 불안과 죄책감 때문에 치료가 필요했다. 그녀의 자아존중감은 매우 낮았다. 그녀는 자신의 모든 것, 즉 겉모습, 지능, 언어 능력, 상상력 부족 그리고 어머니와 부인으로서 기능에 대해 심하게 비난했다. 그녀는 종교적인 친분에서 위안을 얻기도 했지만, 지역사회의 교인들과 사귀기에는 자신이 너무도 가치 없다고 느꼈기 때문에 종교에 완전히 의지할 수도 없었다. 그녀는 너무 싫었지만 어쨌거나 좋은 사람이고, 그 정도면 충분하다고 생각되는 남자와 결혼했다. Maryetta는 오직 정사에서만, 특히 동시에 여러 명의 남자와 관계를 갖는 상태에서만 자신이 매력 있고, 다른 사람들이 자신을 원하며, 다른 사람들에게 가치 있는 어떤 것을 줄 수 있고, 살아나는 듯 느꼈다. 그러나 이런 행위는 그녀의 종교적 신념과 충돌했고, 심한 불안과 자기 비하를 초래했다.

치료자는 집단을 하나의 축소된 사회로 보기 때문에 Maryetta가 집단에서 보이는 행동에서 곧바로 특징적인 성향을 찾아내었다. Maryetta는 자기의 성행위에서 비롯된 죄의식에 관해 자주 말했고, 집단은 많은 시간을 그녀가 처한 곤경의 자극적인 잔가지를 가지고 씨름했다. 그러나 다른 시간에는 Maryetta에게 관여하지 않고, 아무 관심도 주지 않았다. Maryetta는 사회 환경에서와 같은 방법으로 집단에서도 관계를 맺었다. 그녀는 집단에 속할 수는 있었지만, 집단의 다른 사람들과 진정으로 관계를 맺을 수는 없었다. 그녀가 제공할 수 있는 유일한 관심은 그녀의 성기에 관한 것뿐이었다.

시간이 흐름에 따라 집단 내에서 그녀는 다른 사람들에게 반응하고, 질문하기도 하고, 따뜻함과 지지와 피드백 등을 제공하기 시작했다. 그녀는 성적인 것이 아닌 것에 관해서도 자유롭게 얘기했다. 그러자 곧 자신이 다른 이들에게 점점 가치 있게 평가된다는 것을 알게 되었다. 그녀는 점차 자신이 다른 사람들에게 줄 만한 것이 거의 없다고 믿어 온 신념을 재검토했고, 결국에는 이 신념을 버렸으며, 좀 더 사실적이고 긍정적으로 자신을 바라보도록 강요받았다. 점진적으로

Maryetta는 집단의 안팎에서 성적인 것과 관련 없이도 의미 있는 관계를 맺게 되었다. 이는 그녀의 자아존중감을 강화해 주었으며, 점차 적응적 연속 순환이 일어났다.

자아존중감, 공적 존중감, 치료적 변화: 그 근거

집단치료 연구에서 공적 존중감과 자아존중감 변화 사이의 관계가 자세히 조사되지는 않았다. 그러나 집단경험에 관한 연구에서 밝혀진 바에 따르면, 공적 존중감이 낮아지면 자아존중감도 낮아졌다는 흥미로운 연구 결과가 있다[91](공적 존중감은 다양한 변수에 대해 집단원이 서로에 대한 등수를 매기게 하는 사회관계적 자료 처리 방식으로 측정됐다). 또한 연구자들은 집단원이 공적 존중감에 신경 쓰지 않을수록 서로 수용하기가 더 쉬워진다는 사실을 밝혀냈다. 즉, 자신의 결점을 대면하거나, 심지어 자신을 약간 엄하게 판단하는 능력이 공적 존중감을 높이는 것이다. 어느 정도는 겸손이 자만보다 더 적응적이다.

공적 존중감과 깊이 관계있는 변인으로서 대중적 인기에 대한 자료를 고려하는 것도 흥미 있다. 치료 후 6주 차와 12주 차에 집단원에게 가장 인기 있는 사람으로 뽑힌 환자들은 1년 후 집단의 다른 집단원보다 훨씬 더 좋은 치료 결과를 보였다.[92] 즉, 집단의 치료 과정 초기에 높은 공적 존중감을 가진 환자들은 더 좋은 치료 결과를 얻게 된다.

치료 집단에서 인기를 획득하게 하는 요인은 무엇인가? 다음 두 가지 변인은 치료 결과와는 상관관계가 없지만, 인기와는 유의미한 상관관계를 보였다.

1. 이전의 자기개방[93]
2. 대인관계의 조화. 다른 집단원의 욕구와 잘 조화되는 욕구를 (아마도 우연히) 가진 사람들은 집단에서 인기가 있다.[94]

가장 인기 없는 환자들은 눈에 띄게 경직되어 있고, 지나치게 도덕적이고, 비내성적이며, 집단 작업 참여도가 가장 낮았다. 어떤 환자들은 완강하게 집단과 상반되는 모습을 보이거나, 집단을 공격해 자신을 집단으로부터 격리시킨다. 좀 더 분열성 증상을 지닌 환자들은 집단 과정을 무서워한다. 이들은 주변에 머무르면서 집단 상호작용의 흐름에 들어오지 않는다. 놀랍지 않게도, 집단치료 환자 66명에 관한 연구에서 인기가 없는 환자들은 집단에서 조기 탈락하는 경향이 더 높았다.[95]

사회심리학 연구자들은 집단에서 인기에 대한 지식을 더욱 넓히는 연구를 진행했다. 외향성(성격 측정 질문지인 NEO-PI[96]로 측정)이라는 성격 특성은 집단에서의 인기를 높게 예측해 주었다. 집단원에 대한 적극적 참여, 자기개방, 자기탐구, 감정 표현, 비방어적인 태도, 지도력, 타인에 대한 관심 그리고 집단에 대한 지지 등과 같은 행동 덕분에 집단 내에서 인기와 영향력을 쌓아 간다. 집단 규범에 가장 밀접하게 맞춰 가는 집단원이 인기를 얻고 변화를 이끌어 낼 가능성이 가장 크다.[97]

집단 규범을 고수하는 사람은 증진된 공적 존중감으로 보상받을 뿐 아니라, 다른 이익도 얻게 된다는 사실에 주목하는 것은 매우 중요하다. 인기를 얻기 위해 집단에서 사용한 사회기술은 집단 밖의 관계에서도 대인관계 문제를 해결하는 데 도움을 줄 가능성이 크다. 따라서 집단 내에서 증대된 인기는 자아존중감을 높이고, 적절한 사회적 기술을 강화시키는 두 가지 측면에서 치료적으로 작용한다. 개인이 이 순서를 수행하고 집단이 도움을 준 것에 감사를 표할 때 그룹의 존경심이 높아지기 때문에 훨씬 더 깊은 영향을 미치게 된다. 부자가 더 부유해지는 것이다. 그러나 집단치료에서 과제는 가난한 사람도 부유해지도록 돕는 것이다.

집단 응집력과 출석

성공적인 치료를 위해 집단 활동을 계속하는 것은 충분하지는 않아도 분명히 필요한 선행조건이다. 몇몇 연구는 집단치료 과정 초기에 종결하는 환자들이 치료 집단으로부터 거의 혜택을 받지 못한다는 것을 지적한다.[98] 장기 치료 집단에서 처음 12회 이내에 집단치료를 그만둔 50여 명이 넘는 환자는 집단에서 겪은 스트레스 때문에 치료를 그만두었다고 보고했다. 그들은 치료 경험에 만족하지 않았고, 좋아지지도 않았으며, 이들 환자 중 다수가 더 나빠졌다고 느꼈다.[99] 그러나 최소한 몇 달 동안이라도 남아 있던 환자들은 치료 효과를 볼 가능성이 더 크다는 연구 결과(한 연구에서는 85%)가 있다.[100]

응집력과 집단원 자격 유지 사이의 관계는 집단 자체와도 밀접한 관련이 있다. 가장 응집력이 낮은 집단원들은 중도에 집단을 떠나고 아무런 치료 효과도 거두지 못할 뿐 아니라, 구성원이 많이 바뀌는 응집력이 낮은 집단은 남아 있는 환자들에게도 덜 치료적인 것으로 입증되었다. 즉, 집단을 떠나는 사람들은 집단의 가치와 효과성을 의심하게 만들고, 집단의 노력을 뒤흔드는 전염 현상을 야기할 수 있다.

집단원 자격의 안정성은 효과적인 단기 및 장기 상호작용 집단치료의 필수조건이다. 대부분 치료 집단은 몇몇 집단원이 탈락되고 다시 충원되면서 불안정한 초기 단계를 거치고, 그런 다음 치료의 확고한 작업이 수행되는 길고 안정된 단계로 들어간다. 어떤 집단은 이러한 안정 단계에 일찍 도달하는 한편, 어떤 집단은 안정 단계에 아예 도달하지 못하기도 한다. 집단치료의 추후 연구에서 환자들은 흔히 회원 자격의 안정성에 대한 중요성을 자발적으로 강조하기도 한다.[101]

15장에서는 안정되고 장기적인 회원 확보가 가능하지 않은 임상 집단의 응집력에 관한 문제를 논의할 것이다. 예를 들어, 위기에 처한 환자들의 집단이나 급성 입원환자 병동의 집단은 모임에 연속해서 두 차례 참여하는 집단원이 거의 없다. 이런 임상적 상황에서 치료자는 해당 집단의 발달 양상에 관한 그들의 관점을 완전히 변경해야 한다. 예를 들면, 나는 그런 급성 입원환자 집단의 적당한 수명은 단 1회기라고 믿는다. 치료자들은 각 회기 동안 가능한 한 많은 집단원에게 도움을 주는 방식으로 집단을 구성하고 이끌면서 집단 응집력에 대한 중요한 책임을 져야 한다. 단기 치료 집단은 낮은 참가율로 인해 큰 대가를 치르며, 치료자는 집단 초기에 응집력을 높이기 위해 특별한 전략(강력한 사전 집단 준비, 동질적인 집단 구성, 구조적 개입 등)을 사용해야 한다.

집단 응집력과 적개심의 표현

응집성과 편안함이 같은 것이라는 생각은 잘못된 것이다. 응집성이 있는 집단이 더 큰 수용과 친밀함과 이해를 보여 주지만, 한편으로 적대감과 갈등 또한 더 커지고 더 많이 표현된다는 증거가 있다. 응집성이 있는 집단은 지지뿐만 아니라 갈등이나 의견 차이에 대한 표현도 자유롭게 하도록 격려하는 규범(글로 적혀 있는 것은 아니지만 집단원들에게 수용된 행동 규정)을 가지고 있다. 사실 적대감이 솔직하게 표현되지 않는다면, 지속적이고 완강한 적대적 태도는 응집력과 효과적인 대인관계 학습을 방해할 수도 있다. 표현되지 않은 적대감이 안으로 쌓여 다양한 간접적인 방법으로 새어 나올 뿐이다. 당신이 싫어하거나 미워하기까지 하는 사람과 솔직하게 대화를 이어 가는 것은 쉬운 일이 아니다. 그 사람을 피하고 대화를 중단하고 싶은 유혹이 매우 크다. 그러나 대화의 통로가 닫혀 버리면 갈등의 해결이나 개인적 성장을 위한 희망 역시 사라져 버린다.[102] 사회 갈등과 조화에서 집단 역동은 충분히 인정받지 못하지만 큰 역할을 한다.[8)]

무엇보다 의사소통이 깨지면 안 되고, 적들끼리도 의미 있게 함께 작업을 이어 나가야 하며, 자기 말에 책임을 져야 하고, 단지 욕만 하고 마는 것이 아니라 이후까지 기꺼이 함께해야 한다. 이는 흔히 갈등이 관계를 영원히 깨뜨리기도 하는 사회 집단과 치료 집단 사이의 중요한 차이점이다. 2장에서 기술했듯이, 환자의 치료에서 중요했던 사건에 관한 묘사는 흔히 그들이 강한 부정적 감정을 표현했던 사건과 관계된다. 그러나 각 경우에 환자들은 폭풍을 잠재울 수 있었고, 더 관대하게 서로와 관계를 지속할 수 있었다. 이런 상황의 이면에는 응집력이라는 조건이 깔려 있다. 집단과 집단원들은 갈등을 해결해 나가는 동안의 불편함을 기꺼이 참을 수 있을 정도로 서로 충분히 의미 있는 관계인 것이다.

몇몇 연구는 응집력이 위험 감수나 집중적인 상호작용과 정적인 상관을 이루고 있음을 보여 준다.[103] 따라서 응집력이란 사랑의 동의어가 아니며, 지지적이고 긍정적인 말을 계속하는 것과 같은 의미도 아니다. 응집력 있는 집단이란 갈등을 포용할 수 있으며, 그것으로부터 건설적인 이점을 유도해 낼 수 있는 집단을 말한다. 갈등이 생겼을 때 따뜻함, 안락함, 지지를 강조하는 응집력의 평가 척도는 당연히 일시적으로 변하게 될 것이다. 따라서 많은 연구자가 응집력을 정확하고 안정적이고 측정 가능한 일차원적 변수로 보는 것을 유보해 왔다.[104] 따라서 앞에서 언급한 바와 같이, 응집력을 정기적으로 측정하는 것은 집단지도자에게 가치 있는 일이며, 치료자가 인지하지 못했던 응집력이나 집단원 동맹에 대한 문제를 미리 경고한다.[105]

이와 같은 성공적인 집단에서의 작업은 집단 초기의 참여engagement가 있어야 가능하다는 점을 명심하자. 집단 응집성이 확립되기 전에 너무 이르게 과도한 적대감을 표현하는 것은 집단이 와해되는 원인이 된다. 환자가 자신의 분노가 치명적이지 않다는 것을 깨닫는 것은 중요하다. 그들 자신이나 타인도 그들의 조급함과 짜증, 심지어 숨김 없는

---

8) 이는 대인관계뿐만 아니라 거대 집단 차원에서도 마찬가지이다. 우리는 부족주의와 정치적 민족주의의 성장과 함께 현대 환경에서도 그 잔상을 볼 수 있다. 거대 집단 수준에서 이런 일이 발생하면 사람들은 종종 같은 견해를 가진 사람들과만 소통하며, 다른 생각과 관점에 대해 스스로를 닫아 버린다. 소속감에 대한 욕구는 집단 내에서 강력한 감정을 형성할 수 있다. 집단에 대해 강한 애착을 가진 집단원은 집단 외부의 인원을 배제하고 깎아내리려는 강한 압력을 경험할 수 있다. G.Ofer, A Bridge over Troubled Water: Conflicts and Reconciliation in groups and Society(London: Karnac Books, 2017) 참조.

격렬한 분노 표현에서 살아남을 수 있고, 살아남는다. 어떤 환자들에게는 공격을 견뎌내는 경험 또한 중요하다. 치료 과정에서 사람들은 자신의 감정과 신념의 원인에 대해 더 잘 알게 되기도 하며, 다른 사람들로부터 받는 압력을 견딜 수 있게 되기도 한다.[106]

갈등은 자기의 입장을 더 분명히 하기 위해 자신을 더 드러내게 함으로써 자기개방을 증가시키기도 한다. 집단원들이 단순히 자기 입장을 언급하는 것에서 한 걸음 더 나아가 다른 사람들이 경험한 과거와 현재의 경험적 세계를 이해하고, 자신의 관점이 자기 자신에게 어울리는 것처럼 다른 사람의 관점도 그 사람에게 타당하다는 것을 이해하기 시작한다. 다른 사람들에게 극단적인 혐오나 미움을 느끼고, 그것을 견디고 결국 풀어 나가는 것은 엄청난 치료적 힘을 경험하는 것이다. 임상적인 한 예가 이런 점을 보여 준다(『쇼펜하우어, 집단심리치료The Schopenhauer Cure』라는 나[IY]의 소설과 이를 바탕으로 한 영상에서 또 다른 예를 볼 수 있다).[107]

46세의 매우 품위 있는 교장선생님인 Susan과 21세 고등학교 중퇴자인 Jean은 심각한 대립 상태에 빠져들게 되었다. Susan은 Jean의 방탕한 생활 방식과 Jean이 태만하고 난잡할 것이라는 자신의 상상 때문에 Jean을 경멸했다. Jean은 Susan의 판단적이고 신성한 척하는 태도와 고약한 노처녀 특유의 태도, 그리고 세상에 대한 폐쇄적인 태도에 대해 분노했다. 다행히도 이 두 여성은 집단에 깊이 들어온 집단원이었다(여기서 우연한 상황이 중요한 역할을 한다. Jean은 1년 동안 집단의 핵심 집단원이었으며, 결혼 후 3개월 동안 외국에 나가 있게 되었다. 그 부재 기간에 Susan이 집단에 참가하게 되었고, 집단에 깊이 관여하게 되었다).

Susan과 Jean은 모두 과거에 분노를 표현하고 참는 데 상당히 어려움이 있었던 사람들이다. 4개월 동안 그들은 때때로 큰 충돌을 벌이면서 강하게 상호작용을 했다. 예를 들어, Susan은 Jean이 불법으로 식량 카드를 받고 있다는 사실을 알고는 폭발했고, Susan이 아직 처녀라는 사실을 알게 된 Jean은 Susan이 신기한 사람이며 박물관에 있는 중세 빅토리아 시대의 유물이라고 과감하게 말하기도 했다.

충돌에도 불구하고 Susan과 Jean은 결코 의사소통을 멈추지 않았기 때문에 상당히 좋은 집단 작업이 행해졌다. 그들은 서로에 관해 많은 것을 배웠으며, 궁극적으로는 서로를 판단하는 태도가 혹독하다는 사실을 깨닫게 되었다. 결국 그들은 서로가 상대방에게 개인적, 상징적 수준에서 얼마나 많은 것을 의미하는지 이해하게 되었다. Jean은 Susan의 인정을 절실하게 원했으며, Susan은 자신에게 결코 허락해 본 적 없는 Jean의 자유를 부러워했다. 훈습 과정에서 그들은 둘 다 완전한 분노를 경험했다. 전에는 몰랐던 그들 자신과 대면했고, 그것을 받아들였다. 결국 그들은 공감적인 이해를 하고 서로를 수용하게 되었다. 고통에도 불구하고 그들을 집단에 매어 주었던 강한 응집력이 없었더라면, 둘 중 누구도 그 갈등이 일으키는 극도의 불편함을 참아내지 못했을 것이다.

응집력 있는 집단은 집단원 사이의 적대감을 더 많이 표현할 수 있을 뿐 아니라, 지도자에 대한 적대감도 더 많이 표현할 수 있다는 많은 증거가 있다.[108] 집단지도자의 개인적 스타일이나 기술과는 상관없이 흔히 치료 집단은 처음 12차례의 모임 이내에 지도자에게 어느 정도 분노를 경험하게 된다(이 문제에 관해서는 11장 참조). 지도자들은 집단원들의 환상적인 기대를 충족시키지 않으며, 많은 집단원의 관점에서 볼 때 충분한 보살핌과 지도와 즉각적 위안을 제공하지도 않는다. 만약 집단원들이 자신의 실망이나 분노의 감정을 회피하려 한다면 여러 가지 해로운 결과가 일어날 수 있다. 집단원 중에서 만만한 희생양을 택해 공격하거나, '정신의학' 또는 '치료' 같은 제도를 탓할 수도 있다. 집단원들이 분노를 억압하면 자신이나 집단 전체에 대해 분노가 일어날 뿐이다. 이런 분노가 일어난다는 것은 공격성이 원래의 적절한 대상으로 향하지 않고 엉뚱한 곳으로 방향을 틀고 있다는 신호다. 그 적절한 대상은 종종 치료자다.[109] 희생양 삼기에 공모하지 않고 이에 이의를 제기하는 지도자들은 부당한 공격으로부터 집단원을 보호할 뿐 아니라, 관계에서 그들이 진실성과 책임감에 전념한다는 것을 몸소 입증해 보인다.

치료자를 향해 부정적인 감정을 표현하는 집단은 그런 경험을 통해 강해진다. 그것은 직접적인 대화에서 매우 우수한 훈련이 되며, 중요한 학습 경험을 제공해 준다. 즉, 돌이킬 수 없는 불행을 일으키지 않고도 적대감을 직접적으로 표현할 수 있게 되는 것이다. 분노가 특정한 집단원에게 향하는 것보다는 실제 분노의 대상인 치료자가 그 분노에 맞서는 것이 훨씬 더 바람직하다. 더욱이 치료자는 그런 상황에 부딪쳐 집단 내의 어떤 희생자보다도 훨씬 더 잘 견뎌 낼 수 있으며, 이러한 모든 과정은 자기강화가 된다. 즉, 지도자가 공동의 공격을 받고도 그것을 비방어적이고 비보복적인 방식으로 다루면 응집력이 훨씬 더 증가한다.

응집력에 대해 한 가지 주의를 촉구할 것이 있다. 응집력에 대한 잘못된 생각이 집단 과업을 방해할 수 있다는 점이다.[110] 사회심리학자인 Irving Janis는 비판적 사고를 거부하고 같은 신념과 감정을 공유해야 한다고 느끼는 집단을 설명하기 위해 '집단사고 groupthink'라는 용어를 만들었다.[111] 일부 집단은 집단원을 '지지'하는 데 몰두해 진정한 피드백을 포기하고 모든 갈등을 회피한다. 효과적인 집단지도자는 집단원의 비판적이고 분석적인 사고를 지지해야 한다. 부조화의 관점을 존중하는 것은 항상 현명하다.[112] 권위주의적인 지도자들은 그러한 생각을 억누르고, 숙고하지 않으며, 성급하게 결론을 내리고, 탐색을 조급하게 마치는 경향이 있다.[113]

집단 응집력 및 치료와 관련된 다른 변인들

치료 집단과 실험 집단을 대상으로 이루어진 연구에서 집단 응집력이 집단치료 과정과 명백한 관계가 있다는 매우 중요한 사실이 밝혀졌다.[114] 예컨대, 응집성이 있는 집단원들은 응집성이 없는 집단원들과는 대조적으로 다음과 같은 점이 다를 것임을 알 수 있다.

1. 다른 집단원들에게 영향을 주기 위해 더 열심히 노력할 것이다.[115]
2. 다른 집단원들이 주는 영향에 더 개방적일 것이다.[116]
3. 남의 말을 더 기꺼이 들으려 하며,[117] 다른 사람들을 더 수용할 것이다.[118]
4. 집단 내의 긴장으로부터 더 큰 안정과 안심을 경험할 것이다.[119]
5. 모임에 더 기꺼이 참여할 것이다.[120]
6. 더 많은 자기개방을 할 것이다.[121]
7. 집단의 규범을 잘 지키고, 집단의 규범으로부터 벗어나려는 사람들에게 더 큰 압력을 가할 것이다.[122]
8. 한 명의 집단원이 그만두었을 때, 집단의 와해에 대해 덜 민감하게 반응할 것이다.[123]
9. 집단치료 운영에 대한 더 큰 소유의식을 경험할 것이다.[124]

요약

응집력은 집단원이 그들의 집단과 다른 집단원에게 갖는 매력으로 정의된다. 응집력은 대인관계나 개인 내부 그리고 집단 내의 수준에서 경험된다. 응집력이 있는 집단원들은 서로를 수용하고 지지해 주며 집단에서 의미 있는 관계를 형성한다. 응집력은 성공적인 집단치료 결과에서 중요한 요인이다. 수용과 이해의 조건 속에서 환자들은 자기 자신을 표현하고 탐색하며, 지금까지 받아들일 수 없었던 자신의 측면을 깨닫고 통합하며, 다른 사람들과 더 깊이 관계하려는 경향이 더 커질 것이다. 자아존중감은 응집성 있는 집단 내에서 환자들의 역할에 크게 영향을 받는다. 집단에 의해 존경받으려는 집단원들에게 요구되는 사회적 행동은 그 집단 밖에서도 요구되는 적응적인 것이다.

아울러 높은 응집력을 보이는 집단은 더 좋은 출석과 더 적은 탈락을 보이는 안정된 집단이다. 이런 안정성이 성공적인 치료에 필수적이라는 점을 지적하는 증거들이 제시되었다. 즉, 조기 종결은 당사자의 이익을 불가능하게 할 뿐 아니라 나머지 다른 환자들의 치료 진전을 방해한다. 응집력은 성공적인 치료를 촉진시키는 자기개방, 위험 감수, 그리고 집단 내의 갈등에 대한 건설적인 표현을 가능하게 해 준다. 다음 장에서는 집단 응집력을 형성하기 위한 치료자의 과업과 기술에 대해 더 깊이 다루고자 한다.

4장

치료적 요인: 통합

이전 장에서 다룬 치료적 요인은 치료자로 하여금 효과적인 전략을 세우도록 돕는다. 이미 집단치료가 효과 있다는 것은 알고 있으나, 어떻게 효과를 내는지 더 알아보고자 한다. 치료 과정의 밑면을 살펴봄으로써 집단치료가 어떻게 효과를 나타내는지 다룰 것이다. 물론 지금까지 나온 치료적 요인의 개요가 포괄적이라는 점에서 아직 임상적으로 완전히 적용하기에는 무리가 있다. 그렇기에 명료함을 위해서 본디 상호의존적인 각 치료적 요인을 개별 개체로 살펴보고자 한다. 우리는 집단지도자가 이 치료적 요인의 상호작용을 적절히 활용할 수 있을 때 가장 효과적이리라고 생각한다.

이 장에서 생각해 보고자 하는 것은 치료적 요인을 각기 분리된 것이 아닌 역동 과정의 부분으로 볼 때 어떻게 작용하는가 하는 것이다. 그리고 치료적 요인의 상대적인 잠재적 효능에 관해 생각해 볼 것이다. 당연히 모든 치료적 요인이 언제나 동등한 가치를 지니고 있지는 않다. 그러나 치료적 요인에 절대적인 등급을 매기는 일도 불가능하다. 여기에는 많은 불확실한 요인을 고려하지 않으면 안 된다. 다양한 치료적 요인의 중요성은 집단치료의 유형에 따라 좌우된다. 각 집단은 임상 환자의 종류도 다르고, 치료적 목표나 치료 장면도 다르다(섭식장애 집단, 조증장애 집단, 약물 남용 집단, 질병환자 집단, 온라인 집단, 외래환자 집단, 단기 치료 집단, 입원환자 집단, 부분 입원환자 집단, 상호 지지집단 등). 대학 상담센터는 10~20종에 달하는 다양한 주제의 집단치료를 제공하는데, LGBTG 걱정, 감정/불안 관리, 섭식장애, 약물 남용, 성폭력, 데이트, 글을 쓰다가 막히는 경우, 사회정의, 반인종차별, 반억압 문제 등이다.[1] 각 집단은 서로 다른 치료적 요인을 강조할지도 모르고, 어떤 단계에서는 어떤 치료적 요인이 중요하거나, 다른 단계에서는 또 다른 치료적 요인이 우세할 수도 있다.

어떤 요인은 집단 안에서 자연스레 생기는 반면, 특정 요인은 치료자의 의도로만 나타날 수 있다. 같은 집단, 또는 같은 회기 안에서 서로 다른 환자는 각기 다른 치료적 요인으로부터 도움을 받는다. 집단원은 자신의 욕구, 애착 유형, 사회 기술, 성격 구조에 따라 다른 요인에 반응한다.[2] 각 집단원이 어떻게 치료적 요인을 활용하는지에 따라 다른 집단원이 집단치료를 경험하는 바가 달라진다. 한 구성원의 자기개방이 다른 집단원에게 보편성의 감정을 느끼게 할 수 있으며, 다른 누군가에는 이타주의의 마음이 생겨날 수 있다. 물론 여기에서 우리가 서구적 관점의 심리치료의 치료적 요인에 관해 이야기한다는 점에 유념해야 한다. 문화별로 치료적 요인의 우선순위를 달리할 수 있다.

어떤 요인은 변화의 독립된 과정이기보다는 오히려 변화를 위한 조건을 만든다. 예를 들면, 우리는 변화를 위한 더 강한 다른 힘이 역할을 시작할 때까지 '희망 심어 주기'라는 치료적 요인이 환자가 일찍 낙담하는 것을 예방하고, 집단에 머물게 하는 데 크게 기여하는 과정을 기술했다. 집단에서 수용되고 가치 있는 집단원이 되는 경험인 응집력은 어떤 환자에게는 그 자체가 변화의 주요한 과정일 수 있다. 하지만 다른 환자에게는 응집력이 정서를 표현하고, 피드백을 요청하며, 새로운 대인관계 행동을 실험하게 해 주는 조건, 즉 안전과 지지를 제공한다는 점에서 중요하다.

치료적 요인을 평가하고 통합하려는 우리의 노력은 어느 정도까지는 늘 추측의 단계에 머무를 것이다. 과거 45년간 치료적 요인에 관한 수많은 연구가 수행되어 왔다. 최근의 개관논문에서는 수백 개의 연구가 인용되었다.[3] 치료 요인의 임상적 효용을 증가시키기 위한 노력으로, 일부 연구자는 어떠한 치료 요인의 모임이 특정 유형의 집단에 가장 중요할 수 있는지를 분류한다. 이 모든 공식은 4장에서 설명하는 요인에 기초한다.[4] 그러나 치료적 요인의 비교 가치와 그것들이 어떻게 상호 관련되는지에 대한 제한적인 절대 연구가 있어 왔다. 실제로 우리는 이러한 비교 가치에 대해 높은 수준의 확신을 얻을 수 없을 것이다.

우리는 연구에 대한 허무주의적 관점에서 말하는 것이 아니라, 치료적 요인에 관한 자료가 매우 주관적이기에 여러모로 과학적 방법론과 상충한다는 점을 지적하는 것이다. 아무리 자료 수집 방법을 향상시키고자 해도, 결국에는 객관적이고 범주화된 체계에 손쉽게 들어맞지 않는 주관적인 차원을 수량화하고 범주화하기 위해 애쓰는 꼴이 된다.[5] 이러한 연구상 제한을 받아들이면서 우리가 분명히 인식해야 할 것은 치료적 요인이라는 관점으로 환자 경험을 이해하는 것은 큰 가치가 있다는 점이다. 다음은 치료 경험에서 어떤 요인이 가장 치료적이었는지 결정하기 어려움을 잘 보여 주는 전형적인 임상 사례다.

만성적인 우울증을 앓고 있는 미혼 여성이자 집단에 새로 들어온 Barbara는 직장에서 해고된 일을 얘기하며 울었다. 그녀의 직업은 보수도 적었고 그 일을 좋아하지도 않았지만, 직장에서 해고되었다는 사실은 자신이 받아들여질 수 없는 사람이고, 비참하며 불행한 삶을 살 운명임을 보여 주는 증거라고 생각했다. 집단원들은 그녀를 지지하며 자신감을 심어 주려고 했지만 별다른 효과가 없었다. 우울증을 앓던 50세의 또 다른 집단원인 Gail은 Barbara에게 자기 자신을 그만 괴롭히라고 자극을 주었다. 그리고 이어서 말하기를 집단에서 힘겨운 1년간의 작업을 한 후에야 자신도 안정된 감정 상태를 얻을 수 있었고, 부정적인 사건을 파국적인 징벌로 보지 않고 실망거리로 볼 수 있게 되었다고 했다.

Barbara는 고개를 끄덕였고, 집단원들에게 다음과 같이 얘기했다. 그녀는 대화할 곳이 간절하게 필요해서 집단 모임에 일찍 도착했는데 아무도 보이지 않기에 집단이 취소된 줄 알았고, 집단지도자가 모임이 취소된 사실을 자신에게 알려 주지 않았다고 생각했다고 했다. 그녀는 화가 나서 그냥 가려고 했는데, 그때 다른 집단원들이 도착했다. 이 얘기를 할 때, 그녀는 자신이 계속해서 만들어 온 우울한 억측들을 인정하면서 미소를 지었다.

잠시 숙고한 후에 그녀는 어린 시절의 기억을 떠올렸다. 그 기억은 걱정이 많았던 어머니와 가족의 표어에 관한 것이었는데, 그 표어는 '재앙은 늘 가까이에 있다'였다. 여덟 살 때 그녀는 피부검사에서 양성 반응이 나와 결핵 여부를 확인하기 위해 정밀검사를 받았다. 그때 어머니가 이렇게 말했다. "걱정하지 마. 널 보러 결핵환자 요양원에 갈 거니까." 정밀검사 결과 음성으로 판정되었지만, 어머니의 말은 여전히 그녀의 마음에 울려 퍼지며 공포감을 주었다. Barbara는 이어서 말했다. "오늘 여러분에게 이런 피드백을 받고, 저를 안심시키는 말을 듣는 것이 저에게 얼마나 의미 있는지 말씀드리기가 참 어렵네요."

우리는 이 간단한 사례에서 보편성, 희망 심어 주기, 자기이해, 정보 전달, 가족 재정립(초기 가족의 교정적 재현), 대인관계 학습, 정화와 같은 여러 가지 치료적 요인을 볼 수 있다. 어떤 치료적 요인이 가장 중요한가? 어떻게 확신을 가지고 그것을 결정할 수 있는가?

집단치료에서의 통찰에 관한 연구가 이 부분의 복잡성에 대한 설명을 대신한다. 네 가지 연구에서는 통찰 집단insight groups을 자기주장 훈련집단이나 지금-여기 상호작용 집단(마치 이러한 상호작용 집단이 통찰을 제공하지 못한다는 듯)과 비교함으로써 통찰을 수량화해 평가하고자 했다.[6] 연구자들은 치료자의 통찰을 언급하는 횟수로 통찰을 측정했다. 하지만 그와 같은 설계는 다음과 같은 통찰 경험의 결정적인 측면을 간과하는 잘못을 범했다. 그 관찰자의 언급이 얼마만큼 정확했는가? 얼마나 시기적으로 적절했는가? 통찰을 받아들이기에 환자의 준비 상태는 어떠했는가? 환자와 치료자와의 관계는 어떠했는가? (이들 간의 관계가 적대적이라면, 환자는 어떠한 해석도 거부하기 쉽다. 반대로 의존적인 관계라면 모든 해석을 분별없이 받아들일지도 모른다.) 통찰은 매우 주관적인 경험으로, 관찰이나 수를 세는 것으로 평정될 수 없다(하나의 정확하고 시기적절한 해석은 적중하지 못한 수많은 해석의 가치를 가진다). 질책이나 모욕 없이, 공감과 정확성이 들어간 해석이야말로 더 나은, 그리고 지속성 있는 정신치료 결과로 이어진다. 특히 폭넓지 않은 인간관계로 인해 실망하는 환자의 경우 더욱더 이에 해당한다.[7] 사실상 모든 형태의 정신치료에서 치료자는 효과적인 치료 개입의 본질을 이해하기 위해 전체적인 환자 경험의 맥락을 모두 평가해야 한다.[8]

그러므로 우리가 우려하는 바는 경험적인 정신치료 연구가 우리가 갈망하는 확실성을 결코 마련해 줄 수 없을지 모르며, 따라서 불확실한 가운데서 효율적으로 살아가는 것을 배워야 한다는 점이다. 우리는 환자가 말하는 것을 들어야 한다. 또한 연구와 지적인 임상적 관찰을 통해 얻은 가장 유용한 증거를 염두에 두어야 한다. 나아가 궁극적으로 인간 문제의 무한한 범위에 대처하는 데 필요한 커다란 유연성을 부여하는 심사숙고된 치료를 발전시켜야 한다.

치료적 요인의 상대적 가치: 환자의 관점

환자들은 다양한 치료적 요인을 어떻게 평가하는가? 어떤 요인이 치료에서 자신을 가장 두드러지게 호전시킨다고 생각하는가? 이 책의 2판과 3판에서는 이 문제를 다룬 소수의 연구를 여유 있게 개관하는 일이 가능했다. 즉, 치료적 요인에 관한 환자의 주관적 평가를 분명하게 탐색했던 두 가지 연구에 관해 논의했고, 나의 첫 번째 치료적 요인 연구조사의 결과를 상세히 기술했다. 그 연구조사에서 나는 동료들과 함께 집단치료에서 성공적이었던 환자 20명에게 앞서 1장에서 언급했던 치료적 요인 11가지의 중요성을 비교하기 위해 각 치료적 요인에 관한 설문을 시행했다.[9] 지금은 상황이 많이 달라졌다. 지난 50년간 수많은 연구가 치료적 요인에 관한 치료자와 환자의 견해를 끊임없이 연구해 왔다. 최근의 연구는 치료적 요인에 초점을 맞추는 것이 치료자로 하여금 환자의 목표에 맞는 집단치료 전략을 고안하게 해 주는 매우 유용한 방법임을 증명하고 있다.[10]

그러나 대부분 연구자가 내가 1970년에 시행한 기존 연구에서 기술했던 치료적 요인과 조사 도구를 약간 수정한 방법을 사용하기 때문에[11] 우리는 그 연구를 상세히 설명한 후 치료적 요인에 관한 새로운 연구에서 발견된 결과를 논의에 통합시킬 것이다.[12]

동료들과 나는 장기 집단치료에서 성공적이었던 환자 20명을 대상으로 치료적 요인을 연구했다.[13] 우리는 집단치료자 20명에게 집단에서 가장 성공적인 평가를 할 수 있는 환자를 선정해 달라고 요청했다. 이 치료자들은 신경증neurotic이나 성격상 문제가 있는 외래환자 집단을 담당하고 있었다. 이 피험자들은 8~22개월 동안 치료받았고(평균 기간은 16개월 정도), 최근에 집단치료가 끝났거나 막바지 단계에 있는 사람들이었다.[14] 선정된 환자들은 치료적 요인을 묻는 Q-sort 분류를 완성했고, 연구자와 면담했다.

치료적 요인에 관한 12개 범주는 이 책의 전반에 걸쳐 다루는 자료를 참고로 구성되었으며, 각각의 범주를 기술하기 위해 5개 항목을 사용해 전체적으로 60개 항목이 만들어졌다(〈표 4.1〉 참조).9) 12개의 요인은 명칭이 바뀌었지만, 우리가 1장에서 기술한 치료

---

9) 60개의 치료적 요인 항목은 여러 차례 개정을 거쳤고, 제안과 첨가와 삭제를 위해 많은 고참 집단치료자에게 배부되었다. 몇몇 항목은 거의 동일했으나, 각 범주에 해당하는 항목의 수를 같게 하는 것이 방법론적으로 필요했다. 12개의 범주는 이타주의(altruism), 집단 응집력(group cohesiveness), 보편성(universality), 대인관계 학습-입력(interpersonal learning-input), 대인관계 학습-출력(interpersonal learning-output), 지도(guidance), 정화(catharsis), 동일시(identification), 가족 재정립(family reenactment), 자기이해(self-understanding), 희망 심어 주기(instillation of hope), 실존적 요인(existential factors) 등이다. 이는 이 책에서 기술한 것과 완전히 같지는 않다. 결국 실패했음에도, 우리는 대인관계 학습을 입력과 출력이라는 두 부분으로 나누고자 시도했다. 자기이해라는 범주는 탈억압(derepression)과 현재 심리적 어려움에 미치는 성장기의 영향과 관련된 발생적 통찰(genetic insight)의 중요성에 대한 검토 여지를 주기 위해 포함시켰다.

정보 전달은 지도를 대체했다. 가족 재정립은 초기 가족의 교정적 재현으로 바뀌었다. 사회화 기술의 발달은 대인관계 학습-출력을 대신했다. 대인관계 학습은 대인관계 학습-입력과 자기-이해를 대신했다. 마지막으로 모방행동이 동일시를 대신했다.

치료적 요인은 (나 자신과 다른 숙련된 임상가들의) 임상적 직관에 기초해 탐색적으로 구성된 도구를 의미한다. 이를 정교하게 측정된 연구 도구로 가정하는 것은 아니다. 그러나 이 분류는 상당히 많은 후속 연구에서 사용되었기 때문에 구성 타당도와 검사-재검사 신뢰도에 대해 많은 논란을 불러일으켰다. 다단계 통계 분석은 설명적 분석을 넘어 우리의 이해를 더 구체화할 수 있다. 일련의 논문에서 Dennis Kivlighan과 동료들은 연구 대상 그룹의 유형에 따라 치료 요인을 분류하고 정서적 통찰, 정서적 지지, 인지적 통찰, 인지적 지지집단으로 구분해 집단 간 치료 요인 순위의 명확한 패턴이 쉽게 드러나지 않는다고 지적했다. Giorgio Tasca와 동료들은 치료 요인을 사회적 학습, 안정적인 감정 표현, 희망 심어 주기, 관계적 영향에 대한 인식이라는 네 가지 중요한 요소로 재조정했다. Stone, Lewis, Beck은 내적 일관성이 상당히 높은 수정된 축약형을 구성했다.

적 요인 11개에 대응한다. 각 항목을 3×5인치 크기의 카드에 기록해 잘 섞은 후 환자에게 주고, 아래와 같은 방식에 따라 분류된 7개의 파일에 지정된 수의 카드를 넣게 했다.

1. 집단이 나에게 매우 도움이 된다. (카드 2장)
2. 대단히 도움이 된다. (카드 6장)
3. 많이 도움이 된다. (카드 12장)
4. 도움이 된다. (카드 20장)
5. 거의 도움이 되지 않는다. (카드 12장)
6. 별로 도움이 되지 않는다. (카드 6장)
7. 집단이 나에게 전혀 도움이 되지 않는다. (카드 2장)[15]

〈표 4.1〉 치료적 요인: 60개 문항의 범주와 순위

		순위
1. 이타주의	1. 타인을 도움으로써 자신을 더 존경하게 되었다.	40T*
	2. 나의 요구보다 타인의 요구를 우선한다.	52T
	3. 나 자신을 잊고 타인을 도와주는 것을 생각한다.	37T
	4. 나의 일부를 타인에게 준다.	17
	5. 타인을 도우며 그들의 삶에 중요한 사람이 된다.	33T
2. 집단 응집력	6. 집단에 소속되고 수용된다.	16
	7. 다른 사람들과 친밀한 접촉을 지속한다.	20T
	8. 자신의 당혹스러운 점을 밝히고도 여전히 집단에 수용된다.	11T
	9. 더는 혼자라는 느낌을 갖지 않는다.	37T
	10. 나를 이해하고 수용하는 사람들이 있는 집단에 소속된다.	20T

*'T'는 같은 순위를 나타냄

참고: 순위가 낮을수록 환자가 더 높게 평가

(계속)

3. 보편성	11. 나에게만 그런 문제가 있는 것이 아님을 알게 된다. "우리는 모두 한배를 타고 있다."	45T
	12. 나도 다른 사람들만큼 잘 지내고 있다는 것을 알게 된다.	25T
	13. 다른 사람도 어느 정도는 나와 비슷한 '나쁜' 생각과 감정을 지니고 있다는 것을 알게 된다.	40T
	14. 다른 사람도 나만큼 불행하거나 혼란스러운 성장 배경 및 부모가 있다는 것을 알게 된다.	31T
	15. 나에게 '인간으로 태어나서 좋다'는 느낌을 주었던 사람과 다르지 않다는 걸 알게 된다.	33T
4. 대인관계 학습-입력	16. 집단이 내가 다른 사람들에게 어떤 인상을 주는지 가르쳐 준다.	5T
	17. 내가 다른 사람들에게 어떤 성격으로 보이는지 알게 된다.	8
	18. 다른 집단원들이 나를 어떻게 생각하는지 정직하게 말해 준다.	3
	19. 타인을 짜증 나게 하는 나의 습관이나 태도를 지적해 준다.	18~19T
	20. 내가 진짜로 생각하는 것을 말하지 않음으로써 때때로 사람들을 혼란에 빠뜨린다는 점을 알게 된다.	13T
5. 대인관계 학습-출력	21. 사람과 잘 지내는 기술을 개선한다.	25T
	22. 집단과 타인에 대해 신뢰감을 더욱 느끼게 된다.	10
	23. 다른 집단원과 어떤 방식으로 관계 맺는지 알게 된다.	13T
	24. 집단은 내가 타인에게 접근하는 방식을 배울 기회를 준다.	27T
	25. 집단 내 특정한 집단원과의 어려움을 극복한다.	33T
6. 지도	26. 의사가 내가 무언가를 하도록 제안하거나 조언한다.	27T
	27. 집단원들이 내가 무언가를 하도록 제안하거나 조언한다.	55
	28. 내가 무엇을 해야 할지 집단원들이 말해 준다.	56
	29. 집단 내 누군가가 인생 문제에 대해 명쾌한 제안을 한다.	48T
	30. 집단원들이 내 인생에서 중요한 사람에게 다르게 처신하도록 조언한다.	52T

(계속)

7. 정화	31. 마음속 있는 것을 털어놓는다.	31T
	32. 다른 집단원에 대한 긍정적이거나 부정적인 느낌을 표현한다.	5T
	33. 집단지도자에 대한 긍정적이거나 부정적인 느낌을 표현한다.	18T
	34. 감정을 표현하는 방법을 배운다.	4
	35. 꾹 참는 대신 나를 괴롭히는 것이 무엇인지 말할 수 있다.	2
8. 동일시	36. 집단에 잘 적응하는 사람과 비슷해지려고 시도한다.	58
	37. 다른 사람들이 위험을 감수하며 난처한 일을 함으로써 이득 얻는 것을 관찰한 경험이 그와 똑같은 일을 해 보게끔 도왔다.	8
	38. 다른 집단원의 버릇이나 스타일을 채택한다.	59
	39. 집단지도자를 존경하거나 그처럼 행동한다.	57
	40. 내가 본받을 수 있는 사람을 집단에서 발견한다.	60
9. 가족 재정립	41. 집단에 있다는 것은 어떤 의미에서 내가 성장한 가정에서 나의 삶을 다시 체험하고 이해하는 것 같다.	51
	42. 집단에 속한 것이 나의 부모, 형제, 자매 또는 그 밖의 중요한 사람들 사이에 있는 오래된 심적 장애를 이해하는 데 다소 도움이 된다.	30
	43. 집단에 속한 것이 어떤 의미에서는 더 수용적이고 이해해주는 가족들과 있는 것과 같다.	44
	44. 집단에 있는 것이 가정에서 내가 어떻게 성장했는지 이해하는 데 다소 도움이 된다.	45T
	45. 집단이 마치 가족처럼 생각된다. 어떤 집단원이나 치료자는 부모 같고, 또 어떤 사람은 친척 같다. 집단경험을 통해 내가 부모나 친척들(형제, 자매 등)과 맺었던 과거의 관계를 이해하게 된다.	48T

(계속)

10. 자기이해	46. 내가 어떤 사람을 좋아하거나 싫어하는 이유가 그 사람과는 아무런 관계가 없고, 과거에 다른 사람으로 인한 심적 장애나 경험과 관계가 있다는 것을 알게 된다.	15
	47. 내가 왜 그런 식으로 생각하고 느끼는지 알게 된다(즉, 내 문제에 대한 몇 가지 원인과 근원을 알게 된다).	11T
	48. 이전에는 알지 못했거나 받아들일 수 없었던 나의 부분을 발견하고 수용한다.	1
	49. 내가 어떤 사람이나 상황에 대해 (인생의 초기에 속하는 감정으로) 비현실적으로 대처한다는 것을 알게 된다.	20T
	50. 내가 오늘날 느끼고 행동하는 것이 어린 시절이나 성장과 어떤 관련이 있는지 알게 된다(지금의 내 모습에 대한 몇 가지 원인이 인생의 초기 시절에 있다).	50
11. 희망 심어 주기	51. 다른 사람이 좋아지는 것을 보는 것이 나를 고취시킨다.	42T
	52. 다른 사람이 나와 비슷한 문제를 해결했다는 것을 안다.	37T
	53. 다른 사람이 나와 비슷한 문제를 해결했다는 것을 본다.	33T
	54. 호전된 다른 집단원들이 나를 격려하는 것을 본다.	27T
	55. 집단이 나와 유사한 문제를 겪는 다른 사람을 도와주었다는 사실이 내게 용기를 준다.	45T
12. 실존적 요인	56. 인생이 때로는 부당하고 공정치 않다는 것을 안다.	54
	57. 궁극적으로 인생의 고통과 죽음은 피할 길이 없음을 인식한다.	42T
	58. 내가 아무리 다른 사람과 가깝게 지내더라도, 여전히 홀로 인생과 마주쳐야 한다는 것을 인식한다.	23T
	59. 나의 삶과 죽음에 대한 기본적인 문제를 직면하고, 이를 통해 좀 더 솔직하게 나의 삶을 영위하고 사소한 일에 덜 얽매이게 된다.	23T
	60. 다른 사람에게 아무리 많은 지도와 지지를 받더라도 인생을 살아가는 방식에 대한 궁극적인 책임은 나에게 있다는 점을 알게 된다.	5T

30~45분 정도 걸리는 Q-sort를 한 후, 각 환자는 세 명의 연구자와 1시간 정도 면담했다. 가장 도움이 되었고 가장 도움이 안 된 것으로 선택한 항목에 대한 이유를 재검 토하고, 치료적 요인과 관련된 일련의 다른 분야(환자의 삶에 있었던 비전문적인 치료적 영향, 치료에서 결정적이었던 사건, 목표의 변화, 발전의 시기, 환자가 직접 말하는 치료적 요인 등)에 관해 논의했다.

결과

환자 20명에 대한 7개 파일로 된 Q-sort 분류의 60개 항목은 복잡한 자료다. 그 결과를 알아보기 가장 명백한 방법은 60개 항목을 단순히 순서로 매기는 것(각 항목의 스무 가지 파일 배열을 총합해 순서를 매기는 것)이다. 60개 항목을 나열한 목록으로 되돌아가 보자(〈표 4.1〉 참조). 각 항목 뒤에 있는 숫자는 그 항목의 등수를 나타낸다. 따라서 48번 항목('이전에는 알지 못했거나 받아들일 수 없었던 나의 부분을 발견하고 수용한다')은 환자들이 공통적으로 가장 중요한 치료적 요인으로 생각한 것이고, 40번 항목('내가 본받을 수 있는 사람을 집단에서 발견한다')은 가장 중요하지 않은 것임을 알 수 있다. 나머지도 이런 식이다.

환자들이 가장 유용하다고 생각한 열 가지 항목을 중요한 순서로 살펴보면 다음과 같다.

1. 이전에는 알지 못했거나 받아들일 수 없었던 나의 부분을 발견하고 수용한다.
2. 꾹 참는 대신 나를 괴롭히는 것이 무엇인지를 말할 수 있다.
3. 다른 집단원들이 나에 대해 어떻게 생각하는지 정직하게 말해 준다.
4. 감정을 표현하는 방법을 배운다.
5. 집단이 내가 다른 사람들에게 어떤 인상을 주는지 가르쳐 준다.
6. 다른 집단원들에 대한 긍정적이거나 부정적인 느낌을 표현한다.
7. 나 자신이 다른 사람에게 아무리 많은 지도와 후원을 받아도 인생을 살아가는 방식에 대한 궁극적인 책임은 나에게 있다는 점을 배운다.
8. 내가 다른 사람들에게 어떤 성격으로 보이는지 알게 된다.
9. 다른 사람들이 위험을 감수하며 난처한 일을 함으로써 이득을 얻는 것을 관찰한 경험이 그와 똑같은 일을 해 보게끔 도왔다.
10. 집단과 타인에 대해 신뢰감을 더욱 느끼게 된다.

처음 8개 항목 중 7개가 정화나 통찰의 형태를 나타낸다는 점에 주목하라. 나는 다시 통찰을 넓은 의미로 사용하고 있다. 대부분 항목은 2장에서 기술했던 통찰의 첫 번째 수준(자신의 대인관계 행동에 대한 객관적 시각을 얻는 것)을 나타낸다. 이 같은 주목할 만한 발견은 역시 2장에서 기술한 바 있는 치료는 정서적 경험과 경험을 반추하는 것으로 구성된 이중 과정이라는 원리에 상당한 무게를 실어 준다. 더 자세한 것은 뒤에서 다루겠다.

60개 항목으로 된 Q-sort 분류의 점수를 산출하는 데는 많은 노력이 요구되기 때문에, 대부분 연구자는 후에 축약형을 사용했다. 대개 이 축약형은 환자들로 하여금 (60개의 개별 항목이 아닌) 12개의 치료적 요인의 범주에 등급을 매기게 한다. 그러나 60개 항목의 Q-sort 분류를 반복한 네 가지 연구에서 매우 유사한 연구 결과를 보고했다.[16]

관심의 방향을 개별 항목에서 12개의 일반적 범주[10)]로 전환하면, 범주들은 중요한 순서에 따라 다음과 같이 순위가 매겨졌다.

1. 대인관계 입력(interpersonal-input, 내가 타인에게 영향 주는 것을 배우기)
2. 정화(catharsis)
3. 응집력(cohesiveness)
4. 자기이해(self-understanding)
5. 대인관계 출력(interpersonal-output, 내가 어떻게 상호작용하는지 변화 배우기)
6. 실존적 요인(existential factors)
7. 보편성(universality)
8. 희망 심어 주기(instillation of hope)
9. 이타주의(altruism)
10. 가족 재정립(family reenactment)
11. 지도(guidance)
12. 동일시(identification)

---

10) 이 결과를 고려할 때는 피험자의 과업이 일종의 강요된 분류 작업이었다는 점을 염두에 두어야 한다. 즉, 강요되었다는 것은 가장 덜 중요하게 선택된 항목이 반드시 중요하지 않은 것이 아니라, 다른 항목들과 비교해 덜 중요하다는 것을 의미한다. 항목마다 어느 정도 치료적 잠재성을 지닌다.

많은 수의 반복 연구도 상당한 일치를 보인다.[17] 가장 흔히 선택되는 치료적 요인은 정화, 자기이해, 대인관계 입력 등이며, 그 뒤로 응집력과 보편성이 선택된다. 개인 성장 집단 연구 프로젝트도 가장 유용한 치료적 요인의 세 가지(대인관계 입력, 자기이해, 정화)를 보고했다.[18] 한 연구자는 치료적 요인을 세 가지 주요 무리로 나눌 수 있다고 제안했다. 그 세 가지 무리는 재교화remoralization 요인(희망, 보편성, 수용), 자기폭로 요인(자기개방, 정화) 그리고 특정 심리 작업 요인(대인관계 학습, 자기이해)이다.[19] 이 무리는 미국 집단정신치료 연합 연구소에서 경험적 집단을 대상으로 시행한 연구에서 얻은 치료적 요인에 대한 요인 분석11)과 공통점이 있다. 이 연구에서 도출된 치료적 요인은 모든 치료 집단에 공통적으로 나타나는 소속과 재교화라는 초기 요인, 지도와 교육 요인, 특정 기술 발달 요인 등 세 가지 주요 범주로 나뉘었다. 또 다른 경험적 연구는 500명의 집단치료 환자가 보고한 치료적 요인을 집단의 감정적, 관계적 분위기와 심리학적 과업의 두 가지로 구분했다.[20] 서로 다른 용어를 사용하지만 이 두 가지 접근은 모두 치료적 요인이 보편적 기제, 매개 기제 그리고 구체적 변화 기제로 이루어져 있음을 시사한다.[21]

어떤 치료적 요인이 최하의 평가를 받았는가? 모든 치료 집단 연구와 개인 성장 집단 연구는 똑같은 결과, 즉 가족 재정립과 지도와 동일시를 최하의 평가를 받는 치료적 요인으로 보고한다. 이 같은 결과가 암시하는 바는 치료 집단의 치료 과정에서 진정한 핵심을 이루는 것은 지지적이고 신뢰할 만한 장면에서 경험하는 정서적으로 강력하면서 자기 반 영적인 대인관계 상호작용이라는 점이다.[22] 개인 심리치료에서도 마찬가지다. 개인치료와 집단치료에서의 치료적 요인에 관한 비교연구 역시 일관되게 이 결과를 강조한다. 그리고 2장에서 논의한 기본 개념(교정적 정서 체험의 중요성, 깊은 경험과 더불어 환자가 이를 이해하고 의미를 도출하는 과정을 모두 포함한 치료적인 '지금-여기'의 초점)의 중요성은 연구 증거로 지지를 받고 있다.[23]

만약 목적이 지지, 자아 탐색, 대인관계 학습에 적절한 분위기를 조성하는 것이라면, 집단지도자는 개별 요인에 대한 이해는 물론이고, 서로 어떻게 관련이 있는지 알아야 한다. 사실 모든 요인이 매 순간 작용한다. 효과적인 집단치료자는 마치 능숙한 요리사처럼 각 재료가 어떻게 어우러져 하나의 음식이 되는지 이해한다.

---

11) 요인 분석은 데이터 세트에서 가장 높은 일관성을 설명하는 데 필요한 가설상 구인의 최소한 수를 확인하는 통계 방법이다. 이는 많은 양의 데이터를 적지만 개념적으로나 실제적으로 일관성을 가지는 데이터 분류로 집약하는 방법이다.

다음의 예시를 통해 이 원칙이 어떻게 드러나는지 알 수 있다.

모임은 2주간 고향인 인도에 다녀온 Meena를 반기면서 시작되었다. Meena는 여행에 관해 할 이야기가 많다며 먼저 Samantha를 찾았다. Samantha는 직장을 그만두고 의대 진학을 준비할지 결정해야 하는 중대한 순간에 놓여 있었다.

Samantha는 양손을 들며 "해냈어요! 의사가 되기로 했어요!"라고 말하고는 Meena와 하이파이브를 했다.

Meena는 "Samantha가 제게 용기를 주었어요. 당신의 삶이 원하는 바를 따라가는 모습을 존경해요. 그래서 저도 오늘 누구에게도 이야기하지 않았던 것을 하려고요"라고 말했다.

Meena는 이어서 남의 시선과 부끄러움에 대해 느끼는 두려움을 설명해 나갔다. "마치 차악을 선택할 수밖에 없는 상황에 갇혀 있는 것 같아요. 제가 유색인종에 여성이다 보니 미국에서는 꼭 저 자신이 외국인 또는 '타자(the other)'처럼 느껴져요. 하지만 인도에서도 다르지 않았는데, 저를 서구화된 미국 여성으로 바라보니 그런 것 같아요. 이러한 긴장 상태 때문에 지금까지 연애하는 것도 피해 왔어요. 하지만 이제는 Samantha처럼 자신을 위해 나서고 원하는 것을 찾는 모습이 보여요. Samantha에게 감명받았어요." Meena는 주저하더니 심호흡을 한 후 말을 이어갔다. "지금 이 이야기를 하려니 긴장되네요. 인도에서는 특정 카스트의 남성을 만나거나 데이트하는 것이 금지되었어요. 서양에서는 문제 될 것이 없는 부분이지만, 고향에서는 부끄러운 일이지요."

"네…, 그리고요?"라고 Samantha가 물었다.

Meena는 침을 삼키고 용기 내어 말했다. "나를 좋아해 주던 반 친구를 사랑하게 되었어요. 하지만 지금까지 사람들이 어떻게 볼지 무서워 그를 밀어냈죠. 이 집단이 저를 북돋아 준 덕분에 제가 원하는 것에 집중할 수 있었고, 내 마음을 따라가기로 했어요. 삶은 짧은데, 남이 생각하는 것을 두려워하면서 이를 낭비할 수 없다는 걸 알아요."

"아주 좋은 소식이네요. 혹시 그분에게 고백했나요?"라고 Samantha가 물었다.

"아직이요. 우리 집단에 먼저 이야기하고 싶었어요."

집단원들이 응원의 박수를 보냈다. "좋아요, Meena. 원하는 바를 따르는 거예요. 도전 없이는 성취도 없죠. 본인의 삶에 책임지는 모습이 정말 보기 좋아요."

마음을 열었을 때 비판이 돌아올 것을 염려했던 Meena의 두려움은 모두 사라졌고, 안도의 의미로 크게 숨을 내쉬었다. 그러고는 "오늘 밤 커다란 마음의 짐을 내려놓았어요. 아직 그 친구가 제게 마음이 있길 바랄 뿐이에요."

집단의 또 다른 구성원인 알바니아 이민자 Bella도 본인이 다문화와 관련해 겪은 경험을 이야기했다. 그녀가 경험했던 문화적 다양성은 Meena가 경험했던 것보다 훨씬 적었지만, 그녀는 고향에 있을 때 미국에서라면 수용할 수 없는 육아의 측면이 있다는 것을 인식했다. Bella는 이 주제로 Meena와 동조했는데, 문화 차이에서 오는 긴장을 느끼는 사람이 혼자가 아니라는 것을 알게 하는 방법으로 이 이야기를 한 것이었다.

이어서 Bella는 자신이 이 집단에 참여하게 된 이유를 밝힐 때인 것 같다고 했다. 바로 무자비한 자기 판단 때문이었다. 그녀는 사흘 전에 남편이 하는 이야기를 잘못 들었던 일화를 말해 주었다. 그녀의 남편은 몸 상태가 좋지 않았는데, Bella가 남편에게 무언가를 부탁하자 남편은 화를 내며 "나를 내버려 둬!"라고 말했다. 그러나 Bella는 이 말을 "내 삶에서 사라져!"라고 듣고 자기 혐오감에 휩싸였다. 그녀는 집을 나와 몇 블록 떨어진 친정집에 가서 침대에 숨어 들어갔다. 그룹 모임 도중 그녀는 이 상황에서 막 벗어나려고 할 때였으므로, 이제는 과감하게 나서서 자신에 대한 비판이 있을 때 무너져 내리는 그녀의 반응을 고쳐야겠다고 다짐했다. "똑같은 일이 집단에서 최근에 일어난 적이 있어요. 오늘은 나오지 않은 Mark와 관련이 있는데, 이 이야기를 그에게 전해야 할지 모르겠네요."

집단치료자는 Bella에게 계속 말해 보라고 독려했다. 그리고 집단원들은 어떤 주제로 이야기하든지 자유라는 점을 확실히 하며, 또 다른 집단원이나 지금 자리에 없는 구성원이라 해도 다음 기회에 해당 주제를 다시 꺼낼 수 있다면 이야기해도 좋다고 했다.

Bella는 주저하며 말을 이어 갔다. "제가 Mark를 충분히 지지하거나 배려하지 않는다고 그가 저를 비판한 적이 있어요. 그 일로 오늘까지 몇 주간 저 자신을 괴롭혀 왔어요. 이제 제가 어떤 점을 고쳐야 할지 조금 알 것 같아요. 저는 매우 민감하고, 제 일상을 붙잡고 있어요. 제가 어쩌다 이렇게 되었는지 모르겠지만, 아버지의 영향이 있는 것 같아요. 아직도 아버지가 '제대로 안 하려면, 애초에 시작하지 말아라'라고 말씀하시는 게 들려요."

또 다른 집단원인 Rick은 "방금 Meena를 배려하는 모습이 마음에 들었어요. 저는 당신이 자기 자신에게도 그렇게 배려하는 모습을 보였으면 해요. 그리고 Mark가 당신을 비판한 이야기를 꺼낸 것에 대해 자신을 칭찬하길 바라요. 용기 있는 행동이니까요."

Meena는 Bella에게 "저는 당신의 아버지에 관한 얘기와 그 영향에 대해 생각하고 있어요. 치료에서 나아지는 것의 핵심이 뭔지 궁금해지네요. 뭐가 제일 중요하죠? 문제의 근원을 아는 것인지, 아니면 지금 삶에 영향을 미치고 있는 것이 무엇인지 이해하는 건가요?"라고 말했다.

집단의 대답은 만장일치였다. "중요한 것은 현재를 바꿔 줄 지식입니다."

Rick이 이어서 말했다. "저는 여러 해 동안 모임에 들락거렸어요. 제 어린 시절을 이해하는 것이 어떤 면에서 저를 풍요롭게 했지만, 제가 사람들과의 관계를 변화시키기 시작한 것은 집단 안에서였어요. 사실 변화 없는 통찰력은 우리를 더 나쁘게, 더 절망적으로, 더 무력하게 만들 수 있어요. 단순히 통찰력이 중요한 게 아니에요. 중요한 것은 통찰력을 통해 변화를 이끌어 낸다는 점이죠."

이제 이 모임의 치료적 요인이 서로 어떻게 얽혀 있는지 알아보자.

- Meena는 Samantha가 자기 삶의 방향을 재설정한 용기에 박수를 보냈고(희망 심어주기 및 간접 학습), 집단의 판단 없는 지지를 신뢰했다(집단 응집력).
- Meena는 Samantha와 집단을 내재화했다. 그녀의 생각 속에서 집단을 살아나게 하는 것을 통해 새로운 행동을 시험해 볼 수 있다. Meena는 집단을 신뢰하며 과업에 매우 적극적으로 참여했다(집단 응집력). 집단에서 얻는 소속감과 안정감이 그녀의 감정을 강하게 그리고 적극적으로 표현하게끔 해 주었다.
- Meena는 사랑하는 남자를 거절했던 행동의 영향에 책임을 지고, 앞으로는 자신의 선택에 책임질 것이라고 다짐했다(실존적 요인). 이는 Meena로 하여금 지금-여기에서 도전하게끔, 그리고 그녀의 부끄러운 감정을 드러내고 심리적, 문화적으로 엮여 있는 요인을 탐구하게끔 독려했다(정화, 자기개방, 자기이해).
- Meena는 집단으로부터 용기를 인정받았고, 그녀가 두려워하던 비난 대신 집단의 지지를 얻었다(대인관계 학습).
- Bella의 자기개방은 Meena를 배려하고 지지하고자 하는 마음(이타주의, 보편주의)과 자신의 어려움은 자아비판이 핵심이라는 인식(자기 이해)에서 비롯되었다.
- Bella는 새로운 행동을 집단에서 시도해 보았다. Mark의 비판에 대한 대응으로 무슨 일이 있었는지 탐구하고 검증해 보는 준비를 했다. 이는 기존의 회피적인 경향으로부터 벗어난 건설적인 변화다(대인관계 학습).
- 집단은 통찰의 중요성에 관해 토의하고, 치료 과정에서 얻은 가장 중요한 지식은 행동의 변화를 이끌어 내는 지식이라는 결론을 내렸다(지도, 자기이해).

이러한 연구 결과를 더 논하기보다는 이 장의 서두에서 제기했던 질문, 즉 치료적 요인의 상호관계와 그들의 상대적인 잠재력에 대해 폭넓게 논의할 것이다. 논의할 때, 이러한 연구 결과는 특정한 유형의 치료 집단, 즉 상호작용에 의해 증상 완화와 행동적이고 성격적인 변화를 꾀하려는 야심 찬 목표를 가진 집단에 국한된 것이라는 점을 명심해 두길 바란다. 이 장의 후반부에서는 다른 목표를 세우고, 좀 더 짧은 치료 회기를 가진 집단은 일련의 다른 치료적 요인을 이용할 것이라는 몇 가지 증거를 제시할 것이다.

정화

정화는 언제나 치료 과정에서 중요한 역할을 맡아 왔다. 수 세기 동안 환자들은 과다한 담즙, 악령, 전염성의 독소로부터 자신을 깨끗이 하고자 했다(정화라는 말 자체가 '청소하다'라는 그리스 어원에서 비롯되었다). 역동적 정신치료자들은 정화가 충분하지 않다는 것을 알게 되었다. 우리는 일상생활을 하면서 정서적 경험을 하거나 때로는 강한 감정을 경험하기도 하는데, 꼭 그것이 변화를 이끄는 것은 아니다.

자료들은 이러한 결론을 뒷받침한다. 비록 환자들은 정화를 중요하게 생각하지만, 그 연구는 중요한 자격 조건도 제시한다. Morton Lieberman과 Matthew Miles와 함께한 나[IY]의 연구는 정화 자체의 한계를 뚜렷하게 보여 준다.[24] 이들은 30시간에 걸친 참만남 집단의 집단원 210명에게 집단 과정 중에 일어난 사건 가운데 가장 중요하다고 생각하는 사건을 기술하게 했다. 환자들은 감정(긍정적인 것과 부정적인 것 모두)을 경험하고 표현하는 것을 매우 빈번하게 선택했다. 그러나 이 결정적인 사건들이 긍정적인 효과와 관련된 것은 아니었다. 즉, 정화의 사건은 좋은 효과를 나타낸 환자들이 선택한 만큼이나 좋지 않은 효과를 나타낸 환자들도 선택하는 경향이 있었다. 정화가 치료 효과와 관계없는 것은 아니다. 정화는 치료 효과에 필수적이지만, 그 자체로 충분하지는 않다. 사실 정화만을 선택한 사람들은 집단에서 부정적인 경험을 하는 경향이 더 크다. 많은 것을 학습했던 사람들은 특징적으로 정화에 인지적 학습 형태를 덧붙이는 양상을 나타냈다. 자신의 감정적 경험을 숙고해 보는 능력은 변화 과정에서 필수적인 요소다.[25]

Q-Sort 분류에 따른 치료적 요인에 관한 연구에서 가장 높은 순위에 오른 항목이면서 동시에 요인분석 연구에서 정화의 범주를 가장 특징적으로 나타내는 것은 34번 항목('감정을 표현하는 방법을 배운다')과 35번 항목('꾹 참는 대신 나를 괴롭히는 것이 무엇인지 말할 수 있다')이었다. 이 두 가지 항목은 단순한 감정의 배출ventilation 또는 발산abreaction과는 다

른 어떤 느낌을 포함하고 있다. 오히려 그것은 해방감이나 장래를 위한 기술 습득이라는 느낌을 내포한다. 자주 선택된 또 다른 정화 항목은 32번 항목('다른 집단원에 대한 긍정적이거나 부정적인 느낌을 표현한다')으로, 계속적인 대인관계의 과정에서 정화의 역할을 지적한다. 순수한 의미에서 감정의 배출을 가장 적절하게 나타내는 31번 항목('마음속에 있는 것을 털어놓는다')은 상위를 차지하지 못했다.

환자들이 이와 같은 항목을 선택한 이유를 알아보기 위해 면담을 시행한 결과, 다음과 같은 견해를 확인할 수 있었다. 정화는 대인관계 과정의 부분으로 간주되었다. 즉, 텅 빈 방에서 감정을 배출함으로써 생기는 혜택을 지속적으로 얻을 수 있는 사람은 아무도 없다. 더구나 3장에서 논의했듯이, 정화는 본질적으로 응집력과 관련이 있다. 정화는 일단 지지적인 집단 유대가 형성되면 한층 유용하다. 달리 말하자면, 정화는 집단 과정의 초기보다는 후기에 더욱 가치 있게 평가된다.[26] 실제로 임상 실천 지침은 안정감이 확립되기 전에 강한 효과의 조급한 발현에 의해 집단 응집력이 손상될 수 있다고 경고한다.[27] 유방암에 걸린 여성들을 대상으로 한 연구 실험에서 죽음과 죽음에 관해 이야기하는 것은 매우 중요한 치료 목표였지만, 집단이 통합된 후에야 이루어졌다.[28] 적절한 때에 감정을 강하게 표현하는 것은 응집력의 발달을 고취시킨다. 즉, 서로가 서로에 대해 강한 감정을 표현하고, 그러한 감정에 대해 정직하게 다루어 나가는 집단원들은 긴밀한 상호유대감을 발전시킬 것이다. 상실의 문제를 다루는 집단에서 연구자들은 긍정적 감정을 표현하는 것이 긍정적 결과와 관계가 있음을 발견했다. 반면, 부정적 감정을 표현하는 것은 자기 자신이나 다른 집단원을 이해하려는 진정한 노력이 있을 때만 치료적 효과를 보였다.[29]

또한 감정을 공개하는 것은 대처 능력과 연결된다. 자신의 욕구를 명확하게 표현하는 것은 자신과 그가 처한 환경 내에 있는 사람들로 하여금 삶의 도전에 건설적으로 응하게 해 준다. 감정을 잘 드러내는 초기 유방암 여성들은 고통을 억제하고 표현하지 않는 사람들보다 훨씬 나은 삶의 질을 영유한다.[30] 감정 표현을 피하는 말기 유방암 여성은 혈압에 악영향을 미쳐 자율신경계 과부하가 나타났다. 반대로 적대감을 적절하게 표현하는 것은 더 나은 자율신경계 조절과 더 나은 사회적 연결성에 기여했다.[31] 근래에 배우자를 잃은 에이즈 환자 가운데 감정을 표현하고, 슬퍼하고, 배우자를 잃은 것에서 의미를 찾는 사람들은 고통을 애써 최소화하려고 하고 애도 과정을 회피하는 환자들보다 상당히 높은 면연계 기능을 유지하면서 더 오랫동안 살 수 있었다.[32]

요약하면, 정서를 개방적으로 표현하는 것은 의문의 여지 없이 집단치료 과정에 절대적으로 필요하다. 정서적 표현이 없다면 집단은 메마른 학술적 연습으로 전락하게 될 것이다. 그렇지만 그것은 과정의 한 부분일 뿐이며, 다른 요인에 의해 보완되어야 한다. 마지막으로 언급할 점은 감정 표현의 강도는 매우 상대적이며, 집단을 이끄는 지도자의 관점이 아닌 각 집단원의 경험적 세계의 관점에 의해 평가되어야 한다는 점이다. 겉으로 보아서는 약한 감정의 표현도 매우 위축된 개인에게 상당한 강도를 지닌 사건을 의미할 수 있기 때문이다.

자기이해

치료적 요인을 묻는 Q-sort 분류는 치료 과정에서 지적 요소가 담당하는 중요한 역할 또한 강조한다. 12개의 범주 중 치료에서 지적인 과제에 해당하는 두 가지 범주(대인관계의 입력과 자기이해)는 모두 매우 높은 순위에 올라 있다. 대인관계 입력은 어떻게 자기가 다른 사람에게 지각되는지 알게 되는 것을 의미한다. 이는 대인관계 학습이라는 치료적 요인의 치료적 순서에서 중요한 첫 번째 단계이며, 그 내용은 어느 정도 2장에서 논의했다.

자기이해의 범주에는 더 많은 문제가 있다. 이 개념은 탈억압derepression 및 과거와 현재 사이의 관계에 대한 이해(발생적 통찰genetic insight)의 중요성에 대한 검토의 여지를 주기 위해 구성되었다. '자기이해' 범주의 다섯 가지 항목(46~50번 항목)을 검토해 보면(〈표 4.1〉 참조), 매우 다른 요소를 포함하고 있는 일관성 없는 범주라는 점이 분명해진다. 항목 간의 상관관계가 빈약한 탓에 어떤 항목은 매우 비중 있게 평가되는가 하면, 어떤 것은 적게 선택되기도 했다. 48번 항목('이전에는 알지 못했거나 받아들일 수 없었던 나의 부분을 발견하고 수용한다')은 60개 항목 중에서 가장 비중이 큰 유일한 항목이다. 문제의 원인을 이해하는 것과 대인관계에 왜곡이 있음을 깨닫는 것을 의미하는 두 가지 항목(46번과 47번 항목)도 높게 평가되었다. 발생적 통찰을 가장 분명하게 말하는 50번 항목은 집단치료 환자들에게 별 가치가 없는 것으로 간주되었다.

이런 발견은 다른 연구자들에 의해서도 입증되었다.[33] 예를 들어, 여러 연구에서 성장 과정에 대한 해석이 긍정적인 집단치료 결과를 야기하는 지금-여기에서의 대인관계 피드백보다 그다지 효과적이지 못하다고 결론지었다. 집단원의 피드백은 과거와 연결지었을 때, 치료자들의 개념적이고 덜 '현실적'인 설명보다는 전문용어가 거의 들어가지

않으면서 직접적이고 실제적인 경험에 바탕을 두었다.[34]

환자들을 면접한 결과, 가장 인기가 있었던 48번 항목('이전에는 알지 못했거나 받아들일 수 없었던 나의 부분을 발견하고 수용한다')은 집단 환자들에게 매우 특정한 의미가 있음을 발견했다. 종종 그들은 자신에게서 긍정적인 면, 즉 다른 사람을 배려하는 능력, 타인과 가까운 관계를 맺는 능력, 동정심을 경험하는 능력 등이 있음을 발견한 것이다.

여기서 배워야 할 한 가지 중요한 교훈이 있다. 정신치료는 특히 초기의 순진하고 대중화된 개념화 과정에서 파헤치는 탐정 조사로서 종종 생각되었다. 그러나 발굴하는 과정은 우리 자신의 부끄럽고 두려운 원시적인 측면뿐 아니라, 풍요로움과 소중함까지도 드러낸다.[35] 환자들은 병리적인 신념으로부터 자유로워지고 싶어 한다. 환자들이 그들 자신에 대해 더 폭넓게 접근할 수 있을 때, 그들은 더욱 대담해지고 자신의 인간성에 대한 소유의식을 높여 간다. 정신치료는 '병리적인 것'을 뿌리 뽑는 데 중점을 두던 것을 넘어서, 이제 환자들의 긍정적인 감정과 인식의 폭을 넓히는 것을 목표로 할 만큼 성장했다. 집단원들이 건강하고 서로를 돌보는 환경을 만들고, 또 그런 환경에서 살도록 격려해 주는 집단치료 접근은 현대의 치료 목표에 걸맞은 유력한 접근이다.[36]

그러므로 자기이해가 변화를 촉진시키는 한 가지 방식은 이전에 분리된 자신의 부분을 인식하고, 통합하고, 자유로운 표현을 하게 하는 데 있다. 우리 자신의 일부를 부인하거나 억압하면, 우리는 값비싼 대가를 치르게 된다. 즉, 형태가 없는 깊은 구속감을 느끼고 경계하게 되며, 내면에서 나온 것이지만 낯설기만 한 표현을 요구하는 충동에 의해 종종 고통받고 갈피를 못 잡게 되는 것이다. 분열된 부분을 다시 고칠 수 있을 때, 우리는 완전함과 깊은 해방감을 경험하게 된다.

지금까지는 괜찮다. 그러나 지적인 과업의 다른 구성 요소는 무엇인가? 예를 들어, 높은 순위로 매겨진 47번 항목('내가 왜 그런 식으로 생각하고 느끼는지 알게 된다')이 어떻게 치료적 변화를 가져오는가?

먼저 우리는 정신치료 분야는 환자와 치료자 모두의 지적인 이해를 요구한다는 점을 인식해야 한다. 이해에 대한 추구는 뿌리가 깊다. Abraham Maslow는 동기에 관한 논문에서 인간은 안전, 사랑, 자아존중감에 대한 욕구와 같은 기본적인 인지적 욕구cognitive needs를 가진다고 단정했다.[37]

그래서 환자들은 자동적으로 이해를 추구하게 되며, 항상 지적인 추구를 높이 평가해 온 치료자들은 환자들의 추구에 동참해 왔다. 이것은 너무나 당연해 보여 우리는 종종 치료의 존재 이유를 잊어버린다. 결국 치료의 목적은 변화지 자기이해가 아니다. 하지만 혹시 잘못 알고 있는가? 그렇다면 치료와 자기이해는 동의어란 말인가? 또는 자기이해의 어떤 유형이나 모든 유형은 자동적으로 변화를 일으키는가? 자기이해에 대한 탐구는 치료에서 진정한 변화의 힘인 '관계'와 같은 것이 발달하는 동안 회반죽처럼 둘을 하나로 결합시키는 역할을 하는 환자와 치료자에게 단순히 재미있고, 매력적이며, 정당한 활동인가? 아마도 치료에서 변화를 일으키는 진정한 힘은 관계일 것이다. 사실 비해석적 치료에서도 지지적인 정신치료 관계가 대인관계적 행동을 상당히 변화시킬 수 있다는 많은 증거가 있다.[38]

이러한 질문들은 대답하기보다 질문하는 것이 훨씬 쉽다. 여기서 우리는 몇 가지 예비적인 논점을 제시하고자 한다. 즉, 치료자의 해석적 과업과 기술에 대한 몇 가지 자료를 검토한 후, 6장에서 이와 관련된 논문들을 제시할 것이다.

호기심과 환경을 탐구하려는 경향성 이면에 있는 동기를 검토해 보면, 변화의 과정을 조금 밝힐 수 있다. 이러한 동기는 효능effectance(숙달과 힘에 대한 욕구), 안전safety(설명할 수 없는 것을 이해를 통해 해가 없는 것으로 만들고자 하는 욕구), 그리고 순수한 인식pure cognizance(지식과 탐구 자체에 대한 욕구)을 포함한다.[39] 자기 집에서 들리는 알 수 없고 겁나는 소음을 알아내려고 걱정하는 집주인이나, 처음으로 망원경을 통해 곤충의 날개 조직을 보고 이해하는 기쁨을 경험하는 어린 학생, 중세의 연금술사나 지도에 실리지 않는 금지된 지역을 탐사하려는 신대륙 탐험가는 모두 저마다 안전, 자신의 예민함과 만족감에 대한 느낌, 지식이나 자기 효능의 모습으로 가장된 숙달 등의 보상을 받는다.[40]

이러한 동기 가운데 변화 과정과 가장 관련이 적은 것은 순수한 인식이다. 그러나 안전과 숙달에 대한 욕구는 정신치료에서 중요하고 분명한 역할을 한다. 물론 White가 탁월하게 논의한 것처럼 그것들은 서로 밀접하게 뒤얽혀 있다.[41] 설명되지 않는 것, 특히 설명되지 않은 무서운 것은 오래 견딜 수 없다.

통제를 위한 주요한 한 가지 방법은 언어를 사용하는 것이다. 혼란스럽고 흐트러진 힘에 이름을 부여하는 것은 우리에게 숙달이나 통제의 느낌을 가져다준다. 정신치료 상황에서 정보는 모호함을 제거함으로써 불안을 감소시킨다. 이러한 관찰을 실증하는 상당한 연구 증거가 있다.[42] 무언가를 가리킬 수만 있다면, 이를 길들이는 것 또한 가능하다. 뇌의 감정적이고 변연적인 부분을 달래며, 사고를 담당하는 전두엽 피질 부분을 통해 건설적인 행동을 계획할 수 있다.[43]

반대 상황 또한 사실이다. 즉, 불안감은 지각의 정확성을 왜곡함으로써 모호함을 가중시킨다. 불안한 피험자들은 시각적 지각의 혼란된 조직을 보여 주었다. 그들은 순간기억장치에 나타난 시각적인 단서들을 지각하고 조직하는 데 둔감했다. 또한 이들은 통제된 실험 장치에서 불완전한 그림을 인지하고 완성하는 데 두드러지게 느렸다.[44] 세상을 인지적으로 정리하지 못하면, 심한 경우에는 지각 장치를 방해하는 불안을 겪게 된다. 따라서 불안은 불안감을 낳는데, 이는 매우 스트레스를 받고 감정적으로 과민한 환자를 위한 심리치료의 두 단계 과정으로 대응한다. 첫째, 관계적 경험은 감정적 각성을 치료 가능한 수준으로 감소시키기 위한 진정과 억제 작용을 하며, 이때 치료자는 환자의 강렬한 경험을 이해하도록 도울 수 있다.[45]

정신치료를 받으면서 환자들은 자신의 혼란스러운 내적 세계, 고통, 어려운 대인관계 등이 모두 설명되고, 그럼으로써 그것들을 다스릴 수 있다는 믿음에 의해 상당히 안심하게 된다. 이러한 주장은 추측하건대 우리에게 무엇이 최선인지 안다면, 우리는 자신에게 최고의 이익이 되게끔 행동하리라는 것이다.

치료자들 또한 고통스럽고 혼란스러운 문제에 접했을 때 질서정연하게 설명해 주는 일련의 원리를 믿을 수 있다면 불안이 점차 줄어든다. 흔히 치료자들은 상당한 반대 증거를 대했을 때도 특정한 체계를 완강하게 고집한다. 그러한 신념에 대한 고집이 많은 손해를 가져다줄 수 있지만, 한 가지 유용한 기능을 하기도 한다. 즉, 신념 체계는 전이와 역전이로부터 나오는 커다란 감정에 접했을 때 치료자로 하여금 평정을 유지하게 해준다.

자산에 대한 지식은 우리 자신의 모든 부분을 통합하게 하고, 모호함을 줄여 주며, 효능과 숙달감을 갖게 해 주고, 아울러 우리 자신에 대해 최고의 이익이 되게끔 행동하게 한다. 설명적인 도식은 일반화와 치료 상황에서 배운 것을 외부 세계라는 새로운 상황으로 전환시키는 것 또한 가능하게 한다(2장에서 논의한 Peter Fonagy의 인식론적 신뢰의 개념과 유사하다). 심리치료는 세계가 어떻게 작동하는지에 관한 지식을 치료 관계에서 세계로 전체적으로 전달해 적응적 순회를 촉진하는 환자의 능력을 기른다.[46]

큰 쟁점은 우리가 과정이나 목적, 또는 설명의 효과에 관해 논할 때가 아니라 설명의 내용을 논할 때 일어난다. 6장에서 설명하겠지만, 우리는 이러한 논쟁이 무의미하다고 생각한다. 자기이해보다는 우리의 최종 목표인 변화에 초점을 둘 때 변화에 이른다면 설명이 정확하다고 결론 내리지 않을 수 없다. 치료자의 명료화나 설명적이고 해석적인 행위는 궁극적으로 변화에 대한 환자의 의지를 강화하게끔 설계되어 있다.

모방행동(동일시)

집단치료 환자들은 12개의 치료적 요인 중 가장 도움이 적은 것 중의 하나로 모방행동을 손꼽았다. 그러나 우리는 보고를 통해 이 범주의 5개 항목이 고객의 치료 기능 식별이나 경험을 환기시키는 방법으로 이 치료 기능을 설명하는 데 실패한 듯 보인다는 것을 알게 되었다. 이 5개 항목은 환자들에게 분명히 제한적인 가치를 지니는 단순 모방과 상당한 가치를 지니고 있을지도 모르는 일반적 행동 양식의 습득을 구별하는 데 실패했다. 환자들에게 의식적인 모방은 많은 집단환자의 기본적 불안인 복종과 개성의 포기를 암시하는 까닭에 치료적 기능으로서는 특히 인기가 없는 개념이다.

반면에 환자들은 다양한 개인적인 상황에 걸쳐 사용할 수 있는 일반적 전략을 다른 사람들로부터 습득할 수도 있다. 질병환자들과 12단계 집단의 집단원들은 그들이 가지고 있는 같은 문제에 다른 집단원들이 어떻게 효과적으로 대처하는지 지켜보는 것으로도 종종 도움을 얻는다.[47] 이런 과정은 공공연하고 미묘한 수준 모두에서 일어난다. 환자들은 의식적이거나 또는 무의식적으로 다른 집단원이나 치료자가 똑같은 상황에 처했을 때 무엇을 생각하고 또는 어떻게 행동할지를 고려함으로써 문제에 접근하기 시작한다(Meena가 Samantha의 도전에 용기를 얻었던 예시를 생각해 보자). 만일 치료자가 참을성 있고 융통성 있다면, 환자는 이런 성향을 받아들일 것이다. 만일 치료자가 자기개방을 하고도 불안해하거나 방어적으로 되지 않고 자신의 단점을 수용한다면, 환자는 자신의 단점을 받아들이는 법을 더 쉽게 배우게 될 것이다.[48] 실망과 불완전함을 인정하는 집단지도자의 능력과 용기는 환자의 불완전성과 실망에 대한 부끄러움을 줄여 준다.[49]

초기의 모방행동은 부분적으로는 인정받으려는 시도이지만, 거기서 그치지 않는다. 심리적으로 손상이 적은 환자일수록 새로운 행동을 시험해 보며 자신의 자율성과 유연성을 유지하고, 그중 몇몇 변화가 타인에게 더 수용되는 결과를 가져온다는 것을 깨닫는다. 이런 수용은 3장에서 기술했던 방식으로 환자의 자기개념과 자아존중감에 변화를 가져오며, 이후 적응적 연속 순환이 유발된다. 한 개인이 두 사람 또는 더 많은 사람의 여러 측면을 동일시하는 것이 가능하며, 이는 결국 하나의 혼합물이 된다. 비록 다른 사람의 행동을 모방했다 할지라도 그 혼합물은 하나의 창조적인 종합이며, 고도로 혁신적인 개인적 정체감으로 나타난다.

'관찰치료'란 무엇인가? 환자들이 자기와 유사한 문제를 갖고 있는 다른 사람이 도달하는 해결책을 관찰함으로써 많은 것을 배우는 것이 가능한가? 우리는 그러한 학습이 치료 집단에서 일어난다는 것을 믿어 의심치 않는다. 모든 숙련된 집단치료자는 수개월간 집단의 모임에 정기적으로 참석한 어떤 환자가 모임에서는 지극히 비활동적이었어도 마침내 매우 향상되어서 치료를 끝냈다는 이야기 하나쯤은 가지고 있다.

나[IY]는 매우 수줍어하고, 고립되어 있으며, 대인 공포가 심해서, 성인이 되어서는 남과 함께 식사해 본 적 없는 Rod를 기억한다. Rod를 상당히 빠르게 진행되는 집단에 소개했을 때, 나는 그가 따라가는 데 힘겨워하지 않을까 무척 걱정했다. 그리고 어떤 면에서는 실제로 그랬다. 여러 달 동안 Rod는 집단원들이 서로 격렬히 상호작용을 하는 동안 놀라워하며 조용히 앉아서 듣기만 했다. 이것이 Rod에게는 학습 기간이었다. 강한 상호작용이 가능하다는 것을 단순히 보기만 했지만, 그것만으로도 그의 삶이 점점 풍요로워졌다. 그러고는 상황이 바뀌었다! 집단은 그에게 집단에 참석하며 더 반응을 보일 것을 요구했고, 더 개인적인 얘기를 하도록 압력을 넣었다. Rod는 불편함을 느꼈고, 내가 격려해 주자 결국 집단을 떠나기로 했다. Rod는 나와 같은 대학에서 일하기 때문에 나는 이후에도 종종 길에서 그를 만났는데, 그는 그 집단이 자기에게 개인적인 면에서 얼마나 유용하고 중요했는지 언급했다. 집단은 Rod에게 무엇이 가능하고, 어떻게 서로 관계를 맺는지 보여 주었으며, 그가 점차 타인과 접촉하기 위해 나아갈 때 그가 믿고 기댈 수 있는 내적인 지표를 제공했다.

환자들은 자신과 비슷한 다른 사람의 실질적인 작업을 관찰하는 것뿐만 아니라, 작업 과정을 지켜봄으로써 배운다. 그런 의미에서 모방행동은 환자가 결과적으로 치료의 또 다른 측면에 좀 더 충분히 몰두하게 해 주는 일종의 과도기적인 치료적 요인이다. 이러한 사실은 다섯 가지 모방행동 항목 중 하나가 총 60개 항목 중 8번째(37번 항목, '다른 사람들이 위험을 감수하며 난처한 일을 함으로써 이득 얻는 것을 관찰한 경험이 그와 똑같은 일을 해 보게끔 도왔다')로 중요한 치료적 요인으로 평가된 사실만 보더라도 증명된다. 네덜란드에서 행해진 대규모 연구조사에서 환자들은 치료 초기에 동일시를 더 중요하게 평가한다는 점이 밝혀졌다. 연구자들에 따르면, 처음 집단에 참가한 집단원들은 동일시하기 위해 고참 집단원을 찾는다.[50] 집단 상호작용의 관찰은 집단원으로 하여금 대인관계 상호작용에 대해 관찰하는 자아를 기르도록 돕는다.[51]

가족 재정립(일차 가족 집단의 교정적 재정립)

집단환자들은 많은 치료자로부터 치료적 요인으로 높게 평가되는 가족 재정립 또는 일차 가족 집단의 교정적 재현corrective recapitulation of the primary family group을 그다지 유용하게 생각하지 않는다. 그런 점에서 오랫동안 이 분야에 관한 저서가 출판된 일이 없다는 사실은 그리 놀랍지 않다. 이 요인에 높은 가치를 두는 임상 집단은 근친상간을 당한 사람들[52]의 집단과 성폭력 가해자들[53]을 위한 집단처럼 매우 특정한 집단이다. 이런 집단원들에게는 그들을 보호하거나 돌봐 주지 않았던 어린 시절 가족의 실패가 강력한 쟁점으로 중대하게 떠오른다.

가족 재정립은 정화나 보편성과 같은 뚜렷한 요인과는 다른 의식 수준에서 작용하기 때문에, 이 요인이 환자들로부터는 그렇게 자주 인용되지 않는다는 사실에 놀랄 필요는 없다. 가족 재정립은 집단이 경험하는 것과는 다르게 한층 더 일반적 영역의 일부가 되어 가고 있다. 각 집단원의 초기 가족은 집단치료실에 출몰하는 어디에나 존재하는 유령이라는 것을 부정할 치료자는 거의 없을 것이다. 평생의 가족에 대한 기억을 가지고 있는 그 유령은 의심할 여지 없이 환자들이 어떻게 대인관계를 왜곡하는지, 집단에서 어떤 역할을 하는지, 그리고 집단지도자를 어떻게 보는지에 영향을 미칠 것이다.

치료 집단이 일차 가족primary family을 재현한다는 나의 생각에는 한 치의 의심도 없다. 즉, 집단은 환자를 수십 년 전으로 되돌려서 마음속에 깊이 새겨진 과거의 기억이나 감정을 불러일으키게 하는 타임머신 역할을 한다. 사실 이 현상은 치료 집단이 가지는 영향력의 주요 원천이다. 내[IY]가 안식년 휴가를 떠나기 전에 있었던 집단과의 마지막 모임에서 한 환자가 다음과 같은 꿈을 들려주었다. “우리 아버지가 먼 여행을 떠나게 되었어요. 나는 여러 사람과 함께 있었죠. 아버지는 우리에게 30피트짜리 배 한 척을 남기셨는데, 내가 조종하게 하지 않고 배의 키를 내 친구 중 한 녀석에게 맡겼어요. 나는 그것 때문에 화가 났어요.” 지금은 이 꿈을 충분히 논의할 때가 아니다. 그 꿈 이야기는 그 환자가 어렸을 적에 아버지가 가정을 버린 후 형으로부터 학대받았다는 내용이라고만 말해 두자. 환자는 자기가 아버지를 생각한 것이 수년 동안 처음이라고 말했다. 집단에서 일어나는 모든 사건(치료자가 떠나는 것, 그 자리에 새로운 치료자가 오는 것, 남성 환자가 여성 공동 치료자에게 매력을 느끼는 것, 집단에서 지배적인 역할을 하는 다른 집단원에 대한 적대감 등)이 오랫동안 잠자고 있던 기억을 되살리는 역할을 한다. 환자는 집단에서 초기 가족 관계의 대부분을 재현한다. 그리고 치료가 성공적이면 환자는 새로운 행동을 실험할 수 있고, 자신이 오랫동안 묶여 있던 가족 내 자기 역할로부터 해방될 수도 있다. 이러한 주제는 집단 또는 지도자의 관심 또는 도움에 관해 형제간 전이 또는 경쟁 관계가 전개될 때 특히 두드러진다.[54]

우리는 그러한 것이 치료 과정에서 중요한 현상이라고는 믿지만, 집단이 과연 이러한 현상에 명백하게 초점을 맞추어야 하는지를 묻는 것은 전혀 다른 문제다. 우리는 그렇게 생각하지 않는다. 그와 같은 과정은 집단원의 내면에서 침묵하며 각자 해야 할 과제라고 생각한다. 과거에 대한 우리의 시각에 중요한 변화가 발생한 것은 현재 작용하고 있는 생명력 때문이다. 즉, 과거의 정신을 직접 불러내거나 탐색한다고 해서 변화가 일어나는 것은 아니다. 6장에서 논의하겠지만, 상호작용에서 과거와 현재 사이를 오가는 동안에도 집단이 역사적인 초점을 유지하지 않는 많은 중요한 이유가 있다.

만성 우울증 환자인 Gordon은 최근 통증이 매우 심했는데, 수술이 필요한 탈장이 원인이었음을 최근 알게 되었다고 집단원들에게 털어놓았다. 그의 표현을 빌리자면 집단 앞에서 '바지를 내려서라도' 다가오는 수술에 대한 두려움을 알리고, 그들의 응원과 지지를 받길 원했다.

모임의 후반부에서 나[ML]는 다른 집단원이 성적 만남에 관해 한 가지 중요한 사실을 자기개방한 것에 답하면서 Gordon의 '바지를 내리는' 것이 다른 사람들로 하여금 집단에서 더 많은 용기를 내도록 격려했다고 언급했다.

다음 모임에서 Gordon이 말했다. "당신이 '바지를 내리는' 것에 대해 농담한 것이 제게는 큰 상처였어요." Gordon은 내가 집단 앞에서 자기를 놀리고 굴욕감을 주었다고 느꼈다. 이는 해당 모임에서 실제 그 순간에 경험한 감정을 의식한 것이라기보다는 지금까지의 모임에서 쌓여 온 것이었다.

나는 "미안해요"라고 말했다. "저는 당신의 공개성에 지지를 보내고자 한 것이었는데, 의도치 않게 상처를 주고 말았군요. 이것이 무엇을 뜻하는지 같이 알아볼 수 있을까요?"

Gordon은 나의 사과를 기꺼이 받아들이긴 했지만, 이를 탐구하는 일은 할 수 없을 것처럼 보였다. 그러나 굴욕감을 느낀다는 그의 언급은 또 다른 집단원인 Sally가 Gordon이 이전 모임에서 나누었던 이야기를 기억해 내게끔 했다. Sally는 "친척과의 저녁 식사 자리에서 아버지가 당신에게 모욕감을 주면서 웃었던 일을 이야기했던 게 기억나요. 또 아버지가 당신이 답할 수 있을 리 없는 산수 문제를 내고 온 가족 앞에서 당신에게 창피함을 주었던 일도 기억하고요."

나는 Gordon에게 접점이 있냐고 물었고, 그는 꽤 들떠 보였다. "정확히 보셨어요. 저는 당신이 온 집단 앞에서 창피를 준다고 생각했어요. 마치 가족 식사 때처럼요."

"Gordon, 저를 믿어야 해요. 저는 절대 그런 의도는 없었습니다."

"저는 선생님을 믿습니다. 감사해요. 저희 아버지는 한 번도 사과한 적이 없거든요."

실존적 요인

실존적 요인은 대부분 추가적인 범주다. 동료들과 내[IY]가 처음에 한 작업은 11가지 중요한 요인으로 이루어진 Q-sort 분류였다. 그것은 참신하고 정확해 보였지만, 무언가가 빠져 있었다. 환자와 치료자가 표현하는 중요한 감정이 제시되지 못했기 때문에, 우리는 다음의 다섯 가지 항목으로 구성되는 요인 하나를 추가했다.

1. 인생이 때로는 부당하고 공정치 않다는 것을 안다.
2. 궁극적으로 인생의 고통과 죽음은 피할 길이 없음을 인식한다.
3. 내가 아무리 다른 사람과 가깝게 지내더라도, 여전히 홀로 인생과 마주쳐야 한다는 것을 인식한다.
4. 나의 삶과 죽음에 대한 기본적인 문제를 직면하고, 이를 통해 좀 더 솔직하게 나의 삶을 영위하고 사소한 일에 덜 얽매이게 된다.
5. 다른 사람에게 아무리 많은 지도와 지지를 받더라도 인생을 살아가는 방식에 대한 궁극적인 책임은 나에게 있다는 점을 알게 된다.

이 목록에 있는 항목에는 책임감, 기본적인 고립감, 불확실성, 실존의 급작스러운 변화, 인간의 유한성에 대한 인식과 삶을 영위하는 데 따르는 결과 등 몇 가지 쟁점이 있다. 이러한 범주에 무슨 이름을 붙일 것인가? 나는 주저하다가 결국은 실존적 요인이라고 정했는데, 이런 모든 요인이 인간 조건에 직면하게 하는 실존에 관계된다는 의미다. 죽을 수밖에 없는 운명, 우리 삶을 스스로 계획할 자유와 그에 대한 책임, 존재 속에 홀로 내던져진 고립감, 그리고 본래 의미가 없는 우주 속에서 태어난 불행에도 불구하고 삶의 의미를 찾아가는 것 등. 이러한 인간 조건에 대한 직면은 엄정한 실존적 삶의 현실을 우리에게 알려 준다. 이 네 가지 냉혹한 삶의 요소는 이후 나[IY]의 저서 『실존적 정신치료Existential Psychotherapy』의 기틀이 되었다. 실존적 항목은 환자들에게 민감한 반응을 불러일으켰으며, 상당수 환자가 이 다섯 가지 항목 중 일부가 결정적으로 중요했다고 말했다. 사실 전체적인 하나의 범주로서 실존적 요인은 변화의 양식으로 상당한 평가를 받았던 보편성, 이타주의, 가족의 재정립, 지도, 동일시, 희망 심어 주기 등을 제치고 환자들에게 상당히 높은 평가를 받았다. 60번째 항목인 '다른 사람에게 아무리 많은 지도와 지지를 받더라도 인생을 살아가는 방식에 대한 궁극적인 책임은 나에게 있다는 점을 알게 된다'는 환자들에게 상당히 높은 평가를 받았고, 60개 항목 중 5번째에 올라 있다.

이와 유사한 연구 결과들이 다른 연구자들에 의해서도 보고된다. 실존적 범주를 포함하는 모든 연구에서 환자들이 실존적 범주를 최소 상위 50% 이내로 순위를 매겼다고 보고했다. 예를 들어 감옥 내 집단, 낮 병원 집단, 정신병원 집단, 알코올 중독 치료 집단 등을 다룬 연구에 따르면, 실존적 범주가 3대 치료적 요인 가운데 하나인 것으로 나타났다.[55] 또한 실존적 요인은 심각한 질병을 앓는 환자와 환자 보호자 집단을 위한 많은 집단치료 개입에서 중요한 요인이다.[56] 나이 든 여성의 집단에서는 실존적 요인이 1위였고, 알코올 치료 집단에 있는 66명의 환자도 마찬가지였다.[57] 이렇게 서로 다른 임상 집단을 하나로 묶어 주는 것은 시간, 기력 또는 건강의 한계처럼 삶에서 바꿀 수 없는 한계를 집단원들이 깨닫는 것이다. 실존적 요인을 치료 요인으로 개념화하지 않는 치료자들이 이끄는 집단에서조차도 집단원들은 실존적 요인을 높게 평가했다.[58]

우리가 얻은 자료에 귀를 기울이는 것은 중요하다. 즉, 치료에서 실존적 요인은 일반적으로 받는 관심보다 더 많이 고려할 만하다. 경험 많은 집단치료자들을 대상으로 한 조사 결과 관계와 개인적 선택에 대한 강조를 지속적으로 지지한다.[59] 실존적 집단치료법은 치명적인 질병이 강력한 실존적 힘이 되는 환자 및 암 환자의 심리적 치료에서 훨씬 더 두드러지며, 일반적인 치료 집단보다 더 효과적이다.[60]

심지어 명목상으로 다른 접근을 추종하는 치료자들조차 인간이 처한 상황에 대한 자신의 기본적 관점과 기법을 깊이 있게 바라보고 스스로 실존주의적 입장이라는 사실을 깨닫고는 매우 놀란다.[61] 만약 여러분이 우리가 부분의 합 이상이라고 느낀다면, 우리를 인간으로 만드는 일부 중심적 특징인 목적, 책임감, 지각력, 의지, 가치, 용기, 영혼이 치료적 초점의 일부가 되어야 한다고 생각한다면 이미 실존주의적인 감수성을 가지고 있는 것이다.

나[IY]는 이번 장의 요지를 빠뜨리고 다른 내용으로 넘어가지 않도록 주의할 필요가 있다. 지금은 치료에서 실존적인 준거 체제를 심도 있게 논의할 계제가 아니다. 이 방면에 관심 있는 독자들에게는 나의 저서 『실존적 정신치료Existential Psychotherapy』를 추천한다.[62]

죽음, 자유, 소외, 생의 목적 등에 대한 자각을 강조하는 실존 치료적 접근은 최근까지도 미국보다는 유럽의 치료계에서 훨씬 잘 수용되고 있다. 유럽의 철학적 전통, 지형적이고 민족적인 한계, 제한, 전쟁, 죽음, 불확실한 존재 등에 대한 친숙함 등 모든 것이 실존적 영향의 확산을 용이하게 했다. 이에 반해 팽창주의, 낙관주의, 무한한 지평, 실용주의 등을 표방하는 미국적 시대사조는 기계론적인 Freud의 형이상학이나 초이성적인 경험적 행동주의에 의해 제시된 과학적 실증주의를 채택했다(이 얼마나 동상이몽격으로 어울리지 않는 이론인가!). Morris Nitsun은 전쟁, 질병, 민족성의 역사에 영향을 받은 유럽과 미국 문화가 어떻게 각 대륙에서 집단치료의 지배적인 모델을 형성했는지 기술했다. 우리의 심리치료 모델은 필연적으로 그것들이 내재된 사회에 의해 영향을 받는다.[63]

우리의 개념적 모델은 지속적으로 발전한다. 지난 60여 년간 미국의 정신치료 분야에 중요한 발전이 이루어져 왔다. 그것은 Freud의 정신분석학과 Watson의 행동주의에 이어 미국 심리학계에서 제3의 세력으로 알려진 심리학의 출현이다. 이 세력은 종종 '실존적' 혹은 '인본주의적' 심리학으로 일컬어져 왔으며, 현대의 치료 임상에 끼친 영향이 막대하다. 이러한 발전은 이전 모델의 한계를 인식하고 영적, 다문화주의 및 사회정의 차원을 포함하게끔 사고를 확장함에 따라 지속된다.[64]

우리는 유럽식의 실존적 전통을 도입하기만 한 것은 아니다. 유럽의 실존주의 전통을 미국화했다. 인본주의 심리학의 문법이 유럽식이라 할 수 있으나, 말투는 분명히 신대륙의 것이다. 유럽인은 실존의 비극적 차원, 한계, 불확실성과 무無에 대한 불안을 직면하고 받아들이는 데 초점을 둔다. 이에 반해 인본주의 심리학자들은 한계와 불확실성보다는 인간의 잠재력을, 수용보다는 자각을, 불안보다는 절정 경험과 방대한 통합성을, 삶의 의미보다는 자신을 깨닫는 것을, 분리와 근본적인 고립보다는 나와 너의 만남을 더 중요시한다.

물론, 기본적 원리가 수많은 가정을 지니고, 각각의 가정이 지니는 어투가 체계적으로 특정한 방향으로 변할 때 본래의 원리로부터 분리될 수 있는 상당한 위험이 도사리고 있다. 어느 정도까지는 이러한 변화가 발생했다. 몇몇 인본주의 심리학자는 그들의 실존적 뿌리를 버리고 개인적 변화가 보장되는 빠른 기법들과 연결시켜 자아실현이라는 커다란 목표를 신봉한다. 이것은 가장 불행한 발전이다. 치료에서 실존적 접근 방식은 일련의 기법적인 절차라기보다는 기본적으로 인간에 대한 태도, 즉 인간의 조건 안에 내재해 있는 삶의 현실에 대한 감수성이라는 것을 명심하는 것이 중요하다.

실존 치료는 실존적 관심에 뿌리를 두고 있는 역동적 접근이다. '역동적' 접근이란 심층적 성격 구조가 상호갈등 속에 있는 힘을 포함하고 있고, 이러한 힘들이 자각의 각기 다른 차원에 존재한다고 가정하는 치료법이다. 물론 어떤 것은 의식적으로 자각할 수 있는 외부에 존재한다. 하지만 내적 투쟁의 내용은 어떻게 할 것인가?

그 내용에 대한 실존적 관점은 다른 역동적 체계 이론의 설명과는 상당히 다르다. 예를 들어, 전통적 분석 접근은 개인의 (기본적으로 성적이고 공격적인) 기본 추동推動, drives과 그러한 추동의 만족을 좌절시키는 환경 사이의 갈등을 다룬다. 또 다른 대안으로 자아심리학적 접근은 흔들리고 실망스러운 자기대상 관계의 맥락에서 생명력 있고 가치 있는 안정적 자아self를 지키려는 개인의 노력을 다루는 반면, 현대의 분석적 접근은 감정적 관여에 대한 전이 및 저항을 다룬다.

실존적인 접근에서는 인간의 엄청난 갈등이 궁극적으로 실존적인 불가피한 걱정들, 즉 죽음, 고립, 자유, 무의미 등과 함께한다는 점을 가정한다. 불안은 이러한 영역 각각의 기본적 갈등으로부터 발생한다. (1) 우리는 영구적으로 존재하기를 바라지만, 죽음이란 피할 수 없는 것임을 알고 있다. (2) 우리는 이미 짜여 있는 체계를 갈망하지만, 우리가 자신의 삶을 계획하고 작성하는 작가이며, 우리의 신념과 신경계 조직이 현실의 형태를 해석하고 구성하는 원인이라는 진실에 직면해야만 한다. 곧 우리 존재 바닥에는 무無, Nichts, 근원 없음, 혼돈이 있다. (3) 우리는 접촉과 보호, 더 큰 전체의 부분이 되기를 바라면서도 자신과 타인 간에 넘나들 수 없는 간격이 있음을 경험한다. (4) 우리는 아무 의미도 없는 세계에 내던져진 의미를 추구하는 피조물이다.

환자에게 의미 있게 다가온 Q-sort 항목은 실존에 관한 몇몇 고통스러운 진실을 반영한다. 환자들은 자신이 다른 사람으로부터 받을 수 있는 지도와 지지에 한계가 있다는 것을, 그리고 자신의 삶을 영위하는 데 대한 궁극적 책임은 자신에게 있다는 점을 깨달았다. 또한 이들은 누군가가 자기와 절친한 사이라고 할지라도, 그와는 함께할 수 없는 어떤 지점이 있음을 배웠다. 즉, 존재는 근본적으로 외롭다는 것을 직면해야 하는 것이다. 많은 환자가 자신의 한계와 죽음을 솔직하고 용기 있게 직면하고 견딜 수 있게 되었다. 어느 정도 진지하게 죽음이라는 문제에 직면하게 되면 일상의 사소한 관심거리를 다른 관점에서 보게 된다. 그러면 사람들은 인생에서 하찮은 일들을 사소하게 여기게 된다.

삶의 사건으로 인해 이를 직면해야 할 때까지, 우리는 종종 이 같은 실존적인 기정사실을 무시한다. 질병, 사별 그리고 외상 경험을 할 때 처음에는 이를 부인하지만, 삶을 변화시키는 이러한 사건들은 궁극적으로 자기 자신과 대인관계 그리고 삶을 대하는 태도 전반에서 건설적인 변화를 촉진하는 치료적 기회를 만들어 냄으로써 극복된다. 개인이 트라우마 경험을 처리할 수 있도록 도왔을 때, 트라우마 후 성장이 주기적으로 발생한다.[65]

한 연구 결과에 따르면, 10회기의 통합적 집단치료 후에 초기 유방암 여성들이 집단치료에 참여하지 않은 경우보다 낙천적으로 되었고, 우울과 불안이 감소되는 것을 경험했을 뿐 아니라, 암이 삶을 재정렬하는 계기가 되어 그들의 삶에 긍정적으로 기여했다고 결론지었다.[66] 게다가 스트레스 호르몬 수치도 감소했다.[67] 암이 진행되고 있는 환자를 위한 다른 유형의 집단을 비교한 연구도 주목할 만하다. 기존에 알려진 의미 중심 집단치료법은 전통적인 지지집단보다 삶의 질과 정신적 행복감을 높였으며, 참가자들은 우울증과 절망감과 신체적 증상에서 오는 고통을 덜 느꼈다.[68]

치료가 끝날 때 자신이 호전되었다는 수단으로 Q-sort의 실존적 항목을 선택했던 환자 Sheila의 치료 과정은 이러한 점을 여러 가지로 보여 준다.

25세 만년 학생인 Sheila는 우울, 외로움, 목적 상실 그리고 기질적 원인을 찾을 수 없는 심각한 위장장애에 시달리고 있다고 호소했다. 집단이 시작되기 전에 개인적으로 만난 자리에서 Sheila는 계속 한탄했다. "뭐가 어떻게 된 건지 전혀 모르겠어요!"

나[IY]는 Sheila가 의미하는 바가 무엇인지 정확히 알 수 없었고, 그녀의 불평이 장황한 자책에 스며 있는 까닭에 Sheila가 말한 것을 곧 잊어버렸다. 그러나 집단에서도 그녀는 자신에게 무슨 일이 일어났는지 이해하지 못했다. 즉, 왜 다른 사람들이 자신에게 관심이 없는지, 왜 자신에게 신체적 질환이 생겼는지, 어째서 성적(性的)으로 피학적인 관계를 맺는지, 자신이 치료자를 왜 그렇게 이상화하는지 이해할 수 없었다.

집단에서 Sheila는 지루한 사람이었고, 무덤덤했으며, 정말로 새로울 게 없는 사람이었다. 그녀는 매번 말하기 전에 다른 사람들이 무엇을 원하고 기대하는지 실마리를 찾고자 자신을 바라보는 사람들의 무수한 표정을 유심히 살펴보았다. 그녀는 다른 사람들의 마음을 상하게 하고 그들이 자신에게서 떠나지 않게 하려고 무엇이든 할 마음이었다(물론, 결과적으로 그녀가 다른 사람을 내몰아 버렸는데, 화가 나서가 아니라 지겨워서였다). Sheila는 만성적으로 삶에 소극적이었다. 집단이 그녀의 그러한 움츠림을 저지해 보려고 수없이 접촉을 시도한 결과, Sheila가 마음 속에서 자신을 순종으로 싸매고 그 속에 숨어 있음을 알아냈다.

그러나 집단이 Sheila에게 사람들과 어울리고, 공부하고, 리포트를 쓰고, 세금을 납부하고, 옷을 사고, 복장을 단정하게 가다듬도록 압력을 가하고, 용기를 주는 것을 멈추고 그 대신 실패가 주는 이득이 무엇인지 생각하게끔 했을 때 비로소 진전이 생겼다. 실패에 그토록 매력적이며 보상이 되는 무엇이 있단 말인가? 놀랍게도 실패에 그러한 무엇이 있다는 사실이 적지 않게 입증되었다. 실패로 말미암아 그녀는 계속 어린 상태로 남아 있었으며, 보호받을 수 있었고, 결정하지 않을 수 있었다. 치료자를 이상적으로 생각한 것도 마찬가지 목적에서였다. 도움은 바로 앞에 있었다. 치료자는 해답을 알고 있었다. 치료에서 Sheila가 한 것은 좋은 양심을 가진 치료자가 자신의 고귀한 도움의 손길을 억제할 수 없을 정도까지 최대한 자신을 무력하게 만드는 것이었다.

Sheila가 부어오른 림프샘의 혹 때문에 조직검사를 받았을 무렵 중요한 사건이 일어났다. 그녀는 암을 두려워했으며, 그날 집단에 와서 두려워하며 검사 결과를 기다렸다(조직검사 결과 악성종양이 아닌 것으로 판명되었다). 그녀는 이번만큼 죽음에 대해 절박하게 느껴 본 적이 없었으며, 우리는 그녀가 끔찍한 외로움에 완전히 푹 젖도록 도왔다. 고독에는 두 가지 종류가 있다. 하나는 Sheila가 몸소 겪었던 실존적이고 원천적인 고독이며, 다른 하나는 사람들과 함께할 수 없는 사회적 고독이다.

사회적 고독은 일반적으로 용이하게 집단치료 상황에서 다루어진다. 근원적인 고독은 더 감추어져 있으며, 일상에 의해 가려져 있고 좀처럼 마주치지 않는다. 그런데 집단은 종종 그 둘을 혼동해 어떤 집단원의 근원적 고독을 섣불리 해결하거나 고쳐 주려고 한다. 그러나 근원적 고독은 Sheila가 그날 배운 것처럼 제거될 수 없을 뿐 아니라 해결될 성질의 것도 아니다. 단지 그것은 인식될 뿐이며, 결국은 존재의 일부로 포용되어야 하는 성질의 것이다.

그때부터 Sheila는 비교적 빠르게 변했다. Sheila는 자기 내부에 분산된 조각을 다시 결합했다. Sheila는 결정을 내리기 시작했으며, 삶의 주도권을 회복하기 시작했다 그녀는 "이제야 일이 어떻게 돌아가고 있는지 알 것 같아요"라고 말했다(나는 오랫동안 그녀가 해 왔던 최초의 불평을 까맣게 잊고 있었다). 무엇보다도 그녀는 고독의 공포를 피하려고 노력했다. 내가 보기에 그녀는 젊음을 유지하고, 선택과 결정을 회피하며, 자신을 위해 선택을 해 주고 항상 함께 있어 주리라는 신화를 지속함으로써 고독의 공포를 피하려 했다고 생각된다.

선택과 자유는 변함없이 고독을 시사하며, 에리히 프롬이 오래전에 『자유로부터의 도피』에서 지적했듯이 자유는 독재보다도 더 많은 공포를 가져다준다.[69]

많은 환자가 중요하다고 여긴 〈표 4.1〉의 60번 항목('다른 사람에게 아무리 많은 지도와 지지를 받더라도 인생을 살아가는 방식에 대한 궁극적인 책임은 나에게 있다는 점을 알게 된다')을 살펴보자. 어떤 의미에서 이것은 집단치료에서 두 가지로 해석될 수 있다. 집단원들은 다른 사람들과 더 잘 관계를 맺고, 어떻게 친밀한 관계를 발전시키며, 어떻게 도움을 주고받을 수 있는지에 관해 많은 것을 배운다. 동시에 친숙함의 한계를 발견한다. 즉, 다른 사람으로부터 결코 얻을 수 없는 것이 무엇인지 배우기도 한다. 그것은 절망과 강인함으로 유도하는 냉정한 교훈이다. 사람이 태양을 오랫동안 응시할 수 없듯이 Sheila는 많은 경우 자신의 두려움을 외면했고 회피했다. 그러나 항상 자신의 두려움으로 되돌아올 수 있었으며, 치료가 끝날 무렵에는 자신의 내부에서 중대한 변화를 맞이했다.

실존 치료에서 한 가지 중요한 개념은 인간은 실존에 대한 궁극적 관심을 다음의 가능한 두 가지 양상 중 하나와 관련 지을 수 있으리라는 점이다. 하나는 개인이 삶에서 자신의 상황을 억압하거나 무시하고, 마르틴 하이데거가 명명한 존재의 망각forgetfulness of being 상태로 살아가는 것이다.[70] 이러한 일상의 존재 형식은 일상 속 오락의 세계에서 사는 것이다. 일상적인 잡담에 몰두하고, 정신을 마비시키고, '그들' 속에 파묻힌다. 사람들은 사물이 존재하는 방식에만 관심을 둔다. 다른 한 가지 양상은 사물이 존재하는 방식이 아니라 사물 자체를 놓고 경탄하는 존재의 각성mindfulness of being 상태에 존재하는 것이다. 이러한 상태에서 우리는 존재를 자각하고, 진정한 삶을 영위하며, 자신의 가능성과 한계를 포용하고, 인생에 대한 책임감을 자각하게 된다("'책임감이 있다는 것'과 경쟁하지 않는 주인이 되는 것"이라는 사르트르의 책임감에 대한 정의가 매우 적절하다).[71]

진정한 존재의 각성 상태에서 자기창조를 자각하는 것은 인간에게 변화할 힘이 있으며 자신의 행동이 결실을 볼 것이라는 희망을 제공한다. 그러므로 치료자는 한 사람을 존재의 일상적 양식에서 존재의 진정한 양식으로 이동하게 하는 요인에 대해 각별한 관심을 기울여야 한다. 단지 꾹 참음으로써 그런 변화를 일으킬 수는 없다. 그러나 사람을 존재의 각성 상태로 효과적으로 넘어가게 하는 일종의 (철학적 문헌에서 종종 '한계 경험boundary experience'으로 불리는) 충격적인 경험이 있다.[72]

어떤 집단지도자들은 실존적 충격 치료existential shock therapy를 사용해 극단적인 경험을 하도록 시도했다. 그들은 기술상의 다양한 방법을 동원해 환자를 존재의 심연에까지 이끌어 가고자 했다. 예를 들어, 환자 개개인에게 자신의 비석에 쓸 묘비명을 작성하게 함으로써 개인 성장 집단을 시작하는 지도자들을 보았다. Sheila가 악성 림프샘 종양일지 모르는 상황에 부딪힌 것과 같은 극단적인 경험은 한계 경험에 대한 좋은 일례이며, 그 경험은 그녀를 빨리 현실로 돌아오게끔 하고, 적절한 관점에서 관심의 우선순위를 정하도록 도운 사건의 예가 된다. 그러나 극적인 경험은 치료 집단의 과정 중에는 아주 드물게 일어나며, 숙련된 지도자는 이러한 요인을 유발하는 다른 방법들을 찾는다. 요즘에는 단기 치료가 강조되면서 훌륭한 기회들이 제공된다. 집단(또는 개인치료)이 끝나는 것을 그려 보는 것은 환자들로 하여금 죽음을 포함하는 다른 종결에 대해 생각해 볼 것을 강요하고, 어떻게 하면 남은 시간에 대해 질과 만족도를 향상시킬 수 있을지 다시 한번 생각해 보게 한다. 환자가 더 근본적인 질문을 던지기 시작하면, 실존적인 것과 대인관계적인 것은 바로 이 영역에서 교차한다. 그 질문은 다음과 같다. 사람들과 관계나 내 행동에서 나는 어떤 선택을 할 것인가? 나는 다른 사람들에게 어떤 사람으로 경험되기를 바라는가? 나는 이 관계에 온전히 임하고 있는가? 단지 불안을 줄이기 위해 이 관계를 그럭저럭 유지하고 있는 것인가? 이 사람이 나에게 필요로 하는 것에 관심을 두고 있는가? 나를 옥죄는 이기심 때문에 동기부여가 되고 있는가?

모든 만남은 중요하며 광범위한 영향을 미친다. 나[ML]는 미국 집단심리치료협회의 지역 연합에서 집단 심리치료에 관해 논의할 때 이 원칙의 강력한 예증을 경험했다. 첫 이틀간의 방문 후 12년 만에 그곳으로 돌아왔고, 12년 전에 했던 것처럼 강의와 함께 시범 집단을 진행했다. 이 집단은 나머지 참석자들이 관찰한 세 세션에 참여한 자원자로 구성되었다. 물론 이들은 심리치료 집단이 아니지만 매우 개인적인 내용을 다루었다.

> 지난 세 차례의 세션 동안 나는 시간 제약과 시간을 잘 활용하고 매 순간을 의미 있게 만들며 말하지 않은 것에 대한 후회를 줄이는 것이 중요하다는 점을 강조했다. 50대 심리치료사인 Susan은 시간을 달라고 한 다음 나와 방에 있는 모든 사람에게 이야기했다. "저는 여러분과 함께 이 시범 집단에 참가할 기회를 12년 동안 기다렸습니다. 선생님이 마지막으로 여기 왔을 때 저의 목숨을 구해 주셨다는 걸 말하고 싶어요. 전이성 유방암을 앓고 있는 여성들을 위한 집단치료에 대한 발표와 일을 미루지 말자는 이야기는 지금껏 피해 왔던 유방조영술을 받을 수 있게 해 주었어

요. 왜냐하면 그런 식으로 만져지고 찔리는 것이 두려웠거든요. 저는 그 세션 직후에 병원 예약을 했는데, 제가 공격성 유방암이 있다는 것을 알고 충격을 받았어요. 하지만 당시에 효과적으로 치료를 받았고 그 이후 완치되었죠. 저는 방치하고 회피하는 제 성격이 전이성 질병이 되어 나를 죽이고 있었다고 생각해요. 저는 이런 교육을 수십 번이나 받았지만 시범 집단에 참여한 적은 없었어요. 하지만 이번에는 기회를 놓치지 않을 거예요."

나는 그녀의 이야기가 나에게 끼친 깊은 영향을 인정했다. 그녀에게 감사를 표하고, 들려준 이야기가 영원히 내 곁에 남을 것이라고 말했다. 이 이야기는 내가 전달하고 싶었던 시간을 의미 있게 사용하고 해결하지 못한 일을 방치하지 말자는 주제를 상상했던 것보다 훨씬 더 잘 강조해 주었다.

거부하고자 하는 우리의 능력은 상당하며, 극소수 집단만이 그보다 덜 위협적인 주제로 빠지지 않고 견딘다. 질병, 죽음, 종결과 상실은 집단 과정 중에 일어날 수 있는 자연스러운 사건이다. 집단원들에게 동요를 일으킬 수도 있으나, 일시적일 뿐이다.

1974년에 나는 극단적인 경험을 계속 겪는 환자로 구성된 집단을 이끌기 시작했다.[73] 이 집단원들은 모두 치명적인 질병을 앓고 있었으며, 대부분이 전이된 암이었다. 그들은 모두 자신이 앓는 병의 본질과 의미를 알고 있었다. 나는 그 집단으로부터 특히 전통적인 정신치료 요법에서 자주 경시되던 삶의 기본적인 것이지만 숨겨져 있는 문제들에 대해 많이 배웠다(지지-표현적 집단 접근의 적용과 이 집단에 대한 상세한 기술은 15장 참조).

내가 처음 이끌었던 암 환자들의 집단에 대해 곰곰이 생각해 보니, 많은 특징이 드러난다. 집단원들은 진심으로 서로를 지지했고, 다른 누군가에게 도움이 된다는 사실은 그들을 병적인 자기 몰입에서 벗어나게 해 주었으며 목적의식과 의미를 제공해 주었다. 나와 이야기를 나누었던 사람들은 거의 모두 죽음을 피할 길 없는 환자였는데, 이들은 짐이 되는 것뿐만 아니라 다른 사람에게 쓸모없는 무가치한 존재가 되는 무력한 부동不動 상태에 심각한 공포를 드러냈다. 그러면 사는 것이 의미 없는 생존으로 전락하게 되고, 개인은 이전보다 훨씬 더 내적 의미를 추구하게 된다. 이런 환자들에게 집단은 자신의 외부에서 의미를 찾을 기회를 제공한다. 다른 사람에게 도움을 주고 다른 사람을 돌봄으로써 그들은 목적의식을 발견하고 내성적인 반영introspective reflection로부터 벗어나게 된다.

자기 초월에 이르는 통로인 이러한 모든 접근 방식은 잘 되기만 하면 변화될 수 없는 것을 참아 내는 능력뿐 아니라 의미와 목적의식을 증대시킬 수 있다. 역경에 처했을 때 의미를 찾아내는 것은 변화를 가져올 수 있다.[74] 오래전에 니체는 다음과 같이 말했다. "왜 살아야 하는가에 대한 이유를 알고 있는 사람은 어떤 것이든 견딜 수 있다."[75]

자신에게 아주 깊이 빠져 있던 집단원들이 자신의 운명을 아주 개방적이고 단호한 태도로 직면하고, 그 병에 걸리기 전보다 풍요로운 실존적 양상으로 변했다는 사실이 관찰과 경험적인 연구를 통해서 입증되었다.[76] 그들의 인생관이 급진적으로 바뀌었고, 인생에 있어 사소하고 의미 없는 것을 있는 그대로 보게 되었다. 그들의 신경증적인 공포는 사라졌다. 그들은 계절의 변화나 다른 사람을 사랑하는 것, 그리고 방과 후 자녀를 보는 것 같은 평범해 보이는 일상의 즐거움 등 인생의 기본적인 양상을 충분히 음미하게 되었다. 어떤 환자들은 체념, 무력감, 구속보다는 자유와 자율성에 대한 느낌을 더 많이 경험하게 되었다.

어떤 사람들은 심지어 암이 선물이었다고 말하기도 했다. 그들에게 비극은 죽음 자체가 아니라, 심각한 질병에 위협받은 후에야 비로소 삶을 온전히 사는 방법을 배웠다는 사실이었다. 그들은 이 귀중한 교훈을 사랑하는 사람들에게 좀 더 일찍 가르쳐 줄 수 있는지, 혹은 죽음에 이르러서야만 배울 수 있는 것인지 알고 싶어 했다. 삶의 종결인 죽음에 대한 생각이 삶에 활력을 불어넣어 주는 것이 아닌가 싶다. 이때 죽음은 정신치료를 진전시키는 공동 치료자가 된다.

치료자로서 당신은 불가피한 것에 직면했을 때 무엇을 할 수 있는가? 이에 대한 답변은 존재한다to be라는 동사에 있다고 생각한다. 당신은 존재함으로써, 당신이 환자와 함께 집단에 있음으로써 무언가를 하고 있는 것이다. 존재한다는 것은 모든 형태의 치료에 숨어 있는 인자다.[77] 환자들은 자신의 치료를 돌이켜 보며 치료자인 당신이 했던 단 하나의 해석도 거의 기억하지 못하지만, 당신이 환자들과 함께 있었던 것만큼은 항시 기억한다. 이러한 집단에 참여하는 것은 치료자로서는 상당한 열정을 요하는 일이지만, 집단에 참여하지 않는 것은 위선이다. 집단의 구성은 치료자인 당신과 죽어 가는 그들로 이루어진 것이 아니라, 죽음이라는 상황에 함께 직면해 인간 공통의 조건 아래 결속된 우리로 이루어진 것이다. 나[IY]는 저서 『치료의 선물The Gift of Therapy』에서 치료적 관계에 대한 가장 정확하고 적절한 표현은 '동료 여행자'라고 제안했다.

집단은 분리apartness라는 말의 이중적 의미를 잘 보여 준다. 즉, 우리는 외롭게 떨어져 있으나 또한 전체의 한 부분이다. 내가 담당했던 환자 가운데 한 여성 환자는 자신을 어둠 속에 외롭게 떠 있는 한 척의 배로 우아하게 표현했다. 설령 배가 닿을 수 있는 정박지가 눈에 띄지 않는다 하더라도 같은 바다 위를 항해하는 또 다른 배의 불빛을 본다는 것은 정신적으로 큰 위안이 된다.

치료적 요인의 상대적 가치: 치료자와 환자의 관점 차이

집단치료에서 무엇이 도움이 되는지에 대해 환자와 치료자 간의 의견이 일치하는가? 환자와 치료자의 평가를 연구한 자료는 매우 교훈적이다. 우선, 발표된 치료자들의 치료적 요인의 범위에 관한 견해는 내가 이미 설명한 요인들과 상당히 비슷하다.[78] 하지만 실제 치료를 수행하는 방식에 공통점이 많음에도 불구하고, 각기 다른 이념을 지닌 학파의 치료자들은 저마다 치료적 요인의 경중을 달리한다.[79]

연구 결과에 따르면, 집단의 치료적 요인에 관한 치료자와 환자의 평가는 서로 다르다. 급성 입원환자 100명과 이들을 치료한 행동주의 지향의 치료자 30명에 대한 연구에 따르면, 치료적 요인에 순위를 매기는 것이 매우 달랐다. 치료자들은 환자의 모델링과 새로운 행동을 실험하는 것에 상당한 비중을 둔 반면, 집단원들은 책임감, 자기이해 그리고 보편성 등의 다른 요인을 높이 평가했다.[80] 또 다른 연구에서는 알코올 중독자들이 실존적 요인을 치료자들보다 훨씬 더 높은 순위로 평가했다.[81] 약물 남용 환자들이 책임감을 높이 평가한다는 것은 놀라운 일이 아니다. 이런 요인은 12단계 집단의 토대다.

제한된 치료 회기를 가진 인지-행동치료 집단에서 우울증 치료를 받은 15명의 에이즈 남성 환자는 치료자들과는 다른 치료적 요인을 언급했다. 집단원들은 사회적 지지, 응집성, 보편성, 이타성 그리고 실존적 요인을 선택한 반면, 치료자들은 그들의 이론적 지향에 맞게 인지적 재구성을 변화의 동인으로 간주했다.[82]

교도소 치료 집단에 대한 대규모의 조사에 따르면, 수감자들은 대인관계 학습의 중요성에 대해서는 집단지도자들과 의견이 같았다. 하지만 수감자들은 실존적 요인을 치료자들보다 훨씬 높게 평가했다.[83] 앞에서 언급했듯이 근친상간 피해자들은 가족 재정립을 높게 평가했다.[84]

치료자는 이런 차이에 민감해야 하며, 직업적 이념보다 환자 관계를 더 중시해야 한다. 이런 문제는 집단치료에만 국한되는 것이 아니다. 치료적 요인에 대한 환자-치료자

간의 불일치는 개인치료에서도 나타난다. 정신분석적 배경을 지닌 치료에 대한 대규모 연구에서는 환자들이 자신의 성공적인 치료를 관계 요인 덕으로 돌리는 반면, 치료자들은 전문적인 기법이나 기술을 우선시하는 것으로 나타났다.[85] 대부분 분석적 치료자는 무의식적 요인이 의식의 수준으로 떠오르는 것과 어린 시절의 경험과 현재 증상 사이의 순서적 연결고리를 환자들보다 훨씬 더 높게 평가한다. 하지만 환자들은 이런 일이 치료 중에 발생했다는 점이나 그것의 중요성을 부인한다. 대신에 관계에 대한 인간적 요소와 새롭고 수용적인 유형의 권위 인물을 접하는 것을 강조한다. 환자의 관점이 가장 중요하다는 것을 견지해야 한다.[86] 이러한 치료자-환자 간 차이는 동맹관계를 악화시키거나, 심할 경우 파괴시키기도 하는데, 이는 치료에 대해 환자가 가지는 가치를 치료자가 이해하고 존중하지 못할 경우에 발생한다.[87]

한 환자가 보여 준 치료의 전환점이 그 차이를 잘 드러낸다. 이 환자는 치료의 중반쯤에 급성 불안 발작을 일으켰고, 치료자에게 긴급 면담을 요구해 면담이 이루어졌다. 치료자와 환자 모두 그 사건을 결정적이라고 생각했으나 그 이유는 각기 달랐다. 치료자는 환자가 긴급 면담을 하며 억압받았던 유년 시절의 근친상간적 성 놀이sex play의 기억을 풀어 버렸고, 중요한 오이디푸스적인 자료의 훈습이 촉진되었다고 생각했다. 반면 환자는 긴급 면담의 내용은 그다지 중요하지 않았다고 생각하는 대신, 관계가 내포하는 의미를 귀중하게 여겼다. 치료자가 한밤중에 자기를 만났다는 사실은 보살핌과 관심을 나타내는 것이었다.

치료에 대한 환자와 치료자 간의 이러한 견해 차이는 내[IY]가 한 환자와 공동으로 저술한 『매일 조금씩 가까워져요Every Day Gets a Little Closer』에서도 찾아볼 수 있다.[88] 치료 기간에 그녀와 나는 각각 독립적으로 매번 모임 중 인상적인 일을 요약해 나의 비서에게 전해 주곤 했다. 몇 달 후, 우리는 상대방이 요약한 것을 읽어 보고 서로가 치료 과정에서 매우 다른 면에 가치를 두고 있음을 알았다. 그렇다면 내가 이제까지 해 온 세련된 해석들은 모두 어찌 된 셈인가? 그녀는 그런 해석을 들은 적도 없었다! 그녀가 기억하고 소중하게 생각한 것은 내가 그녀에게 관심을 보이고 그녀를 돌보고 있다는 의미를 지니는 부드럽고 미묘한 개인적인 교류였다.

과정과 결과에 대한 최근의 개관논문은 치료자의 참여와 공감에 대한 환자의 평가가 치료자가 자신의 참여와 공감을 평가한 것보다 치료의 성공 여부를 훨씬 잘 예측한다는 것을 밝혔다.[89] 이 결과는 가장 두드러진 치료적 요인에 대한 환자의 관점에 더 주의를 기울여야 할 필요가 있음을 보여 준다. 임상 작업을 연구할 때, 우리는 "환자에게 귀를 기울여라"라는 격언을 명심해야 한다.

요약: 중요한 치료적 요인에 대해 치료자와 환자의 견해는 서로 다르다. 환자들은 일관되게 관계와 치료자의 인간적 면모를 강조하는 반면, 치료자들은 치료 성과가 나타나는 것이 그들의 기법 때문이라고 생각한다. 집단치료에서 치료자와 환자 간의 불일치가 너무 클 때, 치료자가 집단원의 욕구나 역량과 맞지 않는 치료적 요인을 강조하면 치료적 여행선은 궤도를 이탈하게 된다. 그러면 환자들은 당황하고 방어적으로 반응할 것이며, 치료자는 낙담하고 화가 날 것이다. 환자의 취약성에 따뜻하고 민감하게 반응하는 치료자의 역량은 중요하며, 치료에서 변화를 일으키는 힘의 중심에 놓여 있을 것이다.

치료적 요인: 수정하는 힘

치료적 요인의 절대적 위계를 정하는 것은 불가능한 일이다. 치료적 요인을 수정하는 많은 힘이 있다. 즉, 치료적 요인은 집단치료의 유형, 치료의 단계, 집단 외부의 힘 그리고 개인차 등에 영향을 받는다. 치료자의 유연함과 반응성은 치료 요인의 활용을 극대화하는 데 있어 어떠한 가치 체계보다 더 나은 지침이 되어 준다.

상이한 집단치료에서 치료적 요인

각기 다른 집단치료 유형은 각각 다른 치유적 요인을 활용한다. 예컨대 급성 입원 병동에서의 집단치료를 생각해 보자. 입원해서 집단치료를 받는 환자들은 외래에서 집단치료를 받는 환자들이 선택한 세 가지 요인(대인관계 학습, 정화, 자기이해)을 택하지 않았다는 사실이 많은 연구에서 나타났다.[90] 대신에 입원환자들이 광범위한 치료적 요인을 택했다는 점에 주목할 필요가 있는데, 해당 요인은 입원해서 치료받는 집단의 이질적 구성과 집단치료로 인한 향상에 대한 카페테리아 이론을 반영한다. 자아 강도, 동기, 목표, 정신병리의 유형과 정도가 각각 상당히 다른 환자들이 같은 입원환자 집단에서 만나고, 그와 마찬가지로 집단 과정의 각기 다른 측면을 택하고 가치를 부여한다. 외래환자보다 훨씬 많은 수의 입원환자가 희망 심어 주기와 실존적 요인(특히 책임의 수행)이라는 치료적 요인을 선택한다. 대다수 환자의 경우 극도로 사기가 저하된 상태에서 병원에 오기 때문에, 입원환자 집단에 희망을 불러일으키는 것은 매우 중대한 일이다. 환자가 희망과 치료를 받고자 하는 동기를 갖기 전에는 어떠한 진전도 이루어지지 않는다. 흔히 그와 같은 사기 저하에 대한 가장 효과적인 대책은 최근까지 비슷한 곤경에 처해 있다가 절망에서 벗어나는 방법을 발견한 다른 환자를 보는 것이다.

입원환자들에게 실존적 요인(일반적으로 연구 도구에서 '자기 자신의 인생에 대한 궁극적 책임의 수행'으로 정의되는)은 특히 중요하다. 왜냐하면 입원한다는 것은 다른 사람의 한계를 직면하는 것이기 때문이다. 즉, 그들의 외적 자원은 고갈되었고 가족, 친구, 치료자들은 실패했으며, 밑바닥 상태에 처했고, 마지막 분석에서 그들이 오직 자신에게만 의지할 수 있음을 실감하기 때문이다(입원환자들에 대한 Q-sort 연구에서 책임의 수행 항목인 60번 항목이 60개 항목 중 1순위에 있었다).[91]

요즘은 많은 등질적인 집단이 존재한다. 이런 집단의 구성원들이 선택한 치료적 요인을 '치료적 요인과 상이한 치료 집단' 상자에 정리했다.

치료적 요인과 상이한 치료 집단

- 알코올 중독자 재활회(Alcoholics Anonymous) 같은 단체는 주로 희망 심어 주기, 정보 전달, 보편성, 이타주의, 집단 응집력을 강조한다.[92]
- 이집트에서 15차례 약물 중독 집단치료에 참여한 환자들은 정화, 응집력, 대인관계 학습과 같은 요인을 높게 평가했다. 반면 동일시의 순위가 가장 낮았다. 해당 결과는 북미에서 일반 외래환자를 대상으로 한 연구 결과와 매우 비슷했다.[93]
- 동시 중독 및 정신질환 환자를 대상으로 한 상호 입원 집단치료의 기록을 분석한 결과, 치료적 요인 평가에 대한 발전을 확인할 수 있었다. 초기에 감정의 표현에서 시작해 집단치료에 대해 학습하고, 보살핌받는 감정을 느끼고, 이후 집단 응집력과 정화로 성장했다.[94]
- 감정 및 행동 장애를 보이는 아이들을 대상으로 진행한 16차례 치료 후 분석을 진행했을 때, 가장 중요한 치료적 요인은 관계적 분위기(relationship-climate)인 것으로 나타났다. 소속감, 안정, 받아들여짐이 학습 및 문제 해결 요인보다 더 높은 순위를 차지했는데, 이는 중요한 발전적인 부분이 집단 내에서 충족되었음을 의미한다. 자기개방의 경우, 소속감이 확립된 이후에 등장했다.[95]

(계속)

- 직업 치료 집단에 참여한 사람들은 응집력, 희망 심어 주기, 대인관계 학습을 가장 가치 있게 생각했다.[96]
- 이스라엘의 심리극 집단의 구성원들은 문화나 치료 형식에 많은 차이가 있음에도 불구하고, 집단치료 외래환자들이 선정한 요인과 일관된 치료적 요인을 선정했다. 이 요인은 대인관계 학습, 정화, 집단 응집력, 자기이해였다.[97]
- 자조집단(여성의 의식을 신장하는 집단, 자식을 잃은 부모들의 집단, 미망인들의 집단, 심장 수술을 받은 환자들의 집단, 어머니들의 집단 등)의 구성원은 보통 보편성, 지도, 이타주의, 응집력 순으로 치료적 요인을 선택했다.[98]
- 뇌종양 배우자를 돌보는 사람으로 이루어진 18개월 집단의 구성원들은 보편성, 이타주의, 희망 심어 주기, 정보 제공을 선택했다.[99]
- 인지-행동치료 집단에서 성공적으로 치료받은 정신과 환자들은 보편성, 희망, 정화를 높게 평가했다. 이들의 주된 증상은 환청을 듣는 것이었는데, 이들은 환청으로 들리는 목소리에 관해 얘기할 수도 있고, 다른 집단원들에게 이해되는 느낌을 경험하는 것을 매우 가치 있는 것으로 평가했다.[100]
- 배우자를 학대하는 심리교육 집단의 구성원들은 정보 전달을 최고의 치료적 요인으로 꼽았다.[101]
- 학습장애 집단의 청소년들은 다른 사람 가운데 있는 자기 자신을 보고, 자신이 가치 있게 여겨지고, 고립감을 덜 느끼게 되는 '상호인식(mutual recognition)' 효과를 언급했다.[102]
- 한계, 죽을 수밖에 없는 운명, 시간의 흐름을 직면하는 노인 집단의 참가자들은 실존적 요인을 매우 중요하게 꼽았다.[103]

치료자가 특별한 상황이나 특별한 환자 모집단에서 새로운 치료 집단을 구성할 때는 그 집단을 위한 적절한 목표를 정하고, 특정한 집단이 목표를 달성하는 데 가장 도움이 되는 치료적 요인을 결정하는 일이 첫 번째 단계다. 이외의 치료 기법에 관한 모든 문제는 그 기본 골격에 뒤따른다.

공감과 연결성을 지닌 활기찬 치료 집단 분위기를 조성하고 유지하는 과정에서 사려 깊고 신중하게 치료적 요인을 도입하고, 이를 통해 환자의 치료적 경험을 심화시킬 수 있다.[104] '어떻게 이 치료적 기회를 최대한 활용할 수 있을까?'라는 질문을 항상 자신에게 던져야 한다. 다양한 치료적 요인이 집단치료의 여러 시점에서 각기 다른 목적으로 효과적일 수 있다는 점을 염두에 두어야 한다.

예를 들어, 시간이 제한된 공황발작에 대한 정신교육 집단은 발작의 파괴성을 최소화하고 예방하는 인지적 전략에 대해 집단지도자에게 교육받음으로써 상당한 도움이 될 수 있다(지도). 같은 문제로 고통받는 다른 사람들과 함께할 수 있다는 것(보편성)도 큰 위안이 될 수 있다. 비록 관계에서의 어려움이 실제로는 환자가 보이는 증세의 원인이 되기도 하지만, 대인관계 학습의 치료적 요인에만 과도하게 초점을 두는 것은 집단에 구체적 목표와 시간 계획이 주어졌을 경우 정당화될 수 없을 것이다.

인지행동 집단치료의 효과는 지도자가 치료적 요인을 어떻게 활용하는지에 따라 증진될 수 있다. 희망 심어 주기를 통한 사기 증진, 보편성을 통한 고립 및 낙인 제거, 집단 응집력을 통한 소속감, 지도를 통한 지식의 습득, 이타주의를 통한 자존감 향상, 그리고 사회화와 연습을 통한 기술 발전을 예시로 들 수 있다.[105]

환자들이 치료적 요인을 어떻게 경험하는지 이해하게 되면, 더 깊은 이해를 바탕으로 생산적인 집단 혁신을 이룰 수 있다. 훌륭한 예시로, 효과적인 세 가지 치료(정보 전달, 대응 기술의 학습, 대인관계의 탐구)를 순서대로 통합한 폭식증 환자를 위한 효과적인 다중모델 집단 접근이 보고된 바 있다. 12주간의 집단치료에서 처음에는 폭식증과 영양 섭취에 대해 심리교육적으로 접근한다. 그리고 인지행동 접근을 통해 신체 이미지와 섭식 행동에 대한 왜곡된 인식을 검토한다. 그런 다음 집단을 대인관계적 지향의 몇 그룹으로 나눈 후 지금-여기의 관계에서 관심사와 대인관계의 영향이 섭식 행동에 어떻게 작용하는지 검토한다.[106]

치료적 요인과 치료 단계

집중적인 상호작용 집단치료는 정화, 자기이해, 대인관계 입력과 출력을 포함하는 대인관계 학습과 집단 응집력을 통해 집단의 주요한 치료적 힘을 발휘하지만, 다른 치료적 요인도 집중적인 치료 과정에 없어서는 안 되는 중요한 역할을 한다. 치료적 요인의 상호의존성을 평가하기 위해서는 치료 과정을 종적인 차원에서 고려해야 한다.[107]

많은 환자가 치료적 요인의 순위를 매기는 데 어려움이 있다고 토로했는데, 각기 다른 치료 단계에서 유용한 요인이 다르다는 것을 알기 때문이다. 치료 초기에 매우 중요한 요인이 치료 과정의 후반에 가서는 덜 부각되기도 한다. 발달 초기에 집단이 갖는 주된 관심거리는 한계의 설정과 집단원 자격을 유지하는 것이다. 이러한 단계에서는 희망 심어 주기, 지도, 보편성 등과 같은 요인이 특히 중요하게 여겨진다.[108]

집단에서 처음 12회 모임은 잠재적 조기 탈락자 때문에 상당한 위험 부담이 있는 기간이므로, 그와 같은 결정적인 시기에 환자들이 모임에 계속 참석하도록 자주 희망을 일깨워 주어야 한다. 이타주의나 집단 응집력 같은 요인은 치료의 전 과정에 영향을 미친다. 그러나 이들 요인의 성격은 집단의 단계에 따라 변하기도 한다. 치료 초기에 이타주의는 제안하거나 서로 적절한 질문과 관심을 말하도록 돕는 형태를 취한다. 그러나 치료 후반부에 이타주의는 더 깊이 있는 배려와 함께 있음을 느끼게 하는 형식을 취한다.

집단 응집력은 처음에는 집단 지지, 수용, 참여 촉진 등의 방법으로 치료적 요인으로 작용하고, 나중에는 자아존중감과 집단존중감 사이에 이루어지는 상호관계 방법과 대인관계 학습의 역할을 통해 치료적 요인으로 작용한다. 집단 응집력이 발달된 후에야 환자는 대인관계 학습 과정에 필수적인 자기개방, 피드백, 직면, 갈등 등에 깊고 건설적으로 참여하게 된다. 응집력은 장기 집단에서 시간이 지나면서 증가하고, 치료자의 집중과 관심을 필요로 한다.[109]

치료자들은 집단 조기 탈락을 예방하기 위해 집단 및 개인 응집력의 필연적인 발달적 순서를 올바르게 인식해야만 한다. 독일의 장기 입원환자 치료에서 치료적 요인을 연구한 결과, 환자들의 호전이 초기 집성 및 소속됨의 경험과 관련 있었다. 응집성은 개인적인 자기개방이 더욱 활발하게 일어나는 토대가 되었고, 자기개방을 통해 대인관계적 피드백을 주고받으면서 행동적, 심리적 변화가 일어나게 되었다.[110] 외래환자에 대한 연구에 따르면 집단원들이 집단에 더 오래 참여할수록 응집력, 자기이해 그리고 대인관계 출력을 더 높이 평가했다.[111]

26차례 모이는 성장 집단 연구에서 보편성과 희망은 집단이 진행되는 동안 비중이 줄어든 반면, 정화의 중요성 비중은 상승했다.[112] 배우자를 학대하는 사람들에 관한 연구에 따르면, 집단 초기 단계에서는 보편성이 두드러진 요인으로 나타났지만, 시간이 지남에 따라 집단 응집성의 중요성이 커졌다.[113] 보편성에 대한 강조는 수치심과 치욕감을 느끼는 환자들의 치료에 특징적일 수 있다. 그러나 변화를 촉진하는 응집성은 개인차에 대한 수용과 존중의 토대에서 가장 잘 형성되는데, 이런 토대가 다져지려면 시간이 걸린다. 또 다른 연구에서 외래 정신치료 집단으로 가게 된 정신과 입원환자들은 외래환자가 되고 난 후 입원환자 집단이 중요한 상위요소로 보고한 요인(보편성, 희망, 수용)을 자기이

해로 바꾸었다.[114]

요약하면, 환자들이 가장 중요하게 여기는 치료적 요인은 집단의 발단 단계에 따라 다양하다. 환자들의 요구와 목표는 치료 과정 동안 변한다. 앞서 2장에서 환자들이 처음에는 증상의 완화를 바라면서 집단에 들어오지만, 이어지는 세션에서 주로 대인관계적인 새로운 목표를 형성해 가는 보편적 과정을 기술했다. 즉, 환자들은 변하고, 집단은 발달 과정을 거치며, 치료적 요인 역시 치료 과정 중에 우선순위와 영향력이 변한다. 치료자는 집단의 강건함, 안정, 소속감, 연결성, 응집력, 정화 과정, 자기 이해, 대인관계 학습을 보장한다. 그리고 통합, 내재화, 개인적 변화의 책임은 개인에게 있다는 것을 수용하며 마무리를 짓는다.

집단 밖에서의 치료적 요인

비록 주된 행동과 태도의 변화에 어느 정도 대인관계 학습이 필요한 것처럼 보이더라도, 때때로 환자들은 집단 과업에서 적절한 투자를 한 것처럼 보이지 않는데도 주요한 변화를 일으킨다. 이러한 점은 치료에 중요한 원리를 제기한다. 즉, 치료자나 집단이 모든 작업을 할 필요는 없다. 적극적인 치료의 외적인 힘은 결과 변동성의 최대 40%를 차지할 정도로 환자의 결과에 큰 역할을 한다.[115] 이러한 치료 이외의 힘에는 취업, 관계, 종교, 지역사회 및 사회적 관계가 포함된다. 그리고 환자의 삶에 다양한 기회가 발달적으로 적절한 시기에 발생하는 것 같은 행운이 작용할 때도 있다.

치료 목표로서 성격을 재구성하고자 하는 것은 주제넘다고 할 정도로 비현실적이다. 환자들은 과거에 상당한 역할을 했을지 모르는 적응적인 대응 능력을 많이 가지고 있고, 치료 중 어떤 사건으로 인한 어느 정도의 격려가 이러한 힘을 이끌어 낼지도 모른다. 우리는 앞서 적응적 연속 순환adaptive spiral이라는 용어를 사용했는데, 이는 한 환자에게 생긴 하나의 변화가 환자 자신의 대인관계 환경에 변화를 가져오고, 그에 뒤따르는 성격의 변화를 낳는 과정을 말한다. 적응적 연속 순환은 많은 환자가 빠지는 (불쾌감으로 인해 대인관계의 결속이 약화되거나 파괴되어 결과적으로 더 불쾌감을 느끼게 되는 함정과 같은) 악순환의 반대 개념이다.

환자들에게 치료받는 동안 그들의 삶에 영향을 미쳤던 치료적 영향이나 사건에 관해 질문하면 이러한 관점을 뒷받침하는 기록이 나오게 된다. 20명의 환자로 이루어진 한 표집에서 18명이 다양한 집단 외부적 요인에 관해 이야기했다. 이들이 공통으로 말하는 것은 한 사람 혹은 그 이상의 다양한 사람(이성, 부모, 배우자, 선생님, 수양 가족, 또는 새로운 친구들)과의 새롭거나 개선된 관계였다.[116] 2명은 오랫동안 미해결 상태였던 이혼 문제를 처리함으로써 도움을 받았다고 했다. 또한 많은 사람이 직장, 학교 또는 지역사회에서의 성공을 말했는데, 그러한 성공은 실제적인 성과를 쌓음으로써 자아존중감을 높이게 했다.

어쩌면 이러한 것들은 치료 집단과 함께 있어야만 성공적인 결과를 인정받을 수 있는 우연적이고 독립적인 요인일지 모른다. 어떤 측면에서 이것은 사실이다. 외부적인 사건은 치료를 증대시킨다. 그러나 잠재된 외부 사건은 사실상 오래전부터 거기 있던 것이며, 집단은 환자들이 전에는 이용하지 못했던 자원을 이용할 수 있게끔 환자들을 움직인 것이다. 그 자원들은 사실 오래전부터 그들의 환경 속에서 그들이 이용할 수 있는 것이었다. 한 연구에서 어떤 환자는 이를 '전이 요인'이라고 일컬었는데, 이는 집단 내 기술과 지식을 가정과 직장으로 이어 가는 데 도움이 되는 요인이다.[117]

25회의 제한된 회기에 참여했던 수줍음 많고 외롭고 불안정한 Bob이라는 남성을 생각해 보자. 그는 여성에게 접근할 때 느꼈던 두려움을 이야기하느라 상당한 시간을 소비했고 집단이 그를 돕느라 무척 노력했음에도 불구하고, 외적으로 보이는 Bob의 행동에는 변화가 없었다. 그러나 마지막 모임에서 Bob은 환한 미소를 띠며 집단원에게 이별의 선물을 가져왔다. 온라인 데이트 사이트에 올릴 프로필을 가져온 것이다! 집단은 그가 피드백을 받은 대로 자신을 긍정적이고 밝은 모습으로 묘사한 내용을 기꺼이 들어주었다.

파트너, 연인, 데이트 앱, 친척, 잠재적 친구, 사회단체, 학업 또는 취업 기회는 언제나 환자가 붙잡아 주기를 기다리며 외부에 존재한다. 집단은 환자가 과거에는 건드리지 않았던 이런 자원을 이용하는 데 필요한 작은 용기를 줄 뿐일 수 있다. 그리고 목표 없이 집단을 끝내는 일도 자주 있다. 나중에 공동 치료combined treatment를 다룰 때, 치료자들이 집단치료가 끝난 한참 후에도 집단에서 배운 경험을 몇 달, 심지어 몇 년 후까지도 사용한다는 것을 자주 깨닫게 된다는 점을 강조할 것이다.

우리는 이 책에서 집단원들이 습득한 기술이 어떻게 미래의 새로운 사회적 상황에 잘 적응하도록 준비시키는지에 관해 여러 차례 언급했다. 단지 감정 지능과 공감 능력 같은 외적인 기술을 얻는 것뿐 아니라 내적인 능력도 발휘된다. 정신치료는 환자 자신의 자원 개발을 저해해 온 신경증적 장애를 제거한다. 치료를 장애 제거로 보는 관점은 치료자의 부담을 덜어 줄 뿐 아니라, 풍요로우면서 결코 완전히 알 수도 없는 환자들의 능력을 존중하게 해 준다.

개인차와 치료적 요인

치료적 요인의 순위를 매기는 데는 상당한 개인차가 있는 만큼, 어떤 연구자들은 치료적 요인 선정에 영향을 미치는 개인적 성향을 결정하고자 했다. 기능 수준이 치료적 요인의 순위와 유의미한 관련이 있다는 증거가 있다. 예를 들어, 높은 기능 수준을 가진 외래환자들은 같은 집단 내에서 낮은 기능을 발휘하는 환자들보다도 대인관계 학습(대인관계 입력과 출력, 정화, 자기이해)을 높게 평가했다.[118] 낮은 기능 수준을 가진 입원환자들은 희망 심어 주기를 높게 평가한 반면, 같은 집단 내에서 높은 기능 수준의 환자들은 보편성과 대리학습과 대인관계 학습을 높게 평가했다.[119] 다른 많은 연구도 개인 간의 차이점을 입증해 준다(참만남 집단의 높은 학습자와 낮은 학습자의 차이, 지배적인 사람과 피지배적인 사람의 차이, 지나치게 책임감 있는 환자와 책임감 없는 환자의 차이, 자기를 잘 수용하는 사람과 수용하지 못하는 사람의 차이, 친화성이 높은 학생과 친화성이 낮은 학생의 차이 등).[120]

사람들 모두 똑같은 것을 필요로 하는 것이 아니듯, 집단치료에서도 모두 같은 방식으로 반응을 보이는 것은 아니다. 애착 유형은 차이의 근원이 된다. 불안정한 애착 유형의 개인은 집단에서 오는 소속감을 통해 편안함을 얻고, 이를 치료 및 더 안정적인 애착으로 발전시키는 기틀로 삼는다. 반면 회피형 애착 유형의 경우에는 침투형 및 요구형, 심지어 적대형 유형의 개인만큼 집단 응집력을 지닌다.[121] 그들은 자기 자신을 좀처럼 공개하지 않으며, 다른 집단원과 교류하지 않는다. 하지만 꾸준함과 지지가 있으면 결국 애착 안정감, 감정, 대인관계 기능에서 유의미한 성장을 보인다.[122] 안정적인 애착 유형의 환자는 응집력을 훌륭하게 활용하며, 자기개방과 피드백에 적극적이다.[123] 상담 과정에서 늘 볼 수 있듯이 관계적으로 풍요로운 사람은 더 풍요로워진다. 진짜 과제는 관계적으로 빈곤한 사람을 관계의 풍요로움을 경험하게끔 돕는 것이다.

집단치료 경험으로 이어지는 치료적 통로에는 여러 가지가 있다. 예컨대 '정화'를 생각해 볼 수 있다. 많은 경직된 개인은 강렬한 감정을 경험하고 표현함으로써 도움을 받는다. 이와는 대조적으로 충동 통제와 심각한 감정적 경향과 같은 문제를 지닌 사람들은 정화가 아닌 지적인 구조화로부터, 또 감정적 표현을 제어하는 것으로부터 도움을 얻는다. 자기도취적인 사람들은 함께 나누고 주는 것을 배울 필요가 있는 반면, 매사에 수동적이고 자신을 드러내지 않는 사람은 자신의 요구를 표현하는 법을 배우고 더 이기적인 사람이 될 필요가 있다. 어떤 환자들은 심지어 기본적인 사회 기술을 발달시킬 필요가 있다. 반면 어떤 환자들은 좀 더 미묘한 문제를 다루어야 할 필요가 있다. 예를 들면, 모든 집단원과 경쟁하려 들고, 친밀함을 포기하면서까지 본인의 지적 우위성을 내세우려고 하는 남성 환자 같은 경우다.

요약하면, 치료적 요인 간의 상대적인 효능을 비교하는 것은 복잡한 문제다. 서로 다른 형태의 치료 집단, 같은 집단에서도 다른 발달 단계, 그리고 같은 집단에서도 개인적 요구와 장점에 따라 각기 다른 요인이 가치 있게 평가된다. 그러나 전체적으로 볼 때, 상호작용 외래환자 집단의 힘은 바로 집단의 대인관계적 속성에서 비롯된다. 대인관계적인 상호작용과 탐색(정화와 자기이해를 포함하는) 그리고 집단 응집력은 효과적인 장기 집단치료에 불가결한 것이며, 집단치료자는 이러한 치료적 자원을 최대한 발달시키도록 이끌어야만 한다. 이제 우리의 주제를 치료적 요인의 관점에서 집단치료자의 역할과 기술로 옮겨 보고자 한다. 이어지는 장에서는 특수한 집단 및 환경에서 집단치료자의 역할과 기술에 관해 다루고자 한다.

5장

치료자: 기초 과업

우리는 지금까지 사람들이 집단치료에서 어떻게 변하는지 살펴보았다. 이제는 치료 과정에서 치료자의 역할에 대해 알아볼 차례다. 이 장에서는 치료자의 기본적인 과업과 그러한 과업을 완수하게 해 줄 기법을 살펴볼 것이다.

1~4장에서는 치료가 복잡한 방식으로 짜인 기본적 요인으로 구성되어 있다는 내용을 살펴보았다. 집단에서 치료자가 하는 일은 치료라는 장치를 만들고, 이를 가동시키며, 최대의 효율성을 가지고 작동되게끔 유지하는 일이다. 이러한 과업에는 서로 다른 종류의 지식과 기술이 필요하지만, 일관된 치료적 태도와 접근을 바탕으로 계속 돌아갈 것이다.

모든 기법의 기본에는 치료자와 환자 사이의 일관되고 긍정적이며 공감이 있고 문화적으로 알맞은 관계가 있어야 한다. 환자에 대한 치료자의 기본자세는 관심, 진실성, 공감 그리고 감정적인 교류다. 그 어떤 것도 어떤 기술적인 문제도 이러한 태도보다 우선하는 것은 없다. 물론 치료자가 환자에게 도전하거나, 짜증 및 좌절을 보일 때도 있을 것이다. 또 환자가 치료에 참여하지 않을 거라면 집단을 떠나는 것을 고려해 봐야 한다고 제안할 때도 있을 것이다. 그러나 이러한 노력은(상황이 맞으면 치료적인 일침이 될 수 있을지도 모르지만) 수용적이고 관심이 있는 치료자-환자 관계를 바탕으로 경험되는 것이 아니라면 결코 효과적이지 못하다. 다양한 연구 결과가 성공적인 심리치료자는 이러한 특징을 공통으로 지닌다고 말한다.[1]

다음 세 가지의 근본적인 과업과 관련해 치료자의 기법을 논하겠다.

1. 집단의 구성과 유지
2. 집단문화 형성
3. 지금-여기의 활성화와 명료화

집단의 구성과 유지

지도자는 당연히 집단을 구성하고 소집하고, 시간과 장소를 결정하는 데 전적으로 책임을 진다. 집단을 유지하는 과업의 상당 부분은 최초의 모임 이전에 이루어진다. 그리고 뒷장에서 상세히 설명하겠지만, 집단원들의 선발과 준비에 대한 지도자의 전문성은 집단의 운명에 큰 영향을 미친다. 기관에서 이를 진행하는 환경인 경우, 집단원과 사무국 사이의 관계 또한 고려해야 하는데, 사무국의 실무적인 보조가 성공적인 치료 집단을 만들고 유지하는 데 필수적이다.[2]

일단 집단이 시작되면 치료자는 문단속에 주의를 기울여야 하는데, 특히 집단원의 탈락을 방지하는 데 신경 써야 한다. 계획한 과정을 모두 거치는 환자의 경우 보통 크게 호전되며, 이를 위해 환자를 치료 과정에 꾸준하게 남아 있게 하는 것이 과제가 된다.[3] 경우에 따라 환자는 성공적이지 못한 집단경험을 하게 되고 그 결과 치료를 일찍 떠날 수 있는데, 이것이 오히려 그 환자의 전반적인 치료에 도움이 될 수도 있다. 집단 내에서의 실패나 집단에 의한 거부는 환자를 곤혹스럽게 하기 때문에 이상적으로 다른 치료자와 작업하게 될 수도 있는 것이다. 한 예로, 나[ML]는 교육생이 주도하는 집단치료의 임상지도자 및 관리자 역할을 수행하던 중 첫 집단을 화가 난 채 그만두고 새로운 집단에 가입한 환자 Amy로부터 이메일을 받았다. "제 문제를 해결하기 위해 새로운 집단치료에 들어갈 기회를 주셔서 정말 감사드려요. 제 두 번째 경험은 첫 번째와는 모든 면에서 달랐어요. 첫 집단에서도 나 자신에 대해 배웠지만, 두 번째 집단원과 훨씬 잘 어울릴 수 있었어요. 지도자분도 저를 많이 챙겨 주신 덕분에 저 자신을 공개할 수 있었어요." Amy

의 이메일은 두 번째 치료 기회에 열려 있어야 한다는 것을 일깨워 준다.

그러나 일반적으로 집단치료 과정에서 조기 탈락한 환자는 치료의 실패로 간주되어야 한다. 이런 환자는 도움을 얻는 데 실패했을 뿐 아니라, 집단 내 나머지 사람들의 진전에 저해 요인으로 작용한다. 회원들의 안정성은 성공적인 치료의 필수조건이다. 만일 조기 탈락이 생기면, 폐쇄집단(9장 참조)을 제외하고 치료자는 이상적인 집단 규모를 유지하기 위해 새로운 집단원을 보충해야 한다.

처음에 환자들은 서로를 잘 모르고, 오직 교량적 역할을 하는 치료자만 안다. 치료자는 집단을 일차적으로 통합시키는 힘이다. 집단원들은 처음에는 치료자와 함께 관계를 맺고, 이를 통해 서로서로 관계한다. 이러한 치료자-환자 동맹은 이후에 발달하는 집단 응집성을 위한 토대가 된다.

치료자는 집단 응집력을 방해하는 힘을 인식하고 막아야 한다. 계속되는 지각, 결석, 하위집단 형성, 집단 외부에서 일어나는 파괴적인 친교, 희생양 만들기 등은 모두 집단의 통합을 위협하고, 치료자의 개입을 요구하는 일이다. 이러한 문제는 뒷장에서 자세히 다루겠다. 지금은 개인적 차원이 아닌 요구에 대한 치료자의 책임을 강조하는 것이 우선이다. 치료자의 첫 번째 과업은 응집력 있는 집단이라는 물리적 실체를 만들고, 유지하도록 돕는 일이다. 이를 위해 때때로 개인의 절박한 요구를 다루는 일을 보류해야 하거나, 다른 구성원들의 이익을 위해 한 환자를 집단에서 제외시켜야 할 때도 있다.

다음의 임상 사례가 이런 점을 보여 준다.

나[IY]는 외래환자 집단에 새로 들어온 여성 집단원 2명을 소개했다. 이 집단에는 남성 다섯 명, 여성 두 명이 핵심 집단원으로 꾸준히 참석하고 있었지만, 여성 집단원들을 유지하는 데 어려움이 있었다. 사실 여성 집단원 두 명이 지난달에 집단을 이탈해 버렸다. 이번 모임은 신참 여성 집단원 중 한 사람에게 다소 불길함을 주며 시작되었다. 한 남성 집단원이 그녀가 몸에 뿌리고 온 향수 때문에 재채기하더니, 그녀로부터 멀리 떨어진 곳으로 의자를 옮겨 앉았다. 그러고는 창문을 활짝 열면서, 자기가 향수 알레르기가 있고 이 집단에는 향수를 뿌리지 않고 참여하는 규칙이 있다고 말했다.

그때 다른 집단원 Mitch가 2분쯤 늦게 도착했다. 그는 새로 온 두 명의 여성 집단원에게 눈길 한 번 주지 않고 말했다. "오늘 여기서 이야기할 시간이 필요해요. 지난주 모임에서 정말로 충격을 받았거든요. 내가 시간을 제대로 지키지 않는다는 지적을 받고 불편한 마음으로 집에 돌아갔어요. 나는 당신들 중 누구에게도 혹은 당신(나를 지적하며)에게도 알량한 말을 듣고 싶지는 않습니다. 그리고 그날 저녁, 저녁 식사 자리에서 아이패드로 독서한 것 때문에 아내와 대판 싸웠어요. 그 뒤로 이제까지 서로 한마디도 하지 않고 있어요."

어쨌든 이러한 독특한 시작은 대부분 집단에서 괜찮은 출발일 것이다. 거기에는 다루어야 할 것이 많았다. 그 환자는 자신에게 말할 시간이 필요하다고 밝혔다. (더 많은 집단원이 시간과 참여를 원할수록 모임은 더욱더 활기를 띠게 될 것이다.) 또한 그는 지난주 모임에서 제기되었던 문제를 계속 다루길 원했다. (일반적인 규칙에 따르면, 집단원들이 한 주제에 대해 지속적으로 모임에서 이야기를 이어 갈수록 그 집단은 힘을 갖게 된다.) 더구나 그는 치료자를 공격하는 것으로 모임을 시작했고, 그것은 좋은 것이었다. 사실 이 집단은 지금까지 나를 너무 점잖게 대해 왔다. 불편하기는 했지만, Mitch의 공격은 중요한 집단 활동을 형성할 것으로 확신했다.

이처럼 나는 모임에서 여러 선택권을 가지지만, 내가 가장 우선적인 과제로 삼아야 할 것은 집단의 기능적인 통합을 유지하는 일이었다. 나는 여성 집단원들을 유지하는 데 어려움이 있었던 집단에 두 명의 여성을 소개했다. 그 집단은 여성 집단원들을 어떻게 대했을까? 별로 좋지 않게! 사실상 그들은 여성 집단원들을 집단에서 제외시켰다. 기침 사건에 이어, Mitch는 그녀들의 존재를 인정하지 않은 채 본인의 결혼 생활 이야기를 시작했다. Mitch에게는 이렇게 시작하는 것이 개인적으로 중요하지만, 지나간 모임을 언급함으로써 조직적으로는 새로운 여성 집단원을 배척한 것이다.

그렇다면 내가 이 과제를 다룰 방법을 찾는 일이 중요하며, 가능하다면 Mitch가 제기한 주제에 관해 이야기하는 것도 중요하다. 이미 나는 모든 문제를 지금-여기의 문제로 방향을 바꾸기 위해 노력해야 한다는 기본 원리를 제안한 바 있다. Mitch와 아내의 부부 싸움을 부각해 다루는 일은 어리석은 일이 될 것이다. Mitch가 자기 아내에 관해 우리에게 전달한 말은 한쪽에 치우친 내용일 것이다. Mitch는 집단이 무슨 말을 해 주든 "그래요, 하지만…"이라고 끝까지 말할 것이다.

다행히 두 가지 주제를 동시에 다룰 방법이 있었다. Mitch가 집단에서 보여 준 두 여성에 대한 대우가 저녁 식사 중 아내에게 보여 준 태도와 유사성이 있었던 것이다. 그는 그녀들을 무시했으며, 자기 아내의 요구에 그랬던 것처럼 요구에 대해 무관심했다. 사실 이러한 무관심은 지난번 모임에서 집단원들이 Mitch에게 작업하도록 요청했던 바로 그 문제였다.

따라서 집단이 약 30분쯤 진행되었을 때, 나는 다음과 같이 말함으로써 Mitch의 관심을 그의 아내와 지난주 모임으로부터 돌려 보려고 했다. "Mitch, 새로운 두 여성 집단원이 오늘 우리 모임을 어떻게 느끼고 있을지에 대해 당신의 생각이 궁금하군요."

이 질문은 Mitch로 하여금 공감이라는 일반적인 주제와 여러 상황에서 타인의 경험적 세계에 들어가는 능력이 결핍되어 있거나, 또는 그렇게 하고 싶어 하지 않는 것에 대해 생각하게 했다. 다행히도 이 전술은 다른 모든 집단원 역시 두 여성을 무시해 왔다는 사실에 주의를 기울이게 했을 뿐 아니라, Mitch가 자신의 핵심 문제를 더 생각할 수 있게 도와주었다. 그의 핵심 문제는 다른 사람들의 욕구와 바람을 인식하고 배려하지 못하는 데 있었다. Mitch의 공감 및 자아도취와 관련된 중심적인 주제들을 다루지 못했다고 해도, 나는 여전히 새로운 집단원들을 통합하는 데 더 주의를 기울이는 편을 선택했을 것이다. 새로운 집단원의 통합과 실질적 집단의 존속이란 어떤 다른 과제보다 우선되어야 한다.

문화 형성

일단 집단이 물리적 실재를 갖추게 되면, 치료자의 에너지는 집단을 치료적인 사회 체계로 만드는 데 집중된다. 행동 규칙이나 규범이라는 묵시적 암호가 집단의 상호작용을 이끌어 나가도록 형성되어야 한다. 무엇이 치료 집단에 바람직한 규범인가? 이는 치료적 요인에 관한 논의로부터 논리적으로 따라 나올 것이다.

잠깐 1~4장에서 논의한 치료적 요인을 생각해 보자. 수용과 지지, 보편성, 충고, 대인관계 학습, 이타주의, 희망 등을 누가 제공하는가? 집단 내의 다른 집단원들이다. 따라서 넓게 본다면, 변화를 일으키는 인자는 집단과 그 구성원이다.

여기에 개인치료자와 집단치료자의 기본적인 역할이 갖는 결정적인 차이가 있다. 개인치료에서 치료자는 변화의 직접적인 인자로서 단독으로 기능한다. 그러나 집단치료자의 기능은 훨씬 더 간접적이다. 다시 말해 상호작용에서 많은 치료적 요인을 작동시키는 것이 집단원이라면, 집단 상호작용이 가장 효율적으로 이루어지도록 집단문화를 형성하는 것은 치료자에게 주어진 과제다.

내가 진행하는 집단 중 하나에 재즈 피아니스트가 참가하고 있었다. 그는 연주 활동 초기에 자신이 매우 존경하던 음악가를 회상하면서 집단지도자 역할에 대한 의견을 말했다. 훨씬 이후에 이 피아니스트는 진정으로 위대한 재즈 음악가란 서로 다른 소리를 증대시키고 나의 소리는 줄임으로써 전체의 앙상블 기능을 향상시키는 사람임을 이해하게 되었다. 유럽 출신의 한 집단분석가는 집단지도자를 지휘자에 비유하기도 했다.[4]

치료 집단이 전형적인 사회관계에서의 규칙이나 예의 등과는 매우 다른 규범을 갖고 있다는 점은 명백하다. 집단원들은 집단과 집단원 그리고 치료자에 대해 그들이 가진 즉각적인 느낌을 이야기하는 것이 자유로워야 한다. 집단 내에서 솔직하고 자발적인 표현이 권장되어야 한다. 집단이 진정으로 축소된 사회가 되려면, 집단원들은 집단지도자를 통해 평가하는 것이 아니라 서로 간 자유롭게 상호작용해야 한다.

다른 바람직한 규범으로는 집단에 대한 적극적인 참여, 타인에 대한 무비판적 수용, 집단 업적의 존중과 보호, 광범위한 자기개방, 자기이해에 대한 욕구, 그리고 현재의 행동 양식을 변화시키려는 열망이다. 규범은 어떤 행동 형태를 금지하는 것뿐만 아니라 처방하는 것이기도 하다. 치료자와 환자 간 치료 효과에 대한 기대가 일치하는 것은 좋은 결과를 암시하기도 한다.[5] 규범은 명시적일 뿐 아니라 암시적일 수도 있다. 사실, 일반적으로 집단원들이 의식적으로 집단 규범을 형성할 수는 없다. 그러므로 규범을 연구할 때는 집단원에게 행동 목록을 제시하고 어떤 것이 적절하고 부적절한지 고르게 하는 것이 바람직하다.

규범은 사회, 직업, 치료와 같은 모든 종류의 집단에서 반드시 발달한다.[6] 그러나 치료 집단이 꼭 치료 과정을 촉진하는 규범을 발달시키는 것은 아니다. 치료 집단을 체계적으로 관찰해 보면, 많은 집단이 잘못된 규범에 의해 방해받는다는 것을 쉽게 볼 수 있다. 예를 들면, 한 집단은 적대적 정화에 너무 가치를 두는 바람에 긍정적인 느낌이 억제될 수도 있다. 반대로, 어떤 집단은 상처를 입히는 것이 너무나도 두려운 나머지 어떠한 갈등도 허락하지 않아 집단이 지지부진해지기도 한다. 집단은 집단원들이 자신의 문제를 집단에 차례차례 토로하는 '순번제' 체제를 발달시킬 수도 있다. 또는 집단원들이 치료자에게 질문하거나 도전하는 것을 허용하지 않는 규범을 만들 수도 있다. 집단원의 결석을 쉽게 받아들이는 경우에는 가장 헌신적인 환자의 출석률도 덩달아 떨어질 것이다.[7] 치료를 방해하거나 촉진시키는 특정 규범에 관해 다루기 전에 먼저 규범이 어떻게 생기는지 살펴보자.

규범의 구성

집단의 규범은 집단원들이 집단에 대해 거는 기대와 지도자 및 영향력 있는 집단원들의 암묵적이거나 명백한 지시에 의해 구성된다. 기관 내에서 진행하는 경우, 규범은 더 큰 집단 또는 조직의 문화에 따라 형성된다.[8] 만일 집단원들의 기대치가 완전히 확립되지 않았다면, 지도자는 자신의 관점에 비추어 가장 적절한 치료적 성과를 거두는 집단문화를 설계할 더 많은 기회를 가질 것이다. 집단지도자가 하는 말은 그것이 암시적으로 표현된다고 하더라도, 집단에 규범을 형성하는 데 중요한 역할을 한다. 한 연구에서 연구자들은 지도자가 특정한 집단원의 행동 바로 직후에 의견을 제시할 때마다 그 집단원은 집단에서 관심의 초점이 되고, 앞으로의 모임에서 중요한 역할을 할 것으로 주목받는다는 것을 관찰했다. 더욱이 지도자가 의견을 내는 빈도를 줄이면 지도자의 개입 강도가 증대되었다.[9] 일반적으로 참여를 높이고 갈등을 줄이는 규범을 설정하는 지도자들이 더 나은 치료 결과를 얻는다.[10]

규범을 형성하는 사람으로서 지도자에 관한 논의를 통해 치료자에 대한 새로운 역할이나 계획적인 역할을 제시하려는 것은 아니다. 의식하든 그렇지 않든 지도자는 언제나 집단의 규범을 형성하며, 이러한 자신의 기능을 의식해야 한다. 나[ML]는 1년간 매달 진행되는 중요한 위원회 회의를 어쩔 수 없이 진행하게 되었다. 그런데 일정이 현재 진행하는 집단의 시작과 겹치는 바람에 매달 집단에 10~15분씩 늦게 도착했다. 공동 치료자 덕분에 집단 자체는 정시에 시작했으나, 그 해 집단의 출석률은 높지 않았다. 나의 지속적인 사과와 불가피한 지각에 대한 사후 처리에도 불구하고, 집단의 출석률은 내가 회의 진행 의무를 모두 마친 후 나의 행동을 규범에 맞게끔 재정립한 후에야 정상적으로 돌아왔다. 사람들이 의견을 교환하지 않을 수 없는 것처럼, 지도자는 규범에 영향을 미치지 않을 수 없다. 사실상 집단 초기에 지도자의 일거수일투족은 집단에 영향을 미친다. 더 나아가 하지 않은 행동도 한 행동만큼이나 중요하다.

예전에 나[IY]는 한 집단분석가가 주도하는 집단을 관찰한 적이 있다. 여섯 차례 연이어서 모임에 불참한 한 집단원이 몇 분쯤 늦게 모임에 들어왔다. 치료자는 환자의 도착에 아무 반응도 하지 않았다. 모임이 끝난 뒤 치료자는 참관 학생들에게 이렇게 설명했다. 늦고 제멋대로 처신하는 집단원을 맞아들이는 것에 대해 집단원들이 알아서 규칙을 세우는 것이 좋다고 생각하므로, 자기는 집단에 영향력을 행사하지 않기로 작정했다는 것이었다. 그러나 치료자가 그 환자를 환대하지 않은 것도 영향을 미치는 태도이고 규범 형성에 대단한 의미가 된다는 것이 분명해 보였다. 의심할 여지 없이 그의 집단은 이와 유사한 여러 행동의 결과로 인해 배려 없는 불안한 집단으로 발전해 나갔다. 왜냐하면 그 집단원들이 지도자의 비위를 맞추는 방식을 따랐기 때문이다.

요약하자면, 모든 집단은 집단의 행동 과정을 결정하는 문서화되지 않은 규칙이나 규범을 발달시킨다. 이상적인 치료 집단은 치료 요인이 최대한의 효과를 거둘 수 있는 규범을 갖는다. 규범은 집단원들의 기대와 치료자의 행동에 의해 형성된다. 기관 존재 여부가 규범 형성에 기여하기도 한다. 치료자는 규범 형성에 커다란 영향을 미친다. 이 기능은 치료자로서는 피할 수 없는 것이다. 집단 초기에 형성된 규범은 변경되기 어렵다. 그러므로 치료자는 이러한 기능을 잘 이해하고 신중하게 수행해야 한다.

지도자는 어떻게 규범을 조성하는가?

집단 내에서 치료자가 취하는 두 가지 기본적인 역할이 있다. 기술적인 전문가와 모델을 설정하는 참여자다. 치료자는 각 역할을 통해 집단의 규범 조성을 돕는다.

기술적인 전문가

기술적인 전문가 역할을 수행할 때, 치료자는 의도적으로 전통적인 전문가적 태도를 취하고 집단을 바람직한 방향으로 이끌어 가기 위해 다양한 기술을 구사한다. 집단치료를 위해 환자들을 준비시키는 초기 단계에서부터 규범을 형성하기 위해 시도한다. 10장에서 더 자세히 다룰 이 과정에서 치료자는 집단 규범에 대해 환자에게 조심스럽게 교육하고, 다음 두 가지 방법으로 교육을 강화한다. 먼저 치료자는 자신의 권위와 경험으로 규범을 뒷받침하고, 다음으로 환자의 지지를 얻기 위해 제시한 집단의 접근 방식 뒤에 있는 합리적 근거를 보인 후 이를 직접적으로 시도한다.

집단 초기에 치료자는 집단문화를 형성하는 여러 가지 기법을 마음대로 선택할 수 있다. 이러한 기법은 명백한 지시와 제안부터 미묘한 강화 기법에 이르기까지 다양하다. 예를 들면, 앞서 언급했듯이 지도자는 각 집단원이 치료자를 향하거나 치료자를 통해 의견을 제시하는 것보다 서로 자유롭게 상호작용할 수 있는 네트워크를 구축해야 한다. 이러한 목적을 위해 집단치료 전에 갖는 면담이나 첫 번째 모임에서 집단원들에게 암시적인 지침을 줄 수도 있다. 또한 모임 중에 다른 집단원이나 집단의 주제에 대해 반응하도록 모든 집단원에게 반복해서 요구할 수도 있다. 치료자는 왜 대화가 한결같이 치료자에게 집중되는지 의아해할 수도 있다. 치료자는 질문에 대답하기를 거절할 수도 있고, 환자들이 상호작용하는 것을 가르치는 연습을 해 보도록 집단을 종용할 수도 있다. 예를 들면, 각 집단원에게 다른 모든 집단원에 대한 첫인상을 차례로 말하게 하는 것이다. 혹은 다소 덜 강요하는 방법을 사용해 서로 말을 거는 집단원에게 보상함으로써 행동 조형을 할 수도 있다. 고개를 끄덕이거나 미소를 짓거나, 따뜻하게 말을 걸어 주거나, 좀 더 수용적인 자세로 바꿔 앉는 등의 방법을 사용할 수도 있다. 치료자가 가르치고자 하는 다른 많은 규범에 대해서도 똑같은 방법을 적용할 수 있다. 이러한 규범으로는 자기개방, 개방적 표현, 즉 각성, 자기탐색 등을 들 수 있다. 특히 치료자는 모임 초기에 치료자가 새로운 집단 규범을 강조함으로써 이 규범을 명시할 자연스러운 기회를 포착해야 한다. 이는 더 '부드러운' 집단이 되게끔 하기에 목록으로 장황하게 정리된 원칙보다 선호도가 높다.

치료자의 스타일은 매우 다양하다. 비록 많은 치료자가 규범을 형성하는 데 뚜렷한 명시적 방법을 사용하지만, 어느 정도 자신이 의도했던 것보다 흔히 더 많이 사회적 강화라는 미묘한 기술을 통해 과업을 수행한다.

광고학이나 SNS 등은 강화 인자를 체계적으로 이용해 의식의 범주를 넘어 영향을 끼치는 예가 된다. 정신치료 역시 미묘하고 비의도적인 사회적 강화에 의존한다. 자신을 존중하는 치료자는 자기 자신을 사회적 강화 인자로 여기는 것을 좋아하지 않지만, 그럼에도 불구하고 끊임없이 무의식적이거나 의도적으로 영향을 미친다. 치료자는 고개를 끄덕이거나, 미소를 짓거나, 앞으로 다가서거나, '음~' 하는 식으로 흥미를 표현하거나, 더 많은 정보를 얻기 위해 직접적인 질문 등을 포함한 언어적 표현을 하거나, 비언어적 행동을 수단으로 사용함으로써 집단원들의 행동을 긍정적으로 강화할 수 있다. 반면에 치료자는 좋지 않다고 생각되는 행동에 관해 언급하지 않거나, 고개를 끄덕이지 않거나, 행동을 무시하거나, 관심을 다른 환자에게 돌리거나, 회의적인 표정을 짓거나, 눈살을 찌푸리는 등의 행동을 함으로써 그 행동을 없애려고 노력한다. 사실상 집단원들의 집단-친사회적인 행동을 드러내놓고 격려하는 치료자보다는 그런 행동을 간접적으로 강화해 주는 치료자가 종종 더 효과적임을 시사하는 연구들이 있다.[11] 모든 형태의 정신치료는 부분적으로 조작적 조건화에 의존하는 학습 과정이다. 조작이나 강화가 없는 치료는 심지어 정신분석도 포함해 가까이에서 보면 사라지는 신기루와 같다.[12]

집단행동의 형성에서 조작적 기술의 효율성을 실증해 주는 주목할 만한 연구가 많다.[13] 이러한 기술을 의도적으로 사용함으로써 침묵을 감소시키거나, 개인적 또는 집단적 언급 수를 증가시키거나, 지도자에 대한 적대감을 표현하게 하거나, 집단원 사이의 수용 정도를 증가시킬 수 있다.[14] 치료자들이 이러한 학습 원리를 이용해 큰 효과를 본다는 증거가 있지만, 정신치료자들은 흔히 이러한 증거 제시를 삼간다. 이러한 기계적인 관점이 치료 경험에서 필수 요소인 인간적 요인을 손상시킬지도 모른다는 근거 없는 노파심 때문이다. 그러나 이러한 사실은 매우 강력한 것이고, 자기 행동을 이해하는 것이 치료자의 자발성을 침해하지는 않는다. 결국 조작적 기술을 사용하는 목적은 의미 있는 진정한 참여를 촉진하려는 것이다. 환자들은 조작과 조장을 구분할 수 있다.[15]

모델을 설정하는 참여자

지도자는 명시적이거나 암묵적인 사회 공학을 통해서뿐만 아니라 개인으로 집단행동에 모범을 보임으로써 규범을 조성할 수도 있다.[16] 치료 집단의 문화는 환자에게 익숙한 사회 규범과는 판이하게 다르다. 환자는 익숙한 사회적 관행을 버리고, 새로운 행동을 시도하며, 많은 모험을 하도록 요구받는다. 이러한 새로운 행동이 예상되는 불리한 결과를 낳지 않는다는 것을 치료자는 어떻게 설명할 것인가?

연구에 의해 상당한 지지를 받는 한 가지 방법은 모델링이다. 즉, 환자는 자기가 꺼리는 행동을 치료자가 자유롭게 행하고, 부정적 결과가 따르지 않는 것을 관찰함으로써 자신의 행동을 변화시키도록 격려를 받는다.[17] 유명한 심리학자인 Albert Bandura는 잘 통제된 많은 연구에서 사람들은 치료자의 행동을 관찰하고 시도해 봄으로써 적응적인 행동(특정한 공포증을 극복하는 일 등)이나 덜 적응적인 행동(무절제한 공격성 등)에 관여하도록 영향받는다는 것을 증명했다.[18]

집단치료의 공공성은 수치심이나 굴욕의 역학을 모두에게 강력하게 전달하고, 집단 지도자들이 치료적 오류와 실수를 스스로 해결하는 겸손과 용기는 인간성과 연민을 보여 준다.[19] "저는 지난 회의에 대해 많이 생각했습니다. 제가 지금 이해하는 바를 그때 알았다면 다르게 접근했을 거예요. 이 문제에 관해 다시 이야기할 기회가 있다면 좋을 것 같아요"와 같은 말을 하는 것은 매우 도움이 될 수 있다. 지도자는 환자의 문제 영역뿐 아니라, 무비판적 수용과 그들의 강점에 대한 인정의 본보기를 제공함으로써 건강한 집단을 만들도록 돕는다. 만약 치료자가 자기 역할을 정신병리를 탐색하는 것으로 개념화한다면, 집단원들은 이에 따를 것이다.

예를 들면, 한 집단원은 여러 달 동안 다른 집단원들의 문제에 대해 적극적으로 참여했지만 자기 문제를 개방하는 것은 단호히 거절했다. 드디어 한 모임에서 그녀는 자신의 문제를 이야기하기 시작했고, 지난해에 두 달 동안 주립 정신병원에 있었다는 사실을 털어놓았다. 치료자는 반사적으로 "왜 전에는 그런 이야기를 하지 않았나요?"라고 물었다.

이러한 질문은 환자에게 비난으로 들렸고, 불안을 가중시켰으며, 더 이상의 자기개방에 대한 시도를 좌절시켰다. 자기 자신을 폐쇄하거나 개방하게 만드는 질문이나 언급이 있다는 것은 명백하다. 그 치료자에게는 환자의 마음을 '열게 하는' 다양한 선택지가 있었다. 그녀에게 "제가 보기에 당신은 지금 자기 문제를 이야기할 만큼 집단을 충분히 신뢰하는 것 같아 매우 기뻐요. 이를 개방하고 싶은 욕구와 이에 대한 두려움 때문에 그동안 얼마나 힘들었을까요?" 또는 "이제라도 이야기하고 나니 기분이 어떤가요?"라고 말할 수도 있었다. 또는 "이 이야기를 오늘 밤 나누어야겠다고 결심하게 된 동기가 있나요?"라고 말할 수도 있었다.

치료자는 대인관계에서 솔직성과 자발성을 보이는 본보기가 되어야 한다. 그러나 치료자는 현재 집단원들의 요구를 기억하고, 그에 일치하는 행동을 보여야 한다. 치료자가 모든 감정을 자유롭게 표현해야 한다는 것은 아니다. 완전한 금지해제禁止解除가 치료 집단에 좋은 것이 아니라는 것은 다른 형태의 사람들과 만남에서도 마찬가지일 것이다. 그리고 그러한 금지해제에 따라 충실하게 행동했을 때는 추하고, 견잡을 수 없으며, 파괴적인 상호작용을 이끌어 낼 수도 있다. 즉각성을 추구하되 일반적으로 치료자는 솔직함뿐만 아니라 적절한 절제에 대해서도 본보기가 되어야 한다.[20] 환자들이 치료자에게 관여하게 하는 것이 환자들의 치료에 도움이 된다. 그뿐만 아니라 치료자가 자신에 대해 충분히 잘 안다면, 자신의 반응을 통해 환자들에 대한 정보를 얻고 이를 활용할 수 있다. 치료자는 환자들을 집단에 참여시키길 원하고, 치료자 자신이 환자들로부터 영향받기를 원하기도 한다. 사실 치료를 위해 치료자가 갖추어야 할 모든 장비 가운데 '훈련된 개인적 관여'는 매우 귀중한 것이다.[21]

다음에 나오는 치료적으로 효율적인 개입을 살펴보자.

> 5일간의 몰입 소통 훈련 프로그램을 위해 경영진으로 구성된 집단의 첫 번째 모임에서 있었던 일이다. 25세의 공격적이며 허풍이 심한 한 집단원은 그날따라 과음한 티가 역력했고, 모임을 주도해 나가면서 스스로 웃음거리가 되고 있었다. 그는 자신의 성취를 뽐내고, 집단을 깔보았으며, 모임을 독점하고, 다른 모든 집단원을 방해하고 소리치고 모욕했다. 이 상황을 수습하려는 모든 시도는 수포로 돌아갔다. 그가 다른 사람들을 얼마나 화나게 하고 상처를 주고 있는지에 대한 피드백도 소용이 없었고, 그의 행동이 지니는 의미나 원인에 대한 해석 등도 소용이 없었다. 그때 나의 공동 지도자가 매우 진지하게 말했다. "내가 당신의 어떤 점을 좋아하는지 아세요? 바로 당신의 두려움과 자신감 결핍이에요. 당신은 나처럼 두려워하고 있어요. 우리는 이번 주에 어떤 일이 벌어질지 겁을 내고 있어요." 이 말은 그 환자가 이제까지의 모습을 버리고 귀중한 집단원이 되도록 영향을 주었다. 게다가 그 지도자는 공감적이고 무비판적인 태도의 본보기가 됨으로써, 온화하고 수용적인 집단문화를 만드는 데 이바지했다.

이런 효과적인 개입을 위해서는 먼저 공동 치료자가 이 집단원의 행동이 집단에 미치는 부정적인 영향을 인식하고, 최초에 드러냈던 공격성과 역전이에 대응할 필요가 있었다. 그런 다음에 그의 방어적 행동 밑바닥에 있는 취약성을 지지적으로 명료하게 표현하는 것이 필요했다.[22] 우리는 집단원이 최선을 다해 적응하고자 하는 노력을 이해하는 데 있어 정직하고 동시에 열정적이고자 한다. 이는 곧 다른 집단원으로 하여금 이 집단을 솔직함이 미덕인 안전한 장소로 느끼게 하며, 이는 집단 응집력으로 이어진다.[23]

여기에서 환자들이 우리 자신보다 용기 낼 것을 어떻게 기대할 수 있을까? 집단 상호작용은 무엇보다도 집단치료자로 하여금 본인의 개인적인 불완전함을 받아들이게끔 한다. 막 시작된 집단에서 한 구성원이 신참 치료자의 말이 장황하고 혼란스럽다고 비난하면서 공격했다. 이 일은 집단 초기에 처음 일어난 치료자에 대한 직면이었기 때문에 집단원들은 긴장해 안절부절못했다. 치료자는 환자에게 자기가 과거의 누군가를 연상시키고 있는 것은 아닌지 궁금하다는 식으로 반응했다. 치료자를 매도하던 환자는 그 제안을 받아들여 자기 아버지가 그 대상일 수 있겠다고 말했다. 그렇게 위기를 넘겼고, 집단원들은 다시 편하게 앉았다. 그러나 치료자는 갑자기 예전에 자신이 집단원으로 참여했던 교육생을 위한 처리 집단에서 동료들이 자신의 장황하고 혼란스럽게 말하는 경향에 거듭 초점을 맞추었던 일이 떠올랐다. 실제로 그때 그 환자가 치료자를 올바르게 보았음이 사실로 드러났지만, 그 환자는 자기 생각을 버리도록 설득되었다. 치료의 목표 중 하나가 환자로 하여금 현실을 검증하고 대인관계를 명확히 하도록 돕는 것이라면, 이러한 상호교류는 반치료적인 것이다. 이는 환자의 욕구보다 치료자의 욕구가 앞선 예다. 정신치료에서는 절대로 자신을 위해 환자에게 해를 끼쳐서는 안 된다.[24]

완전해지려는 욕구로 인해 또 다른 문제가 발생하는 경우는 치료자가 지나치게 조심스러워할 때다. 실수를 두려워해 지나치게 말이 조심스러워지고, 상호관계도 너무나 신중하며, 적절한 시기를 놓쳐 대화가 자발성을 잃게 되는 등 딱딱하고 생기 없는 집단을 만들어 버릴 수도 있다. 한편, 전능한 존재로서 어느 정도 거리를 둔 위치에서 역할을 하려는 치료자는 흔히 "당신이 하고 싶은 대로 해 보세요. 나에게 상처를 주거나 동요시킬 수 없을 겁니다"라고 말한다. 이러한 자세는 집단치료의 협업 환경을 해치고, 환자의 무기력감을 악화시키는 결과를 가져올 수 있으며, 집단의 자율적인 발달을 방해할 수 있다.

한 집단에서 Les라는 젊은 남성 환자는 치료자의 열성적인 노력에도 불구하고 몇 달 동안 거의 활동을 하지 않았다. 모임 때마다 치료자가 Les를 토론에 끌어들이려고 애썼으나 소용이 없었다. 대신 Les는 더 반항적으로 되었고, 손도 대지 못하게 했다. 한편 치료자는 더 끈질기며 적극성을 띠었다. 마침내 Joan이라는 다른 환자가 치료자는 마치 완고한 아버지가 고집불통 아들을 다루듯이 Les를 반드시 변화시키고 말겠다고 작심한 것 같다고 말했다. 그러면서 Les는 아버지를 꺾어 보겠다고 결심한 반항적인 아들 역할을 즐기고 있다고 덧붙였다. Joan의 지적은 치료자를 바르게 본 것이었다. 즉, 치료자의 내적 경험과 일치했고 치료자도 이 사실을 집단에 알리고 Joan의 지적에 감사를 표했다.

이 경우에 치료자가 보여 준 행동은 집단에서 아주 중요한 것이었다. 실제로 치료자는 "나는 당신(환자)들, 이 집단, 그리고 이러한 깨우침을 아주 가치 있게 여깁니다"라고 말했다. 게다가 그는 자기탐색을 비롯해 치료자와의 솔직한 상호작용에 관한 규범을 강화해 주었다. 그 상호교류는 치료자에게도 도움이 되었고(치료자들이 치료 작업 중 자신에 대해 배우는 것이 아무것도 없다면 불행한 일이다), Les도 치료자에게 반항하고 좌절시키는 데서 얻는 것을 탐색해 봄으로써 도움이 얻었다.

때때로 이러한 기능을 하는 이상적인 집단원이 있기 때문에 치료자가 본보기를 조금 덜 보여도 될 때가 있다. 초기 연구에서는 실제로 '공모자들'(집단지도자와 협력해 이상적인 집단원이 되도록 훈련된 사람들)을 집단에 심어 실제 구성원처럼 활동하게 했다. 오늘날 기준에서 보면 비윤리적인 전략이지만, 집단 작업이나 응집력에 큰 영향을 끼쳤음이 틀림없다.[25]

비록 훈련된 '공모자들'이 집단치료 과정에 맞지 않는 기만적인 형태가 될 수는 있지만, 이러한 사람들을 쓴다는 사실이 집단 구성과 좋은 전망을 보이는 집단원의 배치라는 점에서 임상적으로 시사하는 바는 흥미롭다. 예를 들면, 최근에 성공적으로 시한부 집단치료를 마치고 추가 치료를 원하는 환자가 새로운 집단의 베테랑 집단원 역할을 할 수도 있다. 어쩌면 진행 중인 집단에서는 고참 집단원이 집단을 그만둔 이후가 아니라 집단을 그만두기 전에 새로운 집단원들을 받아들여서, 경험 많고 성공적인 고참 집단원들이 제공하는 모델링 효과를 이용할 수도 있을 것이다.

이러한 선동적인 가능성에도 불구하고 집단 환자들을 위해 주요한 모델 역할을 하는 인물은 원하든 원하지 않든 치료자 자신이다. 결과적으로 치료자가 이러한 역할을 하기 위해서는 충분히 자신감을 갖는 일이 대단히 중요하다. 그렇지 않다면 모델 역할을 하는 것이 더 어렵고, 집단에서 다음의 양극단 중 하나를 향하게 될 공산이 커진다. 즉, 치료자가 편안히 자기를 숨긴 채로 전문적인 역할에 빠져들거나, 또는 지도자로서 역할을 포기하고 단순히 다수 중의 한 사람이 되어서 지도자의 소임에 내재된 불안과 책임으로부터 도피해 버리는 경우다.[26]

초심 치료자들은 집단을 이끌어야 한다는 감정적인 부담감 때문에 과장된 행동이나 소극적 행동을 하게 되는 경향이 있다. 이와 같은 극단적 태도는 집단 규범의 발달에 불행한 결과를 초래한다. 만일 자기를 숨기고 있는 전문적인 치료자는 주의와 경계라는 규범을 집단 내부에 형성시키고 말 것이다. 또한 만약 치료자가 다수 중 하나가 된다면, 치료자가 선택할 수 있는 다양한 범위의 규범 형성 방법을 구사할 수 없게 된다. 나아가 좀처럼 결실 있게 집단 전이 문제를 작업할 수 없는 집단을 만들게 된다.

치료자의 투명성의 문제는 규범 형성의 과제 이상으로 중요한 의미를 지닌다. 치료자가 집단에서 자신을 개방할 때 치료자는 본보기가 되는 행동을 하는 것뿐만 아니라, 치료 과정에서 다른 많은 중요성을 지니는 행동을 하는 것이다. 많은 환자가 치료자에 대해 갈등을 느끼거나 왜곡된 느낌을 가진다. 즉, 치료자의 투명성은 전이의 훈습에서 결정적인 역할을 한다. 치료자의 투명성에 대한 세부적인 문제는 7장에서 다루겠다. 지금은 집단치료의 힘을 증대시키는 규범의 세부적인 형태를 논의할 때다.

치료 집단 규범

자기 탐지 집단

집단이 스스로 기능하기 위해 책임을 맡기 시작하는 것은 중요하다. 이러한 규범이 형성되지 못하면, 활동과 방향을 제시해 주기를 바라면서 지도자에게 의존하는 수동적인 집단이 된다. 모든 일을 해야 한다는 부담 때문에 피곤하고 짜증스러운 대상이 된 이런 집단의 지도자는 집단의 초기 발달이 무언가 잘못되었다는 것을 알게 된다. 이런 집단을 맡을 때 종종 집단원들이 영화를 구경하러 온 사람 같다는 느낌을 자주 받았다. 그들은 매주 무엇이 상영되는지 보러 오는 것이다. 어쩌다 흥미로운 일이 일어나면 모임에 끼어든다. 그렇지 않다면 "형편없잖아! 다음 주에는 볼만한 구경거리가 있으면 좋겠는데!"라고 말한다. 그런 집단에서 내가 할 일은 그들 자신이 영화라는 것을 알아차리게 하는 것이다. 그러니까 그들이 연기하지 않는다면, 스크린은 텅 비게 된다. 볼거리가 아무것도 없다.

우리는 집단치료 초기부터 집단원에게 집단에 대한 책임감을 주려고 시도한다. 치료자는 집단의 시작부터 무엇이 좋은 작업 모임을 구성하는지에 대한 정의를 가지고 있는 유일한 사람이라는 점을 염두에 두어야 한다. 이때 치료자의 과업은 그 정의를 집단원들에게 가르치고 나누는 것이다. 따라서 만일 집단이 특별히 좋은 모임을 했다면, 기꺼이 이를 명시해야 한다. 예를 들어, 모임의 마지막에 "이제 끝낼 시간이 되었군요. 아쉬운데요. 이렇게 좋은 모임을 끝내려니 안타까워요"라고 한마디 하는 것이다. 그리고 이후의 모임에서도 지난번 모임을 여러 차례 언급한다. 즉, 그 모임이 기준이 되는 것이다. 시작된 지 얼마 안 된 집단에서는 매우 열심히 모임을 한 후 그다음 모임이 되면 흔히 집단원들은 집중적인 상호작용을 어느 정도 덜하게 된다. 이런 경우에는 모임이 시작되고 30분쯤 후에 "오늘 회기에 관해 여러분이 어떻게 느끼는지 궁금하군요. 지난주 모임과 비교해서 어떤가요? 지난주에 했던 것과 어떤 점이 다르죠?"라고 언급할 수 있다.

또는 치료자가 집단원들에게 한 회기의 부분을 조사하고 평가하도록 요구함으로써 좋은 모임에 대한 개념을 형성하도록 도울 수도 있다. 예를 들어, 모임의 아주 초기에 지금까지의 과정을 돌아보는 시간을 가질 수 있다. "한 시간이 지났는데 묻고 싶은 게 있어요. 오늘 집단은 어떤가요? 여러분은 집단에 만족하고 있나요? 오늘 모임에서 가장 몰두한 부분은 어떤 부분이었나요? 또 가장 몰두하기 어려웠던 부분은요?" 일반적인 요점은 평가적인 기능을 나 자신에게서 집단원들에게 옮기는 것이다. 결과적으로 나는 그들에게 "이 집단이 효과적으로 진행되고 있을 때와 시간을 낭비하고 있을 때를 결정할 능력(그리고 책임)은 여러분에게 있습니다"라고 말하는 것이다. 가장 바람직한 것은 집단원이 아주 좋은 모임이었다고 평하는 것이다. 이는 무엇이 이 모임을 좋게 만드는지 탐구하고, 모임을 주된 요소(위험 감수, 친밀감 증대, 영감, 지지, 가치 있게 여기기, 부끄러움의 극복)로 세분해 집단원이 반복적으로 관여하게끔 하는 황금 같은 기회다. 이 상황은 집단지도자가 모임을 돌이켜보는 시도를 할 때만 비로소 가능하다.

만일 집단원이 "이번 모임에서 우리가 집중한 것은 처음 10분뿐이었어요. 이후 45분 동안 한 것은 모두 잡담이었어요"라고 말한다면, 나는 즉각적으로 "그렇다면 왜 그렇게 되도록 내버려 두었나요? 어떻게 하면 당신이 그런 상황에 제동을 걸 수 있었을까요?"라고 묻는다. 또는 "여러분 모두 이러한 사실을 알고 있는 것 같은데, 왜 행동하지 않았나요?"라고 말할 수도 있다. 그러고 나면 대부분 생산적이거나 비생산적인 집단 활동에 대한 합의가 곧 이루어진다(지금-여기에 대해 초점이 맞추어져 있을 때는 대부분 생산적인 활동이 어김없이 일어난다. 이 점에 대해서는 6장에서 논의하겠다).

자기개방

집단치료 과정의 많은 측면에 대해 집단치료자들의 의견이 일치하지 않는 경우도 있으나, 의견이 거의 일치하는 한 가지 주제가 있다. 바로 환자의 자기개방이 집단치료 과정에 필수적인 요소라는 사실이다. 집단원들이 충분히 자기 자신을 개방하지 않으면 집단치료로 도움을 얻을 수 없다. 우리는 집단을 지도할 때 각 집단원이 반드시 자기개방을 하되 나름대로 속도에 맞게 해야 한다는 규범을 적용하려고 한다. 집단원들이 집단을 순서대로 각자의 비밀을 쥐어짜 강압적으로 고해성사를 하게 하는 곳으로 경험하지 않게 하는 것이 중요하다.[27]

우리는 집단 활동 이전에 환자들을 개인적으로 여러 차례 만나는 동안 이러한 점을 분명하게 밝힌다. 그리하여 환자들은 다음과 같은 사실에 대해 충분한 정보를 가지고 치료 집단에 들어온다. 즉, 그들이 치료의 효과를 보고자 한다면 조만간 자신의 아주 내밀한 부분을 다른 집단원과 나누지 않으면 안 된다는 사실을 알게 한다.

그런데 여기서 명심할 것은 정말로 중요한 것은 자기개방의 주관적인 측면이라는 점이다. 치료자나 집단을 관찰하는 사람들이 그 집단이 진실하게 자기개방을 하지 않거나, 개방이 본질적으로 피상적이거나 사소한 것이라고 잘못된 결론을 내릴 때도 있을 것이다. 대다수 집단치료 환자는 흉금을 털어놓을 친구를 거의 갖지 못했고, 그렇기에 사소한 자기개방처럼 보이는 것도 집단원들에게는 이 문제를 다른 사람과 함께 나누는 최초의 기회가 될 수 있다. 개인이 자기개방을 하는 맥락은 다른 사람의 심리를 이해하고 공감하는 데 매우 중요하게 작용한다.

> 집단원 가운데 한 사람인 Mark는 자신의 극심한 대인 공포와 회피 성향을 느릿느릿하고 찬찬한 어투로 얘기했다. 이후 만성 우울증을 앓는 젊은 여성인 Marie가 자신이 겪는 어려움에 관한 길고도 장황한 얘기를 초조하게 늘어놓았다. 어느 순간 Marie는 집단원들이 Mark가 얘기할 때는 열의를 띠고 격려해 주는 것 같았는데, 왜 자신은 집단의 느린 반응 때문에 조바심이 나는지 모르겠다고 큰 소리로 얘기했다. 그녀는 자신의 관심사가 다뤄지지 않을까 봐 걱정했다. 그녀의 관심사는 어떻게 하면 사람들에게 더 호감을 얻을 수 있는지 배우는 것이었다. 집단원들의 조언을 듣고 그녀는 매우 놀랐다. 집단원들은 Marie가 다른 사람들에게 공감하지 않기 때문에 거리감을 느낀다고 얘기했다. 그러면서 집단 회기 동안 Mark에게 있었던 일 한 가지를 예로 들었다. 집단원들은 Mark가 자기개방을 한 것이 그에게 커다란 진보였다고 말했다. 다른 사람들이 모두 알아차린 것을 그녀가 보지 못하게 방해한 것은 무엇인가? 그것이 중요한 질문이었으며, 이 질문을 탐구하는 것이 궁극적으로 Marie에게 중요한 깨달음이 되었다.

커다란 비밀일 경우에는 어떠한가? 환자는 자기 인생에서 중심적인 측면을 포함하는 중요한 비밀을 가진 채 치료에 임할 수도 있다. 예를 들면, 문란함, 성전환 정체성, 몰래 약물 남용하기, 범죄 전력, 폭식, 근친상간 등을 들 수 있다. 갇힌 듯한 답답함에 환자들은 치료 집단에 참여하고 싶지만, 동시에 자신의 비밀을 집단의 많은 사람과 나누는 것을 기꺼워하지 않는다.

집단을 시작하기 전 개인 면담에서 우리는 이러한 환자들에게 머지않아 자신의 비밀을 집단원과 나누어야 한다는 점을 명백히 밝힌다. 환자가 그 시기를 자기에게 맞도록 조정할 수도 있고 집단에 신뢰감이 생길 때까지 보류할 수도 있으나, 궁극적으로 치료가 진행되기 위해서는 반드시 나누어야 한다는 점을 강조한다. 자신의 비밀을 개방하지 않기로 결심한 집단원은 집단 밖에 존재하는 것과 똑같은 양식, 곧 다른 사람과 관계를 맺을 때의 이중적인 양식을 집단 안에서 되풀이하는 것에 지나지 않는다. 그는 비밀을 지키기 위해 비밀을 개방하도록 유도할지 모르는 모든 경우를 경계해야 한다. 조심과 경계심이 증가하고, 자발성이 감소하며, 비밀을 간직하기 위해 주위에 억제의 거미줄을 계속 치게 된다. 때로는 비밀의 주관적인 의미를 쉽게 이해하지 못할 수도 있다.

42세 경찰관 Vijay는 한 차례 가정폭력 가해 이후 집단치료를 찾았다. 그는 자신의 행동에 엄청난 부끄러움을 느끼고 있었고, 이토록 강렬한 감정에 어떻게 대응해야 할지 모른다는 것을 깨달았다. 그는 집단 및 개인상담에 참여한다는 조건으로 형사 입건되지 않았다. Vijay는 집단에서 자신의 폭력성은 공개했지만, 집단원의 호기심과 난무하는 추측에도 불구하고 직업을 공개하는 것은 거부했다. 직업을 밝히는 것은 치료와 상관없다며 수개월간 비밀을 굳게 지켰다. 나[ML]은 그의 직업을 알고 있었으나 Vijay가 이를 밝힐 때까지 기다릴 수밖에 없었다. 그 외에 그는 집단에 관여하며 감정적 자각과 자기표현을 연습했다.

할머니의 장례식에 참석하기 위해 고향인 인도에 얼마간 다녀온 Vijay는 "제게 남아 있는 비밀을 털어놓으려고 합니다. 저는 경찰관이고, 제가 저지른 행동을 매우 부끄럽게 생각합니다. 장례식을 위해 고향에 다녀오면서 비밀을 지닌다는 것이 얼마나 파괴적일 수 있는지 깨달았어요. 저는 아버지의 학대로 인해 어렸을 때부터 부모님과 떨어져 지냈고, 대신 할머니와 가깝게 지냈어요. 이번에 고향을 방문하면서 할머니가 알고 보니 이슬람교도였고, 힌두교도 마을에서 이름조차 무시당했다는 사실을 알게 되었습니다."

"우리 할머니의 종교는 매우 부끄럽고 생명의 위협을 받을 만큼 위험한 비밀이었습니다. 그 누구도 이에 관해 이야기하지 않았어요. 또한 할머니의 종교 때문에 아버지도 어렸을 때 차별과 괴롭힘을 당했다는 것을 알게 되었습니다. 이러한 사실을 알게 되니 살면서 처음으로 아버지가 측은하게 느껴지더군요. 그제야 아버지가 성장하면서 느꼈을 잔혹함이 그를 잔혹한 아버지이자 남편으로 만들었다는 걸 이해할 수 있었습니다. 이제 저는 제 안의 일부를 무시하는 것이 저를 학대하는 사람으로 만들었다는 걸 알 수 있어요."

Vijay는 모임 내내 감정적이었고, 그가 경찰이라는 것을 이미 짐작했던 집단원들은 이 경험을 자신의 감정적인 영역 주에 막혀 있던 부분을 뚫어 주는 것으로 보게끔 도와주었다. 모임 마무리 단계에서 집단은 Vijay에게 거리감이 크게 좁혀진 것 같다고, 또 그의 신뢰를 존중한다고 말했다.

때로는 비밀을 나중에 이야기하는 것이 적응적이다. 다음 두 환자의 예시를 살펴보자. John은 열두 살 때부터 복장 도착이 있었다. 그는 자주, 그리고 은밀하게 여자 옷을 입었다. Charles는 집단에 참석했을 때 암 환자였다. 그는 자신의 병에 대처하기 위해 많이 노력했다고 말했다. 그는 자기가 2~3년 정도밖에 더 살 수 없다는 것을 알고 있었다. 그는 남은 생을 더 충실하게 살기 위해 집단치료를 찾았으며, 특별히 자기 삶에서 중요한 사람들과 더 친밀한 관계를 맺길 원했다. 이러한 목표는 집단치료의 목표에 적합한 것으로 보였으며, 나[IY]는 그에게 정규적인 외래환자 집단치료를 소개했다(나는 이 환자의 치료 과정을 다른 곳에서 상세히 서술했다).[28]

이 두 환자는 여러 회기 동안 비밀을 드러내지 않았다. 그러자 나는 조급해져서 그들에게 이해한다는 눈길을 보내거나, 완곡하게 참여를 권유하기도 했다. 결국 그들은 완전히 집단과 하나가 되었고, 깊은 신뢰감을 형성하게 되었으며, 약 12회 정도의 모임 후에 완전히 자신을 드러냈다. 돌이켜 보건대, 개방을 늦춘 결정은 매우 현명한 것이었다. 집단원들은 그들이 복장 도착자나 암 환자로서가 아니라, 중요한 인생 문제에 직면한 John과 Charles라는 이름의 한 인간으로 알게 되었다. John과 Charles는 너무 일찍 자기 자신을 드러내면 고정관념이 생길 것이고, 그 고정관념 때문에 집단원들이 자신을 온전히 아는 데 방해가 될 것이라고 걱정했다. 이는 타당한 우려였다.

환자가 자기개방을 늦추는 것이 적절한지, 아니면 치료에 방해가 되는지를 집단지도자가 어떻게 결정할 수 있는가? 맥락을 살피는 것이 중요하다. 비록 완전히 자기개방을 하지는 않거나 느리더라도 자기개방과 신뢰를 향해 점차 나아가고 있는가? John과 Charles가 경험한 것처럼 시간이 흐를수록 자기개방을 하는 것이 더 수월해지는가? 또는 회피와 긴장이 커지는가?

많은 위험을 감수한 자기개방이 노골적인 반대에 부딪히는 일은 거의 없다. 보통 이러한 일이 벌어지지 않게 하는 치료적 영향력이 존재한다. 상습적으로 불륜을 저지른 남성이 본인의 부정을 받아들이고 배우자와 관계를 회복하거나, 자격이 취소된 변호사가 재활을 거친 후 그동안 사취한 피해자에게 보상하고자 하거나, 중증 마약 복용자가 죽음을 두려워하고 삶의 의미를 찾는 경우도 있다. 만약 환자가 어려운 자기개방 이후 집단으로부터 거부당했다면, 치료자는 해당 환자가 본인의 반응 또는 역전이로 인해 집단원의 공격에 동의해 버렸는지 파악해야 한다. 만약 이에 해당한다면, 집단지도자가 즉시 복구 과정을 거치는 것이 필요하다.

종종 큰 비밀에 너무 오래 매달려 있으면 비생산적으로 될 수 있다. 다음 사례를 살펴보자.

Lisa는 6개월간 진행된 집단에 참여한 환자로, 몇 년간 심리학자로 일한 경험이 있으나 15년 전에 치료를 그만두고 사업에 뛰어들어 엄청난 성공을 거두었다. Lisa가 집단에 들어온 이유는 사회생활이 불만족스러워서였다. Lisa는 외롭고 소외되었다고 느꼈다. 그녀는 자신이 타인과의 관계에서 어느 선까지는 매우 가까워지지만 더는 가까워지지 않는다는 것을 알았다. 남에게 친절하고 주의 깊게 남의 말을 들어주지만, 항상 거리를 두고자 한다고 했다. 그리고 이렇게 하는 이유는 타인이 질투하거나 적의를 가지지 않도록 자신의 엄청난 재산을 잘 감추어 놓아야 하기 때문이라고 했다.

치료를 시작한 지 5개월이 되었지만, Lisa는 자신에 대해 드러낼 것이 많이 남아 있었다. Lisa는 자신이 배운 정신치료 기술을 가지고 있었고, 따라서 많은 다른 집단원에게 도움이 되었다. 집단원들은 Lisa의 비범한 직관과 감수성을 대단히 높이 샀다. 하지만 Lisa는 다른 집단원들에게 계속 거리감을 느끼고 있었는데, 사회생활을 할 때의 습관을 집단에 그대로 복제해 놓았기 때문이다. 그녀는 집단에서 자신의 참여에 대해 의논하고자 집단지도자에게 개인 면담을 요청했다. 개인 면담 시간에 치료자는 Lisa에게 재산에 대한 그녀의 걱정과 특히 이전에 정신치료 훈련을 받았다는 사실을 털어놓도록 강력히 권했다. 그리고 시간을 너무 끌 경우, Lisa가 치료자였음을 털어놓았을 때 집단원 중 누군가가 그녀에게 의자를 던져 버릴지도 모른다고 경고했다. 드디어 Lisa는 위험을 무릅쓰고 솔직해지기로 했고, 몇 번 남지 않은 모임이지만 지금까지의 모임을 모두 합한 것보다 더 많이 치료에 도움이 되는 일을 했다.

누군가 자신의 큰 비밀을 털어놓을 때 치료자는 어떤 입장을 취해야 하는가? 이 질문에 대답하기 위해 다음과 같이 구분하는 것이 중요하다. 환자가 커다란 비밀을 털어놓으면, 치료자는 환자가 수직적인 양상이 아니고 수평적인 양상으로 더 개방하도록 도와야 한다. 수직적인 개방은 비밀에 관한 더 깊은 내용을 말한다. 예를 들어, John이 자신의 복장도착증을 개방했을 때, 집단원들의 자연스러운 경향은 그 비밀을 수직적으로 더 탐색하고자 하는 것이었다. 그들은 그가 옷을 바꿔 입는 것에 대해 자세히 질문했다. "몇 살 때부터 그렇게 하기 시작했어요?" "누구의 속옷을 입기 시작했나요?" "옷을 바꿔 입은 후 어떤 성적 공상을 하나요?" "그런 콧수염으로 어떻게 공적인 장소에 여자 복장을 하고 나갑니까?" John은 자신의 비밀을 수직적으로 거의 개방했으나, 그에게 더 중요한 것은 수평적으로 자신을 드러내는 것이었다. 즉, 집단원에게 비밀을 개방했을 때 느끼는 감정이다.

예를 들어, John이 자신의 복장도착증을 드러냈을 때 나[IY]는 다음과 같이 질문했다.

- "John, 당신은 거의 12회 동안 집단에 참가했지만, 이 사실을 공유할 수 없었습니다. 매주 집단에 와서 당신의 비밀에 침묵했던 것이 어땠을지 궁금하네요."
- "이 사실을 우리와 공유하는 일을 예상하는 것이 얼마나 불편하셨습니까? 과거에 당신은 경험을 공유하는 일에 안심하지 못했는데, 오늘은 공유하기로 했어요. 그렇게 마음먹기까지 이 집단에 대한 느낌이나 집단 자체에 무슨 변화가 있었나요?"
- "자신을 드러내는 일에 대해 과거에는 어떤 두려움이 있었나요? 어떤 일이 일어날 거라고 생각했나요? 누가 어떤 방식으로 반응할 거라고 생각했나요?"

위 내용은 공개의 내용으로부터 공개의 상호작용적인 측면으로 이동시키는 지금-여기 성찰 질문의 일부다.

John은 자신이 조롱거리가 되거나, 비웃음을 사거나, 이상하게 여겨질 것이 두려웠다고 대답했다. 지금-여기에 초점을 맞추어 질문을 함으로써, 나는 그를 좀 더 깊이 있는 상호작용 과정으로 이끌었다. "집단 내에서 누가 당신을 조롱할 것 같습니까?" "누가 당신을 이상한 사람이라고 생각할 것 같나요?" John이 몇 명의 집단원을 지목하자 나는 John이 그들과 함께 자기 생각을 검토해 보게 했다. 뒤늦은 자기개방을 비난하기보다 환영해 줌으로써 치료자는 환자를 지지하고 치료적 동맹을 강화한다. 보통은 '집단'에 대한 전반적인 진술로부터 개인적인 진술로 들어가는 것이 도움이 된다. 달리 말해, 집단원 간에 구분을 두도록 요청하는 것이다.

자기개방은 항상 대인관계적 행위다. 중요한 것은 한 사람이 자기 자신을 드러내는 것이 아니라, 타인과의 관계 맥락 속에서 자기를 개방한다는 점이다. 자기개방 행동은 현재 진행되고 있는 관계를 시사해 준다는 점에서 매우 중요하다. 실제 자신을 털어놓아 마음의 짐을 벗는 것보다 중요한 것은 이러한 개방으로 말미암아 타인과 더 깊고, 풍부하고, 복합적인 관계를 갖게 된다는 사실이다.

성적 학대나 근친상간에 대한 자기개방은 특히나 관계적 용어로 채워져야 한다. 성적 학대 피해자들은 학대 자체뿐 아니라 학대 경험을 털어놓았을 때 다른 사람들이 반응하는 방식 때문에도 상처받는 경우가 많다. 학대받은 사실을 가족에게 처음 얘기했다가 그 사실이 부인되거나 비난받고 거절되는 일이 흔하다. 그 결과 치료 집단에서 자기개방을 하려고 생각할 때, 학대 경험을 극복하는 작업을 할 수 있겠다는 희망보다는 자기개방을 했다가 구박받거나 심지어 다시 상처받을 것 같은 두려움을 느끼게 된다.[29] 이러한 현상은 조직과 교육 환경에 만연하다. 행정상의 무지와 부정은 도리어 피해자에게 수치심과 죄책감을 느끼게 하고, 이는 학대만큼이나 트라우마와 배신감을 준다.[30]

만일 한 집단원에게 자기를 개방하도록 심한 압력이 가해지면, 나는 그 환자의 문제와 치료 단계에 따라 다양한 방식으로 반응한다. 예를 들어, 다음과 같이 말함으로써 압력을 감소시키는 것이다. "John에게는 아직 경험을 공유하고 싶지 않은 무언가가 있군요. John이 아직 안정감이나 편안함을 충분히 느끼지 못하는데, 집단이 John이 동참해 주기를 바라는 마음에 조급해진 것 같습니다"(여기서 '아직'이라는 말은 적절한 기대 상황을 나타내므로 중요하다). 이 경우 우리는 John의 입장뿐 아니라 다른 구성원의 관점에서도 집단이 안전하지 못한 구석이 있는지 검토해 보도록 제안할 수 있다. 이를 통해 환자를 압박해 자기개방을 하게 하는 것에서 자기개방을 저지하는 장애요인을 찾는 것으로 집단의 초점을 옮기는 것이다. 환자가 두려워하는 것은 무엇인가? 어떤 끔찍한 결과를 예상하고 있는가? 환자는 집단 내 누구로부터 비난받을 것이라고 생각하는가? 그러나 결국 공개 여부는 환자가 최종적으로 판단하는 것이다. 집단지도자는 계속해서 요청하고 회유하고 촉구할 수 있으나, 동의 없이 환자와의 사전 모임 혹은 다른 치료에서 얻은 정보를 공개할 수는 없다.

환자는 결코 자기개방에 대해 벌을 받아서는 안 된다. 집단에서 일어날 수 있는 가장 파괴적인 상황 가운데 하나는 집단원 간에 갈등이 생겼을 때 집단에서 개방한 개인적이고 민감한 내용을 서로 들추어내는 것이다. 이런 경우 치료자는 적극적으로 개입해야 한다. 그것은 비열한 다툼일 뿐 아니라, 중요한 집단 규범을 와해시키는 것이기 때문이다.

치료자의 적극적인 개입에는 여러 가지 형태가 있을 수 있다. 어떻게 해서라도 치료자는 신뢰가 깨어졌다는 사실에 주목시켜야 한다. 흔히 우리는 이때 단순히 행동을 중단시키고, 갈등에 끼어들어 집단 내에 중대한 사태가 발생했음을 알린다. 그런 다음 공격받은 집단원에게 그 사건에 대한 느낌을 묻고, 다른 사람에게도 느낌을 물으며, 혹시 다른 집단원에게 집단에서 밝히기 어려운 경험이 있는지 질문한다. 집단의 다른 작업은 일시적으로 연기된다. 중요한 점은 자기개방이 중요한 것일 뿐 아니라 안전한 것이라는 규범을 강화하는 것이다. 이러한 규범이 형성된 이후에라야 비로소 치료자는 그 사건의 다른 측면으로 주의를 돌릴 수 있다.

과정상의 규범

집단에서 최적의 진행은 구조화되지 않고, 자발적이고, 자유롭게 상호작용하는 것이다. 그러나 이러한 형태는 자연히 발전되는 것이 아니다. 치료자 편에서 매우 적극적으로 문화를 형성하기 위해 노력해야 한다. 치료자가 맞닥뜨리지 않으면 안 될 여러 가지 경향이 있다. 새로운 집단의 자연스러운 경향은 집단원들이 차례로 돌아가며 한 사람씩 전체 모임을 사용하려는 것이다. 흔히, 말을 시작하는 첫 번째 사람이나 그 주에 가장 부담되는 생활의 위기를 제시하는 사람에게 집단의 순서가 돌아간다. 어떤 집단은 초점을 한 집단원에서 다른 집단원으로 옮기는 데 엄청난 어려움을 겪기도 하는데, 이는 화제를 변경하는 것이 나쁜 형태이거나 무례하거나 남을 배척하는 태도로 간주하는 규범이 형성되어 있기 때문이다. 그러면 집단원들이 침묵에 빠질 수도 있다. 그들은 감히 그 침묵을 깨뜨릴 수 없으며, 자신이 말할 시간을 요청할 수 없다. 게다가 다른 집단원에게 질문도 하지 않는데, 이는 그 사람이 말하기를 속히 중단하기를 은근히 바라기 때문이다.

이러한 형태는 힘 있는 집단의 발달을 방해하고, 종국에는 집단을 좌절시키고 의기소침하게 만든다. 나는 이러한 반치료적 규범에 대해 주의를 환기시키고, 집단이 그런 규범들을 만들었으므로 그것들을 변경하는 힘도 집단에 있다는 사실을 지적하면서 반치료적인 규범에 대해 다룰 것이다.

예를 들어, 집단지도자는 이렇게 말할 수 있다. "제가 지난 몇 주간 지켜본 바로는 전체 모임이 한 사람, 흔히 그날 처음 이야기를 시작한 사람에게 집중되었고, 또한 다른 사람들은 여러 가지 중요한 감정에 대해 침묵을 지킨 채 이야기에 끼어들려고 하지 않았다고 봅니다. 이러한 상황이 어떻게 시작되었는지, 그리고 과연 우리가 이런 상황을 바꾸길 원하는지 의문이 듭니다." 이러한 성질의 말을 하는 것은 집단을 자유롭게 할 것이다. 치료자는 모든 사람이 진실이라고 알고 있는 것을 표명해야 할 뿐 아니라, 진행 형식을 달리 선택할 수도 있다는 것을 제시해 준다.

어떤 집단은 공식적인 '입회 수속' 형식을 발달시킨다. 이 형식은 각 집단원이 지난주의 중요한 사건이나 큰 고통의 순간에 관해 돌아가면서 토론에 참가하는 것이다. 때때로, 특히 불안과 역기능 수준이 높은 사람으로 구성된 집단에서는 이러한 조기 구조가 필요하고, 또 집단을 촉진시킨다. 하지만 우리의 경험에 따르면 대부분 집단에서 공식적 구조가 비상호작용적인 순서에 따라 그때-거기를 이야기하는 집단을 조장한다. 이는 집단에서 다룰 수 있는 범주를 심각하게 제한하며, 이를 권리와 부러움과 경쟁심으로 치부한다. 입회 수속은 '과정'의 문제에 대해 '내용'이라는 해결책이 되어 준다. 우리는 괴로워하는 집단원이 간단히 "오늘 나는 시간이 필요해요"라고 말하며 집단을 시작하고, 집단원과 치료자가 자연스럽게 회기가 진행 동안 각각 다른 집단원에게 주위를 돌리도록 시도하는 형식을 선호한다.

특수화된 단기 집단은 다른 과정상의 규범이 필요하다. 효과적인 시간 관리를 위해 타협이 이루어져야 하고, 지도자는 명백한 구조를 세워야 한다. 이러한 기술의 수정은 15장에서 다루고, 지금은 지도자가 이 장에서 논의한 치료적 규범(지지, 자기개방, 자기탐지, 상호작용, 자발성, 도움의 대리자로서의 집단과 집단원의 중요성)을 세우는 방향으로 집단을 구조화하도록 시도해야 한다는 일반적 원리만을 강조하겠다.

집단원에게 집단의 중요성

집단원들이 집단을 중요하게 생각하면 할수록 집단은 그만큼 더 효과적이다. 우리는 이상적인 치료적 조건은 환자들이 집단 모임을 매주 각자의 생활 중 가장 중요한 것으로 생각하고, 열정적으로 집단 시간을 챙길 때 생긴다고 믿는다. 치료자는 어떤 방법을 사용해서라도 이러한 신념을 강화시켜야 한다. 만일 부득이하게 모임에 참석하지 못하게 되면 사전에 이를 알리고, 내가 불참하게 되어 걱정이라는 염려를 전한다. 나는 모임이 있으면 제시간에 도착한다. 만일 그 집단에 대해 생각해 온 것이 있다면, 그 생각 중 일부를 집단원들과 나눈다. 내가 하는 자기개방은 어떤 것이든 집단을 위해서 하는 것이다. 어떤 치료자들은 이러한 개인적인 자기개방을 피하기도 하지만, 우리는 치료자가 집단을 얼마나 생각하고 있는지 명료하게 표현하는 것이 중요하다고 믿는다. 환자는 자신과 집단이 치료자에게 중요하다는 사실을 가치 있게 여긴다. 나[ML]는 중이염에 걸려 잘 들을 수 없던 와중에 집단에 참여한 적이 있었다. 나는 이 사실을 모임 시작 시에 공지했다. 그럼에도 우리는 생산적인 모임을 했다. 모임의 마지막에 내 고막이 파열해 액체가 귀에서 흘러나오기 시작했다. 물론 나는 이를 인지하지 못했고, 집단원은 이후에도 몇 번씩 이 사건을 집단에 대한 내 헌신의 증거로 언급했다. 또한 집단이 건강 관리에 대해 나에게 피드백하는 계기가 되었다.

집단원들이 자신에게 집단이 얼마나 유용한지 고백하거나, 그 주에 자기가 다른 집단원들에 대해 생각했다고 말할 때 우리는 그들을 강화해 준다. 만약 휴가 시즌이라 2주 동안 집단이 만나지 못한다는 사실에 서운함을 표현하는 집단원이 있다면, 우리는 그런 집단원에게 집단에 밀접함을 느끼는 감정을 표현해 보라고 격려한다. 집단을 소중히 여기는 것이 그들에게 무엇을 의미하는가? 집단이 중단되는 것을 막고 싶은가? 이는 그들이 갈망을 덮어놓기보다 근심을 터놓고 얘기할 장소를 가지는 것을 의미하는가? Marcus라는 젊은 남성은 불가피하게 단기 집단치료의 마지막 모임에 참석하지 못했다. 하지만 그는 집단지도자에게 메일을 보내 이 메시지를 집단원과 공유해 달라고 했다. Marcus의 감사 메시지는 집단지도자와 집단 전체에 심오한 영향을 끼쳤다. "지난 7개월간의 집단치료는 정말 특별했습니다." 그리고 덧붙여 "이제 자신감을 가지고 이 집단을 떠납니다. 이제 저는 저 자신이 자랑스럽습니다. 집단원 여러분과 함께 앉아 듣고 배울 수 있어 영광이었습니다. 평생 잊지 않겠습니다. 여러분 덕분에 저 자신을 고칠 수 있었습니다." 이 강력한 메시지는 집단의 가치를 보여 주었다.

모임에 연속성이 있을수록 더 좋다. 기능을 잘 수행하는 집단은 여러 회기에 걸쳐 문제에 대해 훈습하는 것을 계속한다. 치료자가 연속성을 격려하는 것은 당연하다. 치료자는 사건을 연결시키고 경험을 시간적 배열에 맞추는 집단의 역사가다. "그 말은 John이 2주 전에 했던 말처럼 들리는군요" 또는 "Ruthellen, 당신이 3주 전에 Debbie와 싸운 이후 더 의기소침해지고 위축된 것처럼 보이는군요. 지금 Debbie에 대한 당신의 느낌은 어떤가요?"라는 식으로 말이다.

치료자가 모임을 시작하는 경우는 거의 없지만 그렇게 하는 경우는 모임의 연속성을 제공하기 위함이다. 따라서 다음과 같이 시작할 수 있다. "지난 모임은 아주 격렬했어요!

여러분이 어떤 기분으로 집에 돌아갔는지 궁금해요. 그 기분이 지금은 어떤가요?"

13장에서는 모임 사이의 연속성을 증가시키는 기법인 집단 요약에 관해 기술한다. 수년간 나[IY]는 매주 모임에 대한 상세한 요약을 쓰고, 그것을 모임과 모임 사이에 집단원들에게 보낸다. 이메일 덕분에 이를 전달하는 것이 더욱 쉬워졌다. 이러한 요약이 갖는 중요한 역할 가운데 하나는 환자들을 주중에 집단과 접촉하게 해 준다는 점이며, 이전 모임에서 다룬 특정 주제가 다음 모임에 속개될 가능성을 높여 준다는 점이다.

집단원들이 집단을 정보와 지지가 풍부한 장소로 받아들일 때 집단의 중요성은 증가한다. 집단원들이 자신에 대한 호기심을 표현하면, 나는 여러 가지 방법을 동원해 다음과 같은 우리의 신념을 전해준다. 즉, 그들이 그 정보의 뚜껑을 어떻게 여는지 배우기만 한다면, 집단원들이 자신에 대해 갈구하는 어떠한 정보라도 집단 장면 안에 있다는 것이다. 따라서 Ken이 자기가 너무 지배적이고 타인에게 위협적인 것은 아닌지 궁금해할 때, 이에 대해 반사적으로 다음과 같이 대답했다. "Ken, 이곳에는 당신을 매우 잘 아는 사람이 많습니다. 왜 그들에게 묻지 않죠?"

집단원 사이의 유대를 강화해 주는 사건은 집단의 잠재력을 증가시킨다. 집단원들이 주차장에서 장시간 토론하거나, 하위집단을 형성하거나 비밀을 만들지 않는 한도 내에서 모임이 끝난 후 커피를 마시러 가는 것이 그러하다(이러한 집단 밖의 활동이 부정적 혼란을 가져다줄 가능성을 포함하고 있지 않은 것은 아니다. 이 문제는 복잡한 것으로 11장에서 자세히 논의하겠다).

도움을 주는 사람으로서 집단원

집단원들이 서로 가치 있는 도움을 제공할 수 있다고 인식한다면 집단의 기능은 최상이 된다. 만일 집단이 치료자를 유일한 도움의 원천으로 생각한다면, 그 집단은 자율성과 자기존중을 최고 수준으로 발달시키지 못한다. 이러한 규범을 강화하기 위해 치료자는 집단원들이 서로 도움을 줄 수 있는 사건으로 주의를 집중시킬 수 있다. 또한 치료자는 집단원들에게 좀 더 효과적으로 서로를 돕는 방법을 가르쳐 줄 수 있다. 예를 들어, 한 환자가 모임에서 긴 시간 어떤 주제에 대해 집단과 작업한 후 치료자가 다음과 같이 언급할 수 있다. "Reid, 지난 45분간을 돌이켜 생각해 볼 수 있을까요? 어떤 언급이 당신에게 가장 도움이 되었고, 어떤 것이 가장 도움이 되지 않았나요?"

또는 "Brandon, 오랫동안 그것에 관해 집단에서 이야기하길 원했는데 드디어 오늘 얘기할 수 있었어요. Aliya가 당신이 비밀을 털어놓도록 도와주었는데요. 그녀가 어떻게 했나요? 그리고 Ben이 어떻게 했을 때 위축되었나요?"라고 말할 수 있다. 상호도움의 규범을 무너뜨리는 행동을 암암리에 허용해서는 안 된다. 예를 들어, 만일 한 집단원이 제3의 집단원에 대한 태도와 관련해 다른 집단원에게 따진다고 해 보자. "Fred, 당신은 무슨 권리로 그 일에 대해 Antonio에게 말하는 거죠? 그 일에 관해서는 당신이 Antonio보다 훨씬 안 좋아요"라고 말하는 경우, 나는 다음과 같이 언급하며 개입할 수 있다. "Phil, 내 생각에 당신은 오늘 Fred에게 나쁜 감정을 갖고 있는데, 그 감정의 원인은 삶의 다른 데에 있다고 봐요. 아마도 그것을 다루어야 할 것 같네요. 어쨌든 당신이 Fred가 Antonio와 비슷하기 때문에 도움이 될 수 없다고 말한 것에는 동의할 수 없습니다. 실제로 이 집단에서는 그 반대의 경우가 종종 있었거든요."

지지와 직면

응집력에 관한 논의에서 강조했듯이 집단원들이 치료 집단을 안전하고 지지해 주는 곳으로 지각하는 것은 필수다. 치료라는 긴 과정을 통해 궁극적으로 많은 불편한 문제점이 거론되며 다루어져야 한다. 많은 환자가 분노의 문제를 가지고 있거나, 오만불손하거나, 생색을 내거나, 둔감하거나 혹은 다루기 힘든 문제를 갖고 있다. 이러한 특정한 특질이 집단의 상호작용 중에 드러나지 않으면 치료 집단은 환자를 도울 수 없다. 사실, 그런 특질이 드러나는 것은 치료를 위한 기회로 환영할 일이다. 궁극적으로 치료 집단 내에는 갈등이 일어나야 하고, 그것은 치료 작업에 필수적인 조건이다. 그러나 동시에 집단 초기에 너무 많은 갈등이 발생하면, 초기의 발전을 위태롭게 할 수 있다. 반대 의사를 표현하기에 충분히 자유롭다고 느끼기 전에 집단원들은 안정감을 가져야 하고, 불편한 모임을 기꺼이 참을 만큼 집단에 대해 높은 가치를 두어야 한다.

따라서 치료자는 안전과 지지라는 든든한 기반이 다져진 후에야 갈등을 허용한다는 규범을 가지고 집단을 형성해야 한다. 그런 이유에서 초기에 갈등이 만연하는 것을 막기 위해 치료자의 개입이 필요한 것이다. 다음 사건은 이러한 점을 보여 준다.

새로 생긴 치료 집단에 매우 적대적이고 비판적인 집단원이 두 명 있었다. 세 번째 모임에서는 매우 노골적인 흠 잡기, 빈정댐, 갈등이 있었다. 네 번째 모임은 Sofia(둘 중 한 사람)가 시작했는데, 그녀는 그 집단이 지금까지 자기에게 아무런 도움이 되지 않았다는 점을 강조했다. Sofia는 자기에게 전해지는 모든 긍정적인 이야기를 부정적이고 싸움을 거는 말로 바꿔 버리곤 했다. 예컨대 그녀는 자신을 잘 표현할 수 없으며, 말하고 싶은 것이 많지만 자기가 말을 잘하지 못하기 때문에 알려 줄 수 없다고 불평했다. 다른 집단원이 이에 동의하지 않고 말을 잘하는 사람으로 보인다고 하자, 그녀는 자신에 대한 그 집단원의 판단을 믿을 수 없다며 그에게 시비를 걸었다. 모임이 끝날 무렵 Sofia는 집단원인 Ilene에게 이렇게 칭찬했다. "Ilene, 당신은 여기에서 지금까지 내게 똑똑한 질문을 해 준 유일한 사람이에요." 당연히 Ilene은 이렇게 사람을 호리는 듯한 칭찬을 받은 것에 불편함을 느꼈다.

이 시점에서 나[IY]는 그동안 집단 내에 발전한 적대감과 비판이라는 규범에 제동을 거는 일이 불가피함을 느꼈고, 강력하게 개입했다. 나는 Sofia에게 물었다. "당신이 Ilene에게 한 말에 대해 다른 사람들은 어떻게 느낄까요?"

Sofia는 말문이 막혔고, 헛기침하다가 마침내 그들이 모욕감을 느꼈을 수도 있겠다고 말했다. 나는 Sofia에게 집단의 다른 사람들과 함께 그것을 검토해 보자고 제안했다. Sofia는 그렇게 했으며 그녀의 대답이 정확했다는 것을 알게 되었다. 집단의 모든 집단원이 모욕감을 느꼈을 뿐 아니라, Sofia의 의도된 칭찬을 들은 Ilene 역시 화가 났고 그 말을 피해 버렸다. 그러고 나서 내가 물었다. "Sofia, 당신은 집단을 모욕했고 이러한 일이 일어나리라는 걸 알고 있었던 것 같습니다. 당신이 얻은 것이 무엇인지 궁금해요. 무엇을 얻었습니까?

Sofia는 두 가지 가능성을 제시했다. 첫 번째 가능성은 '다른 사람에게 잘해 주고 거부당하느니, 차라리 모욕하고 거부당하는 것이 낫기 때문'이라고 말했다. 이러한 말은 왜곡된 논리처럼 보였으나, 그럼에도 불구하고 이해할 만한 것이었다. Sofia는 두 번째 가능성으로, '이런 방법으로라도 관심을 끌고 싶었기 때문'이라고 말했다. 나는 "지금처럼 말입니까?"라고 물었다. Sofia는 고개를 끄덕였다. "지금 기분이 어떻습니까?" 하고 묻자, Sofia는 "좋아요"라고 대답했다. "다른 곳에서 당신의 생활은 어떻습니까?" 하고 묻자, Sofia는 "외롭지요. 사실 그래요. 여러분이 지금 내 인생에서 내가 만나는 사람들이에요"라고 솔직하게 대답했다. 나는 과감하게 물어보았다. "그러면 이 집단이 당신에게 정말 중요한 곳인가요?" Sofia는 고개를 끄덕였다. 나는 이렇게 말했다. "당신이 항상 집단의 다른 사람을 비난하는 이유 중 하나가 완전한 솔직성보다 더 중요한 것은 없기 때문이라는 이유였습니다. 그러나 만일 당신이 이곳에서 완전히 솔직해지고자 한다면 우리가 당신에게 얼마나 중요한 사람들인지, 당신이 이 집단에 있는 것을 얼마나 좋아하는지도 우리에게 이야기해야 한다고 생각해요. 그동안 당신은 이런 말을 하지 않았어요. 이곳 사람들이 당신에게 얼마나 중요한지 드러내는 것이 왜 그렇게 고통스럽고 위험하게 느껴지는지를 당신이 성찰할 수 있으면 좋겠습니다."

이때부터 Sofia는 좀 더 회유적인 자세를 취하게 되었다. 나는 다음 사실에 대한 그녀의 동의를 얻음으로써 더 효과적인 수단을 사용할 수 있게 되었다. Sofia가 동의한 사실은 그녀의 적대감과 욕설이 자신에게 문제를 일으킨다는 점, 그리고 그녀가 우리에게 모욕적인 행동을 할 때 그것을 지체하지 않고 지적해 준다면 그녀에게 도움이 된다는 점이었다. 환자로부터 이런 종류의 동의를 얻어 내는 것은 언제나 유용하다. 왜냐면 이후의 모임에서 치료자는 집단원들이 주목받기를 청했던 행동의 특정 측면을 가지고 집단원들과 직면할 수 있기 때문이다. 그들은 이렇게 지적하고 받아들이는 과정에서 그들 자신을 헌신적인 조력자로 수용한 만큼 개입 때문에 자신을 방어해야 한다고 느끼는 일이 거의 없다.

이 장에서 예로 든 치료자의 행동 중 많은 부분이 의도적이고, 현학적이며, 심지어 독단적으로 보일 수도 있다. 이는 치료 과정의 다른 측면에서 치료자에게 듣고 싶은 비판단적, 비지시적, 반영적mirroring 또는 명료한 설명이 아니다. 하지만 치료자가 집단 형성이나 문화 형성이라는 과제를 신중하게 들여다보는 일은 지극히 중요하다. 집단 내에서 벌어지는 일은 치료적 기회를 만들거나 망치게 된다. 따라서 이러한 과업은 광범위하게 치료자의 작업에 기초가 되며 치료자가 해야 하는 모든 다른 일에 우선한다.

이제는 치료자의 세 번째 과제인 지금-여기에서의 활성화와 명료화에 관해 살펴보겠다.

6장

치료자: 지금-여기에 임하기

광범위하고 지속적인 행동과 성격 변화의 효과를 보고자 하는 정신치료 집단이 다른 집단, 예컨대 12단계 집단, 심리교육집단, 사회 기술 훈련집단, 암 지지집단 등과 다른 주요한 차이는 정신치료 집단이 지금-여기의 경험을 매우 강조한다는 점이다. 그러나 개입하기 위한 수단으로서 고도로 구조화된 집단을 포함한 모든 치료 접근법은 치료자가 지금-여기를 이해하고 알아보며 활용하는 능력이 있을 때 이를 통해 덕을 본다. 집단 역학과 집단원 모두의 관계에서 미묘한 차이를 알아차리는 치료자들은 집단 과업을 다루는 데 능숙하다. 이는 집단 과업이 더 깊은 집단과 대인관계의 탐색 또는 해석을 치료 중심에 두지 않는 경우에도 그렇다.[1]

앞서 2장에서 지금-여기의 사용에 대해 몇 가지 이론적 토대를 제시했다. 이제 집단치료에서 지금-여기를 임상적으로 적용하는 일에 초점을 맞추고자 한다. 우선, 이 책에서 가장 중요한 내용일 수도 있는 다음의 원리를 마음에 새겨 두어야 한다. 지금-여기에 초점을 두는 일은 그것이 효과적이기 위해서는 다른 하나가 없이는 나머지 것도 치료적인 힘을 갖지 못한다는 두 가지 공생적 측면이 있다.

첫 번째는 경험하는 것이다. 집단원들은 지금-여기에 살고 있다. 집단원들은 그 집단의 다른 집단원들과 치료자 및 집단에 대한 강한 감정을 발달시킨다. 지금-여기에서 느끼는 이러한 감정은 집단의 주된 화제가 된다. 여기서 이루어지는 논쟁은 비역사적이다. 즉, 모임에서 당면하고 있는 사건들은 그 집단원들의 현재 바깥 생활이나 먼 과거의 사건들보다 우선한다. 이 초점은 각 집단원의 축소된 사회를 발전시키고 드러내는 것을 용이하게 해 준다. 또한 피드백, 정화, 의미 있는 자기개방, 사회화 기술의 습득을 수월하게 한다. 그 집단은 더 활기차게 되고, 모임에서 주인공이 되고 있는 사람뿐 아니라 집단원 모두 모임에 열의를 가지고 개입하게 된다.

그러나 두 번째 측면, 즉 과정에 대한 명료화illumination of process가 없이는 지금-여기에 초점을 두는 것은 유용성에 한계를 가진다. 만약 대인관계 학습이라는 강력한 치료적 요인이 작용하려면, 집단은 과정을 인식하고 검토하고 이해해야 한다. 집단은 스스로 검토하지 않으면 안 된다. 즉, 집단 속에서 이루어지는 상호작용을 탐색해야 한다. 집단은 순수한 경험을 넘어 그 경험을 의미 있게 통합하려고 시도해야 한다.

따라서 지금-여기의 효과적인 사용에는 두 가지 단계가 필요하다. 집단은 지금-여기에 살고 있으며, 또한 집단은 자기 자신에게로 되돌아와 방금 일어난 지금-여기의 행위를 검토한다.

만약 첫 번째 측면인 지금-여기의 경험만 제시된다고 해도 집단의 경험은 여전히 강렬할 것이고, 집단원들은 깊이 몰입되는 것을 느끼며, 정서적 표현이 고양되고, 집단원들은 "와, 그건 강력한 경험이었어!"라는 점에 동의하면서 집단을 마치게 될 것이다. 그러나 또 한편 그 경험은 순간적인 것으로 밝혀질 것이다. 왜냐하면 집단원들은 자신에 대해 집단 체험을 유지하고, 그것으로부터 일반화하고, 대인관계적 행동을 확인하고 바꾸며, 배운 것을 일상적 상황에 적용하게 해 줄 인지적 틀을 갖추지 못했기 때문이다. 실제로 이와 같은 상황은 정확히 과거에 참만남 집단을 이끌었던 지도자들이 범했던 과오다.

한편, 만약 지금-여기의 두 번째 측면(과정에 대한 검토)만 있다면 집단은 자체의 활력과 의미를 잃는다. 집단은 무미건조한 지적 연습으로 변질되고 만다. 이러한 오류는 지나치게 형식적이고, 냉담하며, 경직된 치료자들이 저지른다.

따라서 치료자는 지금-여기 안에서 두 가지 구분된 작업을 수행해야 한다. 즉, 지금-여기로 집단을 나아가게 하는 것과 자기반영의 순환 과정으로 안내하는 것(또는 과정 언급)이다. 지금-여기로 나아가게 하는 기능의 상당 부분은 집단원들과 함께 할 수 있다. 그러나 과정 언급의 대부분은 치료자의 과업으로 남아 있는데, 그 이유에 대해서는 후에 살펴볼 것이다.

대부분 집단치료자는 지금-여기에 역점을 두어야 한다는 것을 이해한다. 이 역점을 유지하는 것은 쉽지 않으나 효과적인 집단치료에 필수적인 요소이며, 더 나은 임상적 결과와도 관련이 있다.[2] 한 대규모 조사에 따르면, 노련한 집단치료자들은 지금-여기를 활성화하는 것이 현대 집단치료자들의 핵심 기술이라고 강조한다.[3] 규모는 작으나 상세하게 조사된 연구조사에서 집단치료자들의 해석을 분류했는데, 그 결과 60% 이상의 해석이 지금-여기(행동 패턴이나 행동의 영향)에 집중되어 있었고, 반면 약 20%는 과거의 원인에, 약 20%는 동기motivation에 초점을 맞추고 있음을 발견했다.[4]

과정의 정의

이 책의 전반에 걸쳐 자유롭게 쓰이고 있는 과정이라는 용어는 법학, 해부학, 사회학, 인류학, 정신분석학, 기술記述적 정신의학과 같은 많은 분야에서 매우 전문화된 의미를 지닌다. 상호작용적 정신치료에서도 과정이 구체적이고 전문적인 의미를 갖는데, 상호작용하는 개인(집단원과 치료자) 간 관계의 본질을 말한다.[5] 앞으로 살펴보겠지만 과정을 온전히 이해하기 위해서는 많은 요인을 고려해야 하는데, 여기에는 집단원들의 내적 심리세계, 대인관계적 상호작용, 집단 전체의 힘, 집단의 임상적 환경, 그리고 집단이 자리한 사회문화 또는 정치적 환경 등이 포함된다.[6]

과정을 내용과 대비시켜 보는 것도 도움이 된다. 토론을 벌이는 두 개인을 생각해 보자. 토론 내용은 명시된 단어, 실질적인 쟁점 및 주장된 논쟁으로 구성된다. 과정은 이와는 전적으로 판이하다. 우리가 과정에 관해 질문할 때, 우리가 묻는 것은 '이러한 명시된 단어들, 참석자들의 스타일, 토론의 본질이 참석자들의 상호 대인관계에 대해 무엇을 말해 주는가?'이다.

과정-지향적 치료자의 관심은 환자 발언의 언어적 내용이 아니라, 그가 '어떻게' 그리고 '왜' 그 발언을 했는가 하는 것이다. '어떻게'와 '왜'라는 질의는 환자와 다른 사람과의 관계를 규명해 주기 때문이다. 따라서 치료자는 메시지의 소통관계적metacommunication[12)] 측면에 초점을 맞추고, 관계의 측면에서 왜 환자가 이 시점에 이 사람에게 이와 같이 발언하고 있는지 궁금하게 여긴다. 메시지가 지니는 효과의 일부는 말로 직접 전달되고, 일부는 뉘앙스나 억양, 음조 그리고 말투 등의 준準언어적 방식으로 전달된다. 그리고 일부는 행동 또는 자세와 신체를 통해 표현되기도 한다.[7] 의사소통의 실제 효과와 전달자의 의도가 어떻게 관련되는지를 확인하는 것이 치료 과정의 중심 사항이다. 집단 내 사회적 소우주를 탐구하는 것으로 개인 간의 상호작용 양상, 신념과 바람을 알아낼 수 있다.

예를 들어, 다음의 상호교류를 생각해 보자. 강의 시간에 한 학생이 손을 들고 질문했다. "언제부터 전미 정신의학협회가 동성애를 정신질환에서 제외했습니까?" 강사는 '1974년'이라고 답했는데, 이 답변을 듣고 학생이 "선생님, 1973년 아닙니까?"라고 다시 질문했다. 그 수강생은 정답을 알면서 질문한 것이다. 그렇다면 이 학생이 질문한 동기는 정보를 얻기 위한 것이 아님이 명백하다(만약 답을 알고 있다면 그 질문은 질문이 아니다). 이 상호교류의 과정은 어떤가? 아마도 그 학생은 지식을 과시하거나 또는 강사에게 창피를 주고 이기려고 질문한 것이다!

흔히 두 사람 사이의 상호작용 안에서보다는 집단치료 장면에서 과정을 이해하는 것이 더 복잡하다. 우리는 한 가지 발언 뒤의 과정뿐 아니라, 한 명의 환자 또는 여러 명의 환자가 진술한 일련의 발언 이면의 과정을 살펴본다. 집단치료자는 특정한 일련의 발언이 환자와 다른 집단원과의 관계에 대해, 집단원 무리나 파벌 간의 관계에 대해, 집단원과 지도자의 관계에 대해, 또는 집단 전체와 집단의 주된 과업 간의 관계에 대해 무엇을 말해 주는지 이해하고자 노력한다. 저명한 집단분석가 John Schlapobersky는 집단의 과정을 평가하기 위해 다음의 내용을 주기적으로 되새겨볼 것을 장려했다. '누가 발언하는가?', '발화의 대상은 누구인가?', '발화의 내용은 무엇이며, 내용에 포함되어 있지 않은 것은 무엇인가?'[8]

다음의 몇 가지 임상적 사례가 그 개념을 더 분명하게 보여 줄 것이다.

집단치료 모임 초기에 있었던 일이다. Burt는 집요하며 무엇이든 열심히 하는 대학원생이었다. 그는 집단 전체에 대해, 특히 (순진하고, 네 아이의 어머니인) Rose를 향해 "부모 노릇이란 형편없는 짓이야!"라고 소리쳤다. 이러한 자극적인 언사는 집단으로부터 큰 반응을 불러일으켰다.

---

12) 소통관계(metacommunication)는 의사소통에 대한 의사소통을 의미한다. 예를 들어, 다음의 언급을 비교해 보라. "문 닫아!", "추우실 텐데 문을 닫으시겠어요?", "제가 좀 추운데, 문을 닫아 주시겠어요?", "왜 이 문이 열렸지?" 이러한 언급은 각각 단순한 요청이나 명령 이상의 훨씬 더 많은 것을 내포하고 있다. 각각은 소통관계를 전달하고 있다. 즉, 상호작용하는 두 사람 간 관계의 본질에 대한 메시지가 있다.

왜냐하면 집단원 모두에게 부모가 있었고, 그중 많은 사람이 또한 부모였기 때문이다. 결국 한바탕 소동을 치르느라 나머지 집단 시간이 소비되었다.

Burt의 진술을 완전히 내용 측면에서만 볼 수도 있다. 실제로 집단 속에서 그는 그렇게 말했다. 집단원들은 Burt와 더불어 부모라는 것의 미덕과 비인간적인 측면을 놓고 토론을 벌였다. 이러한 토의는 감정이 실려 있기는 했으나 지적인 것이었고, 누구도 그들의 치료적 목표에 더 가까이 다가가지 못했다. 결과적으로 그 집단은 모임에 실망했고, 그 모임을 엉망으로 만들어 버린 자신들과 Burt에 대해 노여워했다.

다른 한편, 치료자는 아래의 여러 관점 중 하나로 Burt가 말한 진술의 과정을 고려했을 수 있다.

1. 왜 Burt는 Rose를 공격했을까? 그들 사이의 대인관계 과정은 어떤 것이었을까? 실제로 두 사람은 오랫동안 갈등을 쌓아 두고 있었으며, 이전 모임에서 Rose는 만약 Burt가 재능 있는 사람이라면 무엇 때문에 서른두 살이 되도록 아직 학생 신분인지 의아해했다. Burt는 Rose를 애들에게 젖 물리는 역할밖에 하지 못하는 열등한 존재로 보았다. 한번은 Rose가 결석했을 때 그녀를 가리켜 애 낳는 기계라고 말했다.
2. Burt는 왜 배움이 많지 않은 사람들에게 그렇게 비판적이고 편협한 태도를 취할까? 왜 Burt는 항상 패배하거나 굴욕당한 적敵의 시체 위에 올라섬으로써 자기의 자아존중감을 유지하는 것일까?
3. Burt가 Rose를 몰아세우기로 마음먹었다고 해도 왜 그렇게 간접적으로 공격했을까? 이것이 Burt가 가진 공격성의 표현 특징인가? 아니면 누구도 섣불리 직접적으로 자기를 직접 공격할 수 없게 하는 Rose의 특성인가?
4. 왜 Burt는 자극적이며 방어할 수 없는 언사가 분명한 말을 함으로써 집단 전체로부터 공격을 자초했을까? 비록 내용은 달랐지만, 이전에도 여러 번 자신을 비슷한 상황에 빠뜨린 적 있었던 Burt와 집단 사이에 이번 일은 낯설지 않았다. 왜 그럴까? 이와 같은 방식으로 다른 사람과 관계할 때가 Burt에게는 가장 편안하다는 것

이 가능할까? 그는 자기가 싸움을 좋아한다고 말한 적이 있다. 아닌 게 아니라 그는 집단에서 소란이 일어나기를 기대했다. 어린 시절 그의 집안 환경은 확연히 공격적인 분위기였다. Burt가 참여할 수 있는 형태(아마도 유일하게 가능한 것)는 싸움뿐일까?

5. 집단 전체의 폭넓은 관점에서 과정을 살펴볼 수도 있다. 집단에서 있었던 이와 관련된 사건들을 살펴보아야 한다. 지난 두 달 동안 집단은 일탈적이고, 분열적이며, 부분적으로 청각장애인 구성원인 Kate에 의해 장악되어 있었다. 그녀는 2주 전에 보청기를 얻는 대로 돌아오겠다는 체면치레 같은 구실을 내걸고 집단을 떠났다. 집단은 Kate 같은 사람이 필요했고, 그래서 Burt가 단지 희생양이라는 요청된 역할을 담당하고, 치료자처럼 다른 이로부터 공격성을 앗아간 것은 아닐까?
6. 갈등이라는 지속적인 분위기를 통해, 또 비개인적인 단어로 단일한 주제에 대해 논의하는 데 기꺼이 전체 회기를 소비함으로써, 집단은 무언가를 회피하려고 한 것일까? 집단이 회피하려는 것은 집단이 Kate를 거부한 것에 관한 집단원들의 느낌, 그들의 죄책감 또는 자신들도 Kate와 비슷한 처지에 빠질 수 있다는 데 대한 두려움 등을 정직하게 논의하는 것이었을 수 있다. 혹은 자기개방이나 친밀감으로 인해 예상되는 위험을 회피하려고 한 것은 아닐까?
7. 집단은 Burt(그리고 Kate)를 통해 치료자에게 무언가를 말하고 있는 것일까? 예컨대 Burt는 실제로는 공동 치료자들을 겨냥했지만, 그들에게서 빗겨 난 것일 수도 있다. 집단원들은 랍비와 같이 훈시나 하는 초연한 인물인 치료자들을 공격하거나 그들과 충돌하는 일이 전혀 없었다. 확실히 치료자를 향해 강하지만 회피하려는 감정이 있었다. 그 감정은 치료자들이 Kate를 돕는 데 실패했고 또 그들이 Kate가 집단을 떠나도록 수동적으로 동조했다는 데서 더욱 심화되었다.

이러한 관찰 중 어느 것이 정확한가? 치료자는 이들 가운데서 어떤 것을 효과적인 개입으로 보고 사용할 수 있을 것인가? 물론 그중에 어떤 것도 옳지 않을 수 있고, 또는 전부 옳을 수도 있다. 그것들은 상호 배타적인 것이 아니다. 왜냐면 이들은 상호교류를 약간씩 다른 관점에서 본 것이기 때문이다. 하지만 중요한 점은 이렇다. 상호작용의 이면에 잠재해 있으면서 주인 노릇을 하는 요인이 무엇인지 숙고해 보는 것으로부터 치료자는 과정에 초점을 맞추기 시작한다. 이러한 입장을 순차적으로 명료화함으로써, 치료자는 집단 생명의 여러 측면에 초점을 맞추게 할 수 있었다. 그렇다면 치료자는 어떤 것을 선택해야 하는가? 초보 지도자의 경우 더 거대한 패턴이나 집단 과정에 대한 인지 없이 잠재적 역동에 수동적으로 대응할 수 있는 만큼, 이는 여러 선택지가 존재하는 어려운 질문이다.[9]

치료자는 일차적으로 집단이 당면한 요구를 고려해 이를 바탕으로 선택해야 한다. 그 특정 시점에 집단은 어디에 있었는가? 최근 그 집단이 Burt의 문제에 너무 집중한 나머지 다른 집단원들을 지루하게 하고, 참여하지 못하게 했으며, 제외시킨 것은 아니었을까? 그러한 경우 치료자는 집단이 피하는 것이 무엇인지 궁금증을 드러냈을 수 있다. 치료자는 비슷한 논쟁으로 불만족스럽게 끝난 지난 모임을 집단에 환기시키거나, 집단원 중 한 사람에게 그가 논의에 수동적이었으며 명백히 참여하지 않는 이유를 물어봄으로써 그가 이런 점을 말로 표현하도록 도왔을 수도 있다. 만약 집단의 의사소통이 지나치게 간접적이었다면, 치료자는 Burt의 공격이 지나칠 정도로 간접적이었다는 것을 지적하거나 또는 집단이 피드백을 통해 Burt와 Rose 사이에 어떤 일이 일어났는지 명료화하도록 집단에 요청할 수도 있었다. 이 집단에서처럼 만약 하나의 중요한 사건(Kate의 이탈)이 강하게 기피되면 그 일은 짚고 넘어가야 한다.

다른 집단에서 있었던 일이다. Saul은 깊은 고립감 때문에 치료받기를 원했다. 그는 초기집단(primary group)에 한 번도 속해 본 적이 없다고 느꼈기 때문에 집단치료 경험에 특별히 관심이 있었다. 그는 가족 안에서조차 자신이 이방인이라고 느꼈다. 그는 일생 동안 차가운 유리창에 코를 바싹 붙이고, 그 안의 집단에서 일어나는 유쾌하고 온정적인 분위기를 몹시 동경하며 바라보는 방관자였다.

Saul의 네 번째 치료 모임은 다른 집단원인 Barbara가 자신에게 매우 중요한 어떤 남자와 막 헤어졌다고 털어놓음으로써 시작되었다. Barbara가 치료받게 된 중요한 이유는 그녀가 남자와 관계를 지속할 수 없다는 것이었고, 그 모임에서 매우 괴로워했다. Barbara는 자신의 고통을 마음에 사무치게 묘사했고, 집단은 그녀의 감정에 휩쓸렸다. 집단원 모두 매우 감동을 받았다. 나[IY]는 Saul의 눈에도 눈물이 고여 있음을 문득 보게 되었다.

Saul을 제외하고 집단원들은 Barbara를 도우려고 그들이 할 수 있는 모든 일을 했다. 그들은 휴지를 건넸고, 또 Barbara의 강점을 상기시켜 주었다. 그들은 Barbara가 사람을 잘못 선택했고 그 남자는 신통치 못한 사람이었다면서, 오히려 "그러한 얼간이에게서 벗어날 수 있어서 다행"이라는 말로 안심시켰다.

그때 갑자기 Saul이 "나는 오늘 여기에서 일어나고 있는 일이 마음에 들지 않아요. 그리고 이런 식으로 진행되는 것도 싫어요"라고 말했다. Saul은 계속 설명하기를, 집단원들이 Barbara의 옛 남자친구를 비난할 정당성이 없다고 했다. 그들은 Barbara의 남자친구가 어떤 사람인지 모르고 있으며, 오직 Barbara의 눈을 통해서만 그를 보고 있는 데다가, Barbara가 그를 왜곡시켜 묘사할 가능성이 있기 때문이라는 것이다. (Saul이 이러한 문제에 예민하게 반응하는 데는 그럴 만한 개인적 사정이 있었다. Saul은 재작년에 이혼했고, 그의 아내는 한 여성 후원집단에 나갔으며, Saul은 아내가 나갔던 집단에서 '얼간이'가 되었다고 상상했기 때문이다.)

Saul의 지적은 모임의 전반적인 분위기를 바꾸었다. 부드러움과 지지가 사라진 것이다. 방 안 분위기가 싸늘해졌고, 집단원 사이의 훈훈한 유대는 깨졌다. 사람들은 모두 불안해했다. 나는 정당한 비난을 받고 있다고 느꼈다. Saul의 입장은 기법적으로 옳았다. 즉, 집단이 Barbara의 전 남자친구를 비방한 일은 아마도 잘못이었을 것이다.

내용에 대해서는 이 정도만 언급하고, 이제 이 상호작용의 과정을 살펴보겠다. 첫째, Saul의 발언이 그를 집단 밖으로 밀어냈음에 유의하라. 나머지 집단원들은 집단의 훈훈하고 지지적인 분위기에 매료되어 있었는데, Saul은 자기 자신을 이 분위기로부터 스스로 제외시켰다. Saul의 주된 불만은 자신이 한 집단의 구성원이 아니라 이방인이었다는 점에 유의해 보자. 이 모임은 그와 같은 일이 어떻게 벌어질 수 있는지 아주 잘 보여 준다. 4회째 모임에서 Saul은 집단을 자살 특공대 스타일로 공격함으로써 그토록 함께하고 싶었던 집단으로부터 스스로 이탈했다.

두 번째 문제는 Saul이 말한 것이 아니라 말하지 않은 것과 관계가 있다. 집단의 초반에 Saul을 제외한 모든 사람은 Barbara에게 따뜻하고 지지적인 발언을 해 주었다. Saul이 Barbara에 대해 지지적이었음을 나는 의심하지 않는다. 그의 눈에 맺힌 눈물이 그 점을 말해 준다. 하지만 그는 왜 말 없이 있기로 작정했을까? 왜 따뜻하고 지지적인 자아가 아닌, 비판적인 자아로만 반응하려는 것일까?

이렇게 상호작용하는 과정을 탐색함으로써 Saul에 대한 매우 중요한 문제에 접할 수 있다. Saul은 자신의 부드럽고 애정적인 부분을 표현하는 것을 어려워하는 것이 분명했다. Saul은 상처받기 쉬워지고 자신의 의존적 갈망이 노출되는 것을 두려워했다. 그는 집단의 한 사람이 됨으로써 그의 뚜렷한 개성, 즉 그 자신을 잃을까 봐 두려워했다. 그가 공격성, 빈틈없는 경계, 완고한 정직(긍정적인 의미가 아니라 부정적 의미의 정직)을 고수하는 배후에는 항상 수용과 사랑에 대한 부드럽고 순종적인 아이의 갈망이 있었다.

임상심리학 인턴들의 T-그룹(경험적 훈련집단)에서 집단원 중 한 사람인 Robert가 보통 침묵으로 일관하는 몇몇 집단원이 기여하지 않아 아쉽다고 말했다. Robert는 이들 중 두 사람에게 그들이 좀 더 적극적으로 참여할 수 있도록 자기나 다른 사람들이 도울 만한 것이 있는지 물어보았다. 그 두 사람과 집단의 다른 사람들은 Robert를 야멸차게 공격하는 것으로써 응답했다. 집단은 Robert 자신의 기여가 실질적으로 가치 있지 않고, Robert 역시 전체 모임에서 침묵하기도 했으며, 집단에서 자신의 감정을 결코 진솔하게 표현하지도 않았다고 지적했다.

내용의 수준에서 본다면, 이러한 상호작용은 당혹스러운 것이다. Robert는 묵묵히 있는 집단원에 대해 관심을 표현했지만, 그의 배려는 완전히 공격받았다. 그렇지만 과정의 차원에서 본다면, 즉 관계의 차원에서 본다면 매우 중요한 의미가 있다. 집단원들은 주도권 쟁탈에 깊이 몰두하고 있었고, Robert의 발언에 대한 그들의 내면적 반응은 "당신이 뭔데 말할 권리를 준다는 거지? 당신이 여기서 주인이나 지도자쯤 되는 모양이지? 만약 우리가 당신이 우리의 침묵에 대한 해결방법을 제시하게 한다면, 그건 당신이 우리를 지배한다는 걸 받아들이게 되는 거라고"였다.

또 다른 집단에서 거만한 회사 중역인 Kevin은 다른 집단원들(주부, 교사, 사무원, 가게 주인 등)로부터 자신이 직면한 문제에 대해 도움을 받고자 집단에 참여했다고 말했다. 그의 문제는 직원의 50%를 즉각 해고하라는 명령을 받았다는 것이었다. 그는 직원 40명 중 20명을 해고해야만 했다.

문제 내용이 흥미를 끄는 것이라 집단은 45분 동안 정의냐 연민이냐를 놓고 논의했다. 즉, 가장 유능한 사람을 남겨 두느냐, 부양가족이 많은 사람을 남겨 두느냐, 또는 다른 직업을 구하기 어려운 사람을 남겨 두느냐 하는 것이었다. 인간관계에 관한 중요한 문제인 만큼 집단원 전원이 즉각 논의에 개입했음에도 불구하고, 치료자는 그 장면이 비생산적이라는 느낌을 강하게 받았다. 그런 식의 논의는 만찬 모임이나 여타의 사교 모임에서 벌어져야 하는 듯했다. 게다가 시간이 지나면서 점점 분명해지는 것은 Kevin이 이 문제의 모든 측면을 궁리하느라 이미 상당한 시간을 소비했으며, 누구도 그에게 새로운 해결책이나 제안을 할 수 없었다는 점이다. 집단 회기는 진정으로 집단 작업을 하는 것이 아니라 집단 작업으로부터의 도피였던 것이다.

지속적으로 내용에 초점을 두는 것은 집단을 좌절시킨다. 그래서 치료자는 과정에 대해 생각해 보기 시작했다. 즉, 이 내용이 Kevin이 다른 집단원들과 맺는 관계의 본질에 대해 무엇을 말해 주는가? 모임이 진행되는 동안 Kevin은 두 차례에 걸쳐 자신의 월급 액수를 밝혔다(그의 월급은 다른 집단원들의 월급에 두 배나 되었다). Kevin이 설명하는 가운데 그가 명백히 꾀하고자 했던 것은 다른 사람들이 자신의 재력과 능력을 알아주었으면 하는 것이었다.

그 과정은 치료자가 전에 있었던 모임을 상기시켰을 때 더 분명해졌다. 지난 모임에서 Kevin은 다른 사람들에게 심한 공격을 받았다. Kevin은 자기의 종교적 신념을 사용해 다른 사람의 행위를 비난했지만, 자기의 혼외정사나 강박적으로 거짓말하려는 경향에 대해서는 그렇게 하지 않았기 때문이다. 그 모임에서 Kevin은 항상 '뻔뻔한 사람'으로 통했는데, 이는 그가 다른 사람들에 대해 완전히 둔감했기 때문이었다. 하지만 이런 비난에도 불구하고, 그는 영향력 있는 집단원이었다. 집단 모임에서 그는 한결같이 가장 활력적이고 중심적인 인물이었다.

과정에 대한 이러한 정보를 바탕으로 수많은 대안을 활용할 수 있다. 치료자는 특히 지난 모임에서 체면이 상실된 이후 Kevin이 특권을 얻으려고 시도하는 것에 초점을 둘 수 있다. 비난하는 말투가 아닌 방식으로 말하면서 이러한 추이를 분명히 해 줌으로써, 그가 집단원들이 자신을 존경하고 부러워하게 만들고픈 절박한 요구를 깨닫게 해야 한다. 동시에 Kevin의 행위 저변에 있는 자기 패배적 측면을 지적할 수 있다. Kevin이 그렇게 되지 않으려고 애씀에도 불구하고 집단은 그에게 분개하게 되었고 때때로 조소하기도 했다. 아마도 Kevin은 직원들을 해고하는 데 따르는 자신의 인간적인 고뇌를 멜로드라마 같은 방식으로 집단과 공유하면서 뻔뻔한 사람이라는 인상을 바꾸려고 했을 것이다.

치료자가 선택할 수 있는 방식은 다양하며, 개입 양상은 Kevin의 방어 정도에 달려 있다고 하겠다. 만약 그가 상처받기 쉽거나 까다로운 사람처럼 보인다면, 치료자는 Kevin이 지난 모임에서 무척이나 가슴 아팠을 거라고 짚고 넘어갈 수 있다. 만약 Kevin이 개방적이라면, 치료자는 Kevin이 다른 사람으로부터 어떤 종류의 반응을 받으면 좋겠는지를 직접 물어볼 수 있다.

어떤 치료자는 내용에 관한 논의에 끼어들어 집단에 Kevin의 질문이 지난주와 어떤 관련이 있는지 묻는 것을 선호할 수도 있다. 또한 치료자는 집단이 매주 Kevin을 무대의 중심에 기꺼이 두려는 것을 성찰하게 함으로써 전혀 다른 유형의 집단 과정에 주의를 쏟게 할 수도 있다. Kevin의 독점에 대해 집단원들이 느끼는 점을 토의하게 함으로써 집단원 각자가 자기와 Kevin과의 관계를 탐색해 보도록 유도할 수도 있다.

명심할 것은 치료자들이 과정에 대해 질문하기 전에 모든 해답을 알 때까지 기다릴 필요가 없다는 것이다. 사실, 최초 과정 질의는 과정을 이해하는 데 중요할 수 있으며, 확실한 것을 기대하기 전에 집단원들에게 단순히 다음과 같이 질문하면서 과정에 대한 질문을 시작할 수 있다. "여러분은 오늘 모임을 지금까지 어떻게 경험하고 있나요?" 또는 약간의 추론을 사용할 수도 있다. "이 사안에 대해 여러분이 뭔가 반응하는 것처럼 보이는군요." 어떤 경우에는 치료자가 더 높은 수준의 추론을 하면서 정확하고 해석적으로 개입할 수도 있다. "Kevin, 당신은 이 집단 안에서 몹시 존경받기를 원하는 것처럼 느껴집니다. 지난주에 '뻔뻔한 사람'이라는 얘기를 들은 것이 오늘 직원을 해고해야 하는 문제를 꺼낸 것과 어떤 식으로든 연관된 것이 아닌가 싶어요."

물론 우리의 관심사는 집단치료의 적용이지만, 과정 인지와 메타 소통의 기술은 모든 분야의 정신건강 전문가의 집단치료 훈련에 필수적으로 작용한다. 다음 예시에서 나타나듯, 이는 드러나는 의사소통 이면의 팀 또는 조직 역학을 파악하게 해 준다.

대학병원 정신건강의학과의 과장으로서 나[ML]는 임박한 코로나19 대응 회의에 참여했다. 이미 몇 년 전 우리 병원과 일대 사회는 SARS로부터 심각한 피해를 받았다.[10] 당시 수많은 병원 직원이 격리되었는데, 그중 일부는 심각해서 중환자실에 입원했고, 의사와 간호사 일부 또한 SARS에 감염되었다.

병원 내 모든 과장과 선임 운영진이 참여한 대응 회의에서 논의가 극적으로 과열되었다. 한 참여자는 유행이 파국으로 치닫는 것 같다고 말했다. 또 다른 참여자는 과민 반응은 필요치 않으며, 큰 피해 없이 지나갈 것이라 반응했다. 점점 의견이 양극화되면서 감정적으로 갈등이 고조되었고, 교착상태에 접어들었다.

이 시점에서 나는 이 논의를 심리학적 측면에서 바라보는 것이 도움이 될 것 같다고 발언했다. "SARS 트라우마 이후 잠재적인 새로운 위협에 직면한 우리의 반응은 강력한 재경험과 깊은 두려움의 감정부터, 회피, 최소화 또는 부정의 감정까지 다양합니다. 양극화된 반응 모두 진실의 일부 요소를 가집니다. 두 반응을 모두 활용해 병원과 환자와 직원을 위한 의미 있는 계획을 세워야 합니다."

이러한 개입으로 고조된 긴장을 해소하고 상호 간 이해를 높여 작업 및 계획 과정을 재개할 수 있었다.

과정 집중: 집단의 원동력

지금-여기에 대한 과정 집중은 단순히 수많은 과정적 접근 가능성 중 하나가 아니다. 이와는 반대로 과정 집중은 모든 효율적인 상호작용 집단에 필수 불가결한 공통분모다. 우리는 너무도 자주 이 효과에 관한 이야기를 듣는다. "경험집단들(치료 집단, T-집단, 집단치료학회 집단 등)에 관해 어떤 말이 오간다고 할지라도, 우리는 그러한 집단이 강력하다는 점, 즉 그 집단이 참여자들의 마음을 끄는 경험을 제공한다는 사실을 부인할 수 없다." 왜 이런 집단이 강력한가? 정확히 말해, 이러한 집단이 과정 탐색을 강조하기 때문이다. 과정 집중은 집단의 동력실이다!

과정 집중은 진정으로 독특한 경험집단의 특징 중 하나다. 우리가 감정을 표현하며 타인을 돕고, 충고를 주고받으며, 자신과 남 사이에 있는 유사점을 털어놓고 발견하게 해 주는 사회적으로 인정받는 많은 활동이 있다. 그러나 깊이 있게 지금-여기의 행동에 대해, 사람 사이에 있는 즉각적인 현재의 관계 특성에 대해 지적해 주는 일이 어디에서 허용되겠는가?

칵테일파티를 생각해 보자. 당신은 자신에게 빠져 있는 자아도취적인 사람과 대면하고 있다. 그런데 얘기하는 중에 상대방은 당신을 이미 간파했다는 듯이, 또는 당신을 대충 훑어보고는 더 매력적인 사람을 찾아 자리를 뜬다고 해 보자. 실제로 그런 상황에 처하게 되면 우리는 대부분 "만나서 반가웠습니다" 또는 "잔을 더 채우러 가야 할 것 같네요"라고 말할 것이다. 칵테일파티는 과정을 위한 장소가 아니다. 과정에 충실하면서 솔직하게 반응한다면 파티에 초대되는 경우가 줄어들 것이다.

성인에게 과정 언급은 금지된 사회 행동이다. 그것은 무례하거나 온당치 못한 것으로 치부된다. 다른 사람이 방금 한 행위에 대해 긍정으로 언급한다는 것은 종종 유혹하고 있거나 시시덕거리는 관계임을 표시해 준다. 한 사람이 다른 사람의 태도나 몸짓, 말씨, 용모에 관해 나쁘게 말할 때, 우리는 싸움이 커지고 화해하기 어렵겠다는 것을 확신할 수 있다.

왜 이래야만 하는가? 이러한 언급의 금기는 어디서부터 왔을까? 한 연구자는 과정에 대한 언급이 사회적 교제 속에서 기피되고 있는 이유가 사회화 불안, 사회적 규범, 보복에 대한 공포, 권력 유지와 같은 이유 때문이라고 밝혔다.[11]

사회화 불안

과정에 대한 언급은 아동의 행위에 대한 부모의 꾸지람을 연상시키는 초년기 기억과 불안을 불러일으킨다. 부모는 아동의 행동을 논평한다. 비록 이러한 과정 집중의 몇몇이 긍정적이라 하더라도, 대부분은 비판적이며 아동의 행동을 제어하고 교정하는 데 기여한다. 성인의 과정 언급은 종종 과거의 사회화에 기저를 둔 불안을 불러일으키며, 비판적이며 통제적인 것으로 경험된다.

사회적 규범

만약 개인이 다른 사람의 행동을 언급하는 일에 늘 자유롭다고 느낀다면, 사회생활은 참을 수 없을 정도로 자기의식적이며 복잡하고 갈등이 많을 것이다. 성인의 기본적 상호작용 아래에는 대부분의 즉각적 행동이 관련 당사자에게는 보이지 않을 것이라는 묵시적인 계약이 깔려 있다. 이 안정감이 일종의 자율성과 자유를 제공하는데, 만약 다른 사람들이 자기 행동을 관찰하거나 자유롭게 행동에 관해 논평할 수 있다는 사실 속에서 살게 된다면 자율성과 자유는 불가능할 것이다. 젊은 치료자는 "밖에서 일할 때처럼 집에서 하지 마"라고 말하는 배우자를 통해 이런 상황을 접하기도 할 것이다.

보복에 대한 공포

우리는 다른 사람을 너무 가까이에서 탐지하거나 뚫어지게 쳐다보지 않는다. 만약 관계가 무척 친밀하지 않은데 그런 식으로 침범하는 것은 항상 위험스럽고 불안을 일으키며, 우리는 어떤 보복을 기대할 수 있다. 치료 집단 같은 의도적인 체제 이외에는 상호작용하는 개인이 서로 상대를 관찰하고 교정하게 하는 곳은 없다.

권력 유지

과정에 대한 언급은 임의적인 권위 구조를 무너뜨린다. 산업조직발달 자문가들은 사회구조와 과정에 대한 사회의 공개적 탐색은 힘의 균등화를 낳는다는 사실, 즉 피라미드식 위계를 평평하게 만든다는 것을 오래전부터 알고 있었다. 조직의 권위 구조가 경직될수록(군대나 교회 조직처럼) 과정에 대한 공개적 언급을 더 치밀하게 경계한다. 자신의 권위가 갖는 지위를 유지하려는 개인은 상호적인 과정 관찰과 언급을 용인하는 어떠한 규칙의 발전도 허락하지 않으려 한다.

정신치료에서 과정 언급을 하는 데는 상당할 정도로 치료자의 투명성, 자기노출 그리고 친밀함이 필요하다. 그래서 많은 치료자가 이런 식으로 위계적으로 평평하게 하는 것을 거북해하며 저항한다.[12]

지금-여기에서 치료자의 과업

지금-여기의 집중에 대한 최초의 단계-활성화 단계activating phase에서 치료자가 할 일은 집단을 지금-여기로 움직여 가는 일이다. 잠시 후 기술할 다양한 기술을 이용해 집단지도자들은 집단원들을 외부 일에 대한 토론에서 끌어내, 그들의 에너지를 서로의 관계에 쏟게 해야 한다. 집단치료자들은 집단 과정에서 후기보다 초기에 더 많은 시간과 노력을 이 과업에 할애한다. 집단이 진행되면서 집단원들은 이 과업의 많은 부분을 공유하게 될 것이며, 지금-여기에 대한 집중은 집단 활동의 자연스러운 부분이 된다. 치료자들이 집단 속에서 확립해야 할 마지막 장章에 기술된 규칙 대부분은 지금-여기에 대한 집중을 도와줄 것이다. 예를 들면, 대인관계의 직면, 정서적 표현, 자기탐지, 정보의 중요한 출처로서 집단의 가치 등과 같은 규범을 정하는 치료자는 실제로 지금-여기의 집중을 강화시키는 것이다. 점차 집단원들 역시 지금-여기를 가치 있게 여길 것이고, 이것에 초점을 두게 되며, 다양한 방법을 동원해 동료들이 함께 참여할 수 있도록 고무하게 된다.

지금-여기로 방향을 잡아 주는 두 번째 단계는 과정 명료화로, 이는 전적으로 다른 문제다. 집단원들이 치료자와 더불어 이 과업을 충분히 공유하지 못하게 하는 여러 압력이 존재한다. 집단에서 무슨 일이 일어나고 있는지 관찰하던 한 집단원이 자신의 지위를 다른 사람들보다 높이려고 주제넘은 행동을 했던 한 집단원에게 분개했던 T-집단의 일화를 떠올려 보라.

비슷한 사례는 많다. 예를 들면, 한 집단원이 "오늘은 아무 일도 일어나지 않네요"라고 한다거나 "집단이 지지부진하네요", "아무도 자기개방을 하지 않네요" 또는 "치료자에 대해 강한 감정이 있는 것 같아요"라고 언급한다면, 그는 위험을 자초하는 것이다. 다른 집단원들의 반응이 예상된다. 즉, 집단원들은 그에게 "당신이 오늘 뭐라도 하시죠"라거나, "당신이 자기개방을 하면 될 것 아니에요"라거나, 또는 "당신이 치료자에게 당신의 감정을 이야기하면 될 것 아닙니까?"라고 도전할 것이다. 오직 치료자만이 상대적으로 그러한 공격으로부터 면제된다. 즉, 오직 치료자만이 자기가 제안한 활동에 개입할 필요 없이 다른 사람들에게 자신에 대해 다루거나 자신을 내어놓자고 제안할 권리를 가진다.

집단 과정 전반에 걸쳐 집단원들은 주도적 위계에 해당하는 유력한 지위를 차지하려는 싸움에 개입한다. 때때로 통제와 주도권을 둘러싼 갈등은 그악스럽기도 하고, 잠잠할 때도 있다. 그러나 사라지지는 않는다. 치료에서 이런 갈등은 풍부한 자료의 원천이기도 하다. 그러나 갈등이 지속되면 갈등의 원천으로 굳어질 수 있는 만큼 이를 방지하기 위해 반드시 다루어야 한다.

어떤 집단원은 적나라하게 세력 다툼을 벌이고, 어떤 사람은 암암리에, 또 어떤 이는 그것을 바라지만 두려워서 갈등을 드러내지 않는다. 어떤 사람은 항상 아첨하며 순종적인 태도를 가장한다. 어떤 집단원이 다른 집단원에게 그가 집단 위에 있다거나 집단 밖에 있다는 등의 말을 할 경우, 그런 말을 한 집단원은 대체로 진술 내용에 대한 숙고보다는 주도권 싸움에서 비롯된 반응을 보인 것이다. 치료자들이라고 전적으로 이러한 반응을 불러일으키는 데서 면제되는 것은 아니다. 어떤 환자들은 치료자가 통제하고 조종하는 것에 과도할 정도로 민감하게 반응한다. 그들은 치료자에게 도움을 받기 위해 집단을 신청한 역설적 위치에 있지만, 치료자가 하는 모든 말을 불신의 안경을 통해 보기 때문에 도움을 받아들일 수가 없다. 이것은 어떤 환자들에게서 나타나는 특정한 병리 기능이다(그리고 이런 일은 치료라는 물레방아에 찧을 좋은 곡식이다).

치료자는 집단에서 관찰자-참여자다. 관찰자적 지위란 정보의 확보, 행동의 추이나 주기적 유형의 관찰, 오랜 기간에 걸쳐 일어난 사건 사이의 연결 등에 꼭 필요한 객관성을 부여해 준다. 치료자는 집단에서 역사가의 역할을 한다. 오직 치료자에게만 시간적인 관점을 유지하는 일이 허락된다. 즉, 당신은 집단과 거리를 두고 있으며 다른 사람들 위에 있다는 비난으로부터 면제받은 사람이다. 환자의 본래 목적과 집단에서 점차로 펼쳐지는 이러한 목적과 사건 사이의 관계를 염두에 두고 있는 사람 또한 치료자다.[13]

두 명의 환자인 Tim과 Marjorie는 성관계를 갖게 되었는데, 결국 집단에서 이를 알게 되었다. 집단원들의 반응은 다양했지만, 누구도 Diana만큼 비판적이며 격렬하지는 않았다. Diana는 54세의 다소 거친 도덕가였는데, 그녀는 이들 두 사람이 집단의 규율을 어겼다고 비난했다.

Tim에게는 "지성적인 사람이 어떻게 그런 바보 같은 짓을 할 수 있죠?"라고 말했고, Marjorie에게는 "남편과 아이들한테 그렇게 소홀하면 되겠어요?"라고 따졌다. 그러고는 "악마 같은 치료자(즉, 나)가 거기에 앉아 이런 일이 벌어지게 한 거예요!"라고 말했다. 나는 Diana가 그녀의 호된 도덕적 질책으로 몇몇 사람을 완전히 매장해 버렸고, 오랫동안 Marjorie와 Tim을 알고 그들의 갈등, 의심, 두려움 등을 잘 알고 있음에도 불구하고 그들을 이해하기는커녕 정체불명의 일차원적인 고정관념으로 갑자기 대치시켜 버렸다고 지적했다. 게다가 나는 첫 번째 모임에서 밝힌 Diana가 치료를 희망하는 이유를 기억해 상기시켜 주는 유일한 사람이었다. 즉, Diana는 딸에 대한 자기의 분노를 다루기 위해 도움이 필요했다. Diana의 딸은 자기 정체성과 자율성을 찾아가는 반항적이고 이제 막 성에 눈을 뜨기 시작한 열아홉 살 소녀였다. 거기에서부터 집단과 Diana는 그녀와 딸의 갈등이 집단의 지금-여기에서 드러난 것임을 이해하는 한 걸음을 겨우 내디딘 것이다.

과정이 집단원 모두에게 명백하지만, 단지 그 상황이 너무 뜨거워서 언급할 수 없을 때가 빈번하다. 즉, 그들이 상호작용의 일부가 된 나머지 거기서 자신을 분리시키지 못하는 것이다. 사실 종종 있는 일이지만, 심지어 멀리 떨어져 있는 치료자도 그 열기를 느끼고 문제 지적하기를 꺼릴 때가 있다. 때때로 숙련되지 않은 치료자는 집단에서 자신이 지적하기에 염려되는 문제는 다른 집단원들이 지적하는 것이 최선이라고 단정 짓기도 한다. 하지만 일반적으로 그렇게 하는 것은 불안으로 인한 실책이다. 치료자는 말로 표현할 수 없는 것에 대해 환자들보다 잘 얘기할 수 있고, 이를 적절히 표현할 방안을 찾아내는 데 더 큰 역량을 가지고 있다. 치료자에게 언어란 외과 의사의 메스와 같은 것이다.

한 초보 치료자가 소아 종양 병동의 간호사들로 이루어진 경험집단(집단원들의 직장에서 경험되는 스트레스를 감소시키는 것을 돕기 위한 지지집단)을 이끌 때, 그는 첫 번째 모임에서 집단원 사이에 기만적인 시선이 교차하는 것을 보고, 집단 내 젊고 진취적인 간호사들과 나이 들고 보수적인 수간호사들 사이에 보이지 않는 상당한 긴장이 있음을 간파했다. 치료자는 권위에 지배되는 간호사 직업의 금기 속에 깊이 배어 있는 이 문제를 건드리기에는 너무 예민하고 잠재적인 폭발력이 있어 어려움을 느꼈다. 그의 수련감독자는 탐색하지 않은 채로 남겨 두기에는 너무나 중요한 문제이고, 집단의 어떤 사람도 치료자마저 꺼리는 일을 하려 하지 않을 것이니 그 문제를 끄집어내야 한다고 말했다.

다음 모임에서 치료자는 거의 틀림없이 효과적으로 방어를 극소화하는 방법으로 그 문제를 끄집어냈다. 치료자는 그 문제에 대해 자신이 고민하고 있다고 이야기했다. 그는 집단에 신참 간호사들과 힘 있는 고참 간호사들 사이에 위계 갈등이 있음을 느끼지만, 그가 이 문제를 꺼냈을 때 혹시 신참 간호사들이 그 점을 부인하거나 또는 너무 심하게 상급자들을 공격함으로써 상급자들이 상처를 입고 홧김에 집단을 깨뜨리지 않을까 싶어 망설이고 있다고 고백했다. 치료자의 언급은 매우 도움이 되었고, 집단은 그 중요한 문제에 대해 개방적이고 건설적으로 탐색하기 시작했다.

안정되고 비난하지 않는 방식으로 자신을 드러내게끔 딜레마를 명료하게 표현하는 것은 많은 경우 집단 작업을 방해하는 긴장을 줄이는 가장 효과적인 방법이다. 집단지도자들이 딜레마에 대한 완벽한 해답을 가지고 있을 필요는 없다. 하지만 딜레마가 무엇인지 확인하고 그것에 대해 얘기할 수는 있어야 한다.

그렇다고 오직 지도자만이 과정에 관해 언급해야 한다는 것은 아니다. 나중에 논의하겠지만, 다른 집단원들에게도 이러한 역할을 수행할 능력이 충분히 있다. 사실 어떤 때는 집단원들의 과정 관찰이 치료자의 관찰보다 즉각적으로 받아들여질 때가 있다.

상호작용에서 과정을 알아보는 향상된 능력은 일종의 감정지능의 형태로 집단원의 삶에 도움이 되는 집단치료의 중요한 성과다. (성숙한 집단이 작업하는 것을 관찰하는 학생들은 집단원들이 수준 높은 심리학적 마인드를 갖춘 것을 보고 놀라곤 한다.) 그러므로 집단원들이 과정을 확인하고 언급하는 것을 배우는 것은 좋은 일이다. 하지만 중요한 문제는 그들이 환자의 역할을 기피하거나 또는 어떤 방식으로든 다른 집단원들에게 떨어져 있으려 하는 것 같은 방어적인 이유로 이러한 일을 해서는 안 된다는 점이다.

이제까지의 논의를 통해 교육적인 이유에서 두 가지 근본적인 사실을 약간 과장해 말했는데, 지금은 그 뜻을 한정하려고 한다. (1) 지금-여기의 접근은 비역사적 접근이고, (2) 지금-여기의 경험과 지금-여기의 과정 명료화는 확연히 구분된다.

엄밀히 말하자면 비역사적 접근은 불가능하다. 모든 과정 언급은 이미 과거에 속한 행동을 언급하기 때문이다. 과정 언급은 방금 일어난 행동을 포함할 뿐 아니라, 종종 집단 안에서 몇 주 또는 몇 달 동안 일어난 행동의 주기나 반복을 언급한다.

집단 모임에서 환자들에게 자신의 과거 경험을 돌이켜보라는 요구가 도움이 될 때가 자주 있다. 한 환자가 누군가를 신뢰하거나 자신을 드러낼 때마다 이용당한다고 느낀다면, 나는 그러한 느낌을 이 집단 안에서 경험한 적이 있는지 종종 묻는다. 다른 환자들은 관련된 문제에 따라 다른 사람에게 가장 가깝게 느꼈을 때, 가장 화났을 때, 가장 수용되었을 때, 가장 무시되었을 때의 경험을 토론하도록 권유받기도 한다. 외부 세계의 관계와 상황의 공간에서 비유를 탐색해 보는 것이 현명할 것이다.

우리가 비역사적인 것으로 규정했던 접근은 좀 더 멀리 나아간다. 다른 데서 논의하겠지만, 어떤 집단을 전적으로 지금-여기의 접근만으로 일관할 수는 없다. 개인의 과거나 현재 생활 상황인 '그때-거기'로의 탐색도 자주 이루어진다. 사실, 이러한 탐색은 너무도 불가피한 것이어서 탐색이 일어나지 않으면 사람들은 궁금해진다. 집단이 과거를 다루지 않는다는 말이 아니다. 과거에 일어난 것은 과거의 일이다. 중요한 과업은 과거를 드러내고 단편적 사실을 합쳐서 과거를 이해하는 것이 아니라, 과거를 이용해 개인이 현재 다른 사람과 맺고 있는 관계의 양식을 이해하는(변화시키는) 데 도움을 얻는 것이다. 이는 시점에 따라 바탕과 도형이 다르게 보이듯, 상대적 강조와 관련된 문제다. 치료가 그들의 과거를 깊이 파고들 것이라고 예상하는 환자에게 이는 보통 직관적으로 이해되지 않는다는 것을 명심해야 한다(이 부분은 사전 집단 준비와 관련된 내용에서 더 깊이 다루겠다).

지금-여기에서의 경험과 과정에 대한 언급 간의 차이는 그렇게 뚜렷하지 않다. 상당한 부분이 중첩되기 때문이다. 예를 들면, 낮은 추론 수준의 언급(피드백)은 경험인 동시에 과정에 대한 언급이다. 한 집단원이 다른 집단원에게 그가 자신을 돌아보려 하지 않는다고 말하거나 또는 다른 사람이 자기를 얕잡아 보는 탓에 그에게 분개한다는 식으로 언급할 때, 그 집단원은 과정을 언급하는 동시에 집단의 정서적인 지금-여기 경험에 개입하고 있는 것이다. 과정에 대한 언급은 단지 짧은 순간에만 존속하고, 곧 집단의 경험적 흐름 속에 신속하게 결합되며, 앞으로의 과정 언급이 뒤따르게 될 자료의 일부가 된다.

예를 들면, 정신건강 훈련을 받는 사람들이 훈련 과정 중 집단치료의 한 부분으로 집단경험을 갖기 위해 구성된 경험집단에서, 한 집단원인 Paulo가 극단적인 우울과 비인간화의 느낌을 설명하면서 모임을 시작했다. 집단은 그의 불쾌감을 추적하는 대신, 현실의 삶에 대한 실제적인 조언을 해 주었다. 지도자는 Paulo의 좌절감과 비인간화에 관한 질문에서 집단이 벗어나고 있다고 언급했다. 지도자의 개입은 유익한 것처럼 보였다. 즉 집단원들이 더 정서적으로 참여했고, 몇몇 사람은 Paulo가 위험을 무릅쓰는 행동이 부럽기도 하고, 자신은 스스로를 개방하는 일이 두렵다고 토로했다.

그러나 바로 뒤이어 반反의존적인 몇 사람이 지도자의 개입에 반발했다. 그들은 지도자가 자기들이 집단 안에서 하는 일이 마음에 들지 않아 비판하고 있으며, 지도자가 평소 미묘한 태도로 사전에 의도한 대로 모임의 행동을 이끌기 위해 자신들을 조종한다고 느꼈다. 그러자 다른 집단원들이 문제를 제기하고 나섰다. 즉, 그들은 어떤 집단원들은 치료자의 모든 조치에 대해 도전하기만 한다고 언급했다. 그럼으로써 지도자의 과정 언급은 집단 흐름의 한 부분이 되었다. 지도자에 대한 집단원의 비평은 처음에는 과정의 언급이었으나 그것도 집단경험의 한 부분이 되었고, 과정 언급의 주제가 되었다. 우리가 중요하게 다루어야 할 이야기를 집요하게 탐구하고자 한다면, 집단경험 과정은 충분히 깊어질 수 있다.

요약

지금-여기에 집중하는 것을 효과적으로 사용하기 위해서는 두 가지 단계가 필요하다. 하나는 지금-여기 속에서의 상호작용 경험이며, 다른 하나는 과정의 명료화다. 이 두 가지 단계의 결합은 경험집단에 강력한 힘을 불어넣어 준다.

치료자는 단계마다 다른 과업을 갖는다. 첫째는 집단을 지금-여기의 경험 속에 끌어들이는 것이다. 두 번째 과업은 집단을 도와 지금-여기의 경험 속에서 무슨 일이 벌어지는지 과정을 관찰하고 이해하도록 돕는 일이다. 즉, 집단원들이 다른 사람과 갖는 관계의 본질에 대해 상호작용이 갖는 의미를 이해하도록 돕는 일이다.

첫 번째 단계로 지금-여기의 활성화는 집단 규범 구조의 부분이 된다. 그리고 궁극적으로는 집단원들이 지금-여기를 강조하게 됨으로써 치료자를 지원하게 된다. 두 번째 단계로 과정의 명료화는 좀 더 복잡하다. 일상의 사회관계에서는 과정을 언급하지 않기 때문에 치료자는 강한 저항을 극복하지 않으면 안 된다. 과정 언급이라는 과업은 대부분 치료자의 책임으로 남는다. 그 과업은 나중에 간략히 설명하겠지만, 광범위하고 복잡한 행위 영역으로 구성된다. 즉, 단순히 행동에 명칭을 부여하는 일에서부터 여러 행위를 나열하는 일, 행위들을 결합해 단일 행동 유형을 만드는 일, 바람직하지 못한 환자의 행동 유형의 결과를 지적하는 일, 그러한 행동의 의미와 동기에 대해 복잡한 추론적 설명 또는 해석을 하는 일까지 총망라한다.

지금-여기를 활성화하는 기술

이제 집단에서 지금-여기를 확립할 수 있는 몇 가지 기법을 기술(처방이 아니라)하려고 한다. 각 치료자는 자기 방식에 어울리는 기법을 개발해야 한다. 실제로 치료자에게는 기법에 통달하는 일보다 중요한 과업이 한 가지 있다. 모든 효과적인 기법이 기초해야만 하는 전략과 이론적인 토대를 충분히 이해하는 일이다.[14] 초심자는 흔히 자신의 전문가나 감독자가 개입할 때 사용하는 특정 언어에 깊은 관심을 보인다. 하지만 이러한 기술의 선택 근거에 있어 명료함을 가지는 것이 언어 자체를 따라 하는 것보다 더욱 중요하다.

먼저, 우리는 당신에게 지금-여기를 생각해 보라고 제안한다. 당신이 지금-여기에 대해 생각하는 것에 익숙해졌을 때 자동적으로 집단을 지금-여기로 이끌게 된다. 때때로 우리는 한 떼의 가축을 긴장감 도는 지대로 이끄는 목동처럼 느껴진다. 정도에서 벗어나 헤매는(자신의 역사적 자료들로 이탈하거나, 현재 생활, 관계, 경제 상황을 설명하는 등) 이들을 막아 다시 영역 안으로 되돌아오게 한다. 어떤 문제가 집단 안에서 제기될 때면 언제나 '이 문제를 집단의 일차 과업과 어떻게 관련지을 수 있을까? 어떻게 이 문제를 지금-여기에서 활기 있게 만들 수 있겠는가?'를 생각한다. 우리는 가차 없이 이러한 노력을 기울이며, 집단의 바로 첫 만남부터 시작한다.

전형적인 집단의 첫 모임에 대해 생각해 보자. 한순간의 어색한 정지 후, 집단원들은 대체로 자기를 소개하며 무언가 말하게 되고, 종종 치료자의 도움을 받아 그들이 살아가면서 느끼는 문제는 무엇인지, 왜 치료를 받으려고 하는지, 그리고 자신이 겪고 있는 고통의 형태는 무엇인지 토로하기도 한다. 나는 이따금 적당한 시점에서 모임에 개입해 각자가 고백한 것에 관해 다음과 같이 언급한다. "우리는 지금까지 무척 많은 것을 해 왔습니다. 여러분 각자는 자신에 대해, 여러분의 아픔에 대해, 여러분이 치료를 원하는 이유에 대해 많은 것을 공유했습니다. 그러나 우리는 무언가 다른 것이 진행되고 있다는 예감이 듭니다. 그러니까 서로를 파악하고, 다른 사람에 대해 어떤 인상을 가지게 되었으며, 내가 어떻게 이런 사람들과 어울릴 수 있을까 의아해하면서 말입니다. 이제는 지금까지의 이러한 생각의 결과에 관해 함께 논의했으면 합니다." 지금 이 말은 미묘하거나 교묘하게 가다듬은 발언은 아니다. 즉, 명백하게 강압적이고 지시적인 것이다. 그러나 우리는 대부분 집단이 그러한 명백한 지침에 호의적으로 반응하면서, 쉽사리 치료적인 촉진으로 인정하는 것을 발견한다. 집단원은 격려가 있을 때만 이 단계에 도달할 수 있다. 치료자 개입의 목적과 방법론에 대한 설명을 통해 집단의 궁금증이 해소되고, 목적과 과업과 관계를 둘러싼 정렬이 더욱 촉진될 수 있다. 또한 이는 교정적인 감정 경험의 필수 조건인 사회적 소우주 생성의 바탕이 된다.[15]

치료자는 초점을 외부에서 내부로, 추상적인 것에서 구체적인 것으로, 일반적인 것에서 개인적인 것으로 옮기는 것을 평생의 업으로 삼는다. 한 환자가 배우자나 같은 방 동료와의 적대적인 대립을 표현한다면, 치료자는 적당한 시기에 이렇게 질문할 수 있다. "당신이 이 집단에서 그런 식으로 화를 낸다면, 어떤 사람에게 화를 낼까요?" 또는 "당신은 이 집단에 있는 어떤 사람과 그와 같은 식으로 싸움을 벌일 수 있다고 예상하나요?" 만약 한 환자가 그의 문제는 거짓말하는 것이라고 하거나, 자기가 사람들에게 고정관념을 갖는 것이라고 하거나, 또는 집단을 교묘하게 조종하고 있다고 언급한다면 치료자는 이렇게 질문할 수 있다. "당신이 지금까지 집단 안에서 말한 주된 거짓말은 무엇인가요?", "당신이 우리 중 누군가에게 고정관념을 갖고 있다면, 어떤 식인지 설명할 수 있겠어요?", "지금까지 당신은 어느 정도로 집단을 조종해 왔나요?"

만약 어떤 환자가 알 수 없는 갑작스러운 분노감이나 자살 충동을 호소한다면, 치료자는 모임을 진행하다가 그와 같은 느낌이 드는 순간에 집단에 신호를 보내는 것이 중요하다는 것을 강조함으로써 집단이 이를 추적해 이러한 경험을 치료 중에 있었던 사건과 연결시키게 한다. 한 집단원이 자기의 문제는 너무 수동적이고 다른 사람에게서 너무 쉽게 영향을 받는 것이라고 말하면, 치료자는 그 집단원에게 "이 집단에서 누가 가장 큰 영향을 주고 있으며, 누가 가장 적은 영향을 주고 있나요?"라고 물어 직접 문제에 다가서게 한다. 이러한 개입은 입원환자 집단처럼 매우 짧은 집단에서도 유용하며, 지금-여기보다 긍정적이고 지원적인 측면이 강조되어야 한다는 조건이 있다. 아마도 더 대립적인 집단 모델에서 비롯된 오해일 것이다. 지금-여기를 작업하는 것은 분열적이고 전염성이 있다는 오해 말이다. 반대로, 이는 매우 효과적이면서 정서적으로 친밀할 수 있다. 치료자는 피드백을 통해 집단원들에게 수치심을 주거나 평가 절하할 위험에 대해 경각심을 가져야 한다. 지도자가 설정한 톤은 앞 장에서 설명한 규범 설정 책임의 일부다.

어떤 집단원이 집단이 너무 예의 바르고 약삭빠르다고 언급한다면, 치료자는 이렇게 질문할 수 있다. "누군가가 집단 안에서 융화 정책을 주도하고 있다고 생각하나요?" 어떤 집단원이 자기를 개방할 때 겁이 나고 창피당할까 봐 두려워한다면, 치료자는 이 집단의 누가 가장 조롱할 것 같은지 질문함으로써 그러한 두려움을 지금-여기로 끌어들인다. "모두 다요"라는 대답에 만족해서는 안 된다. 그 집단원이 더 나아가도록 촉구해야 한다. 때로 질문을 좀 더 온화한 방식으로 바꾸는 것도 도움이 된다. 예컨대, 이렇게 질문할 수 있다. "집단 안에서 누가 가장 당신을 조롱하지 않을 것 같은가요?"

이러한 각각의 경우에 치료자는 다른 사람으로부터 반응을 이끌어 냄으로써 상호작용을 심화시킨다. 예를 들어, "당신이 저분을 비웃을 것 같다는 생각에 대해 어떤 느낌이 드세요? 비웃을 수 있다고 생각하나요? 때때로 집단에 대해 판단적이라고 느끼나요?" 환자에게 직접 다른 사람에게 말해 보도록 요구하는 것, 즉 삼인칭보다는 이인칭 대명사를 사용하게 하고 서로를 바라보게 하는 단순한 기술도 매우 유용하다. 처음에는 다소 고압적인 느낌이 들 수 있으며, 중립적이고, 무심하며, 침묵하는 치료자의 전통적인 관점과 크게 동떨어져 보인다. 집단치료자는 다른 사람들에게 힘이나 지배력을 행사하기를 원해서가 아니라 치료를 활성화하고 치료 상호작용을 촉진하기 위해 지금-여기를 사용한다는 점을 명심하라. 그리고 치료자가 자신의 개입이 다른 사람들을 너무 통제하는 것처럼 보일까 봐 걱정된다면, 그것 또한 집단지도자를 어떻게 느끼는지에 대해 집단에 피드백을 요청함으로써 생산적으로 처리할 수 있다.

말하는 것이 행하는 것보다 쉽다. 그런데 이러한 제안을 항상 마음속에 가지고 있을 수는 없다. 그러한 말들은 어떤 환자들에게는 실제로 위협을 줄 수 있는 만큼, 치료자는 항상 그랬던 것처럼 시기를 조절하고 환자가 체험하고 있는 것을 그 자신이 체험하도록 시도해야 한다. 위협을 완화할 수 있는 방법을 찾으라. 긍정적인 상호작용에 초점을 두면서 시작해 보라. "이 가운데 누구에게서 가장 따뜻함을 느끼나요?", "이 집단에서 누가 당신과 가장 비슷합니까?" 또는 "John과 당신 사이에는 긍정적이면서도 부정적인 다소 강력한 느낌이 있는 것이 분명해요. 나는 당신이 John의 어떤 점을 가장 부러워하는지 궁금하군요. 그의 어떤 면 때문에 그를 수용하기가 어려운 것일까요?"

우울증 치료를 위해 정신과 주간병원에 다니는 노인 환자 집단원들은 단절감과 절망감 때문에 괴로워했다. 그날의 모임에서 맨 처음 다뤄진 사람은 87세 Sara로, 그녀는 나치 수용소에서 살아남은 생존자였다. Sara는 뉴스에서 부각되는 끊임없는 편견, 증오 그리고 인종차별에 대해 한탄했다. 겁에 질리고 무력감을 느끼면서 Sara는 한 인간으로서의 그녀 자신에 대해 아무것도 모르면서도 자신을 증오했던 사람들에게 인간성을 말살당했던 전쟁 중의 기억을 얘기했다. 다른 나치 수용소 생존자들을 포함한 집단원들 또한 그들의 고통스러운 기억을 함께 나누었다.

나[ML]는 지금-여기에 초점을 둠으로써 집단이 고통스러운 과거에 강렬하게 사로잡혀 있는 흐름을 바꾸려고 시도했다. 오늘 집단원들에게 자신의 얘기를 공유하며 Sara가 경험한 것은 무엇인가? Sara는 다른 집단원들이 그녀를 한 인간으로 대한다고 느꼈는가? Sara는 예전에 자주 침묵 속에 있던 것과 달리, 오늘은 왜 자기 얘기를 하기로 한 것인가? 그렇게 자신의 얘기를 함으로써 Sara는 인정받을 수 있었는가? Sara가 집단에서 얘기하는 것에 대해 다른 집단원들은 어떻게 느꼈는가?

집단의 초점은 점차 절망스러운 기억을 얘기하는 것에서 생생한 상호작용으로 바뀌었고, Sara를 지지해 주면서 집단원 사이에 강한 연대감이 형성되었다.

때로는 집단 구성원이 두 명 혹은 작은 하위집단subgroup으로 작업한 후 전체 집단과 활동하는 것이 안정적이고 덜 고립되기 때문에 쉬울 수 있다. 예를 들어, 비슷한 두려움이나 문제를 지닌 다른 사람이 있다는 것을 알면, 끼리끼리 소그룹을 형성하는 것이 덜 위협적으로 지금-여기의 문제를 다룰 수 있다.[16] 이는 자발적으로 일어날 수도 있고, 또는 치료자가 특정 집단원 간에 직접 중개해 줌으로써 일어날 수도 있다. 예를 들어, 한 집단원이 어떤 문제를 털어놓으면, 다른 집단원이 예전에 그 문제를 얘기한 적이 있다고 언급해 주는 식이다. 또는 치료자가 이전 회기에서 이 특정 문제에 대해 작업한 적이 있는 집단원을 초대해 다른 구성원에게 현재 상황이 어떤지 의견을 제시할 수 있다.[17] 우리는 집단원들의 실제 경험과 개인적인 전문 지식을 활용해 서로 더 가까워지게 한다.

가정법 시제를 사용하는 것은 안정감과 간격을 주고, 때로는 놀라울 정도로 촉진적이다. 최초의 저항을 맞이할 때 나는 가정법 시제를 자주 사용한다. 예를 들어, 한 환자가 "나는 오늘 Mary에게 어떤 반응이나 느낌이 전혀 일어나지 않아요. 그냥 아무것도 느껴지지 않고, 뒤로 물러나 있는 것 같아요"라고 말하면 "만약 오늘 느낌이 없거나 뒤로 물러나 있지 않았다면, Mary에게 무엇을 느꼈을 것 같아요?" 하고 묻는다. 환자들은 보통 곧바로 대답한다. 한 다리 건너의 화제는 환자를 쉬게 하며, 정직하고 직접적으로 말하도록 고무한다. 유사한 방법으로 치료자는 다음과 같이 질문할 수도 있다. "만약 당신이 이 집단 안에서 화를 낸다면 누구에게 그렇게 하겠어요?" 또는 "당신이 만약 Albert(다른 집단원)와 데이트하게 된다면, 어떤 종류의 경험이 될까요?"

치료자는 명백하게 지침을 주거나, 모델링하도록 보여 주거나, 또는 효과적인 피드백을 강화해 주는 식으로 어떻게 피드백을 주고 요청하는지 환자들에게 가르쳐 주어야 한다.[18] 환자들을 교육할 때 한 가지 중요한 원리는 전체적인 질문과 관찰을 피해야 한다는 것이다. 명료함과 대인관계 간 집중, 그리고 피드백을 주고받는 데 있어 위험을 무릅쓰는 것이 도움이 된다. '제가 지루한 사람인가요?'라든가, '나를 좋아하세요?'와 같은 질문은 대개 생산적이지 못하다. '당신을 참여하게 하려면 어떻게 해야 하죠?', 또는 '나의 어떤 면 또는 내 행동의 어떤 측면을 가장 좋아하고, 어떤 면을 가장 좋아하지 않나요?'와 같은 질문을 통해 환자들은 더 많은 것을 배우게 된다. 마찬가지로 '좋습니다'라든가 '멋진 사람이에요' 같은 피드백은 유용하지 않다. 피드백은 오히려 이렇게 해야 한다. "나는 당신이 지난 모임에서 Mary에게 마음이 끌리지만 그녀가 당신을 우습게 볼까 봐 두렵다고 했을 때처럼, 자신의 느낌에 정직하고자 할 때 가깝게 느껴져요. 그리고 당신이 오늘 모임의 초반에서 그랬던 것처럼 자기 문제를 이야기하지 않고, 당신에게 한 모든 말의 의미를 분석하려 들 때 당신이 가장 멀게 느껴져요."

때때로 문제가 되는 것은 피드백의 무미건조함이 아니라 그것의 순수한 적대감이다. 아마도 내[ML]가 직면한 최악의 피드백은 한 집단원이 모든 치료적 개입에 저항하며, 수주 간 침묵하고 억압된 분노와 좌절 후에 폭발한 것이었다. 트라우마 전력이 있는 여성 Sue는 집단 내에서 매우 어렵고 통제적이며 비난하는 자기애적 남성에게 "Kieth, 당신은 인간 이하의 사람이고 산소나 낭비하는 존재야!"라고 소리쳤다. Kieth는 내게 "이걸 무슨 수로 버텨 냅니까?"라고 물었다. Sue의 피드백은 너무 굴욕적이고 완전히 거부적인 나머지, 학습이나 교정을 위한 여지가 없었다.

피드백에는 지금-여기로 연결되는 길이 포함되어야 한다. 예컨대, "Kieth, 당신은 우리를 모두 비판하고 모임을 독점하는 방식으로 이 집단을 통제하고 뭉개며, 다른 누구에게도 말할 시간을 남기지 않아요. 나는 여기 있는 모든 사람을 무시하는 당신 때문에 너무 답답하고 화가 나요. 우리를 여기서 밀어내고 싶나요? 그렇게 하면 덜 고립되고 덜 외로워지는 데 어떤 도움이 될까요? 그게 바로 당신이 우리에게 말한 목표 아닌가요?"

저항은 여러 가지 형태로 나타난다. 하지만 일반적으로 저항은 환자가 감정적인 진실을 인지하고 표현하는 속도를 조절하는 역할을 한다.[19] 저항은 전적으로 공평하다는 교묘한 가장을 하고서 드러난다. 특히 집단의 초기에 치료자가 지금-여기를 이야기하라고 요구하면, 환자들이 모든 집단원에 대해 아주 공평하게 느낀다고 주장하는 반응은 흔히 있는 일이다. 그들은 모든 집단원에 대해 똑같이 따뜻함을 느낀다거나, 아무에게도 화가 나지 않는다거나, 또는 모든 사람에게 똑같이 영향을 받고 위협을 받는다는 등으로 말한다. 그대로 믿어서는 안 된다. 그러한 주장은 결코 진실이 아니다. 적시에 이르렀다고 생각되면 더 깊은 질문을 던져서 집단원 한 사람 한 사람을 다른 사람들과 구별할 수 있도록 도와야 한다. 결국에 그들은 집단의 구성원 각자에 대해 다소 느낌의 차이가 있음을 밝히게 된다. 이렇게 근소한 느낌의 차이는 중요하며, 종종 온전한 상호작용 작업에 참여하도록 연결시키는 통로가 된다. 나는 근소한 차이를 꼼꼼히 조사해 본다. 때로는 환자들에게 이 차이에 확대경을 들이대 보라고 제언하며, 그래서 무엇을 보고 느꼈는지 기술해 보라고 한다. 저항이 깊이 뿌리 박혀 있는 일이 흔하고, 환자는 저항이 자신을 해치는 파괴적인 것이라 할지라도 익숙한 그 입장을 계속 유지하려고 애쓴다.

저항은 보통 의식적인 고집이 아니라, 많은 경우 의식하지 못하는 원천으로부터 비롯된다. 때로 지금-여기에서의 과업은 환자에게 익숙하지 않고 불편한 나머지, 새로운 외국어를 배우는 것과 다르지 않다. 따라서 습관적으로 동떨어져 있던 방식에 빠지지 않기 위해서는 최대한 집중해야 한다. 다음 사례가 보여 주듯이, 치료자가 집단에 매우 정교한 재간을 발휘하는 것이 필요할 수도 있다.

Claudia는 수개월 동안 지금-여기의 수준에서 참여하기를 저항하고 있었다. 그녀가 집단과 관계를 맺는 전형적인 양식은 압박받는 현재의 생활문제를 기술하는 것이었고, 그러한 위기들은 흔히 집단원들을 함정에 빠졌다고 느끼게 할 정도였다. 처음에는 집단원들이 그녀가 내놓은 바로 그 문제를 즉시 다루어야 한다고 느꼈다. 그러나 다음에는 Claudia가 위기에 대처하기 위해 자신의 모든 자원을 필요로 하고 있으며, 대인관계적 충돌로 인해 흔들리게 되면 견딜 만한 여력이 없다고 분명히 말했기 때문에 집단원들은 그녀를 조심스럽게 다루어야 했다. Claudia는 이렇게 말하곤 했다. "지금은 저를 밀어붙이지 마세요. 나는 가까스로 지탱하고 있으니까요." 이 양식을 변화시키려는 노력은 성공하지 못했고, 집단은 Claudia를 대하는 일에 의기소침하게 되었다. 집단원들은 Claudia가 자기 문제를 모임에 내놓을 때면 위축되었다.

어느 날 Claudia는 그녀의 전형적인 말로 집단을 시작했다. 즉, 수 주간의 노력 끝에 새로운 직업을 얻게 되었지만, 자신이 실패할 것이며 해고될 것이라는 확신이 들었다는 것이다. 집단은 의무감을 느끼면서, 하지만 조심스럽게 그 상황을 탐색해 보았다. 그 탐색은 외부의 문제를 다룰 때 길을 막는 여러 가지 낯익은 깨지기 쉬운 장애에 봉착했다. Claudia가 자기 일에서 실패하고 있다는 객관적인 증거는 없는 것 같았다. 만약 있다면 그녀가 너무 열심히 주당 80시간씩이나 일한다는 것이었다. 실패할 것이라고 그녀가 주장하는 증거는 그녀와 함께 일하지도 않은 사람들이 그녀를 인정해 주지 않는다는 것이었다. 상사의 눈길, 교묘한 빈정댐, 그녀에 대한 불만스러운 분위기, 사무실의 전반적인 환경, (스스로 세운 비현실적인) 영업 목표에 도달하지 못한 일 등이었다. Claudia의 말을 평가하기가 매우 어려웠고, Claudia는 매우 신뢰할 수 없는 관찰자였다. 자신을 항상 깎아내리고, 업적이나 능력을 최소화시켰기 때문이다.

나[IY]는 Claudia에게 다음과 같이 질문함으로써 전체적인 상호교류를 지금-여기 질문으로 옮겨다 놓았다. "Claudia, 우리가 당신이 실제로 직장에서 실패하고 있는지 결정하기 힘들군요. 다른 질문을 해 봅시다. 당신 생각에는 집단에서 당신이 한 일에 대해 몇 점을 받을 것 같나요? 그리고 다른 사람들은 각각 몇 점을 받을 것 같아요?"

기대하지 못한 바는 아니었지만, Claudia는 자기 점수로 'D-'를 주었고, 집단에 적어도 8년간 더 참석해야 한다고 주장했다. 그녀는 집단의 모든 집단원에 대해 실제로 자기보다 후한 점수를 주었다. 나는 집단에서 그녀가 한 일에 대해 점수로 'B'를 주었고, 그 이유를 집단에 대한 책임감, 완벽한 출석, 기꺼이 다른 사람을 돕고자 한 점, 비록 불안감도 있었고 종종 무기력한 우울도 있지만 참여하려고 무진 애를 썼다는 점 등을 들었다.

Claudia는 그것을 일소에 붙였다. 즉, 그 점수 매김을 우스갯소리나 치료적 장난쯤으로 치부해 버렸다. 그러나 나는 매우 진지하다고 했다. 그러나 Claudia는 치료자가 잘못하고 있는 거라고 주장하면서 치료자가 집단에서 실패했던 것을 지적했다(모순되게도 그녀의 지적은 지금-여기에 대한 회피 중 하나였다). 그러나 Claudia가 치료자에게 수긍하지 않은 이 점은 그녀가 오랫동안 견지해 왔으며 때로는 소리 높여 말했던 치료자에 대한 완전한 신뢰와 양립하는 것이었다 (Claudia는 나를 제외한 누구의 판단도 신뢰하지 않는다고 주장함으로써 집단에서 다른 사람의 피드백은 당치않다고 한 적이 여러 번 있었다).

이러한 개입은 매우 유용했다. 지금까지 일그러진 모습으로 보이는 거울이 잔뜩 늘어선 밀실에서 이루어진 Claudia의 자기평가 과정을 집단이라는 개방되고 약동하는 장으로 옮겨다 놓았다. 집단원들은 Claudia의 상사가 그녀를 바라보는 눈길이나 넌지시 비꼬는 것을 더는 받아들일 필요가 없었다. 상사(치료자)는 집단 안에 있었다. 이러한 상호교류는 완전히 그대로 집단에 나타났다. '그때-거기'에서 겪었다고 보고하는 신뢰할 수 없는 어려움과 비슷한 '지금-여기'에서의 경험을 찾은 것이 Claudia를 위한 치료 과정에서 자물쇠를 연 것과 같았다.

우리는 환자들이 도움을 요청하는 다양한 외부적인 문제에 집중해야 한다는 압박에도 불구하고, 모든 집단과 매 모임 속에 있는 자료의 풍부한 지하 광맥에 대해 경외감을 금치 못한다. 하지만 이렇게 풍부한 광맥을 어떻게 건드릴 것인가? 때때로 집단 모임에서 오랜 침묵이 있고 난 후, 지도자는 바로 이 생각을 표현한다. "우리가 발굴하기만 한다면, 오늘 우리 모두에게 가치 있는 정보가 아주 많이 있어요. 나는 우리 각자가 이 침묵 속에서 떠올렸던, 말하려고 하다가 하지 않았던 생각을 말할 수 있을지 궁금해요."

치료자인 당신 스스로 참여해 집단을 다시 돌아가게 하려 한다면, 흔히 이러한 방식이 매우 효과적이다. 지금-여기의 치료적 관계에 초점을 두면서, 훈련받은 대로 현명하게 자기개방을 하는 치료자들은 치료 성과를 높이기도 하고, 환자들의 자기탐색과 솔직함을 촉진시킨다. 이는 많은 경험적 증거가 지지해 주는 원칙이다.[20] 예를 들어, "나는 침묵 속에서 침묵을 깨고 싶고, 시간을 낭비하기 싫어서 불편했습니다. 그러면서도 다른 한편으로는 집단이 항상 나로 하여금 이 일을 하게 하는 점이 짜증스럽기도 했어요." 또는 다음과 같이 말할 수도 있다. "Mike, 나는 집단에서 있었던 당신과의 싸움에 대해 불편한 마음이 계속 들었어요. 나는 이렇듯 큰 긴장과 노여움 때문에 편치 않습니다. 하지만 어떻게 그 일을 이해하고 해소할 수 있을지 아직 모르겠군요."

집단에서 특히 많은 부분이 침묵으로 일관되었다고 느낄 때 종종 다음과 같은 기법을 자주 구사하는데, 꽤 성공적이다. "이제 6시입니다. 우리에겐 아직 30분이 남아 있어요. 그런데 만약 여러분이 '벌써 6시 반이고, 이제 집으로 돌아간다'라고 생각한다면, 오늘 모임에서 어떤 점이 만족스럽지 않았는지 이야기할 수 있나요?"

치료자가 하는 상당수 추론은 부정확할 수 있다. 하지만 객관적 정확성은 문제가 되지 않는다. 즉, 당신이 집단을 무관한 것들로부터, 즉 그때-거기에서 지금-여기로 끈질기게 이끌기만 한다면, 당신은 방법적으로 제대로 한 것이다. 만약 집단이 지루하고 권태로운 파티에 관해 이야기하며 비생산적으로 모임을 소비하고 있을 때, 치료자가 이것이 현재 모임을 간접적으로 나타내는 것은 아닌지 집단원들에게 묻는다고 해도, 실제로 그러한지 정확하게 확인할 방도는 없다. 집단의 관심을 그때-거기에서 지금-여기의 문제로 옮겨 놓음으로써 치료자는 꾸준히 강화되며, 궁극적으로는 치료를 극대화하는 응집력이 있고 상호작용적인 분위기를 만들 임무를 수행하는 것이다. 이 모형을 따르면 개입의 효율성은 집단을 그 자체에 집중시키는 데 성공하느냐에 따라 측정되어야 한다.

이 같은 원리에 따라, 아파서 모임을 취소하게 된 치료자는 건강 악화라는 주제와 아파서 침대에 누워 있을 때 죄책감이 드는 사람에 대한 주제를 오랫동안 다루는 한 집단에 이렇게 물어볼 수 있다. “여러분은 내가 최근에 병에 걸려 모임에 빠진 이유를 정말로 알고 싶나요?” 또는 각 집단원이 삶에서 당하게 된 손실과 죽음에 급작스럽게 사로잡혔던 집단에는 곧 오게 될 4주간의 여름휴가를 걱정하고 있는지 물어보아도 좋을 것이다. 이런 경우 집단지도자는 공공연하게 드러난 내용과 암암리에 잠재되어 표현되지 않은 집단에 관한 쟁점을 서로 관련지으려고 시도한다.[21]

만약 집단이 치료자의 최근 부재, 임박한 4주간의 여름휴가에 관한 모든 것에 대해 이미 철저하게 작업해 놓았다면, 이러한 개입은 필시 무의미할 것이다. 기술적인 절차는 전통적 정신치료에서 면밀하게 조사하는 과정과 다를 바 없다. 복잡하게 뒤섞인 다량의 정보 앞에서 치료자는 특정한 시간에 환자에게 가장 도움이 되리라고 생각한 측면을 선택하고 강화하고 해석한다. 치료자는 모든 꿈이나 꿈의 모든 부분에 대해 주의를 기울이지 않는다. 다만 환자가 현재 직면한 특정 문제를 밝혀 주는 꿈의 주제를 강력하게 추적할 뿐이다. 이 예시에서 알 수 있듯이 과정은 여러 요인에 의해 과도하게 결정되고 영향을 받는다는 점을 기억해야 한다. 현대의 환경은 환자의 정서적 경험에 영향을 미치며, 그들의 어린 시절 경험과도 연결될 수 있다.

이 특정 기간에 정치적인 문제가 크게 나타났고, 당연하게도 집단에 영향을 끼쳤다. 특히 멕시코에서 미국으로 국경을 넘으면서 아이들을 가족으로부터 떼어 놓는 정책에 대해 격렬한 반응이 있었다. ‘악한 자들이 책임을 지지 않는다’라는 집단의 절망감, 무력한 분노의 감정 등이 두드러졌다. 집단의 사기는 거의 절망적일 정도로 침울했다.

나[ML]는 집단원들에게 자신의 감정을 되새겨 보길 격려했고, 70대 중반의 우울한 남성 Nate는 어린 시절의 트라우마를 떠올렸다. 최근 일어난 가족의 분리는 매카시 시대에 부모님이 그에게 자신들이 공산주의자이고, 만약 체포된다면 Nate와 떨어질 것이라고 말했던 기억을 떠올렸다. 그는 그 불안감이 다른 사람들에 대한 불신과 중요한 관계를 잃는 것에 대한 평생의 두려움으로 이어졌다고 덧붙였다.

그런 다음 우리는 그와 함께했던 경험에 관심을 돌렸다. 그는 집단을 어떻게 경험했을까? 친밀해지고 있었을까, 아니면 거리를 두고 있었을까? 그가 그룹에서 무력감을 느낄 때가 있었는가? 어떻게 하면 그를 가장 잘 위로하고 지지할 수 있을까? Nate의 자기개방에 대해 다른 사람들은 어떻게 느꼈는가? 집단은 그가 필요로 하는 것을 얼마나 잘 제공하고 있는가?

여기에서 암묵적인 가정은 치료자가 특별한 시점에 그 집단에 가장 좋은 방침을 알고 있다는 것이다. 우리가 살펴본 것처럼 이것은 간단한 문제가 아니다. 가장 중요한 문제는 치료자가 집단과 집단원들에게 궁극적으로 도움을 줄 수 있는 폭넓은 원칙을 형성했다는 점이다. 이것이 바로 치료적 요인을 파악하는 일이 가장 필요한 때다.

집단을 활성화할 때, 치료자는 흔히 두 가지 행위를 동시에 수행한다. 하나는 집단을 지금-여기로 이끄는 일이며, 이와 동시에 집단의 내용 흐름을 정지시키는 일이다. 흔히 있는 일이지만 집단원들은 이러한 제지에 화를 내거나 거부당했다고 느낀다. 그러한 느낌 역시 지금-여기의 일부이기에 치료자는 이 감정들에 주목해야 한다.

치료자가 개입하는 일은 종종 수월하지 않다. 초년기의 사회화 과정에서 우리는 남의 말을 방해하지 말고, 타인 또는 집단에서 대화할 때 주제를 급작스레 변경하지 않도록 배운다. 게다가 집단에서는 논의 중인 주제에 대해 몹시 흥미를 보이는 경우가 있다. 치료자가 보기에 집단이 모임으로부터 도움을 받는 것이 아니라는 점이 확실하더라도, 집단의 흐름을 제지하기란 쉽지 않은 일이다. 사회심리학의 소집단 연구를 통해 집단압력의 강제력이 입증되었다. 인지된 집단의 합의에 대해 반대 입장에 선다는 것은 상당한 용기와 신념이 필요한 일이다.[22] 그러나 이는 가능한 작업을 심화시키고, 지도자가 위험을 감수하고 불안을 극복하기 위해 노력한다는 것을 보여 줌으로써 치료 집단에 도움이 된다. 치료자의 과정 해설은 집단에 대한 공감적인 조화를 돕고, 예측 가능성과 애착 안정성과 안전함을 구축한다.[23]

이러한 유형의 딜레마에 빠진 치료자가 다음의 느낌을 집단에 표현함으로써 환자의 수용성을 증진시킬 수 있다는 점을 우리는 경험했다. 예를 들면, "Lily, 나는 당신이 말하고 있을 때 불편해집니다. 나는 두 가지 강한 생각이 들어요. 하나는 당신이 당신에게는 중요하고 고통스러운 어떤 문제에 빠져 있다는 점이고, 다른 하나는 Jason(새 집단원)이 지난 몇 차례 모임 동안 집단에 들어오려고 무지하게 애를 썼지만 집단이 그를 반기지 않았다는 점이에요. 그동안에는 새 집단원이 들어왔을 때 이런 일이 없었거든요. 그런데 왜 지금 이런 현상이 나타나게 되었을까요?" 또는 "Tenore, 당신이 말하기 시작했을 때 나에게서 나타난 반응은 두 가지였습니다. 첫 번째는 당신이 집단에 참여할 만큼 편해진 것 같아서 기쁘다는 거예요. 두 번째는 당신 말이 매우 추상적인데다가 당신에게서 무척 동떨어져 있어서 당신이 말한 것에 집단이 반응하기 어렵다는 점이에요. 그동안 당신이 가장 공감했던 모임이나 주제는 어떤 것인가요? 집단원들에게 어떻게 반응했나요?"

물론 더 많은 활성화 절차가 있다(15장에서 단기 전문집단 안에서 지금-여기의 상호작용을 촉진시키는 집단 구조와 절차의 몇 가지 기본 변형을 기술하려고 한다). 그러나 이번 장의 목적은 기법에 대한 개요를 소개하는 것이 아니다. 기법을 기술한 것은 오직 지금-여기 활성화의 기초원리를 명료화하기 위해서다. 이러한 기법 또는 집단 전략은 종속적인 것이지 주체가 아니다. 기법을 분별없이 사용하는 것, 무료함을 메우는 것, 집단을 흥겹게 하는 것, 지도자가 집단원들의 요구에 순응하는 것은 집단에 유혹적이지만 건설적이지는 않다.[24]

결과적으로 지도자의 활동과 결과는 곡선적인 상관을 보인다(너무 많거나 너무 적은 활동은 성공적이지 못한 결과를 낳는다). 지도자의 활동이 너무 적으면 집단은 힘겨워한다. 반대로 지도자의 활동이 너무 많으면 집단원들은 더 많은 것을 요구하며 지도자만 바라보는 의존적인 집단이 되고 만다.

상호작용을 단순히 가속화하는 일이 이러한 기법의 목적은 아니다. 기만한 치료자는 상호작용과 정서적 표현, 자기개방을 더 수월하게 해 주려고 책략을 구사하는데, 그러다가는 전반적 핵심을 놓치게 된다. 저항, 두려움, 방어, 불신 등 간단히 말해서 만족스러운 대인관계를 저해하는 모든 것이 표현되도록 허용하지 않으면 안 된다. 매끄럽게 작용하고 번듯한 사회조직을 구성하는 것이 우리의 목적이 아니다. 오히려 원활하게 가동하면서 각 집단원이 자신의 축소된 사회를 개방할 만큼 신뢰하는 사회조직이 되는 것이 우리의 목적이다.

그러므로 효과적인 치료자는 장애물들의 주변을 배회하지 않고 그것을 통과한다. 초기 근대 집단분석가 중 한 명인 Louis Ormont는 이를 잘 표현한다. 즉, 우리는 환자가 지금-여기에 집중하도록 하면서도 그들이 실수하기를, 그들이 계약을 위반하기를 바란다는 것이다. 사실 우리가 환자의 실수를 바라는 이유는 환자가 이 실패의 본질을 파악함으로써 각자가 친밀함에 저항하는 이유, 즉 각자가 가진 저항의 스타일(분리, 싸움, 말 돌리기, 자기몰두, 불신 등)과 각자의 내면에 깔린 친밀함에 대한 두려움(충동, 버림받음, 흡수됨, 상처 입음 등)을 파악하고 궁극적으로 극복해 내기를 원하기 때문이다.[25] 우리는 환자가 자기 자신에 대해 호기심을 가지게끔 해야 하며, 이를 위한 환경을 조성해야 한다.[26]

과정 명료화의 기술

환자들이 지금-여기의 상호작용 형태로 성공리에 들어오면 치료자는 곧바로 이러한 상호작용을 치료상의 이점으로 전환하는 데 관심을 가져야 한다. 이 과업은 복잡하며 여러 단계로 구성된다.

- 환자들은 먼저 자신이 다른 사람과의 상호작용에서 무슨 일을 하는지 알아야 한다 (단순한 행위에서부터 장시간에 걸쳐 펼쳐질 복잡한 유형에 이르기까지).
- 환자들은 자기 행위가 다른 사람에게 미칠 영향, 다른 사람들이 그 행위자를 인식하는 데 미칠 영향과 궁극적으로 그 행위가 행위자의 자기존중에 어떤 영향을 주는지 분명히 인정해야 한다.
- 환자들은 자신이 사람을 대하는 양식에 스스로 만족하고 있는지 판단해야 한다.
- 환자들은 변화하고자 하는 의지를 실행해야 한다.
- 환자들은 의도를 결심으로, 결심을 행동으로 바꾸어야 한다.
- 환자들은 변화를 공고히 하고, 집단에서의 변화를 삶의 전반에 적용해야 한다.

이러한 각각의 단계는 치료자가 몇 가지 구체적인 입력을 해 줌에 따라 수월해질 수 있다. 우리는 각각의 단계를 순차적으로 기술해 볼 것이다. 그러나 먼저 다음과 같은 몇 가지 우선적이고 기초적인 사안을 논의해야 한다. 치료자는 어떻게 과정을 인식하는가? 치료자는 집단원들이 과정을 지향하도록 어떻게 도와줄 것인가? 치료자는 어떻게 환자로 하여금 자신의 과정 언급에 대한 수용성을 높여 줄 것인가?

과정의 인식

환자가 과정을 이해하도록 돕기 전에 먼저 치료자 자신이 과정을 인식하는 기술을 배워야 한다. 달리 말하자면, 치료자는 집단 상호작용이 일어나고 있는 가운데 다음과 같은 사항을 곰곰이 생각하고 의문을 제기할 수 있어야 한다. "왜 이 일이 이 집단에서, 이런 특정한 방식으로, 이 특정한 때에 벌어지고 있는가?"[27] 숙련된 치료자는 별 노력을 기울이지 않고도 자연스럽게 이 기술을 익히고 안정적으로 과정 관점을 유지하며, 특정 개인의 상호작용과 집단 내의 발달적 쟁점들을 포함해 여러 가지 다른 관점으로 집단의 진행을 관찰한다(10장 참조). 이 관점의 차이가 집단에서 환자와 치료자 간의 주된 역할의 차이다. 몇 가지 임상 사례를 살펴보자.

집단 모임에서 Elena는 매우 깊은 개인적 문제를 드러냈다. 집단은 그녀의 말을 듣고 감동되어 그녀의 말을 경청하는 데 시간을 많이 할애했다. 그리고 그녀가 그 문제에 관해 더 이야기할 수 있도록 지지를 보내며 도왔다. 집단치료자는 이런 활동을 함께 하면서 다른 생각도 염두에 두어야 한다. 예컨대 치료자는 집단원 가운데서 왜 한결같이 Elana가 가장 먼저 그리고 가장 많이 문제를 드러내는지 궁금해할 수 있다. 어째서 Elena는 모든 집단원이 돌봐 주어야 하는 역할을 그렇게 자주 자청하는가? 왜 그녀는 자기 자신을 나약하게 나타내는가? 왜 하필이면 오늘인가? 특히 지난번 모임! 매우 큰 갈등이 있었던 모임이 끝나고 Elena가 화를 낼 것이라고 예상했지만 그녀는 오히려 크게 웃고 있었다. 그녀는 분노한 표정을 감추려는 것일까?

다른 집단에서 모임이 끝날 즈음에 그동안 집단에서 소극적이던 Jay라는 젊고 심약한 남성이 자신이 동성애자이자 HIV 보균자라는 사실을 밝혔다. 남들에게 밝히는 것은 처음이었다. 그다음 모임에서 집단은 그가 계속 감정을 표현해 주기를 요구했다. 그는 그렇게 해 보려고 애썼지만 감정에 압도되어 말이 막히고 주저하게 되었다. 그때 Vicky가 눈치도 없이 쾌활하게 끼어들면서 "저, 아무도 말하는 사람이 없으면, 나도 문제가 하나 있는데 얘기해도 될까요?"라고 말했다. Vicky는 외로움과 비통함으로 인해 치료를 원했던 40세의 공격적인 택시 운전기사였다. 그녀는 숙모의 달갑지 않은 방문과 관련된 복잡한 상황을 끝도 없이 시시콜콜 늘어놓았다. 노련하고 과정 지향적인 치료자에게 "나도 문제가 하나 있어요"라는 말은 이중적인 표현이다. Vicky는 말보다 행동으로 "나도 문제가 하나 있어요"라고 선언했고, 그녀의 문제는 수개월간의 침묵 끝에 겨우 말할 용기를 낸 Jay에 대한 무감각에서 드러났다.

초보 치료자에게 과정을 어떻게 인식하는지 말하는 것은 쉽지 않다. 이 관점을 갖는 것은 치료자에 대한 교육에서 중요한 과업 중 하나다. 그리고 끝없는 작업이다. 집단치료자로 성장하는 동안 당신은 집단 대화의 심층으로 더 깊숙이 침투하게 될 것이다. 이렇게 시각이 더 커지면서 치료자가 모임에 대해 갖는 예민함도 증가한다. 일반적으로 모임을 관찰하는 초심자 학생들은 숙련된 치료자에 비해 모임을 훨씬 덜 의미 있고, 덜 복잡하며, 덜 흥미롭게 여긴다. 예시로 교육생이 지도하는 집단을 관찰하면서, 해당 모임에서 교육생이 거의 언급하지 않았던 10분을 우리는 여러 페이지로 매우 세세하게 기록했던 경험이 종종 있었다.

그래도 확실한 지침은 초심 치료자들의 과정에 대한 인식을 촉진시켜 줄 수 있다. 단순한 비언어적 감각 자료도 사용될 수 있음에 주목하라. 누가 어디에 앉으려고 하는가? 어떤 집단원들이 함께 앉으려 하는가? 누가 치료자와 가까운 곳에 앉으려고 하는가? 누가 멀리 떨어지려고 하는가? 누가 문 가까이에 있으려고 하는가? 누가 제시간에 모임에 오는가? 습관적으로 지각하는 사람은 누구인가? 말하고 있을 때 누구를 바라보는가? 다른 사람에게 말하면서 치료자를 쳐다보고 있지는 않은가? 만약 그런 일이 있다면, 그들은 서로 관계하고 있는 것이 아니라, 오히려 다른 사람에게 말하는 행동을 통해 치료자와 관계하고 있는 것이다. 누가 시계를 들여다보는가? 누가 구부정하게 앉아 있는가? 누가 하품을 하는가? 말로는 집단이 정말 중요하다고 하면서, 동시에 자기들 의자를 뒤로 빼놓지 않는가? 얼마나 빨리 집단원들이 방에 들어오는가? 어떻게 방을 나가는가? 외투를 계속 입고 있는가? 한 번의 모임에서 또는 몇 번의 모임에서 그들은 언제 제외되는가? 의상이나 용모를 바꾼다는 것은 흔히 환자 혹은 집단 전체 분위기에 변화가 있음을 뜻한다. 이러한 정보의 출처는 온라인 집단에서 훨씬 접근성이 떨어지지만, 집단 과정에 대한 관심은 그러한 환경에서도 계속해서 가장 중요하다(14장 참조).

자세를 다양하게 바꾸는 것은 불편함을 나타내는 것일 수 있다. 예컨대 발을 떠는 것은 대개 불안하다는 신호다. 비언어적인 행동이 종종 미처 인식하지 못한 느낌을 나타내는 것이라는 점은 잘 알려진 사실이다. 비언어적 행동을 관찰하고 집단에 이를 관찰하도록 가르침으로써 치료자는 자기탐색의 과정을 서두르기도 한다.

한 개인이 하는 모든 의사소통은 달리 입증되기 전까지는 그의 대인관계 도식 내에서 의미와 중요성을 가진다고 간주하자. 그리고 각 환자에 대한 당신의 반응을 과정에 대한 자료로 활용하자.[28] 그러면서 집단원들이 서로에게서 끌어내는 반응에 계속해서 주의를 기울이자. 어떤 것이 집단원 대부분이 수긍하는 합의된 반응으로 보이는가? 그리고 어떤 것이 독특하거나 개인 특유의 반응인가?[29]

때때로 과정은 언급된 것뿐만 아니라, 생략된 것에 주목함으로써 명료해진다. 남성 집단원들에게는 제언이나 충고 또는 피드백을 주지만 여성 집단원들에게는 결코 그렇게 하지 않는 여성 환자, 치료자와 맞서지도 않고 질문도 하지 않는 집단, 결코 거론하지 않는 주제들(세 가지 금기인 성, 돈, 죽음), 한 번도 공격받지 않은 환자, 전혀 지지받지 못한 환자 등 생략된 모든 것이 집단의 상호교류 과정의 일부가 된다.

한 집단에서 Sonia는 자기가 다른 사람들에게서 미움을 받는 듯한 느낌이 든다고 말했다. 구체적으로 누가 그녀를 미워하는지 묻자, Sonia는 집단원 중 Eric을 지목했다. 그는 초연하고, 냉담하며, 습관적으로 자신에게 도움이 될 만한 사람하고만 관계를 맺는 사람이었다. Eric은 즉시 발끈하며 "어째서 납니까? 내가 당신에게 무슨 말을 했기에 나를 지목하는지 하나라도 이유를 말해 보세요"라고 말했다. 그러자 Sonia는 "바로 그 점이에요. 당신은 나에게 한마디도 하지 않았어요. 물어본 적도 없고, 인사를 한 적도 없다고요. 당신에게 나는 존재하지 않아요"라고 대답했다. 치료가 종결된 후 Eric은 이 일이 아주 강력하고 깨우침을 주는 경험이었다고 말했다.

어떤 집단원이 자리에 없을 때, 집단의 지금-여기 과정을 관찰함으로써 없어진 집단원의 역할에 대해 많은 것을 알게 되기도 한다. 예를 들어 자리에 없는 집단원이 공격적이고 경쟁적이라면, 집단은 자유로움을 느낄 수 있다. 그 불참한 환자가 있을 때 위협감과 속박을 느끼던 다른 환자가 갑자기 활발하게 활동하기도 한다. 한편, 자기개방에 대한 짐을 덜어주고 다른 사람들이 말하도록 구슬리는 집단원에게 집단이 의존해 왔다면, 그 집단원이 빠졌을 때 집단은 무력감과 위축감을 느낄 것이다. 이러한 부재는 종종 이전에는 집단원들이 전혀 의식하지 못했던 대인관계의 느낌을 명료하게 해 준다. 치료자는 결석한 집단원에 대한 느낌을 그 당시와 이후 그가 있을 때 집단이 논의하도록 권유하는 것이 유익하다. 집단원이 집단에 참석하지 않았을 때 그에 관해 얘기하는 것이 정치적으로나 사회적으로 온당치 못하다고 보는 사회적 통념은 떨쳐버릴 필요가 있다. 집단이 결석한 집단원에 대한 토론을 다음 모임에서 그가 참석했을 때 함께 나누는 관례를 받아들이기만 한다면, 이는 누군가를 '뒷담화'하는 것이 아니며 희생양 삼기도 아니다.

이와 마찬가지로 치료자가 결석했을 때, 치료자에게 가졌던 느낌에 대한 풍부한 정보의 제공이 이루어지기도 한다. 설령 집단이 치료자의 부재에 대해 가지는 중요성이 줄어든다고 해도 이를 탐구해 보는 것은 충분히 가치 있는데, 집단 자체와 집단 내 각 관계에 대해 생각하게끔 돕기 때문이다. 공동 치료자의 부재가 집단 구성원의 불안, 완화, 더 큰 위험의 감수, 감소된 위험의 감수를 유발하는가? 이 질문은 자기 중요성에 관한 것이 아니라 집단 사고방식에 관한 것이고, 이는 치료를 더욱 풍요롭게 할 것이다.

> 한 집단지도자가 여성 한 명과 남성 12명의 정신건강 전문가로 구성된 경험적 훈련집단을 지도했다. 한 명의 여성 집단원은 습관적으로 의자를 출입구 가장 가까운 곳에 놓았지만, 치료자의 출타로 지도자가 없는 모임이 계획되기 전까지는 집단 내에서 상당히 편안함을 느꼈다. 그러나 지도자가 빠진 모임에서 집단이 성적인 느낌과 체험에 관해 전례 없이 적나라한 논의를 계속하자, 그녀는 집단이 문을 걸어 잠그고 자기를 강간하리라는 두려운 성적 환상에 사로잡혔다. 그녀는 다른 집단원들의 난폭한 성적 행동에 대한 공포와 자신의 성적 환상으로부터 지도자의 현존(現存)이 어떻게 자기를 보호해 주었는지 깨닫게 되었다(그녀는 자기가 출입구에서 가장 가까운 곳에 앉게 된 의미도 아울러 깨닫게 되었다!).

모든 가능한 방법을 동원해 어떠한 의사소통 속에서도 거기에 담긴 관계 메시지를 이해해야 한다. 언어적 행동과 비언어적 행동 사이에 일관성 없는 부분을 찾아야 한다. 상호교류에 대해 부정맥 같은 것이 있으면 각별히 살펴야 한다. 예컨대 자극을 유발하는 발언에 대해 나타난 반응의 강도가 부적절할 때, 또는 반응이 표적을 벗어날 때나 반응이 비상식적일 때 등을 살펴야 한다. 이런 때는 관계왜곡parataxic distortion(응답하는 사람이 말하는 사람을 비현실적으로 체험하는 것) 또는 소통관계(응답자가 나타난 내용이 아니라 다른 차원의 의사소통에 정확하게 반응하는 것) 또는 전위displacement(응답자가 현재의 상호작용에 반응하는 것이 아니라 앞선 상호작용에서 비롯된 느낌에 반응하는 것) 등의 다양한 가능성을 생각해야 한다. 한 집단원이 '과장된 감정'이라고 부르기도 한, 상황에 어울리지 않는 강렬한 감정적 반응은 더 깊은 과거의 문제가 지금 다시금 활성화되고 있는 빙산의 일각일 수 있다.[30]

일반적인 집단 긴장

특정한 긴장은 어느 정도 모든 치료 집단에 항상 나타난다는 사실을 기억하라. 집단은 내부와 그 상호작용에 영향을 받기도 하지만 주위의 조직적, 문화적, 사회적 영향 또한 받는다. 이러한 영향 중 일부는 명백하게 드러나는 반면, 잠재적이고 모호한 것 또한 존재한다. 때로 집단 현상은 잘 보이지 않는 곳에 숨어 있기도 하다.[31] 집단 리더십의 주요 측면 중 하나는 집단에서 드러나는 문제나 발언에는 이를 뒷받침하는 여러 겹의 감정, 생각, 소망, 두려움이 있다는 걸 인식하는 것이다. 집단 과정을 탐구할 때는 일차원적으로 알아보아서는 안 된다. 예를 들면, 다음과 같은 긴장을 고려해야 한다. 지배에 대한 다툼, 상호 지지적인 느낌과 형제 간의 경쟁적인 느낌 사이의 반목, 탐욕과 타인을 돕고자 하는 사심 없는 노력 간의 갈등, 집단에서 느끼는 편안함 속에 자신을 푹 묻어 두고 싶은 욕망과 소중한 개별성 상실에 대한 두려움, 개선되고 싶은 바람과 집단 안에 머무르고 싶어 하는 마음 사이의 대립, 타인이 호전되기를 바라는 마음과 자신이 뒤에 처지게 되는 것에 대한 두려움 사이의 갈등 등이다. 어떤 사건이 긴장을 깨워 강력한 표현을 터뜨릴 때까지 이러한 긴장은 때때로 수개월 동안 잠복해 있다.

이러한 긴장을 잊어서는 안 된다. 이러한 긴장들이 항상 거기에서 집단 상호작용의 은폐된 동기에 연료를 제공한다는 것을 기억해야 한다. 이러한 긴장을 아는 것은 종종 집단 과정에 대한 치료자의 인식을 수월하게 한다. 한 예로, 집단 긴장 속에 숨겨진 매우 강력한 원천 중 하나인 지배와 지위를 위한 싸움을 살펴보자. 이 장의 초반부에서 환자를 지금-여기에 끌어들이려고 집단에서 그 환자가 한 일에 점수를 주었던 치료자의 개입을 기술했다. 그 개입은 특정 환자에게 효과적이었으나 그것이 다는 아니었다. 나중에 집단의 나머지 환자들에게서 역반응이 나타났기 때문이다. 그다음 모임 때 두 환자가 지난번 모임에서 치료자가 그들에게 했던 몇 가지 언급에 대해 설명해 달라고 요청했다. 좀 더 깊이 탐색한 결과 그 두 사람과 다른 사람들도 치료자로부터 점수를 요구하고 있다는 점이 밝혀졌다.

훈련의 다양한 단계에 있는 정신건강 전문가로 이루어진 경험집단에서, 치료자는 최연소로 가장 집단경험이 적은 집단원 Stewart의 집단 기술(技術)에 깊은 인상을 받았다. 치료자는 Stewart가 10여 년의 집단경험을 가진 베테랑처럼 행동하는 것으로 보아 그가 훈련을 갓 시작했을 리가 없으며, 누군가의 연구 목적으로 집단에 어린 사람으로 가장하고 들어온 공모자인 것 같다는 생각을 표현했다. 이 말은 강력한 긴장을 불러일으켰다. 집단은 이러한 지적을 쉽사리 잊지 않았고, 이 문제는 이후 수개월 동안 주기적으로 되살아나 격렬하게 논의되었다. 치료자는 이 언급으로 Stewart의 이마에 죽음의 키스를 했던 것이다. 왜냐하면 집단은 조직적으로 Stewart에게 도전하며 그를 무력화하려고 했기 때문이다. 치료자가 한 집단원에게 긍정적인 평가를 하면, 집단원 사이에 일종의 경쟁심을 불러일으키기 쉽다. 집단지도자가 하는 모든 행동은 구성원의 평가를 거치게 된다.

집단이 진행되는 동안 지배 싸움의 강도는 기복을 가진다(10장에서 상세히 논하겠다). 그것은 집단 초기에 집단원들이 서열상의 유리한 위치를 위해 다툴 때 두드러진다. 일단 서열이 정해지면, 그 문제는 일단 잠복했다가 주기적으로 폭발한다. 예컨대 어떤 집단원이 자신의 치료 작업의 한 부분으로 자기주장을 하고 수립된 질서에 도전하기 시작하기도 한다.

새 집단원이 집단에 들어올 때, 특히 그들이 자신의 위치를 잘 모르고 집단의 규칙을 신중히 살펴서 존중하지 않는 공격적인 사람일 때, 지배와 권위를 위한 싸움은 표면으로 떠오르게 된다.

한 집단에서 고참 집단원인 Cora는 새 집단원이며 공격적인 Jocelyn의 등장으로 위협을 받았다. 몇 차례 모임 뒤 Cora가 자신이 주장을 펼 수 없는 것에 관해 문제를 논의했을 때, Jocelyn는 자기 역시 한때 그와 같았다며 이를 극복하기 위해 사용했던 몇 가지 방법을 제시함으로써 Cora를 도우려 했다. Jocelyn은 Cora를 재차 안심시키면서, 만약 Cora가 자기주장의 부족에 관해 집단에서 계속 공개적으로 말하면 자신감을 갖게 될 것이라고 했다. Cora는 몇 주가 지나서야 느낌에 대해 토로하고 작업할 수 있을 정도로 자신의 분노를 침묵으로 반응했다. 잘 알지 못하는 관찰자에게 Cora의 반응은 의아하게 보일 수 있다. 그러나 Cora가 집단에서 고참이었고, Jocelyn이 그 선배에게 강력하게 도전했다는 관점에서 보면 이 반응은 익히 예기할 수 있는 것이었다. Cora는 도와주겠다는 Jocelyn의 제의에 반응한 것이 아니라, Jocelyn의 다음과 같은 소통 관계, 즉 "내가 너보다 더 앞서 있고, 더 성숙하고, 정신치료 과정에 대해 더 알고 있으며, 네가 여기에 더 오래 있었지만 이 집단에서 내가 더 강하다"에 반응한 것이다.

일차적 과업과 이차적 만족

일차적 과업과 이차적인 만족의 개념, 그리고 이 둘 사이의 역동적인 긴장은 치료자에게 과정 인식을 위한 유용한 지침을 마련해 준다(나중에 논의하겠지만, 이는 과정 언급에 대한 환자의 저항에 깔려 있는 요인에 대한 지침을 준다).

우선 몇 가지 정의를 살펴보자. 환자의 일차적 과업은 아주 단순한데, 본래의 목적을 달성하는 것이다. 즉 고통에서 벗어나고, 다른 사람들과 좋은 관계를 가지며, 생산적이고 충실하게 삶을 사는 것이 목적이다. 하지만 자세히 들여다보면 과업은 종종 훨씬 더 복잡하다. 일반적으로 일차적 과업에 대한 개인의 견해는 치료의 진전에 따라 현저하게 달라진다.[13)]

치료받는 동안 일차적 과업이 변하기도 하지만, 일단 환자는 몇 가지 분명한 일차적 과업의 개념(일반적으로 고통의 해소)을 가진다. 9장에서 다루는 기법에 따라, 치료자는 집단이 형성되기 전의 사전 준비와 최초 집단 모임에서 환자들이 그들의 일차적 과업을 달성하기 위해 해야 하는 것이 무엇인지 알려 준다. 그러나 일단 모임이 시작되면 매우 묘한 일들이 일어나기 시작한다. 환자는 의식적으로는 변화되기를 원하면서도, 익숙한 예전의 행동 양식에 집착해 변화를 회피하는 일에 깊이 전념한다. 익숙했던 삶에 비정상적으로 집착하는 것, 이러한 저항을 인식하는 것을 통해 치료를 위한 첫 번째 기회가 마련된다.

다음의 몇몇 임상적 예가 이 모순을 잘 보여 준다.

> 젊은 남성인 Cal은 집단의 여성들을 유혹하는 데 관심이 있었고, 자신이 세련되고 매력적으로 보이도록 행동하느라 애썼다. 그는 부자연스러운 느낌, 멋지게 보이고 싶은 강한 욕구, 여성들에 대한 두려움, 집단의 다른 남성들에 대한 질투심 등을 감추었다. 그는 자기에게 강박적인 자위행

---

13) 이와 같은 현상은 치료 결과를 최초의 표적 증상이나 목표에 초점을 두고 단순히 그에 따른 환자의 변화를 평가하는 전략을 사용하는 연구에는 치명적인 해를 끼친다. 그 대신 결과 질문지 45 또는 변화를 위한 동반자 결과 관리 시스템(Partners for Change Outcome Management System, PCOMS)과 같이 폭넓고 광범위한 결과 질문지를 사용하면, 치료자들이 생산적으로 환자들에게 조율할 수 있는 의미 있는 피드백을 얻을 수 있다. G. Burlingame, K.Whitcomb, S.Woodland, J. Olsen, M. Beecher, and R. Gleave, "The Efects of Relationship and Progress Feedback in Group Psychotherapy Using the Group Questionnaire and Outcome Questionnaire-45: A Randomized Clinical Trial," Psychotherapy 55 (2018): 116–31. B. Wampold, "Routine Outcome Monitoring: Coming of Age—With the Usual Developmental Challenges," Psychotherapy 52 (2015): 458–62 참조.

위와 관음증이 있다는 점을 결코 이야기할 수 없었다. 다른 남성이 집단에서 자기는 여성을 멸시하는 성향이 있다고 밝혔을 때, Cal은 (경쟁자가 줄어들었다는 점에 기뻐서) 그가 정직하다고 칭찬했다. 다른 집단원이 무척 불안해하면서 자신의 동성애에 대한 공상을 털어놓았을 때는 Cal 자신의 유사한 공상을 나눔으로써 해 줄 수 있었던 위로를 고의적으로 유보했다. Cal은 자기가 치료받고자 했던 문제를 아무것도 건드릴 수 없었다. 즉, 어느 것도 자신의 이미지를 지키고자 하는 마음을 이겨내지 못한 것이다.

다른 환자는 자기가 정신적으로 탁월하며 심오하다는 인상을 주려는 데 전력을 기울였다. 그녀는 자주 교묘한 방법으로 끊임없이 치료자와 다투었다. 그녀는 치료자가 제공하려는 도움을 비웃었으며, 치료자가 그녀의 행동을 해석하려고 할 때면 거세게 반발했다. 결국 치료자가 자기는 그녀에게 제공할 만한 것이 아무것도 없다는 생각이 든다고 말하자, 매우 기쁜 듯이 환히 웃으며 "아마도 당신은 자신의 문제를 다루기 위해 치료 집단에 들어와야겠어요"라고 말했다.

다른 집단원은 그 집단에서 자기 여자친구가 예쁜 여배우라는 사실에 부러움을 사고 있는 것을 즐겼는데, 그는 여자친구의 사진을 집단에 보여 주면서 즐거워했다. 그녀는 일종의 전시물로 그의 천부적 우월감을 보여 주는 살아 있는 증거였다. 어느 날 그녀가 급작스럽고 단호하게 그의 곁을 떠났을 때, 그는 집단을 대하기에 너무나 굴욕감을 느껴 치료를 포기했다.

이러한 사례에는 한 가지 공통된 특징이 있다. 각 환자는 우선권을 개인의 성장과 자기 이해라는 일차적 과업이 아닌 집단에서 발생하는 어떤 이차적인 만족, 즉 다른 집단원과의 관계, 환자가 투사시키고자 하는 인상, 집단 안에서 환자가 가장 성적인 호소력이 있다거나 가장 영향력 있다거나 가장 현명하다거나 가장 우월하다는 식의 집단 역할에 두었다는 점이다. 만약 이러한 지금-여기의 행동을 연구할 수 있었다면(환자들이 집단의 구조 밖으로 나와 좀 더 냉정하게 자신의 행동을 관찰할 수 있다면) 이 전체 상호작용은 치료 작업에 좋은 부분이 되었을 것이다. 그러나 그런 일은 일어나지 않았다! 위의 모든 경우에서는 수행해야 할 작업보다 만족이 우선되었다. 환자들은 사실적인 정보를 은폐했고, 자신을 그릇되게 나타냈고, 치료자의 도움을 거부했으며, 서로 간에 도움 주기를 거절했다.

집단 상황은 넓은 범위의 이차적 만족을 제공하고, 개인 삶 속의 많은 사회적 요구를 만족시킨다. 게다가 제공된 만족은 대개 강력하다. 지배적이고, 존경받고, 사랑받고, 숭배받기를 바라는 우리의 사회적 욕구는 정말 강력하다. 어떤 환자들에게는 정신치료 집단이 그들의 일상생활에서 더 나은 관계를 형성하도록 다리 역할을 해 주는 것보다, 치료 집단 자체가 만족스러운 관계를 제공해 주기도 한다. 치료 집단 밖에서는 사람들과 관계를 맺을 기회가 줄어든 노인들처럼 특정한 인구 집단에는 이런 현상이 임상적 과제로 드러나게 된다. 이런 경우에는 집중적인 집단치료 회기를 가진 후, 집단 모임을 계속하면서도 한 달에 한 번 정도로 모임의 횟수를 줄여 가는 것이 치료 종결에 대한 저항을 다루는 최선의 방법이 될 것이다.[32]

일차적 과업과 이차적 만족 사이에 존재하는 긴장은 저항과 행동화라는 익숙한 개념을 조금 다른 방식으로 부르는 것에 지나지 않는가? 이차적 만족의 추구는 치료 작업을 방해한다는 의미에서 일반적으로 저항이라고 불리기도 한다. 그러나 거기에는 내가 강조하고 싶은 상이한 측면이 있다. 저항이란 일반적으로 고통의 회피를 가리킨다.[33] 당연히 이러한 개념으로서의 저항은 집단에서도 개인적 그리고 집단적 수준에서 뚜렷이 나타난다. 그러나 우리가 강조하고자 하는 것은 치료 집단은 이차적 만족을 풍부하게 제공한다는 점이다. 흔히 집단에서 치료 작업은 환자가 작업하기에 너무 방어적으로 불안해서가 아니라 만족을 포기하려 하지 않기 때문에 탈선한다. 마치 집단 응집력을 치료 수단이 아닌 목적 그 자체로 보듯이, 집단 또한 방어적이고 수동적인 나머지 동료 집단원에게 이의를 제기하지 못하기도 한다.[34]

흔히, 치료자가 치료 집단에서 어떤 사건들의 진행으로 인해 당황할 때는 일차적 과업과 이차적 만족을 구분시키는 것이 가장 유용하다. '환자가 자신의 일차적 과업을 수행하고 있는가?'라는 자문은 자주 치료자를 명료화시켜 준다. 일차적 과업이 이차적 만족으로 확고히 대체되어 치료자의 개입에 저항하게 될 때, 치료자가 구사할 수 있는 가장 강력한 기법은 그 환자에게 일차적 과업, 즉 그가 치료받으려는 본래의 이유를 환기시켜 주는 것이다.

집단의 지도자로서 각 환자의 과거에 대한 정보나 깊이 있는 자료에 접근할 수 있겠지만, 다음의 예시와 같이 동의 없이 환자의 배경을 소개하며 치료를 유도하는 것은 윤리 위반일 수 있다.

> Joan이 집단에서 제대로 참여하지 않고 철저한 회피와 부정으로 그녀를 이끌어 내려 했던 노력을 좌절시킨 몇 주 끝에 집단치료자는 Joan이 평가 인터뷰에서 공유한 것, 즉 자신이 아편에 중

독되었다는 것을 집단과 공유할 때까지는 진전을 보이지 않을 것이라고 한 말을 집단원들 앞에서 불쑥 꺼냈다. 환자는 분노와 배신감을 느꼈고, 이 기밀 유출에 대한 윤리 위반을 주 위원회에 제기했다.

동일한 원리가 집단 전체에도 적용된다. 집단은 각 집단원 간에, 치료자에 대해, 그리고 집합으로서의 집단에 대해 갖는 모든 관계의 측면을 탐색하고 발전시키는 것으로 구성되는 일차적 과업을 갖는다고 할 수 있다. 치료자 그리고 나중에는 집단원들도 언제 집단이 작업하고 있는지, 언제 집단이 일차적 과업에 관여하는지, 언제 집단이 일차적 과업을 기피하고 있는지를 아주 쉽게 감지할 수 있다.

때때로 집단이 무엇을 하고 있는지 분명하지 않을 수도 있지만, 치료자는 그 일이 집단원 간의 관계를 발전시키거나 탐색하는 것과 관계가 없음을 알 수 있다. 만약 치료자가 집단의 일차적 과업에 대한 명백한 언급을 제공하는 데 신경을 썼다면, 과업 자체와 관련된 불쾌감 때문에 아니면 치료 작업을 대체하기에 충분히 만족할 만한 어떤 이차적 만족 때문에 집단이 적극적으로 그 과업을 기피하고 있다고 결론지어야 한다.

치료자의 느낌

치료자가 과정을 인식하고 이해하는 데 관한 모든 지침은 나름대로 유용하다. 그러나 치료자에게 가장 중요한 단서는 치료자 자신의 느낌인데, 이 느낌은 집단치료에서 유사한 많은 경우를 체험하면서 신뢰하게 된 느낌을 말한다. 만약 조급해지고, 좌절을 느끼며, 지루하고, 혼란스러움을 느끼며, 낙담했다면 (인간에게 있을 수 있는 느낌 가운데 어느 것이라도) 이것을 유용한 자료로 간주하며, 이 느낌을 작업에 투입할 수 있다.

치료자가 자신의 느낌을 이해하거나 정리하고 말끔히 해석해 전달해야 할 필요는 없다. 느낌에 대한 단순한 표현이 종종 환자의 진전에 충분한 도움이 된다. 치료자의 진실한 존중과 적당한 조심성은 집단원에게 과정 평가가 더 제대로 전달되게 한다.[35]

> 한 치료자가 45세 여성을 치료하면서 겪은 일이다. 그녀는 자기를 표현하는 데 급격한 기복이 있어 현실적이지 못하고 혼란스러운 태도를 보였다. 치료자는 결국에 이렇게 말했다. "Sharon, 나는 당신에 대해 나누고 싶은 여러 가지 느낌이 있어요. 당신이 말할 때 나는 종종 당신이 성숙하고 유능한 여성이라는 생각이 들어요. 하지만 때로는 매우 어리고, 성적인 것에 대해 알지 못하고, 모든 사람에게 귀여움을 받고, 또 모두를 기쁘게 해 주려고 하는 흡사 사춘기 이전의 아이처럼 보일 때가 있어요. 여기서 지금은 더 나아갈 수 있을 것 같다고 생각하지 않지만, 그러나 이 말이 당신에게 의미가 있을지 궁금해요." 그 관찰은 환자에게 깊은 감응을 불러일으켰고, 그녀가 자신의 상충하는 성 정체성(sexual identity)과 모두에게 사랑받고 싶은 욕구를 탐색하는 것을 도왔다.

만약 환자가 당신에게 마음을 닫은 것 같은 느낌을 나눈다면, 이는 종종 집단에 매우 유익할 것이다. 이러한 말은 당신이 환자에게 좀 더 가까이 가고 싶어 한다는 사실을 시사하기에 방어를 일으키는 일은 좀처럼 없다. 이를 통해 환자들은 위험 감수, 협동 그리고 관계를 진지하게 받아들이기 같은 집단치료의 중요한 규범을 모델링하게 된다.

치료적 과정에서 느낌을 표현하기 위해서는 치료자가 자기 느낌의 적합성에 대해 적당량의 자신감을 가져야 한다. 환자에 대한 개인적이고 주관적인 경험만을 바탕으로 반응하면 이는 역전이에 기초하거나 압박하는 개인적인 정서 문제 때문에 별로 도움이 안 된다. 그 느낌이 당신 자신의 문제라기보다 환자의 문제인 것처럼 내놓으면 이는 더욱더 역치료적이다. 당신은 당신의 느낌이라는 섬세한 도구를 사용해야 하며, 이를 매우 빈번하고 자발적으로 사용해야 한다. 무엇보다 이러한 도구가 가능한 한 신뢰할 만하고 정확해야 한다는 점이 매우 중요하다.

역전이란 치료자가 환자로부터 느끼는 반응을 폭넓게 부르는 말이다. 치료자나 다른 사람들에게 미치는 환자들의 독특한 대인관계 영향을 반영하는 것이 객관적 역전이이고, 치료자 자신의 과거 개인적 대인관계나 현재 생성 중인 경험보다 명확히 반영하는 개인 특유의 반응들이 주관적 역전이인데, 이 둘을 구별하는 것이 매우 중요하다.[36] 객관적 역전이는 환자에 대한 훌륭한 대인관계 정보의 출처이며 감독에 많은 도움이 된다. 하지만 주관적 역전이는 집단이나 환자보다 치료자에 대해 더 많은 것을 말해 주는데, 개인 심리치료를 포함하는 자아 탐구에 많은 도움을 줄 수 있다. 역전이가 주관적인 것인지 객관적인 것인지 구분하기 위해서는 경험과 훈련뿐 아니라 깊은 자기이해도 필요하다. 모든 치료자는 개인적으로 정신치료를 받아야 한다고 우리가 믿는 이유가 바로 여기에 있다(이에 관해서는 16장 참조).

환자가 과정을 지향하도록 돕기

자신의 노력을 통해 얻은 관찰, 관점, 통찰이 다른 사람으로부터 주어진 것보다 더 가치 있다는 점은 오래전부터 알려진 사실이다. 성숙한 지도자는 탁월한 대가다운 해석을 내리려는 유혹을 물리치고, 그 대신 환자가 자신의 노력으로 자기인식에 도달할 방법을 찾는다. S. H. Foulkes와 E. J. Anthony는 "치료자가 자신의 지혜를 감추고, 인식이 부족한 것을 인내하며, 집단이 해결에 도달하도록 기다려야 할 때가 있다"라고 말했다.[37]

그런 경우 집단원들이 과정적 관점을 얻고, 이를 가치 있게 여기도록 영향을 끼치는 것이 치료자의 과업이다. 5장에서 기술한 지도자가 하는 규범 설정 활동의 많은 부분이 이러한 목적에 이바지한다. 예컨대, 치료자는 주기적으로 지금-여기에서 집단원들을 끌어내 최근의 상호교류에 대한 의미를 더 냉정하게 숙고하게 함으로써 과정을 강조한다. 기법은 치료자의 스타일에 따라 다를 수 있겠지만, 이러한 개입 의도는 자기반영self-reflective의 횃불에 불을 붙이는 데 있다. 과정 평가는 치료에 생명을 불어넣는 직접적인 힘을 가진다.[38]

예를 들면, 치료자는 실제로 이렇게 말하기 위해 적절한 간격으로 집단을 중단시킨다. "오늘 모임의 절반이 지났는데, 여러분이 지금까지 오늘 모임에 대해 어떻게 느끼고 있는지 궁금해요." 집단원들에게 분석을 요청하기 위해 그 과정을 당신이 이해해야 할 필요는 없다. 단순히 이렇게 말할 수도 있다. "모임에서 무슨 일이 있는지 모르겠지만, 뭔가 일상적이지 않은 게 보이네요. 예를 들면, Bill은 너무 조용하고, Jack은 자기 의자를 3피트 뒤로 뺐고, Mary는 몇 분 동안 나를 쏘아보고 있어요. 모두 오늘 있었던 일들에 대해 어떻게 생각하나요?"

매우 열기가 있었던 모임의 과정을 검토해 보는 것도 종종 필요하다. 강렬한 정서 표현이 의미 있는 배움의 소재를 제공한다는 사실을 치료자가 설명해 주는 일은 중요하다. 때때로 당신은 그러한 모임을 두 부분, 즉 경험 부분과 그 경험을 분석하는 부분으로 나눌 수 있다. 어떤 경우에는 다음 모임에서 그 과정을 분석할 수도 있다. 즉, 집단원들이 이전 모임을 끝내고 집으로 돌아갔을 때의 느낌에 관해 물어볼 수도 있다. 또는 단순히 그때 있었던 사건 이후 그에 대해 가졌던 다른 생각들을 말하도록 요청할 수도 있다.

분명히 당신은 모델링을 통해서 당신 자신의 과정 지향성을 가르친다. 가능할 때마다 집단에 대한 당신의 관점을 나눔으로써 많은 것을 얻으면 얻지 잃는 것은 없다. 그러나 자신의 영향과 의도한 바가 일치하는지 주의해야 한다. 집단이 항상 여러분이 기대하는 것과 일치한다고 생각하지 말고, 노력에 대한 집단의 반응을 정기적으로 확인해야 한다. 때때로 당신은 모임을 명료하게 하고자 이렇게 말할 수 있다. "오늘 진행된 것으로 보아 내가 본 몇 가지는 이렇습니다." 때로는 집단에 늦게 도착한 집단원이나 공동 치료자에게 모임을 요약해 주는 것과 같은 편리한 방식을 사용할 수도 있다. 치료자의 과정 관찰을 환자들과 체계적으로 나누기 위해 내가 쓰는 한 가지 기법이 있다. 나는 치료 집단 모임 후, 내가 말로 표현한 과정 관찰과 언급하지 않은 과정 관찰에 대한 충분한 설명을 포함해 모임을 상세히 요약한다. 그리고 이 요약을 다음 모임 전에 환자들에게 메일로 보낸다. 이러한 접근을 통해 치료자는 상당한 정도의 개인적이고 전문적인 노출을 사용하는데, 이는 특히 집단 과정에 대한 환자들의 민감성을 증가시키면서 치료 작업을 촉진시킨다. 이러한 기술은 13장에서 더욱 깊이 다루겠다.

환자들이 집단 회기가 진행되는 과정에 대한 자기 생각을 말하도록 장려하는 것은 도움이 된다. 많은 집단치료 지도자가 자신의 학생으로 구성된 경험집단을 통해 학생들을 가르치는데, 그들은 흔히 이전 모임에서 지명된 학생이 낸 과정에 관한 보고서를 가지고 각 모임을 시작한다. 어떤 치료자들은 과정을 인식하는 데 비범한 직관적 능력을 지닌 환자에게 부탁하기도 한다. 예를 들어, Louis Ormont는 문제가 심하지 않으며 다른 사람의 몸동작에 특히 예민한 환자의 재능을 치료에 도움이 되도록 이용했다. "Michael, Pam이 저렇게 손을 흔들며 Abner에게 무슨 얘기를 한 거지요?" 등의 질문에는 두 가지 목적이 있는데, 하나는 과정을 명료화하고, 또 하나는 Michael이 집단의 중앙으로 들어와 존경을 얻게 하는 데 기여하는 것이다.[39]

환자가 과정 명료화 언급을 수용하도록 돕기

치료 내내 환자들은 생각하고, 내면의 정돈 상태를 변경시키며, 그들의 행동 결과에 대해 생각하도록 요구받는다. 그것은 힘든 일이고, 종종 불쾌하며, 두려운 일이다. 단순히 환자에게 정보나 설명을 제공하는 것만으로는 충분하지 않다. 당신은 새로운 정보를 동화시키는 일도 촉진해야 한다. 이 작업에서 환자들을 돕는 몇 가지 전략이 있다.

해석적인 언급을 할 때는 유의해야 한다. 만약 배달한 물건을 상대방이 받지 않거나, 꾸러미를 뜯어보지도 살피려고도 하지 않으며 거절한다면 아무리 훌륭한 것이라고 해도 쓸모없는 것이다. 관계, 전달 방식 그리고 시기 등은 메시지의 내용만큼이나 중요하다. 비록 우리가 환자의 책임에 중점을 두고 이 장에서 다루는 변화 과정의 기술적 단계를 강조하고 있지만, 우리의 치료 효과는 환자의 애착 안정감과 협력적인 환경을 극대화하고 유지하는 것과 관련이 있다. 그 치료의 맥락이 만들어지지 않고서는 생산적인 결과를 얻을 수 없다.[40]

환자들은 지지적이며, 탓하지 않는 방식으로 말한 관찰에 대해서는 항상 더 수용적이다. 환자가 다른 사람들과 거리를 두고 있거나 마음을 닫고 있다는, 또는 너무 사심이 없어서 자기를 위해 남에게 무언가를 요구하는 일이 없다는, 또는 자신의 감정에 인색하다는, 또는 제공할 것이 많은데도 무언가를 감추고 있다는 등의 관찰을 환자가 거부하는 일은 거의 없다. 이러한 관찰은 모두 지지적인 메시지를 담고 있다. 즉, 관찰자는 더 가까이 다가서고 싶고, 돕기를 원하고 있으며, 그를 더 친밀하게 알고 싶어 한다는 내용을 담고 있다. 만약 모임이 끝나고 나서야 무언가를 이해하게 되었다면, 이를 말하기를 주저해서는 안 된다. 다음 모임에서 "내가 조금만 일찍 이해했더라면 문제를 다르게 접근해 보았을 거예요. 계속해서 이야기해 보면 좋겠어요"라고 말할 수 있다. 교육 동안에는 환자를 이해하기 위해 매우 많은 시간을 쏟지만, 이러한 이해에 대해 환자와 효과적으로 소통하는 데는 충분히 시간을 쓰지 않는다는 것은 매우 흥미로운 점이다.[41]

범주화하거나 제한하는 명칭을 조심해야 한다. 그러한 것은 생산적이지 않다. 위협하며 방어를 일으킨다. 환자들은 의존, 자기애, 착취, 거만함과 같은 전체적인 비판을 거부한다. 그리고 사람은 항상 어떤 한 가지 또는 몇 가지 명칭을 합친 것 이상의 존재이기 때문에 이러한 거부에는 충분한 이유가 있다. 사람의 특징이나 부분에 관해 말하는 것이 훨씬 더 받아들여지기 쉽다(그리고 훨씬 더 진실하다). 예를 들면 "당신이 다른 사람들과 가까워지기를 상당히 바라고, 또 지난주 Debbie에게 한 것처럼 도움을 주고 싶어 하는 것을 종종 느낄 수가 있어요. 그러나 때때로 오늘처럼 다른 사람들에게 무관심하고 경멸하는 것처럼 보일 때도 있어요. 당신의 이런 부분에 대해 무엇을 알고 있나요?" 환자의 태도 또는 영향을 묘사할 때는 절대로 '절대'라는 말을 하면 안 되고, 항상 '항상'이라는 표현을 쓰지 않도록 주의해야 한다. 언제나 정직하되, 치료자의 피드백에 환자가 최대한 열려 있도록 노력해야 한다.

집단원들은 강한 집단 갈등 상황에서 종종 중요한 진실을 서로에게 퍼붓는다. 그러나 사람들은 이러한 조건에서는 진실을 인정할 수 없다. 그렇게 되면 자기에 대한 배신이 되어 공격자를 돕는 것이 되기 때문이다. 갈등이 낳은 이러한 진실을 받아들이도록 치료자는 전투자의 방어를 인식하고 무력화시켜야 한다.

예컨대 더 큰 명분(자기인식에 대한 환자의 욕망)에 호소하거나, 비난의 범위를 제한함으로써 수용성을 증가시키기도 한다. 예를 들면 "Farrell, 나는 지금 당신이 문을 닫고 위협을 느끼며 Jamie가 말한 모든 것을 밀어내고 있다고 생각해요. 당신은 Jamie의 논쟁 중 취약점을 지적하는 데는 탁월합니다. 그런데 문제는 당신도 Jamie도 자신을 위해 얻은 것이 아무것도 없다는 거예요. 잠시 방향을 바꿔서 이렇게 자문해 보면 어떨까요? (그리고 이후에 "Jamie, 나는 당신에게도 똑같은 것을 하라고 부탁하고 싶군요"라고 말한다.) Jamie가 말한 것 중에 당신에 관해 사실인 부분이 있나요? 어떤 부분이 내적인 감응을 주는 것 같은가요? 잠시 사실이 아닌 것은 잊어버리고 사실인 것만 생각해 봅시다."

때때로 환자들은 흔치 않은 개방의 순간에 앞으로 언젠가 치료자에게 큰 힘을 줄 진술을 하기도 한다. 능숙한 치료자는 이러한 진술을 집단에서 강조하고, 나중에 쓸 때를 대비해 모아 둔다. 예를 들면, 사교적인 매력으로 집단을 조종하는 능력을 자랑스러워하지만 그로 인해 문제가 발생하기도 하는 한 환자는 모임에서 이렇게 탄원했다. "들어보세요. 여러분이 제가 이렇게 웃고 있는 것을 볼 때 실제로 저는 속으로 아파하고 있답니다. 제가 계속해서 이런 식으로 있지 않게끔 도와주세요." 눈물로 집단을 휘어잡는 다른 여성 환자는 어느 날 이렇게 밝혔다. "제가 이렇게 울고 있을 때 저는 화가 나요. 저는 망가지지 않아요. 그러니 저를 위로하거나 애 취급하지 마세요." 이러한 진실의 순간을 모아 두라. 환자가 폐쇄적이고 방어적인 태도를 취할 때, 이런 진실의 순간이 건설적이고 지지적으로 치료자에 의해 상기된다면 매우 가치 있을 수 있다.

때로는 계약을 맺는 일에 환자를 적극적으로 참가시키는 것이 유용하다. 예컨대 환자가 그 회기에 어떤 중요한 성격적 특질에 대해 열심히 작업했다면, 나는 이런 식으로 말한다. "Jane, 당신은 오늘 열심히 했고, 당신이 남을 보살피는 방식과 당신이 자신의 욕구와 고통에 직면하기를 회피하기 위해 그러한 보살핌을 사용하는 방식에 관해 우리가 보낸 피드백에 매우 개방적이었어요. 기분이 어떤가요? 우리가 당신을 너무 몰아세웠나요?" 만약 환자가 그 작업이 도움이 되었다는 데 동의한다면(환자가 거의 언제나 그렇듯이) 그러면 당신은 다음과 같이 말함으로써 앞으로의 계약을 못 박는다. "그러면 우리가 당신에게 계속해서 압력을 넣고, 당신이 앞으로의 모임에서 이렇게 하는 것을 볼 때마다 피드백을 주어도 괜찮다는 거죠?" 이런 형태의 '계약'은 치료적 동맹을 공고하게 해 준다.[42]

과정 언급: 이론적 개관

과정의 명료화에 대한 실제적인 실행을 체계적인 방법으로 논의하기는 쉽지 않다. 과연 누가 그토록 복잡하고 다양하며, 너무도 섬세한 타이밍과 다양한 언어적 뉘앙스를 가진 절차에 대해 또렷하고도 기본적인 지침을 제시할 수 있겠는가? 우리는 바로 여기에 정신치료의 예술성이 있다고 주장함으로써 그 질문을 피하고 싶다. 즉, 당신이 경험을 쌓아감에 따라 그것을 획득하게 될 것이고, 체계적인 방법으로는 거기에 이를 수 없다고. 어느 정도는 맞는 말이다. 그러나 우리는 기교를 제한하지 않고도 교육을 가속화할 일반적인 원리를 임상가들에게 제공하는 일도 가능하다고 믿는다.

여기서 우리가 취하는 접근은 집단치료에서 기본적인 치료적 요인을 밝히기 위해 이 책의 서두에서 사용한 접근과 유사하다. 그때 이러한 질문들을 던졌다. '집단치료가 어떻게 환자를 돕는가? 집단치료 과정에서 무엇이 핵심이며 무엇이 표면인가?'

유사한 방식으로 이 부분을 다룰 것이다. 여기에서 문제는 '집단치료가 어떻게 도움을 주는가?' 하는 것이 아니라 '과정에 대한 명료화는 어떻게 변화를 이끌어 내는가?'다. 이 문제는 복잡하며 상당한 주의를 요구하지만, 이 논의의 길이가 치료자의 해석적 기능이 다른 과업에 우선한다는 것을 의미해서는 안 된다.

우선 해석적 언급의 전 영역을 냉정하게 검토해 보고자 한다. 나는 단순하지만 기본적인 질문을 할 것이다. '어떻게 이러한 해석, 즉 과정을 명료화하는 언급이 환자를 변화시키도록 돕는가?' 이 접근의 기저에는 현대의 많은 대인관계적 치료 모델이 공유하고

있는 일련의 사용 가능한 근본적 패턴이 담겨 있다.[43]

치료자가 사회적 고립으로 인해 치료를 찾은 한 남성 환자에게 수개월간의 집단치료를 통해 했던 일련의 과정 언급을 생각해 봄으로써 시작하겠다. 다음은 몇 차례 집단치료에서 나왔던 언급이다.

1. 당신은 나를 방해하고 있습니다.
2. 당신의 목소리는 굳어 있고, 계속 주먹을 쥐고 있습니다.
3. 당신이 나에게 말을 걸 때마다 시비를 겁니다.
4. 당신이 그럴 때 나는 위협받는다고 느끼고, 때로는 겁에 질리게 됩니다.
5. 당신이 나에게 경쟁심을 갖고 나를 깎아내리려는 것은 아닌가 생각합니다.
6. 당신이 집단에서 다른 남성들에게도 똑같이 하는 것을 보았습니다. 심지어 당신을 도우려고 접근할 때도 그들을 밀어냈어요. 그 결과 그들은 당신이 적대적이며 위협적이라고 보는 겁니다.
7. 집단에 여성들이 없었던 세 번의 모임에서는 당신에게 접근하기가 쉬웠습니다.
8. 당신은 여성에 대한 당신의 성적 매력에 너무 신경을 쓰느라 모든 남성을 경쟁자로 보고 있습니다. 다른 남성들과 가까워질 기회를 스스로 빼앗고 있습니다.
9. 비록 나와 싸우려고 하는 것 같아도 거기엔 또 다른 면이 있는 것 같습니다. 당신은 집단이 끝난 뒤에도 남아서 종종 나와 이야기를 나눕니다. 당신은 집단에서 나를 빈번하게 바라봅니다. 그리고 3주 전에 우리 둘이 싸우다가 부둥켜안은 채로 땅바닥에 넘어지는 꿈을 꾸었다고 얘기해 주었지요. 당신은 나와 가까워지기를 무척이나 원하지만, 친밀함과 동성애를 다소 혼동하고 있어서 나를 밀어내고 있다고 생각합니다.
10. 당신은 여기서 고독하고, 아무도 당신을 원하지 않고, 배려받지 못한다고 느낍니다. 이것은 당신이 하잘것없다는 그 많은 나쁜 느낌을 되살아나게 합니다.
11. 내가 기억하길, 당신이 집단에 왔을 때 주요 목적 가운데 하나는 어째서 당신에게 친한 남성 친구가 없는지 알아보고 그것에 관한 무언가를 하는 것이었습니다. 그런데 지금 당신은 집단에 있는 모든 남성으로부터 스스로 거리를 두고 소외시키고 있습니다. 그것에 만족합니까?

무엇보다도 이러한 언급이 진행 형태라는 점에 주목하라. 단일 행위에 대한 단순한 관찰에서 시작해 행위에 의해 촉발된 느낌을 언급하는 것으로, 일정 기간에 걸친 여러 가지 행위에 관한 관찰로, 각기 다른 행위를 병렬시키는 것으로, 환자의 의도와 동기를 추측하는 것으로, 그의 행동이 일으킨 불행스러운 반발에 대한 언급으로, 추론적인 자료들(꿈, 미묘한 제스처)을 포함하는 것으로, 지금-여기서 그의 행동 유형과 바깥 사회에서의 행동 유형 사이의 유사성을 주목하는 방향으로 설명이 진전된다. 경험이 적은 집단치료자들은 이런 개입의 진행 순서를 알아채는 감각이 아직 없기 때문에 때때로 길을 잃고 헤매는 느낌을 겪는다. 만약 치료자가 성급하거나 추론적인 표현을 사용한다면 환자는 더 양극화된 입장을 가지게 되고, 치료의 협력적인 성격을 해치게 되는 결과를 초래한다.[44]

이러한 진행 속에서 언급은 더욱더 추론적이 된다. 언급은 관찰에서 시작해 행동 추이, 대인관계 유형, 공상 그리고 꿈의 소재에 바탕을 둔 복잡한 표현으로 점점 이동한다. 언급이 더 복잡해지고 더 추론적이 됨에 따라 치료자는 다른 사람에게서 더 멀어진다. 간단히 말해 치료자는 과정-언급자가 된다. 집단원들은 종종 서로에게 위의 언급 중 초반에 해당하는 언급은 약간 하지만, 우리가 이미 밝힌 여러 가지 이유 때문에 후반부에 해당하는 언급은 별로 하지 않는다.

특히 네 번째와 다섯 번째 언급 사이에는 분명한 장벽이 있다. 처음 네 가지 진술은 언급한 사람의 경험에서 나온다. 그것은 언급하는 사람의 관찰이나 느낌이다. 환자는 이 언급의 가치를 절하시키거나 무시할 수 있지만, 그것을 부인하거나 의견을 달리하거나 그러한 언급들을 제거해 버릴 수는 없다. 다섯 번째 언급('당신이 나에게 경쟁심을 갖고 나를 깎아내리려는 것은 아닌가 생각합니다')은 오히려 방어를 일으킬 수 있고, 건설적인 상호작용의 흐름을 차단한다. 이러한 유형의 언급은 침해적이다. 이는 상대방의 의도와 동기에 대한 추측이며, 신뢰와 지지적 관계가 사전에 형성되어 있지 않았다면 흔히 거부된다. 만약 초기 집단에서 집단원들이 다섯 번째 유형의 언급을 많이 한다면, 그들은 좀처럼 건설적인 치료 환경을 조성하지 못할 것이다.[45] 물론 "…이 아닌가 생각합니다"라는 어구를 사용하게 되면 개입의 어감이 조금은 부드러워진다. "…이 아닌가 생각합니다"라는 어구를 사용하지 않는다면 치료자들이 개입할 여지가 어디에 있겠는가? 어떠한 상황에서도 환자 자체를 깎아내리거나 비난하는 피드백을 해서는 안 된다. 사람됨이 아닌 특정 태도에 초점을 맞추어야 한다.

기본적인 질문으로 다시 돌아가 보자. 이러한 일련의 언급(또는 어떠한 일련의 과정 언급)

이 어떻게 환자가 변하는 것을 돕는가? 답변은 다음과 같다. 집단치료자는 환자가 다음과 같은 순서대로 움직이도록 유도함으로써 변화를 일으킨다.

1. **당신의 행동은 어떤 모습인가?**
   집단원들은 피드백과 뒤이은 자기관찰을 통해 남에게 보이는 자기 자신을 보게 된다. 이는 환자의 병리적인 믿음이 어떻게 대인관계적 태도를 형성하는지 이해하게 하는 중요한 단계다.
2. **당신의 행동으로 인해 남들이 어떻게 느끼는가?**
   집단원들은 자기 행동이 다른 집단원들의 감정에 주는 영향에 대해 알게 된다.
3. **당신의 행동은 다른 사람들이 당신에 대해 갖는 의견에 어떤 영향을 주는가?**
   집단원들은 그들의 행동 결과로 다른 사람들이 그들을 가치 있게 평가하거나, 싫어하고 불쾌해하거나, 존경 또는 기피하게 되는 것을 알게 된다.
4. **당신의 행동은 당신 자신에 관한 자신의 의견에 어떤 영향을 주는가?**
   처음 세 단계에서 모인 정보를 축적함으로써 환자들은 자기평가를 공식화한다. 자기가 얼마만큼 가치 있으며, 얼마만큼 사랑스러운지 판단한다. (자기개념은 대개 반영된 자기평가reflected self-appraisals로부터 구성된다는 Harry Stack Sullivan의 말을 상기해 보라.)

이러한 연쇄를 환자가 충분히 이해하면, 그리고 자기의 행동이 자신에게 최상의 이익이 되지 않으며, 남들과 자신과의 관계가 오랫동안 지녀온 신념과 생각에 따른 행동의 결과라는 깊은 이해를 하게 되면, 그들은 치료의 결정적인 지점에 도달하게 된다. 즉, 변화의 대기실에 들어선 것이다. 상당수 연구가 강조하길, 이때 일어나는 것은 변화의 순환으로 일정 기간의 강화와 안전지대로의 도피가 대인관계의 탐구로 이어지고 이 순서가 다시금 반복되는 것이다.[46]

이제 치료자는 진정한 치료의 전기를 시작하는 한 가지 질문을 던지는 지점에 도달했다. 여러 가지 방식으로 치료자가 질문을 던지기는 했지만, 직설적인 형태로 제시된 적이 거의 없는 질문은 이것이다. "이것은 당신이 행동을 통해 남에게, 당신에 관한 다른 사람의 의견에, 그리고 당신 자신에 대한 당신의 의견에 영향을 미친 것입니다. 당신의 행위와 당신이 만들어 낸 세계에 만족하십니까?"[47]

환자가 이 질문에 대해 불가피하게 부정적인 답변을 할 수밖에 없을 때("아뇨, 저의 행동에 만족하지 않습니다" 등), 치료자는 환자의 불만족을 바꾸어 변화를 결심하게 하고, 그 결심을 변화의 행위로 변형시키도록 다각적인 노력에 착수하게 된다. 이런저런 방식으로 치료자의 해석적인 언급은 변화의 행위를 고무하도록 고안된다. 오직 몇몇 정신치료 이론가(Otto Rank, Rollo May, Silvano Arieti, Stephen Mitchell, Leslie Farber 등)[48]만 그들의 공식 속에 의지will에 대한 개념을 포함한다. 그러나 의지의 개념은 대부분 해석 체계 속에서 함축적이라고 믿는다. 나[IY]는 정신치료에서 의지의 역할에 대해 나의 책 『실존적 정신치료Existential Psychotherapy』에서 상세하게 논의했다.[49] 지금으로서는 넓게 스치고 지나가는 것으로 충분하다.

행위를 일으키고 의도와 결심을 행동으로 바꾸는 내적 심리요인은 의지다. 의지는 개인 안에 있는 중요한 책임 있는 원동력이다. 비록 현대의 분석적인 초심리학metapsychology이 우리 행동에 대한 무의식적 동기와 충동을 강조할지라도, 우리가 변화를 이해하는 데 있어 의지에 대한 개념을 고려하지 않는다면 변화에 대한 이해는 어려울 것이다.[50] 단순히 의지가 너무나 애매하고 너무나 모호하다는 전제하에 그것을 피할 수는 없으며, 그 결과 의지는 치료자가 접근할 수 없는 정신적 장치의 블랙박스라고 간주해 버릴 수는 없다.

관계적인 모델은 의지의 중요성을 더 강조한다. Mitchell은 환자의 의지와 선택에 많은 관심을 기울여야 하며, 이러한 부분이 없다면 치료는 지성에만 기반한 설명과 합리화로 퇴보할 것이라고 역설했다. 관계는 개인의 선택 및 창조와 관련이 있으며, 이는 창의적인 의지를 수반한다.[51] 집단원은 치료를 통해 자신에게 동일한 양상을 반복하거나, 새로운 행동을 이끌어 낼 주체성이 있다는 것을 배우게 된다. 환자는 기존의 상황을 이어 가거나, 앞으로 발전해 가는 것 두 가지 선택지만을 눈앞에 두게 된다.

알게 모르게 대부분 치료자가 환자 각자가 의지적 선택을 통해 변화의 능력을 지닌다고 가정한다. 치료자는 다양한 전략과 전술을 사용해 환자가 자신의 의지로 자신의 통합에 가장 이익이 되는 선택을 할 수 있는 선택의 교차로로 환자를 이끌고자 시도한다. 그러나 치료자의 과업은 의지를 만드는 일이 아니며, 그것을 환자에게 주입하는 일도 아니다. 물론 치료자는 그 일을 할 수도 없다. 치료자가 할 수 있는 일은 환자의 속박되거나 억제된 의지의 장애물을 제거하도록 돕고, 변화에 대한 의지를 북돋아 주는 것이다.[52]

의지의 개념은 과정의 명료화에 대한 절차를 이해하는 데 유용한 구조를 제공한다. 치료자의 해석적 언급은 모두 그것이 어떻게 환자의 의지와 관계가 있는가 하는 관점에서 살펴볼 수 있다. 가장 보편적이고 단순하지만 비효율적인 치료적 접근은 훈계다. "당신의 행동은 스스로 알다시피 당신의 최대 이익에 반대되고 있어요. 당신은 만족하지 않아요. 이것은 당신이 원하는 것이 아니죠. 제발, 바꾸어 보세요!"

그러나 유의미하게 확고한 정신병리가 있는 환자들은 훈계 이상이 필요하다. 해석적인 언급을 통해 치료자는 환자가 자신의 의지를 해방시키도록 돕는다. 치료자의 목표는 환자가 다음과 같은 기본적인 전제 가운데 하나, 여럿 또는 전부를 수용하는 지점으로 인도하는 일이다.

1. 오직 나만 내가 스스로 만들어 낸 세계를 변화시킬 수 있다.
2. 변화하는 데 따르는 위험은 없다.
3. 내가 진정 원하는 것을 얻기 위해 나는 변화해야만 한다.
4. 나는 변화할 수 있다. 나에게는 잠재력이 있다.

이러한 전제 하나하나가 환자에게 충분히 받아들여지면, 의지적 행위에 대해 강력한 자극제가 될 수 있다. 각 전제는 다른 방식으로 영향력을 행사한다. 각각을 차례로 논의하겠지만, 이것이 연속적인 양상을 띤다고 암시하는 것은 아니다. 이들 각각은 환자의 요구와 치료자의 스타일에 따라 다른 것과는 독립적으로 효과적일 수 있다. 이 모든 것은 자기 효용성과 효과적인 대인관계의 발전에 기여한다.[53]

"오직 나만 내가 스스로 만들어 낸 세계를 변화시킬 수 있다"

내가 설명한 단순한 집단치료 진행의 배후에 (사람이 자기 행동을 보고, 그 행위가 다른 사람과 자기 자신에게 미치는 영향을 인식하면서) 치료 과정의 모든 부분에 투영되는 중요한 포괄적인 개념이 있다. 바로 책임이라는 개념이다. 비록 그 개념이 명시적으로 논의되는 일이 좀처럼 없음에도 불구하고, 그것은 대부분 정신치료 체계 속에 직물처럼 짜여 있다. 책임은 법률적, 종교적, 윤리적인 여러 가지 의미를 갖는다. 우리는 '책임을 진다'라는 개념을 어떤 것의 '기초', '원인', '장본인'이 되는 것이라는 의미로 사용할 것이다.

집단치료의 가장 매력적인 측면 가운데 하나는 모든 사람은 집단 내에서 다시 태어나며 함께 태어난다는 점이다. 각 집단원은 똑같은 지점에서 출발한다. 다른 사람의 관점에서 보면(그리고 치료자가 자기 관점에서 자신의 일을 훌륭하게 하고 있다면, 자신의 관점에서 보면) 각자는 점차 집단 속에서 생활공간을 만들고 조성한다. 가장 깊은 의미에서 각 집단원은 이러한 공간에 대해 그리고 집단에서 자기에게 일어날 사건의 연속에 대해 책임이 있다.

치료자는 대인관계적 세계는 일반적으로 예측할 수 있고 질서 있는 형태로 정돈되어 있다는 것을 환자가 이해하도록 돕는다. 또한 환자가 변화할 수 없는 것이 아니라, 그 자신이 변화하려 하지 않는다는 것을, 환자가 자신의 세계가 형성된 데 책임을 져야 한다는 것을, 그리하여 그것의 변형에도 책임을 져야 한다는 것을 이해하도록 돕는다. 환자는 세상 속에서 자신의 대인관계 힘의 감각을 회복하거나 또는 새롭게 발달시켜야만 한다. 유년기의 경험이 이러한 역량을 짓누르거나 저하시킬 수 있으나, 다시 이를 기르고 살려 낼 수 있다. 집단원은 다른 이가 위험을 감수하는 것을 보고 자기 행동에 영감을 얻거나, 집단에서 논의한 과업이 완수되었는지 물어볼 것을 알고 이에 책임감을 느낀다고 자주 보고한다. 가능할 때마다 우리는 집단원이 타인과의 관계와 문제를 해결하는 데 있어 개인이 내리는 선택을 강조한다.

만성 우울증과 사회적 불안감 병력을 지닌 한 집단원이 보고하길, 남자친구가 자신에게 사회적으로 불안해 보인다고 언급했을 때 피해자가 된 것처럼 느껴지고 위축되었다고 했다(그녀는 더 사소한 일로도 관계를 끊어 왔다). 하지만 이번에는 내적인 힘을 길러 남자친구에게 자신의 회피적인 성향을 극복할 것이라고 말하겠다고 집단 앞에서 선언했다. 그리고 과거와는 다른 선택을 내림으로써 자존감에 영향을 미치고, 남자친구와의 관계를 개선해 나가는 일에 대해서도 다루었다.

"변화하는 데 따르는 위험은 없다"

이러한 노력이 충분하지 않을 수도 있다. 치료자가 치료적 밧줄을 열심히 잡아당기고 환자가 깨달은 이후에도 현저한 치료적 움직임이 없을 수 있다. 이럴 때 치료자는 부가적인 치료 장치를 적용하고자 시도한다. 환자가 끊임없이 자신의 기본적 이익과 상반되게 행동하는 역설에 직면하도록 돕는 것이다. 여러 가지 방식으로 치료자는 질문해야 한다. "어째서 당신은 스스로 패배시키려고만 하나요?"

'어째서 그런가'를 설명하는 흔한 방법은 환자가 의지적인 선택을 실행하는 것을 가로막는 장애물이 있다고 가정해 보는 일이다. 그 장애물은 환자가 자기 행동을 바꾸는 것에 대해 심각하게 고려하지 못하도록 방해한다. 장애가 있다는 사실은 일반적으로 추론된다. 치료자는 '마치 …한 것 같다as if'는 가정을 해 본다. "당신은 지금 당신이 변화한다면 마치as if 커다란 위험이라도 닥칠 것처럼 행동하고 있어요." 치료자는 환자를 도와서 상상하고 있는 위험의 본질을 분명히 하고, 그 후에 다양한 방식으로 이 위험의 실재성을 제거해 내고 불식시킨다.

환자의 이성은 하나의 동조자로서 기여하게 된다. 상상하고 있는 위험을 확인하고 명명하는 과정은 그 자체로 환자가 자기의 두려움이 실제로부터 얼마나 동떨어져 있는지 이해하도록 도와준다. 또 다른 접근은 환자가 세심하게 계량된 양만큼 자신이 두려워하고 있는 행위를 집단 안에서 실행하도록 고무하는 일이다. 물론 환자가 상상하던 재난은 일어나지 않고 두려움은 점차 가라앉는다. 이는 대개 효과적인 치료의 중추적인 부분이다. 환자가 직접적으로 병리적 신념의 부당성을 확인하고 버릴 수 있는 생명력을 가진 경험을 하지 않고는 견뎌 내기는커녕 변화는 대개 불가능하다. 통찰만으로는 치료 효과가 나타나지 않는다.

예컨대, 환자가 공격적 행동을 회피할 수 있다. 왜냐하면 자기 마음속 깊은 곳에 어마어마한 분노가 있는 것을 두려워하고 있고, 그것을 보이면 다른 사람으로부터 보복당하지 않을까 끊임없이 경계해야 하기 때문이다. 적절한 치료적 접근은 환자가 말을 제지당했을 때 느끼는 불쾌감, 습관적으로 늦게 오는 집단원에 대한 짜증, 치료자가 비용을 요구할 때 느끼는 노여움 등과 같은 적은 양의 분노를 집단에서 표현하게 하는 것이다. 점차로 환자는 다른 집단원들과 개방적으로 관계하게 되고, 낯설고 무시무시한 존재라는 자신에 대한 믿음을 털어내도록 도움을 받는다. 비록 인간 본성에 대한 언어나 관점은 다르더라도, 이것은 엄밀하게 행동치료의 주요 기법인 체계적 둔감화에서 사용되는 변화를 위한 동일한 접근이다.

"내가 진정으로 원하는 것을 얻기 위해 나는 변화해야만 한다"

자신의 이익과 어긋나게 행동하기를 고집하는 환자를 다루기 위해 많은 치료자가 사용했던 또 다른 설명적 접근은 환자가 현재 하는 행동의 대가가 무엇인지 생각하게 하는 것이다. 비록 환자의 행동이 그의 성숙한 요구와 목적에 방해가 되더라도, 동시에 그 행동은 모순되는 다른 부류의 욕구와 목적을 만족시킬 수 있다. 예컨대, 어떤 환자는 성숙한 성적인 관계를 원할 수 있다. 그러나 한편으로는 무의식적인 다른 차원에서 보살핌을 받고 싶으며, 끊임없는 배려를 원하며, 성인이 되고자 노력하는 분투에 대한 처벌로 버림받을 것에 대한 두려움을 피하고 싶어 하고, 또 성인들의 무서운 자유로부터 보호받기를 원할 수도 있다. 환자가 두 가지 욕구를 모두 만족시킬 수 없음은 명백하다. 만약 그가 "나를 보살펴 주고, 보호해 주고, 품어 주고, 당신의 일부가 되게 해 주세요"라고 말한다면, 그는 성숙한 성적인 관계를 가질 수가 없다.

이러한 역설을 환자와 공감하되 비난하지 않는 방향으로 명료화하는 것이 중요하다. 예컨대 환자에게 이렇게 말할 수 있다. "당신이 더 깊고 원초적인, 더 유아적인 욕구를 충족시키려 한다고 가정하면 당신의 행동에는 일리가 있습니다." 치료자는 환자가 모순되는 욕구의 본질을 이해하고, 그 둘 가운데서 하나를 선택하며, 자신의 통합과 자율이라는 엄청난 대가를 치르지 않으면 얻을 수 없는 것들을 포기하도록 돕고자 노력한다. 일단 환자가 진정으로 (성인으로서) 원하는 것이 무엇인지 깨닫고 자신의 행위가 성장을 저해하는 욕구를 충족시키기 위해 설계된 것임을 깨닫게 되면, 그는 점점 자신이 진정으로 원하는 것을 얻기 위해 변화해야 한다고 결론을 내리게 된다.

"나는 변화할 수 있다. 나에게는 잠재력이 있다"

"당신은 어떻게 자신의 최고 이익에 반대되는 방식으로 행동할 수 있습니까?"라는 질문에 대한 주요한 치료적 접근은 설명을 제시하는 것이다. 치료자는 실제로 이렇게 말한다. "당신은 …기 때문에 이렇게 행동합니다." 그리고 '때문에'라는 표현은 일반적으로 환자의 자각 밖에 있는 동기에 해당하는 요인을 포함한다. 앞서 기술한 두 가지 이유도 충분한 설명이 되지만, 각각의 접근에서 제공하는 설명의 목적(의지에 작용하는 장치의 본질)은 서로 판이하다.

치료자는 환자에게 어떤 유형의 설명을 제공하는가? 그리고 어떤 설명이 맞으며, 어떤 설명이 틀린 것인가? 어떤 것이 '깊은' 것이며, 어떤 설명이 '피상적'인가? 치료자가 하는 설명의 특성은 치료자가 속한 이념적 학파의 기능이고, 이념으로 인해 우리의 시야와 이해가 제한될 수 있는 만큼 바로 이 연결 지점에서 커다란 초超심리학적 논쟁이 일어난다. 심지어 이는 임상적 복잡성에 대한 치료자의 변론이 될 수 있다.[54]

나는 우리가 해석의 기능, 즉 설명과 최종 산물인 변화 사이의 관계에 꾸준히 주목함으로써 관념적 갈등을 우회할 수 있다고 생각한다. 결국 우리의 목적은 변화다. 자기인식, 탈억압, 전이에 대한 분석, 자아실현은 모두 가치 있는 현명한 추구이며, 변화와 관련되어 있으며, 변화에 대한 전조이며, 변화의 동반자나 사촌쯤 될 것이다. 그러나 그것이 변화와 동의어는 아니다.

설명은 삶 속의 사건을 일관되고 예측 가능한 형태로 질서 있게 만드는 체계를 제공한다. 어떤 것에 명칭을 부여하는 것, 즉 하나의 논리적(또는 위추리적僞推理的, paralogical) 인과 계열 안에 놓아두는 일은 그것을 우리의 통제 아래 두는 것으로 경험된다. 더 이상 우리의 행동이나 내적 경험은 두렵거나 혼란스럽거나 통제할 수 없는 것이 아니다. 오히려 우리는 '…기 때문에' 행동한다(혹은 특정한 내적 경험을 한다). '때문에'라는 말은 우리에게 자유와 숙달mastery 그리고 효용을 가져다준다. 알 수 없는 힘에 의해 동기화되는 위치에서 이러한 힘의 정체를 확인하고 통제하는 위치로 이동해 감에 따라, 우리는 수동적이고 반응적인 자세에서 능동적이고 변화하는 자세로 나아간다.

우리가 이러한 기본적 전제, 즉 정신치료에서 설명의 주요한 기능은 환자에게 개인적 숙달의 느낌을 제공하는 것이라는 전제를 받아들인다면 설명의 가치는 이러한 규준에 의해 평가되어야 한다. 설명이 환자에게 잠재력의 느낌을 제공하는 한 인과적 설명은 타당하고 정확하며, 혹은 '진실'이다. 진실에 대한 이러한 정의는 전적으로 상대적이며 실용적이다. 이는 어떠한 설명 체계도 헤게모니나 배타적인 권리를 갖지 못한다는 것을 주장한다. 즉, 어떠한 체계도 올바르거나 근본적이거나 또는 더 깊은 (그래서 더 좋은) 것이 아니다.

치료자는 동일한 문제를 명료하게 하고자 여러 해석 중 하나를 환자에게 제시하기도 한다. 각각의 해석은 상이한 준거의 틀로부터 만들어지기도 하고, 해석마다 '진실'일 수 있다. 프로이트 학파, 대인관계적, 다문화적, 여성주의적, 대상관계, 자기심리학, 애착이론, 실존적, 교류분석적, 융 학파, 게슈탈트, 초개아적transpersonal, 인지적, 행동적 설명 등 모두가 동시에 참일 수 있다. 각각의 격렬한 주장에도 불구하고 어떤 것도 진실에 대한 유일한 권리를 갖지 못한다. 이는 자신의 설명에 의해서만 그 존재를 정당화한다.[55]

그렇다면 정확하고 사려 깊은 해석을 하고자 하는 시도를 포기해야 하는가? 전혀 그렇지 않다. 우리는 오직 해석의 목적과 기능을 인식하고자 하는 것이다. 어떤 설명은 다른 것보다 우월할 수 있다. 그것이 더 심오해서가 아니라 더 큰 설명력을 갖고 있고, 더 신뢰할 만하며, 더 큰 숙달감을 제공하기에 더 유용하기 때문이다. 해석은 그것을 받아들이는 사람에 맞추어져야 한다는 점은 명백하다. 일반적으로 해석이 그럴듯하고, 든든하게 지지하는 주장이 있고, 논리적으로 일치되고, 경험적 관찰에 의해 밝혀지고, 환자의 준거 틀과 조화를 이루고, 정당하다고 '느껴지고', 환자의 문화 및 내적 경험과 어느 정도 '맞아떨어지고', 일반화되어 환자의 생활에서 여러 가지 유사한 상황에 적용된다면 해석은 더욱더 효과적이다.[56] 이는 환자가 대인관계 문제를 다루는 것이 감정적인 고통과 우울함에 도움이 된다는 것을 깨달으면서 더 견고해질 수 있다.[57]

정신분석적 수정주의자들은 이와 비슷한 주장을 하면서 역사적 '진리'를 찾으려는 재구성적인 시도는 무모한 것이라고 주장한다. 그럴듯하고, 의미 있고, 개인적인 이야기를 구성하는 것이 변화의 과정에 훨씬 더 중요하다는 것이다.[58] 과거는 고정되어 있지 않다. 모든 숙련된 치료자는 탐색과 이해의 과정이 과거 회상을 변경시킨다는 것을 잘 알고 있다. 더 나아가 유년기의 중요한 감정적 경험은 암묵적인 기억에 주로 저장되며, 명시적인 기억으로는 다다를 수 없다. 오로지 치료에서의 상호작용과 관계에 집중하는 것만을 통해 접할 수 있다.[59]

환자가 해석을 항상 받아들일 거라고 기대해서는 안 된다. 때때로 환자는 똑같은 해석을 여러 번 듣다가 어느 날 갑자기 '깨닫게' 될 수 있다. 어째서 그 해석을 그날 갑자기 깨닫게 되었는가? 아마도 환자는 주변에 발생한 새로운 사건에서 확증을 받았거나, 또는 과거에 의식하지 못했던 소재에 대한 꿈 또는 공상이 표면에 떠올랐기 때문일 수 있다. 유념할 것은 치료자의 개입은 환자와의 관계가 아주 적절할 때 비로소 수용된다는 점이다. 예컨대 위협받는다고 느끼며 치료자와 경쟁을 느끼는 환자는 어떠한 해석에도 거의 도움을 받지 못한다(전이를 명료하게 하는 해석을 제외하고).[60] 아무리 사려 깊은 해석이라고 해도 실패하게 될 것이다. 왜냐하면 환자는 치료자의 우월한 지각에 의한 증거로 말미암아 굴욕감이나 패배감을 느끼게 될 것이기 때문이다. 오직 수용과 신뢰의 맥락 속에서 해석이 전달될 때만 효과가 극대화된다.

때로는 환자가 치료자로부터 받아들이려 하지 않던 해석을 다른 집단원으로부터 받아들일 수도 있다(환자들은 치료자들의 해석만큼 유용한 해석을 할 수 있다. 그리고 만약 다른 집단원이 환자의 역할을 수용하고 특권이나 힘 또는 지도자로부터 편애를 받는 지위를 얻기 위해 해석을 제공한 것이 아니라면 환자들은 이러한 해석을 받아들인다).

효과적인 해석 유형을 포괄적으로 논의하려면 무수한 학파와 집단치료 모델에 관해 한없이 설명해야 하는데, 이는 이 책의 범위를 넘어선다.[61] 그렇지만 세 가지 주목할 만한 개념이 있다. 이는 해석과 아주 깊은 관련이 있는 만큼 여기서 특별히 다룰 만하다.

1. 과거의 사용
2. 집단 전체에 대한 과정 언급
3. 전이

여기서는 '과거의 사용', '집단 전체에 대한 과정 언급'만을 살펴보겠다. 그리고 전이와 투명성 문제에 관해서는 7장에서 다룰 것이다.

과거의 사용

해석은 '기원학'(기원에 관한 탐구)과 너무도 빈번하게 혼동되고 있다. 이미 설명했듯이 해석적 체계는 무수히 많은 관점 중 어느 관점으로도 행동의 '원인'을 효율적으로 가정할 수 없지만, 여전히 많은 치료자가 행동에 대한 '진실'하고 '가장 깊은' 원인을 찾아내기 위해 과거를 언급하는 일이 필수라고 믿는다.[62] 그러나 인간의 행동에 영향을 주는 강력하고 무의식적인 요인은 결코 과거에 국한되지 않는다. 분석적 이론은 과거 무의식(어른 속에 존재하는 어린이)과 현재 무의식(현재 존재하는 무의식적 생각, 환상, 충동 등으로 우리의 정서와 행동에 영향을 주는 것)[63]을 구분한다.

즉, 미래 또한 행동의 강력한 결정인자이며, 미래 결정론 개념은 충분히 옹호할 만하다. 항상 우리의 내부에는 목적의식, 이상적 자아, 우리가 추구하는 일련의 목표, 우리가 향해 가고 있는 죽음에 대한 의식이 있다. 이러한 요인은 의식적인 것이든 무의식적인 것이든 미래와 연결되어 있으며 우리의 행동에 지대한 영향을 끼친다. 고립과 운명에 대해 그리고 결국 맞이하는 죽음에 대해 알고 있다는 것은 우리의 행동과 내적인 경험에 깊이 영향을 준다. 비록 이것을 대체로 의식하지 않더라도, 우리 존재에 대한 공포스러운 불확실성은 끝없이 작용하고 있다. 우리는 생활의 다양한 오락에 몰두함으로써 그것을 떨쳐내려고 애쓰거나, 또는 사후에 대한 신앙이나 후손, 물질적 기념물, 창조적 표현의 형태로 상징적인 불멸성을 추구함으로써 죽음을 추방하려고 한다. 과거와 미래의 설명적 잠재력과 함께 세 번째로 현재의 힘current forces과 행동에 관해 설명을 시도하는 시간적 개념이 있다.

요약하면, 설명은 환자들을 감싸고 있는 의식적이고 무의식적인 현재 동기의 중심이 되는 고리를 탐색하면서 일어난다. 한 가지 예를 들면, 환자들이 가진 공격 욕구는 그들이 배척당하지 않기 위해 표현을 꺼리는 의존 욕구의 층을 덮고 있는 것일 수 있다. 어째서 그들이 그렇게 의존적으로 되었는지는 물을 필요가 없다는 점을 유념하자. 사실 미래(남이 자기를 배척하리라고 예상하는 것)가 해석에서 더 중심적인 역할을 한다. 우리가 공간을 질주하는 동안 우리의 행동 궤도는 과거(원초적 동인의 본질과 방향성), 미래(우리를 유인하는 목표), 현재(건강하지 않은 관계 양상을 반복하는 방식) 등 세 가지 영향 아래 있다. 다음의 임상 사례를 살펴보자.

집단의 남성 치료자에게 강렬한 성적인 느낌을 표현한 Ellen과 Carol이라는 두 여성 환자가 있었다(두 사람은 모두 공교롭게도 유년기부터 현재까지 학대와 성적 트라우마 이력이 있었다). 한 모임에서 그들은 명백하게 치료자와 관련된 결핍에 대한 공상을 토론했다. Ellen은 그녀의 남편이 살해당하고, 자신은 정신병에 걸리고, 치료자는 그녀를 입원시켜 개인적으로 돌봐 주고, 보듬어 안아 주며, 모든 신체적 욕구를 보살펴 준다는 공상을 했다. Carol은 이와는 다른 부류의 공상을 했다. 그녀는 과연 치료자가 집에서 자상한 배려를 받고 있는지 궁금해했다. Carol은 치료자의 아내에게 무슨 일이 생겨서 자신이 그를 돌보며 집 안을 청소하고 요리도 해 주는 장면을 자주 상상했다.

Ellen과 Carol이 공유했던 성적 매력(공상이 말해 주는 것처럼 성적이지 않은)은 매우 다르게 설명되었다. 치료자는 Ellen에게 집단이 진행되는 내내 자주 아프거나 심한 심리적 재발을 겪는다는 점을 지적했다. 치료자는 Ellen이 깊은 수준에서 자기를 희생시키는 형태를 통해서만 치료자와 집단원들의 사랑을 받을 수 있다고 느끼는 게 아닌가 생각했다. 그러나 결코 그렇게 되지는 않았다. 훨씬 자주 그녀는 다른 사람들을 실망시키고 좌절시켰다. 더 중요한 사실은 그녀가 자신을 매우 부끄럽게 만드는 행동을 하는 한 자기 자신을 사랑할 수 없었다는 점이다. 치료자는 이러한 점이 얼마나 치료에 방해가 되었는지 강조했다. 그녀는 호전을 두려워했는데, 그렇게 된다면 불가피하게 사랑과 배려를 잃게 될 것이라고 느끼기 때문이었다.

치료자는 Carol에 대한 언급에서 그녀의 행동에서 몇 가지 측면을 나열해 보았다. 그것은 자기 비하, 자기의 권리포기, 그리고 남성의 관심을 끌지 못하는 무능력이었다. 치료자를 돌본다는 그녀의 공상은 자신의 동기를 다음과 같이 명백하게 보여 준다. 만약 그녀가 너무 헌신적이어서 치료자가 그녀에게 큰 빚을 진 것으로 느끼게 한다면, 그녀는 그 보답으로 그녀가 바라던 사랑을 얻게 되리라는 것이다. 그러나 Carol의 사랑에 대한 추구는 Ellen처럼 항상 실패였다. 그녀는 시종 남의 비위를 맞추었으며, 자기주장을 두려워했고, 계속 자기를 비하했기 때문에 그녀가 가장 관심을 얻고자 했던 사람들은 그녀를 바보 같고 얼빠진 사람으로만 볼 뿐이었다. Ellen과 같이 Carol은 자기가 만든 악순환 속에서 배회했다. 그녀는 사랑을 얻는 데 실패하면 할수록 더더욱 똑같은 자기-파괴적 패턴을 미친 듯이 반복했다. 그것만이 그녀가 알고 있거나, 어떻게든 행동에 옮길 수 있는 유일한 행동이었다.

이 사례에는 치료자에 대한 '성적' 심취라는 유사한 행동 유형을 가진 두 명의 환자가 나온다. 그런데 치료자는 심리적 고통에 이르는 두 가지 상이한 역동적 통로를 나타내는 두 가지 서로 다른 해석을 제시했다. 각각의 경우, 치료자는 집단 안에서 공상의 자료뿐 아니라 그들이 보인 몇 가지 행동 측면을 조립해 다음과 같이 제안했다. 만약 '마치 …같다as if'는 가정을 세울 수 있다면(예컨대, Ellen은 심하게 상처받은 자신을 제시함으로써만 치료자의 사랑을 얻을 수 있는 것처럼 행동했고, Carol은 치료자에게 도움을 주어 그가 채무감을 느끼게 함으로써만 사랑을 얻을 수 있는 것처럼 행동했다) 나머지 행동은 이해가 된다.

두 가지 해석은 효과가 강력했고 미래의 행동에 큰 영향을 주었다. 그러나 다음과 같은 질문은 하지 않았다. "어쩌다가 그렇게 되었나요? 어린 시절에 어떤 일이 있었길래 그런 경향을 갖게 된 거죠?" 견고하면서 의미 있는 변화는 과거에 대한 탐구가 없이도 이루어진다. 과거와 달리, 현재와 미래는 변화할 수 있다. 대신 두 해석은 현존하는 중심적 양상, 즉 사랑에 대한 갈망, 사랑은 특정 방식으로만 얻어진다는 확신, 자율성의 희생, 그에 따르는 부끄러움, 이에 수반되어 사랑의 표시에 대한 증가된 욕구 등을 다루었다.

먼 과거에 기초한 설명을 할 때 우려할 한 가지 문제는 그 설명이 치료적 절망의 씨앗을 내포하고 있다는 점이다. 무서운 역설은 이것이다. 만약 우리가 과거에 의해서 전적으로 결정된다면, 변화할 능력은 어디에서 오는가? 더욱이 과거가 현재와 미래에 의해 결정될 수 없는 것처럼 과거는 현재와 미래를 결정하지 못한다. 진정한 과거는 우리가 미래의 지평을 대하고 있는 현재 안에서 과거를 구성할 때만 우리 각자를 위해서 존재한다. 정신치료를 효과적으로 만드는 것을 탐구한 선구자인 Jerome Frank가 우리에게 상기시키는 것은 환자들이 심지어 오랫동안 계속되는 치료에서도 과거 경험의 짧은 단편만을 기억해 내고, 자신에 대한 현재의 견해에 일관성을 유지하기 위해 과거를 선택적으로 회상해 종합하기도 한다는 점이다.[64] 환자는 자기의 자아상을 변경(치료의 결과)하는 것과 같이 과거를 재구성하기도 한다. 예컨대, 환자는 부모와 관련된 오랫동안 망각하고 있던 긍정적인 경험을 생각해 낼 수도 있다. 또한 부모를 인간화하기도 하고, 용서하고, 자신이 직면하고 있는 것과 똑같은 인간적 조건에 관한 압도적인 사실과 싸워 온 고생하는 선량한 사람들로 이해하기 시작하기도 한다. 일단 과거가 재구성되면, 새로운 과거가 자기평가에 더 영향을 끼칠 수 있다. 그러나 중요한 사실은 이러한 것이 과거에 대한 단순한 발굴이 아니라 재구성이라는 점이다. 관련된 연구 결과에 주목해 보자. 효과적인 치료는 자신과 타인에 대한 근본적인 관점을 형성한 과거 기억을 더 떠올리게 해 주는데, 회상한 기억은 과거의 재구성을 한층 더 바꾸어 준다.[65]

만약 설명이 과거를 발굴하기 위해 찾는 것이 아니라면, 그리고 만약 가장 강력한 집단의 초점이 비역사적인 지금-여기라고 한다면, 과거는 집단의 치료 과정에 아무런 역할도 하지 않는 것일까? 절대로 그렇지 않다! 과거는 집단에 빈번히 찾아오는 방문객이며, 각 집단원 내부의 사적 세계에는 치료 진행 중 더 빈번히 찾아오는 방문객이다. 예를 들면, 흔히 과거에 관해 이야기하는 것은 집단원 간의 이해와 수용을 증가시킴으로써 집단의 응집력 발전에 중요한 역할을 한다. 그러나 삶을 검토하거나 기억 치료에 초점을 맞춘 그룹(노인성 인구 등)조차도 함께 공유하고 기억하는 경험에 관심을 돌림으로써 그리고 다른 집단원에게 자신을 더욱 알림으로써 강화된다.[66]

과거는 사랑과 정신화를 이끌어 낸다는 점에서 종종 갈등 해소에 매우 중요하다. 생색내기를 좋아하는 당당한 분위기를 풍기는 사람에 대해서도 그의 부모가 이민자이며, 그가 어린 시절 빈민가에서 어려운 삶을 넘어서려고 절망적으로 싸워 왔다는 점을 알게 되면 갑자기 그가 이해되거나 심지어는 매력적으로 보이기도 한다. 사람들은 자기가 집단의 다른 사람들에게 충분히 알려지고 수용되는 것을 통해 도움을 받는다.

비역사적인 '지금-여기'의 상호작용 집중은 결코 완전하게 달성되지 않는다. 두렵고 희망찬 미래에 대한 예감과 과거와 현재 경험에 대해 논의하는 것은 사람들의 대화에서 빠질 수 없는 부분이다. 중요한 것은 강조점이다. 즉, 과거는 하인이지 주인이 아니다. 과거는 다른 집단원과 관련해 펼치는 과정에서 환자의 당면한 현실을 밝혀 준다는 점에서 중요하다. 한 저명한 정신치료자는 다음과 같이 말한다. "분석자가 환자의 자서전적 자료에 접근하기 위해 환자와 접촉한다기보다는 환자와의 의사소통을 교란하고 있는 무언가를 이해하기 위해 (내용의 모호함을 밝히기 위해 번역자가 역사로 되돌아가는 것과 마찬가지로) 역사적 탐색이라는 여행을 하고 있다고 말하는 것이 더 옳다."[67]

이러한 태도로 과거를 사용하는 것은 개인치료에서 흔히 쓰이는 것과는 다른 회상적 기법을 수반한다. 치료자는 체계적이고 주의 깊은 과거의 탐색보다는 특정한 대인관계적 태도의 발전을 탐색하기 위해 부분 분석을 정기적으로 시도한다. 따라서 집단치료에서는 환자의 과거 중 상당 부분은 언급되지 않은 채로 남는다. 그런 만큼 집단치료자는 환자와의 치료를 성공적으로 마쳤으면서도, 환자의 옛 시절에 관한 중요한 측면에 친숙하지 않을 수도 있다.

흔히 치료 종반부에 환자들은 집단 속에서 좀처럼 분명하게 언급되지 않았던 중요한 태도의 개선 사항을 보고한다. 이런 태도 변화 가운데 상당수는 가족에 대한 내용이 포함된다. 사실, 많은 환자가 오래전에 고인이 된 가족에 대한 감정을 바꾼다. 그러므로 과거는 훈습 과정에서 역할을 맡아야 하며, 이는 분명히 표현되지 않는 역할이다. 과거에 대한 명시적인 논의를 위해 반복적으로 집단 모임을 이용하게 되면, 지금-여기에서의 상호작용에 집중함으로써 얻을 수 있는 치료적 잠재력을 희생시키게 된다.

집단 전체에 대한 과정 언급

몇몇 집단지도자는 주로 집단 전체 현상에 초점을 두려고 하며, '집단', '우리' 또는 '우리 모두'라고 말하면서 집단에 관해 언급한다. 그들은 집단과 일차적 과업 사이의 관계를, 또는 집단과 지도자 또는 그 집단원 중의 한 사람, 집단 또는 하위집단 혹은 어떤 공동의 관심사 사이의 관계를 명료히 하려고 한다. 예컨대 앞에서 소개한 "부모 노릇이란 형편없는 짓이야!"라는 사건으로 잠시 되돌아가 보자. 그 사건에서 치료자는 많은 과정을 언급하기로 선택했는데, 그중 몇몇은 집단 전체에 대한 해설이었다. 예컨대, 그는 '집단'이 희생양을 필요로 하는지와 Kate가 떠난 후 Burt가 그 역할을 맡았는지를 제기할 수도 있었다. 혹은 '집단'이 중요한 문제, 즉 Kate가 떠난 데 대한 죄책감을 동반한 기쁨과 두려움과 같은 문제를 적극적으로 피하고 있는 것은 아닌지도 제기해 볼 수 있었을 것이다.

이 책 전반에 걸쳐서 우리는 규범 설정, 일탈자 역할, 희생양 만들기, 정서적 전염, 역할 흡수, 하위집단 형성, 집단 응집력, 집단 압력, 집단원들에 의해 조장된 퇴행적 의존, 종결에 대한 집단의 반응, 새로운 집단원의 영입에 대한 집단의 반응, 지도자의 부재에 대한 집단의 반응 등 집단 전체 현상에 관련된 언급을 섞어 넣었다. 이런 흔한 집단 현상에 더해, 이 책의 이전 개정판에서는 몇 가지 포괄적인 집단 전체 접근에 관해 기술했다. 그 가운데 특히 Wilfred Bion의 작업이 있었는데, 이는 집단 심리학과 효과적인 집단 기능을 방해하는 무의식적 힘에 대해 정교하게 설명한다.[14)] Tavistock 접근이라고 알려진 그의 접근은 집단 전체의 역동과 조직적 삶의 심리를 이해하는 데 유용한 모델로 지속되고 있다. 하지만 이 접근은 지도자를 집단이라는 기차를 운전하는 차장으로 보고 집단 전체에 대한 해석에만 참여하는 것으로 제한하면서 수수께끼같이 초연한 집단지도자를 강조하기 때문에, 우리는 집단정신치료에서 Tavistock 접근을 버리게 되었다.[68] 그러나 Tavistock 협의회는 참가자들에게 집단의 힘, 리더십 그리고 권위의 본질에 대해 알려 주는 교육적 매체로서 여전히 활용되고 있다.

집단 전체 현상의 중요성에 대한 의문의 여지는 거의 없다. 모든 집단지도자는 행동에 중요한 영향을 미치는 힘이 집단에 내재해 있다는 데 동의할 것이다. 개인은 집단 안에서 두 개인과의 관계와는 다르게 행동한다(이는 집단치료의 구성원 선택을 어렵게 만드는 요인으로 8장에서 논의할 것이다). 개인의 행동은 그의 환경적 압박에 대한 평가 없이 충분히 이해될 수 있다는 점에 대해 폭넓은 견해의 일치가 있다. 그러나 집단치료 과정에서 이 지식을 어떻게 하면 가장 잘 적용할 수 있는지에 대해서는 지도자 간에 의견 일치가 이루어지지 못하고 있다. 집단 전체에 대한 언급의 이론적 근거를 검토하면 몇 가지 지침을 얻을 수 있다.

---

14) 집단에 대한 Bion의 풍부한 이해는 집단생활이 의식적이고 이성적이며 자기 일에 집중하는 집단과 무의식적이고 비합리적이며 자기 일이나 의무에 저항하고 회피하는 기본적 가정 집단 등 두 가지 수준에서 발생한다는 점을 강조했다. 기본 가정 집단은 집단 불안에 대한 퇴행적 반응이며, 다음과 같은 세 가지 형태를 취한다. 의존 가정(Dependency Assumption): 집단원이 지도자에 의해 무력감과 구제에 대한 절박함을 느낄 수 있으며, 이들은 반응이 없다는 이유로 공격받을 수 있다. 투쟁-도피 가정(Fight or Flight Assumption): 집단은 편집증적이고 불신적이며, 공격하거나 이를 대비한다. 관계 가정(Pairing Assumption): 집단원은 새로운 관계를 통해 구제받을 것을 상상한다. R. Billow, "On Resistance," International Journal of Group Psychotherapy 60 (2010): 313–46. W. Bion, Experiences in Groups and Other Papers (New York: Basic Books, 1959) 참조. Bion의 기여에 관한 자세한 내용은 이 텍스트의 이전 판본 참조.

집단 전체 과정 언급에 대한 이론적 근거

집단 전체 현상은 두 가지 중요한 방향으로 집단의 임상 과정에 영향을 미친다. 하나는 집단에 유용한 방향으로 작용하는 것이며, 다른 하나는 효과적인 집단치료를 방해하는 방향으로 작용하는 것이다.

치료에서 유용하게 작용하는 집단 전체의 힘 우리는 집단 전체 현상의 많은 치료적 효용성을 살펴보았다. 예를 들어, 응집력(집단 전체의 단결력) 같은 주요 치료적 요인은 전체로서 집단의 특성과 명백하게 관련이 있다. 사실, 치료자들은 응집력의 발달을 촉진시킬 때, 집단 전체의 힘을 이용하는 것이다. 그러나 지도자가 집단 전체에 대한 언급을 분명하게 해야만 한다는 것은 아니다.

치료를 방해하는 집단 전체의 힘 집단 전체 작용이 두드러지게 치료를 방해할 때가 있다. 그러면 이에 대해 언급해야 한다. 달리 말해, 집단 전체에 대해 해석하는 목적은 집단 전체의 발전을 저해하는 어떤 장애물을 제거하는 데 있다.[69] 일상적으로 두 가지 유형의 장애가 있는데 하나는 불안이 실려 있는 문제이고, 다른 하나는 역치료적인 집단의 규범이다.

불안이 실려 있는 문제들

매우 위협적인 문제가 발생하면 흔히 의식적으로든 무의식적으로든 집단은 문제에 직면하는 것을 거부하고 어떤 회피적 행동을 취한다. 이러한 회피는 여러 가지 형태로 나타나는데 이 모든 형태를 일컬어 집단 도피, 즉 집단의 정상적인 기능으로부터 퇴보하는 것이라고 한다. 그 불안은 집단의 건전성, 집단의 안전, 집단의 기능에 위협을 가하는 것을 포함하며 여러 가지 다른 근원에서 비롯될 수 있다. 전체 집단이 긴장을 공유할 수 있지만, 긴장은 핵심 관심사에 따라 구성원의 다른 반응을 일으킬 수 있다. 다음은 불안을 일으키는 문제로부터 도피하려는 임상적 사례들이다.

> 6명의 집단원이 내[IY]가 이끄는 25번째 모임에 참석했다. 집단원인 John은 불참했다. 집단원 중 한 명인 Mary는 얘기도 없이 처음으로 개를 데리고 왔다. 평상시에는 활기 있고 적극적이던

집단원들은 평소답지 않게 의기소침해 있었고 비생산적이었다. 그들의 목소리는 거의 제대로 들리지도 않았고, 그 모임 내내 큰 사교 모임에서나 어울리는 비개인적 차원의 안전한 주제만 가지고 대화했다. 대부분은 공부 습관(세 명의 집단원이 대학원생이었다), 시험 그리고 교사들(특히, 그들의 허물이나 신뢰할 수 없는 면)에 집중되었다. 게다가 집단의 고참 집단원들은 오래전 집단을 떠난 집단원들에 관해 말했다. '그 시절이 좋았다'는 식의 현상이었다. Mary의 개는 험상궂게 생긴 데다가 안절부절못하는 녀석으로 모임 내내 부산스럽게 자기 성기(性器)를 핥았지만, 아무도 개에 관해 말하지 않았다.

결국 나는 집단을 위해서라고 생각해 Mary가 집단에 개를 데려온 문제를 거론했다. 무척 놀랍게도 집단에서 전혀 인기가 없고 자아도취적이었던 Mary가 집단 전원의 옹호를 받았다. 사람들은 모두 개가 주위를 산만하게 한다는 사실을 부인했고, 치료자를 외톨이 불평꾼으로 만들었다.

나는 모임 전체를 '도피' 모임으로 간주했고, 따라서 적절한 집단 전체에 대한 해석을 했다. 그러나 그 모임이 도피였다면, 증거는 무엇인가? 그리고 무엇으로부터의 도피인가? 우리는 집단의 연령을 참작해야 한다. 모임이 구성된 초기라면, 예를 들어 세 번째 모임이라고 한다면 그러한 회기는 저항의 표현이 아니라 일차적 과업에 대한 집단원들의 불확실함의 표현이자 절차상의 규범을 수립하려고 뭉치는 태도의 표현으로 보아야 한다. 그러나 이 집단은 벌써 몇 달 동안 모임을 진행하고 있었고, 일관되게 성숙한 수준에서 진행되었다.

도피가 일어난 사실에 대해 확신하게 된 것은 바로 이전 모임이 있었던 상황을 검토해 보았을 때였다. 이번 모임에 의도적으로 불참한 집단원인 John은 지난번 모임에 20분 지각했는데, 복도를 걸어 내려오는 동안 한 학생이 인접한 관찰실로 들어가기 위해 문을 열었다. 그러면서 John은 몇 초 동안 열린 문틈으로 새어 나오는 다른 집단원들의 말을 들었고, 동시에 집단을 바라보는 관찰자로 가득 찬 방을 보았다. 그때 몇몇 관찰자는 사적인 농담을 하며 웃고 있었다. 다른 집단원들과 마찬가지로 John은 학생들이 이 집단을 관찰한다는 것은 알고 있었지만, 그럼에도 불구하고 이렇게 충격적이고 무례하게 확인하는 장면은 그를 경악하게 했다. 모임의 마지막 순간에 John이 다른 집단원들과 그 문제를 가지고 논의하게 되었을 때 그들도 똑같이 경악했다. 앞에서 본 바와 같이 John은 다음 모임에 오지 않았다.

이러한 사건은 집단에 큰 부분에서 낭패였다. 그러한 문제는 어떠한 집단에서도 낭패였을 것이다. 그러한 문제로 집단원들의 마음에 심각한 의문이 들었다. 치료자를 신뢰할 수 있는가? 관찰실에 있는 그의 동료들과 마찬가지로 치료자 역시 내심 집단원들을 비웃고 있는 것은 아닌가? 그가 말한 것이 모두 진심이었을까? 한때는 깊은 인간 사이의 만남으로 지각되었던 집단이 실제로는 집단원보다는 '그들'(관찰자들)과 더 가깝게 느껴지는 치료자에 의해 냉정하게 연구되고 있는 무미건조하고 조작된 실험실의 견본이었던가?

이러한 집단의 고통스러운 문제에도 불구하고(또는 오히려 그 문제 때문에) 집단은 그 문제에 직면하기를 꺼리게 되었다. 오히려 집단은 지금은 이해할 만한 도피 행동을 하고 말았다. 외부의 위협에 노출된 탓에 집단원들은 안전을 도모하기 위해 굳게 뭉친 것이다. 즉, 외적인 위협(관찰자들 및 그들과 연합하는 치료자)과 어떠한 것이라도 나누지 않으려고 집단원들은 안전한 주제를 가지고 부드럽게 말했다. 나는 분명히 산만한 개의 행동에 관해 물었을 때 집단 전체로부터 지지받지 못했다. '그 시절이 좋았다'는 것은 집단이 순수하며 미숙했고 내가 신뢰를 받았던 지난날을 지칭하고 그리워하는 것이었다. 시험이나 믿을 수 없는 교사에 관한 토론은 나에 대한 엷게 가린 태도의 표현이었다.

개입의 성질과 시기는 주로 개인적 성향 문제이며, 개입 자체는 직접적인 관찰로 시작해 더 깊은 설명적 의미의 해석에 따라 움직이는 다양한 수준의 추론을 포함할 수 있다. 나 자신을 포함해 몇몇 치료자는 설령 그 원인이 어디에 있는지 이해할 수 없을지라도 집단 도피가 있음을 감지하면 개입하려고 한다. 예를 들면, 우리는 "모임이 당황스럽고 불편했어요"와 같이 언급하거나, "무언가 다루지 못한 주제가 있네요. 이것에 관해 이야기해 볼 수 있을까요?"라고 말한다. 또는 "오늘 집단이 말하지 않고 있는 것이 있나요?"라고 물어본다.

우리는 이런 결론을 내리게 된 증거를 인용하면서 질문의 힘을 강화할 수 있다. 예컨대, 이 경우에서 증거는 귓속말, 중립적이고 비상호작용적인 화제로 바뀐 것, 비개인적인 의사소통 방법, 개가 분명히 주위를 산만하게 하고 있는 것에 대한 문제를 제기했을 때 다른 사람들로부터 방치되고 있거나 버림받았다고 느꼈던 체험 등이다. 더욱이 지난 모임과 오늘 John의 결석에 대한 모든 논의를 집단이 이상하게 회피하고 있다고 나는 덧붙일 수 있다. 하지만 의미 있는 대인관계 작업이 다시 계속되기 전에, 어떤 식으로든 집단 전체의 문제를 다루어야만 한다.

위의 임상적인 예시에서 집단이 더 의미 있는 개인적 소재에 대한 논의로 돌아온다고 만족할 것인가? 그렇지 않다! 회피한 문제는 집단의 실존에 너무도 중요한 것이어서 그냥 방치할 수 없다. 집단원들이 나와의 관계를 불충분하게 탐색했던 이 집단에서는 이러한 생각이 특히 의미가 있다. 그러므로 나는 반복해서 집단의 주의를 주요 문제(집단원들이 나에게 갖는 신뢰나 확신)로 되돌리고, 다른 행동, 예컨대 설령 그것이 격렬한 주제일지라도 논의를 다른 주제로 바꾸려는 등의 다른 행동으로 대체되어 잘못 인도되지 않도록 힘쓴다. 나의 과업은 단순히 저항을 우회하거나 집단을 작업 영역으로 다시 돌리는 일이 아니라, 집단원들이 불안을 우회하지 않고 관통하게 함으로써 그들을 저항의 원천으로 몰아넣는 일이다.

저항의 존재와 힘에 대한 또 다른 단서는 치료자의 저항을 꿰뚫는 말에 대해 집단이 보이는 반응이다. 만약 치료자의 언급이 심지어 반복되는데도 소귀에 경 읽기 식이 된다면, 만약 치료자가 집단에 의해 무시된다고 느낀다면, 만약 치료자가 집단에 영향을 주기가 지극히 어렵다는 점을 발견한다면, 저항이 강력하다면 집단원 개인뿐 아니라 '집단'을 다룰 필요가 있다는 것은 명백하다.

집단은 글자 그대로의 도피, 즉 결석이나 지각하는 식으로도 작업을 회피할 수 있다. 그러나 어떤 형태이든 결과는 마찬가지다. 집단 목적의 성취를 향한 추진력은 방해받았고, 집단은 더는 일차적 과업에 참여하고 있지 않다는 말이다.

흔히 저항을 불러일으키는 문제는 상징적으로 토의된다. 관찰자에 대해 느낀 불편함은 비밀을 발설하는 것에 관한 다른 사건을 길게 이야기하는 식으로 드러날 수 있다. 예를 들어, 학교 성적을 공개했다거나, 가족이 남의 우편물을 뜯어 봤다거나, 신용회사의 침략적인 컴퓨터 등에 관한 문제에 관해 이야기한다. 치료자가 참석하지 못했을 때의 불편함은 부모에게 접근하기 어려웠던 때나 사망, 질병 등에 관한 대화를 불러일으킬 수 있다. 일반적으로 치료자가 '왜 이렇게 작업과 관계없는 주제가 나오는 것인가? 그게 왜 지금인가?'를 심사숙고하면 무엇이 저항받고 있는지 알 수 있다.

매우 심한 독감이 한창일 때 한 집단에서 경험한 일이 실례가 될 수 있을 것 같다.

우울한 노인들을 위한 부분적 입원 프로그램에서 한 집단이 몇 주간 취소되었다가 다시 모였다. 하지만 모든 참가자가 답답하고 불편한 마스크를 써야 한다는 조건 아래 모이게 되었고, 마스크는 비언어적 의사 전달을 알아채기 힘들게 했다(전염 통제를 위한 권고 때문에 모두 마스크를 착용해야 했다). 모임은 평소와 달리 결핍된 것들, 즉 인정머리 없는 성인아이, 무능한 공중위생국 관리자들, 만나볼 수도 없고 태만한 치료자들에 대해 적대적인 말이 오가는 특징을 보였다. 곧 집단은 서로를 공격하기 시작했고, 집단은 완전히 붕괴될 것처럼 보였다.

나[ML] 또한 갑갑한 마스크 때문에 애를 먹으면서, 집단에게 '과정 점검'을 요청했다. 즉, 집단원들에게 잠시 멈추고 지금까지 모임에서 어떤 일이 벌어져 왔는지 곰곰이 생각해 보기를 청한 것이다. 집단원 모두 사스[SARS] 위기 때문에 집단이 영향을 받게 되어서 싫다고 입을 모았다. 마스크를 쓴 것이 거추장스러울 뿐 아니라, 집단원들이 서로를 가깝게 느끼는 것도 방해했다. 또한 집단원들은 집단에 퍼져 있는 분노가 빗나가고 있다는 것을 깨달았는데, 그 분노를 어떻게 해야 할지 알 수 없었다.

나는 집단 전체에 대해 해석했다. "오늘 여기에는 일종의 모순이 있군요. 여러분은 이 집단을 소중히 여기고 있고, 그동안 집단이 모이지 못했던 것에 분노하는 것이 분명한 것 같아요. 그런데 다른 한편으로는 여러분이 경험하고 표현하는 분노가 여러분이 매우 귀하게 여기는 따뜻하고 지지적인 집단 분위기를 위협하고 있네요." 치료자가 이런 해석을 하자 여기저기서 집단원들이 고개를 끄덕였다. 그리고 곧 분노와 불화가 사그라들었다.

역치료적인 집단 규범들

집단 전체에 대한 해석이 필요한 또 다른 유형의 장애는 집단이 역치료적인 집단 규범을 만들 때 나타난다. 예를 들면, 내가 앞에서 말한 바와 같이 집단은 모임 전체가 계속 집단원 한 사람 한 사람에게 '차례대로' 집중되는 형식을 갖추기도 한다. '차례대로' 돌아가는 방식은 편안하고도 편리한 절차다. 하지만 바람직하지 않은 규범이다. 왜냐하면 그런 방식은 지금-여기에서의 자유스러운 상호작용을 방해하기 때문이다. 게다가 집단원들은 종종 너무 빨리 자기개방을 하도록 압력을 받거나, 자기 차례가 가까워짐에 따라 극단적인 불안을 체험하거나, 심지어 치료를 그만두기로 결정하기도 한다. 이는 과정 process 수준에서 꼭 다루어야 하는 과정 문제다. 혹은 집단이 각 모임 초반에 제기된 문제를 토론하는 데 시간을 다 보내고, 주제를 바꾸는 것에 보이지 않는 강력한 규제를 하는 양상을 보일 수도 있다. 또는 집단원들이 자기개방에 정신없이 빠져듦으로써 '너는 이보다 잘할 수 있어?' 하는 식의 형식이나, 소외된 집단원을 배제하고 새로운 집단원을 반기지 않는 빡빡하게 짜인 폐쇄된 패턴을 나타낼 수도 있다.

이럴 때 치료가 효과적으로 개입하려면 과정과 차례대로 돌아가는(다른 형태라도) 형식이 집단원 또는 집단에 끼치는 부작용을 분명하게 기술해 주는 집단 전체에 대한 해석을 할 필요가 있다. 그리고 모임을 이렇게 시작하는 형태 이외에 다른 대안이 있음을 강조해야 한다.

흔히 집단이 발전하는 동안 중요한 국면을 지나치거나, 어떤 규범을 집단문화에 절대로 통합시키지 않는 것은 흔히 있는 일이다. 예를 들면, 치료자에게 도전하거나 공격하는 일 없이 집단이 전개될 수도 있다. 혹은 집단원 간에 견해 차이가 없이, 자리다툼이나 주도권 다툼이 빚어지는 일 없이 집단이 전개되기도 한다. 또는 집단원 간에 진정한 친근감이나 밀접함 없이 집단이 일 년 또는 그 이상 만나기도 한다. 이러한 회피는 암묵적으로 회피를 지배하는 규범을 구성한 집단원들이 함께 만든 결과다.

만약 집단이 일방적이고 불완전한 경험을 집단원에게 제공하고 있다는 느낌이 든다면, 치료자는 집단의 생명에서 빠진 측면을 언급함으로써 집단 작업의 진행을 촉진시킬 수 있다(물론 이러한 개입은 치료자에게 친숙하게 여겨지는 정기적으로 반복되며 예측 가능한 작은 집단의 발달 단계가 있음을 전제로 한다. 이 주제는 10장에서 다룰 것이다).

집단 개입의 시기

교육적인 이유 때문에 대인관계적 현상과 집단 전체 현상이 서로 매우 상이한 것처럼 논의되었다. 물론 실제에서 이 둘은 종종 중복되며, 치료자는 언제 상호교류의 대인관계적 측면을 강조할지, 언제 집단 전체의 측면을 강조할지 선택에 직면하게 된다. 이러한 임상적 판단의 문제는 산뜻하게 규정될 수 없다. 어떤 치료적 노력에서와 마찬가지로 판단은 경험(특정 수련 감독을 받은 경험)과 직관으로부터 나온다. Leonard Horwitz가 제안한 것처럼 집단치료자는 개인치료자의 전통적인 '제3의 귀'를 보완하기 위해 '제4의 귀'로 들어야 한다. 네 번째 귀는 우리가 개인적, 대인관계적, 집단적 경험의 상호작용을 바탕으로 전체를 인지하게 해 준다.[70]

그러나 집단 전체의 기능이나 존립과 관련된 중요한 문제는 좀 더 좁은 대인관계적 문제에 우선한다는 것이 일반적인 규칙이다. 예를 들어, 한 집단원이 뜻하지 않게 부주의한 관찰자들을 발견한 뒤로 집단이 작은 목소리로 속삭이고, 중립적인 주제를 논의하며, 다른 여러 형태로 집단 도피를 했던 사례로 되돌아가 보겠다. 문제의 집단에서 Mary(지난 모임에 불참했던)는 개를 끌고 왔다. 정상적인 상황에서라면 이러한 행동은 집단에서 중요한 안건이 되었을 것이다. Mary는 집단에 개를 데리고 오겠다는 사실을 치료자나 집단원들에게 양해를 구하지도 미리 알리지도 않았다. 그녀의 자아도취로 말미암아 Mary는 집단에서 인기 없는 인물이었으며, 그러한 행동은 다른 사람에 대한 Mary의 배려 없음을 대변해 주는 것이었다. 그러나 이 모임에는 더 긴급한 문제가 있었는데, 바로 집단 전체를 위협하는 문제였다. 그리고 개에 관한 언급이 있었지만, 그것은 Mary의 대인관계적 학습을 촉진시킨다는 측면에서가 아니라 집단이 도피하는 데 이용되는 측면에서 언급되었다. 집단의 진전에 대한 장애물이 다루어지고 제거한 뒤에야 비로소 집단원들은 Mary가 개를 끌고 온 것에 관한 그들의 불쾌감에 대해 의미 있는 생각을 하게 되었다.

요약하면, 집단 전체의 힘은 치료 집단에서 계속해서 작용한다. 치료자는 이 힘이 치료를 방해할 때, 이에 맞서고 치료에 도움이 되도록 활용하기 위해 집단 전체의 힘을 알아챌 필요가 있다. 우리는 집단의 구성원이 아닌 개개인을 상대하지만, 중요한 시점에서 우리의 관심은 집단 구성원을 상대하기 위해 집단을 전체로 보아야 한다.

7장
치료자: 전이와 투명성

이제까지 집단치료에서 치료적 변화의 심리적 과정, 치료자의 과제, 그리고 치료자가 그러한 과제를 성취하기 위해 사용하는 기법을 논의했다. 이 장에서는 치료자가 집단 내에서 무엇을 해야만 하는지의 문제로부터 치료자가 어떤 모습이어야 하는지의 문제로 방향을 전환할 것이다. 당신은 치료자로서 역할을 하는가? 당신은 스스로 어느 정도 자유로운가? 당신은 얼마나 '정직'할 수 있는가? 당신은 투명성과 현명한 자기개방을 치료적 도구로 어떻게 활용할 것인가?

치료자의 범주와 존재감에 대한 논의는 전이에 대한 탐구로부터 시작되어야 하는데, 여기서 전이는 하나의 효율적인 도구가 될 수도 있고 당신의 모든 움직임을 방해하는 장애물이 될 수도 있다. Freud는 그의 최초이자 매우 통찰력 있는 정신치료에 관한 글(『히스테리 연구Studies on Hysteria』의 마지막 장)에서 환자와 치료자 사이에 훌륭한 작업 관계가 형성되는 것을 방해하는 몇 가지 장애를 지적했다.[1] 이러한 장애는 대부분 쉽게 해결되지만 그중 한 가지는 더 깊은 근원에서 유래하며, 치료 작업을 통해 그것을 없애려고 해도 그에 저항한다. Freud는 이런 방해물을 가리켜 전이라고 명명했다. 왜냐하면 그것은 환자의 인생에서 중요한 인물들에 대해 이전에 형성된 태도로부터 치료자를 향해 '옮겨진' 태도로 구성되어 있기 때문이다. 치료자를 향한 이런 감정들은 '잘못된 연결', 즉 예전

충동의 새로운 개정판이었다. 현대적인 정의로 전이는 의식과 무의식 모두에 바탕으로 둔 관계적 현상이다. 전이는 환자의 두려움, 바람, 발전의 간극으로부터 발생한다. 오늘날의 관계는 과거의 메아리로 인해 왜곡되고, 이러한 왜곡을 부인하는 경험에 대한 환자의 무관심으로 인해 강화된다.[2] 집단치료는 지도자에게 친숙한 수직적 전이에 동료, 또는 수평적 전이라는 요소를 더한다.[3]

전이가 결코 치료에 대한 방해물이 아니라는 것을 Freud가 인식하기까지는 그리 오랜 세월이 걸리지 않았다. 적절히 사용하기만 한다면 전이는 치료자에게 가장 효과적인 도구가 될 수 있다.[4] 인지치료를 포함해 오늘날의 많은 정신치료 접근에서 전이와 비슷한 개념을 인정한다. 하지만 전이라고 부르기보다는 환자의 '도식schema'이라고 부른다.[5]

현대 역학적 정신치료는 사실상 모든 효과적인 치료자들의 작업에 스며들어 있다. 효과적인 치료자는 치료적 관계를 환자에 영향을 미치는 초기의 형성적 힘과 병리적인 신념을 이해하고 조절하는 데 활용한다.[6] 환자를 위한 궁극적인 목적은 (1) 새로운 자아관을 구성하고, (2) 과거의 유의한 대인관계와 다른 양상의 관계를 치료자와 형성하며, (3) 자신과 남에 대한 새로운 이해를 새로운 태도와 적응적 기능 및 이야기로 변화시켜 가는 것에 있다.[7] 여기서 앞에서 설명한 교정적 감정 경험의 특징을 살펴볼 수 있다. Hannah Levenson은 이를 '끊임없는 선물'이라고 묘사했는데, 과거로부터 환자를 해방시키고 치료가 끝난 후에도 지속적인 성장과 발전을 장려하기 때문이다.[8]

지난 반세기 동안 정신분석적 기법과 이론 분야에서 큰 진전이 이루어져 왔고, 기존의 전이를 해석하는 기조를 유지하면서, 실질적인 치료적 관계를 강화하는 것에 중점을 두었다. 이러한 초점은 주로 치료자의 존재감, 감정적 여유, 그리고 감정적으로 동떨어지고 불확실한 치료자 대신 자아를 활용하는 것이 해당한다.[9]

이에 관해서는 Stephen Mitchell이 매우 잘 포착했다.

> 많은 환자가 이성과 이해력을 통해 길들이고 변형시킬 수 있는 갈등하는 유아기적 열망 때문에 고통받는 것이 아니라, 멈추어 버린 개인적 성장과 발달 때문에 고통받는다고 이해할 수 있다. 생애 초기에 돌봄을 받지 못한 결핍감은 환자 자신의 주관성과 온전히 중심에 위치하면서 통합되어 있는 자기(self) 감각의 탄생을 방해하는 데 기여한 것으로 이해할 수 있다. 환자가 원하는 것은 명료화나 통찰이 아니다. 환자가 원하는 것은 한결같이 주목받는(being seen) 경험, 인간적으로 관여되어 있고, 근본적으로

존중되며, 관심을 받는 것이다.[10]

Mitchell을 비롯해 많은 학자가 개인치료와 집단치료 모두에서 '치유적' 요인이란 바로 관계라고 주장한다. 치료에서 관계가 형성되기 위해서는 치료자가 환자의 감정적이고도 주관적인 내적 경험에 공감하면서 진심으로 관여하는 일이 요구된다.[11] 이렇게 관계의 특성에 새로운 강조점을 두는 것이 의미하는 바는 정신치료의 초점이 한 사람 심리학(환자의 병리 강조)에서 두 사람 심리학(상호 영향과 관계에 대한 책임감 공유 강조)으로 바뀌고 있음을 뜻한다.[12] 이 모델에서는 치료 장면에서 치료자가 겪는 감정적 경험이 환자에 대한 정보를 얻을 수 있는 적절하고 강력한 정보 원천이 된다. 현명하게 이 정보를 활용하는 방법에 관해서는 잠시 후 상세하게 설명하겠다.

정신분석가들은 치료자가 폭넓게 자기개방을 해야 한다는 데서부터 완벽한 불투명함 속에 자기개방을 하지 말아야 한다는 데에 이르기까지 치료자의 자기개방 수준에 관해 의견이 분분하다.[13] 하지만 분석가들은 전이가 '부적절하고, 강렬하며, 양면적이고, 변덕스러우며, 질긴 것'이라는 데 동의한다. 그리고 분석적 치료에서 전이가 중심에 놓이게 되고, 전이의 해석이 핵심적인 역할을 한다는 데에도 동의한다.[14]

치료자-환자 전이를 해결하는 것을 매우 중요한 치료적 요인으로 보는 집단치료자들과 집단원 간의 관계 그리고 다른 치료적 요인의 결과로 잇달아 일어나는 대인관계 학습도 똑같이 중요하다고 주장하는 집단치료자들 사이의 차이점은 이론적인 것 이상이다. 즉 그들은 임상 실제에서 전혀 다른 기법을 사용한다.[15] 지도자에게 전이를 강조하는 것은 집단을 지도자 중심적으로 만들고, 다른 집단의 역학과 힘에 대한 관심을 흐리게 만든다.[16]

전이 해석이라는 한 가지 형식에만 얽매였던 영국의 한 분석가가 지도한 집단에서 나온 다음의 두 가지 사례가 바로 이 점을 설명한다.

한 회기에서 두 명의 남성이 결석했는데, 네 명의 여성 집단원이 그날 출석한 한 명의 남성 집단원(그는 동성애자였다)에게 다른 사람들의 문제나 삶에 거의 관심을 나타내지 않는다며 그의 소원함과 자기도취를 통렬하게 비난했다. 치료자는 그 남성이 여성들을 성적으로 원하지 않았기 때문에 여성들이 그를 공격하는 것이 아니냐고 암시했다. 게다가 그 남성은 진짜 표적이 아니었고, 여성들이 정말로 공격하고 싶었던 것은 성적으로 그들을 거부하는 치료자였다.

각 경우에서 치료자는 선택적으로 자료에 관심을 가졌고, 전이 해결을 중대한 치료적 요인으로 보는 관점에서 자신과 집단원들의 관계에 대한 집단원들의 관심에 초점을 두었기 때문에 실제로 바르게 해석했다. 그러나 우리는 이러한 치료자 중심의 해석이 불완전했다고 보는데, 집단원들 사이의 관계라는 중요한 현실이 고려되지 않았기 때문이다. 사실 이 경우에서 그 남성 환자는 자기도취적이었고 다른 집단원들에게서 분리되어 있었다. 그가 자기 행동을 인식하고 이해하는 것은 그에게 무척 중요한 일이었다.

집단치료자의 융통성을 제한하는 것은 어떠한 제안이라도 치료자의 효율성을 떨어뜨린다. 이는 치료자가 임상적 복잡성을 관리하기 위한 타협된 방법으로 종종 발생하는 이념적 경직성의 함정이다.[17] 우리는 항상 중립적이고 익명성을 확보해야 한다는 확신 때문에 곤란을 겪는 치료자들, 늘 전적으로 '정직하고' 투명해야 한다는 개혁 운동 때문에 절름거리는 치료자들, 혹은 치료자는 반드시 전이 또는 거대한 집단현상 또는 더 심하게 거대한 집단 전이만을 해석해야 한다는 말로 방해받는 치료자들을 보아 왔다.

치료자가 집단에 어떻게 접근하는지에 따라 집단원들의 전이 표출이 확대될 수도 있고 완화될 수도 있다. 만약 치료자가 자신의 역할을 중심에 두기를 강조한다면, 집단은 후퇴하고 의존적이 될 것이다. 이와 달리 만약 치료자가 전이를 집단원들이 치료자에 대한 감정을 단순히 전위displacement시키는 것으로 보는 것이 아니라, 동료로서 상호작용과 전이를 직접적으로 표출하는 것으로 보면서 높이 평가한다면 집단에서의 전이 경험 강도는 더 잘 조절될 것이다. 물론 치료자는 집단의 과정에 끼칠 수 있는 영향에 대해서는 제한적으로만 파악할 수 있다.[18]

이 장에서는 전이와 관계된 다음의 문제들을 명료화하고자 한다.

- 전이는 치료 집단에서 틀림없이 발생한다. 실제로 전이는 항상 존재하며 집단 과정의 본질에 근본적인 영향을 준다.
- 전이와 전이 현상에 대한 인식이 없다면 치료자는 종종 집단의 과정을 완전히 이해할 수 없을 것이다.

- 전이를 고려하지 않는 치료자는 상호작용을 심각하게 잘못 이해하거나, 집단원들을 지도하기보다는 오히려 혼란스럽게 만들 수 있다. 그러나 만일 치료자가 집단원들과 맺는 관계를 단지 전이 측면에서만 본다면, 치료자는 그들과 진정한 관계를 맺는 데 실패하고 말 것이다.
- 어떤 환자들은 전이 왜곡의 해결에 그들의 치료가 달려 있다. 또한 치료의 호전이 치료자와의 작업보다는 집단원 간의 경쟁심, 이기적 이용, 성적 또는 친밀감의 갈등 같은 문제들을 둘러싼 다른 집단원과의 작업에서 비롯되는 대인관계 학습에 달려 있는 환자들도 있다. 그리고 집단에서 대안적인 치료 통로를 선택해 다른 치료적인 요인으로부터 일차적인 이익을 얻는 환자도 많다.
- 집단원 간의 전이 왜곡은 치료자에 대한 전이 반응만큼이나 효과적으로 다루어질 수 있고, 어쩌면 더 효과적으로 다루어질 수도 있다.[19]
- 치료자를 향한 모든 태도가 전이에 기초한 것은 아니다. 많은 것이 현실에 기초하고 있다.
- 치료자는 융통성을 유지함으로써 집단에서 치료자의 다른 많은 기능을 놓치지 않는 동시에 치료자를 향한 이러한 비합리적인 태도를 치료적으로 유리하게 사용할 수 있다.

치료 집단에서의 전이

정도의 차이는 있지만 모든 환자가 전이 왜곡으로 인해 치료자를 잘못 지각하는데, 때로는 치료가 시작되기 전부터 그렇다. 한 저명한 정신과 의사가 이런 이야기를 한 적이 있다. 한번은 새로운 환자를 만나러 대기실에 갔더니 환자가 자기를 담당하는 정신과 의사가 맞느냐고 따지더라는 것이다. 이유인즉, 그 환자가 상상하던 치료자의 모습과 외모가 너무 달라서 그랬다는 것이다.[20] 부모의 권위, 의존성, 신神, 자율성, 반항(이 모든 것이 치료자라는 한 인간 속에서 구현된다) 등의 문제에 대한 태도에서 전혀 갈등을 느끼지 않는 환자는 거의 없다. 이런 왜곡은 집단 의사 교환의 표면 아래에서 계속 작용한다. 사실 치료자에 의해 불러일으켜진 강한 감정이 분명히 드러나지 않고 그냥 지나가는 회기는 거의 없다.

치료자가 들어올 때 집단에서 나타나는 변화를 관찰해 보자. 종종 집단에서는 생생한 대화를 하다가 치료자가 나타나는 순간 완전한 침묵에 빠지기도 한다. (갑자기 아무 일도 일어나지 않을 때 집단치료 모임이 비로소 공식적으로 시작되는 것이라고 누군가는 말했다!) 치료자의 도착은 집단에 집단 과제를 상기시킬 뿐 아니라 각 집단원에게 어른, 선생, 평가자에 대한 일련의 초기 감정과 더불어 임박한 심판과 부끄러움을 유발시킨다.

좌석 배치 또한 종종 치료자를 향한 복잡하고 강한 감정을 나타내는데, 흔히 집단원들은 가능한 한 당신과 멀리 떨어져 앉으려고 한다. 집단원들이 모임에 적응하게 되면 그들은 보통 치료자의 양 옆자리를 늦게 온 사람들을 위한 벌칙으로 남겨 두고 치료자로부터 멀리 떨어져 앉는다. 종종 편집증 환자들은 치료자를 가까이에서 지켜보기 위해 바로 맞은편에 앉기도 한다. 의존적인 환자들은 보통 치료자 가까이 앉으며, 대개는 치료자의 오른쪽에 앉는다. 만약 공동 치료자들이 사이에 빈 의자 하나를 두고 앉는다면 집단원들은 그 자리에 앉는 것을 꺼린다. 어떤 사람은 집단치료를 받은 지 수개월이 지난 후에도 여전히 치료자 사이에 앉는 것을 불편해했다. 공동 치료자가 따로 떨어져 앉는 데에는 이유가 있는데, 서로를 관찰하며 반응과 비언어적 소통을 알아보기 위함이다.

나[IY]는 연구 목적으로 수년에 걸쳐 집단원들에게 각 모임이 끝난 후 질문지를 작성하게 했다. 과제 중 하나는 활동(각자가 말한 단어의 수에 따라서)에서 모든 집단원의 순서를 매기는 것이었다. 그 결과 다른 집단원에 대한 평가에서는 집단원 간의 신뢰도가 높았지만, 집단치료자에 대한 평가에서는 매우 낮은 신뢰도를 보였다. 동일한 모임에서 어떤 환자는 치료자를 가장 적극적인 집단원으로 평가한 반면에, 다른 환자들은 치료자를 가장 비활동적인 사람으로 평가했다. 치료자를 향한 집단원들의 강력하고 비현실적인 감정은 이렇게 객관적인 차원에서도 정확한 평가를 방해한다.

한 환자에게 나를 향한 자신의 감정을 말하게 했을 때, 그는 내가 차갑고 냉담한 사람이라서 나를 싫어한다고 말했다. 그는 그러한 자신의 개방에 즉각적으로 불편한 반응을 보였고, 일어날 수 있는 반격을 상상했다. 즉, 내가 그의 공격에 흥분해 집단에 더는 도움을 주지 않거나, 내가 집단 밖으로 그를 밀어내 보복하거나, 그가 집단과 공유했던 동성애적 환상의 어떤 면을 놓고 그를 조롱하며 모욕하거나, 혹은 그를 해치기 위해 나의 정신과적 기술을 사용하는 등의 상상이었다.

오래전에는 이런 일도 있었다. 집단원들이 내가 구리 팔찌를 끼고 있는 것을 보았다. 테니스 엘보tennis elbow라는 관절염 때문에 그 팔찌를 착용했다는 사실을 알게 되자 그들은 극단적으로 반응했다. 그들은 내가 미신적이거나 또는 가짜 치료법에 빠져 있다고 분노했다(그들은 내가 지나치게 과학적이고 인간적이지 못하다고 몇 개월 동안 비난했었다!). 한 집단원은 만약 내가 환자들에게 좀 더 많은 시간을 할애하고 테니스장에서 시간을 덜 쓰면 모든 사람이 더 좋아질 것이라고 제안했다. 항상 나를 이상화했던 한 환자는 어떤 잡지에서 구리 팔찌 광고를 보았다고 말하면서, 나의 것은 더 특별한 것이며 아마 스위스에서 샀을 거라고 추측했다.

다음 예시는 집단지도자에 대한 다양한 전이 반응에 뿌리를 둔 동일 현상에 대한 다양한 반응을 묘사한다.

나[ML]는 대형 신문사에 아버지에 관한 칼럼을 기고하고 이틀 뒤 치료 집단과 만났다. 나는 석 달 전에 돌아가신 아버지와 사이가 매우 각별했다. 그런 만큼 아버지의 감동적인 사연을 알릴 수 있어 매우 기뻤고, 그 신문에서 유명한 "살아온 삶"이라는 칼럼에 선정되었다는 사실에 뿌듯했다.

집단은 이미 아버지의 사망에 대해 알고 있었고, 돌아가실 당시 모임을 두 차례 빠지게 되었을 때 이를 설명했다. 이 이야기를 할 때는 몇 마디 위로의 표현 너머로 집단원의 반응이 크지 않았다. 하지만 칼럼이 소개되고 나서 집단원의 다양한 반응을 확인할 수 있었다.

공격성과 부정적인 모습을 자주 보인 여성 Karen은 모임을 시작할 때 화를 내며 "자신의 사생활은 떠들지 않는 것이 좋다는 것을 아직도 모르나요? 가족과 아버지에 대한 개인적인 이야기를 공개적으로, 특히 환자에게 이야기하는 것은 부적절해요. 나는 이렇게 부담스러운 이야기를 알고 싶지도 않고, 읽거나 보고 싶지도 않아요"라고 말했다.

사회적 불안증과 우울증을 앓던 Sue는 "선생님의 아버지가 돌아가셨을 때 진심을 담아 위로의 말씀을 드리고 싶었지만, 제가 하는 어떤 말이라도 도움이 될 것 같지 않아 망설였어요. 지금이라도 다시 조의를 표하고 싶어요. 표현할 기회를 두 번이나 놓치고 싶진 않거든요"라고 말했다.

알코올 중독에서 회복 중인 나이 든 Bob은 다음과 같이 말했다. "선생님 글을 읽으면서 나 또한 이러한 아버지 밑에서 크고 싶다는 생각이 들며 기뻤습니다. 이러한 저 자신이 슬펐지만 칼럼을 읽으면서 선생님에 대해 더 잘 이해할 수 있었고, 더 가까워진 듯한 느낌을 받았어요."

수동적이고 고립되어 있던 Danny는 "슬픔을 어떻게 이겨 냈나요? 아버지의 사망이 어떤 영향을 끼쳤나요? 저는 우리 아버지가 돌아가셨을 때의 슬픔이 하루도 빠짐없이 제 주위를 맴돌아요"라고 말했다.

자기 생각에 갇혀 있고 늘 화가 나 있는 Rob은 "이만하면 됐어요. 선생님 이야기하려고 모인 게 아니잖아요. 이러한 관심을 즐기시는 것 같네요. 우리는 우리에 관해 이야기하려고 모인 것이니, 본론으로 들어가시죠"라고 말했다.

이 짧은 예시는 같은 자극이 이렇게 다양한 전이적 반응을 이끌어 낼 수 있다는 것을 정확하게 보여 준다. 여기에는 가까이 가는 것에 대한 두려움, 친밀감을 가질 자격이 없다는 느낌, 부러움, 감탄, 그리고 집단의 시간과 관심에 대한 나와의 경쟁을 포함한 광범위한 요소가 한데 섞여 있다.

어떤 집단원은 모든 것을 치료자를 향해 이야기하거나, 또는 다른 집단원에게 말하다가도 말이 끝날 무렵에 치료자를 은밀히 힐끗 쳐다보는 것으로 말을 마무리하기도 한다. 이는 마치 그들의 모든 행동과 생각에 대해 치료자에게 인정받으려는 시도에서 다른 사람들에게 이야기하는 것과 같다. 말하자면 그들은 치료에 참가하고 있는 이유를 잊어버리고 있다. 대신 치료자에게서 공모하는 듯한 눈길을 얻어 내려고 하며, 모임을 가장 늦게 떠나려 하며, 치료자의 총애를 받는 아이가 되려고 다양한 방식으로 노력한다.

전이는 너무나 강력하고 도처에 편재해 있는 만큼 "지도자는 총애자를 두지 않아야 한다"라는 말은 모든 작업 집단의 안정성을 위한 핵심인 것 같다. Freud는 집단에 대한 그의 초기 저서에서, 집단 응집력이란 신기하게도 집단지도자의 총애자가 되려고 하는 보편적인 소망과 집단원들이 이상화된 지도자와 공동으로 동일시하는 것으로부터 나오는 것이라고 했다.[21] 인간 집단의 원형인 형제 집단에 관해 생각해 보라. 이는 강렬한 경쟁심으로 가득 차 있다. 모든 아동은 총애자가 되고 싶어 하며, 부모의 사랑에 대한 요구 때문에 모든 경쟁자를 원망한다. 형은 아우의 특권을 빼앗거나 아우를 완전히 제거하고 싶어 한다. 그러나 모든 아이는 경쟁의 대상이 되는 형제들이 자기와 동등하게 부모의 사랑을 받고 있다는 것을 깨닫게 된다. 그러므로 자기 형제를 파괴하면 반드시 부모로부터 처벌을 받게 되고, 그렇게 됨으로써 결국 자신을 파괴하게 된다.

가능한 유일한 해결책은 평등이다. 만약 어느 한 명이 편애받을 수 없다면, 편애란 절대 있어서는 안 된다. 모든 사람에게 지도자에 대한 동등한 투자가 허용되며, 바로 이런 평등에 대한 요구로부터 우리가 집단정신이라고 알고 있는 것이 생성된다. 집단원들은 지도자와 평등하기를 원하지 않는다. 그들은 순종에 대한 갈증, 곧 에리히 프롬의 표현에 따르면 "복종에 대한 강한 욕망"을 갖고 있다.[22] 유감스럽게도 우리는 나약하며 활력을 잃고 혼란스러운 추종자들이 카리스마 넘치고 대개 위험하게 자기도취적인 집단지도자와 결혼하는 것을 종종 목격하곤 했다.[23] 이는 전 세계적인 포퓰리즘과 독재자의 확산 기저에 있는 심리적인 힘 중 하나다.[24]

19세기 위대한 작가인 톨스토이는 지도자와 추종자의 역학을 인지하고 있었다. 그는 당시의 가장 중요한 두 집단인 교회와 군부에서 구성원과 지도자의 관계가 미묘하게 얽혀 있음을 예리하게 인식했다. 지도자를 과도하게 재평가하는 것에 대한 그의 통찰력으로 말미암아 『전쟁과 평화』는 많은 비애와 풍부함으로 가득하게 되었다. 황제에 대한 로스토프의 존경심을 살펴보자.

> 그는 황제가 가까이 있다는 사실에 행복감에 휩싸였다. 가까이 있다는 사실만으로도 오늘의 손실은 보상되었다고 느꼈다. 손꼽아 기다리던 데이트가 다가왔을 때처럼 그는 행복했다. 맨 앞 대열에 섰기 때문에 감히 돌아볼 수는 없었지만, 무아경에서 그는 황제의 접근을 느꼈다. 로스토프에게 황제라는 이 태양은 주위에 온순하고 장엄한 빛을 던지면서 더 가까이 다가왔다. 그리고 그는 그 찬란함 속에 감싸 안겨 있는 듯이 느꼈으며, 그의 목소리를 들었다. 그 상냥하고, 조용하며, 위대하고 심지어 소박하기까지 한 음성을…. 로스토프는 일어나, 자기가 죽는다면 어떤 일이 생길까 (황제의 목숨을 구하느라 죽는 것도 아닌데, 물론 그런 일은 생각할 수도 없었다) 생각했다. 그저 황제가 보는 앞에서 죽을 수만 있다면 얼마나 행복할까 공상하면서 모닥불 사이를 서성거리기 시작했다. 그는 확실히 황제에게도, 러시아 군의 영예에도, 앞으로 있을 승리에 대한 희망에도 듬뿍 취해 있었다. 아우스터리츠 전투를 앞둔 그 기념할 만한 며칠 동안 그런 식의 감정을 경험한 것은 그만이 아니었다. 러시아 사람 중 십중팔구는 비록 감격의 정도가 낮기는 하지만 그 순간에 황제와 러시아 군의 영광에 도취되어 있었다.[25]

사실, 지도자에 대한 사랑에 흠뻑 빠지는 것은 전쟁을 위한 선행 조건이다. 미움의 깃발 아래에서보다 사랑이란 이름 아래 더 많은 살육이 일어난다는 것이 얼마나 모순인가!

톨스토이에 따르면 인류의 완벽한 지도자 나폴레옹은 전이에 대해 알고 있었으며, 승리를 이끌기 위해 전이를 이용하는 데 주저하지 않았다. 『전쟁과 평화』에서 나폴레옹은 전투 전야에 군인들에게 다음과 같이 연설한다.

> 제군! 나는 몸소 대대를 지휘할 것이다. 만약 제군이 평소의 용기를 발휘해 적을 패배시키고 적진에 패배와 혼란을 일으킨다면, 나는 전쟁의 불길로부터 안전할 것이다. 그러나 만약 한순간이라도 승리가 의심되는 날에는 제군의 황제가 적의 맹공을 받는 것을 목격하리라. 왜냐하면 승리가 불확실하다는 것은 있을 수 없는 일이며, 특히 자국민의 명예가 그 어깨에 달려 있다고 하는 프랑스 군의 명예 문제이기 때문이다.[26]

전이의 결과 치료 집단은 편안함, 확실함, 그리고 안식처를 얻기 위해 치료자가 특별한 힘을 가졌다고 여길 수 있다. 치료자의 말은 다른 이의 발언보다 무게 있고 지혜로운 것으로 여겨진다. 다른 집단원들이 통찰력 있는 똑같은 공헌을 해도 그것은 무시되거나 왜곡된다. 집단원은 치료자의 모든 개입에 계획된 깊이가 있다고 믿으며, 또한 치료자가 집단의 모든 사건을 예기하고 통제할 수 있다고 믿는다. 심지어 치료가가 당황스러움이나 무지에 대해 고백하는 것 역시 집단의 특정 효과를 위해 고의적으로 의도된 기법으로 간주한다.

부모와 치료자에게 사랑받는 아이가 되는 것! 많은 집단원에게 이러한 욕구는 다른 모든 집단 사건을 드러나게 하는 하나의 내적 배경으로 작용한다. 아무리 다른 집단원들을 배려해도, 그들이 작업하고 도움받는 모습에 아무리 큰 기쁨을 느껴도, 거기에는 항상 지도자의 사랑을 독차지할 수 없는 데 대한 실망과 질투가 배경으로 깔려 있다. 누가 가장 많거나 적은 관심을 받는가? 지도자는 누구를 가장 좋아하는 것 같은가? 이런 질문을 지도자가 던지면, 집단원들은 하나같이 집단 내부에 대한 유익한 탐색에 빠지게 된다.

이번이 세 번째 모임인 신입 집단원 Daniela는 나[ML]에게 10분 정도 늦는다는 메일을 보냈다. 그러면서 관찰자가 있는 단방향 투과성 거울을 바라보는 위치에 앉는 것이 불편하니 거울을 등진 자리에 앉을 수 있을지 물었다. 나는 자기개방에 대한 그녀의 불안감을 지지하고 싶으면서도, 이 요청을 이행하는 데 따르는 역동적인 절차에 관해 이야기하고 싶었다. 하지만 나의 고민을 전부 전하기에 이메일은 충분하지 않은 수단이었다. 내가 Daniela를 따로 챙기는 것일까? 그녀는 왜 나에게 특별한 요청을 했을까? 특별한 관심과 보살핌이 필요한 것일까? 그녀가 진짜로 원하는 것은 무엇일까? Daniela가 집단지도자 대신 말하고자 했던 것은 무엇일까?

나는 그녀의 요청을 인지했다는 사실만 답했고, 집단에서 더 많은 이야기를 하길 바란다고 말했다. 단순해 보이는 Daniela의 요청은 밀접한 전이, 부모님의 편애, 치료자의 관심과 보살핌에 대한 경쟁, 그리고 나의 고민에 대한 깊은 탐구로 이어졌다. 모임의 마무리 단계에서 Daniela는 모임에서 많은 것을 배웠으며, 더 나아가 모임에 정시에 참석하는 것이 스트레스를 매우 덜어 준다는 말과 함께 이번 활동이 자신에게 진정 필요한 것이었다고 말했다. 그녀는 오랫동안 인정과 보살핌을 찾는 일로 힘겨워했고, 치료자의 간단해 보이는 요청이 지금까지의 고민을 해결해 주는 중요한 논의를 가능케 해 주었다.

돈은 치료자에 대한 많은 감정을 응집시키는 전극 작용을 한다. 가격표처럼 비용 차이에 관한 내용이 조금이라도 들어가는 이야기는 특히나 자극적이면서 많은 것을 알려준다. 각자 얼마를 내는지는 집단에서 가장 은밀한 비밀이다. 왜냐하면 집단원들이 내는 치료비의 차이(소리 없이 모르는 사이에 진행되는 결과로서 서로 다른 권리와 서로 다른 정도의 소유권)는 모든 집단원이 평등하다는 근간 자체를 흔들기 때문이다. 수수료에 관한 내용이 논의되었는가? 청구서를 이메일로 은밀히 전송하는가 혹은 각 모임 시 배부하는가? 직접적인 의사소통을 장려하는가 혹은 회피하는가? 치료자의 불안감은 집단의 불안감을 조장하고 집단을 탐구하는 폭을 축소시킨다. 치료자는 돈과 비용에 관해 이야기할 때 종종 난감함을 느끼는데, 이는 치료자의 수입이나 지각된 탐욕과 복리후생, 또는 집단원의 의존, 혐오 또는 치료자에 대한 불만족으로 이어질 수 있기 때문이다.[27]

집단원들은 종종 치료자가 자신의 욕구를 알아주길 기대한다. 한 집단원은 자신을 괴롭히는 주요한 문제들을 목록으로 만들어 모임에 가져와서는 치료자가 그것을 알아채고 그것을 읽으라고 말해 주기를 기다렸다. 사실 그 목록은 거의 의미가 없었다. 만약 그가 진정으로 그 문제들을 다루고 싶었다면, 스스로 그 목록을 집단에 제시할 수 있어야 했다. 그에게 중요했던 것은 치료자의 존재와 보살핌이었다. 이 집단원의 전이는 자신을 치료자로부터 완전하게 분화시키지 못했던 것이다. 그의 자아경계ego boundary는 희미하며, 치료자가 그것을 알고 느껴야 그도 같은 것을 느끼게 되는 것이었다.

몇몇 집단원이 모든 것을 알아주고 배려해 주는 치료자에 대한 이런 열망을 나누게 되면, 그 모임은 독특한 성격을 띠게 된다. 집단은 무력하고 의존적으로 보인다. 그들은 기술이 없고 자기 자신이나 다른 사람들을 도울 수 없는 것처럼 보인다. 기술 부족은 갑자기 서로의 가장 간단한 문제에 대해서조차 질문할 수 없는 듯 보이는 전문적 치료자로 구성된 집단에서 특히 극적으로 나타난다. 그들은 모두 기다리고 있다. 치료자가 건드려 주기를 말이다. 지도자의 보살핌을 받을 기회가 줄어든다는 두려움 때문에 아무도 다른 사람에게 말하도록 격려하지 않는다.

그러나 또한 정반대의 현상도 일어난다. 집단원들이 계속해서 치료자에게 도전한다. 집단원들은 치료자를 신뢰하지 않고 오해하며, 마치 적敵처럼 대한다. 그런 부정적 전이의 예는 매우 흔하다. 한 환자는 집단을 시작하면서부터 다른 집단원을 지배하려는 데 상당한 에너지를 쏟았다. 치료자가 이 점을 지적할 때마다 그 환자는 이런 의도를 악의로 받아들였다. 즉 치료자가 자신의 성장을 방해하고 있다든가, 치료자가 그 환자에게 위협을 느껴 굴복시키고자 한다든가, 또는 환자가 너무 빨리 호전되어 치료자의 수입이 감소될까 봐 자신의 호전을 고의적으로 막고 있다고 여겼다. 이상화와 평가 절하라는 이 입장들은 파괴적이며 집단치료 규범에 반한다. 이는 집단의 역행과 저항을 상징하며, 규범이 자리 잡지 않도록 주의를 기울여야 한다.[28]

성인 여성 근친상간 피해자로 구성된 한 집단에서 유일한 남성이었던 나[IY]는 끊임없이 도전받았다. 여성인 공동 치료자와 달리 나는 아무런 권한이 없었다. 너무 격식 있게, 또는 너무 편안하게, 또는 너무 전문적이거나 전문가답지 않게 입었다는 등 외모에 대해서도 공격받았다. 사실 나의 모든 개입이 비판받았다. 내가 침묵하면 무관심으로 받아들여지고, 내가 지지를 보내면 의심의 눈길로 쳐다봤다. 집단원들이 당한 일에 대해 내가 깊이 있게 물어보지 않으면 관심과 감정 이입이 부족하다고 비난했고, 내가 그 일에 관해 질문하면 성폭력 이야기를 듣고 성적 쾌감을 느끼는 '관음주의자'라는 말을 들었다. 나는 여성 성폭력 희생자들의 이러한 전이적 분노가 피할 수 없는 것이며, 그들의 치료 과정에 유용하리라는 것, 그리고 그런 공격이 나라는 인간에 대한 것이라기보다는 나의 역할에 대한 것이라는 사실을 알고 있음에도 불구하고, 여전히 그런 공격을 견뎌내는 일에 불안함과 어려움을 느꼈다. 나는 모임을 두려워하기 시작했으며, 매번 불안과 무능력함을 느꼈다. 전이는 단지 말로 표현되거나 느껴지는 정도가 아니라, 강력하게 일어나고 있었다.[29] 나는 이 집단 구성원들 삶에서의 전형적인 남성을 대표하는 사람으로서 공격받았을 뿐 아니라, 역할이 바뀐 형태로 '학대'를 받고 있었다. 나는 피해자, 그들은 가해자였다. 이 경험은 집단원들이 너무도 자주 겪는 경험, 즉 가해자 앞에서 학대받으며 무기력해지는 경험이 무엇인지 들여다보게 해 주는 창문과 같은 기회가 되었다. 전이의 속성을 이해하면서 역전이로 일어나는 분노로 인해 앙갚음하지 않는 것이 치료적 자세를 계속 유지하고, 또 다른 가해자와 피해자라는 상호작용의 순환을 피하는 데에 매우 중요했다.[30]

또 다른 집단의 환자는 우울해질 때면 습관적으로 감기 증상과 같은 신체적 질병을 앓았다. 치료자는 꾀병을 비난한다는 느낌을 받지 않게 하면서 그녀와 작업할 방법을 찾지 못했는데, 그것은 가족 내에서 경험했던 비난 과정의 재생이었다. 한 치료자는 두어 차례에 걸쳐 어떤 여성 집단원에게 사탕 몇 개를 받았다. 그러자 다른 집단원이 그 치료자가 집단에 있는 여성들을 이용하고 착취한다고 비난하며 강하게 반응했다.

치료자를 향한 이런 공격에는 많은 비현실적인 이유가 있지만, 몇 가지는 앞서 기술한 경외에 가득 찬 복종을 초래하기도 하는 무기력한 의존감에서 유래한다. 회피적 애착 유형을 지닌 몇몇 환자는 끊임없이 지도자를 무시함으로써 그들의 취약함에 역공포적으로counterphobically 반응한다.[31] 또 다른 사람들은 커다란 적을 이기려는 시도를 함으로써 그들의 성실함과 힘을 확인하는데, 일부러 큰 위험에 빠진 후 상처받지 않았다는 것을 나타내면서 유쾌함과 힘을 느끼는 것이다.

지도자에 대해 집단원들이 불평하는 가장 공통적인 비난은 지도자가 너무 차갑고, 너무 냉담하며, 너무 비인간적이라는 것이다. 부분적으로 이런 비난은 현실에 기초한 것이다. 전문가로서 그리고 개인으로서 몇 가지 이유 때문에 많은 치료자가 집단으로부터 자신을 숨기려고 하는데, 이 이유에 대해서는 이후에 간단히 언급하겠다. 또한 과정에 대해 언급해야 하는 그들의 역할 자체가 집단으로부터 특정한 거리를 요구하기도 한다. 그러나 실제로는 그 이상의 무엇이 있다. 비록 집단원들이 치료자가 더 인간적이길 원한다고 주장할지라도, 그들은 치료자가 인간 이상이기를 바라는 상반되는 소망을 동시에 가지고 있다(이 현상은 소설 『쇼펜하우어, 집단심리치료The Schopenhauer Cure』에 잘 묘사되어 있다).

Freud는 종종 이런 사실을 관찰했다. 그는 저서 『어떤 망상의 미래The Future of an Illusion』에서 종교적인 믿음을 초월적인 존재에 대한 인간의 목마름에 기초한 것으로 설명했다.[32] Freud는 집단의 성실을 각 집단원을 동등하게 사랑한다는 착각을 조장하는 어떤 초월적인 인물의 존재에 달린 것으로 보았다. 이 경우 지도자가 없게 되면 단단한 집단 유대도 모래성처럼 허물어진다.

따라서 지도자에게 '보다 더 인간적'이 되라는 집단원들의 요구에는 커다란 양가감정이 담겨 있다. 그들은 당신이 당신 자신에 대해 아무것도 얘기하지 않는다고 말하면서도 구체적인 질문을 거의 하지 않는다. 그들은 당신이 좀 더 인간적이기를 요구하지만, 여전히 구리 팔찌를 한 것에 대해, 사탕을 받은 것에 대해, 또는 한 집단원과 이메일을 주고받은 일을 잊어버리고 말하지 않은 것에 대해 비난한다. 만약 당신이 혼란스러움이나 무지함을 고백하더라도 그들은 이것을 믿으려고 하지 않는다. 치료자의 질병과 유약함은 항상 집단원들에게 상당한 불편감을 일으킨다. 마치 치료자는 어떻게든 생리적 한계를 넘어서야 한다는 듯이 말이다. 심지어 집단은 사랑받는 치료자가 쇠퇴하는 명백한 현실을 부정하기 위해 결탁할 수도 있다.[33]

내가 한때 이끌었던 신경정신과 전문의 수련생 집단은 이 딜레마를 정확하게 나타냈다. 그들은 종종 바깥 세계에서의 '위대한 사람들big people'(그들의 치료자, 집단지도자, 수련감독자, 개업 중인 선배 정신과 의사로 구성된 성인 지역 공동체 등)에 관해 논의했다. 수련을 마칠 시기가 가까워질수록 '위대한 사람'은 더욱 중요해지고 더욱 문제시되었다. 나[IY]는 그들 역시 곧 '위대한 사람'이 되는 것인지 궁금했다. 심지어 나에게도 '위대한 사람'들이 있었던가?

'위대한 사람들'에 대한 반대되는 두 가지의 관심사가 있었는데, 두 가지 모두 걱정을 일으키는 것이었다. 첫째, 위대한 사람들은 실제real였고, 그들은 우월한 지혜와 지식을 소유하고 있었으며, 그들의 지위에 합세하려는 젊고 주제넘은 사기꾼을 정직하지만 지독하게도 정의롭게 대하는 사람들이라는 것이었다. 둘째, '위대한 사람들' 자신이 사기꾼이었으며, 집단원들은 모두 오즈의 마법사를 만난 도로시였다. 두 번째 가능성은 첫 번째보다 더 놀라운 의미를 함축하고 있다. 이는 그들로 하여금 본질적인 외로움과 분리감을 직면하게 한다. 이는 마치 짧은 시간 동안 인생의 환영이 발가벗겨지면서 앙상한 존재의 뼈대가 드러나는 것과 같았는데, 가장 두꺼운 커튼으로 은폐한 채 모른 척하려 했던 무서운 광경이었다. '위대한 사람들'은 우리가 사용하는 가장 효과적인 장막 중 하나다. 그들의 판단이 놀라운 것인 만큼 그것은 다른 대안, 즉 '위대한 사람들'은 없으며 최종적이고 궁극적으로 인간은 혼자라는 것보다는 훨씬 덜 무섭다.

그리하여 다음과 같은 많은 이유로 인해 치료자는 집단원들에게 비현실적으로 비친다. 과거의 관계로부터 오는 감정이 진정으로 전이 또는 전위된 것이 하나의 이유이며, 의존, 불신, 반항, 역의존성 등의 권위자에 대한 갈등적인 태도가 치료자에게서 구현되는 것이 또 하나의 이유다. 지도자의 존재와 방식으로 인해 일어나는 것 또한 이유가 된다. 그리고 또 다른 이유는 실존적 불안에 대항하는 방패로서 치료자를 활용하기 위해 치료자에게 초인간적인 자질을 부여하려는 경향성이다.

집단치료자에 대한 집단원들의 강한 감정에 관한 부가적이며 동시에 전적으로 합리적인 근거는 치료자의 위대하고 실제적인 힘에 대한 구성원들의 명시적이거나 직관적인 평가에 있다. 앞서 논의했듯이 집단지도자의 존재와 공정성은 집단의 지속과 안정을 위해 필수적이다. 그들은 구성원을 퇴출시키고, 새로운 구성원을 추가하고, 원하는 모든 사람에 대해 집단적 압박을 가할 힘을 가지고 있다.

사실 치료자를 향한 강하고 비합리적인 감정의 근원은 너무나 다양하고 강력해서 전이는 언제든지 발생하기 마련이다. 치료자가 전이의 발달을 일으키거나 촉진시키는 일에 노력을 기울여야 할 필요는 없다. 전이는 치료자가 투명성을 유지하고 있어도 일어나는데, 그 예로 다음과 같은 일이 있었다. 한 환자는 종종 내[IY]가 냉담하고, 비뚤어졌으며, 뭔가를 숨기고 있다고 공격했다. 그는 내가 그들을 조종하고 있으며, 각 집단원의 행동을 지도하기 위해 끈을 당겼다 놓았다가 하며, 분명하게 실제 모습을 드러내는 일도 없고, 집단에서 내가 하고자 하는 일에 대해 정확히 얘기하지도 않는다고 비난했다. 그러나 나는 매번 모임의 내용을 정직하고 분명하게 요약해 집단원들에게 편지로 보내고 있었다. 나는 그 어떤 치료자도 치료적 과정을 자세히 알려 주기 위해 이보다 더 많은 노력을 할 수는 없었을 것이라고 믿는다. 집단에서 이런 사실을 직면하게 되었을 때, 그는 그 편지를 읽지 않았다고 고백했다. 그의 책상 위에는 여러 통의 편지가 봉해진 채로 놓여 있었던 것이다.

같은 경험에 대한 치료자와 환자의 관점 사이의 간극을 탐구해 보는 것은 매우 귀중한 학습적 기회가 된다.

두 번째 집단을 조직하기 전 준비 회의에서 나[ML]는 적대적 관계와 만성 우울증 전력을 가진 중년 임원 Ron에게 첫 모임이 어땠는지 물었다. Ron은 내가 그를 힘으로 짓누르고 위축시킨 점에 화가 났다고 답했다. 그리고 분노를 표출하기 위해 두 번째 모임에 왔다고 했다.

놀란 나는 그러한 반응이 나왔다는 것에 걱정과 유감을 표현했고, 이를 더 깊이 탐구해 보길 바란다고 말했다. Ron은 "저는 당신을 추천해 준 치료자가 당신과 이야기하는 것을 허락했어요. 이건 당신을 신뢰하는 데 있어 매우 큰 결심이었는데, 당신은 여기에서 (그는 고압적인 어투를 흉내 냈다) '제가 당신의 개인치료자와 이야기하는 데 당신의 허락은 필요하지 않습니다'라고 말했죠. 저는 이 부분에서 매우 화났습니다. 저는 신뢰라는 선물을 드렸는데, 오히려 마음대로 하겠다는 듯 얘기하셨으니까요."

나는 Ron에게 말했다. "당신이 그렇게 느꼈다니 죄송합니다. 그렇지만 집단과 저를 떠나는 대신 돌아와서 이야기하기로 하셨다는 점에 감사를 드리고 싶어요. 당신을 위축시키려는 의도는 전혀 없었습니다. 이 말이 힘을 과시하는 것처럼 들린 점, 정말 죄송합니다. 저는 이 허락이 추천 과정의 일부라고 생각했고, 당신을 위해 개인치료자와 협력할 것이라는 뜻을 전하고 싶었어요. 지금 우리 사이에서 벌어진 일을 이해하고, 배워 나갈 수 있다고 믿습니다."

Ron은 사과를 받아들였고, 매우 침착하게 덧붙였다. "권력이 이렇게나 빨리 도마 위에 오를 줄 알았겠습니까? 이런 일이 저에게는 자주 일어납니다."

집단치료자가 지도력의 책임감을 갖는 한 전이는 계속 발생할 것이다. 나는 전이라는 깊고 복잡한 받침목 없이 발전하는 집단을 본 적이 없다. 그러므로 문제는 전이의 유발이 아니라 전이의 해결이다. 전이를 치료적으로 사용하는 치료자는 지도자를 향한 환자의 왜곡된 태도를 인식하고 이해하고 변화시킬 수 있도록 도와주어야 한다.

집단은 전이 왜곡을 어떻게 해결하는가? 치료 집단에서는 합의적 검증과 증가된 치료자의 투명성이라는 두 가지 주요 접근법이 나타난다.

합의적 검증

치료자는 환자가 자신의 치료자에 대한 인상을 다른 집단원들이 갖는 인상에 견주어 확인하게끔 고무할 수 있다. 만약 치료자에 대한 한 환자의 견해와 느낌이 대다수 또는 모든 집단원의 의견과 일치한다면, 그것은 집단원들의 반응이 집단에서 보인 치료자의 역할과 관련된 전반적인 집단의 힘에서 비롯된 것이거나 혹은 그 반응이 전혀 비현실적인 것이 아니라는 사실이 명백해진다. 즉, 환자들은 치료자를 정확하게 지각하고 있는 것이다. 한편, 유독 한 집단원만이 치료자에 대해 특별한 견해를 갖고 있다면, 이 집단원은 내적으로 왜곡된 프리즘을 통해 치료자와 다른 사람들을 바라보는 것일 수 있으므로 이를 검토해 보도록 도움을 줄 수 있다. 이 과정에서 치료자는 모든 가능성을 열어 두고 탐색하며 반성하는 정신으로 작업하도록 신경 써야 한다. 그럼으로써 이 작업이 다수결의 원칙에 따른 과정이 되지 않도록 해야 한다. 단, 한 집단원의 특유한 개인 반응에 진실이 담겨 있을 수 있는 만큼 현명한 집단지도자는 단 하나의 불협화음도 귀 기울여 들어야 한다.

증가된 치료자의 투명성

또 다른 주요한 방법은 치료자 자신을 치료적으로 사용하는 것이다. 치료자는 자신에 대해 더 많은 것을 점차 개방함으로써 환자가 치료자에 대해 갖는 인상을 확인하도록 돕는다. 그러면 환자는 치료자를 지금-여기에 있는 하나의 실제적인 인간으로 대하게 된다. 따라서 환자에게 반응하고, 당신의 느낌을 나누며, 당신에게 돌려진 동기나 느낌을 인정하거나 반박하고, 당신이 지닌 맹점을 살펴보고, 집단원들이 당신에게 주는 피드백에 감사를 표하라. 이렇게 다양한 실제적인 자료에 직면하게 되면, 환자들은 치료자에게 갖는 강력한 허구적인 믿음의 성격과 기반을 검증해 보기 시작한다.

집단치료자는 집단이 진행되는 동안 점진적인 변화를 경험한다. 집단 초기에는 집단을 창조하는 데 필요한 많은 기능 때문에, 또 많은 치료적 요인이 작용하는 사회적 체계를 발달시키느라, 그리고 지금-여기를 활성화하고 부각시키느라 바쁘다. 그러나 집단이 진전됨에 따라 점차 각 집단원과 더 인간적으로 상호작용하게 된다. 그리고 치료자가 온전한 한 인간으로 여겨지면, 환자들은 치료자에 대해 가지고 있던 초기의 고정관념을 유지하기 힘들게 된다. 환자가 치료자에게 끼치는 영향을 공개하는 것은 꽤 효과적인 개입이 될 수 있는데, 왜냐하면 치료자와 집단 구성원 사이의 양방향 영향을 더 깊이 있게 이해하게끔 도와주기 때문이다.[34]

치료자와 각 집단원 간에 일어나는 이 과정은 집단원 사이에서 일어나는 대인관계 학습과 질적으로 다른 것이 아니다. 결국 치료자는 권위, 지배, 현명함 또는 냉담함에 대한 독점권을 갖지 않게 되며, 집단원들은 치료자뿐만 아니라 다른 집단원들 사이에 일어나는 이런 영역에서의 갈등을 풀어 나간다.

치료자의 투명성 정도가 변화하는 것은 결코 집단치료에만 국한되지 않는다. 그러나 치료자 투명성의 성질, 정도, 속도 그리고 치료자의 이러한 활동과 집단에서의 다른 과업 간의 관계는 문제를 일으키기 쉬우며, 따라서 신중한 주의가 필요하다. 치료자 자기개방의 성질과 정도는 다른 어떤 단일 특성보다 집단치료의 다양한 학파를 구분하는 역할을 한다. 사려 깊은 치료자의 자기개방은 집단정신치료의 대인관계적 모델을 뚜렷하게 특징지어 주는 것이다.[35]

치료자와 투명성

정신치료적 혁신은 어리둥절할 만큼 빠르게 나타났다가 사라진다.[36] 진정으로 대담한 관찰자만이 산만하고 비정통적인 미국 정신치료 영역에서 잠재적으로 중요하고 영속적인 동향과 의미 없이 사라져 가는 동향을 구분하고자 시도할 것이다. 그럼에도 불구하고, 치료자가 환자와 가지는 투명성에 변화가 있다는 증거가 매우 다양하게 나타나고 있는 것 같다. 더 넓게 보면, SNS로 인해 촉진된 투명성과 노출의 전체적인 증대와 일맥상통한다.

다음의 예를 살펴보자.

> 일방경을 통해 치료 집단을 관찰하는 훈련생들은 모임이 끝날 무렵, 그 역할을 바꾼다. 여기에서 환자들은 치료자가 학생들과 모임에 대해 논의하거나, 고쳐 말하는 개작(rehash) 과정을 관찰할 수 있다. 또 입원환자들의 집단에서는 관찰자들이 그 모임이 끝나기 20분 전에 치료실에 들어와 관찰한 내용을 논의한다. 마지막 10분 동안 집단원들은 관찰자들의 언급에 반응한다.[37]

> 한 대학의 훈련기관에서 개인 교수법이 사용되었는데, 여기서는 일방경 앞에서 환자와 면담하는 경험 많은 임상가와 네 명의 신경정신과 수련생이 정기적으로 모임을 했다. 그 환자는 가끔 면담 후에 있는 토의를 관찰할 수 있다.

> 공동 치료자 가운데 한 명인 Tom은 이전 모임에서 심하게 괴로움을 겪었던 환자에게 기분이 어떤지, 그 치료 모임이 도움이 되었는지 질문하면서 모임을 시작했다. 그러자 다른 공동 치료자가 다음과 같이 말했다. "Tom, 내 생각에 자네는 내가 몇 주 전에 했던 것과 똑같은 일을 하고 있네. 바로 환자들에게 우리의 치료가 얼마나 효과적인지 말하도록 강요하는 것 말일세. 우리는 둘 다 끊임없이 안심하고자 하는 것 같아. 내 생각에 우리는 이 집단에 퍼져 있는 실망감을 어느 정도 반영하고 있어. 나는 집단원들이 우리의 기분을 맞추기 위해 호전되어야 한다는 부담감을 느끼고 있는 건 아닌지 궁금하네."

> 진행 중인 집단에서 한 구성원이 자신이 유튜브에서 본 집단치료에 대한 강의와 그 집단의 지도자가 발표한 시범 사례를 공유했다. 그녀는 영상 링크를 보내며 이 영상의 지도자가 그녀의 집단 지도자보다 편안하고 호감이 갔는지 토의하고자 했다. 무엇이 차이를 만들어 냈을까?

위에서 기술된 접근의 강점이나 결점을 논의하지 않은 지금으로서는 이 접근들이 치료적 관계나 상황을 해쳤다는 증거는 어디에도 없다고 말할 수 있다. 모든 상황에서 환자들은 너무나 인간적인 치료자에 대한 신뢰를 잃게 되기보다는 오히려 치료자들이 기꺼이 자신을 던져 치료하는 과정에 더 큰 믿음을 갖게 되었다. 예를 들어, 서로 다른 입장의 치료자를 관찰한 환자들은 유일한 정답은 없음에도 불구하고, 치료자들이 환자를 돕는 방법을 찾기 위해 헌신적으로 노력한다는 것을 알게 되었다.

위의 예시에 등장하는 치료자들은 그들의 전통적인 역할을 포기하고 환자들과 불확실한 많은 것을 공유한다. 점차 치료 과정의 신비가 벗겨지고 더 협력적이게 된다. 한 연구는 치료자가 울었던 모임에 대한 환자의 반응을 조사했다. 이는 꽤 흔한 경험인데, 최근의 한 조사에서 모든 모델, 연령대, 성별에 걸쳐 치료자의 70%가 그러한 사건을 보고한 바 있다.[38] 그러한 사건의 영향은 무엇인가? 치료자는 그것이 치료 관계에 긍정적이고 인간적인 영향을 미친다고 믿는다. 그리고 환자의 관점은? 그때그때 다르다! 치료자의 감정적 특성은 끈끈한 관계를 강화하고 약했던 관계를 약화시킨다.[39]

치료자의 역할과 권위에 대한 이러한 재평가는 단지 최근의 현상만은 아니며, 치료적 분리로부터 저 멀리, 그리고 치료적인 인간관계를 향한 오래된 경향이었다. 초기 역동 치료자 사이에도 그러한 실험 작업에 대한 징조가 있었다. 예를 들면, Freud의 가까운 동료였던 Sándor Ferenczi는 정신분석의 치료적 결과에 만족하지 못했으며, 계속해서 전통적인 정신분석가의 냉담하고 전능한 척하는 역할에 도전했다. Ferenczi와 Freud는 사실 결별했는데, 이는 Ferenczi가 치료에서 변화를 일으키는 힘은 합리적인 해석이 아니라 치료자와 환자가 함께 만든 상호 간의 솔직하고 투명한, 그리고 권위 의식 없이 부드러운 관계라고 확신했기 때문이다.[40]

선구적으로 대인관계를 강조함으로써 Ferenczi는 William Alanson White, Harry Stack Sullivan 그리고 Frieda Fromm-Reichman과 같은 정신치료 분야에서의 미래 지도자들에게 강한 영향을 미치면서 미국 정신치료계에 영향을 주었다. 또한 Ferenczi는 사실상 모든 집단치료적 요인의 대인관계적 토대를 강조함으로써, 집단치료의 발달에서 간과할 수 없는 뜻깊은 역할을 했다.[41] 말년의 몇 년 동안 그는 환자들에 대한 자신의 취약점을 공개적으로 시인했으며, 정당한 비평에 관해서는 다음과 같이 자유롭게 말했다. “내 생각에 당신은 나 자신이 전적으로 자유로울 수 없는 부분에 관해 언급하는 것 같소. 아마 당신은 내 문제가 무엇인지 알도록 도와줄 수 있을 것 같군요.”[42] 80여 년 전 선구적인 집단치료자인 S. H. Foulkes는 성숙한 집단치료자란 집단에 진실로 다음과 같이 말할 수 있는 참으로 겸손한 사람이라고 했다. “우리는 모두 인간 존재의 가장 기본적인 문제와 현실에 당면해 있습니다. 나는 여러분 중의 한 사람일 뿐, 그 이상도 그 이하도 아닙니다."[43]

나[IY]는 문학 형식을 빌려 치료자의 투명성을 충분히 탐색하고자 했다. 네 권의 책인 『나는 사랑의 처형자가 되기 싫다Love's Executioner』, 『엄마와 삶의 의미Momma and the Meaning of Life』, 『태양을 쳐다보며Staring at the Sun』, 『낮의 피조물Creatures of a Day』에는 나의 정신치료 사례를 담았다. 두 권의 소설도 있다. 『니체가 울었을 때When Nietzsche Wept』는 치료자와 환자가 역할을 바꾼 이야기를 담은 소설이다. 그리고 『카우치에 누워서Lying on the Couch』에서는 주인공인 치료자가 환자에게 자신을 충분히 드러냄으로써 Ferenczi의 상호분석 실험을 재연한다. 『쇼펜하우어, 집단심리치료The Schopenhauer Cure』에서는 치료자가 자신의 치명적인 질병에 관해 이야기하며 집단치료에서 대담한 투명성을 발휘한다.[44] 이 책들이 출판된 후, 나는 환자와 치료자들로부터 치료라는 모험에서 더욱더 인간적인 관계에 대한 폭넓은 관심과 욕구를 증명해 주는 내용의 편지를 수없이 받았다.

투명성을 더 많이 활용하고자 시도하는 치료자들은 치료가 합리적이고 납득할 수 있는 과정이라는 점을 주장한다. 자신이 무엇을 입었는지, 어떻게 사무실을 꾸몄는지, 벽을 장식하는지 등 모든 것이 자신을 드러낸다. 그래서 치료적 이익을 위해 그것을 이용하는 것은 타당하다. 치료자들은 경험을 쌓을수록 필연적으로 치료에서 더 투명해진다.[45] 치료에 대한 인본주의적 태도를 신봉할수록, 여기에서 환자는 치료적 모험에 가담하는 전적인 협력자로 간주된다.

치료자나 치료적 과정이 베일에 가려질 필요는 없다. 다시 말하면 마술적 존재로부터 도움을 얻고자 하는 기대에서 발생하는 개선 효과는 별도로, 치료의 신비를 벗겨 보여주면 잃는 것은 적고 얻게 되는 것은 많으리라고 본다. 이는 기대치를 맞추어 볼 수 있고, 치료적 동맹을 강화하는 데 도움이 된다.[46] 치료자와 식견 있는 환자가 진정으로 합심하면, 치료는 환자의 능력에 대한 크나큰 존중을 반영하게 되고, 이와 함께 쉽지만 믿을 수 없는 자기 기만적 위안이 아닌 환자의 자각에 더 의지하게 되었다는 사실도 반영하게 된다.

치료자가 더 투명해진다는 것은 부분적으로 우월한 존재로부터 구원을 얻겠다는 인간의 좌절된 바람과 수 세기 동안 공모해 온 과거의 권위적 의료 시술자에 대한 반동이다. 시술자들은 치료의 막강한 동인으로서 이러한 욕구를 이용했으며 사실 육성했다. 즉 라틴어 처방전, 특수한 언어, 길고 혹독한 도제식의 비밀스러운 양성 기관, 위압적인 진료실, 그리고 증서의 나열 등 이 모든 것은 치료자가 강력하고 신비적이고 선견지명이 있는 인물이라는 이미지를 구축하는 데 기여했다.

이 같은 조상 대대로 전래해 온 역할의 속박을 푸느라 오늘날의 치료자들은 때로 자기개방이라는 제단에다가 효율성을 희생시켜 왔다. 그러나 치료자의 투명성이 무차별적으로 사용되는 데 따르는 위험 때문에 치료자가 자기개방을 현명하게 사용하는 것을 탐색하는 일에 방해를 받아서는 안 된다.

치료자의 투명성이 치료 집단에 미치는 영향

치료자의 투명성에 대한 근본적인 반대는 최상의 치료적 요인은 결국 환자와 치료자 간 전이의 해결이라는 전통적인 분석적 믿음에 근거한다. 이러한 관점에서 치료자는 그에 대한 비현실적인 감정이 발전되도록 상대적으로 익명성이나 불투명성을 유지할 필요가 있다. 그러나 우리가 보기에 다른 치료적 요인 역시 그와 마찬가지로 또는 그보다 더 중요하며, 한 인간으로서의 자신을 현명하게 사용하는 치료자는 이러한 요인이 발전되도록 조장함으로써 집단의 치료적 힘을 증대시킨다. 이렇게 할 때 치료자의 역할을 그르칠까 염려하지 않고도 괄목할 만한 유연성과 기동성을 얻게 되며, 집단의 규범 형성에 기여하며(치료자의 자기개방이 가족치료에서 가족 구성원 간의 개방을 촉진할 뿐 아니라 집단원 간의 개방 또한 촉진한다는 연구 증거가 상당히 많다),[47] 지금-여기의 활성화와 과정 명료화에 직접적으로 힘쓰게 된다. 집단의 중심에서 벗어남으로써 치료자는 동료 간 전이의 장을 만들고, 집단의 자율성과 응집력이 향상되도록 촉진한다. 개인치료로부터 이를 확증해 주는 증거를 볼 수 있다. 개인치료에서 치료자가 자기개방을 하면, 환자는 이를 종종 지지적이고 관계를 정상화하는 것으로 경험한다. 이는 불안을 줄이고, 더 나은 결과와 관련이 있으며, 환자가 자신에 대해 더 깊이 탐색하도록 촉진하고, 치료적 관계를 더 돈독하게 한다.[48] 치료자의 자기개방은 치료적 관계를 지배하거나 통제하는 데 사용되지 않고 환자가 진정으로 치료에 관여케 하는 데 도움이 될 때 특히 효과적이다.[49]

치료자의 자기개방은 '일괄적인' 조치가 아니다. 이는 반드시 환자에게 맞춰져야 하며, 특정한 치료 목적에 따라 이루어져야 한다. 여기에는 환자의 대인관계 영향을 설명함으로써 변화를 촉진하는 것을 목표로 삼는 지금-여기의 대인관계 피드백과 인간적인 관계를 목표로 하는 더 일반적인 치료자의 자기개방이 모두 포함된다. 우리는 환자를 지지하고 더욱더 가까이 다가가기 위해 공개를 한다. 우리는 자기개방을 하는 주체이지만 항상 초점은 환자에게 있다.[50] 그리고 환자에게 적극적일 것을 권하기도 하지만, 치료자는 미처 가공되지 않은 반전이 나타나지 않도록 자기개방 전에 침착함을 유지해야 한다.[51]

자기개방에 대한 한 가지 반대 근거는 일단 치료자로서 자신을 노출하면 집단은 만족할 줄 모르고 더 많은 노출을 요구하며, 결국 온갖 애매한 상황에 갇히게 될 것이라는 두려움, 즉 단계적으로 확대되는 것에 대한 불안이다. 그러나 집단의 강력한 힘은 이러한 흐름에 반대되며, 자기개방의 목적은 순전히 치료적인 것이고 자기 확대가 아니라는 점을 상기하라. 집단원들은 치료자에게 여전히 비상한 호기심을 가지지만, 동시에 미지의 강력한 존재로 남아 있기를 바란다. 이 점은 몇 년 전에 내[IY]가 국립 훈련 연구소의 지원으로 일주일 동안 합숙하면서 지도자 훈련 프로그램(집중적인 T-그룹)을 지도한 후 치료집단에 막 돌아왔을 때 분명하게 드러났다. 그런 집단에서는 지도자의 굉장한 투명성이 규칙이므로, 나는 자신을 많이 드러내는 데 익숙해진 상태로 집단치료에 임했다.

네 명의 구성원인 Don, Ronaldo, Janelle와 Martha가 스물아홉 번째 집단 모임에 참석했으며, 집단원 한 명과 공동 치료자는 결석했다. 또 다른 집단원 Peter는 지난 모임에서 탈락되었다. 모임에서 언급된 첫 번째 주제는 Peter가 그만둔 것에 대한 집단의 반응이었다. 집단은 거리를 두고 신중하게 이 문제를 논의했으며, 여기에서 나는 Peter가 참석했을 때 집단이 그에 대한 우리의 감정을 솔직하게 이야기하지 못했던 점, 그리고 심지어 그가 떠난 지금도 그 감정을 내놓길 꺼리고 있다는 점을 지적했다. 여러 반응 가운데 Martha의 반응은 Peter가 떠나서 자기는 기쁘다는 것, 집단원들이 그에게 다가갈 수 없음을 느꼈다는 것, 그리고 다가갈 만한 가치를 느끼지 못했다는 것이었다. 그런 다음 그녀는 Peter가 저학력자라는 점을 언급하며 그가 집단에 참가했다는 사실이 그녀를 놀라게 만들었다고 덧붙였는데, 그녀의 이러한 언급은 치료자들에 대한 간접적인 일침이었다.

나는 집단이 Peter에 대한 논의를 피하고 있을 뿐 아니라, Martha의 판단적 태도와 다른 사람에 대한 끊임없는 비판에 직면하는 것을 피하려 하는 것을 느꼈다. 나는 Martha와 집단이 이 문제를 탐색하도록 도울 수 있다고 생각했고, 그녀가 집단원 각자에 대해 불만스럽게 생각하는 점을 한 사람 한 사람씩 돌아가면서 이야기하게 했다. 이 일은 그녀에게 아주 곤욕스러운 일이라는 사실이 드러났고, 그녀는 대체로 "한때 나는 당신의 어떤 특성을 싫어했지만, 지금은 달라요"와 같은 과거형 문장으로 표현함으로써 이를 회피했다. 그녀가 모든 집단원과 이야기를 끝맺었을 때, 나는 그녀가 나에 대한 언급을 빠뜨렸다는 점을 지적했다. 사실 그녀는 간접적으로 나를 공격하는 경우 외에는 나에 대한 감정을 표현하는 일이 없었다. 그녀는 내가 너무도 뒤로 빠져 있는 무력한 인물임을 알게 되었다고 말하면서 부당하게 공동 치료자와 나를 비교해 나갔다. 그러고 나서 재빠르게 "고요한 물은 깊게 흐르는 법이지요"라고 말하거나, 그녀에 대해 내가 민감하게 반응했던 경우를 상기시키면서 자신의 비난을 취소하고자 했다.

이때 갑자기 다른 집단원들이 똑같은 과제를 하겠다고 자진해서 달려들었는데, 그 과정에서 Don의 수동적임, Janelle의 단정치 못함과 부적절한 복장, 그리고 Ronaldo의 여성 집단원에 대한 공감 결여 같은 오랫동안 감추어진 집단의 많은 비밀이 드러났다. Martha는 '에나멜 껍질로 단단하게 싸인 골프공'에 비유되었다. Ronaldo는 내가 악의적이며, 그에 대해서도 무관심하다고 나를 공격했다.

또한 집단은 나에게 자기들이 한 것처럼 나도 한 사람씩 돌아가면서 마음에 안 드는 점을 이야기하라고 요구했다. 일주일 동안 T-그룹 지도로 생기가 차 있었고, 후방에서만 군대를 조종하는 장군의 숭배자도 아니었기에 나는 숨을 깊이 들이쉬고 그에 동의했다. 나는 Martha에게 그녀가 다른 사람들을 속단하고 비난하는 경향 때문에 나 역시 판단받고 부족한 점을 들키지 않기 위해 그녀에게 나 자신을 드러내는 일을 꺼리게 된다고 말했다. 나는 골프공 비유에 동감했으며, 그녀의 속단하는 성향은 내가 숙련된 전문가라는 사실을 떠나서라도 그녀와 친하게 되는 일을 어렵게 만든다고 덧붙였다. 나는 Don이 끊임없이 나를 응시하고 있음을 느꼈다고 말했다. 즉, 그가 절망적으로 무언가를 나로부터 원하고 있음을 알고 그 요구의 강렬함과 또한 그 요구를 충족시켜 줄 수 없는 나의 무력함 때문에 종종 몹시 불편했다고 말했다. Janelle에게는 반대할 수 있는 기운이 아쉽다고 얘기했다. 그녀는 내가 이야기하는 것이면 무엇이나 다 받아들이고 무비판적으로 추켜세우는 경향이 있어서, 때때로 나는 그녀를 자율성을 지닌 성인으로 대하기 어려웠다.

모임은 집중적이고 복합적인 수준에서 계속되었으며, 끝날 무렵에 관찰자들은 나의 행동에 대한 무거운 걱정을 표현했다. 그들은 돌이킬 수 없을 정도로 내가 나의 치료자 역할을 포기하고 단지 집단 속의 집단원 중 하나가 되어 버렸다고 느꼈다. 또한 집단이 지금까지와 같지 않으리라는 점과 더 나아가 내가 다음 주에 돌아오게 될 동료 치료자를 견뎌 낼 수 없는 입장에 놓이게 했다고 느꼈다.

사실 이러한 예측 가운데 그 어느 것도 실제로 일어나지 않았다. 후속 모임에서 집단은 더 깊이 작업에 몰두했다. 그 한 번의 모임에서 발생한 소재를 소화하는 데는 몇 주가 걸렸다. 그사이 공동 치료자와 모임을 놓친 다른 구성원은 빠르게 따라잡을 수 있었다. 덧붙여서, 치료자를 모델로 따르는 집단원들은 전보다도 훨씬 솔직히 서로 관계를 맺었으며, 치료자에게 더 많은 자기개방을 요구하지도 않았다.

치료자의 개인적 스타일이나 특정한 시기에 집단의 목적에 따라 다양한 치료자 투명성이 존재한다. 치료자가 전이의 해결을 촉진하고자 시도하는가? 아니면 치료적 규범을 설정하고자 모델을 정하는가? 또는 집단원들과 집단치료자의 관계에 대해 작업함으로써 그들의 대인관계 학습을 돕고자 하는가? 그것도 아니면, 실제로 "나는 당신을 인정하고 존중하며, 나 자신을 보여 줌으로써 그것을 표현하고 있습니다"라고 말함으로써 집단원들을 지지하고 수용한다는 것을 보여 주려고 하는가? 그러나 환자와 치료에 따라 목표를 설정해야지 개인적 필요를 따라가서는 안 된다.

치료자의 개방이 집단에 도움이 되는 사건이 있었다. 그 사건은 세 명의 여성 집단원이 집단치료자인 나[IY]에게 강한 성적 매력을 느낀다고 말한 모임에서 일어났다. 그 상황의 전이 측면에 대해 많은 작업이 이루어졌으며, 나이가 많고 전문 직종에서 우위를 차지하는 위치에 있으며 가질 수 없는 남자에게 매료된 그 여성들에 대해서도 작업이 이루어졌다. 그러고 나서 나는 이 사건에 또 다른 측면이 있다는 점을 지적했다. 세 여인 가운데 누구도 나의 공동 치료자(역시 남성인)에 대해서는 유사한 감정을 표현하지 않았다는 점이다. 더 나아가, 이전에 집단에 있었던 다른 여성 환자들도 똑같은 감정을 느꼈다. 이러한 감정 표현을 듣는 일은 솔직히 말해 부인할 수 없는 즐거움이었으며, 그래서 나는 나의 맹점을 볼 수 있도록 그들에게 도움을 청했다. 긍정적인 반응을 조장하기 위해 나도 모르게 무슨 일을 했던 것인가?

나의 요청으로 치료자 두 사람에 대한 집단원의 감정을 토론하는 길고도 유익한 논의의 장이 열렸다. 우리 두 사람이 아주 다르다는 의견에 많은 사람이 동의했다. 내가 좀 더 자만심이 있고, 외모와 의상에 훨씬 더 관심을 쓰며, 부드럽고 매력적인 분위기가 감돌도록 꼼꼼하고 치밀하게 말한다는 것이다. 다른 치료자는 외모와 행동가 단정치 않고, 그가 말하고자 하는 것에 확신이 없어도 빈번히 이야기한다는 평을 들었다. 그는 틀릴 수 있는 일에도 기꺼이 모험했는데, 그렇게 함으로써 환자들에게 더 자주 도움을 주었다는 것이다. 피드백은 타당한 것으로 여겨졌다. 나는 전에도 그런 이야기를 들은 적이 있었으며, 그 사실을 집단에 이야기했다. 나는 일주일 동안 그들의 의견을 생각해 보았으며, 그다음 모임에서 집단에 감사함을 표하며 그들이 나에게 도움을 주었다고 말했다.

실수하는 것은 흔한 일이다. 치료에서 종종 아슬아슬한 것은 바로 그 실수가 어떤 일을 벌이느냐다. 환자들은 치료자에게 완벽함을 바라지 않는다. 다만, 정직하고 진실할 것을 기대한다. 치료자가 범하는 가장 흔한 실수는 방어적으로 반응하는 것과 실수에 대한 책임을 회피하는 것, 그리고 환자 탓으로 돌리거나 환자를 고립시키는 것이다.[52] 치료의 '파열과 봉합' 과정에 따라, 우리는 치료적 동맹이 때에 따라 약화되거나 심지어 깨지는 상황이 생기는 것을 인지해야 한다.[53] 다행인 것은 이러한 약화는 부러진 뼈가 다시 붙듯이 충분히 고칠 수 있으며, 이로 인해 더 강해질 수 있다는 점이다. 더 나은 임상적인 관계를 충분히 예측해 볼 수 있다.[54]

치료자들은 전능하지 않으며, 이를 인정하는 것이 최선이다.

두 명의 집단원 Barbara와 Mae가 격앙된 감정을 주고받은 후 집단은 Barbara가 입은 피해가 회복되기 어렵다는 것을 발견했다. 결국 Barbara는 Mae와의 차이점을 이해하게 되었지만, Barbara는 내[ML]가 자신을 보호해 주지 않고 내버려 두었던 것 때문에 계속 힘들어했다. 이 난관을 헤쳐 나가기 위해 시도한 많은 설명과 해명이 다음과 같이 말하기 전까지는 모두 수포로 돌아갔다. "아까 있었던 일에 대해 정말 유감으로 생각합니다. Mae가 당신을 비난했을 때 저도 매우 놀랐다는 것을 인정할 수밖에 없군요. 그 일은 마치 폭풍처럼 밀려와서 저는 할 말을 잃었습니다. 다시금 마음을 추스르기까지 시간이 걸렸는데, 그때는 이미 당신이 피해를 본 후였어요. 어찌 대처해야 할지 지금 내가 알고 있는 것을 그때도 알았더라면, 다르게 반응했을 거예요. 미안합니다."

매우 중요한 무엇인가를 놓쳤기 때문에 내가 유능하지 못하다고 느끼는 대신 Barbara는 안도감을 느꼈고, 내가 한 말이 정확하게 그녀가 듣고 싶었던 말이었다고 얘기했다. Barbara는 내가 전능하기를 원했던 것이 아니다. 그녀는 내가 인간으로서 실수를 인정할 수 있기를 바랐던 것이다. 실수로부터 교훈을 얻은 후에 다시금 그런 일이 일어날 가능성이 줄어들기를 바랐던 것이다.

내[IY]가 이 장의 앞부분에서 언급한 바 있는 성폭력 피해 여성 집단에서 치료자의 개방이 집단에 도움이 되었던 또 다른 사건이 있었다. 그 집단에서는 나에 대한(그리고 좀 덜하기는 했지만, 여성 공동 치료자에 대한) 분노가 거의 사람을 말려 죽일 정도였는데, 어느 날 모임이 끝날 무렵 공동 치료자와 나는 집단에서 우리의 경험이 어떤 것이었는지 털어놓았다. 나는 내가 집단을 돕기 위해 시도한 모든 일이 실패해서 좌절했고 무능력함을 느낀다고 고백했고, 덧붙여 이 모임에 있으면 불안하고 혼란스럽게 느껴진다고 말했다. 내 동료도 비슷한 감정을 토로했다. 그녀는 여성 집단원들이 자기와 비슷한 학대 경험이 있었는지를 털어놓아 보라고 계속 압력을 가하는 것과 그들이 자신을 대하는 경쟁적인 방식 때문에 불편함을 느낀다고 말했다. 치료자로서 우리에 대한 집단원들의 가혹한 분노와 불신은 그들이 과거에 당했던 학대에 비춰볼 때 이해할 수 있는 것이지만, 그럼에도 불구하고 우리는 "당신에게 일어났던 일은 끔찍하지만, 우리가 그런 것은 아니에요"라고 호소하고 싶었다.

이 이야기는 집단에 전환점을 가져다주었다. 여전히 한 여성이(그녀는 아이였을 때 정기적으로 잔인한 폭행을 당했다) "그렇군요. 불편하고 당황스러웠다니, 안됐어요. 하지만 최소한 당신은 그 기분이 어떤 것인지 이제 짐작이라도 하겠네요" 같은 식으로 비아냥거리기는 했다. 하지만 다른 집단원들은 우리의 고백에 깊이 영향을 받았다. 그들은 우리가 불편함을 느낀다는 것과 그들에게 영향을 받는다는 사실을 알고 몹시 놀랐으며, 우리가 기꺼이 권위를 버리고 개방적이고 평등한 분위기에서 그들과 관계를 맺으려고 한다는 것을 알고 만족스러워했다. 그때부터 집단은 훨씬 더 유익한 작업 단계로 들어가게 되었다.

치료자가 이런 감정을 가지고 집단에서 계속 당하기보다는 이를 인정하고 터놓고 작업하는 것이 건설적이다. 치료자 자신의 고충은 환자의 경험에 대한 창문이 되어 주지만, 이를 단순히 흡수하는 것은 우리는 물론 환자에게도 파괴적인 일이다. 인지와 개선이 없이 반복되기만 하는 것은 치유에 도움이 되지 않는다.[55] 그렇게 심하게 평가 절하를 당하는 것은 거의 모든 치료자에게 심란한 일이다. 특히 집단의 공적인 영역에서는 더욱 더 그렇다. 하지만 만약 치료자들이 품위를 유지할 수 있고, 솔직하게 집단에서 그들의 경험을 얘기할 수 있다면, 이는 또한 놀랄만한 치료적 기회를 만들어 내기도 한다. 이러한 대립은 초심 집단치료자에게 특히 큰 도전이 되고, 치료적 균형감과 침착함을 유지하는 데 있어 감독의 중요성이 더 빛을 발하게 한다.[56]

위와 같은 임상 사례에는 치료자가 피드백, 특히 부정적인 피드백을 받게 될 때 도움이 되는 것으로 밝혀진 몇 가지 일반적인 원리가 나타난다.

- 피드백을 진지하게 받아들이라. 귀 기울여 듣고, 깊이 생각하고, 거기에 반응하라. 환자들을 존중하고 그들의 피드백을 당신에게 중요한 문제로 받아들이라. 만일 그렇게 하지 않으면, 그들의 좌절과 무력감을 조장할 뿐이다.
- 방어적으로 대응하거나 환자를 탓하지 않는다. 상호작용에서 자신의 역할을 망각

한 채 환자를 병적으로 여기는 것은 중대한 잘못이다.

- 답변할 때 지금-여기에 머무르고 현재에 집중하며 과거에 연연하지 않는다.
- 합의적 검증을 거치라. 다른 집단원들이 어떻게 느끼는지 알아내라. 검증할 때는 피드백에 반하는 다른 사람의 의견을 정리하려 들지 말고, 완전하고 포괄적인 이해를 목표로 삼아야 한다.
- 당신의 내적 경험을 점검하라. 그 피드백은 근본적으로 전이 반응인가, 아니면 현실적인 당신의 모습에 대한 반응인가? 만일 그것이 현실이라면, 당신은 그것을 확실히 해야 한다. 그렇게 하지 않으면, 환자의 현실 검증을 촉진하기는커녕 오히려 손상을 입히는 것이다. 만약 목표와 무관하다 느껴진다면, 이는 환자가 관계를 맺는 양상을 진전시킬 기회가 된다.

이 같은 원리를 지침으로 삼고, 치료자는 다음과 같은 반응을 제공한다. "당신이 맞습니다. 나는 당신에게 화가 날 때가 있었습니다. 하지만 어떤 경우에도 당신의 성장을 방해하거나, 당신을 유혹하거나, 당신이 학대받던 얘기를 듣고 관음증적 기쁨을 느낀 적이 없습니다. 그리고 당신으로부터 더 많은 돈을 벌기 위해 치료를 지연시키려 했던 적도 없습니다. 그것은 당신에 대한 내 경험이 전혀 아닙니다." 아니면 다음과 같이 말할 수도 있다. "제가 당신의 질문을 몇 가지 피했던 것은 사실입니다. 그러나 때로는 그러한 것들이 대답할 수 없는 질문이라고 생각합니다. 당신은 나에게 너무나 많은 지혜를 불어넣었습니다. 당신이 나에게 보인 경의 때문에 불편함을 느껴요. 당신이 항상 자신을 낮추고 나를 올려다보고 있음을 느낍니다." "나는 당신이 그렇게 직접적으로 나에게 도전하는 것을 전에는 들어 본 적이 없습니다. 좀 놀랍기는 하지만 한편으로는 아주 신선하군요." "나는 당신이 나에게 너무 많은 권한을 넘겨주어서 답답하고 대단히 부자유스럽게 느껴집니다. 내 모든 말에 너무 큰 비중을 두기 때문에, 말 한마디 한마디를 점검해야 할 필요를 느껴요."

이러한 치료자의 답변에 볼 수 있는 특징은 전문적인 용어가 많지 않다는 것이다. 그들은 우려되는 점을 과장하지 않는다. 지적하는 듯한 표현을 쓰지 않는다(절대 '절대'라고 말하지 말고, 언제나 '언제나'라는 표현을 피하자). 그들은 답변을 통해 환자의 힘과 가능성을 인정하며, 관계를 진전시켜 나가기를 바란다. 치료자가 가지는 겸손과 자신감의 조합은 효과적인 방향을 찾는 데 매우 도움이 된다. 치료자는 자기 분야의 기술을 갈고닦는 데에 핵심적인 치유적 도구가 된다.[57] Harry Stack Sullivan은 수년 전 "말은 치료자가 다루는 도구이며, 정신치료를 배울 때 이를 가장 효과적으로 활용할 수 있게 주의를 기울이게끔 가르쳐야 한다"라고 말했다.[58]

이러한 치료자의 개방은 모두 집단의 지금-여기에 속하는 부분이라는 점에 주목하라. 치료자들이 치료하고 있는 지금-여기의 상황에서 환자들과 진지한 관계를 맺어야 한다는 것이지, 시시콜콜하게 자기의 과거와 현재사를 얘기해야 한다는 뜻이 아니다. 비록 치료자들이 결혼했는지, 자식은 있는지, 휴가는 어디로 가는지, 성장한 곳은 어딘지 등의 광범위한 개인적 질문에 대답한다고 해서 해가 되는 것을 보지는 못했지만 말이다. 치료자의 인간적인 존재감이 집단을 더 북돋아 준다는 것을 명심하자.[59]

집단치료 훈련생인 Samantha는 곧 다가올 결혼식과 일주일간의 신혼여행 소식을 집단과 공유할지 질문했다. 그녀와 나[ML]는 복귀 이후 집단이 결혼반지를 알아차릴 것이고, 이 정보를 숨기는 것이 불가능할 것 같다고 얘기했다.

그렇다면 무엇을 주저하는 것일까? 이 소식을 공개하지 않았을 때 미칠 영향은 무엇일까? 지도를 통해 우리는 몇 가지 두드러지는 점에 관해 논의했다. 결혼은 그녀의 삶에 긍정적인 발전이다. 우리는 환자의 삶에 관해 모든 것을 우리에게 이야기해 줄 것을 기대하면서, 우리가 이러한 소식을 전하길 주저하는 것은 환자와 거리를 두는 것이다. 대신 우리는 환자의 개방성을 존중하는 의미에서 어쩌면 모두 알아야 할 정보를 나누는 것이다. 결혼 소식을 공유하는 것은 그녀의 배우자가 어떠한지, 또는 자신이 결혼 상대를 찾지 못할 것을 걱정했다든지를 이야기하는 것이 아니다. 하지만 이는 집단을 존중하고, 집단의 반응이 호의적이거나 친절하거나 호기심 정도일 것으로 믿는 것을 의미한다.

지금까지 우리의 인간적인 면모를 통해 환자의 부끄러움을 줄이는 것의 중요함에 대해 계속해서 다루어왔다. 우리가 좋든 나쁘든 삶에 감동받지 않는다고 버틴다면 환자들의 실망, 낙담 또는 수치심을 공유하려는 의지를 감소시킨다. 치료자의 인간적인 점은 치료의 인간성으로 이어진다.

어떤 치료자는 더 깊이 들어가 자신이 겪고 극복했던 유사한 개인적 문제를 자세히 설명하고 싶어 할 수도 있지만, 우리는 개인적으로 이것이 유용하다거나 필요하다고 생

각하지 않는다.[15)]

치료자의 개방이 집단에 미치는 영향에 대한 7개월에 걸친 연구에서는 치료자의 투명함이 유익한 효력을 가진다고 보고했다.[60] 첫째, 치료자의 개방은 집단원 사이에서 치료적 의사소통이 일어나지 않을 때 더 잘 발생했다. 둘째, 치료자 개방의 영향으로 집단 상호작용 양식이 더 건설적인 방향으로 옮아 가게 되었다. 마지막으로, 치료자의 자기개방은 즉각적으로 응집력을 증대시켰다. 집단치료자의 자기개방은 환자로 하여금 낡고 건강하지 않은 내재화된 관계 양상을 포기하고 새로운 관계에 대한 개방성을 높이는 데 도움이 될 수 있다.[61] 많은 치료자가 정확한 이유도 모르면서 아직도 자기개방을 꺼리고 있다. 그들은 아마도 지나치게 빈번히 그들의 개인적인 성향을 직업적인 복장으로 덮어 씌움으로써 합리화하는지도 모른다. 치료자의 개인적인 기질이 치료 스타일과 이념적인 학파를 선택하는 일 그리고 선호하는 임상 모델이 무엇인지에 영향을 준다는 사실에는 의심의 여지가 없다고 나는 믿는다.[62]

우리는 치료 집단이 종결된 후에 모이는 사후 모임에서 환자들과 종종 치료자의 개방에 관해 토의한다. 대부분 환자는 치료자가 더 개방적이며, 더 개인적으로 집단과 관계를 맺기를 바란다. 개인치료에 대한 한 연구도 같은 결과를 보여 주었다. 환자들은 사실 치료자들과 좋은 관계를 맺길 원하고, '너무 조용하지 않은' 치료자들을 선호한다.[63] 한편, 치료자의 완전한 자기개방을 선호하는 환자는 아무도 없었다.

치료자의 투명성에 대한 환자의 피드백은 치료가 끝나기 전에 주어질 때 훨씬 더 영향력을 가진다. 현재 진행 중인 그룹의 공동 리더 연습생으로서 임기가 거의 끝나갈 무렵, 동남아시아 남성인 Niran이 그룹 탈퇴에 관해 말할 때 눈물을 흘렸다. "저는 이 그룹과 함께 일하게 되어 영광이었습니다. 미래의 고객에게 도움이 될 많은 것을 알게 되었고, 그룹 리더로서 발전했습니다. 그랬으면 좋겠어요. 그리고 제가 그룹에 기여했으면 좋겠어요. 여러분 모두 그리울 거예요."

멤버 중 한 명인 Binh은 내성적이고 불안하고 우울한 동남아시아 남성으로, 평소에는 감정과

15) 개인치료에 관한 소규모 연구에서 비(非)지금-여기 치료자의 특정한 자기개방이 환자와 치료자 간의 실제(비전이) 관계를 돈독하게 하는 데 효과적이었음을 입증했다. 환자가 주도하는 대화에 맞추어 치료자가 공통 관심사나 활동에 대해 자기개방을 하는 것은 환자를 돕고 지지하며, 간접적으로 환자의 학습을 돕는다. S. Knox, S. Hess, D. Peterson, C, Hill "A Qualitative Analysis of Client Perceptions of the Effects of Helpful Therapist Self-Disclosure in Long-Term therapy," Journal of Counseling Psychology 49 (1997): 274-83 참조.

매우 거리가 먼 사람이었다. "저는 우리가 비슷하다고 생각해요. 우리가 느끼는 것을 보여 주는 것은 쉽지 않습니다. 그것은 우리가 자란 방식이 아니에요. 당신이 저보다 어리긴 하지만, 여기 있는 당신의 태도는 아버지에게서 볼 수 있는 무언의 이해하기 어려운 태도를 떠올리게 했어요. 아버지는 항상 그렇게 침묵하고 감정과 거리를 두었지만, 한 번씩 화가 치밀어 올랐어요. 그래서 당신이 나에게 따뜻함과 예의를 보여 주는 것이 나에게는 매우 중요했어요."

Niran은 그 피드백을 환영했고, 그가 Binh의 논평에 얼마나 감동했는지 말했다. 그는 자신의 미래 작업에 그 메시지를 가지고 갈 것이라고 했다.

더 나아가 지도자들은 자신이 생각하는 것 이상으로 더 투명하다는 증거가 있다. 쟁점이 되는 것은 우리 자신을 드러내 보이는 것이 아니다. 이는 피할 수도 없는 일이다.[64] 그보다는 오히려 임상적인 정직함과 투명성을 어떻게 활용하는지가 핵심이다. 임신이나 사별, 그리고 전문적 업적 같은 것이 밝혀지는 것은 피할 수도 없고, 우연히 드러난다.[65] 몇몇 집단에서 특히 약물 남용, 성적 지향 문제 또는 특정 질병과 같은 문제에 초점을 두는 동질적인 집단에서는 집단지도자가 그 집단에서 공유하는 초점에 대해 개인적 관계가 있는지 질문을 받을 가능성이 크다. 지도자가 약물 남용이나 섭식장애 경험이 있는가? 지도자들은 LGBTQ 공동체의 일원인가? 지도자들은 집단의 초점인 질병을 앓은 적이 있는가? 점점 더 많은 고객이 치료자의 가치와 종교적 신념 또는 이탈에 관해 질문할 것이고, 점점 더 다양한 문화적 배경을 가진 고객이 증가함에 따라 치료자의 문화적 정체성과 그 문화와의 개인적 연결에 관한 질문을 하게 될 것이다. 우리 분야가 기존의 단색적인 세계관을 넘어 성장함에 따라 질문 영역이 넓고 확장되는 것이다.[66] 따라서 질문을 예상하고 응답을 안내하는 명확한 윤리 및 치료 원칙을 갖는 것이 도움이 될 수 있다.

비록 연구 문헌은 치료자의 자기 노출이 일반적으로 치료적 관계를 강화한다는 것을 보여 주지만, 그러한 노출에는 촉각, 민감성 그리고 뉘앙스가 중요하다. 다음과 같은 유형의 질문을 스스로 해 보는 것이 좋다. '이 정보를 공유하는 이유는 무엇인가?', '나의 영향력은 무엇입니까?', '내 신념이나 정체성에 대한 우려를 고객에게 강요할 수 있는가?'[67] 치료자들은 자신에 관한 정보를 밝힐 필요가 있다. 이는 집단원들로 하여금 치료자가 그들을 이해할 수 있고, 환자들의 경험을 공감할 수 있다는 것을 깨닫게 해 준다. 하지만 그렇다고 해서 치료자가 자신의 개인사를 상세하게 털어놓아야 하는 것은 아니다. 개인사를 상세히 털어놓는 것은 보통 치료에 도움이 되지 않는데, 그렇게 하는 것이 치료자와 집단원 간의 역할과 기능 차이를 흐리게 하기 때문이다. 치료자는 자기개방의 의미에 대해 언제나 환자와 함께 탐구해야 한다.

집단원들이 치료자에게 부적절한 개방을 하도록 압력을 가하는 경우는 거의 드물지만, 때때로 집단치료자들이 꺼리는 까다로운 개인적 질문을 할 수 있다. 한 집단원이 꾸었던 꿈이 이에 대한 예가 될 것이다. "우리 모두 긴 탁자에 둘러앉아 있었고, 제일 상석에 당신(치료자)이 있었어요. 당신은 무언가 적힌 작은 종잇조각을 손에 들고 있었죠. 나는 그것을 낚아채려고 했지만 그렇게 하기에는 너무 멀었어요." 몇 개월 후 상당한 변화를 겪은 이 환자는 그 꿈을 회상했는데, 내가 그 종이에 무엇을 썼는지 알고 있었지만 집단 앞에서 말하기 싫었다고 덧붙였다. 그것은 "당신은 나를 사랑합니까?"라는 질문에 대한 내 대답이었다. 나는 이런 질문이 치료자들을 굉장히 위협한다고 본다. 그러나 집단치료자에게 훨씬 더 좋지 않은 질문도 있다. "당신은 얼마만큼 우리 개개인을 사랑합니까?" 또는 "당신은 누구를 가장 사랑합니까?"이다.

이러한 질문은 정신치료적 계약의 핵심 자체를 위협한다. 이는 양측이 암묵적으로 동의한 합의에 도전하는 일이다. 그것들 "당신이 진정으로 우리를 보살핀다면, 우리가 돈이 없더라도 만나 줄 건가요?"와 같은 '우정 매매' 모델과 큰 차이가 없다. 그런 질문은 위험을 무릅쓰고 정신치료자의 근원적인 비밀까지 접근해 오는데, 그 비밀은 집단 공간에서 일어나는 강렬한 드라마가 치료자의 삶에서는 실제보다 아주 작고 구분된 역할을 수행하는 것뿐이라는 점이다.

치료자의 투명성 문제는 치료자-환자 사이의 성적 오용이라는 오늘날 널리 퍼진 사례들에 의해 훨씬 더 복잡해진다. 불행히도 무책임하고 충동적인 치료자들이 자신의 욕구를 만족시키기 위해 전문적이고 도덕적인 규율을 어김으로써 환자에게 해를 입힐 뿐 아니라, 환자와 치료자 간의 신뢰에 대한 반발을 야기해 모든 치료자의 신뢰성을 떨어뜨린다. 언론의 보도가 권력자들이 그들에게 종속되거나 의존하는 사람들을 성적으로 착취한다는 내용으로 가득하다는 것은 우리 시대에 대한 논평이다.

정신건강 전문가협회에서는 전문적 관계에 대단히 주의를 기울이며, 잠재적인 법적 소송을 염두에 두고 방어적으로 치료하라고 충고한다. 변호사와 배심원들은 "아니 땐 굴뚝에 연기 나랴?"라는 식의 이유를 대며, 모든 환자-치료자 관계의 경계선을 넘나드는 성적인 미묘한 관계, 즉 상호작용적 인간관계 자체가 잘못의 씨앗일 수 있다고 이야기한다. 그 결과 전문가협회에서는 치료자들에게 치료적 관계의 핵심인 참다운 인간적임으로부터 방향을 바꾸라고 경고한다. 예를 들어, 현재에도 매우 영향력 있는 미국정신의학회지American Journal of Psychiatry에는 숨 막힐 정도로 형식적인 관계를 유지해야 한다는 글이 빅토리아 시대의 어조로 씌어 있다. 여기에는 환자에게 커피나 차를 권하지 말 것, 환자를 이름으로 부르지 말 것, 환자가 치료자를 이름으로 부르게 하지 말 것, 예정된 진료시간을 넘기지 말 것, 일과의 끝 시간(이때 가장 많이 실수가 일어나므로)에는 진료하지 말 것 등의 경고가 실려 있다. 팔을 잡거나, 치료적 손길이 필요한 에이즈 환자의 등을 토닥이는 등의 행동도 면밀하게 검토되고 문서로 남겨야 한다.[16)] 분명히 이런 지시와 그 이면에 있는 감정은 치료적 관계에 대단히 해가 된다. 다행히도 발표된 글의 저자들은 그들이 쓴 글의 역치료적인 영향을 인정했고, 첫 번째 논문이 야기했던 과민 반응을 정정하는 두 번째 논문을 5년 후에 발표했다. 두 번째 논문은 상식에 호소하면서, 치료에서 경계의 쟁점을 이해하고 판단할 때 임상적 맥락을 고려하는 것이 중요함을 인정하는 해명의 글을 실었다. 이 글에서는 경계 교차(치료를 인간화하고 의뢰인에게 봉사하는 치료 행위)와 치료자가 의뢰인에게 피해를 주는 치료 위반(경계 위반)을 적절히 구분했다. 저자들은 치료자들이 개입 또는 치료적 자세에 대해 확신이 들지 않을 때마다 슈퍼비전이나 자문하도록 장려한다.[68]

그러나 우리는 모든 일에서 중용을 지켜야 한다. 치료자가 자기를 감춰야 할 때도 있으며, 가장 도움이 되는 치료자가 가장 충실하고 일관성 있게 자신을 노출시키는 사람이 아닐 때도 있다. 이제 치료자의 투명성이 가지는 위험을 살펴보겠다.

치료자의 투명성이 가지는 위험

얼마 전에 나[IY]는 당시 이상적 치료자의 투명성을 신봉하는 두 신참 집단치료자가 이끄는 집단을 관찰했다. 그들은 외래환자 집단을 구성하고, 첫 번째 모임에서 공개적으로 자기들이 집단치료에 대해 느끼는 불확실성과 경험 부족, 자신 없음, 그리고 그들의 개인적인 불안에 대해 위축되지 않고 정직하게 털어놓았다. 그들의 용기가 가상하다고 볼

---

16) 최근에 열린 한 정신치료 연차총회에서 제조업자들이 비디오 시스템을 판촉했는데, 이 시스템은 치료자들이 어이없는 소송에 대항하기 위한 보호 수단으로 매 치료 회기를 녹화할 수 있는 것이다.

수도 있지만, 결과는 형편없었다. 그들은 너무 열심히 투명성에 복종하느라 집단을 유지해야 하는 기능을 놓치고 말았으며, 집단원 대다수가 초반 6회기 이전에 집단에서 떨어져 나갔다.

집단원과 지도자 사이에 평등주의의 신비한 분위기만을 형성하고자 애쓰는 지도자는 결국 지도력을 전혀 발휘하지 못하게 될 수 있다. 지도자의 효과적인 역할 행동은 결코 변하지 않는 것이 아닌데, 왜냐하면 집단이 발전하고 성숙함에 따라 각기 다른 형태의 지도력이 요구되기 때문이다.[69] Morris B. Parloff가 말한 것처럼 "정직한 치료자는 환자가 소화하고 증명하며 유용하게 사용할 수 있는 것을 제공하고자 하는 사람이다."[70] Sándor Ferenczi는 몇 년 전에 적절한 시기의 필요성에 대해 강조하면서, 분석가는 자신의 결점이나 불확실성을 너무 일찍 시인해서는 안 된다고 말했다.[71]

치료자의 자기개방에 대한 집단원들의 태도를 연구한 결과, 치료자의 개방 시기와 내용이 매우 중요하다는 것이 알려졌다.[72] 집단의 초기 단계에서는 해로운 것으로 판단되는 치료자의 개방이 집단이 성숙함에 따라 촉진적인 것으로 간주되었으며, 더 나아가 집단치료 경험이 많은 집단원들은 집단치료 경험이 없는 집단원보다 치료자의 자기개방을 훨씬 더 바라고 있었다. 내용을 분석한 결과, 집단원들은 긍정적인 바람(개인으로서 그리고 전문가로서 목표 등)과 개인적인 감정(고독, 슬픔, 분노, 걱정, 불안 등)을 노출시키는 지도자를 더 선호한다는 사실이 나타났다. 또한 집단원들은 집단지도자가 개개 집단원이나 집단 경험 자체에 대해 부정적인 감정(따분함, 좌절 등)을 표현하는 것을 달갑게 여기지 않았다.[73] 치료자가 모든 감정을 다 표현할 수 있는 것은 아니다. 적개심을 표현하는 것은 거의 반드시 피해를 주는데, 대개는 돌이킬 수 없으며 조기 종결과 부정적인 치료 결과의 원인이 된다.[74] 우리의 언어 기술은 기본적인 강점이다. 입맛에 맞지 않는 말을 감미롭게 하는 방법을 찾는 것은 우리가 진정성과 공감을 유지하는 동시에 치료적 의무와 '절대 해를 끼치지 말라'는 책임을 다하게 해 준다.[75]

치료 집단에서나 바깥세상에서 완전한 개방이 가능하기는 한가? 혹은 이것이 바람직한가? 어느 정도의 개인적인 그리고 대인관계적인 은폐는 어떤 사회적 질서가 기능하는 데 필수 요인으로 여겨진다. Eugene O'Neill은 『얼음장수의 왕림The Iceman Cometh』이라는 작품에서 극적인 방식으로 이를 설명한다.[76] 이 작품에서는 20년 동안이나 버려져 살아온 한 낙오자 집단이 어떤 술집 뒷방에 기거하고 있다. 그 집단에는 잘 확립된 많은 집단 규범이 있으며, 따라서 그 집단은 매우 안정되어 있다. 사람들은 각각 일련의 환상을 가지고 자신을 유지해 가고 있다(O'Neill은 그 환상을 '몽상pipe dreams'이라고 이름 지었다). 아주 철저하게 확립된 집단 규범 가운데 하나는 어떠한 집단원도 다른 사람의 몽상에 대해 왈가왈부하지 않는 것이다. 그때 떠돌이 얼음장사꾼 Hickey가 들어오는데, 그는 완전히 문명화된 치료자이며, 자기기만을 버리고 한결같은 정직함으로 삶의 태양을 바라보도록 사람들에게 강요함으로써 자신이 각 사람에게 충만함과 지속적인 평화를 가져다줄 것이라고 믿는 거짓 예언자다. Hickey의 솜씨는 능란하다. 그는 Jimmy Tomorrow(그의 몽상은 전당포에서 옷을 찾아와서 정신을 차리고 '내일'만큼은 일자리를 얻는 것이다)에게 지금 행동하도록 압력을 가한다. 그는 Jimmy에게 옷을 주며 내보내고, 그러자 다른 사람들도 술집을 떠나 오늘에 직면하게 된다.

각 개인과 집단이 받은 영향은 비참하다. 한 명은 자살하고, 다른 사람들은 극심하게 우울해지며, 폭음으로 나날을 보내는 사람도 있고, 집단원들은 다른 사람들의 환상을 공격하며, 집단의 결속이 깨지게 되어 결국 해체되기 시작한다. 갑작스럽고 격렬한 마지막 장면에서 집단은 Hickey를 정신병자로 규정하면서 그를 추방하고, 점차 예전의 규범과 결속을 재정립한다. Henrik Ibsen이 『야생오리The Wild Duck』[77]라는 작품에서 '필연적인 거짓말'이라고도 했던 이러한 '몽상들'은 개인과 사회를 보전하기 위해 때로 필수적이다. 이를 가볍게 여겨서는 안 되며, 정직이라는 명목 아래 충동적으로 모조리 벗겨 내도 안 된다.

Viktor Frankl은 미합중국의 사회적 문제에 대해 논평하면서, 동부 연안에 있는 자유의 여신상이 서부 연안에 있는 책임의 여신상에 의해 견제되어야 한다는 제안을 한 적이 있다.[78] 치료 집단에서 자유는 책임을 수반하는 경우에만 가능하며 건설적일 수 있다. 우리 가운데 누구도, 타인에게 파괴적일 수 있는 충동과 감정으로부터 자유롭지 못하다. 우리는 환자들과 치료자들이 다른 사람에 대한 책임감이라는 여과기 하나만 남겨 두고 나머지 모든 내적 검열과 여과기를 버리고 자유롭게 말하도록 권할 것을 제안한다.

우리는 어떠한 불유쾌한 감정도 표현하면 안 된다는 이야기를 하고 있는 것이 아니다. 사실, 갈등이 없으면 성장도 없다. 우리는 상위를 차지하는 원리는 절대적인 개방이 아닌 책임감이라는 말을 하고 있는 것이다. 치료자는 환자에 대해 그리고 치료 과업에 대해 특별한 유형의 책임감을 가진다. 그리고 환자들은 서로에 대해 도의적인 책임감을 가진다. 치료가 진행됨에 따라, 자기중심적인 태도가 사라짐에 따라, 공감이 증대함에 따라 그들은 서로 서로의 상호작용 속에서 책임감을 실행에 옮기게 된다.

따라서 당신이 집단치료자로서 존재하는 이유는 일차적으로 정직함이나 완전한 개방에 있는 것이 아니다. 당신은 자신을 드러내는 이유를 명확히 해야 한다. 자기개방을 통해 어떤 영향을 예상할 수 있는가? 당신의 행동에 대해 혼란이 있을 경우, 잠시 한 걸음 물러나 집단에서 당신의 일차적 과업이 무엇인지 재고해 본다면 도움이 될 것이다. 치료자의 자기개방은 환자들에게 모델이 된다는 점에서, 그리고 몇몇 환자에게 당신에 대한 그들의 감정을 현실에서 검증하게 해 준다는 점에서 집단에 도움을 준다. 자기개방을 고려할 때는 자신에게 물어보라. 집단이 지금 어디에 있는가? 지도자가 개인적인 자기개방의 모델을 보여 주는 것이 도움이 될 만큼 지나치게 신중하고 감추는 것이 많은 집단인가? 아니면 집단이 이미 활발한 자기개방의 규범을 수립했기에 이제는 다른 도움이 필요한가? 앞서 언급한 것처럼, 당신은 자신의 행동이 집단을 유지해야 하는 당신의 기능을 방해하지는 않는지 숙고해야 한다. 당신은 언제 뒤로 물러서야 하는지 알아야 한다. 개인치료자와 다르게 집단치료자는 치료의 축이 되어서는 안 된다. 부분적으로 당신은 집단의 산파라 할 수 있다. 즉 치료 과정을 움직이게 해야 하고, 자신이 중심에 있음으로 인해 그 과정을 방해하는 일이 없도록 주의해야 한다.

그 정의가 투명성에 근거한 것이든 아니면 다른 기준에 근거한 것이든, 집단치료자의 역할을 지나치게 제한하는 정의는 지도자로 하여금 환자가 지닌 욕구의 개성을 보지 못하게 할 수 있다. 따라서 당신이 집단을 선호하더라도 개별적인 초점을 유지해야 한다. 모든 환자가 같은 것을 요구하지는 않는다. 몇몇 사람은, 아니 대부분 환자는 느슨하게 통제할 필요가 있다. 이들은 분노, 사랑, 부드러움, 증오 등의 감정을 표현하는 방법을 배워야 한다. 하지만 또 다른 사람들은 그 반대의 방법이 필요하다. 이들의 생활양식은 쉽게 변하고 즉각적으로 감정을 행동화시키는 특성이 있는 만큼 충동 조절을 습득해야 한다.

다소 무제한적인 치료자의 투명성이 야기하는 마지막 결과는, 바로 치료의 인지적인 측면이 완전히 무시될 수 있다는 점이다. 앞서 언급했던 것처럼, 단순한 정화는 그 자체로서 교정적 경험이 아니다. 인지적 학습 또는 재구성(대부분은 치료자가 제공하는)은 환자가 집단경험을 외부의 실생활에 일반화할 수 있게 하는 데 필요한 것으로 보인다. 대인관계의 일반적인 패턴에 대해 어느 정도 지식을 얻지 않으면, 환자는 결국 차후에 있을 각각의 대인관계 상호작용에서 방향을 새롭게 찾아야 할지도 모른다.

8장

환자 선발 및 집단 구성

좋은 집단치료는 좋은 환자를 선발하는 데서부터 시작한다. 부적절하게 치료 집단에 선정된 환자들은 치료 경험으로부터 도움을 얻을 가능성이 작다. 더 나아가 잘못 구성된 집단은 집단원에게 도움이 되지 못하고 초기에 사라질 수 있다. 그러므로 현대의 정신치료 연구가들은 뚜렷한 특징에 따라서 환자들을 각자에 맞는 정신치료 집단에 연결시키는 것의 효과가 어떤지 적극적으로 검토하고 있는데, 이는 이해할 만한 일이다.[1]

이 장에서는 주어진 환자가 집단치료에 적절한 후보자인지 아닌지를 판단하는 임상적 기법뿐 아니라, 환자의 선발과 관련된 연구 증거를 살펴보고자 한다. 이어서 집단의 구성에 관해 조금 다른 질문을 다루고자 한다. 즉, 환자가 집단치료에 적합한 사람이라고 결정되면, 그 환자를 어떠한 특정 유형의 집단에 들여보내야 하는지 살펴보게 될 것이다. 집단치료는 매우 복잡하며, 단계마다 지도자는 '집단의 확실한 성공을 위해 나는 무엇을 해야 하는가?'라는 질문을 지침으로 삼아야 한다.

우리는 특정 유형의 집단치료에 초점을 둔다. 특정한 유형의 집단이란 증상의 완화와 성격의 변화라는 야심에 찬 목표를 가진 이질적인 외래환자 집단을 의미한다. 그러나 이런 일반 원칙의 다수는 단기 문제해결 지향 집단 등을 포함한 다른 집단과도 관련이 있다.[2] 이 책의 다른 부분에서와 마찬가지로 여기에서도 근본적 집단치료 원칙과 다양한 임상 상황에서 이러한 전략을 적용하는 방법을 독자에게 제공할 것이다. (특수한 임상적 상황에 대해서는 15장에서 다룰 것이다).

우리는 환자에게 효과적인 치료가 될 것으로 판단될 때만 집단치료를 추천한다. 그렇기에 집단치료의 이점에 대한 관찰로 시작하겠다.

집단치료가 참가자에게 크게 유용할 가능성을 지닌 치료 양식이라는 점은 연구 결과를 통해 지속적으로 밝혀져 왔다.[3] 이는 집단치료가 개인치료에 비해 특정 상황에서 더 도움이 될 수 있다는 뜻이기도 하다.

집단치료의 효과에 대한 증거들은 매우 설득력이 있어서 일부 전문가는 집단치료가 그 복잡성으로 인해 추가적인 교육이 필요하다는 것을 인정하면서도, 현대 정신치료의 주요한 모델로 사용되어야 한다고 주장한다.[4] 하지만 적극적인 임상적 조치를 요하는 환자들이나, 관계에서의 문제가 덜 중요하고 개인적 통찰과 이해가 특히 중요한 환자들에게는 개인치료가 더 바람직할 수 있다.[5]

집단치료는 사회적 학습을 제공하고, 약물 사용 장애가 있는 환자에게 매우 중요한 요소인 사회적 지원을 개발하고 사회적 관계를 개선하는 부분에서 개인치료보다 우수하다.[6] 의학적 질병이 있는 환자는 개별 치료보다 동료 집단과의 치료에서 대처 기술을 더 잘 습득한다.[7] 아동기 성적 학대의 생존자인 여성의 치료에 집단치료를 추가하는 것은 수치심을 줄이고 더 큰 권한 부여와 심리적 안녕을 초래하는 등 개인치료 이상의 이점을 제공한다.[8]

물론 개인의 선택 또한 중요하다. 환자는 자신이 선호하고 기대하는 바와 일치하는 치료 방식에서 더 많은 도움을 얻곤 한다.[9] 또한 집단지도자가 환자 선택 및 준비 과정의 일부로 고려해야 하는 많은 이유로 인해 환자가 집단치료에 참여하는 것을 꺼릴 수 있다는 점도 인식하고 있다. 이 문제는 이번 장의 뒷부분에서 더 다룰 것이다.[10]

어떤 환자가 집단치료에서 가장 잘할 것인지, 어떤 환자가 다른 형태의 치료에 더 도움을 받을지 예측하는 것은 간단한 문제가 아니다. 환자는 저마다 다르고, 치료에 대한 결정은 개인에 맞게 이루어져야 한다. 우리의 포함 및 제외 기준은 일반적인 지침으로 가장 잘 간주되며, 경험이 풍부한 임상의조차 누가 예상보다 훨씬 더 잘하거나 훨씬 더 못하는지에 대해 종종 놀란다.[11] 누가 잘할 것인지, 그리고 환자가 실제로 어떻게 하고 있는지를 평가하는 우리의 제한적인 임상 능력은 치료에 경험적인 측정을 더하기 위한 근거 중 하나다.[12] 많은 경우 집단치료에서 환자의 실패를 예측하는 것처럼 보이는 변수는 철저한 준비, 공감 치료자 대응, 그리고 환자의 치료 궤적에서 특정 환자에게 더 적합한 그룹과의 관계를 확보함으로써 설정될 수 있다. 우리는 환자를 보호하고 부적합한 집단원이 전체 그룹에 미치는 그릇된 영향을 피하기 위해 가능한 한 이 과정을 올바르게 수행하고자 한다.

제외 기준

임상가들은 집단치료에 임할 때 환자들을 어떻게 선발하는가? 다수의 임상가는 집단치료에서 환자를 선택하지 않는다. 대신 그들은 제외하는deselect 방법을 쓴다. 환자가 많을 때, 경험이 많은 임상가들은 치료 집단에서 작업하는 것이 불가능한 환자들을 제외시키기로 결정한다. 그런 후 나머지 환자들을 받아들인다.

이와 같은 방법은 미숙해 보인다. 우리는 좀 더 세련되고 정교하게 조정된 선발 과정을 선호한다. 임상 실제에서 제외 기준을 구체화하는 일은 선발 기준을 구체화하는 일보다 훨씬 더 쉽다. 한 가지 특징만으로도 환자를 제외시키기에 충분하지만, 반면에 환자의 선발을 정당화하기 위해서는 좀 더 복합적인 윤곽을 기술할 필요가 있다. 선별에서 나타나는 실수는 개별 환자뿐 아니라 집단 전체에 큰 피해를 준다. 주요 지침은 다음과 같다. 환자가 물리적, 지적, 심리적, 또는 대인관계 이유로 집단의 주요 과업에 참여할 수 없는 경우 집단치료에서 실패할 것으로 예측할 수 있다.

만약 환자들이 뇌 손상,[13] 편집증paranoid,[14] 심기증,[15] 약물 및 알코올 중독,[16] 급성 정신질환,[17] 반사회성[18] 등의 문제를 지니고 있다면, 이들은 이질적인 외래환자 치료 집단에 극히 부적절한 후보자라는 상당한 임상적 합의[19]가 있다. 집단 선정 문제지(Group Selection Questionnaire, GSQ)나 집단치료 문제지(Group Therapy Questionnaire, GTQ)와 같이 검증된 문제지를 활용한 최근의 연구 결과 역시 이러한 임상적 합의를 반영하며, 더 나아가 일정 수준의 대인관계 능력이 집단에서 활동하는 데 필요하다고 지적한다.[20]

이에 더해 만약 환자가 집단에 기대를 갖지 않는다면 결과가 성공적일 가능성은 희박하며, 치료적 동맹(환자와 치료자 간 치료적 관계의 목적, 과업, 질의 일치) 또한 처음부터 훼손된다.[21] 이러한 고려 사항은 특히나 시간이 제한적인 단기 집단에서 더 중요하다.

역동적이고 상호작용적인 치료 집단에 참여하려면 환자들은 어떤 특성을 지녀야 하는가? 환자들은 기꺼이 대인관계적 행동을 검토하고, 심리적으로 자신과 타인을 비추어 보고, 자기개방을 하면서 피드백을 주고받으며, 다른 집단원과 관계를 맺고자 하는 의지와 역량을 갖추어야 한다. 부적당한 환자들은 집단뿐 아니라 그들 자신에게도 해롭게 드러나는 경직된 대인관계적 역할을 고안해 내는 경향이 있다. 그런 경우 집단은 학습이나 변화의 가능성 없이 부적응적인 패턴을 재현하고 재확인하는 현장이 되어 버린다.

반사회적인 환자들은 외래환자의 상호작용 집단치료에 특히 좋지 않다. 비록 치료 초기에 그들이 중요하고 활동적인 집단원이 될 수 있더라도, 그들은 종종 상당히 극적이고 파괴적인 여파를 동반하면서 결국에는 그들이 기본적으로 남들과 관계할 수 없다는 사실을 다음 임상 사례처럼 드러내게 될 것이다.

35세 Felix는 알코올 중독 경력이 있는 환자로, 일시적이고 형편없고 착취적인 대인관계를 맺고 있었다. 그는 이미 진행되고 있는 집단에 새로운 다른 두 명의 환자와 함께 추가로 들어왔다. 이 집단은 그 무렵 몇몇 집단원의 치료 종결로 인해 세 명으로 규모가 줄어 있었다. 그 집단은 규모가 너무 줄어든 나머지 와해의 위기에 있는 것처럼 보였다. 그래서 치료자들은 집단의 규모를 재편성하고 싶어 했다. 이에 치료자들은 Felix가 이상적인 후보자가 아님을 알면서도, 다른 신청자가 거의 없다는 이유로 위험을 감수하기로 했다. 게다가 그들은 자신의 생활양식을 변화시키고자 한다는 Felix의 단호한 결심에 다소 흥미를 가졌다(많은 반사회적 인물이 영원히 '삶의 전환점에 도달하고 있는 중'이다).

세 번째 모임에서 Felix는 집단의 사회적, 정서적 지도자가 되었다. 외형적으로 그는 다른 집단원보다 더 정확하게 느끼고, 더 깊이 아파하는 것처럼 보였다. 그는 전에 치료자들을 속였듯이 현재 생활 상황과 그의 배경을 상당히 꾸며서 집단에 이야기했다. 네 번째 모임에서 Felix는 여성 집단원 중 한 명을 유혹했고, 다섯 번째 모임에서는 모임이 짧다는 점을 이유로 집단에 대한 불만족을 토의하는 데 앞장섰다. 그는 치료자의 허가가 있는 경우에나 없는 경우에나 집단원 중 한 명의 집에 모여 치료자 없이 좀 더 빈번한 모임을 열어야 한다고 제안했다. 그리고 여섯 번째 모임에서는 집단에 사전 통보도 없이 자취를 감춰 버렸다. 치료자가 나중에 알아본 바로 그는 한 잡지사에 여행일지를 판매할 요량으로 2,000마일에 달하는 자전거 여행을 하기로 갑자기 결정했던 것이다.

이는 이질적인 외래환자 집단에 반사회적이고 착취적인 인물을 포함시키는 것이 어째서 잘못된 것인지 여러 가지 이유를 보여 주는 극단적인 사례다. 즉, 사회적 겉모습이 기만적이라는 점, 그가 여러 차례 과도한 양의 집단 에너지를 소모했으므로 그가 떠나자 집단은 희망을 잃고 당황하고 낙담하게 되었다는 점, 그가 집단치료 규범에 거의 순응하지 않았고, 대신 즉각적인 만족을 위해 집단 전체와 다른 집단원들을 빈번히 이용했다는 점 등이 그 이유다. 하지만 집단치료 자체가 이런 환자들에게 금기 사항이라는 의미는 아니다. 실제로 동질적인 집단원으로 구성되고 강력한 집단의 힘과 제도적인 압력을 현명하게 사용하는 전문화된 형식의 집단치료는 이런 환자들이 선택할 만한 치료다.[22]

대부분 임상가는 급성의 상황적 위기에 놓여 있는 환자의 경우 집단치료보다는 위기-개입 치료가 훨씬 더 적합하다는 데 동의한다.[23] 심한 우울증으로 자살 성향이 있는 환자는 상호작용에 초점을 맞춘 이질적인 치료 집단에 의뢰하지 않는 것이 바람직하며(다른 집단원에게 갈 시간과 관심의 상당한 희생이 필요하기 때문에), 더 나아가 자살에 대한 위협은 다른 집단원들이 다루기에는 너무나 부담스럽고 불안을 야기하는 것이다.[24] 다시 말하지만 집단치료 자체(또는 개인치료를 병행하는 집단치료)가 이들에게 부적합하다는 것이 아니며, 개인치료와 병행하는 것이 필요할 수 있다. 만성적으로 자살 성향이 있는 환자로 구성된 동질적인 구조적 집단이 효과가 있는 것으로 보고되고 있다.[25]

정기적 출석은 응집력이 있는 집단의 발전을 위해 매우 필요하므로 규칙적으로 참석하지 않는 환자는 제외하는 것이 바람직하다. 집단 참석률이 저조한 것은 예측하고 조율하기 어려운 과중한 업무 때문일 수 있는데, 이때 네다섯 번의 모임 중 한 번이라도 일 때문에 불참하지 않으면 안 되는 환자는 받아들이지 않는 것이 좋다. 마찬가지로 우리는 먼 지역에 있는 사람들을 받아들이기를 주저한다. 특히 집단 과정의 초기에 다른 집단원이 집단의 시간과 관심을 많이 받거나 또는 집단이 환자에게 확연하고도 즉각적인 만족을 주지는 않는 자신의 내적 구조를 세우는 작업으로 분주한 경우, 흔히 환자는 그가 모임에서 무시되고 있거나 불만족스럽다는 느낌을 받을 수 있다. 이러한 것이 만약 환자가 멀리서 힘들여 찾아온다는 점과 맞물리면 깊은 좌절감이 동기를 저하시키고 간헐적 출석을 야기할지도 모른다.

분명히 거기에는 많은 예외가 있다. 어떤 치료자들은 몇 달 동안 모임을 위해 비행기를 타고 오거나 겨우내 먼 거리를 이동한 환자들이 있다고 이야기한다. 한 집단원은 다른 도시에 있는 직장에서 3시 30분에 퇴근해 6시 모임에 참여하고, 10시가 다 되어서야 집에 도착하는 일정을 반복한다. 그녀는 집단에서의 시간을 가치 있게 만들고자 하는 의지가 있고, 이러한 헌신이 다른 구성원에게도 영향을 주어 집단을 더 가치 있게 만들었다. 그러나 일반적인 규칙으로 치료자는 시간과 공간과 관련된 요인을 유의해야 한다. 아주 먼 거리에서 살고 있으며 집 가까운 곳에 똑같은 집단이 있는 환자라면 그 집단에 그를 의뢰하는 것이 모든 이에게 유익하다. 비대면 모임은 예외가 될 수 있다.

제외 기준은 고려 중인 집단에만 적용할 수 있다. 대부분 환자는 최소 하나의 집단에는 적합할 것이다. 특정 집단에서는 거절의 이유가 되는 특징이 또 다른 집단에서는 필수적인 특징이 될 수 있다. 우리의 유방암 집단을 예로 들면, 더 나은 예후를 가진 초기 유방암 환자에 비해 심하게 전이된 상태의 여성은 적응을 잘하지 못했다. 비밀스럽고 심리에 관심이 없는 거식증 환자는 장기적인 상호작용 집단에는 부적합하더라도, 동일한 구성원의 인지행동 거식증 집단에는 이상적일 수 있다. 또한 몇몇은 첫 대인 집단에는 실패하더라도, 배워 나가며 이후 집단에서 성공할 수 있다는 것을 명심해야 한다.

집단치료의 조기 탈락자들

집단치료에서 조기 종결은 환자와 집단에 좋지 않다는 증거가 있다. 이질적인 상호작용 외래환자 집단에서 12회기 이내에 탈락한 환자 35명에 대한 선행연구에서 오직 세 명만이 스스로 개선되었다고 보고하는 것을 발견했다.[26] 더욱이 그들조차도 대수롭지 않은 증상의 호전만 보였을 뿐이었다. 환자 35명 중 누구도 그들의 치료 작업을 만족스럽게 완료했기에 집단치료를 떠난 것이 아니었고, 집단치료 경험에 만족하지도 못했다. 게다가 이런 조기 종결자들은 남아 있는 집단원들에게 역효과를 가져오는데, 남아 있는 집단원들은 조기 탈락자들을 보고 위협받거나 사기가 저하된다. 사실 많은 집단지도자가 조기 탈락자들이 다른 조기 탈락자를 불러일으키는 '파급효과'를 보고한다. 집단의 적절한 발전에는 집단원들의 안정이 필수다. 조기 탈락자들의 조급함은 집단의 성숙을 몇 달 동안 지체시키거나 방해할 수도 있다.

그래서 초기의 집단 종결은 환자에게 실패이며, 집단에 남아 있는 사람들의 치료에 해가 된다. 불행히도 이른 탈락은 정신치료에서 흔히 보게 되는 현상이다.[27] 집단치료의 탈락률과 관련해 대학병원부터 참전용사 외래 병원까지 다양한 환경에 대한 분석에 따르면 집단치료의 탈락률은 17~57%다.[28] 물론 이 수치는 개인치료의 탈락률과 크게 다르지 않지만, 집단치료의 탈락 현상은 나머지 구성원에게 끼치는 악영향을 고려할 때 더 우려되는 것으로 볼 수 있다.

조기 탈락자에 관한 연구는 제외의 확실한 기준을 설정하는 데 도움을 줄 수 있으며, 더 나아가 선발 과정을 위한 중요한 목표를 제공할 수 있다. 만약 선발 과정에서 치료 중 탈락에 취약한 집단원을 가려낼 수 있다면, 그 자체로 중요한 성과가 될 것이다. 이를 통해 해당하는 환자에게 다른 치료를 제안하고, 집단 전 준비 과정에 더 많은 노력을 할애할 수 있으며, 부정적인 집단경험과 관련된 반전이적 부분에 주의를 기울일 수 있다. 비록 집단치료에 실패하는 사람들은 초기 종결자뿐만이 아니지만, 어쨌든 그들은 명백한 실패자다.[29] 이후에 나타날 긍정적인 어떤 것을 얻을 가능성이 그들에게는 거의 없다고 간주해도 좋다고 우리는 생각한다. 이와 관련된 참만남 집단에 참여한 이들에 대한 치료 결과 연구에서 집단에서 부정적인 경험을 했던 사람들을 여섯 달 후에 연구해 보았을 때, 그들은 집단에서의 경험을 잘 '종합해 정리하지' 못했고, 집단경험으로부터 뒤늦게 나타나는 이득도 얻지 못했다.[30] 만약 그들이 동요되거나 낙담한 채로 집단을 떠났다면, 그들은 계속 그런 상태에 머무르게 될 것이다.

집단의 조기 탈락자들에 관한 연구는 집단을 계속하는 사람들에 대해서는 말하는 바가 없다는 점을 명심해야 한다. 집단을 지속하는 것은 필요하지만 성공적인 치료에 충분한 요인은 아니다. 너무 이르거나 또는 불가피한 종결을 피하고 집단치료에 계속 참여하는 환자들이 최상의 치료 결과를 얻는다는 일관된 증거가 있기는 하지만 말이다.[31]

조기 종결의 이유

다양한 장면의 집단치료에 대한 많은 연구가 집단치료에서 조기 탈락하는 사람들의 특징에 대해 두드러지는 결과를 보여 준다.[32] 이러한 연구들은 최초의 면담 중 또는 초기의 몇 회기에 집단에서 조기 탈락할 환자가 대체로 다음과 같은 특성을 지닐 가능성이 있음을 보여 준다.

- 다혈질
- 심리적 마음 자세의 부족
- 동기 부족

- 숙고하기보다는 반응적임
- 긍정적인 감정이 적음
- 고충과 치료의 필요를 완강하게 거부
- 높은 신체화
- 약물 남용
- 분노와 적개심이 높음
- 더 낮은 사회경제적 수준
- 낮은 사회성
- 낮은 지능지수
- 집단치료가 어떻게 효과를 나타내는지에 대한 이해 결여
- 문화적으로 둔감함을 보이거나, 이를 예상할 수 있음
- 대인관계 기술이 미숙함
- 극도로 심한 심리적 · 감정적 고충
- 집단에 관심을 기울일 수 없을 정도의 급박한 위기
- 개인치료를 강하게 선호함
- 집단 초기에 집단지도자와 구성원에 불만

〈표 8.1〉 집단치료 조기 탈락 비율

집단 형태	집단 길이	회기 수	조기 탈락 비율
대학 외래진료소	일반, 무제한	12회 이하	50%[1]
대학 외래진료소	사별, 폐쇄	12회 이하	28%[2]
대학 외래진료소	단기	8회 이하	39%[3]
대학 외래진료소	무제한	3회 이하	57%[4]
재향군인회 외래진료소	무제한	9회 이하	51%[5]
재향군인회 외래진료소	무제한	16회 이하	50%[6]
대학 외래진료소	무제한	12회 이하	35%[7]
개인진료와 진료소	무제한	3회 이하	30%[8]
진료소와 병원	입원환자와 외래환자	20회 이하	25%[9]
개인진료	장기/분석적	12개월 이하	35%[10]
외래진료소	무제한	12회 이하	17%[11]

외래진료소	단기	5회 이하	17%[12]
개인진료와 진료소	분석적	10회 이하	24%[13]
진료소	역동 지향적	6개월 이하	17%[14]
개인진료	역동적/분석적	6개월 이하	27%(치료자 A) 38%(치료자 B)[15]
개인진료	분석적/장기	1년 이하	55%[16]
대학 상담센터	상호작용/대인관계적	12회 이하	31%(치료자 A) 45%(치료자 B)[17]
외래진료소	복잡한 슬픔	8회 이하	23%[18]
외래진료소	우울증 인지행동치료	12회 이하	48%[19]

출처:

1. R. Klein and R. Carroll, "Patient Characteristics and Attendance Patterns in Outpatient Group Psychotherapy," *International Journal of Group Psychotherapy* 36 (1986): 115–32.
2. M. McCallum and W. Piper, "A Controlled Study for Effectiveness and Patient Suitability for Short-Term Group Psychotherapy," *International Journal of Group Psychotherapy* 40 (1990): 431–52.
3. M. McCallum, W. Piper, and A. Joyce, "Dropping Out from Short-Term Group Therapy," *Psychotherapy* 29 (1992): 206–13.
4. E. Nash et al., "Some Factors Related to Patients Remaining in Group Psychotherapy," *International Journal of Group Psychotherapy* 7 (1957): 264–75.
5. B. Kotkov, "The Effects of Individual Psychotherapy on Group Attendance," *International Journal of Group Psychotherapy* 5 (1955): 280–85.
6. S. Rosenzweig and R. Folman, "Patient and Therapist Variables Affecting Premature Termination in Group Psychotherapy," *Psychotherapy: Theory, Research and Practice* 11 (1974): 76–79.
7. I. Yalom, "A Study of Group Therapy Dropouts," Archives of General Psychiatry 14 (1966): 393–414.
8. E. Berne, "Group Attendance: Clinical and Theoretical Considerations," *International Journal of Group Psychotherapy* 5 (1955): 392–403.
9. J. Johnson, *Group Psychotherapy: A Practical Approach* (New York: McGraw-Hill, 1963).
10. M. Grotjahn, "Learning from Dropout Patients: A Clinical View of Patients Who Discontinued Group Psychotherapy," *International Journal of Group Psychotherapy* 22 (1972): 306–19.
11. L. Koran and R. Costell, "Early Termination from Group Psychotherapy," *International Journal of Group Psychotherapy* 24 (1973): 346–59.
12. S. Budman, A. Demby, and M. Randall, "Short-TermGroup Psychotherapy: Who Succeeds, Who Fails," *Group* 4 (1980): 3–16.
13. M. Weiner, "Outcome of Psychoanalytically Oriented Group Therapy," *Group* 8 (1984): 3–12.
14. W. Piper, E. Debbane, J. Blenvenu, and J. Garant, "A Comparative Study of Four Forms of Psychotherapy," *Journal of Consulting and Clinical Psychology* 52 (1984): 268–79.
15. W. Stone and S. Rutan, "Duration of Treatment in Group Psychotherapy," *International Journal of Group Psychotherapy* 34 (1984): 93–109.
16. K. Christiansen, K. Valbak, and A. Weeke, "Premature Termination in Analytic Group Therapy," *Nordisk-Psykiatrisk-Tidsskrift* 45 (1991): 377–82.
17. R. MacNair and J. Corazzini, "Clinical Factors Influencing Group Therapy Dropouts," *Psychotherapy: Theory, Research, Practice and Training* 31 (1994): 352–61.
18. M. McCallum, W. Piper, J. Ogrodniczuk, and A. Joyce, "Early Process and Dropping Out from Short-Term Group Therapy for Complicated Grief," *Group Dynamics: Theory, Research, and Practice* 6 (2002): 243–54.
19. T. Oei and T. Kazmierczak, "Factors Associated with Dropout in a Group Cognitive Behavior Therapy for Mood Disorders," *Behaviour Research and Therapy* 35 (1997): 1025–30.

이러한 결과는 유감스럽게도 어떻게 보면 부유한 사람은 더 부유하게 되고, 가난한 사람은 더 가난하게 된다는 말이 사실인 듯 보인다. 얼마나 안타까운 모순인가! 능력이 적고 집단에서 작업할 만한 자질이 부족하다는 이유로 집단이 제공하는 것을 가장 필요로 하는 환자들이 가장 실패하기 쉽다니! 바로 이 모순이 치료 집단 경험을 수정해 그 구조를 바꾸고, 이런 치료가 가장 필요한 사람들을 더 수용하기 위해 손을 내미는 시도를 하도록 자극했다. 우리는 환자를 집단에 끼워 맞추기보다는 그 반대로 해야 한다.[33]

명심할 것은 이런 특성을 절대적인 금기로 보기보다는 상대적으로 주의해야 할 특성으로 보아야 한다는 점이다. 한 집단이나 한 가지 유형의 집단에서 실패한 사람이 다른 집단에서는 잘 치료받을 수도 있다. 우리는 조기 탈락할 사람들을 집단에서 제외시키는 것이 아니라, 조기 탈락률을 낮추는 것에 목표를 두어야 한다. 만약 절대로 조기 탈락자가 나오지 않을 집단을 만든다면, 그건 집단에 들어오는 장벽을 너무 높게 세운 나머지 실상 도움을 받을 수도 있는 환자를 제외시키는 것일지도 모른다.

이제 마지막으로 한 가지 연구에 관해 상세하게 논하고자 하는데, 이 연구가 선발 과정과 상당한 관련이 있으며, 그 결과가 타 연구에도 반복되었기 때문이다.[34] 나[IY]는 대학병원의 외래진료소에서 아홉 개 치료 집단을 대상으로 첫 6개월간 연구했고, 12회나 그 미만에서 치료를 종결한 환자들을 모두 조사했다. 이들 집단에는 전체 97명이 있었다(71명은 시작 당시의 집단원이고, 26명은 나중에 추가된 집단원이다). 이들 중 35명은 조기 탈락자였다. 주목할 만한 자료가 집단 회기에 대한 관찰과 기록, 그리고 탈락자들과 치료자들에 대한 면담과 설문지 연구로부터 나왔다.

자료 분석을 통해 환자가 치료에서 탈락하게 된 아홉 가지의 주된 이유가 밝혀졌다.

1. 외적인 요인(External factors)
2. 집단 일탈(Group deviancy)
3. 친밀성 문제(Problems of intimacy)
4. 정서적 전염에 대한 두려움(Fear of emotional contagion)
5. 치료자를 공유하는 능력이 없음(Inability to share the therapist)
6. 개인치료와 집단치료를 동시에 받는 데서 일어나는 문제점 (Complications of concurrent individual and group therapy)
7. 때 이른 탐색(Early provocateurs)

8. 치료에 대한 부적절한 오리엔테이션(Inadequate orientation to therapy)
9. 소집단에서 발생되는 문제점(Complications arising from subgrouping)

대체로 하나 이상의 요인이 종결의 결정과 관련된다. 어떤 요인은 선발 과정과 관련이 있는 외적인 환경 또는 환자가 집단에 가지고 오는 지속적인 성격적 특성에 밀접하게 관련되어 있다. 반면 다른 요인은 치료자 행동이나 집단 내에서 발생하는 문제(치료자의 기술 및 능력 등)와 관련이 있다.[35] 외적인 요인, 집단 일탈, 그리고 친밀성 문제 등의 요인으로 조기 탈락하는 환자들은 선발 기준 설정에 가장 많이 관련되어 있다.

외적인 요인 치료 종결에 대한 물리적 이유(조정할 수 없는 스케줄로 인한 갈등, 먼 거리로 이사 등)는 무시해도 될 만큼 작은 역할을 한다. 환자가 이러한 이유를 제시할 때, 실제로는 대개 집단과 관련된 스트레스가 집단을 떠나고자 하는 직접적인 이유인 것으로 연구에서 밝혀졌다. 그럼에도 불구하고 처음에 환자를 선발할 때 치료자는 이사하는 것같이 예정된 주요한 생활상의 변화가 있는지, 그리고 치료 기간 동안 집단에 몰입할 수 있는지 항상 물어봐야 한다. 물론 환자마다 치료 과정에서 진전을 보이는 속도는 각기 다르지만, 증상 완화와 환자의 근원적인 성격 구조에 큰 변화를 일으키고자 하는 목표를 가지고 있는 치료는 최소한 6개월 이상을 요하는 장기 형태의 치료다.[36] 따라서 몇 달 안에 불가피하게 치료를 종결할 가능성이 있는 환자는 그러한 집단에 받아들여서는 안 된다는 점을 시사해 주는 유력한 근거가 있다. 그러한 환자는 단기의 문제 지향적 집단에 더 적합한 후보다.

외적 스트레스는 여러 환자가 조기 탈락하는 한 요인으로 간주되었다. 그러한 환자들은 자기 생활의 외적인 사건에 의해 대단히 혼란스러워하기 때문에 집단에 참여해 에너지를 쏟기에 어려움이 있었다. 그들은 자기 삶에서 가장 중요한 사람들과의 관계 파괴라는 위협에 사로잡혀 있느라 다른 집단원들과의 관계를 탐색할 수 없었다. 이러한 환자들은 자신의 문제가 상당히 위협적으로 보일 때, 다른 집단원들이 각자의 문제를 논의하는 것을 듣는 것 자체가 무의미하고 좌절감을 일으킬 것이다. 외적 스트레스 중에는 이혼이 임박한 심각한 불화, 곧 닥쳐올 직장과 학업상의 실패, 가족 구성원 사이의 파탄스러운 관계, 사별, 심각한 신체적 질병 등이 있다. 다시 말하지만, 이런 사람들은 이들을 위해 설계된 집단에 참여하는 것이 좋다. 급성의 극심한 슬픔을 예로 들면, 이는 일반적으로 시한적이기 때문에 급성의 비탄에 빠진 환자는 그 감정이 복잡하고 오래갈수록 사별자

를 위한 단기 사별 집단에 의뢰하는 것이 최선이다.[37]

차이를 잘 보라! 만일 목표가 명확하게 상실에서 오는 슬픔의 제거라면, 단기적인 문제해결 지향 집단을 추천한다. 그러나 환자가 자신을 계속해서 반복적으로 고통스러운 상황(결국 자기를 버리고 떠나는 사람들하고만 사랑에 빠지는 경우 등)에 빠뜨리는 자기 안의 무언가를 고치려 한다면, 그때는 장기적인 집단치료를 받아야 한다.

집단 조기 종결의 한 요인으로서 외적 스트레스의 중요성을 측정하기는 힘들다. 왜냐하면 외적인 스트레스는 흔히 내부 힘의 이차적인 것으로 나타나기 때문이다. 환자의 심리적 혼란은 그들 자신의 생활 상황의 붕괴를 일으키고, 그 결과로 이차적인 외적 스트레스가 나타나게 된다. 또 환자는 집단치료에서 발생되는 불안으로부터 도피하는 수단으로 외적 문제에 관심을 기울일 수 있다. 실제로 여러 환자가 외적인 스트레스를 치료 종결의 주요 요인으로 간주했다. 그러나 각각의 경우를 꼼꼼하게 연구한 결과, 외부 스트레스란 기껏해야 하나의 보조적 이유에 불과할 뿐 탈락에 대한 충분한 이유는 아니라는 점이 밝혀졌다.

그러므로 선발 과정에서 외부 스트레스에 지나치게 집중하는 것은 본격적인 집단치료에 바람직하지 못한 징조라고 할 수 있다. 만약 그 환자가 집단치료에 들어오지 않으려 한다면, 외부 스트레스 요인에 대응하면서 참여해 볼 것을 독려해 본다. 집단에 참여하기 위해 정시에 퇴근하는 것을 방해하지 않는 새로운 직장을 예시로 들어보자. 환자의 저항이 서서히 해결되면서, 외부 스트레스 요인 또한 조절이 가능해진다.

집단 일탈 치료에서 탈락한 환자들에 관한 연구는 선발 과정과 관련된 풍부한 정보를 제공해 준다. 그러나 먼저 일탈자라는 용어가 주의 깊게 정의되어야 한다. 우리는 특정 구성원이 집단 과업에 방해되는 양상으로 심각하게 집단에 적합하지 않을 경우, 이 표현을 사용한다. 대부분 모든 집단 환자는 적어도 하나의 측면에서는 두드러지는 모습을 보인다. 즉, 가장 젊은 집단원이거나, 가장 나이가 많은 집단원이거나, 혼자만 결혼하지 않았거나, 유일한 성소수자이거나, 가장 많이 아프거나, 유일한 아시아계 미국인이거나, 유일한 학생이거나, 화를 가장 잘 내거나, 가장 말이 없거나 하는 등이다.

그러나 조기 탈락자의 3분의 1은 그들이 집단에 참여하는 데 결정적인 영역에서 집단의 나머지 사람들로부터 유의미하게 일탈했다. 이 환자들의 행동은 침묵을 지킨 채 참여하지 않는 것부터 떠들어 대고 화를 내며 집단을 혼란에 빠뜨리는 것에 이르기까지 다양했으나, 그들은 항상 고립되어 있었고 집단의 진행을 지체시키고 있는 것으로 치료자와 그 밖의 다른 집단원들에게 인식되었다. 이런 환자들에 대해서 집단이나 치료자들은 "집단에 어울리지 않는다"라고 말했다. 이들은 심리적인 과정을 받아들이지 못하고, 홀로 폐쇄적이면서 지시적이었으며, 지금-여기 집단과 이어지지 못했다. 가장 일반적으로 묘사되는 특성들은 심리적 소양이 없음과 대인관계의 예민성 결여다. 이러한 환자들은 흔히 나머지 집단원보다 사회경제적 수준과 교육 수준이 낮았다. 그들은 소통에서 증상을 묘사하거나, 충고를 주고받거나 혹은 판단적인 수준에 머물러 있었으며, 즉각적인 감정이나 지금-여기의 상호작용에 대해 논의하기를 기피했다. 이와 비슷한 결과는 다른 연구자들에 의해서도 보고되었다.[38]

만성 정신질환 환자였지만 개인치료를 받은 후 최소한의 적응을 하고 있던 몇몇 조기 탈락자의 중요한 하위범주가 있었다. 정신분열과 같은 만성 정신질환 환자들에게 표현되는 강렬한 정서의 부정적인 심리적 영향을 고려한다면, 강렬한 상호작용적 집단치료는 만성 정신질환 환자들의 치료에 금기시될 것이다. 구조화되어 있고, 지지적이며, 심리교육적인 집단이 더 효과적이다.[39]

연구에서 탈락되지 않은 다른 두 명의 환자는 그들의 생활양식에서 집단의 다른 집단원들과 달랐다. 한 명은 매춘을 한 적이 있었고, 또 다른 사람은 약물 중독과 약물 거래를 한 적이 있었다. 그러나 이 두 환자는 집단의 진행(심리적 통찰, 대인관계의 예민성, 효과적인 의사소통)을 방해했다는 점에서 다른 사람과 다를 바 없었지만, 결코 일탈자가 되지는 않았다.

집단 이탈에 관한 본 연구의 결과는 사회심리학 연구, 임상 경험, 그리고 집단 선택 설문지 같은 새로운 선택 보조도구의 사용으로 일관된 반향을 일으킨다. 이 논문의 요지는 대부분 집단지도자가 겪었을 경험에 초점을 맞춘다. 집단에 적응하지 못하는 환자는 우선적으로 관심을 받더라도 도움이 되지 않는다. 이러한 환자는 전체 집단을 더디게 만들고, 경직되게 만들고, 통제하려 들고, 방어적인 방식으로 다른 집단원에게 악영향을 끼치며, 집단의 상호작용 과정을 방해한다. 집단 일탈자는 변화를 향한 동기가 결여되고, 자신의 주요한 문제를 집단이라는 소우주 내에서 반복하면서도 이를 반성하고 해결해 나가려는 심리적인 역량이 없어 자존감은 물론 타 집단원의 치료에 피해를 준다. 집단은 일탈자에 대한 실질적인 영향력을 갖지 못하고, 좌절감에 휩싸여 그들과의 관계를 끊는다. 이러한 환자는 보통 집단 안에서 낮은 사회적 지위를 경험하여 개인적인 만족감이 부족하고, 사회 집단에서의 감정적 경험에 부정적인 영향을 끼친다.[40]

이 연구에 나오는 한 일탈자의 사례를 자세히 살펴보면 더 명료해진다. 중년의 나이에 고립되어 있고, 융통성 없이 방어적인 이 환자는 병행하는 개인치료에서 엄청난 지지를 받고 있었기 때문에 그럭저럭 집단을 계속해 나갈 수 있었다. 그러나 그는 집단에서 고립되어 있었을 뿐 아니라, 치료자와 다른 집단원들의 견해에 따르면 집단의 진행을 방해하기도 했다. 처음에는 집단의 상당한 에너지가 일탈자에게 소비되었다. 그런 후 집단은 포기했고, 일탈자는 의사소통 네트워크에서 거의 배제되었다. 그러나 그가 작업의 속도를 더디게 만들었기 때문에 집단은 그 일탈자를 전적으로 잊어버리거나 무시할 수는 없었다. 만일 이야기할 수 없는 어떤 중대한 일이 집단에 생긴다면, 집단에는 어느 정도의 일반화된 의사소통의 제한이 항상 존재할 것이다. 배제된 집단원이 있으므로, 그 집단은 결코 진정으로 자유롭지 못하다. 어떤 의미에서 집단은 가장 느린 집단원보다 빠르게 움직일 수 없기 때문이다.

Lieberman과 Miles 그리고 나[IY]는 연구를 통해 일탈자(다른 집단원들이 집단 외부에 있는 사람으로 간주하는 집단원들 또는 집단의 규범을 크게 잘못 파악한 사람)들은 집단으로부터 혜택받을 기회를 얻지 못하고 부정적인 결과를 겪게 될 가능성이 증가한다는 것을 보여 주었다.[41]

이제 이런 연구 결과와 임상적 관찰 결과를 선발 과정에 적용해 보자. 치료 집단에서 일탈적 역할을 하게 될 환자들을 심사면접에서 확인하는 일은 어렵지 않다. 거부, 정신내적인 요인과 대인관계적 요인에 대한 소홀한 취급, 대인관계 상호작용에 영향을 받지 않으려 하는 경향, 불쾌감을 신체적이고 외부적인 요인에 두는 경향 등은 면접을 주의 깊게 시행한다면 확연하게 드러난다. 이런 사람들의 일부는 상당히 큰 기능상의 손상으로 인해 눈에 띈다. 이들은 종종 치료가 진전되지 않아 좌절하고, (기존의 개인치료 환경에서 바꾸길 희망하는) 낙담한 개인치료자들에 의해 집단치료에 의뢰된다. 때때로 일부 환자에게 약물치료로 도움을 받거나 개인치료를 통해 안정을 다질 시간을 더 주기 위해 이들이 집단치료에 들어오는 것을 뒤로 미루기도 한다.

실책은 다음과 같은 가정에서 발생한다. 비록 이런 환자들이 집단의 나머지 집단원들과 호흡이 맞지는 않을 것이지만, 그럼에도 불구하고 그들은 전반적인 집단의 지지와 사회화 기술을 개선할 기회를 통해 도움을 받으리라는 가정이다. 우리의 경험에 따르면, 이러한 기대는 거의 실현되지 않는다. 결국 집단은 그 일탈자를 제외시킬 것이다. 치료자들도 역시 공공연하고도 암암리에 그런 환자들에게서 주의를 돌려, 노력한 만큼의 보

람이 있는 다른 환자들에게 치료적 에너지를 쏟는다.[42]

그러나 때로는 초기 임상 표현에서 환자의 선별과 집단 진입이 치료의 실패로 이어질 것으로 나타나더라도 매우 긍정적인 결과로 이어질 수도 있다.

> 이혼한 60세 여성 Sandra는 정신과 의사에 의해 새롭게 형성된 32회기 집단에 소개되었다. 그녀에게는 극심한 사회적 고립의 역사와 사재기와 관련된 중대한 문제가 있었다. 그녀는 사재기에 대한 수치심이 너무 커서 사재기에 초점을 맞춘 동질적인 그룹에서도 그에 관한 논의를 피했다. 그녀는 모임을 빼먹고 참석하지 않았다. Sandra는 불안한 회피와 극심한 사회적 고립을 줄이기 위해 이번에 대인관계 집단에 소개되었다. 그녀는 또한 개인치료를 병행할 것이다.
>
> 첫 번째 사전 집단평가 모임에서 내[ML]가 확인한 것은 그녀의 집단치료가 다시 실패할 가능성이 있는 모든 이유였다. Sandra는 우리가 방금 검토한 많은 요소, 즉 짝이 맞지 않는 옷을 입은 채로 이상하고 기이한 발표를 하는 것, 강렬한 사회적 회피, 사재기에 대한 수치심과 그것에 관해 이야기하려 하지 않는 대인관계적 경직성을 입증했다. 우리는 또한 그녀가 이전 집단치료에서 실패한 것에 관해 논의했다. 그녀는 이 집단에서만큼은 이전 집단들에서 했던 것처럼 실패하지 않기로 결심했음을 분명히 밝히며 설득하려 했다. 면담이 진행되면서, 그녀가 남긴 첫인상에도 불구하고 나는 Sandra가 매력적이라는 사실을 알게 되었다.
>
> 우리는 그녀의 집단 작업 초점을 다른 집단원을 끌어들이고 감정을 관리하는 데 두기로 함께 결정했다. 그녀는 자기가 느끼는 괴로움의 본질이 무엇이든 간에 집단 내에서 그것에 관해 말하겠다고 동의했다. 칭찬할 만하게도 그녀는 실패하거나 도망치지 않기를 바라는 자신의 소망에 관해 이야기하는 첫 번째 모임을 시작했다. 그녀는 대인관계 문제에 대한 평생의 기대와 거절, 굴욕, 수치심에 대한 두려움을 묘사했다. 다른 집단원들은 그녀의 개방성과 용기를 높이 평가했다. 집단 초기에 모임이 끝난 후 Sandra가 집단에서 계속 활동해야 하는지 묻는 이메일을 보내는 등 몇 차례 위기가 있었다. 그녀는 다른 사람들의 행동에 대한 잘못된 해석, 집단 행사에 대한 과민 반응, 그리고 다른 집단원들이 그녀에게 떠나라고 요청할 것이라는 자신의 두려움을 걱정했다. 그러나 그러한 경우마다 집단과 나는 지원을 제공했다. 그녀는 32차례 회의 중 30차례 참석했고 '다른 인간 중에서도 인간적'이라고 느끼며 집단의 소중한 일원으로 졸업했다.[43]

요약하면, 치료자가 집단에서 두드러지게 일탈하게 될 환자를 골라내는 것은 중요하다. 집단 선정 질문지 같은 경험적 측정을 활용해 임상적 평가를 종합하는 것은 매우 도움이 된다. 하지만 선별은 정확하지 못한 측면이 있다. 환자들은 집단의 모임에서 그들의 대인관계적 행동 때문에 일탈자가 되는 것이지 일탈적인 생활양식이나 과거 때문에 일탈자가 되는 것이 아니다.

친밀성 문제 일부 환자는 친밀성에 갈등을 느껴 집단치료에서 탈락했다. 그들은 자신의 친밀성 갈등을 조현성 철회schizoid withdrawal, 과하거나 적은 자기개방, 즉각적으로 친밀해지고자 하는 비현실적 요구로 표현했다.[17)]

(사회적 은둔, 대인관계의 냉랭함, 냉담함, 내성적인 태도, 그리고 내부에 몰두하는 경향을 반영하는) 분열성 성격장애를 가지고 있는 것으로 진단된 환자들은 집단에서 관계를 맺고 의사소통을 하는 데 커다란 어려움을 겪었다. 그들은 자기의 느낌을 표현하고 이전의 부적응적 관계 양식을 고칠 각오를 하고 집단을 시작했다. 하지만 이러한 목적을 달성하는 데 실패했고, 좌절과 불안을 겪게 되었으며, 이러한 점은 그들의 노력을 더욱더 저지했다. 치료자들은 집단에서 그들의 역할을 '고립', '침묵하는 집단원', '주변인', '드러내지 않는 자'로 묘사했다.

현대 진단의 관점에서 과거에 분열증으로 진단받았던 집단원이 오늘날에는 1단계 자폐증이 될 수 있다. 이 둘 사이의 임상적인 차이점은 꽤 미묘하다. 관계에서의 상당한 장애는 양쪽 집단에서 공통으로 나타나는 특징이다. 조현성 환자의 장애로는 타인에 대한 무관심, 무심함, 감정 무변화, 그리고 고립에 대한 선호가 있다.[44] 반대로 자폐 스펙트럼 환자는 눈치가 과하게 없거나, 사회적으로 불안해하고, 사회적인 교류를 즐기지만 이를 올바르게 하는 방법을 알지 못한다. 이런 환자는 대인관계적 탐구에 중점을 두지 않는 구조화된 사회 기술 집단에서 많은 도움을 받는다.[45] 이 연구에서 조현성 집단원 대부분은 집단치료에서 도움을 절대 받지 못할 것이라는 두려움에 치료를 중단했다(12장 참조).

친밀성의 갈등을 지닌 다른 환자는 다른 이유로 탈락했다. 다른 집단원들에게 가해질 그의 공격성이 두려워서였다. 당초 그는 "폭발할 때 누군가를 죽일 수도 있다는 두려움 때문에 되도록 사람들로부터 거리를 둔다"라고 말하며 치료를 받으러 왔다. 그는 처음 네 차례 모임에는 지적으로 참가했지만, 다른 집단원들의 감정 표현에 위협을 받았다. 다섯 번째 모임에서 한 환자가 반복적이고 빗나간 이야기를 하며 전체 모임을 독점하다

---

17) 조기 탈락에 대한 범주는 상당히 중첩된다. 친밀성의 문제로 탈락했던 많은 환자는 친밀성에 대한 그들의 문제를 행동으로 드러냈기 때문에 일탈적인 역할을 차지하게 되었다.

시피 하자 그는 독점자에게 극도로 화를 냈고, 이런 일이 발생하도록 허용했다는 이유로 나머지 집단원들에게도 화를 냈다. 그러고는 아무 예고도 없이 갑자기 치료를 끝냈다.

어떤 사람은 자기개방에 대한 지속적이고 광범위한 두려움을 경험했다. 이로 인해 그는 집단에 참여하는 데 자꾸만 제외되었고 결국에는 집단에서 탈락했다. 어떤 사람은 미숙하고 절제가 부족한 자기개방을 하다가 느닷없이 종결했다. 어떤 사람들은 집단원들에게 즉각적이고 미리 준비된 친숙성을 과도하게 요구한 나머지, 자신들이 감당할 수 없는 집단의 역할을 만들어 내고 말았다. 한 조기 탈락자는 첫 집단 모임에서 자신이 떠벌리기 좋아하며 다른 사람들의 비밀을 지켜 줄 수 있을지 의문이라고 말함으로써 집단을 동요시켰다.

친밀성 영역에서 심각한 문제를 가진 이러한 범주의 환자들은 대체로 선별과 치료적 관리 측면에서 집단치료자에게 특별한 도전이 된다(12장 참조). 여기서 모순은 마찰의 비율이 높은 환자들에게 성공적인 집단경험이 특히 보상적일 것이라는 점이다. 따라서 생활사가 만족스럽지 못한 대인관계로 특징지어지는 환자들은 친밀한 집단경험으로부터 많은 이익을 얻게 된다. 하지만 만약 그들의 과거 대인관계사가 지나치게 박탈되어 있다면, 그들은 집단을 지나치게 위협적인 것으로 받아들여 이전보다 더 의기소침해져서 집단에서 탈락될 것이다.[46]

> 58세의 독신 남성 Jake는 집단이 자신에게만 도움이 되지 않는다고 믿었다. 그는 자신이 집단의 다른 사람들만큼 관계에 관심이 없다고 발언했다. 유년 시절 대부분을 여러 위탁 가정을 옮겨 다니며 보냈던 그는 관계는 이익에 따라 만들어지는 것이라고 믿게 되었다. Jake의 좋은 출석률과 그의 핵심적인 믿음에 대한 나[ML]의 명백한 동의에도 불구하고, 좀처럼 진전이 이루어지지 않았다. 집단이 지속적으로 고무적이고 존중하는 분위기를 이어 가는 가운데 Jake는 몇 달 후 집단의 성공을 기원한다고 말하고는 집단을 떠났다. 이후 절박해진 그는 개인치료를 추천해 줄 것을 부탁했는데, 이는 결과적으로 많은 도움이 되었다.

최근 연구에 따르면 멸시적이고 회피적인 애착 유형의 환자는 집단에서 어려움을 겪는다. 이러한 유형은 자기 의존적이고, 소속감을 가지길 거부하며, 타인이 주는 관심을 신뢰하지 않는다.[18)] 이런 환자들은 다른 집단원과 교류하기까지는 더 많은 시간이 걸린다.[47] 극도로 저항적이고, 민감한 환자는 치료자의 권위에 도전하고, 자신만의 속도와 자율에 대한 존중을 원한다.[48] 성격 특성 항목표에서 매우 유용한 정보를 얻을 수 있는데, 매우 불안해하고 심한 수치심을 느끼는 환자는 이탈할 가능성이 크다. 이러한 점은 외향성과 양심에서 높은 점수를 기록하고, 집단에 몰입하는 환자와 대비되는 모습이다.[49]

사회적 유대감을 열망하지만 빈약한 대인관계 기술 때문에 방해받는 환자들은 특히나 심리적 고통에 빠지기 쉽다. 이런 사람들은 사회적 유대감을 다질 기회가 있는 집단 안에서, 유대감을 다질 기회에 그들 스스로 그 기회를 활용하지 못해 좌절한다. 이러한 환자는 집단 내에서 높은 수준의 응집력을 보이나, 계속해서 자신들이 바깥에서 들여다보고 있다고 느낀다. 이는 "물은 어디에나 있지만 마실 물은 한 방울도 없다"라는 늙은 선원의 격언과 비슷하다. 물론 결과를 가장 잘 예측하는 것은 높은 응집력의 집단 점수보다는 개인의 소속감이다.[50]

따라서 친밀감의 문제를 겪는 환자들은 집단치료에 금기시되는 징후와 집단치료를 필요로 하는 뚜렷한 징후를 동시에 나타낸다. 그렇기에 집단에서 압도될 사람을 초기에 가려내는 동시에 누가 집단에서 성공적일지 분간해야 한다. 이 두 가지 모두 집단 전 평가만으로 예측하기엔 어려움이 있다.

자기애성 병리를 가지거나 일반적으로 자기개방에 대한 전반적인 두려움을 가진 사람들은 상호작용 집단치료에는 바람직하지 않은 후보자다. 만일 이러한 환자들이 그들의 대인관계 양식에 불만족스러워하고, 변화에 대한 강한 동기를 표현하며, 그들의 내적 생활에 대해 호기심을 나타낸다면 집단치료를 진행해 볼 가치가 있다. 하지만 회피, 평가 절하, 자기 확대 같은 대인관계의 방어기제는 이들을 집단 내에서 비정상적인 역할을 하게끔 만들 수 있다.[51]

개인에게 맞추어진 집단 전 준비 과정은 조기 이탈의 위험을 줄일 수 있다(준비에 관한 내용은 9장에서 더 깊이 다루겠다). 이미 구성되어 빠르게 진행되는 집단에 넣을 대체 집단원

---

18) 애착과 관련된 척도를 초기 평가에 추가하는 것이 큰 도움이 될 수 있다. 애착 측정에 대한 표준은 성인 애착 인터뷰(Adult Attachment Interview) 같은 집중적이고 구조화된 인터뷰이지만, 더 간단하고 빠른 자기 평가를 Sinai Health System과 토론토 대학의 "The Self-Assessment Kiosk"를 Survey Gizmo(www.surveygizmo.com/s3/2998552/The-Self-Assessment-Kiosk)에서 접할 수 있다. 친밀관계경험척도(Experiences in Close Relationships Scale, ECR)의 변형인 관계 유형 문항은 검증된 애착 자기 평가이며, 환자에 대한 질적 · 양적 피드백을 빠르게 받을 수 있다.

을 찾을 때, 치료자는 주의를 기울여야 한다. 흔히 이러한 집단에 환자를 들여보낼 때는 개인과 집단을 결합한 치료가 필요하기도 하다.[52]

정서적 전염에 대한 두려움 지금까지 조기 탈락과 관련된 주요한 요인을 살펴보았다면, 이제는 유관 요인을 살펴보고자 한다. 집단치료에서 탈락한 환자들은 감정적인 고통이 전염된 것처럼 다른 집단원의 문제를 듣고 극히 부정적인 영향을 받았다고 보고했다. 이는 중요한 문제이며, 환자 중 일부가 집단치료보다 개인치료를 선호하는 이유가 된다.[53] 한 환자는 집단에 있는 3주 동안 다른 사람들의 문제를 듣고 매우 기분이 나빠졌으며, 매일 밤 그 문제에 대해 꿈을 꾸고, 낮에는 그 문제를 생생하게 회상했다고 말했다. 어떤 환자들은 매번 그들의 집단에서 특히 혼란스러운 한 환자 때문에 기분이 나빴다고 보고했다. 그들은 다른 환자의 측면을 그들 자신에게서 보게 됨으로써 놀라고, 자신에게도 인격적 퇴행이 나타나지 않을까 두려워했다. 이러한 환자들은 자아에 대한 감각이 약하고, 자아의 경계가 불분명하다.

정서적 감염에 대한 공포는 치료 전 선발 절차에서 극도로 두드러지고 명확하게 표현되지 않는 한, 집단에 포함하거나 또는 집단에서 제외하기 위한 유용한 근거는 아니다. 그 문제에 대해 예민한 치료자들은 치료 과정에서 이를 효과적으로 다룰 수 있다. 때때로 환자들은 자신에 대해 점차 민감도를 줄여 나가야 한다. 우리는 여러 치료 집단에서 탈락했지만 마침내 한 치료 집단에 남을 때까지 견뎌 낸 환자들을 알고 있다. 치료자는 환자에게 다른 사람들의 실패에 대한 그의 태도가 초래하는 손해의 결과를 명료화해 줌으로써 도울 수 있다. 상대방의 어려움을 듣는 것을 참을 수 없다면 어떻게 우정을 발달시킬 수 있을까? 만일 불편함이 수용된다면 집단은 그러한 환자에게 이상적인 치료를 제공할 수 있을 것이다.

집단치료에서 조기 탈락하는 다른 이유(치료자를 공유하는 능력이 없음, 개인치료와 집단치료를 동시에 받는 데서 일어나는 문제점, 때 이른 탐색, 치료에 대한 부적절한 오리엔테이션, 소집단에서 발생되는 문제점)는 일반적으로 잘못된 치료 기법의 결과이고, 그것은 뒤에 나오는 장에서 논의할 것이다. 그렇다 할지라도 이러한 문제는 순전히 선발이나 치료 기법의 사항에만 해당하지는 않으며, 집단치료의 원리에 대한 몰이해와 잘못된 가정으로부터 비롯된다. 예를 들면, 어떤 환자들은 치료자를 공유할 수 없다는 이유로 치료를 그만두었다. 그들은 치료의 진전은 전적으로 그들이 집단치료자로부터 받은 상품(시간, 관심 등)의 양에 달려 있다는 생각을 절대 포기하지 않았다. 한 집단원은 집단치료 시간을 산술적으로 따지는 데만 몰두했다. "총 90분이고 집단원이 9명이니 10분씩 시간이 주어질 텐데, 이것이 얼마나 가치를 가질까?"

때로는 개인치료로부터 떨어뜨리려는 숨겨진 의도를 가진 채 지나치게 의존적이고 권위 지향적인 환자들이 집단치료에 참여하기도 한다. 집단치료는 개인치료의 종결 시기를 촉진하기 위해 쓰이는 양식이 아니며, 치료자는 부적절한 치료 의뢰에 대해 경계해야 한다. 때로 개인치료와 더불어 집단치료를 병행하고, 개인치료에 대한 의존성을 줄이려는 사려 깊은 행동은 매우 훌륭한 선택이며, 이럴 때는 집단치료와 개인치료를 동시에 진행할 수 있다.

앞장에서 살펴보았듯이, 치료적 동맹의 힘이 치료 결과를 예측한다는 분명한 증거가 있다.[54] 강한 동맹 관계를 맺지 못한다는 것은 환자만의 문제가 아니며, 치료자에게 성찰이 필요하다는 것을 의미한다.[55] 조기 탈락자 10명에 관한 다른 연구에서는 환자들이 치료를 위해 부적절하게 준비되거나 집단치료를 권유한다는 것의 의미를 오해했다는 점을 지적한다.[56] 치료자는 그들이 집단에 들어오는 이유를 확실히 알지 못했다. 분명한 목표를 설정하지 못했고, 어떤 환자들은 치료자의 동기를 의심하기도 했다. 즉, 그들은 혹시 집단원들이 따뜻한 사람의 몸이 필요하기 때문에 여기에 온 것은 아닌가 자문해 보기도 했다. 어떤 환자들은 자신보다 더 기능을 못하는 환자들과 같은 집단에 들어가게 된 것에 상처를 받았다. 이를 그들의 상태에 대한 치료자의 판단으로 받아들인 것이다. 어떤 이들은 마치 특별한 상태에서 평범한 상태로 강등당했다는 듯이 그들이 집단으로 의뢰되었다는 사실 자체에 상처를 받았다.

포함 기준

이질적 대인관계 집단을 관찰하는 교육생들은 언제나 "어떤 사람에게 집단치료를 권해야 하나요?" 또는 "우리가 방금 관찰한 사람들은 어떻게 이 집단에 들어왔나요?" 같은 질문을 한다. 집단에 포함시키는 임상 기준으로 제일 명확한 것은 환자의 동기다.[57] 환자는 일반적으로 치료에 대해, 특히 집단치료에 대해 높은 동기가 있어야 한다. 집단치료는 간단하지도 쉽지도 않으며, 동기가 매우 중요하다. 환자들이 배우자, 보호 관찰관, 개인치료자 또는 기관에 의해 보내졌기 때문에 집단치료를 시작해서는 안 된다. 집단에 대한 수많은 그릇된 편견은 준비 과정에서 교정될 수도 있다. 그러나 인터뷰 내용 또는 환자의 선별 문항 답변에서 집단 참여에 대한 뿌리 깊은 혐오가 보인다면, 해당 환자를 집단의 구성원으로 받아들여서는 안 된다.[58]

대부분 임상가는 집단에 포함시키는 중요한 기준으로 대인관계 영역에서의 지대한 문제 여부를 본다. 대인관계 영역에서 문제란 외로움, 수줍음, 사회적 철회, 친밀해질 수 없음, 난폭성, 권위에 대한 문제, 자기도취, 사랑스럽지 않다는 느낌, 아첨, 의존성 등이다. 이렇게 환자의 주요한 대인관계 문제 영역을 파악하고 나면 매우 흥미로운 질문이 떠오르게 된다. 우리의 치료는 이러한 취약한 부분을 회피하는 것인가, 아니면 해결하는 것인가? 이에 답변이 될 만한 명확한 집단치료 연구는 존재하지 않는다. 그러나 우울증 개인치료에 대한 미국 국립정신건강연구소(National Institute of Mental Health, NIMH)의 대규모 연구에서 유추해 볼 수 있는 부분이 있다. 해당 연구에서는 환자에게 어느 정도의 대인관계 능력이 뒷받침될 때 대인관계치료의 효과를 볼 수 있다고 결론지었다.[59] 잠재적인 환자가 자기 문제의 핵심에 대인관계가 있다는 사실을 인지하는 것은 도움이 되고, 이러한 일치는 치료적 동맹을 공고히 한다.[60]

자신의 행동에 책임을 지는 능력 또는 삶의 사건을 보고하는 능력이 부족해(부분적 기억상실이 있거나, 자아동조적인ego-syntonic 성격적 병리 때문에) 개인치료에서 작업을 잘하지 못하는 환자에게 일부 임상가는 집단치료를 권한다.[61] Louis Ormont는 개인치료에서 어려움을 겪거나, 집단 구성원이 다양한 피드백과 해석을 제공함으로써 혜택을 받을 수 있는 많은 환자에게 집단치료의 가치를 설명했다.[62]

느낌을 즉각적으로 행동에 옮기는 충동적인 환자들은 개인치료보다는 집단치료를 통해 훨씬 더 쉽게 치료된다.[63] 이러한 환자들과 작업할 때 개인치료자는 흔히 참가자이며 동시에 관찰자이기가 어렵다. 반면 집단에서는 이러한 두 가지 역할이 집단원 사이에서 분담된다. 예를 들면, 어떤 집단원들은 충동적인 환자와 다투려고 뛰어드는 반면에 다른 사람들은 편견이 없는 공정한 증인으로서 처신하기도 하는데, 충동적인 환자는 그 사람들의 증언을 흔히 치료자의 말보다 훨씬 더 기꺼이 신뢰한다.

집단치료는 대인관계 문제가 중대하지 않은 경우에도(혹은 환자에게 분명하게 나타나지 않는 경우에도) 선택할 수 있는 치료법이다. 예를 들면, 감정을 방어하는 쪽으로 극히 지적인 환자들에게는 집단에서 일어나는 정서적 자극이 더 좋을 것이다. 어떤 환자들은 전이의 심각한 문제 때문에 개인치료에서 진전이 없다. 그들은 둘 사이의 친밀감을 견디지 못할 수 있으며, 치료가 가능하도록 다른 집단원에 의해 제공되는 현실 검증이 필요할 수도 있다. 어떤 환자들은 성격적으로 개인치료자에게 강한 부정적 역전이를 일으키기 때문에 집단에서 치료받는 것이 적합하다.[64]

38세 George는 여성 개인치료자로부터 집단치료에 의뢰되었다. George는 친절함을 회피하는 문제와 분노 그리고 의존성 때문에 고심했다. George는 자신의 문제가 난폭한 아버지에게 학대받은 일로 거슬러 올라간다고 말했다(George에 대해서는 2장에서 언급한 바 있다). 어린 아들과 부대끼며 시끄럽게 노는 것이 점점 겁이 나자 George는 자신 또한 자식을 학대하는 아빠가 될까 봐 염려되어 개인치료를 받게 되었다.

처음에는 개인치료가 잘 진행되었다. 하지만 곧 George가 치료자에게 공격적이고 노골적인 성적 감정을 보이자 치료자는 불편해졌다. George가 자신은 성적인 방법을 통해 치료자에게 감사하는 마음을 가장 잘 표현할 수 있다고 넌지시 비쳤을 때 치료자는 특히 걱정되었다. 이런 문제가 치료를 방해하기도 하고, George가 치료에서 얻는 다른 이득 때문에 치료를 종결하는 것을 내켜 하지 않았기 때문이다. 이에 치료자는 개인치료와 집단치료를 동시에 진행하면 전이와 역전이의 강도를 희석시킬 수 있을 거라는 바람으로 George를 집단치료에 의뢰했다. 집단은 George의 문제에 관해 지지와 과제를 제공해 주었고, George의 치료는 개인치료와 집단치료 모두에서 효과적으로 진행될 수 있었다.

많은 환자가 뚜렷한 대인관계상의 불만 없이 치료를 찾는다. 이들은 이 시대의 환자들을 치료에 몰아넣는 다음과 같은 공통된 문제를 치료를 찾게 된 이유로 언급한다. 즉 인생에서 무언가 빠져 있다는 느낌, 무의미한 느낌, 널리 퍼져 있는 불안, 무쾌감증, 정체성 혼란, 경증의 우울, 자기모멸이나 자기파괴적 행동, 강박적 일중독, 성공에 대한 두려움, 신경성 독서불능증alexipharmic 등이다.[65] 하지만 자세히 들여다보면, 이러한 불만은 우리가 강조했듯이 저마다 대인관계적 기초를 가지고 있다. 만약 환자가 대인관계 집단의 접근 방식이 가지는 가치를 받아들인다면, 개인치료에서만큼 집단치료에서 성공적으로 치료되기도 한다.[66]

포함 기준에 대한 연구

포함 기준을 정의하는 데 대한 체계적인 접근은 성공적인 집단치료 환자들에 관한 연구로부터 나와야 한다. 이러한 연구를 수행하기는 쉽지 않지만, 어떤 사람이 집단치료로부터 효과를 보는지에 관해서는 진전이 있어 왔다. 성공하는 환자는 지금까지 알아본 이탈하는 사람들과 정반대 모습을 보인다.[67] 하지만 때로는 집단 내에서 누가 진전을 보이는지, 그리고 누가 기대에 미치지 못하는지 분별하기 어려울 수 있다. 치료 결과와 과정에 대한 설문을 통해 피드백을 얻는 것은 이러한 측면에서 매우 큰 도움이 된다.[68]

5개의 외래 치료 집단에 있는 환자 40명에 관한 어느 연구에서는 한 해 동안 받은 집단치료를 연구함으로써 치료에서 성공적인 결과를 예측할 수 있는 분명한 요인을 찾아내고자 했다. 치료 결과를 평가하고, 치료 시작 전에 연구된 많은 변인과의 상관관계를 살폈다. 결과는 심리적 복잡성psychological sophistication의 수준, 결과에 대한 치료자의 예측, 이전의 자기개방, 인구학적 자료 등을 포함한 모든 치료 전 요인이 집단치료의 성공을 예측하지 못함을 보여 주었다. 그러나 6회와 12회 치료 모임 이후 측정된 두 가지 변인은 1년 후의 성공을 예측할 수 있었다. 이는 집단에 대해 환자가 느끼는 흥미와 집단 내 환자가 지니는 평판이었다.[69] 평판이 성공적인 결과와 상관이 높다는 발견은 환자 선별에 관한 몇 가지를 시사한다. 왜냐하면 집단 내에서 인기를 얻기 위한 필수조건은 이전에 자기개방을 많이 하고, 활동적이며, 내성introspect 능력이 높은 것임을 연구자들이 밝혀냈기 때문이다.[70] 집단의 목표 성취를 촉진하는 행동을 본받는 사람들이 집단에서 인기와 지위를 얻는다.[71] 이러한 연구 결과는 자신의 개방성으로 집단의 상호작용을 촉진하고, 모두가 위험을 감수하는 것을 더 안전하게 만드는 구성원을 집단에 포함시키는 것의 가치를 강조한다. 더 최근의 연구는 이러한 발견을 확증한다.[72] 심리적으로 '풍요로운' 이들은 치료에서 더 풍요로워지고, '가난한' 사람들이 풍요로워지게끔 돕는 한 가지 방법은 그들로 하여금 이런 종류의 성공적인 집단원과 함께 집단에 참여하게 하는 것이다.

초기 참만남 집단 연구에서도 유사한 발견이 보고되었다. 참만남 집단으로부터 가장 많이 도움을 받은 사람들은 개인적 변화를 높이 평가하고, 집단에 대해 높은 기대치를 가졌으며, 자신과 타인의 감정을 이해하는 데 결함이 있다고 보았고, 집단이 유관한 의사소통의 기회를 제공함으로써 이러한 결함을 고칠 수 있을 것으로 기대한다. 이러한 사고방식과 함께 집단에서 위험을 감수하려는 의지가 있다면, 이러한 개인은 집단 내에서

성공적으로 치료된다.[73]

긍정적인 기대가 좋은 결과를 예측하게 한다는 발견은 매우 실질적인 연구로 지지받고 있다. 환자가 치료(개인치료, 집단치료)가 유용하다고 기대할수록 치료는 더 유용하게 될 것이다.[74] 이전에 언급했듯이 개인에게 첫 치료 경험으로서 집단치료는 버거울 수 있다. 이런 점에서 이전 치료의 역할이 중요하다. 즉, 치료받은 경험이 있는 환자들은 치료에 대해 긍정적이고 현실적인 기대를 한다. 그리고 치료자와 환자가 치료에 대해 일치된 견해를 가지게 되면 치료적 동맹이 강화된다.[75] 이는 선별에서 매우 중요한 문제이며, 집단 전 준비 과정을 통해 환자가 긍정적인 기대감을 갖게 해야 한다는 것을 상기시켜 준다.

다른 집단원에게 미치는 환자의 영향

환자가 치료로 도움을 받게 될지와 환자와 치료자가 작업 관계를 형성할 수 있을지만을 고려하는 개인치료와는 달리, 집단치료를 위해 환자를 모집할 때는 실제로 집단의 나머지 사람들을 무시할 수 없다. 집단 역동에 관한 최근의 연구는 좋은 쪽이든 나쁜 쪽이든 집단원 간에 끼치는 상호 영향을 자기-상대방 상호의존actor-partner interdependence으로 본다.[76] 우리는 집단을 구성하거나 기존 집단에 구성원을 더할 때 새로운 환자가 이미 집단에 있던 사람에게 어떻게 반응할지, 그리고 그 반대는 어떨지 생각해야 한다.

또한 환자가 다양한 치료 양식에 잘 적응할 수도 있지만, 집단의 특정한 요구를 충족시키기 위해서 집단에 배치되기도 한다. 예를 들어, 어떤 집단은 때때로 공격적인 집단원, 강인한 남성 혹은 여성스러운 여성 집단원이 필요하기도 하다. 흔히 경계선 환자들은 격렬한 치료 과정에서 집단치료 과정에 유익한 영향을 미칠 수 있기 때문에 어떤 치료자들은 의도적으로 이들을 집단에 소개하기도 한다. 일반적으로 이러한 환자들은 자신의 무의식에 대해 더 의식하고, 덜 억제하며, 다른 이보다 사회 형식을 덜 따르기 때문에 집단을 좀 더 솔직하고 친밀한 문화로 이끌 수 있다. 그러나 자아 강도가 다른 집단원보다 유의미하게 약한 사람들을 포함시킬 때는 상당히 주의해야 한다. 만약 이러한 환자들이 사회적으로 바람직한 행동 특성을 가지고 있다면, 그들의 개방성과 깊은 지각 능력이 다른 집단원들에 의해 가치 있게 평가되고 일반적으로 잘해 나갈 것이다. 그러나 만약 그들의 행동이 다른 사람들을 서먹서먹하게 만든다면 집단 전체를 더디게 할 수 있으며, 그들은 일탈적인 역할로 빠져들어 반치료적인 경험을 하게 될 가능성이 크다.

환자에 대한 집단치료자의 느낌

마지막으로 중요한 포함 기준은 환자에 대한 치료자의 개인적인 느낌이다. 출처에 상관없이 환자가 굉장히 싫어지거나 관심이 없어지게 되면 (그리고 그런 반응을 이해할 수 없고 바꿀 수도 없다면) 치료자는 그 환자를 다른 곳에 의뢰해야 한다.[77] 이러한 사항은 분명히 상대적이다. 그래서 치료자는 효과적인 치료를 방해하는 감정이 어떤 것인지 스스로 확립해야 한다.

이 문제는 개인치료자보다 집단치료자에게 다소 덜 결정적이라는 것이 우리의 생각이다. 왜냐하면 집단 내에는 다른 환자나 보조 치료자가 주는 합의적 확인이 있기에 많은 치료자가 개인치료보다 집단치료에서 환자에 대한 처음의 부정적 감정을 더 빈번하게 고칠 수 있기 때문이다. 치료자는 경험과 자기인식을 얻게 됨에 따라 대개 더 큰 관대함과 너그러움을 개발하게 되며, 적극적으로 싫어하는 환자의 수가 점점 적어진다는 사실을 발견하게 된다.

요약: 환자 선별

실제 현장에서 집단치료를 위한 선발은 제외하는 과정에 의해 이루어진다. 집단치료자들은 심사숙고한 끝에 어떤 환자를 제외시키고, 다른 모든 환자를 받아들인다. 치료 결과에 관한 경험연구와 선별 지원, 임상 관찰이 포함 기준을 산출하지만, 집단치료에서 실패에 관한 연구, 특히 집단 과정 초기 탈락자들에 관한 연구는 중요한 제외 기준을 제공한다.

환자가 만약 자아 탐구, 자기개방, 그리고 집단과 집단원에 대한 보살핌과 존중이라는 주된 집단 과업을 이행하지 못할 것 같다면 그 사유가 심리적 자세, 물리, 실제, 동기가 되었든 집단에서 제외해야 한다.

단기 집단이나 특정 문제집단 또는 다른 치료 형태에서 더 효과적으로 다룰 수 있는 급박한 삶의 위기에 처한 환자들은 다양하게 구성된 대인관계치료 집단에서 제외해야 한다. 높은 수준의 임상적 관리가 필요한 환자는 해당 위기가 지속적인 집단 참여를 통해 충분히 관리할 수 있는 정도가 될 때까지 미루어져야 한다.

친밀성 영역의 갈등은 집단치료를 위한 적응증과 부적응증 모두를 나타낸다. 즉, 집단치료는 이러한 영역에서 상당한 도움을 제공할 수 있다. 그러나 만약 갈등이 너무 극단적이면, 환자는 집단을 떠나거나 집단에 의해 배제되거나 한다. 치료자의 과업은 욕구와 불가능성 사이의 경계에 가까이 있는 환자를 선발하는 일이다. 만약 제외 요건에 해당하는 특징이 나타나지 않는다면, 치료를 찾는 대부분 환자를 집단치료에서 치료할 수 있다.

집단 구성

이제 집단치료 구성원을 선별하는 것에서 치료 집단을 구성하는 것으로 초점을 옮기고자 한다. 집단 구성의 원칙은 이전에 나온 집단 선별 기준을 보완해 주고, 이는 우리가 집단 전 준비 과정에서 해야 할 것이 무엇인지 알려 준다(9장 참조). 이 두 가지 영역을 따로 다루지만, 이 둘은 임상적으로 매우 얽혀 있다. 이제 집단치료에 누가 일반적으로 적합한지에 관한 논의에서 특정 집단에 개인의 적합성으로 초점을 옮길 것이다. 더 나아가 우리는 가장 구조적이고 동질적인 집단을 포함한 모든 집단에서 집단 구성의 원칙이 유의미하다고 본다. 만약 치료자가 대인관계, 인지, 성격, 애착, 인종 및 민족, 문화 차원의 다양성에 관심을 기울이지 못한다면, 집단치료에서 단순하고 비효율적이고 천편일률적인 접근법만 사용하고 말 것이다.[78]

이제 두 가지 시나리오를 상상해 보자.

1. 세 개의 신규 치료 집단을 만들고자 하는 사전 면접 코디네이터가 집단치료의 효과를 볼 수 있는 환자를 21명 선정했다. 환자를 세 개의 집단으로 어떻게 나눌 것인가?
2. 사전 면접 코디네이터가 한 환자를 집단치료에 적합하다고 판단했는데, 해당 병원에는 한 명씩 자리가 있는 집단이 다수 있다. 어떤 집단이 이 특정 환자에게 알맞을까?

두 상황 모두 비슷한 문제를 제기한다. 개개인을 적절하게 조합하는 것이 이상적인 집단을 만들어 낼 것인가? 알맞지 않은 조합의 집단은 제대로 기능하지 못하게 될 것인가? 집단을 구성하는 데 있어 검증된 우수한 방법이 있는가?

다음 내용에서는 집단을 구성하는 것과 관련해 지금까지 알려진 지식을 정리해 볼 것이다. 이전 장에서 다루었듯이 우리는 지금-여기 집단 상호작용에 초점을 두는 야심 찬 목적을 지닌 동질적인 집단에 집중할 것이다. 들어가기에 앞서 주의를 주자면, 인간 행동과 상호작용은 너무나도 복잡한 만큼 위 질문에 대한 우리의 답을 절대적인 것으로 보아서는 안 되며 일시적인 것으로 간주해야 한다. 그럼에도 새로운 집단원을 진행 중인 집단에 추가하거나 집단을 구성할 때 일어난 실수는 새 구성원과 집단 전체에 영향을 끼치는 만큼 이는 매우 중요한 문제다. 더욱이 폐쇄적인 집단이나 시한부 집단에서의 제약 사항 때문에 해당 집단에서 일어나는 집단 구성상의 실수는 이를 고칠 기회조차 적다.

집단치료자는 집단을 구성할 때 환자를 알맞게 조합하기 위해 노력한다. 그러나 좋고 나쁜 조합이란 무엇이고, 어떤 조합을 뜻하는 것일까? 사람이 지닌 무수히 많은 특성 중 상호작용하는 치료 집단의 구성과 밀접하게 관계된 것은 무엇일까? 각 집단원은 다른 구성원과 지속적으로 소통하고 상호작용해야 하기에 우리가 바라는 조합은 개별 집단원의 참여를 극대화하고 대인관계 학습을 장려하는 것이다.

따라서 집단 구성 및 집단원 선택의 전체 절차는 어느 정도 정확하게 치료 전 선별 및 평가에서 개인의 대인관계 또는 집단행동을 예측할 수 있다는 중요한 가정에 기초한다. 하지만 과연 우리가 그런 예측을 할 수 있을까?

집단 내 환자 행동 예측

앞선 내용에서 우리는 집단 내에서 행동이 자신의 치료를 비생산적으로 만들 뿐 아니라 나머지 집단원들의 치료를 방해할 가능성이 있는 내담자들을 포함시키지 말 것을 권했다. 일반적으로 이러한 예측은 극단적이고 고착되어 있으며, 부적응적 대인관계 행동을 보이는 개인에게 제한적으로 적용할 때 상당히 정확하다. 일반적으로 병리가 심할수록 예측의 정확성은 커진다. 그러나 보통 임상 장면에서 문제는 훨씬 더 미묘하다. 치료를 신청하는 대부분 내담자는 광범위한 행동의 레퍼토리를 가지고 있고, 궁극적으로 그들의 집단 내 행동을 예측하기는 더 어렵다. 집단에서의 행동을 예측하기 위해 사용되는 가장 일반적인 과정을 검토해 보자.

표준 진단적 면담

내담자를 선별하는 가장 일반적인 방법은 개인 면담이다. 이때 면담자는 환자가 치료를 원하는 이유와 더불어 환경적인 스트레스, 개인사, 문화적 요소, 신체 건강, 정신건강 치료 이력을 파악한다.[79]

정신건강 면담의 전통적 산물 중 하나는 진단인데, 이는 캡슐 형태로 내담자의 상태를 요약해 한 치료자가 다른 치료자에게 유용한 정보를 전달하는 방법이다. 이상적으로는 이를 통해 포괄적인 치료 계획으로 이어지는 정보를 얻을 수 있어야 한다. 하지만 집단치료와 유관한 실질적인 정보를 제공하고 있을까? 집단치료자들은 그렇지 않다고 말할 것이다! 예를 들어, 정신장애 진단 및 통계 편람[DSM-5]은 대인관계 행동의 지표로서 단지 한정된 가치만을 지닌다.[80] 전통적인 진단 명명은 이런 목적을 위한 것이 아니었고, 이는 질병 중심의 의학에서 유래했다. 즉, 일차적으로 어떤 증상의 집합에 따라 증후군을 결정한 것이다. 성격은 일반적으로 실제 보이는 대인관계의 행동을 설명하기보다는 명확한 대인관계 행동의 범주를 강조해 분류했다.

전반적으로 표준 면담은 환자의 집단 내 행동을 예측하는 데 있어 가치가 크지 않다.[81] 진단 분류가 인간의 행동에 대해 별다른 예측을 하지 못한다는 것은 놀랍거나 실망스러운 사실이 아니다. 이러한 분류나 문구가 특정 개인의 본질이나 전체적인 행동을 아우를 수는 없다.[82] 모든 종류의 한정적인 분류는 낙인을 찍는 잘못된 행위이면서, 모욕적이고, 치료적 관계의 본질적인 인간성에 반한다. 심리치료 과정에서는 진단명에 대해 생각하지 않을수록 더 좋다는 것이 우리의 의견이다(알베르 카뮈는 한때 지옥을 간통하는 인본주의자, 초조한 철학자, 매력적인 이중인격자와 같은 개인의 정체성이 영원히 못 박힌 채로 전시되는 공간으로 묘사한 바 있다.[83] 카뮈에게 지옥은 자신을 다른 이에게 설명할 수 없는 곳으로, 영원히 분류된 채 고정되어 있다).

대인관계 접수 면담

만약 최초 면담의 효용을 끌어내는 것이 목표라면, 환자의 관계에 초점을 맞추어야 한다. 면담자는 유년기의 관계, 오래된 교우관계, 양쪽 성별의 사람들과 가졌던 친밀함을 포함한 환자의 대인관계와 집단경험을 탐구해야 한다. 내담자의 관계는 어떻게 시작해서 어떻게 끝나는가? 이때 환자의 세세한 일상에 관해 물어보면서 환자의 삶을 채워 나가는 것을 기록하는 것이 유익하다. 누구와 가깝게 지내는가? 환자의 전화기가 얼마나 자주 울리는가? 환자는 누구에게 문자를 받으며, 어떻게 SNS를 사용하는가?

우리는 환자의 내력을 살펴보는 면담 과정 자체에 관심을 가지면서, 집단의 대인관계적 지금-여기 상호작용에 어떻게 대응할 것인지에 관한 정보를 얻을 것을 권한다. 환자가 접수 면담에 대해 평가할 능력이 되거나, 치료자의 과정 평가를 이해하고 수용할 수 있는가? 예를 들어, 환자가 분명히 긴장한 상황임에도 치료자가 이에 관해 물었을 때 부인하는가? 환자가 면담에서 가장 불편해하거나 기뻐했던 부분을 식별할 수 있으며 그렇게 할 의지가 있는가? 면담에서 감정적이었던 경험을 반성할 수 있는가? 또는 치료자가 어떻게 자신을 봐주기를 원하는지 말할 수 있는가? 또는 치료자가 어떤 생각을 하는지 확인할 수 있는가? 이러한 모든 관찰은 환자의 집단 내 행동을 예측하는 데 도움을 준다.

이러한 종류의 면담이 어느 정도로 예측할 수 있는지는 경험적으로 증명되지 않았지만, 전통적인 임상 접수 면담과 비교했을 때 실제 집단행동과 훨씬 관련이 있어 보인다.[84] 현대 정신치료자는 환자의 병리적인 믿음 및 관계에 대한 기대를 탐구함으로써 환자의 대인관계적 행동에 형태를 부여한다.

다음의 짧은 예시는 치료자가 환자에 대한 자신의 감정적 반응에 주의를 기울임으로써 환자가 집단에서 어떻게 상호작용할 것인지 예측하는 방법을 묘사한다.

40대 여성인 Connie는 사회불안, 순환성 우울증, 대인관계 고립 때문에 주치의가 집단치료를 의뢰했다. Connie는 치료실에 들어오자마자 나[ML]에게 '따질 것'이 있다고 말했다. "어떻게 전화 응답기에 Connie라고 제 이름을 부르면서 당신 자신은 Leszcz 박사라고 칭할 수 있나요? 이로 인해 생기는 힘의 불균형을 이해하시겠어요? 여성주의, 여권신장이라고 들어보지 못했나요? 모든 여성을 이런 식으로 대합니까? 아니면 당신 환자에게만 이러십니까?"

나는 처음에는 멍했는데 잠시 후에는 화가 나고 위협을 느꼈다. 잠시 생각한 후 그녀의 말에 일리가 있다고 여겨져서 나의 불찰을 인정했다.

후반부에 이르러 친밀감이 쌓이면서, 내가 남긴 전화 메시지에 대한 그녀의 분노에 관한 이야기로 돌아왔다. 그녀는 자신의 감정이 자주 무시당하고 묵살당한다고 말했다. 이는 아버지와 전 남편이 그녀를 대했던 방식에 대한 생각으로 이어졌다.

나는 "그렇다면 당신의 분노에 대한 저의 반응을 어떻게 느꼈나요?"라고 물었다.

"살짝 놀랐어요. 사실 거의 충격을 받았죠. 남자에게 사과받는 것이 익숙하지 않거든요."

이는 집단에서 어떤 대인관계적 행동을 보일지를 예측하는 데 유용하다. 나는 Connie에게 처음에 나를 대했듯 집단원 또한 비슷하게 대하고 싶겠지만, 여기에서 선택할 수 있다고 말했다. 집단에서의 경험을 화로 가득 찬 실망의 연속으로 만들지, 또는 학습과 이해의 과정에 참여하고 기존 대인관계의 사슬을 끊어 낼지 선택할 수 있다고 말이다.

환자의 집단치료 이력

집단에서 한 개인의 행동을 예측하는 가장 강력한 방법은 무엇일까? 집단치료 상황과 밀접한 과제에 임하는 모습을 관찰하는 것이다. 다른 말로, 집단치료와 흡사한 활동을 하는 개인을 관찰하는 것으로 집단 내 행동을 더 정확하게 예측할 수 있다.

그렇기에 환자의 집단경험 이력은 크나큰 가치를 지닌다. 어떤 환자는 입원환자 집단, 통원환자 집단 또는 중독치료 집단을 포함한 일련의 집단치료를 따라간다. 이 같은 집단경험에 대한 신중한 조사는 치료자가 잠재적인 문제를 예측하는 데 도움이 된다. 이전 집단치료의 이른 시점에서 환자가 참여하거나 개인적 정보를 공개할 수 있는 것은 좋은 징조이자 신뢰할 수 있다는 것을 의미한다.[85]

집단경험 이력이 없는 환자를 평가하는 한 가지 방법은 초단기 교육 집단을 통하는 것이다. 정식 집단치료의 대기 명단에 있는 환자들을 위한 초단기 교육 집단은 환자들로부터 호평을 받았으며, 후속 집단을 위한 준비라는 목적에 부합했고 집단에서의 행동 또한 적절하게 예측했다.[86] 잘 설계된 한 프로젝트에서 집단치료 대기자 목록에 있는 환자 30명이 네 차례의 1시간짜리 교육 세션에 배치되었다. 세션은 단 하나의 규칙에 따라 진행되었는데, 여기에는 지금-여기 상호작용에 대한 안내도 포함되었다. 연구자들은 각 환자의 교육 세션 참여가 처음 열여섯 차례의 집단치료 세션 동안의 후속 행동과 상관관계가 있다는 것을 발견했다. 규모가 더 큰 다른 프로젝트에서도 유사한 결과가 나왔다.[87] 그러나 시간이나 자원의 압박에 직면한 의사나 클리닉에 시험 그룹의 사용은 흥미롭지만 매우 비현실적인 생각일 수 있다.

특수 진단 절차

애착, 대인관계 및 대응 유형을 파악할 수 있는 간단한 무료 자체 보고서 설문지를 통해 환자가 타인과 어떻게 관계를 맺고 이에 참여하는지에 대한 보조적인 임상 평가가 가능하다.[88] 상호작용 경향을 더 정확하게 평가하면 환자를 집단에 배치하는 방식과 환자가 집단에 어떤 영향을 미치고 어떤 경험을 할지 예측하는 방법을 개선할 수 있다.[89] 집단치료 선택에서 중요한 변수가 성격상 대인관계라면, 대인관계에 기초한 진단 체계를 개발하는 것은 어떨까?

대인관계의 질병 분류 체계

생활에서 심하지 않은 문제로 치료를 받으려는 사람이 증가하고, 정신병리를 개념화한 대상관계와 대인관계 체계가 출현하면서 관계를 맺는 인간관계 스타일에 따라 개인을 분류하려는 정교한 시도가 등장했다.[90]

애착 유형

개인의 애착 유형 특성과 변화에 관한 임상 및 연구에 대한 관심이 늘어나고 있다.[91] 애착에 대한 John Bowlby의 저서는 개인을 네 가지 애착 관계의 기본 스타일인 안정형, 불안형, 회피형 또는 불안-회피형, 공포-불안형에 근거해 분류하는 새로운 시도를 했다.[92] 집단치료자에게 환자의 애착 유형을 인식하는 것은 환자의 집단행동을 예측하는 데 가치가 있기에 중요하다. 우리는 자가 진단 질문지를 활용하거나, 환자의 과거 관계 및 경험을 들여다보는 것으로 애착 유형을 평가할 수 있다.[93]

안정형 애착 유형의 환자는 대부분 치료 집단에서 원활하게 지낸다. 이들은 친밀함을 찾으면서 불만스러운 상황을 잘 버틴다. 반대로, 불안형 애착 유형의 집단원은 집단에서 힘들어할 수 있다. 이런 환자는 관계를 갈망하면서도 이를 신뢰하는 데 두려움을 느낀다. 회피형 애착 유형의 집단원은 사람과 관계를 맺는 데 관심이 없으며, 친밀감을 형성하기까지 오랜 시간이 걸린다. 불안-공포 유형의 환자는 관계를 맺는 것에 짓눌릴 수도 있다. 불안형 애착에 해당하는 세 가지 유형 모두 집단 응집력을 형성하는 데 도전이 될 수 있다.

불안형 애착 유형의 환자 또한 집단치료에서 도움을 받을 수 있으나, 안정형 애착 유형의 환자와는 매우 다른 모습으로 행동할 수 있다. 불안 유형의 환자는 친밀감을 느끼는 것을 매우 선호하는 반면, 회피형 환자는 이를 어려워하거나 부담스러워할 수 있다. 불안 유형의 환자는 다른 집단원 또는 치료자의 반응을 살피기 위해 이들의 감정적 신호를 과하게 살핀다. 하지만 회피형 개인의 경우, 타인과의 관계에 무관심하고 모든 괴로움에 대한 암시를 무시하곤 한다. 그러므로 회피형 개인은 많은 진전이 이루어진 집단에서 더 잘 활동하는데, 이때 집단에 대한 느린 적응이 신생 집단에 비해 집단 응집력을 해치지 않는다. 다양한 애착 유형의 집단원으로 구성된 집단이 가장 효과적이겠지만, 이러한 애착 유형 차원에서 집단이 다양성을 추구해야 할지에 관해서는 아직 밝혀야 할 것이 많다.[94]

집단 전 평가를 포함한 집단치료의 모든 과정에서 애착 유형에 관심을 가지는 것은 유익하다. 유망한 애착 요인을 파악할 수 있다면 이에 대한 문제를 예상할 수 있으며, 더 바람직한 방향으로 유도할 수 있다.

60세 독신 여성인 Anne은 주치의로부터 집단치료 평가를 추천받았다. IT 분야에 종사하는 그녀는 홀로 지냈으며, 고독함으로부터 안정감을 느끼고 있었다. 그녀는 일터에서는 자칭 '적당히 친절한 사람'이었으며, 회사 모임에는 잠깐 얼굴을 비춘 다음 나가도 괜찮은 순간만 기다리곤 했다. 그녀는 도망치는 데 전문가였다. 그녀는 최근 어깨가 탈구되었는데, 이 부상을 치료하는 과정에서 자신의 극단적인 사회적 고립과 정면으로 부딪치게 되었다. 도움을 요청할 친구, 집단, 그 어떠한 사람도 없다는 사실에 두려움을 느꼈으며, 자신에게 변화가 필요하다는 사실을 깨닫고 치료를 찾았다.

Anne은 다른 감정적 어려움은 없다고 말했다. 특기할 만한 점은 25년 전 심각한 알코올 중독 문제가 있었고, 재택 치료를 통해 성공적으로 완치된 적이 있었다. 40대 때 수년간 두 차례의 개인치료를 받기도 했지만, 당시 치료와 치료자들에게 만족하지 못했다. 그녀는 공포스럽고 감정적으로 학대하는 아버지 밑에서 자랐다고 말했다. 신체적 또는 성적인 학대는 없었지만, 그때의 위협은 거대한 그림자로 드리워 그녀로 하여금 '입 다물고 머리를 숙이는' 방어적인 태도를 견지하게 했고, 그녀는 이에 매우 능숙했다.

Anne의 자기 설문 결과는 이러한 임상적 의견을 뒷받침했다. Anne은 매우 강한 회피형 애착 유형에 해당했다. 그녀는 어릴 적 매우 큰 위기를 겪었고, 이후로 사람과의 관계를 위험한 것으로 여기고 참여할 가치가 없다고 보았다.

나[ML]의 설명과 인상을 공유한 이후, Anne은 그녀가 맞닥뜨린 어려움의 고통스러운 근원에 특히나 많은 관심을 보였다. 비록 그녀는 회상, 극심한 불안 증상, 또는 과도한 흥분 형태로 심리적 외상 증상을 보이지는 않았지만, 신체적 위협과 정서적 학대에 노출된 어린 시절의 상당한 대인관계적 결과를 보였다. 동시에 그 고립이 장기적으로 자신의 건강에 좋지 않다는 것을 인식했고, 술로 돌아가는 것에 대한 두려움을 인정했다. 그녀는 배우기를 열망했고, 집단치료가 어떻게 작동하는지에 집중하게 되면서 집단치료에 참여하는 그녀의 동기 부여가 구축되는 것처럼 보였다.

Anne에게 가장 도움이 되는 바는 그룹이 안전하고 응집력 있는 환경이 될 것이고, 그녀가 안전하다고 느끼는 속도로 진행하도록 도와줄 유능한 치료자들이 이끌 것이라는 사실을 이해하는 것이다. 그녀의 집단 작업 목표는 그녀의 모든 관계에 영향을 준 아버지에 의해 야기된 두려움으로부터 자신을 해방시키는 것이다. 이 집단은 우선 집단 내에서 그리고 바라건대 집단 외부에서 그녀의 관계에 대한 안전 영역을 늘리는 것을 목표로 삼았다. 우리는 또한 그녀의 관계에서 거리를 두는 경향에 관해 이야기했고, 그녀의 위험은 집단 내의 다른 사람들을 멀리하거나 두려워할 때 자유로울 것임을 인정했다. 대조적으로, 나는 그녀의 개방성과 위험을 감수하는 면이 그녀가 집단치료에 참여하는 것과 잘 어울린다는 점에 주목했다.

대인관계 및 성격 척도

현대의 대인관계 이론은 대인관계 척도(Inventory of Interpersonal Problems, IIP)[95]를 사용해 다양한 대인관계 스타일과 행동을 분류하는 모델 개발을 시도했다. 환자의 답변은 다음 두 가지의 교차하는 대인관계적 축을 지니는 타원형에 표시되어, 인간관계를 맺을 때 환자의 성향을 나타낸다. 통제 축은 지배와 순응을, 그리고 관계는 친밀/과보호와 냉대 사이를 오간다([그림 8.1] 참조).[96]

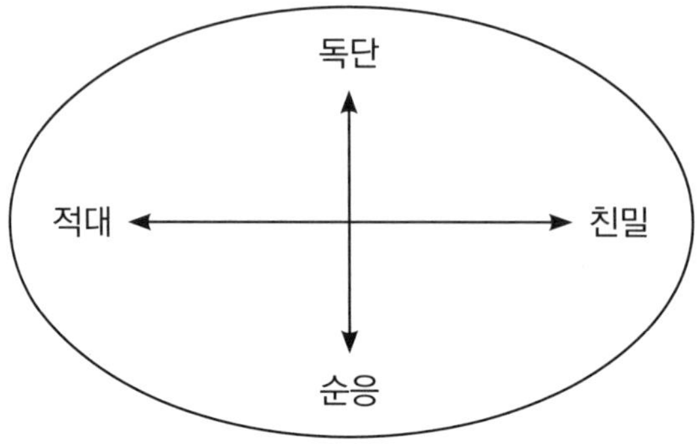

[그림 8.1] 대인관계 원

대학원생 심리학과 학생으로 구성된 12회기 훈련집단에서 대인관계의 복잡한 형태를 사용한 두 개의 초기 연구에 따르면, 적대적이고 회피적인 집단원이 다른 집단원을 적대적으로 경험할 가능성이 훨씬 높았다. 강력하게 지배적인(탄압적인) 개인은 집단 참여에 저항했고, 집단을 평가 절하하거나 깎아내리는 경향이 있었다.[97]

후속 연구 또한 이러한 연구 결과를 뒷받침한다. 소속감을 추구하는 경향을 보이는 환자는 일반적으로 집단치료에 잘 참여하지만, 소속감의 즐거움은 그 자체로 목적이 아니며 집단 내에서 환자의 위험 감수성을 높이기 위해 활용해야 한다.[98] 지배적이고 차가운 성격의 사람들은 일반적으로 참여하기가 더 어렵지만, 집단분석가인 Steiner Lorentzen과 동료들의 흥미로운 연구에 따르면 적절한 집단 사전 준비와 적극적이고 지지적인 지도자가 있으면 이러한 회피적이고 참여하기 어려운 환자도 시간이 제한된 상호작용 집단치료에서도 잘할 수 있다는 것이 입증되었다.[99] 이러한 대인관계 성향이 있는 환자가 덜 방어적이고 더 신뢰하게 되려면 더 긴 치료 과정이 필요할 수 있다.[100]

여기서도 우리는 이러한 연구 결과가 애착과 대인관계 유형이 집단에 미치는 영향에 대한 지도자의 관심을 높이는 임상적 경고로서 가치가 있음을 알 수 있다. 또한 지도자는 이러한 결과를 환자와 함께 검토하고, 환자의 공감을 얻을 수 있는지 판단하고, 정보를 활용해 환자의 치료 목표와 과제를 알릴 수 있다.[101]

이런 유형의 연구 실례는 두 종류의 집단치료 효과를 비교하고 내담자의 성격 특질이 이 효과에 준 영향을 비교하는 William Piper와 John Ogrodniczuk의 잘 조직화된 연구에서 볼 수 있다.[102] 연구자들은 상실과 애도를 치료받고자 하는 내담자들(N=107)을 해석/표현 집단치료와 지지 집단치료에 무작위로 배정했다. 내담자들의 효과를 평가하기 위해 우울, 불안, 자아존중감, 사회적응에 관한 척도를 사용했다. 치료를 시작하기 전에 내담자들에게 다섯 가지 성격 변인(신경성, 외향성, 개방성, 성실성, 동조성)[103]을 측정하는 NEO 5요인 검사[NEO-FFI]를 시행했다. 이 연구에서 무엇을 발견했는가? 해석 집단이 집단원 간에 더 많은 정서와 불안을 일으켰지만 두 집단 모두 효과적이었다. 성격적 특질이 많은 영향을 끼쳤는데, 두 집단 모두에서 신경증의 특성이 좋지 않은 성과를 예측했고, 외향성, 성실성, 개방성이 좋은 치료 효과를 예측했다. 다섯 번째 요인인 동조성은 해석-표현 집단에서 성공을 예측했지만, 지지집단에서는 예측하지 못했다. 동의성 요소에서 높은 점수를 받은 환자는 다른 사람들이 집단에서 환영받고 안전하다고 느끼며 그룹 구성원의 소속감을 강화하는 데 도움이 되었다.

해당 연구팀은 집단치료 성과와 관련된 두 가지 다른 성격 척도로 심리적 소양성[104]과 대상 · 관계의 질 척도(Quality of Object Relations, QOR)[105]를 심층적으로 연구했다. 이 두 가지 척도는 내담자가 30분 또는 60분의 반구조화된 면담을 해야 한다는 단점이 있다. 심리적 소양성[19)]은 모든 형태의 집단치료에서 좋은 성과를 예측한다. 심리적 소양성은 내담자가 탐색하고, 반성하고, 이해하는 치료 작업을 더 잘할 수 있게 한다.[106] 내담자의 QOR 점수가 높을수록(즉, 인간관계가 더 성숙할수록) 감정이 점화되는 해석/표현 집단에서 긍정적 성과를 내기가 쉬울 것이다. 그들은 집단에서 사람들을 더 신뢰하고 긍정적이고 부정적인 감정을 폭넓게 표현할 수 있다. QOR 점수가 낮은 내담자들은 좀 더 요구가 강한 집단을 견디기 어려워하고, 지지적이고 감정을 억누르는 형태의 집단에서 더 잘한다.[107] 따라서 관계성이 매우 낮은 환자를 매우 활동적이고 역동적인 집단에 배치해 집단 내 노출을 통해 효과 얻기를 바라는 것은 종종 성공하지 못하며, 오히려 악영향을 끼친다는 좋은 증거가 있다.

---

19) 심리적 소양성은 심리 내적 요인을 파악하고 이를 자신의 어려움과 연관시키는 능력이다. 대상관계의 질 척도[QOR]는 성숙한 수준에서 원초적인 수준에 이르는 직선을 따라 환자의 관계 방식의 특징을 평가한다.

요약: 환자 행동의 예측

진단을 위한 전통적 개인 접수 면접은 모든 예측 방법 중 가장 정확하지 못함에도 불구하고 가장 일반적으로 사용된다. 물론 이 효용성을 늘리는 것은 가능하다. 그렇지만 일반적인 원칙은 선발 과정이 실제 집단 상황과 유사하면 할수록 내담자 행동에 대한 예측이 정확하다는 것이다. 집단치료자들이 내담자의 대인관계 기능에 우선적으로 초점을 맞추어 접수 면접을 수정하기를 제안한다.

집단 구성의 원칙

개별 환자 평가에서 얻은 이해를 집단 구성 프로젝트에 어떻게 적용할 수 있을까? 집단 구성의 영역은 아직 소프트 사이언스에 속한다. 하지만 각 환자가 집단을 어떻게 경험할지, 환자에 대한 다른 사람들의 경험은 어떠한지를 예측하는 것은 치료자가 더 효과적인 집단을 구성하는 데 도움이 된다. 집중적인 상호작용 심리치료 집단을 구성할 때 고려해야 할 몇 가지 주요 연구 결과는 경험 및 임상 문헌에서 나온 것으로, 다음과 같이 요약할 수 있다.

- 내담자들은 집단이라는 미시세계에서 그들의 전형적인 관계 양상을 재창조할 것이다. 이것은 필수적인 치료적 기회로, 환자의 주된 문제가 집단 내에서 드러날 때 이를 억누르지 말고 환영해야 한다.
- 상호역동적 치료 집단을 유용하게 사용하려면 어느 정도의 대인관계 능력이 내담자들에게 필요하다.
- 심리적 소양이 있는 환자는 상호역동적 치료 집단에서 기여하는 바가 매우 크다.
- 성격 및 애착 변인은 환자의 집단 내 행동을 예측하는 데 진단 이상으로 중요하다.
- 간단하고 검증된 설문지를 통해 환자의 상호작용 방식에 대한 이해를 얻고, 이를 임상 평가에 더할 수 있다.
- 대인관계 양상을 예측할 수 있으며, 집단 전 준비 과정에서 이를 다룰 수 있다.
- 참여에 적극적이고 사회적 위험 부담을 택하는 집단원들은 집단의 작업을 촉진시

킬 것이다.

- 안정적 애착 유형의 환자는 집단치료에 잘 적응하며, 응집력 형성에 기여한다.
- 타인을 엄격하게 지배하거나 무시하는 환자는 집단치료 작업을 방해할 수 있다. 이러한 위험은 적절한 준비, 치료자의 유연성과 공감을 통해 해결할 수 있기에 금지가 아닌 주의 사항에 해당한다.
- 불안형 애착 유형을 가지는 환자는 집단에 상반되는 방식으로 참여한다. 일부는 불안감으로 인해 관계를 원하는 반면, 몇몇은 회피하며 거리를 둔다.
- 신뢰 수준이 떨어지고 별로 이타적이지 않으며 협조가 잘 안되는 내담자들은 대인관계 탐색과 피드백에 어려움이 있는 만큼 감정적인 고통 없이 소통과 대응 능력을 기를 수 있는 지지적인 집단이 요구된다.
- 신경증 또는 완전주의가 높은 내담자들의 증상과 기능에 의미 있는 변화를 가져오려면 좀 더 장기적인 치료가 필요하다.

이제 중요한 문제로 되돌아가서, 많은 수의 지원자와 행동을 예측할 근거가 되는 풍부한 정보 및 시간이 있는 가장 이상적인 상황이 주어진다면, 치료 집단을 어떻게 구성할 것인가? 집단 구성이 그 집단의 성격과 과정에 영향을 끼친다는 점에는 이견이 없지만, 실제로 그 영향의 기제가 명료화되지는 않았다.[108] 동시에 구성이 운명과 같지 않다는 것은 분명하다. 치료자의 기술에 따라 환자 간의 관계 양상이 달라질 수 있다는 점을 명심하는 것이 유익하다.[109]

우리는 우리 자신과 학생들의 치료 집단이 350개 이상 잉태되고, 탄생하고, 발달하는 것을 면밀히 연구했다. 이들 집단 중 어떤 집단은 즉시 뭉치는 것처럼 보였고, 어떤 집단은 좀 더 천천히, 반면 어떤 집단들은 고통스럽게 비틀거리거나, 완전히 실패하거나, 집단원들이 떨어져 나가거나, 집단원들이 나가고 들어오는 것을 여러 차례 겪은 후에야 작업 집단으로 변하는 사실을 반복해서 발견했다. 내 느낌으로는 집단이 잘 뭉치는지는 부분적으로만 치료자의 능력이나 노력, 또는 집단 내의 '좋은' 내담자의 수와 관련된다. 아직 분명하지는 않지만, 결정적인 변인은 어느 정도는 어떤 집단원들이 모여 있느냐에 달려 있다.

몇 년 전의 임상 경험이 이 원칙을 생생하게 입증했다. 나[IY]는 같은 수준의 훈련과 비슷한 또래로 구성된 임상심리 인턴들의 경험집단을 6개월간 지도하기로 되어 있었다.

첫 번째 모임에서 20명이 넘게 모였는데, 한 집단으로는 너무 인원이 많았다. 나는 이들을 두 집단으로 나누기로 했고, 참가자들에게 5분 동안 방을 아무렇게나 돌아다니다가 시간이 되면 방 양쪽 끝에 가게 해 집단을 만들었다. 이 두 집단은 각각 한 시간 반씩 만났고, 한 집단이 끝나면 다른 집단이 시작하는 식으로 진행되었다.

두 집단의 구성원은 공통점이 많은 듯했으나, 곧 극단적으로 달랐다는 것이 명백해졌다. 한 집단은 특이할 정도로 의존적인 태도를 보였다. 첫 집단 모임에서 나는 며칠 전에 있었던 사고 때문에 깁스와 목발 신세를 진 채 도착했다. 하지만 집단은 나의 상태에 대해 어떠한 질문도 하지 않았다. 게다가 의자를 원형으로 배치하지도 않았다(참가자 전원이 정신건강 전문가인 치료 집단을 이끌고 있다는 사실을 기억하자!). 그들은 창문을 열고 문을 닫는 것까지 나의 허락을 받았다. 이들은 집단 기간 대부분을 나에 대한 두려움, 나와 그들 간의 거리감, 나의 초연함과 냉정함 등을 분석하며 보냈다.

바로 같은 날 다른 집단에서는 내가 문을 넘어서기도 전에 여러 사람이 "아니, 다리가 어떻게 된 거예요?"라고 물었다. 집단은 즉시 어려운 작업으로 들어갔고, 집단원 각자가 그들의 전문적 기술을 건설적인 방법으로 사용했다. 두 번째 집단에서 느꼈던 나의 주된 감정은 내가 이 작업에 불필요하다는 것이었고, 상당한 노력을 한 뒤에야 집단원들이 나를 등한시한다는 점에 그들의 관심을 끌 수 있었다.

이 두 집단에 관한 이야기는 두 집단의 구성이 그들의 추후 작업 성격에 극적인 영향을 미쳤음을 강조한다. 만약 이 집단들이 시간제한이 있는 집단이 아니라 계속되는 집단이었다면, 이러한 환경 차이는 각 개인이 집단의 도움을 받는 데 별 영향을 미치지 않았을 가능성도 있다. 그러나 단기 상황에서는 첫 집단의 집단원들이 좀 더 긴장되고, 기술이 부족하고, 제한되었다고 느껴진다. 치료 집단이었다면 몇몇 집단원은 불만족스러워하며 집단을 도중에 떠났을 수 있었다.

또 다른 적절한 예시를 대규모 참만남 집단 연구에서 볼 수 있다.[110] 매회 진행을 지시하는 녹음테이프가 지도자 역할을 하는 임의로 구성된 두 개의 단기 집단을 만들었다. 그러므로 어떠한 집단 결과의 변인도 리더십의 영향으로 볼 수 없었다. 몇 회 되지 않아 매우 다른 두 개의 문화가 나왔다. 한 집단은 순종적으로 따르는 반면, 다른 집단은 불손한 태도를 취했다. 두 번째 집단원은 곧 녹음테이프를 'George'라고 부르며 비웃었다. 이 단기 집단들은 문화가 달랐을 뿐 아니라 결과도 달랐다. 30시간에 걸친 10회의 집단 경험 후에 불손했던 집단이 눈에 보이게 더 좋은 결과를 보였다.

동질성 혹은 이질성

깊은 대인관계 학습과 변화라는 야심 찬 목표를 가진 집중적인 상호작용 치료 그룹에서는 구성원들이 자아 강도와 강한 감정을 견디는 능력은 동질적이지만, 갈등과 대인관계 문제 영역에서는 이질적일 때 더 효과적이라는 것이 일반적으로 인정되는 임상적 지혜다.[111] 반면에 동질적인 집단은 치료자가 공유된 문제에 대한 지원을 제공하거나, 환자가 증상 완화에 필요한 기술을 빠르게 개발하도록 돕고자 하는 경우에 많은 이점이 있다.[112] 이러한 집단은 더 빨리 뭉치고, 응집력이 강하며, 집단원에게 더 즉각적인 지원을 제공하고, 더 잘 참석하고, 갈등이 적고, 증상을 더 빨리 완화한다.

동질 집단은 상호작용 집단을 배제하게 되는 특정 유형의 문제에 맞게 조정할 수 있다. 예를 들어, 대다수가 아스퍼거증후군 환자일 수 있는 자폐 스펙트럼 1급 장애를 가진 개인을 위한 기술 구축 집단이 있다.[113] 그러나 이러한 동질적 집단에서도 구성이 무관하지 않다. HIV에 감염된 남성 동질적 집단이나 파킨슨병 환자 집단, 혹은 유방암에 걸린 여성 집단은 집단원들이 경험하는 병의 단계에 따라 크게 영향을 받는다. 말기 질병을 앓는 개인은 다른 집단원의 가장 큰 두려움을 떠올려 집단원들이 참여하지 못하게 하거나 물러나게 할 수도 있다.[114] 유방암 또는 직장암에 걸릴 유전적 성향이 있는 개인들을 위한 집단처럼 아주 구체적인 동질적 집단이면서 지침서를 따르는 집단치료에서도 집단원들의 개방성과 서로를 돌보는 능력 정도가 집단 과업에 영향을 미친다.[115]

다음 질문은 이와 같은 논점을 흐린다. 무엇을 위한 동질성인가? 나이? 성적 지향? 증상? 인종과 민족 정체성? 성별? 삶의 단계? 교육? 사회경제적 지위? 정신의학적 진단? 무엇이 결정적인 변인인가? 폭식증인 여성, 불안증인 대학생, 우울증을 앓는 노인으로 구성된 집단이 공통 증상 때문에 동질적인가? 아니면 집단원들의 광범위한 성격 특징 때문에 이질적인가? 지도자는 이러한 잠재적 차이의 원인을 파악하고, 각 집단원의 고유성을 염두에 두어야 한다. 동질적인 집단은 지도자가 집단원을 동질화하지 않을 때 가장 효과적이다.

마찬가지로 대인관계 학습을 극대화하기 위해 구성원의 이질성을 활용할 때, 한 개인을 고립시키거나 소외시키는 위험은 피해야 한다. 영향력 있는 집단분석가인 S. H. Foulkes와 E. J. Anthony는 진단과 장애를 혼합해 치료 효과가 있는 집단을 구성하도록 제안했다.[116]

다음과 같은 연령 변수를 생각해 보자. 청년 집단에 70세의 집단원이 한 명 있는 경우, 해당 개인은 기성세대를 대표하도록 선택하거나 강요받을 수 있다. 이 경우, 부모의 모습으로 전이되고 굳어져 실제 개인으로 비추어지지 않을 수 있다. 성인 집단에서 홀로 있는 10대 후반의 청소년도 비슷하게 통제 불능의 10대 역할을 하게 될 수 있다. 하지만 집단원이 넓은 연령군으로 구성되는 것의 이점 또한 있다. 대부분 외래집단은 25세부터 80세까지 다양한 연령대의 환자로 구성되어 있다. 다른 집단원과의 관계를 해결함으로써 부모, 또래, 자녀 등 더 넓은 범위의 중요한 사람들과의 과거, 현재, 미래 관계를 이해하게 된다. 소원해진 딸과의 관계를 회복하기 위해 노력하는 75세 남성의 상호작용은 죽어 가는 연로한 아버지와 화해하는 40세 집단원으로부터 많은 것을 알 수 있다. 이와 함께, 집단원이 자신이 추구하는 역할이든 집단이 구성원에게 투사하는 역할이든 특정 역할에 얽매이지 않는 것이 중요하다.[117] 우리는 사회적 소우주로서의 집단이 경직되어 있기보다는 유연하게끔 되길 원한다.

인종, 문화, 성별 다양성

현대적 집단지도자는 집단원의 성적 지향, 성 정체성, 문화적 배경, 인종적 요인에 많은 주의를 기울여야 한다. 치료 집단은 우리의 사회를 반영하고, 개방성과 수용성의 모범을 보여 집단원의 개인 정체성과 바람에 대한 심도 있는 탐구를 증진해야 한다.[118] 소수 집단 및 인종적 배경을 가진 집단원은 자신을 고정관념 속 인물이 아닌 하나의 개인으로 보고 받아들일 것이라는 확신이 필요하다. 집단 참가자는 그 의도와 무관하게 사회적 편견과 특권에 뿌리를 둔 경멸과 모욕 같은 미시적 공격의 위험에 경각심을 가져야 한다. 치료자는 성적 지향 정체성 및 인종적, 문화적 측면에서 각 환자의 개인적 자아에 대해 알아 가는 데 개방적이어야 한다.[119]

때때로 일부 환자는 공동체 내에서 느끼는 수치심과 노출에 대한 두려움으로 인해 자신과 같은 민족문화적 배경을 가진 사람이 있는 집단을 적극적으로 피할 수 있다. 외상 후 스트레스 장애[PTSD]를 앓는 재향군인을 위한 집단치료의 경우처럼 강력한 경험 공유와 그에 따른 심리적 후유증이 인종적 요인보다 더 큰 영향을 미치는 경우도 있다.[120]

성별과 집단 구성은 어떠한가? 어떤 저자들은 이론이나 임상 경험을 갖고 논쟁하면서 동성 집단을 주장하지만, 집단치료 연구에서는 이를 지지하지 않는다. 물론 성별이

혼합된 집단이 분명 효과적이지만, 성적 학대 및 수치심 문제가 두드러질 경우 여성으로만 구성된 집단이 더 나을 수도 있다.[121] 성별 역학 관계와 정치와 개인 간의 얽힘은 성별이 혼합된 집단에서 나타날 가능성이 높으며, 이는 우리의 현대적인 환경을 반영한다. 치료 집단은 특히 권력, 취약성, 부드러움의 역학 관계와 관련해 성별 고정관념을 강화하거나 이에 반할 수 있다.[122] 일반적으로 남성보다 여성이 집단치료에 더 긍정적인 반응을 보인다.[123] 집단 내 여성의 존재는 남성 집단원에게 도움이 된다. 모두 남자인 남성 집단이 덜 친밀하고 더 경쟁적인가 하면, 혼성 집단에서 더 자기개방을 하고 덜 공격적이다. 불행하게도 혼성 집단의 이점은 해당 집단의 여성에게는 적용되지 않는 듯한데, 이 혼성 집단의 여성들은 덜 활동적이고 남성 참가자들에게 공손했다. 다수의 여성과 한두 명의 남성으로 구성된 혼성 집단에서 남성도 잘 못할 수 있다. 이런 상황에서 남성은 주변에 머물며 무시되고 고립감을 느낄 수 있다.[124]

집단 구성과 성에 대한 논의에서 우리가 또 알 수 있는 사실은 집단치료를 찾는 많은 환자에게 성 정체성은 이분법적이지 않다는 것이다. 성전환자와 성소수자 모두에게 자신의 정체성을 드러내고, 탐색하고, 교류할 수 있는 안전한 공간이 집단 내에 존재한다는 확신이 필요하다. 환자의 정체성과 자신이 바라는 삶의 방식이 집단 안에서 존중받는 것이 매우 중요하다.[125]

일반적인 임상적 고려 사항

건설적인 집단 규준을 주장하는 집단원이 있는 집단은 비교적 성공적이다. 새 집단에 한두 명의 경험자를 포함하면 더 효과를 얻을 수 있다. 지도자는 새로운 집단원이 들어온 시기와 적응 여부에 관심을 기울여야 한다. 저항적이고, 통제적이며, 남을 평가 절하하는 환자는 집단치료가 매우 절실할 수 있지만 집단 초기 단계에 집단을 압도해 버릴 수 있다. 이러한 환자는 성숙하고 응집력 있는 집단에서 성공할 가능성이 더 크다.[126] 반대로 우리는 때때로 환자가 건강하지 못한 역할을 할 것 같기에 특정 집단에 잘 맞지 않으리라고 예측할 수 있다. 다음의 임상적 예를 살펴보자.

Alicia는 자기애적 성격의 어려움을 가진 29세 여성으로 집단치료 처방을 받았다. 그녀는 직업적으로는 성공했지만, 인간관계에서 고립되었고 항우울제로 부분적으로만 호전된 만성 순환성 우울증을 앓고 있었다. 집단 전 상담을 위해 나[IY]를 찾아왔을 때, 몇 분 지나지 않아 나는 그녀가 깨지기 쉽고, 폭발적이며, 요구가 많고, 남을 무시한다고 느꼈다. 여러 면에서 Alicia의 어려움은 다른 여성 Lisa의 어려움을 반영했는데, Lisa는 최근에 집단을 떠나면서 Alicia가 들어갈 공석을 만들었다. 집단의 중심이 되어야 한다는 Lisa의 강렬하고 지배하려는 욕구는 피드백에 대한 격심한 취약성과 결합해 집단원들을 마비시켰고, 그녀가 떠났을 때는 모든 집단원이 한시름을 놓았다. 다른 때라면 이 집단이 Alicia를 건설적으로 맞이했을 수 있다. 그러나 Lisa가 떠나자마자 새로 온 Alicia의 관계적 특징은 집단원들로 하여금 조금 전까지 고통스러워하던 감정으로 되돌아가 "또 시작이군" 하는 감정을 강하게 자극하기 쉬웠다. 결국 Alicia에게 다른 집단을 추천했다.

추가적인 임상적 관찰 경험을 들어 보겠다. 나[IY]는 두 명의 유능한 정신과 수련의가 지도하는 외래집단을 감독자와 연구자로서 30개월간 면밀히 연구할 기회가 있었다. 집단은 7명으로 구성되었는데, 모두 20대이면서 매우 동질적이었다. 집단 중 6명은 조현성 성격으로 분류되었다. 관찰자들이 보기에 이 집단은 놀라울 정도로 둔하고, 느리고, 더뎌 보였다. 그런데도 출석은 거의 완벽에 가깝고, 집단 응집력은 유별나게 높았다.[127] 임상 경과에 대한 철저한 평가는 연말과 30개월 차에 가능했다. 이 집단원들(최초 집단원과 신규 집단원 모두)은 매우 잘 지냈으며, 상당한 성격적 변화와 현저한 증상 완화를 모두 경험했다.

외견상으로 동질적인 이 집단은 임상적 격언과는 반대로 피상적 수준에 머물지 않았고, 집단원들에게 의미 있는 성격의 변화가 나타났다. 치료자와 연구자에게는 상호작용이 겨우겨우 이루어지는 것처럼 보이더라도 참가자들에게는 그렇지 않았다. 그들 중 누구도 과거에 친밀한 관계를 맺어 보지 못했고, 그들의 개방은 대부분 객관적으로 별것 아니었으나 주관적으로는 매우 흥분되는 첫 개방이었다.

이 사례에서 알 수 있는 사실은 많은 소위 동질 집단이 피상적인 수준에 머무르는 것은 동질성 때문이 아니라 집단지도자들과 그들이 만든 문화의 한계성 때문이다. 치료자들은 각 개인의 공통적인 증상 또는 삶의 상황을 중심으로 집단을 조직할 때 집단의 규범을 제한하거나, 공통성을 추구하게 하거나, 개성을 함몰시키고 자기개방과 대인관계의 개방을 저하시키는 강력한 암묵적 메시지를 전달하지 않도록 조심해야 한다. 5장에서 설명했듯이 규범은 한 번 정해지면 자기-영속적이 되어 바꾸기 힘들다.

구성에 대한 또 다른 관점은 드물지만 잊을 수 없는 경험, 곧 환자에게 집단에서 탈퇴해 달라고 요청하는 것에서 비롯된다. 수년 동안 수많은 집단과 수천 명의 환자를 상대하면서 경험한 바에 따르면, 이러한 상황은 몇 차례 발생하지 않았다. 대부분은 해당 환자로 인해 집단 운영이 불가능해지면서 탈퇴를 요청하게 되었다. 이들은 집단원을 공격하고, 수치심을 주고, 깎아내림으로써 집단을 안전하지 않은 공간으로 만들었다. 많은 피드백에도 불구하고 이런 환자는 자신의 영향에 책임을 지지 않고, 더 공격했다. 이들은 모두 "나는 내가 보는 대로 말하는 것이고, 다른 사람들이 아기처럼 구는 것이다"라는 식의 유사한 경직된 접근 방식을 취했다. 치료에 협조하고자 하는 마음이 전혀 없었고, 모든 치료적인 전략은 거센 저항에 부딪혔다. 이에 영향을 받은 집단은 서서히 시들어갔고, 지도자는 어쩔 수 없이 공격적인 집단원에게 탈퇴할 것을 요청했다. 이러한 경우에도 치료자는 이 환자에게 의료상의 책임을 져야 하기에, 집단 내에서 발생한 일을 상담할 수 있는 추가적인 개인치료를 권해야 한다.

요약: 집단 구성

환자 선정과 집단 구성에 관한 연구 및 임상 문헌을 검토한 결과, 치료 집단의 구성보다 집단치료를 위한 환자 선정에 관해 논의할 때 훨씬 더 확실한 근거를 찾을 수 있었다. 최선의 집단 구성에 대한 명확한 답은 없지만, 몇 가지 지침이 되는 원칙이 있다.

구성에 대한 접근 방식은 집단 과업에 대한 이해를 바탕으로 한다. 첫째, 우리는 집단을 사회적 소우주, 즉 구성원들이 다양한 다른 개인과의 상호작용을 이해하고 개선할 수 있는 사회적 우주의 축소판으로 충분히 활용하고자 한다. 따라서 집단은 다양한 대인관계 스타일, 갈등, 성별, 직업, 문화 및 민족적 배경, 연령, 사회경제적 및 교육 수준을 가진 구성원으로 이루어진 실제 사회 세계와 유사해야 한다. 그러나 한편으로 집단은 그 구성원이 집단치료의 요구를 충족할 수 있을 만큼 충분히 동질적이어야 한다.

이는 매우 미묘한 균형이다. 만약 좌절과 도전이 너무 크고 집단에 머무르려는 힘(집단에 대한 매력)이 너무 작다면 실제 비대칭이나 부조화가 일어나지 않는다. 개인은 변화하지 않고 대신 신체적으로 또는 심리적으로 집단을 떠난다. 반대로 도전이 너무 작아도 학습이 일어나지 않는다. 그리고 집단원들은 담합하고 탐색은 억제된다.

둘째, 집단은 구성원의 정서적 지지와 건설적인 도전이라는 두 가지 필요에 응할 수 있어야 한다. 그러므로 나는 현재 우리가 갖고 있는 지식에 근거해 응집성을 치료 집단을 구성하는 주된 지침으로 제안한다. 더 높은 참여율을 지니는 응집력 있는 집단이 보통 응집력이 없는 집단보다 더 나은 임상적 결과로 이어진다.[128] 그렇기에 집단치료자는 조기 종결할 가능성이 적은 내담자들을 선발해야 한다. 주류의 집단문화 또는 집단의 다른 한 사람과 상극되는 내담자는 집단에 포함시키지 말아야 한다. 집단 응집성은 집단의 안락이나 편안함과 동의어가 아니다. 그와 정반대로 응집력이 있는 집단 내에서만 갈등이 나타날 수 있고, 생산적인 작업으로 변형될 수 있다.

그러므로 우리는 선발 과정에서 좋은 집단치료 후보자라 할 수 있는 7~8명으로(인원 제한까지) 집단을 구성하는 것을 지지한다. 동일한 성비와 더불어, 연령층과 상호작용 스타일, 활동성과 참여 정도를 다양하게 고려할 것을 추천한다.

치료자의 최대 과업은 응집력 있는 집단을 만드는 것이다. 구성이 집단의 성격 형성에 지대한 영향을 미친다는 점에는 질문의 여지가 없다. 하지만 민감하게 집단을 만들고 균형 잡는 데 시간과 에너지를 쏟아붓는 것은 현 지식 상태로 볼 때 정당화되지 않는다. 우리는 그 시간과 에너지를 집단치료를 위해 내담자들을 조심해서 선발하고 치료 전 준비를 하는 데 쓰는 것이 더 좋다고 조언한다. 집단이 함께하고, 당신이 치료적 요인을 중시하며 자신의 역할에 융통성 있고 사려 깊게 임한다면, 집단에서 일어나는 어떤 조건이든(동기 부족만 아니라면) 치료적으로 사용할 수 있다.

9장

집단의 창조

집단원들이 선택되었으면 치료자는 집단 시작에 관심을 가져야 한다. 우선 치료자는 적절한 장소를 확보한 다음 집단의 구조, 즉 집단의 크기, 집단의 지속 기간, 새로운 집단원의 편입 처리, 모임의 빈도, 각 회기의 소요 시간 등 실질적인 결정을 해야 한다.[1] 14장에서 논의하겠지만 치료 집단을 온라인으로 진행할 것인지도 고려해야 할 것이다.

치료 집단 외에도 또 다른 '집단'을 염두에 두어야 한다. 내담자를 의뢰하는 동료, 집단의 성공을 위해 필요한 구조를 지지해 주는 행정가, 제삼자 지불자, 보험사 또는 치료비를 지불하는 체계적 의료 조직 등이다.[2] 치료 집단의 성공을 위해 제2의 집단과 좋은 협력 관계를 갖는 것은 중요하다.

지역사회 기관이나 병원 진료소 같은 기관이 후원하는 집단은 그런 기관의 문화, 안정성의 정도, 심리치료에 대한 태도에 영향을 받을 수 있다.[3]

개인치료에서 많은 치료자가 웹사이트나 미디어를 통해 그들의 임상적 업적과 치료 모델을 광고한다. 처음에는 마케팅이 상술로 보일 수 있으나 이는 현대판 전문적 네트워크일 뿐이다. 페이스북, 트위터, 유튜브, 인스타그램에서 전문가로 활동하는 일은 집단치료가 무엇을 제공하는지 내담자에게 알려 주고 가능한 의뢰 정보를 알려 주는 데 유용하다. 집단치료자들을 위한 소셜 미디어 활용 워크숍이 인기를 끌고 있다.[4]

자신의 업적을 광고하는 것은 자기선전 이상의 의미가 있다. 임상가들에게는 대중을 교육하고 집단치료의 오명을 벗길 책임이 있으며, 집단치료자 자격증(Certified Group Psychotherapist, CGP) 같은 제대로 자격을 갖춘 훈련된 임상가들은 강력한 임상 조직을 구축해야 한다.[5] 임상가들은 제삼자 지불자들이 집단치료의 효과를 지지하는 확고한 경험적 연구에 참여하도록 권해야 한다. 미국 심리학회가 집단치료를 전문 분야로 지정하고 인정한 것은 집단치료의 위상을 높이고 집단치료 훈련과 지속적이고 전문적인 발달의 중요성을 강조하는 것을 의미한다.[6] 집단치료에 익숙하지 않은 많은 동료와 행정가들은 집단치료의 효과, 그리고 개인치료와 비교해 그 효과가 동등하다는 것을 교육받기 전까지는 집단치료를 평가 절하하는 경향이 있다. 임상가들과 행정적 동료들은 집단치료가 복잡한 치료 과정이고 집단치료자의 전문성이 필요하다는 것을 이해할 필요가 있다. 예를 들어 많은 대학 상담소에는 치료 집단의 효과와 역동 과정에 대한 정보를 주는 책임자가 있다. 기관에 집단치료를 위한 주창자가 있다면 더 도움이 된다.[7]

물리적 여건

사적인 내용이 보장되고 방해받지만 않는다면 집단 모임은 어떤 곳에서 해도 좋다. 병원 같은 시설에서 진행할 때 치료자는 치료 집단을 위해 방해받지 않을 시간과 공간을 확보하도록 행정 부서와 조정해야 한다. 만남의 첫 단계에서는 집단원들이 둥글게 앉아 서로 볼 수 있어야 한다. 이런 이유로 긴 직사각형 탁자나 서너 명이 나란히 앉는 소파를 사용하는 것은 피해야 한다. 집단원이 불참할 때 대부분 치료자는 빈 의자를 치우고 작은 원을 만들어 바짝 다가앉는다.

만약 집단상담이 녹화되거나 학생들에 의해 일방경으로 관찰될 예정이라면, 사전에 집단원들로부터 허락을 얻어야 하며, 이러한 과정에 대해 충분히 토론할 기회를 주어야 한다. 녹화를 계획한다면 서면 동의가 필수다. 슈퍼비전이 목적이라도 마찬가지다. 몇 주가 지나면 집단은 관찰 스크린을 의식하지 않게 되지만, 신뢰, 권력, 또는 안전에 대한 집단 문제가 해결되지 않으면 스크린에 대한 관심이 다시 나타난다. 한두 명의 학생만이 정기적으로 관찰하는 경우라면, 집단원들의 원 바깥에 앉되 같은 공간 안에서 관찰하는 것이 가장 좋다. 이렇게 하면 일방경이라는 방해물의 영향을 덜 받을 수 있고, 특히 일방경에 의해 걸러지는 집단의 감정을 더 잘 표집하게 된다. 관찰자들은 침묵을 지켜야 하며, 집단원들이 끌어들이려는 어떤 시도에도 넘어가지 않도록 주의해야 한다(16장에서 집단관찰에 관해 추가로 토론할 것이다).

개방집단과 폐쇄집단

지도자는 집단을 개방할 것인지 폐쇄할 것인지 정해야 한다. 폐쇄집단은 집단이 일단 시작되고 2~3회기가 지나면 새로운 집단원을 더는 받아들이지 않고 미리 정한 횟수만큼 만난다. 개방집단은 반대로 변동이 있는 경우 인원을 보충해 일정 규모의 인원을 유지한다. 개방집단도 미리 사전에 결정한 기간만 만날 수 있다. 예를 들면, 대학의 학생상담소 집단은 학기 중에만 만나기로 계획할 수 있다. 다른 환경에서는 2년마다 집단원들이 완전히 바뀌고, 경우에 따라 지도자가 바뀌기도 하지만, 일반적으로 개방집단은 무한정 계속된다. 내가 아는 어떤 정신과 훈련센터의 치료 집단은 20~30년간 계속되었는데, 한두 해마다 졸업하는 치료자는 새로 입학한 다른 치료자로 교체되었다. 개방집단은 지도자가 일관성이 있는 경우 집단원의 변화를 더 잘 견뎌 낼 수 있다. 훈련 현장에서 이렇게 하려면 집단에 두 명의 치료자를 두고 선배 치료자가 떠나면 다른 지도자가 남아서 선배 지도자가 되고 새로운 지도자가 합류하면 된다.[8] 이러한 연속성이 집단의 문화와 응집력을 유지시킨다.

대부분의 폐쇄집단은 매주 8개월이나 그보다 짧은 기간 만나는 단기 치료 집단이다. 기간이 더 긴 폐쇄집단은 집단원 유지가 어렵다. 집단원들이 조기 탈락하기도 하고, 이사를 하거나, 기대하지 않았던 일로 시간을 맞출 수 없게 된다. 집단의 크기가 작으면 기능을 잘할 수 없는 만큼 이런 경우 집단이 축소되어 없어지지 않으려면 새 집단원을 받아들여야 한다. 이런 이유로 폐쇄집단은 9~10명으로 시작하라고 말하고 싶다. 그래야 집단이 끝날 때까지 6~7명이 남아 있을 수 있다. 장기 폐쇄집단이 가능한 경우는 상당한 안정성이 보장되는 교도소, 군대, 장기 정신병원, 또는 현재 모든 집단원이 집단지도자에게 개인분석을 동시에 받는 외래환자 집단의 경우다(13장 참조). 어떤 치료자는 6개월간 폐쇄집단으로 지도하고, 6개월 뒤에 집단원들이 각자의 진전을 평가한 후 또다시 6개월간 집단을 지속할 것인지 결정하는 방식으로 집단을 이끌기도 한다.[9]

어떤 부분 입원 프로그램은 폐쇄집단으로 집중적인 치료 단계를 시작해 확장되고 덜 집중적인 개방집단으로 후속 유지 단계를 갖는다. 폐쇄 단계에서는 공통적인 관심사와 기초 기술을 강조한다. 개방 단계에서는 재발을 감소시키는 것이 목표이기 때문에 집중적 단계에서 얻었던 것을 강화하고 내담자들이 습득한 것을 자신의 사회 환경에서 좀 더 광범위하게 응용하도록 돕는다. 이 모델은 약물 남용, 외적 충격, 노인성 우울증 치료에 효과적이다.[10]

집단의 규모

성공적인 치료 집단을 위한 최적의 집단 규모는 어느 정도일까? 저자의 경험과 임상적 문헌의 통념에 따르면 상호작용 치료 집단에 알맞은 집단 크기는 대개 7~8명이며, 5~9명 정도도 가능하다.[11] Louis Ormont는 12~14명 규모도 집단치료에 성공적이라고 보고했다. 이 모델은 일부 지도자가 사용하는 최신 집단분석적 모델이다.[12]

그렇다면 효과적인 집단을 위한 최소 집단 규모는 어떨까? 집단이 서너 명으로 줄어들면 집단으로서 기능이 멈추고, 상호작용이 감소되며, 치료자는 집단 안에서 개인치료를 하게 된다. 휴가나 결석으로 잠시 집단이 작아지는 경우에는 유지될 수 있지만 이러한 상태가 장기적으로 지속되면 집단원들은 흩어지고 집단치료의 장점, 즉 다양한 개인과의 상호작용 및 이를 분석할 기회 등이 손상된다. 집단의 크기가 감소할수록 집단은 수동적으로 변하며, 성장이 위축되고, 부정적인 집단 이미지를 갖게 된다.[13] 집단지도자는 우선적으로 집단원을 보충해야 하지만 적절하게 해야 한다. 새 집단원이 없다면 치료자는 불충분한 집단원으로 모임을 지속하기보다는 작은 집단 둘을 하나로 합하는 것이 더 바람직하다. 집단이 성장하기에 집단원 수가 너무 적다고 인정하면 내담자와 치료자는 자유로워져서 새로운 치료 기회를 갖게 된다.

집단원 수의 상한계는 순전히 경제 원칙에 따라 결정된다. 집단의 크기가 증가함에 따라 개인의 문제를 다룰 시간이 점점 줄어든다. 집단원들이 집단 한가운데 있다고 느끼지 못하면 응집력에 문제가 생길 것이다. 그러면 집단 내에서 느끼는 고립감을 감소하기 위해 내담자들이 어떤 방법을 찾으려 할 것이고, 그 결과 하위집단이 생길 수 있다.[14]

초기의 만남 후에 한두 명이 떨어져 나갈 가망성이 있으므로 많은 치료자가 8~10명으로 새 집단을 시작한다. 도중하차를 기대하며 10명보다 많은 집단원으로 시작하는 것은 자기충족적 예언이 될 수도 있다. 일부 집단원은 집단이 너무 커서 생산적으로 참여할 수 없다는 이유로 그만둘 것이다.

12~16명 정도의 큰 집단이 주간 병원 장면에서는 생산적일 수 있다. 한 주를 보내며 각 집단원은 다양한 다른 치료 기회를 가질 수 있기 때문이다. 상호작용에 초점을 맞추지 않는 알코올 중독자 재활회(Alcoholics Anonymous, AA)나 다른 12단계 집단들은(이런 집단은 사실 인간관계 피드백을 격려하지 않고 그것을 언쟁이라고 부른다. 13장 참조) 20~80명까지 더 큰 집단을 운영한다. 일반화된 불안을 가진 내담자들을 위한 심리교육 집단은 20~30명의 참가자들로 효과적으로 만날 수 있다. 이들 집단은 개인의 자기개방이나 상호작용을 격려하지 않고 대신 불안과 스트레스 감소에 대한 정보를 주로 전달한다.[15] 비슷한 발견이 공황장애와 고소공포증 치료, 다른 여러 증상에서도 보고되었다.[16]

큰 집단 형태는 스트레스 감소, 증상과 의학적 치료에서 오는 부작용에 대한 자기 관리를 훈련하기 위해 암 환자에게 자주 사용되었다. 이 집단들은 40~80명의 참가자가 매주 두 시간씩 6주간 만났다.[17] 건강관리 조직이 피라미드라고 생각하면 이런 유형의 큰 집단은 조직의 초입 수준에서 저렴하게 관리받을 수 있는 넓은 밑바닥 부분이다. 많은 사람에게 이 정도의 지식과 기술로 대비하는 것은 충분하다. 도움이 더 필요한 내담자는 피라미드의 한 층 위로 올라가서 좀 더 집중적인 개입을 받게 된다.[18]

여러 치료적 요인이 이들 집단에 작용한다. 큰 동질적 집단은 정상으로 돌아오게 만들고, 오명을 털어 버리고, 보편적인 감정을 느끼게 하며, 자기효험성을 높이는 기술과 지식을 제공한다. AA집단은 술에 취하지 않는 삶에 도전하기 위해 영감과 인도, 실질적인 도구들을 제공한다. 이타성도 한 역할을 한다. 다른 사람들을 도움으로써 자존감을 강화하고 개인의 숙달감을 깊게 한다.

집단 모임의 시간 및 빈도

여러 해 동안 정신치료의 회당 시간은 고정된 듯했다. 개인치료는 50분, 집단치료는 80~90분으로, 이는 이 분야에서 확립된 경험적 지혜에 속하는 것이었다. 대부분 집단치료자는 잘 형성된 집단이라 해도 분위기가 조성되고 주요 주제가 전개되어 마무리 짓는 데까지 적어도 60분이 필요하다는 데 동의한다. 또한 두 시간이 지나면 효과가 감소해 집단이 지치고 반복적이고 비효과적으로 된다는 것이 치료자들의 여론이다. 더군다나 많은 치료자가 80~90분 단위로 모임이 진행될 때 가장 잘 기능한다. 더 길면 피로해져서 치료자는 그날 이후의 치료 시간에 덜 효과적이게 된다.

일주일에 1~5회로 만나는 횟수는 다양하지만, 대부분의 집단 모임 횟수는 주당 1회다. 여러 번 만나도록 외래환자 집단의 스케줄을 짜는 것은 논리적으로도 힘들고, 대부분 치료자가 일주일에 한 번 이상 만나는 외래환자 집단을 이끌어 본 적이 거의 없다. 그러나 개인적으로는 가능하다면 일주일에 두 번 만나는 집단을 이끌 것이다. 그러한 집단은 강도가 높고, 전 회기에서 다룬 문제를 계속 다루며, 전 과정이 지속적인 모임의 성격을 갖는다. 어떤 치료자들은 시간제한 집단을 시작할 때 강력하게 충전하기 위해 첫 이삼 주 동안 일주일에 두세 번 만나 집단의 효과를 올리고 난 후 일주일에 한 번씩 만난다.[19]

매주 만나면 치료적 연결이 더 잘 되지만 덜 자주 만나는 집단은 상호작용의 초점을 유지하는 데 큰 어려움이 있고 인생 사건이나 위기 해결에 초점을 맞추게 된다. 덜 자주 만나면 덜 효과적이고 치료가 길어진다.[20] 만나는 시간을 정해 두는 것은 집단원들의 출석을 조장한다. 개인 진료를 하는 집단치료자들은 일주일 중 며칠은 저녁에 일하는 것을 생활의 일부로 인식한다.

'시간 효율적인 치료'를 위해 집단지도자들은 치료의 여러 측면을 가지고 실험했는데 모임의 기간을 가지고 가장 많이 실험했다.[21] 참만남 집단의 전성기였던 1960년대와 1970년대에는 집단치료자들이 주당 4시간, 6시간, 혹은 8시간 동안 모임을 가졌다. 지금 보면 걱정되기도 하고 황당하기도 하다. 어떤 집단치료자들은 집단을 다른 치료자가 운영하는 주말 프로그램에 보내거나, 또는 치료자 자신이 치료 과정 중 어떤 시기에 전체 집단과 마라톤 형식의 모임을 갖기도 했다. 목표는 집단원들을 탈진하게 만들고, 집단 압박을 동원해 집단원의 저항을 깨 더 깊고 깊은 개방을 끌어냄으로써 치료를 촉진시키는 것이었다. 시간 연장 형식은 나중에 ESTErhard Seminares Training나 Lifespring 같은 상업적 기업들이 사용했다. 오늘날에는 이러한 집단 의식훈련 프로그램이 사실상 사라졌다.[22]

지금은 규칙적으로 또는 주기적으로 시간 연장 집단 모임을 갖는 치료자가 소수에 불과하다. 종종 물질 남용, 공황장애, 외상 후 스트레스 장애, 식이장애 같은 여러 상태의 내담자들을 대상으로 집중적이고 효과적인 주말 집단이 최근에도 때때로 보고되고 있다.[23] 이런 집단들은 마라톤 접근의 특징인 강렬한 직면이나 피로 등을 사용하기보다는 집단치료, 심리교육 등을 포함하는 포괄적인 프로그램을 운영한다. 어떤 치료자들은 암 환자를 위한 주말 피정 형태로 기술 습득, 반성, 명상 등을 하는 집단치료로 확대했다. 마음집중 집단치료는 하루 또는 이틀간의 주말 만남으로 매주 만남을 보충한다. 그러나 집중적인 명상이 목표이지 내담자의 자아 방어를 부수기 위한 것은 아니다.[24]

그렇지만 이러한 마라톤 집단에 관해 쓰고 읽어야 하는 이유는 그것이 최근의 임상적 동향이거나 또는 정신치료 역사의 한 장으로 경의를 표하기 위해서가 아니라, 실제 임상적 결정을 치료자가 어떻게 내리는지를 드러내기 때문이다. 지난 수십 년간 일련의 이념적 유행과 스타일의 유행에 휘말렸다. 원칙에 대한 신뢰와 잘 구성된 조직적인 연구만이 시대의 유행을 주도하다가 급히 버려지는 치료 형태를 대항할 가장 좋은 방파제다.

마라톤 집단치료의 효과에 대한 터무니없는 주장은 그 당시 한 집단이 끝난 직후 배부된 질문지나 여러 참가자가 보고한 일화에 근거한 것인데, 평가로서는 전혀 신뢰할 수 없는 접근이다. 사실 면담, 증언 또는 집단이 끝난 직후에 시행한 자기 보고식 질문지에서 얻은 결과에 오로지 의존하는 치료 성과 연구의 가치는 의심스럽다고 할 수 있다. 치료가 끝날 때 내담자들은 어느 때보다도 더 감사하고, 충실하며, 객관적이지 않을뿐더러 긍정적이고 따뜻한 감정만을 기억하고 표현하게 되기 때문이다. 적어도 다음의 두 가지 이유에서 집단이 이 시점에 부정적인 감정을 체험하고 표현하기 어렵다. 첫째, 종결 시에는 긍정적 증언에 참여하게 만드는 강한 집단압력이 작용한다. Solomon Asch가 보여 준 대로 명백한 집단의 만장일치 앞에서 객관성을 유지할 수 있는 사람은 거의 없다.[25] 둘째, 인지적 부조화 상태를 피하기 위해 집단원들은 집단을 향한 비판적인 감정을 거부하게 된다. 다시 말하면 사람들은 그 집단에 많은 시간과 감정을 투자했고, 더군다나 다른 집단원들에게 긍정적 감정을 갖게 되는 경우도 많아서 집단의 활동과 가치를 의심하는 것이 어려워진다.

때로 주장되었던 바와 같이 시간 연장 모임이 집단의 성숙도를 가속화하고, 개방성과 친밀감과 응집력을 높여 통찰을 유발하고 치료의 비약적 진전을 가져오는 것이 가능한가? 나[IY]와 동료들은 이 문제를 연구했고 집단치료 초기에 진행된 마라톤 회기들이 후속 회기의 의사소통 양식에 영향을 주지 않는다는 것을 발견했다.[26] 실제로, 그 반대의 경향이 나타났다. 6시간 모임 후 집단원들은 지금-여기의 상호작용이 감소한 것으로 나타났다. 6시간의 모임이 집단 응집성에 준 영향은 매우 흥미롭다. 첫 회에 6시간 모임을 가진 집단은 후속 모임에서 응집성이 감소하는 경향이 있었지만, 11회에 6시간 모임을 가진 집단은 이후 응집성이 의미 있게 증가했다. 그러므로 적절한 시기, 즉 타이밍이 중요하다. 집단 과정 중 특정한 시기에 시간 연장 회기를 갖는 것은 집단에 대한 구성원의 관여를 증가시키는 것을 도울 수 있다. 즉, 결과는 응집성이 촉진될 수는 있지만 시간 연장 회기에 녹아들 수는 없다는 것이다.

마라톤 집단 현상은 학습전이 문제를 생각하게 한다. 시간 연장 집단이 강한 감정을 불러일으키고 집단원이 새로운 행동을 실험하도록 격려할 수 있다는 점에는 의심의 여지가 없다. 그러나 집단에서의 행동 변화가 집단 밖 생활에서의 행동 변화를 나타내는 것인가? 임상가들은 치료 장면에서의 변화가 치료적 성공과 같지 않다는 것을 잘 알고 있다. 변화가 확실하려면 치료 장면 밖에서의 대인관계와 노력에서도 나타나야 하고 자연스러운 장면에서 반복해서 시험되어야 한다. 치료자가 변화 과정을 가속시키고 싶은 것은 당연하지만 치료의 기간, 일관성, 횟수가 치료 효과에 가장 중요하다는 증거가 있다. 학습의 전이 과정은 고되며 어느 정도 최소한의 시간이 요구되는데, 특히 만성 기분 문제, 성격적, 대인관계 문제를 가진 개인들에게는 더 그렇다.[27]

예를 들어, 권위적이면서 냉정하고 가혹한 아버지에 대한 어릴 적 경험 때문에 모든 남자, 특히 권위적 위치에 있는 사람들을 그의 아버지와 똑같이 여기는 남성 내담자가 있다고 하자. 집단에서 그는 남성 치료자나 다른 남성 집단원에게 전혀 다른 정서적 경험을 했을 수도 있다. 그가 학습한 것은 무엇일까? 한 가지 그가 얻은 것이 있다면, 세상의 모든 남성이 다 무서운 짐승은 아니라는 점이다. 적어도 한둘은 아니라는 것이다. 이 경험이 내담자에게 어떻게 지속적인 도움이 될까? 그가 그 경험을 미래 상황에 일반화할 수 없는 한, 아마 거의 가치가 없을 것이다. 그는 이미 고정된 방식으로 모든 남성을 지각하는 것이 아니라 사람들을 분별하는 법을 배워야만 한다. 그리고 필요한 분별을 하게 되면, 어떻게 왜곡이 없고 평등한 입장에서 관계를 형성해 나갈 것인지 배워야 한다. 이는 인간관계가 형편없고 부적응적이었던 개인에게는 흔히 장기간의 과업이 되며, 장기 치료 상황에서 계속적인 검증과 강화를 받아야 한다.

단기 집단치료

단기 집단치료는 빠르게 중요성이 더해지며 널리 사용되고 있는 치료 방법이다. 제삼자 보험사는 치료자도 마찬가지이지만 좀 더 짧고, 돈이 덜 들면서, 더 효율적인 형태의 치료를 하기 위해 끊임없이 노력한다.[20)] 보험자 7,300만여 명의 건강관리를 담당하는 관리의료 행정가를 대상으로 설문한 결과, 이들은 더 많은 집단을 사용하는 데 관심이 있지만 동질 문제를 다루는 구조적 집단을 원한다고 답했다.[28] 단기 치료를 선호하는 또 다른 요인도 있다. 예를 들어, 치료받고자 하는 사람의 수요는 많은 반면 정신치료 전문가는 적은 지역이 많은데, 이런 경우 단기로 하면 더 많은 서비스가 가능하다. 대학 상담소는 점점 커지는 대학생들의 정신건강을 위한 요구에 응하기 위해 다양한 맞춤형 단기 집단치료를 하고 있다.[29] 단기 집단치료는 그 자체로도 충분하지만 치료의 시작 또는 향후 치료를 더 받을 수 있도록 사전에 준비하는 단계적 관리 모델로서 중요한 역할을 할 수 있다.

얼마나 짧은 것이 '단기'인가? 어떤 임상가는 16~20회를, 또 다른 임상가는 50~60회를 단기로 간주한다.[30] 집단원들이 자주 이동하는 입원환자 집단은 단 1회기의 생명을 가진 집단이라고 생각할 수 있다. 응집에 관한 연구에 따르면 효과적인 단기 치료 집단을 위한 최단기간은 12회다.[31] 12회기는 내담자의 50% 이상이 호전되는 데 필요한 최소한의 '약발'인 것으로도 나타났다. 또는 시간적 정의보다는 기능상의 정의를 내리는 것도 좋다.[32] 다시 말해, 단기 집단은 특정 목표를 이룰 수 있는 최단기간의 모임을 의미하므로 '시간 효율적인 집단치료'[33]라는 용어를 사용하는 것도 매우 적절하다. 따라서 실직 같은 인생의 위기를 다루는 집단은 4~8회기로 진행할 수 있고, 반면에 이혼이나 사별 같은 중요한 인간관계의 손실을 다루는 모임은 12~20회기로 진행할 수 있다. 섭식장애, 성폭행 피해자 같은 구체적인 증상군을 다루는 집단은 18~24회기로 진행할 수 있다. 이와 마찬가지로 지속되는 성격적 문제에 변화를 가져오기 위해서는 20회 또는 그 이상 회기를 진행하는 '단기' 집단을 구성할 수 있다.[34] 보통 8회기 정도로 진행하며, 각 집단원의 구체적인 대인관계 문제를 확인하기 위해 집중적인 준비로 활용하는 접근 방식도 있다.[35]

치료 진전의 양식과 관련해 개인치료의 '약발'에 대한 탐색은 치료 기간에 대한 의문을 어느 정도 해소해 준다. 이 연구에서는 어떤 임상적 문제의 범위 안에 있는 내담자가 시간이 흐르면서 보여 주는 진전의 양식을 살펴보았다.[36] 집단치료 성과연구에서 비교할

---

20) 말에게 음식을 조금씩 조금씩 적게 주는 훈련을 시도하다가 결국 말이 죽자 "음식 없이 살도록 가르치게 되었는데 빌어먹을 말이 죽어 버렸잖아" 하며 슬퍼한 농부를 상기하게 된다.

만한 연구는 없으나, 집단상담의 반응 양식이 흡사하다고 가정하는 것이 합리적으로 보인다.

연구자들은 대처를 잘하던 내담자가 위기를 당하면 일반적으로 의미 있는 진전을 위해 몇 시간의 치료가 필요하다는 점을 주시했다. 많은 내담자가 위기 전 수준으로 돌아가기까지 8회기 또는 적은 회기로 충분했다. 좀 더 만성적 어려움을 가진 내담자들은 좋아지기까지 50~60회기가 필요하고, 특별한 성격장애가 있는 사람들은 더 많은 회기가 필요하다. 신뢰나 정서적 손상이 클수록, 손실이나 충격이 발달 초기에 일어날수록 단기 치료로는 충분하지 않다. 많은 만성 우울증 내담자가 초기에 진전을 보여 주지만, 재발의 위험을 줄이기 위해서는 장기적 치료가 필요하다. 또한 이전에 단기 치료에서 실패했다는 것은 흔히 장기 치료가 필요하다는 징조다.[37] 많은 내담자에게 장기 치료가 필요한 현실이지만, 이를 무시해 내담자들이 충분히 치료받지 못하고 있다. 내담자의 진전을 실제로 측정하고 내담자가 치료 경험에 대해 정기적이고 객관적인 피드백을 주면 얼마나 치료받아야 할지 결정하는 데 도움이 된다(13장 참조).[38]

정확한 존속 기간과 상관없이 모든 단기 정신치료 집단은 다수의 공통점을 공유한다. 단기 정신치료 집단은 효율성을 추구하며, 뚜렷이 구분되는 목적에 대해 계약하고, 목표 달성을 위해 매진한다. 또한 현재(지금-여기에 초점을 맞추거나, 최근에 일어난 문제에 초점을 맞추는 '지금-거기')에 집중하는 경향이 있고, 처음부터 끝까지 제한된 시간에 따른다. 기술의 전이와 집단에서 학습한 것을 진짜 세상에서 시도해 보도록 강조한다. 단기 정신치료 집단의 구성은 종종 어떤 문제나 증상적 증후군, 또는 인생사의 경험 등에 대해 동질적이며, 개인의 문제보다는 상호작용적인 문제에 초점을 맞춘다.[39] 집단 전 준비, 분명한 목표, 내담자의 문화와 정체성, 분명한 치료 초점이 단기 집단치료에서 특별히 중요하다.[40]

어떤 내담자에게는 집단치료를 받는 짧은 기간이 치료의 전부일 수 있고, 다른 사람에게는 향후 다른 치료가 필요할 수도 필요하지 않을 수도 있는 주요한 작업의 기회로서 치료의 일부가 될 수도 있다.[41] 중요한 것은 단기 집단치료의 위력과 제한점을 인식하는 것이다. 집단치료가 효과적이라면 내담자가 치료에서 얻은 것을 치료가 끝난 후에도 계속 통합할 가능성이 크다는 점을 기억해야 한다.[42]

단기 치료 집단을 지도하는 집단치료자는 다음의 일반적인 원칙에 유의해야 한다.

- 단기 집단은 장기 치료 집단을 축소한 것이 아니다.[43] 지도자들은 다른 마음가짐으로 단기 집단을 이끌어야 한다. 지도자는 목적을 명료화하고, 집단의 초점을 유지하며, 적극적이고 효율적이며 효과적으로 시간을 운영해야 한다. 집단원들은 시간의 한계를 인식하지 않으려는 경향이 있기 때문에 단기 집단의 지도자는 시간 지키는 사람으로 행동해야 하며, 주기적으로 얼마나 시간이 지났고 얼마나 남았는지를 집단원들에게 환기시켜야 한다. 지도자는 규칙적으로 "이번이 열두 번째 모임이고, 모임의 3분의 2가 지났지만 앞으로 아직 여섯 번의 모임이 남아 있습니다. 오늘 우리가 여태까지 한 작업을 잠깐 되돌아보는 것이 좋겠군요. 무엇을 했는지, 어떤 목표가 남아 있는지, 또 어떻게 남은 시간을 사용할지 생각해 봅시다. 할 말을 다 하고, 할 수 있는 것을 다 해 봅시다"라고 말할 필요가 있다.
- 지도자는 학습의 전이에 주목하고, 내담자들이 집단에서 배운 것을 바깥 상황에서 다시 적용하도록 격려해야 한다. 지도자는 치료는 행동의 변화를 일으키는 것이 목표지, 예정된 치료 시간 내에 과정을 끝내는 것이 아님을 강조해야 한다.
- 지도자는 시간 제약이라는 단점을 이점으로 전환하도록 노력해야 한다. Carl Rogers의 시간제한적 치료를 위한 노력 이래로 시간의 제약이 효율성을 증가시키고 활력을 줄 수 있음을 알게 되었다.[44] 눈에 보이는 끝이 있다는 것 자체가 삶의 실존적 차원에 대한 자각을 높이는 데 사용될 수 있다. 시간이란 영원하지 않고, 즉각적인 만남이 중요하다. 기적적인 문제의 해결책은 없고, 궁극적 책임은 외부에 있는 것이 아니라 자기 내부에 있다.[45] 이런 접근은 "그렇게 짧은 시간에 무엇을 할 수 있어요?"라는 내담자의 공통된 저항을 불러오고 가장 짧은 집단이라도 유용하다는 것을 알게 된다.
- 집단의 공적 이름이 치료 작업의 내용을 결정하지 않는다는 점을 명심하라. 다시 말하면 집단이 최근 이혼한 개인이나 성폭행당한 사람들의 집단이기 때문에 '이혼' 또는 '성폭행'에 집단의 초점을 두어야 한다는 의미가 아니다. 이혼이나 성폭행의 결과로 일어난 집단의 지금-여기와 관련되는 대인관계 문제에 초점 맞추는 것이 더 효과적이다. 예를 들어 성폭행당한 내담자가 수치와 분노를 느끼고, 도움을 청하기를 싫어하고, 권위자(집단지도자)를 믿지 않고, 친밀한 관계를 맺기 어려운 점에 대해 작업할 수 있다. 최근에 이혼한 집단원들은 결혼 생활에서 무엇이 잘못되었는지 긴 역사에 초점을 맞추기보다 각 집단원이 지금-여기 집단 내에서 드러내는 대인관계

문제를 검토하는 것이 훨씬 더 유익하다. 집단원들은 문제 패턴을 이해하고 변화하도록 도움을 받아 앞으로의 관계를 망치지 않게 해야 한다. 지지와 위안을 구하는 내담자들에게 부자연스럽게 초점을 맞춘다고 느껴질지 모르지만 그러기 때문에 집단 전 준비 모임에서 무엇을 기대할 것인지 다루어야 한다. 집단 내에서 지금-여기(뜨거운 처리, hot processing)를 다루는 것이 집단 밖의 외부 관계(차가운 처리, cold processing)를 다루는 것보다 훨씬 강력하다.[46]

- 집단치료자는 효율성을 높이기 위해 융통성이 있고 가능한 모든 방법을 사용해야 한다. 인지적 또는 행동적 치료 기법은 장애 증상을 경감시키기 위해 대인관계 집단에 사용할 수 있다. 예를 들어 섭식장애 집단에서 지도자는 집단원들이 자신의 기분과 섭식에 대해 일기를 쓰게 하거나 또는 음식 소비량을 기록하게 함으로써 그 관계를 탐색하도록 제안할 수 있다. 또 정서적 어려움을 감소시키기 위해 명상을 제안할 수 있다. 그러나 이것이 핵심은 아니다. 음식과 관련된 증상 기저에 있는 대인관계 문제에 초점 맞출 때 단기 집단 작업은 장애가 되는 섭식을 직접적인 목표로 하는 단기 집단 작업만큼이나 효과적이다.[47] 다시 말하면, 치료자들은 증상을 대인관계 기능에 장애가 생긴 것으로 생각할 수 있기 때문에 대인관계 장애를 회복시킴으로써 증상을 경감시킬 수 있다.
- 시간 제약이 있더라도 지도자는 집단 모임 전 개인 면담을 생략함으로써 시간을 아끼려고 시도해서는 안 된다. 이와는 반대로 지도자는 준비와 선발에 각별한 관심을 쏟아야 한다.[48] 시간에 쫓기는 진료소나 건강관리 기관들이 흔히 범하는 가장 큰 실수는 전화로 내담자를 선별하고 준비 기간 없이 즉시 집단에 들어오게 하는 것이다. 이러한 접근은 집단지도자와의 동맹을 훼손하고 집단 응집의 발달을 방해한다. 단기 집단에서는 장기 집단에서보다 실수가 용납되지 않는다. 가령 집단이 12주간 지속되는 경우, 두세 번 모임에 나오다가 적합하지 않아서 중도 탈락하는(또는 그만두게 하는 것이 낫겠다고 판단되는) 집단원 때문에 시간이 소비된다면 그 대가가 너무 크다. 그런 집단의 발달은 더디고, 신뢰와 응집 수준은 더욱 느리며, 집단의 귀중한 시간과 효율성은 희생된다.
- 집단 모임 전에 표준화된 집단 준비를 위해 개인 면담을 사용할 뿐만 아니라, 내담자를 단기 치료에 적합하게 만들기 위해 내담자의 문제 영역을 재구성하고 목표를 구체화하는 데 도움이 되게끔 사용해야 한다.[49] 어떤 집단치료자들은 첫 집단 모임

에서 집단에 시동을 거는 방법의 하나로 내담자들에게 각자의 대인관계 문제와 치료 목적을 말하게 한다.[50]

일부 임상가는 단기 집단치료와 장기 집단치료의 공백을 이어 주는 방법을 찾아 왔다. 한 가지 방법은 단기 집단 후 지지집단 모임에 간격을 두어, 즉 한 달 간격으로 6개월 동안 가게 하는 것이다.[51] 다른 방법은 내담자를 단기 집단에 다니게 하면서도 다른 연계되는 집단에 다닐 수 있도록 선택권을 마련해 주는 것이다. 만성 질병을 앓고 있는 내담자를 위해 마련된 한 프로그램은 한 분기에 12주간의 모임이 있고, 각 분기 사이에 두 주씩 휴식이 있다.[52] 집단원들은 6주째 모임까지는 아무 때나 들어올 수 있지만, 6주 후에는 모임이 폐쇄적으로 운영된다. 내담자들은 한 분기를 다니고 나중에 다른 분기에 참여할 수 있다. 이 프로그램은 분기별로 목표를 재구성하기 때문에 목표 지향적이면서 또한 장기 회원을 포함한 모든 내담자가 계속할 수 있다는 장점이 있다.

단기 집단은 효과적인가? 단기 집단치료에 관한 성과연구가 상당히 증가했고, 많은 내담자가 단기 집단치료의 성과에 대해 '네'라고 대답한다. 여기서 주목할 만한 발견을 요약하겠지만, 가능하다면 미국집단정신치료학회American Group Psychotherapy Association에서 출판한 문헌 및 다른 포괄적인 비평을 검토하길 바란다.[53]

48개의 보고에서 단기 집단들은(인지행동적, 역동적/대인관계) 평균 12회씩 만났는데, 모두 의미 있는 임상적 진전을 보였다. 집단원들은 대기자 명단에 있는 내담자보다 3배나 호전되었다.[54] 더군다나 치료 집단은 우울증 치료에서 약물치료의 효과를 대단히 높여 주었다.[55] 상실과 애도를 경험하는 내담자들이 모인 표현-해석적 집단과 지지집단 모두 효과를 보였음이 증명되었다.[56] 메타분석에서도 섭식장애나 공포장애를 가진 내담자들의 단기 집단치료가 효과적인 것으로 확인되었으며,[57] 경계선 성격장애가 있는 내담자의 기분과 행동이 25회기 후에 호전되었다고 보고했다.[58] 단기 집단치료는 또한 신체적 질병을 앓는 사람들의 심리적 치료에도 효과가 있다. 스트레스 대응과 관리가 좋아지고, 기분과 불안 증상이 감소해 자신을 더 잘 돌보게 되었다.[59]

단기 집단치료와 장기 집단치료를 어떻게 비교하는가? 단기 집단치료와 장기 집단치료를 비교 분석한 연구(20회 대 80회)에서 여러 임상적 증상에 걸쳐 주목할 만한 동등한 효과가 나타났다. 단기 치료는 탈락률 또한 낮았는데, 연구자들은 단기 집단치료에서 효과적인 치료를 하려면 더 도전적이고 더 높은 수준의 활동이 필요하다는 점에 주목했다.

그러나 성격장애가 있는 내담자에게는 장기 치료가 더 도움이 된다.[60]

요약하면, 연구는 단기 집단치료가 효과적임을 증명한다.[61] 우리는 확신을 가지고 단기 집단을 시작할 수 있다. 단기 형태에서 내담자들에게 제공할 수 있는 것은 많다. 그러나 만성 심리적 · 성격적 어려움을 갖고 있거나, 단기 치료에서 실패를 경험한 내담자에게는 장기 집단이 필요하다. 내담자에게 필요한 것을 희생하면서까지 효율성을 추구하는 현대의 요구에 지나치게 휩쓸려서는 안 된다. 역대 최대 규모의 정신치료 연구 중 하나인 NIMH 우울증 공동 치료 연구의 설계자 중 한 사람은 이 분야가 단기 심리치료의 효과를 지나치게 과대평가한 것 같다고 말했다.[62]

집단치료를 위한 준비

집단치료가 시작되기 전에 내담자와 진행하는 개인 면담은 임상 장면에서 다양하게 일어난다. 어떤 치료자들은 선발을 위한 면담으로 한두 번 환자를 만난 후 개인적으로 다시 만나지 않는 반면, 어떤 치료자들은 환자가 집단을 시작할 때까지 개인 면담을 계속한다. 집단을 하나 만들기 위해 충분한 수의 집단원을 모으려면 몇 주가 걸릴 수도 있는데 처음에 하기로 한 후보자가 탈락하지 않도록 치료자는 정기적으로 각 집단원을 만나야 한다. 적어도 집단을 시작하기 직전에 추수 만남을 가지길 권한다. 이때가 준비 모임으로도 이상적인 시기다. 집단치료 의뢰가 충분한 곳에서도 내담자의 계기와 관심을 유지시키는 것이 중요하다. 한 가지 방법은 집단의 시작 날짜를 확실히 정하고 집단원 모집과 평가에 온 힘을 기울이는 것이다. 집단지도자는 한 집단을 모으고 준비하기 위해 20~25시간을 투자해야 한다. 이는 아주 필요하고 유용한 시간이다.

집단에 들어가기 전에 자주 만난 내담자일수록 조기 탈락할 가능성이 적다는 것이 나의 임상 경험이다. 집단원 간에 유대를 발달시키는 첫 단계는 치료자를 서로 확인하는 것이다. 개인과 예비 면담을 갖는 것은 치료 동맹을 형성하기 위함이라는 것을 기억하라. 이 면담에서 내담자와 치료자는 집단치료의 목표와 과업, 그들이 개발하고자 하는 관계에 대해 동의한다. 이렇게 함으로써 집단 응집이 발달할 무대를 마련하게 된다.

집단을 시작하기 전 면담에서 우선적으로 다루어야 할 또 다른 과업은 내담자들을 집단치료를 위해 준비시키는 일이다. 집단상담의 실제와 가장 관련이 큰 연구 영역을 하나만 택하라면, 바로 집단을 위한 내담자들의 준비다. 집단을 위해 내담자들을 준비시키면 집단치료 과정에서 긍정적이고 중요한 역할을 한다는 매우 설득력 있는 연구 결과가 있다. 집단지도자들은 준비 과정에서 여러 가지 구체적 목표를 이루어야 한다.

- 집단치료에 대한 오해, 비현실적인 공포, 기대를 명료화하라.
- 집단치료에서 일어날 수 있는 문제들을 예상해 최소화하라.
- 집단에 효과적으로 참가할 수 있도록 인지구조를 제공하라.
- 집단치료에 대해 현실적이고 긍정적인 기대를 갖게 하라.
- 집단치료에 대한 부정적 가정과 낙인찍힌 신화에 도전하라.

집단치료에 관한 오해

집단치료에 관한 어떤 오해나 공포는 너무나 공통적이어서, 내담자가 언급하지 않더라도 치료자는 일어날 가능성이 있는 문제로서 이를 지적해야 한다. 집단치료의 효과를 지지하는 치료 효과에 대한 강력한 연구 증거에도 불구하고, 여전히 많은 사람이 집단치료를 차선책으로 여긴다. 집단치료는 비용이 싸고, 개인치료 비용을 부담할 수 없는 사람들을 위한 대안이거나, 또는 의료보험이 이익을 늘리기 위해 만든 수단이라고 생각할 수 있다. 어떤 사람들은 각 집단원이 매주 치료자의 시간을 12~15분 정도 나누어 가질 수밖에 없다는 점에서 희석된 치료로 여긴다. 어떤 사람은 내담자 수가 치료자 수보다 훨씬 더 많기 때문에 존재하는 치료라고 믿는다. 정신건강에 대한 대중의 관심이 커진 요즈음에도 많은 내담자에게 이러한 오해는 도전이 된다.

집단치료에 대한 일반인의 신념에 대한 대표적인 설문을 검토해 보자. 정신건강에 도움을 받고자 하는 대학생들과 지역사회 일반인을 대상으로 설문조사를 시행한 결과 공통적인 관심사와 오해가 확인되었다.[63]

- 집단치료는 예측 불가능하고, 집단에서 억지로 자기 이야기를 해야 하는 등 자기 자신을 통제하지 못하게 만든다.
- 치료 효과는 치료자가 환자에게 주는 관심의 정도에 비례하므로 집단치료는 개인치료보다 효과가 떨어진다.

- 집단치료는 수치와 거부감을 느낄 위험이 있다.
- 정서적으로 중요한 장애가 있는 사람들과 집단에 있어야 한다는 사실은 그 자체로도 해롭고, 정서적으로 여린 개인의 정신건강을 더 나쁘게 한다.

특히 남성의 경우 집단치료보다 개인치료를 선호하는데, 문화도 또한 선호도에 역할을 한다. 서구권이 아닌 집단 전통을 가진 내담자들은 감정이나 개인적 욕구를 겉으로 드러내는 것을 두려워할 수 있다. 수치는 공포이고 큰 타격일 수 있다.[64]

치료를 원하는 보통 정도의 장애를 가지 내담자 69명을 대상으로 한 British National Health Service의 연구에서 50% 이상이 다른 치료를 받을 수 없더라도 집단치료에 들어가지 않겠다고 선언했다. 웃음거리가 될지 모른다는 공포와 수치심을 느낄 것이며, 비밀 보장이 안 되고 어떤 형태의 감염으로 더 나빠질지도 모른다는 염려가 나왔다. 집단에 대한 이런 강한 반감과 편견의 근원이 무엇일까? 치료받고자 하는 많은 내담자가 그동안 경험했던 그들 주위의 집단은 대부분 '문제의 일부'였지 '해결의 일부'가 아니었다. 따라서 집단에 참여한다고 생각할 때 내담자에게 나타나는 첫 반응은 왕따나 소외당한 기억일 수 있다. 그러므로 일반적으로 집단치료는 신뢰받지 못하고, 개인치료가 좀 더 보호되고 안전하며 익숙한 것으로 간주된다. 특별히 과거에 치료 경험이 없는 사람들에게는 더 그렇다.[65]

일반적으로 집단치료에 대한 미디어나 소설적 묘사는 상당히 부정확하며, 종종 치료 집단을 조롱하거나 야유하는 식으로 그려진다.[21)] 현장 텔레비전 쇼도 한몫한다. 그들은 우리가 결함이 있고 모자라는 사람으로 알려지고, '연줄이 가장 약한' 사람으로 보여 집단으로부터 추방되고 노출되리라고 우리의 무의식적 공포를 건드린다.[66] 근원이 무엇이든 간에 그러한 오해와 우려는 반격되어야 한다. 그렇지 않으면 이러한 강한 부정적 기대로는 집단치료의 성공적인 성과를 가져오기 힘들다.

이러한 비호감적인 기대는 일반 대중이나 내담자에게 국한된 것이 아니다. 정신과 수련의를 대상으로 한 설문에서도 집단치료에 대해 비슷한 부정적인 태도가 발견되었다.[67]

---

21) 바로 이런 이유로 나는 집단치료 소설 『쇼펜하우어, 집단심리치료(The Schopenhauer Cure)』(New York: Harper Collins, 2005)를 쓰기로 작정했다. 이 책에서 나는 효과적인 치료 집단이 실제로 어떻게 작용하는지 정직하게 보여 주고자 했다. 그 후에 이 소설은 집단치료에 대한 종합적인 훈련 비디오로 만들어졌다. I. Yalom and M. Leszcz, "Group Therapy: A Live Demonstrrion," 2011, www.agpa.org.

정신과 훈련 프로그램에서 노출이 부족한 것이 한 가지 문제인데, 이러한 훈련 부족을 고치려는 데에 강하게 저항하는 것은 반집단 태도가 무의식까지 깊이 뿌리 내렸다는 것을 말한다. 그러므로 기관과 행정 지도자에게서 그러한 태도를 발견하는 것은 놀라운 일이 아니다. 현대 정신의학에서 생물학과 심리학의 분열은 두뇌와 마음을 양극화하는 편견을 가속화하고 있다.[68] 더군다나 집단 지도를 배우려는 도전은 의미가 있음에도 인간 본성은 때로 우리를 불안하게 만드는 것을 평가 절하하려고 한다.[69]

평가적인 오해에 덧붙여 내담자들은 대부분 과정에 관한 오해와 비현실적인 대인관계의 두려움을 안고 있다. 첫 번째 집단 모임에 가기 직전에 있었던 두 번째 개인 면담에서 치료자에게 보고한 어떤 여인의 꿈에 이러한 것들이 잘 나타난다.

> 꿈에서 집단 모임에 각자 과자를 가져오기로 했어요. 모임에 가져갈 과자를 사러 어머니와 함께 나갔지요. 우리는 어떤 과자가 적당할지 결정하는 데 꽤 애를 먹었어요. 그러다가 저는 모임에 매우 늦으리라는 것을 알게 되었고, 그래서 시간에 맞추어 가야 한다는 사실에 점점 불안해졌어요. 드디어 과자를 사서 모임에 갔어요. 집단이 만나기로 한 방이 어디인지 물었더니, 129A호라고 하더라고요. 복도를 왔다 갔다 했는데 방 번호가 차례대로 매겨져 있지 않아 'A'가 붙은 방을 찾을 수 없었어요. 그러다가 129A호가 다른 방 뒤에 있다는 것을 알게 되었고, 드디어 그 방으로 들어갔어요. 방을 찾으러 돌아다니는 동안 학교를 같이 다녔던 사람들, 몇 년 동안 알았던 사람들 등 과거에 알던 사람을 많이 만났어요. 집단은 매우 컸어요. 40~50명 정도 되는 인원이 방 안에서 떼를 지어 빙빙 돌고 있었어요. 집단원 중에는 우리 가족, 특히 두 오빠도 있었지요. 각 집단원은 청중 앞에 서서 왜 이곳에 왔으며 각자의 문제는 무엇인지 말해야 했어요. 전체적으로 매우 불안을 일으키는 꿈이었는데, 특히 모임 시간에 늦는다는 것과 많은 사람이 모여 있는 점에서 기분이 안 좋았어요.

몇 가지 주제가 매우 명백하다. 내담자는 첫 번째 집단 모임에 굉장한 두려움을 안고서 참석했다. 늦을까 봐 염려하는 것은 집단으로부터 배제 또는 배척되는 것에 대한 두려움을 반영한다. 더구나 이미 몇 주 전부터 만나고 있던 집단의 중간에 들어가는 상황이었으므로 다른 사람들이 너무 앞서 있고 자신은 뒤처지고 따라잡을 수 없을까 봐 두려워했다('A'가 새겨진 방을 찾을 수 없었다). 이 내담자는 집단 인원이 40~50명이 되는 꿈을 꾸었다. 집단의 크기에 대한 염려는 공통적이다. 집단원들은 자신의 독특한 개성을 군중 속에서 잃게 될까 봐 걱정한다. 더구나 내담자들은 상품 분배의 경제 모델을 집단치료 경험에 잘못 적용해 군중의 크기와 각 개인이 받는 상품이 반비례한다고 가정한다.

집단원들 앞에서 각자 자신의 문제를 고백하는 꿈 이미지는 집단치료에 참가하는 개인이 갖는 가장 근본적이고 전반적인 두려움을 반영한다. 알지도 못하는 청중에게 자신을 드러내고 창피스러운 허물과 환상을 말해야 한다는 예상이다. 좀 더 질문해 보면 다른 집단원으로부터 비판적이고 경멸적이며 비웃음 섞인, 또는 굴욕적인 반응을 예상한다는 것이 드러난다. 집단에서의 경험은 호되고 무감각한 법정에서 묵시적 심판을 받는 것으로 상상된다. 꿈은 또한 집단이 시작하기 전에 예상하는 것이 내담자가 과거에 참여했던 집단과의 경험, 즉 학교, 가족, 친구들과 관련된 불안이 재연되는 방법으로 나타남을 알려 준다. 그녀의 전체 생애에서 만난 모든 의미 있는 집단과 사람들의 사회조직망이 집단 안에 존재하는 듯했다(비유적 의미로 이것은 사실인데, 그녀는 어느 정도 다른 집단과 다른 개인에 의해 형성되었고, 그들은 그녀의 성격 구조의 부분이기 때문에 그녀가 그들을 내면화한 만큼 집단 안으로 그들을 데리고 들어오게 된다. 더 나아가 전이를 통해 그녀가 어릴 적에 가졌던 중요한 관계를 치료 집단 안에서 재창조할 것이다).

129호실과 관련해(그녀의 어렸을 적 교실) 내담자는 친구 집단의 수용과 인정보다 더 중요한 것이 별로 없었던 삶의 한 시기를 곧 다가올 집단경험과 연관시킨 것이 분명하다. 더군다나 그녀는 치료자가 그녀의 어렸을 적 선생님과 마찬가지로 초연하고 사랑 없는 평가자이기를 기대했다.

강요된 고백의 공포와 관련 있는 것은 비밀 보장에 관한 걱정이다. 내담자는 집단에 경계가 없어서 그녀가 개방하는 모든 간통에 관한 이야기가 그녀에게 중요한 모든 사람에게 알려질 것으로 예상했다. 이 꿈에서 분명히 나타나지는 않았지만, 공통으로 나타나는 또 다른 걱정은 다른 병든 집단원들과 어울림으로써 더 악화될지 모른다는 정신적 감염에 대한 공포다. 이는 견고하고 안정된 자아감이 부족해 연약한 자아 경계를 가진 내담자들에게서 나타나는 편견이다.

비구조화된 집단에서 퇴행할지도 모른다는 불안과 다른 사람이 마구 이끌 때 저항하지 못하고 무기력하게 얽혀 버리는 것은 압도적일 수 있다. 부분적으로 이러한 염려는 자신이 무가치하다는 감정을 타인에게 투사하는 자기 멸시의 반영이다. 이러한 역동은 보통 질문 속에 들어 있다. "어떻게 장님이 장님을 이끌 수 있나요?" 이런 내담자들은 자신이 타인에게 아무 가치가 없다고 믿으므로 자신과 같은 다른 사람들로부터 도움을 얻을 수 있다는 생각을 할 수가 없다. 어떤 내담자들은 자신의 적개심을 두려워한다. 자신의 분노를 일단 내놓기 시작하면, 그것이 자신뿐만 아니라 다른 사람들까지 집어삼킬 것이라고 두려워한다. 집단이 분노가 자유롭게 표현되는 곳이라는 생각은 너무도 끔찍하기에 그저 "사람들이 그들에 관한 진짜 내 생각을 알게 된다면" 하고 조용히 생각한다.

이 모든 비현실적 기대는 점검되지 않으면 거부로 나타나거나 집단치료의 장애물이 될지도 모른다. 하지만 후보들을 적절하게 준비시킴으로써 이를 완화할 수 있다. 내담자가 가지고 있는 치료에 대한 부정적 기대를 다루면 치료 결과가 의미 있게 좋아진다는 설득력 있는 연구 증거가 있다.[70] 첫 집단을 시작하면서 많은 초보 집단치료자가 비슷한 꿈을 보고한다는 것 또한 주목할 만하다.

일반적인 집단 문제

준비 과정의 개요를 말하기 전에 집단 초기에 당면하지만 치료 시작 전에 준비함으로써 개선할 수 있는 네 가지 문제를 생각해 보고자 한다.

- 치료 초기에 내담자들을 당혹하게 하고 용기를 꺾는 원인 중 하나는 지각된 목표상의 모순이다. 내담자들은 집단의 목표(집단 통합, 신뢰 분위기 조성, 상호작용적 직면에 초점 등)와 개인적 목표(고통의 완화)가 일치함을 분별할 수 없다. 따라서 불안, 공포, 우울, 성 불능, 불면증 등 그들의 증상에 대한 자신의 개인적 반응을 토론하는 것이 무슨 의미가 있는지 의문을 가진다.
- 이미 논의했지만 집단 초기 단계에서 집단원의 교체가 잦은 것은 효과적인 집단으로 발달하는 데 큰 방해가 된다. 치료자는 내담자와의 최초 접촉부터 비정기적인 참석이나 조기 종결을 삼가도록 강조해야 한다. 흔히 집단치료를 팀 스포츠에 비유한다. 당신이 팀원이라면 참석해야 한다는 식으로 말이다. 개인치료에서 지각이나 결석을 철저히 검토해 도움이 되게 하는 만큼, 이 문제는 집단에서 좀 더 긴박하다. 집단 초기에 비정기적으로 참석하게 되면 집단이 분리되고 용기를 잃게 된다. 결석한 내담자가 다시 결석했을 때 집단에서 이 문제를 다루는 것은 상당히 좌절하게 만드는 일이므로 이 문제를 먼저 선제적으로 토론하는 것이 좋다.

- 개인치료와 달리 집단치료는 즉각적인 편안함을 주지 않는다. 내담자들은 처음 몇 번의 모임에서 '방송 시간'을 충분히 갖지 못하면 좌절하거나 그들의 독특성이 박탈당하는 것으로 느낄 수 있으며, 직접적인 대인관계의 상호작용에 대해 불안해할 수도 있다. 치료자는 준비 과정에서 이러한 좌절과 불안을 예상하고 다루어야 한다. 이는 개인치료에서 자기도취적인 만족을 느꼈던 내담자에게는 특히 도전이 되며, 대인관계 피드백이나 '언쟁'이 적극적으로 만류되는 12단계 집단에 익숙한 내담자에게도 도전이 된다.
- 하위집단과 집단 밖에서 이루어지는 사교는 집단치료의 아킬레스건으로 불리는데, 이는 집단의 어떤 단계에서도 일어날 수 있다. 이 문제는 복잡하므로 11장에서 자세히 다루겠다. 지금은 치료자가 내담자와 최초로 접촉할 때 하위집단에 대한 집단 규준을 정해야 한다는 점을 지적하는 것으로 충분하다.

준비 과정

집단치료를 위해 내담자를 준비시키는 데는 많은 방법이 있다. 매일 쫓기는 임상 세계에서 가장 간단하고 쉽게 효과를 내는 방법은 집단 전 면담에서 필요한 정보를 제공해 주는 것이다. 나는 이를 위한 시간을 충분히 마련하기 위해 집단에 소개하기 전에 적어도 두 번은 내담자를 만나려 한다. 단 한 번만 만나게 되더라도 그 시간의 최소한 절반 정도를 집단치료에 대한 오해와 집단치료 초기 문제를 다루는 데 사용한다.

나는 내담자에게 집단치료 초기에 나타나는 문제와 흔히 일어날 수 있는 위급 상황의 양식을 예측해 주고, 집단에서의 효과적인 행동을 위한 개념적 윤곽과 분명한 지침서를 제공한다. 각 만남은 내담자의 호소, 면담 중에 나온 질문과 걱정, 또 치료 과정에 대한 능숙도에 따라 개별화되어야 한다. 치료자에게 특별한 관심을 요하는 두 가지 상황이 있다. 치료를 처음 받는 초보자와 소수 문화 및 다양성, 정체성과 관련된 문제를 가져오는 내담자다. 어떤 형태의 치료도 받은 적 없는 내담자는 집단치료가 특별히 도전적으로 다가올 수 있고 집단 전에 추가적인 준비가 필요할 수도 있다. 다른 문화적 배경을 가진 내담자는 집단에서 일어나는 친밀한 개인적 노출로 인해 특별히 위협을 받을 수 있다. 집단 전 준비 면담은 치료자에게 내담자의 문화가 그의 태도, 신념, 정체성에 준 영향을 탐색하고 내담자의 세계로 들어가고자 하는 치료자의 진실한 마음을 보여 주는 기회가 된다.[71] 성소수자 정체성이나 다양한 관심사를 가진 내담자에게도 같은 관심이 필요하다. 시스젠더로 확인하지 않은 내담자들은 집단이 그들을 위해 열려 있고 환영하리라는 확신이 필요할 것이다.[72]

나는 일반적으로 준비 면담을 할 때 다음과 같은 목표를 세운다.

- 내담자에게 대인관계에 기초가 되는 병리의 개념적 틀을 제시한다. 심리적 장애가 생리적 기초에 의한다는 현대적 강조는 대부분 내담자를 낙심시킨다는 점을 유념하라. 낙인을 찍고 무력감을 증가시킨다. 내담자들의 치료에 대한 선호는 자신을 보살피는 데 있어 의욕적이고 효과적으로 느끼고 싶은 갈망에서 오는데, 심리사회적 치료가 이를 제공한다.[73]
- 치료 집단이 어떻게 대인관계 문제를 다루고 고쳐 나가는지 설명한다.
- 어떻게 하는 것이 최선을 다해 집단에 참가하는 것인지 지침을 제공한다.
- 집단치료 중에 있을 수 있는, 특히 초기 모임의 좌절이나 실망에 관해 미리 예견하게 한다.
- 치료 기간에 대한 지침을 제공한다. 집단에 출석하는 것에 대해 계약한다.
- 집단치료에 대한 신뢰를 심어 준다. 내담자의 질문들("나에게 도움이 될까요?" 등)을 환영한다. 치료자의 현실적인 낙관(물론 더 어렵지만, 신참 치료자들이 해야 하는)을 제공함으로써 내담자의 비관을 상쇄할 수 있다. 내담자는 자주 그들의 낙담을 대항할 수 있는 확신을 얻고 싶어 한다.
- 협동 치료를 받는 내담자의 치료자들과 나눈 정보를 포함해 비밀 보장에 대한 기본 규칙을 세운다.
- 하위집단과 집단 밖 사교에 대해 다룬다.

이제 각 요점을 구체적으로 살펴보자.

먼저, 나는 내담자에게 모든 내담자가 자신의 문제를 각자 다르게 나타내지만 사람은 공통적으로 가깝고 만족스러운 인간관계를 형성하고 만족스러운 관계를 유지하는 데 근본적인 어려움을 갖는다는 말로 시작한다. 그러면서 정신의학에서의 대인관계 이론을 간략하게 설명하고 집단치료로 도움을 받을 수 있다고 말한다. 나는 내담자들에게 그들이 삶에서 몇 번이나 사람들과 긍정적이고 부정적인 감정을 정말 정직하게 말하고, 또 그와 똑같은 정직한 피드백을 받으면서 그 관계를 분명히 하고 싶어 했는지를 되새겨 준다. 그러나 사회의 일반적인 구조가 그러한 개방적인 대화를 허용하지 않는다. 감정이 상하고, 관계에 금이 가고, 오해가 생기고, 결국 의사소통이 끊어진다.

나는 단순하고 명확한 말로 치료 집단은 사회적 실험실이라고 설명해 준다. 이곳에서는 다른 사람과의 정직한 인간관계가 허용될 뿐 아니라 격려된다. 사람들이 다른 사람들과 관계 맺는 방법에 문제가 있다면, 치료 집단은 자신에 대해 가치 있는 것을 배울 귀중한 기회를 제공할 수 있다. 나는 다른 집단원과의 관계에 대해 직접적으로 작업하는 것이 쉬운 일은 아님을 강조한다. 사실 스트레스가 매우 클 수도 있다. 그러나 다른 집단원들과의 관계를 완전히 이해하고 해결할 수 있다면, 집단 밖의 생활에서도 굉장한 효과가 있을 것이다. 그러면 개인은 그의 현재 생활에서 중요한 사람들과 또 앞으로 만날 사람들과의 관계가 좀 더 보람된 길로 열리는 것을 발견할 것이다. 나는 내담자들에게 집단에서 익숙한 행동이 나타날 때 용기를 잃지 말 것을 상기시킨다. 집단에서 일어나는 일은 삶을 반영하지만 여기서는 다른 결과를 만들 기회가 있다.

나는 내담자들에게 무엇보다 자신을 돕는 방법은 집단에서 느끼는 감정, 특히 다른 집단원과 치료자에게 향한 바로 그 순간의 감정을 정직하고 직접적으로 다루는 것이라고 말해 준다. 나는 이 점을 여러 번 강조하고, 이것이 집단치료의 핵심이라고 말한다. 집단은 강제로 고백하는 장소가 아니고, 사람마다 신뢰가 생기고 자신을 드러내는 속도의 차이가 있을 수 있다고 말해 준다. 집단치료는 내담자들이 위험을 감수할 때 도움이 되므로 집단 장면에서 새로운 형태의 행동을 시도해 보라고 종용한다.

또한 몇 가지 걸림돌에 대해서도 말해 준다. 초기 만남에서 당황하고 용기를 잃을지도 모른다고 경고한다. 때로 집단의 문제와 집단 내 관계를 다루는 것이 내담자가 치료에 오게 된 개인적 문제를 해결하는 데 어떻게 도움이 되는지 이해되지 않는 당혹감이 치료 과정에서 생길 수 있음을 강조한다. 나는 내담자들에게 대다수가 처음에는 자기를 드러내거나, 긍정적이거나 부정적인 느낌을 직접 표현하는 것이 고통스러울 정도로 어렵게 느낀다는 점을 말해 주고, 정서적으로 철회하고 감정을 숨기고 남이 느낌을 대신 표현하게 하는 경향에 저항할 필요가 있다고 이야기해 준다. 나는 그들이 치료자에게 좌절감이나 짜증 같은 감정을 느끼기도 하고, 때로는 그들의 질문에 치료자가 답할 수 없다는 점도 미리 말해 준다. 집단 초기의 내담자가 받아들이기는 힘들지만, 도움은 자주 다른 동료 내담자로부터 올 때가 많다는 것도 말해 준다.

종결이 없는 정신치료 집단에 들어오는 내담자에게는 집단치료의 치료적 목표가 야심 차다고 나는 강조한다. 여러 해에 걸쳐 생긴 행동과 태도를 변화시키고자 하기 때문이다. 그러므로 치료는 점진적이고 길다. 몇 달 이내에 중요한 변화가 일어나지는 않을 것이다. 나는 내담자들에게 시도해 보지도 않고 집단을 떠나려 하는 마음을 무시하고 집단에 머무를 것을 강력히 권한다. 첫 12회 동안 집단의 효과를 예언하는 것은 거의 불가능하므로, 판단을 미루고 적어도 12회까지는 꼭 참석한 후 집단의 궁극적인 유용성을 판단하라고 부탁한다. 좀 더 단기적인 집단치료에 들어오는 내담자에게는 그들이 미래에 건설할 수 있는 중요한 작업의 한 부분을 해내는 뛰어난 기회를 집단이 제공한다고 말한다. 각 회기가 귀중하다. 그래서 제한된 회기지만 계획된 각 회기에 참가하는 것은 그들에게 유익하고 다른 집단원에게도 유익하다.

치료자들이 내담자에게 집단치료에 대한 기대를 높이고, 집단치료에 대한 희망을 심으며, 집단치료가 2등급 치료라는 잘못된 생각을 없애는 것은 아주 중요하다. 연구 결과들은 성공할 것이라는 기대를 가지고 집단에 오는 내담자가 치료에서 더 많이 노력하고, 더 강한 치료적 동맹을 맺으며, 좀 더 의미 있게 성공하리라는 것을 말해 준다.[74] 내담자가 치료 전에 갖는 기대가 주는 효과는 내담자에게 불안과 불확실성을 주는 덜 구조화된 집단에서 더 크다.[75] 그래서 나는 준비할 때 집단치료의 역사와 발달에 관해 간략하게 설명한다. 2차 세계대전 당시 집단치료가 경제적 이유(즉, 치료자들이 한꺼번에 많은 사람을 치료)로 가치를 평가받았던 것에서부터 오늘날 이 분야에서의 위상까지, 즉 독특한 무엇인가를 분명히 제공하고 많은 개인에게 치료의 한 가지 선택이 되도록 변화했음을 설명해 준다. 그리고 전문가로서의 나의 경험과 기술과 배경을 추가하고, 왜 이 접근이 내담자에게 가치 있다고 믿는지, 그리고 다른 치료와 어떻게 다른지 비교한다. 나는 집단치료가 어떤 양식의 개인치료만큼이나 효과가 있다는 정신치료 효과 연구들의 결과를 인용한다. 우리는 소비자에게 필요한 정보를 제공하는 미국집단정신치료학회American Group Psychotherapy Association를 살펴보게 한다. 집단치료 참가자들이 집단치료에 관해 자발적으로 작성한 리뷰가 특별히 효과적일 수 있다.[76]

몇 가지 기본 규칙이 있다. 집단에서 자신이나 다른 구성원에 대한 지각이나 느낌을 정직하게 나누는 것보다 더 중요한 것은 없다. 어느 치료자-환자 관계에서와 같이 집단치료에서도 비밀 보장은 필수다. 집단원이 자유롭게 말하려면 그들이 말한 내용이 비밀로 지켜진다는 신뢰가 있어야 한다. 수십 년간의 내 집단치료 경험에서 비밀 보장이 깨어진 경우는 한 번도 없었으며, 그래서 내담자들에게 비밀 보장에 대해 안심시킬 수 있다. 그러나 문헌들은 이런 일이 일어난다고 보고한다. 치료자는 윤리적 실천으로써 집단원들에게 치료자와 달리 비밀 보장을 해야 하는 법적 책임은 없다고 고지해야 한다.[22)] 대부분 사법권에서는 집단치료에서 개방한 내용은 다른 집단원들이 있기 때문에 개인치료의 경우처럼 전문가로서 알게 된 비밀로 보호받지 못한다. 이와 관련해 내담자의 개인보호 및 건강과 관련된 정보 보호가 점점 엄격해지므로 공식적인 내담자 동의를 얻어야 한다. 필요하다면 내담자가 결석한 회기를 포함해 집단에서 치료적 분별을 가지고 그들의 개인적 문제를 토론해야 한다. 내담자가 연합치료를 받고 있다면 이 동의서는 또한 다른 전문가나 동료와의 소통도 포함한다.[77]

비밀 보장에 대한 내담자의 신뢰를 좀 먹지 않는 것이 중요하다. 그렇지만 동시에 전문가로서 보고해야 하는 필수적인 의무가 있음을 알려 주어야 한다.[78] 거의 모든 사법권에서 치료자는 내담자의 행동이 자신이나 타인에게 해롭거나 해가 될 것이 유력해 보일 때는 이를 보고해야 한다. 이 상황은 아동 학대나 건강 관련 전문가에 의한 내담자의 성적 착취도 포함된다.[79] 때로 집단원들이 집단치료의 측면에 관해 배우자 또는 절친한 친구에게 말해도 좋은지 물어볼 수 있다. 나는 집단 밖의 사람과 자신의 경험을 나눌 수는 있지만 다른 집단원의 경험이나 그들의 이름은 엄격히 비밀로 해야 한다고 강조한다.

정직성과 비밀 보장의 기본 법칙에 추가해 집단 밖에서 집단원 간에 어떤 형태로 접촉하는 것은 모든 치료 집단에서 일어날 것임을 지적한다. 특별히 강조할 점은 두 가지다.

첫째, 집단은 사회관계에서 일어나는 개인의 문제에 관해 배우는 기회를 제공한다. 이곳은 회합하거나 사교 활동을 하는 곳이 아니다. 반대로 집단이 친구를 만드는 장소로 사용되지 않으면 치료 효과를 잃게 된다. 다시 말해, 치료 집단은 친밀하고 장기적인 관계를 발달시키는 방법을 가르치는 곳이지, 그러한 관계를 제공하는 곳은 아니다. 목표가 아니라 다리 역할을 한다. 어떤 내담자는 이 점에 저항할 수 있다. 여러 주 동안 만난 집단에서 집단원이 말하기를 다른 사람과 이렇게 가까운 느낌을 가져 본 적이 없는데 이런 계약으로 인해 제한받아야 하는 사실에 좌절감을 느낀다고 했다. 그들이 생각하지도 못했던 친밀함을 가질 수 있다는 사실을 강조하는 것이 도움이 될 수 있다. 지금 과업은 그

---

22) 집단치료에서 비밀보장의 제한은 최근에야 전문적 문헌에 나타난 영역이다. 동료 집단원이 형사나 민사 재판에서 증언했다는 보고가 있지만 이런 경우는 아주 드물다.

들이 친밀감을 얼마나 만들어 내는지를 배우는 것이며, 그들이 집단 밖에서 다른 사람들과 이를 재현할 수 있느냐다.

그러나 우연히 또는 고의로 집단원들이 집단 밖에서 만난다면, 그 만남의 요점을 집단 내에서 토론해야 할 의무가 있다. 집단 밖에서의 사교를 치료자가 금지하는 것은 아무 소용이 없다. 대부분 집단원은 치료 도중에 어떻게든지 어울릴 것이고, 치료자의 면전에서 그러한 만남을 공개하기는 힘들다. 10장에서 상세히 설명하겠지만, 집단 밖에서의 관계 자체가 해로운 것은 아니다(사실상 그러한 만남은 치료 과정에서 대단히 중요할 수 있다). 치료에 방해가 되는 것은 이러한 만남을 둘러싼 무언의 음모다.

명령과 금지 접근 방법은 단순히 규율을 세우고 규율을 깨는 문제로 집단원들을 끌어들인다. 어떤 행동이 왜 치료에 방해되는지 상세히 설명하는 것이 훨씬 더 효과적이다. 예를 들어 나는 하위집단과 관련해 집단원 간의 우정 관계는 집단 내에서 서로 솔직하게 말하는 것을 막는다고 설명한다. 집단원들은 둘 사이의 관계에 충성심이 생겨 그들의 대화를 집단에 돌아가 보고함으로써 상대방을 배반하는 것을 망설이게 된다. 이러한 비밀은 집단 과정에 필수인 개방과 솔직성에 위배된다. 특히 내담자들이 서로 온종일 봐야 하는 낮 치료 프로그램이나 부분 입원 프로그램에서 특히 문제가 된다. 치료 집단의 일원으로서 우선적인 것은 서로가 집단에서 관계하는 방법을 최대한 많이 배우는 것이라고 나는 일깨워 준다. 비밀과 개인적인 동맹은 이 목적을 저해하고, 대화를 주저하고 조심스럽게 만들어 치료 효과를 줄인다. 자해에 대한 비밀스러운 대화가 오갔다면 비밀은 어떤 내담자를 위험에 빠뜨릴 수 있다. 때로 집단원들이 집단지도자에게 비밀을 공개하고 싶어 할지도 모른다. 거의 모든 경우에 개방한 내용을 집단원과 나누는 것이 가장 좋다. 집단지도자는 미리 비밀에 동의하면 안 된다. 대신 분별력을 가지고 가장 좋은 임상적 판단에 따라 사용할 것을 약속해야 한다.

예비 집단 평가에서 집단지도자가 얻은 내담자의 정보를 내담자가 집단에서 나누는 것을 반대할 때 그 내용을 내담자 허락 없이 말해서는 안 된다. 치료자가 내담자를 충고하고 격려하고 설득하고 내담자가 그 내용을 말하지 않을 때 생기는 부정적 결과를 지적할 수 있다. 그러나 내담자의 거부를 일방적으로 무시할 수는 없다. 그렇게 하면 치료 동맹에 해가 되고 전문가 윤리를 위반하게 된다.

집단원에게 비밀, 하위집단, 집단 밖 사교의 결과를 전부 보고하게 하는 책략은 권위로 "하지 말지어다"라고 하는 것보다 문제를 더 여유 있게 해결하게 한다. 집단원들이 비밀스러운 하위집단에 빠질 때 "왜 규율을 어겼는가?"라고 과녁을 벗어난 효과 없는 질문을 던지기보다는 "왜 당신이 자기 자신의 치료를 망치고 있는가?"라고 물음으로써 저항의 핵심에 뛰어들 수 있다.

이제까지 나는 내담자를 위한 예비 준비에 관한 내용을 강조했다. 프린트물을 사용할 수도 있다고 논쟁할 수 있겠으나 나는 준비 모임에서 일어나는 과정을 다룬다. 동일한 준비 모임에 대한 내담자의 다양한 반응이 중요한 대인관계 과정을 설명해 준다. 이는 같은 치료 팀이 이끄는 예비 집단에서 내담자를 한 명씩 나란히 보여 줄 때 특히 생생하다.

만성 우울증과 사회불안증을 가진 50세 여성 Shelley는 예비 면담 내용을 살펴본 후 "집단에 사람들을 참가시키려고 열심히 준비해 주셔서 감사합니다. 집단이 도움이 되리라는 희망을 갖게 됩니다. 내가 가치 있고 돌봄을 받는다는 느낌이 들어요." 치료자는 그녀의 자발적인 피드백을 환영하고, 그녀가 벌써 대인관계에서 위험 부담을 더 갖고자 하는 자신의 목표를 말했으며, 그녀가 주로 머물던 가변으로부터 삶의 중심으로 움직이고 있다는 것을 주목했다.

바로 다음 시간에 40세 싱글맘인 Norma와 준비 면담을 가졌다. 그녀는 만성 우울증이 있고, 개성이 강하고, 판단적 태도를 가지고 있었다. 그녀는 사람들이 실패하고 자신을 실망시키길 기대하고 있었다. 준비 면담을 하는 내내 그녀는 거부하는 듯 짜증을 냈다. 이 회기가 어땠는지 묻자 "왜 시간을 낭비하세요? 인쇄물에 없는 것을 말한 게 하나도 없잖아요. 이 시시하고 장황한 건 또 뭐예요?"라고 반응했다.

치료자들은 책망당하고 작아지는 느낌이었지만 그녀의 치료 목적이 자신을 화나게 하는 주위 사람들에게 무엇을 해야 하는지 배우는 것이라고 말했던 것을 기억했다. 한 치료자가 Norma에게 그녀가 치료자들에게 화난 것처럼 보인다고 말했고, Norma는 자신이 비판적이었음을 사과했다. 그러고는 치료자들이 도움을 주려고 애쓴다는 것을 잘 안다고 말했다. 그녀는 자신이 잘못하는 것에 대해 피드백을 해 주고 또한 자신이 변할 수 있도록 도와달라고 했다.

요약하면 집단치료를 준비하기 위한 이러한 인지적 접근에는 여러 가지 목적이 있다. 치료 과정에 대한 이성적 설명을 제공하고, 집단원들에게 어떤 행동이 기대되는지 설명하며, 출석에 관한 계약을 맺고, 집단치료 효과에 대한 기대를 높이고, 초기 만남에서 일어나는 문제나 불편함을 말해 줌으로써 개선하는 것이다. 치료자의 모든 말에 들어 있는 신비화된 것을 벗기는 과정이다. 치료자는 그들의 판단과 지성을 존중하고, 치료는 치료자와 그들이 함께 하는 모험이며, 합리적 근거를 토대로 작용하는 전문가로서 치료적 지식을 기꺼이 내담자와 공유하고자 한다는 메시지를 보낸다. 마지막으로 포괄적인 준비는 내담자로 하여금 정보를 바탕으로 치료 집단에 들어갈지 말지를 결정하게 한다.

이러한 토론의 대부분은 장기적 상호작용 집단을 위한 것이지만, 그 근본 요소는 어떤 형태의 집단치료에도 다 적용할 수 있다. 단기 치료 집단이나 다른 치료적 요소에 근거한 집단(인지행동적 집단 등)과 관련된 세부 사항은 수정되어야 하겠지만, 모든 치료 집단은 집단원들의 준비로 도움을 받는다. 만일 진료소의 급박한 사정으로 인해 완벽한 준비를 할 수 없는 경우에는 짧게라도 준비하게 하는 것이 좋다. 15장에서 급성 입원환자 집단을 시작하며 내가 준비한 3분짜리 준비에 관해 설명해 놓았다.

준비를 위한 또 다른 접근 방법

단 한 번의 직설적인 인지적 준비는 내담자에게 충분하지 않을 수 있다. 내담자들은 예비 집단 면담을 하는 동안 불안에 떠느라 치료자가 말한 내용을 놀라울 정도로 거의 기억하지 못하거나 중요한 점을 완전히 오해하곤 한다. 예를 들면, 어떤 참가자는 집단을 평가하기 전에 12회 동안 집단에 머물라고 요구한 치료자의 말을 집단치료가 12회 이후에 종결되는 것으로 오해했다.

따라서 예비 집단 면담 중, 또는 집단의 처음 몇 회 동안은 준비의 주요 요점을 반복하고 신중히 강조하는 것이 필요하다. 일주일에 한 번씩 만나는 외래집단을 위해 나는 매번 회기가 끝난 후 모든 집단원에게 회기 내용을 요약해 편지로 보낸다. 이러한 요약은 준비 과정의 중요 부분을 글로 반복하는 훌륭한 장을 제공한다.

많은 치료자가 준비 과정의 잠재력을 증가시키기 위한 다른 방법을 서술한다. 어떤 치료자들은 다른 집단원에게 새 집단원을 지원하고 준비시키게 한다.[80] 이 방법은 낮 치료 프로그램에서 효과적이다. 어떤 치료자들은 새 내담자가 집단에 들어오기 전에 미리 공부하도록 문서로 된 기록을 보여 주기도 한다. 기관 장면에서는 예비 내담자들을 위한 자세한 유인물을 준비해 두면 좋다. 치료 대기자가 많거나 제한된 준비 면담을 해야 하는 곳에서는 오리엔테이션과 준비를 위한 예비 모임에 참여하도록 요구할 수 있다. 여기에 유인물과 집단 프로그램에 참여했던 집단원들의(물론 익명으로) 증언을 포함시키면 더 큰 효과를 얻을 수 있다.[81] '자주 하는 질문들' 부분을 추가하면 매우 도움이 된다. 간단히 말하면 치료자가 목표를 알고 있으며 창조적으로 진행될 여유가 있음을 인식하라는 의미다. 이 책의 부록에 집단에 들어오는 내담자를 준비시키기 위해 사용되는 지침이 있다.

다른 방법들은 집단 모임에 대한 영화를 보거나 음성 테이프를 듣는 것이다. 비밀 보장 때문에 이런 영화나 테이프는 시장 판매를 위해 전문적으로 만들어진 것이거나, 치료자와 배우들이 집단 모임을 가장해 만든 것이다. 대본은 준비 단계에서 강조해야 할 중요한 요점을 보여 주도록 계획적으로 구성할 수도 있다. '집단치료: 라이브 데모Group Therapy: Live Demonstration'를 사용할 수 있다.[82] 집단치료에 대한 이 오리엔테이션 비디오는 현재 사용 가능한 것이며, 집단치료를 매우 생생하게 소개한다.[83]

2018년 연구에서 내담자가 반응한 집단치료 질문지(Group Therapy Questionnaire, GTQ)를 활용해 집단치료에 대한 부정적 태도와 기대를 알아보았다. 한 시간짜리 예비 집단 오리엔테이션 모임에서 내담자 목표를 집단 형식과 집단치료 기대에 맞추는 것이 중요하다는 토론을 한 후 내담자들을 CBT 치료 집단에 배치했다. 이 예비 집단은 참여와 출석율이 좋아졌다.[84]

내담자들을 준비시키는 좀 더 강력한 방법은 바람직한 집단행동을 개인적으로 훈련하는 것이다.[85] 몇 가지 경험적 형식이 기술되었다. 예를 들어, 어느 집단치료 팀은 두 부분으로 된 준비를 한다. 우선 각 집단원은 치료의 초점과 목적을 세우기 위해 개인 면담을 한다. 그런 다음 미래의 집단원들은 18명 또는 20명과 함께 상호작용과 경험에 관한 토론을 촉진시키는 구조화된 연습을 2~3명씩 짝을 지어, 또는 집단 전체가 같이 해 보는 한 번의 모임에 참가한다.[86]

또 다른 연구에서는 네 차례의 예비 모임을 가졌는데 각 회기는 모두 예비 훈련의 개념에 초점을 맞추었다. (1) 지금-여기를 사용하고, (2) 감정을 표현하는 법을 배우며, (3) 좀 더 자기개방을 하게 하고, (4) 한 사람이 다른 사람에게 가지는 영향력과 또 다른 사람에게 영향력을 행사하고자 하는 바람에 초점을 맞추었다. 가르치고자 하는 자료가 미리 분배되었고, 각 개념에 대해 경험적 학습을 제공하기 위한 구조화된 연습 프로그램이 고안되었다.[87] 다른 프로젝트에서는 역할 놀이나 집단치료 상호작용의 모의실험을 사용한다.[88]

일반적으로 감정적으로 생생하거나 준비와 관련이 있을 때 효과가 더 크다. 어떤 연구는 예비 훈련의 인지적 · 수동적 · 관찰적인 부분보다 능동적 · 경험적 부분이 가장

큰 영향을 준다고 제시한다.[89]

준비에 관한 최근 연구들은 내담자의 동기화와 준비도 변화에 관한 연구에 집중되어 있다.[90] 치료 개입의 표적으로 동기에 초점 맞추는 것은(치료를 위해 미리 필요하기보다) 원래 중독치료에서 온 것인데 그 후로 변화에 저항하고 부정하는 것으로 알려진 임상 집단인 섭식장애, 성폭행 가해자들에게 효과적으로 적용되어 왔다.[91] 이러한 저항은 쉽게 사라지지 않아서 지속적인 관심을 요한다. 내담자가 선호하는 상태와 실제 행동 간의 차이에 초점을 맞추면 동기 강화 면접처럼 내담자의 동기를 올리는 개입은 많은 집단치료 모델에 쉽게 통합된다.[92]

미래에 우리는 컴퓨터와의 상호작용적 기술을 사용한 더 효과적인 예비 프로그램을 기대한다. 그러나 현재 기존의 기법을 한 가지 또는 복합적으로 이용하는 것도 매우 효과적인 준비 방법이 될 수 있다. 연구에서 비롯된 상당량의 증거가 이런 기법들의 일반적 효과를 인증해 준다.

예비 집단 준비에 관한 연구 근거

한 통제실험에서 나와 동료들은 간단한 인지적 준비 모임의 효과를 시험했다.[93] 집단치료에 들어가기 위해 기다리는 내담자 60명을 대상으로 절반은 30분간의 준비 모임을 가졌고, 나머지 절반은 30분간 주로 병력을 물어보는 전통적인 면담을 했다. 총 여섯 개의 집단(준비를 거친 내담자로 구성된 세 개의 집단과 준비를 거치지 않은 내담자로 구성된 세 개의 집단)이 조직되었고, 이러한 실험적 조작이 있었다는 사실을 모르는 집단치료자들이 지도했다(치료자들은 모든 내담자가 표준접수면접을 했다고 믿었다). 첫 12회기에 대한 연구에서 준비 집단이 비준비 집단보다 치료를 더 신뢰하고, 집단과 대인관계 역동이 유의미하게 높은 것으로 나타났다. 이 차이는 2회에서와 마찬가지로 12회에서도 두드러졌다.[94] 알다시피 치료에 대한 신뢰가 크면 결과도 좋다. 더구나 이 연구는 모든 내담자에게 동일한 준비를 시키도록 설계되었는데, 각 내담자에게 알맞은 좀 더 철저하고 개인화된 준비였다면 그 효과가 훨씬 더 높았으리라고 추측할 수 있다.

이 실험의 기본 설계와 결과는 여러 번 반복되었다. 집단치료 시작 전에 준비 모임을 가진 집단은 준비가 없거나 다른 형식으로 준비를 시킨 집단과 비교해 초기 몇 차례의 집단 모임에서 훨씬 더 우수한 치료 과정을 보였다. 임상실험의 대상은 다양해졌고, 준비와 과정의 특정한 형식 및 치료 결과와 관련된 종속 변인도 더 다듬어졌다. 그러나 예비 집단의 준비 과정과 효과를 확증하는 연구 근거는 매우 많다.[95] 준비가 집단 내에서 내담자의 작업에 미치는 긍정적인 효과를 발견하지 못한 연구는 거의 없다.[96] 사실 광범위한 문헌 고찰에서 적절한 예비 집단 준비는 증거를 근거한 집단치료의 초석이 된다.[97] 거의 모든 연구에서 내담자의 참여 준비가 유익한 영향을 준다는 사실을 확인할 수 있다. 그러나 전반적인 내담자 성과에 대한 직접적 효과는 증명하기가 어렵다. 왜냐하면 다른 중요한 치료 변인이 준비의 효과에 영향을 주어 방해하기 때문이다.[98] 연구를 탐구하고 싶은 독자를 위해 아래에 연구 내용을 요약한다.

예비 집단 준비는 참가율을 높이고,[99] 자기개방, 자기탐색, 집단 응집을 증가시키지만[100] 탈락률이 덜하다는 증거는 일관성이 없다.[101] 준비를 한 집단원들은 준비하지 않은 집단보다 감정을 더 표현하고,[102] 집단 내에서 개인적 책임을 더 지고,[103] 자신에 대해 더 공개했으며,[104] 언어적이고 작업 지향적인 참여를 더 보였고,[105] 다른 집단원들이 더 좋아하는 대상이 되었으며,[106] 불안을 덜 보고하고,[107] 변화 동기가 더 강하고,[108] 우울증 감소가 눈에 띄게 나타났다.[109] 또한 결혼 생활의 적응이 호전되거나 의사소통 능력이 향상되고,[110] 치료에서 얻고자 했던 일차적 목표를 더 달성했으며,[111] 집단 과정에 대한 오해가 적었다.[112] 참가하기 힘든 대상으로 악명 높은 가정 폭력자들도 출석과 참여를 재는 측정에서 긍정적으로 반응했다.[113]

집단 준비에 대한 몇 가지 논평

치료 집단의 첫 모임은 불확실하고 동시에 대단히 중요하다. 많은 집단원이 불필요하게 용기를 잃게 되고 치료를 종결하고 만다. 또한 집단의 유동성이 높은 상태이고, 치료자의 영향에 최대로 반응하므로 치료자는 치료적 규준을 설명함으로써 도움을 줄 기회를 갖는다. 집단 초기는 내담자에게 불안의 시기이기 때문에 피할 수 없는 내적 불안과 불필요한 외적 불안을 둘 다 갖게 된다.

내적 불안은 집단의 본질에서 나온다. 일생 동안 대인관계 장애로 어려움을 겪은 개인은 다른 집단원들과 심도 있는 관계를 맺기 위해 시도해야 하며, 이러한 관계를 아주 솔직하게 토론하도록 요구하는 치료 집단에서 틀림없이 스트레스를 받을 것이다. 집단치료에서 불안은 대인관계의 갈등뿐 아니라 집단에 남아 있고 싶은 욕구와 동시에 집단 작업이 주는 위협에서 생기는 부조화에서 온다. 그러나 치료에서 불안의 적응적 가치에는 한계가 있음을 증명하는 많은 증거가 있다.[114] 최적의 불안은 동기와 민첩성을 증가시키지만, 과도한 불안은 스트레스 대응 능력을 저해한다. Robert White는 환경을 정복하려는 내재적인 인간의 추구를 지지하는 증거를 다룬 훌륭한 개관에서 과도한 불안과 공포는 환경을 탐색하는 데 해를 끼치며, 공포의 강도에 비례해 학습을 지연시키고 탐색 행동을 감소시킨다고 언급했다.[115] 집단치료에서는 과도한 불안 때문에 자기 성찰과 대인관계 탐색, 변화 과정에 필수적인 새로운 행동을 실험하지 못하게 된다.

집단 초기에 내담자들이 경험하는 불안은 대개 집단 작업에 내재된 것이 아닌 불필요하고 외적인 것이지만, 때로는 치료자의 치료 방식에 원인이 있는 경우도 있다. 이러한 불안은 자신에게 기대되는 행동, 집단 목표, 집단 목표와 개인 목표 간의 관련성 등이 매우 불분명한 집단 상황에서 일어나는 결과다.

집단을 위한 효과적인 준비는 이러한 불확실성에서 파생되는 외적 불안을 감소시킨다. 치료자는 집단 목표를 명료화하고, 어떻게 집단과 개인의 목표가 합치하는지 설명하고, 효과적인 행동을 위한 지침을 명백하게 제시하고, 집단 과정에 대한 정확한 개념화를 제공함으로써 불확실성과 이에 동반되는 외적 불안을 감소시킨다.

표준적인 실제 치료에서 준비의 다른 구성 요인인 사전 동의를 추가하고자 한다. 사전 동의는 특히 중요한데, 치료자들은 치료의 이점, 부작용, 비용, 치료적 대안에 대해 내담자가 선택에 필요한 정보를 충분히 제공해야 한다. 또한 이를 제공했다는 기록을 남겨야 한다.[116] 사전 동의는 한 번만 받는 것이 아니고, 기회가 있을 때마다 재차 알려야 한다. 사전 동의는 미국심리학회, 미국집단치료학회와 미국정신의학회의 윤리 지침에 명문화되어 있다.[117] 이를 또 하나의 행정적 강요로 볼 것이 아니라, 치료자가 정기적으로 치료 과정에 대해 솔직히 얘기하면서 내담자에 대한 존경을 전하고 치료적 동맹을 강화하는 것으로 봐야 한다. 이런 대화가 효과적인 집단 작업의 무대를 만든다.

10장
집단의 시작

집단치료자의 작업은 집단의 첫 모임 훨씬 전부터 시작된다. 이미 강조한 바와 같이 집단치료의 성공적인 결과는 치료자의 효과적인 준비 작업, 즉 집단원 선발, 구성, 알맞은 환경, 내담자의 준비에 달려 있다. 본 장에서는 집단의 생성과 발달에 관해 생각해 보고자 한다. 먼저 치료 집단의 발달 단계를 다루고 이후에 출석의 문제, 시간 준수, 집단원 교체, 새 집단원 추가 등 중요한 쟁점을 다루겠다.[1] 앞에서 언급하였듯이, 온라인 집단치료에 고려점들은 14장에서 추가할 것이다.

집단의 형성 단계

모든 치료 집단은 구성 인물의 독특한 성격과 복잡한 상호작용을 통해 개성적으로 발달한다. 모든 집단원은 서로에게 자신을 표현하기 시작하며, 각자가 자신의 미시 사회를 창조한다. 지도자가 효과적으로 지도한다면 때가 이르러 각 집단원이 자신의 대인관계 양식을 확인하기 시작하고, 점차 새 행동을 실험하게 될 것이다. 인간 상호작용의 풍요로움과 더불어 부적응적인 대인관계를 맺는 여러 개인이 집단을 이룬다는 점이 복합적으로 작용해 몇 달 또는 몇 년 동안 집단의 향방은 복잡하고 대단히 예측 불가능할 것이다. 그렇다 할지라도 모든 집단에서 집단 역동이 작용해 발달 방향에 영향을 주고, 불완전하지만 그래도 발달적 국면에 대해 유용한 틀을 설명하게 한다. 임상가들과 연구자들은 집단의 발달 단계에 대해 여러 모델을 제시했다. 이 모든 모델은 4단계 또는 5단계의 주요 단계를 포함하는데, 좀 더 깊고 복잡한 대인관계를 향해 움직인다는 공통점이 있다.[2] 본 장에서는 초기 단계들을 다루고 종결 단계는 다음 장에서 다룰 것이다.

잘 알려진 집단 발달이론에서는 형성forming, 갈등storming, 규범 수립norming, 수행performing, 종결adjourning 등 5단계를 가정한다.[3] 이 단순한 단계는 다양한 연구자가 표명한 집단 발달 모델의 범위를 잘 포착하고, 시간제한 집단과 시간제한 없는 집단 모두에 적용된다.[4] 또 다른 중요한 모델은 참여engagement, 분화differentiation, 대인관계 작업interpersonal work, 종결termination 등 4단계로 설명한다.[5] 나중에 설명하겠지만 집단과 집단원의 많은 요인이 집단 발달에 영향을 주므로 단계를 경직되게 생각하지 않는 것이 좋다. 발달 단계가 펼쳐지려면 집단이 적어도 10회는 지속되어야 한다. 집단 발달은 종종 단기 집단에서 가속된다.[6] 지속하는 집단은 현 집단원이 나가고 새 집단원이 들어오면서 초기 발달 단계로 돌아갈 수 있다.

일반적으로 집단은 초기에 집단원들의 참여와 친선이라는 과업에 몰두하게 된다. 이 단계를 지나면 통제, 힘, 위치, 경쟁과 개인 차별화 단계다. 다음은 길고 생산적인 작업 단계가 오는데 친밀감, 참여와 진실한 응집이 특징이다. 마지막 단계는 집단의 종결이다. 이 분야에서 집단 발달이 선형적인지 혹은 순환적인지 논쟁이 있지만, 대부분 모델에서 각 단계가 전 단계의 성공에 기초한다는 전제가 공통적이다.[7] 그래서 초기 발달적 실패는 집단이 지속되는 한 계속 드러나게 될 것이다. 또 다른 전제는 집단 발달은 집단의 통합이 위협받는 상황에서 퇴행하리라는 점이다.

집단 발달이 전개되면서 우리는 집단원들의 행동과 의사소통에 변화가 있음을 본다. 집단이 성숙하면서 공감이 증가하고 긍정적 대화가 분명해진다. 집단원들은 좀 더 사적이고 감정이 들어가고 덜 지적인 방법으로 자신의 경험을 말한다. 집단원들은 지금-여기에 더 초점 맞추고 생산적인 갈등을 덜 피하며, 건설적인 피드백을 주고, 좀 더 개방하며, 좀 더 협조적이 된다. 충고가 탐색으로 대체되고, 집단은 더 상호역동적이 되며, 자기 지시적이 되어 덜 지도자 중심이 된다.[8] 이러한 발달적 변화는 더 의미 있는 작업을 가능하게 하며, 집단의 생산력과 성취와 의미 있는 상관이 있다는 사실이 믿을 만한 연

구들에 의해 반복적으로 증명되었다.[9]

치료자로서 집단의 발달 순서에 반드시 익숙해야 하는 이유가 있다. 집단이 치료 규범을 세우도록 도와주고 치료에 방해되는 규범이 형성되는 것을 예방하려면, 최적의 치료 집단 발달에 대한 분명한 개념을 가지고 있어야 한다. 집단을 진행시키기 위해서 집단의 방해물에 대해 진단하고 개입하려면 집단이 잘 발달하는지 잘 발달하지 못하는지에 대한 감이 있어야 한다. 더 나아가 넓은 의미의 발달 순서에 대한 지식은 치료자에게 집단이 가야 할 방향 감각을 제공해 준다. 혼란스럽고 불안한 치료자는 집단원들에게 똑같은 느낌을 불러일으킨다. 치료자는 왜 이 시점에서 이런 일이 일어나는지에 관한 근본적인 질문을 확실히 다룰 수 있어야 한다.

첫 회기

집단을 시작하려고 준비하며 갖게 되는 공포에도 불구하고 집단의 첫 모임은 예외 없이 모두 성공적이다. 내담자들과 초보 치료자들은 일반적으로 첫 모임에 대해 너무 극단적으로 두려워하는 까닭에 실제로는 항상 덜 고통스럽게 느낀다. 치료자가 하는 모든 행동이 내담자의 불안을 감소시키고 일반적으로 편안하게 만든다. 첫 모임 며칠 전에 집단원에게 전화를 걸어 접촉하고 집단의 시작을 알리는 것이 도움이 된다. 첫 모임을 시작하기 전 집단치료실 밖에서 집단원들을 맞이하거나, 내담자가 집단치료실을 찾을 수 있도록 복도에 화살표를 붙여 놓으면 만나기도 쉽고 장소를 명확하게 확인해 줄 수 있다. 집단상담실이라는 표시를 문에 붙여 놓으면 집단원이 장소를 찾느라 회기에 늦게 도착할 위험을 줄여 줄 수 있다.

어떤 치료자들은 집단의 목적과 방법을 간단히 소개하면서 모임을 시작한다(특히 내담자들을 미리 철저하게 준비시키지 않았을 때). 다른 치료자들은 정직성과 비밀 보장 같은 한두 가지 기본 법칙을 간단히 언급한다. 대부분 집단원이 불안해한다는 것을 알기 때문에 따뜻하게 환영해 주고 새 집단을 시작하게 되어 기쁘다고 전한다. 치료자는 집단원에게 각자 소개하라고 제안할 수도 있고, 침묵을 지키고 앉아 있을 수도 있다. 분명히 어느 누군가 서로를 소개하자고 제안할 것이다. 북미에서는 보통 몇분 내로 서로 이름을 부르게 된다. 그런 다음 매우 무거운 침묵이 시작된다. 이 침묵은 모든 정신치료에서의 침묵처럼 영원할 것 같지만 실제로 단 몇 초간만 계속된다.

일반적으로 집단의 초기 단계를 주도하게 될 사람이 "제가 문제를 꺼내야겠군요"라던가 또는 그 비슷한 말을 하며 침묵을 깬다. 그리고 자신이 왜 치료받게 되었는지 이유를 열거하고, 다른 집단원도 비슷한 설명을 한다. 또 다른 방식은 한 집단원이(아마 초기의 침묵 동안 집단이 경험하는 긴장에 자극받아) 자신의 사회적 불편감이나 집단에 대한 두려움을 말함으로써 시작된다. 이 언급은 비슷한 느낌을 갖고 있는 다른 내담자들이 이와 관련해 언급하도록 자극한다.

5장에서 강조했듯이 치료자는 시초부터 적극적으로 또는 본의 아니게 집단의 규범을 형성하기 시작한다. 더구나 이런 작업은 집단이 초기일 때 더 효과적으로 수행된다. 그러므로 첫 모임은 치료자가 수동적이고 비활동적이어서는 안 되는 때다.[10] 시작할 때 집단원들의 불안이 높기 때문에 이 불안이 정상적임을 알리는 것이 도움이 된다. 집단이 자기개방을 하고 상호작용을 하며 잘 시작했더라도 중요한 작업이 있다. 집단에서 무슨 일이 일어나고 있는지 관찰함으로써 집단지도자가 집단치료의 신화를 벗길 수 있고 집단을 위한 행동을 강화시킬 수도 있다. 어떤 집단원은 집단지도자에게 명료화해 줄 것을 요구할 수도 있다.

어느 집단의 첫 회기에서 한 집단원이 나[ML]에게 "이런 식의 상호작용을 환영하지만, 저에게는 낯설군요. 집단 방식이 있습니까? 제가 더 잘 이해할 수 있다면 작업을 더 잘할 수 있겠는데요"라고 말했다. 다른 집단원들도 그 코멘트를 되풀이했고 집단치료 작업을 유용하게 탐색했다. 그 집단원의 질문은 지적인 질문이었지만 집단치료에 대한 감정을 어렵지 않게 탐색하게 했고 우리는 사고와 감정 사이를 오가며 함께 작업했다.

첫 번째 단계: 오리엔테이션, 주저하는 참여, 의미 추구, 의존

새로 형성된 집단의 집단원들은 두 가지 과업에 직면한다. 첫째, 가장 중요한 과업은 이 집단에 참여하게 된 목적을 어떻게 성취할지 결정하는 것이다. 둘째, 자신의 자리를 잡기 위해 집단 내 사회적 관계에 신경을 써야 한다. 이는 일차적 목적을 달성하는 데 필요한 편안함을 제공하기도 하지만, 집단원으로서 갖는 단순한 즐거움에서 오는 만족이 첨가된다. 운동 팀, 건강에 관심이 있는 집단, 대학의 학급 또는 작업반 같은 많은 집단에는 주된 과업과 사회적 과업이 잘 분화되어 있다.[11] 흔히 처음에 집단원들은 이 사실을 깨닫지 못하지만, 이런 두 개의 과업이 합류되어 있다. 사회적으로 효과적인 역할을 하지 못하는 집단원들은 이 사실 때문에 집단경험이 매우 복잡하게 느껴진다.

첫 모임 시 동시에 고려해야 할 것이 여러 가지가 있다. 집단원, 특히 치료자가 잘 준비시키지 못한 집단원들은 치료의 이론적 근거를 찾는다. 그들은 개인적인 치료 목표와 집단 활동의 관련에 대해 혼동을 느낄 수 있다. 흔히 첫 모임에서는 이러한 혼동을 반영하는 질문이 퍼부어진다. 몇 주가 지난 후에도 집단원들은 "이게 나에게 어떻게 도움이 될까? 이 모든 것이 내 문제와 무슨 관계가 있지?"라고 의문을 가진다.

동시에 집단원들은 사회적 관계에 주의하면서 서로를 그리고 또 집단을 잰다. 생존 가능하게 하는 자신의 역할을 찾으며, 다른 집단원들이 자기를 존경할지 무시할지 거부할지 아니면 좋아할지 의문을 가진다. 집단원들은 표면적으로는 치료를 받고자 치료 집단에 들어왔지만, 사회적 힘이 그들 에너지의 대부분을 인정, 수용, 존경, 주도권을 찾는 데 투자하게 만든다. 어떤 집단원들은 자신에게 수용과 인정이 전혀 일어날 것 같지 않아 방어적으로 거부하거나, 집단을 평가 절하한다. 그들은 다른 집단원들을 정신적으로 멸시하고, 집단이란 인위적이고 비현실적인 것이라고 스스로 환기시킨다. 참여와 소속이 강해졌다가 약해졌다가 강하게 작용하며, 이 시기에 많은 집단원이 특별히 상처받기 쉽다.[12]

시작하면서 치료자는 한 눈으로는 집단 전체를 살피고 다른 한 눈으로는 새 집단에서 일어나는 개인의 주관적인 경험을 살펴야 한다. 집단원들은 집단원이 된다는 것이 무엇을 수반하는지 궁금해한다. 집단에 들어올 수 있는 조건은 무엇인가? 나 자신을 얼마만큼 나타내야 하는가? 어떤 종류의 헌신을 해야 하는가? 의식 수준 또는 의식에 가까운 수준에서 이러한 문제에 답을 구하며 집단이 기대하고 인정하는 행동 유형을 주의 깊게 찾는다. 대부분 내담자는 깊고 친밀한 일대일의 연결과 집단 전체와의 연결을 모두 갈망한다.[13] 그러나 때때로 매우 약한 자아감을 가진 내담자는 집단 안에 잠수되어 자신의 정체성을 잃을까 봐 두려워할 수 있다. 이런 두려움을 특별히 말하면 집단 참여에 방해를 받는다. 그런 개인에게는 개별화가 소속감을 이기게 된다.[14]

초기 집단이 당황하고, 시험적이고, 망설인다면 그 집단은 또한 의존적이다. 집단원들은 내 · 외형적으로 지도자에게 인정 및 수용과 함께 구조와 질문에 대한 대답을 기대한다. 집단원들은 권위자로부터 인정받으려고 많은 언급과 더불어 보상을 구하는 은밀한 눈짓을 치료자에게 던진다. 치료자의 초기 언급은 바람직하고 바람직하지 못한 행동이 무엇인지에 대한 지시로 면밀하게 검토된다. 내담자들은 치료자가 그들에게 원하는 것이 무엇인지 발견할 수만 있다면, 구원이 치료자로부터 온다고 믿는 것처럼 행동한다. 이러한 믿음에 대한 실제적 근거가 많다. 치유자라는 치료자의 전문적 정체성, 집단이 머무를 장소나 온라인의 장을 제공하는 주인 역할, 집단원을 준비시키고 치료비를 받는 등의 모든 행동은 그들로 하여금 치료자가 그들을 보살펴 주리라는 기대를 강화시킨다. 어떤 치료자들은 이런 신념과 함께 이상화된 자기애적 자극에 반응한다.[15]

그래서 초기에 존재하는 의존성은 치료적 조건이나 치료자의 행동 또는 내담자 편의 이상한 의존성 등 여러 근원에서 나온다. 7장에서 설명했지만 집단치료자를 향한 집단원들의 강렬한 감정은 많은 경우 비이성적인 근거에서 온다. 이 중에서 가장 강한 것은 전지전능하고 모든 것을 보살펴 주는 부모 또는 구원자를 원하는 욕구다.[16]

초기의 대화 양식과 내용은 비교적 상투적이어서 칵테일 파티나 스치고 지나가는 만남과 비슷하다고 하겠다. 문제들은 합리적으로 접근된다. 내담자들의 비합리적 측면은 지지나 예의, 집단의 평안을 위해 억압된다. 그래서 처음에 집단은 어느 참가자에게도 딱히 중요한 관심사가 아닌 주제를 가지고 끝없이 토론한다. 하지만 이런 칵테일 파티 이야기는 처음의 대인관계에서 탐색을 시작하기 위한 도구로 사용된다. 그러므로 토론의 내용은 말로 표현되지 않은 과정보다 덜 중요하다. 집단원들은 서로 재면서 누가 누구에게 호감을 갖고 반응하는지, 누가 자기와 같은 관점으로 사물을 보는지, 누가 무서운지, 누구를 존경해야 하는지 등에 관심을 갖는다.

초기 치료 집단에서는 이전의 치료 경험, 투약 같은 이야기와 함께 증상을 묘사하며 시간을 보낸다. 집단원들이 서로의 공통점을 찾는 것은 흔한 일이다. 집단원들은 비참한 사람이 자기뿐만이 아니라는 것을 알고 놀라게 되고, 대부분 집단은 그들이 얼마나 비슷한지를 증명하는 데 많은 에너지를 투자한다. 이 과정은 흔히 집단원들에게 대단한 위안을 주고(1장 보편성에 관한 설명 참조) 집단 응집성을 위한 기반을 일부 제공한다. 이러한 첫 단계가 이후 효과적인 치료에 필수적인 깊은 참여를 위한 무대가 된다.[17] 이 초기 단계의 위안을 좀 더 지속되고 얻기 어려운 집단 응집과 혼동해서는 안 된다.

충고를 하고 구하는 것이 초기 집단의 또 다른 특징이다. 내담자들은 배우자, 자녀, 고용자 등과 관련된 문제를 집단에 내놓는다. 그러면 집단은 어떤 실질적인 해결책을 제공하려고 노력한다. 이러한 안내는 기능적인 가치는 거의 없으나, 집단원들이 서로의 관심과 배려를 표현할 수 있는 매개로 사용된다. 이는 또한 익숙한 대화 형태로 집단원들이 지금-여기에서 완전히 작업하는 법을 배우기 전에 사용한다.

초기에는 집단의 방향과 구조가 필요하다. 지도자의 지지와 존재는 집단원들에게 안전기지가 되어 준다. 치료자는 안전과 신뢰를 구축하고 앞으로 펼쳐질 지도를 제공하며 치료 동맹을 지원할 수 있다. 조용하고 초연한 지도자는 피할 수 있고 치료에 도움이 되지 않는 불안을 일으킨다. 이런 현상은 심리적으로 세련된 집단원들의 집단에서도 일어난다. 한번은 정신과 수련의들의 훈련집단을 과묵하고 비지시적인 지도자가 지도했는데, 첫 만남에서 이들은 초조해지고 집단에 무슨 일이 벌어질까, 누가 경험의 사상자가 될까 두렵다고 했다. 한 집단원은 겉보기에 '정상적'인 고등학생들이 노숙자를 때려 죽였다는 최근 뉴스에 관해 이야기했다. 지도자가 '정상'으로 보이는 수련의들의 집단에 들어와서 해로운 힘이 고삐 풀릴까 봐 염려하고 있다고 언급하자 그들의 불안이 감소했다. 영국 분석가 Wilfred Bion이 오래전에 좀 더 합리적이고 의식적인 집단의 힘과 그 밑에 작용하는 원시적이고 무의식적 집단의 힘을 설명한 바 있다.[18]

두 번째 단계: 갈등, 주도, 반항

집단의 첫 번째 핵심적인 관심이 '안이냐 밖이냐in or out'라면, 그다음은 '위냐 아래냐top or bottom'다.[19] 두 번째 '갈등' 단계에서 집단은 수용, 인정, 집단에 대한 헌신, 받아들여지는 행동의 정의와 방향, 구조, 의미의 추구보다는 주도와 통제와 권력에 몰두하게 된다. 이 단계에서 갈등의 특징은 집단원 간 또는 집단원과 지도자 간의 갈등이다. 각 집단원은 자신이 좋아하는 만큼의 주도권과 권력을 행사하고자 시도하고, 점차 통제의 위계와 사회적 계층이 생기게 된다.

이 단계에서 부정적인 언급과 집단원 간의 비난이 첫 단계보다 좀 더 자주 일어난다. 집단원들은 상대방에게 일방적인 분석이나 판단을 할 권리가 있는 듯 느끼는 것처럼 보인다. 첫 단계에서처럼 충고를 하더라도 상이한 사회적 규약의 맥락에서 일어난다. 집단원들은 불평자의 행동과 태도에 대해 자유롭게 개인적으로 비난할 수 있다고 느낀다. 과거와 현재의 생활 경험과 양식에 대해 판단이 내려진다. 집단 내의 '어떠해야만 한다 shoulds'와 명령의 시기로, '동료 재판'이 열리는 시기다. 집단원들은 충고와 제안을 하는데, 수용과 이해의 표시가 아니라 지위를 획득하기 위한 과정의 일부로 행한다. 물론 이해와 수용에 대한 향수가 집단에서 나오기도 한다.

통제를 위한 투쟁은 모든 집단 하부구조의 일부다. 이것은 항상 있기 마련인데, 때로는 활동하지 않고 때로는 검은 연기만 내며 때로는 완전히 불타오른다. 주도하려는 욕구가 강한 집단원이 있으면 통제가 초기 모임의 주요 주제가 될 것이다. 집단에 새 집단원이 추가되었을 때, 특히 새 집단원이 자신의 위치를 잘 모르고 기존의 위계에 경의를 표하는 대신 주도하려고 들 때 통제를 위한 주도권 투쟁이 좀 더 공공연하게 된다.

치료자를 향한 적개심의 돌출은 집단의 발달 과정상 불가피하다. 많은 관찰자가 초기 단계에서 치료자에 대한 양가감정이 자기검토와 자기개방에 대한 저항과 결부됨을 강조해 왔다. 치료자를 향한 적개심은 비현실적이고, 마술적이며, 비밀리에 치료자에게 스며들게 하고자 하는 속성에서 온다. 그들의 기대는 끝이 없어 아무리 유능한 치료자라 할지라도 치료자에게 실망한다. 점차 치료자의 인간다움과 그들에 대한 관심을 인식하게 되면서 현실이 자리를 잡고 지도자에 대한 적개심은 사라진다. 치료자는 집단원의 도전을 적대적으로 대하거나 자기방어적으로 대응하지 말고 갈등을 다루고 자제해야 한다. 그런 갈등이 일반적으로 자연스러운 집단 발달적 힘으로부터 나온다는 것을 집단지도자가 이해하고 확실하게 안정시키는 것이 편하다.[20]

이 모든 것은 결코 의식적인 과정이 아니다. 집단원들은 스스로 자신의 자원에 의지할 수 있는 민주적 집단이라고 지적으로 주장할지 모르지만, 좀 더 깊은 수준에서는 의존을 갈구하고, 처음에는 권위 대상을 창조하려 하고, 그런 다음에는 파괴하려는 시도를 할지도 모른다. 그러나 집단치료자들은 전통적인 권위자 역할을 대신하지 않으려 한다. 그들은 보통 방법으로 지도하지 않는다. 대답과 해결책을 제공하지 않고, 집단이 그들 자신의 자원을 탐색하고 택하도록 격려한다. 그러나 집단원들의 소망은 좀처럼 없어지지 않고, 보통 여러 회기가 지난 후에야 그들의 이상적인 지도자에 대한 열망을 치료자가 좌절시키리라는 것을 인식하게 된다.

하지만 각 집단원은 자신이 지도자가 가장 좋아하는 아이가 될 수 없다는 또 다른 불만의 근원을 점차 인식하게 된다. 예비 집단 준비 만남에서 각 집단원은 치료자가 자신만의 치료자, 즉 자기의 과거와 현재와 환상 세계의 정확한 세부 사항에 깊은 관심을 가져 줄 치료자라는 환상을 품고 온다. 그러나 집단 초기에 각 집단원은 치료자가 자기에게 특별히 더 관심을 주지 않는다는 것을 깨닫기 시작한다. 다른 집단원을 향한 경쟁적이고 적대적 감정이 드러날 씨앗이 뿌려졌다. 과거 형제들과의 문제가 반영되어 나올 수도 있기에 집단원들은 집단 작업 중 동료와의 상호작용의 중요성을 음미하기 시작한다.[21]

지도자에 대한 이러한 비현실적인 기대와 그 결과로 일어나는 환멸은 유아적인 정신 상태나 심리적인 순진성 때문이 아니다. 이와 똑같은 현상은 전문적인 치료자 집단에서도 일어난다. 사실, 훈련받는 사람으로서 집단이 지도자를 받들거나 공격하는 경향을 인정하는 방법은 한 집단원으로 그러한 감정을 직접 경험하는 것보다 더 좋은 방법은 없다(16장에서 경험적 학습에서 훈련의 역할을 논할 것이다).

집단원들은 절대로 만장일치로 치료자를 공격하지 않는다. 반드시 치료자를 이기려는 몇몇 챔피언이 집단에서 나올 것이다. 이들을 공격자와 방어자로 구분하는 것은 집단의 추후 작업에 유용한 특징과 경향을 이해하는 데 값진 지침이 될 수 있다. 일반적으로 이 단계에서 초기에 가장 요란스러운 공격을 가하는 집단원들은 의존성 문제로 깊은 갈등이 있거나, 반동 형성으로 참을 수 없는 의존성을 다루어 온 이들이다. 이러한 개인은 때때로 '역의존성의 소유자counterdependents'로 불리는데, 회피성 애착형으로 언뜻 보기에 치료자의 말 한마디 한마디를 모두 거부하려고 하고[22] 지도자를 내쫓고 바꾸는 환상을 즐기는 것 같다.

예를 들면, 폭식증 내담자 집단에서 첫 회기가 4분의 3쯤 진행되었을 때 나는 모임에 대한 집단원들의 느낌을 물었다. "어떻게 진행된 것 같습니까? 실망스럽습니까? 놀라셨습니까?" 이런 질문은 일반적으로 집단원들이 모임에 대한 경험을 생각해 보게 하는 효과적인 개입이다. 다음 몇 주 동안 집단의 방향을 통제하던 한 집단원이 자기가 기대한 것과 똑같다고 언급했다. 사실 집단은 거의 실망스러울 정도로 예측 가능했다고 했다. 덧붙이기를 그녀가 이때까지 가졌던 가장 강한 감정은 나에 대한 분노라고 말했는데, 그것은 내가 질문해서 집단원 중 한 사람을 울게 만들었기 때문이라고 했다. 그때 그녀는 '누구도 절대로 나를 저렇게 무너뜨리지 못할 것이다'라고 느꼈다. 그녀에 대한 첫인상은 그 후 얼마 동안 그녀의 행동을 예측하게 했다. 그녀는 항상 경계 상태였고, 자신을 통제하고 냉철해지고자 노력했다. 그녀는 나를 동맹자가 아닌 적으로 여기면서, 처음 한 달 동안 통제 문제를 강조하는 쪽으로 집단을 강력하게 이끌었다.

치료가 성공적으로 이루어지려면 역의존성 문제를 가진 집단원이 어느 시점에서 그 반대 측면을 경험해야 한다. 자기주장 뒤에 묻혀 거부와 무반응에 대한 두려움으로 숨어 있는 깊이 뿌리박은 의존성의 추구를 인식하고 훈습해야 한다. 그들은 안전하게 집단에 속하고 타인에게 도움을 청하는 경험이 필요하다. 치료에서의 도전은 우선 그들의 역의존적 행동이 그들이 품고 간직하는 소망을 경험하고 표현하기도 전에 종종 다른 사람들의 비난과 거부를 불러일으킨다는 것을 이해하는 것이다. 그런 다음에야 그들의 소망이 표현되고 안전하게 경험할 수 있게 된다.

다른 집단원들은 즉시 치료자의 편을 든다. 초점이 된 문제가 무엇이든 어떤 대가를 치르더라도 치료자를 방어하려는 그들의 욕구를 탐색하도록 도와주어야 한다. 때때로 내담자들은 이제까지 신뢰할 수 없는 대상을 계속 만나 왔고, 치료자를 굉장히 연약한 존재로 잘못 판단해 방어한다. 다른 집단원들은 점차 치료자와 동맹을 맺고 집단의 강력한 집단원과 대항하려는 환상을 가지고 치료자를 보호하려 한다. 자신도 모르게 당신이 기분 상했다는 외적 신호를 전달해 구조자들이 여기에 적절한 반응을 하게 만들지 않도록 조심하라.

이러한 상충된 감정은 치료자의 호칭 문제로 구체화된다. 당신은 전문 타이틀(박사님 등)로 불리는가? 아니면 '집단지도자'나 '상담자', 아니면 그냥 이름으로 불리는가? 나의 경우 이 문제를 예비 과정에서 다루고 내담자들에게 내 이름을 부르게 한다. 이름을 부르게 하는 것은 집단에 위아래가 없이 동등함을 알리고 각 집단원은 치료에 책임이 있다는 것을 알리기 위함이다. 어떤 집단원들은 치료자에게 물어보지도 않고 곧바로 치료자의 이름 또는 더 나아가 애칭으로 부를 것이다. 어떤 집단원들은 치료자가 이름을 부르도록 동의했음에도 그런 불경스러운 말을 입에 댈 수가 없어 치료자를 전문 타이틀로 계속 부른다. 어려서 독단적인 아버지에게 끊임없이 수치와 멸시를 당한 성공적인 사업가인 내담자가 치료자를 '박사님'으로 부르겠다고 주장했는데, 그가 이렇게 주장하는 것은 그가 지불한 돈의 가치만큼 그가 얻는다는 보장이 되기 때문이라고 했다. 또 다른 집단원도 나를 '박사님'이라고 불렀는데 나와 거리를 두기 위해서였다. 노인 남성과 친밀하고 스스럼없이 지내는 것은 착취와 성적 학대를 위한 장치라는 경험이 있기 때문이다. 이런 경우에는 형식적인 거리를 두는 것이 그녀의 부정적 전이를 다루는 데 도움이 된다. 나중에 다른 모든 집단원과 마찬가지로 그녀가 나를 이름으로 부르게 되었을 때 이는 그녀에게 큰 신뢰와 과거로부터 해방을 의미하는 큰 발전이었다.

지도자에 대한 환멸과 분노를 작은 집단에서 나타나는 양상으로 단정 지었지만, 어떤 형태나 수준의 집단에서도 마찬가지다. 치료자의 행동은 반항의 경험과 표현을 강하게 할 수도 약하게 할 수도 있다. 어떤 지도자가 가장 부정적인 반응을 불러일으킬까? 일반적으로 애매모호하거나 고의적으로 정체를 알 수 없는 지도자, 권위적이면서도 어떤 구조나 지침을 제공하지 않는 지도자, 또는 치료 초기에 집단원에게 감당할 수 없는 약속

을 하는 지도자다.[23]

이 단계는 집단치료자에게 어렵고 개인적으로 종종 불쾌한 시기다. 그러나 당신의 평안을 위해 그 공격이 당신 개인에 대한 것인지 아니면 집단 안에서 당신의 역할에 관한 것인지 분별할 수 있어야 한다. 지도자에 대한 집단의 반응은 개인치료에서 전이 왜곡과 비슷하다. 전이는 치료자의 행동과 직접적으로 관계있는 것은 아니지만 집단에 내재하는 근원은 개인의 심리 역동과 집단의 역동이라는 두 가지 관점에서 이해되어야 한다. 경험이 많은 지도자도 비판적인 소리가 클 때 기가 죽는다. 그러나 지도자는 방어적이거나 적대적이거나 탓하지 않고 그 비판을 탐색하고 이해하는 것이 중요하다. 지도자가 과정에서 어떤 점을 놓쳤다고 느끼면 그 잘못을 인정하고 되돌려 놓아야 한다.[24] 그렇게 함으로써 집단 모두가 피드백의 대상이 될 수 있다는 모델이 된다. 누구도 어떤 것도 제한받지 않는다는 의미다.[25] 집단 갈등은 처음으로 소속감을 갖게 된 후 집단으로부터 차별화하는 한 가지 방법일 수 있다는 점을 유념해야 한다. 갈등은 집단원들의 의존적 감정에 대한 발달적 반응일 수도 있다. 앞으로는 차별화가 환영받고 모두를 위해 집단경험을 더 풍부하게 만든다는 사실을 강조할 좋은 시간이다. 차이를 수용하고 도전을 위해 주장하는 자유를 증진시키더라도 친밀성과 대인관계 작업을 다음 단계로 발전하는 데 방해가 되는 파괴적인 적개심은 안 된다.[26]

집단 공격에 특별히 위협을 느끼는 치료자들은 여러 가지 방법으로 자신을 보호한다.[27] 한 번은 두 치료 집단의 고문 역할을 요청받았는데, 둘 다 25회 정도의 모임이 진행 중이었고 비슷한 문제를 안고 있었다. 슬럼프에 빠져 있었고, 집단원들은 집단에 흥미를 잃은 것처럼 보였다. 최근 모임과 과거 모임을 기록한 것을 살펴보니 두 집단 모두 치료자를 향한 부정적 감정을 아직도 직접적으로 다루지 않았음이 나타났다. 그러나 이런 금지가 일어난 이유는 두 집단이 아주 달랐다. 첫 번째 집단에서는 두 명의 공동 치료자(집단을 처음 지도해 보는)가 그들의 명백한 불안과 불확실성을 내보이고, 적개심이 담긴 문제를 회피하며, 자기의 연약함을 인정함으로써 그들의 약점을 집단에 내보였다. 덧붙여 두 사람 모두 집단원들에게 사랑받기를 원했고, 항상 자비롭고 열심이었으므로 집단원들이 공격한다는 것은 배은망덕한 일이며 일어날 수도 없는 일처럼 보였다.

두 번째 집단의 치료자들은 다른 방법으로 공격을 제압했다. 그들은 초연한 올림피아의 신처럼 어쩌다가 개입할 때면 권위주의적인 태도로 겉보기에는 심오한 개입을 했다. 각 모임의 끝에 그 모임의 주된 주제와 각자의 공헌에 대해 필요하지도 않은 복잡한 말을 쓰며 요약했다. 이러한 치료자를 공격하는 것은 불경스럽고 위험스러운 것이다.

이 두 집단과 같은 치료자 역전이는 집단을 억제하는 경향이 있다. 자신의 정서적 요구가 집단원의 욕구보다 앞설 때 실패는 당연하다.[28] 이 두 집단의 치료자 스타일은 집단을 억압하는 경향이 있다. 치료자에 대한 중요한 양가감정을 억압하는 것은 결과적으로 대인관계의 정직성과 감정 표현이라는 바람직한 규준에 반대되는 역생산적 금기를 초래한다. 더군다나 중요한 모델 제시의 기회를 잃게 된다. 대신 파괴되거나 파괴적으로 보복하지 않고 견디는 치료자는 이 공격의 근원과 영향을 이해하려고 반응함으로써 집단원들에게 공격성이 치명적일 필요가 없고 집단 안에서도 표현되고 이해될 수 있다는 것을 보여 준다.

문제가 되는 위의 두 집단을 비롯해 대부분 집단에서 치료자를 향한 분노를 억압함으로써 일어나는 결과 중 하나는 잘못 겨냥된 공격의 출현이다. 예를 들어, 한 집단에서 몇 주간 의사들에 대한 공격이 지속되었다. 과거에 의사, 병원, 개인치료자 사이에 있었던 불행한 경험이 자세히 묘사되었고, 집단은 의학계의 부정과 비인간성에 상당히 동의했다. 한 집단에서는 어느 집단원이 정신치료가 효과가 없다는 것을 증명하기 위해 신문기사를 인용하면서 정신치료가 비효과적이라고 공격했다.

다른 집단원을 희생양으로 만드는 것도 잘못 겨냥된 것이다. 이 뿌리는 구약성경 레위기까지 올라간다. 염소 한 마리가 인간의 모든 죄를 지도록 선택되고 사막으로 추방된다.[29] 많은 집단 현상과 마찬가지로 희생양을 만드는 것은 종종 개인과 집단 역동의 결과다. 그렇더라도 집단에 순응하지 않는 집단원들이 희생양이 되기 가장 쉽다.[30] 희생양이 되도록 만드는 요인은 사회경제적, 정치적 또는 소수 문화적 요인일 수도 있고, 장애, 성별, 성소수자, 나이, 또는 사람들과 다르게 만드는 어떤 요인일 수도 있다.[31] 치료자가 그 공격을 자신에게 돌리도록 개입하지 않는 한 집단 내에 희생양을 만드는 일은 강력하게 지속된다. 공개적으로 지도자를 비난할 수 없으면 희생양을 만들게 된다. 동료 집단원을 공격하는 것은 공격과 경쟁을 표현하고 집단 내 자신의 위치를 올리는 더 안전한 방법이다. 이런 역동과 함께 집단에 의해 거부되는 개인적 위험을 감소시키려고 집단원들은 질투, 궁핍, 수치심 같은 자신이 수용할 수 없는 면을 쉽게 영향받는 집단원에게 투사하려는 무의식적 욕구를 갖는다.

가장 나쁜 경우인데, 희생양이 된 집단원이 희생될 수 있는 것은 이 집단원만 없다면 이 집단이 유토피아가 되리라는 암암리에 잘못 형성된 신념 때문이다.[32] 이 파괴적인 환상을 매우 조심해야 한다. 이 비정상적인 소리가 다른 집단원도 분명히 가지고 있는 메시지, 소망, 공포를 전한다. 집단지도자는 희생양을 부드럽게 대하고 다른 집단원들과 연결시키면서 고립을 감소시켜야 한다. "이 집단에서 다른 사람들이 이 집단원을 비난한다고(다른 사람의 의도를 믿지 못하고, 관심에 목마르고, 상처받을까 봐 두려워하는 등) 느끼는 분이 있는지요?"라고 질문하면서 희생양이 될 수도 있는 사람들이 참가할 수 있는 기능적인 하위집단을 만든다.[33] 희생양을 내보내면 응집이 일어나리라는 생각에 유혹받지 말라. 집단원들은 그들의 공격에 죄책감을 가질 것이며 그들이 다음 차례일 수 있다는 사실에 두려워할 것이다. 여기서 일어난 공격에 대해, 그들이 투사된 감정과 소망에 대해 생각해 보게 해야 한다. 이 작업이 쉽지 않지만, 치료적으로 윤리적으로 반드시 필요하다.

그러나 변화의 내적 과정에서 또 다른 갈등의 소지가 있다. 단단한 방어적 태도나 행동 양상은 다른 집단원의 도전을 받게 되고, 각자는 이러한 오래된 패턴을 버리는 데서 느끼는 불편함을 직면하게 된다. 이는 집단치료 과정에서 일어나는 부수고 재건하는, 즉 함께하다가 헤어지고 또 함께하는 피할 수 없는 과정이다.[34]

세 번째 단계: 응집성의 발달

집단의 형성 과정에서 세 번째로 널리 알려진 단계는 집단 응집성의 발달이다. 집단은 갈등 시기를 지나 점진적으로 응집성 있는 단위로 진전된다. 이 측면을 설명하기 위해 비슷한 함축적인 의미를 가진 다양한 표현이 사용된다. 집단 내 의식,[35] 공동 목표와 집단 정신,[36] 집단 통합과 상호성,[37] 일치된 집단행동, 협동, 상호 지지,[38] 우리-의식의 일치,[39] 지지와 의사소통의 자유[40] 등이다. 이 단계에서는 집단의 대인관계에 균형과 공명과 안전이 전부이고, 사기와 상호 신뢰와 자기개방이 증가한다.[41] 어떤 집단원은 치료받으러 오게 된 진짜 이유를 밝힌다. 성적 비밀을 나누고 과거의 트라우마, 오래 묻어 두었던 과거의 죄를 공개한다. 집단 밖에서의 접촉을 원하기 시작한다. 출석이 양호해지며, 내담자들은 결석하는 집단원에 대해 상당한 걱정을 표현한다.

집단의 주된 관심사는 친교와 친밀감이다. 첫 번째 단계에서는 내담자의 관심사를 '안이냐 밖이냐in or out', 두 번째 단계에서는 '위냐 아래냐top or bottom'로 특징지었다. 세 번째 단계에서는 '가까운가 먼가near or far'로 생각할 수 있다. 세 번째 단계의 주요한 불안은 사람들이 나를 좋아하지 않거나, 사람들과 충분히 가깝지 않거나, 또는 너무 가깝

지 않거나 등과 관련된 것이다.[42]

이 단계에서 자기개방을 좀 더 자유롭게 하지만, 다른 종류의 의사소통 제한을 받는다. 즉, 집단은 응집성을 위해 모든 부정적 감정의 표현을 삼간다. 집단 갈등의 전 단계와 비교하면 모두 달콤하고 가벼우며 집단은 새로 발견한 통합에 흠뻑 젖어 빛난다.[43] 그러나 점차 광채가 희미해지고, 집단 내부의 차별과 갈등이 나오도록 허용되지 않으며, 집단의 포용은 의례적인 것으로 보인다. 모든 감정이 표현되고 응집력 있는 집단에서 건설적으로 다루어질 때 집단은 성숙한 작업 집단이 된다. 정기적으로 잠깐 앞 단계의 측면이 재발하지만, 나머지 집단 기간에 성숙한 집단으로 지속된다. 그러므로 집단의 응집성이 성숙하는 시기는 두 단계로 이루어져 있다. 큰 상호 지지(외부 세계에 대항하는 집단)의 초기 단계와 발전된 집단 작업의 단계다. 후자의 단계는 집단원의 주도권 다툼에서 비롯된 긴장이 아닌 각 구성원 자신의 저항과의 싸움에서 비롯된 긴장이 있는 참된 팀워크 단계다.

집단 발달의 실제

지금까지 집단의 발달 단계에 관해 개략했는데, 초보자들이 이 제안된 발달 순서를 너무 문자 그대로 따를까 염려되어 질적 근거를 고려하고자 한다. 결국 이 발달적 국면은 구성 요인이며, 집단지도자들이 언어적 · 개념적 편의 때문에 구성한 실체들이다. 다른 측정 방법과 내담자 집단을 사용한 설득력 있는 연구와 집단의 발달이 발생한다는 공식적인 변화 이론들이 있지만, 정확하고 잘 지켜지는 발달 단계가 존재한다는 증거는 덜 분명하다.

집단 분위기 질문지(Group Climate Questionnaire, GCQ)는 집단원의 참여, 갈등, 도피를 추적하면서 집단 발달과 기능을 좀 더 객관적으로 모니터하는 데 유용하다.[44] 이 질문지는 열두 문항으로 된 자기보고식 질문지인데, 단기 집단치료와 장기 집단치료(각각 20회, 80회)의 임상 연구를 위해 광범위하게 사용된다. 높은 참여와 낮은 도피 점수가 더 좋은 임상적 결과와 일관성 있게 연계된다. 갈등 단계에서는 집단 발달이나 치료적 효과가 좋아질 수 없는 것이 당연하다. 그러나 이 현상이 일어나는 것은 발달적인 입장에서 이해될 수 있다. 낮은 참여와 높은 갈등, 도피가 현저한 집단이 실패할 수밖에 없다는 사실은 놀랍지 않다. 단지 집단 전체 수준만을 대상으로 보면 안 된다. 개인 내담자의

GCQ 결과가 집단 전체의 점수보다 개인의 치료 효과에 대한 좋은 예측치다.[45] 집단지도자의 과업은 처음부터 끝까지 참여를 촉진하고 도피를 줄이고 갈등을 끌고 가는 것이다.[46] 종결 단계에서는 높은 내담자 참여와 낮은 도피가 현저하고 또한 내담자가 얻은 것을 공고하게 하는 것이 중요하다.[47]

집단 발달 연구의 또 다른 접근법은 응집성,[48] 정서,[49] 친밀감[50] 등과 같은 특정 변인이 집단 과정에 따라 어떻게 변하는지를 추적하는 것이다. 선형적 과정은 존재하지 않는다. 집단 발달을 다룰 때는 자동차 바퀴를 교체하는 경우를 생각해 보라. 제 위치에 바퀴의 자리를 잡기 위해 볼트를 하나씩 하나씩 조이고, 다시 볼트를 하나씩 하나씩 조이는 과정을 반복해 바퀴가 완전히 안정될 때까지 조인다. 비슷한 방법으로 집단의 각 단계가 나타나 지배적이었다가 다시 물러나고, 나중에 다시 더 철저히 다루기 위해 같은 문제로 되돌아오게 된다. 아마 이런 점을 고려할 때 발달 단계나 발달 순서보다는 발달 과업에 대해 말하는 것이 더 정확하다고 하겠다. 예를 들어 높은 참여와 낮은 갈등 뒤에 낮은 참여와 높은 갈등, 그리고 다시 높은 참여로 돌아가는 순서를 보게 된다.[51] 매번 다른 관점에서 좀 더 깊은 심도로 같은 문제로 되돌아가는 이 과정을 가리켜 Hamburg는 순환치료cyclotherapy라는 용어를 제안했다.[52] 때로 집단은 주도권, 신뢰, 친밀감, 치료비, 공동치료자 간의 관계 등을 다루느라 상당한 시간을 소비하고 나서 몇 달 후에 전혀 다른 관점에서 똑같은 주제로 돌아간다.

집단지도자는 집단의 발달을 도모하는 힘뿐만 아니라 반집단으로 확인되는 힘도 고려해야 한다.[53] 이 공통적인 힘은 결합에 대항하는 개인과 사회적 저항을 능가한다. 이 동화에 대한 두려움은 개인의 독립심을 잃고, 자신이 특별하다는 환상이 깨어지고, 버려질지도 모른다는 두려움이다.

집단의 발달에 영향을 주는 내담자 요인과 다른 요인들

내가 설명한 발달 순서는 이론적이고 사람이 들어가 있지 않은unpeopled 치료 집단에서 일어나는 사건 전개를 묘사한다. 집단 과정에서 풍요롭고 예측하기 힘든 사람들의 상호작용은 치료 과정을 복잡하게 하지만 또한 도전과 흥분을 일으킨다. 많은 요인이 집단의 발달을 수정하고 궤도를 변경한다. 어떤 것은 예상할 수 있지만 어떤 것은 기대하지 않았는데 일어나기도 한다. 치료자는 이 모든 것에 관심을 기울여야 한다.

내 경험에 따르면 치료 집단의 발달은 대부분 집단이 어떻게 고유하게 구성되느냐에 가장 많이 영향을 받는다. 흔히 집단 과정은 일반적으로 가장 시끄러운 대인관계 병리를 가진 단 한 명의 집단원에 의해 시작된다. '가장 시끄러운'이라는 말은 병리의 심각성을 말하는 것이 아니라, 집단에서 가장 즉각적으로 표현되는 병리를 의미한다. 예를 들어, 근친상간 피해자로 구성된 집단의 첫 만남에서 한 여성이 자신과 비교할 때 치료 초기 단계에 있는 사람이 너무 많이 와서 실망했다는 말을 계속 언급했다. 이는 자연히 다른 사람들을 상당히 화나게 만들었고, 그녀의 잘난 척하는 말과 관련해 그녀를 공격했다. 여러 달 동안 이 집단은 내가 본 집단 중 가장 격분해 있었고, 서로를 돌보지 않는 집단으로 진행되었다. 물론 그 구성원 한 명이 집단에 분노를 심었다고 말할 수는 없다. 아마 그녀는 참가자 안에 이미 존재하던 분노를 방출하는 피뢰침으로 작용했다고 말하는 것이 더 정확할 것이다. 하지만 그녀가 없었더라면 집단은 아마도 더 안전하고 신뢰하며 서로 응집된 상태에서 분노를 더 서서히 드러냈을 것이다. 처음에 잘 시작하지 못하는 집단은 앞에서 설명한 발달 단계를 따르는 집단보다 훨씬 더 어려운 도전을 맞게 된다.

집단상담을 찾는 많은 개인이 관계 문제로 분투하며, 바로 이 때문에 치료를 청한다. 많은 사람이 "나는 집단치료를 할 사람이 아니다"라고 말한다. 거부당하거나 두려워하는 애착 유형이 이런 예가 된다.[54] 이러한 개인으로 구성된 집단은 건설적이고 효과적인 경험을 가진 집단원이 여러 명 포함된 집단보다 집단 과업으로 고투할 것이다.[55] 독점적인 경향이 있거나, 자신을 과시하려 들거나, 난잡한 자기개방을 하고, 고삐가 풀린 듯 마음대로 통제하려는 경향을 가진 개인은 전형적인 집단 발달의 경향을 무시할 수도 있다.

이러한 개인은 심심치 않게 치료자나 다른 집단원들로부터 암암리에 격려받는다. 치료자들은 이런 내담자들을 가치 있게 보는데, 이들은 집단 안에 있는 불편함에 초점을 맞추게 해 주고, 정서 표현을 자극하며, 집단 모임에 대한 관심과 흥분을 고조시키기 때문이다. 다른 집단원들은 흔히 처음에는 망설이고 형세를 탐색하면서 주인공 뒤에 숨을 기회를 환영한다.

8장에서 소개한 아홉 개의 치료 집단에서 조기 탈락자를 대상으로 한 연구에서 나는 다섯 개 집단에서 관심을 얻고자 하는 행동 양식을 가진 내담자가 첫 12회 모임 이내에 집단을 떠난 것을 발견했다.[56] 내담자들('초기 선동자들')은 내적 역동은 서로 달랐으나 집단에서 비슷한 역할을 맡았다. 그들은 폭풍우같이 들이닥쳐 집단을 맹렬하게 들쑤셔 놓고는 사라져 버렸다. 몇몇 초기의 선동자는 활발한 역의존자였고, 집단 초기에 치료자에게 도전했다. 예를 들면 한 내담자는 세 번째 모임에서 더 긴 모임과 정기적으로 치료자 없는 모임을 갖자고 제안했고, 반농담조로 지도자의 개인적 문제를 조사해 보려고 노력하는 식으로 치료자에게 도전했다. 다른 선동자들은 그들이 정직하고 통명스러우며 다른 사람에게 솔직하게 피드백하고 완곡하게 표현하려고 애쓰지 않는다는 데 자부심을 가졌다. 또 다른 사람들은 친밀한 관계를 추구하기도 하고 두려워하기도 하며 친밀감에 대한 갈등에 빠지고, 자기개방을 상당히 많이 하면서 다른 집단원도 거기에 부응하는 자기개방을 하라고 주장했다. 초기의 선동자들은 보통 타인의 의견이나 평가에 개의치 않는다고 주장하지만, 사실 그들은 너무도 신경을 써서 매번 자신이 집단에서 창조해 낸 적합하지 않은 자기 역할에 깊이 후회한다.[57]

치료자는 집단 안에서 이러한 현상을 빨리 인식하고 그들의 역할에 대한 명료화와 해석을 통해 이런 개인이 사회적 자살을 하는 것을 막아야 한다. 더 중요한 것은 치료자 자신이 암암리에 그들의 행동을 격려하는 것을 인식하고 멈추는 것이다. 치료자는 이들 내담자의 행동을 너무도 환영해 그들의 고통을 인식하지 못하고 집단의 활기를 위해 그들에게 의존하고 있다는 사실을 알아채지 못할 수도 있다.

집단의 여러 집단원이 결석했을 때 당신의 반응이 어떠한지 주시해 보는 것은 치료자로서 유용하다. 어떤 집단원들이 전혀 결석하지 않는다면, 그들의 결석에 대해 당신이 어떻게 반응할지 상상해 볼 수 있다. 이들이 당신에게 어떤 생각이나 감정이나 환상 및 행동을 일으키는지, 그들이 어떤 식으로 이 영향을 일으키는지 살펴보라.[58] 당신이 어떤 집단원들의 결석을 두려워하고, 그날이 마치 집단에 생명이 없는 듯 느껴진다면 이들에게 너무 많은 부담이 지워져 있을 수 있다. 그리고 이차적인 만족이 너무 커서 일차적인 과업을 치료에서 다루지 못하기 쉽다. 그들의 제한된 역할은 그들의 치료를 은밀하게 손상시킨다.

집단 발달에 관한 대부분의 혼란은 각 집단이 다른 모든 집단과 비슷하거나, 몇몇 집단과 비슷하거나, 혹은 어느 집단과도 비슷하지 않을 수 있다는 데 있다. 물론 모든 치료집단은 집단 과정 중에 변화를 경험한다. 물론 집단의 경계와 존재 이유를 다루는 초기에 어색함이 있을 수도 있다. 그다음에는 약간의 긴장과 친밀도를 높이려는 시도가 반복된다. 그리고 모든 집단은 치료의 종결이라는 마지막 단계를 맞게 된다. 그러나 때로는 집단이 '계획에 의해' 운영되는 경우가 있다.

대집단 경험은 집단 참가와 집단 발달의 강력한 역동에 대해 극적인 통찰을 준다. Tavistock Clinic에서 일주일 동안 진행된 집단 훈련에서 참가자 60명이 그들이 원하는 방법대로 네 개의 집단을 이루고 집단 간에 지속되는 관계를 연구하는 집단 간 훈련에 참가한 적이 있다. 큰 방에 모여 있던 참가자 60명은 거의 공황 상태로 네 개의 집단을 위해 지정된 작은 방으로 우르르 몰려갔다. 우리가 잊지 말아야 할 것은 이 60명은 정신건강 분야의 전문가들이고, 비구조화 집단에서 퇴행이 크게 작용한다는 점이다. 공황은 어쩔 수 없는 연습의 한 부분이었는데, 이는 집단에서 제외될지 모른다는 원시적 두려움에서 온 것이다.[59] 내가 참가할 집단에서 첫 번째 나온 말은 대략 16명이 방에 들어왔을 때 "문을 닫읍시다. 아무도 못 들어오게!"였다. 일단 집단의 경계가 정해지자 외부 세계에 대한 집단의 정체성이 형성되었고, 권력을 얻기 위한 여러 가지 노력이 집단을 움직이지 못하게 만들기 전에 신속하게 대표자를 뽑음으로써 권력 분배를 통제하고자 하는 데 주의를 돌렸다. 한참 후에야 집단은 신뢰와 친밀감에 대한 감정을 경험하고 토론했고, 그 후 한참 뒤에는 종결이 다가오자 슬픔의 감정을 경험하고 토론했다.

연구에 따르면 지도자와 개별 내담자의 변인에 더해 다른 요인이 집단 발달의 궤도에 영향 준다. 집단주의와 권위가 중요한 문화에서는 존경과 복종을 중요시하므로 집단은 갈등이 적고 좀 더 의존적인 양식에 빠진다.[60] 나는 이것을 중국에서 비교문화 집단 작업 중에 경험했다. 권위를 가진 지도자가 말하는 것을 방해할까 봐 집단원들은 초기에 서로 말하기를 꺼렸다.

여성의 관계모델에 영향받은 여성을 위한 치료 집단은 안심과 친밀의 장이 확고해질 때까지 갈등 경험을 하지 않는다.[61] 인지행동적 단기 집단치료[CBT-G]와 사회 공황장애를 위한 대인관계 집단치료 연구에서 두 집단 모두, 특히 인지행동적 단기 집단치료에서 거의 갈등이 없고 몰아치는 경우도 거의 없다고 보고한다. 집단원들이 치료에 오게 된 중요한 조건인 회피성이 나타난 것일 수 있다.[62] 10회 미만의 단기 집단이나, 구조화된 집단, 동질성이 높은 집단은 이러한 발달 단계를 거치지 않고 초기 단계에 머물러 있기 쉽다.[63] 주제를 따라가는 구조화된 집단은 교육과정 일부로 집단 발달에 대한 정보와 교육을 포함한다.[64]

요약하면, 일단 치료자가 발달적 순서에 대해 틀을 가지고 있으면 더 용이하게 객관성을 유지하고 집단의 흐름을 계획할 수 있다. 또한 집단이 어떤 단계 이상 진전하지 않거나 어떤 단계를 생략하는 것도 인식할 수 있다. 때로 치료자들은 집단이 아직 준비되지 않은 상태에서 무엇을 요구할 수도 있다. 집단에서 서로 배려하고 염려하는 태도는 나중에 발달한다. 초기에 배려하는 집단원들은 간섭하는 사람 또는 치료자의 치료적 손길에 대해 경쟁하는 경쟁자로 보이기 쉽다. 표준적인 집단 발달에 대해 알고 있는 치료자는 집단에 더 잘 맞추고 따라서 개입도 잘할 수 있다.

하지만 집단 발달에 관한 생각을 임상에 적용할 때는 경계할 점이 있다. 초심자가 집단 발달론을 지나치게 심각하게 수용해 임상 실제에서도 고정된 틀로 생각하는 경우다. 나는 초보 치료자가 미리 정해진 발달 단계라는 고정된 사고를 가지고 집단을 억지로 짜맞추려는 것을 보았다. 치료 교본을 통해 표준화된 치료법이 확산된 요즈음 그런 공식화된 치료법은 진정한 치료자-내담자의 참여 관계를 감소시킬 가능성이 있다. 치료 관계에서 실제성realness, 진실성authenticity의 희생은 적은 손실이 아니다. 그것은 정신치료의 핵심을 잃은 것이다.

확실히 정신치료 첫 세대의 지침서는 노예처럼 지침서를 고수하려다가 치료의 진실성을 감소시켰다. 이렇게 하면 사실 역생산적이라는 근거가 있다. 좀 더 현대적인 치료 지침서들은 치료를 세분해 다루지 않고 치료의 융통성과 자연성의 폭을 넓혀 준다.[65]

집단에서 행하든 개인 내담자를 대상으로 하든 정신치료는 발견을 공유하는 여행이 되어야 한다. 모든 '단계'적 체계에는 위험이 있다. 치료자가 미리 고착된 선입견적인 사고나 과정적 초안을 가지고 있는 것은 어떤 종류의 성장 지향적 치료에도 위험한 일이다.

1970년대 중반에 나는 Katy Weers와 암 환자로 구성된 최초의 집단을 시작했는데, Katy는 자신도 유방암을 앓고 있는 놀라운 여성이었다. Katy는 자주 Elisabeth Kuebler-Ross의 죽음의 '단계'가 의료계에 불러일으킨 유해함에 관해 비난했고, 그 개념을 반박하는 책을 쓰고자 했다. 각 단계에 역행하는 내담자들에 대한 경험은 죽어 가는 내담자들이 그렇게 열심히 소망하는 바로 '치료적 현존'[66]과 너무도 상충된다. Katy와 나는 치료자가 자신이 가진 죽음의 공포를 감추기 위해 '단계'라는 신화를 사용하는 것이 아닐지 의심했다.

집단 구성원의 문제

치료 집단의 초기 발달 순서는 집단 구성원 자격에 관한 문제에 강력하게 영향을 받는다. 구성원의 교체, 지각, 결석이 발달 도상에 있는 집단의 실상이며, 가끔 집단의 안정성과 통합에 위협을 준다. 결석이 자주 있을 때는 집단의 관심과 에너지를 발달 과업에서 구성원을 유지하는 문제로 재조정하는 것이 좋다. 불규칙한 참석을 저지하고, 필요하면 새 구성원으로 조기 탈락자를 보충하는 것은 치료자의 일이다.

구성원의 교체

정상적인 추이를 볼 때 상호작용 집단의 경우 첫 12회에서 상당수 집단원이 탈락한다. 두 명 또는 그 이상이 탈락하면서 보통 새 집단원이 추가된다. 그러나 흔히 추가한 만큼의 비율이 첫 12회 정도에서 탈락한다. 집단이 견고해진 후에야 집단의 안정성에 관한 것이 아닌 다른 문제들을 다루게 된다. 일반적으로 내담자들은 대략 20회 정도 집단에 머무를 즈음에야 장기 치료에 필요한 헌신을 약속하게 된다. 매우 잘 시행된 연구에 따르면 장기 집단(80회기)의 탈락률(33%)에 비해 단기 집단(20회기)은 탈락률이 매우 낮다(8.6%). 이 결과는 집단에 좀 더 집중하게 하려면 내담자를 단기 집단에 참가하게 하는 것이 좋을 수 있다고 말해 준다. 몇 가지 탈락자 변인은 시간에 쫓기고 집단 응집을 빨리 이루기 위해 압박을 많이 받는 단기 치료 집단지도자의 고조된 활동과 관련된다.[67]

다섯 개 집단을 대상으로 한 참석에 관한 연구에서는 첫 12회까지 구성원의 교체가 상당하다가, 12~20회 사이에 안정되면서 20~45회(연구의 마지막) 사이에는 한 명의 탈락도 없고 지각도 없는 거의 완벽에 가까운 출석률을 보였다.[68] 대부분 연구가 같은 결과를 증명한다.[69] 후기의 탈락자 수가 초기의 탈락자 수보다 많은 경우는 드물다.[70] 한 연구에서 후기 탈락자가 많았던 이유는 집단의 친밀감이 너무 커져 불편함이 쌓였기 때문이었다. 어떤 집단은 탈락자의 물결이 일어나 한 집단원이 탈락하면 마치 탈락의 씨앗을 뿌린 것처럼 다른 집단원들도 줄줄이 탈락했다.[71] 개인치료를 이전에 받았거나 현재 병행하면 조기 탈락의 위험을 상당히 줄일 수 있다.[72]

일반적으로 단기 집단은 낮은 탈락률을 보고한다.[73] 폐쇄된 시간제한 집단에서 충분히 많은 내담자로 시작하는 것이 필요하다. 집단이 감소를 견디고, 집단이 진행되는 동안 충분히 확고해질 수 있기 때문이다. 그러나 너무 많은 인원으로 시작하면 집단에서 소외되고 주변에 머문다고 느끼는 개인이 탈락할 수 있다. 따라서 9~10명으로 시작하는 것이 가장 이상적이다.

출석과 시간 지키기

규칙적인 출석과 시간을 잘 지키라는 치료자의 격려에도 불구하고, 집단 초기 단계에서 대개 문제가 생긴다. 때때로 치료자는 아기를 돌보는 문제, 직장 업무, 휴가, 나쁜 날씨, 교통 불편, 위급한 일, 타지에서 온 손님 등과 같은 변명의 돌풍과 싸우며 8명의 바쁜 사람들과 스케줄을 맞추는 일은 불가능하다고 여기고 포기하게 된다. 그런 결론에 저항하라! 지각과 불규칙한 참석은 일반적으로 치료에 대한 저항을 의미하고, 개인치료에서 이 현상을 보는 관점으로 보아야 한다. 여러 집단원이 자주 늦거나 결석하면 집단 저항의 근원을 찾아보라. 어떤 이유로 응집성에 한계가 생기고 집단이 무너지고 있다. 집단이 열심히 작업하는 응집성 있는 집단으로 견고해지면, 스케줄을 맞추는 문제가 사라지고 몇 달이고 완전한 참석과 시간 지키기가 이루어진다.

때로는 저항이 집단에 근거하기보다 개인적인 경우도 있다. '절대로 불가피한' 사정들(정기적인 사업상의 회의, 가족의 요구 등) 때문에 오랫동안 지각하던 몇 개인에게서 일어나는 변화를 보며 나는 계속 놀란다. 이 저항을 인식하고 극복한 후에 이들은 끝까지 몇 달간 가장 시간을 잘 지키는 집단원이 된다. 정기적으로 지각하는 어떤 집단원은 양성애적 지향과 아내에게 불성실하다는 수치심 때문에 집단에 참여하기를 망설였다. 이런 염려를 드러내고 수치심을 다룬 후에는 지각의 원인이 되었던 중요한 사업상 약속들이(그가 나중에 밝힌 바에 따르면 그 약속들은 오후에 도착한 편지를 꼼꼼히 살펴보다가 나온 것들이었다) 갑자기 사라지게 된 것을 발견했다.

저항의 근거가 무엇이든 그것을 이해하고 극복하기 전에 몇 가지 이유에서 그 행동부터 수정되어야 한다. 한 가지 예를 들면, 불규칙적 참여는 집단에 파괴적이다. 이는 전염되어 집단의 사기를 저하시키고, 더 많은 결석을 초래한다. 임상 경험과 연구 결과가 모두 이를 지지한다. 집단원 참석에 관한 한 연구는 결석의 문화는 그 집단의 운명을 처음부터 정한다고 설명한다. 결석이 한 번 일어나면 또 다른 결석이 일어난다. 한 회기를 빠지면 그 집단원은 그다음 회기에 빠질 확률이 올라간다. 또한 이런 결석은 좀 더 헌신적인 집단원들까지 은밀하게 해쳐 그들 또한 회기에 빠지기 시작한다.[74] 이와 관련된 집단원이 없다면 그와 관련된 문제를 다룰 필요가 없다. 정기적으로 나오고 시간도 잘 지키는 참석자들에게 불규칙한 참석을 한탄함으로써 엉뚱한 청중에게 연설하는 것보다 더 소용없는 일은 없다.

종종 참석과 관련된 치료적 갈등이 일어날 수 있다. 집단원의 성장이 집단과 맺은 출석 계약과 갈등을 일시적으로 일으키는 상황이다. 한 집단원은 20년 동안 별 볼 일 없고 형편없는 돈을 받는 일을 하다가 어렵게 대학에 가게 되어 두 달 동안 모임에 빠져야 했다. 학교로 돌아간다는 것은 그녀의 성장에서 중요한 한 걸음이고, 집단원들은 그녀의 선택을 기꺼이 지지했다.

또 다른 상황인데, 젊은 독신 여성 Sara는 만성적인 우울을 다루려고 집단에 들어왔다. 그녀의 우울은 대부분 늙은 부모의 강요에 대한 순종과 자기 포기에서 오는 것이었다. 그녀는 주말마다 부모 집에 가서 장을 보고, 요리하고, 집 청소를 한다고 말했다. 그녀의 오빠들은 의미 있는 지지를 거의 제공하지 않았으며, 그녀는 자신의 문화에서는 결혼하지 않은 딸들이 부모를 돌보는 것이 의무라고 말하며 오빠들을 변호했다. 그러나 점점 오빠들을 향한 분노를 참기 힘들어졌고, 자기부정과 희생이 자신의 우울을 키운다는 것을 깨닫기 시작했다. 한 집단원은 그녀가 매 주말 부모와 보낸다면 남자와 의미 있는 관계를 맺을 수 없을 것이라고 말했다. 그녀가 이것을 변화시키지 않으면 어떤 것도 변화할 수 없다. Sara는 자신의 목소리를 내기 시작했고 정기적으로 시간과 관심을 요구하기 시작했다. 치료를 시작한 지 몇 달 후 친구가 초대한 음악회에 가기 위해 중간에 집단을 떠나도 되는지 물었다. 집단은 이구동성으로 지지했다. 그들은 타인에 대한 의무감에도 불구하고 자신을 위해 시간을 내려는 그녀의 능력이 싹트고 있다고 인식했다.

많은 치료자가 치료 전 예비 면담에서 규칙적인 참석의 중요함과 집단 시간을 신성불가침으로 여길 필요가 있다고 강조한다. 집단원들이 그 도시에 살고 아프지 않은 한 집단에 참석할 것으로 기대한다. 집단치료는 팀 운동이므로 모든 집단원이 나타나야 한다.

스케줄 잡는 문제나 교통 문제가 있을 것 같은 내담자들, 한 달에 한두 번은 지방에 내려가야 하는 내담자나 집단치료가 시작된 몇 주 후에 다른 지역으로 긴 휴가를 계획하고 있는 내담자는 개인치료에 의뢰하는 것이 가장 좋다. 집단치료는 여러 가지 장점이 있지만 스케줄 짜는 데는 융통성이 없다. 한 회기에 빠지면 소설의 한 장을 빼고 읽는 결과와 같다. 어쩌다 한 장을 뺄 수도 있겠지만, 자주 너무 많은 장을 건너뛰면 소설의 내용을 왜곡하게 된다. 불참한 모임에 대해 치료비를 물게 하는 것은 정해진 관례다. 개인치료에서 많은 치료자가 한 달 치 치료비를 청구할 때 이유를 막론하고 빠진 모임에 대해 감해 주지 않는다.

신체적으로 배우자를 학대하는 남성들은 전형적으로 저항이 높은 집단원인데 동시에 이들이 치료를 계속하기만 하면 집단 개입이 효과적이라는 확실한 증거가 있다. 그러나 석 달 이내에 40~60%의 탈락률을 보이는 것은 흔한 일이다. 배우자를 학대하는 사람들을 치료하기 위해 임상가들은 집중적인 예비 집단 훈련에서 약한 동기의 문제를 직접적으로 다룬다. 매 맞는 배우자에 대한 공감을 높이기 위해 심리교육 비디오를 보여 주고, 공격성의 생리와 심리에 대해 알려 준다.[75] 이보다 더 단순한 개입도 강력한 효과가 있다고 증명되었다. 189명을 대상으로 한 연구에서 지도자들이 직접 전화를 걸고, 관심을 표현하며, 개인적으로 동맹을 형성한 것이 극적인 결과를 내었다. 기술이라고 할 것도 없는 이 단순한 개입이 대인관계와 인지행동적 집단치료 모두에서 출석과 지속을 증가시켰고 가정 폭력을 의미 있게 감소시켰다.[76] 전화, 이메일, 문자 같은 단순한 행위가 출석을 증가시킨다. 이러한 행동이 응석을 받아 주고 의존을 조장하는 것처럼 보일 수 있지만, 적어도 이 문제를 개인적으로 다룰 기회를 준다.[77]

치료자가 치료 집단과 규칙적인 참석의 중요성에 대해 완전히 확신하는 것은 대단히 중요하다. 이러한 신념으로 행동하는 치료자는 이 신념이 집단원들에게 전달될 것이다. 따라서 치료자는 시간 맞추어 도착해야 하고, 치료자의 스케줄에 관해 집단에 우선권을 두고, 만약 불참해야 하면 이를 집단원들에게 몇 주 전에 미리 알려야 한다. 치료자의 불참이나 집단 취소 후 출석이 저조한 것은 흔한 일이다. 만약 지도자가 계획된 휴가 외에 정기적으로 모임에 빠지는 것은 집단원들 역시 다른 비슷한 활동에 우선순위를 두도록 격려하는 것과 같다. 새로운 집단을 시작할 때 치료자가 집단을 시작하고 두세 차례 모임을 빠지는 것보다 휴가를 미리 정하고 시작하는 것이 현명하다.

남성 노인을 위한 정신치료 집단에 도착해 보니 8명 중 절반이 결석한 상황이었다. 질병, 가족 방문, 약속이 겹치는 등 모두 일시에 일어나 참석자가 줄었다. 내가 빈 의자 가득한 방을 둘러보고 있는데 한 남성이 집단원들이 많이 빠졌으니 집단을 취소하자며 체념한 듯 제안했다. 나의 첫 반응은 기대하지 않은 자유시간이 생긴다는 가망성에 오는 조용한 안도였다. 그러나 이내 모임을 취소하는 것은 여기 있는 집단원들에게 무서운 메시지라는 것을 깨달았다. 사실 이 메시지는 이들이 삶에서 느낀 소외, 스스로 작아지고, 타인들이 원하지 않는다는 느낌의 반향일 것이다. 그래서 나는 오늘 만나는 것이 더 중요할 수도 있다고 제안했다. 집단원들은 서로의 이야기를 더 잘 들을 수 있도록 불필요한 의자를 치우고 작은 원을 만들자는 나의 제안을 적극적으로 받아들였다.

이유가 무엇이든 출석률이 좋지 않은 내담자는 집단에서 도움을 받기 어렵다. Stone과 동료들은 집단 참가자 98명을 대상으로 한 연구에서 집단 초기의 출석이 나중(6~12개월)의 탈락과 직결된다고 언급했다.[78] 따라서 일관성 없는 출석에는 단호하게 개입해야 한다.

새로 시작된 어느 집단에서 집단원인 Dan은 항상 지각하거나 결석했다. 공동 치료자가 그의 출석에 관해 이야기할 때마다 Dan에게는 타당한 이유가 있었다. 그의 생활과 사업이 너무나도 위태로운 상황이라 예기치 않은 상황이 반복적으로 일어나 참석이 불가능하다는 것이다. 집단은 전체적으로 아직 뭉쳐지지 않은 상태였다. 치료자의 노력에도 불구하고 다른 집단원들도 가끔 늦거나 빠졌고, 모임 중 상당한 회피가 있었다. 12회 모임 때 치료자들은 단호한 행동이 불가피하다고 결정했다. Dan의 일정이 그렇다면 집단이 그에게 별 도움이 되지 않을 것이라고 설명하면서 집단을 떠나 달라고 충고했다. 치료자들은 시간 조정에 더 큰 융통성을 가질 수 있는 개인치료를 연결해 주겠다고 했다. 치료자의 동기가 처벌을 주는 것이 아니라고 자세히 설명해 주었지만, Dan은 감정이 상했고 화가 나서 모임 도중에 나가 버렸다. 다른 집단원들은 극도로 위협을 느꼈으며, 집단을 떠나라는 요청까지 할 수 있느냐며 치료자의 권위에 따질 정도로 Dan을 지지했다.

이와 같은 집단의 초기 반응에도 불구하고 치료자들이 적당하게 개입했다는 것이 곧 분명해졌다. 공동 치료자 중 하나가 Dan에게 전화해 개인적으로 몇 차례 만났고, 개인치료에 적합한 유능한 치료자를 소개해 주었다. Dan은 곧 치료자들이 벌을 주려 했던 것이 아니라 자신을 위한 최선의 방법을 알려 준 것이었음을 알게 되었다. 치료 집단에 불규칙적으로 참석하는 것이 그에게 효과적이지 않음을 깨달은 것이다. 집단도 즉시로 영향을 받았다. 출석률이 갑자기 좋아졌고, 다음 몇 달 동안 거의 완벽했다. 집단원들은 비슷한 추방에 대한 두려움에서 벗어나자 점점 치료자의 행동에 대한 동의와 Dan이 집단을 거만하게 대한 점에 분노를 표현했다.

어떤 치료자들은 집단 압력을 이용해 출석률을 높인다. 예를 들어, 미리 정한 인원(보통 3~4명) 이상이 참석하지 않으면 모임을 하지 않는다. 이런 식으로 형식화하지 않더라도 다른 집단원들에 의한 압박감은 가장 효과적인 장치다. 집단은 불규칙한 참석 때문에 생기는 반복과 헛수고에 자주 분노하고 좌절한다. 치료자는 지각하고 결석하는 집단원에 대한 다른 집단원들의 반응을 표현하도록 격려해야 한다. 그러나 치료자가 참석에 대해 갖는 관심이 집단원들과 항상 공유되고 있지 않다는 점에 유념하라. 아직 어리고 미성숙한 집단은 지도자로부터 더 많은 개인적 관심을 받을 기회로 여겨 소수의 모임을 좋아한다. 또한 집단원들이 결석한 집단원을 압박하는 과정에서 치료하지 않음으로써 정기적으로 참석하는 집단원들에게 벌을 주어서는 안 된다는 점도 유의하라.

집단에서 일어나는 특정한 사건과 마찬가지로, 결석이나 지각은 타인과 관계 맺는 개인의 특징적 양상을 반영하는 행동 형태다. 내담자의 행동에 대한 개인적 의미를 반드시 검토하라. Mary는 늦으면 사과하는가? Joe는 조심성 없이 과시하듯이 들어오는가? Sally는 스스로 집단의 어떤 일에도 기여하지 못하는 투명 인간 같은 존재라고 느껴 늦게 도착하는가? Antoine은 자기 없이는 중요한 일이 일어나지 않는다고 믿기에 아무 때나 원할 때 오는가? Jess는 모임에서 일어난 사건들의 요약을 원하는가? 그녀와 집단의 관계가 집단이 요약해 줄 정도의 관계인가? Ronin은 모임에 빠질 때 전화나 문자로 집단에 미리 알리는가? 사람들이 그를 믿지 않는다고 확신이라도 하듯 지나치게 복잡하고 자세하게 변명하지는 않는가? 흔히 내담자들의 정신병리가 출석률 불량의 원인이 된다. 예를 들면, 권위적 인물에게 병적인 두려움을 가지며 전반적으로 대인관계에서 자기주장을 하지 못하는 문제로 치료받는 한 남성은 사업 동료와 나누는 대화나 회의를 중단할 용기가 없어 늦게 오는 일이 많았다. 강박적인 한 내담자는 사무실을 나서기 전에 책상을 닦고 또 닦아야 하기 때문에 모임에 늦었다. 내담자의 저항에 관심이 있다면 오는 길에 도로가 복잡했다거나 전철이 늦게 왔다는 등의 이유를 쉽게 처리하지 말라.

따라서 결석과 지각은 내담자의 축소된 사회의 부분이며, 만약 적절히 다룬다면 자신을 이해하는 데 이용할 수 있다. 그러나 자신과 집단을 위해 이러한 행동은 분석되기 전에 수정되어야 한다. 결석한 집단원은 어떤 해석도 들을 수가 없다. 사실 치료자는 다시 집단에 온 내담자에게 어떤 말을 하든 배려하고 때를 맞추어 말해야 한다. 결석이나 지각을 한 내담자들은 자주 방어적 죄의식이나 수치심을 갖고 집단에 오기 때문에 자기 행동을 객관적으로 볼 수 있는 최적의 수용적 상태에 있지 않다. 치료자는 우선 집단 유지와 규범을 정하는 과업에 주의를 기울이는 것이 좋고, 나중에 적절한 때가 오고 방어가 사라지면 내담자로 하여금 그 행동의 의미가 무엇인지 탐색하도록 도와준다. 피드백 시기는 큰 심리적 취약성과 인간관계를 불신하는 집단원들에게 특히 중요하다.[79]

집단 전 준비 모임에서 다루었듯이, 모임에 빠지거나 늦는 집단원들은 가능하면 미리 치료자에게 연락하게 함으로써 집단이 결석한 집단원에게 호기심을 가지거나 염려하느라 시간을 낭비하지 않게 할 수 있다. 때로 진전된 집단에서는 결석한 집단원이 왜 빠졌는지 집단원들이 상상하는 가운데 치료적 과정에 대한 가치 있는 자료를 얻을 수 있다. 그렇지만 초기 집단에서는 그 추측이 피상적이고 유익하지 못한 경향이 있고 필요 없이 불안을 불러일으킬 수 있다.

본 저서를 통해 여러 차례 강조한 상호작용 집단치료에서의 중요한 금언은 집단 내의 어떤 사건도 인간관계라는 물방아의 제분용 곡물로 사용될 수 있다는 것이다. 모든 새로운 모임을 집단 역동의 변화를 통해 만들어 가는 기회로 잡아라. 한 집단원의 결석까지도 이전에 탐색하지 못했던 중요한 자료가 될 수 있다.

네 명의 여성과 세 명의 남성으로 구성된 한 집단의 8회 차 모임에 두 남성이 불참했다. 유일한 남성인 Albert는 이전까지 집단에서 소극적이고 순종적인 태도를 보였지만, 이번 모임에서 극적인 변화가 일어났다. Albert는 갑자기 집단 활동 속으로 뛰어들어 자신에 관해 말하고, 다른 집단원에게 질문하고, 크고 힘차게 말했으며, 치료자에게도 두어 차례 도전했다. 여성 집단원들을 향한 그의 비언어적 행동은 넥타이 매듭을 자주 매만지고, 수염을 만지는 등 거의 연애를 하는 사람 같았다. 나중에 집단원들은 Albert의 변화에 초점을 맞추었는데, Albert는 평소에 공격적이고 자기주장적인 두 남성 집단원에 대해 두려움과 부러움을 갖고 있다는 것을 인식하게 되었고 이를 표현했다. 그는 오랫동안 전반적인 사회적 도피와 실패감을 경험하고 있었으며, 이 느낌은 자기가 다른 집단원 특히 여성에게 의미 있는 영향을 아무것도 줄 수 없다는 느낌 때문에 강화되었다. 다음 몇 주 동안 Albert는 이 문제에 대해 유익한 작업을 많이 했다. 이 문제는 두 남성 집단원의 우연한 결석이 없었더라면 몇 달간이고 나타나지 않았을 것이다.

나는 출석을 장려하고 집단 인원이 아무리 적어도 모임을 그대로 진행하는 것을 선호한다. 집단이 항상 거기 있고 안정적이고 믿을 만하다는 것을 집단원들이 아는 것은 대단한 치료적 가치가 있다. 이러한 일관성이 집단원들의 일관성 있는 참석을 가능하게 한다. 여름휴가처럼 계획된 정당한 요인이 겹치는 바람에 일주일 이상 출석이 줄어 규모가 작아진 집단, 심지어 두 명만 있는 집단을 이끈 적도 있는데, 이는 내담자들의 참석에 결정적인 것으로 증명되었다. 세 명 또는 그보다 적은 인원으로 진행되는 작은 집단 모임에서 갖게 되는 기술적 문제는 상호작용이 없기 때문에 치료자는 개인치료의 특징적 방법으로 내적 심리 과정에 초점을 맞추고 집단과 대인관계적 문제는 보류하게 된다. 가장 작은 집단이라도 집단과 대인관계와 과정에 심도 있게 초점을 맞추는 것은 치료적으로 훨씬 일관성 있다. 10개월 된 집단의 예를 살펴보자.

휴가나 병 또는 저항 등의 이유로 한 집단 모임에 집단원이 여럿 결석하고 두 명만 참석했다. Wendy는 38세의 우울증이 심한 경계선 성격장애를 가진 여성이고, Martin은 회피성 사회성이 있고 아주 미성숙한 23세 남성이다.

Wendy는 모임의 초반부를 자신이 느끼는 절망의 깊이를 설명하는 것으로 보냈다. 지난주에는 절망감이 매우 심해서 자살할 생각에 사로잡혀 있었고 병원 응급실에 갔다고 말했다. 그곳에서 Wendy는 1년 전에 치료자가 작성한 기록을 몰래 보았다. 당시 치료자는 그녀에게 경계선 장애 진단을 내렸고, Wendy는 그런 진단을 예상했다며 이제 입원시켜 주길 바란다고 했다.

Martin은 몇 주 전에 꾸었지만 이야기하지 않은 꿈의 일부를 기억해 냈다. 치료자가 큰 책상에 앉아서 그를 면담하고 있었다. Martin은 서서 치료자가 쓰고 있는 서류를 보았는데, 거기에는 큰 글자로 쓰인 '성 불능'이라는 단어가 페이지를 가득히 메우고 있었다. 치료자는 Wendy와 Martin이 가진 두려움, 무력한 의존성, 치료자를 향한 분노, 그들 자신에 대한 나쁜 감정을 치료자에게 투사하고 책임을 전가하려는 경향에 대해 토론할 수 있도록 도왔다.

Wendy는 그녀의 무력감을 좀 더 강조했다. 그녀는 자신을 위해 식사도 제대로 준비할 수 없고, 요금 고지서를 제대로 처리하지 않아 정부가 어떤 법적 조치를 취할 것 같다며 두려워했다. 치료자와 Martin은 그녀가 자신의 긍정적인 성취, 예를 들면 훌륭한 교사라는 점 등을 언급하기를 고집스레 꺼리고 있다고 말해 주었다. 치료자는 그녀가 자신을 무기력한 사람으로 드러내는 것은 다른 집단원이나 치료자로부터 관심과 배려를 얻고자 하는 의도가 아닌지, 그러한 반응은 그런 식이 아니면 나올 수 없다고 느끼지 않는지 생각했다.

그러고 나서 Martin은 전날 치료자가 쓴 연구논문을 읽으려고 의학 도서실에 갔다고 말했다. 정말 무엇을 알고자 했느냐는 치료자의 질문에 Martin은 치료자가 정말 그에 대해 어떻게 느끼는지 알고 싶었던 것 같다고 대답했고, 이를 통해 치료자의 주의와 사랑을 독점하고 싶은 소망을 처음으로 표현했다.

나중에 치료자는 Wendy가 진료 기록에서 자신의 메모한 내용을 읽은 것에 우려를 표현했다. 치료자는 자신이 Wendy를 경계선 장애로 진단한 것에 대해 내담자가 불안함을 느끼는 것은 현실적으로 일리가 있다고 생각했고, 이에 병원 기록을 위해 진단적 병명을 사용해야 하는 불편함과 정신과적 분류 용어에 문제가 많음을 솔직히 설명했다. 치료자는 바로 그 진단명을 사용한 이유와 진단명의 의미를 최선을 다해 설명했다.

그러고 나서 Wendy는 불참한 집단원에 대해 몇 마디 했고, 그녀가 그들을 집단에서 몰아낸 건 아닌지 걱정했다(이는 흔한 반응이다). 그녀는 자신이 무가치하다고 길게 강조했으며, 치료자의 제안으로 그녀의 단정치 못함과 이기심과 탐욕과 질투와 주위 모든 사람에 대한 적개심 등 그녀의 나쁜 성격을 목록으로 작성했다. Martin은 Wendy를 지지하고, 자기 안에도 그러한 감정이 있다고 반응했다. 그는 집단에서 그 자신을 내놓기가 얼마나 힘든지 말했다.

나중에 그는 술에 취하거나 다른 방법(성적으로 분별을 잃는 것 등)으로 자기를 통제하지 못할까 봐 두렵다고 했다. 그리고 처음으로 성에 대한 두려움, 성 불능, 발기를 유지할 수 없고 성적 기회가 와도 마지막 순간에 거부해 버려서 그 기회를 잡을 수 없는 것에 관해 이야기했다. Wendy는 Martin에게 깊은 공감을 보여 주었고, 그녀가 한때 성을 혐오했지만 Martin에게 그녀 자신을 성적으로 도와주고 싶은 강한 소망(소망이지 의도가 아닌)을 표현했다. 그러자 Martin은 Wendy에게 강한 성적 매력을 느낀다고 말했고, 나중에 Wendy와 Martin은 그들이 다른 집단원들에게 갖는 성적 감정에 대해 토론했다.

치료자는 Wendy가 Martin에게 관심이 있고 그에게 성적으로 자신을 제공하고자 하는 소망은 그녀의 나쁜 성격 목록에 있는 이기심, 탐욕, 타인에게 가지는 적개심 같은 많은 것과 상반되는 것이라고 말했다. 이 관찰은 이후 Wendy에게 치료적으로 매우 중요했음이 증명되었다.

이 모임에는 단지 두 명뿐이었지만, 그들은 개별 내담자가 아니라 집단으로 만났다. 그들 외에 불참 중인 집단원들도 토론의 대상이 되었고, 전에는 개방하지 않았던 두 내담자 간의 감정이나 치료자에 대한 감정이 표현되고 분석되었다. 두 참가자에게 가치 있고 깊은 의미가 있는 모임이었다. 여기서 집단원들이 없을 때 그들에 관해 말하는 것은 '뒤에서 몰래 말하는 것'이 아니라는 것을 주지할 필요가 있다. 한 집단원의 불참이 참석한 집단원들이 무엇을 다루어야 하는지를 결정할 수는 없다. 결석한 집단원들이 돌아왔을 때 그들을 집단의 고리 안으로 불러들이는 것은 중요하다. 집단 밖 접촉과 마찬가지로 토론 자체보다 토론을 비밀로 하는 것이 더 문제가 된다.

탈락 집단원

초보 집단치료자에게(경험 많은 치료자도 마찬가지이지만) 탈락자보다 더 위협적인 문제는 없다. 내가 집단치료를 처음 시작했을 때 탈락은 커다란 걱정거리였고, 집단치료에 관한 나의 첫 연구는 큰 정신병원에서 집단치료를 받다가 탈락한 모든 집단원에 관한 것이었다.[80] 이는 작은 문제가 아니다. 앞에서 언급했듯이 집단치료에 대한 인구 통계학적 연구에서 치료자가 무엇을 하든 상관없이 상당한 수의 집단원이 집단이 끝나기 전에 떠난다는 것이 증명되었다. 어떤 임상가들은 탈락은 어쩔 수 없을 뿐 아니라 응집된 집단을 구축하는 여과 과정에 필연적라고 말한다.[81] 탈락이 어쩔 수 없는 일이라 하더라도 탈락률을 줄이는 것을 항상 목표로 삼아야 한다. 탈락을 줄이는 것을 목표로 하되 탈락을 무시하면 안 된다. 탈락자가 없다면 아마도 집단에 들어오는 기준이 너무 높아서 집단에서 도움을 받을 수 있는 내담자를 들어오지 못하게 한 것일 수 있다.

집단이 진행되면서 비상구를 열어 놓아 집단원들이 시험적으로라도 집단에 참가해 보게 하는 것은 중요하다. 집단에는 압력을 줄이는 장치가 있어야 한다. 예를 들어 선발 과정에서 일어나는 실수는 피할 수 없는 것이며, 새로 뽑힌 구성원들에게 무슨 일이 생길 수도 있고, 집단 내에서 공존하기 힘든 문제가 발생할 수도 있다.

간단히 살펴보겠지만 조기 종결에는 여러 가지 이유가 있다. 탈락 현상을 내담자, 집단, 치료자라는 세 가지 요인의 상호작용에서 고려해 보자.[82] 일반적으로 조기 종결은 내담자 요인으로서 일탈, 심각한 대인관계 결함, 친밀과 개방에서 생긴 갈등, 초기 선동자 역할, 외적 생활 스트레스, 지도자를 독점할 수 없음, 감정적 오염 등에 의한 문제로부터 생겨난다. 잘못된 내담자의 기대가 치료 동맹에 매우 부정적인 영향을 줄 수 있다. 이 모든 요인은 초기 집단 발달에 스트레스가 되어 증폭된다. 잠재적 탈락자들은 익숙하지 않은 솔직함과 친밀함에 대한 요구를 받게 되고, 과정에 대해 혼란스러워하며, 집단의 활동이 자신의 문제와 별로 연관이 없다고 의심하게 되고, 마지막으로 초기 모임에서 지지가 너무 없다고 느낀다. 집단 요인으로는 하위집단의 결과, 잘못된 내담자 구성, 희생양 집단원, 집단원 간의 불통, 해결되지 못한 갈등을 포함한다.

치료자 또한 중요한 역할을 한다. 치료자의 어떤 실수가 탈락 위험을 높이는가? 집단원들을 너무 서둘러 선택했거나, 적절히 준비시키지 못했거나, 집단 응집 구축에 관심을 기울이지 못했거나, 집단의 발달 과업을 다루지 않았거나, 문화와 다양성 문제를 소홀히 했거나, 해결되지 못한 역전이의 영향을 받았을 수 있다.[83] 연구에 따르면 개인치료에서 환자의 탈락 비율은 치료자에 따라 4배 차이가 있는데, 집단치료자도 마찬가지로 보인다.[84] 치료자의 사기를 떨어트리고 임상 작업의 가치를 해치는 불안정한 환경을 제공한다면 기관도 이에 한몫한다.[85]

앞에서도 설명했지만, 탈락률을 감소시키는 가장 중요한 방법은 적절한 선발과 포괄적인 치료 전 준비다. 선발과 준비 둘 다 치료 동맹을 강하게 하고 좋은 결과를 강력하게 예측한다.[86] 준비 과정에서 치료자가 치료 과정에서 용기가 꺾이는 시기가 있으리라는 것을 분명히 해 주는 것이 특히 중요하다. 치료자가 경험에 근거한 선견을 미리 내비칠 때 내담자는 치료자에 대한 신뢰를 쉽게 잃지 않는다. 사실 더 구체적인 예견일수록 더 강력한 힘을 갖는다. 예를 들어 사회적으로 불안하고 공포증이 있는 개인에게 집단으로부터 도망가고 싶거나 다음 모임에 오는 것이 두려울 때가 있으리라는 예측을 하면 오히려 안심한다. 치료자는 집단이 사회적 실험실이고, 내담자는 이 집단을 또 다른 실패나 도피처로 만들거나 아니면 처음으로 집단에 머물러 위험 부담이 적은 상황에서 새로운 행동으로 실험을 해 보는 선택을 할 수 있다고 강조할 수 있다. 집단 전 모임에서 그들이 집단에 정말 있고 싶지 않은 때가 있으리라고 말해 준다. "그런 불편함을 반기세요. 당신의 치료에서 가장 중요한 때라는 신호이니 치료자에게 알려 주세요." 어떤 집단에서는 경험이 있는 집단원들이 다음의 경우처럼 예언적 기능을 맡는다.

> 한 집단은 여러 명을 졸업시키고, 다섯 명의 새 집단원과 세 명의 노장 집단원으로 집단을 재구성했다. 첫 두 모임에서 경험 있는 집단원들이 새 집단원들에게 여러 가지 정보와 함께 6~7회쯤 되면 어떤 집단원들은 탈락하려고 하기도 하지만 이때 집단 전체가 한두 주간 모든 것을 제치고 그에게 머무르라고 설득한다는 설명을 간단히 해 주었다. 경험 있는 집단원들은 새 집단원 중 누가 제일 먼저 탈락하려 할지 예언하기까지 했다. 이런 식의 예언은 그렇게 되지 않게 만드는 가장 효과적인 방법이다.

그러나 고심해 준비하더라도 많은 내담자가 탈락을 고려하게 된다. 한 집단원이 치료자에게 집단을 떠나고 싶다고 말할 때, 전통적인 방법은 다음 집단에 참가해 이 문제를 집단원들과 의논해 보자고 권유하는 것이다. 이런 방법 뒤에는 집단이 함께 그 내담자가 저항 다루는 것을 도울 것이고, 그럼으로써 탈락을 만류할 수 있다는 가정이 있다. 그러나 이러한 접근은 거의 성공하지 못한다. 처음 인원이 97명인 아홉 개의 집단에서 탈락한 35명에 대한 한 연구에서 탈락자들은 한결같이 다음 모임에 돌아갈 것을 권유받았으나 조기 종결을 막지 못했다.[87] 간단히 말하면 탈락하기로 결정한 내담자를 마지막으로 한 번 더 모임에 오게 하는 것은 집단 시간을 효율적으로 사용하는 방법이 아니다. 예외도 있는데, 자신을 원하지 않고 스스로 가치가 없다고 믿는 내담자가 그 집단이 자신의 믿음을 확증하지 않기를 원할 때다. 많은 내담자가 두려움과 희망을 가지고 치료에 임한다. 그들은 좋지 않은 관계 경험을 반복할까 봐 두려워하면서 동시에 이번에는 다르지 않을까 하는 희망을 갖는다.[88] 탈락자가 집단에 아주 치명적일 때도 그 집단이 자기를 품어 주길 바라는 깊이 숨은 바람이 있다.

집단에서 탈락하고 치료자와 개인 면담을 갖자는 제안을 거부한 어느 여성이 몇 개월 후 항우울제 변경에 관해 개인적으로 자문했다. 약에 대해 간단히 다루고 그녀가 집단을 떠난 일에 관해 논의했다. 놀랍게도 그녀는 전에 다른 집단원이 떠날 때는 카드 주는 것을 보았는데 자신의 마지막 모임에서는 작별 카드가 없어서 실망했다고 말했다. 집단에 숨겼던 그녀의 깊은 감정에 놀랐다. 나는 그녀가 집단을 거부하면서도 집단이 수용해 주기를 바랐던 숨은 희망을 우리가 알지 못했다고 말했다.

일반적으로 치료자는 탈락할 것 같은 집단원과 몇 차례 짧은 개인 면담을 하며 집단에서 오는 스트레스의 근원을 토론하게 하는 것이 바람직하다. 치료가 정체될 때 특별한 치료적 기회가 된다. 정체는 핵심 소원이나 두려움이 작동해 내담자가 안전하지 않다고 느끼거나 앞으로 진행하는 것이 소용없다고 느낄 때 일어난다.[89] 때로 정확하고 핵심적인 해석이 내담자로 하여금 치료를 계속하게 한다.

Joseph는 심각한 소외감과 함께 사회적 회피를 하는 남성인데, 8회 차 모임에서 자기는 집단에서 얻는 것이 아무것도 없다고 느껴 집단을 그만둘 생각이라고 말했다. 그는 집단에서 전혀 말할 수 없었던 어떤 것을 개인 면담에서 집단치료자에게 말했다. 즉, 두 명의 집단원에게 아주 긍정적인 감정을 갖고 있다는 것이었다. 그렇다고 해도 그는 치료가 비효과적이어서 좀 더 가속적이고 정확한 치료를 받고 싶다고 주장했다.

집단치료에 대한 Joseph의 지적인 비판은 합리화라고 수정해 해석해 주었다. 사실, 그는 집단 내에서 느끼는 친밀감으로부터 도망가고 있는 것이었다. 치료자는 축소된 사회 현상을 설명했고, 내담자가 일생 동안 타인과 관계를 맺어 왔던 방식을 집단에서 반복하고 있다는 사실을 설명해 주었다. 치료자는 Joseph가 언제나 친밀감으로부터 피하거나 도망을 갔는데, 이제는 그런 것을 멈추고 지금 현재의 실제 대인관계 문제를 탐색할 기회를 활용하지 않는 한 앞으로도 마찬가지일 것이라고 말해 주었다. 이 개입은 성공적이었다. Joseph는 집단에 다시 참여했고 점차 상당한 치료 효과를 보았다.

일반적으로 치료자가 초기 단계의 문제를 열심히 다루면 조기 탈락을 감소시킬 수 있다. 나중에 자기개방에 대해 많이 다루겠지만 지금으로서는 개요만 명기하길 바란다. 즉, 지나치게 활발한 집단원이나 지나치게 조용한 집단원 모두 탈락 위험자들이다. 내담자는 자기개방을 균형 있고 속도에 맞게 하게끔 이끌어야 한다. 아주 초기에 너무 빨리 깊은 개인의 경험을 드러내는 내담자가 있다면 속도를 늦추게 해야 한다. 내담자가 그들의 자세한 인생 이야기를 수직적인 개방보다 수평적인 개방을 하도록 도와서 집단원과 이 문제를 개방하는 것이 어떻게 느껴지는지 검토해야 한다. 내담자는 입을 다물어야 한다고 느끼지 않지만 자신을 과도하게 드러내지도 않을 것이다. 그러다 보면 자기개방이 대인관계 참여로 바뀐다. 반대로 회기마다 침묵을 지키는 집단원들은 사기가 꺾인다. 집단원들이 한 회기 침묵할 때마다 비례적으로 다음 회기에 돌아와서 말하기가 힘들어진다.

집단이나 집단 동맹에 대한 부정적인 감정, 의혹, 두려움은 개방적으로 다루어야지 비밀에 부치면 안 된다. 더군다나 긍정적인 감정은 표현하도록 용기를 주고, 가능할 때마다 치료자가 모델을 보여 주어야 한다.[90] 이렇게 하는 것은 치료자가 규범을 세우는 역할 부분이다. 어느 슈퍼비전 시간에 공동 치료자들이 6회기에서(28회기 중) 모임이 너무 잘 진행되어 집단원들이 조용해졌고 더 말할 것이 없다고 느꼈다고 보고했다. 나는 그 집단이 정말로 작업이 잘되고 있다고 해도 치료자들이 더 해야 할 것이 있으며 집단 작업과 규범을 더 강화할 수 있다고 주의를 주었다. 그들의 반응을 집단원들과 나누고 작업이 계속 잘되도록 이 회기에 대해 생각해 보도록 요구할 수 있지 않았을까? 치료자들은 집단원의 위험 부담 경험, 서로가 나눈 피드백의 질, 서로를 위하는 높은 수준의 배려, 작업에 대한 그들의 책임감, 그 외 집단을 위한 주제들을 토론하도록 도울 수 있다.

경험이 없는 치료자는 내담자가 그만두겠다고 표현할 때 특히 위협을 느낀다. 집단원이 한 명씩 한 명씩 떠나 버리고, 어느 날 집단에 혼자 남게 될까 봐 두려워지는 것이다. 만약 치료자가 이런 환상에 사로잡히면 집단에 치료적일 수 없다. 힘의 균형이 바뀐다. 치료자는 협박당하는 듯 느끼고, 유혹이나 감언이설 등 내담자가 다음 모임에 다시 오도록 유인하기 위해 아무 일이나 하기 시작한다. 한 번 이런 일이 일어나면 치료적 효력을 전부 잃게 된다.

나는 여러 해 동안 임상에서 집단치료의 탈락자 문제로 고심하던 끝에 드디어 이 문제에 대한 하나의 해결점에 도달하게 되었다. 나의 개인적 태도를 바꿈으로써 집단치료의 탈락자가 거의 생기지 않았다. 그러나 집단치료에서 축출당한 자는 있었다! 집단치료에서 집단원을 자주 쫓아낸다는 뜻이 아니라, 집단원이 집단에서 작업하지 않는다면 그를 내보낼 준비가 완전히 되어 있다는 의미다. 나는 집단치료가 (나 자신의 경험과 경험적 연구 결과로부터) 고도의 효과가 있는 치료 형태라고 확신한다. 만약 개인이 거기서 이익을 볼 수 없을 것 같으면, 나는 집단에서 그를 빼내서 좀 더 적절한 형태의 치료를 받게 하고, 집단에서 제공하는 것을 유용하게 쓸 다른 사람을 집단에 들어오게 한다.

탈락자를 감소시키는 이러한 방법은 작업에 한층 더 투신하는 치료자의 자세를 반영하는 것이다. 일단 당신이 이런 마음가짐을 갖게 되면 이는 내담자에게 직접적으로 또는 간접적으로 전달된다. 이를 통해 당신은 이 치료 양식에 대한 자신감과 내담자들이 집단을 효과적인 작업장으로 사용하리라는 기대를 전달하게 된다.

집단에서 내담자 제적하기

치료 집단에서 내담자를 내보내는 것은 개인에게나 집단에 엄청난 의미를 지니는 행동이므로 사려 깊게 접근해야 한다. 어떤 내담자가 효과적으로 작업하지 않는다고 판단되면, 다음 단계는 그 내담자가 집단에서 생산적으로 참여하는 것을 방해하는 모든 가능한 장애물을 알아내고 제거하는 것이다. 치료자가 할 수 있는 모든 것을 해도 상황을 변경할 수 없을 때는 다음과 같은 결과를 기대할 수 있다. 첫째, 내담자는 어떤 이익도 없이 결국 집단에서 탈락한다(또는 더 이상의 이익 없이). 둘째, 내담자는 계속되는 집단 참여로 피해를 볼 수 있다(부정적 상호작용 또는 일탈적 역할의 결과 때문에). 셋째, 내담자는 나머지 환자들의 집단 작업을 상당히 방해할 것이다. 따라서 방임적 태도를 취하는 것은 어리석다. 집단으로부터 내담자를 제거할 때가 온 것이다.

그렇다면 어떻게 제거할 것인가? 집단에서 집단원을 내보내는 재치 있고 교묘한 방법은 없다. 흔히 이런 일은 집단에서보다는 내담자와 개인 면담을 하면서 처리하는 것이 낫다. 다른 집단원들에게 불안을 유발할 수 있는 상황인 만큼 치료자는 건설적인 집단

토의를 거의 기대할 수 없다. 더군다나 개인 면담은 그 집단원이 공적으로 받을 수치를 줄여 준다. 집단과의 일 처리를 위해 마지막으로 한 번 더 집단에 오게 하는 것이 도움이 될까? 이는 유용한 대안이 아니다. 개인이 개방적으로 방어 없이 작업할 수 있었다면 집단을 떠나라고 요청할 필요도 없었을 것이다.

집단에서 내담자를 내보낼 때, 모든 경우에서 나머지 집단원들의 강한 반응을 예상해야 한다. 집단원 추방은 원초적 거부와 포기가 연상되는 깊은 수준의 오래된 불안을 자극시킨다. 그 집단원이 집단을 떠나야 한다는데 집단원들이 만장일치로 동의하더라도 치료자는 집단으로부터 거의 지지받지 못할 것이다. 예를 들어, 그 내담자가 집단 전체를 혼란시킨다 할지라도 집단원들은 여전히 당신의 결정에 위협을 느낄 것이다.

그 집단원을 제적시킨 치료자의 처사에 대해 집단원들은 두 가지 해석을 할 수 있다. 한 가지는 거부와 포기다. 즉, 치료자가 그 내담자를 좋아하지 않아서, 그에게 화가 나서, 치료자가 권위적이고 깡패라서 그가 눈앞에서 사라졌으면 한다는 것이다.

다른 해석은 당신이 집단을 떠난 내담자나 나머지 집단원들의 이익을 위해 가장 좋다고 생각되는 일을 행한 책임 있는 정신건강 전문가라고 생각하는 것이다(이는 옳은 해석으로 모두 이런 해석을 하길 바란다). 내담자마다 치료 방법이 다르다. 그래서 이 형태의 치료가 바로 그 내담자에게 적당하지 않다는 사실에 대해 당신은 책임 있는 결정을 내린 것이다. 더군다나 전문인으로서 당신은 그 내담자에게 더 도움이 되는 적합한 다른 형태의 치료를 받도록 알려 주는 믿음이 가는 행동을 보였다. 모두에게 보편적으로 잘 듣는 한 가지 효과적인 치료는 없다. 이는 생물학적 치료와 마찬가지로 심리치료에서도 사실이다.

종종 나머지 집단원들은 첫 번째 '거부'의 해석을 받아들인다. 이때 치료자가 해야 할 일은 그들이 두 번째 해석에 도달하도록 돕는 것이다. 치료자의 행동에 대한 이유를 분명히 하고, 그 내담자를 위한 향후 치료 계획을 말해 줌으로써 이 과정을 촉진할 수 있다. 예를 들어, 그 내담자를 개인치료에서 만나고 있다거나 또는 동료에게 의뢰할 것이라는 계획을 말해 준다. 이런 상황에서 비밀 보장의 제한에 신경 써야 한다. 치료자 자신의 생각은 투명하게 말할 수 있지만, 내담자의 개인적 정보는 그 내담자가 개방해도 좋다고 동의하지 않는 한 보호해야 한다.

때로 집단은 집단원의 제적을 안도와 감사로 받아들일 수 있다. 성폭행당한 여성이 가학적이고 파괴적인 남성 집단원의 축출을 묘사했는데, 그녀 생애 처음으로 '책임지고 있는 사람이 무기력하지 않고 자신의 고통을 모르는 척하지 않았다'라고 했다.

떠나는 집단원을 위해 치료 관점에서 고려할 점

내담자가 집단을 떠나도록 요구받거나 자진해 떠날 때는 가능한 한 그 경험을 건설적으로 만들어 주는 것이 중요하다. 그런 내담자는 일반적으로 상당히 사기가 저하되어 있고, 집단치료의 경험을 또 하나의 실패로 여기는 경향이 있다. 내담자가 이런 감정을 부인하더라도 치료자는 개인 면담을 통해 다른 시각으로 이 경험을 보게 해야 한다. 예를 들어, 치료자는 준비성이라든가 집단 적절성 등의 개념을 제시할 수 있다. 어떤 내담자들은 일정 기간 개인 상담을 거치고 난 후 집단치료를 받는 것이 더 도움이 된다거나, 이유가 분명하지 않지만 어떤 사람들은 치료 집단에서 별 이득을 볼 수 없다거나 하는 식이다. 또한 내담자는 다른 집단에서 성공적인 치료가 전적으로 가능하다는 것과 이러한 가능성이 탐색되어야 한다. 어떤 경우든 치료자는 내담자 자신이 실패자여서가 아니라 여러 가지 가능한 이유로 인해 그 치료 형태가 성공적이지 못했다는 것을 이해할 수 있도록 도와주어야 한다.[91]

마지막 면담에서 내담자의 집단경험을 자세하게 다루는 것이 좋다. 때때로 치료자는 종결하는 내담자와 이런 식의 검토를 하는 것이 바람직하고 도움이 되는지 확신이 없을 수 있다. 예를 들어, 실제로는 극단적인 일탈 행동 때문에 집단에서 거부당한 것이 분명한데도 이를 인정하지 않는 개인이 자기는 청각에 문제가 있어 집단을 그만두는 것이라고 고집할 때 그와 이 사실을 이야기할 것인가? 일반적인 원칙은 전반적인 내담자의 치료 과정에서 내담자를 조망하는 것이다. 내담자가 다시 치료받게 될 것 같으면 장기적인 관점에서 건설적이고 부드럽게 직면하는 것이 다음 치료를 더 효과적으로 만든다. 반면에 내담자가 역동적인 치료를 받을 가망성이 희박하다면, 그가 앞으로 이 통찰을 사용할 수 없고 확장할 수 없는 만큼 최종 해석을 제시할 필요가 없다. 부정하는 태도를 시험해 보라. 만약 강하게 부정하면 그대로 놔두라. 만족할 만한 대체물을 제공할 수 없다면 자기기만일지라도 방어를 파헤칠 필요는 없다. 통찰로 상처를 더 주지 말라.[92]

새 집단원의 추가

집단원의 수가 바람직하지 못하게 적을 경우(보통 5명 이하), 치료자는 새 집단원을 받아들여야 한다. 이것은 집단치료 과정 중 어느 때나 일어날 수 있지만, 장기 집단에서는 보통 새 집단원이 추가되는 주요 시점이 있다. 첫 12회 사이(초기 탈락자를 대체하기 위해)와 대략 12~18개월 이후에 호전되어 떠나는 집단원들을 보충하기 위해 추가한다. 시간제한적 집단이나 폐쇄집단에서는 새 집단원의 추가가 가능한 첫 3~4주의 좁은 문이 있지만, 그래도 치료를 제공할 수 있는 적절한 기간이다.

부분적으로 새 집단원 추가의 성공 여부는 적절한 시기에 달렸다. 새 인원을 소개하기 좋은 때와 좋지 않은 때가 있다. 일반적으로 위기에 처해 있거나, 내부 갈등이 한창 진행 중이거나, 또는 갑자기 새로운 발달 단계에 돌입한 경우에 집단은 새 집단원을 반기지 않는다. 이런 경우 집단은 새 집단원을 거부하거나, 아니면 긴박한 집단 문제에 직면하기를 피하고 대신 새로 들어온 집단원들에게 에너지를 쏟는다. 예를 들면, 집단이 처음으로 통제적이고 독점적인 한 집단원에 대한 적대적 감정을 다루려고 하거나, 또는 최근 집단이 응집성과 신뢰성을 갖게 되어 한 집단원이 처음으로 아주 중요한 비밀을 집단과 나누었을 때 등이다. 여기서 집단의 발달 단계에 관심을 갖는 것이 도움이 된다. 갈등을 겪고 있거나 긴장이 높을 때보다 규준이 형성되는 단계에 집단원을 추가하는 것이 더 좋다.[93]

어떤 치료자들은 집단이 잘 진행되고 있으면 인원이 4~5명으로 줄더라도 새 집단원을 추가하는 것을 연기한다. 하지만 나는 늦추기보다는 즉시 예비 집단원 후보를 가려내기 시작한다. 응집성이 강한 집단이라도 수가 적은 집단은 불참과 종결로 점점 적어지게 될 것이고, 곧 효과적인 작업에 필요한 상호작용이 결여될 것이기 때문이다. 새 인원을 보충하기에 가장 적절한 시기는 집단이 침체되었을 때다. 많은 집단, 특히 오래된 집단은 새로운 자극이 필요함을 느끼며 치료자가 새 집단원을 추가시키는 것을 환영한다.

어떤 집단은 새 집단원이 들어올 시기가 매우 분명하다. 예를 들어 유방암이 전이된 여성으로 구성된 집단의 집단원들에게는 새 집단원이 들어올 시기가 분명하다. 만약 집단이 매우 아프거나 최근에 사망한 집단원을 다루고 있다면 집단원들은 새 집단원을 받아들이기를 좋아하지 않는다. 그들은 그들의 상실과 슬픔을 다루기 위해 모든 에너지와 시간이 필요하기 때문이다.[94]

새 집단원에 대한 집단의 반응

영국의 한 집단치료자가 인용한 만화에는 만원인 열차 칸을 비집고 들어가느라 사람들에게 눈총받는 여인과 아이의 모습이 그려져 있다. 아이는 엄마를 올려다보며 "걱정하지 마세요, 엄마. 다음 정거장에서는 우리가 미워할 차례예요!"라고 말한다.[95] 집단에 들어오는 새 집단원들과 유사점이 뚜렷하다. 치료자에게 새 집단원을 추가하도록 간청하는 집단에서도 새로 들어오는 집단원에게 완연한 적개심을 보인다. 집단 과정과 집단 역동에 주의하는 것도 중요하지만, 더 중요한 것은 이러한 발달적 지점이다.

새 집단원이 추가될 때 기존 집단원은 그들의 진전을 재평가하고 목표를 새로 세우는 기회가 된다. 한 집단원은 오랫동안 자기 직업을 말하지 않았는데 새 집단원들이 들어오기 전에 말하고 싶다고 했다. 처음에 이 정보를 나누기를 거부한 것은 초기 통제의 문제 때문이었다. 그런데 새 집단원이 들어오는 상황에서 자신이 비밀에 싸인 '집단 노병'으로 있는 것이 웃기게 보였다. 그가 개방하고 싶은 열망을 가졌다는 것은 그의 신뢰가 자랐음을 의미하고, 새 집단원들과는 거기서 시작하고 싶었던 것이다.

새 집단원이 원래 있던 집단원들의 퇴행적인 행동을 일으키기도 한다. 내가 여러 번 관찰한 것인데, 새 집단원이 집단 모임에 오기로 하면 원래 집단원들은 늦게 도착하거나, 때로는 치료자와 새 내담자가 집단치료실에서 기다리고 있는데도 대기실에서 자기들끼리 사이좋게 몇 분간 이야기한다. 새 집단원을 소개한 모임에서 나온 내용을 분석해 보면, 따뜻한 호의라고 할 수 없는 주제가 여럿 있음을 알 수 있다. 집단은 갑자기 좋았던 옛날에 관해 말하느라 많은 시간을 보낸다. 새 집단원이 있다는 것을 상기시켜도 그들은 자신들의 초기 상태를 잊지 않으려는 듯 오래전에 떠난 집단원들과 지나간 모임에서 있었던 사건을 열심히 기억해 낸다. 이 집단을 가능한 한 환영받지 못하는 집단으로 만들기 위해 오래된 투쟁이 다시 일어난다. 마찬가지로 집단원들은 새 집단원이 과거에 있었던 어떤 실패한 집단원과 닮았다고 표현할 수도 있다. 새 집단원이 들볶일 수도 있다.

집단은 또한 새 집단원이 온 첫 모임에서 위협적이고 신뢰를 뒤흔드는 문제를 토론함으로써 양가적 태도를 나타낼 수 있다. 예를 들어, 집단원 두 명이 새로 들어오자 집단은 그들을 '환영'하며 정신과 웹사이트에 치료자들이 2년 차 레지던트로 나와 있는 것을 보았는데 지금 처음으로 집단을 지도해 보는 것일지도 모른다고 했다. 이 문제는 중요한 것으로 토론되어야 하겠지만, 그래도 새 집단원에게는 무척 위협적인 문제일 수 있다. 이 정보는 이미 여러 집단원에게 알려진 것이었음에도 여태까지 집단에서 제기되지 않았다는 점이 흥미롭다.

물론 집단이 새 집단원을 구하고 있었다면, 새 집단원에게 특별한 환영과 지지를 보인다. 집단원들은 새 집단원이 갖는 공포와 방어를 인내심을 갖고 매우 따뜻하게 대할 수 있다. 사실 집단은 여러 방법으로 새 집단원에게 집단의 매력을 보이려고 시도한다. 자주 집단원들은 호의적인 증언을 하고 여러 방법으로 자신들이 호전되었다고 묘사한다. 한 집단에서는 새 집단원이 불만으로 가득하고 반항기가 많은 여성 집단원에게 그녀의 차도를 물었다. 그녀가 대답하기도 전에 그녀가 집단을 깎아내릴 것을 감지한 다른 두 집단원이 얼른 말을 가로채서 자신의 호전을 설명했다. 무의식적으로 새 집단원이 들어오지 않기를 바라는 마음이 집단에 있기는 하지만, 자신의 집단을 깎아내려 새 집단원이 들어오지 못하게 하는 것은 원하지 않는다.

새 집단원에 대한 양가적인 반응에는 몇 가지 이유가 있다. 집단의 결속과 응집을 높이 평가하는 집단원들은 예상되는 변화를 현재 상태에 대한 위협으로 느낀다. 새 집단원이 집단을 은밀히 해치지는 않을까 걱정하는 것이다. 적대적인 집단원이 집단을 흔들어 놓고 나간 후 내가 새 집단원이 들어올 수 있다고 했더니, 원래 있던 집단원들이 그렇게 파괴적인 사람을 어떻게 데려올 수 있었냐며 나를 볶아 댔다. 그러면서 이번에는 잘 선택하리라고 믿어도 되겠느냐고 했다. 집단원이 들어오면 집단의 공급품을 새로 고갈시키는 강력한 형제 경쟁 문제를 불러올 수도 있다. 다른 집단원들은 새 집단원을 치료자와 집단의 관심을 놓고 경쟁해야 하는 대상으로 여기고, 자기 상상 속의 사랑받는 아이 역할이 위험에 빠졌다고 지각한다.[96]

집단이 공통으로 걱정하는 것은 비록 새 집단원이 필요하지만, 그의 영입이 집단의 작업 속도를 느리게 만들 것이라는 염려다. 그들에게는 익숙한 주제가 새 집단원을 위해 반복될지 모른다는 것과 점차 사회적 소개와 의례적인 예의를 다시 해야 한다는 점을 두려워한다. 이러한 예상은 사실이 아님이 증명되었다. 계속되던 집단에 새 집단원이 소개되면 일반적으로 이미 행해지고 있던 집단의 대화 수준에 맞추게 되고, 새로 형성된 집단의 특징인 초기 시험 단계를 거치지 않게 된다.

일반적으로 새 집단원들은 기존 집단원에 대해 가장 건설적인 시각을 갖는다. 새 집단원들은 과거 그들의 모습보다 현재 그들의 모습을 보고 그들의 민감성, 사회적 편안함, 대인관계 기술을 감탄한다. 그러면 고참 집단원들이 성취한 것이 강화를 받는다. 이 피드백은 오늘까지 해 낸 치료 작업의 가치를 강력하게 만든다. 새 집단원과 기존 집단원들의 사기가 동시에 올라가고 응집력은 강해진다.

새 집단원의 추가를 위한 치료적 지침

진행 중인 집단에 새로 들어오는 내담자의 경우 9장에서 설명한 집단치료 준비 과정뿐만 아니라 기존 집단의 가입에 따른 특별한 스트레스를 다루도록 도와주는 준비가 필요하다. 기존의 문화에 들어갈 때는 그것이 새로운 생활 상황이든 직장이나 학교 등이든 불안을 일으키기 때문에 방대한 연구에서 지적되었듯이 준비와 지지가 필요하다.[97]

새 집단원의 과거 입회 시 경험을 짚어 보는 것은 교훈적일 수 있고, 이를 통해 돌출될지 모르는 잠재적 문제를 확인해 줄 수도 있다. 나는 내담자들이 익숙하지 않은 문화에 들어가면서 당황해하고 소외감을 가진다고 미리 이야기하고, 그들이 집단에 들어오도록 허용되었음을 재확인시켜 주며, 그들 자신의 속도대로 참여하라고 얘기해 준다. 새 내담자들은 기존의 집단에 들어갈 때 경험 있는 기존 집단원들의 세련되고 개방적이며 당당한 태도에 위압을 느낀다. 새로 형성된 집단의 첫 모임이라면 나오지 않을 집단원들의 좀 더 병적인 면을 신입 집단원이 바로 직면하게 될 때 그들은 놀라고 전염될까 봐 두려워한다. 그러므로 이러한 감정에 대해 내담자들과 충분히 토론해야 한다. 일반적으로 과거 모임에서 나왔던 주요한 사건에 관해 설명해 줄 수 있다면 새 내담자에게는 많은 도움이 된다. 만약 집단이 어떤 강렬한 소용돌이 사건을 겪고 있다면 새 내담자에게 이 점에 관해 좀 더 자세히 알려 주는 것이 현명하다. 치료자가 집단 모임 과정을 요약해 적어 주고 있다면(13장 참조) 기존 내담자들의 동의를 얻어 새 내담자에게 지난 몇 모임의 요약을 읽게 할 수 있다.

나는 첫 한두 회기에서 새 집단원을 끌어들이려고 노력한다. 모임에 대한 경험을 단순히 물어보는 것으로 충분하다. "Sally, 당신에게는 첫 모임인데요. 모임이 어떻게 느껴집니까? 집단에 들어오기 힘들 것 같은가요? 이제까지 어떤 걱정을 의식하게 되었나요?" 때로는 새 내담자가 자신의 집단 참여에 대한 통제력을 갖고 있다는 것을 알게 하는 것이 도움이 된다. 예를 들어, "초반에 질문을 여러 번 받는 것을 보았어요. 기분이 어땠나요? 힘들었나요, 아니면 질문이 반가웠나요?" 또는 "Sally, 오늘 말이 없었던 것 같아요. 집단은 당신이 오기 전에 있었던 일에 깊이 빠져 있었죠. 그것이 어떻게 느껴졌나요? 한숨 돌렸나요? 아니면 당신에게 질문하는 게 좋았을까요?" 이 모든 질문이 지금-여기에 집중되어 있음을 주시하라.

많은 치료자가 한 번에 두 명씩 소개하는 것을 선호한다. 이는 집단이나 새로 들어오는 집단원에게도 유익할 수 있다. 때로 한 내담자가 다른 내담자보다 훨씬 쉽게 집단과 어울리게 되면 맞불을 놓는 격으로 다른 한 명에게 큰 불편함을 줄 수도 있다. 그렇더라도 두 명씩 짝을 지어 소개하는 것을 추천하고 싶다. 집단은 두 내담자를 한 번에 동화시킴으로써 시간과 에너지를 절약하고, 새 내담자들은 서로 동맹을 맺어 소외감을 덜 느끼게 된다. 그리고 여러 달 후에는 진행 중인 집단에 동시에 들어간 내담자로부터 다른 사람과 동시에 들어가면서 지지와 위안을 받았다고 말하게 된다.

집단에 소개되는 새 집단원의 수는 집단에 흡수되는 속도에 영향을 준다. 6~7명으로 구성된 집단은 한 명을 큰 파문 없이 흡수할 수 있다. 집단은 잠깐 멈추었다가 계속되며, 새 집단원을 신속히 끌어들인다. 반면에 4명으로 구성된 집단이 3명의 새 집단원과 직면할 때는 삐걱삐걱 멈추게 되어 모든 작업이 중단되고 집단은 새 집단원을 받아들이는 작업에 온 힘을 기울이게 된다. 기존의 집단원들은 새로 들어온 집단원을 얼마나 신뢰할 수 있는지 의문스러워한다. 과연 같은 정도의 자기개방과 위험 감수를 할 것인가? 그들에게 익숙하고 편안했던 집단이 어떻게 변할 것인가? 한편, 새 집단원은 어떻게 행동해야 할지 지침을 구하게 된다. 이 집단에서 수용되는 것은 무엇인가? 금지되는 것은? 기존 집단원들이 친절하게 환영하지 않으면 새 집단원은 그들끼리 동맹을 맺어 편안함을 찾을 수도 있다. '우리'와 '그들' 또는 '기존 집단원'과 '새 집단원'이라는 말을 자주 듣게 되면, 치료자들은 이러한 분열의 징조에 주의를 기울여야 한다. 통합이 완전히 이루어질 때까지 치료 작업은 거의 진행될 수 없다. 기존 집단원들이 정기적으로 떠나고 새 집단원들이 들어오는 집단에 관한 연구는 동맹과 집단 작업으로의 접근이 신뢰를 잘 전달한다는 것을 보여 준다.[98]

인원이 줄어든 두 개의 작은 집단을 합병할 때도 비슷한 상황이 벌어진다. 이 과정은 쉽지 않다. 그전 집단끼리 갈라져 문화 충돌이 오래 지속된다. 치료자는 이 합병이 잘 이루어지도록 내담자들을 적극적으로 준비시켜야 한다. 이런 상황에서는 두 집단을 모두 종결하고 완전히 다른 새 집단으로 시작하는 것이 가장 좋다.

집단치료의 중요한 원칙은 중요한 자극이 집단에 주어질 때마다 집단원이 제각기 온갖 반응을 한다는 것이다. 마치 투사적 검사와 같다. 이렇게 다른 반응 뒤에 숨은 이유를 조사하는 것이 일반적으로 도움이 되며, 성격 구조의 측면이 명확해진다. 새 집단원을 소개하면 기존 집단원들의 내면세계에 빛을 비출 줄 수 있다. 이들은 새 집단원들에게 아주 특이한 반응을 보인다. 자신과 전혀 다른 방법으로 어떤 상황에 반응하는 사람들을 관찰하며, 자신의 행동에 대해 상당한 통찰을 하게 된다. 이러한 경험은 개인치료에서는 불가능하며 집단치료의 형식에서 얻을 수 있는 중요한 강점 중의 하나다.

집단에 대해 반성할 수 있는 집단의 능력은 필수적이다. 내용에 말려들지 않고 무엇이 펼쳐지는지 그 과정을 검토함으로써 많은 학습이 일어난다. 다음의 임상적 예가 이 점을 분명하게 설명해 준다.

새 집단원인 Alexia는 40세의 매력적인 이혼녀이며, 집단의 18회째 모임에서 합류했다. 집단의 세 남성이 눈에 띄게 다른 방법으로 그녀를 맞아들였다.

Peter는 15분 늦게 와서 소개할 기회를 놓쳤다. 그는 지난 모임에서 남겨진 문제와 지난주 그에게 일어났던 사건을 말하면서 한 시간 동안 활발히 참여했다. 그는 Alexia를 한 번도 쳐다보지 않고 완전히 무시했다. 일곱 명으로 구성된 집단에서 그것은 무서운 묘기였다. 모임 후반에 다른 집단원들이 Alexia의 참여를 도우려 하자 Peter는 여전히 자기소개도 하지 않은 채 혹독한 검사처럼 그녀에게 질문 공세를 퍼부었다. Peter는 자신의 표현대로 '여자들을 너무도 사랑해' 혼외정사를 여러 번 갖게 되어 치료를 청하게 되었다. 다음 몇 차례 모임에서 집단은 Alexia와의 첫 모임에서 일어난 사건을 사용해 Peter가 말하는 여성에 대한 '사랑'의 본질을 알아보도록 도와주었다. 조금씩 그는 아내를 포함해 여성을 성적 대상으로만 이용해 왔고, 그들의 신체에만 가치를 둔 채 그들의 감정이나 경험적 세계에 무관심했다는 것을 알게 되었다.

집단의 다른 두 남성 Arturo와 Brian은 반대로 첫 모임에서 Alexia에게 사로잡혀 버렸다. 29세의 Arturo는 그의 강력한 성적 억압 때문에 치료를 받으러 왔다. 그는 Alexia에게 강하게 반응했고, 강렬한 당황함을 느끼지 않고는 Alexia를 쳐다볼 수가 없었다. 그가 불편해하고 얼굴을 붉히는 것이 다른 집단원에게도 뚜렷하게 보였다. 집단원들은 그가 이전에 가졌던 집단 내 여성들과의 관계를 탐색하도록 도와주었다. Arturo는 집단의 다른 두 여성을 환상 속에서 그와 오누이 관계로 설정하고는 성적 요소를 배제시켜 버렸다. Alexia가 성적으로 매력적이고 이혼한 상황이라 관계가 가능하다는 것, 그리고 그녀의 나이가 그의 마음속에 자리 잡은 어머니에 대한 애정을 자극한다는 점이 Arturo에게 특별히 문제가 되었다. Arturo는 전에는 집단 내 안전한 곳에서 너무도 편안해했다.

Brian은 반대로 Alexia에게 눈길을 고정하고 모임 내내 환한 웃음을 끊임없이 보냈다. 극단적으로 의존적인 33세의 Brian은 연애가 실패로 끝난 후 우울증 때문에 집단에 왔다. 유아 때 어머니를 잃고, 여러 여성 가정교사와 도우미 손에 키워진 불쌍하고 어린 부자 소년이었다. 차갑고 권위적인 아버지와 가끔 접촉이 있었지만, 그는 아버지를 무서워했다. 그는 항상 꽤 나이가 많은 여인과 사귀었고, 관계에서 끊임없이 요구함으로써 예외 없이 깨져 버렸다. 집단의 다른 여성들도 과거 몇 모임에서 그로부터 뒷걸음질 쳤고, 그가 자신을 강아지 같은 모습으로 드러낸다며 Brian에게 자기 모습을 직면하게 했다. 따라서 Brian은 새로 자신을 구조할 사람으로서 Alexia를 환영했다. 다음 몇 차례 모임에서 Alexia는 Brian에게 큰 도움이 되었다. Alexia는 Brian이 처음 만났을 때 무언가 간청하는 듯한 미소와 무언가 중요한 것을 그녀에게 요구하고 있다는 끈질긴 느낌 때문에 매우 불편했다고 말했다. 그것이 무엇인지는 몰랐지만, 무엇이든 그녀가 줄 수 있는 것 이상이라는 점은 알았다고 말했다.

Freud는 정신치료를 게임의 중간보다 처음과 끝이 사람들에게 더 많이 알려지고 글로 쓰인 체스에 비유했다. 따라서 치료의 시작 단계와 종결에 대해 좀 더 자세히 설명해야 하지만 치료의 방대한 모든 것을 체계적으로 설명할 수는 없다. 그런 만큼 다음 장들에서는 치료의 후반부에 일어나는 주요 문제와 전문화된 치료자의 기술에 대해 일반적으로 다루겠다.

11장

발전된 집단

일단 집단이 어느 정도의 성숙과 안정에 도달하면 분명한 발달 단계를 설명하기가 어려워진다. 풍요롭고 복잡한 훈습 과정이 시작되고 앞에서 설명한 주요 치료적 요인이 더 강력하고 효과적으로 작용한다. 집단원들은 점점 집단에 깊이 몰두하고, 집단 상호작용을 그들이 치료에 오게 된 문제들을 다루는 데 사용한다. 발전된 집단은 집단원들의 반추, 성실성, 자기개방, 피드백 능력이 점점 나아지는 특징이 있다.[1] 그래서 누구도 각 단계에 수반되는 구체적인 지침서를 제공할 수 없다. 일반적으로 치료자는 치료적 요인이 발달하고 작용하도록 격려해 주어야 한다. 5~7장에서 설명한 치료자의 역할과 기술의 기본적 원칙을 집단에서 일어나는 구체적인 사건과 각 개인의 치료에 적용하는 것은 정신치료의 예술성을 이루며, 이런 이유로 임상적 경험, 지식, 수련감독, 직관을 대신할 것은 없다.

대인관계 학습은 어떻게 일어나는가?

치료 요인에 관한 설명에서 대인관계가 집단치료에서 전력해야 할 핵심임을 내담자에게 이해시키고 증진시키도록 도와야 한다고 강조했다. 다음의 일화는 집단원들을 이해시키고 타인과 관계 맺는 양식을 변화시킬 때 일어나는 복잡성과 미묘함을 보여 준다.

개방집단에 참여한 네 명의 남성과 네 명의 여성이 있었다. Andie는 42세 독신 여성으로 간병인으로 일하고 있으며 만성적인 우울, 낮은 자존감, 남자를 잘 선택하지 못하는 문제를 다루려고 집단치료를 신청했다. 그녀는 또한 약물 남용으로 힘들어했으며, 수치심과 자기 비하가 심했다. Noah는 45세의 기혼자이며 사업가로 이 모임의 또 다른 주요 집단원이다. 대인관계에서 소외감을 느끼고 만성적으로 관계에 불만을 가지는 문제로 집단치료에 왔다. 그는 항상 사람들을 소홀히 대했으며 자신의 재주와 능력을 몰라 준다고 느꼈고, 결혼 생활에서는 만성적 긴장과 고민거리가 있었다.

Andie는 집단에 넉 달 정도 있었는데 두드러지게 감정적 고통을 보이며 시작했다. 울면서 말하기를 집단에 있는 것이 매우 감사하지만 그녀가 원하는 만큼 집단을 많이 활용하지 못해서 좋지 않게 느꼈다고 했다. 그녀는 그날 집단에 오면서 자신의 핵심 문제를 이야기하지 않고는 떠나지 않으리라고 결심했다고 말했다. 다른 집단원들이 문제를 내놓고 좋은 효과를 보는 것을 보았는데 그녀는 겉만 약간 건드렸다고 느끼면서 매 집단 후 슬퍼하며 집으로 갔다. 집단이 어떻게 반응할지 두렵지만 그 위험을 감당하리라고 결심했다.

Andie는 낮은 자존감으로 평생 발버둥 쳤다고 매우 자세히 설명했다. 그녀는 아버지를 몰랐고 엄마하고만 살았다. 남자들과의 관계에서는 신체적이 아니더라도 정서적, 재정적으로 착취당하고 학대당했다. 그녀는 자신의 부정적 감정을 다루려고 마리화나와 코카인을 사용했고, 큰 빚을 지게 되었다. 이는 그녀가 재정적 곤경에서 벗어나기 위해 더 오랜 시간 일을 해야 한다는 의미였다. 파산을 선언하는 것도 고려했지만, 그녀의 삶을 성실하게 살지 못했다는 또 다른 항복으로 느껴서 거부했다. Andie에게 이것은 엄청난 폭로였고 집단은 그녀의 한마디 한마디에 관심을 가졌다.

몇몇 집단원은 약물 남용, 파산, 잘못된 관계 선택에 대한 비슷한 경험을 나누었다. 한 집단원은 Andie가 숨겨 두었던 수치심을 분명히 느낄 수 있고, 자신과 다른 사람들도 Andie와 관계를 맺을 수 있으며, 그녀의 상황을 인정할 수 있다고 말했다. 수치심을 다루는 가장 좋은 방법은 그녀가 지금 했듯이 대낮의 빛에 드러내 놓는 것이라고 덧붙였다. 또 다른 집단원은 Andie에게 더 존경심을 갖게 되었다고 말했다.

Andie에게 이것은 눈을 뜨게 하는 경험이었다. 집단원들은 그녀를 인정했을 뿐 아니라 그녀의 용기에 탄복하고 이에 존경심을 표했다. 이 일은 그녀의 수치심에 큰 영향을 미쳤다. Andie는 안도의 눈물을 흘렸고, 집단의 지지에 감사했다.

Noah만 제외하고 집단원 모두가 Andie에게 깊이 빠졌다. Noah는 침묵을 지키며 집단의 둥근 원에서 의자를 살짝 뒤로 뺀 채 앉아 있었다. 나는 짜증이 느껴졌다. 그동안 우리는 Noah의 자기애적 몰두와 집단으로부터 관심을 원하면서 다른 이에게 관심을 주지 않는 그의 성향에 대해 열심히 다루었다. 하지만 그는 Andie의 선언에 관심이 없어 보였고, 우리가 그와 했던 작업은 그의 반응에 전혀 나타나지 않았다.

잠깐 대화가 멈추었을 때(가끔 집단이 주제를 바꿀 때 사용하는 그런 멈춤) Noah가 끼어들더니 중요한 것을 말해야겠다고 했다. 그는 아내와 있었던 한바탕의 어려움과 그녀가 자기에게 반응이 없어서 화가 났다고 했다. 모임 초반에는 집단원들이 Andie와 가능한 한 가까이 있으려고 문자 그대로 의자에서 몸을 앞으로 내밀고 앉았는데, 이와 달리 지금은 공손하게 듣고는 있지만 거의 참여가 없었다. 나는 과정에 관한 질문으로 모임의 첫 부분에서 그들이 느낀 느낌과 현재 느끼고 있는 느낌을 비교해 보라고 했다. 두어 번 물었지만 내 질문에 반응이 없길래 나의 감정을 좀 더 개방하기로 했다.

"Noah, 당신과 몇 가지 나누고 싶은데 분명히 전달되기를 바랍니다. 위험을 조금 감수해야 할 것 같아요. 이 경험이 당신에게 너무 모진 경험이 되지 않기를 바랍니다. 사실 당신이 집단에 말하고 있는 내용에 관심을 갖기가 어렵습니다. 당신 느낌이 중요하지 않아서가 아니라 내가 실망하고 짜증이 났기 때문이에요. 당신은 모임 내내 침묵을 지키다가 당신의 문제를 말하기 시작했어요. 질문을 하나 할게요. Andie가 나눈 내용에 대해 당신은 어떻게 느끼나요?"

Noah는 Andie를 지지하는 느낌이었으나 그녀에게 아무 말을 하지 않았다고 인정했다. 그는 자신의 문제를 너무 말하고 싶어서 자기를 위한 시간이 충분하기를 바랐다. 나는 그가 Andie에게 아무 반응도 하지 않았기 때문에 그에게 반응하기가 더 힘들었다고 말했다. 그의 개방에 집단의 반응이 없었던 것도 나와 비슷한 느낌이 아니었는지 궁금했다. 여러 명이 머리를 끄덕였다. Noah가 Andie의 중요한 자기개방에 지지와 피드백을 주기보다 집단의 관심을 자기에게 돌리기 위해 말할 기회를 기다린 것은 그의 큰 문제라고 내가 말했다. 남에게 주면 줄수록 다른 사람도 더 보답한다는 생각을 해 보라고 요구했다. 이것은 그에게 익숙하지 않은 생각이라는 것을 알지만 전에 경쟁적이고 자기애적인 가족 안에서 가장 큰 소리로 요구하는 사람만이 관심을 조금 가질 수 있었다고 했던 그의 나눔에 근거한 말이라고 덧붙였다.

Noah는 피드백에 상처받았고, 이 말을 하기 전까지 얼마나 오랫동안 이 감정을 품고 있었는지 궁금해했다. 나는 모임 내내 생각하고 있었으며 이 생각이 분명해지자 말했다고 대답했다. 나는 그가 내가 의도한 대로 들어 주기를 바랐다. 그는 우리의 관계를 소중하게 여기고 있고, 이 피드백에 관해 생각해 보겠다고 말했다. 그러고는 집단의 다른 사람들에게 내 피드백에 대해 어떻게 생각하는지 물었다. 오래된 집단원인 Jack은 엄청나게 중요한 피드백이라고 느끼며 Noah가들을 수 있기를 바란다고 했다. 그 자신도 비슷한 피드백을 하고 싶었지만 Noah에게 상처를 주지 않고 말할 방법을 생각할 수 없었다.

Noah는 받아들이는 것 같았고, 이런 생각을 집단 전체가 탐색했다. 정서적 박탈과 무관심한 환경에서 성장한 여성인 Sharon이 나에게 질문했다. "당신은 말할 것을 어떻게 결정하나요? 단순한 기술인가요? 아니면 당신의 진짜 마음에서 나오는 것인가요?"

나는 "어떤 피드백을 어떻게 나누냐는 기술적인 면도 있지만 내 안의 진정한 곳에서 나옵니다"라고 반응했다. Sharon은 돌봄에 종사하는 사람들을 믿지 못하는 경향이 있어서 그들에게 관심을 기대하지 않는다고, 그래서 내가 정말로 현존했는지 아니면 그냥 말만 하는 것인지 궁금했다고 말했다.

이 실례는 집단치료가 작용하고 집단치료자가 치료에 효과적인 역할을 하기 위한 중요한 요인을 강조한다.

- 집단원들은 진지하게 여기-지금 안으로 자신을 들여와 집단은 사회적 미시세계로 기능한다. 집단 안에서 Noah의 행동은 집단 밖 그의 삶에서의 행동과 유사하다.
- 집단 응집은 Andie가 위험 부담을 안고 자기개방을 하도록 안정감을 제공하였다.
- Andie의 자기개방 후에 나온 피드백은 그녀가 판단 받고 창피하리라는 기대를 확인해 주지 않았다.
- Noah는 사회생활에서 사람들을 소외시키고 자신도 외톨이가 되는 그의 병리를 집단에 보여 주었다.
- 집단원들은 Noah에게 기계적인 반응을 하며 의미 있는 참여를 하지 않았다.
- 나는 Noah에 대한 나의 감정에 면밀한 관심을 기울였다.
- 나는 Noah와의 관계에서 걸려 있었다는 것을 의식하고 있었는데 내가 걸려 있지 않았다면 그에게 관심이 없거나 화가 나 있다는 의미이다.
- 대신 나의 짜증을 Noah가 관심을 못 받고 무력하여 일으킨 반응을 이해하는 방법으로 알아차리게 되었다.
- 나의 반응이 충분히 소화되었을 때 내가 본 그의 행동과 나와 다른 사람들에게 미치는 영향을 설명하였다.

- 나는 나의 배려를 담아 피드백을 주려고 애썼고 피드백을 그가 치료에 오게 된 첫째 목표와 연결해 주었다.
- Noah에게 코멘트 하면서 위험부담과 자기개방의 모델을 보여 주었다. 집단에서 사람들이 그 순간 느꼈으나 표현하지 못했던 생생하고 쉽게 지각할 수 있는 것들을 나는 말했다.
- Sharon이 내 설명에 대해 질문했을 때 나는 집단원에 대한 나의 성실성과 존경, 참여에 관한 질문으로 알고 솔직하고 조심스럽게 말하였다.
- 매 단계에서 집단원들이 느낀 경험과 집단원에게 준 의미를 검토했다. 예를 들어 Andie에게 물었다. "지난 몇 주 동안 우리에게 아무 말도 하지 않고 집으로 가면 어떤 느낌이었어요?" 그 모임 끝에 그녀에게 "오늘 밤 다 털어놓고 집으로 가면 어떤 느낌일까요?"
- 마지막으로 Noah가 우리와 관계 맺는 양식과 그의 삶에서 아내와 다른 사람들과 맺어 온 방법이 유사함을 보여 주려고 하였다.

앞에서 다루었던 여러 가지 주요 개념과 원칙을 설명하기 위하여 본 장은 예를 자세히 들면서 시작했다. 이제 발전된 집단에서 관심 가져야 할 몇 가지 주요 도전을 보기로 하자. 모든 우발적인 사건들이 일어난다고 할 수 없지만 어떤 문제들은 충분히 규칙적으로 일어나므로 토론할 만하다. 본 장에서는 하위집단 형성, 자기개방, 갈등, 치료의 종결에 대해 생각해 보고자 한다. 다음 장에서는 집단과 치료자에게 도전하는 개인들에게서 나타나는 어떤 반복적인 행동 양상을 논의하겠다.

하위집단 형성

모든 사회조직에서는 하위집단 형성, 즉 작은 단위로 갈라지는 분할이 일어난다. 큰 집단 내에서 좀 더 작은 부분에 속해 다른 사람들과 연결되어 위로를 찾지 않는 사람이 있을까? 과정은 일시적일 수도 있고 지속적일 수도 있으며, 모母조직에 도움이 될 수도 있고 해가 될 수도 있다. 하위집단은 감정적 언어만으로 살짝 표현되기도 하고, 전체 집단에 투명하게 보일 수도 있다. 치료 집단도 예외가 아니다. 하위집단 형성이 불가피하며,

때로는 집단의 존속에 방해가 된다. 그렇지만 그 과정 또한 이해되고 적절히 통제되면 치료 작업이 더 향상될 수 있다.[2]

하위집단 형성이라는 현상을 어떻게 설명할 수 있는가? 이를 위해서는 개인적 요인과 집단적 요인을 모두 생각해야 한다. 때로 하위집단은 비밀스럽게 방해하거나 파괴적인 성향을 띄게 되어 집단의 기능과 이해를 막는다.

다른 경우에는 하위집단이 의존, 취약성, 질투, 불신 같은 강한 감정과 관련되어 큰 집단에 존재하는 소망, 공포 등의 어려운 감정에 유착된 상태로 눈앞에 존재한다. 하위집단을 심도 있게 검토하면 하위집단이 더 큰 집단의 집단원에게서 무엇을 잡고 있는지 더 깊게 이해할 수 있다.[3]

개인 요인으로서, 개인적 관계와 집단에서의 지위에 대한 집단원들의 관심이 흔히 치료 집단 내의 하위집단을 형성하는 동기가 된다. 하위집단은 전체 집단과의 관계보다 개인적으로 맺는 관계가 더 큰 만족을 가져온다고 믿는 두세 명 이상의 집단원에게서 일어난다. 몰래 밀통함으로써 집단 규범을 깬 집단원들은 개인적 변화를 추구하기보다 욕구 만족을 선택한다(6장에서 일차적 작업과 이차적 만족에 대한 논의를 참조하라). 욕구 좌절은 치료 초기에 일어난다. 예를 들어 친밀감, 의존성, 또는 지배에 대한 강한 욕구를 가진 집단원은 이러한 욕구를 집단 내에서 만족하는 것에 의심을 갖게 되고, 종종 공적인 집단 밖에서 이 욕구를 만족시키려고 한다.

어떤 의미에서 이런 집단원들은 '행동화acting-out'를 하는 것이다. 그들은 치료 장면 밖에서 행동함으로써 내적 긴장을 감소시키고 직접적인 표현 또는 기분이나 감정의 탐색을 피한다. 때때로 치료 집단에 참석하고 행동하는지 아니면 '행동화'를 하는지는 오로지 나중에 뒤돌아볼 때 구별할 수 있다.

치료 집단이 진행되는 과정은 행동과 이 행동을 분석하는 일의 연속이다. 사회적 축소판인 집단은 집단원들이 자신의 습관화된 행동 양식을 드러내고 개인과 집단이 이 행동 양식을 검토하는 데 달렸다. 행동화는 개인이 자기 행동을 검토하지 않으려고 거부할 때 저항이 된다. 집단 내에서 검토되지 않는 집단 밖의 행동은 특별히 강력한 형태의 저항이 된다. 하지만 집단 밖의 행동을 집단 안으로 가져와 작업을 하게 되면 상당한 치료적 중요성을 가질 수 있다. 비밀과 침묵이 집단에 가장 파괴적이다.[4]

하위집단 형성은 '집단 요인들'로부터 온 결과일 수 있다. 예를 들어 집단 내에 있는 상당한 정도의 충전되지 않은 적개심, 특별히 지도자에게 향한 적개심이 표명된 것이다.

지도력 스타일에 관한 연구에서 권위적이고 제한적인 지도자가 지도하는 집단에서 집단 안팎의 분열이 더 잘 일어난다고 증명되었다.[5] 자신의 분노와 좌절을 표현할 수 없는 집단원들은 서로 연대해 한두 명의 집단원을 공격하고, 희생양을 만들어 이 감정을 삐딱하게 표현한다.

다른 경우 하위집단 형성은 집단 발달에 문제가 있다는 신호다. 응집력이 부족하면 집단원들로 하여금 크고 복잡한 집단관계에서 단순하고 적고 작업이 좀 더 가능한 하위집단으로 도망치게 만든다. 즉, 집단 통합과 집단 안정성이 지속적으로 위협받으면 하위집단 형성을 조장시킨다.

하위집단 형성의 임상적 출현

집단 밖에서 어울리는 것이 하위집단 형성의 첫 단계다. 서너 명이 전화, 문자, 이메일, 또는 SNS 아이디를 교환하기 시작하다가 커피 한잔이 되고, 전철을 타고 집에 같이 가고, 애완동물을 서로 돌보아 주고, 서로의 집을 방문한다. 가끔 집단원들이 서로 성적인 관계를 맺게 될 수도 있다. 하위집단은 서로 비슷하다고 생각되는 사람들이 제휴를 형성함으로써 집단치료실 안에 한정되어서 일어날 수 있다. 낮 병원이나 거주형 치료 프로그램에서는 집단 모임과 모임 사이나 실제로 치료 집단 밖에서 집단원들이 많은 시간을 같이 보내기 때문에 하위집단 형성이 더 잘 일어난다.

하위집단을 형성할 때 집단원들은 큰 집단의 부분이라는 데서 오는 불안을 감소하고 특정한 공동유대를 갖는 사람들과 뭉침으로써 위로를 얻는다. 공동유대는 비등한 교육 정도, 비슷한 가치관, 인종 문화적 배경, 성적 지향, 또래, 결혼 상태, 집단 내 위치(초창기 기존 집단원) 등 어떤 것도 될 수 있다. 하나의 하위집단이 생기면 남은 집단원들은 작아지고 배제되는 느낌을 받고, 분열, 소외, 희생양의 무대가 세워진다.

하위집단의 집단원은 일반적인 행동 양식으로 알아볼 수 있다. 그들은 문제와 상관없이 서로 동의하고 그들 간의 직면을 피한다. 그들의 하위집단에 속하지 않는 집단원이 말할 때 서로 눈길을 주고받을 수도 있고, 모임에 같이 도착하고 같이 떠나기도 한다. 우애에 대한 소망이 그들의 행동을 검토하고자 하는 헌신을 압도한다.[6] 그들의 조망은 치료 작업에 대한 헌신보다 하위집단을 유지하려는 압박에 의해 형성된다(부족 세계의 정치에서 너무나 고통스럽고 익숙한 과정이다).

하위집단의 영향

하위집단은 치료 집단의 과정에 매우 방해될 수 있다. 치료 집단에서 도중하차한 내담자 35명을 대상으로 연구한 결과 11명(31%)이 하위집단 형성에서 오는 문제 때문에 그만두었다는 것을 발견했다. 하위집단에 포함되어도 또는 배제되어도 복잡한 문제가 생긴다.[7]

포함되는 경우 하위집단에 포함된 둘 또는 그 이상의 집단원은 집단의 생활이 훨씬 더 복잡해지고 보람도 적다는 것을 발견한다. 집단원의 동맹을 집단의 목표에서 하위집단의 목표로 옮기면서 충성이 주요 문제가 된다. 예를 들어 다른 집단원과 비밀리에 형성된 신뢰를 깨야 하는 경우, 감정을 정직하고 자유롭게 토론하는 집단 과정의 규칙을 따라야 할 것인가?

> Christine과 Jerry는 치료 모임이 끝난 후 둘만의 길고 심도 있는 대화를 나누었다. Jerry는 집단에서 철수되어 Christine만을 찾았는데 그 이유는 Christine만이 그를 이해할 수 있다고 느꼈기 때문이다. 비밀을 지킨다는 약속을 받은 후 Jerry는 Christine에게 자신의 성 정체성 혼돈과 집단지도자에 대한 깊은 불신을 고백했다. 집단으로 돌아온 Christine은 그 약속 때문에 제약을 받는 것처럼 느껴져 Jerry와의 상호작용을 피했다. Jerry는 결국 호전되지 않고 탈락했다. 안타깝게도 Christine은 뛰어나게 민감한 집단원으로 반치료적인 하위집단의 규범, 즉 Jerry와의 약속만 아니었다면 Jerry를 집단에 참여하도록 종용하고 특별히 Jerry에게 도움을 줄 수 있는 사람이었다.

집단 밖의 접촉에서 알게 된 내용을 나머지 집단원들과 나누는 것은 까다로운 일이다. 그래서 지도자들은 하위집단 형성이 치료를 방해한다는 점을 준비 단계에서 분명하게 설명해야 한다. 집단 밖에서 나누었던 비밀을 숨기려다가 어려운 반치료적인 상황에 빠지게 된다.

> 아버지처럼 나이 든 남자가 다른 두 집단원을 차로 집에 데려다주는 길에 자기 집에서 텔레비전이나 같이 보자고 했다. 방문객들은 나이 든 내담자가 부인과 말다툼하는 것을 보았고, 다음 집단 모

임에서 그 내담자에게 그가 아내를 학대하는 것처럼 느꼈다고 말했다. 나이 든 내담자는 친구라고 느꼈던 두 사람에게 배반감을 느꼈고, 점점 집단에서 문제를 감추다가 결국 치료에서 탈락했다.

집단원들이 성관계를 맺으면 심각한 임상적 문제가 일어난다. 관계를 맺은 집단원들은 집단과의 관계보다 두 사람의 관계를 더 중요하게 여기게 된다. 이런 제휴 관계 때문에 집단에서 서로 줄 수 있는 동료로서의 가치를 희생하게 된다. 집단에서 정직하기보다는 신뢰를 배반하지 않고 서로에게 매력적으로 보이려고 한다. 치료자와 다른 집단원들은 희미해지고 서로를 위해 연기한다. 무엇보다 그들이 치료에 오게 된 중요한 목표를 잃게 된다. 일반적으로 다른 집단원들은 무엇인가 중요한 일이 일어나고 있다는 것을 희미하게 의식한다. 집단에서 어떤 토론을 적극적으로 피하는 것 같은 상태는 대개 전체적으로 집단을 억압하는 결과를 가져온다. 이러한 언급을 뒷받침할 경험적 증거를 들어 보겠다.[8]

한 연구팀이 어떤 집단을 면밀하게 연구했는데, 우연히도 이 집단에는 몰래 성관계를 갖게 된 두 집단원이 있었다. 이 연구는 그 관계가 일어나기 몇달 전부터 시작되었으므로 기초 자료가 꽤 있었다. 내담자 자신들도 포함해 여러 관찰자가 집단 모임 후 7점 척도로 된 질문지에 모임에 대해 평가했다. 감정이 표현된 정도, 자기개방 정도, 그 회기에 대한 일반적인 유용성 정도와 의사소통 흐름 체제가 각 내담자에게 주어진 번호와 함께 누가 누구에게 말했는지 방향이 기록되었다.

관찰이 진행된 기간에 Bruce와 Hailey는 성관계를 맺었다. 이 3주 동안 모임에 대한 자료(회고적으로 연구되었을 때)에서 언어 활동, 감정 표현과 자기개방이 급격히 하락했다. 더구나 Hailey와 Bruce 사이에는 단 한마디의 교환도 기록되지 않았다!

마지막 발견은 하위집단 형성이 치료를 방해한다는 전형적인 증거다. 집단의 제일 중요한 목적은 집단원 각자가 서로의 인간관계를 탐색하도록 도와주는 것이다. 여기 두 사람은 서로 잘 알고, 서로에게 큰 도움이 될 가능성이 있는데도 집단에서 거의 단 한 마디도 교환하지 않았다.

이 문제는 두 사람 중 한 명이 그만두기로 결정함으로써 해결되었다(흔한 해결 방법이다). Hailey가 그만두었고, 다음 모임에서 Bruce가 전체 사건을 매우 솔직하고 후련하게 설명했다(집단원들과 관찰자들 모두 이 모임이 가치 있었다고 평가했고, 활발한 상호작용과 강한 감정 표현이 있었으며, 다른 사람들도 Bruce와 마찬가지로 자기를 개방했다).

집단 내에 하위집단이 생길 때의 긍정이고 친애적인 효과가 치료적 이점으로 작용할 때도 있다.[9] 집단을 하나의 체제로 보는 접근에서는 치료 집단은 여러 개의 작은 하위집단으로 이루어진 크고 역동적인 집단으로 이루어진다. 하위집단 형성은 집단 내의 분쟁이나 골칫거리를 밝혀내고, 포용하고, 궁극적으로 통합하는 구성 요인으로서 발생한다(치료자가 이를 권장하기도 한다). 자기를 개방하는 데 어려움이 있는 내담자들은 자기가 혼자가 아니라는 것을 느끼면 더 작업을 잘할 수 있다. 따라서 치료자는 기본적인 개인 내적 또는 대인관계적으로 비슷한 문제를 공유하는 집단원으로 이루어진 하위집단의 기능적 측면을 적극적으로 지적한다. 집단원들은 다른 사람들이 지닌 감정, 공포, 소망, 기대와 관련해 자신을 탐색하도록 초대받는다. 개인적 개방 후 "또 다른 분은?"[10] 같은 질문은 집단의 많은 사람이 동조하는 방금 나눈 경험을 강조한다. 이런 격려는 하위집단의 경계를 넘어 좀 더 안전하고 포용적인 환경을 조성한다.[11]

배제되는 경우 하위집단으로부터 배제되었을 때도 집단생활이 복잡해진다. 어렸을 적 소외되었던 경험과 연관된 불안이 소환되고, 집단에서 이 문제를 작업함으로써 발산되지 않으면 장애가 될 수 있다. 흔히 집단원들은 소외감에 관해 말하기를 무척 힘들어한다. 특별한 관계에 대한 부러움을 드러내길 원하지 않을 수도 있고, 집단에서 하위집단에 관해 논함으로써 관계된 집단원들의 분노를 살까 봐 위험을 느낄 수도 있다.

치료자들도 이 문제에서 예외는 아니다. 최근 나의 지도를 받는 수련자 한 명이 그의 집단원 두 명이(둘 다 결혼한) 팔짱을 끼고 거리를 걷는 것을 목격했다. 치료자는 몇 가지 이유로 집단에서 이 일에 관해 말을 꺼낼 수가 없었다. 왜? 그는 몇 가지 이유를 들었다.

- 치료자는 이 둘이 각자 배우자가 있다는 것을 알지만, 집단 앞에서 스파이가 되거나 인정하지 못하는 부모가 되고 싶지 않았다.
- 치료자는 지금-여기에서 작업하고 있으며, 집단과 관계없는 자료를 꺼낼 수 없다.
- 관련된 집단원들이 심리적으로 준비가 되면 이 문제를 그들 스스로 말할 것이다.

그러나 이런 이유는 합리화에 지나지 않는다. 집단원의 상호관계보다 더 중요한 문제는 없다. 집단원 사이에서 일어나는 것은 모두 집단의 지금-여기 일부다. 집단원의 관계가 포함된 모든 재료를 치료자 스스로 꺼내기를 원치 않는다면 집단원들이 꺼내기를 기대할 수도 없다. 치료자가 스스로 딜레마에 빠져 있다고 느끼면, 한편으로는 그런 관찰을 말할 필요성을 느끼고 다른 한편으로는 스파이처럼 느껴져 언짢은 감정이 들면, 가장 좋은 방법은 이 문제를 집단과 나누는 것이다. 다시 말하면, 목격한 바와 그것을 꺼내기가 개인적으로 불편하고 거북하다는 점을 나누는 것이다.[12]

치료적 고려 사항

하위집단 형성은 집단 밖 사교 활동이 일어나든 일어나지 않든 확실히 방해가 된다. 하위집단의 목표가 본집단의 목표와 일치한다면, 하위집단 형성은 궁극적으로 집단 응집력을 강화할 수 있다. 요점은 하위집단의 경계를 넘어 의사소통을 향상시키는 것이다. 가장 의미 있는 치료적 기회는 집단 밖에서 일어난 일을 집단에서 충분히 작업할 때 일어난다.

> 모임 후 함께 춤을 추러 간 두 여성 집단원은 순수하게 사교적인 상황에서 일어난 서로에 대한 새로운 관찰을 토론했다. 둘 중 한 명은 집단에 있을 때와 달리 매우 유혹적으로 교태를 부렸다. 더구나 이러한 행동은 그녀 자신이 전혀 의식하지 못하는 '맹점(blind spot)'이었다.

> 다른 집단에서는 인상적인 하위집단의 극적인 예가 있었다. 한 집단원이 자살을 생각할 정도로 실의에 빠지자 집단원들이 그를 매우 걱정했다. 몇몇 집단원이 조를 짜서 일주일 동안 밤낮으로 전화를 걸어 주었는데, 그 내담자에게나 집단 응집성에 모두 도움이 되었다.

> 치료 작업을 고무시킨 하위집단의 또 다른 예다. 한 내담자가 집단의 모든 집단원과 특별한 동맹을 형성하려 했고, 결국 집단 밖 활동을 집단 내에서 탐색한 결과 자신이 동료들과 관계를 맺으며 교묘히 조종한다는 것과 권위자에 대해 적대적 위치에 있다는 것에 대해 중요한 통찰을 얻게 되었다.

원칙은 분명하다. 모母집단의 목적이 포기되지 않는 한 집단 밖에서 일어나는 어떤 접촉도 유용할 수 있다. 그러한 모임을 집단 리듬의 한 부분이 되는 행동으로 받아들이면 그러한 행동을 분석하는 것이 가치 있는 정보를 제공해 준다. 이 목적을 달성하기 위해서는 관련된 집단원들이 집단 밖에서 일어난 모든 중요한 일을 집단에 보고해야 한다. 그렇지 않으면 응집성에 파괴적 영향을 미치게 된다. 중요한 원칙은 하위집단 형성 자체가 집단에 파괴적인 것이 아니라 일반적으로 이를 둘러싼 침묵의 음모가 문제다.

그러므로 치료자는 집단 밖에서의 모든 접촉과 집단 내 병합을 개방적으로 토론하고 분석하도록 종용해야 한다. 치료자는 집단 밖에서의 접촉을 집단에 보고하는 것은 집단원들의 책임이라는 점을 계속 강조해야 한다. 입수할 수 있는 모든 대인관계 자료를 활용해야 한다. 집단에서 두 집단원 간에 오가는 눈짓에서 또는 집단 밖에서 함께 다니는 것에서 그들 사이에 특별한 관계가 있다는 것이 짐작될 때 치료자는 이런 느낌을 서슴지 말고 집단에 내놓아야 한다. 비판이나 비난이 함축되어서는 안 된다. 두 집단원 간의 애정 관계를 이해하고 조사하는 것은 서로 적대적인 상황을 탐색하는 것만큼이나 치료적으로 효과가 있을 수 있다. 더 나아가서 다른 집단원들도 그 관계에 어떻게 반응하는지, 즉 그 반응이 부러움, 질투, 거부 또는 간접적 만족인지 토론해 보도록 해야 한다.[13]

집단 밖에서 특별한 관계를 맺고 있는 내담자들이 치료 집단에서 토론할 준비가 되지 않아 치료자에게 개인 면담을 요구하고, 그 내용을 집단의 나머지 사람들에게 누설하지 말 것을 요청할 수 있다. 만일 치료자가 비밀 보장을 약속하면 비밀을 지킬 수 없는 공모에서 빠져나오기 힘들게 된다. 따라서 집단치료자는 비밀 보장 약속을 절대로 하지 말 것을 제안한다. 대신 치료적 입장에서 전문적인 판단과 행동을 할 것을 내담자에게 확신시켜 주어야 한다. 이런 확신이 내담자에게는 충분하지 않을지라도 적어도 치료자가 불편하고도 반치료적인 협정을 맺게 되지는 않을 것이다. 집단원과 관련된 정보를 집단 전체와 다룰 수 없다면 집단지도자로 작업하기는 불가능하다.

집단원들이 흔하지는 않지만 서로 성관계를 맺을 수도 있다. 치료 집단은 호색적이지 않지만 내담자들은 성 불능, 불감증, 발기부전, 성적 죄의식 등으로 심각한 성적 장애를 지니고 있다. 치료 집단처럼 오래 지속되는 집단에서는 다른 사회적, 전문적 집단과 비교할 때 훨씬 성관계가 적다고 확신한다.

치료자는 어떤 명령으로도 하위집단 형성이나 성관계를 막을 수 없다. 성적 행동화와 강박증은 흔히 처음에 치료에 오게 만든 관계의 어려움을 나타내는 증상이다. 모든 경우에 내담자들이 집단에 진실하게 자신을 드러내기를 기대한다. 집단에서 성적 행동화가 나타나 이 행동을 검토하게 되면 특별한 치료적 기회가 될 수 있다.

하위집단 형성이 금지될 수 없다면 격려하지도 말아야 한다. 준비 또는 초기 면담에서 집단원들에게 이 문제에 관한 나의 입장을 명확히 밝히는 것이 도움이 된다는 것을 발견했다. 나는 집단 밖에서의 활동은 대체로 치료를 방해한다고 말해 주고 하위집단 형성으로 인한 복잡한 문제에 관해 분명하게 설명한다. 만약 집단 밖 만남이 우연히 또는 계획적으로 일어날 경우 다른 집단원과 집단에 이것을 알리는 것이 하위집단에 속한 집단원의 책임임을 강조한다. 치료자는 집단치료 경험이 인생의 연습 무대임을 집단원들이 이해하도록 도와주어야 한다. 집단치료는 연결 다리지 목적지가 아니다. 집단치료는 지속적인 관계를 형성하는 데 필요한 기술을 가르쳐 주지만, 그 관계를 제공하지는 않는다. 집단원들이 그들의 학습을 집단 밖의 삶에 전이하지 않고 사회적 만족을 치료 집단에서만 얻으려 하면 치료는 비생산적이고 끝이 없게 된다.

이런 이유로 남편과 아내, 룸메이트, 사업 친구 등 이미 장기적으로 특별한 관계를 맺고 있는 두 명을 집단에 포함시키는 것은 현명하지 못하다. 때로 개인적 관계나 직장 관계로 이전에 알았던 두 사람이 첫 모임에 나타나는 일은 일어날 수 있다. 가장 순조로운 집단 시작은 아니지만 치료자는 이 상황을 공개적으로 철저히 검토해야 한다. 관계가 지속되고 있는지, 두 사람이 집단에서 완전히 공개할 것 같지 않은지, 비밀 보장에 대한 염려가 있는지, 작업할 수 있는 더 좋은 대안이 있는지, 어떻게 진행할 것인지를 신속히 함께 결정해야 한다.

집단치료가 집단원의 현재 진행 중인 장기적 관계에 초점을 맞추는 것은 가능하지만 그것은 다른 종류의 치료 집단(부부 집단, 합동 가족치료, 다면적 가족치료 등)의 범위에 수반되므로 본 책에서는 다루지 않는다.[14]

입원환자 집단에서 이 문제는 더욱 복잡하다. 집단원들은 거의 종일 서로 어울리기 때문이다. 다음이 좋은 예다.

> 범법자들을 위한 정신병원의 한 집단에서 하위집단 형성 문제가 대단한 분열을 일으켰다. 집단에서 가장 지적이고 표현 능력이 뛰어나고 교육도 제일 많이 받은 두 집단원이 가까운 우정 관계를 맺고 대부분의 시간을 함께 보냈다. 집단 모임은 엄청난 긴장과 적대적인 언쟁으로 만연되었

고 대부분은 이 두 남자가 그 대상이었다. 이즈음 두 남자는 각각 분리된 정체성을 잃고 자신들을 한 쌍으로 여겼고, 다른 집단원도 그렇게 생각했다. 대부분의 공격은 직접적이지 않았으나 이 쌍을 파괴하려는 시도로 치료 작업이 물들여져 있었다.

상황이 진전되자 치료자는 집단이 효과적으로 여러 가지 주제를 탐색하도록 도와주었다. 우선 집단은 그러한 관계를 맺을 동등한 기회가 모두에게 있으므로 그 두 남성이 하위집단을 형성한 것에 대해 처벌할 수 없다는 점을 고려해 보았다. 부럽다는 문제가 대두되었고 점차 집단원들은 그러한 우정을 원하면서도 가질 수 없다는 심정을 토로했다. 더 나아가 집단원들은 그 둘에게 지적 열등감과 함께 그들로부터 느낀 거부감과 소외감에 대해 토론했다.

그러나 두 집단원의 행동이 이러한 감정을 더 악화시키고 있었다. 둘 다 여러 해 동안 기회만 있으면 자신의 지적 우월을 과시함으로써 자존심을 유지해 왔다. 다른 집단원들에게 말할 때 고의적으로 어려운 단어를 사용했고, 둘이 뭔가를 음모하는 듯한 태도로 다른 사람들의 열등감과 거부감을 돋우었다. 두 사람 다 그들이 내뱉은 미묘한 거부와 조롱에 대한 집단의 설명을 듣고 집단원들이 자신들의 행동 때문에 고통받았다는 것을 알게 되어 많은 도움을 받았다.

주의하라 내 지적은 대인관계 학습과 자기이해라는 치료적 요인에 많이 의존하는 집단에만 한정해서 하위집단의 가능한 위험에 관해 말한 것이다. 예를 들어, 섭식장애를 위한 인지-행동적 집단에서는 집단 밖에서 사회적 친교 기회를 가지는 것이 식사 습관을 바꾸는 데 유익하다는 것이 밝혀졌다.[15] 12단계 자조집단과 지지집단 등에서도 집단 밖의 모임을 잘 활용해 이익이 된 경우가 있다. 암 환자 지지집단에서는 집단 밖의 접촉이 집단 과정의 핵심적 부분이 된다. 집단 모임과 모임 사이에 병과 의학적 치료에 대응하는 데 도움을 주려고 서로가 접촉하기를 격려한다.[16] 많은 경우 나는 집단이 깊은 절망에 빠진 집단원 주변에 모여 도움을 주고, 전화로 각별하게 지지해 주는 모습을 보았다. 진행된 유방암 환자 집단에서 집단원들은 병원 검진에 함께 가거나, 아픈 집단원을 위해 음식을 준비하고, 장례식에서 조사까지 했다.

∷ 치료 집단의 갈등 ∷

두 명뿐이든, 집단 규모가 작든, 또는 국가나 국가 공동체처럼 거대한 규모의 집단이든 인간 집단에서 갈등을 제거할 수는 없다. 명백한 갈등이 부인되고 억압되면, 그것은 비뚤어지고 좀 먹고 때로는 흉칙한 방법으로 나타나기 마련이다. 갈등을 연상할 때 즉각적으로 파괴, 쓰라림, 전쟁, 폭력 같은 부정적인 생각이 떠오르지만, 조금만 더 생각하면 드라마, 흥분, 변화, 발달 같은 긍정적인 연상을 할 수 있다. 치료 집단도 예외는 아니다. 어떤 집단은 '너무 좋아서' 갈등이나 직면을 피하고 가끔 공격을 피하려 하는 치료자를 따라 한다. 수백 명의 집단치료자 슈퍼비전에서 갈등이 있을 때 회피로부터 위로, 솔직한 매력, 공격까지 치료자의 행동 스펙트럼을 보았다. 치료자는 갈등에 대한 자신의 개인적 태도를 인식하게 해야 한다. 그들의 태도가 집단의 규범을 형성하기 때문이다.

집단의 발달 과정에 갈등은 피할 수 없는 것이기에 갈등이 없다면 발달 과정에 어떤 손상이 있음을 의미한다. 더군다나 집단원들이 견딜 수 있고 어떻게 작업할 수 있는지 이해한다면 갈등은 치료 과정에서 집단에 유익하게 이용될 수 있다. 갈등을 다루는 법을 배우면 개인의 성숙과 정서적 탄력성에 도움이 되며 중요한 치료적 수단이 된다.[17] 문화와 사회적 성은 갈등과 분노를 표현하면서 집단원들이 편안함을 느끼도록 영향을 준다. 이는 치료 과정에서 학대받고 착취당한 여성 내담자에게 특별히 중요한데, 갈등과 공격을 다루면서 좀 더 자기주장을 할 수 있게 된다.[18] 여기서 나는 치료 집단에서의 갈등, 근원, 의미, 치료에서의 유용성을 고찰하고자 한다.

적개심의 근원

치료 집단에서 적개심의 근원은 다양하며, 자아심리학에서 대상관계, 트라우마 이론, 성역할 심리학, 자기심리학에 이르기까지 적개심을 설명하는 모델과 이론 역시 많다.[19] 집단지도자의 능력은 집단에서 일어나는 적개심에 작용하는 개인, 대인관계와 집단 역동, 사회적 변인을 확인하는 것이 필수다.[20]

어떤 반감은 내담자 자신의 자기 경멸을 투사해서 나온다. 어떤 내담자는 자기의 수치심을 투사하고 그 투사의 대상을 공격한다. 평가 절하는 평가 절하를 가져오고 파괴적 대인관계 고리는 공격과 역공격이 일어나게 한다.

때로는 전이가 치료 집단에서 적개심을 생성한다. 한 집단원이 현실에 근거하지 않고 과거 자신의 인간관계나 현재 인간관계에서 일어나는 욕구나 두려움에 의해 왜곡된 이미지에 근거해 반응할 수 있다. 이 왜곡이 부정적으로 충전되면 서로 적대감이 싹트게 된다. 집단은 적개심과 거부의 감정과 행동을 악화시키는 '거울의 홀'로 작용한다.[21] 개인들은 자기가 수치스러워하는 어떤 성격이나 욕망을 오랫동안 억압해 왔을 수 있는데, 바로 이런 특징을 구체적으로 나타내는 다른 사람을 만났을 때 일반적으로 상대방을 피하거나 혹은 매우 강하지만 설명할 수 없는 적개심을 경험한다. 과거에 담배를 피웠던 사람이 현재 담배를 피우는 사람을 멸시하는 경우를 생각해 보라. 그 과정은 의식 수준에 가까워 다른 사람의 지도로 쉽게 인식되기도 하고, 그렇지 않으면 깊게 파묻혀 있다가 여러 달에 걸친 탐색 후에야 이해되기도 한다.

Vincent라는 환자는 이탈리아에서 이민 온 2세대 미국인으로 보스턴 빈민가에서 성장했다. 아주 힘들게 좋은 교육을 받았고, 그의 뿌리로부터 오랫동안 분리되어 살아 왔다. 자기의 지성에 대단히 자부심을 느꼈기 때문에 자신의 억양이나 배경을 눈치챌 어떤 것도 드러나지 않도록 굉장히 조심하며 말했다. 그는 자신이 과거에 낮은 출신이라는 생각을 혐오했고 발각될 것을 두려워했다. 사람들이 자기 속을 들여다보고 흉측하고 불결하고 불유쾌하게 여기리라고 생각했다. 집단에서도 그는 이탈리아인의 후손인 다른 집단원에 대해 극도의 적개심을 가졌다. 그 집단원은 그의 가치나 표정, 손짓 등에서 소수 집단의 정체를 그대로 가지고 있었다. 그 집단원에 대한 적개심을 탐색함으로써 Vincent는 자신에 대해 많은 중요한 통찰을 가지게 되었고, 공격적인 입장으로 훼손되었지만 오랫동안 갈망하던 집단의 수용을 얻게 되었다.

정신과 수련의 집단에서 집단원인 Bob은 좀 더 학문 지향적인 다른 과로 옮길 것인지에 대한 고민을 이야기했다. 그러자 Rick이라는 집단원이 주도적으로 Bob이 자신의 문제를 이야기하는데 집단 시간을 쓴 것에 분개했고, 그가 약하고 우유부단하다고 비난했으며, '변기에서 싸거나 일어나거나' 둘 중 하나를 택해야 한다고 주장했다. 치료자가 Bob에게 왜 화가 났는지의 근원을 탐색하게 하자 많은 역동이 분명하게 나타났다. 매우 강력한 이유 중 하나를 Rick이 발견했는데, 그는 거의 활동 불능에 가까운 자신의 우유부단함을 토로했다. 정확히 일 년 전 똑같은 결정을 해야 했을 때 그는 능동적으로 결정할 수 없어서 결정을 억압하는 수동적 태도를 취함으로써 갈등을 해결했다. Bob의 행동은 그 고통스러운 장면을 Rick에게 다시 일깨워 주었고, 그의 불편한 선잠을 방해한 것이었다. 결국 Rick은 자기보다 훨씬 더 정직하고 용기 있게 그 문제와 씨름하고 있는 Bob에게 분개했던 것이다.

정신과 의사 Jerome Frank는 이중거울 반응double-mirror reaction에 대해 다음과 같이 묘사했다.

> 한 집단에서 두 유대인 사이에 싸움이 붙어 오래 계속되었다. 한 사람은 유대인인 것을 자랑스러워했고 다른 한 사람은 숨기려 했다. 나중에 둘은 자신 안에 억압되었던 태도를 상대방에게서 발견하고 싸우고 있다는 것을 알게 되었다. 뽐내던 유대인은 유대인이기에 겪는 여러 가지 불리한 점에 대해 혼란을 경험하고 있었고, 배경을 숨겼던 유대인은 속으로 유대인임을 자랑스러워한다고 고백했다.[22]

적개심의 다른 근원은 투사적 동일시projective identification라는 무의식적 과정으로, 자기와 관계가 없다고 생각하는 자신의 특성 일부를 다른 사람에게 투사하고는 그 사람에게 엄청난 매력 또는 혐오감을 느끼는 것이다. 투사적 동일시의 완전한 문학적 예가 도스토옙스키의 악몽적인 이야기 『분신The Double』에 나온다. 주인공이 자신과 신체적으로 복사판인, 어렴풋이 알고 있지만 증오하는 자신의 모든 면이 인격화된 어떤 남자를 만나게 된다. 이 이야기는 주인공과 자신의 복사판 사이에 일어나는 엄청난 매력과 공포를 놀랍도록 생생하게 묘사한다.[23] 투사적 동일시는 개인과 개인, 그리고 개인의 내적인 요소를 모두 가지고 있다. 이는 방어(현실을 양극화하고, 왜곡하고, 산산조각 내기 때문에 본질적으로 원시적)이자 대인관계의 한 형태다.[24] 자기 것이 아니라고 생각하는 자신의 어떤 면을 단순 투사하듯이 타인에게 투사할 뿐 아니라 타인에게 주입함으로써 그 사람의 행동을 실제로 변하게 한다. 투사하는 사람이 외형적 · 내형적인 대인관계 소통으로 투사된 사람의 심리적 경험과 행동에 영향을 주기 때문이다.[25] 예를 들면, 내담자가 학대받고 트라우마를 겪은 부분을 집단원이나 지도자에게 투사해 그들에게 모욕을 주게 된다. 이러한 투사는 다른 집단원을 압도하고 집단지도자를 무능하게 한다. 집단지도자가 내담자의 투사와 그 영향을 이해할 수 있어야만 집단을 안전하게 유지할 수 있다.[26]

집단치료에는 다른 많은 분노의 근원이 있다. 자아감이 약한 개인은 수치, 경멸, 공감 실패 또는 거부의 경험을 분노로 반응하거나, 또는 보복이나 대인관계에서 강요로 자신의 위상을 추구하기도 한다. 분노는 조각난 자아감에 대한 절망적 반응일 수 있고 정서적으로 완전 붕괴를 피하기 위한 내담자의 가장 큰 노력을 대변하는 것일 수도 있다.[27]

경쟁심과 질투가 갈등의 또 다른 근원이 될 수도 있다. 개인은 집단에서 치료자의 가장 큰 관심을 차지하거나 특정한 역할을 하기 위해, 즉 집단에서 가장 권력 있고, 존경받고, 예민하고, 혼동되고 또는 필요한 사람이 되기 위해 서로 경쟁할 수 있다. 집단원들은 지도자가 누구를 더 편애하는지 그 증거를 찾으려 한다. 예를 들어, 한 집단원이 치료자에게 어디로 휴가를 갈 것인지 물었고 치료자는 솔직하게 대답했다. 이를 지켜보던 다른 집단원 하나가 상당히 씁쓸한 반응을 보였다. 이 사건이 과거 어린 시절에 자기가 요청한 것은 거절하면서 언니가 바라는 것은 항상 주던 부모님을 상기시켰기 때문이다.[28]

다음의 예에서 보듯이 새로 집단원이 추가될 때도 경쟁심이 종종 유발된다.

한 집단의 50회 모임에 새 집단원 Ginny가[23)] 참석했다. 여러 면에서 Ginny는 초창기 집단원인 Douglas와 비슷했다. 두 사람 다 예술가였고, 생에 대한 접근이 신비스러우며, 가끔 환상에 깊이 빠지고, 자기의 무의식에 너무나 익숙했다. 그런데 이 두 사람 간에 친근함이 아니라 적개심이 일어났다. Ginny는 즉시 자신이 타인과의 관계에서 항상 떠맡는 역할, 즉 유령 같고 비이성적이고 와해된 행동을 집단에서 보였다. 가장 병세가 심하고 가장 와해된 집단원으로서 역할을 빼앗긴 Douglas는 참을성 없이 짜증을 내며 그녀에게 반응했다. 역할 갈등에 대한 적극적인 해석과 Douglas가 새 역할('가장 호전된 집단원')을 시작하게 된 후에야 두 사람 사이에 협상이 이루어졌다.

어떤 집단원은 그들의 성격 구조 때문에 가차 없이 갈등에 끼어들고, 그들이 속한 집단에 갈등을 불러일으킨다. 자신을 둘러싼 세상에 위험이 있다고 가정하는 편집증 성격장애를 가진 남성을 살펴보자. 그는 무한정 의심하고 경계한다. 그는 위험의 단서와 신

23) Ginny는 나와 함께 Every Day Gets a Little Closer: A Twice-Told Therapy (New York: Basic Books, 1975, reissued, 1992)를 지은 저자다.

호를 찾아서 유별나게 편견을 갖고 모든 경험을 검토한다. 그는 응급사태에 대비하는 데에 빈틈이 없다. 절대 놀지도 않고 자신을 착취하려는 사람들의 노력을 기대하며 그들의 노는 행동을 의심쩍게 바라본다. 이 편집증 내담자는 분명 이러한 특징 때문에 다른 집단원들의 사랑을 받지 못할 것이다. 조만간 분노가 그의 주위에서 분출될 것이다. 성격구조가 경직되고 심각할수록 갈등도 극단적일 것이다. 궁극적으로 치료가 성공적으로 이루어지려면 적대적인 불신 밑에 있는 상처 받기 쉬운 감정을 탐색해야 한다.

슈퍼비전 시간에 두 명의 여성 공동 치료자가 Mark에게 공감하기 힘들다고 말했다. 그는 공격적이고 자기애적인 남성인데, 집단에서 상처를 잘 받는 Sandi에게 매우 비난적이었다. 그녀가 집단 상호작용을 피하고 침묵으로 그를 관찰한다고 분개했다. 집단지도자로서 Mark의 관심사를 다루기보다 Sandi의 편을 들고 이해하는 것이 더 쉬웠다.

Mark는 덩치가 크고 풍채가 좋아 집단원과 지도자들을 주눅 들게 했다. 집단지도자로서 나는 Mark가 드러내는 공격적인 행동보다 상처받기 쉬운 감정을 검토하게 하고, 좀 더 동정적으로 접근했다. 그랬더니 Mark는 침묵에 대한 그의 두려움에 관해 말할 수 있었다.

그에게 침묵은 심한 비난이 임박했다는 뜻이었다. 모든 사람이 Sandi의 감정과 눈물에 관심 가지면서 자신의 감정에는 관심을 가지지 않았다고 슬퍼했다. 그는 처음으로 어렸을 때 당한 학대 경험을 나누었고, 그의 큰 덩치와 허세는 공격을 막기 위한 방어였음을 알게 되었다.

집단치료는 개인치료보다 다양한 대인관계 상호작용을 할 수 있고, 따라서 대인관계 갈등을 좀 더 안전하게 노출할 수 있다. 유희적이고 시합적인 말투가 나타나고 발달적으로 건강한 '주고받는' 재치 있는 대화가 조장된다. 건강한 자기주장의 정신에서 일어난다면 융합은 강화되고 경쟁, 대항, 건강한 공격을 검토하고 다룰 기회가 많다.[29]

집단원들의 비현실적인 기대가 좌절되며 생기는 치료자에 대한 실망은 적개심의 또 다른 근원이다. 집단이 치료자와 직접적으로 직면할 수 없다면 희생양이 생길 수 있으나 이는 희생자나 집단 모두를 위해 절대로 만족스러운 해결책이 아니다.[30]

단순한 설명을 피하려면 적개심이 여러 근원에서 온다는 것을 인식해야 한다.[31] 집단은 희생자, 가해자, 보호하는 중개자 또는 무관심한 목격자에게 공격에 대한 모든 잠재적 관점을 표현하게 한다.[32] 집단의 적개심을 집단 발달 단계의 관점에서 이해해 볼 수 있다. 초기 단계의 집단은 퇴행을 유발시키며, 집단원들의 비합리적이고 미개한 측면이 드러나게 한다. 시작한 지 얼마 되지 않은 집단 역시 잠재된 불안(노출의 두려움, 수치심, 낯선 사람에 대한 불안, 무력감)이 적개심으로 표현될 수 있다. 집단원들이 갖고 있는 문화나 인종에 대한 오해와 가정에서 공격성이 나타나기도 한다. 이러한 작은 공격이 가해자에게는 아무것도 아닐지라도 표적이 된 개인은 깊이 상처받을 수 있으며, 그의 성격, 소수 문화의 정체성을 없애거나 작아지게 만든다.[33] 이 모든 것을 인식하고 다루고 보수해야 한다. 첫 단계로 공격을 보게 해야 집단에서 작업할 수 있다.

집단이 진행되는 동안 자기애적 상처(오해받고, 인정받지 못하고, 소외되고, 무시되어 생긴 자존감의 상처)로 인해 고통받고 분노할 수 있다. 집단 작업 후반에 분노는 보통 투사 경향, 형제간 경쟁심, 전이, 몇몇 집단원의 조기 종결 등에서 오게 된다. 물론 집단지도자가 비판 앞에서 자기방어를 하는 것도 집단 갈등에 불을 지르는 근원이 된다. 치료자의 역전이가 치료 과정에서 일어나는 파괴적 적개심에 기여하는 것이다.[34]

적개심의 조정

원인이 무엇이든 간에 불화가 일단 시작되면 예측할 수 있는 결과가 따른다. 적대자들은 자신이 옳고 상대방이 틀렸으며, 자신은 좋은 사람이고 상대방은 나쁜 사람이라는 믿음을 갖는다. 더군다나 당시에는 인식하지 못하더라도 이러한 믿음은 양쪽 모두 똑같은 신념과 확신을 갖는 것이 특징이다. 그렇게 반대되는 신념이 존재하는 곳에서는 계속되는 긴장감부터 정체까지 모든 현상이 일어난다.

일반적으로 의사소통이 단절된다. 서로가 상대방의 말을 경청하지 않는다. 양쪽 편은 이 시점에서 관계가 완전히 균열되어 오해를 푸는 길이 영구적으로 막히게 된다. 상대편 말을 경청하지 않을 뿐 아니라, 자신도 모르게 서로에 대한 지각을 왜곡한다. 상대편의 언어나 행동이 이미 지각된 관점에 맞추어 왜곡된다. 반대되는 증거는 무시되고 화해하려는 몸짓은 속임수로 지각된다(국제관계에서도 이 비유는 너무나 명백하다). 간단히 말하면 서로를 이해하기보다 자신이 믿는 바를 입증하기 위해 더 노력한다.[35]

자신의 행동은 명예롭고 합리적이며, 상대방의 행동은 속임수이며 악하다고 생각한다. 인간사에서 너무도 흔한 이러한 결과가 치료 집단에서 전개되도록 허용된다면 집단원들은 변화나 학습을 할 기회가 거의 없다. 그러한 결과를 방지하는 집단 분위기와 규범이 집단 초기에 형성되어야 한다. 인종이나 성 역할 또는 관계 긴장감이나 여기에 관여한 모든 사람의 관점에서 갈등을 바라보아야 치료 집단은 '어려운 대화'가 가능한 곳이 된다.[36]

갈등을 성공적으로 다루기 위해서는 무엇보다 응집성이 요구된다. 집단원들은 상호 신뢰와 존경심을 갖고 집단을 개인적 욕구를 채울 수 있는 중요한 수단으로 소중히 여겨야 한다. 집단원들은 집단이 생존하려면 의사소통이 유지되어야 한다는 점을 이해해야 한다. 아무리 화가 나도 계속해서 문제를 직접적으로 다루어 나가야 한다. 더 나아가서 각 개인을 소중히 여겨야 한다. 집단이 한 집단원을 '마스코트'로 대하며 그의 의견이나 분노를 가볍게 여기면, 그 개인이 효과적인 치료를 받을 수 있다는 희망은 공식적으로 완전히 포기된다. 마스코트가 된 집단원이 참여할 때 '눈을 굴리며' 경계하면서 집단원들끼리 몰래 눈빛을 교환한다면 이는 불길한 표시다. 누군가를 마스코트로 대하는 일은 집단 응집성을 위험에 빠뜨린다. 누구도 안전하지 않다. 특히 다른 집단원들도 비슷한 대우를 받게 될까 봐 두려워하게 된다.

응집성이 높은 집단은 모두를 소중히 여겨서 집단원들이 서로에게 욕하지 못하게 하는 규범을 고안하게 된다. 집단원들은 명예를 손상시키는 명명들을 탐색해 보아야 한다. 자신의 적개심을 이해하고 나를 화나게 만드는 다른 사람들의 면면을 분명히 하기 위해 자신의 내면을 더 깊이 탐색해야 한다. 집단원들은 여기에 자신을 이해하기 위해 있는 것이지 사람들을 패배시키고 웃음거리를 만들기 위해 있는 것이 아니라는 점을 분명히 하는 규범을 만들어야 한다.

한 집단에서 집단원이 자신이 비웃던 다른 집단원과 신랄한 말을 주고받게 되었다. 그녀는 "Joe가 떠나든지 아니면 내가 떠나든지 해야겠어요. 이 집단은 우리 둘을 감당하기에는 충분히 크지 않아요"라고 소리를 질렀다. 나는 "우리는 치료 집단이지 옛날 서부영화가 아닙니다. 집단은 당신 둘 모두를 위해 충분히 크고, 이 열기가 어디서 왔는지 이해할 필요가 있습니다"라고 반응했다.

효과적인 치료 집단은 행동이 아니라 언어로 작업한다. 모든 집단원을 존중하고 단 한 가지 객관적인 진실만 있는 것이 아님을 이해해야 한다. 더 일반적으로 여러 가지 주관적 진실이 있다는 것을 집단원들이 함께 이해할 필요가 있다.[37] 집단원들이 그들 안에 있는 비슷한 경향과 충동을 찾을 수 있다면 특히 도움이 된다. "나는 인간이고 인간이기에 있는 무엇이든 나에게도 있다"라는 Terence(주전 2세기 극작가)의 말은 우리에게 귀중한 관점을 제공한다.[38] 우리 모두는 인간 경험의 모든 요소를 갖고 있다.

공감은 갈등 해소에 중요한 요인이며 투쟁을 인간적으로 만든다. 그러나 감정이 너무 격렬할 때는 공감하기 힘들다. 그럴 때 치료자는 공감이 일어나게 함으로써 집단의 온도를 낮추어야 한다. 몸을 앞으로 기울이고 적대자들과 눈을 맞추고 그들의 고통을 타당화해야 한다.[39] 때로 과거를 이해하는 것이 공감하는 데 중요한 역할을 한다. 상대방의 어린 시절 생활의 어떤 점이 현재의 위치에 서게 만들었는지 알게 되면, 그의 위치가 의미 있을 뿐 아니라 그에게는 옳은 것처럼 보일 수 있다. 공감은 상대방에 대해 좀 더 익숙하고 더 알게 될 때 잘 일어난다.[40] 이런 이유로 서로에 대해 충분히 알지 못하는 집단의 초기 단계에서 적대적 교환을 감소해야 해야 한다.

적개심이 빗나가거나 불분명하면 갈등은 해결될 수 없다.

Maria는 다가오는 이혼에 대한 법정 진술과 관련해 그녀가 쓴 편지를 읽게 해 달라고 치료자에게 요청했다. 상당한 위자료와 자녀 양육권이 달린 복잡한 이혼 소송이었다. 편지를 읽는 데 상당한 시간이 걸려서 가끔 집단원들이 중단시키고 편지 내용에 대해 왈가왈부했다. 집단의 공격과 주인공의 방어적인 반격은 집단 분위기가 짜증으로 깨질 때까지 계속되었다.

집단은 치료자가 이 모임의 과정을 집단원들과 함께 탐색할 때까지 아무런 건설적인 진척을 보지 못했다. 치료자는 그 편지를 읽도록 허락한 자신과 자기를 곤란한 처지에 밀어 넣은 Maria에게 짜증이 났다. 집단원들은 이 상황을 허락한 치료자와 집단 시간을 소비하고 편지를 읽는 식의 좌절스럽고 비개인적인 방법으로 자신들과 연관시킨 Maria에게 모두 화가 났다. 일단 분노가 편지 내용이라는 간접적 초점에서 치료자와 Maria에게로 직접적인 초점이 맞추어지자 갈등이 해소되는 방향으로 움직이기 시작했다.

내가 강조하고자 하는 것은 영구적인 갈등 해소가 치료 집단의 최종 목표가 아니라는 점이다. 집단이 과거의 갈등을 성공적으로 해결했고 또 현재 상호 간 존경과 따뜻함이 대단하더라도 갈등은 계속해서 일어난다. 어떤 사람들은 갈등을 즐긴다. 하지만 대부분 집단원과 치료자는 분노가 오가면 매우 불편해한다. 치료자의 과업은 갈등을 이용해 성장에 도움이 되게 하는 것이다. 한 가지 중요한 원칙은 적당한 수준을 찾는 것이다. 갈등이 너무 많거나 적으면 비생산적이 된다. 치료자는 갈등을 조심해서 조절할 필요가 있다. 갈등이 사라지지 않고 집단이 아무것에도 동의할 수 없을 때 치료자는 해결책을 구하고, 왜 집단이 서로 공통성을 꺼리는지 물어보아야 한다. 집단이 항상 만장일치의 상태에 있을 경우에는 다양성과 분화를 추구해야 한다. 즉, 치료자는 갈등을 조절해 적정화해야 한다. 일반적으로 일부러 갈등을 일으킬 필요는 없다. 집단원들이 정직하고 자유롭게 상호작용을 한다면 갈등은 반드시 나타날 것이다. 흔히 치료자는 갈등을 건설적인 한계 안에 잡아 두기 위해 개입해야 한다.[41]

지금-여기의 모든 행동과 마찬가지로 갈등을 치료적으로 사용한다는 것은 두 단계 과정, 즉 경험(정서적 표현)과 경험의 이해라는 점을 명심해야 한다. 집단을 첫 단계에서 둘째 단계로 변경시킴으로써 치료자는 갈등을 통제할 수 있다. 대개 단순하고 직접적인 간청, 예를 들면 "지난 주일에도 그랬지만 오늘 우리는 여기서 좀 무거운 감정을 표현하고 있습니다. 너무 부담되기 전에 여기서 멈추고 무엇이 일어나고 있는지, 어디서 이 강렬한 감정들이 오는지 함께 이해해 보는 것이 도움이 될 것 같습니다" 같은 식으로 말하는 것이 효과적이다.

갈등을 견디는 힘은 집단원마다 각기 다르다. 한 집단원은 막 재미있어지려는데 치료자가 찬물을 끼얹는다고 비난하며 치료자가 (집단이 이해 단계로 바뀔 때) 틀을 고정시킨다고 반응했다. 그러자 즉시 다른 집단원이 더는 긴장을 참을 수 없고 집단이 재조정되는 기회가 와서 감사하다고 말했다. 집단원들이 현재 갈등에 서로가 얼마나 기여했는지 탐색하거나 여유를 주는 것이 도움이 된다. 이 숙고할 여유가 대단히 중요한데 정말로 치료적 정체와 치료적 성장의 차이를 보여 준다.[42]

부정적인 피드백을 받는 것은 고통스럽다. 그렇지만 정확하고 예민하게 전달되면 도움이 된다. 치료자는 피드백을 받는 이에게 피드백의 이득을 분명히 함으로써, 그리고 그 과정에서 내담자를 동지로 만듦으로써 수혜자를 더 기분 좋게 할 수 있다. 흔히 내담자가 치료에 처음 오게 된 원래의 대인관계 문제를 상기시켜 줌으로써, 또는 치료 초기에 내담자로부터 구두계약을 얻고 내담자가 피드백을 받을 때 치료자가 이 계약을 되풀이 말함으로써 이 같은 결과를 조장할 수 있다. 이 점은 내담자가 후퇴하거나 도망가려 할 때 치료적 기회가 온다는 것을 강조한다.

예를 들어 내담자가 자기 약혼자가 말하기를 그녀가 그를 파괴하려 한다고 비난했다면서 집단에서 이 문제를 다루었으면 할 때, 치료자는 "Carolyn, 집단의 다른 사람과 당신이 맺고 있는 관계에서 비슷한 경향이 있는지 찾아낸다면 당신에게 도움이 될 것 같군요. 지금부터 그런 일이 일어날 때마다 우리가 지적한다면 당신이 어떻게 느끼실지요?" 라고 말함으로써 일종의 계약을 맺을 수 있다. 일단 이러한 계약이 성립되면 기억해 두었다가 때가 되면(예를 들어 내담자가 집단 내에서 비슷한 피드백을 받으면) 내담자가 이를 불편해하더라도 이 피드백이 그녀와 약혼자와의 관계를 도울 수 있는 특별히 유용한 정보임을 곧바로 일깨워 준다. 효과적인 대인관계 피드백에 관해서는 2장에서 다루었는데, 주목할 것은 지금-여기에 초점 맞추고 피드백을 받는 사람과 피드백을 주는 사람이 위험부담을 나눌 때 도움이 된다는 점이다.

서로 적개심을 느끼는 두 집단원은 거의 항상 서로에게 매우 도움이 될 소지가 있다. 서로는 상대방이 자기를 어떻게 여기는지 궁금해한다. 분노 속에서 서로 상대방에게 중요한 진리(유쾌하지 않더라도)를 지적한다. 적대자들의 자존심은 갈등에 의해 증가될 수도 있다. 사람들이 서로 화를 낸다는 사실은 서로가 서로에게 중요하고 서로를 신중하게 생각한다는 증거일 수 있다. 전혀 상관하지 않는 관계에서는 서로를 무시한다. 개인은 다른 사람들의 성격, 예의, 태도를 여전히 가치 있게 여기면서도 부정적으로 반응할 경우가 있음을 알게 된다.

분노를 표출하지 못하던 내담자들에게 집단은 위험을 감수할 수 있고, 그러한 행동이 위험하지도 또 반드시 파괴적이지도 않다는 것을 배우는 시험장이다. 2장에서 집단원들이 인용한 치료에서 전환점이 된 사건들을 서술했다. 이러한 결정적인 사건은 대부분 처음으로 강한 부정적 정서를 표현한 것과 관련된 것들이다. 내담자들이 다른 사람들의 공격과 압박을 견딜 수 있고 침묵하지 않으리라는 것을 배우는 것 또한 중요하다. 정서적 탄력성과 건강한 차단은 갈등을 다루는 작업의 결과로 생길 수 있다.[43]

Ron은 오랜 시간 만성 우울증으로 싸워 왔고, 여러 해 동안 일을 할 수 없었다. 수십 년간 치료를 받았고 약, 전기충격요법, 신경 조절 등 여러 시도를 했지만 거의 효과가 없었다. 불안이 아주 높은 홀어머니 밑에서 자랐는데 그녀는 본질적으로 그녀의 삶을 꾸려 나가기 위한 도구로 그를 사용했고 그를 눈에 안 보이는 사람으로 느꼈다. 예를 들어 그녀가 어디 갈 때 사회적 불안을 감소하기 위해 동행자가 필요하면 초등학교 수업 중인 Ron을 학교에서 데리고 나왔다. 그리고 그녀가 불안하거나 악몽을 꿀 때는 청소년으로 성장한 아들을 그녀에 침대에서 자게 했다. Ron은 독립된 존재가 아니었고 평생 스트레이트 재킷을 입고 있는 것 같다고 집단에 말했다.

Ron은 집단에서 정당한 자신의 자리를 찾고 주장하고자 강하게 투쟁했다. 어느 모임에서 그는 이전 회기가 끝난 후 무서워서 24시간 동안 거의 식물인간 상태에서 지냈다고 활기와 분노에 차서 보고했다. 그의 반응은 집단의 다른 집단원인 Betti가 그를 무시하고 자신의 우울에 관해 말한 것에서 자극받은 것이었다. 이번 회기에는 Betti가 참석하지 않았지만 집단은 그의 경험에 관해 계속 말하도록 격려했다.

그는 어머니와 마찬가지로 Betti가 어떻게 그의 입을 다물게 하고 눈에 보이지 않는 사람처럼 느끼게 했는지를 특이하고 강력하게 몰두하며 말했다. 그 모임 다음 날 온종일 뭔가 의미 있는 일을 할 힘을 잃고 자신을 닫아 버렸지만, 그는 이 문제를 다루기로 했고 지금-여기에서 하기로 선택했다. Betti가 없었지만 그는 입을 다문 채 일주일간 기다리지 않았고, 다음 주에 Betti가 오면 다시 이 문제를 다룰 것이다. 집단은 그의 항의에 열광적이었고, 그들은 Ron의 이런 모습을 전에는 본 적이 없다며 주목했다.

모두에게 긍정적인 피드백을 받았지만 Ron은 그가 너무 많은 시간을 쓰지 않았는지 질문했다. 그의 병의 원인인 신념이 되살아난 것이다. 다른 집단원과 확인해 보기로 했고, 동료 집단원 Pete로부터 기억할 만한 반응이 나왔다. "나는 당신에게 완전히 깊이 몰두하고 있어요, Ron. 이 순간 나의 내적 세계에 있는 감정은 모르겠고, 당신과 함께하기를 원할 뿐입니다."

이 강력한 발언은 집단원의 행동을 진행시키는 것이 매우 중요하다는 점을 강조한다. 교정적 정서 경험을 하려면 희한한 경험을 제공하기보다는 부정적인 가정에 도전하는 건설적인 피드백을 인정하지 않으려는 내담자의 경향에 도전해야 한다.

자신을 위해 말하기가 힘든 Ron과 같은 사람들과는 반대로 지나치게 공격적인 개인은 무조건 자기주장을 할 때 생기는 대인관계의 결과를 알게 된다. 피드백을 통해 타인에게 어떤 영향을 미칠 수 있는지 알게 되고, 점차 자신의 행동이 자기 패배적인 양상을 갖고 있음을 알게 된다. 많은 사람에게는 분노와의 직면이 귀중한 학습 기회가 되는데, 집단원들이 분노에도 불구하고 서로에게 도움이 되는 접촉을 계속하기 때문이다.

내담자들은 분노를 좀 더 직접적으로 좀 더 정당하게 표현하도록 도움을 받을 수 있다. 모든 것을 다 내뱉는 완전한 갈등에서도 무언의 전쟁 규칙이 있다. 그것을 어기면 만족스러운 해결이 불가능해진다. 예를 들어, 치료 집단에서 다투는 전투원들이 서로의 신뢰 속에서 개방했던 정보에 대해 비웃고 멸시하는 경우가 일어난다. 아니면 상대방이 형편없는 존재라 더 이상 시간을 낭비하고 싶지 않기 때문에 갈등을 탐색하려 들지 않을 수도 있다. 이럴 때는 치료자가 강력하게 개입해야 한다.

치료자가 더 빨리 또는 다른 개입을 했으면 도움이 되었으리라는 것을 뒤늦게 알아차렸을 때는 이 사실을 솔직하게 인정해야 한다. Donald Winnicutt가 좋은 부모와 나쁜 부모의 차이는 실수를 얼마나 많이 했는지가 아니고 이 실수들을 어떻게 다루었는지에 있다고 말한 바와 같다.[44] "지금 내가 이해한 것을 그때 이해했더라면 집단에서 다르게 했을 것입니다"라고 나는 자주 말한다.

때로 파괴적인 상황이 유난히 오래가는 경우, 치료자는 강력하게 상황을 조절하고 한계를 지어야 한다. 그러한 상황을 집단에만 맡길 수 없다. 그렇게 내버려 두면 개인의 파괴적 행동을 허용하는 것이다.[45] 가장 흔하고 간접적인 자기 패배적 싸움 형태는 "당신이 나한테 어떻게 했는지 보세요"라는 전략으로, 상대방에게 죄책감을 불러일으키기 위해 어떤 형태로든 내담자 자신이나 상대방에게 '상처'를 입힌다. 보통 이런 패턴을 바꾸기 위해 많은 치료 작업이 필요하다. 일반적으로 이런 패턴은 아주 어릴 적에 뿌리를 두고 깊이 새겨져 있는 경우가 많다(마치 보통 어린아이들에게 있는, 부모나 자기를 괴롭히던 사람들이 자신의 장례식에서 가슴을 치며 슬퍼하고 있는 환상처럼).

집단지도자는 동의하지 않는 과정에서 긍정적 과정으로 변화시키는 노력을 해야 한다. 집단원들은 자신의 입장을 평가하고 비합리적인 근거에서 온 주장을 포기하도록 격려받고 배우게 된다. 내담자들이 분노의 원인이 자신에게 있음에도 불구하고 자기 패배적인 방식으로 표현하고 있음을 이해하도록 도와야 한다. 피드백은 이 과정에 필요한 도구일 뿐이다. 예를 들어 집단원들은 자기도 모르게 습관적으로 비웃고, 짜증 내고, 불만을 표시한다는 것을 피드백을 통해 알게 된다. 인간의 표정과 표현의 뉘앙스에 대한 피드백을 통해서 우리는 의도하지 않거나 심지어 의식적으로 경험하지 않은 것을 소통한다는 것을 알게 된다.[46]

치료자는 갈등상태에 있는 집단원들이 상대방을 좀 더 알 수 있도록 도와주어야 한다. 예를 들어 상대의 감정이나 이유를 이해할 수 있도록 집단원들에게 몇 분 동안 상대방 역할을 하게 한다.[47]

다른 집단 접근이 여러 장면과 임상적 대상에게(치매에 걸린 가족을 돌봐야 하는 고달픈 사람들로부터 외상 후 스트레스 장애를 앓는 재향군인들에 이르기까지) 효과적으로 적용되었다. 이 집단들은 보통 심리교육(사고, 정서, 행동의 관계에 초점)과 강렬한 정서를 다루는 기술 연마를 병행한다.[48] 정서 조절은 근육 이완, 심호흡, 고통에 대한 내성 훈련처럼 배우고 익힐 수 있는 기술이다.

반대로 많은 집단원이 분노나 감정을 억누르고 피하는 문제를 갖고 있는데, 이들도 분노 조절 기술을 배우면 도움이 된다. 집단에서 그들은 다른 사람도 그들과 같은 상황에서 화를 낸다는 것을 알게 된다. 그들은 다른 사람들을 통해 신체적 언어를 읽게 되고("주먹이 꽉 쥐어지는 것을 보니 내가 화가 났나 봐요"), 분노의 기미가 보일 때 억압하기보다는 과장하는 법을 배운다. 분노를 느끼고 표현하는 것은 안전하고 괜찮으며, 자신을 위해 가장 좋은 것이라는 사실을 알게 된다. 가장 중요한 것은 화내는 행동에 대한 두려움이 없어진다는 것이다. 상상했던 최악의 상태는 일어나지 않으며, 그들의 말은 파괴와 죄책감과 거부와 분노를 확대시키지 않는다.

감정을 강하게 나누는 것은 관계의 중요성을 강화시킨다. 앞서 3장에서 정서의 속성과는 상관없이 집단이 강한 정서적 경험을 함께한 뒤에 어떻게 집단 응집력이 증가하는지 설명했다. 이와 같이 성공적인 집단의 집단원들은 서로 싸우기도 하지만 동맹 속에서 많은 지지를 받는 가깝게 연관된 가족과도 같다. 둘만의 관계에서도 역시 많은 스트레스를 견뎌 낸 관계가 더 보람 있다. 집단치료에서 서로 강한 미움을 경험한 후, 앞서 설명한 과정들을 거치며 미움을 해결하고 상호 이해와 존경의 단계에 도달한 상황은 치료적으로 큰 가치가 있다. 초기에 서로 헐뜯던 두 집단원이 시간이 지남에 따라 서로에게 가장 유용해진다는 사실은 초보 집단지도자에게 위안이 된다.

자기개방

참가자들이 두려워하기도 하고 가치 있게 여기기도 하는 자기개방은 모든 집단치료에서 통합적인 역할을 한다. 예외 없이 집단치료자들은 내담자들이 그들의 개인적인 자료를 집단에서 개방하는 것이 중요하다고 믿는다. 그 자료는 내담자가 다른 사람들에게 거의 개방하지 않은 것들이다. 자기개방은 개인의 삶에서 과거나 현재의 사건들, 공상이나 꿈의 자료들, 미래에 대한 소망이나 염원, 타인에 대한 현재의 느낌 등과 관련된 것이다. 집단치료에서 다른 집단원에 대한 느낌은 흔히 중요성을 가지기 때문에 치료자들은 개방을 위한 전제 조건과 신뢰와 응집성을 형성하기 위해 많은 시간과 에너지를 쏟아야 한다.[49]

자기개방과 위험

모든 자기개방은 개방하는 사람에게 위험을 느끼게 한다. 위험 부담은 부분적으로는 무엇을 개방하는지에 달려 있다. 전에는 개방하지 않았던 매우 개인적이고 감정이 실린 자료를 개방하는 것은 위험 부담이 크다. 처음으로 개방할 때, 즉 어떤 정보를 처음으로 타인과 나눌 때 특히 더 위험을 느낀다. 위험 정도는 개방하는 사람의 경험과 관계된다. 앞서 살펴본 임상 사례에서 Betti의 말은 Ron에게 큰 영향을 주었다. 집단치료의 목표가 그가 닫았던 감정 세계를 만나는 것이기 때문에 Betti에게도 마찬가지로 큰 영향을 주었다.

위험은 또한 누구에게 개방하는지에 달려 있다. 개방하는 집단원은 수치, 모욕, 거부를 피하고 싶어 하기 때문에 받아들이는 사람이 예민하거나 이전에 개인적 정보를 개방해 본 적이 있다는 것을 알 때 좀 더 안전하게 느낀다.[50]

자기개방의 순서

자기개방은 예측할 수 있는 순서로 일어난다. 의미 있는 관계에서 한 사람이 개방을 시작하면 받아들이는 사람이 자신의 개인적인 것을 개방하며 보답한다. 개방한 사람이나 개방한 내용을 들은 사람이나 이제는 둘 다 약점이 생겼고, 관계는 더 깊어진다. 참가자들은 좀 더 솔직해지고 깊은 개방을 나누게 되며, 그들 관계의 최적 수준에 도달할 때까지 이를 계속한다. 그래서 응집이 잘된 집단에서는 자기개방이 또 자기개방을 불러오고, 궁극적으로 신뢰, 자기개방, 피드백, 대인관계 학습의 건설적인 고리가 생성된다.[51] 사례를 보자.

30회의 집단 모임이 중간쯤 이르렀을 때, 회피적이고 사회적으로 고립된 30세 엔지니어 Cam이 집단과 비밀을 나누고 싶다고 말하며 모임을 시작했다. 지난 몇 년간 그는 스트립 클럽에 자주 다녔고 한 스트리퍼와 친해졌다. 그는 자신이 스트리퍼를 구출하고 그 스트리퍼가 감사하며 그와 사랑에 빠지는 환상을 가지고 있었다. 그는 어떻게 그의 '구출 작전'에 수천 달러를 사용했는지 설명했다.

집단에서 처음으로 중요한 개인적 개방을 했기 때문에 집단은 그의 개방을 환영했다. Cam은 시간이 빨리 가고 있는데 집단이 끝나기 전에 다른 사람들과 진정한 관계를 맺기를 원한다고 했다. 이 말이 알코올 중독에서 회복 중인 Marie가 중요한 개방을 하도록 격려했다. 여러 해 전에 그녀는 밸리 댄서와 창녀로 일했다.

Marie는 그런 상황에서는 실망과 착취밖에 기대할 것이 없다고 Cam에게 경고했다. Marie는 집단의 판단이 두려워 그동안 자신의 과거를 개방하지 않았지만, Cam에게 반응해야 한다고 느꼈다. 그녀는 그렇게 괜찮은 남자가 자기 파괴적인 관계에 빠지는 것을 볼 수 없었다. 상호개방, 지지, 배려가 그다음 모임에서도 모든 집단원의 작업을 가속시켰다.

자기개방의 적응적 기능

집단에서 자기개방이 진행되면 모든 집단원에게서 참여, 책임, 서로 간의 의무가 점점 증가한다. 시기가 적절하게 들어맞는다면 깊은 비밀을 교환하는 것만큼 개인을 집단에 헌신하게 만드는 것은 없다.[52] 오래전 Sullivan과 Rogers는 자기수용에 앞서 타인에 의한 수용이 먼저 있어야 한다고 주장했다. 다시 말하면, 자신을 수용하게 되고 점차 있는 그대로의 자기를 다른 사람들이 알게 되기를 허용하게 될 수밖에 없다. 집단원의 자기개방은 집단에 필수적인 수용의 기회를 제공한다.[53]

자기개방은 집단 유대를 지지하고 집단 과업의 요소를 보강한다. 자기개방을 하는 개인에게 도움이 되고 마찬가지로 집단 전체에도 도움이 된다.[54] 3장에서 집단에서 자기개방과 인기도 간의 관계를 설명했다. 인기는(사회관계 측정으로 결정) 치료 효과와 긍정적인 상관관계가 있다.[55] 모임 초기에 광범위하게 개방하는 사람은 흔히 집단에서 매우 인기가 있다. 사람들은 자기가 좋아하는 사람에게 더 자신을 내보이고, 역으로 자신을 잘 내놓는 사람을 더 좋아하기 쉽다.[56] 여러 연구에서 높은 자기개방이(자연적이거나 실험적으로 유도되었거나) 집단 응집성을 증가시킨다고 증명되었다.[57] 그러나 좋아하는 것과 자기개방의 관계는 직선적이 아니다. 너무 아낌없이 다 털어놓는 사람은 다른 사람에게 애정보다 불안을 일으킨다.[58] 다시 말하면 자기개방의 과정과 속도를 모두 고려해 진행할 필요가 있다. 집단원들은 언어적, 비언어적으로 소통하며, 의사소통 전부를 명심해야 한다. 경험이 많은 지도자는 과정의 관점으로 진행한다. 누가 누구에게 무슨 말을 하는가? 무엇을 표현하지 않고 나누지 않는가?[59] 자기개방은 치료 작업에 중요한 방법이지 그 자체가

목적은 아니다. 치료적 도움을 얻기 위해 내담자와 집단이 온전히 진행되어야 한다.[60]

많은 연구가 자기개방이 치료 효과에 중요한 역할을 한다고 지지한다.[61] 초기 연구에서 성공적으로 치료된 참가자들은 성공적으로 치료되지 못한 내담자들보다 치료 과정에서 거의 두 배에 가까운 자기개방을 한 것으로 나타났다.[62] Lieberman, Yalom, Miles는 참만남 집단에서 부정적 결과를 얻은 개인들이 긍정적 결과를 얻은 참가자들보다 자신을 의미 있게 덜 드러냈다는 것을 발견했다.[63]

학습의 전이 개념이 여기서 절대 중요하다. 내담자들은 자기개방에 대해 다른 집단원들로부터 강화를 받을 뿐 아니라, 집단 밖의 인간관계에서도 원만해지고 비슷한 강화를 받게 된다. 배우자나 가장 가까운 친구에게 자신을 드러내는 첫 단계가 치료 집단에서의 첫 개방이다.

그러므로 개인이 맺는 관계에 의해 자기개방의 영향이 상당한 정도로 이루어진다. 자신을 드러내고, 그다음 수용되고 지지받는 것은 무엇을 확인하는 것인가? 일단 수용되면 내담자는 진실된 연결과 이해를 경험하게 된다.[64] 특별히 지금-여기의 개방 경험이 그때-거기의 개방보다 응집에 더 큰 영향을 준다는 점을 유념하라.[65]

때로 내담자들은 자기개방에 큰 저항을 나타낸다. 내담자는 수용과 이해를 받고 싶은 마음과 함께 동시에 다른 집단원들로부터 거부와 조롱을 받을까 봐 두려워한다.[66] 집단원들은 자주 자기개방에 대한 비참한 공상을 한다. 개방을 하고 그 비참한 공상이 틀린 것이 증명될 때 그것은 대단히 치료적이다. 반대로 자기개방을 한 내담자를 공격하고 조롱하면 그 개인과 집단에 파괴적으로 작용하기에 즉각적인 탐색과 교정이 필요하다.

대담한 실험이 시행되었는데, 학생들에게 학급 전체와 몇 가지 깊은 비밀을 나누게 했다. 익명을 유지하기 위해 상당히 주의했다. 비밀을 똑같은 종이에 쓰게 했고, 강사는 학생들이 불편함을 느끼거나 얼굴이 빨개지는 일을 감추기 위해 어두운 방에서 비밀을 공개했고, 공개 즉시 종이를 폐기했다. 비밀은 성적 선호, 불법 또는 부도덕한 행동(성적 학대, 속임수, 도둑질, 마약 장사), 심리적 장애, 알코올 중독 가정에서 학대받은 경험 등 다양했다. 비밀을 읽는 즉시 교실에서 강력한 반응이 나타났다. "무거운 침묵, 감지할 수 있는 분위기. 공기는 따뜻하고, 무겁고, 전류가 통하는 듯하고. 칼로 그 긴장을 끊었을 수도 있을 것이다." 학생들은 자기의 비밀이 낭독되는 소리를 듣고 어떤 무게가 그들에게서 떨어져 나가는 듯한 안도감을 느꼈다고 보고했다. 그러나 추후 토론에서는 더 큰 안도감을 느꼈다. 학생들은 여러 가지 비밀을 들은 것에 대한 그들의 반응을 공유했고, 비슷한 경험을 나누었으며, 드물지 않게 자기가 쓴 비밀을 밝혔다. 동료의 지지는 항상 긍정적이고 강력한 안도감을 준다.[67] 우리는 다른 사람으로부터 수용되기를 원한다. 간직하고 있는 깊은 비밀이 다른 사람에게도 있다는 사실을 알 때 위로받는다.

부적응적인 자기개방

자기개방은 최적의 심리적 · 사회적 적응과 곡선적 관계가 있다. 즉, 자기개방이 너무 많아도 지나치게 적어도 부적응적인 대인관계 행동이다.

자기개방이 너무 적으면 대개 현실을 검증할 기회를 상당히 제한받는 결과를 낳는다. 관계에서 자신을 개방하는 데 실패하는 사람들은 일반적으로 타당한 피드백을 얻을 기회를 상실한다. 더군다나 주고받는 교환이 없이는 관계를 더 진전시킬 수 없다. 상대방도 더 이상의 자기개방을 멈추거나 그 관계를 전적으로 그만두게 된다.

집단에서 자신을 개방하지 않는 사람은 다른 집단원들로부터 진실하게 수용될 기회가 거의 없고, 따라서 자아존중감이 올라가는 경험을 할 수 없다.[68] 혹시 잘못된 이미지에 근거해 수용되었다면 자아존중감의 증가는 일어나지 않는다. 더구나 가짜 자기를 드러내서 얻은 수용조차 잃을 위험이 가중되기 때문에 이 시점에서 타당한 자기개방은 더 일어나지 않는다.[69]

어떤 개인은 수용받지 못할까 두려워서가 아니라 통제 영역에서 깊은 갈등을 느끼기 때문에 자기개방을 무서워한다. 그들에게 자기개방이란 위험한 것이다. 왜냐하면 다른 사람을 통제하는 데 있어 그들을 취약하게 만들기 때문이다. 집단의 다른 사람들이 자기개방을 통해 지나치게 자신을 취약하게 만들 때만 그들은 개방으로 응수하려고 한다.

자기개방의 차단은 전체 집단뿐 아니라 개인 집단원들에게도 방해가 된다. 집단에 밝히고 싶지 않은 중요한 비밀을 갖고 있는 사람은 표면적인 수준이 아니면 참여하기가 매우 어렵다. 그는 비밀뿐 아니라 그 비밀로 통하는 모든 것을 숨겨야 하기 때문이다. 5장에서 치료 초기 단계에 치료자가 큰 비밀을 갖고 있는 개인에게 어떻게 접근할 것인지 자세히 설명했다. 요약하면, 치료자는 내담자가 치료에서 도움을 얻기 위해 집단과 비밀을 나누어야 한다고 상담해 주어야 한다. 알맞은 시간과 속도는 내담자에게 달렸지만, 치료자는 내담자가 원하는 방법으로 편하게 자신을 개방할 수 있도록 도와주어야 한다.

오래 간직하던 비밀을 나누었을 때 무엇이 이 시점에서 입을 열게 했는지 알아보는 것이 종종 도움이 된다. 내담자의 중요한 정보에 접근하려고 오래 기다리며 좌절할 수도 있지만 개방은 항상 환영해야 한다. 나는 "당신은 이 비밀을 우리에게 이야기하려고 몇 주일이나 기다렸습니다. 무엇이 달라져서 오늘 이렇게 나누게 만들었나요? 오늘 무슨 일이 일어났길래 우리를 믿게 되었나요?" 같은 말을 가끔 한다. 그리고 그 후에 "비밀을 나눈 후 집단에 돌아오는 게 어때요?"라고 말한다.[70] 비밀을 공개한다는 것은 신뢰의 표현이고 집단에는 선물이 된다. 수용과 지지의 요구일 수도 있고, 죄책감과 수치심으로부터 사면을 원하는 마음일 수도 있다. 꿈을 분석하듯이 이 비밀을 탐색하는 것이 도움이 될 수 있다(13장 참조). 이 비밀의 어떤 부분은 공개한 내담자에게도 숨겨져 있어 집단과 함께 그 의미를 탐색해야만 알 수 있다.[71]

치료자 자신도 모르게 치료자가 자기개방을 제재할 때가 있다. 내가 아는 한 가장 무서운 비밀을 가진 내담자가 초보 치료자가 지도하고 내가 감독하는 새로 형성된 집단에 있었다. 그 여성은 출산 후 정신병을 앓고 있었는데 일 년 전 두 살 난 아이를 죽이고 자살을 시도했다. 법정에서는 그녀가 정신이상을 앓고 있으므로 범죄에 책임이 없다고 판결했다. 치료를 받고 좋아졌으며, 삶을 재건하려는 용기 있는 노력으로 집단치료를 시작했다. 치료가 시작되고 14주가 지나도록 그녀는 자신에 관해 아무것도 말하지 않았다. 그뿐만 아니라 부정과 억압의 전략을 과격하게 사용함으로써 집단 전체를 방해했다. 나의 자문과 치료자의 노력에도 불구하고, 집단치료자는 내담자와 집단을 생산적인 치료에 들어가게 도울 수 없었다.

그러나 나는 집단 모임을 일방경을 통해 몇 회 관찰하고 나서 놀랍게도 그 내담자가 자신의 비밀을 토론하도록 도와줄 기회를 치료자에게 여러 차례 제공한다는 것을 알게 되었다(예를 들어 아이를 잃었다고 말했지만 치료자는 추적하지 않았다). 지도감독 시간이 치료자의 역전이를 다루는 데 쓰였다. 치료자의 두 살 난 아이에 대한 감정과 그 내담자의 행위에 대한 공포가 그녀의 죄책감과 결탁해 집단에서 입을 다물게 만든 것이다. 다음 모임에서 치료자의 부드러운 질문 한마디가 내담자의 입을 열게 했고 집단 전체의 성격을 바꾸었다.

어떤 집단에서는 자기개방이 전반적인 판단적 분위기 때문에 제재를 받는다. 집단원들은 남들이 자기에 대해 갖고 있는 존경심을 잃을까 봐 자신의 수치스러운 면을 드러내길 꺼린다. 정신건강 분야에 종사하는 전문가 집단이나 훈련에서 이것은 한층 더 압박이 된다. 중요한 전문적 도구가 우리 자신이기 때문에 개인적 존경뿐 아니라 직업이 위험에 처하기 때문이다. 한 예로, 정신과 수련의 집단에서 Omar가 의사로서 자신감이 없으며, 생사가 걸린 상황에 처할 때마다 공황 상태에 빠진다는 것 등에 관해 토론했다. 마구 퉁명스럽게 말하는 Ted라는 다른 집단원이 이 얘기를 듣고 자기는 Omar에 대한 존경심을 잃었고 앞으로 그에게 환자를 의뢰할지 의문이라며, 자신들이 이런 약점을 드러내는 걸 두렵게 느끼는 것은 근거 있는 일이라고 말했다. 다른 집단원들은 Omar를 지지하고 Ted의 판단적 태도를 비난하며, 자기들은 오히려 Ted에게 환자를 의뢰하기가 꺼려진다고 했다. 판단적 태도로 인해 무한한 퇴행이 쉽게 뒤따를 수 있는데, 이 경우 치료자의 의무는 강력하게 개입하는 것이다. 정신건강 분야에 종사하는 전문가들의 훈련집단에서 최근 개업에 요구되는 관심사와 탈진에 대한 두려움을 공개적으로 나누게 함으로써 지지를 제공하고 개업자들의 탄력성을 향상시킬 수 있다.[72]

또한 치료자는 사생활 보장에 대한 건강한 욕구와 신경증적으로 강박적인 비밀주의 간의 차이를 구별해야 한다. 집단에 거의 끼어들지 않는 몇 사람은 적응적인 방식으로 사적이다. 그들은 가까운 친구 몇 명하고만 친교를 나누고, 집단에서 자기개방을 한다는 생각만으로 몸서리를 친다. 더군다나 그들은 사적으로 묵상하는 활동을 즐긴다. 이것은 공포, 수치 또는 서투른 사회적 억압에 근거한 사생활과는 전혀 다른 것이다. 남성이 여성보다 자기개방을 더 어려워한다. 남성들은 관계를 애정과 연결로 보기보다 경쟁과 주도성으로 보는 경향이 있다.[73]

자기개방을 너무 많이 하는 것도 적게 하는 것만큼이나 부적응적이다. 무분별한 자기개방은 정신건강을 위한 목적도 아니고 정신건강으로 향하는 길도 아니다. 어떤 개인은 자기개방이 바람직한 것이라면 완전하고 계속적인 자기개방은 매우 좋을 것이라고 잘못된 추리를 한다. 두 사람 간의 모든 접촉이 개인적인 관심과 비밀을 공유해야 하는 것이라면 삶은 참을 수 없이 난처할 것이다. 개방하는 사람과 듣는 사람의 관계가 자기개방의 양식을 결정하는 데 있어 중요 요인이 되어야 한다. 여러 연구조사에서 이 진리는 실험적으로 증명되었다. 상대가 어머니, 아버지, 제일 친한 친구, 여자친구, 직장 동료 또는 배우자인가에 따라 개인이 개방하는 재료의 양과 유형이 다르다.[74]

그러나 부적응적으로 자기개방을 하는 사람은 상대와의 관계를 고려하지 않고 개방함으로써 관계를 엉망으로 만든다. 가까운 친구와 얼굴만 아는 정도의 사람을 구별하지 못하고 자기개방을 하는 사람은 주위 사람을 당황하게 만든다. 우리 모두 자신에게만 비밀리에 밝혀졌다고 생각했던 자료가 다른 사람들에게도 밝혀졌다는 것을 알게 되어 혼돈과 배반을 경험한 적이 있으리라고 확신한다. 더 나아가 너무 많은 자기개방은 준비되지 않은 상대방을 놀라 도망가게 만든다. 리듬감 있게 자연스레 흐르는 관계라면 한쪽이 상대방에게 자기개방을 유도하지만 절대로 서로의 개방 정도에 큰 차이는 없다.

집단치료에서 초기에 무차별하게 자신을 드러내는 집단원들은 흔히 치료 과정 초기에 일찍 탈락해 버릴 것이다. 치료자는 집단에서 위험을 감수해 보라고 집단원들을 격려해야 한다. 그러한 행동 변화는 긍정적 피드백과 강화를 가져오고 좀 더 위험을 감수할 용기를 갖게 한다. 그러나 집단원들이 너무 빨리 너무 많이 개방하면 그들의 감당 한도를 초과하게 된다. 그들은 창피함을 느낄 것이고, 어떠한 대인관계 보상도 소용이 없다. 더 나아가 그들은 다른 사람들이 그들을 기꺼이 지지하도록 위협할 수는 있으나 같은 정도의 개방으로 응수할 준비는 되어 있지 않다.[75] 그렇게 되면 개방을 많이 한 사람은 집단에서 아주 취약하게 되고, 그들은 흔히 도망을 선택한다. 속도 조절이 중요하다. 5장에서 논했듯이 개방의 내용에 대한(무슨 일이 일어났는가? 누가 누구에게?) 수직적 개방으로부터 개방의 과정에 대한 수평적 개방(우리와 나누는 것이 어떤지?)으로 이동하는 것이 최대한으로 참여하게 하고 작업할 속도를 확실히 하는 방법이다.

이 모든 관찰은 자기개방이 상황과 역할이 결부된 복잡한 사회적 행위라는 것을 말해준다. 혼자서는 자기개방을 하지는 않는다. 시간, 장소, 대상이 항상 고려되어야 한다. 예를 들어, 치료 집단에서는 적절한 자기개방이 다른 상황에서는 부적절할 수 있다. 치료 집단의 어떤 단계에서 적절한 자기개방이 다른 단계에서는 적절하지 않을 수 있다.

이 점은 다른 집단원에 대한 감정을 개방하는 경우에 특히 분명하다. 치료자는 표현의 자유만큼이나 타인에 대한 개인의 책임이라는 점에서 집단원들을 지도해야 한다는 것이 나의 신조다. 나는 솔직함과 자기폭로의 미명 아래 사악하고 파괴적인 사건이 집단에서 일어나는 것을 보았다. "우리는 감정을 표현하는 데 솔직해야 한다고 말하지 않았습니까?" 그러나 사실 우리는 우리 감정을 선택적으로 드러낸다. 우리가 거의 나누지 않는 타인에 대한 반응의 층이 있다. 변화할 수 없는 속성, 신체적 특징, 불구, 전문적 또는 지적 평범성, 사회계층, 매력 없는 것 등에 관한 느낌들이다.

집단치료가 유익한 점은 내담자가 진정성, 공감, 그들이 다른 사람에게 피드백을 줄 때 미묘한 뉘앙스를 갖기 위해 요구되는 기술을 개발한다는 사실에 있다. 한 집단원은 그녀가 무엇이 옳고 그른지 조금도 의심해 본 적 없이 한 번도 망설이지 않고 말했는데, 집단에 들어와서 자신이 다른 사람에게 얼마나 모질고 민감하지 못했는지 알게 되었다고 했다. 새로 습득한 불확실성은 안정적이지 않지만, 분명히 그녀의 개인적 · 전문적 관계에 긍정적 영향을 주었다.

어떤 개인들에게 적나라하고 적대적인 감정을 드러내는 것은 '편하고 솔직한' 위장으로 쉽게 나온다. 그러나 적개심 아래 숨어 있는 감정들(공포, 질투, 죄책감, 복수심에 찬 승리에서 갖는 가학적 쾌감 등)을 드러내는 것은 더 어려움을 알게 된다. 많은 개인이 부정적인 개방은 쉽게 여기지만 긍정적인 감정, 즉 감탄, 염려, 공감, 신체적 매력, 사랑의 감정 표현 등은 힘들어 피하게 된다.

많은 것을 방금 개방하고 난 집단원은 취약하게 되어 다른 집단원이나 치료자의 지지가 필요하다. 어떤 상황에서든 어느 누구든 자기개방에 대해 공격받으면 안 된다. 임상적 일화가 이를 잘 설명해 준다.

다섯 명의 집단원이 일 년 된 집단 모임에 참석했다(두 집단원은 출장 중이었고 한 사람은 아팠다). 집단원 Joel은 수가 줄어든 집단에서 느끼는 불편한 감정에 대해 길게 중얼대며 집단을 시작했다. 그가 집단에 들어온 이후로 그의 어투는 다른 집단원들로 하여금 흥미를 잃게 했다. 모두가 그가 말하는 것을 귀 기울여 듣는 것이 힘들다고 느꼈고, 그가 멈추기를 고대했다. 그러나 아무도 Joel에 대한 이러한 불분명하고 유쾌하지 못한 감정에 관해 솔직하게 다루지 않았는데, 이번 모임에서 Betsy가 그를 가로막고 말했다 "나는 소리를 지르거나 터질 것 같아요! 더는 못 참겠어요! Joel, 그만 말했으면 좋겠어요. 듣고 있을 수가 없군요. 나는 당신이 누구에게 말하는지 모르겠어요. 천장에 대고 말하는 건지, 마루에 대고 말하는 건지 모르겠어요. 하지만 당신이 나에게 말하고 있지 않다는 건 분명히 알아요. 나는 이 집단의 다른 모든 사람에 대해 따뜻한 감정을 갖고 있어요. 그들에 대해 생각하고, 그들은 나에게 중요하지요. 그런데 말이에요. 이렇게 말하긴 싫지만, 어떤 이유로 당신만큼은 나와 아무 상관이 없어요."

Joel은 이 말에 어리둥절했고, Betsy의 감정 뒤에 숨은 이유를 이해하고자 시도했다. 다른 집단원들도 Betsy에게 동의했고, Joel은 아무것도 개인적인 것을 말하지 않겠다고 했다. 그는 자신에게 중요한 것은 아무것도 드러내지 않았고 집단원 누구와도 개인적인 관계를 맺지 않았다. 그것은 모두 걸러졌고 마치 솜사탕과 같았다. 이에 자극받고 찔린 Joel은 자신에게 책임을 돌리고 집단원 각각에 대한 자신의 개인적 감정을 털어놓았다.

내 생각에 Joel은 전보다는 더 드러냈지만, 아직도 꽤 안전한 지역에 머물고 있었다. 나는 물었다. "Joel, 자신을 드러내는 걸 10점 척도로 볼 때 어떤지 궁금해요. 1은 칵테일파티에서 말하는 정도이고 10은 어떤 사람에게 당신을 완전히 다 드러내는 정도라고 할 때, 지난 10분간 당신에 관해 이야기한 것은 몇 점으로 평가할 수 있을까요?" Joel은 잠시 생각하더니 "3점 또는 4점이요"라고 말했다. 나는 물었다. "Joel, 한 칸 또는 두 칸쯤 올리면 무슨 일이 일어날까요?"

Joel은 잠시 생각하더니 "한두 칸 올라간다면, 내가 알코올 중독자라는 것을 말해야겠지요"라고 말했다.

이것은 아찔한 자기개방이었다. Joel은 집단에 온 지 일 년이나 되었는데 나와 공동 치료자, 집단원 누구도 이 사실을 몰랐다. 더구나 이것은 중대한 정보다. 예를 들어, 몇 주간이나 Joel은 부인이 임신했는데 아이를 낳지 않고 유산하기로 했다고 한탄했다. 집단은 그녀의 행동에 당혹감을 느꼈고, 결국 그런 행동에 대해 Joel의 부인을 크게 비난했다. 어떤 집단원들은 그가 왜 그의 부인과 계속 같이 사는지 물었다. Joel이 알코올 중독자라는 새로운 사실은 중요한 고리가 되었고, 부인의 행동을 이해할 수 있었다!

나의 즉각적인 반응은 분노였다. Joel이 집단을 들오리 사냥에 내몬 것, 즉 다시 말해 헤매게 함으로써 낭비한 모든 시간을 되뇌며 "제길, 당신 부인 이야기를 하며 낭비한 모임들! 왜 진작 말 안 했어요?"라고 소리 지르고 싶었다. 그러나 이때가 혀를 물고 입을 다물어야 하는 때다. 중요한 점은 Joel이 좀 더 빨리 이 정보를 말하지 않았다는 것이 아니고 오늘 우리에게 말했다는 것이다. 전에 숨긴 것에 대해 벌을 받기보다는 집단에서 대단한 위험을 감수하기로 한 것에 대해 강화를 받아야 한다. 그는 집단에서 엄청난 위험 부담을 기꺼이 지기로 했다. 올바른 기술은 Joel을 지지해 주고 '수평적'인 개방을 좀 더 하도록 요청하는 것이다.

Joel의 경우처럼 집단원들이 정보를 제대로 공개하지 않아 집단 시간을 효율적으로 쓰지 못하는 일은 흔하다. 이런 경우, 바람직하지 못한 일이 많이 생긴다. 특히 정보를 숨김으로써 자기가 속이고 있다는 것과 믿을 만한 행동을 하지 않고 있다는 것을 아는 사람 자신의 자아존중감이 크게 희생되는 일이 많다. 집단지도자들도 어느 정도까지 집단원이 감추고 있는지 알지 못한다. 그러나 치료자가 같은 내담자에게 개인치료와 집단치료를 병행하면, 내담자가 내놓는 새로운 정보의 양은 놀라울 정도다.

7장에서 집단지도자의 자기개방의 몇 가지 측면을 다루었다. 지도자의 투명성, 특히 지금-여기에서의 투명성은 집단원의 자기개방을 격려하는 데 효과적이다.[76] 그러나 지도자의 투명성은 항상 집단 작업을 심도 있게 하고 한 개인이 집단에 미치는 영향을 알린다는 원칙을 따라야 한다. 중요한 작전을 결정해야 하는 장군이 손을 비틀며 확신이 서지 않는다고 말한다면 군인들의 사기가 떨어질 것은 분명하다. 마찬가지로 치료 집단의 지도자는 집단의 효과를 훼손하는 감정, 예를 들면 집단을 참기 힘들어하거나, 그날 아침에 본 내담자나 집단에 몰두하거나, 개인적으로 갖는 관심사 등을 드러내서는 안 된다.[77]

종결

집단치료의 마지막 단계인 종결과 집단 발달을 살펴보겠다. 종결은 결정적으로 중요하지만 흔히 치료에서 소홀하게 다루어진다.[78] 집단치료 종결은 특히 복잡하다. 집단원들이 목표를 달성했기 때문에, 조기에 탈락했기 때문에, 전체 집단이 끝나서, 또는 치료자가 지속되는 집단을 떠났기 때문에, 내담자 자살 같은 트라우마 때문에 집단이 끝날 수 있다. 더구나 종결에 대한 감정은 여러 측면, 즉 개인 집단원 관점에서, 치료자 관점에서, 집단 전체로서 탐색되어야 한다.

종결이라는 단어조차 호감적이지 않다. 원하지 않는 임신의 중단 또는 업적이 좋지 않은 피고용자의 종말같이 부정적인 의미로 종종 쓰인다.[79] 이와 대조적으로 치료가 상호 계획대로 끝날 때 긍정적이고, 치료 작업의 통합된 일부로 뒤돌아보고, 애도하고, 삶의 다음 단계로의 시작을 축하한다. 끝난다는 것은 소멸되는 것이 아니라 분명하고도 집중된 현상이다. 치료의 종결은 경계의 경험이고 한계를 직면하는 것이다.[80] 우리 관계의 중요한 본질을 회상시키며 끝내지 못한 작업, 표현하지 못한 감정, 말하지 못한 느낌 등에 대해 가능한 한 덜 후회하며 결론을 지을 필요가 있다. 이 외에도 치료의 마지막 단계와 관련된 분명한 작업이 있다. 얻은 것을 통합하고, 남아 있는 관계 문제를 풀고, 집단 없이 미래를 계획하는 문제들이다.[81]

내담자의 종결

종결은 제대로 이해되고 다루어지면 변화 과정에서 중요한 힘이 될 수 있다. 계속해서 나는 집단치료가 매우 개인적 과정임을 강조하고 있다. 각 내담자는 집단에 들어와 참여하고, 각자의 독특한 방법으로 경험한다. 치료의 끝 또한 예외는 아니다.

치료의 전체 목적과 기간에 대해서는 일반적인 가정만 할 수 있다. 제삼자 보험사는 대부분 치료 집단을 단기이고 문제 지향적으로 정하는데, 9장에서 제시한 바와 같이 단기 집단치료가 증세의 완화에 효과적일 뿐 아니라 내담자의 중요한 성장을 일으킬 수 있다는 증거도 있다. 그런데 치료의 종결이 내담자와 치료자가 함께 결정하고 제삼자에 의해 임의로 강제되지 않는다면 치료에 가장 효과적이라는 증거가 있다.[82] 제삼자 보험사는 대부분의 많은 내담자에게 가장 유용한 것이 무엇인가에 관심이 있다. 치료자들은 그들의 치료실에 오는 고통받는 내담자에 관심이 있지 내담자의 통계에는 관심이 별로 없다. 얼마나 치료를 받아야 충분한가? 대답하기 쉬운 질문이 아니다. 측정에 근거한 치료를 사용한(13장 참조) 내담자의 결과 데이터가 이런 결정을 하는 데 사용된다.[83] 급성장애에서 회복은 흔히 빨리 나타나지만 성격 구조에 실질적인 변화가 일어나기 위해서는 최소 12~24개월 또는 더 오랫동안 매주 치료가 필요하다. 만성 우울증과 성격적 어려움이 복잡하게 상호작용하는 내담자는 훨씬 더 긴 치료가 필요하다.[84]

치료의 목적은 "사랑하고 일할 수 있도록"이라는 Freud의 말보다 더 간명하게 표현된 것은 없다.[85] Freud는 치료에서 더 얻을 것이 없고 개인의 병리가 사라졌을 때 치료가 끝나야 한다고 믿었다. 어떤 이론가들은 다른 목표, 즉 자신을 사랑하고 다른 사람이 나를 사랑하도록 허용하기, 좀 더 융통성 있기, 놀 수 있기, 자기 자신의 가치를 발견하고 신뢰하기, 좀 더 높은 수준의 자아의식 성취하기, 대인관계 능력 키우기, 좀 더 성숙하게 자기방어 하기 등을 추가한다.[86]

어떤 집단원들은 몇 달 안에 대단히 많은 것을 성취하기도 하고, 어떤 집단원들은 몇 년간의 집단치료를 요하기도 한다. 어떤 개인은 다른 사람들보다 좀 더 의욕적인 목표를 갖는다. 치료에 만족해서, 대강 다른 내담자가 치료를 시작하는 정도의 상태에서 종결하는 개인들이 있다는 것은 과장이 아니다. 어떤 내담자는 매우 구체적인 치료 목표를 갖고 있는데, 이런 이들의 정신병리 대부분은 자아 동질적이기 때문에 그들이 기꺼이 시도하는 변화의 정도가 한정되어 있다. 다른 사람들은 생활에서 중요한 외적 상황에 방해를 받을 수도 있다. 치료자라면 많은 변화가 내담자를 더 나쁘게 만드는 시점까지 호전하도록 도와준 경험이 있을 것이다. 예를 들어, 어느 내담자는 더 변하면, 다시 말해 치료가 계속되어 그의 배우자보다 더 성장하게 되면 배우자에게서도 같은 변화가 일어나지 않는 한 관계가 깨지는 결과를 가져올 수 있다. 만약 수반적 상황이 가능하지 않다면(배우자가 변화 과정에 참여하기를 거부하는 등), 치료자는 내담자가 더 성장할 잠재력이 분명하다 할지라도 이때까지의 긍정적 변화에 만족하고 멈추어야 한다.

전문적 치료의 종결은 개인 성장의 한 단계에 지나지 않는다. 내담자들은 계속 변화하며, 성공적인 치료의 중요한 효과 중 하나는 내담자로 하여금 그들의 개인적 환경 속에서 자원을 건설적으로 사용하게 하는 것이다. 더군다나 치료 효과는 시간이 지난 후에 나타날 수 있다. 나는 장기 추수 면담에서 성공적인 내담자들이 종결 후 계속 변화했을 뿐만 아니라, 집단을 떠난 몇 달 후에 심지어 몇 년 뒤에 다른 집단원이나 치료자가 말한 관찰이나 해석을 기억해 내고 그 의미를 깨닫는 것을 보았다. 혹자는 그들 내면에 집단을 지니고 살면서 도전이 있을 때마다 "집단이라면 무엇이라고 말할까?"라는 지혜로운 금언을 활용한다.

종결 후에는 성장뿐 아니라 퇴보도 일어난다. 때로 성공적으로 치료된 많은 내담자가 심한 스트레스에 당면해 일시적인 도움을 요구하기도 한다. 덧붙여 거의 모든 내담자가 집단을 떠난 후 불안과 우울함을 경험한다. 애도 기간은 종결 과정에서 반드시 일어나는 부분이다. 현재 느끼는 상실이 초기 상실의 기억을 자극해 너무도 고통스러워 종결 작업을 하지 못할 수도 있다. 실제로 어떤 집단원은 그 과정을 견딜 수 없어서 여러 이유를 들며 회피하려 할 수 있다. 치료자는 이를 도전해야 한다. 내담자는 긍정적인 집단경험을 내면화할 필요가 있으며, 집단원들과 지도자는 제대로 된 분리 작업 없이는 내면화 과정이 절충될 것이고 내담자의 앞으로의 성장은 제한될 것이다.[87]

어떤 치료자들은 내담자들이 치료 상황에 너무나 의존하게 되어 떠나기를 몹시 싫어하는 장기 개인치료의 종결보다 집단치료의 종결이 덜 문제가 된다고 한다. 집단치료 참가자들은 보통 치료가 생활의 한 방식이 아니라 시작과 중간과 끝이 있는 하나의 과정이라는 점을 더 의식한다. 개방집단에는 치료 순서에 대한 많은 증인이 있다. 집단원들은 새 집단원이 들어오고 나아진 집단원이 떠나는 것을 본다. 그들은 치료자가 새로 시작한 집단원이 치료의 어려운 고비를 넘기도록 여러 번 도와주는 것을 관찰한다.

드물지 않게, 나머지 집단원들이 그를 그리워할 뿐 아니라 집단을 위한 그의 공헌을 아쉬워하며 집단 전체가 한 집단원을 종결하지 못하도록 은밀하게 압박을 주기도 한다. 치료 집단에서 몇 달, 몇 년을 작업한 집단원들이 대인관계 및 집단 기술을 배워 다른 집단원들에게 특별히 소중하게 되는 것은 당연한 일이다. 치료자들도 그러한 집단원의 기여를 높이 평가해 그가 종결하는 것을 내켜 하지 않을 수 있다. 물론 이런 태도는 정당화할 수 없으며, 치료자는 이를 의식하자마자 공개적으로 탐색해야 한다.

많은 치료자가 이런 경우 일종의 '역할 흡입role suction'이 작용한다는 것을 지적한다. 오래된 집단원이 떠나면, 다른 집단원이 집단에서 배운 기술을 연습하기 시작한다. 다른 집단원들과 마찬가지로 치료자도 떠나는 집단원에 대한 상실을 느낄 것이고, 이 감정을 공개적으로 표현함으로써 집단에 귀중한 모델이 되며 이 치료와 이런 관계가 내담자들에게만 중요한 것이 아니고 치료자에게도 중요하다는 것을 보여 준다. 사회적으로 고립된 어떤 내담자들은 치료 집단을 그들의 가정환경에서 사회생활을 창조할 수 있는 기술을 개발하는 수단이 아니라 가정환경과 같은 사교적 모임으로 사용하기 때문에 종결을 연기할 수도 있다. 치료자는 이런 집단원들을 위해 학습의 전이에 초점을 두고, 집단 밖에서 위험을 감수해 보도록 격려해야 한다. 어떤 사람들은 미래의 어려움으로부터 정말 안전하다는 보장을 받고자 필요도 없이 집단에 오래 머문다. 그들은 새 직장을 얻을 때까지, 결혼할 때까지, 졸업할 때까지 몇 달 더 집단에 남아 있을 것이라고 말한다. 그러나 회복의 근거가 분명하면 이러한 연기는 일반적으로 불필요하다. 누구도 확신할 수 없고, 위험은 항상 있다는 사실을 구성원들이 이해하도록 도와야 한다.

드물지 않게 내담자들은 종결 직전에 경멸적이거나 매달리는 애착 행동을 포함해 그들이 본래 갖고 있던 증상이 잠시 재발하는 경험을 하기도 한다.[88] 때때로 이 종결 전 퇴행이 처음에 치료에 오게 했던 문제를 다시 다루고 재발 예방 작업을 할 수 있는 마지막 기회가 될 수 있다. 종결 과정에서 잘된 치료 작업이 없어지는 일은 없으며, 오래된 행동이 돌아올 때 좀 더 완전한 훈습을 할 기회라는 사실을 기억하는 것이 도움이 된다. 집단에 오래 머물도록 늦춰 주기보다는 내담자들로 하여금 이 현상의 의미가 종결에 대한 항의라는 것을 이해하도록 도와주어야 한다.

> 한 남성이 종결하기 3회 전에 치료받으러 왔던 이유인 우울과 무의미를 경험했다. 치료자가 그 증상들은 집단을 떠나지 않으려는 구실을 찾고자 하는 것이라고 해석하자 곧 사라졌다. 그날 밤 내담자는 꿈을 꾸었다. 꿈에서 치료자가 그에게 다른 집단에 치료자로서 훈련받을 수 있는 자리를 마련해 주었다. 그 내담자는 자기가 나아졌다고 생각하도록 치료자를 속였다고 느꼈다. 그 꿈은 종결을 실패로 만들기 위한 교묘한 작전을 상징하며, 두 가지 대안을 제시하고 있다. 하나는 내담자가 치료자의 다른 집단에 들어가 치료자로 훈련받는 것이고, 두 번째는 그가 치료자를 속였고 사실 회복된 것이 아니므로 집단에 계속 남아 있어야 한다는 것이다. 어느 쪽이든 내담자는 치료를 종결하지 않아도 된다.

어떤 집단원들은 집단에 머물면서 점진적으로 미묘하게 계속해서 나아지고, 어떤 집단원들은 갑자기 극적으로 회복된다. 집단에 심혈을 기울여 열심히 작업하지만 6개월, 12개월, 때로는 18개월 동안이나 표면적으로 어떤 진전도 보이지 않다가 갑자기 짧은 기간 동안 변화하는 집단원들을 보아 왔다. 학생들과 수련자들에게 늘 말하듯이 변화는 보통 느리게 일어나는 만큼 내담자로부터 즉각적인 만족을 얻으려고 해서는 안 된다. 대신 견고하고 깊은 치료적 바탕을 형성하면 변화는 확실히 일어난다. 우리는 이런 말을 초심자의 사기를 올려 주기 위한 상투적인 말로 생각하는데, 이것이 진실이라는 것을 잊지 말아야 한다. 종결 단계를 짧게 넘기지 말라. 마지막 4~8회기는 흔히 전에 이루어진 작업을 통합하는 시간이고, 내담자들은 심리치료 노력의 임대인에서 소유자가 된다는 느낌으로 진전된다.

스타카토형의 진전은 집단 전체에게도 흔히 통하는 것이다. 때로 집단은 몇 달간 애쓰고 땀 흘리지만 어떤 집단원도 눈에 보이는 진전을 보이지 않다가, 갑자기 집단원 모두가 나아지는 단계에 들어간다. 이에 관해 Rutan은 전쟁 때 교량을 구축하는 비유를 적절하게 사용한다.[89] 지도자는 다리를 놓으려고 온 힘을 기울이는데, 초기에는 사상자(탈락자)도 나온다. 그러나 일단 다리가 놓이면 많은 개인을 더 나은 곳으로 안전하게 인도할 수 있다.

종결을 고려하는 것조차 문제가 되는 내담자도 있다. 이런 내담자들은 특히 버림받는 것에 민감하다. 그들의 자기존중self-regard이 너무도 낮아서 병이 있어야 치료자와 집단에 들어갈 자격이 있다고 여긴다. 그들 마음속에는 호전되면 치료자는 떠날 것이라는 생각이 있기 때문에 성장은 두려움과 연결된다. 따라서 그들은 진전을 최소화하거나 숨긴다. 물론 얼마 안 가 말도 안 되는 역설의 열쇠를 발견하게 된다. 일단 그들이 정말로 호전되면 그들은 치료자가 더 이상 필요 없다!

종결이 임박했음을 알리는 유용한 징조는 집단이 내담자에게 그렇게 중요하지 않게 되는 것이다. 종결하려는 집단의 한 집단원이 모임이 있는 월요일이 이제는 여느 날과 다르지 않다고 말했다. 그녀가 집단에 처음 들어왔을 때, 그녀는 월요일을 맞이하기 위해서 살았고 나머지 날들은 모임 중간에 뭉쳐진 의미 없는 날이었다.

집단원들은 종결을 결정하는 데 있어 서로가 매우 귀중한 자원이 된다. 다른 집단원과 의논하지 않고 일방적으로 결정을 내리는 것은 보통 너무 빠른 결정이다. 일반적으로 종결에 대한 결정은 해당 집단원, 집단과 집단지도자가 함께 결정한다. 심리적 작업을 종결하는 적절한 시기가 있음을 확신하도록 미리 계획한다. 개방집단에서는 일반적으로 내담자가 4~8주 전에 미리 종결을 공지한다.[90] 때때로 내담자들은 즉시 집단을 떠나겠다는 결정을 갑자기 내린다. 나는 그런 내담자들이 감사와 긍정적 감정을 표현하기를 힘들어한다는 것을 자주 발견한다. 그래서 그들은 이별 과정을 가능한 한 최소화하려고 한다. 이런 내담자들에게는 그러한 행동이 관계를 잘 마무리하는 데 어긋나고 불만족스러운 행동이라는 것을 이해시키고 또 교정하도록 도와주어야 한다. 사실, 어떤 사람들은 종결의 두려움 때문에 연결을 피하고 친밀한 관계를 피하는 양식을 택하기도 한다. 이 단계를 무시하는 것은 인간관계의 중요한 영역을 경시하는 것이다. 결국 종결은 거의 모든 관계의 한 부분이고, 우리는 일생 동안 여러 번 중요한 사람들과 작별해야 한다. 의미 있는 관계는 영광스럽게 존중받으면서 마무리해야 한다.

치료를 종결하는 많은 집단원이 미래에 사용할 수 있는 집단과 다리를 놓음으로써 이별의 충격을 줄이려 한다. 그들은 그들이 돌아올 수 있다고 말하고, 다른 집단원들의 전화번호와 이메일 주소를 적고, 소셜네트워크에서 친구 맺기를 하고, 집단에 일어나는 중요한 사건들을 계속 듣고자 사교적 모임을 마련한다. 이런 노력들은 예상할 수 있는 것이지만 치료자는 종결을 부정하는 이런 방법에 결탁하면 안 된다. 반대로 치료자는 집단원들이 치료 종결의 의미를 최대한 탐색하도록 도와주어야 한다. 개인치료를 끝낸 내담자는 돌아올지 모르지만, 집단을 떠난 내담자는 절대로 돌아오지 않는다. 그는 정말 떠난 것이다. 그 집단은 더는 옛날의 그 집단이 아니다. 집단은 돌이킬 수 없도록 변화될 것이고, 그 자리를 채울 새로운 사람이 들어오고 새로운 문제가 토론되고 새로운 관계가 전개될 것이다. 현재는 동결될 수 없다. 시간은 어쩔 수 없이 흘러간다. 이러한 사실은 남아 있는 집단원에게도 분명하다. 상실, 이별, 죽음, 노화, 시간의 흐름, 존재와 관련된 쟁점을 다루게 하는 데에는 떠나는 집단원보다 더 좋은 자극이 없다. 그래서 종결은 집단에서 이질적인 사건 이상의 것이다. 그것은 인생의 가장 중대하고 고통스러운 몇 가지 문제를 상징하는 축소된 세계다.

남은 집단원들은 몇 회 동안 그들의 상실 및 종결과 결부된 문제를 다룰 수 있다. 집단원의 상실은 상실과 유기에 민감한 개인에게 특별한 작업 기회를 제공한다. 상실을 함께 나눈 동료이기 때문에 그들은 공동체 장면에서 애도하고 다른 사람들이 상실을 넘어 계속 성장하는 것을 목격한다.[91]

집단원이 떠난 후, 1회 또는 그 이상의 여유가 없이 새 환자를 집단에 소개하는 것은 일반적으로 현명한 일이 아니다. 한 집단원이 떠날 때 받는 영향을 통해 더 작업할 시간을 제공할 뿐 아니라 '본부의 접수' 전화 한 통으로 집단원들이 대체될 수 없다는 것을 알게 된다. 한 집단원이 떠날 때는 다른 집단원들이 자신의 치료가 얼마나 진전되었는지 점검할 적절한 시기다. 떠난 집단원과 함께 집단에 들어왔던 집단원들은 좀 더 빨리 나아가야 한다는 압박감을 느낄 수도 있다. 좀 더 경쟁적인 집단원들은 조급하게 자기도 종결하려 할 수 있다. 오래된 집단원들은 같은 집단원의 성공을 경험하면서 자신의 결함과 실패가 상기되어 부러움과 수치를 느낄 수도 있다. 극단적인 경우에는 질투에 찬 내담자가 떠나는 집단원의 성취를 하찮게 여길 수도 있다. 새로 온 집단원은 영감을 얻거나 두려움을 느낄 수 있으며, 그들이 방금 목격한 것을 언제 성취할 수 있을지 의문을 가질 수도 있다.

집단은 집단원의 종결을 표시하기 위해 어떤 형태의 의식ritual을 해야 하는가? 때로 집단원들이 떠나는 집단원에게 선물을 주기도 하고 마지막 모임에 커피와 케이크를 가져오기도 한다. 어떻게 진행하는 것이 가장 좋을까?[92] 이 질문에 대해 여러 가지 관점이 있을 수 있는데, 치료에 영향 주는 이론적 모델, 경험, 성품을 반영한 나의 관점은 집단에서 탐색되고 진행된다면 이런 의식을 받아들이는 것이 바람직하다는 것이다.[93]

치료자들 또한 종결 과정에서 자신의 감정을 살펴보아야 한다. 왜냐하면 때로는 치료자가 무책임하고 불필요하게 종결을 늦추기 때문이다. 완전주의를 추구하는 어떤 치료자들은 비현실적으로 내담자에게 너무 많은 변화를 기대하는 까닭에 완전한 회복이 아니면 수용하지 못할 수도 있다. 더군다나 그들은 내담자가 정식 치료가 끝난 후에도 계속 성장할 능력이 있음을 믿지 못한다.[94] 다른 내담자들은 치료자에게 피그말리온의 자부심을 넣어 준다. 우리는 부분적으로는 우리의 창조물인 누군가와 이별하는 것이 힘들다. 내담자들에게 안녕이라고 하는 것은 우리 자신의 한 부분에게 작별을 고하는 것과 같다. 더 나아가 이것은 영원한 이별이다. 우리가 해야 할 일을 제대로 했다면, 그 내담자는 더는 우리가 필요하지 않을 것이고 모든 접촉을 끊을 것이다.

감사하게도 집단치료 내담자의 자살은 흔하지 않다. 그러나 정신건강 분야의 전문가로서 집단치료 수련자를 슈퍼비전하는 집단치료자로 일하면서 자살을 경험할 수는 있다. 정신과 의사 2명 중 1명, 심리학자 6명 중 1명이 그들의 치료 과정에서 자살을 경험한다.[95] 고통스럽고 외상이 될 수 있는 사건이다. 내가 슈퍼비전을 하던 집단에서 여러 해 전에 자살이 일어났지만, 나는 아직도 생생하게 기억하고 있다. 그리고 그로 인한 영향이 나와 그 집단을 지도했던, 지금은 나의 동료가 된 두 치료자에게 끼치고 있다. 그 내담자는 우울하고, 사업에 실패했으며, 이혼을 진행 중이었다. 그러나 집단에서 절망을 드러내지 않았고 미래지형적으로 보였다. 그는 소득세를 신고하는 날에 삶을 끝냈다.

내담자의 자살은 치료자의 근본을 흔들고 죄책감, 수치심, 공포, 분노, 무능감을 일으킨다. 치료에 영향을 미쳐 고위험 내담자를 피하게 만든다.[96] 집단원을 자살로 잃은 집단치료 내담자들과 작업하는 것은 대단히 도전적이다. 이 고통스러운 소식을 나누는 것도 급박하고 피할 수 없는 일이지만, 내담자의 건강에 대한 개인적 정보를 알려야 하기 때문에 윤리적, 법적으로 복잡할 수 있다. 그런 만큼 이 문제를 일하고 있는 기관의 개인정보 담당자나 전문학회 윤리위원회와 의논하길 바란다.

집단에 집단원의 자살을 알리면서 동료들의 지지를 얻기를 권한다. 토로하고, 반영할 수 있어야 하고 자신의 반응을 다루어야 한다. 집단원들의 반응은 강렬할 것이고 위에서 언급한 감정을 모두 포함할 것이다. 집단원들은 자신의 안전을 두려워할 뿐 아니라 세상을 떠난 집단원과 동일화할 수 있다. 그 내담자에게, 치료에, 그리고 집단치료자에게 분노하는 것은 당연하다. 집단치료자는 마비되거나 얼어붙지 말고 슬퍼하는 집단에 참가할 수 있어야 한다. 치료적 현존과 치료적 울타리만이 집단을 안정시키고, 집단 통합을 유지시키며, 집단원의 안정감을 조장하고, 집단원의 애도 과정을 지지할 수 있다. 죽음을 면할 수 없는 실존적 운명과의 대결은 생존한 집단들이 치료에 투신하도록 강화할 수 있고 희망 없고 쓸모없는 상태로 붕괴되려는 집단을 지킨다.

치료자의 종결

수련 프로그램에서 훈련받는 치료자들은 6개월에서 1년 정도 한 집단을 이끌다가 다른 곳으로 훈련 장소를 옮기면서 새 학생에게 집단을 넘겨주는 것이 흔한 관행이다. 일반적으로 이것은 집단원들에게 상당히 힘든 시기이며, 그들은 종종 결석하거나 그만둘 것이라고 위협한다. 이때가 떠나려는 치료자가 집단원 각자와 맺은, 그러나 아직 해결하지 못한 과제를 해결할 시기다. 어떤 집단원들은 이게 마지막 기회라 여기고 여태까지 숨겨온 사실을 꺼내기도 한다. 어떤 집단원들은 마치 "당신이 떠나서 내가 어떻게 됐는지 보세요!"라고 말하듯이 초기 증세로 돌아간다.[97] 집단과의 종결이 완전할수록 지도력의 효과적인 전이가 더 잠재력을 갖는다.

이사, 질병 또는 전문적 지위의 변화 때문에 집단지도를 끝내야 하는 경우, 좀 더 자리 잡은 지도자들에게도 같은 원칙이 적용된다. 만약 집단원들이 집단을 계속하기로 결정한다면 새로 지도자를 찾아 주는 것이 지도자의 책임이다. 이 과도기적 과정은 상당한 시간과 계획이 필요하고, 새 지도자는 집단의 지도를 가능한 한 빨리 넘겨받아야 한다. 보고된 접근 방법 중 하나는 원래 지도자가 집단을 하는 동안 새 지도자가 9장에서 설명한 대로 예비 집단 형식으로 모든 집단원을 한 명씩 개인적으로 만나는 것이다. 처음 지도자가 떠난 후 새 지도자는 정해진 집단 시간이나 서로 동의한 새 시간에 만나기 시작한다.[98]

떠나는 집단지도자가 상실을 부정할 때 특히 치료 현직에서 은퇴할 때는 집단이 종결에 대한 상실과 분노를 다루는 데 필요한 작업과 시간을 과소평가할 수 있다.[99] 질병이나 사고 같은 경우 적절한 계획이 불가능하다. 집단을 방치한 채로 떠나는 것을 피하려면 치료자들은 전문가로서 유서를 쓰는 것을 고려해야 한다. 임상 심리학자이고 치료자인 Ann Steiner는 이러한 가이드를 명확하게 설명했다. 그런 유서의 목적은 치료자가 내담자의 지속적인 치료 요구를 윤리적인 방식으로 해결했는지 확인하는 것이다. 또한 치료자의 유고 시 내담자를 접촉할 계획과 치료에 대한 대안을 포함한다.[100]

집단의 종결

집단은 여러 가지 이유로 종결된다. 단기 치료의 경우 미리 정해진 종결 시간이 있다. 흔히 외적 상황으로 인해 집단이 끝나게 된다. 예를 들어, 대학 상담소에서 진행하는 집단은 대개 한 학기 또는 두 학기 동안 계속된다. 개방집단은 치료자가 은퇴하면서 또는 그 지방을 떠나면서 끝난다(공동 치료자가 있다면 집단은 계속될 수 있다). 때로 치료자가 집단을 종결하기로 결정할 수도 있는데, 대부분 집단원이 거의 같은 시기에 종결할 준비가 된 경우다.

때로 집단은 종결을 부정하고 무시함으로써 종결이라는 어렵고 불유쾌한 작업을 피한다. 치료자는 그들이 작업에 초점을 맞추게 해 주어야 한다.[101] 단기 집단의 지도자 경우, 종결이 다가오고 있음을 규칙적으로 상기시키고 목표 습득을 위해 집단을 집중시키는 것이 필수적이다. 집단원들은 집단을 끝내기 싫어하며, 일반적으로 종결을 회피하려 한다. 예를 들어, 집단원들은 집단이 다른 곳에서 다른 식의 만남이나 정기적으로 예정된 사회적 모임의 형태를 통해 계속되기를 기대한다. 하지만 치료자는 집단원들이 진실을 직면하게 해야 한다. 집단의 종말은 진정한 상실이다. 집단원들은 점차 집단이 다시는 재소집될 수 없다는 것을 인식하게 된다. 한두 집단원과 관계를 이어 가더라도 그때 그들이 알았던 집단, 집단 모임이 있던 방, 집단의 현재 형태, 집단치료자 등은 영원히 없어지는 것이다.

치료자는 다가오는 종결을 집단원들이 부적응적으로 다루는 것에 주의를 기울여야 한다. 어떤 사람들은 자신이 아끼던 것과 이별하는 아픔을 화를 내거나 그 가치를 절하시키는 방법으로 다루고, 어떤 사람은 그 문제를 아예 부정하고 거부한다. 분노나 회피가 극단적인 방식, 예를 들어 지각과 결석이 증가하는 것으로 나타나면 치료자는 이 행동을 가지고 집단과 직면해야 한다. 보통 성숙한 집단에 가장 좋은 방법은 직접적인 것이다. 이것은 그들의 집단이고, 어떻게 끝낼지는 그들이 결정해야 한다는 점을 상기시킨다.

집단의 상실에 대한 고통은 부분적으로 과거의 경험을 나눔으로써 다룰 수 있다. 놀라웠고 의미 있었던 과거 집단 사건을 기억해 내고, 그때 어떠했는지를 서로에게 상기시키며, 마지막 모임에서 반드시 개인적 증언을 이야기하게 한다. 치료자가 집단을 너무 빨리 끝내지 않는 것이 중요하다. 그렇지 않으면 소용없는 비효과적인 모임을 여러 번 갖게 된다. 치료자는 집단 앞에서 종결 문제를 끄집어내는 방법을 발견해야 하고, 동시에 마지막 순간까지 작업을 계속하도록 도와주어야 한다.

효율적이며 시간제한이 있는 집단을 지도하는 지도자들은 집단이 지도자 없이 진행되는 집단으로 옮겨 가도록 도움으로써 집단 활동의 이점을 계속 누리게 하고자 노력한다. 지도자가 처음에는 정기적으로, 그러나 점차 그 간격을 넓히며(두 주에 한 번에서 한 달에 한 번 참석하는 식으로) 모임에 조언자 역할로 참석해 전환을 도울 수 있다. 내 경험에 따르면 집단이 가족이나 친구나 아는 사람이 사망해 홀로 된 노인들의 집단처럼 일차적으로 지지집단이며 구성원의 사회적 삶의 주요 부분인 경우에는 이런 방식으로 도와주는 것이 매우 바람직하다. 다른 치료자들도 AIDS에 걸린 남성이나 여성, 알츠하이머 환자의 간병인들, 사별의 고통에 시달리는 사람들에게 지도자 없이 진행되는 모임이 성공적이었다고 보고했다.[102]

치료자도 종결에 대해 불편감을 경험한다는 것을 기억하라. 집단의 마지막 단계 동안 치료자도 이별에 대한 자신의 감정을 개방함으로써 집단 작업을 촉진시킬 수 있다. 집단원들과 마찬가지로 치료자도 집단을 그리워할 것이다. 상실과 애도의 감정에 무감각하지 못하다. 치료자는 집단원들과 가까워졌고 집단원들이 치료자를 그리워하듯이 치료자도 그들을 그리워할 것이다. 내담자와 마찬가지로 치료자에게도 종결은 정신치료 과정에 내재된 잔혹함을 되살린다. 치료자 관점에서 이러한 개방은 집단원들의 마지막 인사를 완전하고 편하게 만든다. 치료자에게도 집단은 고민, 갈등, 공포 그리고 대단한 아름다움의 장소다. 인생의 가장 진실하고 가슴을 찌르는 순간이 이 작지만 무한한 미시세계의 치료 집단에서 일어난다.

12장
문제 집단원

지금까지 나는 새로 만든 배가 물속으로 매끄럽게 미끄러져 들어가듯 치료 과정에서 문제가 되지 않는 내담자들을 다루어 왔다. 각 집단원이 문제일 수 있다. 치료의 성공은 각 개인이 집단의 지금-여기에서 기본적인 인생 문제를 직면하고 숙달하는 데 달려 있다. 이 방법만으로도 치료에 도움이 될 수 있다. 사실 임상적 문제는 치료적 기회다. 각 내담자의 임상적 문제는 독특하며 여러 가지 원인에 의해 생긴다. 이 책의 의도는 모든 가능한 문제에 대한 해결책을 나열하는 것이 아니라, 집단에서 일어나는 어떤 문제라도 다룰 수 있는 책략과 기술을 설명하려는 데 있다. 사실 '문제 내담자'라는 용어 자체가 문제다. 우리의 초점을 좁히고 이해를 떨어트리기 때문이다. 문제 내담자는 진공 속에 존재하지 않고, 여러 가지 요인(내담자 자신의 특질과 정신역동, 집단의 역동 그리고 내담자가 다른 집단원과 치료자와 가지는 상호작용)이 혼합되어 존재한다. 일반적으로 우리는 내담자의 성격적 역할을 과대평가하고 대인관계와 사회적 맥락의 역할을 과소평가하면서 내담자들을 병자로 만들고 희생양으로 만드는 위험을 범한다.[1]

동시에 공통적으로 일어나는 어떤 행동 양식은 특별한 주의를 요하는 만큼 집단지도자를 위해 치료적 원칙들을 명백히 함으로써 도움이 되게 해야 한다. 본 장에서는 흔히 문제가 되는 내담자를 다룰 것이다. 독점자the monopolist, 침묵하는 내담자the silent client,

지루한 내담자the boring client, 도움을 거부하는 불평자help rejecting complainer, 급성 정신병 또는 양극성 내담자acutely psychotic or bipolar client, 분열성 내담자schizoid client, 성격적으로 어려운 경계성 내담자와 자기애적 내담자borderline client and narcissistic client다. 이 내담자들은 종종 다른 집단원과 관계를 맺을 때 심각한 어려움을 일으키고 또한 치료자가 강한 역전이 반응을 경험하게 만든다. 이들은 흔히 자신의 핵심 약점을 직접적인 관심에서 벗어나게 하고, 탐색하기보다 연기한다는 점을 명심하라.[2]

독점자

많은 집단치료자에게 혐오 대상은 쉴 새 없이 떠들어대는 습관적인 독점자다. 이런 개인들은 침묵하면 불안하다. 만약 다른 사람이 말을 하면, 여러 가지 기술을 써서 다시 끼어든다. 말하는 사람의 문제에 계속해서 "나도 그래요"라고 토를 달며 집단의 모든 언급에 반응하고 잠시 침묵이 생길 때는 분별없이 뛰어든다.

독점자는 다른 사람과의 대화를 한없이 자세하고 끈질기게 묘사하기도 하고, 집단의 쟁점과 그다지 관계가 많지 않은 온라인이나 소셜 미디어 이야기를 끊임없이 설명하기도 한다.[3] 어떤 독점자들은 심문관 역할을 자청해 무대를 독점한다. 한 집단원은 너무도 많은 질문과 '관찰'로 집단에 이야기를 퍼붓는 바람에 집단원들이 상호작용하고 생각할 기회를 막아 버렸다. 결국 한 집단원이 그녀의 방해에 대해 화를 냈다. 그러자 그녀는 침묵이 '폭풍 전의 고요'를 상기시키기 때문에 너무도 두렵다고 했다. 자기 아버지의 폭발적이고 폭행적인 분노가 일어나기 직전에 나타나는 침묵을 상기시키기 때문이라고 설명했다.

극적 성향을 가진 내담자는 위기 방법으로 집단을 독점하기도 한다. 그들은 위급하거나 긴 시간의 주의를 요하는 주요한 인생의 격변을 집단에 규칙적으로 가져온다. 그러나 다른 집단원들이 보기에 그 문제는 자신의 문제와 비교하면 사소한 것이기에 침묵을 지킬 수밖에 없다. (한 집단원의 표현을 빌리면 '왕좌의 게임'에 끼어드는 것은 쉽지 않다.)

첫 회기에서는 집단이 독점자를 환영하고 부추기기도 하겠지만, 집단에 주는 그런 분위기는 곧 좌절과 분노로 변하고 치료적이지 않다. 다른 집단원들은 흔히 침묵이 자신이 메워야 하는 의무를 초래할지도 모른다는 두려움 때문에 그 독점자를 침묵하게 만들려고 하지 않는다. 그들은 분명히 독점자가 "좋아, 내가 입 다물 테니 네가 말해 봐"라고 응수할 것으로 짐작한다. 게다가 긴장과 경계의 분위기에서는 말이 쉽게 나오지 않는다. 특히 자기주장이 강하지 않은 집단원들은 묵묵히 숨 막혀하거나 간접적으로 적대적인 공격을 가한다. 일반적으로 독점자에게 간접적 공격을 가할 때 문제가 커지고 악순환이 일어난다. 독점자의 강박적인 발언은 불안을 다루려는 시도다. 내담자는 집단 긴장과 원한이 쌓이는 것을 감지하면서 불안도 따라 올라가고, 따라서 말하려는 경향도 강박적으로 증가한다.

이 역동에서 일어나는 해결되지 못한 긴장감은 점점 응집력이 손상되고 결석, 탈락, 싸움, 하위집단 형성과 같은 집단 붕괴의 징조로 표현된다. 집단이 드디어 독점자를 직면할 때는 흔히 폭발적이고 난폭한 양상을 띠며, 집단의 대변인이 보통 만장일치로 지지를 받는다. 내 경험에 따르면 대변인이 한바탕 박수까지 받은 적도 있다. 이는 문제를 너무 늦게 다루었다는 확실한 표시다. 그리고 나면 독점자는 뿌루퉁해지고, 한두 차례 정도 "봐라, 내가 없이 어떻게 되나" 하는 식으로 완전 침묵을 지키거나, 집단을 떠나고 만다. 어떤 경우든 아무에게도 치료적으로 성취된 것은 거의 없다.

그렇다면 치료자는 어떻게 효과적인 치료 방식으로 이 독점자를 중단시킬 수 있는가? 소리를 질러서 독점자를 잠잠히 만들거나 명령을 내려 침묵하게 하고 싶은 충동을 강렬히 느끼겠지만, 그러한 공격은 치료자의 일시적 감정 정화 외에는 거의 가치가 없는 방법이다. 내담자는 아무런 도움도 받을 수 없고 아무런 학습도 일어나지 않는다. 독점자의 강박적인 말 아래 깔려 있는 역동은 계속되고, 그는 다시 독점적 사격을 퍼부을 것이며, 결국 집단에서 탈락하게 된다. 집단에도 도움이 안 된다. 상황이 어떻든 간에 치료자가 강압적인 방법으로 한 집단원을 침묵하게 만들면 다른 집단원들도 위협을 느끼게 된다. 각 집단원의 마음속에 그 집단원과 같은 운명이 나에게도 다가올지 모른다는 불안과 공포의 씨앗이 심기게 된다.

그렇지만 독점적인 행동은 점검되어야 하고, 그것은 치료자가 작업해야 할 일이다. 일반적으로 치료자는 집단이 집단 문제를 다루도록 잘 기다려 주지만, 독점적인 내담자는 집단, 특히 생긴 지 얼마 되지 않은 집단이 다룰 수 없는 문제다. 독점적인 내담자는 집단 과정의 토대에 위협이 되는 듯하다. 집단원들은 집단에서 말하도록 격려받아야 하지만 그래도 이러한 내담자는 입을 다물게 해야 한다. 치료자는 치료를 방해하는 규준이 전개되는 것을 막아야 하며, 더불어 독점적인 내담자가 사회적 자살을 하는 것을 막기 위해 개입해야 한다. 두 갈래로 접근하는 것이 가장 효과적이다. 독점자와 독점되도록 허용하는 집단을 모두 고려해야 한다. 이 접근은 희생양의 위험을 감소시키고 각 집단원의 행동이 집단의 역할을 만들었다는 설명을 하게 해 준다.

집단의 관점에서 개인과 집단의 심리가 풀 수 없이 뒤엉켜 있다는 사실을 유의하라. 독점적 내담자는 진공 속에 존재할 수 없다. 항상 그런 행동을 허용하거나 종용하는 집단과 역동적인 평형을 따른다.[4] 그러므로 치료자는 왜 한 집단원이 모임 전체의 짐을 짊어지도록 허용하거나 종용하는지 집단에 질문해야 한다. 그러한 질문은 독점자의 수동적인 희생자로 자신을 여겼던 집단원들을 놀라게 만든다. 또는 말을 계속함으로써 모임 내내 집단원들의 관심을 얻고 싶은 욕망을 경험하는지 질문을 던질 수 있다.[5] 초기 반발이 다루어지면 집단원들은 자기 자신이 개방하지 않으려고 독점자를 이용했음을 점검하고 도움을 받기도 한다.

집단치료의 매력 중 하나는 하나의 집단 현상이 다양한 반응을 일으킬 수 있다는 점이다. 어떤 집단원들은 집단에서 언어적으로 참여하지 않아도 된다는 편안함을 느낄 수도 있다. 그들 자신은 치료 집단의 목적에 거의 책임감을 지지 않고 독점자가 혼자 자기 개방을 하도록 내버려 두거나 바보처럼 보이게 만들었을 수 있고, 또는 집단원들의 분노를 대신 채찍질하도록 만들었을 수 있다. 일단 집단원들이 활발하지 못했던 이유를 개방하고 토론하게 되면 치료 과정에 대한 그들의 개인적인 책임감이 증가된다. 예를 들어, 그들은 자기주장에 대한 공포를 토론할 수 있고, 독점자에게 상처를 주거나 혹은 특정 집단원이나 치료자가 보복적인 공격을 할지 모른다는 두려움을 가졌던 것에 관해 토론할 수 있다. 그들은 자신의 욕심이 드러날까 봐 집단의 주의를 피하고자 했을 수도 있다. 그들은 은밀히 독점자의 처지를 즐기며, 희생당하고 몰인정한 대다수의 한 일원임을 즐길 수도 있다. 이러한 문제를 개방할 때 이때까지 참여하지 않던 내담자들이 치료에 더 몰두하게 된다.

> 어느 집단에서 순종적이고 만성적 우울에 시달리는 Katie라는 여성이 다른 집단원의 독점적 행동에 입에 담지 못할 말로 분노를 폭발했다. 그녀의 폭발을 탐색하면서 그 분노가 사실 내면으로 향한 숨 막히는 자신의 수동성과 감정 회피로부터 나왔다는 것을 알게 되었다. "나의 폭발은 20년에 걸쳐 생긴 거예요." Katie는 이러한 각성을 하게 해 준 '적대자'에게 사과하고 감사했다.

집단의 이러한 접근은 독점자 개인에 대한 작업으로 보완되어야 한다. 기본 원칙은 간단하다. 독점자를 조용히시키려 해서는 안 된다. 내담자로부터 덜 듣는 것이 아니라 좀 더 들어야 한다. 모순처럼 들리겠지만 독점자가 강박적으로 말하는 것은 자기를 은폐하기 위함이라는 것을 고려하면 이해하게 될 것이다. 독점자가 집단에 제시하는 문제들은 다른 이유, 즉 재미있게 해 주거나, 관심을 끌거나, 자신의 위치를 정당화하거나, 불평하기 위해 선택된 것이지 깊이 느끼는 개인적 문제가 반영된 것이 아니다. 따라서 독점자는 충족되지 않는 관심과 통제 욕구 때문에 치료의 기회를 희생한다. 독점자에게 전달해야 하는 요점은 그렇게 강박적으로 말함으로써 집단과 거리를 두고 있다는 것과 다른 사람들로 하여금 의미 있는 관계를 맺지 못하게 하고 있다는 것이다. 그러므로 치료자는 독점자들을 거부할 것이 아니라 집단에 좀 더 관여하도록 초대해야 한다. 만약 치료자가 내담자의 입을 막겠다는 목적만 갖는다면, 사실상 역전이에 굴복하고 치료적 목표를 포기한 것이며 내담자를 집단에서 제거하는 것과 마찬가지다.

때로는 치료자가 상당히 배려했음에도 불구하고 내담자는 계속 "그래, 내 입을 다물란 말이지!"라는 의미로 받아들인다. 그런 내담자는 결국 당혹과 분노로 집단을 떠나게 된다. 이는 불안정한 사건이지만 치료자가 행동을 취하지 않으면 더 불안해진다. 나머지 집단원들이 떠난 집단원에 대해 후회를 표현하면서도 치료자가 개입하지 않았더라면 그들이 떠날 지경이었다고 말하는 것은 흔히 있는 일이다.

크게 이탈된 행동에 덧붙여 독점자의 사회 감각에는 주요 장애가 있다. 그들은 이상하게도 자신이 대인관계에 주고 있는 영향과 그에 대한 타인의 반응을 의식하지 못하는 것처럼 보인다. 더구나 그들은 사회 상황에서 다른 사람과 공감하는 능력이나 경향이 부족하다. 따라서 이 문제를 다룰 수 있다면 집단에 필요한 양식이 된다.

탐색 연구에서 얻은 자료는 이 결론을 지지한다.[6] 내담자들과 학생 관찰자들에게 각 집단 모임이 끝난 후 질문지에 답하라고 요청했다. 탐색한 영역 중 하나는 집단 활동 정도였다. 치료 시간 동안 몇 마디를 했는지 그 횟수를 통해 자신을 포함해 다른 집단원들을 평가하도록 요청했다. 집단원들과 관찰자 사이의 활동 평가에 있어 대단한 신뢰도가 있었는데, 두 가지 예외가 있었다. 첫째, 내담자들에 의한 치료자의 활동 평가에 큰 차이가 있었다(전이의 작용). 둘째, 독점적인 내담자들이 다른 집단원들보다 자신을 아주 낮게 평가했는데, 다른 집단원들은 만장일치로 독점자를 집단 모임에서 가장 활발한 집단원으로 평가했다.

그렇다면 치료자는 집단으로 하여금 독점자에게 계속 공감적인 피드백을 제공하도록 격려함으로써 독점자가 자신을 관찰하게 도와주어야 한다.[7] 이 피드백을 내담자들의 초기 집단 목표와 관련지으면 도움이 된다. 예를 들어 "당신은 사람들과 가까워지기를 원하는군요", "당신은 고립되고 싶지 않군요" 또는 "관계에서 무엇이 잘못되었는지 피드백을 원하는군요"라고 말해 주면 내담자는 이 힘든 직면을 기회로 보게 된다. 지도자로부터 이런 종류의 지도가 없다면 집단은 그 피드백을 단지 단편적이고 폭발적인 방법으로밖에 제공하지 못한다. 그리고 이러한 피드백은 독점자를 방어적으로 만든다.

나중에 독점자로 밝혀진 Matthew가 최초 면담에서 그의 아내와의 관계에 대해 불평했다. 그는 아내가 자주 공개적으로 그를 면박하거나 다 자란 자녀들 앞에서 무책임하고 정직하지 않다고 비난하는 등의 '망치 전략'을 쓴다고 주장했다.

미시사회인 집단치료 시간의 초기 몇 회기에서 비슷한 순서가 전개되었다. 그는 독점적인 행동과 판단적인 태도를 보이고 자신에 대한 집단원들의 반응을 듣지 못했다. 이에 집단은 점점 세게 두드리게 되었고, 마침내 그가 억지로 듣게 되었을 때 그를 내려치는 식의 피드백 내용은 파괴적이고 굴욕적이었다.

때로 치료자는 피드백에 대한 내담자의 반응성을 증가시키도록 도와주어야 한다. 이를 위해 강력하고 직접적으로 말해야 할 수도 있다. 예를 들어, "Charlotte, 내 생각에 당신이 말하는 것을 지금 멈추는 것이 좋을 것 같습니다. 당신이 알면 대단히 도움이 될, 당신에 대한 어떤 중요한 느낌이 집단 안에 있다는 것을 알 수 있어요"라고 말할 수 있다. 또한 집단이 그녀의 동기를 해석하기보다는 Charlotte에 대한 그들의 반응을 개방하도록 도와주어야 한다. "…하기 때문에 당신은 이런 식으로 행동하고 있습니다"라고 말하기보다는 "이런 식으로 당신이 말하면, 나는 …게 느낍니다"라고 말하는 것이 좀 더 유용하고 수용되는 표현이다. 내담자는 동기의 해석을 비난으로 지각할 수도 있지만, 상대방의 주관적 반응에 대해서는 그 타당성을 거의 부정할 수 없다.

너무나 자주 우리는 대인관계의 태도 표현, 반응, 원인의 개념을 뒤바꾸거나 혼동한다. 독점적 행동의 원인은 내담자에 따라 상당히 다를 수 있다. 어떤 개인은 사람들을 통제하기 위해 말한다. 많은 이가 다른 사람들에게 영향받을 것이 두려워 자신이 한 말에 강박적으로 방어한다. 어떤 사람들은 자기 생각이나 관찰을 너무 과대평가해 지체 없이 모든 생각을 즉시 표현해야 한다. 어떤 사람들은 단순히 집단의 관심에 필사적이다. 일반적으로 독점자가 그렇게 행동하는 원인이나 의도는 치료 후반으로 가기 전까지는 잘 이해되지 않고, 원인을 해석해 주는 것은 파괴적인 행동 양식을 초기에 대처하는 데 거의 도움이 되지 않는다. 집단에서 내담자가 자신에 대해 나타낸 것과 그 행동에 대한 다른 집단원들의 반응에 집중하는 것이 훨씬 더 효과적이다. 부드럽게 그러나 반복적으로, 집단원들은 다른 사람에게 수용되고 존중받기를 그렇게 원하면서도 짜증, 거부, 좌절을 일으키는 행동을 계속하는 역설적 상황과 직면해야 한다. 그러한 피드백은 진실로 영향력이 있고 공감적일 수 있다.[8] 성범죄자들이 투옥된 정신병원이나 교도소 내 치료 집단에서 이러한 문제가 많이 일어나는데, 그 임상 예를 살펴보자.

7주간 집단에 참가한 Walt는 자신이 엄청나게 호전되었다며 길고 익숙한 찬사를 하기 시작했다. 그는 자신의 행동이 다른 사람들에게 악영향을 준 것을 이해하지 못했던 그의 문제를 매우 자세하게 묘사했고, 지금은 그러한 점을 이해했기 때문에 병원을 떠날 준비가 되었다고 말했다.

집단 과정에 민감한 치료자는 몇몇 집단원이 안절부절못하는 것을 관찰했다. 한 명은 주먹으로 손바닥을 치는가 하면, 다른 사람들은 무관심과 단념을 나타나는 자세로 등을 푹 기대고 앉아 있는 것을 보았다. 치료자는 집단원들에게 Walt가 이야기하는 것을 그동안 몇 번이나 들었는지 질문함으로써 독점자를 멈추었다. 집단원들은 매 모임에서 이런 말을 들었다고 대답했다. 사실상 그들은 Walt가 참여한 첫 모임에서부터 이런 식으로 말하는 것을 들었다. 그가 다른 내용을 말하는 것을 듣지 못했고, 단지 그를 이야기로만 알 뿐이었다. 집단원들은 Walt에 대해 갖는 짜증에 관해, 그에게 심각한 상처를 줄지도 모른다는 두려움과 그들 자신이 통제력을 잃을 것 같은 염려와 고통스러운 보복이 두려워 그를 공격하기를 꺼린다는 사실을 토론했다. 어떤 이는 Walt에게 마음이 닿을 희망이 없으며, 육체가 있고 내면이 있는 사람이 아니라 막대기로서 그들과 관계를 맺고 있다고 말했다. 또 다른 이들은 집단에서 자신에 대해 말하는 것이 무서워 Walt가 독점하는 것을 환영했다고 말했다. 두세 명의 집단원은 치료에 대한 관심이나 신뢰가 전혀 없다고 표현했고, 이러한 무관심 때문에 Walt를 막지 않았다.

이러한 과정은 하나 이상의 심리적 요인에 의해 결정된다. 서로 맞물리는 요인이 독점이라는 역동적 평형으로 나타나는 것이다. 치료자는 다루기 어려운 과정을 멈추고, 기저에 있는 요인을 알아내 작업함으로써 집단에 장애가 되는 현상으로부터 최대의 치료 효과를 얻었다. 집단원들은 집단에 좀 더 깊이 참여하기 시작했고, Walt는 더는 자신이나 집단에 도움이 되지 않는 식으로 참여하는 일이 허용되지 않았다.

치료 과정에서 독점적 내담자를 자기 반추적으로 만드는 것이 중요하다. 나는 독점적 내담자에게 원래 집단으로부터 기대했던 반응을 생각하게 하고 실제로 일어난 피드백과 비교하게 한다. 이 차이를 어떻게 설명하겠는가? 그는 집단에서 어떤 역할을 했는가? 다른 사람들과 관계 맺는 방법을 바꾸고 싶은가?

종종 독점적 내담자들은 자신에 대한 집단의 반응을 과소평가한다. 그들은 집단이 미친 사람으로 구성되어 있다고 주장할 수 있으며, "이런 일은 평생 처음 있는 일이에요"라고 항의할 수도 있다. 치료자가 희생양이 생기는 것을 예방하고 있다면, 이 말은 항상 맞지 않는다. 그는 매우 일반적인 상황에 있는 것이다. 집단에서 일반적이지 않은 것이라고는 그의 행동에 대해 다른 사람들이 공개적으로 말해도 된다는 규준이 있다는 것이다.

치료자는 내담자가 대인관계에서 갖는 어려움, 즉 외로워하거나, 가까운 친구가 없거나, 누구도 귀담아듣지 않거나, 이유 없이 배척받는 등 애초에 치료를 청했던 모든 이유를 타진하고 토론하도록 종용함으로써 치료적 수단을 증가시킨다. 일단 이런 것이 분명해지면 치료자는 좀 더 설득력 있게 독점적 내담자에게 집단 내에서 자기 행동을 점검하는 것이 중요하고 치료와 관련된다는 것을 보여 줄 수 있다. 적절한 시기가 필수적이다. 마음이 닫혀 있는 방어적인 개인과 불꽃 튀기는 상황에서 이러한 작업을 시도할 이유는 없다. 반복적이고 부드럽고 시기적절한 개입이 필요하다.

침묵하는 내담자

침묵하는 집단원은 덜 파괴적이지만 치료자에게는 똑같이 도전적인 문제가 된다. 침묵하는 집단원이 항상 집단에서 문제인가? 아마 그 내담자는 조용히 도움을 받고 있을지도 모른다. 근거가 정확하지는 않지만 몇 해 동안 집단치료자 사이에 오르내린 이야기가 있는데, 일 년 동안 말을 한마디도 안 하고 집단에 다녔던 개인에 관한 것이다. 집단치료 50회가 끝난 후 그는 집단에 돌아오지 않을 것이라고 발표했다. 문제가 다 해결되었고, 다음 날 결혼할 예정이며, 집단이 그에게 준 도움에 감사를 표하고 싶다고 했다.

이 문제를 좀 더 자세히 검토해 보자. 어떤 과묵한 집단원은 같은 문제를 갖고 있는 능동적인 집단원과 동일시함으로써 치료에 대리로 참여해 도움을 받을 수 있다. 그런 내담자의 경우 집단에서는 말 없고 변화가 없는 것처럼 보이지만, 집단 밖의 관계에서는 위험을 감수하고 행동이 점점 변화한다. Lieberman, Yalom 그리고 Miles의 참만남 집단에 관한 연구에서 가장 변화한 참가자들은 다른 집단원의 집단경험을 대리로 경험함으로써 단기간(총 30시간)의 학습 기회를 극대화시키는 특별한 능력을 가진 것으로 지적되었다.[9]

그렇지만 일반적으로 집단 매트릭스에서 능동적이고 영향력이 있을수록 더 도움을 받는다는 근거가 있다. 경험집단 연구에서 참여자들이 무엇을 말하는지에 상관없이 말을 많이 할수록 자신에 대한 상이 더 긍정적으로 변한다는 것이 증명되었다.[10] 대리적 경험과 직접 경험, 또 양자를 결합한 형태의 경험 세 가지를 비교한 연구에서는 대리적 경험이 의미 있는 변화, 정서적 참여를 일으키는 일이나 집단에 대한 매력에 비효과적임을 증명했다.[11] 끊임없이 침묵하는 집단원은 또한 다른 집단원들의 작업에 도움이 되지 못하고, 이는 집단 융합을 은밀히 해친다. 침묵하는 내담자는 투사의 대상이 되는 다른 집단원을 판단하며 앉아 있는 것으로 보인다.

장기 치료에서 침묵을 지키는 집단원들은 집단에서 도움을 못 받는다는 것이 광범위한 임상적 일치다. 자기개방을 너무 천천히 하는 집단원은 나머지 집단원들을 따라갈 수 없고 최소한의 도움을 얻을 뿐이다.[12] 언어적 참여가 많을수록 참여 의식이 높고, 내담자는 다른 사람으로부터 궁극적으로는 자신으로부터 더 가치 있다고 인정받게 된다. 자기개방은 집단 응집성의 발달에 필수적일 뿐 아니라 긍정적 치료 효과와 직접적인 상관이 있다. 치료는 내담자의 '작업'이다. 따라서 나는 말이 없던 집단원이 좋아졌다는 신화에 속지 말라고 제안하고 싶다. 침묵을 지키는 내담자는 문제 내담자이고, 집단으로부터 의미 있는 도움을 거의 받지 못한다. 위험은 시간제한 집단에서 특히 더 심각한데, 나중에 들어온 집단원은 집단이 종결하기 전에 따라잡을 기회가 적기 때문이다. 치료자나 집단원들이 침묵을 다루지 않으면 내담자의 병리적 신념이나 가정을 강화할 수 있다.

내담자들이 침묵하는 이유는 여러 가지다. 어떤 사람은 자기개방에 대해 전반적으로 두려움을 경험할 수 있다. 그들은 한마디 내뱉을 때마다 자기개방을 하는 것으로 느낀다. 어떤 사람은 공격성에 갈등을 느껴 말한다는 사실 자체에 내재하는 주장을 하지 못할 수도 있다. 어떤 사람은 돌보아 주는 이상적인 사람이 나타나 생명을 주고 활성시켜 주기를 기다린다. 어떤 사람은 독립적인 목소리를 내 본 적이 없고, 대인관계에서 절대로 먼저 시작하지 않으며 앵무새처럼 되풀이한다. 자신에게 완벽을 요구하는 사람은 말할 때마다 완벽하지 못할까 봐 두려워 입을 벌릴 수 없다. 반면 어떤 사람들은 고상하고 우월하게 침묵을 지킴으로써 집단으로부터 거리를 유지하고 통제한다. 어떤 내담자는 정신병자인 엄마가 음식을 씹을 때 조금이라도 소리를 내면 비난했기 때문에 침묵한다고 말했다. 어떤 내담자는 집단에서 특정 집단원에게 위협을 느껴 습관적으로 그 집단원이 없을 때만 말을 한다. 다른 사람들은 작은 모임이나 지도자가 없는 모임에만 참여한다. 어떤 사람은 상대방을 처벌하거나 집단의 관심을 끌기 위한 목적으로 정기적으로 뚱하게 있는다.[13] 문화적 배경도 역할을 하는데, 어떤 집단원은 어릴 때부터 공개적으로 감정을 표현하지 못하도록 그리고 권위자에게 존경을 표하도록 교육받았다.[14] 트라우마를 겪은 내담자들은 감정적 표현을 피하려고 침묵을 지킨다. 분노와 공격과 관련된 트라우마를 건드릴 자극에 노출되지 않음으로써 안전을 지키려는 방법으로 침묵한다.[15]

여기서도 집단 역동이 역할을 한다. 잠재적 공격과 사용할 수 있는 정서적 공급에 대한 집단 불안이 상처받기 쉬운 집단원을 침묵으로 몰아가고, 긴장과 관심에 대한 경쟁을 감소시킨다. 그러므로 스쳐 지나가는 '상태 침묵'과 좀 더 지속되는 '특성 침묵'을 분별하는 것이 매우 유용하다.

그러나 요점은 침묵도 행동이고, 집단에서의 다른 행동처럼 지금-여기의 맥락 안에서 모두 의미가 있으며, 대인관계 및 세계와 맺는 내담자의 독특한 방법을 대표하는 예로 보아야 한다는 것이다. 그러므로 치료 작업은 그 행동을 변화시킬 뿐 아니라(내담자가 집단에 남아 있으려면 필수적이다) 행동의 의미를 탐색하게 해야 한다. 침묵하는 내담자가 집단에 들어오면 대부분 안심한다. 그들은 집단지도자에게 즉각적이고 긴급한 요구를 하지 않기 때문이다. 사실 이것은 침묵이 환영받고, 수용되고, 바람직하다는 느낌이 전달되기 때문에 역치료적인 입장이다.

적절한 임상적 방법은 부분적으로 치료자가 갖고 있는 침묵의 역동을 이해하는 데 달렸다. 내담자에게 불필요한 압박을 주지 말고, 극단적으로 고립된 역할로 빠져들지 못하도록 그 사이에서 중용을 지키게 해야 한다. 치료자는 정기적으로 내담자가 보이는 비언어적 행동에 대해 언급함으로써 침묵하는 내담자를 작업에 끌어들일 수 있다. 즉, 내담자가 몸짓이나 행동으로 어떤 관심, 긴장, 슬픔, 권태 또는 즐거움을 드러낼 때다. 흔히 침묵하는 집단원이 집단에 소개되면 경험이 많은 집단원들의 명확성, 직접성, 통찰에 위압당한다. 그럴 때는 존경받고 경험 많은 집단원들도 시작할 때 침묵과 자기의심 때문에 힘들었다고 치료자가 지적하는 것이 도움이 된다.[16]

계속 자극하고 끌어들이는 것이 필요하더라도 치료자는 반복되는 점검으로 자율과 책임을 격려할 수 있다. "당신은 이 모임에서 자극을 받고 싶나요?", "Mike가 당신을 주인공으로 만들었을 때 어땠나요?", "그가 너무 지나쳤나요?", "우리가 당신을 불편하게 하면 알려 줄 수 있을까요?", "오늘 우리가 어떤 질문을 던지는 것이 당신이 집단에 들어오는 데 도움이 될까요?", "오늘 밤 집에 돌아가면 여기서 당신이 위험을 감수한 것에 대해 어떻게 느낄까요?", "우리에게는 어떤 의미일 것 같아요?" 치료자는 내담자의 활동을 강화할 모든 기회를 잡고 그의 두려움에도 불구하고 무리해야 하는 중요성을 강조해야 한다(예를 들어 그가 위험 부담을 가지고 말한 후 느낄 안심과 성취를 말해 준다).[17]

만약 이 모든 노력에 저항해 3개월 후에도 내담자의 참여가 매우 한정되어 있다면, 나의 경험으로 예후가 좋지 않다. 집단은 말 없는 내담자를 참여하도록 부추기는 데 점점 좌절하게 된다. 집단의 몰인정 상태에서 집단 내 내담자의 위치는 더 별 볼 일 없어지고 참여할 가망성은 더 낮아진다. 이 경우 개인 면담을 동시에 병행하는 것이 도움이 될 수 있다. 이것도 실패한다면 치료자는 집단에서 그 내담자를 내보내는 것을 심각하게 고려해야 한다. 가끔 나중에 두 번째 치료 집단에 들어가는 것이 도움이 될 수도 있다. 그 내담자는 이제 침묵의 문제에 대한 경험이 있기 때문이다.

지루한 내담자

지루함 때문에 치료받으려는 사람은 거의 없다. 그래도 얇은 가면을 쓰고, 이런 불평을 하는 경우는 흔하다. 내담자들은 다른 사람들에게 아무것도 말할 것이 없다고 호소한다. 파티에서 혼자 우두커니 서 있고, 어느 이성도 두 번 다시 그와 데이트하려 하지 않으며 성적 대상으로만 본다고 말한다. 그들은 억압되었고, 부끄럼을 잘 타며, 공허하고, 멍하다. 침묵이나 독점과 마찬가지로 지루함 또한 심각하게 여겨야 한다. 내담자가 분명하게 확인하든 하지 않든 지루함은 대단히 중요한 문제다.

지루한 집단원은 치료 집단이라는 축소된 사회에서 이 문제를 다시 일으키고, 다른 집단원들과 치료자를 지루하게 만든다. 치료자는 지루한 집단원들이 두세 명만 있어도 집단을 두려워한다. 이 집단원들은 집단을 종결하더라도 연못에 파문 하나 남기지 않고 슬며시 사라질 것이다.

지루함이란 고도의 개인적 경험이다. 일반적으로 집단에서 지루한 내담자는 집중적으로 억압되어 있고, 자발성이 결여되어 있으며, 절대로 위험을 택하지 않는 사람이다. 그들은 항상 '안전'한(그리고 항상 예측할 수 있는) 말만 한다. 말하기 전에 주위 사람들이 무엇을 기대하는지 알아보기 위해 다른 집단원들의 얼굴을 훑어보고, 내부에서 올라오는 반대되는 감정도 눌러 버린다. 개인에 따라 특정 사회적 스타일은 상당히 다르다. 어떤 사람은 침묵을 지키고, 어떤 사람은 허풍 떨고, 또 어떤 사람은 지나치게 합리적이다. 어떤 사람은 수줍어하고 자기를 낮추며, 또 어떤 사람은 의존적이고 요구가 강하며 또는 변명을 한다. 그들의 공통점은 감정 접촉이 제한적이라는 것이다. 사고가 감정을 지배하고, 뇌의 좌반구가 우반구를 즉 인지가 정서를 지배한다.[18]

어떤 지루한 내담자는 사실 감정과 관련된 인지 처리 과정에 결함이 있는 감정표현불능증이 있는 것이다.[19] 감정표현불능증 내담자는 구체적이고, 상상력이 부족하고, 감정 경험이 아니라 세세함에 초점을 맞춘다. 지루한 내담자와 개인 상담을 하면 견딜 수 없이 느리고 무미건조하다. 집단치료 또는 개인치료와 병행하면 특히 감정 표현을 증진시키는 데 도움이 된다. 집단원들이 어떻게 관계를 맺고 어떻게 감정을 표현하는지 모델이 되어 주고 다른 사람들을 지지해 주기 때문이다.[20]

이러한 개인은 자신의 감정적 단서를 읽을 수 없기 때문에 의학적 · 심리신체적 질병에 취약하다.[21] 집단치료는 감정적 각성과 표현을 증진시키는 힘 때문에 감정표현불능증을 감소시키고 심장병과 같은 질병에 의학적 효과를 보는 것으로 증명되었다.[22] 이들 지루한 내담자에게는 갑작스럽고 변혁적인 돌파보다 내담자의 정서적 세계를 천천히, 신중하게 확장시킬 때 효과적인 집단치료가 된다.

흔히 집단치료자와 집단원들은 이런 지루한 내담자들의 자발성을 부추기려고 노력한다. 그들은 내담자에게 집단원들에 대한 공상을 나누고, 비명을 지르고, 욕하고, 내담자가 예측할 수 없는 것을 뭐라도 꺼내 놓으라고 요구한다.

내담자 Nora는 끊임없는 상투적인 말과 자기 비하적인 말로 집단을 절망으로 몰아 넣었다. 몇 달 후 그녀의 집단 밖 생활은 좋은 방향으로 변화하기 시작했으나, 이 성공을 보고하면서 Nora는 매번 자기를 경멸하는 말을 했다. 그녀는 명예로운 전문인 학회에 가입하게 된 것에 대해 '잘된 일이지만, 나를 내쫓을 수 없는 단체이기 때문'이라고 말했고, 졸업장을 받았을 때는 '그러나 좀 더 일찍 끝냈어야 했다'라고 말했다. 외모가 더 좋아진 것은 '좋은 선크림과 화장품 덕분'이라고 말했다. 몇 명의 새로운 남성이 데이트 신청을 한 것은 '시장에서 얼마 안 되는 선택이기 때문'이고, 좋은 직장을 얻은 것은 '내 앞에 굴러 들어온 것'이며, 처음으로 성적 쾌감을 느낀 것은 '대마초 덕분'이라고 했다.

집단은 그녀가 자기 말살을 알아차리게 하고자 애썼다. 한 기술자는 Nora가 자신을 자학할 때마다 울리는 전기 신호기를 가져오자고 제안했다. 다른 집단원 Ed는 좀 더 자발적인 상태로 Nora를 끌어들이기 위해 그녀의 브래지어에 관해 한마디 했다. 브래지어가 좀 좋은 것이어야겠다며 다음에 Nora에게 새 브래지어를 선물하겠다고 말했다. 아니나 다를까, 다음 모임 때 그는 큰 상자를 선물로 가져왔는데, Nora는 집에 가서 열어 보겠다고 했다. 상자는 한쪽에 덩그러니 놓여 있었고, 다른 주제도 억압되었다.

결국 집단원들은 그 선물을 열어 보도록 설득했고, 그녀는 매우 당황하고 고심하며 열었다. 상자는 스티로폼으로 꽉 차 있었다. Ed는 Nora에게 가장 잘 어울리는 것은 아무 브래지어도 안 입는 것이라고 그의 생각을 설명했다. Nora는 가짜 패드라고 추측한 데 대해 즉시 Ed에게 사과했고, 자신을 위해 애써 준 것에 감사를 표했다. 이 사건은 두 사람 모두에게 많은 작업을 시작하게 했다. 집단은 Ed가 Nora를 자존심 상하게 하고 창피하게 만들었는데도 그에게 사과하는 반응을 보였다는 사실에 대해 토론해야 한다고 지적했다. 그녀는 쓸모없는 선물에 대해 고맙다고 정중하게 말한 것이다! 이 사건이 처음으로 Nora에게 자기관찰의 거센 불똥을 일으켰다. 다음 모임에서 Nora는 "저는 방금 비위를 맞추는 것에 대한 세계기록을 세웠어요. 저는 어젯밤 금융사기 전화를 받고서도 그 남자에게 사과했답니다! 나는 상대방에게 '죄송하지만, 잘못 거신 것 같네요'라고 말했어요"라고 말했다.

지루한 내담자의 바탕에 있는 역동은 개인에 따라 매우 다르다. 많은 이가 핵심적 의존성을 갖고 있고, 거부되거나 버림받는 것을 두려워해 강박적으로 순종적이고, 보복을 일으킬 어떠한 공격적인 말도 삼간다. 그들은 건강한 자기주장과 공격을 혼동한다. 자신의 욕구와 관심, 자발성과 의견을 드러내기를 거부함으로써 상대방을 지루하게 만들어

그토록 방지하고자 했던 바로 그 거부와 버림이 실제로 일어나게 만든다.[23]

치료자로서 당신이 내담자에게 지루함을 느끼면, 그 지루함은 하나의 중요한 정보가 된다. 모든 어려운 내담자의 치료에서 당신의 역전이에 대해 주의해야 할 필요가 있다. 치료자의 역전이는 내담자에 대한 귀중한 자료가 되는데, 치료적 효과에 도전이 되는 어려운 내담자일수록 더 그렇다. 효과적인 역전이 처리는 더 좋은 임상적 성공과 적극적인 상관관계가 있다. 보통과 다른 치료자의 반응이나 행동은 대인관계의 상호작용에 무언가가 스며들어 있다는 신호이므로, 치료자는 반응하기 전에 그들의 감정을 검토하고 살펴야 한다.[24] 치료자가 그 집단원을 지루해하면 다른 사람들도 지루함을 느낄 것이라는 점을 항상 가정하라. 당신은 그 지루함을 호기심으로 맞아야 한다. 스스로 물어보라. "무엇이 저 사람을 지루하게 만드는가? 나는 언제 가장 지루함을 느끼고 언제 가장 덜 지루해하는가? 이 지루함의 껍질 속에 있는 진짜 살아 있고 자발적이고 창조적인 인격을 어떻게 하면 만날 수 있을까?" 어떤 기술도 긴급한 '돌파구'가 될 것 같지 않다. 지루한 개인은 공격적이거나 자기중심적인 내담자 또는 독점적인 내담자보다 더 집단이 잘 참을 수 있기 때문에 시간적 여유가 있다.

마지막으로 치료자는 이들 내담자에 대해 소크라테스적인 자세를 취해야 한다는 것을 잊어서는 안 된다. 우리의 과업은 그 개인에게 무언가를 집어넣는 것이 아니라, 그와는 반대로 거기에 항상 있는 것을 꺼내게 하는 것이다. 지루한 내담자에게 영감을 일으키고 색깔이나 자발성이나 풍성함을 불어넣는 것이 아니라, 그들의 억눌린 창조적이고 생동하는 어린아이 같은 부분을 찾아내고 이를 표현하는 것을 방해하는 요소를 제거하도록 도와주는 것이다.

도움을 거부하는 불평자

도움을 거부하는 불평자는 독점자의 한 변형으로 1952년 J. Frank에 의해 처음으로 알려지고 명명되었다.[25] 그 이후로 많은 집단임상가에 의해 그 행동 양식이 인식되었고, 정신의학과 정신치료 문헌에 이 용어가 자주 등장하게 되었다.[26] 여기서 나는 흔하지 않지만, 최고로 발전된 도움을 거부하는 불평자에 관해 논하고자 한다. 그렇지만 이 행동 양식은 분명히 구별되는, 전부가 아니면 전혀 아닌 식all-or-nothing의 임상 증상은 아니다.

개인은 다양한 심리 역동적 경로를 통해 이러한 유형에 도달하게 되었고, 어떠한 외적 자극이 없이도 극도로 이러한 행동을 끊임없이 나타낼 수 있다. 어떤 사람에게서는 늘 이러한 양식이 나타나고, 또 어떤 사람들은 특별한 스트레스를 받는 경우에만 도움을 거부하는 불평자가 된다. 도움을 거부하는 불평은 의학적으로 설명할 수 없는 형태로, 신체적 호소를 통한 정서적 장애와 밀접한 관련이 있다.[27]

도움을 거부하는 불평자(이하 불평자)는 집단 안에서 독특한 행동 양식을 보인다. 즉, 문제를 제기하거나 불평함으로써 은밀히 또는 분명히 도움을 구하지만, 이에 제공되는 어떠한 도움도 거부한다. 불평자는 끊임없이 극복할 수 없어 보이는 문제를 제기한다. 때로 이들은 집단에서 치료 개입이나 충고를 받아 내기 위해 치료자에게 전적으로 매달린다. 그러나 집단의 반응에는 주의를 기울이지 않는다. 불평자는 집단원 누구보다 도움이 더 필요하다는 단 한 가지 차원에서만 관계를 형성한다. 이들은 다른 집단원이 문제를 제시함으로써 치료자나 집단의 주의를 끌려고 하는 상황 외에는 거의 경쟁심을 보이지 않는다. 이럴 때 불평자는 흔히 다른 사람의 불만을 자기 것과 비교해 하찮게 만들려는 시도를 한다. 그들은 자신의 문제를 과장하고 다른 사람, 종종 어떤 형태로 그들이 의존하고 있는 권위적인 인물을 탓하는 성향이 있다.

집단과 치료자가 불평자의 호소에 반응을 보이면, 그는 제공된 도움을 거절하는 엉뚱하고 당황스러운 상황을 연출한다. 거부는 여러 가지 묘한 형태로 나타나지만 오해할 만한 것은 아니다. 때로 충고는 공공연히 또는 간접적으로 거부당한다. 말로는 수용하면서도 행동으로 옮기지 않거나, 행동하더라도 그 집단원의 곤경을 해결하는 데 실패한다.

집단에 미치는 영향은 분명하다. 다른 집단원들은 지루하고, 짜증 나고, 좌절을 느끼고, 혼란스러워한다. 그들에게는 불평자가 집단의 에너지를 소모시키는 탐욕스러운 밑 빠진 독으로 보인다. 집단원들이 무력감을 느끼고, 더 나아가 그들 자신의 욕구가 집단에 의해 인정받지 못하는 데 실망하면서 집단 과정에 대한 신뢰가 병들게 된다. 집단원들이 좌절에 빠져 관계를 끊고 응집성이 흔들리게 된다.

불평자의 행동 양식의 역동은 의존성에 대한 깊은 갈등 감정을 해결하려는 시도로 보인다. 한편으로 불평자는 무기력하고, 하찮게 느끼고, 전적으로 타인 특히 치료자의 개인적 가치에 대한 느낌을 의존한다. 치료자의 관심이나 주의는 불평자의 자아존중감을 일시적으로 강화시킨다. 한편으로 불평자의 의존적 자세에는 권위적 인물에 대한 전반적인 불신과 증오가 있으므로 매우 복합적이다. 욕구로 불타올라 도움을 구하지만, 정작 도움을 구하는 대상은 도울 수 없거나 도우려 하지 않는 인물로 불평자는 예상한다.

이런 내담자들은 애착 패러다임으로 가장 잘 이해될 수 있다. 불평자들은 동시에 두 가지 형태의 불안정 애착을 경험한다. 첫 번째 형태는 불안하게 애착이 되어 친밀감과 재확인을 구하면서도 양육자가 확실히 반응하도록 자주 자신의 괴로움을 과장한다. 두 번째 형태는 회피하고 무시하는 애착인데, 돌봄을 거부하고 저항하는 개인이다. 불평자들은 이 두 가지를 공포형 애착이라고 알려진 식으로 경험한다. 이런 내담자들은 양육자를 문제 해결자로 찾으면서 동시에 학대자로 두려워한다. 대인관계 결과는 엄청난 좌절이고, 치료자는 별을 따려고 애쓰는 느낌이다. 무엇을 하든 핵심을 맞추지 못한다.[28] 도움을 청하고 실망하는 악순환이 계속되고 불평자는 그의 인생 대부분을 이렇게 맴돌고 있다.

불평자는 임상적으로 매우 어려운 도전이다. 그러한 많은 내담자가 치료에 실패함으로써 치료자와 집단에 막대한 희생을 치르게 하고 승리한다. 이것은 모두에게 손해다. 치료가 성공적일 기회는 집단지도자가 불평자가 보살핌을 원하면서도 보살핌을 믿을 수 없고, 상처를 주고, 파괴적인 공포를 동시에 가진다는 사실을 이해하는 데 달렸다. 인내심을 가지고 불평자와의 관계를 구축하는 것이 중요하다. 희망과 공포 모두 내담자가 치료를 망치려는 속임수가 아니라 진실로 느낀 것임을 인정할 때 쉽게 성공할 수 있다. 불평자는 충고를 그 자체의 유용한 가치보다는 거부하고 차 버리기 위해 청한다. 도움을 원하지만 동시에 도움이 제공되었을 때 효과적으로 사용할 수 없는 고통스러운 구속을 인정할 때, 집단 안에 긴장이 감소하고 신뢰가 발전할 공간이 좀 더 생긴다. 그러나 치료자와 집단의 충고, 지도, 치료는 거부되고 보복은 단지 악순환을 완성시킨다. 불평자가 기대한 나쁜 치료와 포기는 또 한 번 현실이 되고, 그는 자신의 적대적 불신뢰를 정당화하게 된다. 결과적으로 다시 한번 그들은 아무도 자신을 이해할 사람이 없다는 것을 확인한다.

전혀 비난하지 않고 과오를 범하지 않는 치료적 자세가 결정적으로 중요하다. 이러한 내담자를 돕기 위해서는 주요한 집단의 치료적 요인을 동원해야 한다. 집단 응집이 형성되고 내담자가 보편성, 동일시, 감정 정화를 통해 집단의 일원임을 중요하게 여기게 되면 치료자는 독점적인 내담자를 다룰 때 피드백과 과정에 계속 초점을 맞추며 대인관계 학습을 격려할 수 있다. 불평자가 다른 집단원에게 미치는 자신의 대인관계 영향을 보게 되면, 그들을 도울 수 있는 중요한 단계가 된다. 그들이 맺고 있는 특징적인 관계 양식을 검토함으로써 그들은 안전한 관계를 맺고 다른 선택을 할 수 있다.

급성 정신병 내담자

많은 집단이 주요 정신병을 가진 내담자들을 치료하기 위해 디자인되었다. 사실 정신병동, 부분 입원환자 병동, 재향군인병원 및 퇴원 후 프로그램 등의 집단을 보면 심한 문제를 지닌 내담자를 치료하는 전체 치료 집단의 수가 상당하다.[29] 이후 15장에서 입원한 내담자로 이루어진 집단에 대해 다룰 것이므로 지금은 더 높은 기능 수준의 개인으로 구성된 상호작용 치료 집단에서 한 개인이 치료 도중에 정신병을 일으킨 경우 어떤 일이 생기는지에 관해 다룰 것이다.

정신병 내담자의 운명, 다른 집단원들의 반응, 치료자가 사용할 수 있는 효과적인 대안 등은 부분적으로 정신증이 집단 과정의 어느 시점에 일어났느냐에 달렸다. 일반적으로 오래되고 성숙한 집단에서 그 정신병 내담자가 중심적이고 귀중한 역할을 하고 있었다면, 집단원들은 위기 상황에서 더 인내심을 보이고 효율적으로 반응한다.

앞서 8장에서 나는 초기 선발 시 정신병이 심한 내담자는 상호작용 외래환자 치료 집단에서 배제해야 한다는 점을 강조했다. 이러한 개인을 위해서는 다른 집단 모델이 훨씬 더 적절하다.[30] 그러나 보기에 안정적인 양극성 우울증이나 다른 심각한 기분장애를 앓는 내담자의 경우 그 병으로 인한 대인관계 문제를 다루기 위해 흔히 집단치료에 의뢰한다. 집단 작업과 함께 처방을 해 주고 내담자의 기분 안정을 관리해 주는 의사나 정신의학과 의사가 돌보아 준다면 매우 효과적이다.

때때로 조심스러운 선발에도 불구하고 생활 상황이나 집단으로부터 기대하지 않았던 스트레스 또는 복용하는 약이 잘 듣지 않는 이유로 치료 초기 단계에 정신병이 발병하기도 한다. 이는 새로 형성된 집단에 상당한 문제를 일으킨다. 물론 내담자도 마찬가지인데, 집단에서 이상한 역할로 밀리고 결국 치료를 종결하게 되어 전보다 더 나쁜 상태가 된다.

본 저서에서는 집단의 초기 단계는 대단한 유동성과 중요성을 갖는 때라는 것을 여러 차례 강조했다. 초기 집단은 쉽게 영향을 받고, 처음에 만들어진 규범은 때로 매우 오래 간다. 두려워하고 서로 신뢰하지 않는 이방인이 모여 몇 주 만에 친밀하고 서로 도움이 되는 집단으로 변하면서 강렬한 사건의 연쇄작용이 일어난다. 집단 초기에 특별히 많은 시간을 사용하고 발달 과업으로부터 에너지를 다른 데로 돌리는 사건이 일어나면 집단에 파괴적일 수 있다. 몇몇 관련된 문제를 다음의 임상 예를 통해 설명하겠다.

37세 가정주부 Sandy는 몇 년 전에 치료가 안 되는 주요 우울증으로 병원에 입원해 전기 충격요법 치료를 받았다. 그녀를 담당하던 치료자가 그녀의 대인관계에 대해 이해하는 것이 남편과의 관계를 향상시키는 데 도움이 되리라고 생각해 집단치료를 권하여 집단에 오게 되었다.

Sandy는 집단의 초기 모임에서 다른 집단원보다 과거에 대해 아주 자세하게 더 많이 밝히는 능동적인 집단원이었다. 때로는 다른 집단원에게 화를 낸 후 자기를 비하하는 말을 하며 지나치게 사과하기도 했다. 6회기째가 되자 그녀의 행동은 더 부적절해졌다. 예를 들어, 그녀는 아들의 소변 문제에 관해 자세히 말했는데, 요도의 구조를 편안하게 하는 수술에 대해 복잡한 세부 사항까지 설명했다. 다음 모임에서는 자기 집 고양이도 요도가 막혔다고 보고했다. 그러고는 다른 집단원들에게 그들의 애완동물에 관해 말하라고 졸랐다.

8회기에서 Sandy는 상당한 조증 증세를 보였다. 집단원들을 모욕하고, 공개적으로 남성 집단원의 신체를 어루만지며 유혹했으며, 마침내 동음이의어로 말장난을 하거나, 부적절한 웃음과 울음 등의 괴이하고 비이성적인 행동을 했다. 치료자 한 명이 그녀를 방에서 데리고 나가 그녀 남편에게 연락한 후 즉시 정신과 병원에 입원하도록 조치했다. Sandy는 병원에서 한 달간 조증 상태로 있었고 새로운 약물치료로 점차 회복되었다.

그 모임 동안 집단원들은 매우 불편해했고, 그들의 감정은 당혹, 짜증, 두려움까지 다양하게 나타났다. Sandy가 떠난 후, 어떤 사람은 잘 모르는 어떤 방법으로 그녀의 행동을 유발한 것은 아닌지 죄책감을 느낀다고 표현했다. 어떤 사람은 그녀가 두렵다고 말했다. 한 사람은 그가 알던 사람이 정신병 발병 후 총을 난사했다고 회상했다.

그다음 모임에서 집단원들은 이 사건과 관계된 많은 감정을 토론했다. 한 집단원은 누구도 장담할 수 없다고 말했다. Sandy를 7주 동안 알아 왔지만, 그녀의 행동은 전혀 예측할 수 없는 것이었다. 어떤 사람은 그들이 그녀와 비교해서 심리적으로 건강하다는 사실에 안심했다고 말했다. 어떤 이들은 그녀처럼 자신을 통제하지 못할지도 모른다는 두려움 때문에 상당히 부정적인 기제를 사용하며 이 문제에 관한 토론을 피하려고 했다. 어떤 이는 Sandy가 돌아와 집단을 쑥대밭으로 만들까 봐 두렵다고 말했으며, 어떤 이는 집단치료에 대한 신뢰가 줄었다고 했다. 한 집단원은 최면을 요청했고, 다른 사람은 정신치료가 비효과적이라는 과학 잡지의 논문을 모임에 가져왔다. 치료자들과 그들의 능력에 대한 신뢰가 상실되었다는 것이 어떤 집단원의 꿈에서 표현되었다. 그 꿈에서 치료자는 병원에 입원했고 내담자가 구출해 주었다.

다음 몇 주간 이 모든 주제로 인해 분위기가 가라앉았다. 모임은 생기가 없고, 깊이가 없으며, 주지화가 일어났다. 참석률이 저조해지고 집단은 무기력하게 되었다. 14회기 때 치료자는 Sandy가 회복되어 다음 주에 돌아올 것이라고 말했다. 그러자 생기가 돌고 열띤 토론이 일어났다. 집단원들은 다음과 같은 상황을 두려워했다.

· 그들이 Sandy를 불편하게 할 것이다. 격렬한 모임은 그녀를 다시 아프게 할 것이니, 이를 피하기 위해 집단은 천천히 피상적인 방향으로 가야 한다.
· Sandy는 예측 불능이다. 언제 통제를 잃고 다시 위험하고 무서운 행동을 할지 모른다.
· Sandy의 통제 부족 때문에 그녀를 신뢰할 수 없다. 집단의 어떤 것도 비밀이 지켜지지 않을 것이다.

동시에 집단원들은 집단으로부터 Sandy를 배제시키고자 하는 데 대해 상당한 불안과 죄책감을 표현했다. 그런 다음 긴장과 무거운 침묵이 흘렀다. 집단의 극단적인 반응으로 치료자는 Sandy가 돌아오는 것을 몇 주 늦추기로 했다(당시 Sandy는 개인치료를 받는 중이었다).

Sandy가 집단에 돌아왔을 때 그녀는 깨지는 물건처럼 다루어졌고 전체 집단의 상호작용은 매우 조심스럽고 방어적이었다. 20회 모임이 될 때쯤 7명 중 5명이 탈락했고, Sandy와 다른 한 사람만 남았다.

치료자들은 5명을 새로 추가해 집단을 재조직했다. 재조직한 집단에는 옛날 집단원 두 명과 치료자들만 남았는데도, 옛날 집단의 문화가 계속 남아 있다는 점이 흥미로웠다. 이는 그 문화를 가진 사람의 수가 제한적이어도 규범의 힘이 남는 것을 보여 주는 좋은 예다.[31] 새 집단원들까지 Sandy를 섬세하게 다루었고, 집단은 예의범절에 허우적대며 천천히 움직였다. 치료자들이 이 문제를 공개적으로 직면시켰을 때야 집단은 Sandy를 건드려 또 다른 심리적 붕괴를 가져올 수 있다는 그들의 두려움에 관해 토론하며 그들의 감정과 Sandy에 대한 두려움을 다룰 수 있었다. 이 시점에서 집단은 좀 더 신속히 움직이게 되었다. Sandy는 새 집단에서 1년간 머물렀고, 사람들과의 관계와 자기 개념을 갖는 데에 결정적인 호전을 보였다.

여러 달 동안 집단에 속해 있던 활발한 집단원이 정신병에 걸린다면 전혀 다른 상황이 된다. 다른 집단원들은 자신이나 집단보다 우선 그 집단원을 염려한다. 그들은 정신병에 걸린 집단원을 전부터 한 개인으로서 알아 왔고 이해했기 때문에 대개는 대단한 관심과 염려를 보이며 그 내담자를 피해야 할 이상하고 무서운 대상으로 여기지 않는다. 건강을 돌보는 분야에서, 특히 수련자들조차도 정신병에 대한 오명은 계속 지배적이다.

나와 동료는 정신과 병동에 처음 배치된 의대생들이 정신병 환자들을 극도로 위험하고, 무섭고, 예측 불가능하고, 자신과 다른 존재로 여기는 것을 관찰했다. 그러나 5주 후 학생들의 태도는 상당히 달라졌다. 환자를 덜 무서워했고, 정신병 환자들은 다만 혼돈되

고 깊이 고통받는 인간이며, 이전에 생각했던 것과 달리 그들 자신과 같다고 인식했다.[32]

몇몇 집단원이 곤경에 빠진 집단원과 계속 관계를 맺을 수 있다고 하더라도, 어떤 집단원들은 자신 또한 통제력을 잃고 비슷한 구렁텅이에 빠지게 되지 않을까 하는 두려움을 갖게 되면서 개인적인 격변이 생긴다. 그러므로 치료자는 이런 반응을 예상해 집단에서 이 두려움을 표현하게 해야 한다.

집단에서 급성 정신병 내담자를 대면할 때 많은 정신과 의사가 의학적 모델로 되돌아가 상징적으로 집단을 해체하고, 일대일 방법으로 강압적으로 개입한다. 사실상 그들은 집단에 "이것은 당신들이 다루기에는 너무 심각한 문제다"라고 말하는 셈이다. 그러나 이러한 전략은 역치료적인 것으로, 그 내담자는 두려움에 놀라고, 집단은 어린애가 된다.

내 경험상 성숙한 집단은 정신병과 관련된 어떤 긴급 사태가 일어나도 다룰 능력이 충분하며, 치료자가 생각한 정도의 행동을 취하고, 모든 부수적 사태를 고려할 수 있다.

다음의 임상 사례를 살펴보자.

45회 모임에서 43세 이혼녀인 Roberta가 눈물로 범벅이 된 채 흐트러지고 혼돈된 상태로 몇 분 늦게 도착했다. 지난 몇 주간에 걸쳐 그녀는 점점 우울증에 빠졌으나, 그 과정이 갑자기 가속되었다. 모임 초기에 그녀는 계속 울었고, 커다란 외로움과 절망감을 표현했으며, 사랑도 증오도 할 수 없고, 그와 관련된 어떤 감정도 느낄 수 없다고 했다. 집단을 포함해 모든 사람으로부터 소원한 느낌이 든다고 묘사했으며, 여럿이 부추기자 자살에 대한 상상을 털어놓았다.

집단원들은 Roberta에게 공감과 염려로 반응했다. 그들은 지난주에 일어난 일에 관해 물었고, 이 우울증의 위기와 관계되는 것으로 보이는 두 가지 중요한 사건을 토론하도록 도와주었다. 첫째, 그녀는 몇 달 동안 돈을 모아서 여름에 유럽 여행을 갈 계획이었지만, 여행을 갈 수 없을 것 같아 두려웠다. 그런데 지난주에 그녀의 열일곱 살 난 아들이 여름 캠프에서 아르바이트를 하지 않기로 결정했고 다른 일거리도 찾지 않았다. 이는 Roberta의 시각에서 그녀의 여행이 위기에 처한 것으로 보였다. 둘째, Roberta는 몇 달간 망설이다가 이혼한 중년을 위한 댄스 모임에 참가하기로 했는데, 그것은 큰 실패였다. 아무도 그녀에게 춤추자고 하지 않았고, 그녀는 자신이 아무런 가치가 없다는 느낌으로 집에 돌아왔다.

집단은 그녀가 아들과의 관계를 탐색하도록 도와주었고, 그녀는 처음으로 아들이 그녀를 배려하지 않는 데 대해 분노를 표현했다. 집단의 도움으로 그녀는 아들에 대한 자신의 책임에 한계를 짓는 시도를 했다. 한편, 그녀가 느꼈던 수치와 모욕 때문에 댄스에 관해 말하는 것은 어려웠다.

집단의 다른 두 여성(한 명은 독신이고 한 명은 이혼녀)은 그녀에게 깊이 공감해 주었고, 그들의 경험과 함께 적당한 남성이 드물다는 반응을 나누었다. 또한 집단은 Roberta가 모임에서 약간 냉담한 반응이 있을 때마다 자신에 대한 완전한 거부와 저주로 해석한 적이 많았다는 사실을 상기시켜 주었다.

마지막으로 많은 관심과 염려와 따뜻함을 보낸 후, 한 집단원이 그녀를 잘 아는 여러 사람이 깊이 염려하고 그녀와 관련을 맺고 있기에 춤에 대한 경험은 집단에 맞지 않는다고 Roberta에게 지적했다. 그러나 Roberta는 댄스와 달리 집단은 사람들이 부자연스러운 행동의 법칙을 따르는 인위적인 상황이라고 주장하며 그 주장을 거부했다. 집단원들은 그와 정반대라고 재빨리 지적했다. 그 댄스파티야말로 이방인들이 계획한 모임으로 눈 깜짝할 사이에 외적으로만 매력이 결정되는 인위적 상황이고, 집단이 진짜라고 했다. 다른 사람들이 그녀를 더 완전히 알게 되는 곳은 바로 집단이라고 했다.

Roberta는 자신이 아무 가치도 없다는 믿음에 지쳐서 집단원들에게서 받은 만큼의 온정과 관심을 느낄 수 없다고 한탄했다. 집단원 한 명이 그녀의 표정이나 자세로 보아 다른 집단원들로부터 상당한 공감을 경험했다는 점을 지적하며 재빨리 Roberta의 작전을 차단했다. 하지만 Roberta는 '해야만 한다'는 생각이 다른 사람보다 좀 더 따뜻함과 사랑을 느껴야만 한다고 주장함으로써 자신을 고문한다고 말했다. 결국 Roberta의 불가능한 자기요구 때문에 그녀가 느꼈던 진실한 감정은 순식간에 사라지고 말았다.

본질적으로 Roberta는 점차 자신의 공적 존중감(public esteem)과 사적 존중감(private esteem)의 차이를 인식하게 된 것이다. 그 모임이 끝날 때 Roberta는 울음을 터뜨리고 몇 분간 울었다. 집단을 떠나기 싫었지만, 집단원들은 그녀가 더는 자살을 심각하게 고려하지 않고 있음을 확신하고 헤어졌다. 다음 주 내내 집단원들은 각자 Roberta에게 적어도 한 번씩 전화하고 문자를 보내며 비공식적으로 철야 점검을 했고, 그녀는 안정을 찾았다. 집단치료자도 계속 연락하며 Roberta가 임상적 지지와 약물치료로 응급 돌봄을 받는 것을 확인했다.

이 사례에는 몇 가지 중요한 영향을 미치는 원칙이 나타난다. 모임 초기에 치료자는 Roberta의 우울증에 작용하는 중요한 역동을 알아차렸고, 원한다면 적당한 해석을 해 줌으로써 내담자와 집단이 문제에 대한 인지적 이해에 좀 더 신속히 도달하게 할 수 있었다. 그러나 그렇게 하면 주인공이나 다른 집단원 모두에게 모임의 가치와 의미가 줄었을 것이다. 즉, 집단은 집단 자체의 잠재력을 경험할 기회를 빼앗겼을 것이다. 모든 성공은 집단의 응집력을 높이고, 각 집단원의 자기존중self-regard을 강화시킨다. 어떤 치료자는 해석해 주고 싶은 마음을 참는 것이 어려울 수도 있으나, 그래도 현명하게 기다리는 것을 배워야 한다. 때로는 현명한 것이 바보짓이 되고, 침묵이 현명한 것일 수 있다.

임상 예시에서와 같이 때로 집단은 적절한 행동을 선택한다. 또 다른 경우에는 집단이 치료자가 손을 써야 한다고 결정할 수도 있다. 그러나 유아적 의존성과 치료자의 힘을 비현실적으로 평가해 집단이 경솔하게 내린 결정과 집단원들이 상황을 철저히 조사하고 치료자의 전문성을 성숙하게 평가해서 내린 결정에는 커다란 차이가 있다.

이러한 점들을 통해 나는 집단 역동의 중요한 원칙을 유도하게 되었고, 상당한 연구가 이 원칙을 뒷받침해 준다. 관련된 문제를 철저히 탐색해 자주적인 결정에 도달한 집단은 결정에 도움이 되는 모든 자원을 사용한다. 집단에 떠밀려 결정을 하게 되면 집단은 그 결정에 저항하기 쉽고 앞으로 타당한 결정을 내릴 때도 효과적이지 못하게 된다.[33] 급성적으로 아픈 집단원이 가장 우선이지만 집단과 다른 집단원들 또한 자기 삶의 이유에 대해 다시금 생각하게 된다.

집단치료의 의미는 분명하다. 행동 방향을 정할 때 개인적으로 참여한 치료 집단의 집단원들은 그 계획을 지키는 데 더 가치를 둔다. 예를 들어, 정신병 집단원을 돌보는 것이 치료자만의 문제가 아니라 그들의 문제임을 인식한다면 좀 더 온전히 참여할 것이다.

일반적으로 진한 감정 경험을 나눌 때 집단원 사이의 유대가 강해진다. 집단의 위험은 정신병 내담자가 오랫동안 많은 에너지를 소모시킬 때 일어난다. 그러면 다른 집단원들이 탈락할 수 있고, 집단은 조심스럽고 은밀한 방법으로 혼돈을 겪는 개인을 다룰 수 있으며, 그를 무시하려는 시도도 있을 수 있다. 이 모든 방법이 결국 문제를 낳는다. 그러한 상황에서 치료자가 할 수 있는 한 가지 중요한 방법은 이 위기 동안 혼돈을 겪는 내담자를 개인 면담으로 만나는 일이다(이 대안에 관해서는 13장의 병행치료combined treatment에서 좀 더 설명하겠다). 그러나 여기서도 집단은 이 의미를 상세히 검토하고, 그 집단원이 치료자를 따로 만나면서 집단에 계속 참여할지 함께 결정해야 한다.

한 집단원이 입원해야 하는 경우에는 어떻게 할 것인가? 나는 집단지도자가 입원한 내담자를 방문할 것을 강하게 권한다.

38세 여성 Julia는 사회적 고립과 오래된 양극성 장애를 앓고 있었으며, 자신에게 결함이 있다는 느낌을 다루기 위해 집단치료에 왔다. 그녀는 감정을 조절하는 약으로 상태가 조금씩 괜찮아지고 있었는데, 집단에 온 지 몇 달 만에 약이 더는 필요 없다고 믿고 복용을 중단했다. 그러나 얼마 지나지 않아 편집증이 나타나기 시작했고 집단에서 흥분했다. 그녀의 개인치료자가 급성 정신과 병동에 비자발적인 환자로 입원시켰다.

Julia가 한 달간 입원해 있는 동안 나는 그녀를 방문했다. 그녀는 나의 방문을 반가워했고, 그녀를 기억해 준다는 마음이 들어 감동했다고 말했다. 나의 방문은 그녀로 하여금 집단에 쉽게 돌아오게 했다. 집단에 돌아온 그녀는 조증이었을 때 보인 행동으로 곤란해했지만 집단이 그녀를 거부하지 않아서 감사하다고 말했다.

급성 양극성 정동장애를 앓는 내담자는 약물로 증상이 잘 조절되며, 상호작용 지향적인 치료는 적절하지 않다. 집단이 성공 가능성이 적은 치료에 에너지와 시간을 많이 투자하는 것은 현명하지 못하다. 그러나 양극성 증상이 있는 내담자를 치료하는 데에 동질 집단의 구체적인 개입이 효과적이라는 증거가 많다. 이러한 집단은 병에 대한 심리교육을 제공하고 지속적인 약물치료와 건강한 생활 스타일 및 일상생활의 자기통제의 유지를 강조한다. 이러한 집단은 급성 증상이 가라앉은 후 만성 단계에 들어가면서 약물치료를 함께 진행하는 것이 가장 좋다. 약물치료 순응도 향상, 기분장애 감소, 재발 감소, 약물 남용 감소, 심리사회적 기능 증가 등 심리치료가 상당한 도움이 된다는 것이 증명되었다.[34]

분열성 내담자

여러 해 전, 나는 이 책의 이전 판에서 이 부분을 다음 문장으로 시작했다. “아마 어떤 정신병리보다도 우리 시대의 질병인 분열성 증상 때문에 치료를 더 많이 받으러 오는 것 같다.” 이 말은 더는 사실이 아니다. 정신질환의 유행이 바뀌었고, 집단 범주도 시간이 지나며 변했다. 그러나 다른 이유로 진단적 가정에 겸손하게 접근해야 한다. 오늘날 내담자들은 우울, 불안, 물질 남용, 섭식장애, 성적 · 신체적 학대의 후유증 때문에 더 많이 치료받으러 온다.

과거에 분열성 성격으로 진단받았던 많은 개인이 지금은 아스퍼거증후군[AS]이나

DSM-5에서 재분류된 자폐증 장애[ASD]로 진단받는다. ASD 진단이 폭발적으로 증가하고 있다.[35] 엄격한 진단 범주는 분열성 내담자와 ASD 내담자를 구별하지만, 집단치료를 고려할 때는 임상적 차이가 덜 분명하다. 분열성 내담자나 ASD 내담자나 관계 능력의 손상, 고립, 사교적 실패, 서투른 사교, 사회적 단서 오해, 공감 능력 부족, 자신과 타인의 감정을 알지 못하는 데서 오는 차단의 문제를 극복하고 상호관계를 맺고자 하는 갈망으로 집단치료를 찾는다. 집단치료자들은 ASD 내담자를 위해 천천히 발달하지만 아직은 광범위하게 접근하지 않는 구조화를 한다. 그러므로 높은 기능의 ASD 개인이 대인관계 집단에 의뢰되어 오는 경우가 흔하다.[36]

28세 남성 Gene이 외래환자 집단을 위한 집단치료에 초기 자문 차 사회복지사와 함께 왔다. 그가 사회복지사와 함께 온 것은 전에 정신치료를 받으려고 했을 때 그가 원했던 치료에 적합하지 않다고 차별 대우를 받았기 때문이다.

Gene의 사회적 감각이 어색하고 이상하게 보였다. 시선을 못 맞추고 자문 내내 밝은 노란색의 긴 비옷을 입고 있었다. 동시에 그의 외로움을 덜고 싶은 마음을 진지하게 표현했다. 그와 비슷한 장애를 가진 사람들과 함께하기보다 정상적으로 상호작용하는 경험을 하면 더 도움이 되리라고 판단했다.

Gene은 8개월 동안 매주 만나는 시간제한 대인관계 심리치료 집단에 들어갔는데, 그곳에서 매우 규칙적이고 신용 있는 참가자였다. 그는 자신을 이상하고 정신적으로 아픈 사람으로 보고 평생 피하는 사람들에 관해 설명했다. 지금은 그가 다른 사람들을 어떻게 소외시켰는지 이해하고 그의 사회적 기술을 증진시키는 데 열심이다.

초기 집단 모임에서 그는 지나치고 무분별하게 그의 고립과 성적 좌절과 그의 특별한 재능을 알아보지 못하는 사람들에 대한 실망을 개방했다. 그는 사회적 단서를 놓쳤고, 그래서 집단지도자가 중단시키지 않았으면 모임 내내 말했을 것이다.

집단을 위한 적절한 준비에도 불구하고 그는 집단 밖에서 사람들을 만나려 했고, 지도자는 또다시 시간 한계를 몇 번이나 강화해야 했다. Gene은 점점 시간 나누는 방법을 배웠고 다른 사람에게 도움을 제공했다. 때로 집단 피드백이 고압적이라도 경청했고, 집단 회기가 지남에 따라 사람들과 시선을 맞추고, 좀 더 적절한 질문을 했으며, 질문에 끼어들지 않고, 다른 사람들이 대답할 시간을 주었다. 그는 자신이 여성의 몸을 강렬하게 뚫어져라 쳐다볼 때 그들이 성적으로 거부하게 되고 소름 끼치게 느낀다는 피드백을 받아들였다.

집단원들은 Gene을 엄격하지만 애정을 가지고 존중하며 대했고, 궁극적으로 Gene이 대인관계에서 성장하는 것을 보고 만족스러움을 표현했다. 마지막 회기에서 Gene은 그동안의 다양한 집단 중에서 집단원으로서 처음 갖는 긍정적 경험이라고 말했다. 그는 배운 모든 것을 작성해 가져왔고, 집단원들에게 깊은 감사를 표현했으며, 그가 배운 것을 기초로 나아가겠다고 말했다.

비록 분열성 증상이 더는 이 시대의 병리가 아닐지라도, 분열성 개인은 아직도 치료 집단에 흔한 방문객이다. 이런 내담자들은 정서적으로 차단되어 있고, 고립되어 있으며, 거리감이 있고, 무엇인가 빠져 있다는 막연한 느낌 때문에 집단치료를 찾는다. 그들은 느낄 수도, 사랑할 수도, 놀 수도, 울 수도 없다. 그들은 그들 자신의 관찰자이며, 자신의 신체에 안주하지 못하고, 그들 자신의 경험을 경험하지 못한다.

『이성의 시대The Age of Reason』에서 사르트르는 분열성 개인의 경험적 세계를 생생하게 묘사한다.

> 그는 신문을 접고 첫 면에 실린 특파원의 기사를 읽기 시작했다. 50명이 사망하고 300명이 부상당했다고 이미 알려졌으나, 이것은 전체 숫자가 아니고 잿더미 밑에도 시체들이 확실히 더 있을 것이다. 그날 아침 수천 명의 프랑스 사람이 모두 목구멍에 치미는 분노를 느끼며 신문을 읽었다. 몇천 명의 사람은 주먹을 불끈 쥐고 "돼지 같은 놈들"이라고 중얼거렸다. Mathieu도 주먹을 불끈 쥐며 "돼지 같은 놈들"이라고 중얼거렸고 더 죄책감을 느꼈다. 적어도 자신 안에서 만약 얌전하게 살아 있어 그 한계라도 인식할 수 있는 실제의 사소한 감정을 발견할 수만 있다면. 그러나 없었다. 그는 텅 비어 있었고, 거대한 분노, 절망적인 분노와 맞부딪쳤고, 목격했다. 그는 그 분노를 터뜨릴 수도 있었다. 그러나 그것은 활성화된 것이 아니었다. 그것이 생명을 갖고, 표현되고, 고통당하려면 그는 그의 육신을 내놓아야 한다. 그것은 다른 사람의 분노였다. 돼지 같은 놈들! 그는 주먹을 불끈 쥐었고 성큼성큼 걸었으나 아무것도 오지 않았고, 분노는 그의 외부에 그대로 있었다. 무엇인가 존재의 문턱에, 분노의 부끄러운 여명이 있었다. 드디어 그러나 그것은 점점 줄더니 없어져 버렸고, 그는 고독 속에 남게 되었다. 파리의 한 장례 행렬에서 절제되고 품위 있는 남자의 걸음걸이로 걸으면서. 그는 그의 이마를 손수건으로 훔치며 "더 깊은 감정을 강요할 수는 없지" 하고 생각했다. 개인의 가장 깊은 감정이 일어나야만 하는 무섭고 비극적인 사건들이 저기에 있었다. 그것은 소용없는 일이다. 그 순간은 오지 않을 것이다.[37]

흔히 분열성 개인들은 치료 집단에서 비슷한 궁지에 빠진다. 거의 매 집단 모임에서 그들은 자신의 감정적 경험의 성격이나 강도가 다른 집단원들과 대단히 다르다는 것을 확인하는 증거를 발견한다. 내담자는 이러한 차이에 당황할 수도 있고, 다른 집단원들이 지나치게 감정적이고 가짜이며 쓸데없는 일에 지나치게 관심을 가진다고 생각할 수 있다. 또는 단지 다른 성품을 가졌다고 결론을 내릴 수도 있다. 그러나 차츰 분열성 내담자들은 자신에 대해 의문을 가지기 시작한다. 사르트르의 주인공 Mathieu처럼 그들은 자신의 내부 어디엔가 광대하고 얼어붙은 감정의 저수지가 있지 않을까 의심하게 된다.

자신이 말하는 것, 또는 말하지 않는 것을 통해 분열성 내담자는 감정의 고립을 이런 저런 방법으로 다른 집단원들에게 전달한다. 2장에서 나는 다른 집단원들이 치료자가 집단을 떠나는 일을 걱정하는 것이나, 한 집단원이 남자친구가 죽을까 봐 강박적인 공포를 갖는 것을 이해하지 못하는 한 남성 내담자에 대해 묘사했다. 그는 사람들을 대치 가능한 존재로 보았다. 그는 최소 하루에 필요한 애정만을 요구하고 애정의 근원에 대해서는 거의 관심이 없어 보인다. 치료자의 떠남은 그의 치료를 늦추기 때문에 '귀찮은 일'일 뿐이다. 그러나 치료자였던 사람을 상실한 것에 대해 다른 사람들이 느꼈던 슬픔의 감정을 공유하지 못했다. 다른 집단에서 큰 고통에 빠진 두 집단원에게 공감하지 못한다고 책망받은 어떤 집단원은 "그래요. 그들은 고통받고 있어요. 이 순간 수백만 명의 사람이 온 세상에서 고통받고 있습니다. 내가 고통받고 있는 모든 사람을 슬프게 느껴야 한다면, 아마도 나의 모든 시간을 바쳐야 하겠군요"라고 반응했다.

우리 대부분은 느끼고 난 후에 느낌의 의미를 이해하려고 노력하기도 한다. 분열성 내담자들은 느낌이 나중에 온다. 그들은 이성이 지배하는 우선순위를 가지고 있다. 감정은 실용적으로 정당화될 수 있어야 하며, 만약 아무짝에도 도움이 안 된다면 왜 느껴야 하는가? 집단은 가끔 집단원의 말, 경험, 감정적 반응에 차이가 있음을 날카롭게 알아차린다. 집단은 분열성 집단원의 감정을 자세나 행동의 단서로부터 읽는다. 이러한 개인은 비슷한 방법으로 자기 자신과 관계를 맺고 있으며, 예를 들어 "내 가슴이 빨리 뛰는 걸 보니 내가 놀랐나 보다" 또는 "주먹이 쥐어지는 것을 보니 내가 화났나 봐"라는 식으로 자신에 대해 언급하며 탐색에 참여한다.

다른 집단원들의 반응도 예측할 만한데 호기심과 믿지 못하는 데서 오는 당혹감, 고독, 짜증, 좌절로 진행된다. 그들은 반복해서 "당신은 ~에 대해 어떻게 느끼나요?"라고 집단원에게 질문할 것이고, 한참 후에야 자신에게 외국어를 빨리 배우라고 집단이 강요하고 있음을 알게 된다. 처음에 집단원들은 별로 중요하지 않은 고통으로 보이는 것을 해결하도록 도와주기 위해 더 활발해진다. 그들은 분열성 내담자에게 무엇을 느껴야 하는지, 그리고 그의 상황이라면 그들이 어떻게 느꼈을 것인지 말해 준다. 그러나 결국에는 점점 지치고, 좌절이 몰려온다. 그들은 노력을 배가하지만 눈에 띄는 결과는 거의 없다. 그들은 감정적인 반응을 자아내려고 더욱 애를 쓰며, 결국 강력한 접근법sledgehammer approach을 사용하게 된다.

치료자는 돌파구를 찾는 일에 동조해서는 안 된다. 나는 분열성 내담자가 극적인 사건으로 의미 있게 변화하는 것을 본 적이 없다. 변화란 뼈를 깎는 노력과 작은 단계가 반복되며 거의 지각할 수 없게 진전이 이루어지는 지루한 과정이다. 내담자들의 움직임을 빠르게 하기 위해 활성화하거나 비언어적 또는 게슈탈트 기술을 사용하고 싶은 유혹이 들 때가 있다. 실제는 그런 것들이 유용할 수도 있다. 이러한 접근은 초기 또는 억압된 감정을 내담자가 인식하고 표현하도록 촉진할 수 있다. 그러나 분열성 내담자는 새로운 기술이 필요하다. 더 중요한 것은 관계를 맺는 데 있어 내면화된 새로운 경험이 필요하며, 이는 시간과 인내와 끈기를 요한다.

6장에서 나는 지금-여기를 활성화하는 기술을 여러 가지 설명했는데, 이는 분열성 내담자에게도 유용하다. 지금-여기에서 온 힘을 다해 작업하라. 집단원들을 분별하도록 내담자를 격려하라. 내담자의 항의에도 불구하고, 그는 집단에 있는 모든 사람과 정확히 똑같이 느끼지는 않는다. 내담자가 대수롭지 않게 지나쳐 버리려는 감정 안으로 들어가 살펴보도록 도와주라. 내담자가 "저, 조금 짜증이 나고, 조금 상처가 되긴 했지만…"이라고 인정하면 그 감정에 머물러 보라고 제안하라. 느낌이 어떤지 정확히 묘사해 보도록 제안하고, 다른 집단원들이 어떻게 느낄지 상상해 보게 하라. 다음과 같이 말함으로써 내담자의 상투적인 회피 방법을 잘라 버리라. "어찌 된 일인지 당신은 중요해 보이는 무언가를 줄곧 회피해 왔습니다. 당신이 Julie에게 말할 때 거의 울음을 터뜨릴 듯 보였어요. 당신 안에서 어떤 감정이 일어나고 있는 게 분명합니다."[38]

자기 신체를 관찰하도록 내담자를 격려하라. 흔히 내담자는 감정을 경험하지 못할 수 있지만 위의 경련이나, 땀이 나거나, 목이 조여 오는 느낌이나, 화끈 달아오르는 느낌 같은 정서적 자율신경의 작용은 의식한다. 점차 집단은 그러한 몸의 신호를 심리적 의미로 번역하도록 도와줄 수 있다.

치료자들은 자신의 경험세계에 따라 사건을 평가한다는 점을 알아야 한다. 앞에서 보여 주었듯이 내담자들은 같은 사건을 전혀 다른 방법으로 경험한다. 치료자나 한 집단원에게는 별것 아닌 사건이 다른 집단원에게는 대단히 중요한 경험일 수 있다. 경직된 분열성 내담자가 약간의 짜증을 보인다는 것은 그로서는 큰 돌파구일 수 있다. 집단에서 이러한 개인은 본 장에서 설명한 많은 사람과 마찬가지로 위험도 높고 보람도 있다. 관계 맺는 방식을 빨리 변화시키지는 못해도 용기를 잃지 않고 집단에 계속 남아 있는 사람들은 집단치료 경험으로부터 상당한 도움을 받는다.

성격적으로 어려운 내담자

집단치료에서 문제가 되는 내담자 중 마지막 두 가지 유형은 자기애적 내담자와 경계선 내담자다. 임상가들은 일반 인구의 6~13%를 차지하는 이러한 성격장애의 유병률을 심각하게 인식하고 있다.[39] 이러한 내담자들은 임상 문헌에서 종종 성격적으로 어려운, 이전 분류에서 B군 내담자로 함께 다루어진다.[40] 전통적 DSM 진단 범주는 이 내담자들의 복잡성을 공평하게 다루지 못했고 그들의 심리적 경험을 적절하게 포착하지 못했다.[41]

가장 성격적으로 어려운 내담자들은 자신과 타인을 지각하고 해석하는 문제, 대인관계 및 충동성 문제, 정서 조절 문제를 갖는다.[42] 이 내담자들의 병리는 삶의 초기 몇 년에 있었던 심각한 문제에 근거하는 것으로 생각된다. 이 내담자들은 달래 주고 안락하게 해주는 등의 부모 표상이 내재화되지 못하고, 그 대신 버려지고, 억제되고, 실망스러운 부모의 내적 투사를 가지고 있다. 이들은 양가적인 감정과 대인관계의 반응을 통합하는 능력이 부족해 세상을 흑과 백, 선과 악, 사랑과 증오, 이상화하거나 평가 절하하는 등의 이분적으로 본다. 어떤 순간에도 그 순간에 느끼는 강력한 감정만 회상하지 그 외의 어떤 감정도 회상하지 못한다. 자주 나타나는 증세는 격분, 버림받는 것에 대한 취약성, 자기애적 상처, 투사적 동일시의 방어적 기제를 사용하는 경향 등이다.[43]

흔히 성격적으로 어려운 내담자는 인생 초기에 충격적인 학대를 경험한 경우가 많기 때문에 치료가 더 도전이 된다. 어떤 표집에서는 외상 후 스트레스 장애[PTSD]와 경계선 성격장애를 동시에 가지는 비율이 50%가 넘는 것으로 나타났다. 충격적 경험과 이로 인한 증상은 결합해서 주로 그 충격을 재경험하거나 상기시키는 것을 회피하고, 예민하게 반응하는 등 복합적으로 극심한 영향을 미친다. 그래서 복합 외상 후 스트레스 장애

complex PTSD라고 불린다. 이 용어는 충격적 사건과 그 사건에 대한 심리적 반응이 개인의 성격을 형성하는 방법을 포착해 준다.[44]

성격적으로 어려운 내담자들은 대부분 임상적 장면에서 널리 볼 수 있다. 종종 이런 내담자들은 개인치료자들에 의해 집단에 의뢰된다. 양방적인 치료에서 전이가 너무 강렬해지거나, 내담자가 너무도 방어적으로 고립되어 있어 집단 상호작용이 내담자의 참여를 위해 필요하거나, 치료가 잘 진행되지만 정체 상태에 머물러 좀 더 효과를 보기 위해 상호작용 경험이 필요한 경우다.

경계선 내담자

수십 년간 정신치료자들은 치료하기가 특히 더 힘들고 장애의 심각도가 주요 진단 기준 중간에 속하는 개인이 대단히 많다는 것을 알고 있었다. 신경증 내담자보다는 좀 더 와해되고, 정신병 내담자보다는 좀 더 통합된 내담자들을 말한다. 그들이 갖는 외부적인 통합의 막은 매우 얇아서, 원시적인 성격 구조를 가린다. 스트레스를 받으면 이러한 경계선 내담자들은 아주 불안정해져서 단기적이고 일시적인 정신병을 일으킨다.

DSM-5에서는 경계선 성격장애borderline personality disorder의 범주를 대인관계, 자아상, 정서 및 충동의 통제에 대한 불안정한 전반적인 양상으로 기술한다.[45] 진단은 아직도 정확성이 없으며 신뢰도는 만족스럽지 않고 임상가들이 진단하기 어려운 성격장애에 붙이는 용어로 쓰인다.[46] 앞으로의 분류 체제는 더 변혁이 일어나야 할 것이다.

경계선 성격장애의 정신적 역동과 발달적 근원에 대해 상당한 논쟁이 있을지라도,[47] 이 논쟁은 집단치료 실제와 거의 관련이 없으며, 여기서 토론할 필요도 없다. 집단치료자에게 필요한 것은 이 책 전체를 통해 거듭 강조하듯이 어떻게 삶이 이 상태에 오게 되었는지에 대한 이해하기 힘들고 대답할 수 없는 질문이 아니라, 성격적으로 어려운 내담자가 다른 사람과 관계를 맺을 때 영향을 주는 현재의 의식과 무의식에 작용하고 있는 힘이 무엇인가 하는 것이다.

경계선 내담자들에 대한 진단, 정신역동, 개인치료법에 관한 관심이 최근 폭발적으로 일어났을 뿐 아니라, 많은 집단치료 문헌도 경계선 성격장애에 초점을 맞추고 있다.[48] 집단치료자들은 이러한 개인에게 두 가지 이유로 관심을 갖게 되었다. 첫째, 경계선 성격장애는 한 번의 선발 면담에서 진단하기 힘들기 때문에 많은 임상가가 의도하지 않게 경계선 내담자들을 높은 수준의 통합 기능을 가진 내담자 집단에 소개하게 된다. 둘째, 집단치료가 효과적인 치료 형태라는 근거가 점점 많이 나오고 있다. 몇몇 인상적인 연구 결과는 동질적이고 집중적인 부분 입원 프로그램에서 나왔다. 이 집단들은 경계선 개인에게 견제, 정서 통제 훈련, 정서적 지지, 대인관계 학습을 제공한다. 또한 치료 집단은 그들에게 퇴행과 건강하지 않은 전이 반응이 강렬해지는 것을 막는 환경에서 개인적 책임을 질 것을 요구한다. 기분, 심리적 안정, 자해 행동에서 의미 있고 지속되는 진전이 보고되었다.[49] 그러나 대부분 경계선 내담자는 이질적인 외래집단에서 치료되기 마련이고, 연구에 따르면 이 내담자들은 집단치료 경험을 높게 평가한다.[50]

경계선 내담자들의 병리는 치료하는 치료자에게 많은 부담을 준다. 치료자들은 치료에서 진전을 얻지 못하는 내담자들의 무능력에 좌절하기도 하고, 필요하다면 치료 상황의 한계나 전통적 절차를 바꾸어서라도 이런 내담자를 구하고 싶다는 강한 욕구를 체험한다. 많은 치료자가 경계선 내담자들에게 집단치료를 권하는 이유가 이들 내담자가 치료 집단에서 잘 치료되기 때문이 아니라, 개인치료에서 이들을 치료하는 것이 무척 어렵기 때문이라는 점을 명심해야 한다. 치료자들은 경계선 내담자의 요구와 원시적 분노를 다루기가 힘든 것을 알게 된다. 내담자가 결석, 지각, 약물 남용, 자해 행위 등을 통해 자주 행동화하기 때문이다. 치료에 방해가 되는 전이와 역전이 문제가 예외 없이 개인치료나 집단치료에서 대두된다. 그러나 집단 장면은 추가적 능력을 제공한다. 예를 들어 다른 집단원들이 집단에서 일어난 일의 경위에 자신들의 관점을 표현하고, 집단 동료의 지지가 경계선 내담자가 치료자에게 가지는 의존을 줄여 준다. 경계선 내담자의 원시적 정서와 크게 왜곡된 지각 경향이 집단치료의 경과에 상당한 영향을 주고, 집단의 자원에 엄청난 부담을 준다. 치료 기간도 길다. 경계선 내담자들은 여러 해 동안 치료가 필요하고 일반적으로 다른 집단원보다 오랫동안 집단에 남아 있다는 데 상당한 임상적 일치가 있다.

분리불안separation anxiety과 버림받을 두려움이 경계선 내담자의 역동에 주요한 작용을 한다. 분리separation에 대한 위협(치료자의 휴가, 모임의 종결 등)은 심한 불안을 일으키며, 이 증상에서 특징적 방어인 분리splitting,[24)] 투사적 동일시, 평가 절하, 도피 등으로 작용

24) 분리는 심리적 방어기제로 긍정적 감정과 관계 경험을 부정적 감정 경험으로부터 분리한다. 이로 인해 극적이고 양극적인 상태가 나타나는데, 이상화하고 사랑하는 감정에서 평가 절하하고 증오하는 감정으로 요동한다. 양가감정은 강하게 사라지고 내담자의 세계는 흑백으로 경험된다.

한다.[51]

치료 집단은 분리불안을 두 가지로 완화시킬 수 있다. 첫째, 한두 명의 새 치료자가 내담자를 도와 내담자의 개인치료자가 없을 때 일어나는 심각한 불쾌감으로부터 내담자를 보호해 주는 것이다. 둘째, 집단 자체가 내담자의 삶에 안정적 실체가 되어 집단 구성원 중 일부가 사라지더라도 집단이 내담자의 삶에 존재하는 것이다. 안전하게 계속 존재하는 집단 속에서 나타나는 상실의 반복(구성원들의 종결)은 내담자가 상실에 관한 그들의 극단적 예민함을 돌아보도록 도움을 준다. 집단은 중요한 관계의 상실을 위로해 주는 다른 사람들과 함께 애도할 기회를 준다. 진정한 관계는 경계선 내담자가 느끼는 강렬한 갈망의 시작일 수 있으나 좀 더 상호적이고 덜 강렬해야 한다.[52] 일단 경계선 내담자가 집단을 신뢰하기 시작하면, 주요한 안정적 영향을 집단에 주게 된다. 분리불안이 심한 경계선 내담자는 중요한 사람들을 계속 옆에 두고 싶어서 항상 초조해하기 때문에 그 결과로 내담자들은 집단이 응집하는 것을 돕기 위해 노력하며, 가장 출석률이 좋은 집단원이 되거나 다른 집단원의 결석이나 지각을 꾸짖기도 한다.

경계선 내담자에게 집단치료의 장점 중 하나는 다른 집단원들에게 관찰과 피드백을 계속 받음으로써 강력한 현실 검증을 한다는 것이다. 따라서 내담자의 퇴행은 개인치료에서보다 집단치료에서 훨씬 덜 나타난다. 내담자들은 자신과 타인의 내적 경험에 대해 생각할 능력을 얻는다. 집단의 대인관계 세계가 의미가 있게 되면 세상에 좀 더 완전히 참여할 수 있는 신뢰를 구축하는 길이 된다.[53]

42세 Marge는 그녀와의 치료에서 진전을 보지 못한 개인치료자의 의뢰로 집단에 오게 되었다. 자기 개인치료자에 대한 Marge의 감정은 엄청난 분노와 그에 대한 갈구로 나뉘어 있었다. 감정의 강도가 너무 대단해서, 이 감정에 관한 작업이 불가능할 정도였다. 그래서 개인치료자는 치료를 중단해야 할 지경이었고, 마지막 희망을 걸고 그녀를 집단치료에 의뢰한 것이다.

집단에 들어온 후 Marge는 자기는 집단이 운영되는 방식을 먼저 가만히 지켜보고 싶다며 여러 차례의 모임 동안 말하기를 거부했다. 네 번의 모임을 침묵으로 일관한 Marge는 갑자기 집단의 공동 치료자가 차갑고, 강력하며, 거부적이라고 맹렬히 공격하기 시작했다. Marge는 이런 비난에 대해 자기의 감정이 그렇다는 것 말고는 어떤 이유와 근거에서 이런 말을 하는지 설명하지 않았다. 더구나 Marge는 이 공동 치료자를 좋게 생각하는 다른 사람들까지 비난했다.

다른 치료자에 대한 그녀의 느낌은 정반대였다. 그녀는 그를 따뜻하고, 온화하며, 잘 보살펴

준다고 느꼈다. 다른 집단원들은 Marge의 흑백논리에 놀라서 그녀의 판단과 분노에 대한 이런 성향에 대해 작업해 보자고 제안했으나 실패했다. 한 치료자에 대한 Marge의 긍정적 애착 때문에 그녀는 집단에 머물러 있기로 했고, 때로 자기가 싫어하는 치료자에게 비수를 날리기는 했으나 집단 작업에 참여하며 싫은 감정을 억눌러 갈 수 있었다.

'나쁜' 치료자가 휴가를 간 사이 눈에 띄는 변화가 생겼다. Marge는 그를 죽이고 싶다거나 최소한 그가 고통받는 모습을 보고 싶다는 자신의 공상을 이야기했고, 집단원들은 그녀의 분노 정도가 너무도 심해 충격을 받았다고 표현했다. 아마 한 집단원이 말한 대로 Marge는 그 치료자에게 다가가고 싶지만 그와 친해질 수 없을 것이기 때문에 그 사랑에 비례한 미움이 싹텄을 것이다. 이런 피드백은 Marge에게 극적인 영향을 미쳤다. Marge는 자기 내면에 잠재한 그 치료자에 대한 감정이 무엇인지 알게 되었을 뿐 아니라, 동시에 어머니에 대해 갖고 있는 상반되는 감정도 볼 수 있었다. 점차 그녀의 분노가 사라지기 시작했고 Marge는 치료자와 지금까지와는 다른 관계를 맺고 싶다고 말했다. 또한 집단에서 자기가 고립된 것이 슬프다는 말과 함께 다른 집단원들과 가깝게 지내고 싶다는 소망을 나타냈다. 그 '나쁜' 치료자가 휴가에서 돌아온 지 몇 주 후 그녀의 분노는 훨씬 부드럽고 더 생산적인 방법으로 작업할 수 있을 만큼 완화되어 있었다.

이 예는 집단치료가 격렬하고 잘못된 전이 왜곡을 감소시키는 여러 가지 방법을 보여준다. 첫째, 다른 구성원들이 치료자를 향해 다른 관점을 제공함으로써 Marge가 자신의 왜곡된 생각을 고치는 계기가 되었다. 둘째, 심각한 부정적 전이 반응을 하는 내담자는 집단에서 작업을 계속할 수 있는데, 그가 집단원이나 공동 치료자에게 반대되는 긍정적 감정을 가지게 되기 때문이다. 이러한 이유로 많은 임상 치료자가 경계선 내담자를 집단에서 치료할 때 공동 치료 형태를 취할 것을 적극적으로 권유한다.[54] 또한 내담자도 일시적으로 쉬거나, 후퇴하거나, 철회하거나, 작업에 적극적으로 참여하지 않는 등의 덜 강도 높은 방식으로 참여할 수 있다. 이러한 강도 조절은 일대일 형태에서는 거의 불가능하다.

정신치료의 작업 윤리는 흔히 집단에서 좀 더 분명한데, 경계선 내담자와 개인치료를 할 때 치료 동맹이 취약하고 불화와 감정 폭발이 반복된다는 것이 특징이다.[55] 내담자는 자신의 변화가 치료 목적이라는 것을 잊고, 상처받았던 고통을 복수하려 들거나 치료자가 욕구를 충족해 주길 요구한다. 집단에서 다른 사람들이 치료 목적을 위해 작업하는 것을 관찰하며 종종 탈선되었던 치료에 중요한 교정을 가한다.

경계선 내담자들의 핵심 문제는 친밀성 영역에 있는데, 응집성이라는 치료적 요인이 결정적인 중요성을 갖는다. 만약 이 내담자가 집단이 제공한 현실 검증을 수용할 수 있고, 자신의 행동이 일탈적이거나 희생양의 역할을 할 정도로 파괴적이지 않다면 집단은 지탱해 주는 환경이 될 것이다. 즉, 내담자가 일상생활에서 경험하는 스트레스로부터 피할 수 있는 대단히 중요하고 지지적인 피난처가 된다. 경계선 내담자의 소속감은 자기가 집단에서 중요한 역할을 한다는 사실 때문에 더 증가한다. 이 개인들은 정동affect, 무의식적 욕구, 공상, 공포에 접근하면서 집단을 완화시키고, 억압되고 경직된 개인들의 치료 작업을 활성화할 수 있다. 물론 이것은 양날의 칼과 같다. 어떤 집단원들은 경계선 내담자 때문에 부정적 영향을 받는다. 그들의 강렬한 분노와 부정성은 동료 집단원들의(이들 자신도 트라우마나 학대의 희생자인데) 치료 작업을 방해할 수 있다.[56]

경계선 내담자의 취약성과 왜곡을 잘하는 경향은 매우 극단적이어서 개인치료를 병행해야 한다. 치료 집단에서 경계선 내담자가 치료에 실패하는 가장 흔한 이유는 부수적인 개인치료를 빠트리기 때문이라고 많은 치료자가 주장한다.[57] 만일 연합치료conjoint therapy를 할 수 있다면, 집단치료자와 개인치료자는 계속해서 소통해야 한다. 분리splitting의 위험은 현실이므로, 내담자가 치료자들을 굳건하고 응집력 있는 팀으로 경험하게 하는 것이 중요하다.

경계선 내담자를 집단에 포함하느냐 마느냐 하는 결정은 광범위한 진단 범주보다는 선별 과정에서 나타나는 개인의 특징에 달려 있다. 치료자는 치료 집단의 강도를 견딜 수 있는 내담자의 능력뿐 아니라, 이 특정 내담자의 요구를 견딜 능력이 집단에 있는지도 평가해야 한다. 대부분의 이질적인 외래환자 집단은 잘해야 한 명, 혹은 두 명의 경계선 내담자를 견딜 수 있다. 성숙한 집단이 새로 형성된 어린 집단보다 이 도전적인 내담자들에게 치료적으로 더 도움을 줄 수 있다. 선별 과정에서 고려할 점은 8장에서 설명한 바와 같다. 집단에서 내담자들이 얼마나 일탈하게 될지를 평가하는 것이 특히 중요하다. 경직된 행동 양식, 특히 다른 사람들을 적대시하는 행동은 주의 깊게 조사해야 한다. 눈에 띄게 과장하거나 멸시하거나 모욕하기를 잘하는 내담자들은 집단에서 밝은 앞날을 경험하기 힘들 것이다. 내담자는 심각한 행동화 없이 최소한의 좌절과 비판을 받아들이는 능력이 있어야 한다. 정서적 통제, 애정에 대한 참을성 전략에 주의하는 것이 도움이 되며, 대인관계 집단 작업을 보강하는 단서가 된다.[58]

자기애적 내담자

자기애적narcissistic이라는 단어는 여러 가지 의미로 사용된다. 자기애적 내담자에 대해 좁은 의미의 진단적 범주로 보기보다 광범위한 관심사의 차원을 대표한다고 생각하는 것이 유용하다.[59] 자기애적 성격장애라는 공식적인 진단명이 있지만, 집단치료 과정에서 성격적으로 대인관계 문제를 일으키는 자기애적 특성을 가진 개인이 많다. 여기에 앞에서 주목한 네 가지 중요 영역(자신과 타인에 대한 지각과 해석, 충동 조절, 애정, 통제)에 어려움이 생긴다.[60]

자기애적 어려움을 갖는 개인은 과대망상, 타인의 칭찬에 대한 욕구, 공감 결핍을 겪는다. 이러한 개인은 정서적 생활이 피상적이고, 다른 사람으로부터 칭송받는 것을 빼면 아무런 삶의 즐거움이 없으며, 자기애적 만족을 전혀 기대할 수 없는 사람들을 비난한다.[61] 그들의 자아존중감은 깨지기 쉽고 쉽게 사라져서 종종 모욕의 근원을 건드리면 분노를 일으킨다. 발전된 집단을 다룬 앞 장에서 자세히 설명한 자신에게 몰두하는 집단원 Noah가 이런 임상 사례에서 유발된 역전이의 좋은 예다.

자신을 건강하게 사랑하는 적절한 자기애narcissism는 자기존중과 자신감의 발달에 필수적이다. 그러나 지나친 자기애는 타인을 배제하고, 다른 이들 역시 감정이 있는 존재이며 그들 또한 각자가 독특한 세계를 구축하고 경험하면서 자아를 구성한다는 사실을 잊고 자신만을 사랑하는 형태다.

자기애적 내담자는 일반적으로 개인치료보다 집단에서 폭풍 같지만 좀 더 생산적인 과정을 갖는다. 사실 개인치료 양식은 아주 큰 만족을 제공하기 때문에 핵심 문제가 천천히 나타난다. 개인치료에서는 내담자의 모든 말이 경청되고, 모든 감정과 환상과 꿈이 검토된다. 모든 것이 주어지고, 내담자에게 요구되는 것은 거의 없다. 그러나 집단에서는 시간을 나누고, 다른 사람들을 이해하고 공감하며 도와주고, 관계를 형성하고, 다른 사람들의 감정에 관심을 가져야 하고, 건설적이지만 때때로 비판적인 피드백을 받아들여야 한다. 흔히 자기애적 내담자들은 무대 위에 섰을 때 생동감을 느낀다. 그들은 모임에서 집단이나 치료자의 시간을 몇 분이나 얻었는지에 근거해 집단의 유용도를 판단한다. 그들은 자신의 특별함을 맹렬히 지키고, 누가 자신과 다른 집단원이 유사하다고 지적하면 보통 반대한다. 같은 이유로 그들은 집단 전체 해석 안에 다른 집단원과 함께 포함되는 것을 거부한다.

그들은 어떤 치료적 요인, 예를 들어 응집성과 보편성에 부정적인 반응을 할 수 있다. 집단에 속하고 다른 사람과 같아진다는 것은 경험을 동종으로 만들고 작아지는 경험일 수 있다. 그래서 집단경험은 관계에서의 자기애적 내담자의 어려움을 쉽게 불러낸다. 다른 집단원들은 자기애적 내담자에게 동정을 느끼지 않을 수도 있다. 그들은 과대 망상적이고 자기 과시적인 행동 아래에 있는, 그리고 자기애적 내담자가 흔히 잘 감추어 온 취약성과 연약함을 거의 보지 못하기 때문이다.[62]

Vicky라는 집단원은 일대일 형식을 더 좋아한다며 집단 형식을 자주 비판했다. 집단치료 접근에 대해 비판적인 정신분석 문헌을 인용하며 자기 입장을 옹호했다. 그녀는 집단에서 시간을 나누어 써야 한다는 점에 씁쓸해했다. 예를 들어, 어느 날 모임의 4분의 3이 지났을 무렵 치료자가 Vicky와 John이 많은 압박감을 느끼는 것 같다고 말했다. 지난 모임에서 John은 무가치함이 쌓이는 느낌이라고 말했다. 둘 다 그날 집단에서 말할 시간이 필요하다고 요청했다. 하지만 잠시 후 John은 다음 모임까지 기다릴 수 있다고 했다. Vicky는 모임의 나머지 시간을 다 썼고, 다음 회기에서도 지난 회기에서 끝난 부분부터 이야기를 계속했다. 그녀가 모든 시간을 다 사용하려는 의도가 분명하다고 여겨질 때, 집단원 중 한 명이 John이 지난 회기에서 이야기를 마치지 못했다고 말했다. 그리고 치료자는 Vicky만이 집단을 놔줄 수 있는데, 자연스럽게 그렇게 하려는 징조가 전혀 보이지 않아서 넘어가기가 쉽지 않다고 지적했다(Vicky는 뚱해서 입을 다물었다).

집단은 John에게 관심을 돌렸는데 그는 인생의 중요한 위기를 겪는 중이었다. John은 자신의 상황을 드러냈으나 별로 진척이 없었다. 그 회기 마지막에 Vicky는 조용히 울기 시작했다. 집단원들은 그녀가 John 때문에 운다고 생각하고 그녀에게로 관심을 돌렸다. 그러나 반대로 그녀는 자신이 사용할 수 있었던 시간이 John 때문에 낭비되어 울었다고 말했다. 집단에 최소 일 년 동안 있으면서 Vicky가 감지하지 못한 것은 이런 형태의 사건이 개인치료를 받겠다는 그녀의 요구를 뒷받침해 주지 못한다는 것이었다. 오히려 그 반대다. 그러한 어려움이 집단에서 일어났다는 사실이 바로 집단치료 형식이 그녀를 위해 특별히 더 나은 이유가 된다.

자기애적 내담자가 일상생활이나 집단에서 관심을 얻으려는 노력이 꺾여 좌절되더라도 바로 이 좌절이 내담자를 위해 집단치료의 양식이 가지는 주요한 장점이 된다. 더 나아가 집단 또한 촉매 반응을 일으킨다. 다른 집단원들은 관심을 끌려는 자기애적 내담자의 욕심에 대항해 주장하는 위치를 택함으로써 도움을 얻는다. 특별히 비주장적인 집단원들은 자기애적 내담자의 요구하는 행동을 뛰어난 모델로 사용할 수 있다.

또 다른 자기애적 환자인 Ruth는 깊은 관계를 유지할 수 없어서 치료받고 있는데, 매우 인습적인 방법으로 집단에 참여했다. 그녀는 매주 생활의 세세한 부분까지, 특히 그녀를 가장 압박하는 문제인 남성과의 관계에 대해 사사건건 집단에 알리려고 애썼다. 이런 세부적 사실의 대부분은 관계없는 것이지만, 그녀는 계속 고집을 부렸다(초기 아동기의 '나 좀 봐라' 단계에서와 마찬가지로). 그녀를 봐 주는 것 외에 집단이 다른 방법으로 그녀와 관계를 맺으려 하면 그녀는 거부당한다고 느꼈다.

자신이 특별하다는 느낌이 강한 자기애적 개인은 집단의 관심을 최대로 받아야 한다고 느낄 뿐 아니라, 그들 편에서 아무런 노력을 하지 않더라도 그러한 관심이 나와야 한다고 느낀다. 그들은 집단이 자신을 돌보고, 누구에게도 먼저 손 내밀지 않아도 남들이 먼저 자신에게 손 내밀어 주기를 기대한다. 자신은 아무것도 주지 않으면서 선물이나 놀라움 또는 칭찬과 관심을 기대한다. 그들은 분노와 멸시를 표현하고도 보복에서 면제되기를 기대한다. 자기가 존재한다는 이유로 사랑받기를 기대한다. 나는 이런 태도를 단순히 그들의 외모와 존재만으로 평생 칭찬만 들었던 아름다운 여인들에게서 보아 왔다.[63]

자기애적 내담자가 타인에 대한 공감과 의식이 부족하다는 것은 집단에서도 분명하다. 여러 회기가 지난 후 집단원들은 내담자가 집단에서 개인적으로 자신의 작업은 하지만 남에게 묻지도 않고, 지지하지도 않고, 돕지도 않는다는 것을 주시하기 시작한다. 자기애적 내담자는 자신의 인생 경험은 열정적으로 설명하지만, 다른 사람이 말하면 경청하지 못하고 지루해한다. 자기와 즉각적으로 관련된 문제가 아니면 종종 잠에 빠지는 한 자기애적 남성이 있었다. 집단이 그의 잠에 대해 직면하도록 요구하자 그는 힘든 하루를 보냈으니 참아 달라고 집단에 요청했다(그는 자주 무직 상태였는데, 이는 고용주가 그의 특별한 기술을 알아보지 못했기 때문이라고 했다). 사람 사이에서 주지 않고 받을 수만 있는 인간관계는 한 가지, 엄마와 아기 관계뿐이라는 것을 알리는 것이 유용할 때가 있다.

많은 치료자가 과도하게 자아감이 팽창한 지나치게 만족감을 느끼는 자기애적 개인과 큰 박탈감을 느껴 격분하고 때에 따라 폭발적이기까지 한 지나치게 만족감을 느끼지 못하는 개인을 구별한다. 후자의 행동은 다른 집단원의 오해를 사기도 하는데, 그들이 보이는 분노를 이런 유형의 내담자가 자기를 방어할 수 없어 어쩔 수 없이 보이는 마지막 시도로 이해하기보다 집단에 대한 공격으로 받아들이는 경우가 많다. 결과적으로, 이러한 집단원들은 자기의 상처나 부족한 점에 대해 보살핌을 거의 받지 못하며 집단에서 쫓겨날 위험에 놓인다. 치료자는 이런 내담자들과 공감적 관계를 유지하고, 특히 그들이 왜소하게 느끼고 상처받은 주관적인 세계에 관심 가져야 한다. 그들의 항의는 복종과 순종 때문에 갖게 된 체념이기보다는 돌봄에 대한 끊임없는 희망으로 이해할 수 있다. 때로 집단지도자는 이 도발적인 집단원을 옹호해 주고 다른 집단원들이 이들의 정서적 경험을 이해하도록 격려할 필요가 있다.[64]

치료자는 자신의 역전이를 인식하고 부정적인 대인관계 사이클을 저지하는 데 이를 사용한다. 집단원 Rona는 '이해하지 못한다'라는 말로 항상 집단원들과 치료자를 비난했다. 노력에도 불구하고 회기마다 Rona의 분노는 두드러졌고, 집단원들은 자신이 쓸모없고 무능력하다고 느끼며 모임을 끝냈다. Rona가 떠나면 집단에 더 좋을 것이라는 생각하고 있음을 알아차렸을 때 내 안에서 투사적 동일화가 작동 중인 것이 분명해졌다. Rona는 어릴 때 엄마에게 버림받았는데, 시간이 지나 엄마가 돌아왔지만 Rona를 인정하지 않고 그녀의 정서적 요구에 적대적이었다. Rona의 존재가 그녀에게 죄책감을 느끼게 했지만, 이 감정을 전적으로 부정했다. Rona는 엄마가 자신을 다루었던 똑같은 방식으로 집단원을 다루면서 다른 결과가 나오는 요행을 바랐다. 그러나 Rona가 집단원과 나를 인정하지 않는 경험을 털어놓으면서 Rona와의 공감적 연결을 회복할 수 있었다. 그녀가 우리를 거부한 것은 자신이 엄마를 어떻게 느꼈는지 들여다 보는 창문이 되었다. 집단은 깊이 이해하게 되었고 그녀를 거부하지 않을 것이라고 신호를 보냈다. 그녀는 집단이 옆에 붙어 있으리라고 이해하게 되었고, 정서적으로 안정감을 얻고 집단의 돌봄을 좀 더 받아들일 수 있었다.

자기애적 남성 Sal은 모욕적이고, 공감하지 못하며, 아주 사소한 비난에도 대단히 예민했다. 한 모임에서 그는 집단 누구에게서도 지지나 칭찬을 전혀 받아 보지 못했고, 치료자들로부터는 거의 지지와 칭찬을 받지 못했다고 길게 통탄했다. 사실, 자기가 참석한 많은 집단 모임에서 그가 긍정적인 말을 들은 것은 오직 세 번뿐이었다고 기억했다. 한 집단원이 즉시 반응했다. "맙소사, Sal! 그만둬요. 지난주에 치료자 두 분이 당신을 아주 많이 지지했잖아요. 사실 당신은 이 집단에서 그 누구보다 더 많은 지지를 받고 있어요." 집단의 다른 사람들도 모두 동의했고, 지난 몇 회에 걸쳐 Sal에게 주어진 긍정적인 언급을 여러 개 예로 들었다.

같은 모임에서 나중에 Sal은 매우 부적응적인 방법으로 두 번 반응했다. 두 집단원이 통제를 둘러싸고 고통스러운 투쟁을 하고 있었다. 둘 다 동요되고 자신과 상대방이 표현한 분노 때문에 극심한 위협을 받고 있었다. 다른 집단원들은 관찰과 지지를 제공했다. Sal의 반응은 무엇 때문에 이렇게 떠들썩한지 모르겠고 아무것도 아닌 걸 가지고 화를 내는 '얼간이들'이라는 것이었다.

몇 분 뒤, 비밀이 많고 조용한 집단원 Farrell이 자신에 대해 좀 더 털어놓으라는 압력을 받았다. 대단한 결심을 한 Farrell은 처음으로 최근에 관계를 갖게 된 남성에 대해 자세히 밝혔다. 그녀는 이 관계가 깨어질지 모른다는 두려움을 말했다. 그녀는 아기 갖기를 간절히 원하지만, 그 남성은 아기를 원하지 않는다고 분명히 말했기 때문이다. 집단의 많은 사람이 그녀의 개방에 지지해 주고 공감해 주었다. Sal은 조용했는데 한마디 하라고 하자 Farrell이 어렵게 말하는 것을 보고 왜 그러는지 이해가 안 간다고 말했다. "그건 별로 큰 폭로도 아닌 것처럼 보이는데요." Farrell은 "Sal, 고마워요. 그 말을 들으니 기분이 좋네요. 지금부터 당신하고는 아무런 관계도 맺고 싶지 않아요. 우리 둘 사이에 가능한 한 멀리 거리를 두고 싶어요"라고 말했다.

이 두 사건에서 Sal에 대한 집단의 반응은 즉각적이고 직접적이었다. 그에게 얼간이같이 행동한다는 얘기를 들은 두 사람은 그의 발언에 무시당하는 느낌이 들었다고 알렸다. 한 사람은 "당신이 관심 없는 문제에 대해 사람들이 말하면, 당신은 그게 중요하지 않고 얼간이 같다고 치부합니다. 보세요, 당신이 문제라고 말하는 치료자들이나 다른 집단원들에게 충분히 칭찬받지 못하는 것은 나와는 상관없는 문제입니다. 당신이 그걸 불평할 때마다 내가 당신을 얼간이라고 한다면 어떻게 느끼겠어요?"라고 했다.

이 모임은 성격적으로 어려운 내담자와의 집단 작업을 여러 측면에서 설명해 준다. Sal은 매우 적대적이었고, 여러 번의 개인치료 시도에서 치료에 장애를 일으키는 부정적 전이를 강렬하게 나타냈다. 이 모임에서도 그는 치료자에 대해 왜곡된 지각을 표현했다(치료자가 사실 그에게 강력히 지지적이었는데도 수십 차례의 회기 중 세 번만 칭찬했다고 말했다). 개인치료에서 그의 왜곡된 전이는 너무도 특별해서 치료자가 현실에 대한 정확한 관점을 제공하는 것을 불신해 치료가 곤경에 빠졌을 수도 있다. 치료 집단은 이러한 내담자들의 치료에 큰 이점을 가진다. 임상적 사례에서 설명했듯이 집단치료자 혼자 현실을 주장하는 역할을 하지 않아도 되기 때문이다. 다른 집단원들이 내담자에게 강력하고 정확한 현실 검증을 제공하는 역할을 해 준다.

많은 자기애적 환자와 마찬가지로 Sal은 특히 비판에 민감했다(이러한 개인은 조그만 상처에도 피를 흘리고, 혈액을 응고시킬 성분이 없는 혈우병 환자와 같다).[65] 집단원들은 Sal이 아주 취약하고, 비판을 잘 참지 못한다는 것을 알고 있었다. 하지만 망설이지 않고 그에게 문제를 직면하도록 도왔다. Sal이 비록 다른 많은 모임에서 상처받았을지라도, 적어도 이 집단에서는 집단원들이 그를 진지하게 대하며 그의 행동에 책임을 지고 행동을 변화시킬 능력이 있음을 존중한다는 더 큰 메시지를 들었다. 집단이 취약한 내담자에게 이처럼 정직하고 직접적인 자세를 취하는 것은 매우 결정적이고 중요하다고 나는 믿는다. 솔직하고 배려 가득한 직면은 자기애적 내담자를 보복하고, 처벌하고, 모욕 주는 직면과 다르다.[66] 집단이 자기애적 개인을 무시하거나 보호하기 시작하면, 그 환자의 치료는 확실히 실패하게 될 것이다.

이러한 문제 있는 내담자들과 작업하는 집단치료자의 주요 과업은 정확한 진단을 내리는 것도 아니며, 초기 원인이 되는 역동이 무엇인지 공식화하는 것도 아니다. 진단명이 경계선 성격장애든 자기애 성격장애든 일차적인 문제는 마찬가지다. 지금-여기 치료 집단에 있는 매우 취약한 개인의 치료적 관리다. 집단치료는 대인관계의 병리를 극히 드물게 보여 주기 때문에 그에 알맞은 민감하고 지지적인 치료적 작업이 필요하다.

13장

전문화된 양식과 절차를 돕는 보조물

치료자가 6~8명과 만나는 익숙한 집단치료 형식은 다른 변인들로 인해 영향을 받는다. 예를 들어 내담자가 개인치료를 병행하거나, 집단치료를 받으면서 12단계 집단에 참여할 수도 있다. 한 명의 치료자 대신 공동 치료자가 지도할 수도 있다. 본 장에서는 이러한 다양성에 관해 논하고 치료 과정을 촉진하는 전문적인 기술과 접근에 관해 기술할 것이다.

개인치료와 집단치료의 협동

먼저, 몇 가지 정의를 내려 보자. 연합치료Conjoint Therapy는 한 내담자가 한 치료자에게 개인치료를 받으면서 다른 치료자(공동 치료자가 있을 경우 두 명)로부터 집단치료를 받는 것을 말한다. 그리고 병행치료Combined Therapy는 내담자가 같은 치료자에게서 집단치료와 개인치료 두 가지를 모두 받는 경우를 가리킨다. 대부분 연구는 집단치료와 개인치료의 비교 효과를 보여 주는 연구이며,[1] 집단과 개인치료의 다양한 병합 효과에 대한 체계적인 자료는 없다. 그러므로 임상적 경험과 문헌에 근거한 지침과 원칙을 제공할 수밖에 없다.[2]

두 가지 치료 모델을 통합할 때는 먼저 양립성을 고려해야만 한다. 많다고 항상 좋은 것은 아니다! 목표가 다른 치료를 동시에 작업할 수 있는가? 서로 도움이 되는가? 양립이 가능하다면 내담자의 치료 욕구를 다른 측면에서 다루면서 보완하는가? 일반적으로 집단치료는 지금-여기에서 대인관계 문제를 다루고 개인치료는 초기 생애의 역동과 심리 내적인 문제를 다룬다고 생각한다.[3] 두 접근을 통합하면 서로의 모델을 강화할 수 있다.

우리는 두 가지 형태의 협동 치료의 빈도에 대해 잘 알지 못하지만, 개인진료에서는 병행치료가 연합치료보다 더 실행되는 것 같다.[4] 한편, 시설이나 정신건강 장면에서는 그 반대인 것으로 보인다.[5] 연합치료와 병행치료를 같은 것으로 여겨서는 안 된다. 두 가지가 서로 매우 다른 측면과 임상적 적응증을 가지므로 나는 각각을 개별적으로 논의하겠다.

연합치료

몇몇 예외적인 경우를 제외하고는 개인치료가 집단치료에 반드시 필요하다고 생각하지 않는다. 집단원들이 신중하게 선발되었다면, 매주 이루어지는 집단치료 모임만으로도 충분히 치료적이며 대다수 내담자가 도움을 받을 것이다. 그러나 예외가 있기도 하다. 앞서 12장에서 설명한 성격적 장애가 있는 내담자들은 일반적으로 집단치료와 개인치료의 협동 치료를 받아야 할 필요가 있다. 사실, 초기 협동 치료와 개인치료 모델들은 이런 문제가 있는 내담자의 요구에 반응해 발달했고, 이러한 내담자들을 위한 협동 치료는 역동적으로 지향하고 정신화에 근거한 치료에서 진화된 것이다.[6] 아동기에 성폭행당한 과거가 있는 내담자나 수치심과 관련된 의미 있는 문제를 갖고 있는 내담자는 종종 협동 치료가 필요하다.[7] 개인치료는 내담자에게 정서적으로 자기통제를 할 수 있는 맞춤형 접근을 개발해 도와줌으로써 집단에서 감정적 폭풍과 고통을 겪는 동안 집단을 계속하도록 도울 수 있다.

종종 집단원들이 극심한 인생 위기(사별, 이혼 등)를 겪으며 일시적으로 개인치료의 지지가 필요할 수 있다. 어떤 내담자는 너무 약하거나, 불안으로 차단되거나, 공격성을 두려워하기 때문에 집단치료에 참여하기 위해 개인치료가 필요하다. 때로 개인치료는 내담자가 집단에서 탈락하는 것을 막기 위해, 또는 자살을 시도하거나 충동적으로 반응할 경우 더 가까이에서 관찰하기 위해 필요하다.

경계성 성격장애를 가진 Joan은 처음으로 집단에 참여했는데, 초기 몇 회기에서 상당히 위협을 느꼈다. 그녀는 자기의 이상한 환상과 꿈의 세계가 다른 집단원의 경험과 너무도 다르게 보여서 점점 소외감을 느꼈다. 4회기 때 그녀는 언어적으로 집단원 한 명을 공격했고 또한 그 대가로 공격당했다. 그 후 며칠 동안 그녀는 악몽에 시달렸다. 어느 날 밤에 그녀는 입이 피투성이가 되는 꿈을 꾸었는데, 이는 언어적 공격 및 파괴와 관련해 나타난 형상이다. 혼자 바닷가를 거닐다가 큰 파도에 먹히는 꿈은 집단에서 그녀의 경계와 정체성을 잃을 것에 대한 두려움과 관계된다. 세 번째 꿈에서는 그녀가 여러 남자에게 붙들려 있고 치료자가 그녀의 뇌를 수술하는데, 치료자의 손이 그녀를 누르고 있는 남자들에 의해 움직이고 있었다. 이는 치료에 대한 두려움과 치료자가 다른 남성 집단원들에게 압도되는 두려움과 관계된다.

Joan의 경우 현실을 지탱하는 힘이 더 약해지고 있었으므로 추가로 지지해 주지 않으면 그녀가 집단을 계속할 것 같지 않았다. 그래서 동시에 다른 치료자에게 개인치료를 받게 했으며, 그녀는 불안을 견디고 집단에 머물 수 있었다.

Jim은 6년간 그를 분석하고 이제 치료를 종결하려는 분석가의 소개로 집단에 왔다.[8] 상당히 치료되었지만 Jim은 아직도 원래 치료받으려 했던 증상, 즉 여성에 대한 두려움을 극복하지 못한 상황이었다. 그는 자기 비서에게 지시하는 것조차 어려워했다. 초기 모임에서 그는 집단에서 그를 칭찬한 한 여성으로 인해 극도로 불편함을 느꼈다. 그는 회기 내내 바닥만 내려다보고 있다가 모임이 끝난 후 분석가에게 전화를 걸어 집단을 그만두고 다시 개인치료를 받겠다고 말했다.

그의 분석가는 집단치료자와 상황에 대해 토론했고, Jim이 집단에 되돌아간다는 조건하에 개인치료를 계속하기로 동의했다. 그 후 두세 달 동안 Jim은 집단 모임이 끝난 후 매번 개인치료를 받았다. 개인치료자와 집단치료자가 자주 의논했고, 집단치료자는 집단에서 충분한 지지를 보냄으로써 Jim이 집단치료를 계속할 수 있게 했다. 두세 달 만에 Jim은 처음으로 여성에게 감정적으로 가까이 갈 수 있었고, 점차 현실 세계에서 여성들과 좀 더 편안해질 수 있었다.

지금까지는 개인치료가 어떻게 집단치료를 촉진시키는지 살펴보았는데, 그 반대 또한 사실이다. 집단치료가 개인치료 과정을 활성화하고 효과를 상승시킬 수 있다.[9] 사실, 연합치료를 받는 대부분 내담자는 그들의 개인치료자의 의뢰로 집단에 온다. 개인치료자는 내담자가 무미건조해서 생산적인 작업에 필요한 자료들을 내놓지 못하는 것을 알게 된다. 한편, 집단에서 일어나는 풍부한 감정적 인간관계의 상호작용은 개인과 집단 작업을 위한 풍부한 자료를 생산해 낸다. 다른 경우 개인치료에서 내담자는 그들의 주요 맹점 때문에 생활에 실제로 일어나는 일을 정확하고 객관적으로 보고하지 못할 수 있다. 한 나이 든 남성이 그의 개인치료자에 의해 집단치료에 의뢰되었다. 강렬한 아버지 전이 때문에 개인치료가 난국에 빠진 것이다. 남성 치료자는 이 내담자에게 어떤 말도 할 수 없었다. 내담자가 치료자의 말마다 불완전하거나 부정확하다며 강박적으로 꼬투리를 잡고 도전했기 때문이다. 내담자와 치료자 모두 치료에서 억압받은 아들과 난폭한 아버지 관계가 재현되고 있음을 알았지만 치료는 계속 제자리걸음이었다. 내담자가 좀 더 민주적이고 평등한 집단 환경에 들어가서 아버지의 권위에서 벗어난 피드백을 들을 수 있을 때 진정한 진전이 일어났다.

다른 내담자들은 안전한 일대일 개인치료 장면에서 진전이 있지만 아직 그것을 치료 밖 생활로 확장시키지 못하기 때문에 치료 집단에 의뢰된다. 집단 상황은 치료의 다음 단계로 갈 수 있는 귀중한 장소가 될 수 있다. 위험 부담이 낮은 환경에서 내담자가 새 행동을 실험해 보고, 새 행동에 따라올지 모르는 비참한 결과에 대한 내담자의 상상이 사실이 아님을 확인해 줄 수 있다.

때로 성격적으로 어려운 내담자거나 개인치료에서 심각하고 해결되기 어려운 전이 문제가 일어날 때 치료 집단은 전이를 희석시키고 현실 검증을 조장하는 데 특히 도움이 된다. 개인치료자는 또한 역전이를 희석시킴으로써 도움을 받을 수 있다. 치료자를 압도할 수도 있는 방식으로 분열적이고 투사적인 동일시나 다른 방어기제를 사용해 개인적 경계를 흐리게 하는 내담자를 치료하는 데 특히 유용하다. George(2장 '먼저 공격' 이야기)의 사례를 상기해 보라. 그의 여성 치료자가 George의 의존성이 커져서 집단치료에 그를 의뢰했다. 그는 집단원들의 관계를 성적으로 만듦으로써 그의 의존성을 방어했다. 집단은 그의 의존성을 약하게 했고 양쪽 치료 모두 잘 진행되었다.

요점은 연합치료는 다양한 장면, 다중전이, 다양한 관찰자, 해석자, 성숙한 대리자들이 있기에 자원이 된다.[10] 집단치료자와 개인치료자는 서로 자문하는 동료 자문자로서 효과적으로 기능할 수 있다.

문제점

이와 같은 이점과 함께 연합치료에는 여러 가지 문제점 또한 존재한다. 개인치료와 집단치료의 기본적 접근이 전혀 다를 때, 두 치료는 서로 상치되게 작용할 수 있고 서로 경쟁적이 될 수도 있다. 성공하려면 집단과 개인 작업을 함께 통합할 필요가 있다.

일반적으로 집단치료를 시작하는 내담자들은 초기 집단 모임에서 개인치료에서 받던 지지와 관심을 덜 받게 되므로 좌절하고 용기를 잃는다. 그들은 새로운 기회를 제공하는 특별한 자원으로 집단을 보지 않는다. 대신 다른 사람들을 경쟁하고 빼앗아 가는 존재로 본다.[11] 어떤 내담자들은 집단으로부터 공격이나 압력을 받으면 집단을 자신의 개인치료 경험과 비교해 좋지 않다고 판단하고 자신을 방어하기도 한다. 집단에 대한 그러한 공격은 예외 없이 상황을 한층 더 악화시킨다.

개인치료를 동시에 진행할 때 생기는 또 다른 문제는 내담자들이 개인치료를 집단에서 생긴 감정을 비우기 위해 사용하는 경우다. 내담자는 집단에서 스펀지같이 상호작용할 수 있다. 피드백을 받아들이기만 하고 그에 대해 개인치료 시간이라는 더 안전한 곳에서 씹고 또 씹는다. 내담자는 '나는 내 시간을 가지니까 집단 시간은 다른 사람들이 갖도록 해야지'와 같은 가짜-이타적인 합리화pseudo-altruistic rationalization로 저항한다. 또 다른 형태의 저항은 그와 반대로 중요한 재료를 집단에서 다루는 것이다. 개인치료자에 대한 전이를 다루기 위해 집단을 사용하고, 개인치료에서는 집단원들의 반응을 다룬다. 이러한 패턴이 표현되고 모든 다른 개입에 대해 저항을 보인다면 집단치료자는 개인치료자와 협력해 집단이나 개인치료 중 하나를 종결할 것을 강요해도 좋다. 개인치료를 중단했을 때 집단 참여가 극적으로 상승한 내담자를 여러 명 보았다.

내 경험으로 보았을 때, 다음과 같은 두 가지 조건이 맞으면 개인치료와 집단치료 접근은 서로 보완적일 수 있다. 개인치료자와 집단치료자 간에 동맹 관계가 잘 맺어져 있어야 한다. 그러기 위해서는 모든 정보를 서로 교환할 수 있도록 내담자에게 허락받아야 한다. 이 동의서 없이는 연합치료를 진행할 수 없다. 두 치료자(그리고 처방하는 정신과 의사, 의사 또는 약사)가 똑같이 연합치료에 가치를 부여하고 이 접근의 이론적 해석에 동의하는 것도 중요하다. 연합치료를 위해 집단에 의뢰하는 것이 개인치료자가 치료를 종결하는 길을 닦고자 임상적 책임에서 벗어나려는 위장이 되어서는 안 된다.[12] 더군다나 치료자들은 서로의 능력과 치료적 접근을 반드시 상호 존중해야 한다.

개인치료자와 집단치료자 간의 견고한 관계는 내담자가 종종 한 쪽을 이상화하고 다른 쪽을 과소평가하면서 개인치료자와 집단치료자를 비교할 때 어쩔 수 없이 일어나는 긴장감을 다루는 데 중요하다. 선배 개인치료자와 연합해 작업할 때 경험이 적은 집단치료자는 특별히 불편할 수 있다. 선배 개인치료자가 집단 내에서 보이지 않지만 강렬한 존재일 때 집단치료자를 억압하고 자신감을 떨어뜨릴 수 있다. 그런 각본에서는 내담자가 개인치료자에게 집단치료자를 어떻게 묘사하는지 염려하게 된다.[13] 연합치료에서 욕먹는 치료자가 되는 것은 몹시 불쾌한 일이다. 이상화된 치료자의 입장은 견디기 쉬울 수 있으나 단지 좀 덜 위태로울 뿐이고 비효과적인 것은 마찬가지다.

그러므로 연합치료 경험이 효과적이기 위한 첫 번째 조건은 개인치료자와 집단치료자가 개방되고, 견고하며, 상호 존중하는 작업 관계를 갖는 것이다. 두 번째 조건은 개인치료가 집단 접근을 보완해야 한다는 점이다. 즉, 대인관계에 초점을 맞추어야 한다. 이상적으로는 집단원들과 현재 모임에서 일어나는 사건과 주제에 대한 내담자의 감정을 깊이 탐색하는 데 많은 시간을 보내야 한다. 그러한 탐색은 내담자가 집단치료에 좀 더 깊이 참여하게 한다.

집단 방법에 경험이 있는 개인치료자들은 집단에서 어떻게 작업하는지 지도함으로써 내담자를 크게 도울 수 있고, 나머지 집단원에게도 도움이 된다. 예를 들면 나는 최근에 개인치료에서 젊은 남성을 만나고 있는데, 그는 분노 때문에 고통받고 있으며 보통 그의 부인에게 폭발하거나 길에서 분노를 터트려 여러 가지 위험한 상황에 빠지곤 했다. 나는 그를 집단치료에 의뢰했고, 그는 집단치료에 몇 주 참여한 후 여러 집단원에게 다양한 수준의 분노를 갖는다고 개인치료 시간에 보고했다. 집단에서 이것을 표현해 보라고 내가 권하자 그는 파랗게 질렸다. “이 집단에서는 누구도 다른 사람을 직접적으로 직면하지 않아요. 이 집단은 그런 식으로 하지 않아요. 그랬다가는 저를 끔찍하게 느낄 거예요. 제가 다른 사람들을 압도할 거라고요. 그러면 그들을 다시 마주 대할 수 없을 거고, 집단에서 쫓겨날 거예요.” 우리는 집단에서 그의 분노를 어떻게 직면할지 연습했다. 내가 만약 그라면 집단에서 어떻게 말할 것인지 역할 시연을 하기도 했다. 나는 보복을 불러일으키지 않을 피드백을 어떻게 하는지 예를 들어 주었다. 예를 들어 “사실 말할 수 없었던 문제가 있습니다. 나는 분노가 많습니다. 아내와 아이들에게 화를 터트리고, 길거리에서 심각하게 화낸 적도 있습니다. 여기서 도움을 받았으면 하지만 어떻게 해야 할지 모르겠네요. 이 집단에서 때로 스치고 지나가는 분노에 관해 말하면서 이 문제와 씨름해 봐도 될지 모르겠습니다." 이 시점에서 내가 알고 있는 어떤 집단치료자도 흔쾌하게 그가 시도해 보도록 격려할 것이다.

그리고 계속해서 이렇게 말할 수 있다고 제안했다. "예를 들어, John(집단원 중 한 사람), 나는 당신의 지적 능력과 정의에 대한 헌신 등 여러 면에서 당신을 매우 존경해요. 하지만 지난주 모임이 끝날 무렵 당신이 데이트 중인 여성에 대한 태도에 관해 말할 때 짜증이 몰려오는 것을 느꼈어요. 나만 그랬나요? 아니면 다른 분들도 그렇게 느꼈나요?" 나의 내담자는 우리 면담을 기록하고 나의 지도를 따랐다. 몇 주 지나지 않아 집단치료자 중 한 명이 나에게 말하기를 이 내담자가 작업을 잘하고 있을 뿐 아니라 전체 집단을 변화시켜서 모임이 좀 더 활발해지고 상호작용을 잘하게 되었다고 했다. 개인치료자는 또한 학습전이에 초점을 맞추어 크게 유익한 역할을 할 수 있다. 집단에서 배운 것을 새로운 상황, 예를 들어 내담자가 갖는 개인치료자와의 관계나 일상생활에서 중요한 인물에 적용하도록 도와주는 것이다.

일반적으로는 진행되는 개인치료에 집단치료가 추가되지만, 그 반대가 일어날 수도 있다. 집단작업이 변화 반응을 일으키고 기억을 불러일으켜 큰 고통을 야기할 수 있다. 그럴 때는 집단에서 시간과 관심이 보장되어야 하는데, 실제로는 제공할 수 없는 경우가 많다.[14] 일반적으로 내담자를 혼동시키거나 압도되는 것을 막기 위해 두 가지 치료를 동시에 시작하기보다는 한 가지 치료를 먼저 시작한 후 필요하다면 두 번째 치료를 추가하는 것이 가장 좋다. 집단치료자가 집단원에게 집단치료 외에 개인치료를 권할 때 다른 집단원에게도 이 권고의 의미를 알리고 공개적으로 토론할 준비가 되어 있어야 한다.

병행치료

앞에서 나는 협동 치료가 집단치료를 할 때 필수적인 것은 아니라고 말했다. 병행치료에 대해서도 같은 생각이다. 그러나 많은 임상가가 병행치료가 대단히 생산적이며 훌륭한 치료 형태라고 말하는 것에 동의한다.

일반적으로 임상 장면에서 병행치료는 개인치료와 함께 시작된다. 치료자들은 개인치료가 몇 주 혹은 몇 달 동안 진행되고 난 후에 내담자를 치료 집단에 넣는데, 보통 이 치료 집단은 그 치료자에게 개인치료를 받는 내담자들로 구성되어 있다. 이런 의미에서 동질적이다. 다시 말하면 집단의 모든 집단원이 또한 집단지도자와 개인치료를 받는데,

이는 도움이 되지만 필수적인 것은 아니다. 어떤 내담자들은 집단지도자와 개인치료를 받는 것에 압박을 느낄 수도 있지만 한두 명은 아니다. 집단지도자와 개인적으로 만나지 않는 집단원들이 종종 질투 문제를 일으킬 수도 있다.

보통 내담자는 주당 개인치료 한 번과 집단치료 한 번을 받는다. 아니면 더 경제적으로 유리한 방법으로 모든 집단원이 몇 주에 한 번 정도 개인치료를 받는 방법도 있다.[15] 비록 이런 치료 형태가 제공하는 이득이 많지만 병행치료와는 다른 이론적 근거를 가진 것이다. 그런 양식에서 개인치료는 집단 모임을 보조하기 위한 것이며, 여기서의 개인치료는 집단의 규범 형성이나 구성원이 집단을 최대한 활용할 수 있도록 돕기 위해 디자인되어 있다.

병행치료에서 집단은 주로 내담자들이 두 가지 치료를 여러 달 혹은 수년에 걸쳐 지속하는, 종결 일자가 정해지지 않은 개방형이다. 그러나 병행치료가 시간제한이 있는 집단 형태일 수도 있다. 나는 많은 경우에 장기 개인치료 내담자로 이루어진 6개월짜리 집단 모임을 구성하고, 집단 종료 후에 개인치료를 계속하게 했다. 이때 개인치료는 집단에서 쏟아져 나온 정보들로 상당히 활성화된다. 나의 개인 내담자를 집단치료에 참여시켰을 때 대부분 치료 효과가 가속화되고 풍부해져서 나는 그 결과에 계속 보람을 느낀다.

연합치료와 마찬가지로 병행치료에서도 탈락자가 생길 비율이 적어진다는 것은 의심의 여지가 없다.[16] 내가 이끄는 집단이나 수련자들과 동료들이 이끄는 병행치료 집단에서 수년에 걸쳐 비공식적으로 설문조사를 시행한 결과, 초기 탈락이 거의 없었다. 사실 개인치료 시간에 개인치료자와 이미 관계를 형성한 내담자들은 그가 이끄는 집단치료에 들어와서 처음 12회 모임 동안 한 명도 낙오하지 않았다. 물론 이 결과는 병행 개인치료를 받지 않고 집단에 들어온 내담자들의 높은 탈락률과 뚜렷하게 대조된다. 이유는 분명하다. 첫째로 치료자들은 개인치료 내담자들을 잘 알고 있기 때문에 더 신중하게 내담자들을 선발할 수 있다. 둘째로 치료자들이 내담자의 집단 작업을 방해하는 문제를 개인치료 시간에 다루고 풀도록 도와주어 임박한 탈락을 예방할 수 있다.

일곱 차례의 모임 후에 David라는 50세의 좀 강박적이고 독신인 남성 집단원이 탈락할 위기에 놓였다. 집단은 그에게 그의 문제점인 잦은 완곡어법의 사용, 길고 재미없는 일화를 반복해서 이야기하며 그 속에 자기를 숨기는 태도, 산만하고 관계없는 질문을 계속하는 점 등에 대해 상당한 피드백을 주었다. 하지만 David가 이 피드백에 미동도 하지 않았기 때문에 집단은 결국 포기하고 그의 태도를 예의 바르게 참아 주되, 그를 진지하게 받아들이지는 않는 '마스코트'로 대하는 태도를 보이기 시작했다.

개인치료에서 David는 나에게 집단에서 소외된 것에 관해 느끼는 슬픔을 털어놓았고 과연 그가 집단 작업을 계속해야 하는지 물었다. 그는 또한 집단에서 조롱당하거나 판에 박힌 대접을 받을까 봐 두려워 보청기를 끼지 않고 집단 작업을 한다고 이야기했다. 보통의 상황이라면 David는 집단에서 탈락했을 것이지만, 나는 개인치료 시간에 그를 불안하게 하는 여러 가지 집단 사건과 그의 소외감이 갖는 의미를 탐색해 나갔다. 이 소외감이 David에게 핵심이 되는 문제로 드러났다. 유년기와 청년기에 걸쳐 David는 사회적으로 고립감을 느껴 왔고 결국은 스스로 고립시켰다. 그는 더 외롭게 되었고, 프리랜서로 컴퓨터 상담을 하는 그의 직업이 그로 하여금 더 외롭고 어디에도 속하지 않는 삶을 살게 했다.

내가 보청기를 끼도록 격려하자 David는 그 말에 따랐고, 집단에서 자기의 소외감에 대해 밝혔다. 그의 자기개방과 더불어 자기를 소외시키는 일에 스스로 어떤 역할을 했는지에 대한 자기 탐색은 그를 집단 속에 다시 참여시키고 과정을 역전시키기에 충분했다. 그는 일 년간 병행치료를 받았으며 상당한 진보를 보였다.

이 사례는 협동 치료의 또 다른 장점을 알려 주는데, 즉 집단 속에서의 풍부하고 예견할 수 없는 상호작용이 동떨어진 개인치료라면 결코 떠오를 수 없는 영역을 열어 주는 것이다. David는 개인치료를 받을 때는 결코 소외감을 느끼지 않았는데, 내가 그의 모든 말에 귀를 기울이고 항상 그와 함께하려고 했기 때문이다. 병행치료는 개인치료만으로는 알 수 없는 내담자에 대해 알게 해 준다.

Steven은 수년 동안 많은 혼외 관계를 맺었으나, 안전한 성관계를 위해 필요한 조치를 거부하는 남성이었다. 개인치료를 하며 나는 Steven과 여러 달 동안 그의 자신만만함, 생물학 법칙에서 자기만 면역을 지닌다는 느낌, 이기심, 콘돔을 쓸 경우 성 불능이 될지도 모른다는 걱정 등에 관해 가능한 모든 충고를 하며 상담했다. 나는 내가 그와 그의 부인, 그와 성관계를 갖는 여성들에 대해 걱정하고 있다고 말했다. 아버지 같은 심정으로 그의 이기적인 행동에 대해 슬픔을 느끼고 그의 자기 파괴에 분노했으나 모두 소용이 없었다. 내가 Steven을 치료 집단에 넣었을 때,

그는 위험을 감수하는 자신의 성적인 행동에 관해 말하지 않았으나 그럼에도 불구하고 약간의 관련된 문제가 드러났다.

수차례에 걸쳐 Steven은 여성 집단원들에게 잔인하고 감정이 없는 피드백을 주었다. 점차로 집단은 이 문제에 관해 Steven과 직면했고, 그가 여성에 대해 갖는 무자비하고 공격적인 태도에 대해 상기시켜 주었다. 대부분 집단 작업은 그가 공감이 부족하다는 점을 다루었다. 점차로 Steven은 다른 사람들의 경험 세계로 들어가기 시작했다. 집단은 6개월로 기간이 제한되어 있었다. 여러 달 동안 개인치료를 받은 후 우리가 다시 그의 성적 행위에 대해 깊이 있게 토론하게 되었을 때, Steven은 집단원들이 그에게 무자비하다고 비난할 때 충격이 컸다고 회상했다. 이제 Steven은 자신의 선택을 애정 결핍 측면에서 숙고할 수 있었고, 그제야 그의 행동 양식이 변화했다.

삶의 기쁨이 없고 억제하는 경향 때문에 치료를 받게 된 Sam이라는 남성은 개인치료보다 훨씬 강하게 자신의 경계심과 경직성에 관해 집단의 직면을 받았다. 그는 집단에 세 가지 주요 사실을 숨기고 있었다. 즉, 치료자가 되기 위한 훈련을 받았고 수년 전에는 짧게 진료도 했으나 상속을 많이 받은 후 그만두었다는 것, 남들을 경멸하며 자신이 대단히 우월하다고 생각한다는 점 등이다. 그는 사회생활을 할 때와 마찬가지로 이런 사실을 집단에 숨겼는데, 이런 것을 밝히면 다른 사람으로부터 더 멀어지게 될 것이라고 믿었다. 그는 다른 사람들이 이런저런 고정관념으로 자기를 이용하거나 부러워하거나 존경하거나 또는 미워하게 될 것이라고 생각했다.

새로 형성된 집단에 3개월간 참여한 후에 Sam은 자기가 실제 삶에서 그랬던 것처럼 주변적인 관망자의 역할로 집단에 참여했다는 점을 고통스럽게 인식하게 되었다. 모든 집단원이 동시에 작업을 시작했고, 다른 사람들은 모두 자기를 드러내고 집단에 사적으로 거짓 없이 참여했는데 Sam 자신만이 집단 밖에 머물기로 선택했던 것이다.

개인치료를 하면서 나는 Sam에게 집단에 자신을 밝혀 보라고 권했다. 개인치료 시간마다 나는 마치 나 자신이 기회를 잡으라고 격려하는 권투 경기의 세컨드처럼 느껴졌다. 나는 Sam에게 집단 모임이 진행될수록 자기개방을 미루는 것은 사태를 악화시킬 것이라고 말했다. 만일 그가 자신이 치료자였다는 사실을 더 늦게 밝혔다면, 누군가는 그에게 의자를 집어던졌을 것이다(Sam은 그의 민감성과 수용력에 관해 끝없는 칭찬을 받아 왔던 것이다).

마침내 Sam이 자기개방을 시도했고, 즉각 그와 다른 집단원들은 더 참된 관계를 맺기 시작했다. Sam의 개방은 다른 집단원들로 하여금 더 개방하게 만들었다. 치료자가 되기 위해 공부하는 한 학생이 자신이 피상적인 의견으로 판단되는 것에 대해 느끼는 두려움을 말했고, 다른 부자 내담자는 다른 사람들의 질투에 그에 대한 걱정에 관해 말했다. 또 다른 사람은 자신이 숨은 속물이라고 고백했다. 다른 구성원들도 과거에는 드러내지 않았던 돈에 관한 강한 느낌을 얘기했는데, 여기에는 치료비가 너무 비싼 것에 대한 분노까지 포함되었다.

집단이 끝난 후 Sam은 개인치료에서 이런 상호작용에 관해 계속 토론했고, 치료자와 함께 새로운 모험을 이어 갔다. Sam의 고백 후 집단원들이 그를 수용한 것은 상당히 자신감을 주는 경험이었다. 과거에도 그들은 Sam이 주는 유용한 통찰력을 받아들이기는 했으나, 그런 수용은 그에 대한 잘못된 믿음에 근거한 것이었기에 의미가 없었다. 즉, Sam이 자신을 가짜로 제시하고, 전문적 교육을 받았던 사실과 자기 재산, 개인적 성향 등을 숨겼기 때문이다.

Sam의 경험은 병행치료에 고유하게 존재하는 함정을 일부 보여 준다. 그중 하나는 치료자의 역할이 눈에 띄게 변화하고 복잡성이 증가하는 것이다. 지도자가 아는 사실이 다른 집단원들과 똑같다면 집단을 지도하는 것은 상당히 단순하다. 그러나 병행치료에서 지도자가 많이 알게 되면 삶이 복잡해진다. 한 구성원은 내 역할을 마블 코믹스Marvel Comices의 프로페서 엑스Professor X와 비교했다. 나는 모든 것을 알고 있고, 누구누구에 대해 어떤 감정을 가졌는지도 알며, 무엇을 말할 것이지 그리고 무엇을 숨기는지 안다. 그러나 이러한 정보의 접근성은 문제가 될 수 있다.

집단지도자가 자신의 집단 내담자를 개인치료에서 따로 만나지 않는 경우 치료에서 훨씬 더 자유롭다. 치료자들은 정보를 캐기 위해 질문할 수 있고, 아무렇게나 추측해 보기도 하고, 일반적인 질문을 던지고, 집단원들에게 집단에서 생긴 일이나 다른 집단원에게 갖는 느낌을 말해 보라고 요청할 수 있다. 그러나 병행치료자는 지나치게 많은 것을 알고 있다! 답을 알고 있으면서 질문을 던지는 것은 어색한 일이다. 결과적으로 다수의 치료자는 다른 집단을 지도할 때보다 개인치료와 병행하는 내담자가 있는 집단에서 활발하지 못하다. 같은 치료자가 개인치료와 집단치료를 둘 다 할 때 고려해야 할 점은 내담자의 의존과 부정적 전이 및 역전이 반응이 더 확대될 수 있다는 점이다.

병행치료 집단치료자는 종종 경계 문제와 비밀 보장 문제로 고민하게 된다(이는 때때로 연합치료에서도 마찬가지인데, 집단치료자가 개인치료자로부터 집단에서 다루지 않은 공동 내담자의 주요한 감정이나 사건에 대해 알게 될 때다). 내담자가 개인치료에서 말한 내용을 집단에서 다룰 수 있는가? 집단과 관련이 있는 내용은 집단에서 말하도록 권장하는 것이 거의 항상 중요하다. 예를 들어, 만일 어떤 내담자가 집단의 다른 구성원에게 분노를 느낀다고 개인치료 시간에 말했다면, 치료자는 내담자가 이 느낌을 집단에서 이야기하게 만들어야 한다.

그 내담자가 저항한다면? 치료자들은 대부분 다시 한번 가장 침해적이지 않은 대안을 추구할 것이다. 우선 내담자를 다시 설득하고 왜 거부하는지 탐색한다. 그다음에는 정도가 경미하더라도 두 집단 구성원 간의 갈등에 초점을 맞추고, 내담자에게 그를 이해한다는 눈짓을 보낸다. 그리고 마지막으로 내담자에게 이 이야기를 집단에 내놓아도 되는지 허락을 구한다. 물론 잘 판단하려면 연습이 필요하다. 기술적으로 아무리 우수하다고 해도 내담자의 자존심을 상하게 하는 것을 합리화할 수는 없다. 앞에서 다루었듯이 절대적인 치료자의 비밀 보장에 대한 약속은 치료를 부정적으로 제한하지 않고는 지켜질 수 없다. 치료자들은 그들의 분별력과 가장 좋은 전문적 판단을 사용할 것이라는 약속만을 할 수 있다. 그러면서 한편으로는 내담자들이 관련된 한쪽의 자료를 다른 쪽에 내놓는 책임을 받아들이도록 돕는 작업을 해야 한다.

내담자의 수치심이 개방을 종종 막지만 집단원의 회피와 우격다짐으로는 좀처럼 잘 다루어지지 못한다.[17] 사실 개인치료에서 나온 정보를 허락 없이 집단에 가져온다는 것은 개인의 비밀 보장을 어기는 것으로 치료자 입장에서는 윤리적 위반이 될 수 있다. 이런 문제는 두 치료자가 집단을 이끌고 있고 내담자가 그중 한 치료자와 개인치료를 하고 있을 때 좀 더 복잡해진다. 대부분 윤리적 문제는 내담자의 자율성과 치료자의 권력과 특권과 관련해 일어난 역동에서 나온다.[18] 상황이 어떠하든 의사소통, 경계 그리고 비밀 보장에 대한 사전 동의는 9장에서 말한 바와 같이 연합치료에서는 필수다.[19]

집단치료와 12단계 집단의 병행

집단에서 치료받는 내담자들이 12단계 집단이나 상호 지지집단에도 참가하는 병행치료 형태가 증가하고 있다. 역사적으로는 이 두 모델의 지지자 사이에 상대방을 경쟁자로 보며 반감을 가져 왔다.[20] 다행히 지금은 이 접근이 서로를 보완한다는 화해와 인식이 확산되고 있다. 막대한 경제적 부담과 심리사회적 영역에서 약물 사용 장애는 2,000만 명의 개인에게 직접적으로 그리고 간접적으로 셀 수 없이 더 많은 영향을 준다. 다른 심리적 문제와 높은 중복, 재발하는 병의 특성, 그리고 사회적 맥락에서 볼 때 중독은 집단치료와 특별히 관련된다.[21]

물질을 남용하는 개인은 그들이 앓는 병의 매 단계에서 일반적으로 상당한 대인관계 장애를 경험한다. 첫째, 그들은 성향적으로 대인관계 어려움을 가지고 있으며 이 감정적인 고통을 물질 남용으로 완화하려고 한다. 둘째, 그들은 물질 남용 자체로 대인관계 어려움을 갖는다. 셋째, 그들은 대인관계에 어려움을 겪기 때문에 맑은 정신을 유지하기가 힘들다. 집단치료가 대처 기술을 익히고 금주를 유지하며 재발에 탄력성을 갖도록 그들을 도움으로써 알코올 중독자 회복에 중요한 역할을 할 수 있다는 좋은 근거들이 있다.[22] 새 지지망을 구축하고 대인관계 학습을 하면서 종종 회복에 필수적인 요소가 된다.[23]

또한 12단계 집단이 내담자에게 효과적이고 귀중하다는 강력한 근거들이 있다.[24] (마약 중독, 도박, 성 중독, 폭식증과 같은 증상을 위한 다양한 100여 개 집단이 있지만 Alcoholics Anonymous가 가장 널리 알려진 12단계 집단이다.)[25)] 세계적으로 수백만 명의 AA 단원이 11만 5,000개 집단에 매주 참석하면서 동시에 집단정신치료에 참가할 것이라는 점이 분명하다.[25]

집단치료와 AA는 어떤 오해와 장애만 제거된다면 서로 보완적일 수 있다. 첫째, 집단지도자들에게 12단계 집단 작업 기제에 대한 정보가 있어야 하고, 중독과 투쟁하는 사람들에게 대단한 지지를 주고 있다는 사실과 함께 12단계 프로그램에 내재한 지혜를 알아야 한다. 둘째, 이 모델들이 여러 가지 공통된 양상이 있다는 점을 아는 것이 도움이 된다. 즉, 12단계 집단에서는 연대와 소속에 관한 익숙한 집단 원칙을 사용하고, 역할모델을 쓰며, 회원들이 새로운 보람 있는 관계를 맺고 개인적 효능감을 얻는 것을 중요하게 여긴다.[26] 셋째, 집단치료자와 AA 단원 그리고 유사한 집단에 대한 오해를 벗어야 하는데, 이 오해들은 다음과 같다.

1. 12단계 집단은 정신치료나 약물치료를 반대한다.
2. 12단계 집단은 상위의 권력에 자신을 맡김으로써 개인적 책임을 포기하게 한다.
3. 12단계 집단은 강한 정동 표현을 격려하지 않는다.

---

25) 새로운 비12단계 동료 지지집단이 SMART Recovery와 Women for Sobriety 모델 같은 사회학습접근을 사용해 개발되고 있다.

4. 주류 집단치료는 영성을 소홀히 한다.
5. 주류 집단치료는 12단계 집단 없이도 충분히 효과적이다.
6. 주류 집단치료는 12단계 회원 간의 관계와 후원자 및 후원받는 사람의 관계가 퇴행적이라고 본다.[27]

12단계 모임은 다 같지 않고 집단마다 다르기 때문에 12단계 모임에 대해 일괄적으로 말하기는 어렵다는 점을 명심하라. 그러나 일반적으로 AA 접근과 집단치료 접근에는 두 가지 치료 핵심에서 중요한 차이가 있다.

AA의 12단계는 술에서 벗어나려면 중요한 요인이 '우리 자신보다 더 높은 힘'에 의존해야 한다는 개념에 기초한다. '더 높은 힘'의 개념은 회원 각자에게 달렸고, 분명 세속적이고 인간적인 12단계 모임은 전통적이고 보수적인 집단으로 성장하고 있다. AA는 『AA Big Book』에서 더 높은 힘을 '신'으로 분명히 정의하고, 회원들이 신과 맺는 관계에 중점을 두어 '신'의 의지에 항복하고 신과의 관계에서 자신을 이해하는 데 큰 신뢰를 둔다.[28] 그러나 동시에 AA에서 사람들에게 변화를 가져오는 기본적인 부분은 사회적 네트워크와 친교, 그리고 술에서 깨어 있는 모델들, 개인적 자기 효능감의 지지를 제공하는 것이다.[29] 이 기제들은 대인관계 집단치료와 모두 양립한다.

집단치료에서는 집단원과 집단원의 상호작용, 특히 지금-여기에서의 상호작용을 격려한다. 이것이 집단의 생명력이다. 반대로 AA는 모임에서 '교차대화crosstalk', 즉 단원 간의 직접적인 상호작용을 특별히 금지한다. '교차대화'는 직접적인 질문, 제안, 충고, 피드백, 혹은 비판일 수 있다. (이 또한 일반화다. 그러나 찾아보면 상당히 상호작용하는 AA 집단을 발견할 수 있다. 특히 모임의 전후에) 어쨌든 '교차대화' 금지는 객관적인 모임이 되게 한다. AA 단원들은 판단과 비난이 없다는 사실이 단원들을 자유롭게 해 깊은 수준의 자기개방을 하게끔 만든다고 말한다. 지금-여기 상호작용을 진행시키고 조정해 줄 지정된 훈련받은 집단지도자가 없기 때문에 AA가 서로의 상호작용을 피하기로 한 것은 현명하고 도움이 된다고 본다.

AA 단원을 치료 집단에 소개하는 집단지도자는 그들에게는 집단의 피드백이 익숙하지 않은 개념이라는 사실을 명심해야 한다. 그리고 AA 모델과 치료 집단 모델이 지금-여기의 사용에 차이가 있음을 설명하면서 집단 시작 전 준비 만남에서 특별히 시간을 들여 배려해야 한다. 나는 집단지도자들이 AA 모임에 참석해 12단계에 익숙해지기를 추천한다. 12단계에 대한 존중을 보여 주고, 집단치료의 맥락에서도 12단계 대부분이 의미 있으며, 제대로 따라간다면 치료적 변화 작업에 도움이 되리라는 것을 내담자에게 전달하라.

〈표 13.1〉은 12단계를 보여 주고 관련된 집단치료의 주제를 제안한다. 12단계를 재해석한 것은 아니지만, 12단계에 들어 있는 아이디어를 대인관계 집단과 관련된 개념으로 유사하게 정리했다. 이러한 윤곽으로 집단지도자는 두 접근을 포함하는 공통언어를 손쉽게 사용하고, 치료와 회복 과정이 상호 촉진적이라는 아이디어를 강화한다.[30]

〈표 13.1〉 12단계와 대인관계 집단의 비교

12단계	대인관계 집단정신치료
1. 우리는 알코올에 무기력하고, 우리 삶은 통제할 수 없는 상태가 되었음을 인정한다.	과장과 역의존성을 포기하라. 집단의 과정과 힘을 신뢰하는 과정을 시작하라.
2. 우리보다 더 큰 힘(Power)이 우리를 제정신으로 회복시킬 수 있다고 믿는다.	관계와 인간 연결을 통해 자기를 고쳐라. 물질 의존을 대신해 '더 큰 힘(Higher Power)'을 위로, 양육, 희망의 근원으로 다시 구성하라.
3. 우리의 의지와 삶을 우리가 이해한 신(God)의 사랑에 맡기기로 결심한다.	치료 과정과 동료 집단원들의 좋은 뜻에 대한 신뢰로 도약하라.
4. 엄중하고 두려움 없이 우리의 도덕적 품목을 만든다.	자기발견. 내면을 들여다보고 가능한 한 자신에 대해 많이 알라.
5. 신과 우리 자신, 다른 사람들에게 우리 잘못의 정확한 본질을 인정한다.	자기개방. 당신의 내적 세계, 꿈과 희망, 수치와 죄책감의 경험을 다른 사람과 나누라.
6. 신이 인격의 모든 결함을 없애 주시도록 전적으로 준비된다.	치료 중 지금-여기에서 탐색하고 명백히 하라. 모든 파괴적인 대인관계 행동이 재발을 일으킨다. 집단의 과업은 집단원으로 하여금 그들 안에 있는 자원을 발견하고 행동하도록 돕는 것이다.
7. 신이 우리의 잘못을 없애 주시기를 겸손하게 간구한다.	관계 만족을 방해하는 대인관계 감정과 행동을 알려라. 새로운 행동으로 실험하며 이 감정과 행동을 수정하라. 대인관계의 레퍼토리를 확장하기 위해 피드백을 요청하고 수용하라. 집단이 이 문제를 작업할 기회를 제공하지만, 이 작업을 하는 것은 당신의 책임이다.

(계속)

8. 우리가 상처를 준 사람들의 목록을 만들고 그들 모두에게 기꺼이 보상한다.	당신이 책임져야 할 대인관계의 상처를 확인하라. 다른 사람의 감정에 공감력을 길러라. 당신의 행동이 다른 사람에게 주는 영향을 알고 상처를 치유하라.
9. 그들이나 다른 이들에게 상처가 되지 않는 한 가능할 때마다 그들에게 직접적으로 보상한다.	집단을 인식과 치유의 관계를 검증하는 장으로 사용하라. 당신이 어떤 방법으로든 방해하고 감정을 상하게 한 다른 집단원에게 보상하면서 9단계 작업을 시작하라.
10. 개인적인 품목을 계속 만들고 우리가 잘못했을 때 즉각적으로 그것을 인정한다.	자기반추, 책임을 지는 과정을 내면화하라. 이러한 속성이 치료 집단과 치료 집단 밖의 생활에서 자연스러운 방식이 되게 하라.
11. 기도와 명상을 통해 우리를 위한 신의 뜻을 알고, 그것을 실행할 힘을 주시도록 기도하면서 우리가 알고 있는 신과 의식적인 만남을 가진다.	직접적인 정신치료의 초점은 아니지만 치료 집단은 마음을 가라앉히는 명상과 영성적 탐색을 지지할 수 있다.
12. 이 단계들을 거치면서 영성적 깨우침을 얻고, 이 메시지를 다른 중독자들에게 전달하려고 노력하며, 모든 우리의 일상생활에서 이 원칙들을 실천한다.	동료 집단원부터 시작해 다른 사람에게 능동적으로 관심을 가지라. 이 세상에서 이타적인 존재가 된다는 것은 당신의 사랑과 당신 자신에 대한 존경을 높이는 일이다.

출처: Matano와 Yalom으로부터의 착안. "약물의존에 대한 접근: 약물의존과 상호작용 집단치료의 통합" *International Journal of Group Psychotherapy* 41(1991): 269–93. "AA의 12단계", Alcohol.org, www.alcohol.org/alcoholics-anonymous.

공동 치료

어떤 치료자들은 단독으로 집단과 작업하는 것을 선택하지만, 많은 치료자가 공동 치료자와 일하는 것을 선호한다.[31] 사실 얼마 되지 않는 연구로 공동 치료의 임상적 효과를 평가하기에는 제한적이다. 공동 치료가 여러 가지 복잡성을 갖고 있는 것은 사실이지만, 훌륭한 공동 치료 팀이 지도하는 집단에서는 응집성이 떨어지지 않는다. 공동 치료자와 단일 치료자의 일대일 비교에서는 공동 치료자가 이끄는 청소년 치료 집단에서 추가적으로 의미 있는 임상적 효과가 있다고 보고했다.[32] 나의 임상 경험에 따르면 공동 치료자

접근은 잠재적인 위험성뿐 아니라 특별한 장점도 있다.

우선 치료자와 내담자의 입장에서 장점부터 살펴보자. 공동 치료자들은 서로 보완하고 지지한다. 함께 일할 때 인지할 수 있는 범위와 관찰할 수 있는 범위가 더 넓어진다. 즉, 두 사람의 관점이 더 많은 예감과 책략을 가능하게 한다. 예를 들어, 한 치료자가 한 집단원과 집중적으로 작업할 때, 공동 치료자는 나머지 집단원들의 상호작용에 대한 반응을 좀 더 의식하며 상호작용과 탐색 범위를 넓히는 더 좋은 입장이 될 수 있다. 한 지도자가 공감과 정신화 능력이 부족할 때 다른 지도자가 집단을 위해 필요한 중심을 유지할 수도 있다.[33] 휴가를 택하는 등의 도구적 가치를 평가 절하하지 말라. 그리고 집단은 다른 동료와 계속 만날 수 있다. 나는 40년 동안 매주 수요일 저녁에 정신과 수련의와 함께 집단을 지도했는데 공동 치료가 주는 융통성이 추가되어 매우 소중했다.

내담자들이 각 공동 치료자에게 그리고 공동 치료자들의 관계에 대해 서로 다르게 반응하기 때문에 공동 치료자들은 전이 반응을 촉진시키고 왜곡의 성질을 좀 더 분명하게 한다. 치료자의 강한 역전이 반응이나, 한 내담자와 개인적 동일화가 일어날 때(HIV, 암 또는 트라우마 경험이 있는 집단 등) 공동 치료자의 지지적 기능은 내담자와 치료자 모두에게 특별히 중요하다.[34] 나는 유방암을 앓고 있는 Mary가 참가했던 마지막 집단 모임을 생생하게 기억한다. Mary는 자신이 죽는다는 것을 알았고 그녀의 가족과 집단에 대한 감사, 그녀 삶에서 가치를 두었던 것 등에 관해 말했다. 그 당시 우리 어머니가 암으로 매우 아팠는데, 이 때문에 나는 감정적으로 압도되어 치료적 자세를 유지하기 힘들었다. 공동 치료자가 이를 알고 그 모임을 효과적으로 도왔고, 모임이 끝난 후 나에게 보고하며 도움을 주었다.

남녀 공동 치료자 팀이 특별히 유익하다고 많은 임상가가 오랫동안 믿어왔다. 일차적 가족으로서 집단 이미지를 좀 더 강하게 불러일으키고, 집단원 사이에서 두 치료자 간의 관계에 대해 갖가지 환상과 공상이 일어나며, 이를 탐색하는 것은 많은 도움이 된다. 많은 내담자가 남녀가 짝을 이룰 때 연상할 수 있는 파괴적인 경쟁이나 멸시, 착취 또는 성관계 없이 서로 존중하면서 함께 일하는 모델로부터 도움을 받을 것이다. 초기 트라우마와 성적 학대를 받은 희생자들에게 남성-여성 공동 치료자 팀은 불신, 권력 남용, 무력감 문제를 다룰 기회를 제공한다. 남성은 주도적이고 여성은 복종적인 문화에서 자란 내담자들은 강하고 능력 있는 여성과 부드럽고 능력 있는 남성으로 구성된 공동 치료 팀이 특별히 촉진적이라는 경험을 한다.[35] 또한 사회에서 성역할이 빠르게 변하고 있는 만큼 남성과 여성의 고정관념이 점점 의미가 없어지고 있다는 사실을 주시해야 한다. 기능을 잘하는 공동 치료 팀에서는 역할이 경직되지 않고 유연하다.

초심자 치료자들이 이끄는 치료 집단 200여 개를 관찰한 결과, 공동 치료자 양식이 초심자들에게 특별히 유익하다고 생각한다. 많은 학생이 공동 치료자 경험을 가장 효과적인 학습 경험 중 하나로 여긴다. 훈련 교과 중 어디서 두 명의 치료자가 치료 경험과 수련감독 경험을 동시에 할 기회를 얻을 수 있겠는가?[36] 우선 공동 치료자가 있다는 사실은 초심자의 초기 불안을 감소시키고, 모임에 대해 이해하려고 노력하는 과정에서 좀 더 객관성을 가지게 한다. 모임 후 토론 과정에서 공동 치료자들은 서로의 행동에 대해 귀중한 피드백을 줄 수 있다. 이와 유사하게, 공동 치료자들은 다양한 집단원에 대한 동일시와 역전이를 해결하는 데 있어 서로에게 도움을 줄 수 있다.

강력한 집단의 압력 속에서 초보 치료자가 객관성을 유지하는 것은 특히 어려운 일이다. 초보 치료자가 해야 하는 좀 더 불쾌하고 어려운 일 중 하나는 자신에 대한 집단 공격을 참고 견디며 이를 집단이 건설적으로 사용하도록 도와주는 일이다. 총을 겨냥하고 있을 때 당신은 너무 무서워서 그 공격을 명료화시키지 못하거나, 방어적이지 않고 자기를 낮추지도 않으면서 좀 더 공격하도록 격려해 주지 못할지도 모른다. 비난 세례를 받는 사람이 "당신들이 나를 공격하다니 대단하군요, 계속해 보세요"라고 말하는 것보다 더 억압적인 것은 없다. 이럴 때 공동 치료자가 귀중하다는 것이 증명된다. 그는 집단원이 다른 치료자에게 계속 분노를 표현하도록 도와줄 수 있고, 궁극적으로 그 분노의 의미와 근원을 검토할 수 있다.

공동 치료자들이 집단 모임에서 불일치를 공개적으로 표현해야 하느냐는 논쟁거리다. 나는 일반적으로 공동 치료자가 처음 몇 회기 동안은 불일치를 보이는 것이 집단에 도움이 되지 않는다고 생각한다. 집단은 아직 불안정하고, 그러한 지도력의 분열을 참아내기에는 응집력이 충분하지 않다. 그러나 나중에는 치료자들의 의견 차이를 보이는 것이 치료에 크게 도움이 될 수도 있다. 나는 한 연구에서 장기 집단치료를 끝마친 내담자 20명에게 집단 과정 중 치료자들끼리 의견이 다를 때 집단과 자신의 치료에 미치는 영향에 대해 질문했다.[37] 내담자들은 만장일치로 도움이 되었다고 대답했다. 어떤 내담자들에게는 모델이 되는 경험이었다. 즉, 그들은 존경하는 사람들이 공개적으로 이견을 갖고 그들의 차이점을 위엄과 기술로 해결해 나가는 것을 관찰했다.

다음의 임상 사례를 보자.

집단 모임에서 공동 지도자인 수련의가 왜 내가 남성 내담자인 Rob이 비판적인 피드백을 받을 때마다 그를 보호하기 위해 그렇게 빨리 뛰어드는지 질문했다. 그 질문 덕분에 나는 내가 방심하고 있었다는 것을 포착했다. 나는 그녀가 나에게 말하기 전까지 알지 못했다고 대답했다. 그런 후 집단의 다른 사람들에게 피드백을 요청했고, 그들은 수련의의 관찰에 동의했다. 곧 내가 Rob을 지나치게 보호적인 태도로 대한다는 사실이 분명해졌고, 나는 Rob이 그의 분노와 폭발을 통제할 수 있게 되었지만 아직 약하다고 느껴서 그가 자신의 성공을 부정하거나 지나치게 반응하지 않도록 보호해야 한다고 느꼈다고 말했다. Rob은 나와 공동 치료자에게 솔직하게 말해 준 것에 감사했고, 과거에는 특별한 배려가 필요했을지 모르지만 이제는 필요하지 않다고 덧붙였다.

이런 방식으로 치료자들은 자신의 불완전함에도 불구하고 내담자들을 순수하게 도우려는 인간으로서 경험된다. 그러한 인간화 과정은 비합리적인 고정관념에서 벗어나게 해 주고, 내담자들이 역할보다는 개인적 속성에 따라 사람을 분별하는 것을 배우게 해 준다. 집단원들이 권력, 지위, 인종 또는 특권 같은 문제를 다룰 때 그들은 이 문제들을 공동 치료자의 관계에 투사할 수 있고, 두 치료자 사이에 긴장과 경쟁을 불러일으킬 수도 있다. 협동적인 두 치료자가 집단에서 존중하며 투명하게 토론할 때 매우 건설적이 된다. 하지만 불행히도 공동 치료자들 자신은 훌륭한 역할 모델이 주는 이점을 거의 이용하지 않는다. 치료 집단에서의 대화 양식에 관한 연구에서는 치료자 간 언급이 거의 나타나지 않았다.[38]

어떤 내담자들은 공동 치료자들이 의견 대립을 보일 때 어린 시절에 경험한 부모의 갈등이 메아리치듯이 떠올라 불편함을 느끼게 된다. 하지만 이런 것은 집단의 정직성과 잠재력을 강화한다. 여기서 치료자의 투명성 원칙이 결정적으로 중요하다. 치료자가 개방할 때 그 의도가 치료적임을 확신하고 치료자들의 말이 같은 의도로 영향을 준다는 것을 확인해야 한다. 두 치료자가 개인으로서 서로 분화할 때 황폐한 집단이 생명력을 갖게 되는 것을 나는 여러 번 관찰했다.

공동 치료의 단점은 공동 치료 관계에서 일어나는 문제에서 온다. 공동 치료자가 하기에 따라 집단도 따라가는 점은 훈련 장면 밖에서의 공동 치료 사용에 대한 주요 비판 중 하나다.[39] 이미 대인관계적으로 복잡하고 전문적 자원이 부족한 환경에서 왜 또 다른 관계를 추가하는가?[40]

그러므로 공동 치료자들이 서로 편안하고 스스럼없이 느끼는 것이 매우 중요하다. 그들은 서로의 강점에 편승할 줄 알아야 한다. 예를 들어, 한 치료자는 양육적이고 지지적인 반면, 다른 치료자는 분노를 참고 직면시키는 일을 더 잘할 수 있다. 만약 공동 치료자들이 경쟁적이고 각자가 상대방이 시작한 탐색 방향을 지지하기보다 자기 자신의 번쩍이는 해석을 하려 든다면 집단은 혼란스럽고 불안정해진다. 치료자들은 같은 전문용어를 쓰는 것이 중요하다. 공동 치료자 팀 42개를 대상으로 조사한 결과, 공동 치료에서 가장 공통되는 불만의 근원은 이론적 배경이 다르다는 점이라는 사실이 드러났다.[41]

어떤 훈련 프로그램에서는 초심자 후배 치료자가 선배 치료자와 함께 지도하는 형식을 사용하는데, 이 방식은 문제를 내포하고 있지만 또한 많은 것을 제공한다. 이때 선배 치료자는 모델링을 통해 또는 독려함으로써 가르치고, 후배 치료자는 순종적이고 비주장적인 태도와 파괴적 경쟁을 피하면서 자신의 독자성을 배워야 한다. 더 중요한 것은 그들 자신을 위해서뿐만 아니라 집단원의 모델로서 그들의 동등한 치료자 관계를 검토할 마음이 있어야 한다는 점이다. 공동 치료자의 사회적 성, 문화, 연령, 경험의 차이가 다루어져야 한다. 시간이 지나며 두 치료자는 고정관념이나 집단원의 투사로 위축되지 말고 지도적 역량을 충분히 발휘해야 한다. 지배자와 복종자 역할을 구축하는 공동 치료팀은 불행하게도 집단에게 복종 자세가 수용된다는 것을 보여 주는 모델이 된다.[42]

공동 치료를 했던 초기 경험이 기억난다. 나의 훈련 중 Dr. Yalom이 혼자 지도하던 집단치료자를 위한 집단에 나[ML]를 공동 치료자로 초대했다. 경험이 많은 집단지도자들의 집단에 들어간다는 사실에 나는 정신이 아찔했다. 종종 집단원은 그들의 학생에게 사용한 본 저서의 최신판을 모임에 가져왔다.

그 집단 내담자들은 엄청나게 조심스러워했고, Dr. Yalom에게 경의를 표했으며, 서로 도전하거나 그들이 느끼는 경쟁을 말하길 두려워했다. 우리가 원하는 것은 공동 지도자 모델로 바꾸어 이 집단을 움직이게 하고, 말하지 않는 긴장을 푸는 것이었다. 내가 들어간 후 초기 몇 회기 동안은 내가 던진 몇 마디 말이 숨막히게 조용한 집단 안에서 바람 빠진 풍선처럼 가라앉았다. 결국 나는 좀 격앙된 채로 집단원들이 위험 부담을 두려워하고 '시들어 버린(wizened) 집단지도자'에게 모든 것을 떠넘기고 있다고 말했다.

이 말은 집단을 어느 정도 열게 하는 데 좀 도움이 된 것 같았다. 나중에 집단 후 토론에서 Dr.

Yolom이 그에 대해 경쟁적인 느낌을 갖고 있다는 사실을 알고 있는지 나에게 물었다. 그러면서 내가 '시들어 버린(wizened) 집단지도자'가 아니고 '현명한(wise) 집단지도자'라고 말하려고 한 줄 알았다고 장난스럽게 덧붙였다. 무의식에 거짓말을 할 수 없지만, 이 경우에는 내 말실수가 좋은 효과를 발휘했다.

공동 지도자의 선택은 가볍게 다루어서는 안 된다. 나는 많은 정신치료자가 공동 치료자를 선택하는 것을 보았으며, 이러한 집단 진행을 감독할 기회가 있었다. 나는 올바른 선택이 집단의 궁극적인 성공과 실패를 크게 좌우한다고 믿는다. 공동 치료자들이 서로 불편하고, 폐쇄적이며, 경쟁적이고 혹은 스타일과 책략에 있어 의견이 다르면(그리고 이러한 의견 차이가 수련감독에서 해결되지 않는다면), 이들의 집단은 효과적으로 작업하는 집단으로 발전할 수 있을 것 같지 않다.[43] 적대적이고 서로 신뢰하지 못하는 공동 치료자가 지도하는 집단은 집단지도자가 견뎌야 하는 가장 좋지 않은 전문적 경험 중 하나다.

기질이나 타고난 리듬이 사람마다 다르다는 것은 분명하다. 이러한 차이가 공동 치료자의 역할과 기능을 제한하는 방법으로 고착화되는 것은 피할 수 없는 문제다. 그러나 이러한 점이 때로 집단의 피드백이 빛을 비출 수 있다. 배우자를 학대하는 남성 집단에서 왜 남성 치료자가 집단치료비를 받고 여성 치료자가 집단 후 '정리 정돈'을 하는지 질문할 때처럼 중요한 작업으로 들어갈 수 있다.

자문치료자나 수련감독자들이 만족스럽게 진행되지 않는 집단을 도와 달라는 부탁을 받을 때는 공동 치료자 간의 관계에 주의를 기울임으로써 큰 도움을 줄 수 있다(이는 16장에서 자세히 다루겠다). 초보 집단지도자에 관한 한 연구에서 실망스러운 임상 경험을 보고한 훈련자들이 공통으로 꼽은 요인은 공동 치료의 긴장감을 다루지 않고 해결하지 않은 점이었다.[44] 좌절하고 사기가 떨어진 한 공동 치료자는 자신의 건방지고 무능한 공동 치료자가 훈련 프로그램을 떠난 직후 수련감독 중에 의미가 매우 명확한 꿈을 꾸었다고 보고했다. 꿈에서 그녀는 팀의 골대를 지키는 하키 골키퍼였는데 같은 팀 선수 중 한 명이(누구일까?) 그녀를 겨냥해 계속 퍽puck을 날렸다.

공동 치료자를 마구잡이로 선택해서는 안 된다. 잘 알지 못하는 사람이나 좋아하지 않는 사람과 집단을 공동 지도하지 말라. 일에 대한 압력 때문에, 거절하지 못하기 때문에 선택하지 말라. 이는 너무나 중요하고 너무나 결속되는 관계다. 훌륭한 수련감독을 받아 혼자 집단을 이끄는 것이, 서로 맞지 않는 공동 치료자와의 관계 속에 갇히는 것보다 훨씬 낫다. 가깝지만 당신과는 다르다고 생각되는 공동 치료자를 선택하는 것이 좋다. 그러한 보완은 집단경험을 풍요롭게 한다.

남편과 아내가 부부 집단을 공동 지도하기도 한다. 그렇지만 전통적인 장기 집단의 공동 지도력은 특별히 성숙하고 안정된 결혼 관계를 요구한다. 새로 형성된 로맨틱한 관계에 있는 사람끼리는 집단을 함께 지도하지 말라고 충고하고 싶다. 그 관계가 안정되고 영구적으로 발전할 때까지 기다리는 것이 좋다. 과거에 사랑하는 사이였지만 지금은 헤어진 관계에서 공동 치료 팀을 형성하는 것도 좋지 않다.

성격적으로 사랑하는 감정과 미워하는 감정을 통합하지 못하는 내담자들은 치료자들에게 감정을 투사해 공동 치료 팀을 '분리splitting'해 버릴 수도 있다. 한 공동 치료자는 분리의 긍정적 부분으로 초점이 맞추어져 이상화하는 반면, 다른 치료자는 미운 감정에 초점을 두어 공격하거나 피해 버린다. 이것이 탐색되고 작업되지 않으면 내담자에게는 치료 실패가 되고 공동 치료는 금이 간다.

어떤 집단은 공동 치료자 각자가 특별한 관계를 갖는 내담자들과 팀을 이루어 두 패로 갈라진다. 때로 이 분리는 집단이 생기기 전에 과거 개인치료나 자문으로 이미 치료자와 환자 간에 존재하던 관계에서 시작되기도 한다(이런 이유로 나는 두 치료자가 함께 집단 전 선발 면담에서 내담자를 동시에 만나는 것이 좋다고 충고하고 싶다. 처음에 자기를 면담한 치료자와 계속해서 집단 과정 내내 특별한 연대감을 느끼는 내담자들을 자주 보았기 때문이다). 다른 내담자들은 치료자의 성격적 특징 때문에, 또는 더 지적이고 선배이며 성적으로 더 매력 있고 인종적으로나 개인적으로 자신과 더 비슷하기 때문에 한 치료자와 연합하기도 한다. 어떤 이유든 하위집단 형성 과정은 주시되어야 하며 공개적으로 논의되어야 한다.

공동 치료 집단을 이끌기 위한 주요 요소는 토론 시간이다. 공동 치료자끼리 서로 대화하고 관계를 돌볼 시간이 반드시 따로 마련되어야 한다.[45] 최소한 각 모임 시작 몇 분 전에 먼저 만나 지난 모임에 관해 말하고 오늘 모임에서 논의될 가능성이 있는 안건에 대해 대화하거나, 모임 이후 15~20분 정도 시간을 내어 요약하고 각자의 행동에 대해 의견을 나누어야 한다. 만일 집단이 감독받고 있다면, 감독자와 만나는 시간에는 두 명이 모두 참석해야 한다. 환자로 붐비는 병원에서는 효율성과 경제성이란 명목하에 공동 치료자 사이에 대화할 시간을 안배하지 못하는 심각한 실수가 벌어지고 있다. 집단 안에서 집중적이고 친밀한 관계를 경험하기 때문에 깊고 오래 지속되는 우정이 두 치료자 사이에 발전될 수 있다.

꿈

집단원들이 치료에서 제시하는 꿈의 횟수나 유형은 꿈에 대한 치료자의 관심에 따라 크게 달라진다. 내담자들이 제시하는 첫 번째 꿈에 대한 치료자의 반응이 이후에 제시할 꿈을 선택하는 데 영향을 줄 것이다. 분석적인 개인치료에서처럼 집중적이고 세밀하게 개인적인 꿈을 탐색하는 것은 집단치료에서는 거의 불가능하다. 일주일에 한 번 만나는 집단에서 그렇게 하려면 한 내담자에게 불균형적으로 시간을 써야 한다. 더군다나 그 과정은 구경꾼이 되어 버린 나머지 집단원에게 거의 도움이 되지 않는다.

그렇다면 집단치료에서 꿈은 어떻게 유용한 역할을 할 수 있는가? 보통 치료자들은 꿈이 표현된(의식적) 내용과 잠재된(무의식적) 내용으로 이루어진다고 생각한다. 나는 그에 더해 꿈이 심리 내적 차원과 대인관계 차원을 모두 가지고 있다고 생각하기를 제안한다. 꿈은 내담자의 심리 내적 창조물이지만 내담자가 그것을 집단에서 나누면 그 꿈은 대인관계 행동으로 변형된다.[46]

역동적 개인치료에서 치료자들은 보통 많은 꿈을 접하게 된다. 그들은 모든 꿈을 완전히 분석하지는 않고, 현재 치료 국면과 관계되는 듯한 꿈만 골라서 다룬다. 치료자들은 어떤 꿈은 무시하고 다른 꿈은 집중적으로 연상시키기도 한다. 예를 들어, 남편과 사별한 내담자가 죽은 남편에 대해 몹시 분노하는 꿈과 성역할 정체성의 혼란과 관계된 심하게 감추어진 상징에 대한 꿈을 함께 가져온다면, 일반적으로 치료자는 첫 번 꿈의 주제를 선택해 다루고 두 번째 꿈은 나중에 다룰 것이다. 더욱이 그 과정은 자기강화적이다. 치료에 깊이 빠진 내담자들이 고분고분하게 꿈을 꾸거나 꿈을 기억한다는 것은 잘 알려져 있다. 다시 말하면 내담자들은 현재 치료 취지와 연결되고 치료자의 이론적 체제를 강화하는 꿈을 생산해 낸다(Freud는 이것을 '붙어 다니는tag-along' 꿈이라고 불렀다).

어떤 꿈들을 탐색할 때 집단치료 작업이 가속된다. 가장 중요한 것은 집단 꿈인데, 이는 집단 전체가 포함되는 꿈이나 집단의 한두 집단원과 관련된 꿈을 꾼 사람의 감정을 반영하는 꿈을 말한다. 이런 유형의 꿈은 꿈을 꾼 집단원뿐 아니라 다른 집단원들도 의식하지 못했던 염려를 명백하게 설명해 줄 수 있다. 어떤 꿈은 집단원들이 의식하고 있지만 여러 가지 이유로 집단에서 토론하기를 원하지 않는 자료들을 위장된 형태로 소개할 수도 있다. 그러므로 종종 집단원에게 꿈에 관해 말하고 연상하게 하거나 그들에게 미치는 영향에 관해 토론하게 하는 것은 생산적이다. 꿈이 공개되는 맥락을 탐색해 보는 것도 중요하다. 왜 이 시점에서 그 꿈을 꾸고 공개하는가? 이 꿈의 탐색이 꿈을 꾼 사람과 집단원의 깊은 이해를 어떻게 가져왔는가?[47]

집단에 새 집단원 두 명이 들어오기 직전, 한 모임에서 자신에게 몰두하는 Jeff라는 남성이 그의 꿈을 처음 집단에 보고했다. 그가 집단에 참여한 지 몇 달 만의 일이다. "새로 산 BMW를 광내고 있었어요. 그런데 자동차 내부를 깨끗하게 청소하자마자 광대 같은 옷을 입은 7명이 나타나서 자동차에 탔어요. 그러고는 차 안에서 온갖 음식물을 꺼내 먹으며 난장판을 만들었어요. 나는 속이 부글부글 끓는 생태로 가만히 쳐다보고만 있었어요."

그와 집단원들은 Jeff의 오래된 주제인 완전주의 추구에 대한 좌절과 세상에 완전한 이미지를 보여야 하는 욕구를 가지고 꿈에 대한 연상을 시작했다. "왜 지금 이 꿈인가?"라는 지도자의 질문에 점점 더 의미 있는 통찰로 이어졌다. Jeff는 지난 몇 달간 완전하지 못한 자신의 내적 세계를 집단에 드러냈다. 아마도 이 꿈은 다음 주에 새로 오는 집단원들이 자신의 내부를 제대로 배려하지 못할 것이라는 공포를 반영하는 것 같다고 Jeff는 말했다. 그만 이렇게 불안해하는 것은 아니었다. 다른 집단원들도 새 집단원들이 집단을 망칠까 봐 걱정하고 있었다.

다른 집단의 20번째 모임에서 Sally가 이런 꿈을 제시했다.

여동생과 함께 걷고 있는데, 걷는 동안 동생이 점점 작아져서 결국 내가 안아야 했다. 우리가 집단의 방에 도착했을 때, 집단원들은 둘러앉아 차를 마시고 있었다. 나는 집단에 여동생을 보여주었는데, 그사이 동생이 너무 작아져서 가방 안에 들어가 있었다. 나는 가방을 열었지만 남아 있는 것은 작은 청동 머리뿐이었다.

이 꿈의 탐색은 내담자가 전에 가졌던 여러 가지 무의식적 염려를 명료화해 주었다. 꿈을 꾼 내담자는 특별히 외로움을 느꼈고 집단에 즉시 깊게 참여했다. 사실 집단이 그녀에게 유일하고도 중요한 사회적 접촉이었다. 그러나 동시에 집단이 그녀에게 너무나 중요해질까 봐 두려웠다. 그녀는 집단의 기대에 맞추어 자신을 급히 수정했고, 그러는 중에 자신의 욕구와 정체를 잃게 되었다. 급히 줄어드는 여동생은 좀 더 유아적이고 미분화되어있으며, 결국에는 집단의 인정을 미친 듯 추구하느라 자신을 버리고 무생물이 되어 버린 그녀 자신을 상징화한 것이다. 아마도 집단이 '차를 마시는' 이미지에는 내담자의 분노가 담겨 있었을 것이다. 집단이 그녀를 정말 염려하는가? 그 생명력 없는 초라한 작은 청동 머리가 진짜 집단이 원하는 것인가? 이 꿈은 내담자 자신의 느낌을 반영한 것으로, 꿈은 암호를 공격적으로 깨야 하는 비밀 메시지가 아니라 자신에 대한 표현으로서 대단한 배려와 존경으로 다루어져야 한다.[48] 꿈은 내담자가 집단과 치료자에게 준 선물로 여기고, 다른 집단원들이 감정적 반응에 주의 깊게 관심 가져야 한다.

다음의 꿈은 집단치료자가 집단 작업을 증진시키려고 어떻게 선택적으로 초점을 맞추는지 보여 준다.

> 남편이 우리가 운영하는 식료품점 밖으로 나를 내몰았다. 나는 물건들이 상해 버릴까 봐 걱정했다. 남편은 다른 상점에 직장을 구했는데, 그는 거기서 쓰레기 치우기에 바빴다. 바보짓을 하고 있다는 것이 분명한데도 그는 웃으며 이 일을 즐겼다. 나에게 윙크하는 젊고 멋진 사무원이 있었고 우리는 함께 춤을 추러 갔다.

이 집단원은 중년 여성으로 젊은 사람으로 구성된 집단에 소개되었다. 그녀 개인의 역동에서 보면 이 꿈은 매우 의미 있는 것이었다. 남편은 그녀에게 소원하고 일에 열중하는 사람으로, 그의 삶에는 아내가 차지할 자리가 없었다. 그녀는 자기 삶이 유용하게 쓰이지 않고 그냥 지나간다는(썩어 간다는) 느낌이었다. 이전 집단에서 그녀는 자신의 성적 공상을 가리켜 '쓰레기'라고 했다. 그녀는 감정을 터뜨릴 수 없는 남편에게 상당한 분노를 느꼈고 꿈에서 남편을 웃기는 인물로 만들었다.

치료자는 꿈의 부분 부분에 유혹받았지만 자제하고 집단과 관계되는 주제에 초점을 맞추었다. 그녀는 집단에서 배척당할까 봐 많이 걱정했다. 나이도 많고, 매력적이지도 않고, 다른 집단원에게 소외되었다. 따라서 치료자는 '내쫓겼다'라는 주제와 집단에서 특히 남성에게서 좀 더 관심을 받고 싶은 욕망에 초점을 두었다(꿈에서 그녀를 댄스에 데려갔던 사무원과 닮은 사람이 집단원 중에 있었다).

꿈은 종종 표현되지 못하는 집단의 걱정을 드러내거나 집단의 교착 상태를 조명해 준다.[49] 다음의 꿈은 의식되지만 회피된 집단의 자료가 어떻게 꿈을 통해서 집단의 탐색을 받게 되는지 보여 준다.

> 우리 집에는 거울이 있는 방이 나란히 두 개 있다. 나는 옆방에 도둑이 있다고 느꼈다. 커튼을 젖히면 내 물건을 훔치는 검정 마스크를 쓴 사람을 볼 수 있을 것 같았다.

이 꿈은 치료자의 학생들이 일방경을 통해 들여다보고 있는 시간제한 집단의 중간 정도 모임에서 나온 꿈이었다. 첫 모임에서 몇 마디 오가긴 했지만 집단원들은 관찰자들에 대한 자신의 감정을 말하지도 탐색하지도 않았다. 이 꿈을 토론하면서 집단은 치료자가 갖는 집단과 그의 학생 간의 관계에 관해 귀중한 토론을 하게 되었다. 관찰자들이 집단에서 무엇인가 '훔치고' 있었는가? 치료자의 일차적인 동맹은 학생이고 집단원은 단지 그들을 위한 쇼나 전시물에 지나지 않는가?

시청각 기술

시청각 기술의 출현은 집단치료자에게 상당한 관심을 불러일으켰다. 대단한 열광적인 첫 번째 파도가 초기 집단치료 문헌에 반영되었다. 비디오 녹화는 내담자에게 피드백을 전달하는 방법이었다.[50] 내담자의 학습을 최대화하고 직접적인 임상 집단 작업을 보강하는 것이 우리의 계속되는 소망 중 하나가 아닌가? 이 장의 뒷부분에서는 다른 유용한 피드백 기반을 설명하겠다.[51]

최근 들어 시청각 기술의 임상적인 응용에 대한 논문이나 책이 급격히 감소했다. 아마도 효율성 때문으로 보이는데, 시청각 기구의 임상적 사용은 흔히 귀찮고 시간이 많이 걸린다. 그래도 나는 이 기술이 여전히 많은 잠재력을 가지고 있으며, 적어도 집단치료에서 어떻게 사용되어 왔는지 간단히 살펴보는 것이 도움이 된다고 생각한다.

초기에 어떤 임상가는 모든 모임을 녹화하고 회기 중에 재생한다('초점을 맞춘 피드백'). 어떤 치료자들은 보조 치료자를 쓰는데, 보조 치료자의 주요 과제는 집단 모임을 녹화하고 재생할 적절한 부분을 선택하는 일이다. 다른 치료자들은 모임 전체를 녹화하고, 다음 모임에서 그것을 보며 집단원의 반응을 보는 데 전념한다.[52]

어떤 치료자들은 재생을 위한 별도의 모임을 갖고, 녹화된 내용을 대부분 관찰한다. 또 다른 치료자들은 연속관찰serial-viewing 기술을 사용한다. 즉, 매회 비디오 녹화를 하고 각 회기의 대표적인 부분을 발췌해 나중에 집단에 보여 준다.[53] 어떤 치료자들은 단지 회기와 회기 사이에 모임 중 있었던 특정 부분을 다시 생각해 보고자 하는 내담자들을 위해 영상 자료를 언제라도 사용할 수 있는 상태로 준비하기만 한다. 또한 불참한 집단원들이 자신이 빠진 모임을 볼 수 있도록 영상 자료를 준비하기도 한다.

내담자들의 반응은 시기와 절차에 따라 다르다. 재생에 대한 내담자들의 처음 반응은 나중 반응과 다르다. 첫 번째 재생에서 내담자들은 자신의 이미지에 우선적으로 관심을 두고, 자신이 다른 사람들과 상호작용하는 양식이나 집단 과정에는 비교적 관심을 덜 둔다. 나와 다른 치료자의 경험에 따르면 치료 초기에 내담자들은 녹화 영상 시청에 예리한 관심을 보이지만, 일단 집단이 응집력을 갖추고 상호작용이 활발해지면 관심을 두지 않고 오히려 그것을 보는 일에 집단의 시간을 소비하는 데 분개한다.[54] 흔히 집단원이 오랫동안 소중하게 지녔던 자아상self-image이 첫 녹화 영상 재생에서 극단적으로 도전받는다. 드물지 않게 다른 집단원에게서 받은 예전의 피드백을 기억해 내고 수용하기도 한다. 자기관찰은 강력한 경험이다. 자기 스스로 발견하는 정보만큼 더 설득력 있는 정보는 없다.

내가 위기 상황에서 영상 녹화를 아주 유용하게 쓴 경우가 있다. 한번은 한 알코올 중독자가 술에 취한 채 집단에 도착해 집단을 독점하고 모욕하며 거칠게 굴었다. 만취한 그 내담자는 회기의 사건을 간직하고 통합할 능력이 없기 때문에 모임에서 당연히 아무런 도움도 받지 못했다. 그 모임은 녹화되었고, 이 영상은 나중에 그 내담자에게 큰 도움이 되었다. 그는 사람들에게 말은 들었지만 정말로 술이 자신이나 타인에게 얼마나 파괴적인지 알지 못했다.

다른 알코올 중독자 집단에서 한 내담자가 만취한 상태로 도착했고 곧 의식을 잃었다. 그는 소파에 사지를 뻗은 채 누웠고, 집단은 그의 주위에 앉아 여러 가지 행동 방침을 토론했다. 얼마 후 내담자는 해당 모임의 녹화 영상을 보고 깊은 영향을 받았다. 사람들은 그가 자기 파괴적이고, 술로 자기를 죽이고 있다고 말했지만, 그는 영상 속에 비친 마치 시체처럼 나자빠진 자기 모습을 보고 알코올 중독으로 사망한 쌍둥이 형을 떠올렸다.

한편, 자기 행동이 보통이 아니라는 것을 절대로 수용하지 않는 주기적인 조증 내담자가 와해된 상태의 자기 모습을 관찰하는 기회도 있었다.[55] 각각의 경우, 녹화 영상은 치료 과정에서 필수적인 첫 단계인 강력한 자기관찰의 경험을 제공한다.

많은 치료자가 집단에 비디오카메라를 들이대길 꺼린다. 이것이 집단의 자발성을 억압하고, 표면적으로는 아니더라도 집단원들이 이러한 침범에 기분 나빠할 것이라고 느낀다. 내 경험으로는 가장 불편함을 느끼는 사람은 보통 치료자 자신이다. 특히 수련감독 중에 노출되고 수치당하는 두려움이 치료자가 저항하는 첫째 이유인데, 수련감독에서 이 문제가 다루어져야 한다.[56]

녹화한 내용을 다시 보려는 내담자들은 녹화하자는 제안에 긍정적으로 반응한다. 물론 비밀 보장에 대한 염려가 있는 만큼, 이 문제에 대한 확신이 필요하다. 만약 영상을 집단원이 아닌 누군가가(학생, 연구자 또는 훈련감독자 등) 본다면 치료자는 관람 목적과 관람자의 신분을 분명히 밝히고, 모든 집단원으로부터 사용 의도에 대해(임상용, 교육용, 연구용) 서면 허가를 받아야 한다. 내담자들은 녹화 영상의 안전한 저장과 삭제에 대한 결정에 모두 참여해야 한다.

교육용 녹화

동영상 녹화는 모든 형태의 정신치료를 가르치는 데 가치가 있는 것으로 판명되었다. 이를 통해 학생과 수련감독자들은 최소한의 왜곡이나 피훈련자의 방어적인 잘못된 진술을 관찰할 수 있게 되었다.[57] 또한 과거의 훈련지도 방법으로는 놓칠 수 있었던 학생과 내담자 모두의 중요한 비언어적 행동 양상이 연구 대상이 될 수 있었다. 학생-치료자는 자신과 신체언어를 어떻게 표현하는지 관찰할 기회가 많아졌다. 흔히 전통적 수련감독에서 놓치는 것은 학생들의 실수가 아니라 그들이 의식하지 못하고 직관적으로 사용하는 효과적인 개입이다. 회기의 혼란스러운 측면은 어떤 질서가 보일 때까지 여러 번 관찰하는 일이 가능해졌다. 치료의 기본 원칙을 분명하게 설명해 주는 귀중한 강의가 저장되고, 강의 동영상 자료 도서실이 생겼다. 녹화는 임상 실제와 지침서에 근거해 집단을 지도하고 임상적 시도를 할 때 치료자가 정한 모델에서 벗어나지 않도록 도와주며, 정신치료자 훈련을 위한 주요 방법이 되었다.[58]

연구용 녹화

비디오 녹화 및 오디오 녹음의 사용으로 이 분야는 의미 있는 발전을 했다. 연구자들은 이를 통해 임상시험에서 실험된 정신치료가 정당하게 제공됨을 확실히 하고, 연구의 의도를 고수할 수 있었다.[59] 정신치료 임상시험에서 제공된 치료를 조사하고 내담자가 정당한 종류의 치료와 정당한 양의 치료를 받았다는 것을 증명하는 것은 약물치료 임상시험에서만큼이나 중요하다. 약물치료 연구에서는 이러한 목적으로 혈액 함유량 수준을 사용한다. 정신치료 연구에서는 녹화가 이 같은 목적을 위한 유용한 도구다. 정신치료가 여러 장면의 실험에서 여러 치료자가 정당한 방법으로 치료되었다는 것을 보장하는 분명하고 믿을 만한 계획서 없이 정신치료 연구비를 확보하는 것은 거의 불가능하다.

요약문

나는 집단치료를 하면서 내가 지도한 집단의 요약문을 보조 기술로 규칙적으로 사용해 왔다. 각 집단 모임이 끝난 후, 집단 회기를 자세하게 요약해 녹음하고 각 집단원에게 요약한 내용을 보낸다.[60] 요약은 구어체로 편집되어 모임의 흐름, 각 집단원의 기여, 내가 한 기여(내가 말한 것, 말했으면 좋았겠지만 하지 못했던 것, 말했지만 후회되는 것), 그리고 그 모임 후에 떠올랐던 의문이나 직감을 서술한다. 이것을 타이피스트가 받아 치거나 음성인식 프로그램을 통해 텍스트화한 후 다음 날 이메일로 집단원에게 보낸다. 두세 장 정도 받아쓰는 데 대개 20~30분 정도 걸리며, 모임이 끝난 즉시 하는 것이 가장 좋다. 미루면 미룰수록 기록하는 데 시간이 더 걸리고 더 정확하지 못하다. 집단에서 일어난 사건의 순서가 빨리 기억에서 사라진다. 그러나 모임이 끝나고 요약을 끝낼 때까지 전화기도 잠시 멀리하라. 지금까지 나의 학생들, 공동 치료자들, 동료들과 내가 써서 집단원에게 전달한 집단 요약문은 수천 통에 달한다. 이 과정이 치료를 크게 촉진한다고 나는 굳게 믿는다.

하지만 오늘날처럼 경제적으로 압박을 받는 정신치료 현실에서 누가 치료자의 시간 30분과 또 추가되는 행정 업무를 담당하게 할 수 있는가? 그 점에 관해서라면 이 장을 다시 읽어 보길 바란다. 누가 시간을 내어 비디오카메라를 설치하고 집단을 위해 재생할 부분을 선정하는가? 누가 시간을 내어 동료 치료자와 모임 시작 전후에 짧더라도 미리 만나는가? 누가 시간을 내어 집단원들의 개인치료자와 상의하는가? 대답은 곤경에 처한 치료자다. 치료자가 결정을 내려야 하고, 유감스럽지만 현장의 요구를 맞추기 위해 잠재력이 있고 시간이 많이 드는 치료의 보조물로 희생되어야 한다. 치료자들은 엄청난 문서 작업을 끝내기 위해 시간과 노력을 소진해야 한다는 사실에 실망하기 쉽다.[61]

의료제도 행정가들은 치료를 더 매끄럽게, 더 짧게, 더 통일된 형식으로 능률적으로 만들면 시간을 절약할 수 있다고 믿는다. 그러나 치료자들이 창의적인 방법으로 특수한 임상 상황에 대응하는 능력과 독창성을 희생한다면 치료의 핵심을 희생하는 것이다. 그러므로 현재 임상에서 널리 쓰이지 않더라도, 나는 이 책에서 요약문이라는 기법을 계속 설명하는 것이다. 나는 이것이 치료를 활성화하는 훌륭한 잠재적 기법이라고 믿는다. 내 경험으로는 이 방법을 실천한 모든 집단치료자가 이것이 집단치료의 과정을 강화한다는 것을 발견하고 기꺼이 시도한다.[62] 더구나 요약 기법은 젊은 치료자들을 교육할 때 언어를 능숙하게 사용하도록 돕는다.[63] 요약하면서 반추하고, 치료자로서 기술을 연마하는 연습을 하게 한다.[64]

요약문은 치료 과정을 기록하는 방법으로 제삼자 보험처리의 요구를 만족시키는 이중 이득이 될 수도 있다. 일반적으로 보상도 없고 무미건조한 기록 과정이 기능적인 개입 방법이 된다.[65] 우리는 내담자의 기록이 내담자에게 속하며, 내담자가 어느 때든 볼 수 있다는 사실을 기억해야 한다. 모든 경우에서 내담자가 기록을 읽는다는 것을 전제하며 기록하는 것이 적절하다. 그러므로 요약은 성 없이 이름만 쓰고, 투명하고, 치료적이고, 병리적이지 않으며, 심사숙고하여 치료의 공감적인 면을 제공해야 한다.

요약에 대한 나의 첫 경험은 개인치료에서 시작되었다. 젊은 여성 Ginny는 치료 집단에 6개월간 다녔으나 타 도시로 이사 가게 되었고, 집단 시간에 맞추어 차편을 마련하지 못해 집단을 종결해야 했다. 더구나 그녀는 유별나게 수줍어하고 억압적이어서 집단에 참여하기가 힘들었다. Ginny는 자기 일에서도 억압적이었다. 그녀는 재능 있는 소설

가였는데, 심각한 침체writer's block로 글을 쓰지 못하는 상태였다. 수입이 넉넉하지 않아 개인치료를 감당할 수 없었다.

나는 그녀의 개인치료를 무료로 진행하는 데 동의했으나 한 가지 조건을 내걸었다. 매 치료 후 그녀가 그 면담 내용에 잠재해 있는 것을 느끼는 대로 자유롭게 요약하는 것이었다. 정말로 무슨 생각을 하고 느꼈는지, 그렇지만 말로 표현하지 못한 것을 쓰게 한 것이다. 나는 이 과제가 그녀의 작가로서 침체를 뚫어 주고, 좀 더 자발적으로 변화되도록 격려하고 도와주기를 바랐다. 나 또한 똑같이 솔직하게 요약하기로 합의했다. Ginny는 명백한 긍정적 전이를 가지고 있었다. 그녀는 나를 모든 면에서 이상화했고, 나의 바람은 나의 솔직한 감정(유쾌함, 용기를 잃음, 당황함, 피곤함 등)을 요약해 전달함으로써 그녀가 나와 좀 더 진실한 관계를 맺게 하는 것이었다.

일 년 반 동안 Ginny와 나는 매주 요약문을 썼다. 우리는 이것을 봉투에 넣어 내 비서에게 주었고 한두 달에 한 번씩 상대방의 요약문을 읽었다. 이 실험은 대단히 성공적이었다. Ginny는 잘 치료되었고, 요약문이 이 성공에 큰 역할을 했다.[26)] 나는 이 모험에서 충분히 용기를 갖게 되었고(치료자가 자신을 드러내는 것이 처음에는 어렵기 때문에 용기가 필요했다) 이 방법을 치료 집단에 적용해 보기로 했다. 얼마 안 되어 알코올 중독 내담자들의 두 집단에서 기회가 생겼다.[66]

공동 치료자와 나는 상호작용 형태로 이 집단들을 이끌기로 했다. 집단들은 서로 개방적이고 생산적인 상호작용을 하면서 잘 진행되었다. 그렇지만 지금-여기에 초점을 둔 상호작용은 항상 불안이 따르고, 알코올 중독 내담자들은 불안을 감당하지 못하는 것으로 유명하다. 8회기가 되자 몇 달 동안 술을 안 마시던 집단원들이 다시 술을 마시기 시작했다(혹은 "지난주 같은 모임이 또 한 번 있으면!" 술을 다시 마시겠다고 위협했다). 우리는 급히 불안을 완화할 방법을 찾았다. 구조화를 강화하고, 각 모임을 위한 토론 일정표를 만들고, 그 집단을 녹화한 동영상을 보고, 각 모임 후 요약문을 배부했다. 집단원들은 요약문을 가장 효과적인 방법으로 여겼고, 곧 이 방법이 다른 것을 대신했다.

---

26) 나는 이 실험을 통해 정신치료에 대해 많은 것을 배웠다. 우선 치료적 모험에서 Rashomon적 성격을 명확히 깨닫게 되었다. 내담자와 나는 우리가 나눈 시간에 대해 전혀 다른 관점을 갖고 있었다. 나의 모든 멋진 해석을 그녀는 전혀 듣지 않았다! 대신 Ginny는 치료 시간에 전혀 다른 부분을 들었고 소중하게 여겼다. 즉, 깊은 인간적 교류, 스치고 지나가는 지지적이고 수용하는 눈 맞춤, 진정한 친밀감의 짧은 순간. 요약문 교환은 정신치료에 대한 재미있는 강습을 제공해 주었고, 나는 그 요약을 내 강의에 사용했다. 몇 년 후 그 내담자와 나는 머리말과 끝말을 써서 그 요약을 책으로 출판하기로 했고, 책의 인세는 똑같이 나누었다. Every Day Gets a Little Closer : A Twice-Told Therapy(Basic Books, 1975, reissued, 1992) 참조.

치료 과정에 대한 솔직하고 직설적인 요약이라면 나는 이 요약문들이 가장 귀중하다고 믿는다. 요약은 나 자신을 위한 기록과 거의 동일하다(이 책에 사용된 대부분 임상자료는 이 기록에서 나온 것이다). 내담자들이 치료 과정에서 완전한 동맹자가 되고, 정신치료가 신화에서 벗어날 때 정신치료는 약화되는 것이 아니라 오히려 강화된다.

요약은 여러 가지 기능을 한다. 그 회기의 사건을 이해하게 해 주고, 좋은(또는 저항적인) 모임이었음을 명명하고, 내담자들이 얻은 바를 지적하고 강화하며, 바람직하지 못한 발달을 예측하고(그럼으로써 방지하고), 말 없는 집단원들을 집단 안으로 끌어들이고, 응집력을 증가시키며(집단 내의 공통점과 배려 등을 강조함으로써), 새로운 행동과 상호작용을 시도해 보고, 해석을 제공하고(집단에서 한 해석을 반복하거나 나중에 치료자에게 떠오른 새로운 해석들), 내담자들에게 희망을 준다. 집단이 질서 있는 과정이며, 치료자는 집단의 장기 발달에 전체적인 감을 갖고 있다는 점을 인식하도록 도와준다. 사실 요약은 집단에서 집단치료자의 모든 작업을 증가시키는 데 사용될 수 있다.

요약의 기능을 살펴보자. 실제 요약에서 발췌한 내용을 인용하며 토론하겠다.

소생과 연속

요약은 주중에 집단의 또 다른 접촉점이 된다. 모임이 집단원 사이에서 활기를 되찾고 집단은 지속성을 갖게 된다. 5장에서 집단이 연속성을 가지면, 즉 한 주에 시작한 주제가 중단되지 않고 다음 회기에서 더 깊이 탐색될 때 집단이 더 큰 힘을 가진다고 설명했다. 요약이 이 과정을 증가시킨다. 집단원들은 지난번 요약에서 그들이 탐색하고 싶은 주제나 그들이 동의하지 않는 부분을 꺼내면서 모임을 시작하는 경우가 많다.

과정에 대한 이해

요약은 내담자들이 재경험하고 모임의 중요 사건을 이해하도록 도와준다. 6장에서 지금-여기가 경험과 그 경험을 이해하는 두 단계를 포함한다고 설명했다. 요약은 감정적 경험을 이해하고 통합하는 두 번째 단계를 촉진한다. 때때로 집단의 회기가 위협적이고 불안정해 집단원들이 방어적이고 생존을 위한 자세로 움직이게 되는 경우가 있다. 그럴 때는 시간이 흐른 후에 (보통 요약의 도움을 받아) 중요한 사건들을 재검토함으로써 건설적인 학습경험으로 변화시킬 수 있다. 과정에 대한 치료자의 해석(특히 복잡한 해석)은 떠들썩한 가운데 전달되면 안 들리는 경향이 있다. 요약에서 이 해석이 반복될 때 더 효과적인데, 내담자는 그 해석을 자세히 그리고 집중적인 참여로부터 멀리 떨어져서 생각해 볼 수 있기 때문이다.

집단의 규범 형성

요약은 내현적 · 외현적으로 규범을 강화해 준다. 예를 들어 다음의 인용은 지금-여기 규준을 강화해 준다.

> Phil과 그의 상사와의 관계는 매우 중요하며, 최근에 어려움을 겪고 있기 때문에 집단의 자료가 된다는 것이 확실하다. 그렇지만 집단원들은 그 상사를 모른다. 어떤 사람인지, 무슨 생각을 하고 느끼는지 모르기 때문에 도움을 제공하는 데 한계가 있다. 그렇지만 집단원들은 서로를 알기 시작했고 집단에서 그들의 반응이 어떨지 좀 더 확신할 수 있다. 그들은 상사가 무슨 생각을 하는지 추측하기보다는 그들 간에 일어나는 감정에 대해 좀 더 정확하게 피드백해 줄 수 있다.

치료적 수단

요약하면서 치료자는 위험 부담을 강화하고 집단원이 치료에 오게 된 원래 목적인 과업에 초점 맞춘다.

> Irene은 Jim이 자신을 가리켜 삶의 관찰자라고 언급한 데 상처를 받고 다음 45분간 침묵에 빠졌다. 나중에 그녀는 쪼그라드는 것처럼 느꼈고 집단을 떠나야겠다고 생각했다고 말했다. Irene이 치료받는 이유는 다른 사람들로부터 소외감을 느끼고, 특히 남성과 가깝고 지속적인 관계를 가질 수 없기 때문이라는 것을 명심하는 것이 중요하다. 그러한 맥락에서 그녀가 그 피드백에 대한 반응으로 움츠리고 도망가려는 충동을 인식하고 이해하는 것이 중요하다.

또는 내담자가 한 말을 반복하는 배려를 보임으로써 앞으로의 수단을 제공한다.

> Nancy는 울기 시작했으나, Ed가 그녀를 위로하려 하자 "내게 친절을 베풀려고 하지 마세요. 내가 비참해서 우는 게 아니니까. 나는 화가 날 때 울어요. 내가 운다고 당신이 나를 위로하거나 곤경에서 벗어나게 만들면, 결국 나의 분노를 볼 기회를 막는 거예요."

새로 떠오른 생각들

때로 치료자는 사건이 지난 후에 그것을 이해하게 된다. 다른 경우, 모임 중에 명료화하는 것이 시기상 맞지 않거나(너무 많은 인지적 이해는 감정적 경험을 짓누른다) 또는 단순히 그럴 시간이 없을 수도 있다. 또한 어떤 내담자가 너무 방어적이라 명료화 노력을 거부할 수도 있다. 요약은 치료자에게 중요한 생각을 전달할 또 다른 기회를 제공한다.

치료자의 시간적 관점 전달

치료자는 어느 집단원보다 더 장기적 관점을 갖고 있으며, 집단이나 각 집단원에게 몇 주간 혹은 몇 달간 일어난 변화를 인식시킨다. 이러한 관찰을 나눌 때, 많은 경우 집단원들에게 희망과 지지와 의미를 준다.

> Seymour는 그가 말하는 주제를 Jack과 Burt가 바꾸어 버린 것에 얼마나 상처를 입었는지 집단에서 매우 솔직하게 말했다. 우리(공동 치료자들)는 이런 감정을 Seymour가 편하게 토론할 수 있다는 사실에 놀랐다. 과거 비슷한 상황에서 그가 상처받고 수동적인 자세로 말 없이 있던 때를 분명히 기억할 수 있었고, 그가 자신의 감정을 솔직하게 표현하는 능력을 갖게 된 놀랄 만한 변화에 감명받았다.

요약은 또 다른 방법으로 시간적 관점을 제공한다. 내담자들이 거의 예외 없이 보고서를 보관하고 있으므로 집단 작업을 하는 동안 그들의 전체적인 발전을 알 수 있다. 그리고 이러한 것을 미래에 참조하면 도움이 된다.

치료자의 자기개방

치료자는 내담자를 치료하면서, 요약을 개인적인 지금-여기의 감정(당혹감, 낙심, 짜증, 즐거움)을 개방하는 도구로, 집단에서 그의 행동 아래 있는 의미와 이론에 대한 관점을 표현하는 도구로 사용할 수 있다. 다음 인용문에 나오는 치료자의 자기개방을 생각해 보라.

> 우리는 Seymour와 함께 곤경에 처했다고 느꼈다. 그는 모임 중에 침묵을 지켰다. 우리는 그를 집단 작업에 끌어넣어 그가 말하도록 도와주고 싶었다. 그가 전번 집단에서 탈락한 이유가 사람들이 그의 말에 관심을 가지지 않는다고 느꼈기 때문임을 알기 때문이다. 한편으로 오늘 우리는 그를 집단에 참여시키고 싶은 욕망을 참기로 했다. 그 동안 Seymour가 집단에 참여하도록 유도하기 위해 그를 어린애처럼 대했지만, 이제는 그가 스스로 참여하는 것이 훨씬 좋을 것이기 때문이다.

> Irv는 오늘 모임에서 자신이 한 행동이 불만족스러웠다. 너무 주도적이고, 너무 활발하고, 너무 지시적이었다고 느꼈다. 큰 이유는 모임에 두 번이나 빠진 데 대한 죄책감으로 오늘 가능한 한 많이 줌으로써 보충하기를 원했기 때문이라는 것에 의심할 여지가 없다.

빠진 모임을 메꿈

요약의 분명하고 중요한 기능 한 가지는 병이나 휴가 또는 다른 이유로 모임에 빠진 집단원들을 위해 간격을 채워 주는 것이다. 요약은 그들로 하여금 집단 중에 일어난 사건에 뒤떨어지지 않게 하고, 집단에 좀 더 빨리 돌아올 수 있게 돕는다.

새 집단원들

새 집단원이 들어올 때 지나간 몇 차례 모임의 요약을 제공함으로써 작업을 촉진할 수 있다. 나는 새로운 집단원이 첫 모임에 참가하기 전에 그런 요약을 읽도록 요청한다.

전반적인 인상

나는 요약문이 치료를 촉진한다고 믿는다. 내담자들 역시 이구동성으로 긍정적 평가를 내렸다. 대부분 요약을 진지하게 읽고 숙고한다. 많은 이가 여러 번 반복해 읽고, 거의 모두가 장래에 사용할 목적으로 간직해 둔다. 내담자의 치료적 관점이 깊어지고 더 헌신적이 된다. 치료적 관계가 강화되고, 심각한 전이 문제는 일어나지 않는다. 요약에 대한 대화와 의견 불일치는 항상 도움이 되었고, 이렇게 함으로써 협동적 관계가 이루어졌다. 요약의 의도는 절대로 무엇에 대한 '최후의 말' 의미로 전달되어서는 안 된다.

많은 치료자가 비밀 보장과 내담자의 사생활에 관해 문의하지만, 아직까지 나는 이 점에서 아무런 문제도 없었다. 집단에서 일어나는 어떤 사건과 마찬가지로 요약에 대해 비밀을 지켜 줄 것을 내담자들에게 요구한다. 특별히 조심하는 점은 성을 쓰지 않고 이름만 쓴다는 점이며, 특별히 예민한 문제(혼외정사 등)에서는 명백한 신분 제시를 피하고, 안전하고 서로 동의한 전달 방법을 쓴다는 것이다. 우편으로 부칠 때는 발신인 이름이 없는 평범한 봉투를 이용한다. 물론 안전만 보장된다면 이메일도 편리한 대안이 될 수 있다.

나는 이런 식의 구술 방법을 제안한다. 우선 모임에서 중요했던 두세 가지 주요 쟁점을 상기함으로써 모임의 뼈대를 구성한다. 이것이 준비되면, 각각의 문제로 넘어가던 중간 과정을 떠올려 본다. 그런 다음 각각의 문제로 되돌아가 구성원 각자가 그 문제에 관해 기여한 공헌이 무엇인지 적는다. 치료자 자신의 역할에도 주의를 기울이고, 치료자가 한 말(하지 않은 말), 치료자 자신에게 향한 말도 생각해 본다.

완벽하게 하려고 하지 않아도 된다. 모든 것을 기억할 수는 없다. 모임 내용을 담은 테이프를 다시 듣고 기억을 상기시킬 필요도 없다. 시간이 너무 소모되기 때문이다. 요약문이 작성되면 내용을 수정하지 말고 우편으로 보낸다. 내담자도 실수나 빠진 것 따위에 신경 쓰지 않으며, 오히려 탐색의 자료가 된다.

집단의 어떤 사건과 마찬가지로, 요약은 다른 반응을 일으킨다. 예를 들어, 심한 의존 욕구를 가진 내담자들은 말 한마디 한마디를 소중히 여긴다. 심한 역의존성을 가진 내담자들은 말 한마디 한마디에 도전하고, 전혀 읽을 시간이 없을 수도 있다. 강박적인 내담자는 단어의 정확한 의미에 매달린다. 신뢰를 못 하는 내담자들은 숨은 의미를 찾는다. 따라서 요약이 명료화하는 힘을 제공해도 치료에 필요한 왜곡 형성을 없앨 수는 없다.

집단치료 결과 및 과정 모니터링

본 저서 전반을 통해 나는 모든 집단지도자가 근거 기반 치료자가 될 수 있다고 강조했다. 한 가지 중요한 통로는 지도자가 그들의 집단과 집단원들이 실제로 어떻게 하고 있는지 피드백을 얻는 것이다. 이는 '실무 근거 기반'으로 불리는데, 이 작업에 요구되는 책무감이 중요한 요인이다.[67] 피드백이 어떤 점에서 도움이 되는가? 피드백이 없다면 집단치료자는 그들이 임상적으로 갖는 인상에 의존할 수밖에 없다. 치료가 잘 진행될 때는 이것으로 충분하다. 그러나 다른 곳에서 언급했듯이 꽤 많은 내담자가 나아지지 못하고 치료 중간에 탈락한다. 개인치료자나 집단치료자 모두 내담자 중 누가 나빠지는 경향이 있는지, 탈락할 것인지 일반적으로 잘 인식하지 못한다. 이런 점에서 결과와 과정을 모니터링하면 초기에 문제를 감지할 수 있고, 부정적인 임상 결과를 줄일 수 있으며, 치료 효과를 증가시킬 수 있다.[68] 현대 기술로 이 연구 영역이 급격히 성장할 수 있었고, 집단치료자 각자가 본질적으로 임상 과학자가 될 수 있었다.

결과를 모니터링하는 데에는 두 가지 방법이 널리 사용된다. 결과질문지Outcome Questionnaire[OQ-45.2]와 변화결과 관리제도를 위한 동반자(Partners for Change Outcome Management System, PCOMS)[69]다. 두 질문지 모두 각 집단원에 관한 개인적 고통, 대인관계, 사회적 기능에 대해 피드백을 제공하고, 각 집단원이 회기를 어떻게 경험하고 있는지 그 과정에 관한 척도를 제공한다. 집단 질문지(Group Questionnaire, GQ)[70](3장 참조)와 통합해 집단 내에서 맺고 있는 내담자의 관계 경험을 측정해 치료자에게 피드백을 추가로 제공한다. 치료자는 각 집단원을 다른 집단원과 비교하면서 주의가 필요한 내담자에게 관심을 더 가질 수 있다. 또한 결과 측정을 통해 더 많은 정신치료 내담자를 비교할 수 있는 만큼 각 집단원의 경로를 수천 명의 다른 내담자 경로와 비교할 수 있다. 피드백은 내담자가 바른 경로 위에(초록색) 있는지, 경로 주변에 있는지(노란색), 경로에서 완전히 벗어났는지(빨간색) 신호를 보낸다. 피드백은 어떤 임상적 영역에 특별한 관심을 가져야 하는지 집단지도자에게 알려 준다. 이런 정보를 바탕으로 강하게 연결되어 있지만 위험부담을 피하는 내담자에게 좀 더 단호하게 시도해 볼 수 있고, 고분고분하게 참가하기는 하지만 정서적으로 참여하지 않는 내담자도 알아낼 수 있다.

피드백은 개인 또는 집단 수준에서 제공할 수 있고, 치료 집단이 어떤 특정 기관이나 장면에서 어떻게 작용하는지 감을 얻기 위해 전체 집합체 수준에서 제공할 수도 있다.

내담자들은 이 질문지를 손으로 잡을 수 있는 장치 위에서 쉽고 안전하게 완성할 수 있다. 이상적으로 질문지는 집단지도자들이 회기 전에 보고서를 볼 수 있도록 회기 전에 작성하게 한다. 보고서는 기록으로 보관해 활용할 수 있다. 내담자들이 이 중요성을 이해하면 피드백을 제공하게 될 것이다. 그들이 검진을 잘 받도록 주치의가 혈액검사를 권하는 것처럼 피드백을 보게 하면 된다. 피드백을 내담자와 나누면서 치료적 동맹이 좋아지고 치료에 대해 파트너십을 갖게 되어 좀 더 협동적이고 동등한 의사결정이 가능해진다. 객관적인 자료를 사용하면 치료 효과와 효율성이 증진된다.[71]

모니터링의 함정

수집한 정보를 치료에 사용하지 않으면 내담자들은 앞으로 질문지를 완성하지 않을 것이다. 피드백을 임상 작업에 어떻게 잘 통합하느냐는 적절한 시기를 맞추고 내담자 각각에 대한 이해에 따라 재단되어야 하는데, 특히 직접적인 방법보다 질문지를 통해 고통의 신호를 보내는 내담자의 경우에 그렇다. 때로 치료자는 이런 피드백 제도가 그들의 자율성과 치료의 신성한 의무를 침투하고 타협을 요구한다고 생각해 이 제도를 사용하길 꺼린다. 혹은 모니터링에 드는 추가 비용 때문에 피하기도 한다.[72] 어떤 임상가들은 그들의 효율성에 대해 부정적 피드백을 받고 그 결과 기관으로부터 처벌 반응이 나올까 봐 두려워한다. 기관의 문화와 분위기가 피드백을 제대로 사용하는 데 중요한 역할을 한다. 기관의 문화가 임상가들의 능력을 높이고 작업을 효과적으로 하도록 지지해 주는 것이 중요하다. 내담자와 치료자 모두에게 도움이 되는 집단지도자들의 전문적 발달을 장려하는 문화 창조를 목표로 삼아야 할 것이다.[73]

구조화된 활동

나는 구조화된 활동이라는 용어를 어떤 구체적인 지시를 따라 집단에서 하는 활동을 뜻하는 말로 사용한다. 이는 집단에서 행해지는 실험으로, 일반적으로 지도자의 제안으로 하게 되지만 때로는 경험 있는 집단원이 제안하기도 한다. 구조화된 활동의 정확한 이론적 근거는 다양하지만, 일반적으로 참여와 효율성을 가속시키는 도구로 이해된다.

구조화된 활동은 불편한 집단의 첫 단계를 뛰어넘는 준비 과정으로, 집단이 빠르게 움직이도록 도와준다. 개인들이 상호작용할 수 있는 과제를 줌으로써 상호역동을 가속시켜 의례적으로 소개하는 사교적 행동을 피할 수 있다. 억압된 감정이나 자신이 모르는 자기의 모습을 빨리 접촉하도록 도와주고, 강렬한 정서와 대응하거나 또는 자기 신체 및 창조적 자아와 재연결시킨다.[74] 일부 장면과 일부 임상 집단에서는 구조화된 활동이 그 모임의 중심이 될 수 있다. 광범위한 활동이 가능한데, 일반적인 모임으로는 노인들을 위한 행동 및 활동 중심 집단(미술, 무용, 움직임 등), 내담자의 효과성과 역량과 사회적 상호작용을 다시 연결하기 위한 집단, 입원한 정신병 환자들을 위한 구조화된 활동 집단, 암 수술 환자나 외상 피해자들을 위한 상상 유도 집단 또는 신체 자각 집단 등이 있다.[75] 내가 담당했던 회복된 유방암 여성들의 집단 작업은 항상 점진적 근육 이완 운동과 상상 유도로 마무리했다.[76] 만성병이나 HIV를 앓는 개인을 위한 집단치료에서는 개인적으로 쓴 자기만의 일화를 서로 나누면서 좋은 효과를 보았다.[77]

명상, 심호흡, 이완을 가르치고 집단원의 현존 상태를 순간순간 알아차리도록 초점을 맞추는 마음 집중 스트레스 감소(Mindfulness-based stress reduction, MBSR) 집단도 주목받고 있으며, 의학적 질병 및 불안장애 치료와 우울증 재발 예방에 놀라운 효과를 보였다.[78] 이 기술은 또한 광범위한 집단 개입의 작은 일부로서 통합될 수 있다.

불안과 우울증이 있는 82세 여성 Sara는 노인을 위한 낮 병원에 다니고 있었다. 그녀는 5일 후에 있는 손녀딸의 결혼식에 참가해야 하는데 불안이 심하다고 집단에 말했다. 옷을 차려입고 많은 사람에게 노출된다는 것이 두렵다고 말하면서 공포와 과호흡에 빠져 울기 시작했다. 그녀의 이웃인 85세 여성 Doris가 Sara의 손을 붙잡고 사랑스럽게 말했다. "Sara, 어떻게 해야 하는지 잘 알지요? 숨을 깊게 쉬면서 당신의 호흡에 집중하세요. 기분이 좋아질 거예요. 두려워하지 말아요. 나는 당신이 그 결혼식에 정말 가고 싶어 한다는 걸 알아요. 내가 당신과 함께 호흡할게요. 같이 호흡해요. 우리는 이 연습을 했고 이 방법을 사용할 거예요. 당신 혼자가 아니랍니다."

Doris가 깊고 천천히 호흡하기 시작하자 집단원들도 함께 호흡했다. 집단지도자 두 명을 포함해 12명이 손을 잡고 Doris의 호흡에 맞추어 따라 호흡했다. Sara는 점점 진정했고 본래 자세를 되찾았다. "상기시켜 줘서 고마워요. 항상 도움이 되었는데 불안해지니까 그만 잊어버렸어요. 너무도 압도되고 혼자인 것처럼 느껴졌거든요."

그 회기 나머지 시간에는 집단원들이 함께 작업하고 한 명의 집단원을 지지하면서 효과를 보았던 느낌에 초점을 맞추었다. Sara는 호흡운동을 매일 연습하기로 했고, 결혼식 전에 가까운 친구가 와서 준비를 돕도록 계획을 세웠다. 그녀는 결혼식에 대해 보고하겠다던 약속을 지켰으며 감사를 표했다.

구조화된 활동은 몇 분밖에 걸리지 않을 수도 있고, 한 회기를 전부 사용할 수도 있다. 활동은 현저하게 언어적이거나 비언어적일 수 있다. 일반적으로 성공적인 구조화된 활동은 그다음에 토론할 자료를 만들어 낸다. 활동의 영향을 최대화하기 위해서는 경험과 과정이 함께 이루어져야 한다. 초기의 참만남 집단에서 너무 자주 발생했던 의미 없는 활동만으로는 충분하지 않다.[79] 이런 활동은 참만남 집단에서 흔히 볼 수 있지만 치료집단에서는 훨씬 덜 사용된다. 활동은 전 집단원이 하나의 집단으로 참여할 수도 있고(예를 들면, 집단원에게 무엇을 만들거나 외박할 계획을 세우라고 요청), 또는 한 집단원 대 전체 집단으로(믿고 넘어지기: 한 집단원이 눈을 감고 서 있다가 뒤로 넘어지면 집단이 받쳐 주고 흔듦), 또는 전체 집단 대 개인으로(각 집단원에게 모든 집단원에 대한 각각의 첫인상을 말하도록 요청하기), 전체 집단이 둘씩 짝지어서(눈 가리고 걷기: 둘씩 짝지어 한 사람은 눈을 가리고 한 사람은 이끌고 가기), 또는 지정된 특정한 한 쌍으로(싸움에 얽힌 두 집단원이 차례로 한 사람이 다른 사람을 땅으로 밀어붙였다가 다시 끌어올려 주기), 또는 지정된 개별 집단원으로(의자 바꾸기: 한 집단원이 내적으로 갈등하는 둘이나 그 이상의 역할을 하며, 의자를 바꿔 앉으며 각 역할 하기) 참여할 수 있다. 신체적 접촉이 들어가는 활동은 조심스럽게 고려해야 한다. 만약 하고자 하는 활동이 일반적인 치료의 한계를 넘어가는 것이라면 치료적 의도가 분명하더라도 집단원들에게 사전 동의를 얻어야 한다.

구조화된 활동을 분별 없이 사용하는 것은 이러한 기술을 낳게 한 접근의 의도를 잘못 전달하는 것이다. 초기 훈련집단(T-집단) 분야에서는 이러한 활동을 집단 역동의 원칙을 보여 주고(집단 간, 집단 내) 집단 발달을 가속시키기 위해 고안했다. 전형적인 T-집단은 정해진 기간에만 만나므로, 초기에 점잔 빼거나 관습적이거나 사교적이고 의례적인 행동을 넘어 집단을 가속화할 방법을 찾았던 것이다. 그들의 목적은 집단원들이 작은 집단의 발달 단계를 가능한 한 많이 경험하게 하는 것이지, 치료하려는 의도는 아니었다.

이러한 절차가 집단의 과정과 결과에 미치는 영향에 관한 연구들은 무엇을 말해 주는가? Lieberman과 Miles와 함께 진행한 참만남 집단 연구에서 구조화된 활동의 영향을 면밀히 연구한 결과 다음의 결론에 도달했다.[80] 활동을 많이 사용하는 지도자는 인기가 높다. 집단이 끝난 직후 집단원들은 이런 활동을 조심해서 사용하는 지도자보다 그들의 지도자가 훨씬 더 유능하고 효과적이고 통찰력이 많다고 여긴다. 그런데 활동을 가장 많이 사용한 집단의 집단원들이 가장 적게 사용한 집단의 집단원들보다 유의미하게 낮은 치료 성과를 보였다(활동을 많이 사용한 집단에서 많이 변한 사람은 소수였고, 완전히 긍정적으로 변한 사람은 더 적었으며, 부정적으로 변한 사람이 더 많았다. 더군다나 활동을 가장 많이 사용한 집단에서 많이 변한 사람은 그 변화를 오래 유지하지 못했다).

이 연구의 지침은 집단원들이 당신을 무엇을 하고 있는지 다 아는 유능한 지도자로 생각해 주기를 원한다면 구조화된 개입을 풍부하게 사용하라고 말한다. 그러면서 지도 중에 명백하게 지시하고 완전히 지도적인 기능을 행사하면, 당신은 지도자가 어떠해야 한다는 그들의 환상을 충족시킬 것이다. 그렇지만 집단원들의 치료 효과는 큰 진전이 없을 것이다. 사실 이런 기술에 너무 많이 의존하면 집단이 덜 효과적이 된다. 구조화된 활동을 많이 사용하는 집단은 여러 가지 중요한 집단 주제를 다룰 수 없다. 구조화된 활동이 집단원을 신속하게 대단한 정도의 표현을 하도록 만드는 것 같지만, 결국 집단은 그 속도에 대한 대가를 치르게 된다. 집단의 많은 발달 과제가 그냥 넘어가고, 자주성과 잠재력에 대한 느낌이 발달하지 못한다.

이 참만남 집단 연구는 지도자와의 상호작용만이 변화를 매개하는 것이 아님을 증명해 준다. 또한 변화 과정에서 심리사회적 힘이 더 큰 중요성을 가짐을 증명해 준다. 변화는 집단에서 개인의 역할(구심성, 영향의 수준, 가치의 일관성, 활동)과 집단의 특징(응집성, 높은 강도와 조화의 분위기, 규준의 구조)에 크게 영향을 받는다. 다시 말해, 연구 결과는 지도자와 집단원 간의 직접적인 치료적 상호작용의 중요성을 지지하지 못한다.

이러한 연구 결과는 총 30시간 만난 단기 참만남 집단에서 나온 것이지만, 치료 집단과도 많은 관련이 있다. 첫째, 속도라는 개념을 생각해 보자. 구조화된 활동이 집단 상호작용이 느린 초기 단계를 앞지르고, 집단원들이 긍정적이고 부정적인 감정을 빨리 표현하게 하는 것은 사실이다. 그러나 이런 활동이 치료 과정을 가속시키느냐는 전혀 다른 질문이다.

단기 집단(T-집단이나 단기 치료 집단)에서는 어떤 어려운 단계를 넘기기 위해, 또는 곤경에 빠져 정체되었을 때 집단이 이를 벗어나도록 돕기 위해 기법들을 사용하는 것은 때로 지당하다. 그러나 장기 치료 집단에서 우회하는 것은 적절하지 않다. 지도자는 흔히 불안, 고비, 어려움을 우회하기보다는 불안을 통해서, 고비와 어려움을 통해서 집단을 지도하려고 한다. 본서에서 계속 강조하듯이 저항은 치료 장애가 아니라 치료할 재료다.

나는 또 다른 이유로 치료 집단에서 구조화된 활동을 다양하게 사용하는 것을 조심하라고 주장한다. 지도자가 집단을 어린애처럼 취급할 위험이 있기 때문이다. 매우 구조화되고 지도자 중심인 집단의 집단원들은 모든 도움이 지도자로부터 나온다고 느끼기 시작한다. 그들은 지도자와 작업할 순서를 기다린다. 일을 단순 작업화하며, 집단에 자원과 도움이 되는 것을 그만둔다. 그들은 그들의 책임감을 스스로 벗어 버린다.

구조화된 활동의 사용을 반대하지만 이 문제에 대해 지나치게 말하지는 않겠다. 물론 중간 지점이 있다. 한편으로 집단을 비생산적인 과정에서 무의미하게 발버둥 치도록 내버려 두거나, 다른 한편으로 미친 듯이 능동적이고 과도하게 구조화된 지도자 역할을 수행하는 사이에 중간 지점이 있다. 실제로 참만남 집단 연구는 바로 이 결론에 도달했다. 지도자들이 능동적이고 행정적이며 관리형 기능을 택하는 정도와 성과는 곡선적인 관계라는 것이 증명되었다. 즉, 구조화가 너무 많거나 너무 적은 것은 긍정적인 결과와 부적 상관이 있었다. 너무 많은 구조화는 앞부분에서 토론한 문제 유형을 유발했고(지도자 중심의 의존적인 집단), 너무 적을 때(자유방임적 접근)는 진전이 더디고 활기가 없고 많이 축소된 집단이 된다.

구조화된 활동은 많은 유형의 집단에서 일반적으로 사용한다. 5장에서 설명한 많은 기법, 즉 지도자가 규범 세우기, 지금-여기 활성화, 과정 명료화 기능을 사용하는 기법은 관례적인 성격을 띤다("이 집단에서 누구와 가장 가깝게 느껴지나요?", "Mary에게 말하면서 쳐다볼 수 있나요?", "만약 당신이 집단에서 당신의 작업에 점수를 매긴다면 몇 점을 주겠습니까?" 등).

경험이 있는 지도자들은 어느 정도 구조화된 활동을 사용한다. 예를 들어, 집단이 긴장하고 있거나 1~2분간 침묵이 지속되면(집단에서 1분은 매우 길게 느껴진다) 나는 집단원에게 각자 침묵할 때 무엇을 느끼는지, 무언가 생각은 했지만 말하지 않은 것은 무엇인지 한 명씩 돌아가며 말하게 한다. 이 단순한 활동은 보통 놀랍고 귀중한 자료를 많이 생성한다.

구조화된 활동을 사용할 때 중요한 것은 목적을 어디에 두느냐다. 만약 구조화된 개입이 자주적인 집단 기능 형성을 도와주거나, 집단을 지금-여기에 집중하게 만들거나, 또는 과정을 설명하기 위해서라면 가치 있을 수 있다. 단기 집단치료 형식에서는 과제에 초점을 맞추게 하고, 과제에 빨리 빠져들게 만드는 필수적인 도구일지도 모른다. 그러나 사용하려면 때에 맞추어 적절하게 사용해야 한다. 때와 장소에 어긋난 옳은 아이디어처럼 혼란을 야기하는 것은 없다. 감정적 공간을 채우려고, 다시 말해서 집단이 빈둥거릴 때 무언가 재미있는 것을 하기 위해 활동을 사용한다면 잘못된 것이다.

집단 안에서 감정을 일으키고자 구조화된 연습을 사용해서도 안 된다. 집단원에 의해 적절히 이끌어지는 치료 집단은 외부에서 에너지 충전할 필요가 없다. 집단에 에너지가 충분하지 않은 것 같거나, 모임에 활기가 없는 것 같거나, 자꾸만 치료자가 집단을 충전해야 할 필요를 느낀다면 의미 있는 발달상의 문제 때문이기 쉽다. 이럴 때 가속시키는 방법을 지나치게 쓰는 것은 이러한 문제를 더 복잡하게 만들 뿐이다. 그 대신 방해되는 것, 규범 구조, 지도자에 향한 집단원들의 수동적 자세, 각 집단원과 그들 자신의 일차적 과업과의 관계 등을 탐색하는 작업이 필요하다. 구조화된 활동은 장기 일반 외래환자 집단보다 단기의 특수치료 집단에서 흔히 더 중요한 역할을 한다. 다음 장에서 구조화된 활동을 여러 특수치료 집단에 사용하는 방법을 설명하겠다.

집단치료의 기록화

모든 집단치료자는 그들의 일에 구체적으로 요구되는 문서가 있다는 것을 알아야 한다. 치료에 대한 문서화는 비밀 보장을 비롯해 몇 가지 목적이 있어야 한다. 즉, 치료가 적절한 표준에 맞게 제공되었다는 것을 증명하고, 치료 과정과 효과를 설명하고, 임상적 위험을 평가하고, 차후 다른 치료자가 연속성을 가지고 치료할 수 있도록 돕고, 청구서를 보낼 만한 치료를 했다는 것을 확인하기 위해 필요하다.

문서는 내담자의 것이고 내담자는 이를 읽어 볼 수 있다. 이를 염두에 두고 객관적이고, 정중하고, 편중되지 않은 관점으로 치료자의 치료 이유와 치료 계획에 관해 투명하게 써야 한다.[81] 나는 모든 실무자가 내담자의 개인 비밀과 건강정보에 관한 건강보험 이식성과 책무성 법(Health Insurance Portability and Accountability Act, HIPAA)의 영향에 대해 잘 알기를 권한다.[82] 추가로 고려해야 할 것은 집단원 개인에게 제공된 치료를 문서화할 때 다른 집단원의 개인 건강정보를 보호해야 한다는 점이다.

이런 목적 때문에 집단치료자가 집단에 대한 기록과 각 개인에 대한 기록을 병행하거나 이중으로 기록할 것을 많은 사람이 추천한다(집단 기록과 각 개인을 위한 다른 기록지).[83] 만약 집단에서 요약서를 활용한다면 이 요약서 역시 집단 기록에 포함해야 한다. 학생들에게는 집단 기록이 수련감독 시간에 검토해야 할 집단 과정 초록이 될 수도 있다. 집단 기록에는 출석, 중요한 집단 주제, 집단 응집의 상태, 눈에 띄는 상호작용, 전이와 역전이, 관심 가진 것과 피한 것, 다음 회기에 다룰 필요가 있거나 기대되는 주제 등이 기록되어야 한다. 집단치료자는 다음 회기 전에 항상 이 기록을 검토해야 한다.

덧붙여 각 개인 내담자에 대한 개인 기록이 있어야 한다. 이 기록은 초기 목표, 증상, 안전 문제, 정신치료 과정에 참여, 치료 목표의 성취 등 내담자의 개인적 진전에 관한 기록이다. 치료자와 내담자 간의 이메일 교환은 일반적으로 내담자의 개인 임상 기록으로 다루어지고 보존되어야 한다. 개인 기록은 각 내담자와 관련된 것으로 개인 기록지에는 다른 집단원의 신원을 알 수 있는 개인정보를 밝히면 안 된다. 집단 기록은 전체 집단과 관련된 것으로 각 집단 모임 후에 작성한다. 반면 개인의 진전 기록은 덜 자주, 그렇지만 임상적 상황이 되면 더 자주 정기적으로 작성해야 한다. 입원환자나 집중적인 외래치료 장면에서는 추가적인 문서화가 요구될 수 있다. 모든 상황에서 모든 임상적 기록의 안전한 보관이 필수적이다.

14장
온라인 치료 집단

14장은 본서에서 가장 짧고 가장 새로운 내용을 담은 장이다. 6판이 출판되기 직전에 집단치료에 적용할 수 있는 새로운 방법이 갑작스럽게 폭발적으로 나왔다.[1] COVID-19 팬데믹은 극히 짧은 시간 안에, 문자 그대로 2020년 초 몇 주 만에 집단정신치료의 실제를 대면 집단에서 온라인 집단으로 바꾸어 놓았다.[2] 이 새로운 형식을 비디오 원격 회의(video teleconferencing, VTC) 집단치료로 부를 것인데, 이는 팬데믹으로 물리적 거리 두기가 필수가 된 여러 달 동안 집단치료를 유지하게 만들었다. 아직도 배울 것이 많지만 충분한 과학적 문헌과 오늘날까지 누적된 임상 지혜를 바탕으로 집단지도자들이 VTC 집단을 운영하는 몇 가지 원칙을 명료하게 말할 수 있다. 미래를 예측하는 것은 위험하지만 COVID-19가 사라진 후에도 계속해서 VTC 집단은 이 분야에서 남을 것으로 기대한다. 다음 설명에서 VTC 집단의 독특성은 무엇인지, 앞에서 설명한 집단정신치료의 실제와 어떤 점에서 일관성이 있는지 다루고자 한다.

VTC 집단은 시간, 크기, 기간, 초점에서 대면 집단과 유사하지만 치료실에서 실제로 만나지 않고 화면을 통해 만난다. 참가자들은 수 킬로미터 떨어져 있어도 화면 위에서 서로 볼 수 있다. 이러한 변화의 과정은 극적이었고, 많은 치료자가 이 작업에 신속하게 깊이 뛰어들었다. 어떤 치료자들은 집단 서클에서 집단 화면으로의 변화가 집단치료 초기 시절의 긴 의자 카우치에서 둥글게 만나는 집단으로 변화한 것처럼 심오한 변화라며 이에 주목했다.[3] 전체적으로 VTC 집단은 집단정신치료의 연속과 접근을 계속 유지하게 했으나 사실상 성장통을 겪어야 했다.

VTC 집단: 초기 발견

VTC 집단은 COVID-19 팬데믹 이전에도 사용되었고 이러한 형태의 집단치료가 효과적이라는 근거가 있다. 내담자와 치료자 양쪽 모두 처음에는 약간 망설이지만, 단기로 진행되는 잘 고안되고 계획된 VTC 집단이 대면 집단치료와 동등하게 효과가 있다고 보고되었다. VTC 치료는 우울증, 외상 후 스트레스 장애를 앓는 재향군인을 위한 인지처리 집단치료, 치매 환자 간병인을 위한 집단, 암 환자의 심리적 고통을 다루는 집단, 다양한 임상 인구들을 치료하기 위해 제공되었다.[4] 다수의 내담자와 치료자는 이 새로운 형식이 도전을 주고, 초기의 걱정은 지지와 훈련으로 쉽게 상쇄된다는 것을 발견했다.[5]

초기에 분명하게 드러난 점은 내담자의 만족도 높다는 사실이다. 참가자들은 혼자라고 덜 느끼고, 정보를 더 많이 얻고, 지지를 받는다고 보고했다. 집단은 높은 참가율과 낮은 탈락률, 그리고 높은 완성률을 보였다. VTC 집단의 응집성은 전통적 대면 집단보다 덜 강한 것 같았지만 치료의 효과가 손상될 정도는 아니었다.[6] COVID-19 이전에는 지금보다 보안이 취약하고 HIPAA를 덜 준수하는 낙후된 구형 플랫폼에서 VTC가 이루어졌음에도 내담자의 비밀 보장에 관한 문제가 두드러지지 않았다. 그러나 플랫폼 수가 기하급수적으로 증가하면서 지금은 개발자들이 내담자의 건강정보에 대한 안전에 더 주의를 기울이고 있다. VTC 사용이 급속하게 확대되면서 이러한 우려가 더 커졌고, 치료자와 내담자 모두 개선된 온라인 플랫폼의 개발을 통해 비밀 보장에 관한 문제를 다루어야 한다는 데 경각심을 가지게 되었다.

현재까지 이 문제에 대한 연구가 깊이 진행되지는 않았지만, VTC 집단은 익숙한 집단치료 요인을 모두 활용하는 것으로 보인다.[7] VTC에 대한 임상 경험이 좀 더 쌓이면 VTC 집단의 집단 응집, 집단 역동, 집단 과정을 개념화하는 새로운 방법을 개발해야 할 수도 있다. 초기 단계의 연구가 제한적이라는 점은 이해할 만하지만, 앞으로 몇 년이 지나면 새로운 연구 결과가 나올 것이다. 더불어 필요에 따라 대면 집단에서 VTC 집단으로 전환된 경우와 달리 처음부터 의도적으로 VTC 집단을 시작하는 것이 집단의 기능에 어떤 영향을 주는지 또한 이해할 필요가 있다.

VTC 집단으로 신속하게 강제로 전환되면서 상실 감정, 참가자 간의 대변동을 포함해 여러 반응이 나왔는데, 이 감정들은 그들의 치료 경험에 영향을 끼쳤다. 이 전환은 또한 COVID-19 팬데믹이 가져다준 물리적, 경제적, 심리사회적 대변동에 대한 불안과도 광범위하게 관련된다. 치료자들은 이 기술 사용에 조금 편안해졌지만, 아직도 많은 사람이 온라인으로 치료한다는 사실을 편안하게 생각하지 않는다.[8] 우리는 모두 인터넷 연결 문제로 집단 작업이 방해받는 힘빠지는 상황을 경험한 적이 있다.

집단치료자를 위한 지침

윤리 지침은 치료자가 자신이 유능한 영역에서만 치료해야 한다고 요구하지만, VTC 집단치료자에게는 VTC 기술을 사용하는 능력이 포함된다. 집단지도자의 행정 업무는 집단을 위해 항상 안전하고 안정적인 환경을 제공하는 책임을 지는 것인데, 여기에는 VTC 기술적인 플랫폼을 다루는 일 또한 필요하다.[9] 익숙한 치료실이나 오프라인 공간에서 집단을 조직하는 것도 어려울 수 있다. 그렇다면 9명의 집단원이 집에서 사무실에서 차 안에서 각자 온라인으로 접속해 참여하는 집단 환경을 만드는 것은 더 어려운 일이다.

VTC 치료자는 VTC 플랫폼을 사용하기 위해 서면으로 사전 동의를 받아야 한다. 치료가 온라인으로 이루어질 때 임상적 응급상황에서 반응하는 것이 제한적일 수 있다는 사실을 포함해 계약의 특징을 분명히 알려야 한다. 내담자와 치료자의 물리적 거리가 멀 수 있는 만큼 내담자의 안전을 보장하고 응급치료를 받을 수 있도록 분명한 지원 계획이 있어야 한다. 그래서 모든 집단원의 전화번호를 파악하는 것이 필수다. 더군다나 치료자와 내담자 사이에 인터넷 연결 문제가 있을 수 있으므로 전화 연결은 유용한 지원 계획이 될 수 있다. 집단원들에게 플랫폼 사용 방법을 교육해야 할 수도 있다. 중요한 점은 내담자가 온라인에서 자기 이름과 신원을 밝히는 방법이다. 이러한 세부 사항에 주의를 기울이면 비밀 보장을 깨뜨리는 실수를 막을 수 있다. 예를 들어, 집단원들이 화면에 자신의 성family name이 나타나 있는 것을 보고 불쾌해하는 경우를 본 적이 있다. 영상의 품질을 높이기 위해서는 조명을 어떻게 쓸 것인지, 카메라 위치를 어떻게 잡을 것인지 등을 배우고 다양하게 실험해 보아야 한다.

VTC가 유행하면서 온라인 치료가 효과적이고 윤리적으로 진행되도록 전문적 지침이 발달하고 수정될 것이다.[10] 치료자들은 자신이 소속된 전문학회와 지역의 자격증 요구 조건을 파악해야 한다. 모든 경우에 HIPAA를 준수한 플랫폼을 확보하는 것이 중요하다.

예를 들어, 일반적으로 다음과 같은 질문이 생길 수 있다. 전문가가 어떤 주에 살면서 면허증이 없는 다른 주의 내담자를 치료할 수 있는가? 내담자가 치료를 시작한 후 다른 주로 이사했지만 계속 치료받고 싶어 하면 어떻게 할 것인가? 치료자는 치료의 연속성과 면허 관할 문제 중 어떤 윤리적 우선순위를 따라야 하는가? 이러한 회색 영역이 점점 늘어나는 만큼 현재 치료 양식에 걸맞은 법 제정을 위해 연방 정부의 관심이 필요하다.[11]

이제는 집단 전 준비 기간에 내담자에게 온라인 플랫폼 사용에 대한 교육을 진행하고, 또 다른 집단원의 사생활에 대한 책임이 서로에게 있다는 점을 알려야 한다. 또한 집단원들은 안전한 플랫폼이라 해도 사생활과 비밀 보장이 더 힘들어졌다는 사실을 알아야 한다. 예를 들어, 내담자 집에 다른 사람이 있어 집단 모임 내용을 엿듣는 경우 이는 아무리 좋은 소프트웨어로도 막을 수 없는 문제다. 온라인 집단지도자는 집단원들이 그들의 개인 공간에서 방해 없이 집단에 참가할 것을 강조해야 한다.

온라인에서는 집단을 보호하는 경계가 압박받을 수 있으며, 이 문제는 최신 기술 정보로 다루어야 한다. 예를 들어, 온라인 모임은 비밀번호로 보호해야 하며, 참가자들은 이 비밀번호를 다른 사람에게 알려서는 안 된다. 또한 카페나 호텔 같은 공공장소에서 보안되지 않는 와이파이Wi-Fi를 사용해 모임에 연결하면 안 된다. 회의 정보를 소셜 미디어에 올려서도 안 되며, 화면 공유나 녹취 및 파일 전송 기능은 비활성화해야 한다. 마지막으로, 보안 프로그램이 문제를 예방할 수 있도록 최신 버전의 VTC 소프트웨어를 사용해야 한다. VTC 치료가 일반화됨에 따라 이러한 권장 사항도 진화할 것이므로 최신 정보를 잘 파악하는 것이 중요하다.

모든 조심에도 불구하고 어떤 내담자는 VTC 대안을 좋아하지 않을 수 있다. 초기 VTC 경험 중에 한 집단원이 그녀의 집에서 참가해야 하는데 VTC 집단으로 바꾸려 하지 않았다. 이 전환이 그녀의 개인 생활로부터 집단을 분리하는 능력을 위협했기 때문이다. 다른 내담자는 집단을 떠나겠다고 요청했으며, 집단치료실의 내적 성소inner sanctum와 개인적 문제를 깊이 토론할 기회가 상실된다는 사실에 슬퍼했다. 그의 작은 집에는 가족들이 가까이 있어 온라인 만남으로는 그의 사생활과 안정감이 보호받지 못하는 느낌이었다.

VTC 집단의 문제와 기회

VTC 집단이 주는 특별한 문제에 더해 대면 집단이 가지는 집단 응집의 구축, 건설적인 집단 규준의 창조, 반집단적 행동과 건강하지 않은 집단 압력, 희생양 다루기 같은 문제들을 직면해야 한다.[12] VTC 전환으로 인해 탈락자가 늘 수 있다. 오래 진행하던 집단이 전환의 반응으로 위축되었다는 보고들이 있다. 정서적 조절 장애를 경험하는 상처받기 쉬운 내담자가 VTC의 기술적 어려움을 안고 가기에는 너무 부담스럽다. 예를 들어, 정서적 작업을 깊이 하는 도중에 집단원의 인터넷 연결이 끊어진다면 특히 방해받는다.

VTC 집단은 집단원이 서로에 대해 갖는 정보가 동시에 감소하고 동시에 증가한다. 집단원과 치료자는 비언어적 소통에 접근할 수 없고 화면 위의 얼굴만 보면서 제약을 받는다. VTC에서는 의미 있는 눈맞춤이 일어날 수 없는데, 특히 6~8명의 작은 얼굴이 나열된 화면에서 더더욱 그렇다. 집단에서 누가 누구를 보고 있는지 알 수 없는 컴퓨터 화면 위에서 진정시키고, 위로하고, 공감적 반응을 비언어적으로 전달하는 것은 거의 불가능하다. 집단원들이 참여하거나 고통스러워하는 사인을 감지하고 살피는 것도 마찬가지로 어렵다. 때로 영상과 음성 기능이 일치하지 않아서 괴리감을 더한다. 이런 VTC 결점은 아주 실망스럽고, 어떤 집단치료자들은 '손 하나를 뒤로 묶고 일하는' 듯한 제한을 받는다고 설명하기도 한다. 이러한 반신반의에 더해 생소하고 두려운 과정은 치료자의 역전이를 증폭시킬 수 있다.[13]

이 같은 손해에 비해 긍정적인 상쇄가 있는가? 의심의 여지 없이 답은 '그렇다'이다. 집단원들은 이제 서로의 집에 초대받는다. 각 집단원의 개인적 생활, 애완동물, 미술품과 가구들이 집단에 더 잘 비추어진다.[14] 화면 속에 집단원의 자녀 얼굴이 나오고 아이가 부모 무릎에 앉으면 천 마디 말의 가치를 갖는다. 집단 모임에서는 모든 것이 집단의 시야에 들어오는 어떤 것도 탐색되고 물방아의 곡식이 된다는 점을 기억하라. 역으로 집단 모임을 방해와 침범으로부터 보호하지 못한다면 집단원은 탐색이 필요하다.

몇몇 치료자와 집단원은 온라인 집단에서 매우 긍정적인 경험을 했다고 보고했다. 그들은 특히 모임 장소를 오가고 주차장을 찾거나 대중교통을 이용해야 하는 귀찮은 문제를 피할 수 있다는 점에서 VTC 집단이 효과적이고 효율적이라고 믿는다. 집단원들은 도시 밖을 여행하는 중이라도 참가할 수 있다. 어떤 집단원은 VTC에서 고조된 강렬함, 깊이, 집중을 경험한다. 실제로 어떤 집단원은 대면 모임보다 VTC에서 더 편안해하거나 대인관계 위험을 더 감수하려고 한다.[15] 온라인 장면에서 만들어진 대인관계의 거리가 보호기능을 촉진시키고, 판단에서 오는 수치와 공포를 감소시킨다.

모임에 걸어가거나, 휴게실에 앉아 있거나, 다른 집단원과 잡담하는 등의 통상적인 준비가 없다는 사실을 유념해야 한다. 어떤 지도자들은 모임 참여에 더 깊이 집중하도록 격려하고, 모임 동안 외적 세계를 닫고 집단에 완전한 관심을 쏟도록 요청한다.

VTC 집단을 지도하는 것은 대면 집단을 지도하는 것과 달라서 다음과 같은 융통성 적응성, 잠재력에 대한 개방 정신이 요구된다.

지속하던 대면 집단이 COVID-19 팬데믹으로 인해 갑자기 VTC로 전환된 이후의 한 초기 모임에서 65세 은퇴 교사인 Harold가 감정적 표현을 잘하게 되었다. 그는 특이한 방식으로 팬데믹 영향에 관해 울면서 말했다. 그는 자기 가족의 건강과 주위의 아는 사람들에 대한 상실감이 쌓여 두려워했다.

정서적으로 충전된 회기였는데 고립과 질병과 죽음의 위협이 우리를 흔들었다. Harold가 우리 모두 느끼던 감정의 상처를 많이 짊어진 것처럼 보였다. 집단원들은 우리의 익숙한 대면 집단을 그리워했지만 적어도 온라인으로 만날 수 있다는 것을 알았다. 이 시점에서 우리가 할 수 있는 최선이었다.

인터넷 연결 문제로 다른 집단원 Sue가 모임에 들어왔다 나가기를 반복하면서 모임을 어렵게 만들었다. 그녀는 자신이 모임을 방해하는 것 같아 고통스러웠고, 연결되는 느낌을 지키기 어려웠으며, 상처받기 쉬운 감정과 무력감이 더 심해졌다. 이에 대한 반응으로 다른 집단원 Sam은 우리가 정상적으로 집단에 있다면 Harold와 Sue를 안아 주고 위로했을 것이라고 말했다. 그러나 VTC 모임에서 이러한 선택은 더는 가능하지 않다.

나는 우리가 직접 만날 수 없어 실망스럽지만 Sam이 말한 것을 통해 따뜻함과 배려심을 온전히 얻을 수 있다고 말했다. 나는 우리 모임이 서로의 감정적 연결로 매우 충만하고 귀하다고 덧붙였다. 우리는 VTC로 할 수 있는 만큼 잘하고 있으며 우리의 익숙한 대면 모임으로 돌아가기를 원한다. 그러나 물리적 거리 두기가 요구되는 지금은 이전보다 더 서로의 연결이 중요하다. 대면으로 언제 다시 만날 수 있을지 예측할 수 없지만 우리는 계속 집단을 훌륭하게 사용할 수 있다.

현재까지 경험에 따르면 VTC 치료자는 전통적 대면 집단지도자보다 개인 내담자와 전체 집단을 자주 점검하고 더 능동적으로 대응할 필요가 있다. 집단 과정에 대한 집단 치료자의 관심은 전통적 집단보다 VTC에서 더 중요하다. 집단과 내담자 사이에 오가는 의미 있는 정보를 놓치기 쉽기 때문이다. 공동 치료자는 치켜올린 눈썹, 미소, 서로에게 주는 조용한 눈짓을 통해 표현하는 익숙한 의사소통을 놓치는 일을 보충하기 위해 서로 연결 짓는 새로운 방법을 고안해야 한다. 비언어적 의사소통에 대한 접근을 잃게 된 만큼 더 깊은 참여를 유지하기 위해 치료자의 투명성이 더욱더 요구된다.[16]

마찬가지로 모든 집단원은 서로에게 그리고 집단에 반응할 때 가능한 한 개방적인 태도를 가져야 한다. VTC에서는 집단원의 비언어적 소통과 신체 언어를 읽을 수 없으므로 집단원에게 신체적으로 어떤 느낌인지 적극적인 질문하는 것이 도움이 된다. VTC 집단에서 기대하지 못했던 기술적 유용성은 VTC 집단에서는 쉽게 오디오 볼륨을 키워 서로 더 잘 들을 수 있다는 점이다.

VTC가 참가자, 특히 지도자에게 부여하는 인지적 요구와 관련해 우려의 목소리가 높다. 7~8명의 집단원과 VTC 회기를 장시간 진행하는 것은 피곤한 일이다. 화면에 나열된 모습은 모든 참가자를 동시에 보여 주지만 압축되고 제한된 방식으로 보여 준다. 서로의 얼굴을 보지만 뇌는 온라인에서는 쉽게 찾을 수 없는 일반적인 상호작용에서 추구하는 비언어적인 정서적 단서를 더 많이 찾고 갈망하기도 한다.[17] 일부 내담자는 화면에 자기 모습이 나오는 것을 꺼리며 자아의식이 고조되기도 한다. 자기 모습이 나오지 않도록 비디오를 꺼 버리면 때로 더 편하게 참여하기도 한다. 물론 이 문제 역시 탐색이 필요하다.

우리는 정신건강 치료 공급에 있어 VTC의 초기 단계에 있다. 따라서 어떤 치료 방식을 선호할 것인지, 이 선호가 향후 어떻게 변할 것인지 등에 관해 연령과 세대를 고려해야 한다. 일부 회의론자는 기술이 인간 참여를 감소시키기보다 오히려 증가시킨다는 사실에 놀랄 수 있다. 이에 관한 우리의 관점은 VTC는 의미 있는 연결을 가능하게 해 주는 현대적 노선이며, 전통적인 대면 집단 작업이 가능하지 않을 때 이를 대체할 수 있는 자원이라는 것이다.[18]

15장

특수 치료 집단

집단치료 방법은 다양한 임상 장면에서 매우 유용하다는 점이 증명되었기 때문에 집단치료에 관해 더 이야기하는 것은 옳지 않다. 대신 집단치료들에 관해 논해야 한다. 전문 학술지를 대강 보아도 집단치료의 수와 범위가 극적으로 늘고 있다. 이는 대면 집단이나 폭발적인 성장을 보이는 온라인 집단에서나 모두 사실이다. 앞서 살펴보았듯이 인터넷으로 인해 거의 모든 개인이 질병이나 삶의 문제를 다루기 위해 적절한 집단을 찾아 참가하는 것이 가능해졌다.[1]

임상적 필요성은 임상적 혁신을 유발하는데, 특히 대학교 상담소에서 두드러진다.[2] 북미의 여러 교정에서는 상담자들이 식이장애, 사회불안, 발달적 문제, 분리불안, 우울, 비자살성 자해 장애[NSSID], 주의력결핍 과잉행동 장애[ADHD], 자폐스펙트럼 장애[ASD], 당뇨병, 만성피로, 약물 남용과 관련된 문제, 성적 학대와 트라우마, 글쓰기 장애, 성 정체성 및 성적 지향, 대화 기술, 자기주장 훈련, 스트레스 관리, 인종차별과 차별의 영향 등 광범위한 관심사를 가진 학생들을 돕기 위해 집단을 만든다. 이는 일반적으로 제공되는 집단 중 일부일 뿐이다. 집단은 흔히 단기로 한 학기 내에 4~12회로 진행된다.

대학 캠퍼스를 벗어나면 더 큰 범위의 집단을 볼 수 있다. 심리적, 의학적, 사회적 고통을 치유하려는 개인에게 답하고자 임상적 응용이 매일 늘어나고 있다. 많은 집단이 특정 조건에 대해 동질성을 가지며 소속감, 탈 낙인, 대응 전략에 대한 집단원의 요구에 응한다. 근친상간과 성적 트라우마 생존자 집단, 포진과 에이즈 내담자 집단, 섭식장애 내담자 집단, 공황장애 내담자 집단, 자살위험이 있는 내담자 집단, 노인 집단, 성적으로 학대받은 아이들의 부모 집단, 강박적인 도박자 집단, 성性 중독자 집단, 알코올 중독자 집단, 알코올 중독자의 자녀 집단, 출산 후 우울증에 걸린 여성 집단, 성적 장애를 지닌 남성 집단, 성적 장애를 지닌 남성 동성애자 집단 등이 있다. 그리고 이혼 생존자 집단, 노인성치매 환자의 배우자와 자녀 집단, 부인 구타자 집단, 약물 중독자의 어머니 집단, 정신질환자의 가족 집단, 우울증 노인 여성 집단, 분노 청소년 집단, 테러 공격의 생존자 집단, 대학살 생존자의 자녀 집단, 유방암 환자 집단, 신장 투석 환자 집단, 다중 동맥경화증 환자 집단, 난청 환자 집단, 발달 장애자 집단, 성전환자 집단, 경계성 성격 장애자 집단, 과민성 대장증후군 환자 집단, 사지 절단 환자 집단, 대학 중퇴자 집단, 심근경색이나 발작이 있었던 환자 집단, 양부모 집단, 상을 당한 배우자와 부모 집단, 죽음을 앞둔 내담자들, 피난민과 피난처를 찾는 사람들 등 그 외에도 많은 집단이 있다.[3]

분명히 한 권의 책에서 이러한 특수 집단을 일일이 다 설명할 수는 없다. 가능하다고 해도 학습을 위한 지적 접근이 될 수 없다. 예를 들어, 어떤 동물학 교사가 학생에게 각 하위종의 해부를 따로 외우게 함으로써 척추동물의 해부학적 구조를 연구하게 하겠는가? 당연히 아니다! 지각 있는 교사라면 학생이 형태, 구조, 기능의 기본적 원칙을 먼저 익힌 후 원형적인prototypic 최초 표본, 즉 대표적인 양서 동물 연구에 들어가게 한다. 개구리를 해부했던 실험을 떠올려 보라.

이 비유를 집단치료에 확대하면 분명해진다. 근본적인 집단치료 이론을 먼저 익힌 다음 최초의 원형적인 치료 집단에 대해 깊은 이해를 갖는 것이 필수다. 그렇지만 어떤 집단치료가 가장 태초의 공통적인 선조를 대표하는가? 만약 최초의 선조 격인 집단치료가 있다면 그것은 이 책에서 설명한 대인관계 외래환자 집단치료다. 이것이 첫 번째 집단치료다. 이는 지난 70년간 많은 체계적인 연구의 주제가 되었고, 사려 깊은 임상가들과 연구자들의 관찰과 결론이 담긴 상당한 양의 전문 문헌에 영향을 주었다.

이 책을 여기까지 공부했다면 최초 치료 집단의 기본 원리와 기법에 익숙해졌을 것이고, 다음 단계로 갈 준비가 되었을 것이다. 기본적인 집단치료 원칙을 특수 임상 상황에 적용하는 것이 15장의 목표다. 우선 다양한 임상 상황에 치료 집단의 근본원리를 어떻게 적용할지 논한 후 두 가지 다른 임상 예를 들어 설명하고자 한다. 급성 정신과 입원환자 병동을 위한 집단의 적용과 다양한 질병을 치료하는 내담자들을 위한 광범위한 사용에 관한 것이다. 그런 다음 구조화된 집단치료, 자조 지지집단, 온라인 집단 등 집단치료의 중요한 발달을 토론하며 이 장을 끝내려고 한다.

특수한 임상 장면을 위한 수정: 기초 단계

특수 치료 집단의 설계를 위해 다음의 네 가지 단계를 제시한다. (1) 임상 장면의 평가, (2) 적절한 목표 설정, (3) 새로운 임상 장면과 새로운 임상 목표에 적합한 전통적 기법의 수정, (4) 수정에 대한 효과를 평가한다.

임상 장면의 평가

치료 집단이 지니게 될 삶의 모든 임상적 사실을 세밀하게 검토하는 것이 중요하다. 내재적으로 제한적인 요인(컴퓨터 하드웨어)을 외재적 요인(소프트웨어)으로부터 조심스럽게 구분하라. 내재적인 요인(집행유예 중인 내담자들의 의무적인 참석, 진료소에서 처방된 집단치료의 참석, 입원 때문에 자주 빠지는 외래 암 환자 지지집단 등)은 임상 장면에서 이미 구축된 것이라 변경할 수 없는 것이다.

외재적이고 제한적 요인은 임의적이며 치료자의 권한 안에 있다. 예를 들어, 입원환자 병동에서 집단의 지도자가 교대 근무 때문에 매번 집단 모임에 다른 지도자가 참석하거나, 근친상간 집단의 경우 전통적으로 각 구성원이 그 주에 생긴 주요 사건을 차례대로 자세히 말하고 이것으로 모임 시간의 대부분을 사용하는 경우다.

어떤 의미에서는 알코올 중독자 재활회Alcoholics Anonymous의 평화의 기도가 여기에 적절하다. 치료자들은 자신이 변화시키지 못하는 것(내재적 요인)과 변화시킬 수 있는 것(외적 요인)을 받아들여야 하고, 그 차이점을 구분할 수 있을 정도로 현명해야 한다. 유념해야 할 점은 치료자들은 경험을 얻으면서 많은 내적 요인이 사실은 외적 요인이고 변화할 수 있다는 것을 알게 된다는 것이다. 예를 들어 집단치료의 효과와 이론적 근거에 대해 프로그램이나 시설의 결정자들을 교육하면서 치료 집단에 좀 더 도움이 되는 분위기를 만들 수 있다.[4] 이 점이 종종 성공적인 집단치료를 하는 데 필요한 첫 번째 일이다.

목표 설정

내담자 수, 치료 기간, 집단 모임의 빈도 및 기간, 병리 형태와 심각도, 공동 치료자 가능 여부 등과 같은 임상적 사실을 분명히 파악했다면, 다음 단계는 합리적인 임상적 목표를 설정하는 것이다.

치료자에 따라 임상적 상황을 좋아하지 않을 수도 있고, 이상적인 집단을 지도할 수 없게 만드는 많은 내재적 제한 사항으로 곤란함을 느낄 수도 있다. 그러나 불변하는 상황에 항의하느라 지쳐 버리지는 말라. 어둠을 저주하기보다 촛불을 밝히는 것이 낫다! 목표와 방법을 적절히 수정하면 언제든지 어떤 형태의 도움을 제공할 수 있을 것이다.

분명하고 적절한 목표 설정의 중요성을 강조하지 않을 수 없다. 부적절한 목표만큼 실패를 확실하게 보장하는 것은 없다. 이 책에서 내가 설명하는 장기 외래환자 집단의 목표는 거창하다. 증상을 해소하고 동시에 성격 구조를 변화시키는 것이다. 만약 이러한 목표를 최근 조현증 진단을 받은 청년 집단에 적용한다면, 즉시 치료적 허무주의자가 되고 치료자 자신과 집단치료가 희망 없고 비효과적이라고 낙인찍게 될 것이다. 이와 관련된 또 하나의 원칙은 다음과 같다. 맞게 설정되고 한계가 정해져 있는 목표를 가진 집단이 주는 광범위한 영향을 과소평가하지 말라.

반드시 임상 상황에 적절하고, 주어진 시간 내에 성취할 수 있는 목표를 설정해야 한다. 목표는 치료자뿐 아니라 내담자들에게도 분명해야 한다. 앞서 9장의 집단 준비에 관한 설명에서 내담자를 치료의 완전한 조력자로 만드는 것이 중요함을 강조했다. 목표와 집단 과업을 분명히 하고, 이 둘을 연결시킴으로써 집단의 협조를 촉진할 수 있다. 다시 말하면, 치료 집단의 작업이 어떻게 이 목표를 이루도록 돕는지를 집단원들에게 분명히 하는 것이다.

시간이 제한된 특수 집단에서는 목표가 제한적이어야 하며, 집단원들의 능력과 잠재력에 맞게 조정되어야 한다. 집단이 성공 경험을 하는 것이 중요하다. 내담자들은 보통 패배하고 사기가 꺾인 상태로 치료에 들어온다. 그들에게 가장 필요하지 않은 것은 또 다른 실패다. 앞으로 곧 입원환자 집단에 관해 논하며 목표 설정의 과정을 상세히 다룰 것이다.

기법의 수정

임상적 조건에 대해 명확하고 적절하고 실현 가능한 목표를 설정했다면, 이들 조건과 목표에 맞는 치료 방법을 고려해야 한다. 이 단계에서 치료적 요인을 고려하고, 어떤 요인이 이 목표에 도달하기에 가장 큰 역할을 할지 고려하는 것이 중요하다. 임상적 상황과 치료의 새로운 목표에 적응하기 위해 방법과 스타일, 필요하다면 집단의 기본 형태도 변경하며 엄격한 실험을 하는 단계다. 다루려는 대상이 특별한 임상군이고 집단 수정이 요구되더라도 집단치료 과정과 집단 지도력의 핵심 원칙을 이해하면 매우 귀중한 자산이 된다는 점을 명심하라.[5]

가설상의 예를 들기 위해 당신이 익숙하지 않은 영역에서 집단을 지도해 달라는 요청을 받았다고 하자. 예를 들어, 가정의학과 의사 네트워크로부터 심장 발작을 앓는 남성을 위해 단기 집단을 지도해 달라는 요청을 받았다고 하자. 그 남성들은 자주 우울하고 심장 재활을 거부한다.[6] 당신이 가장 먼저 추구할 목표는 이들이 의지를 가지고 재활에 참여하도록 돕는 것이다.

심사면접interview screening을 하는 동안 당신은 몇 가지 부가적 목표를 갖게 된다. 내담자들이 시간에 맞춰 약을 먹지 않는다는 것과 내담자 모두 심각한 사회적 고립과 무의미와 절망으로 인해 고통받고 있다는 것을 알게 된다. 그들은 남성으로서 문제가 있다고 느끼고 다음에 찾아올 심장 발작을 두려워한다. 이러한 문제로부터 목표를 추가한다면, 최대한 효과적인 목표 달성을 위해 표준 집단기법을 어떻게 수정해야 할까?

우선 위험 정도가 너무 크기 때문에 자살 가능성의 강도와 그 변동을 예의 주시해야 한다. 매주 간단히 자살척도에 답하게 하거나 고립과 기분에 대해 간단히 점검하며 모임을 시작할 수 있다. 그들의 낙담과 사회적 고립을 고려해 집단원 간의 집단 밖에서의 모임을 저지하기보다는 권장할 수 있고, 어쩌면 매주 치료자나 내담자 간에 전화 통화를 하거나 문자 또는 이메일을 몇 번 이상 보내도록 지시할 수도 있다. 모임 이후 또는 모임 사이에 커피 타임을 갖도록 권장할 수도 있다. 또는 이타심이라는 치료적 요인을 활용해 경험이 많은 집단원에게 새로 온 집단원을 배당해 주어 '동료 조직망'를 실험적으로 시도함으로써 쓸모없다는 느낌이나 소외감을 다룰 수 있다. 즉, 경험 많은 사람이 주중에 새 집단원이 약을 잘 먹고 있는지 재활에 참여하는지를 확인하고, 일종의 '후원자'가 되어 새 내담자가 모임에서 충분한 배려와 시간을 할당받게끔 도와주게 할 수 있다.

집단의 치료 작업에 깊이 빠져드는 것은 소외감을 예방하는 데 최선의 방법이다. 따라서 치료자는 매번 모임에서 긍정적인 지금-여기의 상호작용을 형성하는 데 최선을 다해야 한다. 집단원이 서로에게 주는 즉각적인 진가에 초점 맞추면 경이로운 일이 일어난다. 희망을 심어 주는 것도 매우 중요하기 때문에 회복되어 자기효능감을 얻고 밖에서 기능할 수 있는 내담자들을 집단에 포함하는 것을 결정할 수도 있다.

육체적 결함에 대한 부끄러움 또한 사람을 고립시킨다. 집단치료자는 서로의 신체적 접촉, 예를 들어 집단 모임이 끝날 때 서로 손을 잡고 짧은 명상을 하게 하는 등의 신체적 접촉을 통해 수치를 상쇄하는 방법을 시도할 수도 있다. 이상적인 상황은 치료자가 지지집단을 만들고, 집단치료가 끝난 후 독립적인 자조집단으로 발전해 그 집단의 자문가가 되는 것이다.

이런 예에서 분명한 것은 치료자가 자기 집단에 들어올 내담자들의 문제를 상세하게 아는 것이 중요하다는 점이다. 그리고 어떤 임상 집단을 치료하게 되는지도 알아야 한다. 만병통치약은 없다. 치료자는 특수한 임상 영역에 열중해 집단이 진행되는 동안 발생할 가능성이 있는 역동과 문제점을 이해하기 위해 열심히 연구해야 한다.[7]

예를 들어 알코올 중독자들의 대인관계 집단을 지도하는 치료자는 금주, AA 참석, 몰래 술 마시기, 허풍, 의존성, 불안을 다루는 능력의 결핍, 행동화act out하려는 경향성 등과 관련된 문제를 다룰 준비를 해야 한다.[8]

사별자 집단은 흔히 죄의식(더 잘해 주어야 했다거나, 더 사랑해야 했다거나, 더 좋은 배우자가 될 수 있다는 등), 외로움, 주요 인생 결정, 인생에서 후회하는 점, 불쾌한 새로운 역할을 맡아야 하는 것, 옛 친구들에게 자신이 쓸모없는 것처럼 여겨지는 일, 죽은 배우자를 잊어야 하는 필요성과 고통에 초점을 맞춘다. 배우자와 사별한 남녀는 새로운 삶을 시작하는 것을 마치 떠난 배우자를 배신하는 것처럼 느낀다. 이 집단은 데이트(수반되는 죄의식), 그리고 만약 치료자가 능숙하다면 개인적 성장 등에 초점을 맞춘다.

은퇴자 집단은 반복되는 상실, 증가된 의존성, 사회적 역할의 상실, 자신의 가치를 확인시켜 주는 새로운 원천을 찾아야 할 필요성, 줄어든 수입과 기대, 나아지고 있다는 느낌의 감소, 인생 후반의 발달 과업 및 더 많은 시간을 같이 보내며 생기는 배우자와의 관계 변화 등에 관해 다루어야 한다.[9]

알츠하이머 환자를 돌보아야 하는 부담을 지닌 가족 집단에서는 상실의 경험, 자신의 배우자나 부모인데 겉만 예전의 사람이고, 돌봐주는 사람의 노력을 알아주지도 못하고,

자신의 이름조차 분간하지 못하는 등의 두려운 경험에 초점을 맞춘다. 또한 돌보는 사람의 고립, 부담감을 느낄 때 이를 다스리는 방법, 부담으로부터 해방되기를 원하는 마음에 대한 죄의식 등을 다루어야 한다. 이런 집단에서 어려운 환자를 돌보는 시나리오로 역할극을 할 수도 있다. 훈련된 배우(표준적인 환자)에게 치매 환자 역할을 맡겨 어렵고, 저항하고, 공격적인 행동을 다루는 기술을 습득할 수 있다. 중요한 것은 이런 집단이 돌보는 이의 노력과 개성을 타당화하고 인정해 준다는 점이다.[10]

팬데믹 상황에서 건강 분야 종사자들의 스트레스를 다루는 집단에서는 그들의 주요한 관심사를 확인하는 기회를 가질 수 있다. 환자를 돌보는 그들의 자원, 그들 자신의 안전, 개인 보호 장비, 전문적 · 개인적 규범에 맞는 돌봄을 줄 수 없을 때 느끼는 윤리적 고통, 슬픔과 상실 등에 적절히 접근하게 한다. 집단은 그들의 안전을 추진하고, 사회적 지지를 조장하고, 대응 전략을 교육하고, 효율감을 회복하고, 미래에 대한 희망을 증진하는 작업을 할 것이다.[11]

심리적 충격을 경험한 사람들의 집단은 다양한 집단 과제를 순서대로 폭넓게 다루어야 한다. 우선적으로 안전, 신뢰, 보호가 중요하다. 같은 충격을 경험한 다른 사람들과 함께 있고, 충격이 신체와 마음에 미치는 영향에 대한 심리교육을 받는 것이 고립과 혼동을 감소시킬 수 있다. 이후에는 구체적인 충격의 증상을 치료하기 위해 심호흡이나 상상 같은 구조화된 행동치료를 사용할 수 있다. 그런 다음 충격이 집단원들의 세상에 대한 기본 신념과 가정을 어떻게 변화시켰는지를 다룰 수 있다. 충격이 성적 학대로 인한 것이라면, 초기 단계에서는 집단이 성별에 따라 이상적으로 구성될 것이다. 나중에 사회로 복귀하는 과정을 완성하기 위해서는 혼성 집단이 필요할 수 있다.[12]

충격받은 내담자들이 전쟁이나 폭력을 피해 도망한 피난민인 경우에는 문화에 맞는 세심한 치료를 제공하기 위해 접근 방법을 수정해야 한다. 모든 심리교육 자료는 참가자의 언어에 맞게 번역되어야 하고, 내담자들의 다양한 정신건강 이해 수준에 따라 적용되어야 한다. 언어 사용이 덜 요구되는 비언어적 개입을 더 사용할 수도 있다. 한 예로 안전 증진, 의사소통, 공포심을 정복하는 방법을 부모가 어린 자녀들과 놀이를 하면서 가르치게 할 수 있다. 개별 가정을 강화하면 역으로 더 큰 지역의 안전감을 높일 수 있다.[13]

요약하면, 특수 치료 집단을 개발하기 위해서는 다음의 단계를 따르는 것이 좋다.

1. 임상 장면의 평가: 변경할 수 없는 임상적 제한점을 결정한다.

2. 목표 설정: 현존하는 임상적 제한 안에서 성취할 수 있는 적절한 목표를 설정한다.
3. 전통적 기법 수정: 집단치료의 기본 원칙과 치료적 요인을 지키되 특수화된 목표를 이루기 위해 기법을 변경한다. 치료자는 임상적 상황과 특수 임상적 집단의 역동에 적응해야 한다.
4. 치료 평가: 계속 연구함으로써 치료자의 작업을 향상시킨다.

이러한 단계는 명확하지만, 즉각적인 임상적 유용성을 가지기에는 너무나 막연하다. 이제 정신과 급성 입원환자 병동의 치료 집단 발달을 자세히 살펴보면서 전체 단계를 설명하고자 한다.

나는 두 가지 이유로 급성 정신과 입원환자 집단을 선택했다. 첫째, 급성 정신과 입원환자 집단은 여러 가지 전략적 원칙과 기술 적용을 매우 분명하게 제공한다. 임상적으로는 중병이며, 급성 입원환자의 치료 장소는 집단치료를 하기에는 너무도 불친절해 극단적인 기법의 수정을 요한다. 둘째, 입원환자 집단은 가장 일반적인 특수 집단이기 때문에 이 특별한 예는 많은 독자에게 유용할 것이다. 전국적으로 치료 집단은 대부분 급성 정신과 병동에서 일어난다. 이는 입원 기간이 점점 짧아지는 이 시대에도 마찬가지다. 입원환자 정신과 치료는 발생률이 점점 증가하고 있는데, 이는 내담자를 위한 지역사회의 돌봄이 부적절하기 때문이다.[14] 내담자들은 입원 병동의 사회적 관계 기회를 소중히 여긴다. 그렇지만 많은 병동에서 그들은 아무것도 하지 않고 사회적인 관계 없이 비틀거리며 많은 시간을 보내고 있다.[15] 집단치료는 이 관계 욕구를 다룰 수 있다. 많은 사람이 여기서 처음으로 집단을 접하게 되며, 따라서 우리에게도 건설적인 경험이 될 것이다. 그리고 전반적인 임상적 효과에 의미 있는 영향을 준다. 입원환자 장면에서 집단치료는 또한 의료진의 사기를 높이고 목표 의식을 증가시킨다.[16] 모든 의료진은 치료철학으로서 '침대와 약'보다 집단치료가 좀 더 인간적이고 효과적이라는 것을 쉽게 알 수 있다.

급성 입원환자 치료 집단

임상 장면

본 저서에서 설명하는 외래환자 집단은 독립적이며, 모든 중요한 협상은 집단치료자와 7~8명의 집단원 사이에서 이루어진다. 그러나 입원환자 집단은 그렇지 않다! 입원환자 집단을 지도할 때 치료자가 직면해야 하는 첫 번째 임상적 사실은 이 집단은 절대로 독립적이고 자유로운 실체가 아니라는 점이다. 항상 더 큰 집단, 즉 이들이 몸담고 있는 입원환자 병동과 복잡한 관계를 맺고 있다. 작은 치료 집단에서 집단원들끼리 드러내는 내용은 기관의 큰 집단 내에서 일어나는 일에 반향을 일으킨다.[17]

입원환자 집단의 효과와 존재는 행정부의 참여와 지지에 달려 있다. 병동 회의, 집단 활동과 프로그램, 그리고 집단치료 등 입원환자 유형을 분류하는 것이 중요하다. 모두 중요하지만 매우 다른 목표와 다른 훈련, 다른 지도자 자격 요건이 필요하다.[18] 어떤 집단은 인터페이스로 일어난다. 예를 들어 특별히 선정한 영화를 보고 그 영화가 내담자의 감정과 사회적 관계에 대한 인식과 소통과 어떤 관련이 있는지 토론한다.[19] 만약 병동 담당자와 임상간호 조정자들이 집단치료 접근이 효과적이라고 생각하지 않으면 집단 프로그램을 지지하지 않을 가능성이 크고, 여러 가지 방법으로 치료 집단에 맞는 권위를 인정하지 않을 것이다. 그들은 정기 스케줄에 따른 집단지도자 자리에 인원을 주지 않거나, 감독훈련을 제공하지 않으며, 심지어 집단 모임을 편하고 일관성 있는 시간에 배치하지도 않을 것이다. 그러한 병동의 치료 집단은 비효과적이 되며, 집단지도자들은 지지받지 못하고 급속히 사기가 떨어진다. 모임은 불규칙적으로 정해지고, 집단원들은 자주 개인치료나 갖가지 다른 병원 일정 때문에 불려 나가 방해를 받는다.

이러한 일은 내재적이고 변화 가능성이 없는 문제들인가? 절대로 아니다! 오히려 외적이고 태도에 관한 문제이며, 여러 가지 원인에서 온다. 특히 병동 행정가들의 전문적 교육과 관계가 있다. 많은 정신과 훈련 프로그램과 간호대학교에서 집단치료에 대한 포괄적인 교과과정을 제공하지 않고 있다(입원환자 집단치료에 대한 정상적인 강의가 거의 없다). 그러므로 병동 행정가가 그들이 거의 알지 못하고 신뢰하지도 않는 치료 프로그램에 자원과 에너지를 투자하지 않는 것은 이해할 만하다. 전문가 간에 오가는 긴장도 한몫한다. 집단치료 지도력을 귀중하게 여기는가 아니면 낮은 수준의 활동으로 보는가? 어떤 전공 학문이 정신치료를 제공하기에 신뢰가 가는가? 작은 치료 집단이 전문적 관심사가 경쟁하는 전쟁터가 되어서는 안 된다.

입원환자 병동은 효력 있는 심리사회적 치료 개입 없이 오로지 약물치료에 의존하고 있으며, 스태프의 일은 관리인의 돌봄 정도밖에 되지 않는다. 그렇지만 나는 이런 태도가 더 큰 임상적 참여를 통해 변화할 수 있다고 믿는다. 많은 연구에서 입원환자 집단치료의 효과를 증명하고 있다.[20]

잘 기능하는 집단 프로그램은 환경 전체에 잘 스며들어 도움이 되며, 작은 집단은 조직 전체의 자원으로 간주되어야 한다.[21] 매년 1만 3,000명의 환자에게 치료를 제공하는 미국의 한 대규모 행동건강관리 네트워크에서는 임상가들에게 입원환자 집단에 대한 교육, 슈퍼비전, 정기적인 측정 기반 피드백을 제공함으로써 임상적 관리에 변화를 일으켰다. 그 결과 임상 결과 개선, 내담자 만족도 향상, 공격성 및 위험한 사건 감소, 의료진의 사기 향상 등의 현저한 성과가 증명되었다.[22] 이것이 제대로 진행되는 집단치료의 위력이다.

이러한 외적이고 프로그램적인 문제 외에도 급성 입원환자 병동에서는 집단치료자들에게 몇 가지 내재적인 주요 문제가 있다. 특히 모든 입원환자의 집단치료자가 직면해야 하는 몇 가지 어려운 문제가 있다.

내담자의 빠른 교체 정신과 입원 기간이 매우 짧아졌다. 대부분 병동의 평균 입원 기간은 며칠 또는 1~2주 정도다. 이는 작은 치료 집단의 구성이 매우 불안정하다는 것을 의미한다. 나는 여러 해 동안 입원환자 집단을 일주일에 3~5차례 지도했는데, 같은 집단원으로 구성된 집단이 두 모임을 연속해서 한 적이 거의 없으며 세 번 연속으로 한 적은 아예 없다.

이것은 어쩔 수 없는 상황으로 보인다. 집단치료자는 환자의 입원과 퇴원에 아무런 영향력이 없다. 사실 퇴원은 임상적인 이유보다 재정과 행정적 압력에 의해 결정되는 것이 점점 일반화되고 있다. 의료진은 과중한 부담과 과로를 느끼며, 강요된 회전문 방식의 입원환자 병동은 여전할 것이다. 뭔가 달라지는 점이 있다면 앞으로는 그 문이 좀 더 빠르게 회전하게 될 것이라는 사실이다. 임상가들은 어쩔 수 없는 한계 안에서 할 수 있는 만큼 우선적으로 환자 치료에 초점을 맞추어야 한다.[23] 하지만, 이에 상응하는 지원을 제공하지 않으면서, 의료진의 부담을 늘려서는 안 될 것이다.

정신병리의 이질성 8장에서는 집단에 맞지 않을 것 같은 집단원을 피하고, 자아 강도 수준이 비슷한 집단원을 신중하게 선발하는 것이 집단 구성에서 중요하다고 강조했다. 그렇다면 구성원을 거의 통제할 수 없는 집단, 즉 정신병 성향이 강한 집단원과 기능을 잘하고 통합력이 뛰어난 집단원이 나란히 앉아 있는 집단을 어떻게 지도할 것인가?

내담자의 빠른 교체와 광범위한 정신병리 같은 혼란스러운 주요 요인 외에 시간제한, 집단의 경계, 집단지도자의 특별한 어려움 등 여러 가지 내재적인 임상적 요인이 입원환자 치료 집단의 기능에 의미 있는 영향력을 미친다.

시간제한 치료자의 시간은 매우 제한적이다. 일반적으로 내담자와 치료 동맹은 고사하고 개인을 집단에 준비시키고 관계 형성을 위해 예비 면담을 할 시간도 없다. 새 집단원을 집단에 통합시키고 종결(누군가 거의 매 모임에서 집단을 종결한다)을 다루고, 집단에서 일어난 문제를 철저히 다루고, 또는 학습전이에 초점 맞출 시간이 거의 없다.

집단의 경계 입원환자 장면에서는 집단 경계가 분명하지 않다. 일반적으로 집단원들은 몇 명 또는 다수의 내담자가 함께 다른 집단에 속해 있을 수 있다. 집단 밖의 사교생활은 예외라기보다 당연한 것이다. 내담자들은 온종일 함께 시간을 보낸다. 비밀 보장의 경계도 불분명하다. 작은 입원환자 집단에서는 진정한 비밀이란 없다. 내담자들은 종종 소집단의 중요한 사건을 병동의 다른 사람들과 나누고 의료진도 회진을 돌며 간호 보고서에 기록하거나 회의에서 서로 정보를 자유롭게 나눈다. 그러므로 입원환자의 작은 집단에서 비밀 보장의 한계는 전 병동을 망라하는 탄력성을 가지며 한 집단에만 국한될 수 없다. 그렇지 않으면 그 작은 집단은 전체 병동으로부터 떨어지게 된다. 이런 경계를 협상하고 관리하는 것은 집단지도자의 중요한 몫이다.[24]

집단지도자의 난관 입원환자 집단의 지도자들은 환자들과 온종일 다른 역할로 연결될 수 있는 만큼 그들의 역할은 복잡하다. 그들의 참석이 종종 불규칙할 수 있다. 집단지도자들은 흔히 정신과 간호사인데 주말, 저녁, 야간 근무로 인한 교대 근무 때문에 대개는 연속해서 모임에 참여할 수 없다.

치료자의 자율성도 다른 방법으로 제한된다. 예를 들어, 치료자들은 집단의 구성에 한정된 재량만 가지고 있는데, 마찬가지로 교대 스케줄에 근거해 배치되는 공동 치료자에 대해서도 선택권이 없다. 입원환자 집단치료자는 보통 외래환자 집단치료자보다 더 노출된다고 느낀다. 집단 내 어려움은 모든 사람이 쉽게 알 수 있다. 마지막으로, 급성 입원환자 병동의 정신없는 속도 때문에 지도감독의 기회도 거의 없고, 심지어 모임 후 치료자들 간 토론도 거의 없다.

목표 설정

일단 입원환자 치료 집단 생활의 임상적 현실을 파악하고 외적 요인과 내재적 요인을 분별했다면 다음의 질문을 할 차례다. 입원환자 집단의 과정에 영향을 주는(그리고 방해하는) 복합적인 내재적 요인이 주어진 상태에서 집단은 무엇을 달성할 수 있는가? 합리적인 치료의 목표는 무엇인가?

급성 입원환자 집단의 목표는 급성 입원환자의 입원 목표와 동일하지 않다는 점을 주지하길 바란다. 집단의 목표는 정신병적 에피소드를 해결하는 것이 아니고, 조증 환자의 증상 속도를 늦추는 것도 아니며, 환각이나 망상을 감소시키는 것도 아니고, 심각한 우울증을 해결하는 것도 아니다. 집단은 이런 것을 할 수 없다.

입원환자 집단이 할 수 없는 것이 너무도 많다. 그렇다면 입원환자 집단이 할 수 있는 것은 무엇인가? 여섯 가지 성취 가능한 목표를 설명하겠다.

1. 환자를 치료 과정에 끌어들이기
2. 말하는 것이 도움이 된다는 것을 증명하기
3. 문제 찾기
4. 고립 감소시키기
5. 다른 사람들에게 도움이 되기
6. 병원과 관계되는 불안 낮추기

1. 환자를 치료 과정에 끌어들이기

종합병원의 정신과 병동에 단기로 반복해 입원하는 현대의 급성 정신과 입원 양상은 입원 후 적절한 후속 치료가 따른다면 장기 입원보다 더 효과적이라는 것이 증명되었다. 집단치료가 후속 치료로 특히 더 효과적이라는 많은 증거가 있다.[25] 입원환자 집단치료의 1차 목표는 이러한 발견에서 비롯되는데 환자가 참여한 과정이 건설적이며 지지적이라고 지각하고, 퇴원 후에도 지속하게끔 하는 것이다.

2. 말하는 것이 도움이 된다는 것을 증명하기

입원환자 치료 집단은 내담자들이 자신의 문제에 관해 말하는 것이 도움이 된다는 사실을 배우도록 돕는다. 그들은 고통을 나누고, 다른 사람들이 들어주고 이해하고 수용해 줄 때 상태가 좋아지면서 고통이 감소한다는 것을 배운다. 다른 사람의 이야기를 들음으로써, 집단원들은 또한 자신과 같은 형태의 장애로 인해 다른 사람도 고통받고 있으며, 나의 고통만이 특별한 것이 아니라는 사실을 알게 된다.

> 입원환자 치료 집단 가운데 편집증 망상이 있는 여성 Sally는 초조해하며 방 친구 Rose에게 왜 병동에서 탁구를 치자고 했는지 말해 달라고 요구했다. Sally는 자기가 탁구를 좋아하지만 Rose가 그것을 어떻게 아느냐는 것이다. Rose가 자기 마음을 읽을 수 있어서 자기 머리에서 생각을 훔치고 있다고 걱정했다. Rose는 Sally의 생각은 몰랐고, 시간을 보내기 위해 그냥 물어본 것이라고 대답했다. 이 말을 반복하고 강조해야 했고, 결국 Sally는 "당신이 내 생각을 읽을 수 없다는 뜻인가요? 그럴까 봐 너무도 겁이 났어요"라고 대답했다.

3. 문제 찾기

입원환자 치료 집단에서 내담자가 문제를 해결하기에는 치료 기간이 너무 짧다. 그러나 집단은 내담자들이 입원 중이나 퇴원 후 개인치료에서 도움이 되도록 개인의 문제를 찾아내는 데 효과적인 도움을 줄 수 있다. 입원환자 치료 집단은 치료할 영역과 치료 방향을 분명히 제공함으로써 다른 치료의 효과를 증가시킨다.[26]

집단이 치료적으로 다룰 수 있는 문제, 즉 내담자가 한계가 있고 소화해 낼 수 있다고 지각하는 문제를 알아내는 것이 중요하다(만성적 불행감, 우울증, 자살 경향과 같이 치료를 위해 구체적인 것을 제시할 수 없는 어떤 일반적 문제가 아니다). 집단은 집단원이 다른 개인과 관계 맺는 방식에서 자신의 문제를 알아내도록 도와주는 데 매우 능숙하다. 집단은 개인이 자신의 비적응적인 대인관계 행동을 깨달을 수 있는 이상적인 치료 환경이다. Emily의 이야기는 이 점을 잘 보여 준다.

Emily는 극심하게 고립된 젊은 여성으로 우울증 병동에 입원했다. 그녀는 자신이 항상 약속을 정하려고 먼저 전화하는 입장이라고 불평했다. 그녀는 한 번도 초대받아 본 적이 없었다. 그녀를 찾는 가까운 동성 친구도 없었다. 남자들과 데이트하면 늘 하루 저녁으로 끝났다. 그녀는 남자들과 함께 잠으로써 그들을 즐겁게 해 주려 했지만, 그들은 두 번 다시 데이트를 신청하지 않았다. 사람들은 그녀를 만나자마자 잊어버리는 것 같았다. 그녀가 참가한 세 차례 집단 모임 중에 집단은 그녀가 항상 즐겁고, 우아한 미소를 띠고 있으며, 항상 남을 즐겁게 하려고 애쓰는 것 같다는 사실에 대해 계속 피드백을 주었다. 그렇지만 이 과정에서 사람들은 Emily가 누구인지에 대해서는 길을 잃었다. 그녀 자신의 의견은 무엇인가? 그녀 자신의 욕구와 감정은 무엇인가? 끊임없이 호감을 주려는 그녀의 욕구는 심각하게도 부정적인 결과를 가져왔다. 사람들은 그녀가 지루하고 뻔하다는 것을 알게 되었다.

극적인 일이 2회기에서 내가 그녀의 이름을 잊어버려 사과했을 때 일어났다. 그녀의 반응은 "괜찮아요, 상관없어요"였다. 나는 그녀가 상관하지 않는다는 사실이 내가 그녀의 이름을 잊은 이유 중 하나일 것이라고 말했다. 다시 말하면, 그녀가 자신의 욕구에 신경을 쓰고, 좀 더 명확히 하는 유형이었다면 그녀의 이름을 잊지 않았을 것이다. 세 차례 집단 모임에서 Emily는 외부 사회 관계에서 도달하기 힘든 결과를 가져오는 주요한 문제를 확인했다. 즉, 다른 사람의 애정을 얻으려는 필사적이지만 자기 패배적인 시도를 하면서 자신을 드러내는 경향이다.

4. 고립 감소시키기

입원환자 집단은 집단원 간에 존재하는 고립을 깨는 데 도움을 줄 수 있다. 집단은 의사소통 기술을 연마하는 실험실이다. 의사소통이 잘 될수록 고립은 줄어든다. 집단은 개인이 서로 의견을 나누고 다른 사람들이 자신을 어떻게 지각하는지 피드백 얻는 것을 허용한다. 피드백을 통해 개인은 그들의 맹점을 발견한다.

집단원 간의 고립을 감소시키면 두 가지 분명한 보상을 얻게 된다. 첫째, 개선된 의사소통 기술이 병원 밖에서 이루어지는 다른 사람들과의 관계에서 내담자를 도울 것이다. 위기 상황에서 입원 병동에 입원한 거의 모든 내담자가 중요한 지지적 관계가 끊어지거나 없어서 고통받고 있다. 만약 환자가 집단에서의 의사소통 기술을 병원 밖 생활에 전이할 수 있다면, 집단은 매우 중요한 역할을 해낸 것이다.

고립 감소의 두 번째 보상은 병동에서의 내담자 행동을 보면 분명해진다. 환자가 덜 고립될수록 내담자는 병동에 있는 치료 자원을 좀 더 사용하게 된다. 의사소통이 개선되면서 환자들은 다른 환자들과의 관계를 포함해 가능한 치료적 자원을 잘 이용하게 된다.[27]

> 만성 조현증이 있는 남성 Jack은 입원환자 병동의 첫 모임에 마지못해 참가했다. 그는 자신의 수호천사가 TV를 통해 정기적으로 메시지를 보내는데 병동이나 집단에서 얘기할 때 아주 조심하라고 조언했다고 말했다. 나는 Jack이 모임에 온 것을 환영하고 그의 조심성을 인정했다. 나는 그가 수호천사에 관해 말하면서 안전과 연결의 필요성에 대해 알려 주고 있다는 점을 주시했다. 내가 집단과 병동이 그와 모든 참가자의 안전을 위하려고 한다. 사실을 알아주면 좋겠다고 말하자, Jack은 우리 모두 누군가가 우리를 돌보고 있다는 느낌을 받으면 도움이 될 거라고 말하며 긴장을 풀었다. 집단원 중 무가치감과 무능감으로 우울증을 앓던 Mary는 Jack에게 저녁에 같이 식사할 수 있는지 물었다. 그녀는 그의 고립감에 주목했고 그가 좀 더 편안하게 느끼기를 원했다. 그녀는 자신이 집단에 더 많이 참여하기 위해 스스로 몰아붙이며 위험을 감당하려고 노력하고 있다고 덧붙였다. Jack은 "우리가 같이 앉을 수는 있지만 아직은 내가 말하리라고 기대하지 마세요"라고 긍정적으로 반응했다.

5. 다른 사람들에게 도움이 되기

이 목적, 즉 이타주의라는 치료 요인은 앞의 내용과 밀접한 관계가 있다. 내담자는 다른 내담자들에게서 도움을 받을 뿐 아니라 자신이 타인에게 도움이 된다는 사실에서 도움을 받기도 한다. 일반적으로 내담자들은 사기가 매우 저하된 상태에서 정신병원에 입원한다. 그들은 자기 자신을 도울 수 없을 뿐 아니라 다른 사람에게 줄 것이 아무것도 없다고 느낀다. 그들이 병동의 다른 집단원들에게 도움이 되는 경험은 자신의 가치에 대한 큰 힘이 된다. 위의 예시에서 Mary가 Jack에게 보인 반응이 이 과정을 잘 보여 준다.

6. 병원과 관계되는 불안 낮추기

정신과 입원 과정은 극심한 불안을 유발할 수 있다. 많은 환자가 큰 수치심을 경험하고 입원이 직장과 친구들에게 미칠 영향과 오명을 염려한다. 그들은 병동에서 일어나는 매우 심각한 환자들의 괴상하고 무서운 행동뿐 아니라 의료진의 긴장감 때문에도 고통받는다.

이러한 이차적인 긴장의 근원은 내담자들의 일차적인 불행감과 결부되어 있으며, 치료에서 다루어져야 한다. 입원환자 치료 집단은(치료적 공동체 집단과 마찬가지로) 환자들이 이러한 문제를 공개할 수 있는 장forum을 제공하고, 단순히 이러한 염려를 다른 집단원들과 나눌 수 있다는 것을 알게 됨으로써 안심하게 된다. 예를 들어 그들은 입원실 친구가 적대적이지 않고, 의도적으로 그들을 배척하는 것이 아니라 오히려 두렵고 무엇에 몰두해 있기 때문이라는 점을 알게 된다. 병동에서 아주 두려워하던 한 남성이 불안한 조증 상태에서 입원환자 집단치료에 들어와 자신이 정신이상이었을 때 보인 위협적인 행동에 대해 사과했다. 그는 처참하게 느꼈고 그것은 일반적인 그의 행동이 아니라고 말하고 싶어 했다. 여러 번 나는 같은 주제로 다양한 표현을 보았다. 이 경험은 그가 약물치료에 집착하고 있다는 점을 강력하게 상기시켰다.

기법의 수정

현대의 입원환자 집단을 구성하는 두 가지 단계에 관해 알아보았다. 첫째, 삶의 내재적 임상 현실을 알아내는 것을 포함한 입원환자 집단의 임상 장면 평가, 둘째, 적절하고 현실적인 목적 설정이다. 이제 지지, 교육, 의사소통의 습득, 대처, 생활 기술을 제공하는 집단치료 전략과 기법의 청사진을 디자인할 세 번째 단계를 살펴볼 차례다.[28]

치료자의 시간 본서에서 설명한 전통적인 외래환자 치료 집단에서 치료자가 가질 수 있는 시간적 제한은 여러 주 혹은 여러 달이며, 때때로 몇 년이 되기도 한다. 치료자들은 인내해야 하고, 여러 회를 걸쳐 응집성을 구축해야 하며, 한 회기에서 다른 회기로 이어지며 반복해서 문제를 다루어야 한다. 입원환자 집단의 치료자는 전혀 다른 상황을 맞게 된다. 집단 구성은 거의 매일 바뀌고, 집단원들은 매우 짧은 기간 치료를 받으며, 정말 많은 집단원이 집단에 단 한 번만 참가한다.

입원환자 집단의 치료자는 극단적으로 짧아진 시간제한에 적응해야 한다는 것이 명백하다. 나는 입원환자 집단의 치료자는 집단 수명을 단지 1회로 여겨야 한다고 믿는다. 물론 한 모임에서 다음 모임으로 연속성이 있을 수도 있다. 여러 모임에 연속적으로 참여해 집단의 문화를 보유한 내담자도 있을 것이다. 그러나 그것을 믿지 마라. 치료자가 가정할 수 있는 가장 건설적인 태도는 집단이 단지 1회에 끝난다는 것이고, 그 한 회기 동안 가능한 한 많은 참가자에게 유용한 무언가를 제공하도록 노력해야 한다는 것이다.

효율성과 활동 1회라는 시간제한은 효율성을 요구한다. 문제가 형성되고, 집단에서 여러 가지 일이 일어나고, 이것을 천천히 다룰 시간이 없다. 낭비할 시간이 없다. 환자를 끌어들일 수 있는 단 한 번의 기회밖에 없으며, 이 기회를 헛되이 쓰면 안 된다. 입원환자 집단정신치료에서 수동적이고 반영적인 집단치료자의 자리는 없다. 치료자는 만나러 가고, 지지하고, 집단원들과 개인적으로 상호작용을 해야 한다. 증가된 활동 수준이 요구된다는 것은 장기 집단치료 훈련을 받은 사람에게는 기법상 주요 변화가 필요하다는 의미다. 기법의 수정은 절대적으로 핵심적이다. 입원환자 집단을 지도하는 것이 개방된 외래환자 집단을 지도하는 것보다 종종 더 힘들다. 안타깝게도 입원환자 집단을 지도하는 치료자의 훈련, 발달, 슈퍼비전에 너무도 관심을 갖지 않는다.[29]

입원환자 치료 집단의 주요 목표 중 하나는 병원을 떠난 후 그들이 계속하기를 원하는 치료 과정에 환자들을 끌어들이는 것임을 명심하라. 따라서 집단원들이 집단에서 지지적이고 긍정적이며 건설적인 경험을 할 수 있는 분위기를 창조하는 것은 필수적이다. 집단원들은 안전하고 이해받고 수용 받는다고 느껴야 한다.

입원환자 치료 집단은 직면하고 비난하고 분노를 표현하고 검토하는 곳이 아니다. 남을 속이고 조종해서 강력한 직면이 필요한 환자도 있겠으나, 대다수 환자가 불안함을 느끼게 만드는 위험을 택하기보다는 그냥 지나치는 것이 훨씬 좋다. 집단 과정과 집단 역동을 아는 것이 개방적인 장기 집단에서보다 입원환자 집단에서 덜 중요하지 않다. 그러나 차이가 있다. 입원환자 집단에서는 깊이 탐색하기보다 집단을 안전하고 지지적으로 만들기 위해 치료자가 이러한 이해를 사용한다.[30]

집단지도자는 집단의 요구와 개인의 요구를 모두 인식하고 치료에 포함해야 한다. 예를 들어 Jarad를 보자. 그는 양극성 장애를 가진 분노에 찬 남성인데, 병동에서 내보내달라는 요구를 거절한 간호사를 위협했다가 의료진에 의해 강제로 묶여 격리된 다음 날 집단에 참석했다. Jarad는 너무 위협적이라 무시할 수 없으며, Jarad의 행동을 다루는 것은 필수적이다. 그러나 드러내 놓고 싫다는 그의 의사를 거스르며 Jarad를 참여시키는 것은 화를 일으킬 가망성이 있었다. 집단지도자는 Jarad의 존재를 알리기로 선택하고, 전날 밤의 소동 후 집단에 오는 것이 어려웠을 것이라고 관심을 보였다. 그가 원한다면 좀 더 참여하길 바라지만, 원하지 않는다면 이 자리에 온 것만으로도 집단에 다시 들어오려는 하나의 단계로 보인다고 말했다. Jarad는 조용한 자세를 유지했고 집단은 자유롭게 진행되었다.

장기 외래환자 집단에서 치료자들은 직접적으로나 간접적으로 지지를 제공한다. 개인적으로 말을 걸고, 공감적인 경청, 이해, 수용하는 눈짓, 끄덕임, 몸짓 등으로 직접적인 지지를 해 주며, 지지의 강력한 인자가 되는 응집력 있는 집단을 구축함으로써 간접적인 지지를 해 준다.

입원환자 집단의 치료자들은 좀 더 신속하고 직접적으로 지지하는 방법을 배워야 한다. 지지라는 것은 치료자가 반사적으로 제공하는 것이 아니다. 치료자는 병리를 냄새 맡도록 훈련받고 약점을 찾아내는 전문가다. 내담자에게 기본적인 지지 행동도 종종 삼간다.

지지는 무수한 방법으로 제공될 수 있다. 가장 직접적이지만 잘 훈련받은 전문 치료자들이 자주 간과하는 것은 공개적으로 환자들의 노력, 의도, 장점, 긍정적 기여, 위험 등을 인정하는 것이다.[31] 예를 들면, 한 집단원이 다른 집단을 매우 현명하고 따뜻하게 느낀다고 말할 때 이 환자는 그가 택한 위험 부담에 대해 지지받는 것이 중요하다. 그 환자가 전에도 다른 사람을 그렇게 공개적으로 칭송할 수 있었는지 아닌지 의아할 수 있는데, 만약 적절하다면 이것이 집단에서 그가 정말로 호전되었다는 사실을 반영한다는 점을 언급한다. 또는 어떤 집단원이 위험을 감수하고 미묘하고 중요한 재료를 드러낸 후 다른 집단원들이 더 자기개방을 하게 되었다면, 공개적으로 이를 언급하라! 집단원들이 자신의 개방이 다른 사람들이 위험을 감수하는 것을 도왔다는 것을 자동으로 인식할 것이라고 짐작하지 말라. 내담자가 내놓은 적응적인 면을 확인하고 강화해 주라.[32]

방어적 자세의 부정적인 측면보다 긍정적인 측면을 강조하라. 예를 들어, 집단원이 보조 치료자 역할을 계속하려 한다고 생각해 보자. 개인 문제 다루기를 거부하는 점에 도전해 맞닥뜨려 부딪치지 마라. 대신 그가 다른 사람들에게 얼마나 도움이 되었는지 긍정적인 말을 해 주고, 그가 이타적이고 집단에 개인적인 것을 요구하기를 주저한다고 부드럽게 말한다. 좀 더 이기적이 되고, 남에게 좀 더 요청하라는 치료자의 제안에 저항하는 환자는 흔하지 않다.

치료자는 집단원들이 집단으로부터 지지를 얻도록 도와줌으로써 지지해 준다. 예를 들어, 어떤 내담자는 성격적으로 매우 객관적인 방법으로 자신을 내놓기 때문에 집단으로부터 거의 지지를 얻지 못한다. 신체 상태에 끊임없이 몰두하는 자기중심적인 집단원은 어떤 집단의 인내도 금방 고갈시킨다. 지도자가 그런 행동을 확인하게 되면 적의나 거부가 발생하기 전에, 내담자가 사회적 자살을 시도하기 전에 신속하게 개입해야 한다. 여러 가지 책략이 가능한데, 내담자에게 집단에서 할 수 있는 다른 행동 양식을 직접적으로 지시하거나, 그에게 새 집단원을 집단에 소개하는 일을 맡기거나, 다른 집단원에게 피드백을 주게 하거나, 그날 각 개인의 집단에 대한 평가를 추측하고 표현하게 할 수 있다.

자기가 받았던 많은 수술 과정을 끊임없이 이야기하는 여성이 있었다. 그녀가 평소 생활에 관해 묘사하는 것을 들어보면, 자신은 자녀에게 모든 것을 주었으나 아무것도 되받은 것이 없다고 느끼는 것이 분명했다. 나는 그녀가 수술 경과에 관해 말할 때 실제로는 '나도 어떤 욕구가 있다. 하지만 그것을 요구하는 것이 어렵다. 수술에 관해 말하는 것은 나에게 관심 좀 가져 달라는 의미다'라고 말하는 것이라고 넌지시 언급했다.

3회기에 걸쳐 그녀는 나의 말에 수긍했고, 그녀가 수술에 관해 말할 때마다 자신에게 더 많은 관심을 가져 달라는 메시지로 번역하겠다는 나의 요청에도 허락했다. 그녀가 도움을 분명히 요청했을 때 집단원들은 그녀가 신체적 아픔을 끊임없이 호소할 때와 다르게 긍정적으로 반응했다.[33]

지지하는 다른 방법은 가능한 한 갈등을 예견하고 피함으로써 집단을 안전하게 만드는 것이다. 만약 내담자들이 불안정하거나, 자기주장을 좀 더 강하게 하거나, 다른 사람에게 도전하는 법을 배우려 한다면, 치료자가 그 작업을 하는 것이 좋다. 집단원들보다 비난을 다루는 데 더 나은 입장에 있기 때문이다.

입원환자 집단은 애정이나 적개심을 격화시키는 곳이 아니다. 만약 두 집단원이 갈등을 겪고 있다면, 신속히 개입해 그 갈등의 긍정적 측면을 찾게 하는 것이 상책이다. 예를 들어, 흔히 반영mirroring이라는 집단현상 때문에 두 개인 사이에 불꽃이 튀긴다는 것을 명심하라. 자신이 갖고 있는 면(특히 부정적인 면)을 상대방 안에서 발견하면, 자신 안에 있는 그 부분을 싫어하기 때문에 상대방을 싫어한다.[34] 그러므로 두 개인에게 그들이 상대방과 여러 가지로 비슷한 점이 무엇인지 토론하게 함으로써 갈등을 비켜 가게 할 수 있다. 그들이 다른 사람의 관점에서 상대방이 어떻게 느낄지 생각해 볼 수 있지 않겠는가?

이런 방법으로 긴장을 공감으로 바꿀 수 있다.

갈등을 피하는 다른 책략도 많다. 질투는 흔히 대인관계 갈등에서 빠지지 않는 일면이다. 적대자들에게 서로 흠모하거나 질투하는 점에 관해 말하게 하는 것이 건설적이다. 역할을 바꾸어 보는 것도 때로 유용한 기법이다. 적대자들에게 역할을 바꾸어 상대방의 관점을 이야기해 보라고 요청한다. 무관심할 때는 서로가 성장하도록 거의 도와줄 수 없지만, 반대자들은 일반적으로 서로가 매우 도움이 된다는 사실을 집단에 환기시키는 것이 도움이 된다.

몇몇 집단원이 집단을 안전하지 않은 곳으로 경험하는 이유 중 하나는 집단이 너무 지나치지 않을지, 자신이 통제를 잃도록 밀어붙이지는 않을지 두려워하는 것이다. 즉, 대인관계의 참사를 일으킬 만한 말이나 생각, 느낌을 갖게 되지 않을까 하는 두려움이다. 이러한 집단원에게는 집단 참여를 스스로 통제하는 연습을 하게 함으로써 집단 안에서 안전감을 느끼게 할 수 있다. "우리가 너무 몰아세운다고 느끼나요?", "너무 불편한가요?", "오늘 당신을 너무 많이 드러냈다고 생각하나요?", "오늘 직접적으로 질문해서 너무 침범하지는 않았는지요?"와 같은 질문을 반복하면서 집단원들을 점검한다. 그리고 그 과정에서 작은 참석 계약을 만들라.

심하게 불안해하고 퇴행적인 환자들 집단을 지도할 때는 직접적인 지지를 좀 더 많이 해야 한다. 분명한 정신병 증상 아래에 잠재된 인간적인 핵심을 발견해야 한다. 심각하게 퇴행한 내담자를 살펴보고 긍정적인 면을 찾아보라. 말이 없는 환자에게는 회기 내내 자리를 지킨 것에 대해 칭찬하고, 일찍 자리를 뜬 환자에게는 20분간 머문 것에 대해 칭찬하라. 늦게 도착한 환자에게는 집단에 왔다는 사실로 칭찬하고, 비활동적인 환자에게는 모임 내내 주의를 기울인 것에 대해 칭찬하라. 환자가 충고하려고 한다면 부적절한 내용이라도 도우려는 그 의도를 강화해 주라. 말한 것을 알아들을 수 없고 이상하더라도 의사소통을 하려는 시도라고 말해 주라. Jake라는 집단원은 정신병적 대상부전 때문에 입원했는데, 사탄이 '신에게 버림받은 이 병원에 지옥 불과 유황'을 내리려 한다며 화를 내고 소리쳤다. 집단원들은 걱정하며 깊은 침묵 속에 잠겼다. 치료자는 무엇이 Jake의 분노를 폭발시켰는지 궁금하다고 큰 소리로 말했다. 다른 집단원이 Jake가 그의 퇴원 계획을 회의할 때부터 불안해했다고 말했다. Jake는 추천받은 숙소에 가기 싫다고 말했고, 절도와 공격으로부터 안전한 그의 하숙집으로 돌아가고 싶다고 했다. 그것은 집단원이 모두 이해할 수 있는 내용이라 그를 지지해 주었다. 근본적이고 인간적인 염려를 알게 된 Jake와 집단원들은 Jake가 괴상한 행동 때문에 고립되었던 때보다 더 나은 상황으로 하나가 되었다.

입원환자 집단의 초점: 지금-여기

나는 집단치료 과정에서 지금-여기에 대한 상호작용의 중요성을 반복해서 강조해 왔다. 지금-여기 안에서의 작업이 집단치료 과정의 심장이며, 치료 집단을 충전하는 발전소임을 강조했다. 하지만 내가 전국의 입원환자 집단을 방문할 때마다 그 집단들이 지금-여기의 상호작용에 거의 초점 맞추지 않는 것을 발견했다. 내 생각에는 그렇게 많은 입원환자 집단이 비효율적인 이유는 지금-여기를 피하기 때문이다.

만약 입원환자 집단이 지금-여기에 초점을 두지 않으면 어떤 다른 대안이 있는가? 대부분 입원환자 집단은 그때-거기에 초점을 맞추는데, 치료자의 단서를 따라 집단원은 그들이 '집에 있었을 때의 문제들'(병원에 입원하게 만든 문제)을 차례로 말하고, 다른 집단원들은 훈계와 충고로 응한다. 이러한 접근은 입원환자 치료 집단을 지도하는 데 가장 비효과적인 방법이고, 거의 틀림없이 실패라는 결과를 맞이하게 된다.

환자를 병원에 오게 한 문제는 복잡하고 다루기에 힘겨운 것이다. 이런 문제들은 훈련된 정신건강 전문가의 대단한 노력을 좌절시키고, 물어볼 것 없이 치료 집단의 집단원들을 방해할 것이다. 고통 중에 있는 환자들은 일반적으로 믿을 만한 보고자가 못 된다. 그가 집단에 제공하는 정보는 반드시 한쪽으로 치우친 것이고, 집단 모임에서 가능한 한 짧은 시간 내에 모든 중요한 배경 정보를 요약한다는 것은 불가능하기 때문에 제한적이다. 또한 그때-거기에 초점을 맞추는 것에는 다른 많은 단점이 있다. 대표적으로 시간 분배에서 매우 불공평한 결과를 가져온다. 만약 모임의 대부분 또는 전부가 한 환자에게 쓰인다면 나머지 집단원은 속은 것 같고 지루하게 느낄 것이다. 외래환자 집단원들과는 달리 이들은 집단에 예금을 맡겼다는 생각조차 하지 못한다. 즉, 집단이 그들에게 시간과 관심을 빚지고 있다는 것을 모른다. 그들은 퇴원하거나 또는 완전히 새로운 집단원으로 구성된 집단에 속하게 되기 때문에 환자들은 아무짝에도 쓸데없는 '당신에게 빚졌다'에 매달린 채 남게 된다.

어떤 입원환자 집단은 병동의 긴장감, 의료진-환자 갈등, 청소 관련 언쟁 등 병동 내에서 일어나는 문제에 초점을 맞춘다. 일반적으로 작은 집단을 만족스럽지 않게 사용하는 형태다. 어느 작은 집단 모임에도 몇 명의 집단원과 한두 명의 의료진이 참석한다. 의미 있는 토론에 정족수는 없다. 병동 문제를 다룰 더 좋은 장은 모든 환자와 의료진이 참석하는 공동체 회의다.[35]

다른 입원환자 집단은 자살에 대한 생각, 입원 경험, 치료, 환청, 약물 부작용 같은 증상 등 공통의 주제에 초점을 맞춘다. 그와 같은 모임은 몇몇 환자에게는 도움이 될지 모르나 모든 집단원에게 도움이 되는 경우는 드물다. 흔히 그런 모임은 일차적으로 정보를 나누어 주는 것인데, 그런 정보는 다른 방법으로도 쉽게 얻을 수 있는 것이다. 이는 소집단의 내재적인 힘을 사용하는 효과적인 방법이 아니다.

입원환자 집단의 임상적 상황이 지금-여기에 초점 두는 것을 덜 중요하거나 덜 권할 만하게 만들지는 않는다. 사실 지금-여기에 초점을 두는 것은 외래환자와 마찬가지로 입원환자에게도 효과적이다. 그렇지만 입원환자의 임상적 조건은 기법상 수정을 요한다. 앞에서 언급한 바와 같이 대인관계 문제를 훈습할 시간이 없다. 대신 환자들이 대인관계 문제를 발견하도록 도와주고, 대인관계에서 장점을 강화하고, 집단에서 알아낸 대인관계 문제를 다룰 수 있는 퇴원 후 후속 치료에 참가하도록 격려해 주어야 한다.

입원환자 집단에서 지금-여기를 사용할 때 가장 중요한 점은 앞에서 지지를 설명한 내용에 이미 내포되어 있다. 지금-여기가 갈등, 직면 또는 비난적 피드백과 동일하지 않다는 점은 아무리 강조해도 지나치지 않다. 입원환자 집단을 이끄는 극히 소수의 치료자만이 지금-여기 상호작용의 가치를 이용하는 것은 이러한 잘못된 가정 때문임을 나는 확신한다.

갈등은 한 가지 측면일 뿐이며, 절대로 지금-여기의 상호작용에서 가장 중요한 측면은 아니다. 지금-여기의 초점은 환자로 하여금 좀 더 분명하게 의사소통을 하고, 남들과 가까워지고, 긍정적 감정을 표현하고, 다른 사람들을 밀어내는 개인적 습관을 의식하고, 경청하고, 지지해 주고, 자신을 드러내고, 우정을 맺는 등 귀중한 대인관계 기술을 배우도록 도와준다.

입원환자 집단의 치료자는 지금-여기와 연관되는 문제에 특별한 관심을 기울여야 한다. 입원환자 집단의 집단원들은 위기에 처해 있다. 그들은 자신의 인생 문제에 몰두해 있고, 불쾌감이나 혼돈으로 꼼짝달싹할 수 없다. 자기탐색이나 개인 성장, 앞으로의 위기를 대처할 능력을 개선하는 데 관심을 갖는 외래환자들과 달리 입원환자들은 생존을 위한 하나의 양식에 사로잡혀 있으며, 지금-여기에 초점 맞추는 것이 그들의 문제와 관련 있음을 이해하지 못하기 쉽다.

그러므로 지금-여기의 관련에 대해 분명하게 지시해 주어야 한다. 나는 환자들이 여러 가지 다른 이유로 입원했지만, 다른 사람과 어떻게 관계 맺는지 탐색함으로써 누구나 도움을 받을 수 있다고 강조하면서 매 모임을 시작한다. 다른 사람과의 관계에서 어떻게 좀 더 얻을 수 있는지를 배우는 것은 누구에게나 도움이 된다. 집단치료가 가장 잘 다루는 것이 관계이기 때문에 집단치료에서는 관계에 초점을 맞춘다. 집단에는 다른 집단원들과 두 명의 정신건강 분야 전문가가 있어, 각 집단원이 집단에서 서로 어떻게 관계 맺고 있는지 기꺼이 피드백을 제공할 것이다. 나는 또한 집단원들이 대인관계 문제보다 중요하고 고통스러운 문제를 갖고 있음을 알지만, 이러한 문제는 개인치료, 사회사업 면담, 부부 또는 결혼치료에서 투약과 생물학적 치료 같은 다른 치료에서 함께 다루어져야 한다고 말한다.

구조의 형태

급성 입원환자 집단에서 모델과 상관없이 비지시적 치료자도 설 자리가 없다. 지도자는 집단 참여자에게 중요하고 안정적인 닻과 같다. 치료자는 집단이 경험하게 될 정상적인 응집성을 보여 주는 대리자다. 입원환자 병동의 대부분 환자는 혼란스러워하고, 두려워하고, 와해되어 있다. 그들은 외적 구조와 안정성을 갈망한다. 정신과에 처음 입원한 환자들의 경험을 살펴보자. 그들은 문제 있고 비합리적인 행동을 하는 다른 환자들에게 둘러싸여 있고, 그들의 정신적 예민성은 투약으로 둔화되어 있을 수 있다. 그들은 많은 의료진에게 소개되는데, 의료진은 복잡한 교대 스케줄 때문에 일관성 있는 출근 양식을 갖고 있지 않아 보인다. 때로는 처음으로 광범한 치료와 치료자들을 접하게 된다.

일반적으로 내적 구조를 얻는 첫 번째 단계는 외적으로 분명히 드러난 구조를 접하는 것이다. 방금 퇴원한 환자들이 결과를 보고하는 면담에서 놀랄 만큼 대부분이 집단에 능동적인 구조를 제공한 집단지도자를 선호한다고 표현했다.[36] 그들은 집단 모임을 시작하면서 집단 과정을 투명하게 지시해 주는 치료자에게 감사를 표했다. 집단원의 참석을 능동적으로 권하고, 시간 분배를 똑같이 하고, 기본적인 집단의 과업과 방향을 상기시켜 주는 지도자를 좋아했다. 연구 문헌도 그러한 치료자가 더 좋은 임상적 결과를 얻는다는 것을 증명한다.[37]

공간적 · 시간적 경계

입원환자 치료 집단을 위한 안전한 장소와 시간은 신성불가침 영역으로 고려되어야 한다. 이상적인 물리적 조건은 어떤 유형의 집단과 마찬가지로 집단원들이 둥그렇게 앉을 수 있는, 적당한 크기의 문을 닫을 수 있고 편안한 의자가 있는 방이면 된다. 그러나 많은 병동의 물리적 현실은 이러한 기본적인 요구도 갖추기 어려운 실정이다. 분명한 공간적 경계가 없다는 것은 친밀감과 응집성을 손상시키고, 집단의 작업을 방해한다. 병동을 떠나서 만나더라도 위험이 없고 안전한 닫힌 공간을 찾는 것이 좋다(그렇게 해도 안전하다면).

구조는 또한 시간적 안정이 있어야 마련된다. 이상적으로 모임은 모든 집단원이 참석해 정확한 시간에 시작하고 끝날 때까지 어떤 방해도 받지 않아야 한다. 입원환자 병동에서 이러한 조건을 갖추기는 여러 가지 이유로 어렵다. 와해된 환자들은 약속 시간이나 약속 장소를 잊어버려 늦게 도착한다. 집단원들은 의학적 또는 치료 약속 때문에 불려나간다. 제한된 주의력을 가진 집단원은 일찍 자리를 뜨겠다고 요청할 수도 있다. 투약을 많이 한 환자들은 모임 동안 잠에 빠져 집단의 흐름을 방해한다. 안절부절못하거나 겁에 질린 환자들은 아무 때나 집단에서 뛰쳐나갈 수도 있다. 내담자의 출석을 최대화하기 위해 병동 행정은 개방형 집단을 주장할 수 있다.

치료자는 최대한의 안정성을 제공하기 위해 가능한 모든 방법으로 개입해야 한다. 병동 행정가에게 집단 시간을 건드리지 못하도록 공표하게 요청함으로써 이유를 막론하고 환자들을 집단에서 불러내지 못하게 해야 한다(병동에서 집단이 가장 중요한 치료이기 때문이 아니라 이러한 방해는 치료를 방해하고, 집단치료는 본질적으로 거의 논리적 융통성이 없기 때문이다). 치료자들은 와해된 환자들에게 집단 모임에 대해 상기시키고 모임 장소로 데려오도록 의료진에게 요청할 수 있다. 환자가 집단에 참석하게 하는 것은 집단지도자뿐만 아니라 병동 의료진의 책임이어야 한다. 물론 집단치료자들은 먼저 정확하게 행동하는 모범을 보여야 한다. 병원에서 동료들이 '당신의 집단'이라는 말을 사용하는 것을 경계하라. 당신의 집단이 아니라 당신이 지도하는 병동 집단이며, 병동 구조에 포함되고 팀의 지원을 받아야 한다.

집단 모임에서 도망가는 도망자에 관한 문제에는 여러 가지 접근 방법이 있다. 먼저 환자들은 방을 떠나는 것이 허용되지 않는다고 자각하면 더 불안해한다. 그러므로 단지 그들이 모임 내내 머물 수 있기를 바란다고 표현하는 것이 가장 좋다. 만약 그럴 수 없다면, 다음 날 좀 더 안정되면 다시 오라고 제안한다. 만약 환자가 모임 도중에 떠나려고 하면 몸으로 막을 수는 없지만 가능한 대안이 있다. 환자가 불편함을 참고 견딜 수 있는 합당한 이유를 제공함으로써 그 상황을 재조명할 수 있다. 예를 들어, 한 환자가 자기는 불편한 상황에서 자주 도망치는데 이 행동 양식을 바꾸어야겠다고 말한 사례에서 그 결심을 상기시켜 줄 수 있다. "Eleanor, 지금 매우 불편해하는 것 같네요. 이 방에서 나가고 싶어 한다는 걸 잘 알아요. 하지만 당신이 며칠 전에 기분 상했을 때 그동안 항상 자신을 소외시켜 왔고 이제는 다른 사람에게 다가갈 방법을 찾고 싶다고 말했던 게 기억나요. 지금이 그것을 시도해 볼 좋은 기회 같은데요. 오늘 모임에 좀 더 머물러 보는 건 어떨까요?"라고 말할 수 있다. 나머지 모임 동안 단지 관찰자가 되라고 제안하거나, 그녀의 자리를 좀 더 편안한 곳으로 옮기도록 제안함으로써 불안을 줄여 줄 수 있다.

좀 더 높은 수준의 환자 집단인 경우 늦게 오면 5분 정도의 유예 시간을 주고 일단 문이 닫힌 후에는 집단 모임에 들어오지 못하게 하는 정책을 써서 좀 더 안정감을 줄 수 있다. 이런 정책을 쓸 때는 집단원을 균형 있게 포함하면서 집단의 경계를 보호하는 데에 윤리적 갈등을 겪게 된다. 이 문제는 병동의 지도자들과 논의할 필요가 있다. 이런 정책은 늦게 도착한 환자를 분개하게 만들지만, 또한 치료자가 집단의 시간과 작업을 귀중하게 여긴다는 것과 각 모임을 방해받지 않고 최대한 많이 치료 효과를 얻길 원한다는 것을 전달한다. 퇴원 시 환자들과 결과 보고 면담에서 환자들은 예외 없이 방해를 못마땅하게 여기고 안정성을 확보하기 위한 치료자의 노력을 인정하는 것으로 나타났다.[38]

치료자 스타일

치료자는 개인적인 스타일과 존재를 통해서도 구조화에 크게 기여한다. 혼란스러워하거나 두려워하는 환자들은 확고하고, 분명하고, 결단력 있지만 동시에 환자들과 그의 행동에 대한 이유를 나누는 치료자로부터 안도감을 얻는다. 7장에서 설명한 바와 같이 치료자의 분별이 있는 투명성은 내담자의 불안을 줄이고 집단경험의 의미를 이해하도록 돕는다. 입원환자 집단에서 주요 사건이 반복적으로 일어나 방해를 받는다. 집단원들은 이런 사건을 효과적으로 다루기에는 너무도 스트레스를 받은 상태이고 취약하기 때문에 치료자가 결정력 있고 확고하게 행동하면 안심하게 된다. 예를 들어, 조증 환자가 통제에서 벗어나 집단 시간을 독점하면, 치료자가 개입해 환자가 모임에서 집단 작업을 방해하지 못하게 해야 한다. 예를 들어, 환자에게 조용히 하고 남의 이야기를 들어보라고 말할 수 있다. 또는 환자가 어떤 통제도 할 수 없다면 그를 방 밖으로 데리고 나가 조금 안정되었다고 느낄 때 다시 돌아오게 할 수도 있다.

그런 경우에는 일반적으로 치료자가 자신의 양가적인 감정에 대해 토론하는 것이 훌륭한 모델이 된다. 예를 들어, 집단 전체의 안녕을 위한 정당한 행위였다는 신념과 권위적 자세를 취해야 하는 불편함에 대해 나누어 볼 수 있다. 집단의 모든 사람은 치료자가 이러한 긴장감을 다루는 방법을 주시할 것이다. 확고한 한계를 정할 때도 수치심을 주지 않고 탓하지 않는 원칙을 지켜야 한다. 역으로 이탈된 관련이 없는 이야기는 중단시키고, 집단에서 어떻게 서로 관계를 맺고 의사소통하는지를 배우는 것이 그들의 작업이라는 점을 상기시킨다. 집단치료의 초점을 유지하기 위해 필요하다면 이런 기준 안에서 직접적으로 행동하는 것을 망설이지 마라.

집단 모임의 초안

구조 제공이 가능한 가장 좋은 방법은 각 모임에 일관성 있고 분명한 순서를 구축하는 것이다. 이는 특히 전통적인 외래환자 집단치료 기법에서 급진적으로 벗어난 것이다. 그렇지만 이러한 방법은 나중에 인지-행동적 치료 집단을 검토할 때 살펴보겠지만 특수 집단에서 제한된 수의 모임을 가장 효과적으로 사용하게 만든다. 입원환자 집단에서 각 회기를 위한 구조화된 초안은 효율성 측면에서 유익할 뿐 아니라, 심하게 아픈 환자들의 불안과 혼란을 개선할 수도 있다. 나는 교체가 빠른 입원환자 집단은 다음과 같은 형태를 따를 것을 추천한다.

1. 최초 몇 분간

집단을 위해 치료자가 명확한 구조를 제공하고, 집단원을 치료에 준비시키는 시간이다(모델 집단을 설명하면서 시작하는 말의 예를 보여 주겠다).

2. 작업의 정의

치료자가 특정 회기에서 집단이 나아가야 할 가장 유익한 방향을 결정하는 단계다. 한 집단원이 처음 제기하는 문제에 너무 깊이 빠지는 오류를 범하지 말라. 그러다가 다른 생산성 있는 목록을 놓칠 수 있기 때문이다. 치료자는 여러 가지 방법으로 과업을 결정할 수 있다. 예를 들어, 단순히 경청함으로써 그날 제시되는 긴급한 문제에 대해 감a feel of urgent issues을 잡을 수 있다. 아니면 어떤 구조화된 활동을 하면서 그날 택할 가장 가치 있는 방향을 집단을 위해 파악한다. 입원환자 동료들이 집단원들에게 영향을 줄지도 모르는 중요한 사건을 말해 줄 수도 있다.

3. 과업에 응하면서

모임에서 잠재적으로 유익할 것으로 보이는 문제에 대해 광범위한 시각을 가지게 되면, 모임의 대부분 시간을 할애해 그 문제를 다룬다. 이 과정에서 가능한 한 많은 환자를 집단에 참여시킨다.

4. 요약

마지막 몇 분은 요약하는 시간이다. 작업 단계가 끝났음을 알리고, 나머지 시간을 모임을 돌아보고 분석하는 데 사용한다. 지금-여기의 자기반추 순환과정self-reflective loop으로, 이 모임에서 일어난 집단 상호작용을 알기 쉬운 언어로 명료화한다. 마지막 마무리도 할 수 있다. 모임 중에 집단원들이 내놓은 삐쭉삐쭉한 모서리 또는 성난 감정에 관해 물어보거나, 활발했던 또는 말이 없던 환자들에게 모임에 대한 경험과 평가를 물어볼 수 있다.

구조화의 단점

본서에서는 여러 차례 지나친 구조화에 대해 비난했다. 예를 들어, 규범 결정을 논하면서 치료자가 가능한 한 집단을 자주적이고 자기 기능에 최대한 책임을 지는 집단을 만들라고 주장했다. 13장에서 언급했듯이 경험적 연구에서 지나치게 구조를 제공하는 지도자는 집단원들에 의해 긍정적인 평가를 받았지만, 그 집단은 긍정적 효과를 얻지 못한다는 것으로 증명되었다.[39] 너무 많이 또는 너무 적게 지도자가 구조화하면 성장에 장애가 된다는 중용 원칙이 작용한다.

그러므로 갈등하게 된다. 많은 단기 특수 집단에서 구조를 제공해야 하지만, 너무 많이 제공하면 집단원들은 그들 자신의 자원을 사용하는 방법을 배우지 못할 것이다. 이는 입원환자 집단의 치료자에게 주요 문제가 되는데, 내가 나열한 모든 이유 때문에 치료자는 집단을 구조화해야 하지만 동시에 집단원을 유아적으로 만드는 것을 피해야 한다.

이 갈등에서 벗어날 방법이 하나 있다. 매우 중요한 방법으로 특수 집단에서 치료 기법의 근본 원칙을 구성하는 것이다. 지도자는 각 집단원의 자주적 기능을 격려하는 방법으로 집단을 구조화해야 한다. 다음의 입원환자 집단 모델이 이 역설을 분명하게 보여줄 것이다.

실용적 모델

여기서 좀 더 높은 수준으로 기능하는 입원환자 집단을 위한 형식을 자세하게 서술하겠다. 언어적 형식을 활용할 수 있는 내담자들에게 적절하다. 잘 참가할 수 없는 내담자들에게는 집단 활동이나 안전하고 하기 쉬운 작업에 참가하는 집단 프로그램이 더 좋다. 미국의 대규모 행동주의 건강 네트워크에서 이에 관한 구체적인 모델을 매우 성공적이고 영향력이 있게 구현한 사례는 주목할 만하다. 이 모델은 평균 입원 기간이 5일인 가난하고 소외된 정신과 환자들을 치료하는 도심의 한 병원에서 시작되었다. 이 모델은 초기의 성공을 발판으로 연간 1만 3,000명의 정신질환 환자를 돌보는 60명의 집단치료자 교육에 사용되었다. 이 모델은 더 좋은 결과, 환자의 더 높은 만족, 안전한 분위기, 의료진의 높은 사기를 가져오는 것으로 나타났다.[40]

대략 60~75분 정도씩 일주일에 3~5회 만나는 집단을 제시하고자 한다. 더 적은 인원으로 좀 더 짧은 45분간 운영할 수도 있다. 이 모델은 『Inpatient Group Psychotherapy』에 자세히 설명되어 있다.[41]

1. 오리엔테이션과 준비: 3~5분
2. 개인적 주제 설정: 20~30분
3. 주제 다루기: 20~35분
4. 재검토: 10분

1. 오리엔테이션과 준비 치료 집단을 위해 환자들을 준비시키는 것은 외래환자 집단치료만큼 입원환자에게도 중요하다. 물론 시간제한은 극단적으로 다르다. 개인 면담에서 집단치료를 위해 환자를 준비시키는 데 20~30분 정도 소비하는 대신, 입원환자 집단의 치료자는 집단 모임의 처음 몇 분 동안 모든 집단원을 위해 이러한 준비를 완료해야 한다. 지도자는 모든 모임에서 간단한 소개말로 시작하는 것이 좋다. 기본 규칙(시간,

모임 길이, 시간 지키기에 관한 규칙)과 집단의 목적을 분명하게 설명하고, 모임 순서를 포함한 집단 기본 절차의 윤곽을 말해 준다. 다음은 전형적인 소개말이다.

> 나는 Irv Yalom이고, 이분은 Mary Clark입니다. 우리는 오후 치료 집단을 함께 지도할 것입니다. 이 집단은 매일 2시에, 1시간 15분씩 만납니다. 이 집단의 목적은 집단원들이 의사소통하는 방법, 남들과 관계 맺는 방법을 배우는 것입니다. 사람들은 여러 종류의 중요한 문제를 안고 병원에 옵니다. 그렇지만 대부분 개인이 공통적으로 갖는 문제는 그들에게 중요한 인간관계가 진행되는 데 대해 어떤 불행감을 갖는다는 것입니다.
>
> 사람마다 다양한 급박한 문제가 있겠지만, 그런 것들은 다른 형태의 치료에서 더 잘 다룰 수 있습니다. 집단이 가장 잘하는 것은 사람들이 다른 사람들과의 관계에 대해 이해하도록 돕는 것입니다. 우리가 작업을 가장 잘할 수 있는 방법은 이 방 안에 있는 사람 사이에 존재하는 관계에 초점을 맞추는 것입니다. 여기 있는 사람과 의사소통을 잘하면 잘할수록, 병원 밖의 생활에서 만나는 사람과도 잘 소통하게 됩니다. 병동의 다른 집단에서는 다른 접근과 목표를 강조할 수 있습니다.
>
> [해당한다면 당신은 이렇게 추가할 수 있습니다. 거의 매일 관찰자들이 일방경을 통해 집단을 보고 있다는 사실을 아는 것이 중요합니다(거울과 마이크를 가리키면서 환자들이 공간적 환경을 가능한 한 분명히 인식하게 한다). 관찰자들은 정신건강 분야의 전문가들로 주로 의대생, 간호대생 또는 다른 병동 의료진입니다. 집단이 끝나기 10분 전에 관찰자들이 들어와 관찰한 내용을 우리와 나눌 것입니다.]
>
> 우리 모임은 각 개인이 돌아가며 집단에서 해결하고 싶거나, 생활에서 겪는 문제에 관해 각자 말하면서 시작됩니다. 이것은 15~30분이 걸립니다. 첫 모임에서 주제를 내놓는다는 것은 매우 어려운 일이니 너무 애쓰지 않아도 됩니다. 우리가 도와드리겠습니다. 그게 우리 일이니까요. 한 번씩 돌아가며 이야기한 후에는 가능한 한 많은 문제를 다루려고 합니다. 모임이 끝날 때쯤 지도자들은 이 모임이 어땠는지 토론하고 그때 관찰자들이 방으로 들어올 것입니다. (관찰자가 없다면 공동 치료자들이 집단 참여자들과 다시 말합니다.) 그 후 마지막 몇 분간 여기 있는 모두와 오늘 모임을 어떻게 평가하는지, 끝나기 전에 들여다볼 남은 감정이 있는지 점검할 것입니다. 각 모임에서 모든 주제를 다 다루지는 못하지만, 우리는 최선을 다할 것입니다. 다음 모임에서 꺼낼 수 있기를 바라지만 회기 사이에 여러분이 간호사나 의사 또는 다른 분들과 작업할 수 있다는 것을 알게 될 것입니다.

이 준비가 갖는 기본 구성 요소는 (1) 기본 규칙에 대한 설명, (2) 집단의 목적과 목표에 관한 진술, (3) 집단 과정에 관한 설명(모임의 상세한 구조 포함)이라는 점에 주목하라. 어떤 입원환자 치료자들은 이것이 집단 밖에 있는 환자에게 전달될 수 있으므로 맹점에 대한 토론, 지지적이고 건설적인 피드백(실례를 제공하며), 축소된 사회의 개념을 포함해 상세하고 분명하게 준비해야 한다고 주장한다.[42] 유인물을 준비하여 병동의 개인 환자에게 미리 나누어 줄 수 있고, 인종 문화적으로 다양한 환자 집단을 위해서 번역본 또한 고려한다.

2. 개인적 주제 설정 집단의 두 번째 단계는 과업을 공식화하는 것이다. 많은 집단지도자가 이 부분이 가장 힘든 부분임을 알게 된다. 집단의 우선적인 과업은 각 집단원이 자신의 대인관계를 탐색하고 향상시키는 것을 돕는 일이다. 지도자는 각 집단원이 모임을 위해 간단하고 개인적인 주제를 정하도록 돕는다. 주제는 현실적이고 그날 집단에서 다룰 수 있는 것이어야 한다. 대인관계 문제에 초점을 맞추어야 하고, 가능하면 어떤 식이든지 집단원 한두 명과 집단에서 지금-여기와 관계되는 문제여야 한다.

적절한 주제를 정하는 것은 복잡한 과업이다. 환자들은 특히 첫 한두 차례 모임에서는 치료자의 도움이 상당히 필요하다. 사실상 각 집단원은 다음의 세 단계가 포함되는 개인적 발언을 하도록 요구받는다. 즉, (1) 변하고 싶은 것을 인식하고, (2) 어떤 대인관계 영역에서, (3) 지금-여기에서 나타나는 어떤 것을 말하도록 요구받는다. 일반적인 것에서 구체적인 것으로, 비개인적인 것에서 개인적인 것으로, 개인적인 것에서 대인관계적인 것으로 진화하는 단계로 생각하라. '나는 불행하다'가 '나는 고립되어 불행하다'로, '상호관계가 좀 더 잘되면 좋겠다'로, '집단의 어느 집단원과…'로 발전한다. 환자들이 수없이 많은 방법으로 설명을 시작할 수 있음에도 대부분 환자가 관심을 갖는다고 표현하는 주제는 몇 가지가 안 된다.

- 나는 덜 고립되고 싶다.
- 나는 다른 사람과 좀 더 가까워지고 싶다.
- 나는 내 욕구를 더 주장하고 싶다.
- 나는 의사소통을 좀 더 잘하고 싶다.
- 나는 좀 더 경청을 잘하고, 나에게 덜 관심을 갖고 싶다.
- 나는 분노를 억누르고 싶지 않다.
- 나는 좀 더 믿는 느낌을 갖고 싶다.

- 나는 내가 어떻게 그렇게 했는지 구체적으로 피드백을 받고 싶다.
- 나는 분노를 좀 더 효과적으로, 덜 파괴적으로 다루고 싶다.

이러한 예를 마음에 담아 두면 환자가 작업할 부분에 초점 맞추도록 돕는 것이 쉬워진다.

환자들은 주제의 첫 두 가지 측면에서는 비교적 어려움을 느끼지 않는데, 세 번째 측면, 즉 지금-여기에서 주제를 정하는 것은 치료자의 도움이 상당히 필요하다. 그렇지만 보기보다 덜 복잡하다. 치료자가 몇 가지 기본 지침을 익히면 어떤 주제라도 지금-여기로 옮길 수 있다.

'나는 다른 사람들과 의사소통을 잘하고 싶다'라는 일반적인 주제를 생각해 보자. 환자는 주제의 첫 두 단계는 이미 완성했다. 그가 변화를 원한다는 것을 표현했고, 변화를 원하는 영역은 대인관계 영역이다. 남은 것은 지금-여기로 주제를 옮기는 것이다. "방을 둘러보세요. 집단의 누구와 의사소통을 잘하나요? 누구와 대화하는 기술을 호전시키고 싶나요?"와 같은 말로 쉽게 촉진할 수 있다.

또 다른 일반적인 주제는 '나는 사람들과 가까워지고 싶다'이다. 치료자의 절차는 마찬가지다. "집단의 누구와 가깝게 느끼나요? 집단의 누구와 가까워지고 싶나요?"라고 물어봄으로써 지금-여기 속으로 들어갈 수 있다. 또 다른 공통 주제는 '나는 내 욕구를 표현하고 싶으며 그것이 충족되기를 바란다. 나는 나의 욕구와 고통을 마음속에 숨기고 모든 사람을 기쁘게 하려고 애써 왔다'이다. "오늘 당신이 필요한 것을 우리에게 알려 주시겠어요?" 또는 "당신에게는 어떤 고통이 있나요? 우리가 어떻게 하면 좋을까요?"라고 질문함으로써 지금-여기로 이끌 수 있다.

주의할 점: 이 주제가 일반적으로 환자가 병원에 가게 된 원인은 아니다. 하지만 환자 자신은 몰라도 그 주제가 문제의 기저에 있거나 또는 기여하는 원인일 수도 있다. 환자는 약물 남용, 우울증 또는 자살 시도 때문에 입원했을 수 있다. 그렇지만 그런 행동이나 사건 밑에 있는 것은 거의 예외 없이 인간관계에서의 중요한 긴장감이나 장애다.

치료자가 부드럽고, 긍정적이고, 직면하는 것이 아닌 주제를 얻으려 한다는 점에 주시하라. 의사소통이나 친밀성을 다루는 주제를 인용한 예시에서 먼저 긍정적인 면에 관해 질문했다("집단에서 누구와 대화하고 싶습니까?" 등). 이는 집단원들의 입을 열게 하는 강력하고도 안전한 방법이다.

많은 환자가 직접적으로 분노를 드러내는 주제를 내놓는다. 예를 들면 "나는 분노를 표현할 수 있으면 좋겠어요. 의사들이 내가 분노를 참느라 우울하게 되었다고 해요" 같은 것이다. 이런 주제는 조심스럽게 다루어야 한다. 우리는 환자가 서로 화를 표현하는 것을 원하지 않는다. 따라서 주제를 좀 더 건설적인 형태로 재구성해야 한다.

나는 다음과 같은 방식으로 환자에게 접근하는 것이 도움이 된다는 사실을 알게 되었다. "나는 사람들이 분노를 잔뜩 쌓아 두었다가는 표현할 수 없기 때문에 흔히 심각한 문제라고 여긴다고 믿습니다. 그렇게 많은 분노를 방출하는 것은 화산이 폭발하는 것과 같을 거예요. 이것은 당신이나 타인들에게 모두 두렵고 놀라운 것입니다. 집단에서는 빨갛게 달구어진 분노가 되기 전에 어린 분노를 다루는 것이 더 유용합니다. 그래서 오늘 당신이 어린 분노, 즉 조바심, 좌절, 귀찮은 느낌 등에 초점을 맞추어 보길 제안합니다. 집단에서 참을 수 없는 것이나 귀찮은 것, 예를 들어 제가 오늘 집단을 이끄는 방법에 짜증이 나기 시작한다면 곧바로 표현해 주겠습니까?"

주제 연습은 장점이 많다. 구조화가 필요하지만 동시에 성장을 방해하고 유아적으로 만든다는 역설에 대한 해결책이 된다. 주제 연습은 집단에 구조를 제공하고, 동시에 집단원 편에서 자율적인 행동을 격려한다. 그러므로 주제는 환자로 하여금 그들 자신의 치료에 좀 더 능동적인 역할을 하도록, 또 집단을 더 잘 사용하도록 도와준다. 그들은 다른 집단원들과 관계된 직설적이고 분명한 주제가 모임에서 생산적인 일을 하는 것을 보장한다는 것을 배우게 된다. 예를 들어, "나는 오늘 Sue에게 말하려고 접근했는데, 그녀가 나를 거부하고 아무런 상관도 하지 않으려는 것을 느꼈어요. 왜 그런지 알고 싶군요"와 같이 분명한 말은 병동의 대인관계 긴장을 줄어들게 하고 집단치료의 위상을 높이는 데 도움이 된다.

어떤 환자들은 자신의 욕구를 직접적으로 분명하게 말하는 데 큰 어려움을 겪는다. 사실 많은 환자가 자기 파괴적인 행동 때문에 병원에 오게 되는데, 이런 행동은 그들에게 도움이 필요하다는 것을 알리는 간접적인 방법이다. 주제 작업은 그들의 욕구를 분명하고 직접적으로 말하고 남에게 도움을 명확하게 요청하도록 가르친다. 사실상 많은 환자에게는 집단 모임에서 어떤 작업보다도 주제 연습 자체가 치료다. 만약 환자들이 어떤 비언어적이거나 자기 파괴적인 형태가 아니라 언어적으로 도움을 청하도록 배울 수 있다면, 입원이 매우 유용했다고 할 수 있다.

주제 연습은 또한 그날 하게 될 집단 작업에 대해 광범위한 관점을 제공한다. 집단지도자는 각 환자가 무엇을 하길 원하는지, 집단에서 어떤 환자의 목표가 다른 환자의 목표와 서로 맞물릴 수 있는지를 재빨리 평가할 수 있어야 한다.

주제 연습은 가치 있지만 집단에 즉시 정착할 수는 없다. 종종 치료 집단이 이 과업을 이해하고 유용성을 깨닫기까지 여러 차례의 모임이 필요하다. 개인적 주제 설정은 집단원이 자기들끼리 할 수 있는 연습이 아니다. 치료자가 대단히 촉진적이고, 끈질기고, 발상이 좋고, 이 훈련이 잘 작용하도록 지시적이어야 한다. 그러나 일단 집단 규범이 되면 이런 형태의 작업이 강화되고 집단문화가 될 것이다. 그러면 치료자는 집단원들이 다음에 들어오는 참여자에게 이 모델을 전수한다고 믿어도 되고, 병동의 동료들도 또한 이를 강화할 수 있다.

한 집단원이 극단적으로 저항할 경우 적절한 주제는 왜 이렇게 주제를 정하기 힘든지를 탐색해 보는 것이다. 심각한 저항과 사기 저하를 "무슨 차이가 있겠어?", "나는 아무 문제도 없어," "나는 전혀 여기 있고 싶지 않아" 같은 말로 표현할 수 있다. 정말로 치료적 효력이 없는 것이 분명하다고 판단된다면 저항하는 집단원과 쓸데없이 옥신각신하며 집단의 시간을 쓰기보다는 저항 세력에 합류하는 것이 좋다. 이때 치료자는 단순히 병원에 입원할 때 이렇게 느끼는 것은 흔히 있는 일이고, 아마 다음 모임에는 다르게 느낄 것이라고 말해도 된다. 환자가 모임의 어떤 시점에 참여하기를 선택할 수 있으며, 그의 관심을 끄는 것이 있다면 말하라고 덧붙일 수도 있다. 비난받거나 수치당하는 경험이 되어서는 안 되며, 가능하면 실패의 경험이 되어서도 안 된다는 점을 기억하라.

때로 환자가 주제를 말로 표현하지 못하면 다른 사람이 잘 듣고 그 환자가 선택하는 집단원에게 피드백을 주도록 지시한다. 다른 집단원들에게 특정 집단원을 위해 적절한 주제를 제안해 보라고 청하는 것도 유용하다. 집단원들은 병동에서 많은 시간을 함께 보내기 때문에 보통 서로에 대해 많이 안다는 점을 상기하라.

Joey는 19세 청년으로 작업하기 불가능한 주제를 내놓았다. "아버지가 나를 아이 취급해요." 그는 첫 모임에서 주제에 대한 개념을 이해하지 못했고, 그래서 나는 다른 집단원들에게 제안해 보도록 요청했다. 여러 가지 훌륭한 주제가 나왔다. '여기서 내가 왜 이렇게 무섭게 느끼는지 검토하고 싶다', '내가 집단에서 좀 덜 조용했으면 한다' 등이다. 궁극적으로 하나의 완벽한 주제가 제안되었는데 '아버지가 나를 어린애 취급하도록 내가 무슨 행동을 했는지 배우기를 원한다. 이 집단에서 내가 어린애처럼 행동하는지 말해 달라'라는 것이었다.

왜 이것이 완벽한 주제인지 주목하라. 이 말은 왜 아버지가 그를 아이 취급하는지에 대한 그의 걱정을 표시한 것이며, 그가 집단을 활용하기 어렵게 만든 행동에 관심을 쏟게 하고, 지금-여기에 관심을 두어 집단이 그에게 유용해지는 결과를 낳았다.

3. 주제 다루기 개인적 주제 설정이 끝나면 다음 단계가 시작된다. 이 부분은 여러 면에서 집단원들이 부적응적인 대인관계 행동을 탐색하고 변화를 시도하는 상호작용에 근거한 치료 집단의 모임과 흡사하다. 그러나 한 가지 중요한 차이가 있다. 치료자들은 임의로 사용할 수 있는 각 집단원의 주제를 가지고 있기 때문에 좀 더 개인에 알맞은 효율적인 방법으로 작업에 초점을 맞출 수 있다. 입원환자 집단의 시간 한계는 단 한 회이며, 그래서 치료자는 가장 많은 환자에게 가장 좋은 것을 제공하기 위해 효율적으로 집단을 운영해야 한다.

우리 경험에 따르면 이상적인 규모는 6명이다. 집단이 크면, 이를테면 정원이 12명인 집단에 새 집단원이 있어 주제를 정하는 데 시간이 오래 걸린다면, 30분 이내에 열두 가지 주제를 다루어야 할 수도 있다. 한 모임에서 모든 주제를 다룰 수 없으며, 환자들이 이러한 가능성을 알고 있는 것은 중요하다. 치료자는 환자들에게 개인적인 주제를 설정하는 것이 그 주제가 집단에서 초점이 된다는 말은 아니라는 점을 분명히 알려 주어야 한다. 예를 들어, "시간이 허용되면, 오늘 무엇에 관해 작업하고 싶으세요?"라고 주제 선택 단계에서 조건적인 언어로 이 가능성을 전달하는 것이다. 보통은 내담자들이 그들의 간호사, 의사, 다른 신뢰하는 지지자들과 그들의 주제를 계속 검토해 보도록 격려하는 것이 도움이 된다. 어떤 주제를 집단 모임에서 다루지 못하더라도 압도된 감정의 소용돌이 안에서 내담자의 보고는 초점을 명백하게 하는 데 큰 도움이 된다.[43]

그렇다고 해도 효과적이고 능동적인 치료자는 각 회에서 대부분의 주제를 다룰 수 있어야 한다. 내가 제공할 수 있는 가장 귀중한 지침이 있다면, 주제를 함께 짜 맞추어 한 번에 여러 개를 다루라는 것이다. 예를 들어, John의 주제가 그가 많이 소외되었고 왜 그에게 접근하기가 어려운지에 대해 다른 집단원의 피드백을 받고 싶다는 것이라면, 집단원들에게 John에게 피드백을 하면서 동시에 여러 가지 주제를 다루게 할 수 있다. '내 감정을 표현하는 법을 배우고 싶다', '다른 사람과 의사소통을 좀 더 잘하는 법을 배우고 싶다', '나의 의견을 분명히 말하는 법을 배우고 싶다' 등이다.

마찬가지로 집단에서 울며 매우 우울해하는 환자가 있다면 '나의 감정을 표현하는 것을 배우고 싶다'거나 '다른 사람과 가까워지는 방법을 배우고 싶다'라는 주제를 가진 환자들이 집단에 있는데, 왜 치료자가 그를 위로해야 하는가? 이런 집단원들을 불러 여러 주제를 엮을 수 있다.

요약하면, 개인적 주제를 설정하는 동안, 치료자는 모임 중에 환자들이 하고 싶어 하는 작업에 대한 환자의 약속을 수집한다. 예를 들어, 한 집단원이 집단에서 위험을 감수하는 것을 배우는 것이 중요하다고 말하면, 이것을 새겨 두었다가 다른 적절한 시기에 피드백하거나 모임을 평가함으로써 위험을 감수해 보도록 그에게 요청한다. 만약 어느 집단원이 마음을 열고 그의 고통을 다른 사람과 나누길 원한다고 표현하면, 2~3분간의 나눔이라도 환자로부터 어떤 신중한 계약을 유도해 내고, 환자가 집단에서 반드시 시간을 갖게 하는 것이 도움이 된다. 그러한 계약을 기억하고 있다가 만약 환자가 그 모임의 일정 기간 그 계약을 수행하지 않을 때, 그것에 대해 알려 줄 한두 명의 집단원을 지명하라고 요구함으로써 책임감을 증가시킬 수 있다. 이런 '마에스트로 같은 지휘'가 초보 치료자에게는 부담스러울 수 있지만 좀 더 효과적으로 입원환자 집단을 지도할 수 있다.

4. 모임 끝의 재검토 집단 모임의 마지막 단계는 모임의 주요 부분이 공식적으로 끝난다는 표시로, 모임의 재검토와 평가를 포함한다. 나는 입원환자 집단을 지도할 때 종종 2~4명의 학생에게 일방경을 통해 관찰하게 한다. 그리고 집단의 마지막 단계를 모임에 대한 치료자들과 관찰자들의 토론, 그리고 이 토론에 대한 집단원들의 반응으로 똑같이 나누어 진행하기를 좋아한다.

첫 부분에서 치료자들과 관찰자들(만약 있다면)은 작은 원으로 둥글게 앉아 어떤 집단원도 방에서 듣거나 관찰하지 않는 듯이 모임에 대해 공개적으로 분석한다. 이 토론에서 지도자들과 관찰자들은 모임을 재검토하고, 집단 지도력과 각 집단원의 경험에 초점을 맞춘다. 예를 들어 지도자들은 그들이 놓친 것이 무엇인지, 집단에서 다른 어떤 것을 할 수 있었는지, 어떤 집단원에게 소홀했는지를 질문한다. 토론자들은 만들어 낸 주제의 유형, 그 주제에 행해진 작업, 집단에 대한 집단원의 만족을 추측하는 등 각 집단원에 관해 언급한다.

이러한 집단 마무리 작업 형식은 전통적인 것은 아니지만 나의 경험에 따르면 매우 효과적이다. 관찰자들을 건설적으로 사용하는 것이다. 전통적인 교수 형식은 학생-관찰자들을 눈에 띄지 않게 하고, 모임 이후에 치료자와 별도로 집단토론을 갖는 것이다. 집단원들은 이 토론에 대해 알 수 없다. 일반적으로 집단원들은 이 관찰 형식에 분개하고 때로는 관찰된다는 사실에 망상적 감정을 갖게 된다. 그러나 관찰자들을 집단에 데려옴으로써 관찰자들을 불투명하고 부정적인 힘에서 투명하고 긍정적인 힘으로 변화시킨다. 사실 집단원들은 관찰자가 없다는 사실에 자주 실망을 표한다.

이 형식은 치료자에게 투명성을 요구하고, 모델이 될 수 있는 기막히게 가치 있는 기회다. 공동 치료자들은 그들의 갈등과 염려, 당혹감을 토론할 수도 있다. 그들은 관찰자에게 그들의 행동에 대한 피드백을 요청할 수 있다. 관찰자들이 보기에 치료자가 너무 파고들었는가? 특정 개인에게 너무 압력을 가했는가? 관찰자들은 두 치료자의 관계에 대해 어떻게 생각하는가?

재검토 단계의 마지막 부분에서 토론이 환자들에게 넘어간다. 일반적으로 이때가 가장 활기차다. 치료자와 관찰자 간의 토론이 상당한 자료를 생성해 놓았기 때문이다. 마지막 몇 분에 택할 수 있는 방향은 두 가지다.

첫째, 집단원들이 치료자-관찰자의 토론에 반응하게 하는 것이다. 예를 들어, 집단원들은 관찰자와 치료자의 개방성 또는 개방성이 없음에 관해 언급할 수 있다. 그들은 치료자가 의심이나 오류에 대해 표현하는 것을 들으면서 반응을 보일 수 있으며, 집단 안에서 그들의 경험이 관찰된 내용에 동의하거나 도전할 수 있다. 둘째, 집단원들이 자신의 모임을 진행하고 평가하는 것이다. 치료자는 토론을 지도할 수 있다. “오늘 모임에 대해 어떻게 느끼나요?”, “원하는 것을 얻었습니까?”, “이번 모임에서 실망한 점은 무엇인가요?”, “시간이 30분 더 있다면 그 시간을 어떻게 보내고 싶은가요?” 마지막 몇 분은 또한 말이 없는 환자와 접촉하고 그의 경험을 물어보는 시간이다. “집단에서 말하고 싶었던 순간이 있었나요?”, “무엇이 말하지 못하게 막았나요?”, “토론에 초대받기를 원했나요? 아니면 참여하지 않은 것이 고맙게 여겨지나요?”, “만약 말을 했다면 무슨 말이었을까요?”(이 마지막 질문은 때로 기적적으로 촉진적이다).

이 마지막 단계는 재검토, 평가, 앞으로의 방향 지시 등의 많은 기능을 지니며, 집단원들은 이 단계를 매우 중요하게 여긴다.[44] 또한 구성원들이 모임을 떠나기에 앞서 반영해 보고 심사숙고하는 시간이기도 하다. 작은 집단은 더 큰 환경 안에 있기 때문에 가능한 한 독립적으로 되는 것이 현명하다. 집단원이 집단 때문에 불안정한 동요 상태에서 저녁 시간을 병동에서 공허하게 보내게 되면 치료자의 신뢰성은 올라가지 않을 것이다.

치료자가 마지막으로 해야 할 일은 전체 팀과 집단에 대해 소통하는 것이다. 팀 회의와 계획을 통한 통합된 치료를 하기 위해 시기적절하게 정보가 양방으로 흐르게 해야 한다. 다른 팀원들이 있는(치료하고 있는 환자들이 집단에서 어떻게 하고 있는지 관심이 있는) 간호

구역에서 집단 후 보고를 할 때 효과적이고 시기적절한 정보를 제공한다.

마지막으로 환자의 경계에 관해 말하고자 한다. 내담자들은 입원환자 병동에서 분명히 집단 밖에서 상호작용한다. 이는 바람직한 일이지만, 모든 사람이 병동에서 개인의 비밀을 보장하고 집단 내에서의 개방을 존중해야 한다는 전제를 달아야 한다.

질병을 앓는 사람들을 위한 집단

집단 개입은 종합적 의학 치료에서 점점 중요한 역할을 한다. 효과적이고 치료 경비를 경감시킬 수 있다는 점에서 이 경향은 계속 증가할 것이다.[45] 다루는 질병이 광범위하듯이 사용하는 접근도 광범위하다. 이러한 집단은 보통 동질적 집단으로 심장병, 비만, 루푸스, 과민성 장염, 임신, 출산 후 우울증, 불임증, 이식수술, 관절염, 만성 폐질환, 뇌 부상, 파킨슨병, 다발성 경화증, 당뇨병, HIV/AIDS, 신체화 장애 등을 포함해 모든 주요 질병에 사용된다.[46] 이 집단들은 일반적으로 정신건강 전문가들이 환자의 참여를 지원하는 데 필수적인 의료진과 협력해 지도한다.

다양한 만성적인 질병이 있는 환자들을 위해 의학과 심리학이 통합된 집단의 사용이 인상적으로 증가하고 있다.[47] 이러한 집단은 일차적 치료에서 만나 종종 일차 치료 의사와 정신건강 전문가가 공동으로 지도하고, 추수 치료도 효과적으로 제공한다. 많은 내담자가 참가하면서 그들의 만성적 질병뿐 아니라 의미 있는 심리사회적 경험을 하게 된다.[48] 집단 의학 방문은 참가자들에게 동료 지지를 제공하고 효율적인 비용으로 그들의 병과 관련된 대응 기술을 가르쳐 준다. 또한 의학적 · 심리적 임상효과가 의미 있게 좋아진다.

앞에서 집단치료를 할 때 필요한 몇 가지 중요한 원칙을 다루었다. 내담자의 욕구를 결정하고, 관련된 목표를 정하고, 이 목표를 이루기 위해 집단을 수정하고, 집단의 효과를 증진시키기 위해 결과를 평가하는 것이다. 집단치료를 구속할 수도 있는 고정 요인과 변화 요인을 구별하라. 질병이 있는 환자들은 추가적인 고려를 해야 할 수도 있다. 즉, 이 집단들은 도움과 지지가 필요한 환자들에게 가장 가치가 있으며, 대응을 잘하는 환자에게는 별 가치가 없을 수도 있다.[49]

의학적으로 아픈 사람들에게는 어떤 심리적 필요가 있을까? 우울, 불안, 스트레스 반응은 심각한 질병에 따르는 일반적 증상으로 질병의 부정적 면을 확대한다.[50] 예를 들면,

심장마비가 일어난 남성의 약 50%가 우울증에 빠지고 또 다른 심장마비를 일으킬 위험이 유의미하게 높다.[51] 더구나 심각한 질병에 따르는 불안과 우울은 음주나 흡연 등 건강을 손상하는 행동을 증가시킨다. 또한 다이어트, 운동, 약 복용, 스트레스 감소 같은 회복에 필요한 관리를 방해하는 경향이 있다.[52]

역설적으로 최근 등장한 의학 기술과 치료가 심리적 스트레스의 새로운 근원이 된다. 예를 들어 과거의 치명적인 질병이 만성 질병이 되고 있는 사실을 고려해 보자. 생명을 구한 결과, 재발을 계속 걱정하게 되고 육체적으로 또는 생활을 변화시킨 수술에 적응해야 한다.[53] 최근 예방에 있어 돌파구와 병의 초기 발견은 생명을 구하지만 스트레스라는 대가를 치른다. 유전 검사가 이제 의학계에서 중요한 역할을 하고 있다. 의사들은 개인이 헌팅턴병Hungtington's disease, 유방암, 난소암, 대장암 같은 병에 걸릴 위험도를 측정할 수 있다.[54] 그렇지만 이러한 기술에는 대가가 따른다. 많은 개인이 불안 가득한 상태로 결정해야 하는 고통을 겪는다. 예를 들어 유방암에 대해 유전적 소인이 있다는 것을 알게 되었을 때 여러 가지 질문에 직면하게 된다. 예방적 절제 수술을 해야 하는가? 결혼하는 것이 옳은가? 아이를 갖는 것은? 알고 싶어 할지 알 수 없는 형제자매에게 이 정보를 알려야 하는가? 어머니의 전철을 밟아야 하는 운명인가? 많은 개인이 위험을 과대평가하고 그 결과 큰 정서적 고통을 당한다.[55]

또한 COVID-19, HIV/AIDS, C형 간염, 파킨슨병 같은 많은 질병에 따라다니는 심리적 낙인이 있다. 사회적 지지가 가장 필요할 때 질병에 대한 수치와 낙인이 사회적 철수와 고립에 빠지게 해 스트레스를 주고 해롭게 된다.[56]

덧붙여 심각한 질병에 걸린 개인과 가족들은 사랑하는 사람이 걱정하고 무서워할 것을 염려해 말을 꺼내기조차 두려워한다. '긍정적 사고'를 해야 한다는 압박은 대화를 가볍게 이어 가게 만들고 병에 걸린 개인에게 더 큰 고립감을 준다.[57]

환자와 의사 간의 협조적이고 신뢰하는 대화는 일반적으로 좀 더 나은 안녕과 좀 더 좋은 의사 결정과 연결된다. 그렇지만 많은 환자가 의사와의 관계에 만족하지 못하며 개선할 힘이 없다고 느낀다. 자신의 요구와 치료를 주장할 수 있도록 그들에게는 도움이 필요하다.[58]

의학적 질병은 우리의 근본적인 취약성과 한계를 직면하게 한다. 우리를 유지시키고 편안함을 제공해 주던 착각이 도전받는다. 예를 들어 무한한 시간, 에너지와 선택권을 가지고 있다는 느낌, 우리가 특별하고 자연법칙에 영향을 받지 않고 삶이 우리 통제 아래에 있다는 느낌을 잃게 된다. 심각한 질병은 죽음을 직면하게 하고 삶의 의미, 무상, 우주 안에서의 위치 같은 근본적인 실존적 질문을 야기시킨다.[59]

게다가 의학적 질병은 이를 앓고 있는 사람을 넘어 주위의 사람을 긴장하게 한다. 환자의 가족과 돌보는 사람들이 큰 스트레스와 우울로 고통을 경험한다.[60] 집단은 종종 중요한 지지 역할을 한다. 예를 들면 알츠하이머병을 앓고 있는 환자들을 돌보는 사람들의 집단이 매우 성장한 것을 보라.[61]

일반적 특징

의학적 집단을 기본적인 강조점에 따라 분류하면 다음과 같다.

1. 감정 중심의 대처: 사회적 지지, 감정적 정화
2. 문제 중심의 대처: 적극적인 인지적 행동적 전략, 심리교육, 스트레스 감소 기술
3. 의미 중심의 대처: 실존적 인식의 증가, 삶의 우선순위와 목적 발견의 재조정

이 세 가지 다른 초점은 통합적 집단모델에 쉽게 합병된다.[62]

의학적 질병을 앓는 사람들의 집단은 전형적으로 동질적이다. 이 집단은 보통 단기이고 4~20회 만난다. 9장에서 언급한 바와 같이 단기 집단은 분명한 구조와 높은 수준의 집중적인 치료 활동이 필요하다. 그러나 단기이고, 구조화되었고, 지침서에 의한 집단개입이라 할지라도 집단지도자는 집단 역동과 집단 과정에 관심 가지고 효과적으로 운용하며 집단이 궤도에 머물게 해야 한다. 지도자의 질은 전통적인 집단치료에서와 마찬가지로 여기서도 중요하다.[63]

동질적 집단은 빨리 뭉치는 경향이 있지만 지도자는 집단에 참여하기를 저항하며 밖에서 맴도는 사람들을 집단에 참여시키도록 노력해야 한다. 어떤 행동은 작업을 더 잘할 수 있고 공감할 수 있는 형태로 전략적으로 재구성해야 할 수도 있다. 예를 들면, 심근경색을 경험한 환자들을 위한 10회 집단에서 허풍을 떨고 적대적인 한 남성은 그의 아들들이 관심과 애정을 보이지 않는다고 화를 내며 불평했다. 깊은 인간관계 작업은 그 집단의 계약 부분이 아니므로 이런 경우 치료자는 집단의 규준을 범하지 않으면서 환자의 염려를 다룰 건설적인 방법을 찾아야 한다. 예를 들면, 심리교육적 입장에서 분노와 적개심이

심장병에 얼마나 해로운지 토론하거나, 또는 분노가 가리고 있는 잠정적 슬픔을 다루거나, 환자로 하여금 그러한 일차적 감정을 더 직접적으로 표현하게 할 수 있다. 또는 집단의 다른 사람들에게 각자 분노와 실망을 어떻게 다루는지 나누어 보도록 청할 수 있다.

이런 집단들은 대인관계 학습을 강조하지 않고 지도자는 일반적으로 지금-여기 초점을 피한다. 그렇지만 다른 많은 치료적 요인이 의학적 질병을 앓는 사람들을 위한 집단치료에 효험이 있다. 보편성은 아주 분명해 낙인과 고립을 감소시킨다. 불안과 공포에 대한 자기개방은 안도감을 주고 다른 집단원과 연결해 준다. 응집성은 직접적으로 사회적 지지를 제공한다. 집단 밖에서의 접촉은 흔히 격려되며 성공적인 결과로 본다. 같은 질병을 앓고 있는 다른 사람들이 효과적으로 대처하는 것을 보며 희망이 생긴다. 이는 치료에 대한 희망, 용기, 존엄성, 동료애, 마음의 평화 등 여러 형태로 나타날 수 있다. 일반적으로 집단원들은 동료와 전문가들의 모델링으로 대처 기술을 더 효과적으로 배운다.[64]

정보 나누기(특정 질병과 일반적으로 관련된 일에 대한 심리교육)가 이런 집단에서 중요한 역할을 하는데, 이러한 정보는 지도자들뿐만 아니라 집단원 간의 정보 교환과 충고로부터 나온다. 이타주의도 확실히 작용한다. 다른 사람들에게 유용하다는 느낌은 안녕에 도움이 된다. 실존주의적 요인 또한 드러난다. 집단은 강제로 직면하게 될 때까지 우리 자신이 감추어 왔던 인생의 근본적인 불안을 직면하도록 집단원들을 지지해 준다. 깊은 대인관계 탐색이 아니고 지지와 연결을 구축하고 새로운 적응적인 행동을 강화하는 모든 작업이 지금-여기의 초점이 된다. 이러한 집단 개입의 이점은 사회적 지지와 연결을 경험하고, 역경을 맞아 의미를 찾고, 대응 기술을 알게 되어 도움을 받는다.[65]

질병이 있는 사람을 위한 집단의 기본형

유방암을 앓는 여성 집단을 살펴보자. 유방암은 높은 유병률(여성 8명 중 1명이 유방암으로 진단받음)과 유전 및 가족력, 치료 가능한 초기 유방암부터 심각한 예후를 보이는 진행성 암에 이르기까지 범위가 광범위하기 때문에 집단치료의 역할에 대한 매우 좋은 실례가 될 수 있다.[66] 우리가 설명하는 모델은 이후 광범위하게 적용되어 사용되고 있다. 인지적-실존적 집단치료와 의미 근거 집단치료와 같은 집단 모델로 좋은 효과를 보였다.[67]

임상적 상황 1970년대 유방암 환자들을 위한 실험 치료 집단을 처음 시작했을 때만 해도 여성이 유방암을 앓는다는 것은 심각한 위험이었다. 수술의 흔적은 흉측했고 화학요법은 형편 없었다. 병이 전이된 여성은 거의 생존 가망이 없었고, 흔히 큰 고통 속에서 버림받고 혼자되기 일쑤였다. 가족과 친구들을 절망에 끌어들일까 봐 염려되어 환자 자신의 절망을 가족과 친구들에게 말하길 꺼렸다. 친구와 가족은 그들을 피했고, 그들에게 말하는 방법을 몰랐다. 이 모든 것은 점점 더 고립을 가져왔다. 진행성 유방암을 앓는 여성은 종종 죄책감을 느꼈다. 당시의 대중심리학은 자주 그들에게 자신의 병에 책임이 있다고 느끼게 만들었다.[68]

마지막으로, 자신의 암을 공개적으로 말하거나 여러 여성이 자신의 고통과 두려움을 공유하는 것은 상황을 더 나쁘게 만들 뿐이라는 생각이 널리 펴져 있었기 때문에 집단을 형성하는 것에 대해 의학 분야에서 상당한 저항이 있었다. 이러한 환경에서 나는 유방암 환자들과 작업을 처음 시작했다.[27)]

치료 집단의 목표 일차적 목표는 고립을 감소시키고 대처 능력을 향상시키는 것이다. 나는 같은 병을 앓는 여러 개인을 데려와 그들의 감정과 경험을 서로 나누도록 격려한다면 사회 지지망을 만들 수 있고, 병에 대한 낙인을 없애고, 집단원들이 자원과 대처 전략을 나누도록 도울 수 있을 것으로 희망했다. 많은 여성의 가장 가까운 친구들이 떠나 버렸지만 나와 집단은 필요하다면 그들이 죽을 때까지 계속 함께할 것을 약속하면서 이에 대항하기를 원했다.

집단치료 기법의 수정 초기 유방암으로 예후가 좀 더 좋은 여성과 전이된 유방암으로 예후가 좋지 않은 여성을 집단에 함께 포함하면 응집력이 손상되는데, 전이된 유방암 환자가 일차적 유방암 환자에게 최악의 공포를 말해 주기 때문이다. 여러 유형의 암과 여러 단계의 여성 집단과 몇 차례 실험하고 난 후 나는 동질적 집단이 가장 지지를 많이 제공한다는 결론을 내렸고, 전이된 유방암 여성 집단을 형성해 매주 90분씩 만났다. 개방된 집단이었기에 새 여성이 집단에 들어올 때는 그들 이전에 있었던 사람들이 그 병으로 사망했다는 것을 알고 있었다.

지지가 가장 중요한 지침이고 원칙이었다. 나는 각 집단원이 '현존'을 경험하기를, 다른 사람들이 같은 상황을 직면하고 있다는 사실을 알길 원했다. 한 집단원이 말하기를 "나는 이 작은 배에 혼자 타고 있지만 항구에 있는 수많은 다른 배에 불이 켜져 있는 것

---

27) 암 환자를 위한 첫 집단에 대한 설명을 전부 보려면 나의 이야기 『Momma and the Meaning of Life』(New York: Harper Collins, 1999, 15-53)에서 "Paula와의 여행"을 보라.

을 보면 그렇게 혼자라고 느끼지 않습니다."

집단원의 개인적 통제감을 증가시키기 위해 나는 가능한 한 집단의 방향을 집단원에게 맡겼다. 집단원들이 서로 말하고, 경험을 나누고, 다른 곳에서 말할 수 없는 많은 어두운 감정을 표현하도록 초대했다. 그들은 각자의 염려를 타당화해 주고, 공감의 모델이 되며, 혼란스러운 감정을 명료화하고, 집단원들이 갖고 있는 자원을 동원했다.

예를 들면, 집단원들이 의사에 대해 두려움을 갖거나 그들의 종양 전문의에게 질문할 수 없을 때 나는 다른 집단원들에게 그들이 의사들과 어떻게 소통했는지 방법을 나누어 보도록 격려했다. 때로는 집단원에게 그의 종양 전문의를 만나는 역할극을 해 보도록 제안했다. 흔하지는 않지만, 한 집단원은 진료 예정일에 다른 집단원이 같이 가 줄 것을 요청했는데 스트레스가 있을 때는 혼자보다는 둘이 있는 것이 더 좋다는 원칙에 따른 것이었다. 그 여성이 배운 강력한 개입 중 하나는 서두르는 의사에게 마음을 끄는 단순하고 효과적인 한마디였다. "나는 선생님이 매우 바쁘시다는 걸 잘 알아요. 하지만 오늘 저한테 5분만 더 주신다면 저는 한 달간 마음의 평화를 누릴 수 있을 거예요." 어떤 의사도 이 요구를 거절할 수 없을 것이다.

그것이 무엇이든 정서가 깃든 표현이 집단에서 긍정적 경험이 된다. 집단원들은 그들의 감정을 표현할 기회가 거의 없다. 그들은 무시무시한 생각, 죽음과 망각에 대한 공포, 무의미, 자녀들에게 무슨 얘기를 해야 하는지에서 오는 갈등, 장례식에 대한 계획 등 모든 것에 관해 얘기한다. 이러한 토론은 두려운 문제를 약간 희석시킨다. 감정 표현이 거의 항상 여성들의 안녕을 호전시켰다.[69]

나는 항상 지지적이고, 절대로 직면하지 않는다. 지금-여기가 사용된다면 항상 집단원 간의 긍정적 감정에 초점 맞춘다. 집단원들은 저마다 대처 스타일이 매우 다르다. 어떤 집단원들은 예를 들어 자신의 병에 관해 모든 것을 알고 싶어 하지만, 다른 집단원들은 너무 깊이 질문하는 것을 좋아하지 않는다. 나는 집단원이 평안함을 느끼는 어떤 행동에도 도전하지 않고, 제공할 수 있는 더 훌륭한 어떤 것이 없는 한 집단원의 대처 스타일을 함부로 간섭하지 않는다. 어떤 집단들은 회기가 끝날 때마다 손을 잡고 몇 분간 명상이나 안내 이미지를 하는 등의 응집성을 키우는 의식을 행한다.

전통적 집단과 달리 집단원들은 집단 밖 접촉을 격려받는다. 전화 통화, 점심 식사, 때로 밤을 새워 문상하는 일 등은 지속되는 과정의 일부다. 서로 버리지 않겠다는 약속을 지키기 위해 어떤 집단원은 다른 집단원의 장례식에서 감동적인 추모사를 하기도 한다. 이 추모사는 다른 사람에 대한 깊은 이해와 배려를 다시금 보여 준다.

많은 집단원이 공황과 절망을 극복하고 죽음과 직면할 때 긍정적인 어떤 것이 발산됨을 발견한다. 어떤 사람들은 생명을 더 중요하게 여기고 가치를 두는 황금기에 들어갔다고 말했다. 어떤 사람들은 생활 활동의 우선순위를 다시 잡았고, 원하지 않는 일을 그만두었다. 대신 그들에게 가장 중요한 일에 관심을 돌렸다. 가족과 사랑을 주고받고, 흘러가는 세월의 아름다움을 즐기고, 자신 안의 창조적인 부분을 발견했다. 한 여성은 '암이 신경증을 치유했다'라는 현명한 말을 했다. 그녀를 고민하게 했던 작은 일들을 더는 중요하지 않게 여기게 된 것이다. 한 명 이상의 집단원이 그녀가 현명해졌다고 말했다. 그녀는 자기 몸이 암과 씨름할 때까지 인생을 어떻게 살아야 하는지 배우지 못한 것이 유감이라고 했다. 자녀들이 건강할 때 이런 교훈을 배울 수 있기를 너무도 원했다. 이런 태도 때문에 그들은 학생 관찰자들을 불쾌하게 여기기보다 환영했다. 죽음과의 만남에서 어떤 가치를 배웠기 때문에 그들의 지혜를 다른 사람들에게, 학생과 자녀들에게, 집단지도자들에게 전함으로써 삶의 마지막 부분을 의미 있게 물들일 수 있었다.

집단 회기의 삽화가 이점을 두드러지게 보여 준다.[70]

Kathleen은 65세 여성으로 진행성 암 환자인데, 화학치료 후 휴식 기간을 즐기고 있다고 말했다. 그녀의 담당 의사가 비교적 편안한 이 시기를 현명하게 쓰라고 격려했다. Kathleen은 자신의 예후가 매우 나쁘다는 것을 알고 있었지만, 지난 몇 달보다 이 순간을 기분 좋게 느끼고 있었다. 그녀는 아일랜드에 살고 있는 오빠를 마지막으로 방문하는 여행을 꿈꾸기도 했다. 오빠는 심장 질환 때문에 여행이 금지되었고, 둘의 시간은 그렇게 흘러가고 있었다.

집단은 이 순간을 잡으라고 용기를 주었지만, 그녀는 92세 시어머니를 돌봐야 해서 여행할 수 없다고 답했다. 집단이 체념에 빠져 있는데 다른 집단원 Sue가 끼어들었다. "Kathleen, 자녀 넷이 같은 도시에 살고 있지 않나요? 당신이 여행을 떠날 수 있도록 자녀들에게 할머니를 돌볼 기회를 선물로 주세요." 그것은 훌륭한 개입이었다. 그녀는 잠깐 생각하더니 찬성했다. 그녀는 신속하게 아일랜드 여행을 준비했다. 아름다운 방문을 마치고 돌아온 그녀는 집단원들에게 그들의 지혜와 지지에 깊은 감사를 표했다. 그녀는 귀국 후 곧 재발했고 2~3주 후에 사망했다.

Kathlees이 사망한 후 그녀의 자녀들이 집단원들에게 이 마지막 여행을 가도록 용기를 준 데 대해 감사를 표하는 카드를 보내왔다. 그들은 어머니를 사랑했지만 어머니의 헌신에 어떻게 보답해야 할지 몰라 좌절하고 있었다. 어머니는 항상 자신을 뒷전에 두었는데, 이 여행을 지지 함으로써 어머니의 사랑에 보답할 수 있었다. 그들은 슬펐지만 그 여행이 슬픔을 덜어 주었고 '장부 마감을 좀 더 잘하도록' 도와주었다.

이런 집단을 지도하는 것은 감정적으로 매우 힘들다는 것을 알아야 한다. 그래서 공동 치료와 수련감독을 높이 추천한다. 지도자는 집단원과 거리를 두거나 객관적일 수 없다. 다루는 문제가 집단원들과 마찬가지로 지도자들을 깊이 자극한다. '우리와 그들'이 없다. 모두가 똑같은 실존적 위협을 마주하는 여행의 동행자다.[71]

이러한 특정 집단에 대한 접근을 지지적-표현적 집단치료(supportive-expressive group therapy, SEGT)라고 부르며, 일련의 저서에서 설명했다.[72] 이 접근을 여러 질병과 함께 광범위한 암 환자들에게 사용하도록 많은 심리 전문가에게 가르쳤다.[73]

지지적-표현적 집단치료는 관련 상황, 유방암이 생길 유전적, 가족적 기질이 강한 여성에게도 마찬가지로 사용되었다. 12회로 이루어진 매주 만나는 동질적 집단이 효과적이라는 보고가 있다. 마지막 4회기는 한 달에 한 번씩 4개월 동안 만나며 총 6개월간 치료를 끌면서 지지 역할을 할 수 있다. 이런 집단에서 주요 관심사는 삶의 불확실성에 대처, 예방적 유방 절제 수술의 결정, 불사신의 깨어진 착각 등이다. 애도와 상실의 느낌이 두드려져 유방암에 대한 개인적 위험이 종종 확대된다. 이런 감정을 작업하면서 좀 더 좋은 정보를 얻게 되고 개인적 위험을 좀 더 정확하게 평가하게 된다.[74]

효과성 지난 25년간 다양한 연구 결과가 이런 집단의 효과를 증명했다. 유방암 고위험 여성, 일차적 유방암 여성, 전이된 여성들을 위한 지지적-표현적 집단치료는 고통을 감소하고 심리적 대처와 적응을 향상시켰다. 죽음과 죽어 감에 관해 말하면 여성들이 더 나쁘게 느끼고 집단에서 떠날 것이라는 의학 전문가들의 염려는 확실히 확인되지 않았다.[75]

집단이 암 환자의 생존 시간을 늘릴 수 있는가?[76] 전이된 유방암 여성 집단을 대상으로 처음으로 시행한 통제연구는 생존이 길어졌다고 보고하지만, 여러 다른 연구에서는 이 결과를 일관성 있게 반복하지 못했다. 그러나 심리신경면역적 기제가 심리사회적 개입이 되어 생명을 연장한다는 발견으로 희망을 갖게 했다. 이후의 연구에서는 생명 연장에 대한 논쟁도 희망도 없어졌다. 생존에 대한 영향은 집단이 사회적 지지를 높이고, 제한된 관계를 갖는 사람들의 고립을 감소하고, 건강자산을 증진하고, 연약한 개인들이 어려운 치료 과정을 따르도록 돕는 등의 결과에서 오는 것 같다. 그러나 모든 연구가 의미 있고 긍정적인 심리적 결과를 보여 준다. 즉 육체적 고통을 덜 경험하고, 심리적 고통이 덜하며, 좀 더 나은 삶의 질과 치명적인 병이라는 트라우마를 직면하면서 개인적으로 성장하기까지 한다. 집단 개입이 생명을 연장하지 못하더라도 집단원들의 삶의 질을 향상시킨다는 데는 의심의 여지가 없다.[77]

:: 인지행동치료[CBT]와 대인관계치료[IPT]의 집단치료 적용 ::

이 부분에서 나는 현재 널리 사용되고 있는 집단치료의 두 가지 모델을 탐색하려고 한다. 인지행동치료(cognitive-behavioral therapy, CBT)와 대인관계치료(interpersonal therapy, IPT)는 원래 개인치료에서 구성되고, 설명되며, 경험적으로 검증된 치료다.[78] 두 치료 모두 현재 단기 집단치료 개입으로 사용되고 있으며 그 효과에 대해서도 좋은 지지를 얻고 있다.

명명 때문에 오해하지 않는 것이 중요하다. 유방암 여성을 위한 집단치료에 관한 최근 문헌 연구에서 인지행동치료 집단의 대부분이 사실상 여러 모델로부터 합성된 통합 모델인 것으로 주목되었다.[79] 이 중요한 발견은 예외적인 것이 아니다. 다른 이론적 모델로 알려졌지만 효과적이고 잘 운영되는 공통점이 있는 것은 흔한 경우다. 참만남 집단에 대한 연구의 중요한 결론 중 하나가 바로 이 점이다. 효과적인 치료자의 행동은 같은 이론적 배경을 가졌지만 덜 효과적인 치료자보다 서로 훨씬 더 많이 닮았다.[80] 어떻게 그럴 수가 있는가? 본 저서 전체에서 우리가 검토한 모든 치료 모델에서 효과를 예언하는 공통적이고 증거를 기반한 요인의 효과적인 사용 결과일 수 있다.[81] 훌륭한 집단치료자는 모델의 관념이 아니라 내담자들을 돕기 위해 헌신한다.

인지행동적 집단치료

인지행동치료 집단[CBT-G]은 임상적 효율성을 더 높이기 위해 나온 것이었다. 인지행동치료자들은 개인 인지행동치료를 더 많은 내담자에게 동시에 적용하기 위해 집단을 사용했다. 이 중요한 근본적인 차이에 주목하라. 인지행동 치료자들은 인지행동치료를 개인 내담자에게 적용할 때 효율성을 높이기 위해 집단을 사용한 것이지, 내가 본 저서를 통해 강조하는 집단 활동에 내재하는 독특한 장점을 개발하기 위해서가 아니었다. 처음에 인지행동치료자들은 편협하게 초점을 맞추었다. 그들은 심리교육과 인지적 · 행동적 기술훈련을 제공하길 원했으며, 집단을 변화의 관리자로서 집단을 이끄는 개입이 아니라 하나의 무대로 사용했다. 동료 지지, 보편성, 행동 모방, 이타성, 낙인에서 벗어남, 사회적 기술훈련, 대인관계 학습은 어떤가? 이를 단지 배경에서 오는 이점으로 여겼다. 집단 과정, 응집성 또는 집단 발달의 단계가 있다는 것은? 이것은 조직 안의 잡음을 대표하는 것이며, 때로 인지행동치료 작업을 방해하는 요소로 보았다. 사실 어떤 치료자들은 처음에 집단 형식이 인지행동치료의 마력을 희석시킨다고 염려했다.[82]

우리는 이제 좀 더 세련된 인지행동치료 집단 응용의 제2 세대로 접어들었다. 집단생활의 주요한 요인이 인정되었고, 인지행동치료 집단치료자들은 학습과 경험을 심화시키는 집단으로 생산적으로 이용한다. 집단치료 요인, 집단 응집의 발달, 내담자의 초기 참여, 집단 지도력의 스타일에 초점에 더 큰 관심을 두면서 인지행동치료 집단의 효과를 증가시켰다.[83] 집단 응집은 위험 부담을 더 갖게 하고, 더 깊이 과업에 참여하게 하며, 수치심과 회피를 감소시킨다. 관계 형성과 기술 발달은 서로를 강화시키며 집단경험의 질은 기술 초점 집단에서도 집단치료의 효과에 실질적으로 기여한다.[84]

인지행동치료 접근은 심리적 장애가 정보 처리에 장애가 생기고 사회행동의 강화 양식이 방해받은 결과라고 가정한다.[85] 사고, 감정, 행동이 서로 연관된다고 알려져 있지만 인지행동치료 접근은 이 과정에서 개인의 사고가 특별히 중심적이라고 여긴다. 가끔 개인의 자각, 개인의 사고 레이더 아래 자동적으로 스치는 것이 있어 기분과 행동을 변화시킨다. 인지행동 치료자는 면밀히 조사하고, 소크라테스식 질문을 하고, 자기검토와 엄격한 자기탐지를 격려하면서 내담자의 핵심 신념을 알아내려고 시도한다.

어떤 유형의 핵심 신념이 발견되었는가? 핵심 신념은 관계와 능력이라는 두 개의 주요 범주로 나뉜다. '내가 사랑받을 가치가 있는가?', '나의 가치를 확인하는 데 필요한 것을 성취할 수 있는가?' 통합적 치료자는 두 가지 핵심 신념이 그 중심에서 모두 대인관계적이라는 것에 주시한다.[86] 일단 이런 역기능적인 핵심 신념(예를 들면 '나는 전혀 사랑스럽지 않다')이 확인되면 그다음 치료 목적은 좀 더 적응적이고 자기 긍정적인 신념으로 재구조화하는 것이다.

인지행동치료 집단은 급성 우울증,[87] 만성 우울증,[88] 만성 기분부전장애,[89] 우울 재발 방지,[90] 외상 후 스트레스 장애[PTSD],[91] 급성 스트레스,[92]섭식장애,[93] 불면증,[94] 신체화 장애 및 건강염려증,[95] 배우자 학대,[96] 공황장애,[97] 강박장애,[98] 일반화 불안장애,[99] 사회 공포증,[100] 분노 관리,[101] 조현증(무기력, 철수와 같은 부적 증상과 환각 같은 정적 증상 모두),[102] 분만 전후의 불안증,[103] 아동기 불안을 위한 부모-자녀 집단,[104] 의학적 질병을[105] 포함한 다른 증상 등 광범위한 임상 증상에 효과적으로 적용되어 왔다.

이 모든 적용에서 실질적이고 지속되는 도움이 보고되었다. 집단치료자가 집단 응집과 과정에 더 관심을 가지는 인지행동치료 집단이 개인 인지행동치료보다 덜 효과적이라는 발견은 없으며, 치료 종결 전에 탈락하는 비율이 높지도 않았다. 그러나 외상 후 스트레스 장애를 위한 노출 집단치료에서는 높은 탈락률을 보였다. 집단원들은 충격적인 기억의 노출 때문에 너무 자주 압도되어 단기 형식은 맞지 않으며, 탈감화가 상당한 기간 동안 실행되어야 한다.[106]

집단에서 인지행동치료의 적용은 구체적인 집단의 각 유형에 맞는 내담자의 특별한 욕구에 따라 다르다. 그러나 모두 잘 정의된 양상을 갖고 있다.[107] 인지행동치료 집단은 일반적으로 동질적이고, 시간제한적이며, 상대적으로 단기적이고, 일반적으로 8~12회 모임을 가지며, 2~3시간 동안 계속된다.[108] 인지행동치료 집단은 구조, 초점, 인지적, 행동적 기술의 습득을 강조한다. 치료자들은 각 집단원이 치료의 진전에 대해 각자 책임이 있다는 것을 분명히 하고 회기 사이에 숙제를 내준다. 숙제 유형은 각 내담자의 관심사에 따라 맞추어 준다. 개인의 자동적 사고와 생각이 기분과 어떤 관계가 있는지 일지를 계속 쓰는 숙제이거나, 회피에 도전하는 행동적 작업일 수도 있다. 공포스러운 자극에 대한 점차적인 노출은 내담자와 집단지도자가 함께 구성하고 내담자가 실행한다.

숙제 검토가 각 집단 모임에서 일어나는데, 이것이 인지행동치료 집단과 대인관계치료 집단 간의 핵심적 차이다. 대인관계치료에서는 내담자가 집에서 하는 '차가운 처리 과정cold processing'의 기능을 대인관계 집단치료를 특징짓는 '뜨거운 처리 과정hot processing'으로 대치한다.[109] 다시 말하면 인지행동치료 집단은 지금-여기의 상호작용에서 하는 실제 기능에 초점 맞추기보다 그들이 집에서 하는 기능의 설명에 초점을 맞춘다.

자기 보고식 설문지를 통한 내담자 문제와 진전에 대한 측정이 계속되고, 치료를 지지하거나 치료를 다시 조정할 필요가 있는지 정기적으로 피드백을 제공한다.

인지행동치료 집단의 치료자들은 여러 가지 조합으로 전략과 기법을 사용하는데 내담자들이 사용해 보고 집단에서 함께 토론한다.[110] 이러한 개입은 내담자의 어려움을 작업할 수 있는 부분을 분석하게 하며, 일반화하고, 확대하고, 왜곡하는 그들의 성향과 싸우게 된다. 예를 들어 내담자는 다음 같이 요청받는다.

- **자동적 사고의 기록**
  내현적인 것을 외현적으로 만든다. 사고와 기분과 행동의 관계를 연결 짓는다. 예를 들면, "나를 매력적이라고 생각하는 사람을 나는 절대로 만날 수 없을 것이다. 왜 데이트를 해야 하는가?"
- **자동적 사고에 대한 도전**
  부정적 사고에 도전한다. 사고의 왜곡을 찾으며, 더 깊은 수준에서 자동적 사고 아래에 깔린 개인적 가정을 탐색한다. 예를 들면, "퇴근 후 한잔하자는 초대를 거절하면서 어떻게 실제로 사람들을 만날 수 있는가?"
- **기분의 탐지**
  기분과 사고와 행동의 관계를 탐색한다. 예를 들면, "오늘 아무도 점심 먹자고 하지 않았을 때 기분이 더러워지기 시작했다고 생각한다."
- **각성의 위계**
  불안을 일으키는 상황에 순서를 매긴다. 가장 쉬운 상황부터 가장 힘든 상황까지 점차 직면하게 한다. 예를 들어, 광장공포증이 있는 내담자라면 불안을 일으키는 가장 쉬운 상황부터 가장 도전이 되는 상황까지 순서를 매긴다. 일요일 아침 배우자와 함께 교회에 가는 것이 각성의 가장 낮은 부분일 것이다. 새로 생긴 쇼핑몰에 저녁에 혼자 가는 것은 각성의 가장 높은 부분일 것이다. 궁극적으로 점차적인 노출이 이 내담자를 탈감화시키고, 불안하고 회피하는 행동을 소멸하게 한다.
- **활동의 탐지**
  시간과 에너지를 어떻게 사용하는지 검토한다. 예를 들어 업무 능력에 대해 생각하느라 실제로 시간을 얼마나 낭비하는지, 그리고 이것 때문에 정작 해야 하는 업무에 얼마나 방해받는지 주의해 본다.
- **문제 해결**
  일상생활에서 일어나는 문제의 해결책을 찾는다. 치료자는 문제를 도구적이고 작업할 수 있는 요소로 분해해 내담자에게 있는 무능력에 대한 신념을 도전한다. 예를 들어 내담자에게 자기를 돌보는 것과 아픈 식구를 돌보는 것 사이에서 어떻게 균형을 잡는지 물어본다.

- **심리교육을 통한 지식 습득**
  예를 들어 불안이나 스트레스로 인해 나타나는 증상에 관한 교육을 포함할 수 있다.
- **이완훈련 학습**
  점진적 근육 이완, 유도된 이미지, 호흡운동, 명상 등을 통해 정서적 긴장을 푼다. 일반적으로 한 회기나 두 회기가 이런 기법을 훈련하는 데 사용된다. 목적은 내담자가 뒤로 물러나 자신의 경험을 반성하는 능력을 높이고, 지나치게 반응하는 경향을 줄이는 것이다.
- **위험에 대한 평가 수행**
  내담자가 느끼는 위협과 이런 위협이 올 때 사용할 자원을 확인한다. 예를 들어 내담자의 신념을 검토하면서 그의 공황 공포가 사실은 심장마비라는 사실을 알았을 때 자신을 효과적으로 진정시키기 위해 심호흡할 수 있다는 것을 상기시킨다.
- **노출을 위해 유도된 상상 적용**
  내담자는 자기가치를 부정하는 속성이나 회피와 도피 행동을 하게 만드는 예상되는 거부에 도전하는 대신 긍정적이고 치유되는 상상을 한다.
- **재발을 예상하고 재발 예방 계획을 세움**
  내담자는 자극(외적 사건이나 내적 가정)을 확인하고 이 자극에 필요한 핵심 기술을 익힌다.

사회공포를 치료하는 인지행동치료 집단이 대표적이다.[111] 각 집단은 5~7명으로 구성되며, 12회기 동안 각 2시간 반씩 만난다. 각 모임은 주제 목록과 참가자를 확인하며 시작하고, 중간에 작업 단계가 있으며, 회기 종결 개관이 있다. 각 집단원을 위해 개인 집단 전 만남, 집단 후 만남을 사용할 수 있다.

처음 두 차례 회기에는 "내가 말을 꺼내면, 나는 분명히 나를 바보로 만들고 사람들도 비웃을 거야"와 같은 불안을 야기하는 상황과 관련해 내담자의 자동적 사고를 다룬다. 이 자동적 사고에 도전하는 기술과 논리의 잘못을 가르친다. 예를 들면 이렇다. "당신은 표현을 잘하지 못할 것이라는 가장 나쁜 가능성을 가정하고 있습니다. 그러나 여기서 당신의 문제를 말할 때 당신이 분명하게 잘 표현한다고 집단의 다른 사람들이 반복해 말해 주었습니다.”

중간 회기에서는 숙제, 집단 내 모의 역할을 사용하고 불안의 원인에 행동적 노출을 하면서 개인이 집중할 목표를 다룬다. 마지막 한두 회기는 얻은 것을 강화하고 재발을 일으킬 만한 앞으로의 상황을 알아본다. 내담자가 혐오적인 상황에 더 노출되도록 상상을 사용할 수 있다.[112] 요약하면, 집단지도자는 각 집단원이 역기능적인 사고를 확인하고, 이 사고에 도전하고, 사고를 재구조화하고, 행동을 수정하도록 도와준다.

집단 대인관계치료

Gerald Kierma, Myrna Weissman과 동료들이 개인 대인관계치료[IPT]에 대해 처음 설명했고, 최근에 집단에 사용되었다.[113] 인지행동치료가 심리적 역기능을 정보 처리와 행동 강화의 문제로 보듯이, 대인관계치료는 심리적 역기능을 대인관계에 근거한 문제로 본다. 내담자의 사회적 기능과 대인관계 능력이 진전됨에 따라 우울증, 폭식 같은 내담자의 장애 또한 나아진다. 이런 현상은 장애의 성격, 과정, 영향에 대한 심리교육 외에 실제 장애에 거의 관심을 주지 않았는데도 일어난다.[114] 사회적 · 대인관계 기능에 있어 호전은 일차적 증상의 진전을 강화하고 유지시키며 광범위하게 긍정적으로 퍼질 수 있다.

대인관계치료 집단은 대인관계 기술과 사회적 · 대인관계 문제를 다루는 대인관계 기술과 전략의 습득을 강조한다.[115] 대인관계치료의 집단 적용은 좀 더 효율성을 높이려는 사회적 동기뿐 아니라 역기능적 대인관계를 다루는 데 있어 집단원들이 서로 치료 기회를 제공한다는 인식에서 나온 것이다. 대인관계치료 집단은 사회적 고립의 감소, 모델링, 낙인에서 벗어나기, 치료 승낙과 참여를 지지하는 데 적용된다. 폭식 내담자를 위한 집단이었지만 최근에는 다른 임상적 영역인 우울증, 사회공포증, 출산 후 우울증, 심리적 충격 집단에도 적용되었다. 대인관계치료는 독자적인 치료로 약물치료와 동시에 병행하거나 또는 이와 약물을 차례대로 사용함으로써 양극성 장애를 가진 내담자가 수면, 활동, 자극에 노출을 스스로 통제하는 데 효과를 보았다. 학교생활을 잘하지 못하는 우울증 청소년들을 위한 기술 훈련에도 효과적임이 증명되었다.[116] 대인관계치료 집단은 약물치료와 동시에 병행하거나 차례대로 사용할 수 있다.[117]

대인관계치료 집단은 다른 문화에서도 타당성과 효율성이 증명되었고, 정신치료의 배경이 거의 없는 피훈련자들에게도 효과적으로 가르칠 수 있다.[118] 세계보건기구는 자본이 부족해 우울증 치료가 가능하지 않은 나라에 국제적으로 대인관계치료 집단을 활용할 수 있도록 소책자를 발행했다. 대인관계치료 집단이 관계에 초점 맞추기만 한다면 문화를 넘어 다양한 인구 집단과 잘 맞는다. 난민 캠프와 같은 환경에서도 해냈다.[119]

대인관계치료 집단은 개인 대인관계치료 모델을 밀접하게 따른다. 긍정적이고, 지지적이고, 투명하고, 협동적인 내담자-치료자 관계가 강력하게 격려된다. 각 내담자의 대인관계 문제는 미리 관계 패턴에 대한 집중적인 평가로 확인되고, 애도와 상실, 대인관계 갈등, 역할 변화, 대인관계 민감성 등 네 범주로 나뉜다. 자기보고식 질문지가 내담자의 관심을 세밀히 구별하고 진전을 측정할 수도 있다. 가장 일반적으로 사용되는 자기보고식 측정은 기분, 트라우마, 식습관, 대인관계 패턴 같은 내담자 고통의 주요한 영역을 다룬다. 각 내담자는 초점을 맞출 작업 목표를 1~3개 정하고 집단치료의 시작을 도약한다.

치료는 일반적으로 집단 전에 한두 차례 개인 만남을 가지고, 90분가량의 집단 모임을 8~20회 가진다. 그리고 3~4개월 후 개인과 추수 만남을 갖는다. 어떤 치료자는 중간에 개인 평가 만남을 갖는다. 집단은 치료의 집중적 단계를 마친 후 몇 달간 정기적인 간격으로 사기 향상 회기를 가질 수도 있다.

집단은 초기 소개와 오리엔테이션 단계, 중간 작업 단계, 종결 정리와 평가 부분으로 구성된다.[120] 집단에 대한 요약을 다음 회기 전에 각 집단원에게 보낼 수도 있다(13장 참조).

집단의 첫 단계에서는 집단원들이 개인적 목표를 말하고 응집성과 보편성이 촉진되도록 돕는다. 심리교육, 대인관계 문제 해결, 충고, 피드백이 각 집단원에게 집단원들과 치료자에 의해 제공된다. 치료자의 이상적인 자세는 능동적 관심, 지지, 격려다. 전이 문제는 탐색되지 않고 관리된다. 내담자는 집단원 간의 긴장을 통해 작업하지 않고, 그들의 환경 속에 있는 인물과 의사소통 패턴을 분석하고 명료화하도록 격려받는다.

대인관계치료 집단과 본서에서 설명한 상호역동적 대인관계 모델의 차이는 무엇인가? 좀 더 단기적이고, 좀 더 제한된 목표를 위해 대인관계치료 집단은 지금-여기와 미시사회로서의 집단 역할을 강조하지 않는다. 이러한 수정은 대인관계의 긴장과 파괴적인 불일치의 가능성을 줄여 준다(그러한 갈등은 멀리 깊은 곳까지 미치는 변화에 도구적이 될지 모르지만, 단기 치료에는 방해가 될 수 있다). 그렇지만 집단은 이러한 지지와 모델링 기능을 통해 중요한 지지망이 된다. 때로 조심스럽게 선택된 경우, 집단의 지금-여기 상호작용이 사용되어 내담자의 관심 및 목표와 연결될 수도 있지만, 일반적으로 이런 초점은 본 저서에서 설명한 대인집단 모델보다 훨씬 덜 중요하다. 다른 곳에서 주목한 바와 같이 숙련된 집단지도자는 집단 역동, 집단 발달, 집단 과정이 효과를 높이는 데 중요한 역할을 한다고 이해한다.[121]

자조집단과 온라인 지지집단

자조집단[SHGs]의 참여자 수는 놀랄 정도다. 인터넷 집단이 생기기 이전 해에 진행된 한 연구에서 1,000만 명의 미국인이 50여만 개 자조집단 중 한 집단에 참가했고, 2,500만 명이 과거 언젠가 자조집단에 참가한 것으로 보고되었다. 이 연구는 전문 지도자가 없는 자조집단에 특별히 초점을 맞추었다. 사실 자조집단의 50% 이상에 어떤 종류의 전문 지도자가 있으므로 자조집단에 참여한 진짜 수는 보수적으로 추정하더라도 당시 2,000만 명이고, 전체로는 5,000만 명에 달한다고 볼 수 있다. 이 숫자는 전문적 정신건강 치료를 받는 사람 수를 훨씬 능가한다.[122] 소비자들의 자기인식과 자기표현이 커지고, 온라인을 통해 정보 접근이 쉽고, 값비싼 전문가의 치료를 받기가 어렵다는 관점에 비추어 볼 때 이 경향은 점점 증가할 것이다.

집단정신치료자들은 정기적으로 자조집단에 참가한 내담자들을 만나게 될 것이고, 때로 내담자가 자조집단에 참가하기를 격려한다. 자조집단은 사실상 모든 조건과 삶의 문제를 위해 존재하며, 특히 정신건강 문제와 물질남용 장애에 유명하다.[123] 다행히 이 방대한 자원을 위한 수많은 뛰어난 지침과 참가 장소가 있다. 예를 들어, 미국 전국정신병동맹(Naitonal Allianace on Mental Illness, NAMI)은 500개 지방의 가맹 기관과 손을 잡고 수백만 명의 미국인에게 지지, 심리교육, 온라인 자원을 제공한다. 전국정신병동맹은 특수 내담자의 문제에 맞춘 온라인 집단을 제공하고, 미국정신건강Mental Health America과 전국 정신건강 자조집단 정보교환소National Mental Heatlh Consumer Self-Help Clearinghouse 같은 온라인 정보센터에서 많은 유형의 자조집단과 자료, 지지, 자조집단의 발달을 위한 지도에 도움이 되는 지침을 제공한다.[124]

자조집단은 급속히 늘었지만 새로운 현상은 아니다. 이러한 현상은 사실 14세기 남성 우애조직으로부터 오늘날 자조집단까지 쉽게 추적할 수 있다.[125] 전달 방법은 변했지만 자조집단의 목표는 일관성 있게 남아 있다. 자조집단은 집단원에게 안정감, 소속감, 정보 공유, 대응 전략의 발달처럼 상호 도움을 주고 지지를 준다. 음주운전을 반대하는 어머니(Mothers Against Drunk Driving, MADD)가 좋은 예인데, 집단은 변화를 주장하며 집단원을 돕는다. 이처럼 자신의 실제 경험을 사용해 다른 사람을 돕는 것은 권력 부여와 더 큰 자기 효능감을 유도할 수 있다.[126]

집단원들이 종종 익명을 사용해 믿을 만한 기록이 없는 상황에서 자조집단의 효과성을 평가하기는 어렵지만, 몇몇 체계적인 연구가 이런 집단의 효율성을 증명한다. 집단원들이 집단을 매우 높게 평가하고(때로 내담자의 객관적인 호전만으로 예측할 수 있는 것보다 더 높게 평가), 좋아진 대처와 안녕을 보고하며, 그들의 상황에 대해 더 많은 지식을 가지고 있고, 다른 건강 치료시설의 사용이 감소한다고 보고한다.[127]

자조집단은 치료 집단과 비슷하지만, 몇 가지 분명한 차이가 있다. 동료 지도력의 질과 집단 응집의 발달이 중요하다. 자조집단은 특히 이타심, 응집성, 보편성, 모방행동, 희망 심어 주기와 정화 등 거의 모든 치료적 요인을 사용한다. 가장 중요한 예외는 상호작용 학습이 치료적 요인으로, 자조집단에서 치료 집단보다 훨씬 덜 중요한 역할을 한다.

몇 가지 요인이 자조집단의 광범위한 성장을 설명한다. 자조집단은 개방되어 있고 사용 가능하고, 집단과 동일화하는 누구에게나 심리적 지지를 보낸다. 전문적 건강관리 제도가 인식하지 못하고 다루지 않는 병 등이 자조집단을 발생시키기가 쉽고, 이런 경우 이 집단은 집단원들을 안심시키고 그들의 병을 수용하고 정상화하도록 돕는다.[128] 전통적인 대면 집단 말고도 인터넷이 자신의 고통이 유별나다고 느끼는 개인들을 연결해 준다. 제한되고 아마도 덜 반응적인 지역사회에 의존하는 대신 희소병에 걸린 사람들이 이제 전 세계로부터 같은 종류의 병에 걸린 사람들로부터 지지를 얻을 수 있다.

자조집단은 외적 자원보다 내적 자원을 강조한다. 외부 전문가로부터 가능한 자원을 끌어내기보다 집단 내에서 가능한 자원을 끌어낸다. 집단원들이 나누는 경험이 그들을 동료로 만들고 또 믿을 만한 전문가로 만든다. 집단원들은 동시에 지지의 제공자이기도 하고 고객이기도 하다. 그들은 이 두 가지 역할로부터 도움을 받는다. 이타성을 통해 자기 가치감이 올라가고, 자신과 비슷한 문제를 가진 사람들로 둘러싸여 그들과 접촉하면서 희망을 얻는다. 적극적인 대처 전략이 실질적 효과를 가져온다.[129]

자조집단에 전문 지도자가 있다면 참가자들에게 좀 더 깊은 자기개방을 촉진할 수 있다.[130] 이러한 발견은 몇몇 연구자로 하여금 건강치료 전문가들과 자조집단 운동 간의 협동을 좀 더 활발하게 요구하게 했다. 그러나 위험은 있다. 전문가의 지위가 자조집단 집단원들의 전문성을 가릴 수도 있다. 어떤 협동에서도 동료와 전문가가 모두 가지고 있는 가치를 상호 존중하고 인정하는 것이 중요하다.[131]

원격 정신건강 적용

온라인 정신건강 플랫폼은 모바일 장치 응용이나 원격 건강 모니터링, 교육적 재료 등을 포함한다. 기분과 스트레스에 대한 개인화된 피드백의 스트림을 제공하는 앱이나 개인적 장치는 정신건강 증진을 목표로 하고, 자기인식이나 자기관리는 매일 급격히 늘고 있다. 제공되는 피드백이 일반적이거나 개인 맞춤형이 아닐지라도 도움이 된다는 것은 의문의 여지가 없다.[132]

초기에 등장한 기술적으로 단순하지만 여전히 대중적인 온라인 집단은 동시적 집단(실시간 채팅 등)이나 비동시적(게시판 등) 집단으로 운영된다. 이 두 가지 형태에서 집단원들은 화상 연락 없이 메시지를 게시해 소통한다. 예를 들어 페이스북 집단은 이 두 가지 형태의 모델이다. 집단은 시간제한적이거나 지속적으로 운영될 수 있으며, 어떤 전문가의 도움 없이 게시물에 대한 코멘트나 질문으로 활발하게 운영된다. 집단 규모는 다양하며 크기조차 정해지지 않는다. 만약 전문가의 도움이 있다면 그들의 책임은 조정되어야 하고 집단의 기능을 최대화하는 방법으로 참가자의 메시지가 관리되어야 한다.[133]

온라인 게시판이나 대화 집단은 7일 24시간 연중무휴인 지지제도이며, 집단원들은 그들의 대화를 연습하고, 다듬고, 조정할 수 있다.[134] 좋은 소식은 영향력이 크고 긍정적이라는 점이다. 덜 좋은 소식은 때로 경계가 부족해 온라인상의 행동을 퇴행하게 만들 수 있다는 점이다. 치료 집단의 한 형태로 드러난 모습에도 불구하고 온라인 집단이나 게시판 집단은 거대한 집단 역동과 힘으로 형성되는 사이버 공간에서 매우 거대한 집단일 수 있다. 정서적으로 강력한 표현, 때로는 인종, 정체성, 다양성, 권위에 대한 무의식적인 사회적 · 문화적 힘을 포함한다. 참여자들은 제한된 게시물을 통해 서로를 알 뿐이고, 더 깊은 대인관계 지식이 없이 가정과 투사가 쉽게 쌓일 수 있다.[135] 이러한 사실의 결과로 공격적이거나 선동적인 반응의 게시물이 나오기도 한다. 이때 전문가의 도움이 파괴적이고 해로운 게시물을 감소시킬 수 있다.

103명이 참가한 우울증을 위한 온라인 동료 지지집단 온라인 게시판에 관한 연구에서 많은 집단원이 집단을 소중히 여겼고, 글을 게시하고 다른 사람들의 게시물에 반응하며, 그 전 2주 동안 적어도 5시간을 온라인에서 보낸 것으로 나타났다. 이 집단에 참가해 얻은 것은 정서적 지지와 우울증 치료에 대한 팁이었다. 80% 이상이 전통적 치료를 대체하기 위해서가 아니라 부가적인 지지로서 온라인 집단을 통해 대면 치료를 계속 받았다.[136] 어느 참가자의 경험에 대한 보고가 온라인 지지집단이 주는 많은 독특한 도움을 묘사한다.

> '진짜' 지역사회 지지집단이 없는 상황에서 나에게는 온라인 게시판이 매우 지지적인 공동체인 것 같다. 나는 얼굴을 맞대고 만나는 사람보다 온라인 공동체와 더 상호작용하는 듯하다. 나한테 정말로 무슨 일이 진행되고 있는지 정직하게 개방하게 된다. 우울증과 관련해 많은 수치심과 자아존중감 문제가 있는데, 온라인 게시판에서 익명으로 활동할 수 있다는 점은 '집단치료'와 개인치료까지 연관되는 불안을 없애는 데 매우 효과적이다. 내 말은 전문가의 도움을 대체한다는 뜻이 아니라 온라인 지지집단이 매우 지지적이며 나의 회복 프로그램에서 좀 더 동기를 갖도록 도움을 준다는 것이다.[137]

기록이 남는 메시지를 소통의 수단으로 사용하는 것은 이를 조사해 볼 수 있는 만큼 연구 진행에 큰 이점이 된다. 게시판의 분석결과 중재자로 훈련받은 집단원들이 있는 유방암 여성을 위한 집단원들이 중재자가 없는 집단원들보다 고통스런 정서를 더 잘 표현한다고 나타났다. 참가한 환자가 정서적 표현을 더 많이 할수록 우울감이 감소되었다.[138] 중재자는 보통 정신건강 전문가인데 강한 정서를 활성화하고, 견제하고, 탐색하는 촉진 기술을 필요로 한다. 이런 기술은 면대면 집단과 마찬가지로 온라인 지지집단에서도 중요한 것으로 보인다.[139]

온라인 지지집단 참가자들과 제공자들은 다른 이점이 많다고 설명한다. 예를 들어, 자조집단에 참여하기를 원하지만 지리적 거리, 비용, 신체적 장애, 질환 또는 그들 지역사회에 전문가의 부족 때문에 대면 모임에 다닐 수 없는 많은 개인이 이제 온라인으로 자조 또는 치료 집단에 참가할 수 있다.[140] 오명이 있는 질병이나 사회적 불안 때문에 상대적으로 익명을 유지하는 온라인 지지집단을 선호할 수도 있다. 이 집단들은 치료에 접근하게 함으로써 건강자산을 증진시킨다. 도움을 구하는 많은 사람에게 온라인 지지집단은 다른 치료 노력에 완전히 몸을 담그기 전에 준비하는 과정으로서 물에 발가락 하나를 담그는 것과 같다. 다른 이들에게는 결정적인 치료가 된다. 친밀감이라는 말도 온라인상의 의미로 재정의된다. Haim Weinberg는 온라인 플랫폼에서 생기는 친밀감intimacy을 설명하며 'E-ntimacy'라는 새로운 표현을 만들어 냈다.[141]

16장

집단치료자 훈련

집단치료는 정신치료라는 정원에 있는 이상한 화초다. 이 화초는 강하다. 집단치료가 매우 효과적이고 개인치료만큼 강하다는 연구 결과가 일관성 있게 보고되고 있다. 또한 치료자 자원을 놀라울 정도로 효율적으로 사용할 수 있다.[1] 집단치료는 효과적이고effective, 개인치료와 동등하며equivalent, 효율적인efficient 치료다. 그렇지만 이것은 끊임없이 가꾸어야 한다. 그러지 않으면 옛날의 잡초, 즉 '피상적이고', '위험하고', '개인치료가 가능하지 않거나 비용을 댈 수 없을 때 사용되는 2급'이라는 식의 잡초가 정기적으로 목을 조른다. 2018년 미국심리학회가 집단치료를 심리학의 특별 분야로 승인한 것은 이러한 풍경을 변화시키고 집단치료 실제와 훈련을 정당한 위치에 오르게 할 것이다.[2]

내담자들과 많은 정신건강 전문인이 집단치료를 계속 과소평가하고 두려워하는데, 불행히도 바로 이러한 태도가 집단치료 훈련 프로그램에 부정적인 영향을 미친다.[3] 왜 그런가? 구시대의 참만남 집단운동이 가졌던 반지성적이라는 오명을 스스로 씻어 내지 못했기 때문인가? 아니면 개인치료가 갖고 있는 특별하고 남다른 관심을 받고 싶어서인가? 많은 내담자가 집단이 해결책이 아니라 그들의 인생 문제이기 때문인가? 지도자로서 통제감이 덜하다는 점, 자신을 공적으로 노출하고 집단에 압도되는 두려움, 너무도 많은 임상적 자료를 통합해야 하는 등의 집단지도자 역할에 내재한 불안을 피하기 위해

서인가? 집단이 어린 시절 또래 집단의 불유쾌한 경험을 떠올리기 때문일 수도 있다.

새 시대에는 잘 훈련받은 집단치료자가 요구되는 만큼 그들의 교육에 세심한 주의를 기울여야 한다. 훈련은 일생의 노력이고, 시간과 경험으로 충분하지 않다. 집단치료자가 성장하고 발전하기 위해서는 지속적인 학습에 계획적인 관심이 있어야 하며, 그 작업에 대한 피드백이 필요하다.[4]

이 장에서는 집단치료 훈련에 관한 나의 관점을 제시하고자 한다. 훈련에 대한 구체적인 추천뿐 아니라 기저에 있는 훈련 철학이라는 형태로 제시하고자 한다. 본서에서 설명한 치료 접근은 임상적 경험과 가장 좋은 연구 증거들에 근거한 것이다. 집단치료자의 교육에도 마찬가지 원칙이 적용된다.

정신건강 전문인을 위한 많은 훈련 프로그램이 개인치료 모델에 초점 맞추고, 집단치료 훈련을 포함하지 않거나 또는 선택과목으로 제공한다. 사실 학생들에게 뛰어난 집중적인 개인치료 수련감독을 하고 나서 프로그램 초기에 특별한 지도 없이 치료 집단을 지도하라고 요구하는 것은 흔히 있는 일이다. 프로그램 책임자들은 학생들이 집단경험과 훈련 없이도 어떻게 해서든 그들의 개인치료 기술을 집단치료에 응용할 수 있으리라고 당연히 기대한다. 이는 부적절한 지도자를 공급할 뿐 아니라 학생들로 하여금 집단치료를 무시하게 만드는 일이다.[5] 같은 과정이 많은 임상 장면에서 일어난다. 집단치료 실제가 개인치료보다 훨씬 복잡함에도 치료자들은 적절한 훈련 없이 현장에 일상적으로 투입되고 시원찮은 결과를 낸다.[6]

신참 집단치료자들은 예측되는 실수를 한다. 이 실수를 다룰 전략이 없다면 실수는 반복되기 쉽다. 좋은 훈련은 치료자가 집단의 복잡성을 알고 집단 과정, 역동, 발달이 어떻게 일어나는지 '큰 그림'을 인식하도록 돕는다. 초보 집단치료자들의 경우 할 일을 잘못하는 실수보다는 해야 할 일을 빼먹는 실수가 더 두드러진다.[7]

정신건강훈련 프로그램은 엄격하고 잘 조직된 집단훈련 프로그램의 필요성을 인식하고, 피훈련자와 내담자들의 요구에 걸맞은 프로그램을 제공하는 것이 필수다. 미국집단정신치료학회(American Group Psychotherapy Association, AGPA)와 미국상담학회 American Counseling Association는 집단치료 자격증을 위한 훈련 규준을 만들어 훈련을 위한 원형이 되었다. 예를 들어 AGPA의 집단치료자 국제자격 위원회는 자격증 취득을 위해 최소 12시간 이론교육, 300시간 집단치료 지도자 훈련을 요구하며, 이미 자격증을 갖고 있는 집단치료자에게는 75시간 집단치료 수련감독을 요구한다.[8] 이 조건들을 모두 만족하면 자격증을 가진 집단정신치료자[CGP]로 인정받는다. 많은 국제기관에서 훈련 기준을 세우고 덧붙여 핵심 훈련 요소로 개인적인 집단치료를 요구한다.[9] 많은 집단치료자를 위해 기관들이 학회와 같은 목적으로 집중적인 경험적 훈련을 제공한다. 개인적인 집단경험은 집단치료자로서 역량을 대단히 향상시킨다.

건강관리의 경제성은 일대일 정신치료가 압박하는 대중의 정신건강 요구를 만족시킬 가망성이 없다는 것을 인정하게 만들었다. 건강 보험사들은 집단치료의 사용, 특히 구조화되고 시간제한적인 집단이 급속히 성장하리라고 예측한다.[10] 이를 인정하지 않고 학생들이 개인치료에서와 마찬가지로 집단에 완전히 능숙해지기를 기대하지 않는 정신치료 훈련 프로그램은 이 분야에서 그리고 학생들에게 책임을 다하지 못하는 것이라고 나는 굳게 믿는다.

보편적인 훈련 프로그램에 대한 청사진을 제공할 수는 없지만, 다음 부분에서 교수법과 이론을 넘어선 포괄적인 훈련 프로그램에 필수라고 생각하는 네 가지 주요 구성 요인을 설명하고자 한다. 경험 있는 집단치료자의 실제 치료 관찰, 최초 집단에 대한 면밀한 수련감독, 개인적인 집단경험, 그리고 개인정신치료 실습이다.

숙련된 임상가 관찰

선배 임상가가 개인치료를 하는 모습을 학생들이 관찰하는 것은 매우 드문 일이지만, 집단치료의 좀 더 대중적인 성격은 종종 피훈련자가 직접 관찰하게 만든다. 학생 치료자들은 숙련된 치료의 작업 장면을 보며 큰 도움을 얻는다.[11] 처음에 임상가들은 관찰된다는 사실을 매우 불편하게 느낀다. 그러나 일단 부딪쳐 보면 그 과정이 편안해질 뿐 아니라 학생, 치료자, 집단원 모두에게 보람이 있다.[12] 한 연구에서는 진행 중인 집단치료를 관찰한 피훈련자들이 훈련 중에 가장 영향력 있는 집단 지도력과 집단 역동뿐 아니라, 집단치료 중 일어나는 강렬한 감정을 견디는 법을 배웠다고 보고했다.[13]

관찰의 형태는 물론 물리적 시설에 달렸다. 나는 학생들이 일방경을 통해 집단 작업을 관찰하는 것을 선호하지만, 만약 학생들의 일정이 90분간의 집단 모임과 집단 후 토론에 참석하도록 허용되지 않으면 내담자의 동의를 받은 후 모임을 녹화하고 나중에 녹화된 영상으로 관찰하게 한다. 이 과정은 치료자에게 더 많은 시간 투자를 요구하고, 카메라가 있기 때문에 집단원들의 불편함 역시 조금 더 증가한다. 한두 명의 관찰자가 있다면 방 안에 앉아 있어도 집단원을 과도하게 방해하지 않을 수 있다. 대신 집단이 이루는 원 밖에 조용히 있어야 하며, 집단원들이 그들에게 던지는 질문에 반응하지 말 것을 제안한다.

사용된 형태와 관계없이 집단원들에게 관찰자가 있다는 사실과 관찰의 목적을 정확히 알려 주어야 한다. 모든 경우에 비밀 보장과 윤리적 행동에서 치료자와 같은 전문가의 규준이 관찰자에게도 적용되어야 한다.[14] 관찰자의 분명한 계약이 임상적 학습 환경을 보호한다. 만약 피훈련자가 아는 집단원이 있다면 그에게는 관찰을 허용해서는 안 된다.

실제로 경험한 일인데, 한번은 집단원 Donna가 관찰실로 들어오는 한 학생이 이웃에 살고 있는 사람임을 알아보았다. Donna는 이에 대해 화를 냈고 나는 당황했다. 나는 일방경을 통해 그 관찰자에게 규정을 위반했으니 즉시 관찰실을 떠나 달라고 요청했다. 그런데 알고 보니 그 관찰자는 Donna가 말한 이웃의 일란성 쌍둥이였다. 다음 주에 이 일어날 수 없는 일을 긴장한 채로 설명했고, 결국 나의 신뢰도는 손상되지 않았다.

처음에 내담자들이 관찰될 때는 '표본'같이 느껴져 반발하지만 이 감정은 곧 사라진다. 나는 관찰이 훈련에 꼭 필요하다는 것을 내담자들에게 상기시킨다. 나도 그런 방법으로 훈련받았고, 관찰자를 기꺼이 허용하는 마음은 궁극적으로 학생 관찰자들이 앞으로 치료하게 될 내담자들에게 도움이 될 것이라는 점을 상기시킨다.

학생들이 집단을 관찰할 수 있는 전체 시간은 일반적으로 당직과 훈련 교대 스케줄에 의해 결정된다. 프로그램에 충분히 융통성이 있다면 적어도 6~10회기 동안 계속 관찰할 것을 제안하고 싶다. 이 기간은 일반적으로 집단 발달, 상호작용 양상, 지각할 수 있는 내담자의 성장에서의 변화가 일어나기에 충분한 시간이다.

모임 후의 토론은 훈련에 절대적으로 필요하다. 그리고 집단지도자이자 선생이 학생 관찰자와 만나기에는 모임이 끝난 직후보다 더 좋은 때가 없다. 나는 대략 30~45분 동안 만나는 것을 선호한다. 나는 그 시간을 다양한 방법으로 보낸다. 학생들의 관찰을 보고받고, 나의 개입에 깔린 이유에 관한 질문에 대답하고, 집단치료의 기본 원칙에 관한 토론의 도약판으로서 임상적 자료를 사용한다. 약간의 입문 강의 시간이 유용하지만, 이 책에 제시한 대부분 자료는 관찰된 집단에서 적절한 임상적 자료가 나올 때 학생들과 가장 잘 토론할 수 있다. 이론은 즉각적으로 관련성이 있을 때 훨씬 더 생생해진다.

관찰자와 집단과 집단치료자의 관계가 중요하다. 관찰자들이 때로 비판적이고 흠을 찾을 수 있다. "왜 이렇게 하지 않았나요?"라고 반복되는 질문이 치료자에게 불편을 일으킬 수 있지만, 한편으로는 배우고 피드백하는 개방적인 모델이 될 수 있다. 흔히 관찰자들이 지루하다고 불평하면 치료자는 집단의 여흥 부분을 늘려야 할 것 같은 압박감을 느낀다. 나의 경험에 따르면 일반적으로 지루함은 역으로 경험과 관계되어 있다. 학생들이 경험을 얻고 정교함을 쌓아 감에 따라 모든 상호작용의 근저에 있는 미묘하고 매우 재미있는 층들을 더 크게 인식하게 된다.

관찰 집단은 집단의 주제를 따라가는 그 자체의 과정을 또한 갖는다. 관찰자들은 치료자와 동일화할 수 있고, 내담자의 어떤 특징에 동일화할 수도 있다. 이런 점을 결과보고 회기 때 탐색하게 되면 공감, 역전이, 투사적 동일화 같은 주제를 탐색할 기회가 된다. 때로 관찰자들은 집단원들과 강한 애착을 가지게 되어 자신이 집단에 참여하기를 바라기도 한다. 어느 관찰자는 한 집단원이 다른 집단원을 언어적으로 공격하자 너무도 동요되어 집단에 들어가 그 공격하는 집단원에게 말을 거는 상상을 했다고 말했다. 이러한 인정은 강렬한 감정과 역전이를 어떻게 다룰 것인지에 대한 귀중한 토론이 되었다.

집단원들은 학생들에 의해 관찰된다는 사실에 다양하게 반응한다. 어떤 집단 사건과 마찬가지로 그 다른 반응은 투사적 검사와 닮았다. 모든 집단원이 같은 상황(즉, 학생들에 의해 관찰되는 것)을 직면해서 왜 누구는 분노로 반응하고, 누구는 의심하고, 또 누구는 기쁨과 유쾌함까지 느끼는가? 어떻게 같은 자극에 대해 그토록 다른 반응이 나오는 것인가? 물론 대답은 각 집단원이 다른 내적 세계를 가지며, 그 다른 반응은 각 내적 세계에 대한 검토를 촉진한다는 것이다.

그렇지만 대다수 내담자에게 전통적인 관찰은 침범을 의미한다. 가끔 관찰자들은 다른 염려 때문에 일어나는 불안을 자극하는 피뢰침이 되기도 한다. 예를 들면, 계속 관찰되었던 한 집단이 갑자기 관찰자들에게 몰두하게 되었고 그들이 집단원들을 비웃고 깔본다는 확신이 커졌다. 한 집단원은 집단 전에 화장실에서 어떤 사람과 마주쳤는데 그가 관찰자임이 분명하며, 자기를 보고 억지로 웃었다고 보고했다. 집단원들은 관찰자들을 집단실로 데려와 그들 자신에 대해 설명해야 한다고 요구했다. 집단 반응은 매우 강렬했다. 나는 신뢰를 깨는 어떤 일이 있었던 것인지 의심하게 되었다. 우리는 이런 생각이 어디서 왔는지 계속 검토했고, 사실은 집단이 그들에 일어날 임박한 변화에 대한 불안을 관찰자들에게 투사하고 있다는 것이 분명해졌다. 두 명의 오래된 집단원이 떠나고 두 명의 새 집단원 추가가 임박했던 것이다. 집단의 진짜 문제는 새로 오는 집단원이 그 집단을 소중히 여길 것인지 아니면 집단 과정과 집단원들을 비웃을 것인지였다.

지도자가 내담자들에게 최고로 기대할 수 있는 것은 내담자들이 불평하면서 수용하는 것인데, 관찰자들을 치료 과정에 포함함으로써 관찰 과정을 치료 과정에 도움이 되게 하는 방법이 있다. 나는 집단에 대한 관찰자들의 관점이 지도자인 나에게 귀중하다는 점을 상기시킨다. 적절하다면 지난번 모임 이후 관찰자들이 보고한 내용 중 도움이 되는 언급을 집단에 알리고, 또한 관찰자들의 일부 언급을 요약할 때 포함시킨다는 것을 알려 준다.

또 다른 대담한 전략은 관찰자들의 집단 후 토론 모임에 집단원들을 초대하는 것이다. 15장에서 집단원들이 관찰하는 10분간의 관찰자 토론을 정기적으로 포함하는 입원환자 모델에 관해 설명한 바 있다.[15] 나는 외래환자 집단에서도 유사한 형식을 사용해 왔다. 모임이 끝난 후 집단원들과 관찰자들이 방을 바꾸게 해 내담자들이 일방경을 통해서 관찰자들과 공동 치료자들의 토론을 관찰하게 했다. 유일한 조건은 집단원 전체가 참가하는 것이다. 단지 몇몇 집단원만 참가한다면, 그 과정은 분열되고 응집성의 발달이 지체될 수 있다. 의미 있는 시간의 투입이 요구된다. 90분간의 집단치료 후 45분 동안 집단 후 토론이 진행되어야 하므로 오후나 저녁 시간이 길어질 수 있다. 이 형식은 수업에 재미있는 의미를 부여하며, 여러 가지 장점이 있다. 이는 학생들에게 건설적으로 투명할 수 있는 방법을 가르치고, 치료 과정에서 내담자를 완전 동맹자로서 보고 존경심을 갖게 한다.

좋은 점은 관찰자의 방에 지루함이 없다는 것이다. 잠시 후 모임에 참여해야 함을 아는 학생들은 과정에 좀 더 집중하는 경향이 있다.

유용한 보조적 교육 도구는 중요한 지도자의 기술과 집단 역동을 보여 주도록 특별히 제작된 영상이다. 나는 외래환자 집단을 위한 영상, 입원환자 집단을 위한 영상, 『쇼펜하우어, 집단심리치료Shopenhauer Cure』[16]를 근거로 만든 영상 등 세 가지 영상을 사용하기를 권고한다.

수련감독

수련감독은 집단치료자 교육에 필수적이다. 본서는 치료에 대한 접근을 설명하고, 집단치료의 경험에서 나온 기법들을 기술한다. 특히 치료를 시작하고 종결하는 단계에서 구체적인 방안을 제안한다. 그러나 치료의 큰 부분을 차지하며 노력이 필요한 훈습 과정은 한 권의 책으로 상세히 설명할 수 없다. 무한한 수의 상황이 생기고, 상황마다 풍요롭고 상상력 있는 접근이 필요하기 때문이다. 바로 이 시점에서 수련감독자가 학생 치료자들의 교육에 귀중하고 특별한 기여를 할 수 있다. 수련감독은 훈련에 핵심적인 중요성을 지니기 때문에 정신치료 문헌에서 주요 관심이 되었다.[17]

정신치료 수련감독의 과업은 표준normative, 형성formative, 회복restorative의 세 가지로 본다. 표준 요인은 수련자의 임상적 업무, 수련감독, 평가를 위한 행정적 · 실제적 환경을 설정한다. 형성 요인은 이론과 실제를 연결하면서 매 회기의 지도를 포함한다. 회복 요인은 강한 감정을 견디고, 역전이를 다루며, 윤리를 다시 가르치고, 수련자의 안녕을 도모하는 임상 작업의 도전을 직면하는 수련자를 위한 지지를 말한다.[18]

나는 수련자가 효과적인 치료자가 되기를 바랄 뿐 아니라 전문가로서 자신을 돌보기를 원한다. 우리가 하는 일은 어렵다. 내담자의 트라우마에 크게 노출되면서 그 트라우마 과정을 동시에 느끼게 된다. 정신치료자의 소진, 즉 피로, 철수, 비효과적이라는 감정의 삼박자가 우리 분야의 관심사로 떠오르고 있다. 자기 관리에 참여하고, 적절한 한계를 설정하며, 동료들과 연결성을 유지하고, 개인적인 균형을 포함해 전문성을 재정의하는 등의 형태로 예방하는 것이 회복을 위한 사후 노력보다 바람직하다. 소진은 치료자를 해칠 뿐 아니라 양질의 임상 치료를 위태롭게 한다.[19]

효과적인 수련감독의 특징은 무엇인가? 우선 수련감독은 치료 동맹의 분위기와 가치를 전달하는 수련감독 동맹을 형성하는 것이 필요하다. 이 동맹은 수련감독 관계의 본질, 목표, 과업과 관련해 수련자와 수련감독자 간의 계약을 포함한다. 수련감독은 기술과 이론적 지식을 전달할 뿐 아니라 전문성의 가치와 윤리 모델이 된다. 따라서 수련감독자는 일치성을 추구해야 한다. 그들의 학생을 존경과 배려로 대해야 학생들도 내담자를 존경과 배려로 대한다. 우리의 수련자가 그들의 내담자를 존경, 사랑, 위엄을 바탕으로 대하길 원한다면 우리도 우리의 수련자들을 그렇게 대해야 한다.[20] 훈련은 숨은hidden 커리큘럼과 겉으로 드러난manifest 커리큘럼이 같을 때 질적으로 높아진다.

수련감독자는 수련자의 전문적 · 임상적 발달에 초점을 맞추어야 하고, 지식의 부족이나 수련자에게 일어나는 역전이로부터 오는 어떤 장애에도 민감해야 한다. 훈련과 치료의 균형이 잘 유지되어야 한다. 수련감독자는 임상가처럼 경청하고 교수처럼 말해야 한다고 Alonso는 제안했다.[21]

가장 효율적인 수련감독자는 수련자에게 맞출 수 있다. 수련자의 주된 관심사를 따르고, 수련자가 하는 말의 핵심을 포착하며, 임상적 갈등을 안내하고 개인적 관심과 지지를 보여 준다. 불필요한 비판과 수치를 주는 수련감독이나 수련자의 우선적 관심을 막아버리는 수련감독은 교육적으로 실패할 뿐 아니라 수련자를 의기소침하게 만든다. 효율적인 수련감독자는 수련자가 제시한 임상자료에 대해 보이는 어떤 정서적 반응에도 세심한 관심을 주고, 수련감독에 제시한 내담자에 대한 이해와 수련자 자신의 이해를 높이는 자료로 사용한다.[22]

수련감독자는 얼마나 투명하고 개인적이어야 하는가? 7장에서 집단치료자에 대해 설명한 원칙이 여기에도 적용된다. 수련감독자는 수련감독 중에 개인적 개방이 일으킬 수 있는 영향과 자신의 동기를 확인할 수 있어야 한다. 개인적 경험과 임상적 문제를 드러냄으로써 수련감독자는 권력 위계를 줄이고 수련자가 모든 것에 대답을 갖고 있지 않아도 부끄러워할 일이 아니라는 사실을 볼 수 있도록 돕는다. 더 나아가 그러한 노출과 비방어적인 자세는 수련자가 수련감독에 가져오는 임상적 재료 유형에 영향을 줄 것이다. 내담자가 수치심을 갖지 않고 그들의 불완전함을 수용하길 원한다면 이 수용의 원칙이 집단치료자의 수련감독에도 반향되어야 한다.

수련자는 수련감독자의 현명한 개방이 동료의 느낌을 일으키고 관계의 위계를 감소시킨다고 보고한다.[23] 예를 들어, 나는 공격성을 피하는 내 성향을 설명하는 것이 도움이 됨을 알았다. 홀로코스트 생존자의 자녀인 나는 어릴 때부터 대인관계 긴장을 줄이는 방법을 배웠다. 치료할 때 나는 이런 도피를 하지 않으려고 조심한다. 수련감독에서 이러한 개방은 내담자가 우리에게 주는 영향(객관적)과 우리가 내담자와 함께 작업하는 데 가져오는 영향(주관적) 사이에 있는 역전이의 내용 차이를 다루는 데 도움이 된다. 정신치료의 기본적인 과업은 수련자가 역전이를 알아차리고, 그것을 인정하고, 그것을 치료적 힘으로 동력화하는 능력을 발달시키는 것이다.[24]

초심 치료자의 첫 집단은 매우 위협적인 경험이다. 임상적 자료에 압도되고, 자신의 능력이 노출되고, 집단이 시작되지 못하고 실패할까 봐 두려운 나머지 치료자는 집단의 힘을 건설적으로 어떻게 끌고 나갈 것인지 알게 될 때까지 집단 쇼크 상태에 있다. 분명한 내용과 구조가 있는 심리교육적인 집단을 지도하는 것도 초심자에게는 매우 도전적일 수 있다.[25] 초보 수련자에 관한 연구에서 연구자들은 집단치료 훈련 경험이 긍정적인 수련자와 부정적인 수련자를 비교했다. 두 집단 모두 초기 작업에서 높은 수준의 두려움과 솔직히 불유쾌한 정서적 반응을 보고했다. 두 집단에서 구별되는 변인이 하나 있었는데, 바로 수련감독의 질이었다. 높은 질의 수련감독을 받은 수련자들은 덜 만족스럽다고 보고한 집단보다 후속 집단치료 경험을 훨씬 더 긍정적으로 느꼈다.[26]

다른 연구에서 나와 동료들은 정신병원에서 집단을 지도하는 비전문가 12명을 연구했다. 지도자들의 반은 집단지도자를 위한 집중적인 훈련 과정과 더불어 계속 수련감독을 받았고, 나머지 반은 아무 훈련도 받지 않았다. 어떤 치료자가 수련감독을 받았는지 안 받았는지 모르는 관찰자들이 집단을 시작할 때와 6개월 후에 치료자들을 평가했다. 결과는 훈련받은 치료자들은 점점 나아졌으며, 훈련받지 않은 치료자들은 6개월 후 처음보다 기술이 떨어진 것으로 나타났다.[27] 단순한 경험만으로는 충분하지 않다. 계속되는 수련감독과 평가 없이는 원래의 잘못이 단순한 반복을 통해 강화될 수 있으며, 수련자들은 치료에 자신감을 잃고 개입의 범위가 축소되어 덜 효과적이게 된다.

집단지도자 역할에 내재하는 스트레스 때문에 초보 개인치료자보다 초보 집단치료자에게 수련감독이 더 중요할 수 있다. 나는 많은 수련자로부터 그들의 첫 집단경험을 마치기 바로 직전에 어떤 위협적인 집단 상황을 직면하거나 통제되지 않는 이미지가 들어 있는 불안한 꿈을 보고받았다. 그런 꿈이 너무도 자주 나타나기 때문에 나는 그런 꿈에 대해 일상적으로 묻고 수련자의 초기 불안은 병리적인 것이 아니라고 말해 준다.

신참만 수련감독이 제공하는 지지와 반성 공간으로부터 도움을 받는 것은 아니다. 몇 년 전에 나는 동요되는 경험을 했는데, 이 일은 학회에서 내가 지도한 시연 집단에서 일어났다.

> 한 여성이 내가 지도하는 시연 집단에 참가하겠다고 자원했는데, 그날 오전에 내가 가르친 집단지도력을 노골적으로 비판하는 데 온 시간을 보냈다. 그녀의 공격으로 인해 건드려지지 않은 곳이 사실상 없었다. 나는 상처와 수치심에 압도되었고, 다음 날 이 분야의 뛰어난 공적으로 내가 상을 받을 예정이라는 기구한 상황을 심각하게 인지했다.
>
> 시연 집단에서 내가 할 일은 나를 방어하려는 다른 집단원들에 의해 이 여성이 희생양이 되지 않도록 막는 것이었다. 왜 이 여성이 집단에 참여하려고 했는지 확인하기에는 시간이 부족해 수수께끼로 남아 있었지만, 눈을 마주치기보다 장난치려는 신호가 확실했다. 그녀의 공격으로 영향을 받았지만 공개적인 성격이기 때문은 전혀 아니었다. 집단 수련자들에게는 물론 공개적으로 일어나는 일이지만 말이다.

청중으로 있던 한 동료의 개입이 매우 도움이 되었다. 그는 회기가 끝난 후 나와 나누고 싶은 재미있는 정보가 있다고 문자를 보냈다. 그 또한 이 공격으로 당황했는데, 시연이 끝난 후 그녀에게 다가가 왜 그렇게 불편하고 비판적인 태도를 보였는지 물었다. 대화는 그녀의 학습에 대한 어려움으로 이어졌다. 내가 오전에 경험적이기보다 학문적으로 강의한 것에 불편함을 느꼈던 것으로 보였다. 학습장애가 있는 그녀에게 그러한 학문적인 발표는 '김이 빠지는' 것이었다. 그녀는 나의 동료에게 그녀의 학습장애 때문에 모든 과목에서 창피를 당했고 학습상 편의를 봐주어 훈련을 마쳤다고 설명했다. 나의 동료는 그녀에게 전에 그렇게 강력하게 항의한 적이 있었는지 물었더니 그녀는 "오늘이 처음이에요"라고 답했다.

이 정보로 나는 상당히 안정되었다. 그녀가 과거에 위험 부담을 안고 할 수 없었던 것을 시도하는 기회로 삼았다는 것을 강조했다. 나는 집단에서 그녀를 비난하지 않고 안전하게 느끼며 항의하게 했다. 그녀는 나에게 투사함으로써 평소에 느꼈던 실패감을 없앨 수 있었을 것이다.

내가 경험이 많은 임상가이고 그 주 초에 영예의 상을 받기로 되었는데도 그녀의 공격으로 치료자로서의 자신감과 내일에 대한 이해가 소용돌이쳤다는 사실이 나를 강타했다. 하지만 내가 보지 못한 것을 본 신뢰하는 동료와의 대화가 평정을 되찾는 데 매우 도움이 되었다. 이 경우 그가 '뒷이야기'에 대한 추가적인 정보를 가지고 있었던 것이 다행이었다.

수련감독은 이런 뒷이야기를 종종 제공한다. 수련자가 보지 못한 표면 아래에 있는 것을 수련감독자가 볼 수 있다.

몇 가지 실질적인 제안이 도움이 될 것이다. 우선 수련감독은 첫 집단 전에 잘 이루어져야 한다. 집단지도자의 선택과 준비 작업에 참가하고, 집단을 시작할 때 갖게 되는 두려움을 다루어야 한다. 내 경험으로는 집단치료 한 회에 수련감독 1시간이 최적 비율이다. 집단과 공동 치료자와 집단 후 모임, 수련감독 시간을 맞추는 것이 어려울 수 있으나 수련감독은 집단 회기 바로 직후나 다음 날 하는 것이 현명하다. 어떤 수련감독자는 매 회기의 마지막 일부를 관찰하고 그 후 즉시 수련감독 시간을 갖는다. 최소한 감독자는 수련감독 초기에 한두 회기를 직접 관찰하고, 가능하다면 가끔씩 한 해 내내 관찰해야 한다. 그래야 감독자가 얼굴과 이름을 맞출 수 있고, 또한 집단의 정서적 분위기를 파악할 수 있다.

현장 관찰은 추가적인 도움을 주는데, 가장 헌신적인 수련자라도 그들의 기록에 중요한 자료를 놓칠 수 있기 때문이다. 집단 일부를 관찰하고 수련자가 30초 이내에 보고할 수 있는 내용을 5장의 기록으로 본 경험이 종종 있다. 능력에 근거한 건강 분야 치료자의 교육은 점점 수련자의 직접적인 관찰과 맞춤형 피드백을 요구한다.[28] 영상 자료 또한 이 목적으로 사용될 수 있다(녹음도 훨씬 덜 만족스럽긴 하지만 마찬가지다).

만약 집단 모임과 수련감독과의 만남 간격이 너무 길면 집단 모임의 사건이 희미해지기 때문에 학생들은 그들의 기억을 환기시키기 위해 집단 후에 곧바로 기록해 두는 것이 바람직하다. 치료자들은 나름의 기록 스타일을 개발한다. 내가 선호하는 것은 각 회기의 주요 주제를 기록하는 것이다. 일반적으로 1번에서 3번까지, 예를 들어 (1) John의 직장을 잃은 데 대한 상심과 집단이 지지해 주려는 노력, (2) Sharon이 집단에서 남성에 대해 갖는 분노, (3) Amabelle의 열등감과 집단에 수용받지 못한다는 느낌 등을 적는다.

이처럼 기본 뼈대가 세워지면 다른 중요한 자료, 즉 한 주제에서 다른 주제로 넘어가는 것, 각 주제에 대한 각 집단원의 기여, 나의 개입과 모임 전체와 각 집단원에 대한 느낌을 적어 넣는다. 다른 수련감독자들은 학생에게 선택 지점에 특별한 주의를 기울이라고 제안한다. 이 선택 지점은 치료자의 개입이 요구되는 모임 중 일련의 결정적 시점을 말한다. 또 다른 수련감독자들은 각 집단 모임 끝에 질문지를 배분해 내담자의 피드백을 사용하게 한다(결과 및 과정 탐지에 관해서는 13장 참조).[29]

90분간의 집단 모임은 풍부한 자료를 공급한다. 수련자가 모임의 대화를 제시하고 자신의 참여와 함께 각 집단원의 언어적 또는 비언어적 기여와 서로를 향한 반응을 논하면 수련감독 시간을 채울 중요한 자료가 충분하고도 남는다. 만약 그렇지 않고 수련자의 자료가 빨리 떨어지고, 수련감독자가 모임에서 일어난 사건들을 알기 위해 어렵게 자료를 모아야 한다면 수련감독 과정에 무엇인가가 심각하게 잘못된 것이다. 수련감독자는 이때 자신과 수련자와의 관계에 관심을 가지는 것이 좋다. 학생들이 경계하는가? 믿지 못하는가? 수련감독자에게 자신이 샅샅이 노출될까 봐 두려워하는가? 수련자가 배우기보다 자신의 자존감을 보호하는 데 더 투자하는 것은 아닌가?[30]

수련감독 회기도 치료 집단만큼 축소된 사회다. 감독자는 수련자의 행동에 관심을 가짐으로써 치료 집단에서의 치료자 행동에 대한 정보를 많이 얻을 수 있다(때로 이 현상은 수련감독에서 '평행 과정'이라고 한다). 집단치료자와 수련감독자 체계의 어느 한 요인에서 느껴지는 중요한 감정은 체계 전체를 통해 표현되기 쉽고, 그래서 수련감독에서 생산적으로 다루어져야 한다.[31]

학생들이 공동 치료 팀으로서 집단을 지도하는 경우(13장에서 말한 이유로 인해 초심자에게 이 형식을 추천한다) 수련감독 시간에 과정에 초점을 맞추면 특별히 풍요로울 것이다. 수련감독 시간에 나타난 두 명의 공동 치료자 관계는 치료 집단 모임 동안 갖는 그들의 관계와 평행적이기 쉽다. 수련감독자는 수련감독 시간에 개방과 신뢰의 정도 같은 문제에 관심을 가져야 한다. 모임에 대해 누가 보고하는가? 누가 누구를 따르는가? 공동지도자는 집단에 대한 두 가지 상반된 관점을 보고하며 당황하는가? 수련감독자의 관심에 대해 경쟁적인가? 공동 치료자 간의 관계는 치료 집단에 결정적인 중요성을 가지는데, 종종 수련감독자는 이 관계에 관심을 둠으로써 최대의 효과를 얻을 수 있다.

지속적인 수련감독에서는 수련감독자가 학생의 언어적 · 비언어적 개입을 탐색하고, 개입이 유용한 집단 규범을 이루는 데 도움이 되는지 점검해야 한다. 동시에 학생들이 감독자를 너무 의식해 자발성에 방해받는 일이 생기지 않도록 주의해야 한다.

대부분 감독자가 때때로 집단의 어떤 시점에서 자신이 이렇게 말했을 것이라고 수련자들에게 말한다. 하지만 많은 학생 치료자가 다음 모임에서 전혀 적절하지 않은 지점에서 감독자의 말을 흉내 내고, 그다음 수련감독 시간에 "교수님이 말씀하신 대로 했지만…"이라고 말하는 경우가 종종 있다. 따라서 나는 학생에게 내가 이렇게 말했을 것이라고 할 때 "다음 모임에서 이 말을 하지는 마세요. 다만 이런 상황에서 이런 식으로 반응할 수도 있습니다"라고 미리 말해 둔다. 그러나 어떤 중요한 지점에서 구체적인 개입을 제안하는 것이 매우 도움이 된다. 물론 여기서도 미묘한 균형을 유지해야 한다. 개입을 지지하는 원칙을 분명히 말하되, 수련감독은 절대로 지시적이거나 제압적이어서는 안 된다.

수련감독 집단

많은 감독자가 수련감독 시간을 연장하며 여러 학생 치료자를 위한 사례 세미나를 계속한다. 집단지도자들은 차례대로 그들의 집단을 전체 수련 집단에 제시한다. 집단의 모든 집단원에 대한 자료를 모으는 데 시간이 걸리므로 한 집단이 여러 주 동안 제시하고 다음 집단으로 넘어가는 것을 나는 좋아한다. 이 형식은 서너 집단을 일 년간 추적할 수 있다. 내 경험으로 이 방법은 상급 수련자에게 가장 좋다.

집단치료 감독을 집단의 형태로 제공하는 것에는 몇 가지 장점이 있다. 우선 유능한 감독자가 수련감독을 받는 집단의 상호작용과 역동에 초점을 맞추는 것이 가능하다. 수련감독 집단에 대한 참가자들의 자기반성은 치료 집단의 역동을 설명하는 데 매우 교육적이다. 수련자의 생생한 경험, 즉 위험 부담, 소속감, 따돌림, 수치심, 강요당한 침묵은 임상 작업으로 들어가는 강력한 입구가 된다. 동료의 지지라는 이익도 있는데, 치료 집단 지도의 발달적 문제를 정상화하는 데 도움이 된다. 집단 융합의 영향과 집단을 유지하는 기능도 생기를 되찾을 수 있다.[32]

더구나 동료의 경험, 개념화, 기술에 대한 설명은 수련자들에게 공감 자각을 넓혀 주고, 더 폭넓은 집단치료 현상을 노출하게 한다. 수련자들은 또한 수련감독자나 자문가처럼 생각할 기회를 갖는다. 이 기술은 그들의 진로 중 다른 어떤 시점에 사용될 것이다.[33] 개인의 임상적 작업에 대한 피드백은 섬세한 과정이다. 수련감독 집단은 수련자들에게 진지하게 존경심을 가지고 공감적으로 의사소통하도록 가르친다.

또한 집단 수련감독 형식은 동료의 수련감독, 자문, 지지의 가치를 보여 줌으로써 동료 수련감독에 후속 참가를 격려할 수 있다.[34] 그러나 수련감독 집단이 개인적 성장이나 치료 집단으로 변형되어서는 안 된다. 개인적 성장이나 치료 집단 경험에는 본질적으로 다른 규준과 기대가 있다.

다문화 오리엔테이션과 수련감독

최근 고립된 지역이나 거리가 먼 지역에 살고 있는 치료자들에게 온라인으로 수련감독을 제공하는 것은 혁신적인 일이다. 이제 전 세계에서 한자리에 모이는 온라인 지도감독이 일상적으로 진행된다.[35] 이 접근은 중국에 있는 Yalom Institute에서 주류가 되는 훈련이다. 이 프로그램은 Ruthellen Josselson 박사와 내가 지도하는데, 20여 명의 중국 정신건강 전문가와 수련자에게 통역으로 수련감독을 지속적으로 제공하고 있다.[36] 문화가 훈련과 정신치료에 모두 중요한 역할을 한다. 자기표현, 감정적 표현, 권위자에 대한 태도가 세계의 지역마다 다르다.

중국에 훈련을 제공하면서 직면했던 초기의 문제 중 하나는 학생들(그들의 내담자들)이 권위에 존경을 표하고, 협의된 지혜를 구하고, 주장이나 저항 없이 따르는 경향이었다. 치료와 수련감독이 하향식으로 일어나 서양보다 매우 협동적이지 않았다. 그래서 같이 일하며 문화적 규준과 기대의 영향에 계속 주의를 가져야만 했다. 그러나 오늘날 세계에서 급속하게 일어나고 있는 큰 문화적 변화를 반영하면 이런 말도 10년 전 우리가 이 일을 시작할 때와 비교할 때 사실에 가깝지 않다.

정신치료자들과 집단치료자들의 수련감독과 훈련에서 한 가지 주요한 메시지는 문화를 이해하는 것이 기본이라는 점이다. 치료자의 다문화적 오리엔테이션은 더 좋은 임상적 결과와 관련해 매우 높은 상관관계가 있다. 문화적으로 공명하는 치료의 특징은 문화적 겸손을 포함한다. 이는 가정이나 경멸 없이 새롭게 배우려는 치료자의 개방성, 내담자의 문화적 정체성이나 치료에서 문화에 초점이 되는 자료와 관련해 치료자가 자신의 느낌이나 감정을 검토해 보는 문화적으로 편안한 마음, 문화적 문제를 토론하는 기회로 삼는 문화적 기회를 말한다.[37]

정신치료 집단에서 이 문제는 한층 더 중요하다. 차별은 정신건강을 좀 먹을 뿐 아니라, 집단이라는 사회적 미시세계가 다른 곳에서는 흔히 가능하지 않는 인종과 특권에 대한 힘든 대화의 무대를 제공하기 때문이다. 이는 도전적인 작업이다. 문화적 고정관념에 매여 집단원을 인정하지 않고, 위신을 떨어뜨리거나 별종으로 만드는 등의 미세한 공격으로 인해 의도하지 않았던 불리한 사건들로 위험이 가득하다. 그러나 집단은 또한 우리 사회에서 좀 더 광범위한 치유의 가능성을 주고, 인종으로 인한 트라우마가 세대에 걸쳐 이어지는 것을 중단시킨다. 이는 무척이나 중요한 작업이며, 수련감독 중인 수련자가 가지는 핵심작업과 경험은 이 일을 잘할 수 있는 역량을 길러 준다. 집단에게는 안전하고 대담할 수 있는 공간이 확보되어야 할 필요가 있다.[38]

수련자를 위한 집단경험

수십 년간 개인적인 집단경험은 훈련 프로그램의 일부로 널리 수용되었지만, 오늘날에는 학문 전반에 걸쳐 그렇지 않다. 많은 정신의학과 훈련 프로그램에서 여전히 중요하지만, 몇몇 조사에서는 이러한 훈련 기회가 전반적으로 감소하고 있음을 보여 준다. 정신의학 훈련 프로그램에서 심리적 정신치료가 강조되지 않기 때문이다.[39] 나는 이러한 훈련 경험은 다른 곳에서 얻을 수 없는 여러 유형의 학습을 제공한다고 믿는다. 전에는 단지 지적으로만 알았던 것을 감정 수준에서 배울 수 있으며, 상처를 주고 치유하는 집단의 힘을 경험하게 된다. 또한 집단에 의해 수용된다는 것이 얼마나 중요한지를 배우며, 자기개방이 정말 무엇을 일으키는지, 자신의 비밀 세계와 공상과 취약성과 적개심과 다정함 등에 대한 느낌을 드러내는 것이 얼마나 힘든지를 배우게 되며, 자신의 약점과 마찬가지로 장점을 인정할 줄 알게 된다. 그리고 집단에서 자기가 좋아하는 역할을 배우며, 습관적인 역전이 반응을 배우고, 집단을 하나의 전체로 보며 모임의 배경에 숨어 있는 체제 문제에 대해 배운다. 그들은 집단 과정과 단순한 설명의 위험을 배운다. 가장 놀라운 것은 자신의 의존성과 지도자의 힘과 지식에 대한 비현실적인 평가를 자각하게 됨으로써 지도자의 역할에 대해 배운다는 점이다.[40] 이러한 이유로 이 형태의 훈련이 지속적인 전문적인 발달에 인기가 있는 것이다.

경험이 있는 치료자들도 새 모델을 사용하는 집단치료에서 훈련받으며 그들의 이론적 훈련에 경험적 정서적 부분을 추가함으로써 이익을 본다. 집단 과정을 배우고 가르치는 가장 중요한 방법은 개인적 참가다. 이것이 바로 나와 동료들이 전이된 유방암 여성들을 위한 지지적 표현 집단치료의 다기관 임상시험에서 집단치료자의 전국 네트워크 훈련을 위해 사용한 시연 방법이다.[41]

가장 일반적인 모델은 다른 수련자들로 구성되고 여러 용어로 불리는 집단(T-집단, 지지집단, 과정집단, 경험훈련집단, 참만남 집단 등)이다. 이 집단은 대략 12회 계속되는 단기일 수도 있고, 또는 집중적인 하루 또는 이틀간의 경험일 수도 있다. 그러나 내가 추천하는 가장 일반적인 모델은 한 해 동안 지속되고 매주 60~90분간 만나는 과정집단이다.

나는 30여 년간 정신건강 수련자들의 집단을 지도해 왔고, 이것이 매우 귀중한 교수기법이라는 것을 발견했다. 정말로 많은 학생이 그들의 훈련 프로그램을 검토할 때 교과과정에서 집단을 유일하게 가장 귀중한 경험으로 평가했다. 동료와의 집단경험은 매우 추천할 만하다. 집단원들이 집단 지도법을 배울 뿐 아니라, 집단이 제대로 지도된다면 수련자 간의 유대를 갖게 된다. 수련자들의 관계와 의사소통이 매우 촉진되어서 훈련 경험 전체를 풍요롭게 만든다. 학생들은 항상 동료로부터 많이 배우고, 그 과정을 강화하는 모든 노력이 프로그램의 가치를 증가시킨다. 또한 집단은 치료자의 안녕과 자기 돌봄을 증진하는 데 중요한 역할을 한다.

정신의학과 레지던트로 구성된 T-집단에서 나이가 더 많은 남성 레지던트가 매력적이고 쌀쌀맞고 나이가 어린 여성 레지던트 Tiffay에게 왜 그렇게 태도가 냉담한지 물었다. 놀랍게도 그녀는 그의 질문을 환영했고, 자신이 '얼음 여왕'으로 불리는 것을 안다고 인정했다. 그녀는 레지던트

생활을 하면서 고립감과 외로움을 느낀다고 덧붙이며 다른 사람들에게 보이는 냉담한 분위기가 줄어들기를 원했다. 그러고는 다음과 같이 말했다. "레지던트가 특별히 더 어려운 것은 모든 자살 환자를 돌보고 있고, 의사인 아버지가 돌아가시기 전에 얼마 동안 마약을 남용하다가 자살했기 때문이에요. 동료들도, 수련감독자도 누구도 이 사실을 몰라요. 지금 처음 말하는 거거든요."

나는 멈추고 Tiffany에게 자신의 개방 속도와 깊이를 어떻게 느끼는지 점검하게 했다. 그녀는 눈물을 쏟으며 안도감과 무거운 짐을 벗은 느낌이라고 답했다. 집단은 매우 지지적이었고 그녀의 용기와 신뢰에 감사를 표했으며, 의사의 정신건강과 이 전문직에 자살률이 높은 이유에 대해 깊고도 의미 있는 토론으로 빠져들었다.

그렇다면 집단경험의 단점도 있는가? 스태프나 수련자 경험집단의 파괴적인 결과의 가능성에 대해 강력한 경고를 자주 듣는다. 이 경고들은 대개 도시 신화이고, 비합리적 전제에 근거한다고 나는 믿는다. 예를 들어, 집단이 억압되었던 수문floodgate을 열면 엄청난 적개심이 드러나거나, 또는 집단이 무방비의 수련자 한 명 한 명에게 억지로 고해성사를 짜내어 개인의 비밀을 상당히 침해할 것이라는 내용들이다. 그러나 우리는 책임감 있게 지도받는 집단은 규준과 경계가 분명하고 의사소통과 건설적인 작업 관계를 촉진한다는 것을 안다.

훈련 프로그램에서 집단은 자발적인 선택이어야 하는가?

경험집단은 참가자들이 자발적으로 참여할 때, 그리고 훈련 연습뿐 아니라 개인 성장을 위한 기회로 바라볼 때 더 효과적이다. 나는 수련자들이 개인적으로나 전문적으로 그 경험으로부터 정말 얻고자 하는 것이 무엇인지 분명하게 개념화하고 집단을 시작하는 것을 선호한다. 이를 목적으로 집단이 그들의 개인적 · 전문적 목표와 일치한다고 생각할 수 있는 방법으로 집단을 소개하고 설명하는 것이 중요하다. 나는 미래에 이 분야에서 활동할 그들의 모습을 투사시킴으로써 학생들의 훈련 진로 안에서 집단을 구상하는 것을 좋아한다. 결국 정신건강 치료자들은 점점 더 많은 시간을 치료 집단의 지도자로서, 치료 팀의 일원으로서, 또는 지도자로서 집단에서 보내야 할 것이다. 그들의 내담자들도 마찬가지로 집단에 있을 것이다. 이 역할을 효과적으로 감당하기 위해 미래의 임상가들은 집단에 대해 알아야 할 것이다. 집단이 어떻게 작용하는지 배워야 하고, 자신이 집단 안에서 어떻게 작업하는지 알아야 한다.

일단 훈련 프로그램의 정기적인 부분으로 경험집단이 소개되고, 교수진이 집단을 가치 있는 훈련 보조물로 신뢰하게 되면, 새로 들어오는 수련자에게 집단을 소개하는 데는 거의 어려움이 없다. 물론 프로그램을 선택으로 할 것인지 필수로 할 것인지에 따라 달라질 수는 있다. 내 경험에 따르면 집단이 제대로만 제시되면, 수련자들이 기대하며 기다릴 뿐 아니라, 어떤 이유로 집단경험이 보류되면 강한 실망감을 경험한다.

Nadiya Sunderji, Jan Malat와 나는 매년 갖는 집중적인 경험집단 모델에서 얻은 평가 자료를 수년간 검토했다. 이 모델에서는 60~80명의 레지던트가 8~10명으로 구성된 집단에서 경험이 많은 지도자와 하루 만난다. 4년간의 레지던트 기간에 두 번 참가해야 하는데, 많은 이가 필수 횟수 이상 참가했다. 안전한 학습 경험이었고, 평가는 긍정적이었다. 그 연구에서 참가자들은 그들이 기대한 것보다 훨씬 더 자기개방을 했고 동료의 피드백이 기대 이상으로 귀중했다고 보고했다. 우리는 일관되게 그날의 경험이 개인적 의미와 전문적 가치를 모두 가졌다고 피드백받는다.[42] 참가자들은 다음과 같은 혜택을 보고했다.

- 집단 참가자로서 직접 경험을 얻는다.
- 환자의 입장을 알게 된다.
- 자기개방의 어려움을 이해한다.
- 안전한 장면에서 자신에 대해 배운다.
- 동료에 대해 좀 더 알게 되고, 그들과 더 좋은 관계를 맺는다.
- 집단 과정과 집단촉진 기술을 배운다.
- 집단지도자로서 기술을 개선한다.

학생들을 위한 경험집단은 누가 지도하는가?

훈련 프로그램 책임자는 지도자를 신중하게 선택해야 한다. 우선 집단경험은 학생 훈련 진로에 매우 큰 영향을 미치는 사건이다. 지도자는 종종 수련자들에게 중요한 역할 모델이 될 수 있고, 그러므로 광범위한 임상과 집단경험을 가진 가능한 가장 높은 전문적 수준에 있는 사람이어야 한다. 물론 우선적인 범주는 지도자로서의 개인적 소질과 기술이다. 지도자의 학위 분야는 부수적으로 고려할 점이다.

나는 대인관계 집단치료 모델에 유능한 지도자가 지도하는 훈련집단 모델이 가장 좋은 교육적 경험을 제공한다고 믿는다.[43] 미국 집단정신치료협회가 주최하는 이틀간의 훈련집단에 참가한 전문인 434명을 대상으로 진행한 연구가 이 관점을 지지한다. 이론적이거나 구조화된 집단보다 지금-여기를 강조하는 과정 중심의 집단에서 지도력과 동료관계에 대한 의미 있는 학습이 일어났다. 집단원들은 지도자가 참가자를 지지하고, 기법을 시범해 주는 분위기에서 가장 많이 도움을 받았다고 느꼈고, 이 분위기가 집단원들이 서로 지지하고, 위험 부담을 감수하고, 개인적 감정을 드러내도록 촉진했다.[44]

훈련집단은 치료 집단인가?

성가신 질문이다. 전문인들의 훈련집단에서 집단 저항을 위해 이보다 자주 언급된 문제는 없다. 지도자가 집단을 시작할 때, 훈련 대 치료에 대한 분명한 위치를 제시하는 것이 현명하다. 나는 집단원들이 집단에 어떠한 약속을 하도록 요구하면서 시작한다. 각 집단원은 집단원들을 위한 요구 조건을 알아야 한다. 다시 말해 감정적으로 집단에 자신을 투자할 용의가 있고, 자신과 다른 집단원들에 대한 감정을 개방하고, 개인적으로 변화하고 싶은 영역을 탐색하는 것이다.

치료 집단therapy group과 치료적 집단therapeutic group 간의 유용한 구별이 있다. 훈련집단은 치료 집단이 아니지만, 치료 작업을 할 기회를 제공하므로 치료적이다. 어떤 집단원들은 이 기회를 이용해 특별한 치료적 경험을 한다. 그렇지만 집단원이 광범위한 치료 작업을 하기를 기대하지는 않는다.

집단의 기본 계약과 그 존재 이유는 훈련이지 치료가 아니다. 이 목표들은 상당 부분 중복된다. 지도자는 효과적인 치료적 집단보다 집단치료 훈련에서 더 잘 제시할 수 있다. 더 나아가 모든 집중적인 집단경험은 대단한 치료적 잠재력을 포함한다. 집단원들은 치료적 파생물 없이는 효과적인 상호작용에 참여하거나 집단원의 역할을 완전히 맡을 수 없으며, 그들의 대인관계 스타일과 맹점에 대한 피드백을 얻을 수 없다. 그렇지만 이것이 각 집단원을 위해 광범위한 치료적 변화를 목적으로 모이는 치료 집단과는 다른 점이다.

지도자 기법

정신건강 전문인들의 훈련집단을 담당하는 지도자는 힘겨운 과업을 맡는다. 그는 효과적인 집단을 조성하고, 지도하면서 역할 모델을 제공할 뿐 아니라, 집단원들의 구체적인 교육적 요구에 따라 기법을 수정해야 한다. 이러한 집단을 지도한다는 것은 촉진자에게 스트레스가 된다. 그들은 집단 참여자들(지도자의 효율성을 평가하기도 하는)의 응시를 받아야 하고, 집단이 방어적으로 회피하거나 지루하거나 수련자들에게 안전하지 못한 집단이 되는 것이 두렵다.

그렇지만 근본적으로 본서를 통해 요약한 지도자 집단을 위한 지침에서 벗어나지 않기를 제안한다. 예를 들면, 지도자는 지금-여기에 초점을 둔 상호작용을 유지하라고 조언했다. 내 생각에 집단원들이 내담자들과 갖는 임상 작업에서 당면한 문제를 설명하는 수련감독 형식으로 들어가게 하면 잘못된 것이다. 그런 토론은 수련감독 시간의 영역이어야 한다. 집단이 다른 형식에서 똑같이 잘 다룰 수 있는 대화에 빠지게 되면 집단의 독특성과 잠재력을 완전히 사용하는 데 실패한다. 대신 집단원들은 이런 직무와 관계되는 문제를 집단과 관련시켜 토론하는 것이 더 유익하다. 예를 들어, 어느 특정 집단원의 내담자가 되면 어떻게 느낄 것인지 토론해 볼 수 있다. 집단은 또한 치료 집단에서 우연히 공동 지도자로 함께 일하게 된 두 집단원이 그들의 관계를 다룰 훌륭한 장소다.

지도자가 집단원의 전문적 경험을 집단 작업을 위해 사용할 방법은 많다. 치료 집단에서 정서의 표현과 통합, 지금-여기 과정의 인식은 모두 필수적이지만, 개인의 치료적 변화라는 일차적 목표에 비하면 이차적 목표가 된다. 사실 정신건강 분야의 전문인을 위한 훈련집단에서는 그 반대다. T-집단의 지도자는 설명하고 가르칠 기회를 여러 번 잡을 것이고, 집단치료자는 더 깊은 정서적 탐색을 포착할 때가 있을 것이다. 정서적 활성과 인지적 통합의 재조정은 내가 유용하다고 발견한 두 가지 중요한 수정 중 하나다.

두 번째 수정은 지도자의 투명성에 집중한다. 나는 이 집단에서 내 생각을 좀 더 많이 드러낸다. 나는 유별나게 자기개방적이라, 사실 그들보다 나에 관해 더 말한다. 그렇게 함으로써 개방의 모델이 되고 그들에 대해 판단적 자세를 가지고 있지 않음을 전한다. 훈련하면서 보여 주는 지도자 투명성은 참가자의 관심사를 정상화함으로써 그들이 지각하는 위험을 낮출 수 있다.

예를 들어, 나는 종종 훈련집단에 다음과 같은 맥락에서 말한다. “오늘은 집단이 매우 느리게 진행되고 있습니다. 제가 질문했을 때 여러분은 '게으른' 느낌이거나 또는 점심 식사 후 너무 빨리 일한 것 같다고 말했지요. 당신이 지도자이고 이 말을 들었다면, 이를 어떻게 받아들일까요? 어떻게 하겠습니까?" 또는 "John과 Stewart가 그들의 차이점을 다루려고 하지 않을 뿐 아니라 다른 이들도 그들과 동조하고 있는데, 오늘 지도자로서 내가 할 수 있는 선택은 무엇일까요?" 훈련집단에서 나는 치료 집단에서보다 훨씬 더 집단 과정을 해설하는 경향이 있다. 치료 집단에서 집단 과정을 명료화하는 것이 치료적으로 도움이 되지 않는다면 그럴 이유가 없다고 생각한다. 훈련집단에서는 항상 교육이라는 최상 목표가 있다.

종종 지도자 입장에서 보는 관점과 과정에 대한 해설이 특별히 유용하다. 예를 들면 다음과 같다.

> 집단지도자로서 오늘 느낀 것을 말씀드리겠습니다. 30분 전에 모두가 Tom에게 쏟은 격려와 지지가 나는 불편했습니다. 전에도 있었던 일이고 마음이 든든하기도 했지만, Tom에게 정말로 도움이 되었다고 느껴지지 않았어요. 집단으로부터 이런 행동을 끌어낸 Tom의 경향에 대해 물어보고 개입하고 싶은 유혹을 받았지만 그러지 않기로 했습니다. 부분적으로 최근에 내가 너무 지지적이지 않다는 집중 공격을 받았기 때문입니다. 그래서 입 다물고 있었지요. 내가 옳은 선택을 했다고 생각하는데, 모임이 더 생산적으로 이루어졌고 여러분 중 몇몇은 배려와 지지가 필요하다는 감정에 깊이 들어갔기 때문입니다. 나머지 분들은 오늘 무슨 일이 일어났다고 보나요?

Aveline이라는 경험 많은 훈련집단의 지도자가 자신의 에세이에서 언급한 지도자가 해야 할 다섯 가지 주요 업무가 참으로 도움이 된다.

1. 집단에 있는 불안의 근원을 탐색하고 불안을 없애 주는 집단 구조를 마련해 집단의 불안을 견제한다.
2. 지지, 수용, 집단의 자율성 규칙을 수립해 집단의 치료적 분위기를 확립한다.
3. 가능한 시간 내에 논의될 수 있는 적절한 문제를 확립한다.
4. 집단이 너무 빠르거나 느리게 진행되지 않도록 조절해 강제적이거나 파괴적인 자

기개방을 하지 않게 한다.

5. 모임을 잘 마무리한다.[45]

개인정신치료

훈련집단은 학생 치료자에게 필요한 개인적 자기탐색을 거의 충분하게 제공하지 못한다. 집단치료자의 성숙을 위해 개인적 정신치료가 필수라는 사실에 논박할 이는 거의 없을 것이다. 이 분야에서는 대체로 개인정신치료를 개인적 · 전문적 성장에 필수불가결한 요소로 여긴다. 정신치료자를 위한 정신치료의 역할은 많은 연구와 설문조사를 생성했다.[46]

큰 규모의 초기 조사에서 개업한 심리학자 318명 중 70%가 훈련 중 한 가지 형태 이상의 치료를 받았다고 응답했고, 63%가 개인치료를 평균 100시간 정도 받았으며, 24%가 평균 76시간의 집단치료를 받았으며, 36%가 평균 37시간의 부부치료를 받았다고 응답했다. 무엇이 치료받는 결정에 영향을 주었을까? 훈련 기간 동안 치료 경험이 있고, 역동지향적으로 치료하며, 많은 시간의 치료를 진행한 심리학자들이 치료에 참여할 가능성이 더 크다.[47] 또 다른 조사에서는 정신치료자의 절반 이상이 훈련 후에 개인정신치료를 받았고, 90% 이상이 그 경험에서 개인적이고 전문적으로 도움을 받았다고 보고했다.[48]

더 최근의 연구들은 어떤가? 비의료인 정신치료자 600명을 대상으로 시행한 전국적인 설문에서 85%가 개인정신치료를 받았고, 그중 90%가 도움을 받았다고 보고했다. 치료받는 동기는 관계에서 오는 고통, 우울, 자기이해 추구, 그리고 스트레스와 불안을 다루기 위해서다. 개인치료에서 지속적으로 배우는 것은 치료자의 신뢰성, 기술, 공감의 중요성이다. 이것이 바로 좋은 정신치료의 특징이다.

정신의학과 레지던트를 대상으로 이루어진 설문은 다른 면을 보여 준다.[49] 캐나다 정신의학과 레지던트 400명 중 43%가 훈련 중에 치료를 받았고, 치료받은 동기는 개인적 성장, 자기이해, 전문적 성장이었다. 3분의 1이 정신건강 문제로 치료를 받았으며, 개인적 전문적 영향은 긍정적이었다. 미국에서 진행된 유사한 연구에서는 26.5%로 더 낮은 참가율을 보였다. 여기서도 치료의 동기에 개인적 필요성과 전문적 성장이 섞여 있었다. 프로그램 책임자들이 대체로 지지적이고 레지던트의 정신치료를 격려하지만, 시간과 경

비가 끊임없이 방해한다.[50]

설문 방법은 변인에 대한 반응률 때문에 그 정도의 정보밖에는 주지 못한다. 그러나 일관성 있는 발견은 레지던트들이 개인치료에 큰 관심을 보이고, 치료에서 분명히 도움을 받는다는 보고다. 훈련 환경이 의심의 여지 없이 개인적 치료를 받으려는 학생들의 결정에 영향을 준다. 따라서 치료를 결정할 수 있도록 좀 더 촉구해야 한다. 오늘날 미국 정신의학자들이 과거보다 개인치료를 덜 추구한다는 사실이 크게 염려스럽다.[51]

나는 레지던트 시기에 경험한 개인적 정신치료가 치료자로서의 나의 훈련 중 가장 중요한 부분이었다. 그뿐 아니라 여러 해 후에 게슈탈트, 행동주의, 실존주의 치료를 포함해 여러 영역의 치료자들에게서 치료받았다. 나는 이 분야로 들어오는 모든 학생이 개인적 치료를 받을 뿐 아니라 그들의 진로 과정에서 한 번 이상 치료를 받을 것을 권한다. 삶의 여러 단계에서 다른 문제들이 탐색될 수 있다. 개인적 불쾌감이 나타날 때 자기탐색을 더 잘할 수 있고, 궁극적으로 우리를 더 좋은 치료자로 만드는 기회가 된다.[52]

우리 과업의 도전과 풍요함은 모두 치료적 대리자로서 자신을 사용하는 우리의 능력에 있다. 우리의 도구는 주로 우리의 모델과 우리 자신이다. 치료자가 갖는 자기인식은 치료의 모든 측면에서 도구적 역할을 한다. 역전이 반응을 지각할 수 없고, 개인적 왜곡과 맹점을 인식하지 못하며, 자신의 감정과 환상을 치료 작업에 사용할 수 없다는 것은 우리의 치료를 심각하게 제한한다.

예를 들어, 자신의 동기에 대한 통찰이 없다면, 당신의 감정을 묵살하려는 경향 때문에 집단에서 갈등을 회피할 수 있다. 또는 당신 안의 생동감을 추구하기 위해 불필요하게 직면을 격려할 수도 있다. 과도하게 자신을 증명하거나 계속 훌륭한 해석을 하고 싶어 할 수도 있고, 그럼으로써 집단을 무능하게 만들 수 있다. 미성숙한 해석을 함으로써 친밀을 두려워하고 열린 감정의 표현을 막을 수도 있다. 아니면 그 반대일 수도 있다. 즉, 감정을 지나치게 강조하느라 설명을 거의 하지 않고 내담자들을 지나치게 자극해 그들을 어쩔 줄 모르는 곤경 속에 빠뜨릴 수도 있다. 당신도 수용이 매우 필요해 집단에 도전하지 못하고 집단원과 마찬가지로 우세한 집단 흐름에 따라가 버릴 수 있다. 당신에 대한 공격에 너무 압도되거나, 그 공격의 전이적 측면과 현실적 측면을 구별할 수 없어 자신을 내놓기가 불분명해진다.

모든 정신치료자에게 개인치료를 추천하는 또 다른 훌륭한 이유가 있다. 자신의 안녕을 유지하고 소진의 위험을 감소하는 뛰어난 자원이 되기 때문이다.[53]

역사적으로 여러 가지 훈련 프로그램에서 지원자에게 개인치료를 원하는 비전문인으로 구성되고 노련한 선배 임상가가 이끄는 외래환자 치료 집단에 내담자로서 참가하는 것을 권했다.[54] 이런 프로그램을 옹호하는 이들은 치료 집단의 일원으로 참가하는 것이 여러 면에서 유용하다고 지적한다. 동료들과의 집단에서보다 형제 경쟁이 덜하고, 잘하고자 하는 욕구도 덜하고, 방어도 적으며, 판단받을 염려도 덜하기 때문이다.

치료 집단에서 진정한 집단원으로서의 경험은 무한한 가치가 있기에 모든 수련자가 그러한 치료를 받도록 격려한다. 안타까운 것은 적당한 집단을 발견하기 어렵다는 사실이다. 훈련의 일부로서 개인 집단치료를 옹호하는 사람들은 주로 대도시에서 집단을 모집한다. 그러나 소도시에서는 개인 집단치료의 기회가 제한적이다. 즉, 숙련된 임상가(훈련자의 개인적이거나 직업적 동료가 아닌)가 절충적이고 역동적인 접근으로 지도하는 잘 기능하는 집단 같은 적절한 조건이 맞는 집단이 충분하지 않다.

온라인 집단은 치료자와 수련자들이 지역에 구애받지 않고 참가할 새로운 기회를 제공한다(14장 참조). 온라인 형식은 그들이 살고 있는 지역의 동료에게 직업적으로 덜 노출되도록 보호막이 되어 준다. 신뢰할 만하고 HIPAA를 준수하는 우수한 VTC 플랫폼의 성장이 이러한 형식의 사용을 더 촉진할 것이다.

집단치료 훈련과 개인 정신치료를 둘 다 받을 수 있는 또 다른 방법이 있다. 여러 해 동안 나는 개업 중인 정신치료자들을 위해 치료 집단을 지도해 왔다. 사실 한 해 동안 스탠퍼드 대학에서 공동 치료자와 지도한 집단이 있다. 대학 내 훈련집단이 아니라 단도직입적인 치료 집단이다. 집단 입회는 개인치료를 받고자 하는 필요성과 희망 여부에 따라 결정되며, 집단원들은 표준 치료 집단의 치료비를 물어야 한다. 모두는 아니지만 대부분 자신이 집단치료자인 집단원들은 치료 과정 중에 자연스럽게 집단치료 과정에 대해 많이 배우게 된다.

요약

지금까지 설명한 숙련된 임상가 관찰, 집단치료 수련감독, 경험집단 참여, 개인치료 등의 훈련 경험은 내 관점에서 볼 때 집단치료자들을 훈련하기 위한 프로그램에 최소한으로 필수적인 구성 요소다(나는 훈련자들이 이전에 또는 동시에 면담, 정신병리, 성격이론, 다른 형식의 정신치료 같은 일반적인 임상 분야에 대해 훈련받았다고 가정한다). 집단치료 훈련 경험의 순서는 특정 훈련기관의 구조적인 특징에 따라 다를 수 있다. 나는 훈련 프로그램 초기에 관찰, 개인치료, 경험집단을 시작하고, 몇 달 후에 집단을 구성해 지속되는 수련감독을 받는 것을 권한다. 나는 수련자들이 고도로 특화된 내담자 집단으로 이루어진 목표 제한 집단이나 새롭고 특수한 치료 접근 하나를 가지고 작업을 시작하기보다는, 고도로 동기화되어 있는 정신증 환자가 아닌 내담자들로 이루어진 개방집단에서 기초적인 집단 상호 역동을 다루는 임상 경험을 하는 것이 현명하다고 생각한다.

물론 수련은 일생 계속되는 과정이다. 모든 분야에서 지속적인 전문적 성장에 대한 기대치를 설정한다. 이는 형식적인 일이 되어서는 안 되며, 실무에 대한 깊은 헌신을 반영해야 한다고 나는 믿는다. 임상가들이 비공식적으로 또는 미국집단정신치료학회 American Group Psychotherapy Association 같은 전문기관을 통해 동료와의 접촉을 유지하는 것은 중요하다. 계속해서 성장하려면 지속적인 새로운 입력이 필요하다. 독서, 다른 공동치료자와 작업, 강의, 전문 워크숍 참여, 동료들과의 비공식적 토론 등 수많은 형태의 보수 교육이 있다. 대학원 졸업 이후 개인 집단경험은 다수에게 재생의 경험이 된다. 미국집단정신치료학회에서는 고도의 경험이 있는 지도자가 운영하는 이틀간의 경험집단을 매년 운영하며, 그 모임은 정기적으로 연례회의 전에 열린다. 이런 집단에서 행하는 추후 조사도 개인적 · 전문적으로 가치가 있다.[55] APGA의 많은 지방 학회에서 유사한 기회를 제공한다.

또 다른 형태는 임상가들이 지도자 없는 지지집단을 형성하는 것이다. 최근까지 정신건강 전문인으로 구성된 지지집단에 관한 연구자료는 거의 없다. 나는 개인적으로 그것이 가치 있다고 생각한다. 지난 30년간 격주로 90분 동안 만나는 비슷한 경험을 가진 또래 치료자 11명으로 구성된 모임에 참여하면서 많은 도움을 얻고 있다. 시간이 지나며 여러 집단원이 나이가 들어 사망했고 새 집단원이 들어왔다. 지금은 내가 가장 연장자다. 우리 집단은 분명한 기대, 목표, 규준을 합의하고 발전하면서 같은 궤도에 있고, 개인적 문제와 우리의 집단 과정을 다룰 수 있다고 확신한다.[56] 나는 이 집단 작업에서 크게 도움을 받았고, 모든 정신건강 실무자에게 이런 집단을 추천한다.

치료 기법을 넘어서

집단치료 훈련 프로그램은 학생들에게 집단치료 방법뿐 아니라 그것을 배우는 방법도 가르쳐야 한다. 임상 교육자들이 전달하면 안 되는 것은 치료적 변화에 대한 우리의 기법이나 밑에 깔려 있는 가정에 대한 경직된 확실성이다. 이 분야는 흔들리지 않는 신념 있는 제자들을 양성하기에는 너무도 복잡하고 다원적이다. 이런 목적으로, 나는 이 작업에서 기본적 연구의 지향을 가르치고 모델이 되어 주는 것이 가장 중요하다고 믿는다. 연구의 지향은 개방적이고 자기 비평적이며, 임상 연구 결과와 결론에 대해 질문하는 태도를 말한다. 앞에서 지적했듯이 경험만으로는 효과가 나타나지 않는다. 오히려 그 경험으로 무엇을 하느냐가 전문적 성장에 영향 준다.

최근 진행되는 정신치료 연구에서는 이 원칙을 강조하고 있다. 우리는 모두 이론적 모델과 상관없이 근거에 기반하는 치료자가 될 수 있다. 궁극적으로 도움이 되는 것은 모델이 아니라 치료자 자신이다. 효과적인 치료자는 다양한 내담자와 강한 치료적 관계를 맺는 능력, 강한 대인관계 기술, 전문적 겸손과 자기반성, 그리고 치료에 대해 배우려는 마음과 개선하려는 헌신과 같은 중요한 특징을 지닌다고 믿는다.[57]

부록

[예시] 환자를 위한 집단치료 안내 및 지침

집단 개시일: ______________________________

집단 위치: ______________________________

담당 집단치료자: ______________________________

치료자 연락처: ______________________________

이 안내문은 집단치료에서 무엇을 기대할 수 있으며, 어떻게 최대한 많은 도움을 받을 수 있는지에 관한 내용을 담고 있습니다.

당신은 집단치료에 참여하겠다는 매우 탁월한 결정을 했습니다. 집단치료가 매우 효과적이라는 사실은 오랜 기간 검증되어 왔습니다. 대부분 환자는 개인치료만큼이나 집단치료에서 도움을 받습니다. 사회적 지지와 대인관계 학습이 치료의 중요한 목적인 만큼 몇몇 사람에게 더 효과가 있을 수 있으며, 집단치료에 참여하는 대다수가 상당한 도움을 얻습니다. 일반적으로 집단치료는 지지적인 분위기에서 이루어지지만, 때로는 힘겨울 수도 있습니다.

집단치료의 목적

집단치료를 찾는 많은 개인이 삶에서 고립감과 불만을 느낍니다. 어쩌면 타인과 만족스러울 만큼 의미 있고 긴밀한 관계를 맺거나 이를 유지하는 데 어려움을 겪고 있을지도 모릅니다. 종종 다른 사람들과의 관계에 대해 더 많이 알고 싶어 하기도 합니다.

집단치료는 다음과 같은 기회를 제공합니다.

- 지지와 피드백 주고받기
- 대인관계와 소통 능력 기르기
- 새로운 대인관계적 행동 시도하기
- 감정을 솔직하게 이야기하기
- 그룹 안팎의 인간관계 양상을 관찰하면서, 다른 사람의 생각과 감정과 행동에 대한 통찰과 이해 얻기
- 다른 사람의 생각, 감정, 그리고 행동 이해하기
- 자아존중감과 자신감과 자아상 기르기
- 집단 밖에서의 삶으로 이어질 개인적인 변화 과정을 집단 안에서 시작하기

비밀 보장

집단정신치료에서 논의하는 모든 것은 최대한의 존중과 비밀 보장이 필요합니다. 이는 안전하고 믿을 수 있는 치료 경험을 만드는 데 필수적입니다.

치료자

집단치료자는 단 한 가지 경우를 제외하고 비밀을 지킬 것을 서약합니다. 이 예외는 집단원 또는 다른 사람에게 심각한 위해가 발생할 즉각적인 위험이 있는 경우입니다. 비밀 보장은 치료자의 직업윤리 규범의 핵심입니다.

만약 다른 치료자와 동시에 치료를 진행하고 있다면, 환자의 동의하에 주기적으로

개인치료자와 소통합니다. 치료자는 당신의 편이며, 이들의 소통은 치료에 매우 중요합니다.

집단원

비밀 보장은 모든 집단원에게도 마찬가지로 요구됩니다. 이러한 약속은 집단 내 신뢰를 구축하는 데 필수적입니다. 대부분 치료 중인 개인은 치료를 사적인 공간으로 유지하는 것을 선호하고, 다른 사람과 이에 관해 이야기하는 것을 피합니다. 그러나 친구 또는 가족과 대화하는 중에 그룹 치료에 관해 언급하고 싶다면, 다른 구성원의 경험이 아닌 자신의 경험에 관해서만 이야기해야 합니다. 절대로 다른 구성원의 이름을 언급하거나 실수로 다른 구성원을 식별할 수 있는 말을 하지 마세요.

집단에서 무엇을 하고, 어떻게 행동해야 하나요?

모임별로 정해진 주제는 없습니다. 참여자는 치료와 연관된 문제와 목표와 관련해 모든 주제를 다루게 되며, 이는 개인적인 것일 수도 대인관계에 대한 것일 수도 있습니다.

참여자들은 서로 질문하고, 지지하고, 말하거나 하지 않은 것에 대해 궁금증을 가지며, 생각과 유대를 나누게끔 독려합니다. 대부분 초점은 집단원 간의 지금-여기에서 관계에 맞추어집니다. 집단원은 자주 생각, 두려움, 긍정적인 감정 등 다른 이에 대한 인상에 관해 질문받게 됩니다. 집단이 지금-여기에서 작업하는 만큼 더 효과적일 것입니다.

자신에 대한 공개는 집단치료에서 도움을 얻기 위해 필수적인 부분이지만, 그 속도는 개개인이 선택해야 합니다.

치료적인 집단 환경을 조성하기 위해 다른 집단원에게 무언가를 이야기할 때는 건설적인 방향으로 이야기해 줄 것을 부탁드립니다. 도움이 되는 피드백은 지금-여기에서 벌어지는 것에 초점을 둡니다. 솔직하고 직접적으로 말하는 문화가 없는 만큼, 이러한 종류의 직접적인 피드백과 관여는 매우 새롭습니다. 비록 처음에는 낯설더라도 동시에 포용적이며 보람 있게 느껴질 것입니다.

집단원과 치료자가 직접적으로 조언하는 것은 보통 도움이 되지 않습니다. 또한 스포

츠나 정치 같은 주제로 일상적인 대화를 나누는 것도 누군가의 개인 및 대인관계와 관련이 없는 경우 도움이 되지 않습니다.

집단원들과 강한 유대감을 형성할 수도 있으나 집단치료는 친구를 사귀는 곳이 아닙니다. 의미 있고 만족스러운 관계를 발전시키는 기술을 습득할 수 있는 사회적 실험실이라고 생각하십시오. 지지나 사교 집단과 달리 집단치료는 집단 밖에서 집단원과의 관계를 장려하지 않습니다. 외부에서 이루어지는 집단원과의 관계는 치료에 방해 요소가 됩니다!

집단에서 여러분의 주된 임무는 모든 구성원과의 관계를 완전히 탐색하는 것입니다. 처음에는 이것이 당황스럽거나 치료를 찾아온 이유와 관련이 없어 보일 수 있습니다. 하지만 집단이 사회적 소우주라는 사실을 생각하면 이해되기 시작할 것입니다. 사회생활에서 경험하는 문제는 항상 집단 내 관계에서 드러납니다. 따라서 다른 구성원과의 관계에 대한 모든 측면을 탐구하고, 이해하고, 이 지식을 외부 생활에 적용함으로써 더 만족스러운 관계를 발전시키는 과정을 시작합니다.

그러나 집단 외부에서 집단원과 친밀한 관계를 맺게 되면 집단 내에서 그 관계에 대한 모든 감정을 공유하기를 꺼리게 될 수 있습니다. 그 우정이 너무 크고 의미가 있기에 어떤 식으로든 이를 위태롭게 하는 말을 자제하게 되기 때문입니다. 개방성과 정직성이 훼손되면 치료는 중단됩니다!

따라서 집단 외부에서 우연히 또는 의도적으로 만나거나 온라인으로 연락을 주고받는 집단원은 이와 관련된 모든 정보를 집단과 공유하는 것이 가장 좋습니다. 관계에 대한 모든 종류의 비밀은 치료 속도를 늦춥니다. 때때로 집단원은 다른 구성원에 대해 강한 감정을 갖기도 합니다. 우리는 집단원들이 이러한 감정이 긍정적이든, 짜증이나 실망과 같은 부정적인 감정이든 상관하지 않습니다. 전체적으로 집단원은 자신의 감정에 휘둘려 행동하지 않아야 하며, 감정에 관해 이야기해야 합니다.

집단치료자

집단치료자는 진행자가 아닙니다. 지도자보다는 참여자/조력자 역할을 더 많이 할 것입니다. 치료는 협업과 공유가 이루어질 때 가장 생산적입니다. 다른 집단원의 의견은 종종 치료자의 의견만큼, 또는 그보다 더 중요하다는 점을 명심하십시오. 치료자는 집단 상호작용과 행동 또는 집단 내 특정 개인의 발언이나 행동을 관찰할 수 있습니다. 또한 집단 내 진행 상황이나 장애물에 관해 언급할 수도 있습니다.

집단치료자에게 할 말이 있을 때는 가급적 회기 중에 말씀하시길 바랍니다. 그러나 긴급하게 논의해야 할 사항이 있는 경우, 회기 사이에 집단 외부에서 치료자와 논의할 수 있습니다. 이러한 경우 다음 집단 모임에서 이를 다시 다루는 것이 바람직합니다. 다른 치료자와 진행한 개인치료 또는 부부치료 관련 자료까지 공유해야 합니다. 집단 내에서 이야기할 수 없는 문제가 없기를 바랍니다. 동시에 저희는 신뢰는 시간이 지남에 따라 발전하며, 몇몇 개인적인 내용의 공개는 집단 내에서 충분히 안전하다고 느낄 때만 이루어질 수 있다는 점을 인지하고 있음을 말씀드립니다.

시험적 시도의 기간과 참여 약속

환자는 보통 집단치료에서 긍정적 효과를 곧바로 느끼지는 않습니다. 이러한 사실 때문에 때때로 스트레스를 받으면 조기에 치료를 그만두고 싶어 하는 경우가 있습니다. 이럴 때는 집단치료의 효과에 대한 섣부른 판단을 잠시 멈추고, 집단과 관련된 스트레스와 의구심에 관해 이야기해 주시길 바랍니다.

최소 12회기 동안 집단치료에 참여하겠다고 약속하시길 바랍니다. 그때 비로소 집단치료가 가진 잠재력을 더 명확하게 느낄 수 있을 것입니다.

참여와 집단 응집력

응집력과 신뢰가 있으며 예측 가능한 집단이 가장 효과적입니다. 정기적인 참석은 그 핵심적인 부분이므로 일정에서 우선적으로 고려하시길 바랍니다. 정기적인 출석과 적극적인 모임 참여는 각 집단원의 과업을 존중하고 소중히 여긴다는 것을 보여 주는 중요한 방법입니다. 마찬가지로 각 회기에 정시에 도착하는 것도 중요합니다. 지각 또는 결석이 예상되는 경우, 모임 시작 시 집단이 이를 알 수 있도록 가능한 한 빨리 집단치료자에게 알려 주시길 바랍니다.

가능하다면 휴가 계획을 집단에 미리 알려 주시길 부탁드립니다. 집단치료자 또한 동일하게 할 것입니다.

집단이 불러일으킬 수 있는 불편한 감정 때문에 집단이 가장 가고 싶지 않은 곳이 될 수도 있습니다. 저희의 경험에 비추어 볼 때, 이러한 시기가 오히려 정신치료에 매우 효과적인 기회가 될 수 있습니다. 같은 맥락에서, 여러분이 살면서 겪은 어려움 중 일부가 집단에서 표출될 것을 예상할 수 있습니다. 이에 낙담하지 마십시오. 이는 여러분과 집단원들이 중대한 문제를 해결하고 있다는 것을 의미하기 때문에 실제로는 좋은 기회입니다.

여러분은 지원을 주고받으며 개인 및 대인관계에서 필요한 변화를 위해 노력하는 과정을 시작하기로 결정했습니다. 이 집단에서 여러분과 함께 작업할 기회를 고대합니다.

온라인 집단

만약 집단이 온라인으로 만나게 된다면, 다음의 지침 또한 참고해 주시길 바랍니다.

- 그룹은 화상 회의를 위해 안전한 비공개 온라인 플랫폼을 사용합니다.
- 아무리 안전한 온라인 플랫폼이라 해도 개인정보 침해에 취약할 수 있다는 점을 유의해 주시길 바랍니다.
- 집단에 참석하는 것은 곧 이러한 참여 양식에 동의함을 의미합니다.
- 귀하와 집단의 사생활 및 비밀 보장을 위해 모든 조치를 취할 것입니다. 독립된 공간에서 집단에 참여해 주시고, 성을 제외한 이름만 사용해 주세요. 화상 회의에 적합한 와이파이 및 통신 환경에서 접속해 주시고, 통신 문제 또는 긴급 상황을 대비해 연락할 수 있는 전화번호를 남겨 주시길 바랍니다.

미주

CHAPTER 1: THE THERAPEUTIC FACTORS

1. S. Lorentzen, T. Ruud, A. Fjeldstad, and P. Hoglend, "Comparison of Short- and Long-Term Dynamic Group Psychotherapy: Randomized Clinical Trial," ***British Journal of Psychiatry,*** 203 (2013): 280–87. G. Burlingame, B. Strauss, and A. Joyce, "Change Mechanisms and Effec tiveness of Small Group Treatments," in ***Bergin and Garfield's Handbook of Psychotherapy and Behavior Change***, 6th ed., ed. M. Lambert (New York: Wiley, 2013), 640–89. G. Burlingame et al., "Differential Effectiveness of Group, Individual, and Conjoint Treatments: An Archival Anal- ysis of OQ-45 Change Trajectories," ***Psychotherapy Research*** 26 (2015): 556–72. R. Gre non et al., "Group Psychotherapy for Eating Disorders: A Meta-Analysis," ***In- ternational Journal of Eating Disorders*** 50 (2017): 997–1013. W. Piper, "Underutiliza- tion of Short-Term Group Therapy: Enigmatic or Understandable?," ***Psychotherapy Research*** 18 (2008): 127–38. L. Greene, "Group Psychotherapy Research Studies That Therapists Might Actually Read: My Top 10 List," ***International Journal of Group Psychotherapy*** 67 (2017): 1–26.
2. A. Jorm, S. Patten, T. Brugha, and R. Mojtabai, "Has Increased Provision of Treatment Redu ced the Prevalence of Common Mental Disorders? Review of the Evidence from Four Countr ies," ***World Psychiatry*** 16 (2017): 90–99. L. Onken, K. Carroll, V. Shoham, B. Cuthbert, and M. Riddle, "Reenvisioning Clinical Sci- ence: Unifying the Discipline to Improve the Public

Health," *Clinical Psychological Science* 2 (2014): 22–34.

3. M. Leszcz, "The Evidence-Based Group Psychotherapist," ***Psychoanalytic In- quiry*** 38 (2018): 285–98. D. Kraus, L. Castonguay, J. Boswell, S. Nordberg, and J. Hayes, "Therapist Effective ness: Implications for Accountability and Patient Care," ***Psychotherapy Research*** 21 (2011): 267–76.
4. K. Laska, A. Gurman, and B. Wampold, "Expanding the Lens of Evidence- Based Practice in Psychotherapy: A Common Factors Perspective," ***Psychotherapy*** 51 (2014): 467–81. T. Trac ey, B. Wampold, J. Lichtenberg, and R. Goodyear, "Exper- tise in Psychotherapy: An Elusive Goal?," ***American Psychologist*** 69 (2014): 218–29. D. Chow, S. Miller, J. Seidel, R. Kane, J. Th ronton, and W. Andrews, "The Role of Deliberate Practice in the Development of Highly Eff ective Psychotherapists," ***Psychotherapy*** 52 (2015): 337–45.
5. D. Kivlighan, J. Paquin, and J. Miles, "Therapeutic Factors in Group- Counseling: Asking New Questions," in ***The Oxford Handbook of Group Counseling***, ed. R. Conyne (New York: Ox ford University Press, 2010), 121–36. J. Mander, E. Vogel, P. Blanck, and H. Bents, "Validati on of the URICA-S in Group Therapy: Associations of Stages of Change with Therapeutic Factors and Treatment Outcome," ***International Journal of Group Psychotherapy*** 68 (2018): 35–55.
6. S. Bloch, "Therapeutic Factors in Group Psychotherapy," in ***APA Annual Review V*** (Washingt on, DC: APA Press, 1986), 679–98. D. Kivlighan, K. Multon, and D. Brossart, "Helpful Impac ts in Group Counseling: Development of a Mul- tidimensional Rating System," ***Journal of Counseling Psychology*** 43 (1996): 347–55.
7. G. Tasca, C. Cabrera, E. Kristjansson, R. MacNair-Semands, A. Joyce, and J. Ogrodniczuk, "The Therapeutic Factor Inventory-8: Using Item Response Theory to Create a Brief Scale for Continuous Process Monitoring for Group Psy- chotherapy," ***Psychotherapy Research*** 26 (2016): 131–45.
8. B. Wampold and Z. Imel, ***The Great Psychotherapy Debate: The Evidence for What Makes Psychotherapy Work***, 2nd ed. (New York: Routledge, 2015).
9. D. Kivlighan, "Individual and Group Perceptions of Therapeutic Factors and Session Evaluat ion: An Actor-Partner Interdependence Analysis," ***Group Dy- namics: Theory, Research and Practice*** 15 (2011): 147–60. Kivlighan et al., "Therapeu- tic Factors in Group-Counseling."
10. J. Schaffer and S. Dreyer, "Staff and Inpatient Perceptions of Change Mechanisms in Group Therapy," ***American Journal of Psychiatry*** 139 (1982): 127–28. S. Bloch and J. Reibstein, "Per ceptions by Patients and Therapists of Therapeutic Factors in Group Therapy," ***British Journal of Psychiatry*** 137 (1980): 274–78. C. Glass and D. Arnkoff, "Common and Specific Facto rs in Client Descriptions and Expla- nations for Change," ***Journal of Integrative and Eclectic Psychotherapy*** 7 (1988): 427–40.

11. J. Maxmen, "Group Therapy as Viewed by Hospitalized Patients," ***Archives of General Psychiatry*** 28 (March 1973): 404–8. T. Butler and A. Fuhriman, "Cura- tive Factors in Group Thera py: A Review of the Recent Literature," ***Small Group Behavior*** 14 (1983): 131–42. M. Leszcz, I. Yalom, and M. Norden, "The Value of Inpatient Group Psychotherapy: Patients' Perceptio ns," ***International Journal of Group Psychotherapy*** 35 (1985): 411–35.
12. B. Corder, L. Whiteside, and T. Haizlip, "A Study of Curative Factors in Group Psychothera py with Adolescents," ***International Journal of Group Psychotherapy*** 31 (1981): 345–54. N. Ma caskill, "Therapeutic Factors in Group Therapy with Borderline Patients," ***International Journal of Group Psychotherapy*** 32 (1982): 61–73. S. Colijn et al., "A Comparison of Curative Factors in Different Types of Group Psychotherapy," ***International Journal of Group Psychotherapy*** 41 (1991): 365–78.
13. Mander et al., "Validation of the URICA-S in Group Therapy." G. Tasca, "Attachment and Gr oup Psychotherapy: Introduction to a Special Section," ***Psycho- therapy (Chic)*** 51 (2014): 53–56.
14. M. Lieberman and L. Borman, ***Self-Help Groups for Coping with Crisis*** (San Francisco: Jossey-Bass, 1979). M. Lieberman, "Comparative Analyses of Change Mechanisms in Group," in ***Advances in Group Therapy***, ed. R. Dies and K. Mac- Kenzie (New York: International Univer sities Press, 1983), 191–208. S. Bloch and E. Crouch, ***Therapeutic Factors in Group Therapy*** (Oxford: Oxford University Press, 1985), 25–67.
15. Kivlighan, "Individual and Group Perceptions."
16. K. MacKenzie and V. Tschuschke, "Relatedness, Group Work, and Out- come in Long-Term Inpatient Psychotherapy Groups," ***Journal of Psychotherapy Practice and Research*** 2 (1993): 147–55. G. Burlingame, A. Joyce, and B. Strauss, "Change Mechanisms and Effectiveness of Small Group Treatments," in Lambert, ***Bergin and Garfield's Handbook of Psychotherapy and Behavior Change***, 6th ed., 640–89. Kivlighan, "Helpful Impacts."
17. Wampold and Imel, ***Great Psychotherapy Debate***. S. Bloch et al., "Patients' Ex- pectations of Therapeutic Improvement and Their Outcomes," ***American Journal of Psychiatry*** 133 (1976): 1457–59. J. Frank and J. Frank, ***Persuasion and Healing: A Com- parative Study of Psychotherapy***, 3rd ed. (Baltimore: Johns Hopkins University Press, 1991), 132–54. J. Connelly et al., "Pr emature Termination in Group Psychotherapy: Pretherapy and Early Therapy Predictors," ***International Journal of Group Psychotherapy*** 36 (1986): 145–52. A. Rabin et al., "Factors Infl uencing Continuation," ***Behavioral Therapy*** 23 (1992): 695–98. H. Hoberman et al., "Group Treatment of Depression: Individual Predictors of Outcome," ***Journal of Consulting and Clinical Psychology*** 56 (1988): 393–98. M. Pearson and A. Girling, "The Value of the Claybury Sel ection Battery in Predicting Benefit from Group Psychotherapy," ***British Journal of Psychiatry*** 157 (1990): 384–88. W. Piper, "Client Variables," in ***Handbook of Group Psychother- apy***,

ed. A. Fuhriman and G. Burlingame (New York: Wiley, 1994), 83–113.

18. Kivlighan, "Individual and Group Perceptions."
19. Wampold and Imel, ***Great Psychotherapy Debate***. M. Seligman, "The Effec- tiveness of Psych otherapy: The Consumer Reports Study," ***American Psychologist*** 50 (1995): 965–74.
20. A. Leuchter, I. Cook, E. Witte, M. Morgan, and M. Abrams, "Changes in Brain Function of Depressed Subjects During Treatment with Placebo," ***American Journal of Psychiatry*** 159 (2002): 122–29.
21. A. Puig, E. Yoon, C. Callueng, S. An, and S. Lee, "Burnout Syndrome in Psychotherapists: A Comparative Analysis of Five Nations," ***Psychological Services*** 11 (2014): 87–96.
22. Lieberman and Borman, ***Self-Help Groups***. T. Borkman, "A Selective Look at Self-Help Grou ps in the United States," ***Health and Social Care*** (Wiley Online Library, 2007).
23. K. Lorig et al., "Evidence Suggesting That a Chronic Disease Self- Management Program Can Improve Health Status While Reducing Hospitaliza- tion: A Randomized Trial," ***Medical Care*** 37 (1999): 5–14. K. Lorig, H. Holman, D. Sobel, D. Laurent, V. Gonzalez, and M. Minor, ***Living a Healthy Life with Chronic Conditions***, 4th ed. (Boulder, CO: Bull Publishing, 2012).
24. Burlingame et al., "Differential Effectiveness of Treatments." A. Sherman et al., "Group Inter ventions for Patients with Cancer and HIV Disease, Part I: Effects on Psychosocial and Func tional Outcomes at Different Phases of Illness," ***International Journal of Group Psychotherapy*** 54 (2004): 29–82. F. Fawzy, N. Fawzy, and J. Wheeler, "A Post-Hoc Comparison of the Effici ency of a Psychoeducational Intervention for Melanoma Patients Delivered in Group Versus Individual For- mats: An Analysis of Data from Two Studies," ***Psycho-Oncology*** 5 (1996): 81–89. A. Bandura, ***Self-Efficacy: The Exercise of Control*** (New York: Freeman, 1997).
25. H. Kohut, ***How Does Analysis Cure?*** (Chicago: University of Chicago Press, 1984). B. Wampo ld, ***The Great Psychotherapy Debate: Models, Methods and Findings*** (Mahwah, NJ: Lawrence Er lbaum, 2001).
26. J. Moreno, "Group Treatment for Eating Disorders," in Fuhriman and Burlingame, ***Handbook of Group Psychotherapy***, 416–57.
27. S. Gold-Steinberg and M. Buttenheim, "'Telling One's Story' in an Incest Survivors' Group," ***International Journal of Group Psychotherapy*** 43 (1993): 173–89. K. Zorzella, R. Muller, and C. Classen, "Trauma Group Therapy: The Role of Attachment and Therapeutic Alliance," ***International Journal of Group Psychotherapy*** 64 (2014): 24–47.
28. J. Bass et al., "Controlled Trial of Psychotherapy for Congolese Survivors of Sexual Violen ce," ***New England Journal of Medicine*** 368 (2013): 2182–91.
29. American Psychological Association, "Guidelines for Psychological Prac- tice with Transgen der and Gender Nonconforming People," ***American Psychologist*** 70, no. 9 (2015): 832–64, htt ps://doi.org/10.1037/a0039906. A. Minieri, R. Reese, K. Miserocchi, and D. Pascale-Hague,

"Using Client Feedback in Training of Fu- ture Counseling Psychologists: An Evidence-Based and Social Justice Practice," ***Counselling Psychology Quarterly*** 28 (2015): 305–23. K. Tao, J. Owen, B. Pace, and Z. Imel, "A Meta-Analysis of Multicultural Competencies and Psychotherapy Pro- cess and Outcome," ***Journal of Counseling Psychology*** 62 (2015): 337–50.

30. P. Tsui and G. Schultz, "Ethnic Factors in Group Process," ***American Journal of Orthopsychiatry*** 58 (1988): 136–42.
31. N. Hansen, F. Pepitone-Arreola-Rockwell, and A. Greene, "Multicul- tural Competence: Criteria and Case Examples," ***Professional Psychology: Research and Practice*** 31 (2000): 652–60. G. Nagayama Hall, "Psychotherapy Research with Ethnic Minorities: Empirical, Ethical, and Conceptual Issues," ***Journal of Consulting and Clinical Psychology*** 69 (2001): 502–10.
32. D. Sue et al., ***Multicultural Counseling Competencies: Individual and Organiza- tional Development*** (Thousand Oaks, CA: Sage Publications, 1998). S. Sue and D. Sue, ***Counseling the Culturally Diverse: Theory and Practice*** (New York: Wiley, 2012). D. Sue, M. Gallardo, and H. Neville, ***Case Studies in Multicultural Counseling and Therapy*** (New York: Wiley, 2013). D. Sue, ***Race Talk and the Conspiracy of Silence: Understanding and Facilitating Difficult Dialogues on Race*** (New York: Wiley, 2016). K. Tao, J. Owen, B. Pace, and Z. Imel, "A Meta-Analysis of Multicultural Com- petencies and Psychotherapy Process and Outcome," ***Journal of Counseling Psychology*** 62 (2015): 337–50. J. Chu and A. Leino, "Advancement in the Maturing Science of Cultural Adaptations of Evidence-Based Interventions," ***Journal of Consulting and Clinical Psychology*** 85 (2017): 45–57.
33. J. Kleinberg, "Difficult Patient in Group Analysis," ***Group*** 25 (2001): 133–34.
34. M. Jones, "Group Treatment with Particular Reference to Group Projec- tion Methods," ***American Journal of Psychiatry*** 101 (1944): 292–99.
35. L. Marsh, "Group Therapy and the Psychiatric Clinic," ***Journal of Nervous and Mental Diseases*** 82 (1935): 381–90.
36. A. Parks-Savage, "Self Help Groups," in ***The Sage Encyclopedia of Theory in Counseling and Psychotherapy***, ed. E. Neukrug (Thousand Oaks, CA: Sage Pub- lications, 2015), 914–17. Lieberman and Borman, ***Self-Help Groups***, 194–234. G. Goodman and M. Jacobs, "The Self-Help Mutual Support Group," in Fuhriman and Burlingame, ***Handbook of Group Psychotherapy***, 484–526. D. Salem, E. Seidman, and J. Rappaport, "Community Treatment of the Mentally Ill: The Promise of Mutual Help Organizations," ***Social Work*** 33 (1988): 403–8.
37. H. Fensterheim and B. Wiegand, "Group Treatment of the Hyperventila- tion Syndrome," ***International Journal of Group Psychotherapy*** 41 (1991): 399–404. R. McNally, "Psychological Approaches to Panic Disorder: A Review," ***Psychological Bulletin*** 108 (1990): 403–19.
38. S. Tenzer, "Fat Acceptance Therapy: A Non-Dieting Group Approach to Physical Wellness, Insight and Self-Acceptance," ***Women and Therapy*** 8 (1989): 39–47.

39. Moreno, "Group Treatment for Eating Disorders." J. Mitchell et al., "A Comparison Study of Antidepressants and Structured Intensive Group Therapy in the Treatment of Bulimia Nervo sa," ***Archives of General Psychiatry*** 47 (1990): 149–57. J. Laube, "Why Group for Bulimia?," ***International Journal of Group Psychotherapy*** 40 (1990): 169–88. D. Franko, "The Use of a Gr oup Meal in the Brief Group Therapy of Bulimia Nervosa," ***International Journal of Group Psychotherapy*** 43 (1993): 237–42.
40. M. Kalb, "The Effects of Biography on the Divorce Adjustment Process," ***Sexual and Marital Therapy*** 2 (1987): 53–64. D. Grenvold and G. Welch, "Struc- tured Short-Term Group Treat ment of Postdivorce Adjustment," ***International Jour- nal of Group Psychotherapy*** 29 (1979): 347–58.
41. S. Drob and H. Bernard, "Time-Limited Group Treatment of Genital Herpes," ***International Journal of Group Psychotherapy*** 36 (1986): 133–44.
42. D. Ornish, ***Dr. Dean Ornish's Program for Reversing Heart Disease*** (New York: Random Hou se, 1990). R. Allen and S. Scheidt, "Group Psychotherapy for Patients with Coronary Heart Disease," ***International Journal of Group Psychotherapy*** 48 (1998): 187–214.
43. B. Mara and M. Winton, "Sexual Abuse Intervention: A Support Group for Parents Who Have a Sexually Abused Child," ***International Journal of Group Psy- chotherapy*** 40 (1990): 63–78.
44. T. Poynter, "An Evaluation of a Group Program for Male Perpetrators of Domestic Violen ce," ***Australian Journal of Marriage and Family*** 12 (1991): 64–76. J. Edelson and R. Gruznski, "Treating Men Who Batter," ***Journal of Social Service Research*** 12 (1988): 3–22. B. Wallace and A. Nosko, "Working with Shame in the Group Treatment of Male Batterers," ***International Journal of Group Psychotherapy*** 43 (1993): 45–61.
45. I. Yalom and S. Vinogradov, "Bereavement Groups: Techniques and Themes," ***International Journal of Group Psychotherapy*** 38 (1988): 419–46.
46. S. Levine et al., "Group Psychotherapy for HIV-Seropositive Patients with Major Depressi on," ***American Journal of Psychotherapy*** 55 (1991): 413–25. G. Tunnell, "Complication in Gro up Psychotherapy with AIDS Patients," ***International Journal of Group Psychotherapy*** 41 (1991): 481–98. A. Beckett and J. Rutan, "Treating Per- sons with ARC and AIDS in Group Ps ychotherapy," ***International Journal of Group Psychotherapy*** 40 (1990): 19–30. J. Kelly, "Group Psychotherapy for Persons with HIV and AIDS-Related Illnesses," ***International Journal of Group Psychotherapy*** 48 (1998): 143–62.
47. S. Price, A. Heinrich, and J. Golden, "Structured Group Treatment of Couples Experiencing Sexual Dysfunction," ***Journal of Sex and Marital Therapy*** 6 (1981): 247–57.
48. L. Gallese and E. Treuting, "Help for Rape Victims Through Group Therapy," ***Journal of Psychosocial Nursing and Mental Health Services*** 19 (1981): 20–21.
49. R. Kris and H. Kramer, "Efficacy of Group Therapy with Postmastectomy Self-Perception,

Body Image, and Sexuality," *Journal of Sex Research* 23 (1986): 438–51.

50. E. Herman and S. Baptiste, "Pain Control: Mastery Through Group Ex- perience," *Pain* 10 (1981): 79–86.
51. S. Abbey and S. Farrow, "Group Therapy and Organ Transplantation," *International Journal of Group Psychotherapy* 48 (1998): 163–86.
52. Z. Segal, J. Williams, and J. Teasdale, *Mindfulness-Based Cognitive Therapy for Depression* (New York: Guilford Press, 2002).
53. E. Laugeson and F. Frankel, *Social Skills for Teenagers with Developmental and Autism Spectrum Disorders: The PEERS Treatment Manual* (New York: Routledge, 2010).
54. D. Mandell and M. Salzer, "Who Joins Support Groups Among Parents of Children with Auti sm?," *Autism* 11 (2007): 111–22. D. Tomasulo, "Positive Group Psychotherapy Modified for Adults with Intellectual Disabilities," *Journal of Intellec- tual Disabilities* 18 (2014): 337–50.
55. M. Esplen et al., "A Multicenter Study of Supportive-Expressive Group Therapy for Women with BRCA1/BRCA2 Mutations," *Cancer* 101 (2004): 2237–342. M. Esplen, J. Wong, E. Warn er, and B. Toner, "Restoring Body Image After Cancer (ReBIC): Results of a Randomized Con trolled Trial," *Journal of Clinical Oncology* 36 (2018): 749–56.
56. H. Weinberg, *The Paradox of Internet Groups: Alone in the Presence of Virtual Others* (London: Karnac Books, 2014). T. Berger, "The Therapeutic Alliance in Internet Interventions: A Narr ative Review and Suggestions for Future Research," *Psychotherapy Research* 27 (2017): 511–24.
57. G. Crosby and D. Altman, "Integrative Cognitive-Behavioral Group Therapy," in *The Wiley-Blackwell Handbook of Group Psychotherapy*, ed. J. Kleinberg (New York: Wiley, 2012), 89–112.
58. J. Kabat-Zinn, *Full Catastrophe Living: Using the Wisdom of Your Body and Mind to Face Stress, Pain, and Illness* (New York: Dell, 1990). Segal et al., *Mindfulness- Based Cognitive Therapy*.
59. W. Piper, J. Ogrodniczuk, A. Joyce, and R. Weideman, *Short-Term Group Therapies for Complicated Grief: Two Research-Based Models* (Washington, DC: APA Press, 2011).
60. V. Helgeson, S. Cohen, R. Schulz, and J. Yasko, "Education and Peer Dis- cussion Group Int erventions and Adjustment to Breast Cancer," *Archives of General Psychiatry* 56 (1999): 340–47. Esplen et al., "Multicenter Study."
61. I. Yalom, P. Houts, G. Newell, and K. Rand, "Preparation of Patients for Group Therapy: A Controlled Study," *Archives of General Psychiatry* 17 (1967): 416–27. H. Bernard et al., "Clinic al Practice Guidelines for Group Psychotherapy," *International Journal of Group Psychotherapy* 58 (2008): 455–542.
62. A. Bandura, *Self-Efficacy: The Exercise of Control* (London: Worth Publish-ers, 1997).

63. J. Ledoux and J. Gorman, "A Call to Action: Overcoming Anxiety Through Active Coping," *American Journal of Psychiatry* 158 (2001): 1953–55. P. Ribeiro Porto, L. Oliveira, J. Mari, E. Volchan, I. Figueira, and P. Ventura, "Does Cognitive Behavioral Therapy Change the Bra in? A Systematic Review of Neuro- imaging in Anxiety Disorders," *Journal of Neuropsychiatry and Clinical Neurosciences* 21 (2009): 114–25.
64. J. Frank et al., "Behavioral Patterns in Early Meetings of Therapy Groups," *American Journal of Psychiatry* 108 (1952): 771–78. C. Peters and H. Grunebaum, "It Could Be Worse: Effective Group Therapy with the Help-Rejecting Complainer," *International Journal of Group Psychotherapy* 27 (1977): 471–80. E. Berne, *Games Peo- ple Play* (New York: Grove Press, 1964).
65. J. Rubin and K. Locasio, "A Model for Communication Skills Group Us- ing Structured Exerc ises and Audiovisual Equipment," *International Journal of Group Psychotherapy* 35 (1985): 569–84.
66. X. Guo et al., "Effect of Antipsychotic Medication Alone vs. Combined with Psychosocial Int ervention on Outcomes of Early-Stage Schizophrenia," *Ar- chives of General Psychiatry* 67 (2010): 895–904.
67. L. Perlman et al., "A Multidimensional Wellness Group Therapy Program for Veterans with Comorbid Psychiatric and Medical Conditions," *Professional Psy- chology: Research and Practice* 41 (2010): 120–27.
68. S. Leblanc, B. Uzun, K. Pourseied, and C. Mohiyeddini, "Effect of an Emotion Regulation Tr aining Program on Mental Well-Being," *International Jour- nal of Group Psychotherapy* 67 (2017): 108–23.
69. P. Conrod et al., "Effectiveness of a Selective, Personality-Targeted Pre- vention Program for Adolescent Alcohol Use and Misuse: A Cluster Randomized Controlled Trial," *JAMA Psychiatry* 70 (2013): 334–42.
70. J. Flowers, "The Differential Outcome Effects of Simple Advice, Alter- natives, and Instructi ons in Group Psychotherapy," *International Journal of Group Psychotherapy* 29 (1979): 305–15.
71. D. Kiesler, *Contemporary Interpersonal Theory and Research* (New York: Wiley, 1996). J. Mur an and J. Safran, "A Relational Approach to Psychotherapy: Resolving Ruptures in the Thera peutic Alliance," in *Comprehensive Handbook of Psychotherapy*, vol. 1, ed. J. Magnavita (New York: Wiley, 2002), 253–58.
72. T. Rashid, "Positive Psychotherapy: A Strength-Based Approach," *Jour- nal of Positive Psychology* 10 (2015): 25–40. M. Seligman and M. Csikszentmihalyi, "Positive Psychology: An Int roduction," *American Psychologist* 55 (2000): 5–14.
73. S. Holmes and D. Kivlighan, "Comparison of Therapeutic Factors in Group and Individual Treatment Processes," *Journal of Counseling Psychology* 47 (2000): 478–84.

74. Frank and Frank, ***Persuasion and Healing***.

75. V. Frankl, ***The Will to Meaning*** (Cleveland: World Publishing, 1969).

76. S. Folkman and S. Greer, "Promoting Psychological Well-Being in the Face of Serious Illne ss: When Theory, Research and Practice Inform Each Other," ***Psycho-Oncology*** 9 (2000): 11–19. D. Spiegel and M. Leszcz, "Group Psychotherapy and the Terminally Ill," in ***Handbook of Psychiatry in Palliative Medicine***, 2nd ed., H. ed. Chochinov and W. Breitbart (Oxford: Oxfo rd University Press, 2009), 490–503. M. Leszcz, "Existential Group Psychotherapy," in Neukr ug, ***Sage Encyclopedia of Theory in Counseling and Psychotherapy***.

77. L. Ormont, "The Role of the Leader in Resolving Resistances to Intimacy in the Group Setti ng," ***International Journal of Group Psychotherapy*** 38 (1988): 29–45. D. Mahon and M. Leszcz, "The Interpersonal Model of Group Psychotherapy," ***International Journal of Group Psychotherapy*** 67 (2017): S121–30.

78. M. Leszcz and J. Malat, "The Interpersonal Model of Group Psychother- apy," in Kleinberg, ***Wiley-Blackwell Handbook of Group Psychotherapy***, 33–58.

79. D. Goleman, ***Emotional Intelligence*** (New York: Bantam Books, 1995).

80. Bernard et al., "Clinical Practice Guidelines."

81. J. Schlapobersky, ***From the Couch to the Circle: Group-Analytic Psychotherapy in Practice*** (Abin gdon, Oxon, UK: Routledge, 2016).

82. E. Kuipers et al., "London–East Anglia Randomized Controlled Trial of Cognitive-Behaviour Therapy for Psychosis. I: Effects of the Treatment Phase," ***British Journal of Psychiatry*** 171 (1997): 319–27. T. Popov, T. Jordanov, T. Elbert, M. Merzenich, and G. Miller, "Specific Cog nitive Training Normalizes Auditory Sensory Gating in Schizophrenia: A Randomized Trial," ***Biological Psychiatry*** 69 (2011): 465–71.

83. A. Bandura, ***Social Foundations of Thought and Action*** (Englewood Cliffs, NJ: Prentice Hall, 1986). A. Bandura, E. Blanchard, and B. Ritter, "The Rela- tive Efficacy of Desensitization and Modeling Approaches for Inducing Behavioral, Affective, and Attitudinal Changes," ***Journal of Personality and Social Psychology*** 13 (1969): 173–99.

84. J. Moreno, "Psychodramatic Shock Therapy," ***Sociometry*** 2 (1939): 1–30.

85. S. Colijin et al., "A Comparison of Curative Factors in Different Types of Group Therapy," ***International Journal of Group Therapy*** 41 (1991): 365–78.

CHAPTER 2: INTERPERSONAL LEARNING

1. J. Norcross and B. Wampold, "Evidence-Based Therapy Relationships: Re- search Conclusio ns and Clinical Practices," ***Psychotherapy (Chic)*** 48 (2011): 98–102. M. Leszcz, "The Evidence

-Based Group Psychotherapist," ***Psychoanalytic Inquiry*** 38 (2018): 285–98.

2. R. Baumeister and M. Leary, "The Need to Belong: Desire for Interper- sonal Attachments as a Fundamental Human Motivation," ***Psychology Bulletin*** 117 (1995): 497–529.
3. R. Waldinger and M. Schulz, "The Long Reach of Nurturing Family En- vironments: Links with Midlife Emotion-Regulatory Styles and Late-Life Security in Intimate Relationships," ***Psychological Science*** 27 (2016): 1443–50.
4. R. Maunder and J. Hunter, ***Love, Fear and Health: How Our Attachments to Others Shape Health and Health Care*** (Toronto: University of Toronto Press, 2015).
5. I. Shalev et al., "Exposure to Violence During Childhood Is Associated with Telomere Erosi on from 5 to 10 Years of Age: A Longitudinal Study," ***Molecular Psychiatry*** 18 (2013): 576–81. This research discovered that early life stress and ad- versity alters the length of the gene tel omeres, increasing the individual's reactivity to stress across the life span. These changes are associated with earlier aging and poorer physical and emotional well-being.
6. J. Bowlby, ***Attachment and Loss***, vol. 3, ***Loss: Sadness and Depression*** (New York: Basic Books, 1980).
7. D. Winnicott, ***Through Pediatrics to Psychoanalysis*** (London: Hogarth Press, 1978 [1952]).
8. S. Mitchell, ***Relational Concepts in Psychoanalysis*** (Cambridge, MA: Harvard University Press, 1988).
9. B. Badenoch and P. Cox, "Integrating Interpersonal Neurobiology with Group Psychothera py," ***International Journal of Group Psychotherapy*** 60 (2010): 462–81. D. Siegel, ***Pocket Guide to Interpersonal Neurobiology: An Integrative Handbook of the Mind*** (New York: W. W. Nort on, 2012). S. Gantt and B. Badenoch, eds., ***The Interpersonal Neurobiology of Group Psychotherapy and Group Process*** (London: Karnac Books, 2013).
10. Siegel, ***Pocket Guide***.
11. Gantt and Badenoch, ***Interpersonal Neurobiology***.
12. B. Wampold, ***The Great Psychotherapy Debate: Models, Methods and Findings***(Mahwah, NJ: La wrence Erlbaum, 2001).
13. J. Holt-Lunstad, T. Smith, and J. Bradley Layton, "Social Relationships and Mortality Risk: A Meta-Analytic Review," ***PLOS Medicine*** 7 (2010): e1316, https://doi.org/10.1371/journal.pmed.1000316. L. Syme, ***Social Support and Health*** (Orlando, FL: Academic Press, 1985). J. Hartog, J. Audy, and Y. Cohen, eds., ***The Anatomy of Loneliness*** (New York: International Uni versities Press, 1980).
14. J. House, K. Landis, and D. Umberson, "Social Relationships and Health," ***Science*** 241 (1988): 540–45.
15. A. Sherman et al., "Group Interventions for Patients with Cancer and HIV Disease, Part I: Ef fects on Psychosocial and Functional Outcomes at Different Phases of Illness," ***International***

Journal of Group Psychotherapy 54 (2004): 29–82. M. Price et al., "The Role of Psychosocial Factors in the Development of Breast Car- cinoma, Part II: Life Event Stressors, Social Supp ort, Defense Style, and Emotional Control and Their Interactions," *Cancer* 91 (2001): 686–97. J. Leserman et al., "Im- pact of Stressful Life Events, Depression, Social Support, Coping, and Cortisol on Progression to AIDS," *American Journal of Psychiatry* 157 (2000): 1221–28.

16. V. Schermer, "Contributions of Object Relations Theory and Self Psychology to Relational Psychology, Group Psychotherapy," *International Journal of Group Psychotherapy* 50 (2000): 199–212.
17. R. Levine, "A Modern Psychoanalytic Perspective on Group Therapy," *International Journal of Group Psychotherapy* 67 (2017): S109–20. E. Zeisel, "Modern Analytic Group Therapy," in *The Sage Encyclopedia of Theory in Counseling and Psy- chotherapy*, ed. E. Neukrug (Thousand Oaks, CA: Sage Publications, 2015), 662–66. J. Schlapobersky, *From the Couch to the Circle: Group-Analytic Psychotherapy in Practice* (Abingdon, Oxon, UK: Routledge, 2016). S. Mitche ll, *Hope and Dread in Psychoanalysis* (New York: Basic Books, 1993).
18. H. Sullivan, *The Interpersonal Theory of Psychiatry* (New York: W. W. Norton, 1953). H. Sulliv an, *Conceptions of Modern Psychiatry* (New York: W. W. Norton, 1940). D. Kiesler, *Contemporary Interpersonal Theory and Research* (New York: Wiley, 1996).
19. P. Mohl and A. Brenner, "Other Psychodynamic Schools," in *Comprehen- sive Textbook of Psychiatry*, 9th ed., ed. B. Sadock, V. Sadock, and P. Ruiz (New York: Lippincott Williams and Wilkins, 2009), 848–70. P. Mullahy, "Harry Stack Sullivan," in *Comprehensive Textbook of Psychiatry*, 3rd ed., ed. H. Kaplan, A. Freed- man, and B. Sadock (Baltimore: Williams and Wilkins, 1980), 152–55. P. Mullahy, *The Contributions of Harry Stack Sullivan* (New York: Her mitage House, 1952).
20. J. McCullough Jr., *Treatment for Chronic Depression: Cognitive Behavioral Analysis System of Psychotherapy (CBASP)* (New York: Guilford Press, 1999). D. Hellerstein et al., "Adding Gro up Psychotherapy to Medication Treatment in Dys- thymia: A Randomized Prospective Pilot Study," *Journal of Psychotherapy Practice and Research* 10 (2002): 93–103. J. Safran and Z. Se gal, *Interpersonal Process in Cognitive Therapy* (New York: Basic Books, 1990).
21. Kiesler, *Contemporary Interpersonal Theory*.
22. Siegel, *Pocket Guide*.
23. Mullahy, *Contributions*, 22.
24. H. Grunebaum and L. Solomon, "Peer Relationships, Self-Esteem, and the Self," *International Journal of Group Psychotherapy* 37 (1987): 475–513.
25. K. Schwartz and M. Leszcz, "Group Therapy," in *Comprehensive Textbook of Psychiatry*, 10th ed., ed. B. Sadock, V. Sadock, and P. Ruiz (Philadelphia: Wolters Kluwer, 2017), 4201–208. M. Leszcz, "Integrated Group Psychotherapy for the Treatment of Depression in the Elder

ly," *Group* 21 (1997): 89–113.

26. P. Fonagy, "The Process of Change and the Change of Processes: What Can Change in a 'Good Analysis,' " keynote address to the spring meeting of Di- vision 39 of the American Psychological Association, New York, April 16, 1999.
27. Bowlby, *Attachment and Loss*.
28. Safran and Segal, *Interpersonal Process*. Kiesler, *Contemporary Interpersonal The- ory*. H. Str upp and J. Binder, *Psychotherapy in a New Key* (New York: Basic Books, 1984). R. Giesler and W. Swann, "Striving for Confirmation: The Role of Self- Verification in Depression," in *The Interactional Nature of Depression*, ed. T. Joiner and J. Coyne (Washington, DC: Americ an Psychological Association, 1999), 189–217.
29. L. Luborsky and P. Crits-Christoph, *Understanding Transference: The Core Conflictual Relationship Theme Method*, 2nd ed. (Washington, DC: American Psy- chological Association, 1998). P. Wachtel, *Therapeutic Communication: Knowing What to Say*, 2nd ed. (New York: Gu ilford Press, 2011). J. Weiss, *How Psychotherapy Works: Process and Technique* (New York: Gu ilford Press, 1993).
30. Kiesler, *Contemporary Interpersonal Theory*. Kiesler described this interper- sonal vicious cir cle as a maladaptive transaction cycle (MTC). Current research emphasizes interpersonal complementarity—the idea that specific behavior elicits specific responses from others—as the mechanism that initiates and maintains vi- cious circles of maladaptive interactions. Co nsider, for example, two dimensions of behavior much used in interpersonal research: agen cy and affiliation. *Agency* (that is, self-definition, assertion, and initiative) ranges from domi nation to subordina- tion. Complementarity in agency means that dominating behaviors pull recipro- cal counter-responses of submission; submissive behavior in turn will reciprocally pull forth dominating forms of responses. *Affiliation* (that is, one's attitude toward interperso nal connection) ranges from hostility to friendliness and pulls for sim- ilarity and agreement. Hostility draws further hostility, and friendliness pulls for friendliness back. Anticipating and understanding specific types of interpersonal pulls informs the group leader about clients' actual and potential maladaptive trans- actions in therapy. Moreover, this information can be used to help group therapists maintain a therapeutic perspective in the presence of the st rong interpersonal pulls affecting others or themselves. Once therapists recognize the interp ersonal impact of each client's behavior, they can more readily understand their own counte rtrans- ference, and ultimately they can provide more accurate and useful feedback.
31. Leszcz, "Evidence-Based Group Psychotherapist."
32. M. Whittingham, "Brief Focal Group Therapy," in Neukrug, *Sage Ency- clopedia of Theory in Counseling and Psychotherapy*, 419–23.
33. Mullahy, *Contributions*, 10.

34. L. Horowitz and J. Vitkis, "The Interpersonal Basis of Psychiatric Symp- tomatology," ***Clinical Psychology Review*** 6 (1986): 443–69.

35. Kiesler, ***Contemporary Interpersonal Theory***.

36. Sullivan, ***Conceptions***, 207.

37. Sullivan, ***Conceptions***, 237.

38. B. Grenyer and L. Luborsky, "Dynamic Change in Psychotherapy: Mas- tery of Interpersonal Conflicts," ***Journal of Consulting and Clinical Psychology*** 64 (1996): 411–16.

39. S. Hemphill and L. Littlefield, "Evaluation of a Short-Term Group Ther- apy Program for Ch ildren with Behavior Problems and Their Parents," ***Behavior Research and Therapy*** 39 (2001): 823–41. S. Scott, Q. Spender, M. Doolan, B. Jacobs, and H. Espland, "Multi-Center Controll ed Trial of Parenting Groups for Child- hood Antisocial Behavior in Clinical Practice," ***British Medical Journal*** 323 (2001): 194–97. Emotion-Focused Family Therapy (EFFT) Parents Wo rkshop, in D. Flan- ders, ***Group Programs, Mental Health, Psychology***, 2016, https://kinderca repediatrics.ca/mental-health/emotion-focused-family-therapy-efft-parents-workshop-2.

40. D. Wilfley, K. MacKenzie, V. Ayers, R. Welch, and M. Weissman, ***Interper- sonal Psychotherapy for Group*** (New York: Basic Books, 2000). Whittingham, "Brief Focal Group Therapy."

41. T. McFarquhar, P. Luyten, and P. Ronagy, "Changes in Interpersonal Problems in the Psych otherapeutic Treatment of Depression as Measured by the Inventory of Interpersonal Proble ms: A Systematic Review and Meta-Analysis," ***Journal of Affective Disorders*** 226 (2018): 108–23.

42. I. Yalom and C. Greaves, "Group Therapy with the Terminally Ill," ***Amer- ican Journal of Psychiatry*** 134 (1977): 396–400. M. Leszcz and P. Goodwin, "The Rationale and Foundations of Group Psychotherapy for Women with Metastatic Breast Cancer," ***International Journal of Group Psychotherapy*** 48 (1998): 245–73.

43. E. Kübler-Ross, ***On Death and Dying*** (New York: Macmillan, 1969).

44. D. Kissane et al., "Cognitive-Existential Group Psychotherapy for Women with Primary Bre ast Cancer: A Randomized Controlled Trial," ***Psycho-Oncology*** 12 (2003): 532–46. M. Greenst ein and W. Breitbart, "Cancer and the Experience of Meaning: A Group Psychotherapy Prog ram for People with Cancer," ***American Journal of Psychotherapy*** 54 (2000): 486–500. G. Rod in et al., "Managing Cancer and Living Meaningfully (CALM): A Randomized Controlled Trial of a Psychological Intervention for Patients with Advanced Cancer," ***Journal of Clinical Oncology*** 35 (2017): Suppl. no. 18. M. Leszcz, "Existential Group Psychotherapy," in Neukrug, ***Sage Encyclopedia of Theory in Counseling and Psychotherapy***.

45. C. Marmarosh and S. Mann, "Patients' Selfobject Needs in Psychody- namic Psychotherapy: How They Relate to Client Attachment, Symptoms, and the Therapy Alliance," ***Psychoanalytic Psychology*** 31 (2014): 297–313. C. Marmarosh, "Attachment in Group Psychotherapy:

Bridging Theories, Research, and Clini- cal Techniques," ***International Journal of Group Psychotherapy*** 67 (2017): 157–60. D. Kivlighan, G. Lo Coco, S. Gullo, C. Pazzagli, and C. Mazzes chi, "Attachment Anxiety and Attachment Avoidance: Members' Attachment Fit with Their Group and Group Relationships," ***International Journal of Group Psychotherapy*** 67 (2017): 223–39.

46. F. Alexander and T. French, ***Psychoanalytic Therapy: Principles and Applica- tions*** (New York: Ronald Press, 1946). For a more contemporary psychoanalytic view of the corrective emotio nal experience, see T. Jacobs, "The Corrective Emo- tional Experience: Its Place in Current Technique," ***Psychoanalytic Inquiry*** 10 (1990): 433–545.
47. F. Alexander, "Unexplored Areas in Psychoanalytic Theory and Treat- ment," in ***New Perspectives in Psychoanalysis, Sandor Rado Lectures 1957–1963***, ed. G. Daniels (New York: Gru ne and Stratton, 1965), 75.
48. P. Fonagy, G. Moran, R. Edgcumbe, H. Kennedy, and M. Target, "The Roles of Mental Repre sentations and Mental Processes in Therapeutic Action," ***Psychoanalytic Study of the Child*** 48 (1993): 9–48. J. Weiss, ***How Psychotherapy Works: Process and Technique*** (New York: Guilford Press, 1993).
49. P. Fretter, W. Bucci, J. Broitman, G. Silberschatz, and J. Curtis, "How the Patient's Plan Rela tes to the Concept of Transference," ***Psychotherapy Research*** 4 (1994): 58–72. Weiss, ***How Psychotherapy Works***. Leszcz, "Evidence-Based Group Psychotherapist."
50. A. Rappaport, "How Psychotherapy Works: The Concepts of Control- Mastery Theory," ***Bulletin of the American Academy of Clinical Psychology*** 8 (2002): 10–14. McCullough, ***Treatment for Chronic Depression***.
51. P. Fonagy, C. Campbell, and A. Bateman, "Mentalizing, Attachment, and Epistemic Trust in Group Therapy," ***International Journal of Group Psychotherapy*** 67 (2017): 176–201.
52. Alexander, "Unexplored Areas," 79–80.
53. Wampold, ***Great Psychotherapy Debate***.
54. B. Wampold and Z. Imel, ***The Great Psychotherapy Debate: The Evidence for What Makes Psychotherapy Work***, 2nd ed. (New York: Routledge, 2015). A. Pascual- Leone and N. Yeryomen ko, "The Client 'Experiencing' Scale as a Predictor of Treatment Outcomes: A Meta-Analysis on Psychotherapy Process," ***Psychotherapy Research*** 27 (2016): 653–65.
55. J. Frank and E. Ascher, "The Corrective Emotional Experience in Group Therapy," ***American Journal of Psychiatry*** 108 (1951): 126–31.
56. L. Castonguay and C. Hill, eds., ***How and Why Are Some Therapists Better Than Others? Understanding Therapist Effects*** (Washington, DC: American Psycho- logical Association, 2017). Wampold and Imel, ***Great Psychotherapy Debate***. Pascual- Leone and Yeryomenko, "Client 'Experiencing' Scale."

57. M. Lieberman, I. Yalom, and M. Miles, ***Encounter Groups: First Facts*** (New York: Basic Boo ks, 1973).

58. A. Alonso and J. Rutan, "Character Change in Group Therapy," ***Inter- national Journal of Group Psychotherapy*** 43 (1993): 439–51. J. Gans and A. Alonso, "Difficult Patients: Their Con struction in Group Therapy," ***International Journal of Group Psychotherapy*** 48 (1998): 311–26.

59. D. Payne, "Why Group Therapy Worked," ***New York Times***, Opinionator, August 11, 2015, http://opinionator.blogs.nytimes.com/2015/08/11/why-group-therapy-worked.

60. I. Yalom and M. Leszcz, "Group Therapy: A Live Demonstration," 2011, available at Psychot herapy.net, www.psychotherapy.net/video/group-therapy.

61. B. Cohen, "Intersubjectivity and Narcissism in Group Psychotherapy: How Feedback Wor ks," ***International Journal of Group Psychotherapy*** 50 (2000): 163–79. H. Bernard et al., "Clini cal Practice Guidelines for Group Psychotherapy," ***International Journal of Group Psychotherapy*** 58 (2008): 455–542.

62. Leszcz, "Evidence-Based Group Psychotherapist."

63. J. Hayes, C. Gelso, and A. Hummel, "Managing Countertransference," ***Psychotherapy*** 48 (2011): 88–97. A. Puig, E. Yoon, C. Callueng, S. An, and S. Lee, "Burnout Syndrome in Psych otherapists: A Comparative Analysis of Five Nations," ***Psychological Services*** 11 (2014): 87–96. Recent research into empathy notes the links between perception, emotions, cognition, and action and the neural pathways that become activated within the empathizer. F. de Waal and S. Preston, "Mammalian Empathy: Behavioural Manifestations and Neural Basis," ***Nature Reviews Neurosci- ence*** 18 (2017): 498–509.

64. A. Aviv, "Where Intersubjectivity and Group Analysis Meet," ***International Journal of Group Psychotherapy*** 60 (2010): 91–109. V. Schermer and C. Rice, "To- wards an Integrative Inters ubjective and Relational Group Psychotherapy" in ***The Wiley-Blackwell Handbook of Group Psychotherapy***, ed. J. Kleinberg (New York: Wi- ley, 2012), 959. R. Stolorow, B. Brandschaft, and G. Atwood, ***Psychoanalytic Treat- ment: An Intersubjective Approach*** (Hillsdale, NJ: Analyt ic Press, 1987).

65. J. Kleinberg, "Beyond Emotional Intelligence at Work: Adding Insight to Injury Through Gro up Psychotherapy," ***Group*** 24 (2000): 261–78. Fonagy et al., "Mentalizing, Attachment, and Epistemic Trust."

66. J. Gans, "The Leader's Illumination of Group Phenomena Hidden in Plain Sight: Why Is No One Talking About the Elephant in the Room?," ***International Journal of Group Psychotherapy*** 67 (2017): 337–59.

67. Kiesler, ***Contemporary Interpersonal Theory***. J. Muran and J. Safran, "A Re- lational Approa ch to Psychotherapy," in ***Comprehensive Handbook of Psychotherapy***, ed. F. Kaslow, vol. 1,

Psychodynamic/Object Relations, ed. J. Magnavita (New York: Wiley, 2002), 253–81.

68. D. Kiesler, "Therapist Countertransference: In Search of Common Themes and Empirical Re ferents," *Journal of Clinical Psychology* 57 (2001): 1053–63.

69. N. Sunderji, J. Malat, and M. Leszcz, "Group Day: Experiential Learning About Group Psych otherapy for Psychiatry Residents at University of Toronto," *Academic Psychiatry* 37 (2013): 352–54.

70. M. Leszcz and J. Malat, "The Interpersonal Model of Group Psychother- apy" in Kleinberg, *Wiley-Blackwell Handbook of Group Psychotherapy*, 33–58. M. Leszcz and J. Malat, "The Inter personal Model of Group Psychotherapy," in *Praxis der Gruppenpsychotherapie*, ed. V. Tschu schke (Frankfurt: Thieme, 2001), 355–69.

71. R. Dies, "Group Psychotherapies," in *Essential Psychotherapies: Theory and Practice*, ed. A. Gurman and S. Messer (New York: Guilford Press, 1998), 488–522. E. Crouch and S. Bloch, "Therapeutic Factors: Interpersonal and Intraper- sonal Mechanisms," in *Handbook of Group Psychotherapy*, ed. A. Fuhriman and G. Burlingame (New York: Wiley, 1994), 25–87. R. Dies, "Clinical Implications of Research on Leadership in Short-Term Group Psychotherapy," in *Advances in Group Psychotherapy*, ed. R. Dies and K. MacKenzie (New York: International Uni- versities Press, 1983), 27–79. J. Frank, "Some Values of Conflict in Therapeutic Grou ps," *Group Psychotherapy* 8 (1955): 142–51. A. German and J. Gustafson, "Pa- tients' Percept ions of the Therapeutic Relationship and Group Therapy Outcome," *American Journal of Psychiatry* 133 (1976): 1290–94. J. Hodgson, "Cognitive Versus Behavioral-Interpersonal Ap proaches to the Group Treatment of Depressed Col- lege Students," *Journal of Counseling Psychology* 28 (1981): 243–49.

72. L. Johansson and A. Werbart, "Patients' Views of Therapeutic Action in Psychoanalytic Gro up Psychotherapy," *Group Analysis* 42 (2009): 120–42. Payne, "Why Group Therapy Work ed." S. Holmes and D. Kivlighan, "Comparison of Therapeutic Factors in Group and Individ ual Treatment Processes," *Journal of Counseling Psychology* 47 (2000): 478–84.

73. J. Donovan, J. Bennett, and C. McElroy, "The Crisis Group: An Outcome Study," *American Journal of Psychiatry* 136 (1979): 906–10.

74. D. Siegel, *Mindsight: The New Science of Personal Transformation* (New York: Bantam Books, 2011).

75. McCullough, *Treatment for Chronic Depression*. J. McCullough Jr., *Treat- ing Chronic Depression with Disciplined Personal Involvement: CBASP* (New York: Springer, 2006).

76. L. Kohl, D. Rinks, and J. Snarey, "Childhood Development as a Predictor of Adaptation in Adulthood," *Genetic Psychology Monographs* 110 (1984): 97–172. K. Kindler et al., "The Fami ly History Method: Whose Psychiatric History Is Mea- sured?," *American Journal of Psychiatry* 148 (1991): 1501–4. P. Chodoff, "A Critique of the Freudian Theory of Infantile Sexuali

ty," *American Journal of Psychiatry* 123 (1966): 507–18. J. Kagan, "Perspectives on Continui ty," in *Constancy and Change in Human Development*, ed. J. Kagan and O. Brim (Cambridge, MA: Harvard University Press, 1980). J. Kagan, *The Nature of the Child* (New York: Basic Boo ks, 1984), 99–111.

77. E. Kandel, "A New Intellectual Framework for Psychiatry," *American Jour- nal of Psychiatry* 155 (1998): 457–69. Gantt and Badenoch, *Interpersonal Neurobiology*.
78. Siegel, *Pocket Guide*.
79. P. Fonagy, H. Kachele, R. Krause, E. Jones, R. Perron, and L. Lopez, *An Open Door Review of Outcome Studies in Psychoanalysis* (London: International Psy- choanalytical Association, 1999).
80. P. Flores and S. Porges, "Group Psychotherapy as a Neural Exercise: Bridg- ing Polyvagal Th eory and Attachment Theory," *International Journal of Group Psy- chotherapy* 27 (2017): 202–22.

CHAPTER 3: GROUP COHESIVENESS

1. J. Norcross and B. Wampold, "Evidence-Based Therapy Relationships: Re- search Conclusio ns and Clinical Practices," *Psychotherapy (Chic)* 48 (2011): 98–102. J. Norcross and M. Lambe rt, "Psychotherapy Relationships that Work III," *Psycho- therapy (Chic)* 55 no. 4 (2018): 303–15. B. Wampold and Z. Imel, *The Great Psycho- therapy Debate: The Evidence for What Makes Psychotherapy Work*, 2nd ed. (New York: Routledge, 2015).
2. Norcross and Wampold, "Evidence-Based Therapy Relationships." G. Bur- lingame, D. The obald-McClendon, and C. Yang, "Cohesion in Group Therapy: A Meta-Analysis," *Psycho- therapy: Theory, Research and Practice* 55 (2018): 384–98. The correlations between alliance and outcome and cohesion and outcome are consis- tently significant and demonstrate an effect size in the medium range.
3. M. Leszcz and J. Kobos, "Evidence-Based Group Psychotherapy: Using AGPA's Practice Gui delines to Enhance Clinical Effectiveness," *Journal of Clinical Psychology* 64 (2008): 1238–60. G. Burlingame, A. Fuhriman, and J. Johnson, "Co- hesion in Group Psychotherapy," in *Psy- chotherapy Relationships That Work: Therapist Contributions and Responsiveness to Patients*, ed. J. Norcross (New York: Oxford Uni- versity Press, 2002), 71–88.
4. G. Burlingame et al., "Outcome Differences Between Individual and Group Formats When Identical and Nonidentical Treatments, Patients, and Doses Are Compared: A 25-Year Meta -Analytic Perspective," *Psychotherapy* 53 (2016): 446–61. C. McRoberts, G. Burlingame, and M. Hoag, "Comparative Efficacy of Indi- vidual and Group Psychotherapy: A Meta-Analytic

Perspective," ***Group Dynamics: Theory, Research, and Practice*** 2 (1998): 101–17. W. McDerm ut, I. Miller, and R. Brown, "The Efficacy of Group Psychotherapy for Depression: A Meta-A nalysis and Review of Empirical Research," ***Clinical Psychology: Science and Practice*** 8 (2001): 98–116. G. Burlingame, B. Strauss, and A. Joyce, "Change Mechanisms and Ef- fectiveness of Small Group Treatments," in ***Bergin and Garfield's Handbook of Psy- chotherapy and Behavior Change***, 6th ed., ed. M. Lambert (New York: Wiley, 2013), 640–89. H. Bachrach, R. Galan tzer-Levy, A. Skolnikoff, and S. Waldron, "On the Efficacy of Psychoanalysis," ***Journal of the American Psychoanalytic Association*** 39 (1991): 871–916. L. Luborsky, L. Diguer, E. Luborsky, B. Singer, D. Dickter, and K. Schmidt, "The Efficacy of Dynamic Psychotherapy: Is It True That Everyone Has Won and All Must Have Prizes?," ***Psychodynamic Treatment Research: A Handbook for Clinical Practice*** (New York: Basic Books, 1993): 497–518. M. Smith, G. Glass, and T. Miller, ***The Benefits of Psychotherapy*** (Baltimore: Johns Hopkins University Press, 1980). C. Tillitski, "A Meta-Analysis of Estimated Effect Sizes for Group Versus Individual Ve rsus Control Treatments," ***International Journal of Group Psychotherapy*** 40 (1990): 215–24.

5. J. Bass et al., "Controlled Trial of Psychotherapy for Congolese Survivors of Sexual Violen ce," ***New England Journal of Medicine*** 368 (2013): 2182–91. W. Mc- Farlane et al., "Multiple-Family Groups in Psychoeducation in the Treatment of Schizophrenia," ***Archives of General Psychiatry*** 52 (1996): 679–87. M. Galanter and D. Brook, "Network Therapy for Addiction: Bringing Family and Peer Support into Office Practice," ***International Journal of Group Psychotherapy*** 51 (2001): 101–23. F. Fawzy, N. Fawzy, and J. Wheeler, "A Post-Hoc Comparison of the Efficiency of a Psychoeducational Intervention for Melanoma Patients Delivered in Group Ver- sus Individual Formats: An Analysis of Data from Two Studies," ***Psycho-Oncology*** 5 (1996): 81–89.
6. D. Kraus, L. Castonguay, J. Boswell, S. Nordberg, and J. Hayes, "Therapist Effectiveness: Im plications for Accountability and Patient Care," ***Psychotherapy Re- search*** 21 (2011): 267–76. J. Okiishi, M. Lambert, D. Eggett, L. Nielsen, D. Dayton, and D. Vermeersch, "An Analysis of Therapist Treatment Effects: Toward Provid- ing Feedback to Individual Therapists on Their Clients' Psychotherapy Outcome," ***Journal of Clinical Psychology*** 62 (2006): 1157–72. D. Sax on, M. Barkham, A. Foster, and G. Parry, "The Contribution of Therapist Effects to Patient Dropout and De- terioration in the Psychological Therapist," ***Clinical Psychology and Psychotherapy*** 24 (2017): 575–88. M. Lambert and B. Ogles, "The Efficacy and Effectiveness of Psy- chotherapy," in ***Bergin and Garfield's Handbook of Psychotherapy and Behavior Change***, 5th ed., ed. M. Lambert (New York: Wiley, 2004), 139–93. M. Crawford et al., "Patient Exper ience of Negative Effects of Psychological Treatment: Results of a National Survey," ***British Journal of Psychiatry*** 208 (2016): 260–65.
7. K. Laska, A. Gurman, and B. Wampold, "Expanding the Lens of Evidence- Based Practice in

Psychotherapy: A Common Factors Perspective," ***Psychotherapy (Chic)*** 51 (2014): 467–81. D. Martin, J. Garske, and M. Davis, "Relation of the Therapeutic Alliance with Outcome and Ot her Variables: A Meta-Analytic Re- view," ***Journal of Consulting and Clinical Psychology*** 68 (2000): 438–50. A. Horvath, A. Del Re, C. Flückiger, and D. Symonds, "Alliance in Individual Psychotherapy," ***Psychotherapy (Chic)*** 48 (2011): 9–16. Norcross and Wampold, "Evidence-B ased Therapy Relationships." C. Wienke Totura, S. Fields, and M. Karver, "The Role of the Therapeutic Relationship in Psychopharmacological Treatment Outcomes: A Meta-Analytic Review," ***Psychiatric Services*** 69 (2018): 41–47. S. Zilcha-Mano, "Is the Alliance Really Thera peutic? Revisiting This Question in Light of Recent Methodological Advances," ***American Psychologist*** 72 (2017): 311–25.

8. J. Krupnick et al., "The Role of the Therapeutic Alliance in Psychother- apy and Pharmacot herapy Outcome: Findings in the National Institute of Mental Health Collaborative Resear ch Program," ***Journal of Consulting and Clinical Psychol- ogy*** 64 (1996): 532–39. D. Orlinsky and K. Howard, "The Relation of Process to Outcome in Psychotherapy," in ***Handbook of Psychotherapy and Behavior Change***, 4th ed., ed. A. Bergin and S. Garfield (New York: Wiley, 1994), 308–76. P. Martin and A. Sterne, "Post-Hospital Adjustment as Related to Therapists' In-Therapy Behav- ior," ***Psychotherapy: Theory, Research, and Practice*** 13 (1976): 267–73. P. Buckley et al., "Psychodynamic Variables as Predictors of Psychotherapy Outcome," ***American Journal of Psychiatry*** 141 (1984): 742–48.

9. W. Meissner, "The Concept of the Therapeutic Alliance," ***Journal of the American Psychoanalytic Association*** 40 (1992): 1059–87. "Therapeutic alliance" is a term first used by Elizabeth Zetzel to describe the client's capacity to collaborate with her psychoanalyst in the tasks of psychoanalysis. The client's objectivity and commitment to explore and work through the thoughts and feelings generated in the treatment are key aspects in this early definition. Co ntemporary views of the therapeutic alliance define it more specifically as the understandi ng shared be- tween the client and therapist regarding the therapy's goals and tasks along with the mutuality of trust, respect, and positive regard that characterize a successful thera py experience (Bordin; Safran and Muran). Wolfe and Goldfried view the therapeu- tic allia nce as "the quintessential integrative variable." It lies at the heart of every effective mental health treatment, regardless of model or therapist orientation. B. Wolfe and M. Goldfried, "Research on Psychotherapy Integration: Recommenda- tions and Conclusions from a NIMH Workshop," ***Journal of Consulting and Clinical Psychology*** 56 (1988): 448–51. E. Bordin, "The Generalizability of the Psychoan- alytic Concept of the Therapeutic Alliance," ***Psychotherapy: Theory, Research, and Practice*** 16 (1979): 252–60. J. Safran and J. Muran, ***Negotiating the Therapeutic Alliance: A Relational Treatment Guide*** (New York: Guilford Press, 2003). J. Saf ran and C. Muran, ***Negotiating the Therapeutic Alliance: A Relational Treatment Guide*** (New

York: Guilford Press, 2000). J. Safran, J. Muran, and A. Shaker, "Research on Therapeu- tic Impasses and Ruptures in the Therapeutic Alliance," ***Contemporary Psychoanalysis*** 50 (2014): 211–32. J. Safran and J. Kraus, "Alliance Ruptures, Impasses and Enact- ments: A Relational Perspective," ***Psychotherapy*** 51 (2014): 381–87.

10. Horvath et al., "Alliance in Individual Psychotherapy." Wampold and Imel, ***Great Psychotherapy Debate***. M. Lieberman, I. Yalom, and M. Miles, ***Encounter Groups: First Facts*** (New York: Basic Books, 1973). B. Wampold, "How Import- ant Are the Common Factors in Psychother apy? An Update," ***World Psychiatry*** 14 (2015): 270–77. L. Greenberg, "Emotion-Focused The rapy of Depression," ***Person- Centered and Experiential Psychotherapies*** 16 (2017): 106–17.
11. R. DeRubeis and M. Feeley, "Determinants of Change in Cognitive Therapy for Depression," ***Cognitive Therapy and Research*** 14 (1990): 469–80. B. Ro- unsaville et al., "The Relation Bet ween Specific and General Dimension: The Psychotherapy Process in Interpersonal Thera py of Depression," ***Journal of Con- sulting and Clinical Psychology*** 55 (1987): 379–84. M. Salv io, L. Beutler, J. Wood, and D. Engle, "The Strength of the Therapeutic Alliance in Three Tre atments for Depression," ***Psychotherapy Research*** 2 (1992): 31–36. N. Rector, D. Zuroff, and Z. Segal, "Cognitive Change and the Therapeutic Alliance: The Role of Technical and Non-Technical Factors in Cognitive Therapy," ***Psychotherapy*** 36 (1999): 320–28. R. Mulder, G. Mu rray, and J. Rucklidge, "Common Versus Specific Factors in Psychotherapy: Opening the Bla ck Box," ***Lancet Psychiatry*** 4 (2017): 953–62.
12. J. Ablon and E. Jones, "Validity of Controlled Clinical Trials of Psycho- therapy: Findings from the NIMH Treatment of Depression Collaborative Re- search Program," ***American Journal of Psychiatry*** 159 (2002): 775–83.
13. L. Castonguay, M. Goldfried, S. Wiser, P. Raus, and A. Hayes, "Predicting the Effect of Cogni tive Therapy for Depression: A Study of Common and Unique Factors," ***Journal of Consulting and Clinical Psychology*** 65 (1996): 588–98. Rector et al., "Cognitive Change and the Therape utic Alliance."
14. M. Viederman, "Presence and Enactment as a Vehicle of Psychotherapeu- tic Change," ***Journal of Psychotherapy Practice and Research*** 8 (1999): 274–83.
15. A. Del Re, C. Flückiger, A. Horvath, D. Symonds, and B. Wampold, "Therapist Effects in the Therapeutic Alliance-Outcome Relationship: A Restricted-Maximum Likelihood Meta-Anal ysis," ***Clinical Psychology Review*** 32 (2012): 642–49.
16. Mulder et al., "Common Versus Specific Factors." H. Schottke, C. Flücki- ger, S. Goldberg, J. Eversmann, and J. Lange, "Predicting Psychotherapy Outcome Based on Therapist Interpers onal Skills: A Five-Year Longitudinal Study of a Ther- apist Assessment Protocol," ***Psychotherapy Research*** 27 (2017): 642–52.
17. G. Burlingame, D. McClendon, and C. Yang, "Cohesion in Group Ther- apy," in ***Psychother-***

apy Relationships That Work, vol. 1, *Evidence-Based Therapist Contributions*, ed. J. Norcross and M. Lambert (New York: Oxford University Press, 2019), 205–44.

18. Burlingame et al., "Cohesion in Group Therapy," in Norcross and Lambert, *Psychotherapy Relationships That Work*. G. Burlingame, A. Fuhriman, and J. Johnson, "Cohesion in Group Psychotherapy," in Norcross, *Psychotherapy Relationships That Work*. E. Smith, J. Murphy, and S. Coats, "Attachment to Groups: Theory and Mea- surement," *Journal of Personality and Social Psychology* 77 (1999): 94–110. D. Forsyth, "The Social Psychology of Groups and Group Psychotherapy: One View of the Next Century," *Group* 24 (2000): 147–55.
19. R. Bednar and T. Kaul, "Experiential Group Research: Can the Canon Fire?," in Bergin and Garfield, *Handbook of Psychotherapy and Behavioral Change*, 4th ed., 631–63.
20. S. Bloch and E. Crouch, *Therapeutic Factors in Group Psychotherapy* (New York: Oxford Univ ersity Press, 1985), 99–103. N. Evans and P. Jarvis, "Group Cohesion: A Review and Reevalu ation," *Small Group Behavior* 2 (1980): 359–70. S. Drescher, G. Burlingame, and A. Fuhrim an, "Cohesion: An Odyssey in Empirical Understanding," *Small Group Behavior* 16 (1985): 3–30. G. Burlingame, J. Kircher, and S. Taylor, "Methodological Considerations in Group Ther apy Research: Past, Present, and Future Practices," in *Handbook of Group Psychotherapy*, ed. A. Fuhri- man and G. Burlingame (New York: Wiley, 1994), 41–82. J. Krogel et al., "The Gro up Questionnaire: A Clinical and Empirically Derived Measure of Group Re- lationship," *Psychotherapy Research* 23 (2013): 344–54.
21. H. Bernard et al., "Clinical Practice Guidelines for Group Psychotherapy," *International Journal of Group Psychotherapy* 58 (2008): 455–542. Burlingame et al., "Cohesion in Group Therapy," in Norcross and Lambert, *Psychotherapy Relation- ships That Work*.
22. J. Frank, "Some Determinants, Manifestations, and Effects of Cohesion in Therapy Groups," *International Journal of Group Psychotherapy* 7 (1957): 53–62.
23. Bloch and Crouch, *Therapeutic Factors*.
24. C. Marmarosh, R. Markin, and E. Spiegel, *Attachment in Group Psycho- therapy* (Washington, DC: American Psychological Association, 2013). M. Leszcz, "How Understanding Attachme nt Enhances Group Therapist Effectiveness," *Inter- national Journal of Group Psychotherapy* 67 (2017): 280–87. G. Tasca, H. Maxwell, M. Faye, and L. Balfour, "Feeling Worse Before Fee ling Better: A Case of Increased Disorganized Mental States Following Group Psychothera py," *International Journal of Group Psychotherapy* 67 (2017): 240–58. D. Kivlighan, J. Miles, and J. Paquin, "TFs in Group Counselling: Asking New Questions," in *The Oxford Handbook of Group Counselling*, ed. R. Conyne (New York: Oxford University Press, 2010), 121–36.
25. D. Kivlighan and R. Lilly, "Developmental Changes in Group Climate as They Relate to Ther apeutic Gain," *Group Dynamics: Theory, Research, and Practice* 1 (1997): 208–21. L. Castongu ay, A. Pincus, W. Agras, and C. Hines, "The Role of Emotion in Group Cognitive-Behavioral

Therapy for Binge Eating Disorder: When Things Have to Feel Worse Before They Get Bett er," ***Psychotherapy Research*** 8 (1998): 225–38. Bernard et al., "Clinical Practice Guidelines."

26. R. MacKenzie and V. Tschuschke, "Relatedness, Group Work, and Out- come in Long-Term Inpatient Psychotherapy Groups," ***Journal of Psychotherapy Prac- tice and Research*** 2 (1993): 147–56.
27. R. Segalla, "Hatred in Group Therapy: A Rewarding Challenge," ***Group*** 25 (2001): 121–32.
28. A. Roarck and H. Sharah, "Factors Related to Group Cohesiveness," ***Small Group Behavior*** 20 (1989): 62–69.
29. Frank, "Some Determinants." C. Marmarosh and J. Corazzini, "Putting the Group in Your Po cket: Using Collective Identity to Enhance Personal and Col- lective Self-Esteem," ***Group Dy-namics: Theory, Research, and Practice*** 1 (1997): 65–74.
30. Frank, "Some Determinants." L. Braaten, "The Different Patterns of Group Climate: Critical Incidents in High and Low Cohesion Sessions of Group Psychotherapy," ***International Jour-nal of Group Psychotherapy*** 40 (1990): 477–93.
31. M. Nitsun, ***Beyond the Anti-Group: Survival and Transformation*** (London: Routledge, 2015). Nitsun describes the anti-cohesive forces as the anti-group and balances our appreciation with the power of belonging in a group for the good with the negative forces that may get generated for some.
32. Z. Dodd, C. Banga, K. Mason, C. Meaney, M. Leszcz, and S. Socka- lingam, "Engagement in Group Psychotherapy Among Marginalized Individuals with Hepatitis C," ***International Jour-nal of Group Psychotherapy*** 66 (2016): 338–60.
33. Burlingame et al., "Cohesion in Group Therapy," in Norcross and Lam- bert, ***Psychotherapy Relationships That Work***.
34. K. Dion, "Group Cohesion: From 'Field of Forces' to Multidimensional Construct," ***Group Dynamics: Theory, Research, and Practice*** 4 (2000): 7–26.
35. K. MacKenzie, "The Clinical Application of a Group Measure," in ***Ad- vances in Group Psy-chotherapy: Integrating Research and Practice***, ed. R. Dies and K. MacKenzie (New York: Inte rnational Universities Press, 1983), 159–70. G. Tasca, C. Flynn, and H. Bissada, "Comparison of Group Climate in an Eating Disorders Partial Hospital Group and a Psychiatric Hospital Group," ***International Journal of Group Psychotherapy*** 52 (2002): 409–17.
36. R. Elliott, A. Bohart, J. Watson, and L. Greenberg, "Empathy," ***Psychother- apy (Chic)*** 48 (2011): 43–49.
37. E. Marziali, H. Munroe-Blum, and L. McCleary, "The Contribution of Group Cohesion and Group Alliance to the Outcome of Group Psychotherapy," ***International Journal of Group Psychotherapy*** 47 (1997): 475–99. J. Gillaspy, A. Wright, C. Campbell, S. Stokes, and B. Adin off, "Group Alliance and Cohesion as Predictors of Drug and Alcohol Abuse Treatment Outc

omes," *Psychotherapy Research* 12 (2002): 213–29.

38. Burlingame et al., "Cohesion in Group Therapy," in Norcross and Lam- bert, *Psychotherapy Relationships That Work*. Krogel et al., "Group Questionnaire."

39. S. Gullo, G. Lo Coco, C. Di Fratello, F. Giannone, G. Mannino, and G. Burlingame, "Group Climate, Cohesion and Curative Climate: A Study on the Common Factors in Group Process and Their Relation with Members Attach- ment Dimensions," *Research in Psychotherapy: Psychopathology, Process and Outcome* 18 (2015), https://doi.org/10.4081/ripppo.2015.160.

40. Bernard et al., "Clinical Practice Guidelines." H. Spitz, *Group Psychother- apy and Managed Mental Health Care: A Clinical Guide for Providers* (New York: Brun- ner Mazel, 1996). H. Spi tz, "Group Psychotherapy of Substance Abuse in the Era of Managed Mental Health Care," *International Journal of Group Psychotherapy* 51 (2001): 21–41.

41. H. Dickoff and M. Lakin, "Patients' Views of Group Psychotherapy: Ret- rospections and Int erpretations," *International Journal of Group Psychotherapy* 13 (1963): 61–73. Twenty-eight patients who had been in either clinic or private out- patient groups were studied. The chi ef limitation of this exploratory inquiry is that the group therapy experience was of brief duration (the mean number of meetings attended was eleven).

42. I. Yalom, *The Theory and Practice of Group Psychotherapy*, 1st ed. (New York: Basic Books, 1970).

43. R. Cabral, J. Best, and A. Paton, "Patients' and Observers' Assessments of Process and Outco me in Group Therapy," *American Journal of Psychiatry* 132 (1975): 1052–54.

44. F. Kapp et al., "Group Participation and Self-Perceived Personality Change," *Journal of Nervous Mental Disorders* 139 (1964): 255–65.

45. I. Yalom et al., "Prediction of Improvement in Group Therapy," *Archives of General Psychiatry* 17 (1967): 159–68. Three measures of outcome (symptoms, functioning, and relationshi ps) were assessed both in a psychiatric interview by a team of raters and in a self-assessme nt scale.

46. Cohesiveness was measured by a postgroup questionnaire filled out by each client at the se venth and the twelfth meetings, with each question answered on a five-point scale:
    1. How often do you think your group should meet?
    2. How well do you like the group you are in?
    3. If most of the members of your group decided to dissolve the group by leaving, would you like an opportunity to dissuade them?
    4. Do you feel that working with the group you are in will enable you to attain most of your goals in therapy?
    5. If you could replace members of your group with other ideal group members, how many would you exchange (exclusive of group therapists)?

6. To what degree do you feel that you are included by the group in the group's activities?
7. How do you feel about your participation in, and contribution to, the group work?
8. What do you feel about the length of the group meeting?
9. How do you feel about the group therapist(s)?
10. Are you ashamed of being in group therapy?
11. Compared with other therapy groups, how well would you imagine your group works together?

47. I. Falloon, "Interpersonal Variables in Behavioral Group Therapy," ***British Journal of Medical Psychology*** 54 (1981): 133–41.
48. J. Clark and S. Culbert, "Mutually Therapeutic Perception and Self- Awareness in a T-Gro up," ***Journal of Applied Behavioral Science*** 1 (1965): 180–94.
49. Outcome was measured by a well-validated rating scale (designed by A. Walker, R. Rablen, and C. Rogers, "Development of a Scale to Measure Pro- cess Changes in Psychotherapy," ***Journal of Clinical Psychology*** 16 [1960]: 79–85) that measured change in one's ability to rela te to others, to construe one's experience, to approach one's affective life, and to confront and cope with one's chief problem areas. Samples of each member's speech were independ ently rated on this scale by trained naive judges from taped excerpts early and late in the co urse of the group. Intermember relationships were measured by the Barrett-Lennard Relatio nship Inventory, which provided a measure of how each member viewed each other memb er (and the therapist) in terms of "unconditional, positive regard, empathic understanding, and congruence." G. Barrett-Lennard, "Dimensions of Therapist Response as Causal Factors in Therapeutic Change," ***Psychological Monographs*** 76 (43, Whole No. 562) (1962).
50. Lieberman, Yalom, and Miles, ***Encounter Groups***.
51. First, a critical incident questionnaire was used to ask each member, after each meeting, to describe the most significant event of that meeting. All events pertaining to group attracti on, communion, belongingness, and so on were tabu- lated. Second, a cohesiveness questio nnaire similar to the one described earlier (I. Yalom et al., "Prediction of Improvement") was administered early and late in the course of the group.
52. J. Hurley, "Affiliativeness and Outcome in Interpersonal Groups: Member and Leader Perspe ctives," ***Psychotherapy*** 26 (1989): 520–23.
53. MacKenzie and Tschuschke, "Relatedness, Group Work, and Outcome."
54. S. Budman et al., "Preliminary Findings on a New Instrument to Measure Cohesion in Group Psychotherapy," ***International Journal of Group Psychotherapy*** 37 (1987): 75–94. Although this scale is based on the assumption that cohesiveness is multidimensional, results of a wel l-designed study of time-limited (fifteen sessions) therapy groups in fact supported cohesive ness as a single factor. Furthermore, an at- tempt to distinguish cohesiveness from alliance

was also unsuccessful. The authors suggest that it may be especially critical for group leade rs to attempt to develop a strong working alliance between group members during the first half hour of each group. S. Budman, S. Soldz, A. Demby, M. Feldstein, T. Springer, and M. Davis, "Cohesion, Alliance, and Outcome in Group Psychotherapy," ***Psychiatry*** 52 (1989): 339–50.

55. Marziali et al., "Contribution of Group Cohesion."
56. Budman et al., "Preliminary Findings."
57. A. Joyce, W. Piper, and J. Ogrodniczuk, "Therapeutic Alliance and Co- hesion Variables as Predictors of Outcome in Short-Term Group Psychotherapy," ***International Journal of Group Psychotherapy*** 57 (2007): 269–96.
58. T. Bonsaksen, B. Finn-Magnus, and A. Hoffart, "Group Climate as Pre- dictor of Short- and Long-Term Outcome in Group Therapy for Social Phobia," ***International Journal of Group Psychotherapy*** 63 (2013): 394–417. D. Kivlighan and D. M. Kivlighan III, "Group Climate Res earch: Where Do We Go from Here?," ***International Journal of Group Psychotherapy*** 63 (2013): 419–31. J. Johnson, "Beware of Storming: Research Implications for Interpreting Gro up Climate Questionnaire Scores over Time," ***International Journal of Group Psychotherapy*** 63 (2013): 433–46.
59. D. Hope, R. Heimberg, H. Juster, and C. Turk, ***Managing Social Anxiety: A Cognitive-Behavioral Therapy Approach*** (San Antonio: Psychological Corporation, 2001).
60. S. Woody and R. Adesky, "Therapeutic Alliance, Group Cohesion, and Homework Complian ce During Cognitive-Behavioral Group Treatment of Social Phobia," ***Behavior Therapy*** 33 (2002): 5–27.
61. H. Sexton, "Exploring a Psychotherapeutic Change Sequence: Relating Process to Intersessi onal and Posttreatment Outcome," ***Journal of Consulting and Clinical Psychology*** 61 (1993): 128–36.
62. C. Ellis, M. Peterson, R. Bufford, and J. Benson, "The Importance of Group Cohesion in Inp atient Treatment of Combat-Related PTSD," ***International Journal of Group Psychotherapy*** 64 (2014): 208–26. Cohesion in this study was assessed using the California Psychotherapy Alli ance Scale—Group Version (CALPAS-G), a twelve-item scale developed by Gaston and Mar mar. L. Gaston and C. Marmar, "The California Psychotherapy Alliance Scales," in ***Wiley Series on Personality Pro- cesses. The Working Alliance: Theory, Research and Practice***, ed. A. Hor vath and L. Greenberg (Oxford: John Wiley, 1994), 85–108.
63. K. MacKenzie, R. Dies, E. Coche, J. Rutan, and W. Stone, "An Analysis of AGPA Institute Gro ups," ***International Journal of Group Psychotherapy*** 37 (1987): 55–74.
64. V. Tschuschke and R. Dies, "Intensive Analysis of Therapeutic Factors and Outcome in Long -Term Inpatient Groups," ***International Journal of Group Psychother- apy*** 44 (1994): 185–208.

65. N. Sunderji, J. Malat, and M. Leszcz, "Group Day: Experiential Learning About Group Psych otherapy for Psychiatry Residents at University of Toronto," ***Academic Psychiatry*** 37 (2013): 352–54.

66. G. Tasca et al., "Matching Women with Binge Eating Disorder to Group Treatment Based on Attachment Anxiety: Outcomes and Moderating Effects," ***Psychotherapy Research*** 23 (2013): 301–14. C. Marmarosh, "Empirical Research on Attachment in Group Psychotherapy: Movi ng the Field Forward," ***Psychotherapy*** 51 (2014): 88–92. K. Zorzella, R. Muller, and C. Class en, "Trauma Group Therapy: The Role of Attachment and Therapeutic Alliance," ***International Journal of Group Psychotherapy*** 64 (2014): 24–47.

67. U. Dinger and H. Schauenburg, "Effects of Individual Cohesion and Pa- tient Interpersonal Style on Outcome in Psychodynamically Oriented Inpatient Group Psychotherapy," ***Psychotherapy Research*** 20 (2010): 22–29.

68. D. Kivlighan, X. Li, and L. Gillis, "Do I Fit with My Group? Within- Member and Within-Gro up Fit with the Group in Engaged Group Climate and Group Members Feeling Involved and Valued," ***Group Dynamics: Theory, Research, and Practice*** 19 (2015): 106–21.

69. G. Hall, A. Ibarak, E. Huang, C. Marti, and E. Stice, "A Meta-Analysis of Cultural Adaptatio ns of Psychological Interventions," ***Behavior Therapy*** 47 (2016): 993–1014. K. Tao, J. Owen, B. Pace, and Z. Imel, "A Meta-Analysis of Multicul- tural Competencies and Psychotherapy Process and Outcome," ***Journal of Counseling Psychology*** 62 (2015): 337–50. H. Xu and T. Tra cey, "Cultural Congruence with Psychotherapy Efficacy: A Network Meta-Analytic Examinat ion in China," ***Journal of Counseling Psychology*** 63 (2016): 359–65.

70. C. Chapman, G. Burlingame, R. Gleave, F. Rees, M. Beecher, and G. Porter, "Clinical Predic tion in Group Psychotherapy," ***Psychotherapy Research*** 22 (2012): 673–81. N. Slone, R. Ree se, S. Mathews-Duvall, and J. Kodet, "Evalu- ating the Efficacy of Client Feedback in Group Psychotherapy," ***Group Dynamics: Theory, Research and Practice*** 19 (2015): 122–36. D. Griner et al., "Practice-Based Evidence Can Help! Using the Group Questionnaire to Enhance Clini cal Prac- tice," ***Psychotherapy (Chic)*** 15 (2018): 196–202. K. Quirk, S. Miller, B. Duncan, and J. Owen, "Group Session Rating Scale: Preliminary Psychometrics in Substance Abuse Group Interventions," ***Counselling and Psychotherapy Research*** (2012): 1–7.

71. A. Horvath and D. Symonds, "Relation Between Working Alliance and Outcome in Psychoth erapy: A Meta-Analysis," ***Journal of Counseling Psychology*** 38 (1991): 139–49. Martin et al., "Relation of the Therapeutic Alliance with Outcome."

72. H. Kirschenbaum "Carl Rogers," in ***The Sage Encyclopedia of Theory in Counseling and Psychotherapy***, ed. E. Neukrug (Thousand Oaks, CA: Sage Publica- tions, 2015), 896–98.

73. C. Rogers, "A Theory of Therapy, Personality, and Interpersonal Re- lationships," in ***Psychology: A Study of a Science***, vol. 3, ed. S. Koch (New York: McGraw-Hill, 1959), 184–256.

74. A. Pascual-Leone and N. Yeryomenko, "The Client 'Experiencing' Scale as a Predictor of Treatment Outcomes: A Meta-Analysis on Psychotherapy Pro- cess," *Psychotherapy Research* 27 (2017): 653–65.

75. J. Weiss, *How Psychotherapy Works: Process and Technique* (New York: Guil- ford Press, 1993).

76. Rector et al., "Cognitive Change and the Therapeutic Alliance."

77. Del Re et al., "Therapist Effects." B. Wampold, "How Important Are the Common Factors."

78. Roarck and Sharah, "Factors Related to Group Cohesiveness." Tschuschke and Dies, "Intensive Analysis." A. Bandura, *Social Foundations of Thought and Action* (Englewood Cliffs, NJ: Prentice Hall, 1986).

79. C. Rogers, personal communication, April 1967.

80. M. Mikulincer and P. Shaver, "Augmenting the Sense of Attachment Se- curity in Group Contexts: The Effects of a Responsive Leader and a Cohesive Group," *International Journal of Group Psychotherapy* 67 (2017): 161–75. Leszcz, "How Understanding Attachment."

81. D. Siegel, *Pocket Guide to Interpersonal Neurobiology: An Integrative Handbook of the Mind* (New York: W. W. Norton, 2012). S. Gantt, "Implications of Neuro- science for Group Therapy," in *Core Principles of Group Psychotherapy: An Integrated Theory, Research, and Practice Training Manual*, ed. F. Kaklauskas and L. Greene (New York: Routledge, 2019), 156–70. M. Livingston and C. Scott, "Sustained Empathic Focus and the Creation of a "We Space" Revisited in the Light of Recent Findings in Neurobiology," *International Journal of Group Psychotherapy* 67 (2017): 479–99.

82. P. Flores and S. Porges, "Group Psychotherapy as a Neural Exercise: Bridging Polyvagal Theory and Attachment Theory," *International Journal of Group Psychotherapy* 27 (2017): 202–22.

83. J. Twenge, *iGen: Why Today's Super-Connected Kids Are Growing Up Less Rebellious, More Tolerant, Less Happy—and Completely Unprepared for Adulthood—and What That Means for the Rest of Us* (New York: Simon and Schuster, 2017).

84. I. Rubin, "The Reduction of Prejudice Through Laboratory Training," *Journal of Applied Behavioral Science* 3 (1967): 29–50. E. Fromm, *The Art of Loving* (New York: Bantam Books, 1956).

85. M. Leszcz, E. Feigenbaum, J. Sadavoy, and A. Robinson, "A Men's Group: Psychotherapy with Elderly Males," *International Journal of Group Psychotherapy* 35 (1985): 177–96.

86. H. Sullivan, *Conceptions of Modern Psychiatry* (London: Tavistock, 1955), 22.

87. Smith et al., "Attachment to Groups."

88. M. Hornsey, L. Dwyer, and T. Oie, "Beyond Cohesiveness: Reconceptu- alizing the Link Between Group Processes and Outcomes in Group Psychother- apy," *Small Group Research* (2007): 567–592.

89. D. Miller, "The Study of Social Relationships: Situation, Identity, and Social Interaction," in ***Psychology: A Study of a Science***, vol. 5, ed. S. Koch (New York: McGraw Hill, 1963), 639–737.
90. J. McCullough Jr., ***Treatment for Chronic Depression: Cognitive Behavioral Analysis System of Psychotherapy (CBASP)*** (New York: Guilford Press, 1999). J. McCullough Jr., ***Treating Chronic Depression with Disciplined Personal Involvement: CBASP*** (New York: Springer, 2006).
91. D. Lundgren and D. Miller, "Identity and Behavioral Change in Training Groups," ***Human Relations Training News*** 9 (Spring 1965).
92. Yalom et al., "Prediction of Improvement."
93. Before beginning therapy, the patients completed a modified Jourard self-disclosure questi onnaire. S. Jourard, "Self-Disclosure Patterns in British and American College Females," ***Journal of Social Psychology*** 54 (1961): 315–20. Individ- uals who had previously disclosed much of themselves (relevant to the other group members) to close friends or to groups of individuals were destined to become popular in their groups. Hurley demonstrated, in a ten -week counseling group, that popularity was correlated with self-disclosure in the group as well as prior to group therapy. S. Hurley, "Self-Disclosure in Small Counseling Groups" (PhD diss., Michigan State University, 1967).
94. Measured by the FIRO-B questionnaire. W. Schutz, ***The Interpersonal Un- derworld*** (Palo Alto, CA: Science and Behavior Books, 1966).
95. Schutz, ***The Interpersonal Underworld.***
96. P. Costa and R. McCrae, ***Revised NEO Personality Inventory and Five-Factor Inventory Professional Manual*** (Odessa, FL: Psychological Assessment Services, 1992). The NEO-PI assesses five personality dimensions: extraversion, agreeableness, conscientiousness, neuroticism, and openness to experience.
97. C. Anderson, O. John, D. Keltner, and A. Kring, "Who Attains Social Status? Effects of Perso nality and Physical Attractiveness in Social Groups," ***Journal of Personality and Social Psychology*** 81 (2001): 116–32.
98. Yalom et al., "Prediction of Improvement." I. Yalom, "A Study of Group Therapy Drop-Ou ts," ***Archives of General Psychiatry*** 14 (1966): 393–414.
99. E. Nash et al., "Some Factors Related to Patients Remaining in Group Psychotherapy," ***International Journal of Group Psychotherapy*** 7 (1957): 264–75.
100. Yalom, "Study of Group Therapy Drop-Outs."
101. I. Yalom, J. Tinklenberg, and M. Gilula, "Curative Factors in Group Therapy," unpublished study, Department of Psychiatry, Stanford University, 1968.
102. R. Baumeister and M. Leary, "The Need to Belong: Desire for Interper- sonal Attachments as a Fundamental Human Motivation," ***Psychology Bulletin*** 117 (1995): 497–529.
103. P. Evanson and R. Bednar, "Effects of Specific Cognitive and Behavioral Structure on Early

Group Behavior and Atmosphere," *Journal of Counseling Psy- chology* 77 (1978): 258–62. F. Lee and R. Bednar, "Effects of Group Structure and Risk-Taking Disposition on Group Beha vior, Attitudes, and Atmosphere," *Journal of Counseling Psychology* 24 (1977): 191–99. J. Stok es, "Toward an Understanding of Cohesion in Personal Change Groups," *International Journal of Group Psychotherapy* 33 (1983): 449–67.

104. Burlingame et al., "Cohesion in Group Therapy," in Norcross and Lam- bert, *Psychotherapy Relationships That Work*. A. Cota, C. Evans, K. Dion, L. Ki- lik, and R. Longman, "The Struct ure of Group Cohesion," *Personality and Social Psychology Bulletin* 21 (1995): 572–80. Bednar and Kaul, "Experiential Group Re- search." E. Crouch, S. Bloch, and J. Wanless, "Therapeut ic Factors: Intrapersonal and Interpersonal Mechanisms," in Fuhriman and Burlingame, *Handbook of Group Psychotherapy*, 269–317.
105. Griner et al., "Practice-Based Evidence Can Help." L. Holmqvist, F. Falkenström, G. Anderss on, and R. Holmqvist, "Alliance Ruptures and Repairs in Psychotherapy in Primary Care," *Psychotherapy Research* 28 (2018): 123–36. Safran and Kraus, "Alliance Ruptures."
106. J. Frank, "Some Values of Conflict in Therapeutic Groups," *Group Psy- chotherapy* 8 (1955): 142–151.
107. I. Yalom, *The Schopenhauer Cure* (New York: HarperCollins, 2005). I. Yalom and M. Leszcz, "Group Therapy: A Live Demonstration," 2011, available at Psychotherapy.net, www.psycho therapy.net/video/group-therapy.
108. A study by Pepitone and Reichling offers experimental corroboration. Paid college students were divided into thirteen high-cohesion and thirteen low- cohesion laboratory task grou ps. Cohesion was created in the usual experimental manner: members of high-cohesion gr oups were told before their first meeting that their group was composed of individuals who had been carefully matched from psychological questionnaires to ensure maximum compat ibility. The members of low-cohesion groups were given the opposite treatment and were told that the matching was unsuccessful and they would probably not get along well togeth er. The groups, while waiting for the experiment to begin, were systematically in- sulted by a member of the research team. After he left, the members of the high- cohesive groups were significantly better able to express open and intense hostility about the authority figu re. A. Pepitone and G. Reichling, "Group Cohesiveness and the Expression of Hostility," *Human Relations* 8 (1955): 327–37.
109. J. Moreno, "Scapegoating in Group Psychotherapy," *International Jour- nal of Group Psychotherapy* 57 (2007): 93–104. S. Schiedlinger, "On Scapegoating in Group Psychotherapy," *International Journal of Group Psychotherapy* 32 (1982): 131–43.
110. T. Postmes, R. Spears, and S. Cihangir, "Quality of Decision Making and Group Norms," *Journal of Personality and Social Psychology* 80 (2001): 918–30.

111. I. Janis, ***Groupthink: Psychological Studies of Policy Decisions and Fiascoes***, 2nd ed. (Boston: Houghton Muffin, 1982), 9.

112. Postmes et al., "Quality of Decision Making."

113. G. Hodson and R. Sorrentino, "Groupthink and Uncertainty Orienta- tion: Personality Differ ences in Reactivity to the Group Situation," ***Group Dynam- ics: Theory, Research, and Practice*** 1 (1997): 144–55.

114. These findings are strongly correlative—that is, cohesion and the reported group variables increase together at the same time. Although this does not estab- lish a clear cause-and-eff ect relationship, it underscores the important relationship between cohesion and a large nu mber of desired outcomes. Research on the thera- peutic alliance in individual psychothera py is relevant: there is a strong, enduring, positive relationship between therapeutic allian ce and outcome. This is a genuine finding; it is not an artifact of clients who endorse thera py strongly because of early change in their target symptoms. See Martin et al., "Relation of the Therapeutic Alliance with Outcome."

115. A. Goldstein, K. Heller, and L. Sechrest, ***Psychotherapy and the Psychology of Behavior Change*** (New York: Wiley, 1966).

116. D. Cartwright and A. Zander, "Group Cohesiveness: Introduction," in ***Group Dynamics: Re-search and Theory***, 2nd ed., ed. Cartwright and Zander (New York: Harper and Row, 1960), 69–94.

117. K. Back, "Influence Through Social Communication," ***Journal of Abnormal Social Psychology*** 46 (1951): 398–405.

118. G. Rasmussen and A. Zander, "Group Membership and Self-Evaluation," ***Human Relations*** 7 (1954): 239–51.

119. S. Seashore, "Group Cohesiveness in the Industrial Work Group" (Ann Arbor, MI: Institute for Social Research, 1954).

120. G. Rasmussen and A. Zander, "Group Membership and Self-Evaluation," ***Human Relations*** 7 (1954): 239–251.

121. R. Kirschner, R. Dies, and R. Brown, "Effects of Experiential Manipu- lation of Self-Disclos ure on Group Cohesiveness," ***Journal of Consulting and Clinical Psychology*** 46 (1978): 1171–77.

122. S. Schachter, "Deviation, Rejection, and Communication," ***Journal of Abnormal Social Psy-chology*** 46 (1951): 190–207. A. Zander and A. Havelin, "Social Comparison and Intergroup Attraction," cited in Cartwright and Zander, ***Group Dynamics***, 94. A. Rich, "An Experimental Study of the Nature of Communication to a Deviate in High and Low Cohesive Groups," ***Dissertation Abstracts*** 29 (1968): 1976.

123. Goldstein et al., ***Psychology of Behavior Change***. Schachter, "Deviation, Re- jection, and Com

munication." These findings stem from experimentally composed groups and situations. As an illustration of the methodology used in these studies, consider an experiment by Schach ter, who organized groups of paid volunteers to discuss a social problem—the correctional treatment of a juvenile delinquent with a long history of recidivism. In the manner describ ed previously, several groups of low and high cohesiveness were formed, and paid confeder ates were introduced into each group who deliberately assumed an extreme position on the topic under discussion. The content of the discussion, sociometric data, and other postgro up questionnaires were analyzed to determine, for example, the intensity of the efforts to in fluence the deviant and the degree of rejection of the deviant.

124. A. Fuerher and C. Keys, "Group Development in Self-Help Groups for College Students," ***Small Group Behavior*** 19 (1988): 325–41.

CHAPTER 4: THE THERAPEUTIC FACTORS: AN INTEGRATION

1. M. Ribeiro, J. Gross, and M. Turner, eds., ***The College Counselor's Guide to Group Psychotherapy*** (New York: Routledge, 2018).
2. K. Mörtl and J. Von Wietersheim, "Client Experiences of Helpful Factors in a Day Treatment Program: A Qualitative Approach," ***Psychotherapy Research*** 18 (2008): 281–93.
3. D. Randall, "Curative Factor Rankings for Female Incest Survivor Groups: A SumMona of Th ree Studies," ***Journal of Specialists in Group Work*** 20 (1995): 232–39. K. Card and L. Schmid er, "Group Work with Members Who Have Hearing Impairments," ***Journal for Specialists in Group Work*** 20 (1995): 83–90. K. Kobak, A. Rock, and J. Greist, "Group Behavior Therapy for Obsessive-Compulsive Disorder," ***Journal of Specialists in Group Work*** 20 (1995): 26–32. G. Price, P. Dinas, C. Dunn, and C. Winterowd, "Group Work with Clients Experiencing Grievi ng: Moving from Theory to Practice," ***Journal of Specialists in Group Work*** 20 (1995): 159–67. J. DeLucia-Waack, "Multiculturalism Is Inherent in All Group Work," ***Journal for Specialists in Group Work*** 21 (1996): 218–23. I. Johnson, T. Torres, V. Coleman, and M. Smith, "Issues and Strategies in Leading Culturally Diverse Counseling Groups," ***Journal for Specialists in Group Work*** 20 (1995): 143–50. S. Bloch and E. Crouch, ***Therapeutic Factors in Group Psychotherapy*** (New York: Oxford University Press, 1985). E. Crouch, S. Bloch, and J. Wanless, "The rapeutic Factors: Intrapersonal and Interpersonal Mechanisms," in ***Handbook of Group Psychotherapy***, ed. A. Fuhriman and G. Burlingame (New York: Wiley, 1994), 269–312. A. Fuh ri- man and T. Butler, "Curative Factors in Group Therapy: A Review of the Recent Literatu re," ***Small Group Behavior*** 14 (1983): 131–42. K. MacKenzie, "Therapeutic Factors in Group Psychotherapy: A Contemporary View," ***Group*** 11 (1987): 26–34. S. Bloch, R. Crouch, and J.

Reibstein, "Therapeutic Factors in Group Psychother- apy," ***Archives of General Psychiatry*** 38 (1981): 519–26. G. Burlingame, B. Strauss, and A. Joyce, "Small Group Treatment: Evidence for Effectiveness and Mechanisms of Change," in ***Bergin and Garfield's Handbook of Psychotherapy and Behavior Change***, 6th ed., ed. M. Lambert (New York: Wiley, 2013), 640–89.

4. D. Kivlighan, J. Miles, and J. Paquin, "TFs in Group Counselling: Asking New Questions," in ***The Oxford Handbook of Group Counselling***, ed. R. Conyne (New York: Oxford University Pre ss, 2010), 121–36.

5. An alternative method of assessing therapeutic factors is the "critical inci- dent" approach used by my colleagues and me in a large encounter group study. (M. Lieberman, I. Yalom, and M. Miles, ***Encounter Groups: First Facts*** [New York: Basic Books, 1973]) and by Bloch and Crouch (***Therapeutic Factors in Group Psychotherapy***). In this method, clients are asked to recall the most critical event of the therapy ses- sion, and the responses are then coded by trained raters into appropriate categories. The following are examples of studies using cr itical incident methodology: S. Bloch and J. Reibstein, "Perceptions by Patients and Therapi sts of Therapeutic Factors in Group Psychotherapy," ***British Journal of Psychiatry*** 137 (1980): 274–78. D. Kivlighan and D. Mullison, "Participants' Perception of Therapeutic Factors in Group Coun- seling: The Role of Interpersonal Style and Stage of Group Development," ***Small Group Behavior*** 19 (1988): 452–68. D. Kivlighan and D. Goldfine, "Endorsement of Th erapeutic Factors as a Function of Stage of Group Development and Partici- pant Interpers onal Attitudes," ***Journal of Counseling Psychology*** 38 (1991): 150–58. G. Mushet, G. Whalan, and R. Power, "In-patients' Views of the Helpful Aspects of Group Psychotherapy: Impact of Therapeutic Style and Treatment Setting," ***British Journal of Medical Psychology*** 62 (1989): 135–41. Mörtl and Von Wietersheim, "Client Experiences of Helpful Factors." M. Fontao and E. Mergenthaler, "Therapeutic Factors and Language Patterns in Group Therapy Applicati on of Computer-Assisted Text Analysis to the Examination of Microprocesses in Group Ther apy: Prelimi- nary Findings," ***Psychotherapy Research*** 18 (2008): 345–54. K. Lese and R. McN air- Semands, "The Therapeutic Factor Inventory: Development of a Scale," ***Group*** 24 (2000): 303–17.

6. H. Roback, "Experimental Comparison of Outcome in Insight and Non-Insight-Oriented The rapy Groups," ***Journal of Consulting Psychology*** 38 (1972): 411–17. J. Lomont et al., "Group As sertion Training and Group Insight Thera- pies," ***Psychological Reports*** 25 (1969): 463–70. S. Abramowitz and C. Abramowitz, "Psychological-Mindedness and Benefit from Insight-Orient ed Group Therapy," ***Archives of General Psychiatry*** 30 (1974): 610–15. S. Abramowitz and C. Jackson, "Comparative Effectiveness of There-and-Then Versus Here-and-Now Therapist Int erpretations in Group Psychotherapy," ***Journal of Counseling Psychology*** 21 (1974): 288–94.

7. P. Høglend et al., "Transference Interpretations in Dynamic Psychotherapy: Do They Really

Yield Sustained Effects?," *American Journal of Psychiatry* 165 (2008): 763–71. M. Bridges, "Ac tivating the Corrective Emotional Experience," *Journal of Clinical Psychology* 62 (2006): 551–68.

8. W. Piper, A. Joyce, M. McCallum, and H. Azim, "Interpretive and Support- ive Forms of Psyc hotherapy and Patient Personality Variables," *Journal of Consulting and Clinical Psychology* 66 (1998): 558–67. R. Wing and R. Jeffery, "Benefits of Re- cruiting Participants with Frien ds and Increasing Social Support for Weight Loss and Maintenance," *Journal of Consulting and Clinical Psychology* 67 (1999): 132–38.
9. B. Berzon, C. Pious, and R. Parson, "The Therapeutic Event in Group Psychotherapy: A Stu dy of Subjective Reports by Group Members," *Journal of Indi- vidual Psychology* 19 (1963): 204–12. H. Dickoff and M. Lakin, "Patients' Views of Group Psychotherapy: Retrospections and Interpretations," *International Journal of Group Psychotherapy* 13 (1963): 61–73.
10. J. Reddon, L. Payne, and K. Starzyk, "Therapeutic Factors in Group Treat- ment Evaluated by Sex Offenders: A Consumers Report," *Journal of Offender Reha- bilitation* 28 (1999): 91–101. A. Nerenberg, "The Value of Group Psychotherapy for Sexual Addicts," *Sexual Addiction and Compulsivity* 7 (2000): 197–200. R. Morgan and C. Winterowd, "Interpersonal Process-O riented Group Psychotherapy with Offender Populations," *International Journal of Offender Therapy and Comparative Criminology* 46 (2002): 466–82. A. Sayin, E. Hatice Karslioglu, A. Sürgit, S. Şahin, T. Arslan, and S. Candansayar, "Brief Report: Perceptions of Turkish Psychi atric Inpatients About Therapeutic Factors of Group Psychotherapy," *International Journal of Group Psychotherapy* 58 (2008): 253–63. Z. Shechtman, "How Does Group Pro- cess Resea rch Inform Leaders of Counseling and Psychotherapy Groups?," *Group Dynamics: Theory, Research, and Practice* 11 (2007): 293–304. V. Roy, D. Turcotte, L. Montminy, and J. Lindsay, "Therapeutic Factors at the Beginning of the Inter- vention Process in Groups for Men Who Batter," *Small Group Research* 36 (2005): 106–33. L. Santos, L. Oliveira, D. Munari, M. Peixo to, and M. Barbosa, "Ther- apeutic Factors in Group Support from the Perspective of the Coordinators and Group Members," *Acta Paulista de Enfermagem* 25 (2012): 122–27. C. Sribn ey and J. Reddon, "Adolescent Sex Offenders' Rankings of Therapeutic Factors Using the Ya lom Card Sort," *Journal of Offender Rehabilitation* 47 (2008): 24–40. J. Schwartz and M. Wal do, "Therapeutic Factors in Spouse-Abuse Group Treatment," *Journal for Specialists in Group Work* 24 (1999): 197–207.
11. K. Lese and R. McNair-Semands, "The Therapeutic Factors Inventory: Development of a Sc ale," *Group* 24 (2000): 303–17. I. Yalom, J. Tinklenberg, and M. Gilula, "Curative Factors in Group Therapy," unpublished study, Department of Psychiatry, Stanford University, 1968.
12. Spurred by the large data pool of the NIMH Treatment of Depression Collaborative Resear ch Program, individual psychotherapy researchers have used a method similar to the Q-so

rt discussed in detail in this chapter: they devel- oped a one-hundred-item scale, the Psych otherapy Process Q Set (PQS), which is completed by trained raters evaluating session recor dings at sessions 4 and 12 of a sixteen-session treatment. The PQS evaluates the therapy, th erapist, and therapy relationship on a range of process criteria. Analysis of the one hundred items pro- duces a core of therapeutic factors. Successful therapies, including interpersonal therapy and cognitive-behavioral therapy, were similar in that both treatments cre- ated a relationship in which clients developed a positive sense of self and very strong positive rega rd for their therapist. J. Ablon and E. Jones, "Psychotherapy Process in the National Institute of Mental Health Treatment of Depression Collabora- tive Research Program," ***Journal of Consulting and Clinical Psychology*** 67 (1999): 64–75. Lese and McNair-Semands ("Therapeut ic Factors Inventory") developed the group therapy Therapeutic Factors Inventory (TFI), a se lf-report instrument. The TFI, which builds on the original therapeutic factor Q-sort, demo nstrates promise as a research tool with empirically acceptable levels of internal consistency and test- retest reliability. Subsequent research has worked to refine the TFI into a smaller number of higher-order therapeutic factors. G. Tasca, C. Cabrera, E. Kristjansson, R. MacN air-Semands, A. Joyce, and J. Ogrodniczuk, "The Therapeutic Factor Inventory-8: Using Item Response Theory to Create a Brief Scale for Continuous Process Monitoring for Group Psychotherapy," ***Psychotherapy Research*** 26 (2016): 131–45.

13. Yalom et al., "Curative Factors in Group Therapy."
14. There were four checks to ensure that our sample was a successfully treated one: (1) the the rapists' evaluation; (2) the length of treatment (previous research in the same clinic demons trated that group members who remained in therapy for that length of time had an extreme ly high rate of improvement [I. Yalom et al., "Prediction of Improvement in Group Thera py," ***Archives of General Psychiatry*** 17(1967): 158–68]); (3) the investigators' independent inte rview ratings of improve- ment on a thirteen-point scale in four areas: symptoms, functioni ng, interpersonal relationships, and self-concept; and (4) the members' self-rating on the same scale.
15. The number in each of the seven piles thus approaches a normal dis- tribution curve and facilitates statistical assessment. For more about the Q-sort technique, see J. Block, ***The Q-Sort Method in Personality Assessment and Psychiatric Research*** (Springfield, IL: Charles C. Thomas, 1961). S. Freedman and J. Hurley, "Perceptions of Helpfulness and Behavior in Gro ups," ***Group*** 4 (1980): 51–58. M. Rohrbaugh and B. Bartels, "Participants' Perceptions of 'Cu rative Factors' in Ther- apy and Growth Groups," ***Small Group Behavior*** 6 (1975): 430–56. B. Corder, L. Whiteside, and T. Haizlip, "A Study of Curative Factors in Group Psychotherapy with Adolescents," ***International Journal of Group Psychotherapy*** 31 (1981): 345–54. D. Kivlig han, J. Miles, and J. Paquin, "TFs in Group Counselling: Asking New Ques- tions," in Cony

ne, ***Oxford Handbook of Group Counselling***, 121–36. D. Kivlighan and S. Holmes, "The Import ance of Therapeutic Factors: A Typology of Ther- apeutic Factors Studies," in ***Handbook of Group Counseling and Psychotherapy***, ed. J. DeLucia-Waack, D. Gerrity, C. Kalodner, and M. Riva (Thousand Oaks, CA: Sage Publications, 2004), 23–36. M. Stone, C. Lewis, and A. Beck, "The Struc- ture of Yalom's Curative Factor Scale," presented at the American Psychological Association Convention, Washington, DC, 1992. Tasca et al. ("Therapeutic Factor Invento ry-8") evaluated 621 clients' responses to the Therapeutic Factor Inventory and used item re sponse theory to shrink the number of therapeutic factors and reduce the impact of social desirability on clients' responses. Their work realigns the therapeutic factors into four over arching ones in an effort to construct a higher order understanding of therapeutic mechani sms. These are: social learning, secure emotional expression, instillation of hope, and awar eness of relational impact. This classification shows good internal consistency and predicti ve value re outcome. L. Greene, S. Barlow, and F. Kaklauskas, "Therapeutic Factors," in ***Core Principles of Group Psychotherapy: An Integrated Theory, Research, and Practice Training Manual***, ed. F. Kaklauskas and L. Greene (New York: Routledge, 2019), 56–70. A. Joyce, G. Tasca, R. MacNair-Semands, and J. Ogrodniczuk, "Factor Structure and Validity of the Ther apeutic Factors Inventory-Short Form," ***Group Dynamics Theory Research and Practice*** 15 (2011): 201–19.

16. Freedman and Hurley ("Perceptions of Helpfulness") studied twenty-eight subjects in three fifty-hour sensitivity-training groups. Seven of the ten items se- lected as most helpful by th ese subjects were among the ten I listed. The subjects in Freedman and Hurley's study plac ed three new items (21, 23, and 24 in table 4.1) into the top ten. These items are all interper sonal output items, and it is entirely consistent that members of a sensitivity group that exp licitly focused on modi- fying interpersonal behavior should value these items. B. Corder, L. Whiteside, and T. Haizlip ("A Study of Curative Factors in Group Psychotherapy") studied si xteen adolescents from four different groups in different clinical settings, both outpatient and inpatient. The youths did not highly value the adults' top-ranked item (insight), but the ir next four highest items were identical to those the adults had chosen. Overall, they valu ed the therapeutic factors of universality and co- hesiveness more highly than the adults did. R. Marcovitz and J. Smith ("Patients' Perceptions of Curative Factors in Short-Term Gro up Psychotherapy," ***International Journal of Group Psychotherapy*** 33 [1983]: 21–37) studied thirty high-functioning inpatients who attended group psychotherapy in a psychiatric hosp ital. Only three of the top ten items in their study corresponded to our results, but their met hod was different: they asked patients to rate items from 1 to 60, rather than using the Q-so rt technique of sorting into piles from most helpful to least helpful. Their subjects' top selec ted item was item 60 (***Ultimately taking responsibility for my own life***). When condensed into

the rankings of overall therapeutic factors, their results were quite similar to ours, with five of the top six factors the same; their subjects ranked altruism third, notably higher than the outpatient sample did. Rohrbaugh and Bartels ("Participants' Perceptions of 'Curative Facto rs' ") studied seventy-two individuals in both psychiatric settings and growth groups. Their results were also consistent with our original Q-sort study: interpersonal learning (both inp ut and output), catharsis, cohesiveness, and insight were the most valued factors, and guid-ance, family reenactment, and identification were least valued.

17. M. Weiner, "Genetic Versus Interpersonal Insight," ***International Journal of Group Psycho-therapy*** 24 (1974): 230–37. Rohrbaugh and Bartels, "Participants' Perceptions of 'Curative Factors.' " T. Butler and A. Fuhriman, "Patient Perspec- tive on the Curative Process: A Com parison of Day Treatment and Outpatient Psychotherapy Groups," ***Small Group Behavior*** 11 (1980): 371–88. T. Butler and A. Fuhriman, "Level of Functioning and Length of Time in Tre atment: Variables Influencing Patients' Therapeutic Experience in Group Therapy," ***Inter-national Jour- nal of Group Psychotherapy*** 33 (1983): 489–504. L. Long and C. Cope, "Curative Factors in a Male Felony Offender Group," ***Small Group Behavior*** 11 (1980): 389–98. Kivligh an and Mullison, "Participants' Perception of Therapeutic Factors." S. Colijn, E. Hoencamp, H. Snijders, M. Van Der Spek, and H. Duivenvoorden, "A Comparison of Curative Factors in Different Types of Group Psychotherapy," ***Inter- national Journal of Group Psychotherapy*** 41 (1991): 365–78. V. Brabender, E. Albrecht, J. Sillitti, J. Cooper, and E. Kramer, "A Study of Curative Factors in Short-Term Group Therapy," ***Hospital and Community Psychiatry*** 34 (1993): 643–44. M. Hobbs, S. Birtchnall, A. Harte, and H. Lacey, "Therapeutic Factors in Sho rt-Term Group Therapy for Women with Bulimia," ***International Journal of Eating Disorders*** 8 (1989): 623–33. R. Kapur, K. Miller, and G. Mitchell, "Therapeutic Factors Within Inpa- tie nt and Outpatient Psychotherapy Groups," ***British Journal of Psychiatry*** 152 (1988): 229–33. I. Wheeler, K. O'Malley, M. Waldo, and J. Murphy, "Participants' Per- ception of Therapeutic Factors in Groups for Incest Survivors," ***Journal for Specialists in Group Work*** 17 (1992): 89–95. Many of these studies (and the personal-growth therapeutic factor studies and inpatient group studies discussed later) do not use the sixty-item Q-sort but instead an abbreviated in strument based on it. Generally, the instrument consists of twelve statements, each describi ng one of the therapeutic factors, which patients are asked to rank-order. Some studies use the critical inci- dent method described in note 5. In the Lieberman, Yalom, and Miles enco unter group study (***Encounter Groups***), the most important factors involved expression of a feeling (both positive and negative) to another person, attainment of insight, vicarious ther apy, and responding with strong positive and/or negative feelings. In the Bloch and Reibste in study ("Perceptions by Patients and Therapists"), the most valued factors were self-unders tanding, self-disclosure (which includes some elements of catharsis and interpersonal learni

ng on other tests), and learning from interpersonal actions. Although the structure of the ca tegories is different, the find- ings of these projects are consistent with the studies of the th erapeutic factor in the abbreviated Q-sort.

18. Lieberman, Yalom, and Miles, ***Encounter Groups***. Freedman and Hurley, "Perceptions of Hel pfulness." Kivlighan and Goldfine, "Endorsement of Thera- peutic Factors."
19. MacKenzie, "Therapeutic Factors in Group Psychotherapy."
20. P. Dierick and G. Lietaer, "Client Perception of Therapeutic Factors in Group Psychothera py and Growth Groups: An Empirically-Based Hierarchical Model," ***International Journal of Group Psychotherapy*** 58 (2008): 203–30.
21. Greene et al., "Therapeutic Factors." S. Barlow, ***Specialty Competencies in Group Psychology*** (New York: Oxford University Press, 2013). Stone et al., "Struc- ture of Yalom's Curative Fac tor Scale." J. Krogel et al., "The Group Questionnaire: A Clinical and Empirically Derived Me asure of Group Relationship," ***Psychotherapy Research*** 23 (2013): 344–54. We can see in many of these therapeutic factor models the three domains captured by the Group Questionnaire—Positive Bond, Nega- tive Relationship, and Positive Work.
22. S. Holmes and D. Kivlighan, "Comparison of Therapeutic Factors in Group and Individual Treatment Process," ***Journal of Counseling Psychology*** 47 (2000): 478–84. Bridges, "Activating the Corrective Emotional Experience." D. Kivlighan, "Three Important Clinical Processes in Individual and Group Interper- sonal Psychotherapy Sessions," ***Psychotherapy (Chic)*** 51 (2014): 20–24.
23. A. Fuhriman and G. Burlingame, "Consistency of Matter: A Compari- son Analysis of Individ ual and Group Process Variables," ***Counseling Psychologist*** 18 (1990): 6–63. Holmes and Kivli ghan, "Comparison of Therapeutic Factors."
24. Lieberman, Yalom, and Miles, ***Encounter Groups***.
25. A. Pascual-Leone and N. Yeryomenko, "The Client 'Experiencing' Scale as a Predictor of Tr eatment Outcomes: A Meta-Analysis on Psychotherapy Pro- cess," ***Psychotherapy Research*** 27 (2017): 653–65. H. Levitt, A. Pomerville, and I. Surace, "A Qualitative Meta-Analysis Exa mining Clients' Experiences of Psycho- therapy: A New Agenda," ***Psychological Bulletin*** 142 (2016): 801–30.
26. Freedman and Hurley, "Perceptions of Helpfulness."
27. H. Bernard et al., "Clinical Practice Guidelines for Group Psychotherapy," ***International Journal of Group Psychotherapy*** 58 (2008): 455–542.
28. P. Goodwin et al., "The Effect of Group Psychosocial Support on Survival in Metastatic Brea st Cancer," ***New England Journal of Medicine*** 345 (2001): 1719–26.
29. M. McCallum, W. Piper, and H. Morin, "Affect and Outcome in Short- Term Group Therapy for Loss," ***International Journal of Group Psychotherapy*** 43 (1993): 303–19.

30. A. Stanton et al., "Emotionally Expressive Coping Predicts Psychological and Physical Adjust ment to Breast Cancer," ***Journal of Consulting and Clinical Psychol- ogy*** 68 (2000): 875–82.
31. J. Glese-Davis, A. Conrad, B. Nouriani, and D. Spiegel, "Exploring Emotion-Regulation and Autonomic Physiology in Metastatic Breast Cancer Patients: Repression, Suppression, and Restraint of Hostility," ***Personality and Indi- vidual Differences*** 44 (2008): 226–37.
32. J. Bower, M. Kemeny, S. Taylor, and J. Fahey, "Cognitive Processing, Dis- covery of Meani ng, CD4 Decline, and AIDS-Related Mortality Among Bereaved HIV-Seropositive Men," ***Journal of Consulting and Clinical Psychology*** 66 (1998): 979–86.
33. Rohrbaugh and Bartels, "Participants' Perceptions of 'Curative Factors.' "
34. J. Flowers and C. Booraem, "The Frequency and Effect on Outcome of Different Types of Int erpretation in Psychodynamic and Cognitive-Behavioral Group Psychotherapy," ***International Journal of Group Psychotherapy*** 40 (990): 203–14. L. Johansson and A. Werbart, "Patie nts' Views of Therapeutic Action in Psychoan- alytic Group Psychotherapy," ***Group Analysis*** 42 (2009): 120–42.
35. A. Maslow, "The Need to Know and the Fear of Knowing," ***Journal of General Psychology*** 68 (1963): 111–25.
36. J. Weiss, ***How Psychotherapy Works: Process and Technique*** (New York: Guil- ford Press, 1993). M. Seligman, T. Steen, N. Park, and C. Peterson, "Positive Psy- chology in Progress: Empiric al Validation of Interventions," ***American Psychologist*** 60 (2005): 410–21.
37. A. Maslow, ***Motivation and Personality*** (New York: Harper, 1954).
38. D. Hellerstein, R. Rosenthal, H. Pinsker, L. Samstag, J. Muran, and A. Winston, "A Randomiz ed Prospective Study Comparing Supportive and Dynamic Therapies: Outcome and Allian ce," ***Journal of Psychotherapy Practice and Research*** 7 (1998): 261–71.
39. Maslow, "Need to Know."
40. A. Bandura, "Self-Efficacy Mechanism in Human Agency," ***American Psy- chologist*** 37 (1982): 122–47.
41. R. White, "Motivation Reconsidered: The Concept of Competence," ***Psy- chological Review*** 66 (1959): 297–333.
42. Dibner exposed forty psychiatric patients to a psychiatric interview after di- viding them into two experimental conditions. Half were prepared for the interview and given cues abo ut how they should, in a general way, conduct themselves; the other half were given no such cues (a high-ambiguity situation). During the inter- view, the subjects in the high-am biguity situation experienced far greater anxiety as measured by subjective, objective, and physiological techniques. A. Dibner, "Ambi- guity and Anxiety," ***Journal of Abnormal Social Psychology*** 56 (1958): 165–74.
43. D. Siegel, ***Pocket Guide to Interpersonal Neurobiology: An Integrative Handbook of the Mind***

(New York: W. W. Norton, 2012).

44. L. Postman and J. Brunner, "Perception Under Stress," ***Psychological Review*** 55 (1948): 314–23.

45. M. Leszcz, C. Pain, J. Hunter, P. Ravitz, and R. Maunder, eds., ***Psychother- apy Essentials to Go: Achieving Psychotherapy Effectiveness*** (New York: W. W. Norton, 2015).

46. P. Fonagy, C. Campbell, and A. Bateman, "Mentalizing, Attachment, and Epistemic Trust in Group Therapy," ***International Journal of Group Psychotherapy*** 67 (2017): 176–201.

47. F. Fawzy, N. Fawzy, and J. Wheeler, "A Post-Hoc Comparison of the Ef- ficiency of a Psych oeducational Intervention for Melanoma Patients Delivered in Group Versus Individual For mats: An Analysis of Data from Two Studies," ***Psycho- Oncology*** 5 (1996): 81–89. K. Lorig et al., "Evidence Suggesting That a Chronic Disease Self-Management Program Can Improve Health Status While Reducing Hospitalization: A Randomized Trial," ***Medical Care*** 37 (1999): 5–14. J. Kelly, M. Magill, and R. Stout, "How Do People Recover from Alcohol Dependence? A Systematic Review of the Research on Mechanisms of Behavior Change in Alco- holics An onymous," ***Addiction Research and Theory*** 17 (2009): 236–59.

48. F. Wright, "Being Seen, Moved, Disrupted, and Reconfigured: Group Leadership from a Rela tional Perspective," ***International Journal of Group Psychother- apy*** 54 (2004): 235–50.

49. J. Gans, ***Difficult Topics in Group Psychotherapy: My Journey from Shame to Courage*** (London: Karnac Books, 2010). J. Ablon and E. Jones, "Psychotherapy Process in the National Institu te of Mental Health Treatment of Depression Col- laborative Research Program," ***Journal of Consulting and Clinical Psychology*** 67 (1999): 64–75. B. Richarz, "Group Processes and the Th erapist's Subjectivity: Interactive Transference in Analytical Group Psychotherapy," ***International Journal of Group Psy- chotherapy*** 58 (2008): 141–61.

50. Colijn et al., "Comparison of Curative Factors."

51. E. Zeisel, "Affect Education and the Development of the Interpersonal Ego in Modern Group Psychoanalysis," ***International Journal of Group Psychotherapy*** 59 (2009): 421–32. Zeisel adds the idea of an interpersonal ego to the concept of the observing ego as a feature of how gr oup members identify with one another in the modern analytic group setting.

52. Randall, "Curative Factor Ratings."

53. Reddon et al., "Therapeutic Factors in Group Treatment."

54. S. Charalambides, "The Group in Two Minds: Sibling and Group-as-a-Whole Transference and Countertransference," ***Group*** 41 (2017): 229–42.

55. M. Leszcz, I. Yalom, and M. Norden, "The Value of Inpatient Group Psychotherapy and The rapeutic Process: Patients' Perceptions," ***International Journal of Group Psychotherapy*** 35 (1985): 331–54. R. Rugal and D. Barry, "Overcoming Denial Through the Group," ***Small Group Research*** 21 (1990): 45–58. G. Steinfeld and J. Mabli, "Perceived Curative Factors in Gr

oup Therapy by Residents of a Therapeutic Community," ***Criminal Justice and Behavior*** 1 (1974): 278–88. Butler and Fuhriman, "Patient Perspective on the Curative Process." J. Schaf fer and S. Dreyer, "Staff and Inpatient Perceptions of Change Mechanisms in Group Psyc ho- therapy," ***American Journal of Psychiatry*** 139 (1982): 127–28. Kapur et al., "Therapeutic Factors Within Inpatient and Outpatient Psychotherapy Groups." J. MacDevitt and C. Sa nislow, "Curative Factors in Offenders' Groups," ***Small Group Behavior*** 18 (1987): 72–81.

56. M. Leszcz and P. Goodwin, "The Rationale and Foundations of Group Psychotherapy for Wo men with Metastatic Breast Cancer," ***International Journal of Group Psychotherapy*** 48 (1998): 245–74. M. Greenstein and W. Breitbart, "Cancer and the Experience of Meaning: A Group Psychotherapy Program for People with Cancer," ***American Journal of Psychotherapy*** 54 (2000): 486–500. D. Spiegel and C. Classen, ***Group Therapy for Cancer Patients*** (New York: Ba sic Books, 2000). W. Breit- bart, B. Rosenfeld, H. Pessin, A. Applebaum, J. Kulikowski, and W. Lichtenthal, "Meaning-Centered Group Psychotherapy: An Effective Intervention for Imp rov- ing Psychological Well-Being in Patients with Advanced Cancer," ***Journal of Clinical Oncology*** 33 (2015): 749–54. T. Mulligan and N. Kanas, "Effectiveness of Group Psychotherapy in Patients with Cancer," ***International Journal of Group Psychother- apy*** 66 (2016): 317–22. M. Leszcz, "Existential Group Psychotherapy," in ***The Sage Encyclopedia of Theory in Counseling and Psychotherapy***, ed. E. Neukrug (Thousand Oaks, CA: Sage Publications, 2015), 365–68. Santos et al., "Therapeutic Factors in Group Support."
57. J. McLeod and A. Ryan, "Therapeutic Factors Experienced by Members of an Outpatient Th erapy Group for Older Women," ***British Journal of Guidance and Counseling*** 21 (1993): 64–72. L. Lovett and J. Lovett, "Group Therapeutic Factors on an Alcohol In-patient Unit," ***British Journal of Psychiatry*** 159 (1991): 365–70.
58. R. Morgan, S. Ferrell, and C. Winterowd, "Therapist Perceptions of Im- portant Therapeutic Factors in Psychotherapy of Therapy Groups for Male Inmates in State Correctional Faciliti es," ***Small Group Research*** 30 (1999): 712–29.
59. J. Prochaska and J. Norcross, "Contemporary Psychotherapists: A National Survey of Charac teristics, Practices, Orientations, and Attitudes," ***Psychotherapy: The- ory, Research, and Practice*** 20 (1983): 161–73. R. Dies, "Models of Group Therapy: Sift- ing Through Confusion," ***International Journal of Group Psychotherapy*** 42 (1992): 1–17.
60. D. Spiegel and M. Leszcz, "Group Psychotherapy and the Terminally Ill," in ***Handbook of Psychiatry in Palliative Medicine***, 2nd ed., ed. H. Chochinov and W. Breitbart (Oxford: Oxfo rd University Press, 2009), 490–503. B. Rosenfeld, H. Cham, H. Pessin, and W. Breitbart, "Why Is Meaning-Centered Group Psy- chotherapy (MCGP) Effective? Enhanced Sense of Meaning as the Mechanism of Change for Advanced Cancer Patients," ***Psychooncology*** 27 (2018): 654–60. D. Kiss- ane et al., "Cognitive-Existential Group Psychotherapy for Women

with Primary Breast Cancer: A Randomised Controlled Trial," ***Psychooncology*** 12 (2003): 532–46. J. Vos, M. Craig, and M. Cooper, "Existential Therapics: A Meta-Analysis of Their Ef fects on Psychological Outcomes," ***Journal of Consulting and Clinical Psychology*** 83 (2015): 115–28.

61. It is noteworthy that my book ***The Gift of Therapy***, which offers eighty-five existential tips for therapy, had a wide readership stemming from all the various therapy ideological schoo ls. I. Yalom, ***The Gift of Therapy*** (New York: HarperCol- lins, 2002).
62. I. Yalom, ***Existential Psychotherapy*** (New York: Basic Books, 1980).
63. M. Nitsun, ***Beyond the Anti-Group: Survival and Transformation*** (London: Routledge, 2015).
64. M. Ratts and P. Pedersen, ***Counselling for Multiculturalism and Social Justice: Integration, Theory, and Application*** (New York: Wiley, 2014).
65. R. Tedeschi and L. Calhoun, "The Posttraumatic Growth Inventory: Mea- suring the Positive Legacy of Trauma," ***Journal of Traumatic Stress*** 9 (1996): 455–71. S. Joseph, D. Murphy, and S. Regel, "An Affective-Cognitive Processing Model of Post-Traumatic Growth," ***Clinical Psychology and Psychotherapy*** 19 (2012): 316–25.
66. M. Antoni et al., "Cognitive-Behavioral Stress Management Interven- tion Decreases Prevale nce of Depression and Enhances Benefit Finding Among Women Under Treatment for Early -Stage Breast Cancer," ***Health Psychology*** 20 (2001): 20–32.
67. D. Cruess et al., "Cognitive-Behavioral Stress Management Reduces Se- rum Cortisol by Enh ancing Benefit Finding Among Women Treated for Early Stage Breast Cancer," ***Psychosomatic Medicine*** 62 (2000): 304–8.
68. I. Yalom and C. Greaves, "Group Therapy with the Terminally Ill," ***Amer- ican Journal of Psychiatry*** 134 (1977): 396–400. Bower et al., "Cognitive Processing, Discovery of Meaning." Go odwin et al., "Effect of Group Psychosocial Support." Breitbart et al., "Meaning-Centered Gr oup Psychotherapy."
69. E. Fromm, ***Escape from Freedom*** (New York: Henry Holt, 1995).
70. M. Heidegger, ***Being and Time*** (New York: Harper and Row, 1962), 210–24.
71. J. Sartre, ***Being and Nothingness***, trans. Hazel Barnes (New York: Philosoph- ical Library, 1956), 633.
72. K. Jaspers, cited in J. Choron, ***Death and Western Thought*** (New York: Col-lier Books, 1963), 226.
73. Yalom and Greaves, "Group Therapy with the Terminally Ill."
74. Bower et al., "Cognitive Processing, Discovery of Meaning."
75. F. Nietzsche, ***Twilight of the Idols*** (London: Penguin, 1968), 33. Yalom, ***Gift of Therapy***.
76. D. Spiegel, J. Bloom, and I. Yalom, "Group Support for Patients with Met- astatic Cancer," ***Archives of General Psychiatry*** 38 (1981): 527–34. I. Yalom, ***Existential Psychotherapy*** (New

York: Basic Books, 1980), 36–37.

77. M. Viederman, "Presence and Enactment as a Vehicle of Psychotherapeu- tic Change," ***Journal of Psychotherapy Practice and Research*** 8 (1999): 274–83.

78. In the classic, widely cited report, R. Corsini and B. Rosenberg ("Mecha- nisms of Group Ps ychotherapy: Processes and Dynamics," ***Journal of Abnormal Social Psychology*** 51 [1955]: 406–11) abstracted the therapeutic factors from three hundred pre-1955 group therapy arti cles; 175 factors were clustered into nine major catego- ries, which show considerable overl ap with the factors I (IY) have described. Their categories, and my analogous categories in parentheses, are:
    1. Acceptance (group cohesiveness)
    2. Universalization (universality)
    3. Reality testing (includes elements of recapitulation of the priMona fam- ily and of inter personal learning)
    4. Altruism
    5. Transference (includes elements of interpersonal learning, group cohe- siveness, and imitative behavior)
    6. Spectator therapy (imitative behavior)
    7. Interaction (includes elements of interpersonal learning and cohesiveness)
    8. Intellectualization (includes elements of imparting information)
    9. Ventilation (catharsis) W. Hill, in 1957, interviewed nineteen group therapists and offer ed these therapeutic factors: catharsis, feelings of belonging, spectator therapy, insig ht, peer agency (that is, universality), and socialization. W. Hill, "Analysis of Interviews of Group Therapists' Papers," ***Provo Papers*** 1 (1957), and "Further Consideration of The rapeutic Mechanisms in Group Therapy," ***Small Group Behavior*** 6 (1975): 421–29.

79. B. Wampold and Z. Imel, ***The Great Psychotherapy Debate: The Evidence for What Makes Psychotherapy Work***, 2nd ed. (New York: Routledge, 2015). The Ablon and Jones analysis of the NIMH depression trial provide further evidence that ef- fective therapists operate similarly in that they establish a warm, accepting, under- standing relationship with their clients. Abl on and Jones, "Psychotherapy Process in the National Institute of Mental Health," and J. Abl on and E. Jones, "Validity of Controlled Clinical Trials of Psychotherapy: Findings from the NIMH Treatment of Depression Collaborative Research Program," ***American Journal of Psychiatry*** 159 (2002): 775–83. A comprehensive review of the rapidly accumulating research in this area reveals that therapist qualities of acceptance, nonpossessive warmth, and positive regard are strongly associated with successful outcomes. See H. Conte, R. Ratto, K. Clutz, and T. Karasu, "Determinants of Outpatients' Satisfactions with Therapists: Relation to Out come," ***Journal of Psychotherapy Practice and Re- search*** 4 (1995): 43–51. L. Alexander, J. Bar

ber, L. Luborsky, P. Crits-Christoph, and A. Auerbach, "On What Bases Do Patients Choose Their Therapists," ***Jour- nal of Psychotherapy Practice and Research*** 2 (1993): 135–46. S. Garfi eld, "Research on Client Variables in Psychotherapy," in ***Handbook of Psychotherapy and Be- havior Change***, 4th ed., ed. A. Bergin and S. Garfield (New York: Wiley, 1994), 190–228. S. Butler, L. Flather, and H. Strupp, "Countertransference and Qualities of the Psy- chotherapi st," in ***Psychodynamic Treatment Research: A Handbook for Clinical Practice***, ed. N. Miller, L. Luborsky, J. Barber, and J. Docherty (New York: Basic Books, 1993), 342–60. J. Norcross and B. Wampold, "Evidence-Based Therapy Rela- tionships: Research Conclusions and Clinical Practices," ***Psychotherapy (Chic)*** 48 (2011): 98–102. Furthermore, as reviewed in Chapter 3, the link between a positive therapeutic bond and favorable outcome is one of the most con sistent and certain findings in all of psychotherapy research. These conclusions regarding therapist contributions to successful psychotherapy are so well established that they have been incorporated in professional practice psychotherapy guidelines. K. MacKen- zie et al., "Guidelines for the Psychotherapies in Comprehensive Psychiatric Care: A Discussion Pap er," ***Canadian Journal of Psychiatry*** 44 (suppl. 1) (1999): 4S–17S. Bernard et al., "Clinical Prac tice Guidelines."

80. Schaffer and Dreyer, "Staff and Inpatient Perceptions."
81. Lovett and Lovett, "Group Therapeutic Factors."
82. M. Lee, L. Cohen, S. Hadley, and F. Goodwin, "Cognitive Behavioral Group Therapy with Medication for Depressed Gay Men with AIDS or Symptom- atic HIV Infection," ***Psychiatric Services*** 58 (1999): 948–52.
83. Morgan and Winterowd, "Interpersonal Process-Oriented Group Psycho- therapy." Morgan et al., "Therapist Perceptions of Important Therapeutic Factors." MacDevitt and Sanislow, "Curative Factors in Offenders' Groups."
84. Randall, "Curative Factor Rankings."
85. H. Feifel and J. Eells, "Patients and Therapists Assess the Same Psychother- apy," ***Journal of Consulting Psychology*** 27 (1963): 310–18.
86. A. Del Re, C. Flückiger, A. Horvath, D. Symonds, and B. Wampold, "Therapist Effects in the Therapeutic Alliance-Outcome Relationship: A Restricted-Maximum Likelihood Meta-Anal ysis," ***Clinical Psychology Review*** 32 (2012): 642–49.
87. J. Safran and J. Kraus, "Alliance Ruptures, Impasses and Enactments: A Relational Perspecti ve," ***Psychotherapy*** 51 (2014): 381–87. L. Holmqvist, F. Falken- ström, G. Andersson, and R. Holmqvist, "Alliance Ruptures and Repairs in Psy- chotherapy in Primary Care," ***Psychother- apy Research*** 28 (2018): 123–36. H. Levitt, A. Pomerville, and I. Francisco, "A Qualitative Met a-Analysis Examining Clients' Experiences of Psychotherapy: A New Agenda," ***Psychological Bulletin*** 142 (2016): 801–30. A. Werbart, C. Von Below, J. Brun, and H. Gunnarsdottir, "'Spin

ning One's Wheels': Nonimproved Patients View Their Psychotherapy," ***Psychotherapy Research*** 25 (2015): 546–64.

88. I. Yalom and G. Elkin, ***Every Day Gets a Little Closer: A Twice-Told Therapy*** (New York: Basic Books, 1975; reissued 1992).

89. D. Orlinsky, K. Grawe, and B. Parks, "Process and Outcome in Psycho- therapy," in Bergin and Garfield, ***Handbook of Psychotherapy and Behavioral Change***, 4th ed., 270–370. D. Mart in, J. Garske, and M. Davis, "Relation of the Therapeutic Alliance with Outcome and Other Variables: A Meta-Analytic Review," ***Journal of Consulting and Clinical Psychology*** 68 (2000): 438–50.

90. Colijn et al., "Comparison of Curative Factors." M. Kahn, P. Webster, and M. Storck, "Curative Factors in Two Types of Inpatient Psychotherapy Groups," ***In- ternational Journal of Group Psychotherapy*** 36 (1986): 579–85. Kapur et al., "Therapeutic Factors Within Inpatient and Outpatient Psychotherapy Groups." V. Tschuschke and R. Dies, "Intensive Analysis of Thera peutic Factors and Outcome in Long-Term Inpatient Groups," ***International Journal of Group Psychotherapy*** 44 (1994): 185–208. Steinfeld and Mabli, "Perceived Curative Factors." Butler and Fuhriman, "Patient Perspective on the Curative Process." N. Macaskill, "Therapeutic Fa ctors in Group Therapy with Borderline Patients," ***International Journal of Group Psychotherapy*** 32 (1982): 61–73. Leszcz et al., "Value of Inpatient Group Psychotherapy." Marcovitz and Smith, "Patients' Perceptions of Curative Factors." Schaffer and Dreyer, "Staff and Inpat ient Perceptions." Mushet et al., "In-patients' Views of the Helpful Aspects."

91. Marcovitz and Smith, "Patients' Perceptions of Curative Factors."

92. L. Cierpialkowska, "Therapeutic Factors in AA and Al-Anon Groups," ***Polish Psychological Bulletin*** (1994). D. Stone, J. Conteh, and J. Francis, "Therapeutic Factors and Psychological Concepts in Alcoholics Anonymous," ***Journal of Counselor Practice*** 8 (2017): 120–135.

93. S. Ahmed, S. Abolmagd, M. Rakhawy, S. Erfan, and R. Mamdouh, "Therapeutic Factors in Gr oup Psychotherapy: A Study of Egyptian Drug Ad- dicts," ***Journal of Groups in Addiction and Recovery*** 5 (2010): 194–213.

94. L. Morales, F. Eiroa-Orosa, C. Llagostera, A. Pérez, and C. Alberich, "From Feelings of Impri sonment to Group Cohesion: A Qualitative Analysis of Group Analytic Psychotherapy with Dual Diagnosed Patients Admitted to an Acute Inpatient Psychiatric Unit," ***Psychotherapy Research*** 28 (2018): 433–45.

95. Z. Shechtman and O. Gluk, "An Investigation of Therapeutic Factors in Children's Groups," ***Group Dynamics: Theory, Research, and Practice*** 9 (2005): 127–34. Shechtman, "How Does Gr oup Process Research Inform Leaders."

96. J. Falk-Kessler, C. Momich, and S. Perel, "Therapeutic Factors in Occupa- tional Therapy Groups," ***American Journal of Occupational Therapy*** 45 (1991): 59–66.

97. P. Kellerman, "Participants' Perceptions of Therapeutic Factors in Psy- chodrama," ***Journal of Group Psychotherapy, Psychodrama, and Sociometry*** 38 (1985): 123–32.
98. M. Lieberman and L. Borman, ***Self-Help Groups for Coping with Crisis*** (San Francisco: Jossey-Bass, 1979), 202–5.
99. S. Horowitz, S. Passik, and M. Malkin, "In Sickness and in Health: A Group Intervention for Spouses Caring for Patients with Brain Tumors," ***Journal of Psychosocial Oncology*** 14 (1996): 43–56.
100. P. Chadwick, S. Sambrooke, S. Rasch, and E. Davies, "Challenging the Omnipotence of Voic es: Group Cognitive Behavior Therapy for Voices," ***Behavior Research and Therapy*** 38 (2000): 993–1003.
101. E. Pence and M. Paymar, ***Power and Control: Tactics of Men Who Batter***, rev. ed. (Duluth: Min nesota Program Development, 1990).
102. F. Mishna, "In Their Own Words: Therapeutic Factors for Adolescents Who Have Learning Disabilities," ***International Journal of Group Psychotherapy*** 46 (1996): 265–72.
103. McLeod and Ryan, "Therapeutic Factors Experienced by Members."
104. D. Kivlighan, "Individual and Group Perceptions of Therapeutic Factors and Session Evaluat ion: An Actor-Partner Interdependence Analysis," ***Group Dy- namics: Theory, Research, and Practice*** 15 (2011): 147–60.
105. P. Bieling, R. McCabe, and M. Antony, ***Cognitive Behavioral Therapy in Groups*** (New York: Guilford Press, 2009).
106. H. Riess, "Integrative Time-Limited Group Therapy for Bulimia Ner- vosa," ***International Journal of Group Psychotherapy*** 52 (2002): 1–26.
107. Greene et al., "Therapeutic Factors."
108. Kivlighan, Goldfine, "Endorsement of Therapeutic Factors."
109. G. Burlingame, D. McClendon, and C. Yang, "Cohesion in Group Therapy," in ***Psychotherapy Relationships That Work***, vol. 1, ***Evidence-Based Therapist Contributions***, ed. J. Norcross and M. Lambert (New York: Oxford University Press, 2019), 205–44.
110. Tschuschke and Dies, "Intensive Analysis of Therapeutic Factors and Out- come." V. Tschuc hke, K. MacKenzie, B. Nasser, and G. Janke, "Self-Disclosure, Feedback, and Outcome in Lo ng-Term Inpatient Psychotherapy Groups," ***Journal of Psychotherapy Practice and Research*** 5 (1996): 35–44.
111. Fuhriman and Butler, "Curative Factors in Group Therapy."
112. Kivlighan and Goldfine, "Endorsement of Therapeutic Factors."
113. J. Schwartz and M. Waldo, "Therapeutic Factors in Spouse-Abuse Group Treatment," ***Journal for Specialists in Group Work*** 24 (1999): 197–207.
114. Mushet et al., "In-patients' Views of the Helpful Aspects."

115. M. Lambert, "Psychotherapy Outcome Research," in ***Handbook of Psy- chotherapy Integration***, ed. J. Norcross and M. Goldfried (New York: Basic Books, 1992), 94–129. S. Miller, B. Duncan, and M. Hubble, ***Escape from Babel: Toward a Unifying Language for Psychotherapy Practice*** (New York: W. W. Norton, 1997). M. Thomas, "The Contributing Factors of Change in a Therapeutic Process," ***Contemporary Family Therapy: An International Journal*** 28 (2006): 201–10.
116. Yalom et al., "Curative Factors in Group Therapy."
117. Mörtl and Von Wietersheim, "Client Experiences of Helpful Factors."
118. Butler and Fuhriman, "Level of Functioning and Length of Time in Treatment."
119. Leszcz et al., "Value of Inpatient Group Psychotherapy."
120. Encounter group "high learners" valued vicarious learning: they had the ability to learn from the work of others (Lieberman, Yalom, and Miles, ***Encounter Groups***). Clients who are dominant interpersonally discount interpersonal feed- back and altruism and are less open to group influence, and clients who are overly responsible appear to discount cohesion and value altruism, suggesting that they feel burdened by others' needs yet compelled to help. R. MacNair-Semands and K. Lese, "Interpersonal Problems and the Perception of Therapeutic Factors in Group Therapy," ***Small Group Research*** 31 (2002): 158–79. High self/other accept ors tended to value deeper insight into their interpersonal relations and into their fam- ily structure, whereas low self/other acceptors placed more value on universality and advice/ guidance from members and leaders. Highly affiliative students in time- limited counseling groups gained more through self-understanding, whereas the nonaffiliative members benefi ted more from interpersonal learning, self-disclosure, and altruism. Kivlighan and Mullison, "Participants' Perception of Therapeutic Factors." Kivlighan and Goldfine, "Endorsement of Therapeutic Factors."
121. C. Marmarosh, R. Markin, and E. Spiegel, ***Attachment in Group Psychother- apy*** (Washington, DC: American Psychological Association, 2013). C. Marmarosh, "Attachment in Group Psyc hotherapy: Bridging Theories, Research, and Clinical Techniques," ***International Journal of Group Psychotherapy*** 67 (2017): 157–60.
122. H. Maxwell, G. Tasca, K. Ritchie, L. Balfour, and H. Bissada, "Change in Attachment Insecur ity Is Related to Improved Outcomes 1-Year Post Group Therapy in Women with Binge Eati ng Disorder," ***Psychotherapy*** 51 (2014): 57–65.
123. H. Kirchmann et al., "Associations Among Attachment Characteristics, Patients' Assessment of Therapeutic Factors, and Treatment Outcome Following Inpatient Psychodynamic Group Psychotherapy," ***Psychotherapy Research*** 19 (2009): 234–48.

CHAPTER 5: THE THERAPIST: BASIC TASKS

1. R. Mulder, G. Murray, and J. Rucklidge, "Common Versus Specific Factors in Psychothera py: Opening the Black Box," *Lancet Psychiatry* 4 (2017): 953–62. K. Laska, A. Gurman, and B. Wampold, "Expanding the Lens of Evidence-Based Practice in Psychotherapy: A Common Factors Perspective," *Psychotherapy (Chic)* 51 (2014): 467–81.
2. H. Bernard et al., "Clinical Practice Guidelines for Group Psychotherapy," *International Journal of Group Psychotherapy* 58 (2008): 455–542. F. Falkenström, J.Grant, and R. Holmqvi st, "Review of Organizational Effects on the Outcome of Mental Health Treatments," *Psychotherapy Research* 28 (2018): 76–90.
3. D. Saxon, M. Barkham, A. Foster, and G. Parry, "The Contribution of Therapist Effects to Pa tient Dropout and Deterioration in the Psychological Ther- apies," *Clinical Psychology and Psychotherapy* 24 (2016): 575–88.
4. J Schlapobersky, *From the Couch to the Circle: Group-Analytic Psychotherapy in Practice* (Abin gdon, Oxon, UK: Routledge, 2016).
5. B. Wampold, "How Important Are the Common Factors in Psychotherapy? An Update," *World Psychiatry* 14 (2015): 270–77.
6. T. Postmes, R. Spears, and S. Cihangir, "Quality of Decision Making and Group Norms." *Journal of Personality and Social Psychology* 80 (2001): 918–30.
7. D. Kivlighan, D. Kivlighan III, and O. Cole, "The Group's Absence Norm and Commitment to the Group as Predictors of Group Member Absence in the Next Session: An Actor-Partn er Analysis," *Journal of Counseling Psychology* 59 (2012): 41–49.
8. F. Falkenström, J. Grant, and R. Holmqvist, "Review of Organizational Effects on the Outco me of Mental Health Treatments," *Psychotherapy Research* 28 (2016): 76–90.
9. D. Shapiro and L. Birk, "Group Therapy in Experimental Perspective," *International Journal of Group Psychotherapy* 17 (1967): 211–24.
10. D. Kivlighan and J. Tarrant, "Does Group Climate Mediate the Group Leadership–Group Me mber Outcome Relationship? A Test of Yalom's Hypoth- esis About Leadership Priorities," *Group Dynamics: Theory, Research, and Practice* 3 (2001): 220–34. D. Kivlighan and D. Kivlig han III, "Group Climate Research: Where Do We Go from Here?," *International Journal of Group Psychotherapy* 63 (2013): 419–31. L. Moffett, N. Kharrazi, and A. Vaught, "Using Clini cians' Ideal Social Climate Ratings in Group Therapy Training: Staff Development, Supervi- sion, and Teaching," *International Journal of Group Psychotherapy* 66 (2016): 34–55.
11. D. Strassberg, H. Roback, K. Anchor, and S. Abramowitz, "Self-Disclosure in Group Therapy with Schizophrenics," *Archives of General Psychiatry* 32 (1975): 1259–61.
12. Shapiro and Birk, "Group Therapy in Experimental Perspective." See also R. Nye, *The Lega-*

cy of B. F. Skinner (Pacific Grove, CA: Brooks Cole, 1992).

13. I. Goldfarb, "A Behavioral Analytic Interpretation of the Therapeutic Re- lationship," ***Psychological Record*** 42 (1992): 341–54. R. Kohlenberg, "Functional An- alytic Psychotherapy," in ***Psychotherapists in Clinical Practice: Cognitive and Behavioral Perspectives***, ed. N. Jacobson (New York: Guilford Press, 1987), 388–443. D. Pow- ell, "Spontaneous Insights and the Proc ess of Behavior Therapy: Cases in Support of Integrative Psychotherapy," ***Psychiatric Annals*** 18 (1988): 288–94.
14. J. Gans and E. Counselman, "Silence in Group Psychotherapy: A Powerful Communication," ***International Journal of Group Psychotherapy*** 50 (2000): 71–85. R. Heckel, S. Wiggins, and H. Salzberg, "Conditioning Against Silences in Group Therapy," ***Journal of Clinical Psychology*** 18 (1962): 216–17. M. Dinoff et al., "Condi- tioning the Verbal Behavior of a Psychiatric Po pulation in a Group Therapy–Like Situation," ***Journal of Clinical Psychology*** 16 (1960): 371–72.
15. R. Dies, "Current Practice in the Training of Group Psychotherapists," ***International Journal of Group Psychotherapy*** 30 (1980): 169–85.
16. Bernard et al., "Clinical Practice Guidelines." G. Burlingame, D. McClen- don, and J. Alon so, "Cohesion in Group Therapy," ***Psychotherapy (Chic)*** 48 (2011): 34–42.
17. Bernard et al., "Clinical Practice Guidelines."
18. A. Bandura, "Modelling Approaches to the Modification of Phobic Dis- orders," presented at the Ciba Foundation Symposium, "The Role of Learning in Psychotherapy," London, May 1968. A. Bandura, J. Grusec, and F. Menlove, "Vi- carious Extinction of Avoidance Behavi or," ***Journal of Personality and Social Psychology*** 5 (1967): 16–23. A. Bandura, D. Ross, and J. Ross, "Imitation of Film-Mediated Aggressive Models," ***Journal of Abnormal and Social Psychology*** 66 (1963): 3–11.
19. J. Gans, ***Difficult Topics in Group Psychotherapy: My Journey from Shame to Courage*** (London: Karnac Books, 2010).
20. M. Leszcz, "The Evidence-Based Group Psychotherapist," ***Psychoanalytic Inquiry*** 38 (2018): 285–98.
21. J. McCullough, ***Treatment for Chronic Depression: Cognitive Behavioral Analy- sis System of Psychotherapy*** (CBASP) (New York: Guilford Press, 2000).
22. D. Morran, R. Stockton, J. Cline, and C. Teed, "Facilitating Feedback Exchange in Groups: Leader Interventions," ***Journal for Specialists in Group Work*** 23 (1998): 257–60.
23. J. Gans, "The Leader's Illumination of Group Phenomena Hidden in Plain Sight: Why Is No One Talking About the Elephant in the Room?," ***International Journal of Group Psychotherapy*** 67 (2017): 337–59.
24. T. Gutheil and G. Gabbard, "Misuses and Misunderstandings of Boundary Theory in Clinical

and Regulatory Settings," *American Journal of Psychiatry* 155 (1998): 409–14.

25. A. Schwartz and H. Hawkins, "Patient Models and Affect Statements in Group Therapy," pre sented at the American Psychological Association Meetings, Chicago, September 1965. A. Goldstein et al., "The Use of Planted Patients in Group Psychotherapy," *American Journal of Psychotherapy* 21 (1967): 767–74.
26. L. Murphy, M. Leszcz, A. Collings, and J. Salvendy, "The Experience of the Neophyte Group Therapist," *International Journal of Group Psychotherapy* 46 (1996): 543–52. M. Zaslav, "A Mo del of Group Therapist Development," *Interna- tional Journal of Group Psychotherapy* 38 (1988): 511–19.
27. I. Yalom, *The Schopenhauer Cure* (New York: HarperCollins, 2005), 213.
28. I. Yalom, *Existential Psychotherapy* (New York: Basic Books, 1980), 178–87.
29. S. Gold-Steinberg and M. Buttenheim, "'Telling One's Story' in an Incest Survivors Group," *International Journal of Group Psychotherapy* 43 (1993): 173–89. E. Puffer, A. Kochman, N. Hansen, and K. Sikkema, "An Evidence-Based Group Coping Intervention for Women Living with HIV and History of Childhood Sex- ual Abuse," *International Journal of Group Psychotherapy* 61 (2011): 98–126.
30. J. Freyd and P. Birrell, *Blind to Betrayal: Why We Fool Ourselves We Aren't Being Fooled* (Hobo ken, NJ: Wiley, 2013).

CHAPTER 6: THE THERAPIST: WORKING IN THE HERE-AND-NOW

1. L. Mangione and R. Forti, "The Use of the Here and Now in Short-Term Group Psychothera py," in *Innovation in Clinical Practice: A Source Book*, ed. L. Vande- Creeke and T. Jackson (Sarasota, FL: Professional Resources Press, 2001), 241–56. H. Bernard et al., "Clinical Practi ce Guidelines for Group Psychotherapy," *Interna- tional Journal of Group Psychotherapy* 58 (2008): 455–542.
2. D. Kivlighan, "Three Important Clinical Processes in Individual and Group Interpersonal Ps ychotherapy Sessions," *Psychotherapy* 51 (2014): 20–24. X. Li, D. Kivlighan, and P. Gold, "Er rors of Commission and Omission in Novice Group Counseling Trainees' Knowledge Struct ures of Group Counseling Situations," *Journal of Counseling Psychology* 62 (2015): 159–72.
3. R. Dies, "Models of Group Therapy: Sifting Through Confusion," *Interna- tional Journal of Group Psychotherapy* 42 (1992): 1–17.
4. J. Flowers and C. Booraem, "The Effects of Different Types of Interpreta- tion on Outcome in Group Therapy," *Group* 14 (1990): 81–88. This small (N = 24 clients), intensive study also indicated that here-and-now interpretations that fo- cused on patterns of behavior were

most effective in producing positive outcomes, followed by interpretations of impact of beh avior on others, and then by historical interpretations. Interpretations of motivation were often countertherapeutic.

5. D. Kiesler, ***Contemporary Interpersonal Theory and Research: Personality, Psycho- pathology, and Psychotherapy*** (Oxford: Wiley, 1996).
6. N. Brown, "Conceptualizing Process," ***International Journal of Group Psy- chotherapy*** 53 (2003): 225–47. M. Ettin, "From Identified Patient to Identifiable Group: The Alchemy of the Group as a Whole," ***International Journal of Group Psy- chotherapy*** 50 (2000): 137–62. F. Falk enström, J. Grant, and R. Holmqvist, "Re- view of Organizational Effects on the Outcome of Mental Health Treatments," ***Psychotherapy Research*** 28 (2016): 76–90.
7. P. Ogden and J. Fisher, ***Sensorimotor Psychotherapy: Interventions for Trauma and Attachment*** (New York: W. W. Norton, 2015).
8. J. Schlapobersky, ***From the Couch to the Circle: Group-Analytic Psychotherapy in Practice*** (Abin gdon, Oxon, UK: Routledge, 2016).
9. L. Tauber, "Choice Point Analysis—Formulation, Strategy, Intervention, and Result in Group Process Therapy and Supervision," ***International Journal of Group Psychotherapy*** 28 (1978): 163–84. Li et al., "Errors of Commission and Omission." G. Tasca, K. Francis, and L. Balfo ur, "Group Psychotherapy Levels of Interventions: A Clinical Process Commentary," ***Psychotherapy*** 51 (2014): 25–29.
10. R. Maunder et al., "The Immediate Psychological and Occupational Impact of the 2003 SARS Outbreak in a Teaching Hospital," ***Canadian Medical Association Journal*** 168 (2003): 1245–51. R. Maunder et al., "Factors Associated with the Psychological Impact of Severe Ac ute Respiratory Syndrome on Nurses and Other Hospital Workers in Toronto," ***Psychosomatic Medicine*** 66 (2004): 938–42.
11. M. Miles, "On Naming the Here-and-Now," unpublished essay, Colum- bia University, 1970.
12. L. Murphy, M. Leszcz, A. Collings, and J. Savendy, "Some Observations on the Subjective Ex perience of Neophyte Group Therapy Trainees," ***International Journal of Group Psychotherapy*** 46 (1996): 543–52.
13. B. Cohen, M. Ettin, and J. Fidler, "Conceptions of Leadership: The 'An- alytic Stance' of the Group Psychotherapist," ***Group Dynamics: Theory, Research and Practice*** 2 (1998): 118–31.
14. Tasca et al., "Group Psychotherapy Levels of Interventions."
15. L. Mahon and M. Leszcz, "The Interpersonal Model of Group Psychother- apy," ***International Journal of Group Psychotherapy*** 67 (2017): S121–30. M. Leszcz and J. Malat, "The Interpers onal Model of Group Psychotherapy," in ***The Wiley-Blackwell Handbook of Group Psychotherapy***, ed. J. Kleinberg (New York: Wiley, 2012), 33–58. M. Friedlander et al., "If Those Tears Could Talk, What Would They Say? Multi-Method Analysis of a Corrective Experience in Bri

ef Dynamic Therapy," *Psychotherapy Research* 28 (2018): 217–34.

16. Y. Agazarian, "Contemporary Theories of Group Psychotherapy: A Systems Approach," *International Journal of Group Psychotherapy* 42 (1992): 177–202. Y. Agazarian, *Systems-Centered Theory and Practice: The Contribution of Yvonne Agazarian*, ed. SCTRI (Livermore, CA: WingSpan Press, 2010; reprint, London: Karnac Books, 2011).
17. L. Ormont, "The Craft of Bridging," *International Journal of Group Psycho- therapy* 40 (1990): 3–17. Ormont described bridging "as any technique designed to strengthen the emotional connections between members or to develop connections where they did not exist before." G. MacColl, "The Art of Bridging Revisited," *International Journal of Group Psychotherapy* 66 (2016): 443–54.
18. D. Morran, R. Stockton, J. Cline, and C. Teed, "Facilitating Feedback Exchange in Groups: Leader Interventions," *Journal for Specialists in Group Work* 23 (1998): 257–60. Bernard et al., "Clinical Practice Guidelines."
19. R. Billow, "On Resistance," *International Journal of Group Psychotherapy* 60 (2010): 313–46.
20. J. McCullough, *Treatment for Chronic Depression: Cognitive Behavioral Analysis System of Psychotherapy (CBASP)* (New York: Guilford Press, 2000). S. Knox, S. Hess, D. Petersen, and C. Hill, "A Qualitative Analysis of Client Perceptions of the Effects of Helpful Therapist Self-Di sclosure in Long-Term Therapy," *Journal of Counseling Psychology* 44 (1997): 274–83. M. Bar rett and J. Berman, "Is Psychotherapy More Ef- fective When Therapists Disclose Informati on About Themselves?," *Journal of Consult- ing Clinical Psychology* 69 (2001): 597–603. J. Mc Cullough, *Treating Chronic Depression with Disciplined Personal Involvement* (New York: Spri nger, 2006). C. Hill and S. Knox, "Processing the Therapeutic Relationship," *Psychotherapy Research* 19 (2009): 13–29.
21. W. Piper and J. Ogrodniczuk, "Group-as-a-Whole Interpretations in Short- Term Group Psy chotherapy," *Journal of Contemporary Psychotherapy* 36 (2006): 129–35.
22. E. Shapiro and J. Gans, "The Courage of the Group Therapist," *Interna- tional Journal of Group Psychotherapy* 58 (2008): 345–61.
23. J. Gans, "The Leader's Illumination of Group Phenomena Hidden in Plain Sight: Why Is No One Talking About the Elephant in the Room?," *International Journal of Group Psychotherapy* 67 (2017): 337–59. P. Flores, "Group Psychotherapy and Neuro-Plasticity: An Attachment Theory Perspective," *International Journal of Group Psychotherapy* 60 (2010): 546–70.
24. M. Lieberman, I. Yalom, and M. Miles, *Encounter Groups: First Facts* (New York: Basic Boo ks, 1973). Group research offers corroborative evidence. In one group project, the activati ng techniques (structured exercises) of sixteen different leaders were studied and correlated with outcome. There were two important rel- evant findings: (1) the more structured the ex ercises the leader used, the *more com- petent* the members *deemed the leader to be* (at the end

of the thirty-hour group); (2) the more structured the exercises the leader used, the ***less*** positive the results were (measured at a six-month follow-up). In other words, members desire leaders who lead, who offer considerable structure and guidance. They equate a large number of structured exercises with competence. Yet this is a confusion of form and substance: having too much structure or too many activating techniques is counterproductive.

25. L. Ormont, "The Leader's Role in Resolving Resistances to Intimacy in the Group Setting," ***International Journal of Group Psychotherapy*** 38 (1988): 29–47. L. Furgeri, ed., ***The Technique of Group Treatment: The Collected Papers of Luis R. Ormont*** (Madison, CT: Psychosocial Press, 2001).
26. H. Levitt, A. Pomerville, and F. Surace, "A Qualitative Meta-Analysis Examining Clients' Experiences of Psychotherapy: A New Agenda," ***Psychological Bulletin*** 142 (2016): 801–30.
27. Brown, "Conceptualizing Process."
28. D. Kiesler, "Therapist Countertransference: In Search of Common Themes and Empirical Referents," ***Journal of Clinical Psychology / In Session*** 57 (2001): 1023–63.
29. D. Marcus and W. Holahan, "Interpersonal Perception in Group Therapy: A Social Relations Analysis," ***Journal of Consulting and Clinical Psychology*** 62 (1994): 776–82.
30. Leszcz and Malat, "Interpersonal Model."
31. Gans, "Leader's Illumination of Group Phenomena."
32. K. Schwartz and M. Leszcz, "Group Therapy," in ***Comprehensive Textbook of Psychiatry***, 10th ed., ed. B. Sadock, V. Sadock, and P. Ruiz (Philadelphia: Wolters Kluwer, 2017).
33. Billow, "On Resistance."
34. L. Johansson and A. Werbart, "Patients' Views of Therapeutic Action in Psychoanalytic Group Psychotherapy," ***Group Analysis*** 42 (2009): 120–42.
35. T. Tracey, B. Wampold, R. Goodyear, and J. Lichtenberg, "Improving Expertise in Psychotherapy," ***Psychotherapy Bulletin*** 50 (2015): 7–13. D. Davis et al., "Relational Humility: Conceptualizing and Measuring Humility as a Personality Judgment," ***Journal of Personality Assessment*** 93 (2011): 225–34.
36. Kiesler, "Therapist Countertransference." M. Leszcz, "The Evidence- Based Group Psychotherapist," ***Psychoanalytic Inquiry*** 38 (2018): 285–98.
37. S. Foulkes and E. Anthony, ***Group Psychotherapy: The Psychoanalytic Ap- proach***, 2nd ed. (Baltimore: Penguin, 1965), 153.
38. Hill and Knox, "Processing the Therapeutic Relationship."
39. Ormont, "Leader's Role in Resolving Resistances."
40. B. Wampold and Z. Imel, ***The Great Psychotherapy Debate*** (New York: Routledge, 2015). D. Siegel, ***Pocket Guide to Interpersonal Neurobiology: An Integrative Handbook of the Mind*** (New York: W. W. Norton, 2012). Leszcz, "Evidence-Based Group Psychotherapist."

41. P. Wachtel, ***Therapeutic Communication: Knowing What to Say***, 2nd ed. (New York: Guilford Press, 2011).
42. D. Martin, J. Garske, and M. Davis, "Relation of the Therapeutic Alliance with Outcome and Other Variables: A Meta-Analytic Review," ***Journal of Consult- ing and Clinical Psychology*** 68 (2000): 438–50. A. Horvath, A. Del Re, C Flückiger, and D. Symonds, "Alliance in Individual Psychotherapy," ***Psychotherapy (Chic)*** 48 (2011): 9–16.
43. D. Kiesler, ***Contemporary Interpersonal Theory and Research*** (New York: Wi- ley, 1996). McC ullough, ***Treatment for Chronic Depression***. J. Muran and J. Safran, "A Relational Approach to Psychotherapy," in ***Comprehensive Handbook of Psychotherapy***, ed. F. Kaslow, vol. 1, ***Psycho-dynamic/Object Relations***, ed. J. Magnavita (New York: Wiley, 2002), 253–81. S. Stuart and M. Robertson, ***Interpersonal Psychotherapy: A Clinical Guide*** (London: Arnold Press, 2003). Hill and Knox, "Processing the Ther- apeutic Relationship." P. Wachtel, "An Integrative Relation al Point of View," ***Psy- chotherapy*** 51 (2014): 342–49.
44. Murphy et al., "Some Observations on the Subjective Experience."
45. Interpreting motivations tends to be unhelpful. Flowers and Booraem have demonstrated that here-and-now comments (about patterns of behavior or im- pact of behavior) were po sitively correlated with group therapy outcome, whereas motivational interpretations were correlated with negative outcome. Flowers and Booraem, "Effects of Different Types of Inter pretation."
46. L. Greene, "Group Psychotherapy Research Studies That Therapists Might Actually Read: My Top 10 List," ***International Journal of Group Psychotherapy*** 67 (2017): 1–26. P. Gold, D. Kivlig han, and M. Patton, "Non-Metric Multidimen- sional Scaling Profile Analysis of Non-Grow th Change in Groups: A Demonstration," ***Small Group Research*** 45 (2014): 235–65.
47. M. Keller et al., "A Comparison of Nefazodone, Cognitive Behavioral- Analysis System of Ps ychotherapy, and Their Combination for the Treatment of Chronic Depression," ***New En-gland Journal of Medicine*** 342 (2000): 1462–70. Mc- Cullough, ***Treating Chronic Depression***.
48. O. Rank, ***Will Therapy and Truth and Reality*** (New York: Knopf, 1950). R. May, ***Love and Will*** (New York: W. W. Norton, 1969). S. Arieti, ***The Will to Be Human*** (New York: Quadrangle Bo oks, 1972). L. Farber, ***The Ways of the Will*** (New York: Basic Books, 1966).
49. Yalom, ***Existential Psychotherapy*** (New York: Basic Books, 1980), 286–350.
50. Farber, ***Ways of the Will***.
51. S. Mitchell, ***Relational Concepts in Psychoanalysis: An Integration*** (Cambridge, MA: Harvard University Press, 1988).
52. Psychological treatments for addictions and eating disorders have particu- larly benefited from an appreciation of the role of the client's will in the process of change. Several resear ch teams have employed five stages of motivation and then matched therapy interventions

to the client's stage of motivation or "change read- iness." The five stages are:

1. The precontemplation stage (no recognition that a problem exists)
2. The contemplation stage (some recognition of the problem but with ambivalence about doing something about it)
3. The preparation stage (a desire to change but a lack of knowledge about how to do so)
4. The action stage (actual behavioral shifts)
5. The maintenance stage (consolidating gains and preventing regression or relapse) J. Pro chaska, C. DiClemente, and J. Norcross, "In Search of How People Change: Applicatio ns to Addictive Behaviors," ***American Psychologist*** 47 (1992): 1102–14. R. Feld, D. Woods ide, A. Kaplan, M. Olmstead, and J. Carter, "Pre-treatment of Motivational Enhanceme nt Therapy for Eating Disorders," ***International Journal of Eating Disorders*** 29 (2001): 393–400. W. Miller and S. Rollnick, ***Motivational In- terviewing: Preparing People to Change Addictive Behavior*** (New York: Guilford Press, 2002). J. Malat, S. Morrow, and P. Stewart, "Applying Motivational Interviewing Principles in a Modified Interpersonal Gro up for Comorbid Addiction," ***International Journal of Group Psychotherapy*** 61 (2011): 556–75.

53. A. Bandura, "Toward a Psychology of Human Agency," ***Perspectives on Psychological Science*** 1 (2006): 164–80.
54. R. Schultz-Ross, "Ideological Singularity as a Defense Against Clinical Complexity," ***American Journal of Psychotherapy*** 49 (1995): 540–47.
55. Keep in mind that explanatory systems benefit therapists as well as cli- ents. They provide therapists with focus, stability, confidence, and tenacity. B. Wampold, ***The Great Psychotherapy Debate: Models, Methods and Findings*** (Mahwah, NJ: Erlbaum, 2001). G. Burlingame, K. MacKenzie, and B. Strauss, "Small-Group Treatment: Evidence for Effectiveness and Mecha nisms of Change," in ***Bergin and Garfield's Handbook of Psychotherapy and Behavior Change***, 5th ed., ed. M. Lambert (New York: Wiley, 2004), 647–96.
56. J. Norcross and B. Wampold, "Evidence-Based Therapy Relationships: Re- search Conclusio ns and Clinical Practices," ***Psychotherapy (Chic)*** 48 (2011): 98–102.
57. T. McFarquar, P. Luyten, and P. Fonagy, "Changes in Interpersonal Prob- lems in the Psych otherapeutic Treatment of Depression as Measured by the Inven- tory of Interpersonal Prob lems: A Systematic Review and Meta-Analysis," ***Journal of Affective Disorders*** 226 (2018): 108–23.
58. D. Spence, ***Narrative Truth and Historical Truth*** (New York: W. W. Norton, 1982).
59. Siegel, ***Pocket Guide***.
60. P. Hoglend, "Exploration of the Patient-Therapist Relationship in Psycho- therapy," ***American Journal of Psychiatry*** 171 (2014): 1056–66.

61. See Dies, "Models of Group Therapy."
62. B. Slife and J. Lanyon, "Accounting for the Power of the Here-and-Now: A Theoretical Revo lution," ***International Journal of Group Psychotherapy*** 41 (1991): 145–67.
63. J. Lichtenberg, F. Lachmann, and J. Fossaghe, ***Self and Motivational Systems*** (Hillsdale, NJ: An alytic Press, 1992). J. Sandler and A. Sandler, "The Past Uncon- scious, the Present Unconsci ous, and Interpretation of Transference," ***Psychoanalytic Inquiry*** 4 (1984): 367–99.
64. J. Frank and J. Frank, ***Persuasion and Healing: A Comparative Study of Psycho- therapy***, 3rd ed. (Baltimore: Johns Hopkins University Press, 1991).
65. J. Weiss, ***How Psychotherapy Works: Process and Technique*** (New York: Guil- ford Press, 1993).
66. Schwartz and Leszcz, "Group Therapy."
67. C. Rycroft, ***Psychoanalysis Observed*** (London: Constable, 1966), 18.
68. D. Malan, F. Balfour, V. Hood, and A. Shooter, "Group Psychotherapy: A Long-Term Follow -Up Study," ***Archives of General Psychiatry*** 33 (1976): 1303–15.
69. M. Nitsun, "The Future of the Group," ***International Journal of Group Ther- apy*** 50 (2000): 455–72.
70. L. Horwitz, ***Listening with the Fourth Ear: Unconscious Dynamics in Analytic Group Psychother- apy*** (New York: Karnac Books, 2014).

CHAPTER 7: THE THERAPIST: TRANSFERENCE AND TRANSPARENCY

1. J. Breuer and S. Freud, ***Studies on Hysteria***, in S. Freud, ***The Standard Edi- tion of the Complete Psychological Works of Sigmund Freud*** (hereafter ***Standard Edition***), vol. 2 (London: Hogarth Press, 1955), 253–305.
2. H. Sullivan, ***The Interpersonal Theory of Psychiatry*** (New York: W. W. Nor- ton, 1953). H. Sull ivan, ***Conceptions of Modern Psychiatry*** (New York: W. W. Norton, 1940). P. Mullahy, "Harry Stack Sullivan," in ***Comprehensive Textbook of Psychiatry***, ed. H. Kaplan, A. Freedman, and B. Sadock (Baltimore: Williams and Wilkins, 1980), 152–55. P. Mullahy, ***The Contributions of Harry Stack Sullivan*** (New York: Hermitage House, 1952).
3. N. Wilson, "Contemporary Psychodynamic-Based Therapies: Overview," in ***The Sage Ency- clopedia of Theory in Counseling and Psychotherapy***, ed. E. Neukrug (Thousand Oaks, CA: Sage Publications, 2015), 229–34. J. Rutan, "Psychody- namic Group Psychotherapy," in Ne ukrug, ***Sage Encyclopedia of Theory in Counseling and Psychotherapy***, 820–25.
4. S. Freud, ***Five Lectures on Psycho-Analysis***, in ***Standard Edition***, vol. 11 (Lon- don: Hogarth Pr ess, 1957): 3–62.
5. In contemporary psychotherapy the client's schema describes the core be- liefs the client

holds about both himself and his relationship with his interpersonal world, along with the interpersonal behaviors that arise from these beliefs and cog- nitions. The schema also enc ompasses the client's usual way of perceiving his envi- ronment and processing informati on. See J. Safran and Z. Segal, ***Interpersonal Process in Cognitive Therapy*** (New York: Basic Books, 1990). J. Young, J. Klosko, and M. Weishaar, ***Schema Therapy: A Practitioner's Guide*** (New York: Guilford Press, 2003).

6. J. Shedler, "The Efficacy of Psychodynamic Psychotherapy," ***American Psy- chologist*** 65 (2010): 98–109.
7. L. Castonguay and C. Hill, eds., ***Transformation in Psychotherapy: Corrective Experiences Across Cognitive Behavioral, Humanistic, and Psychodynamic Approaches*** (Washington, DC: American Psychological Association, 2012), 355–70. B. Shar- pless and J. Barber, "Correcti ve Emotional Experiences from a Psychodynamic Perception," in Castonguay and Hill, ***Transformation in Psychotherapy: Corrective Experiences Across Cognitive Behavioral, Humanistic, and Psychodynamic Approaches***, 31–49. M. Friedlander et al., "If Those Tears Could Talk, What Would They Say? Multi-Method Analysis of a Corrective Experience in Brief Dyn amic Therapy," ***Psychotherapy Research*** 28 (2018): 217–34.
8. H. Levenson, ***Brief Dynamic Therapy***, Theories of Psychotherapy Series (Washington, DC: American Psychological Association, 2010). Friedlander et al., "If Those Tears Could Talk."
9. N. Miller, L. Luborsky, J. Barber, and J. Docherty, ***Psychodynamic Treatment Research*** (New York: Basic Books, 1993).
10. S. Mitchell, ***Hope and Dread in Psychoanalysis*** (New York: Basic Books, 1993), 25.
11. V. Schermer, "Contributions of Object Relations Theory and Self Psy- chology to Relational Psychology and Group Psychotherapy," ***International Journal of Group Psychotherapy*** 50 (2000): 199–212. R. Levine, "A Modern Psychoana- lytic Perspective on Group Therapy," ***International Journal of Group Psychotherapy*** 67 (2017): S109–20. A. Aviv, "Where Intersubjecti vity and Group Analysis Meet," ***International Journal of Group Psychotherapy*** 60 (2010): 91–109. M. Livingston, "Vul- nerability, Tenderness, and the Experience of Selfobject: A Self Ps ychological View of Deepening Curative Process in Group Psychotherapy," ***International Journal of Group Psychotherapy*** 49 (1999): 19–40.
12. P. Cohen, "The Practice of Modern Group Psychotherapy: Working with Past Trauma in the Present," ***International Journal of Group Psychotherapy*** 51 (2001): 489–503.
13. M. Khan, "Outrageous, Complaining, and Authenticity," ***Contemporary Psychoanalysis*** 22 (1986): 629–50. M. Leszcz, "Therapist Transparency and the Use of Self in Group Psychother apy," ***MIKBATZ: The Israeli Journal of Group Psychother- apy*** 13 (2009): 256–72. D. Magaldi and L. Trub, "(What) Do You Believe? Ther- apist Spiritual/Religious/Non-Religious Self-Di sclosure," ***Psychotherapy Research*** 28 (2018): 484–98. E. Zeisel, "Meeting Maturational Needs

in Modern Group Analysis: A Schema for Personality Integration and Interpersonal Effective ness," in ***The Wiley-Blackwell Handbook of Group Psychotherapy***, ed. J. Kleinberg (New York: Wiley, 2012), 217–229. O. Kernberg, "Love in the Analytic Setting," ***Journal of the American Psychoanalytic Association*** 42 (1994): 1137–58.

14. R. Greenson, ***The Technique and Practice of Psychoanalysis*** (New York: Inter- national Univers ities Press, 1967). P. Hoglend, "Exploration of the Patient-Therapist Relationship in Psychot herapy," ***American Journal of Psychiatry*** 171 (2014): 1056–66. P. Crits-Chritoph, C. Gibbons, and D. Mukherjee, "Psychotherapy Process- Outcome Research," in ***Bergin and Garfield's Handbook of Psychotherapy and Behavior Change***, 6th ed., ed. M. Lambert (New York: Wiley, 2013), 298–340.
15. M. West and J. Livesley, "Therapist Transparency and the Frame for Group Therapy," ***International Journal of Psychoanalysis*** 36 (1986): 5–20.
16. J. Schlapobersky, ***From the Couch to the Circle: Group-Analytic Psychotherapy in Practice*** (Abin gdon, Oxon, UK: Routledge, 2016).
17. R. Schultz-Ross, "Ideological Singularity as a Defense Against Clinical Complexity," ***American Journal of Psychotherapy*** 49 (1995): 540–47.
18. L. Horwitz, "Discussion of 'Group as a Whole,' " ***International Journal of Group Psychotherapy*** 45 (1995): 143–48. L. Horwitz, ***Listening with the Fourth Ear: Unconscious Dynamics in Analytic Group Psychotherapy*** (New York: Karnac Books, 2014). R. Billow, "It's All About Me: In troduction to Relational Group Psycho- therapy," in Kleinberg, ***Wiley-Blackwell Handbook of Group Psychotherapy***, 169–85.
19. H. Durkin and H. Glatzer, "Transference Neurosis in Group Psychother- apy: The Concept and the Reality," ***International Journal of Group Psychotherapy*** 47 (1997): 183–99. Reprinted from H. Durkin and H. Glatzer, "Transference Neu- rosis in Group Psychotherapy: The Con cept and the Reality," in ***Group Therapy 1973: An Overview***, ed. L. Wolberg and E. Schwartz (New York: Intercontinental Book Corporation, 1973). P. Kauff, "Transference and Regressi on In and Beyond Analytic Group Psychotherapy: Revisiting Some Timeless Thoughts," ***Inter- national Journal of Group Psychotherapy*** 47 (1997): 201–10. P. Kauff, "Psychoana- lytic Group Psychotherapy," ***International Journal of Group Psychotherapy*** 67 (2017): S91–98.
20. G. Gabbard, "Advances in Psychoanalytic Therapy," presented to the De- partment of Psych iatry, University of Toronto, May 13, 1998.
21. S. Freud, ***Group Psychology and the Analysis of the Ego***, in ***Standard Edition***, vol. 18 (London: Hogarth Press, 1955), 67–143.
22. E. Fromm, ***Escape from Freedom*** (New York: Holt, Rinehart and Winston, 1941), 21.
23. L. Horwitz, "Narcissistic Leadership in Psychotherapy Groups," ***Interna- tional Journal of Group Psychotherapy*** 50 (2000): 219–35. M. Leszcz, "Reflections on the Abuse of Power, Con

trol, and Status in Group Therapy and Group Ther- apy Training," *International Journal of Group Psychotherapy* 54 (2004): 389–400. I. Harwood, "Distinguishing Between the Facilitati ng and Self-Serving Charismatic Group Leader," *Group* 27 (2004): 121–29.

24. K. Roth, *The Dangerous Rise of Populism*, Human Rights Watch World Report, 2017, www.hrw.org/world-report/2017/country-chapters/dangerous-rise-of-populism. J. Judis, *The Populist Explosion: How the Great Recession Trans- formed American and European Politics* (New York: Columbia Global Reports, 2016).
25. L. Tolstoy, *War and Peace* (New York: Random House, 1931 [1865–1869]), 231.
26. Tolstoy, *War and Peace*, 245.
27. J. Gans, *Difficult Topics in Group Psychotherapy: My Journey from Shame to Courage* (London: Karnac Books, 2010).
28. M. Nitsun, "The Future of the Group," *International Journal of Group Psy- chotherapy* 50 (2000): 455–72. R. Billow, "On Resistance," *International Journal of Group Psychotherapy* 60 (2010): 313–46. M. Nitsun, *Beyond the Anti-Group: Survival and Transformation* (Abingdon, Oxon, UK: Routledge, 2014).
29. M. Levy, "A Helpful Way to Conceptualize and Understand Re-Enactments," *Journal of Psychotherapy Practice and Research* 7 (1998): 227–38.
30. J. Shay, "Projective Identification Simplified: Recruiting Your Shadow," *International Journal of Group Psychotherapy* 61 (2011): 238–61. M. Leszcz and J. Malat, "The Interpersonal Model of Group Psychotherapy," in Kleinberg, *Wiley-Blackwell Handbook of Group Psychotherapy*, 33–58. C. Classen, R. Muller, N. Field, C. Clark, and E. Stern, "A Naturalistic Study of a Brief Treatment Program for Survivors of Complex Trauma," *Journal of Trauma and Dissociation* 18 (2017): 720–34.
31. C. Marmarosh, "Attachment in Group Psychotherapy: Bridging Theories, Research, and Clin ical Techniques," *International Journal of Group Psychotherapy* 67 (2017): 157–60.
32. S. Freud, *The Future of an Illusion*, in *Standard Edition*, vol. 21 (London: Hogarth Press, 1961), 1–56.
33. M. Leszcz, "Reflections on the Abuse of Power, Control and Status in Group Therapy and Gr oup Therapy Training," *International Journal of Group Psycho- therapy* 54 (2004): 389–400. A. Steiner, "The Empty Chair: Making our Absence Less Traumatic for Everyone," *New Therapist* 48 (2007): 11–21.
34. S. Knox, S. Hess, D. Petersen, and C. Hill, "A Qualitative Analysis of Client Perceptions of the Effects of Helpful Therapist Self-Disclosure in Long- Term Therapy," *Journal of Counseling Psychology* 44 (1997): 274–83. B. Cohen and V. Schermer, "Therapist Self-Disclosure in Group Psychotherapy from an Intersub- jective and Self-Psychological Standpoint," *Group* 25 (2001): 41–57. J. McCullough, *Treating Chronic Depression with Disciplined Personal In-*

volvement (New York: Springer, 2006). Leszcz and Malat, "Interpersonal Model." L. Mahon and M. Leszcz, "The Interpersonal Model of Group Psychotherapy," ***International Journal of Group Psycho- therapy*** 67 (2017): S121–30.

35. R. Dies, "Models of Group Therapy: Sifting Through Confusion," ***Interna- tional Journal of Group Psychotherapy*** 42 (1992): 1–17. Leszcz and Malat, "Interpersonal Model."
36. Neukrug, ***Sage Encyclopedia of Theory in Counseling and Psychotherapy***.
37. I. Yalom, ***Inpatient Group Psychotherapy*** (New York: Basic Books, 1983). E. Berne, "Staff–Pati ent Conferences," ***American Journal of Psychiatry*** 125 (1968): 286–88.
38. A. Blume-Marcovici, R. Stolberg, and M. Khademi, "Do Therapists Cry in Therapy? The Role of Experience and Other Factors in Therapists' Tears," ***Psy- chotherapy*** 50 (2013): 224–34.
39. A. Tritt, J. Kelly, and G. Waller, "Patients' Experiences of Clinicians' Cry- ing During Psycho therapy for Eating Disorders," ***Psychotherapy*** 52 (2015): 373–80.
40. A. Rachman, "Sándor Ferenczi's Contributions to the Evolution of Psychoanalysis," ***Psycho- analytic Psychology*** 24 (2007): 74–96. A. Rachman, "The Origins of a Relational Perspective in the Ideas of Sándor Ferenczi and the Budapest School of Psychoanalysis," ***Psychoanalytic Perspectives*** 7 (2010): 43–60.
41. J. Rutan, "Sándor Ferenczi's Contributions to Psychodynamic Group Therapy," ***International Journal of Group Psychotherapy*** 53 (2003): 375–84. A. Rach- man, "Issues of Power, Control, and Status in Group Interaction: From Ferenczi to Foucault," ***Group*** 27 (2003): 89–105.
42. S. Ferenczi, quoted in ***Interpersonal Analysis: The Selected Papers of Clara M. Thompson***, ed. M. Green (New York: Basic Books, 1964), 70. For a brief period, Ferenczi conducted the ultima te experiment in therapist transparency: mutual analysis. He and the analysand alternated roles: for one hour he analyzed the client, and for the next hour the client analyzed him. Ev entually he dropped this imprac- tical format, but he was not convinced that the transpare ncy impeded therapy. S. Ferenczi, ***The Clinical Diaries of S. Ferenczi*** (Cambridge, MA: Harva rd University Press, 1993).
43. S. Foulkes, "A Memorandum on Group Therapy," ***British Military Memo- randum***, ADM, July 1945.
44. I. Yalom, ***Love's Executioner*** (New York: Basic Books, 1990). I. Yalom, ***Ly- ing on the Couch*** (New York: Basic Books, 1996). I. Yalom, ***Momma and the Meaning of Life*** (New York: Basic Books, 1999). I. Yalom, ***When Nietzsche Wept*** (New York: Basic Books, 1992). I. Yalom, ***The Schopenhauer Cure*** (New York: HarperCollins, 2005). I. Yalom and M. Leszcz, "Group Thera py: A Live Demonstration," 2011, available at Psychotherapy.net, www.psychotherapy.net/video/group-therapy.
45. Leszcz, "Therapist Transparency." M. Leszcz, C. Pain, J. Hunter, R. Maunder, and P. Ravitz, ***Psychotherapy Essentials to Go: Psychotherapy Effectiveness*** (New York: W. W. Norton, 2015).

46. B. Wampold and Z. Imel, ***The Great Psychotherapy Debate: The Evidence for What Makes Psychotherapy Work***, 2nd ed. (New York: Routledge, 2015). B. Wampold, "How Important Are the Common Factors in Psychotherapy? An Up- date," ***World Psychiatry*** 14 (2015): 270–77.
47. D. Fromm, G. Dickey, and J. Shaefer, "Group Modification of Affective Verbalization: Reinf orcements and Therapist Style Effects," ***Journal of Clinical Psy- chology*** 39 (1983): 893–900. R. Dies, "Therapist Variables in Group Psychotherapy Research," in ***Handbook of Group Psychotherapy***, ed. A. Fuhriman and G. Burlingame (New York: Wiley, 1994), 114–54. R. Dies, "Res earch in Group Psychotherapy: Overview and Clinical Applications," in ***Group Therapy in Clinical Practice***, ed. A. Alonso and H. Swiller (Washington, DC: American Psychiatric Press, 1993), 473–518. M. Nichols and R. Schwartz, ***Family Therapy: Concepts and Methods*** (Needh am Heights, MA: Allyn and Bacon, 1991), 265.
48. S. Foreman, "The Significance of Turning Passive into Active in Control Mastery Theory," ***Journal of Psychotherapy Practice and Research*** 5 (1996): 106–21.
49. S. Wiser and M. Goldfried, "Therapist Interventions and Client Emotional Experiencing in Ex pert Psychodynamic-Interpersonal and Cognitive-Behavioral Therapies," ***Journal of Consulting and Clinical Psychology*** 66 (1998): 634–40. T. Eels, "What Do We Know About Master Ther apists?," ***Journal of Psychotherapy Practice and Research*** 67 (1999): 314–17. J. Henretty, J. Curr ier, J. Berman, and H. Levitt, "The Impact of Counselor Self-Disclosure on Clients: A Meta-A nalytic Review of Experimental and Quasi-Experimental Research," ***Journal of Counseling Psychology*** 61 (2014): 191–207. H. Levitt et al., "How Therapist Self-Disclosure Relates to Alli ance and Outcomes: A Naturalistic Study," ***Counselling Psychology Quarterly*** 29 (2016): 7–28.
50. K. Pinto-Coelho, C. Hill, and D. Kivlighan, "Therapist Self-Disclosure in Psychodynamic Ps ychotherapy: A Mixed Methods Investigation," ***Counseling Psy- chology Quarterly*** 29 (2016): 29–52.
51. Leszcz and Malat, "Interpersonal Model." Mahon and Leszcz, "Interper- sonal Model."
52. L. Castonguay, J. Boswell, M. Constantino, M. Goldfried, and C. Hill, "Training Implications of Harmful Effects of Psychological Treatments," ***American Psychologist*** 65 (2010): 34–49.
53. J. Safran, J. Muran, and C. Eubanks-Carter, "Repairing Alliance Rup- tures," ***Psychotherapy*** 48 (2011): 80–87. C. Hill and S. Knox, "Processing the Ther- apeutic Relationship," ***Psychotherapy Research*** 19 (2009): 13–29.
54. Hill and Knox, "Processing the Therapeutic Relationship."
55. Foreman, "Significance of Turning Passive."
56. L. Murphy, M. Leszcz, A. Collings, and J. Salvendy, "Some Observations on the Subjective Ex perience of Neophyte Group Therapy Trainees," ***International Journal of Group Psychotherapy*** 46 (1996): 543–52. M. Leszcz, "Psychotherapy Super- vision and the Development of the Psychotherapist," in ***On Becoming a Psychothera- pist: The Personal and Professional Journey***,

ed. R. H. Klein, H. S. Bernard, and V. L. Schermer (New York: Oxford University Press, 2011), 114–43.

57. P. Wachtel, *Therapeutic Communication: Knowing What to Say When*, 2nd ed. (New York: Gui lford Press, 2011). D. Miller, E. Spengler, and P. Spengler, "A Meta-Analysis of Confidence and Judgement Accuracy in Clinical Decision Mak- ing," *Journal of Counseling Psychology* 62 (2015): 553–67.

58. A. Chapman, "The Treatment Technique," *in Harry Stack Sullivan: The Man and His Work* (New York: Putnam, 1976), 17.

59. Gans, *Difficult Topics*.

60. M. Allan, "An Investigation of Therapist and Patient Self-Help Disclosure in Outpatient Ther apy Groups," *Dissertation Abstracts International* 41 (1980), no. 8021155.

61. Cohen and Schermer, "Therapist Self-Disclosure in Group Psychother- apy." Psychopatholo gy Committee of the Group for the Advancement of Psychi- atry, "Re-examination of Thera pist Self-Disclosure," *Psychiatric Services* 52 (2001): 1489–93. A. Bloomgarden and R. Mennu ti, eds., *Psychotherapist Revealed: Therapists Speak About Self-Disclosure in Psychotherapy* (New York: Routledge, 2009).

62. R. Waldinger, "Intensive Psychodynamic Therapy with Borderline Pa- tients: An Overview," *American Journal of Psychiatry* 144 (1987): 267–74.

63. H. Conte, R. Ratto, K. Clutz, and T. Karasu, "Determinants of Outpa- tients' Satisfactions with Therapists: Relation to Outcome," *Journal of Psychotherapy Practice and Research* 4 (1995): 43–51.

64. S. Wilkinson and G. Gabbard, "Therapeutic Self-Disclosure with Border- line Patients," *Journal of Psychotherapy Practice and Research* 2 (1993): 282–95. Magaldi and Trub, "(What) Do You Believe?" J. Henretty and H. Levitt, "The Role of Therapist Self-Disclosure in Psycho therapy: A Qualitative Review," *Clinical Psy- chology Review* 30 (2010): 63–77.

65. K. Ullman, "Unwitting Exposure of the Therapist Transferential and Countertransferential Dilemmas," *Journal of Psychotherapy Practice and Research* 10 (2001): 14–21.

66. Magaldi and Trub, "(What) Do You Believe?"

67. American Psychological Association, "Ethical Principles of Psychologists and Code of Cond uct," *American Psychologist* 57 (2002): 1060–73. Henretty and Levitt, "Role of Therapist Self-Disclosure." G. Cole and J. Drescher, "Do Tell: Queer Perspectives on Therapist Self-Disclosure—Introduction," *Journal of Gay and Lesbian Psychotherapy* 10 (2006): 1–6. L. Paparella, "Group Psychotherapy and Parkinson's Disease: When Members and Therapist Share the Diagnosis," *Interna- tional Journal of Group Psychotherapy* 54 (2004): 401–9.

68. T. Gutheil and G. Gabbard, "The Concepts of Boundaries in Clinical Prac- tice: Theoretical and Risk-Management Dimensions," *American Journal of Psychiatry* 150 (1993): 188–96. T.

Gutheil and G. Gabbard, "Misuses and Misunderstandings of Boundary Theory in Clinical and Regulatory Settings," *American Journal of Psy- chiatry* 155 (1998): 409–14. K. Pope and P. Keith-Spiegel, "A Practical Approach to Boundaries in Psychotherapy: Making Decisions, By passing Blunders, Mending Fences," *Journal of Clinical Psychology: In Session* 64 (2008): 1–15.

69. D. Kivlighan and J. Tarrant, "Does Group Climate Mediate the Group Leadership–Group Me mber Outcome Relationship? A Test of Yalom's Hypothesis About Leadership Priorities," *Group Dynamics: Theory, Research and Practice* 3 (2001): 220–34.
70. M. Parloff, "Discussion of Accelerated Interaction: A Time-Limited Ap- proach Based on the Brief Intensive Group," *International Journal of Group Psycho- therapy* 28 (1968): 239–44.
71. Ferenczi, quoted in M. Green, *Interpersonal Analysis*.
72. R. Dies, "Leadership in Short-Term Groups," in *Advances in Group Psycho- therapy*, ed. R. Dies and R. MacKenzie (New York: International Universities Press, 1983), 27–78. R. Dies, "Group Therapist Transparency: A Critique of Theory and Research," *International Journal of Group Psychotherapy* 27 (1977): 177–200. R. Dies and L. Cohen, "Content Considerations in Group Therapist Self-Disclosure," *In- ternational Journal of Group Psychotherapy* 26 (1976): 71–88.
73. S. McNary and R. Dies, "Co-Therapist Modeling in Group Psychother- apy: Fact or Fanta sy," *Group* 17 (1993): 131–42.
74. Wachtel, *Therapeutic Communication*. Castonguay et al., "Training Implica- tions of Harmful Effects." Henretty and Levitt, "Role of Therapist Self-Disclosure."
75. R. Elliott, J. Watson, A. Bohart, and L. Greenberg, "Empathy," *Psychother- apy Research Practice Training* 48 (2011): 43–49.
76. E. O'Neill, *The Iceman Cometh* (New York: Random House, 1957).
77. H. Ibsen, *The Wild Duck* (New York: Avon Press, 1965 [1884]).
78. V. Frankl, personal communication, 1975.

CHAPTER 8: SELECTING CLIENTS AND COMPOSING GROUPS

1. W. Piper, M. McCallum, A. Joyce, J. Rosie, and J. Ogrodniczuk, "Patient Personality and Tim e-Limited Group Psychotherapy for Complicated Grief," *In- ternational Journal of Group Psychotherapy* 51 (2001): 525–52. R. Kadden, M. Litt, N. Cooney, E. Kabela, and H. Getter, "Prospective Matching of Alcoholic Clients to Cognitive-Behavioral or Interactional Group Therapy," *Journal of Studies on Alcohol* 62, no. 3 (2001): 359–69. G. Burlingame et al., *Core Battery–Revised* (New York: American Group Psychotherapy Association, 2006). U. Dinger and H. Schauen- burg, "Effects of Individual Cohesion and Patient Interpersonal Style on

Outcome in Psychodynamically Oriented Inpatient Group Psychotherapy," ***Psychotherapy Re- search*** 20 (2010): 22–29. J. Krogel, M. Beecher, J. Presnell, G. Burlingame, and C. Simons en, "The Group Selection Questionnaire: A Qualitative Analysis of Poten- tial Group Membe rs," ***International Journal of Group Psychotherapy*** 59 (2009): 529–42.

2. M. Ribeiro, J. Gross, and M. Turner, eds., ***College Counselor's Guide to Group Psychotherapy*** (New York: Routledge, 2018). J. Kleinberg, ed., ***The Wiley-Blackwell Handbook of Group Psy- chotherapy*** (New York: Wiley, 2012).
3. G. Burlingame, A. Joyce, and B. Strauss, "Small-Group Treatment: Evidence for Effectivene ss and Mechanism of Change," in ***Bergin and Garfield's Handbook of Psychotherapy and Be- havior Change***, 6th ed., ed. M. Lambert (New York: Wiley, 2013), 640–89. G. Burlingame and B. Strauss, "Efficacy of Small Group Treat- ments: Foundation for Evidence-Based Practice," in ***Bergin and Garfield's Handbook of Psychotherapy and Behavior Change***, 7th ed., ed. M. Bar kham, L. Castonguay, and W. Lutz (New York: Wiley, forthcoming). G. Burlingame et al., "Di fferential Effectiveness of Group, Individual, and Conjoint Treatments: An Archival Anal- ysis of OQ-45 Change Trajectories," ***Psychotherapy Research*** 26 (2016): 556–72. G. Burlinga me and J. Jensen, "Small Group Process and Outcome Research High- lights: A 25-Year Pers pective," ***International Journal of Group Psychotherapy*** 67 (2017): S194–218. G. Burlingame et al., "Outcome Differences Between Individual and Group Formats When Identical and No nidentical Treatments, Patients, and Doses Are Compared: A 25-Year Meta-Analytic Perspe ctive," ***Psychotherapy*** 53 (2016): 446–61.
4. K. MacKenzie, "Where Is Here and When Is Now? The Adaptational Chal- lenge of Mental Health Reform for Group Psychotherapy," ***International Journal of Group Psychotherapy*** 44 (1994): 407–28. Burlingame et al., "Outcome Differences Between Individual and Group For mats."
5. S. Holmes and D. Kivlighan, "Comparison of Therapeutic Factors in Group and Individual Treatment Processes," ***Journal of Counseling Psychology*** 47 (2000): 478–84.
6. K. Graham, H. Annis, P. Brett, P. Venesoen, and R. Clifton, "A Controlled Field Trial of Gro up Versus Individual Cognitive-Behavioral Training for Re- lapse Prevention," ***Addiction*** 91 (1996): 1127–39. D. Renjilian, M. Peri, A. Nezu, W. McKelvey, R. Shermer, and S. Anton, "In dividual Versus Group Therapy for Obesity: Effects of Matching Participants to the Treatme nt Preferences," ***Journal of Consulting Clinical Psychology*** 69 (2001): 717–21.
7. F. Fawzy, N. Fawzy, and J. Wheeler, "A Post-Hoc Comparison of the Ef- ficiency of a Psych oeducational Intervention for Melanoma Patients Delivered in Group Versus Individual For mats: An Analysis of Data from Two Studies," ***Psycho- Oncology*** 5 (1996): 81–89. K. Lorig, "Chronic Disease Self-Management Program: Insights from the Eye of the Storm," ***Frontiers of Public Health*** 2 (2014): 253. K. Lorig, "Corrigendum: Chronic Disease Self-Management Pr

ogram: Insights from the Eye of the Storm," ***Frontiers of Public Health*** 3 (2015): 153.

8. E. Westbury and L. Tutty, "The Efficacy of Group Treatment for Survivors of Childhood Abu se," ***Child Abuse and Neglect*** 23 (1999): 31–44. J. Bass et al., "Con- trolled Trial of Psychother apy for Congolese Survivors of Sexual Violence," ***New England Journal of Medicine*** 368 (2013): 2182–91.
9. B. Wampold and Z. Imel, ***The Great Psychotherapy Debate: The Evidence for What Makes Psychotherapy Work***, 2nd ed. (New York: Routledge, 2015). J. Swift, J. Callahan, and B. Vollmer, "Preferences," ***Journal of Clinical Psychology*** 67 (2012): 155–65.
10. B. Strauss, L. Spangenberg, E. Brähler, and B. Bormann, "Attitudes To- wards (Psychotherapy) Groups: Results of a Survey in a Representative Sample," ***International Journal of Group Psychotherapy*** 65 (2015): 410–30. Z. Shechtman and A. Kiezel, "Why Do People Prefer Individu al Therapy over Group Therapy?," ***Inter- national Journal of Group Psychotherapy*** 66 (2016): 571–91.
11. L. Hoffman, R. Gleave, G. Burlingame, and A. Jackson, "Exploring Inter- actions of Improve rs and Deteriorators in the Group Therapy Process," ***International Journal of Group Psychotherapy*** 59 (2009): 179–97. S. Lorentzen, P. Høglend, E. Mar- tinsen, and E. Ringdal, "Practic e-Based Evidence: Patients Who Did Not Respond to Group Analysis," ***International Journal of Group Psychotherapy*** 61 (2011): 366–95.
12. J. Boswell, D. Kraus, S. Miller, and M. Lambert, "Implementing Routine Outcome Monitori ng in Clinical Practice: Benefits, Challenges, and Solutions," ***Psychotherapy Research*** 25 (2015): 6–19.
13. E. Nash et al., "Some Factors Related to Patients Remaining in Group Psy- chotherapy," ***International Journal of Group Psychotherapy*** 7 (1957): 264–75. J. John- son, ***Group Psychotherapy: A Practical Approach*** (New York: McGraw-Hill, 1963). E. Fried, "Basic Concepts in Gro up Therapy," in ***Comprehensive Group Therapy***, ed. H. Kaplan and B. Sadock (Baltimore: Wil liams and Wilkins, 1971), 50–51.
14. L. Horwitz, "Indications and Contraindications for Group Psychotherapy," ***Bulletin of the Menninger Clinic*** 40 (1976): 505–7. J. Gans and E. Counselman, "Pa- tient Selection for Psyc hodynamic Group Psychotherapy: Practical and Dynamic Considerations," ***International Journal of Group Psychotherapy*** 60 (2010): 197–220.
15. S. Slavson, "Criteria for Selection and Rejection of Patients for Various Kinds of Group Ther apy," ***International Journal of Group Psychotherapy*** 5 (1955): 3–30. S. Adrian, "A Systematic Approach to Selecting Group Participants," ***Journal of Psychiatric Nursing*** 18 (1980): 37–41.
16. Nash et al., "Some Factors." Johnson, ***Group Psychotherapy***. Fried, "Basic Concepts." R. Mac Nair-Semands, "Predicting Attendance and Expectations for Group Therapy," ***Group Dynamics: Theory, Research, and Practice*** 6 (2002): 219–28.

17. M. Weiner, "Group Therapy in a Public Sector Psychiatric Clinic," ***Inter- national Journal of Group Psychotherapy*** 38 (1988): 355–65. M. Rosenbaum and E. Hartley, "A Summary Review of Current Practices of Ninety-Two Group Thera- pists," ***International Journal of Group Psychotherapy*** 12 (1962): 194–98. W. Friedman, "Referring Patients for Group Therapy: Some Guidelines," ***Hospital and Community Psychiatry*** 27 (1976): 121–23. A. Frances, J. Clarkin, and J. Marachi, "Selection Criteria for Outpatient Group Psychotherapy," ***Hospital and Community Psychiatry*** 31 (1980): 245–49. M. Woods and J. Melnick, "A Review of Group Therapy Selection Criteria," ***Small Group Behavior*** 10 (1979): 155–75.
18. R. MacNair-Semands, "Predicting Attendance and Expectations for Group Therapy," ***Group Dynamics: Theory, Research, and Practice*** 6 (2002): 219–28.
19. Burlingame et al., ***Core Battery–Revised.***
20. The Group Selection Questionnaire is a nineteen-item self-report con- sisting of three scal es that evaluates the client's (1) Expectancy—expectations of group therapy; (2) Participation—interpersonal capacity to engage effectively; and (3) Demeanor—fit with gro up members and degree of deviancy as we define it here. The Group Therapy Questionnai re is a more comprehensive self-report of the client's background, relationships, substance use, health, and attitudes toward group therapy. G. Burlingame, J. Cox, R. Davies, C. Layne, and R. Gleave, "The Group Selection Questionnaire: Further Refinements in Group Member Selec- tion," ***Group Dynamics: Theory, Research, and Practice*** 15 (2011): 60–74. Krogel et al., "Group Selection Questionnaire." R. Lee, M. Draper, and S. Lee, "Social Connect- edness, Dysfunctional Interpersonal Behaviors, and Psychological Distress: Testing a Mediator Mod el," ***Journal of Counseling Psychology*** 48 (2001): 310–18. MacNair- Semands, "Predicting Atte ndance and Expectations." I. Söchting, M. Lau, and J. Ogrodniczuk, "Predicting Compliance in Group CBT Using the Group Therapy Questionnaire," ***International Journal of Group Psychotherapy*** 68 (2018): 18–94. D. Kealy, J. Ogrodniczuk, W. Piper, and C. Sierra-Hernandez, "When It Is Not a Good Fit: Clinical Errors in Patient Selection and Group Composition in Group Psychotherapy," ***Psychotherapy*** 53 (2016): 308–13.
21. Wampold and Imel, ***Great Psychotherapy Debate***. A. Horvath, A. Del Re, C. Flückiger, and D. Symonds, "Alliance in Individual Psychotherapy," ***Psychotherapy*** 48 (2011): 9–16.
22. R. Morgan and C. Winterowd, "Interpersonal Process-Oriented Group Psychotherapy with Offender Populations," ***International Journal of Offender Therapy and Comparative Criminology*** 46 (2002): 466–82. J. Jennings and S. Sawyer, "Princi- ples and Techniques for Maximizi ng the Effectiveness of Group Therapy with Sex Offenders," ***Sexual Abuse*** 15 (2003): 251–67.
23. Friedman, "Referring Patients." Woods and Melnick, "Group Therapy Selection Criteria." Fr ances et al., "Selection Criteria." Horwitz, "Indications and Contraindications."
24. Horwitz, "Indications and Contraindications." Friedman, "Referring Pa- tients." H. Gruneba

um and W. Kates, "Whom to Refer for Group Psychotherapy," ***American Journal of Psychiatry*** 134 (1977): 130–33.

25. M. Linehan, ***DBT Skills Training Manual***, 2nd ed. (New York: Guilford Press, 2014). M. Lineh an, "Naturalistic Follow-Up of a Behavioral Treatment for Chronically Parasuicidal Borderli ne Patients," ***Archives of General Psychiatry*** 50 (1993): 971–74. E. Marziali and H. Munroe-Bl um, ***Interpersonal Group Psychotherapy for Borderline Personality Disorder*** (New York: Basic Books, 1994). Y. Bergmans and P. Links, "A Description of a Psychosocial/Psychoeducation al Intervention for Per- sons with Recurrent Suicide Attempts," ***Crisis*** 23 (2002): 156–60.
26. I. Yalom, "A Study of Group Therapy Dropouts," ***Archives of General Psy- chiatry*** 14 (1966): 393–414.
27. An empirical analysis concluded that 47 percent of all clients leave psy- chotherapy (group and individual therapy) prematurely. Subsequent studies and meta-analyses report prematu re termination rates, on average, of nearly 33 percent of all clients and reaching up to 75 pe rcent in some situations. The groups of less effective therapists, marked by poorer levels of interpersonal connection, lower empathy, and greater negative countertransference, have higher dropout rates, by as much as a fourfold factor. Therapists underestimate the risk of dropouts and tend to fault the client, neglecting to see the role they themselves may play. Even in expert hands, some dropouts are unavoidable, no doubt because of the complex int erplay of client, group, and therapist variables. M. Wierzbicki and G. Pekarik, "A Meta-Anal ysis of Psychotherapy Dropouts," ***Professional Psychology: Research and Practice*** 24 (1993): 190–95. D. Saxon, M. Barkham, A. Foster, and G. Parry, "The Contribution of Therapist Effe cts to Patient Dropout and Deterioration in the Psychological Therapies," ***Clinical Psychology and Psychotherapy*** 24 (2017): 575–88. Gans and Counselman, "Patient Selection for Psych odynamic Group Therapy." R. Westmacott and J. Hunsley, "Psychologists' Perspectives on Therapy Termination and the Use of Therapy Engagement/Retention Strategies," ***Clinical Psychology and Psychotherapy*** 24 (2017): 687–96.
28. M. McCallum and W. Piper, "A Controlled Study for Effectiveness and Patient Suitability for Short-Term Group Psychotherapy," ***International Journal of Group Psychotherapy*** 40 (1990): 431–52. M. McCallum, W. Piper, and A. Joyce, "Dropping Out from Short-Term Group Ther apy," ***Psychotherapy*** 29 (1992): 206–13. Nash et al., "Some Factors." B. Kotkov, "The Effects of Individual Psycho- therapy on Group Attendance," ***International Journal of Group Psychotherapy*** 5 (1955): 280–85. S. Rosenzweig and R. Folman, "Patient and Therapist Variables Aff ecting Premature Termination in Group Psychotherapy," ***Psychotherapy: Theory, Research and Practice*** 11 (1974): 76–79. Yalom, "Group Therapy Dropouts." Johnson, ***Group Psychotherapy***. M. Grotjahn, "Learning from Dropout Patients: A Clinical View of Patients Who Dis continued Group Psychotherapy," ***International Journal of Group Psychotherapy*** 22 (1972):

306–19. L. Koran and R. Costell, "Early Termination from Group Psychotherapy," ***International Journal of Group Psychotherapy*** 24 (1973): 346–59. S. Budman, A. Demby, and M. Ran dall, "Short-Term Group Psychotherapy: Who Succeeds, Who Fails," ***Group*** 4 (1980): 3–16. M. Weiner, "Outcome of Psychoan- alytically Oriented Group Therapy," ***Group*** 8 (1984): 3–1 2. W. Piper, E. Debbane, J. Blenvenu, and J. Garant, "A Comparative Study of Four Forms of Psychother- apy," ***Journal of Consulting and Clinical Psychology*** 52 (1984): 268–79. W. Stone and S. Rutan, "Duration of Treatment in Group Psychotherapy," ***International Journal of Group Psychotherapy*** 34 (1984): 101–17. K. Christiansen, K. Valbak, and A. Weeke, "Prematu re Termination in Analytic Group Therapy," ***Nordisk-Psykiatrisk-Tidsskrift*** 45 (1991): 377–82. R. MacNair and J. Corazzini, "Clinical Factors Influencing Group Therapy Dropouts," ***Psychotherapy: Theory, Research, Practice and Training*** 31 (1994): 352–61. M. McCallum, W. Pip er, J. Ogrodniczuk, and A. Joyce, "Early Process and Dropping Out from Short-Term Group Therapy for Complicated Grief," ***Group Dynamics: Theory, Research, and Practice*** 6 (2002): 243–54. T. Oei and T. Kazmierczak, "Factors Associated with Dropout in a Group Cognitive Behavior Therapy for Mood Disorders," ***Behaviour Research and Therapy*** 35 (1997): 1025–30.

29. C. Rice, "Premature Termination of Group Therapy: A Clinical Perspec- tive," ***International Journal of Group Psychotherapy*** 46 (1996): 5–23.
30. M. Lieberman, I. Yalom, and M. Miles, ***Encounter Groups: First Facts*** (New York: Basic Boo ks, 1972).
31. M. Seligman, "The Effectiveness of Psychotherapy: The Consumer Re- ports Study," ***American Psychologist*** 50 (1995): 965–74. Saxon et al., "Contribution of Therapist Effects."
32. W. Piper, A. Joyce, J. Rosie, and H. Azim, "Psychological Mindedness, Work and Outcome in Day Treatment," ***International Journal of Group Psychother- apy*** 44 (1994): 291–311. In a stu dy of 109 patients with prolonged or pathological grief in brief (12-week), analytically orien ted group therapy, the 33 dropouts were found to be significantly less psychologically mind ed than continuers. They also tended to have greater psychiatric symptomatology and great er intensity of tar- get symptoms. McCallum et al., "Dropping Out from Short-Term Group Ther- apy." A study of Veterans Administration ambulatory groups found that dropouts had less capacity to withstand stress, less desire for empathy, less ability to achieve emotional ra pport, and a lower Wechsler verbal scale IQ and came from a lower socioeconomic class. Rosenzweig and Folman, "Patient and Therapist Variables." Many other studies have report ed that dropouts (from any psychotherapeutic for- mat) are disproportionately high among the lower socioeconomic class. R. Klein and R. Carroll, "Patient Characteristics and Attenda nce Patterns in Outpatient Group Psychotherapy," ***International Journal of Group Psychotherapy*** 36, no. 1 (1986): 115–132. H. Roback and M. Smith, "Patient Attrition in Dynamical ly Oriented Treatment Groups," ***American Journal of Psychiatry*** 144 (1987): 426–43. Grotjahn

studied his long-term analytic groups and noted that, over a six-year period, 43 group mem bers (35 percent) dropped out within the first 12 months of therapy. He felt that, in retrospe ct, approximately 40 percent of the dropouts were predictable. They fell into three categori es: (1) clients with diagnoses of manifest or threaten- ing psychotic breakdowns; (2) clients who used the group for crisis resolution and dropped out when the emergency had passed; (3) highly schizoid, sensitive, iso- lated individuals who needed more careful, intensive prep aration for group therapy. Grotjahn, "Learning from Dropout Patients." Nash and his cowor kers studied 30 group therapy clients in a university outpatient clinic. The 17 dropouts (thr ee or fewer meetings) differed significantly from the 13 continuers in several respects: they were more socially ineffective, experienced their illness as progressive and urgent, or were high deniers who terminated therapy as their denial crumbled in the face of confrontation by the group. Nash et al., "Some Factors." MacNair and colleagues also studied two large gr oupings of clients treated at a university counseling service in 16-session interactional inter personal group therapy. This study of 155 and 310 clients, respectively, over several years employed the Group Therapy Questionnaire (GTQ) to evaluate the group members. Dropou ts and poor attenders could be predicted by the following characteristics: anger, hostility and argumentativeness, social inhibition, substance abuse, and somatization. MacNair and Corazzini, "Clinical Factors Influencing Group Therapy Dropout." In con- trast, prior experi ence in some form of psychotherapy was a protective variable. MacNair-Semands, "Predicti ng Attendance and Expectations." This latter finding echoes an earlier report that demonstr ated that dropouts were much more likely to be individuals who were in group therapy for their first time. Stone and Rutan, "Duration of Treatment." Tasca and colleagues studied 102 clients in an intensive group therapy day hospital program and reported that dropouts were predicted by the combined presence of reduced psychological-mindedness and chronicity of problems. High degrees of psychological-mindedness offset the negative impact of illne ss chronicity on treatment completion. G. Tasca et al., "Treatment Comple- tion and Outco me in a Partial Hospitalization Program: Interaction Among Patient Variables," ***Psychotherapy Research*** 9 (1999): 232–47. Dropout rates for 139 clients participating in 12-session gro up therapy for complicated grief were 23 percent (regardless of whether they were in an int erpretive or a supportive model of group therapy). Dropouts experienced far less positive emotion in the early sessions and were less compatible with, and less important to, the gro up. The therapists reported that they had less emotional investment in these clients from the outset of therapy. McCallum et al., "Early Process and Dropping Out." The phenomenon of very early therapist divestment and antipathy to the clients who ultimately drop out has been reported by others as well. L. Lothstein, "The Group Psychotherapy Drop- out Pheno menon Revisited," ***American Journal of Psychiatry*** 135 (1978): 1492–95. O. Stiwne, "Group Ps ychotherapy with Borderline Patients: Contrasting Remainers and Dropouts," ***Group*** 18 (1994): 37–45. In a study of 131 clients in CBT groups for depression, 63 clients (48 percent) dropped out prematurely. Pretherapy variables, including degree of depression, did not pre dict dropouts. In contrast, however, lack of participation in the group activities and exercis es was predictive. Oei and Kazmierczak, "Factors Associated with Dropout." Race and ethni city are also im- portant considerations. A number of studies have shown that visible minor ities may terminate prematurely, feeling a lack of universality, comfort, and familiarity with in the group. S. Sue, D. Hu, D. Takevch, and N. Zane, "Community Mental Health Services for Ethnic Minority Groups: A Test of the Cultural Responsive- ness Hypothesis," ***Journal of Consulting and Clinical Psychology*** 59 (1991): 533–40. K. Organista, "Latinos," in ***Cognitive-Behavioral Group Therapy for Specific Problems and Populations***, ed. J. White and A. Free man (Washington, DC: American Psychiatric Press, 2000), 281–303. Saxon et al., "Contributi on of Therapist Effects." As soci- ety at large has become much more multicultural, there is a growing need for our therapies to keep pace with both cultural adaptations and awarene ss to hurtful in- terpersonal experiences that reflect cultural unawareness or insensitivity. J. Owen, K. Tao, Z. Imel, B. Wampold, and E. Rodolfa, "Addressing Racial and Ethnic Microag gressions in Therapy," ***Professional Psychology: Research and Practice*** 45 (2014): 283–90. K. Tao, J. Owen, B. Pace, and Z. Imel, "A Meta-Analysis of Multicultural Competencies and Psy chotherapy Process and Outcome," ***Journal of Counseling Psy- chology*** 62 (2015): 337–50. H. Chang and D. Sunders, "Predictors of Attrition in Two Types of Group Programs for Men Who Batter," ***Journal of Family Violence*** 17 (2002): 273–92. Clients' negative expectations bu ilt upon negative experiences in society also play an important role. C. Taft, C. Murphy, J. Elliott, and T. Morrel, "Attendance Enhancing Procedures in Group Counseling for Domest ic Abusers," ***Journal of Counseling Psychology*** 48 (2001): 51–60. A study of group analytic the rapy reported that those who failed to benefit were likely to be single and distant from emot ional experience, that they did not seek group therapy, and that they found it hard to be emotionally present in the group. Lorentzen et al., "Practice-Based Evi- dence." Hoffman et al., "Exploring Interactions of Improvers." J. Ogrodniczuk, W. Piper, A. Joyce, M. McCallum, and J. Rosie, "NEO–Five Factor Personality Traits as Predictors of Response to Two Forms of Group Psychotherapy," ***International Journal of Group Psychotherapy*** 53 (2003): 417–44.

33. E. Laugeson and F. Frankel, ***Social Skills for Teenagers with Developmental and Autism Spectrum Disorders: The PEERS Treatment Manual*** (New York: Routledge, 2010). J. Krupnick, B. Green, P. Stockton, J. Miranda, E. Krause, and M. Mete, "Group Interpersonal Psychothera py for Low-Income Women with Posttraumatic Stress Disorder," ***Psychotherapy Research*** 18 (2008): 497–507. F. Giuliani and P. El Korh, "Social Skills Group for Adults Living with Asper ger's Syndrome," ***Clinical Psychiatry*** 2 (2016), https://doi.org/10.4172/2471-9854.1000025.

34. Yalom, "Group Therapy Dropouts."
35. Westmacott and Hunsley, "Psychologists' Perspectives on Therapy Termination."
36. S. Kopta, K. Howard, J. Lowry, and L. Beutler, "Patterns of Symptomatic Recovery in Time-Unlimited Psychotherapy," ***Journal of Clinical and Consulting Psy- chology*** 62 (1994): 1009–16. J. Owen et al., "Trajectories of Change in Psychother- apy," ***Journal of Clinical Psychology*** 71 (2015): 817–27.
37. W. Piper, M. McCallum, and H. Azim, ***Adaption to Loss Through Short-Term Group Psychotherapy*** (New York: Guilford Press, 1992). W. Piper, J. Ogrodniczuk, A. Joyce, and R. Weide man, ***Short-Term Group Therapies for Complicated Grief: Two Research-Based Models*** (Washin gton, DC: American Psychological Association, 2011).
38. McCallum et al., "Early Process and Dropping Out." Krogel et al., "Group Selection Question naire." Burlingame et al., "Group Selection Questionnaire."
39. N. Kanas, ***Group Therapy for Schizophrenic Patients*** (Washington, DC: Amer-ican Psychiatric Association, 1996). E. McCay et al., "A Group Intervention to Pro- mote Healthy Self-Conce pts and Guide Recovery in First Episode Schizophrenia: A Pilot Study," ***Psychiatric Rehabilitation Journal*** 30 (2006): 105–11. E. McCay et al., "A Randomised Controlled Trial of a Gro up Intervention to Reduce Engulfment and Self-Stigmatisation in First Episode Schizophren ia," ***Australian e-Journal for the Advancement of Mental Health*** 6 (2007): 212–20.
40. C. Anderson, O. John, D. Keltner, and A. Kring, "Who Attains Social Status? Effects of Perso nality and Physical Attractiveness in Social Groups," ***Journal of Personality and Social Psychology*** 8 (2001): 116–32.
41. Lieberman, Yalom, and Miles, ***Encounter Groups***.
42. McCallum et al., "Early Process and Dropping Out."
43. H. Kohut, ***How Does Analysis Cure?*** ed. A. Goldberg and P. Stepansky (Chicago: University of Chicago Press, 1984). G. Mann, "Being Human Among Humans: Response to Maxwell S. Suc harov's 'Thoughts on Wholeness, Con- nection, and Healing: Moving Toward Complexity in the Analytic Space,' " ***International Journal of Psychoanalytic Self Psychology*** 8 (2013): 398–411.
44. American Psychiatric Association, ***Diagnostic and Statistical Manual of Men- tal Disorders (DSM-5)*** (Arlington, VA: American Psychiatric Association, 2013). T. Lugnegård, M. Unenge Hallerbäck, and C. Gillberg, "Personality Disorders and Autism Spectrum Disorders: What Are the Connections?," ***Comprehensive Psychiatry*** 53 (2012): 333–40.
45. Giuliani and El Korh, "Social Skills Group for Adults."
46. Similar findings were reported in the NIMH trial of the treatment of depression. Clients with poor interpersonal functioning could not utilize inter- personal therapy effectively. S. Sots ky et al., "Patient Predictors of Response to Psychotherapy and Pharmacotherapy: Findings

in the NIMH Treatment of De- pression Collaborative Research Program," *American Journal of Psychiatry* 148 (1991): 997–1008.

47. Z. Schechtman and V. Dvir, "Attachment Style as a Predictor of Behavior in Group Counseli ng with Preadolescents," *Group Dynamics: Theory, Research, and Practice* 10 (2006): 93–112. J. Kinley and S. Reyno, "Attachment Style Changes Following Intensive Short-Term Group Psy chotherapy," *International Journal of Group Psychotherapy* 63 (2013): 53–75. C. Marmarosh et al., "Therapists' Group Attachments and Their Expectations of Patients' Attitudes About Group Therapy," *International Journal of Group Psychotherapy* 56 (2006): 325–38. Drs. Bob Maunder and Jon Hunter have created an online self-assessment kiosk with many easily ac-cessible and free measurement scales, including the Experiences in Close Relation- ships Sc ale (ECR). It can be accessed at "The Self-Assessment Kiosk," Sinai Health System and Unive rsity of Toronto, at Survey Gizmo, www.surveygizmo.com/s3/2998552/The-Self-Assessment -Kiosk. The Kiosk is described in R. Maunder and J. Hunter, "An Internet Resource for Self-Assessment of Mental Health and Health Behavior: Development and Implementation of the Self-Assessment Kiosk," *JMIR Mental Health* 5 (2018): e39. M. Main, R. Goldwyn, and E. Hes se, "An Adult Attachment Classification and Rating System," unpublished manuscript, Univ er- sity of California at Berkley, 2002.
48. L. Beutler, T. Harwood, A. Michelson, X. Song, and J. Holman, "Resis- tance/Reactance Lev el," *Journal of Clinical Psychology* 67 (2011): 133–42.
49. Ogrodniczuk et al., "NEO–Five Factor Personality Traits." H. Bernard et al., "Clinical Practi ce Guidelines for Group Psychotherapy," *International Journal of Group Psychotherapy* 58 (2008): 455–542.
50. Lee et al., "Social Connectedness, Dysfunctional Interpersonal Behav- iors." Clients do well with intensive psychotherapies if they have mature relation- ship capacities as measured by the Quality of Object Relations Scale (QOR). H. Azim et al., "The Quality of Object Relatio ns Scale," *Bulletin of the Menninger Clinic* 55 (1991): 323–43. Clients with less mature QOR sc ores do poorly with intensive therapy, often experiencing interpretations as hurtful criticis ms. These clients do much better with the more supportive therapies. A. Joyce, M. McCal-lum, W. Piper, and J. Ogrodniczuk, "Role Behavior Expectancies and Alliance Change in Sh ort-Term Individual Psychotherapy," *Journal of Psychotherapy Practice and Research* 9 (2000): 213–25. Higher psychological-mindedness, not surpris- ingly, is a general predictor of posit ive outcome for all psychotherapies. Joyce et al., "Role Behavior Expectancies." Piper et al., "Patient Personality and Time-Limited Group." S. Coleridge, *The Rime of the Ancient Mariner* (Boston: D.C. Heath, 1897). K. MacKenzie and V. Tschuschke, "Relatedness, Group Work, and Outcome in Long-Term Inpatient Psychotherapy Groups," *Journal of Psychotherapy Practice and Research* 2 (1993): 147–56.

51. M. Pines, "The Self as a Group: The Group as a Self," in ***Self-Experiences in Group: Objective and Self-Psychological Pathways to Human Understanding***, ed. I. Harwood and M. Pines (Phil adelphia: Taylor and Francis, 1998), 24–29. A. Gray, "Difficult Terminations in Group Thera py: A Self-Psychologically Informed Per- spective," ***Group*** 25 (2001): 27–39.
52. M. Leszcz, "Group Psychotherapy of the Characterologically Difficult Patient," ***International Journal of Group Psychotherapy*** 39 (1989): 311–35. M. Leszcz, "Group Therapy of Patients with Borderline Personality Disorder," in ***Handbook of Borderline Disorders***, ed. D. Silver and M. Rosenbluth (Madison, WI: International Universities Press, 1992), 435–69.
53. W. Piper, "Underutilization of Short-Term Group Therapy: Enigmatic or Understandable?," ***Psychotherapy Research*** 18 (2008): 127–38. Shechtman and Kiezel, "Why Do People Prefer In dividual Therapy?" Strauss et al., "Attitudes Towards (Psychotherapy) Groups."
54. Horvath et al., "Alliance in Individual Psychotherapy." Wampold and Imel, ***Great Psychotherapy Debate***. S. Zilcha-Mano, "Is the Alliance Really Thera- peutic? Revisiting This Question in Light of Recent Methodological Advances," ***American Psychologist*** 72 (2017): 311–25.
55. Saxon et al., "Contribution of Therapist Effects." Westmacott and Hun- sley, "Psychologists' Perspectives on Therapy Termination."
56. H. Bernard and S. Drob, "Premature Termination: A Clinical Study," ***Group*** 13 (1989): 11–22.
57. M. Seligman, "Effectiveness of Psychotherapy." Bernard et al., "Clinical Practice Guidelin es." Wampold and Imel, ***Great Psychotherapy Debate***.
58. Burlingame et al., ***Core Battery–Revised***. F. Kaklauskas and L. Greene, eds., ***Core Principles of Group Psychotherapy: An Integrated Theory, Research, and Practice Training Manual*** (New York: Routledge, 2019). Gans and Counselman, "Patient Selection for Psychodynamic Gro up Psychotherapy."
59. Piper, "Underutilization of Short-term Group Therapy." Bernard et al., "Clinical Practice Gu idelines." Kaklauskas and Greene, ***Core Principles of Group Psychotherapy***.
60. Wampold and Imel, ***Great Psychotherapy Debate***.
61. L. Bellak, "On Some Limitations of Dyadic Psychotherapy and the Role of the Group Modali ties," ***International Journal of Group Psychotherapy*** 30 (1980): 7–21. J. Rutan and A. Alonso, "Group Therapy, Individual Therapy, or Both?," ***Inter- national Journal of Group Psychotherapy*** 32 (1982): 267–82. Gans and Counselman, "Patient Selection for Psychodynamic Group Psychotherapy."
62. L. Ormont, "Principles and Practice of Conjoint Psychoanalytic Treat- ment," ***American Journal of Psychiatry*** 138 (1981): 69–73.
63. Grunebaum and Kates, "Whom to Refer."
64. Bernard et al., "Clinical Practice Guidelines." Gans and Counselman, "Pa- tient Selection for Psychodynamic Group Psychotherapy."

65. H. Swiller, "Alexithymia: Treatment Utilizing Combined Individual and Group Psychothera py," ***International Journal of Group Psychotherapy*** 38 (1988): 47–61. J. Ogrodniczuk, I. Sochti ng, W. Piper, and A. Joyce, "A Naturalistic Study of Alexithymia Among Psychiatric Outpati ents Treated in an Integrated Group Ther- apy Program," ***Psychology and Psychotherapy*** 85 (2011): 278–91.
66. Lorentzen et al., "Practice-Based Evidence." L. Horowitz and J. Vitkis, "The Interpersonal Ba sis of Psychiatric Symptomatology," ***Clinical Psychology Re- view*** 6 (1986): 443–69.
67. Lorentzen et al., "Practice-Based Evidence."
68. Hoffman et al., "Exploring Interactions of Improvers." Boswell et al., "Im- plementing Routi ne Outcome Monitoring." N. Slone, R. Reese, S. Mathews- Duvall, and J. Kodet, "Evaluating the Efficacy of Client Feedback in Group Psychotherapy," ***Group Dynamics: Theory, Re- search, and Practice*** 19 (2015): 122–36. G. Burlingame, K. Whitcomb, S. Woodland, J. Olsen, M. Beecher, and R. Gleave, "The Effects of Relationship and Progress Feedback in Group Ps ychotherapy Using the Group Questionnaire and Outcome Questionnaire-45: A Randomiz ed Clini- cal Trial," ***Psychotherapy*** 55 (2018): 116–31.
69. I. Yalom, P. Houts, S. Zimerberg, and K. Rand, "Predictions of Improve- ment in Group The rapy," ***Archives of General Psychiatry*** 17 (1967): 159–68. The forty clients studied were adult, middle-class, well-educated, psychologically so- phisticated outpatients who suffered from neurotic or characterological problems. Outcome was evaluated by a team of raters who, on the basis of a structured inter- view, evaluated (with excellent reliability) change in sympto ms, functioning, and relationships. The clients also independently rated their own outcom es using the same scale. Psychological-mindedness was measured by a subscale of the Calif ornia Personality Inventory and by the therapists after an initial screening interview. The th erapists rated each client on a seven-point scale after the initial interview for how well they thought he or she would do in therapy. Previous self-disclosure was measured by a modific ation of the Jourard Self-Disclosure Questionnaire. S. Jourard, "Self-Disclosure Patterns in British and American College Females," ***Jour- nal of Social Psychology*** 54 (1961): 315–20. The clients' attraction to group therapy and their general popularity in the group were measur ed by a group cohesiveness questionnaire and a sociometric questionnaire.
70. Anderson et al., "Who Attains Social Status?"
71. Using a comprehensive personality inventory, researchers found, unsur- prisingly, that the extraversion factor (exemplified by individuals who are ener- getic, sociable, assertive, and display positive emotionality) is strongly associated with popularity. R. McCrae and R. Cos ta, "The NEO Personality Inventory: Using the Five-Factor Model in Counseling," ***Journal of Counseling and Development*** 69 (1991): 367–72. These individuals draw others to them becau se their ready and warm responsiveness rewards and encourages overtures for engagement.

R. Depue, "A Neurobiological Framework for the Structure of Personality and Emotion: Implications for Personality Disorders," in ***Major Theories of Personality Disorders***, ed. J. Clark in and M. Lenzenweger (New York: Guilford Press, 1996), 342–90. Ogrod- niczuk et al., "NEO–Five Factor Personality Traits."

72. Ogrodniczuk et al., "NEO–Five Factor Personality Traits." W. Piper, J. Ogrodniczuk, M. McC allum, A. Joyce, and J. Rosie, "Expression of Affect as a Mediator of the Relationship Betwe en Quality of Object Relations and Group Therapy Outcome for Patients with Complicated Grief," ***Journal of Consulting and Clinical Psychology*** 71 (2003): 664–71.
73. Lieberman, Yalom, and Miles, ***Encounter Groups***. J. Melnick and G. Rose, "Expectancy and Risk-Taking Propensity: Predictors of Group Performance," ***Small Group Behavior*** 10 (1979): 389–401.
74. J. Frank and J. Frank, ***Persuasion and Healing: A Comparative Study of Psy- chotherapy***, 3rd ed. (Baltimore: Johns Hopkins University Press, 1991), 132–53. W.Piper, "Client Variables," in ***Handbook of Group Psychotherapy***, ed. A. Fuhriman and G. Burlingame (New York: Wiley, 1994), 83–113. Wampold and Imel, ***Great Psy- chotherapy Debate***. Burlingame et al., "Group Selection Questionnaire."
75. Joyce et al., "Role Behavior Expectancies and Alliance Change." J. Rooney and R. Hanson, "Predicting Attrition from Treatment Programs for Abu- sive Men," ***Journal of Family Violence*** 16 (2001): 131–49. Bernard et al., "Clinical Practice Guidelines."
76. D. Kivlighan, "Individual and Group Perceptions of Therapeutic Factors and Session Evaluat ion: An Actor-Partner Interdependence Analysis," ***Group Dy- namics: Theory, Research, and Practice*** 15 (2011): 147–60. J. Paquin, D. Martin, and L. Drogosz, "If You Get Better, Will I? An Actor-Partner Analysis of the Mutual Influence of Group Therapy Outcomes," ***Journal of Counseling Psychology*** 60 (2013): 171–79.
77. Lothstein, "Group Psychotherapy Dropout Phenomenon." McCallum et al., "Early Process and Dropping Out." Gans and Counselman, "Patient Selection for Psychodynamic Group Ps ychotherapy."
78. Bernard et al., "Clinical Practice Guidelines." D. Waltman and D. Zimp- fer, "Composition, Structure, and the Duration of Treatment," ***Small Group Behavior*** 19 (1988): 171–84. W. Pip er, J. Ogrodniczuk, A. Joyce, and R. Weideman, "Group Composition and Group Therapy for Complicated Grief," ***Journal of Consulting and Clinical Psychology*** 75 (2007): 116–25.
79. American Psychiatric Association, ***The American Psychiatric Association Prac- tice Guidelines for the Psychiatric Evaluation of Adults***, 3rd ed. (Arlington, VA: Ameri- can Psychiatric Publis hing, 2016).
80. American Psychiatric Association, ***DSM-5***. A. Francis, ***Saving Normal: An Insider's Revolt Against Out-of-Control Psychiatric Diagnosis, DSM-5, Big Pharma, and the Medicalization of Or-***

dinary Life (New York: HarperCollins, 2013).

81. Piper, "Client Variables."
82. As the DSM-IV-TR states, "A common misconception is that a classifica- tion of mental dis orders classifies people, when actually what are being classified are disorders that people have." American Psychiatric Association, ***Diagnostic and Statistical Manual of Mental Disorders (DSM-IV)*** (Washington, DC: American Psy- chiatric Association, 2000), xxxi.
83. A. Camus, ***The Fall*** (New York: Knopf, 1956).
84. G. Klerman, M. Weissman, B. Rounsaville, and E. Chevron, ***Interpersonal Psychotherapy of Depression*** (New York: Basic Books, 1984). J. McCullough, ***Treating Chronic Depression with Disciplined Personal Involvement*** (New York: Springer, 2006). A. Wilczek, R. Weinryb, J. Barb er, J. Petter Gustavsson, and M. Åsberg, "The Core Conflictual Relationship Theme (CCRT) and Psychopathology in Patients Selected for Dynamic Psychotherapy," ***Psychotherapy Research*** 10 (2000): 100–13.
85. Z. Shechtman and J. Rybkin, "Attachment Style and Observed Initial Self-Disclosure as Expl anatory Variables of Group Functioning," ***Group Dynamics: Theory, Research, and Practice*** 8 (2004): 207–20.
86. W. Stone and E. Klein, "The Waiting-List Group," ***International Journal of Group Psychotherapy*** 49 (1999): 417–28.
87. J. Connelly and W. Piper, "An Analysis of Pretraining Work Behavior as a Composition Varia ble in Group Psychotherapy," ***International Journal of Group Psychotherapy*** 39 (1989): 173–89. W. Piper and M. Marrache, "Selecting Suitable Patients: Pretraining for Group Therapy as a Method for Group Selection," ***Small Group Behavior*** 12 (1981): 459–74.
88. Maunder and Hunter, "Internet Resource for Self-Assessment." Simple and quick self-repor ts add value and can be accessed online at "The Self-Assessment Kiosk," Sinai Health Syst em and University of Toronto, at Survey Gizmo, www.surveygizmo.com/s3/2998552/The-Se lf-Assessment-Kiosk. The Experiences in Close Relationships Scale (ECR) is a well-validated attachment self-report; coping strategies can be measured with the Brief Coping Inventory; and personality can be measured with the Ten Item Personality Inventory (TIPI). The websi te scores these automatically and quickly.
89. T. Miller, "The Psychotherapeutic Utility of the Five-Factor Model of Personality: A Clinicia n's Experience," ***Journal of Personality Assessment*** 57 (1991): 415–33. Ogrodniczuk et al., "NEO–Five Factor Personality Traits." M. Whit- tingham, "Innovations in Group Assessment: How Focused Brief Group Therapy Integrates Formal Measures to Enhance Treatment Prepa ration, Process, and Out- comes," ***Psychotherapy*** 55 (2018): 186–90. M. Whittingham, "Brief Solution-Based Group Therapy," in ***The Sage Encyclopedia of Theory in Counseling and Psychotherapy***, ed. E. Neukrug (Thousand Oaks, CA: Sage Publications, 2015), 419–23.

90. M. Seligman, "Effectiveness of Psychotherapy."

91. Kinley and Reyno, "Attachment Style Changes." C. Marmarosh, R. Mar- kin, and E. Spiegel, ***Attachment in Group Psychotherapy*** (Washington, DC: American Psychological Association, 2013). D. Kivlighan, G. Lo Coco, S. Gullo, C. Pazzagli, and C. Mazzeschi, "Attachment Anxie ty and Attachment Avoidance: Members' Attachment Fit with Their Group and Group Relati onships," ***International Journal of Group Psychotherapy*** 67 (2017): 223–39. D. Siegel, ***Pocket Guide to Interpersonal Neu- robiology: An Integrative Handbook of the Mind*** (New York: W. W. Norton, 2012). C. Tyrrell, M. Dozier, G. Teague, and R. Fallot, "Effective Treatment Relations hips for Persons with Serious Psychiatric Disorders: The Importance of Attachment States of Mind," ***Journal of Consulting and Clinical Psychology*** 67 (1999): 725–33. E. Smith, J. Murphy, and S. Coats, "Attachment and Group Theory and Measure- ment," ***Journal of Personality and Social Psychology*** 77 (1999): 94–110. R. Maunder and J. Hunter, ***Love, Fear and Health: How Our Attachments to Others Shape Health and Health Care*** (Toronto: University of Toronto Press, 2015). J. Hunter and R. Maun- der, eds., ***Improving Patient Treatment with Attachment Theory: A Guide for Primary Care Practitioners and Specialists*** (Basel, Switzerland: Springer, 2015).

92. J. Bowlby, ***Attachment and Loss***, vol. 1, ***Attachment*** (New York: Basic Books, 1969); vol. 2, ***Separation*** (1973); vol. 3, ***Loss*** (1980). J. Cassidy and J. Mohr, "Unsolv- able Fear, Trauma, and Psychopathology: Theory, Research, and Clinical Con- siderations Related to Disorgani zed Attachment Across the Life Span," ***Clinical Psychology: Science and Practice*** 8 (2001): 275–98. R. Maunder and J. Hunter, "An Integrated Approach to the Formulation and Psycho therapy of Medically Unex- plained Symptoms: Meaning and Attachment-Based Interventi on," ***American Jour- nal of Psychotherapy*** 58 (2004): 17–33. E. Chen and B. Mallinckrodt, "Att achment, Group Attraction, and Self-Other Agreement in Interpersonal Circumplex Prob- lems and Perceptions of Group Members," ***Group Dynamics: Therapy, Research and Practice*** 6 (2002): 311–24.

93. Maunder and Hunter, "Internet Resource for Self-Assessment." K. Bren- nan, C. Clark, and P. Shaver, "Self-Report Measures of Adult Romantic Attach- ment," in ***Attachment Theory and Close Relationships***, ed. J. Simpson and W. Rholes (New York: Guilford Press, 1998).

94. Kivlighan et al., "Attachment Anxiety and Attachment Avoidance." Kin- ley and Reyno, "Att achment Style Changes." C. Marmarosh, "Empirical Research on Attachment in Group Psyc hotherapy: Moving the Field Forward," ***Psychotherapy*** 51 (2014): 88–92. G. Lo Coco, S. Gul lo, V. Oieni, F. Giannone, M. Di Blasi, and D. Kivlighan, "The Relationship Between Attach ment Dimensions and Perceptions of Group Relationships over Time: An Actor-Partner Inte rdependence Analysis," ***Group Dynamics: Theory, Research, and Practice*** 20 (2016): 276–93. G. Tasca, H. Max- well, M. Faye, and L. Balfour, "Feeling Worse Before Feeling Better: A Case of Increased Disorganized Mental States Following Group Psychotherapy," ***Interna- tional***

Journal of Group Psychotherapy 67 (2017): 240–58. G. Tasca et al., "Matching Women with Binge Eating Disorder to Group Treatment Based on Attachment Anxiety: Outcomes and Moderating Effects," *Psychotherapy Research* 23 (2013): 301–14. Marmarosh et al., "Therapists' Group Attachments."

95. L. Horwitz, S. Rosenberg, B. Baer, G. Ureno, and V. Villasenor, "Inventory of Interpersonal Problems: Psychometric Properties and Clinical Applications," *Journal of Consulting and Clinical Psychology* 56 (1988): 885–92. K. MacKenzie and A. Grabovac, "Interpersonal Psychotherapy Group (IPT-G) for Depression," *Jour- nal of Psychotherapy Practice and Research* 10 (2001): 46–51. S. Lorentzen, T. Ruud, A. Fjeldstad, and P. Høglend, "Comparison of Short- and Long-Term Dynamic Group Psychotherapy: Randomised Clinical Trial," *British Journal of Psychiatry* 203 (2013): 280–87. Whittingham, "Innovations in Group Assessment."
96. Contemporary interpersonal circumplex methodology is built on Timothy Leary's original interpersonal circle and bears some similarity to William Schutz's Fundamental Interpersonal Relations Inventory (FIRO). T. Leary, *Interpersonal Di- agnosis of Personality* (New York: Ronald Press, 1957). Will Schutz, *The Interpersonal Underworld* (Palo Alto, CA: Science and Behavior Books, 1966). See M. Gutman and J. Balakrishnan, "Circular Measurement Redux: The Analytical Interpretation of Interpersonal Circle Profile," *Clinical Psychology Science and Practice* 5 (1998): 344–60. This approach provides a visual schema of the individual's interpersonal style that synthesizes two key interpersonal dimensions: affiliation (ranging from hostile to friendly) and agency or control (ranging from dominant to submissive). Individuals can be described along the lines of hostile, hostile-dominant, hostile-submissive, hostile or friendly, friendly-dominant, friendly-submissive, or submissive. L. Alden, J. Wiggins, and A. Pincus, "Construction of Circumplex Scales for the Inventory of Interpersonal Problems," *Journal of Personality Assessment* 55 (1990): 521–36.
97. Chen and Mallinckrodt, "Attachment, Group Attraction, and Self-Other Agreement." R. MacNair-Semands and K. Lese, "Interpersonal Problems and the Perception of Therapeutic Factors in Group Therapy," *Small Group Research* 31 (2000): 158–74.
98. E. Hammond and C. Marmarosh, "The Influence of Individual Attach- ment Styles on Group Members' Experience of Therapist Transitions," *International Journal of Group Psychotherapy* 61 (2011): 597–620. Dinger and Schauenburg, "Effects of Individual Cohesion."
99. A. Fjeldstad, P. Høglend, and S. Lorentzen, "Patterns of Change in In- terpersonal Problems During and After Short-Term and Long-Term Psychody- namic Group Therapy: A Randomized Clinical Trial," *Psychotherapy Research* 27 (2017): 350–61. Lorentzen et al., "Comparison of Short- and Long-Term Dynamic Group." Krogel et al., "Group Selection Questionnaire."
100. Lo Coco et al., "Relationship Between Attachment Dimensions."
101. Whittingham, "Brief Solution-Based Group Therapy." Whittingham, "Innovations in Group

Assessment."

102. Ogrodniczuk et al., "NEO–Five Factor Personality Traits."

103. P. Costa and R. McCrae, "Normal Personality Assessment in Clinical Practice: The NEO Pers onality Inventory," ***Psychological Assessment*** 4 (1992): 5–13. The NEO Personality Inventory (NEO-PI) and its shorter version, the NEO-FFI, are self-report inventories that are easy to administer, reliable, and well validated across cultures. Five personality variables are evaluat ed: neuroticism (distress, vul- nerability to stress, and propensity for shame); extraversion (verbal, eager to en- gage, and enthusiastic); conscientiousness (hardworking, committed, able to delay gratification); openness (embraces the novel and unfamiliar with creativity and imagination); and agreeableness (trusting, cooperative, altruistic).

104. Piper et al., "Psychological Mindedness." M. McCallum, W. Piper, and J. Kelly, "Predicting Patient Benefit from a Group-Oriented Evening Treatment Program," ***International Journal of Group Psychotherapy*** 47 (1997): 291–314. W. Piper, A. Joyce, M. McCallum, H. Azim, and J. Ogrodniczuk, ***Interpersonal and Supportive Psychotherapies: Matching Therapy and Patient Personality*** (Washington, DC: American Psychological Association, 2001). Piper et al., "Expr ession of Affect as a Mediator." M. McCallum, W. Piper, J. Ogrodniczuk, and A. Joyce, "Relat ionships Among Psychological Mindedness, Alexithymia, and Outcome in Four Forms of Sh ort- Term Psychotherapy," ***Psychology and Psychotherapy: Theory, Research, and Practice*** 76 (2003): 133–44.

105. Piper et al., "Psychological Mindedness."

106. Piper et al., "Expression of Affect as a Mediator." McCallum et al., "Re- lationships Among Psychological Mindedness, Alexithymia, and Outcome." Mc- Callum et al., "Predicting Patie nt Benefit."

107. Piper et al., "Expression of Affect as a Mediator." J. Ogrodniczuk, W. Piper, M. McCallum, A. Joyce, and J. Rosie, "Interpersonal Predictors of Group Therapy Outcome for Complicated Grief," ***International Journal of Group Psychother- apy*** 52 (2002): 511–35. W. Piper, "Underuti lization of Short-Term Group Therapy: Enigmatic or Understandable?," ***Psychotherapy Re- search*** 18 (2008): 127–38.

108. G. Burlingame, A. Fuhriman, and J. Johnson, "Cohesion in Group Psy- chotherapy," in ***A Guide to Psychotherapy Relationships and Work***, ed. J. Norcross (Oxford: Oxford University Pr ess, 2002), 71–88. P. Kauff, "Psychoanalytic Group Psychotherapy: An Overview," in Kleinbe rg, ***Wiley-Blackwell Handbook of Group Psychotherapy***, 13–32.

109. Fjeldstad, et al., "Patterns of Change." Lorentzen et al., "Comparison of Short- and Long-Te rm Dynamic Group Psychotherapy."

110. Lieberman, Yalom, and Miles, ***Encounter Groups***.

111. J. Schlapobersky, ***From the Couch to the Circle: Group-Analytic Psychotherapy in Practice*** (Abin

gdon, Oxon, UK: Routledge, 2016). Kaklauskas and Greene, ***Core Principles of Group Psychotherapy***. A. Francis, J. Clarkin, and J. Morachi, "Selection Criteria for Outpatient Group Psyc hotherapy," ***Hospital and Community Psychiatry*** 31 (1980): 245–50. J. Best, P. Jones, and A. Paton, "The Psychotherapeutic Value of a More Homogeneous Group Composition," ***International Journal of Social Psychiatry*** 27 (1981): 43–46. J. Melnick and M. Woods, "Analysis of Group Composition Re- search and Theory for Psychotherapeutic and Growth Oriented Gr oups," ***Journal of Applied Behavioral Science*** 12 (1976): 493–513.

112. G. Burlingame and J. Jensen, "Small Group Process and Outcome Re- search Highlights: A 25-Year Perspective," ***International Journal of Group Psychotherapy*** 67 (2017): S194–218.
113. P. Bower and S. Gilbody, "Stepped Care in Psychological Therapies: Ac- cess and Efficiency—Narrative Literature Review," ***British Journal of Psychiatry*** 186 (2005): 11–17. E. Laugeson and F. Frankel, ***Social Skills for Teenagers with Develop- mental and Autism Spectrum Disorders: The PEERS Treatment Manual*** (New York: Routledge, 2010).
114. M. Siebert and W. Dorfman, "Group Composition and Its Impact on Effective Group Treatm ent of HIV and AIDS Patients," ***Journal of Developmental and Physical Disabilities*** 7 (1995): 317–34. D. Spiegel and M. Leszcz, "Group Psychother- apy and the Terminally Ill," in ***Handbook of Psychiatry in Palliative Medicine***, 2nd ed., ed. H. Chochinov and W. Breitbart (Oxford: Oxford University Press, 2009), 490–503. L. Paparella, "Group Psychotherapy and Parkinson 's Disease: When Members and Therapist Share the Diagnosis," ***International Journal of Group Psychotherapy*** 54 (2004): 401–9.
115. M. Esplen et al., "A Multicenter Study of Supportive-Expressive Group Therapy for Women with BRCA1/BRCA2 Mutations," ***Cancer*** 101 (2004): 2237–342. M. Esplen, J. Wong, E. Warn er, and B. Toner, "Restoring Body Image After Cancer (ReBIC): Results of a Randomized Con trolled Trial," ***Journal of Clinical Oncology*** 36 (2018): 749–56.
116. S. Foulkes and E. Anthony, ***Group Psychotherapy: The Psychoanalytic Ap- proach*** (Harmondsw orth, UK: Penguin, 1957).
117. M. Leszcz, "How Understanding Attachment Enhances Group Therapist Effectiveness," ***International Journal of Group Psychotherapy*** 67 (2017): 280–87. C. Marmarosh, "Attachment in Group Psychotherapy: Bridging Theories, Research, and Clinical Techniques," ***International Journal of Group Psychotherapy*** 67 (2017): 157–60. Kinley and Reyno, "Attachment Style Cha nges."
118. M. Nitsun, "Sexual Diversity in Group Psychotherapy," in Kleinberg, ***Wiley-Blackwell Handbook of Group Psychotherapy***, 407.
119. M. Konidaris and M. Petrakis, "Cultural Humility Training in Mental Health Service Provisi on," ***New Paradigm*** (February 2018): 30–33. L. Kirmayer, "Cultural Competence and Evidenc e-Based Practice in Mental Health: Epistemic Communities and the Politics of Pluralism,"

Social Science and Medicine 75 (2012): 249–56.

120. J. Lee, "Asian International Students' Barriers to Joining Group Coun- seling," ***International Journal of Group Psychotherapy*** 64 (2014): 444–64. J. Coleman, J. Lynch, K. Ingram, C. Sheer in, L. Rappaport, and S. Trapp, "Examination of Racial Differences in a Posttraumatic Stress Disorder Group Therapy Program for Veterans," ***Group Dynamics: Theory, Research, and Practice*** 22 (2018): 129–42. M. Salazar, J. Feitosa, and E. Salas, "Diversity and Team Creativi ty: Exploring Underlying Mechanisms," ***Group Dynamics: Theory, Research, and Practice*** 21 (2017): 187–206.
121. D. Pure, "Single-Gender or Mixed-Gender Groups: Choosing a Perspective," in Kleinberg, ***Wiley-Blackwell Handbook of Group Psychotherapy***, 381–96. S. Greenfield, J. Sharpe Potter, M. Lincoln, R. Popuch, L. Kuper, and R. Gallop, "High Psychiatric Symptom Severity Is a Mode rator of Substance Abuse Treatment Outcomes Among Women in Single vs. Mixed Gender Group Treatment," ***American Journal of Drug and Alcohol Abuse*** 34 (2008): 594–602. S. Green field, E. Trucco, K. McHugh, M. Lincoln, and R. Gallop, "The Women's Recovery Group Stu dy: A Stage I Trial of Women- Focused Group Therapy for Substance Use Disorders Versus Mixed-Gender," ***Drug and Alcohol Dependence*** 90 (2007): 39–47.
122. M. Seager and U. Thümmel, "'Chocolates and Flowers? You Must Be Joking!' Of Men and Te nderness in Group Therapy," ***Group Analysis*** 42 (2009): 250–71. N. Thomas, "The Personal Is Political: Gender Stereotypes in the Unconscious Life of Groups: Commentary on 'Consciou sness-Raising in a Gender Conflict Group,' " ***International Journal of Group Psychotherapy*** 64 (2014): 77–81. D. Joel, "Response to Nina K. Thomas and J. Scott Rutan: Is the Personal Poli tical? And Who Benefits from Believing It Is Not," ***International Journal of Group Psychotherapy*** 64 (2014): 83–99.
123. Strauss et al., "Attitudes Towards (Psychotherapy) Groups."
124. Strauss et al., "Attitudes Towards (Psychotherapy) Groups." F. Wright and L. Gould, "Research on Gender-Linked Aspects of Group Behaviors: Implications for Group Psychotherapy," in ***Women and Group Psychotherapy: Theory and Practice***, ed. B. DeChant (New York: Guilford Press, 1996), 333–50. J. Ogrodniczuk, W. Piper, and A. Joyce, "Differences in Men's and Wo men's Responses to Short-Term Group Psychotherapy," ***Psychotherapy Research*** 14 (2004): 231–43.
125. American Psychological Association, ***Multicultural Guidelines: An Ecological Approach to Context, Identity, and Intersectionality***, 2017, www.apa.org/about/policy/multicultral-guidelines.pdf; American Psychological Association, "Guidelines for Psychological Practice with Trans gender and Gender Nonconforming People," ***American Psychologist*** 70, no. 9 (2015): 832–64, https://doi.org/10.1037/a0039906. S. LeFay, "Gender Identity in Group," in ***Examining Social Identities and Diversity Issues in Group Therapy: Knocking at the Boundaries***, ed. M. Ribei

ro (New York: Routledge, 2020).

126. Kealy et al., "When It Is Not a Good Fit."
127. Yalom et al., "Prediction of Improvement." I. Yalom, P. Houts, G. New- ell, and K. Rand, "Pr eparation of Patients for Group Therapy: A Controlled Study," ***Archives of General Psychiatry*** 17 (1967): 416–27. A. Sklar, I. Yalom, A. Zim, and G. Newell, "Time-Extended Group Thera py: A Controlled Study," ***Small Group Re- search*** (1970): 373–86. I. Yalom and K. Rand, "Com patibility and Cohesiveness in Therapy Groups," ***Archives of General Psychiatry*** 15 (1966): 267–75.
128. Burlingame and Jensen, "Small Group Process and Outcome Research Highlights."

CHAPTER 9: CREATING THE GROUP

1. H. Bernard et al., "Clinical Practice Guidelines for Group Psychotherapy," ***International Journal of Group Psychotherapy*** 58 (2008): 455–542.
2. N. Taylor, G. Burlingame, K. Kristensen, A. Fuhriman, J. Johansen, and D. Dahl, "A Survey of Mental Health Care Providers' and Managed Care Organiza- tion Attitudes Toward, Famil iarity with, and Use of Group Interventions," ***Interna- tional Journal of Group Psychotherapy*** 51 (2001): 243–63. S. Rosenberg and C. Zimet, "Brief Group Treatment and Managed Health Care," ***International Journal of Group Psychotherapy*** 45 (1995): 367–79. P. Cox, F. Ilfeld, B. Ilf eld, and C. Brennan, "Group Therapy Program Development: Clinician-Administrator Colla borations in New Practice Settings," ***International Journal of Group Psychotherapy*** 50 (2000): 3–24.
3. D. Simpson, G. Rowan-Szal, G. Joe, D. Best, E. Day, and A. Campbell, "Re- lating Counselor Attributes to Client Engagement in England," ***Journal of Substance Abuse Treatment*** 36 (2009): 313–20. L. Denton, J. Gross, and C. Wojcik, "Group Counselling in the College Setting: An In ternational Survey of Center Directors," ***International Journal of Group Psychotherapy*** 67 (2017): 540–64. F. Falkenström, J. Grant, and R. Holmqvist, "Review of Organizational Effec ts on the Outcome of Mental Health Treatments," ***Psychotherapy Research*** 28 (2018): 76–90. A. Werbarta, H. Andersson, and R. Sandell, "Dropout Revised: Patient- and Therapist-Initiat ed Discontinuation of Psychotherapy as a Function of Organizational Instability," ***Psy- cho- therapy Research*** 24 (2014): 724–37.
4. M. Azoulay, ***Marketing for the Group Therapist***, American Group Psychother- apy Associati on E-Learning Series, 2018, www.agpa.org.
5. The International Board for the Certification of Group Psychotherapists, a major arm of the American Group Psychotherapy Association (AGPA), has es- tablished criteria for certificati

on as a group psychotherapist for a range of mental health professionals. See www.agpa.org.

6. The Commission for the Recognition of Specialties and Proficiencies in Professional Psycho logy (CRSPPP) made the recommendation to the American Psychological Association (APA) to recognize group psychology and group psy- chotherapy as a specialty. This was announc ed on August 14, 2018, by the APA and AGPA, www.agpa.org.
7. D. Ribeiro, J. Gross, and M. Turner, eds., ***The College Counselors Guide to Group Psychotherapy*** (New York: Routledge, 2018).
8. K. Long, L. Pendleton, and B. Winter, "Effects of Therapist Termination on Group Process," ***International Journal of Group Psychotherapy*** 38 (1988): 211–22.
9. J. Schlapobersky, ***From the Couch to the Circle: Group-Analytic Psychotherapy in Practice*** (Abin gdon, Oxon, UK: Routledge, 2016).
10. B. Donovan, A. Padin-Rivera, and S. Kowaliw, "Transcend: Initial Out- comes from a Post-T raumatic Stress Disorder / Substance Abuse Treatment Program," ***Journal of Traumatic Stress*** 14 (2001): 757–72. S. Lash, G. Petersen, E. O'Connor, and L. Lahmann, "Social Reinforceme nt of Substance Abuse Aftercare Group Therapy Attendance," ***Journal of Substance Abuse Treatment*** 20 (2001): 3–8. K. Schwartz and M. Leszcz, "Group Therapy," in ***Comprehensive Textbook of Psychiatry***, 10th ed., ed. B. Sadock, V. Sadock, and P. Ruiz (Philadelphia: Wolte rs Kluwer, 2017), 4201–208.
11. G. Burlingame, B. Strauss, and A. Joyce, "Change Mechanisms and Effec- tiveness of Small Group Treatments," in ***Bergin and Garfield's Handbook of Psychother- apy and Behavior Change***, 6th ed., ed. M. Lambert (New York: Wiley, 2013).
12. L. Ormont, ***The Group Therapy Experience: From Theory to Practice*** (New York: BookSurge Pu blishing, 2009).
13. C. Fulkerson, D. Hawkins, and A. Alden, "Psychotherapy Groups of In- sufficient Size," ***International Journal of Group Psychotherapy*** 31 (1981): 73–81.
14. S. Gantt, "Functional Subgrouping and the Systems-Centred Approach to Group Therapy," in ***The Wiley-Blackwell Handbook of Group Psychotherapy***, ed. J. Kleinberg (New York: Wiley, 2012), 113–38.
15. J. White and M. Keenan, "Stress Control: A Pilot Study of Large Group Therapy for Generaliz ed Anxiety Disorder," ***Behavioral Psychotherapy*** 18 (1990): 143–46.
16. T. Oei, M. Llamas, and L. Evans, "Does Concurrent Drug Intake Affect the Long-Term Outlo ok of Group Cognitive Behavior Therapy in Panic Disorder With or Without Agoraphobia?," ***Behavior Research and Therapy*** 35 (1997): 851–57. N. Brown, ***Psychoeducational Groups: Process and Practice***, 3rd ed. (New York: Rout- ledge, 2011).
17. A. Cunningham, C. Edmonds, and D. Williams, "Delivering a Very Brief Psychoeducational Program to Cancer Patients and Family Members in a Large Group Format," ***Psycho-Oncolo-***

gy 8 (1999): 177–82.

18. A. Cunningham, "Adjuvant Psychological Therapy for Cancer Patients: Putting It on the Same Footing as Adjunctive Medical Therapies," ***Psycho-Oncology*** 9 (2000): 367–71.
19. K. MacKenzie, "Time-Limited Group Psychotherapy," ***International Journal of Group Psychotherapy*** 46 (1996): 41–60.
20. D. Erekson, M. Lambert, and D. Eggett, "The Relationship Between Ses- sion Frequency and Psychotherapy Outcome in a Naturalistic Setting," ***Journal of Consulting and Clinical Psychology*** 83 (2015): 1097–107.
21. S. Budman, ***Treating Time Effectively*** (New York: Guilford Press, 1994).
22. R. Weigel, "The Marathon Encounter Group: Vision or Reality. Exhum- ing the Body for a Last Look," ***Consulting Psychology Journal: Practice and Research*** 54 (2002): 186–298.
23. M. Gendron, "Effectiveness of the Intensive Group Process—Retreat Model in the Treatment of Bulimia," ***Group*** 16 (1992): 69–78. E. Tang et al., "Inten- sive Weekend Group Treatment for Panic Disorder and Its Impact on Co-Occurring PTSD: A Pilot Study," ***Journal of Anxiety Disorders*** 33 (2015): 1–7. N. Baum, D. Brom, R. Pat-Horenczyk, S. Rahabi, J. Wardi, and A. Weltman, "Transitioning from the Battlefield to Home: An Innovative Program for Israeli Sol diers," ***Journal of Aggression, Maltreatment and Trauma*** 22 (2013): 644–59.
24. C. Edmonds, G. Lockwood, and A. Cunningham, "Psychological Re- sponse to Long-Term Group Therapy: A Randomized Trial with Metastatic Breast Cancer Patients," ***Psycho-Oncology*** 8 (1999): 74–91. Weigel, "Marathon Encounter." B. Gayner et al., "A Randomized Contro lled Trial of Mindfulness-Based Stress Reduction to Manage Affective Symptoms and Impro ve Quality of Life in Gay Men Living with HIV," ***Journal of Behavioral Medicine*** 35 (2012): 272–85. Z. Segal, M. Williams, and J. Teasdale, ***Mindfulness Based Cognitive Therapy for Depression***, 2nd ed. (New York: Guilford Press, 2012).
25. S. Asch, "Effects of Group Pressure upon the Modification and Distortion of Judgments," in ***Group Dynamics: Research and Theory***, ed. D. Cartwright and A. Zander (New York: Harper and Row, 1960): 189–201.
26. A. Sklar et al., "Time-Extended Group Therapy: A Controlled Study," ***Comparative Group Studies*** 1 (1970): 373–86.
27. I. Yalom, G. Bond, S. Bloch, and E. Zimmerman, "The Impact of a Weekend Group Experie nce on Individual Therapy," ***Archives of General Psychiatry*** 34 (1977): 399–415. P. Fonagy et al., "Pragmatic Randomized Controlled Trial of Long-Term Psychoanalytic Psychotherapy for Treatment-Resistant Depression: The Tavistock Adult Depression Study (TADS)," ***World Psychiatry*** 14 (2015): 312–21. Erekson et al., "Relationship Between Session Frequency." W. Stiles, M. Barkham, and S. Wheeler, "Duration of Psychological Therapy: Relation to Recove ry and Improvement Rates in UK Routine Practice," ***British Journal of Psychiatry*** 207 (2015):

115–22.

28. Taylor et al., "Survey of Mental Health Care Providers."
29. Denton et al., "Group Counseling in the College Setting." Ribeiro et al., *College Counselors Guide*.
30. K. MacKenzie, "Where Is Here and When Is Now? The Adaptational Challenges of Mental Health Reform for Group Psychotherapy," *International Jour- nal of Group Psychotherapy* 44 (1994): 407–20. D. Wilfley, K. MacKenzie, R. Welch, V. Ayres, and M. Weissman, *Interpersonal Psychotherapy for Group* (New York: Basic Books, 2000). M. Koss and J. Butchner, "Res earch on Brief Therapy," in *Handbook of Psychotherapy and Behavioral Change: An Empirical Analysis,* 3rd ed., ed. S. Gar- field and A. Bergin (New York: Wiley, 1986), 626. W. Piper, "Un derutilization of Short-Term Group Therapy: Enigmatic or Understandable?," *Psychotherapy Research* 18 (2008): 127–38. S. Budman and A. Gurman, *Theory and Practice of Brief Therapy* (New York: Guilford Press, 1988), 248.
31. G. Burlingame, D. McClendon, and C. Yang, "Cohesion in Group Ther- apy," in *Psychotherapy Relationships That Work*, vol. 1, *Evidence-Based Therapist Con- tributions*, ed. J. Norcross and M. Lambert (New York: Oxford University Press, 2019), 205–44.
32. Erekson et al., "Relationship Between Session Frequency."
33. Budman, *Treating Time Effectively*.
34. K. Howard, S. Kopta, and M. Krause, "The Dose-Effect Relationship in Psychotherapy," *American Psychologist* 41 (1986): 159–64. S. Lorentzen, T. Ruud, A.Fjeldstad, and P. Høglend, "Comparison of Short- and Long-Term Dynamic Group Psychotherapy: Randomised Clinic al Trial," *British Journal of Psychiatry* 203 (2013): 280–87. A. Fjeldstad, P. Høglend, and S. Lo rentzen, "Patterns of Change in Interpersonal Problems During and After Short-Term and Long-Term Psycho- dynamic Group Therapy: A Randomized Clinical Trial," *Psychotherapy Research* 27 (2017): 350–61.
35. M. Whittingham, "Innovations in Group Assessment: How Focused Brief Group Therapy Int egrates Formal Measures to Enhance Treatment Preparation, Process, and Outcomes," *Psychotherapy* 55 (2018): 186–90. M. Whittingham, "Brief Solution-Based Group Therapy," in *The Sage Encyclopedia of Theory in Counseling and Psychotherapy*, ed. E. Neukrug (Thousand Oaks, CA: Sage Publications, 2015), 419–23.
36. S. Kopta, K. Howard, J. Lowry, and L. Beutler, "Patterns of Symptomatic Recovery in Time-L imited Psychotherapy," *Journal of Consulting Clinical Psychology* 62 (1994): 1009–16. S. Kade ra, M. Lambert, and A. Andrew, "How Much Therapy Is Really Enough? A Session-by-Sessi on Analysis of the Psychotherapy Dose-Effect Relationship," *Journal of Psychotherapy Practice and Research* 5 (1996): 132–51.
37. N. Doidge, B. Simon, L. Gillies, and R. Ruskin, "Characteristics of Psy- choanalytic Patients

Under a Nationalized Health Plan: DSM-III-R Diagnoses, Previous Treatment, and Childhood Trauma," *American Journal of Psychiatry* 151 (1994): 586–90. R. Jarrett, A. Minhajuddin, H. Gershenfeld, E. Friedman, and M. Thase, "Preventing Depressive Relapse and Recurrence in Higher-Risk Cognitive Therapy Responders: A Randomized Trial of Continuation Phase Cognitive Ther- apy, Fluoxetine, or Matched Pill Placebo," *JAMA Psychiatry* 70 (2013): 1152–60.

38. Fonagy et al., "Pragmatic Randomized Controlled Trial." Stiles et al., "Duration of Psychological Therapy." B. Wampold, "Routine Outcome Monitor- ing: Coming of Age—With the Usual Developmental Challenges," *Psychotherapy* 52 (2015): 458–62.
39. R. Klein, "Short-Term Group Psychotherapy," in *Comprehensive Group Psychotherapy*, ed. H. Kaplan and B. Sadock (Baltimore: Williams and Wilkins, 1993), 257–70. MacKenzie, "Time-Limited Group Psychotherapy."
40. J. Paquin, "Delivering the Treatment So That the Therapy Occurs: En- hancing the Effectiveness of Time-Limited, Manualized Group Treatments," *Inter- national Journal of Group Psychotherapy* 67 (2017): S141–53. Fjeldstad et al., "Patterns of Change in Interpersonal Problems." J. Hayes, J. Owen, and H. Nissen-Lie, "The Contribution of Client Culture to Differential Therapist Effectiveness," in *How and Why Are Some Therapists Better Than Others? Understanding Therapist Effects*, ed. L. Castonguay and C. Hill (Washington, DC: American Psychological Association, 2017), 159–74. S. Lorentzen, B. Strauss, and U. Altmann, "Process-Outcome Rela- tionships in Short- and Long-Term Psychodynamic Group Psychotherapy: Results from a Randomized Clinical Trial," *Group Dynamics: Theory, Research, and Practice* 22 (2018): 93–107.
41. S. Budman, S. Cooley, A. Demby, G. Koppenaal, J. Koslof, and T. Powers, "A Model of Time-Effective Group Psychotherapy for Patients with Personality Disorders," *International Journal of Group Psychotherapy* 46 (1996): 315–24. Mac- Kenzie, "Where Is Here and When Is Now?" K. MacKenzie, *Time-Managed Group Psychotherapy: Effective Clinical Applications* (Washington, DC: American Psychiatric Press, 1997).
42. Lorentzen et al., "Comparison of Short- and Long-Term Dynamic." Fjeld- stad et al., "Patterns of Change in Interpersonal Problems." A. Abbass, J. Town, and E. Driessen, "Intensive Short-Term Dynamic Psychotherapy: A Systematic Review and Meta-Analysis of Outcome Research," *Harvard Review of Psychiatry* 20 (2012): 97–108.
43. Budman and Gurman, *Theory and Practice of Brief Therapy*.
44. J. Mann and R. Goldman, *A Casebook in Time-Limited Psychotherapy* (Wash- ington, DC: American Psychiatric Press, 1987).
45. Budman and Gurman, *Theory and Practice of Brief Therapy*.
46. J. Safran and Z. Segal, *Interpersonal Process in Cognitive Therapy* (New York: Basic Books,

1990).

47. Wilfley et al., ***Interpersonal Psychotherapy for Group***. G. Tasca, S. Mikail, and P. Hewitt, ***Group Psychodynamic Interpersonal Psychotherapy: An Evidence-Based Trans- diagnostic Approach*** (Washington, DC: American Psychological Association, 2020). R. Hill et al., "Changes in Defense Mechanism Functioning During Group Ther- apy for Binge-Eating Disorder," ***Psychiatry*** 78 (2015): 75–88.
48. Paquin, "Delivering the Treatment."
49. In an HMO setting, Budman employs the pregroup individual session pri- marily for screeni ng and reframing the patient's problems to facilitate the client's ability to work in a brief time frame. Much of the group preparation is held in a large group of approximately twelve patients, with a ninety-minute workshop that is both didactic and experiential. This prepar atory model has also proved highly effective in reducing dropouts. Budman and Gurman, ***Theory and Practice of Brief Therapy***.
50. MacKenzie, "Time-Limited Group Psychotherapy." MacKenzie, ***Time- Managed Group Psychotherapy***. K. MacKenzie and A. Grabovac, "Interpersonal Psychotherapy Group (IPT-G) for Depression," ***Journal of Psychotherapy Practice and Research*** 10 (2001): 46–51. S. Budm an, P. Simeone, R. Reilly, and A. Demby, "Progress in Short-Term and Time-Limited Group Psychotherapy: Evidence and Implications," in ***Handbook of Group Psychotherapy***, ed. A. Fu hriman and G. Bur- lingame (New York: Wiley, 1994): 319–39. Whittingham, "Brief Solution -Based Group Therapy." Whittingham, "Innovations in Group Assessment."
51. M. Esplen et al., "A Supportive-Expressive Group Intervention for Women with a Family Hist ory of Breast Cancer: Results of a Phase II Study," ***Psycho- Oncology*** 9 (2000): 243–52. Schwa rtz and Leszcz, "Group Therapy."
52. J. Hardy and C. Lewis, "Bridging the Gap Between Long- and Short- Term Therapy: A Viab le Model," ***Group*** 16 (1992): 5–17.
53. S. Barlow et al., "Evidence-Based Practice in Group Psychotherapy," Amer- ican Group Psy chotherapy Association Science to Service Task Force web docu- ment, 2015, www.agpa.org/home/practice-resources/evidence-based-practice-in-group-psychotherapy. G. Burlin game, "Change Mechanisms and Effectiveness." G. Burlingame and B. Strauss, "Efficacy of Small Group Treatments: Foundation for Evidence-Based Practice," in ***Bergin and Garfield's Handbook of Psychotherapy and Behavior Change***, 7th ed., ed. M. Barkham, L. Castonguay, and W. Lutz (New York: Wiley, forthcoming).
54. W. McDermut, I. Miller, and R. Brown, "The Efficacy of Group Psycho- therapy for Depressi on: A Meta-Analysis and a Review of Empirical Research," ***Clinical Psychology: Science and Practice*** 8 (2001): 98–104.
55. MacKenzie and Grabovac, "Interpersonal Psychotherapy Group." A. Ravindran et al., "Treat

ment of Primary Dysthymia with Group Cognitive Ther- apy and Pharmacotherapy: Clinic al Symptoms and Functional Impairments," ***American Journal of Psychiatry*** 156 (1999): 1608–17.

56. W. Piper, ***Short-Term Group Therapies for Complicated Grief*** (Washington, DC: American Psyc hological Association, 2011).
57. R. Grenon et al., "Group Psychotherapy for Eating Disorders: A Meta- Analysis," ***International Journal of Eating Disorders*** 50 (2017): 997–1013. D. Schwartze, S. Barkowski, B. Strauss, G. Burlingame, J. Barth, and J. Rosendahl, "Efficacy of Group Therapy for Panic Disorder: Met a-Analysis of Randomized Controlled Trials," ***Group Dynamics*** 21 (2017): 77–93.
58. E. Marziali and H. Munroe-Blum, ***Interpersonal Group Psychotherapy for Bor- derline Personality Disorder*** (New York: Basic Books, 1994).
59. A. Sherman et al., "Group Interventions for Patients with Cancer and HIV Disease. Part I: Ef fects on Psychosocial and Functional Outcomes at Differ- ent Phases of Illness," ***International Journal of Group Psychotherapy*** 54 (2004): 29–82. Cunningham, "Adjuvant Psychologic al Therapy."
60. Lorentzen et al., "Comparison of Short- and Long-Term Dynamic." Fjeld- stad et al., "Patter ns of Change in Interpersonal Problems." A. Fjeldstad, P. Høglend, and S. Lorentzen, "Prese nce of Personality Disorder Moderates the Long-Term Effects of Short-Term and Long-Te rm Psychodynamic Group Therapy: A 7-Year Follow-Up of a Randomized Clinical Trial," ***Group Dynamics: Theory, Research, and Practice*** 20 (2016): 294–306.
61. M. Koss and J. Shiang, "Research in Brief Psychotherapy," in ***Handbook of Psychotherapy and Behavioral Change: An Empirical Analysis***, 4th ed., ed. A. Bergin and S. Garfield (New York: Wiley, 1994), 664–700.
62. I. Elkin, "Perspectives on the NIMH Collaborative Treatment of Depression Study," present ed at Mount Sinai Hospital, Toronto, Ontario, Canada, April 1995.
63. Y. Slocum, "A Survey of Expectations About Group Therapy Among Clinical and Nonclinic al Populations," ***International Journal of Group Psychotherapy*** 37 (1987): 39–54. M. Bowden, "Anti-Group Attitudes and Assessment for Psycho- therapy," ***Psychoanalytic Psychotherapy*** 16 (2002): 246–58. M. Nitsun, "The Future of the Group," ***International Journal of Group Psychotherapy*** 50 (2000): 455–72. Piper, "Underutilization of Short-Term Group." Z. Schechtm an and A. Kiezel, "Why Do People Prefer Individual Therapy over Group Therapy?," ***International Journal of Group Psychotherapy*** 66 (2016): 571–91. B. Strauss, L. Spangenberg, E. Br ähler, and B. Bormann, "Attitudes Towards (Psychotherapy) Groups: Results of a Survey in a Representative Sample," ***International Journal of Group Psychotherapy*** 65 (2015): 410–30.
64. J. Lee, "Asian International Students' Barriers to Joining Group Counsel- ing," ***International Journal of Group Psychotherapy*** 84 (2014): 444–64. A. Dipeolu, J. Kang, and C. Cooper, "Sup

port Group for International Students: A Counseling Center's Experience," ***Journal of College Student Psychotherapy*** 22 (2007): 63–73.

65. Bowden, "Anti-Group Attitudes." Nitsun, "Future of the Group."
66. See clips about group therapy in the films, ***28 Days*** and ***Fred Claus***. If there is a stigma probl em regarding mental health in the media generally, it is worse with regard to group thera py. G. Gabbard and M. Horowitz, "Using Media to Teach How Not to Do Psychotherapy," ***Academic Psychiatry*** 34 (2010): 27–30. D. Vogel, D. Gentile, and S. Kaplan, "The Influence of Television on Willingness to Seek Therapy," ***Journal of Clinical Psychology*** 64 (2008): 276–95. I. Yalom and M. Leszcz, "Group Therapy: A Live Demonstration," 2011, available at Psychot herapy.net, www.psychotherapy.net/video/group-therapy. L. Orchowski, B. Spickard, and J. McNamara, "Cinema and the Valuing of Psychotherapy: Implications for Clinical Practice," ***Professional Psychology: Research and Practice*** 37 (2006): 506–14. Bowden, "Anti-Group Attit udes."
67. H. Bernard, "Patterns and Determinants of Attitudes of Psychiatric Resi- dents Toward Gro up Therapy," ***Group*** 15 (1991): 131–40.
68. Z. Lipowski, "Psychiatry: Mindless or Brainless, Both or Neither?," ***Cana- dian Journal of Psychiatry*** 34 (1989): 249–54.
69. L. Murphy, M. Leszcz, A. Collings, and J. Salvendy, "Some Observations on the Subjective Ex perience of Neophyte Group Therapy Trainees," ***International Journal of Group Psychotherapy*** 46 (1996): 543–52. N. Fieldsteel and A. Joyce, "Does Anyone Want Group," in ***Complex Dilemmas in Group Therapy***, ed. L. Motherwell and J. Shaye (New York: Brunner-Routledge, 2005), 135–41. Schechtman and Kiezel, "Why Do People Prefer Individual Therapy?"
70. B. Wampold, "How Important Are the Common Factors in Psychother- apy? An Update," ***World Psychiatry*** 14, (2015): 270–77. O. Lindheim, C. Bennett, C. Trentacosta, and C. McLe ar, "Client Preferences Affect Treatment Satisfaction, Completion, and Clinical Outcome: A Meta-Analysis," ***Clinical Psychology Review*** 34 (2014): 506–17. I. Söchting, M. Lau, and J. Ogr odniczuk, "Predicting Compli- ance in Group CBT Using the Group Therapy Questionnai re," ***International Journal of Group Psychotherapy*** 68 (2018): 184–94.
71. S. Sue, "In Search of Cultural Competence in Psychotherapy Counsel- ing," ***American Psychologist*** 53 (1998): 440–48. M. LaRoche and A. Maxie, "Ten Considerations in Addressing Cultural Differences in Psychotherapy," ***Professional Psychology: Research and Practice*** 34 (2003): 180–86. F. Kaklauskas and R. Nettles, "Towards Multicultural and Diversity Proficien cy as a Group Psychotherapist," in ***Core Principles of Group Psychotherapy: An Integrated Theory, Research, and Practice Training Manual***, ed. F. Kaklauskas and L. Greene (New York: Routledge, 2019), 25–47. American Psychological Association, "Professional Practice Guidel ines: Guidelines for Developers and Users," ***American Psychologist*** 70 (2015): 823–31.

72. American Psychological Association, "Guidelines for Psychological Prac- tice with Transgen der and Gender Nonconforming People," ***American Psychologist*** 70, no. 9 (2015): 832–64, htt ps://doi.org/10.1037/a0039906.

73. C. Mackenzie, J. Erickson, F. Deane, and M. Wright, "Changes in At- titudes Toward Seeking Mental Health Services," ***Clinical Psychology Review*** 34 (2014): 99–106.

74. B. Meyer, J. Krupnick, S. Simmens, P. Pilkonis, M. Egan, and S. Sotsky, "Treatment Expectan cies, Patient Alliance, and Outcome: Further Analysis from the NIMH Treatment of Depressi on Collaborative Research Program," ***Journal of Consulting and Clinical Psychology*** 70 (2002): 1051–55. C. Carver and M. Schriver, ***On the Self-Regulation of Bulimia*** (New York: Cambridge University Press, 1998). B. Wampold and Z. Imel, ***The Great Psychotherapy Debate: The Evidence for What Makes Psychotherapy Work***, 2nd ed. (New York: Routledge, 2015).

75. M. Connolly Gibbon, P. Crits-Christoph, C. de la Cruz, J. Barber, L. Siqueland, and M. Glad is, "Pretreatment Expectations, Interpersonal Func- tioning, and Symptoms in the Predicti on of the Therapeutic Alliance Across Supportive-Expressive Psychotherapy and Cognitive Therapy," ***Psychotherapy Re- search*** 13 (2003): 59–76.

76. See information for consumers at the website of the American Group Psy- chotherapy Asso ciation, www.agpa.org. D. Payne, "Why Group Therapy Worked," ***New York Times***, August 11, 2015, https://opinionator.blogs.nytimes.com/2015/08/11.

77. H. Roback, R. Moor, F. Bloch, and M. Shelton, "Confidentiality in Group Psychotherapy: Em pirical Finds and the Law," ***International Journal of Group Psy- chotherapy*** 46 (1996): 117–35. R. MacNair-Semands, ***Ethics in Group Psychotherapy*** (New York: American Group Psychothe rapy Association, 2005). A. Fallon, "In- formed Consent in the Practice of Group Psychother apy," ***International Journal of Group Psychotherapy*** 56 (2006): 431–53. Bernard et al., "Clinic al Practice Guide- lines." K. McClanahan, "Can Confidentiality Be Maintained in Group The rapy?," ***National Psychologist***, July 21, 2014, https://nationalpsychologist.com/2014/07/can -confidentiality-be-maintained-in-group-therapy/102566.html. G. Lasky and M. Riva, "Con fidentiality and Privileged Communication in Group Psychotherapy," ***International Journal of Group Psychotherapy*** 56 (2006): 455–76.

78. J. Beahrs and T. Gutheil, "Informed Consent in Psychotherapy," ***American Journal of Psychiatry*** 158 (2001): 4–10.

79. Informed consent for psychotherapy is an issue across all practitioners, and virtually every professional association sets standards and expectations for its mem- bers regarding the core features of informed consent. Ken Pope, PhD, has compiled these at https://kspope.com/consent.

80. Schwartz and Leszcz, "Group Therapy." R. Crandall, "The Assimilation of Newcomers into Groups," ***Small Group Behavior*** 9 (1978): 331–36.

81. M. Leszcz and J. Kobos, "Evidence-Based Group Psychotherapy: Using AGPA's Practice Gui delines to Enhance Clinical Effectiveness," ***Journal of Clinical Psychology*** 64 (2008): 1238–60.
82. I. Yalom and M. Leszcz, "Group Therapy: A Live Demonstration," 2011, available at Psychot herapy.net, www.psychotherapy.net/video/group-therapy.
83. See the video at "An Introduction to Group Therapy," University of Missouri Counseling Ce nter, https://counseling.missouri.edu/services/group-counseling. The Veterans Administrati on has produced an orientation to group therapy for PTSD, "Finding Support Through Gro up Therapy," Make the Con- nection, YouTube, posted March 12, 2018, www.youtube.com/watch?v=-gU4sZ_G-Q0&feature=youtu.be.
84. Söchting et al., "Predicting Compliance in Group CBT."
85. W. Piper, "Pretraining for Group Psychotherapy: A Cognitive-Experiential Approach," ***Archives of General Psychiatry*** 36 (1979): 1250–56. W. Piper et al., "Preparation of Patients: A Study of Group Pretraining for Group Psychotherapy," ***International Journal of Group Psychotherapy*** 32 (1982): 309–25. S. Budman et al., "Ex- periential Pre-Group Preparation and Screening," ***Group*** 5 (1981): 19–26.
86. Budman et al., "Model of Time-Effective Group." Budman et al., "Expe- riential Pre-Group Preparation."
87. J. Connelly and W. Piper, "An Analysis of Pretraining Work Behavior as a Composition Varia ble in Group Psychotherapy," ***International Journal of Group Psychotherapy*** 39 (1989): 173–89.
88. R. Kadden, M. Litt, N. Cooney, and D. Busher, "Relationship Between Role-Play Measures of Coping Skills and Alcoholism Treatment Outcome," ***Addic- tion Behavior*** 17 (1992): 425–37.
89. Piper et al., "Preparation of Patients."
90. J. Prochaska, C. DiClemente, and J. Norcross, "In Search of How Peo- ple Change: Applicati ons to Addictive Behaviors," ***American Psychologist*** 47 (1992): 1102–14.
91. R. Feld, D. Woodside, A. Kaplan, M. Olmstead, and J. Carter, "Pre- Treatment Motivational Enhancement Therapy for Eating Disorders: A Pilot Study," ***International Journal of Eating Disorders*** 29 (2001): 393–400. G. O'Reilly, T. Morrison, D. Sheerin, and A. Carr, "A Group-B ased Module for Adolescents to Improve Motivation to Change Sexually Abusive Behavior," ***Child Abuse Review*** 10 (2001): 150–69. W. Miller and S. Rollnick, ***Motivational Interviewing: Preparing People to Change Addictive Behavior*** (New York: Guilford Press, 2002).
92. J. Malat, S. Morrow, and P. Stewart, "Applying Motivational Interviewing Principles in a Mod ified Interpersonal Group for Comorbid Addiction," ***Interna- tional Journal of Group Psychotherapy*** 61 (2011): 556–75.
93. I. Yalom et al., "Preparation of Patients for Group Therapy," ***Archives of General Psychiatry*** 17 (1967): 416–27.
94. The interaction of the groups was measured by scoring each statement during the meeting

on a sixteen-cell matrix. W. Hill, ***HIM: Hill Interaction Matrix*** (Los Angeles: Youth Study Cen ter, University of Southern California, 1965). Scor- ing was performed by a team of raters naive to the experimental design. Faith in therapy was tested by postgroup patient-administ ered questionnaires.

95. D. Meadow, "Preparation of Individuals for Participation in a Treatment Group: Developme nt and Empirical Testing of a Model," ***International Journal of Group Psychotherapy*** 38 (1988): 367–85. R. Bednar and T. Kaul, "Experiential Group Research: Can the Canon Fire?," in Ber gin and Garfield, ***Handbook of Psy- chotherapy and Behavioral Change***, 4th ed., 631–63. G. Bu rlingame, A. Fuhriman, and J. Mosier, "The Differential Effectiveness of Group Psychothera py: A Meta- Analytic Perspective," ***Group Dynamics: Theory, Research, and Practice*** 7 (2003): 3–12. Bernard et al., "Clinical Practice Guidelines."
96. M. Wogan et al., "Influencing Interaction and Outcomes in Group Psy- chotherapy," ***Small Group Behavior*** 8 (1977): 25–46.
97. Burlingame et al., "Change Mechanisms and Effectiveness." Bernard et al., "Clinical Practice Guidelines."
98. W. Piper and J. Ogrodniczuk, "Pregroup Training," in ***Praxis der Gruppen- psychotherapie***, ed. V. Tschuschke (Frankfurt: Thieme, 2001), 74–78.
99. W. Piper and E. Perrault, "Pretherapy Training for Group Members," ***In- ternational Journal of Group Psychotherapy*** 39 (1989): 17–34. Piper et al., "Preparation of Patients." Piper and Ogrodniczuk, "Pregroup Training." Connelly and Piper, "Analysis of Pretraining Work Behav ior." S. Budman and M. Bennet, "Short-Term Group Psychotherapy," in ***Comprehensive Group Psychotherapy***, 2nd ed., ed. H. Kap- lan and B. Sadock (Baltimore: Williams and Wilk ins, 1983), 138–44. D. France and J. Dugo, "Pretherapy Orientation as Preparation for Open Psychotherapy Groups," ***Psychotherapy*** 22 (1985): 256–61.
100. J. Heitler, "Clinical Impressions of an Experimental Attempt to Prepare Lower-Class Patients for Expressive Group Psychotherapy," ***International Journal of Group Psychotherapy*** 29 (1974): 308–22. K. Palmer, R. Baker, and T. Miker, "The Effects of Pretraining on Group Psy chotherapy for Incest-Related Issues," ***Interna- tional Journal of Group Psychotherapy*** 47 (1997): 71–89.
101. Piper and Ogrodniczuk, "Pregroup Training."
102. E. Werth, "A Comparison of Pretraining Models for Encounter Group Therapy," ***Dissertation Abstracts*** 40 (1979).
103. G. Silver, "Systematic Presentation of Pre-Therapy Information in Group Psychotherapy: Its Relationship to Attitude and Behavioral Change," ***Dissertation Abstracts*** (1976): 4481-B.
104. Piper et al., "Preparation of Patients." L. Annis and D. Perry, "Self- Disclosure in Unsupervis ed Groups: Effects of Videotaped Models," ***Small Group Behavior*** 9 (1978): 102–8.

105. S. Barnett, "The Effect of Preparatory Training Communication Skills on Group Therapy with Lower Socioeconomic Class Alcoholics," ***Dissertation Ab- stracts International*** 41 (1981): 2744. B. Pilkonis, P. Lewis, J. Calpin, V. Senatore, and M. Hersen, "Training Complex Social Skills for Use in a Psychotherapy Group: A Case Study," ***International Journal of Group Psychotherapy*** 30 (1980): 347–56.
106. Pilkonis et al., "Training Complex Social Skills."
107. T. Zarle and S. Willis, "A Pre-Group Training Technique for Encounter Group Stress," ***Journal of Counseling Psychology*** 22 (1975): 49–53.
108. T. Curran, "Increasing Motivation to Change in Group Treatment," ***Small Group Behavior*** 9 (1978): 337–48.
109. J. Steuer et al., "Cognitive Behavior and Psychodynamic Group Psycho- therapy in Treatme nt of Geriatric Depression," ***Journal of Consulting and Clinical Psychology*** 52 (1984): 180–89.
110. O. Farrell, T. Cutter, and F. Floyd, "Evaluating Behavioral Marital Ther- apy for Male Alcoho lics," ***Behavior Therapy*** 16 (1985): 147–67.
111. Curran, "Increasing Motivation to Change."
112. M. Cartwright, "Brief Reports: A Preparatory Method for Group Coun- seling," ***Journal of Counseling Psychology*** 23 (1976): 75–77.
113. C. Taft, C. Murphy, J. Elliott, and T. Morrel, "Attendance Enhancing Procedures in Group Co unseling for Domestic Abusers," ***Journal of Counseling Psy- chology*** 48 (2001): 51–60.
114. Piper and Perrault suggest that clients tend to drop out of therapy groups if they receive no pretherapy preparation because of excessive anxiety: that is, they did not have the opportu nity to extinguish anxiety by experiencing con- trolled modulation of anxiety in the presen ce of experienced leaders. Piper and Perrault, "Pretherapy Training for Group Members." R. Curtis, "Self-Organizing Processes, Anxiety, and Change," ***Journal of Psychotherapy Integration*** 2 (1992): 295–319.
115. R. White, "Motivation Reconsidered: The Concept of Competence," ***Psychological Review*** 66 (1959): 297–333.
116. Beahrs and Gutheil, "Informed Consent." C. Blease, S. Lilienfeld, and J. Kelley, "Evidence-Ba sed Practice and Psychological Treatments: The Imperatives of Informed Consent," ***Frontiers in Psychology*** 7 (2016): Article 1170.
117. American Psychological Association, ***Ethical Principles of Psychologists and the Code of Conduct*** (Washington, DC: American Psychological Association, 2016). American Psychiatric Ass ociation, ***The Principles of Medical Ethics with Annotations Especially Applicable to Psychiatry*** (Washington, DC: American Psychiatric Associ- ation, 1998), 24. P. Appelbaum and T. Guth eil, ***Clinical Handbook of Psychiatry and the Law*** (Philadelphia: Lippincott Williams and Wilki ns, 2007). American Psychi- atric Association, ***APA Commentary on Ethics in Practice*** (Washin

gton, DC: Amer- ican Psychiatric Association, 2015). American Group Psychotherapy Assoc iation, ***AGPA and IBCGP Guidelines for Ethics*** (New York: American Group Psychother- apy Association, 2002), http://ethics.iit.edu/codes/AGPA%202002.pdf.

CHAPTER 10: IN THE BEGINNING

1. V. Brabender and A. Fallon, ***Group Development in Practice: Guidance for Clini- cians and Researchers on Stages and Dynamics of Change*** (Washington, DC: American Psychological Assoc iation, 2009). F. Kaklauskas and L. Greene, eds., ***Core Principles of Group Psychotherapy: An Integrated Theory, Research, and Practice Training Manual*** (New York: Routledge, 2019).
2. Kaklauskas and Greene, ***Core Principles of Group Psychotherapy***. S. Whee- lan, ***Group Processes: A Developmental Perspective***, 2nd ed. (Boston: Allyn and Bacon, 2005). J. Rutan, W. St one, and J. Shay, ***Psychodynamic Group Psychotherapy***, 5th ed. (New York: Guilford Press, 2014). Y. Agazarian and S. Gantt, "Phases of Group Development: Systems-Centered Hypot heses and Their Implications for Research and Practice," ***Group Dynamics: Theory, Research and Practice*** 7 (2003): 238–52.
3. B. Tuckman, "Developmental Sequences in Small Groups," ***Psychological Bulletin*** 63 (1965): 384–99. Tuckman's third stage, "norming," refers to the devel- opment of group cohesion. His fourth stage, "performing," refers to the emergence of insight and functional role-relate dness. Tuckman and Jensen later added the fifth stage of adjourning. B. Tuckman and M. Je nsen, "Stages of Small-Group Develop- ment Revisited," ***Group and Organizational Studies*** 2 (1977): 419–27.
4. K. MacKenzie, "Clinical Application of Group Development Ideas," ***Group Dynamics: Theory, Research, and Practice*** 1 (1997): 275–87. Agazarian and Gantt, "Phases of Group Develop ment." S. Wheelan, B. Davidson, and F. Tilin, "Group Development Across Time: Reality or Illusion?," ***Small Group Research*** 34 (2003): 223–45. G. Burlingame, K. MacKenzie, and B. Str auss, "Small-Group Treatment: Evidence for Effectiveness and Mechanisms of Change," in ***Bergin and Garfield's Handbook of Psychotherapy and Behavior Change***, 5th ed., ed. M. Lambe rt (New York: Wiley, 2004), 647–96.
5. MacKenzie, "Clinical Application."
6. M. Thorgeirsdottir, A. Bjornsson, and G. Arnkelsson, "Group Climate Development in Brief Group Therapies: A Comparison Between Cognitive- Behavioral Group Therapy and Group Psychotherapy for Social Anxiety Disor- der," ***Group Dynamics: Theory, Research, and Practice*** 19 (2015): 200–29. J. Bakali, T. Wilberg, O. Klungsøyr, and S. Lorentzen, "Development

of Group Climate in Short- and Long-Term Psychodynamic Group Psychotherapy," *International Journal of Group Psychotherapy* 63 (2013): 366–93.

7. R. Levine, "Progressing While Regressing in Relationships," *Interna- tional Journal of Group Psychotherapy* 61 (2011): 621–43. G. Lo Coco, S. Gullo, D. Kivlighan, C. Di Fratello, and C. Giordano, "Group Relationships in Early and Late Sessions and Improvement in Interperson al Problems," *Journal of Counseling Psychology* 63 (2016) 419–28. V. Brabender, "Chaos Theo ry and Group Psychother- apy 15 Years Later," *Group* 40 (2016): 9–15. K. MacKenzie, "Gro up Development," in *Handbook of Group Psychotherapy*, ed. A. Fuhriman and G. Burlingame (New York: Wiley, 1994), 223–68.
8. D. Kivlighan and D. Mullison, "Participants' Perception of Therapeutic Factors in Group Co unseling: The Role of Interpersonal Style and Stage of Group Development," *Small Group Behavior* 19 (1988): 452–68. D. Kivlighan and R. Lilly, "Developmental Changes in Group Cli mate as They Relate to Therapeutic Gain," *Group Dynamics: Theory, Research, and Practice* 1 (1997): 208–21.
9. S. Wheelan, "Group Development and the Practice of Group Psychother- apy," *Group Dynamics: Theory, Research, and Practice* 1 (1997): 288–93. S. Wheelan, D. Murphy, E. Tsumura, and S. Fried-Kline, "Member Perceptions of Internal Group Dynamics and Productivity," *Small Group Research* 29 (1998): 371–93. Wheelan and Hochberger developed and validated the Group Development Questionnaire (GDQ) as a measure of group development in work and task groups. The GDQ, a self-report measure, consists of a series of questions that fall into four domains: (1) dependency/inclusion; (2) counterdependence/flight; (3) trust/structu re; and (4) work/productivity. The GDQ has not been applied to psychotherapy groups to date, but it holds promise in this regard. S. Wheelan and J. Hochberger, "Validation Studies of the Group Development Questionnaire," *Small Group Research* 27 (1996): 143–70. D. Mill er, "The Stages of Group Development: A Retrospective Study of Dynamic Team Processes," *Canadian Journal of Administrative Sciences* 20 (2003): 121. Wheelan, *Group Processes*.
10. L. Murphy, M. Leszcz, A. Collings, and J. Salvendy, "Some Observations on the Subjective Ex perience of Neophyte Group Therapy Trainees," *International Journal of Group Psychotherapy* 46 (1996): 543–52.
11. R. Kamm, "Group Dynamics and Athletic Success," presented at the an- nual meeting of the American Group Psychotherapy Association, New York City, February 27, 2004. I. Glick, R. Kamm, and E. Morse, "The Evolution of Sport Psychiatry, Circa 2009," *Sports Psychiatry* 39 (2009): 607–13. Wheelan, *Group Pro- cesses*. M. Farrell, M. Schmitt, and G. Heinmann, "Infor mal Roles and Stages of Interdisciplinary Team Development," *Journal of Interprofessional Care* 15 (2001): 281–93. B. Kaini, "Interprofessional Team Collaboration in Health Care," *Global Journal of Medical Research* 17 (2017), https://medicalresearchjournal.org/index.php

/GJMR/article/view/1288.

12. C. Kieffer, "Phases of Group Development: A View from Self-Psychology," ***Group*** 25 (2002): 91–105. K. Zorzella, R. Muller, and C. Classen, "Trauma Group Therapy: The Role of Attach ment and Therapeutic Alliance," ***International Journal of Group Psychotherapy*** 64 (2014): 24–47. E. Hammond and C. Marmarosh, "The In- fluence of Individual Attachment Styles on Gr oup Members' Experience of Ther- apist Transitions," ***International Journal of Group Psychotherapy*** 61 (2011): 597–619.
13. P. Flores, "Addiction as an Attachment Disorder: Implications for Group Therapy," ***International Journal of Group Psychotherapy*** 51 (2001): 63–82. P. Flores, ***Addiction as an Attachment Disorder*** (Lanham, MD: Jason Aronson, 2011). R. Bau- meister and M. Leary, "The Need to Belong: Desire for Interpersonal Attachments as a Fundamental Human Motivation," ***Psychological Bulletin*** 117 (1995): 497–529.
14. M. Ettin, "From Identified Patient to Identifiable Group: The Alchemy of the Group as a Wh ole," ***International Journal of Group Psychotherapy*** 50 (2000): 137–62. Kieffer, "Phases of Gro up Development."
15. I. Harwood, "Distinguishing Between the Facilitating and Self-Serving Charismatic Group Leader," ***Group*** 27 (2003): 121–29. S. Arabi, ***Becoming the Nar- cissist's Nightmare: How to Devalue and Discard the Narcissist While Supplying Yourself*** (New York: SCW Archer Publishing, 2016). See Shahida Arabi, Self-Care Haven for Survivors, https://selfcarehaven.wordpress.com.
16. I. Yalom, ***Existential Psychotherapy*** (New York: Basic Books, 1980). I. Yalom, ***Staring at the Sun: Overcoming the Terror of Death*** (New York: Basic Books, 2008).
17. J. Ogrodniczuk and W. Piper, "The Effect of Group Climate on Outcome in Two Forms of Sh ort-Term Group Therapy," ***Group Dynamics: Theory, Research and Practice*** 7 (2003): 64–76.
18. W. Bion, ***Experiences in Groups and Other Papers*** (New York: Routledge, 1961). Bion's early descriptions of the basic assumption group—the unconscious, irrational, unboundaried, em otion-riven group that resides beneath or alongside the conscious, rational, thought-center ed work group—can provide a helpful frame for understanding these regressive responses.
19. H. Bernard et al., "Clinical Practice Guidelines for Group Psychother- apy," ***International Journal of Group Psychotherapy*** 58 (2008): 455–542. Kaklauskas and Greene, ***Core Principles of Group Psychotherapy***. K. MacKenzie and W. Livesley, "A Developmental Model for Brief Group Therapy," in ***Advances in Group Therapy: Integrating Research and Practice***, ed. R. Dies and K. MacKenzie (New York: Inter- national Universities Press, 1983), 101–16. Tuckm an, "Developmental Sequences in Small Groups."
20. Bernard et al., "Clinical Practice Guidelines."
21. E. Shapiro and R. Ginzberg, "The Persistently Neglected Sibling Re- lationship and Its Appli

cability to Group Therapy," ***International Journal of Group Psychotherapy*** 51 (2001): 327–41.

22. W. Bennis, "Patterns and Vicissitudes in T-Group Development," in ***T-Group Theory and Laboratory Method: Innovation in Re-Education***, ed. L. Bradford, J. Gibb, and K. Benne (New York: Wiley, 1964), 248–78. Hammond and Marmarosh, "Influence of Individual Attachme nt." C. Marmarosh et al., "Adult Attachment, Attachment to the Supervisor, and the Supervi sory Alliance: How They Relate to Novice Thera- pists' Perceived Counseling Self-Efficacy," ***Psychotherapy*** 50 (2013): 178–88.
23. Harwood, "Distinguishing Between the Facilitating." M. Leszcz, "Re- flection on the Abuse of Power, Control and Status in Group Therapy and Group Therapy Training," ***International Journal of Group Psychotherapy*** 54 (2004): 389–400.
24. M. Leszcz, "The Evidence-Based Group Psychotherapist," ***Psychoanalytic Inquiry*** 38 (2018): 285–98.
25. E. Shapiro and J. Gans, "The Courage of the Group Therapist," ***Interna- tional Journal of Group Psychotherapy*** 58 (2008): 345–61.
26. J. Johnson, "Beware of Storming: Research Implications for Interpreting Group Climate Ques tionnaire Scores over Time," ***International Journal of Group Psy- chotherapy*** 63 (2013): 433–46.
27. Murphy et al., "Some Observations on the Subjective Experience."
28. N. Harpaz, "Failures in Group Psychotherapy: The Therapist Variable," ***International Journal of Group Psychotherapy*** 44 (1994): 3–19. M. Leszcz, "Discussion of Failures in Group Psychot herapy: The Therapist Variable," ***International Journal of Group Psychotherapy*** 44 (1994): 25–31. A. Von Der Lippe, J. Monsen, M. Rønestad, and D. Eilertsen, "Treatment Failure in Psych otherapy: The Pull of Hostility," ***Psy- chotherapy Research*** 18 (2008): 420–32. J. Hayes, C. Gel so, and A. Hummel, "Man- aging Countertransference," ***Psychotherapy*** 48 (2011): 88–97. J. Hayes, C. Gelso, S. Goldberg, and D. Kivlighan, "Countertransference Management and Effe ctive Psychotherapy: Meta-Analytic Findings," ***Psychotherapy*** 55 (2018): 496–507.
29. S. Scheidlinger, "Presidential Address: On Scapegoating in Group Psycho- therapy," ***International Journal of Group Psychotherapy*** 32 (1982): 131–43.
30. J. Gans and A. Alonso, "Difficult Patients: Their Construction in Group Therapy," ***International Journal of Group Psychotherapy*** 48 (1998): 311–26.
31. C. Aron, "Scapegoating in Groups: A Challenge to the Leader," ***Group Circle*** (2003): 1, 6.
32. A. Clark, "Scapegoating: Dynamics and Interventions in Group Coun- seling," ***Journal of Counseling and Development*** 80 (2002): 271–76. J. Moreno, "Scapegoating in Group Psychoth erapy," ***International Journal of Group Psychother- apy*** 57 (2007): 93–105. L. Finlay, A. Abern ethy, and S. Garrels, "Scapegoating in Group Therapy: Insights from Girard's Mimetic Theo ry," ***International Journal of Group Psychotherapy*** 66 (2016): 188–204.
33. Y. Agazarian, "Systems-Centered Group Psychotherapy: Putting Theory into Practice," ***In-***

ternational Journal of Group Psychotherapy 62 (2012): 171–95.

34. C. Hill and S. Knox, "Processing the Therapeutic Relationship," *Psycho- therapy Research* 19 (2009): 13–29.
35. Bennis, "Patterns and Vicissitudes."
36. F. Taylor, "The Therapeutic Factors of Group-Analytic Treatment," *Jour- nal of Mental Science* 96 (1950): 976–97.
37. R. Shellow, J. Ward, and S. Rubenfeld, "Group Therapy and the Institu- tionalized Delinque nt," *International Journal of Group Psychotherapy* 8 (1958): 265–75.
38. D. Whitaker and M. Lieberman, *Psychotherapy Through the Group Process* (New York: Athert on Press, 1964). M. Grotjahn, "The Process of Maturation in Group Psychotherapy and in the Group Therapist," *Psychiatry* 13 (1950): 63–67. MacKenzie and Livesley, "Developmental Model."
39. J. Abrahams, "Group Psychotherapy: Implications for Direction and Supervision of Mentally Ill Patients," in *Mental Health in Nursing*, ed. T. Muller (Washington, DC: Catholic University Press, 1949), 77–83.
40. J. Thorpe and B. Smith, "Phases in Group Development in Treatment of Drug Addicts," *International Journal of Group Psychotherapy* 3 (1953): 66–78.
41. A. Beck and L. Peters, "The Research Evidence for Distributed Leadership in Therapy Grou ps," *International Journal of Group Psychotherapy* 31 (1981): 43–71. R. Josselson, "The Space Between in Group Psychotherapy: A Multidimensional Model of Relationships," *Group* 27 (2003): 203–19.
42. W. Schutz, *The Interpersonal Underworld* (Palo Alto, CA: Science and Be- havior Books, 1966), 170. F. Kaklauskas and L. Greene, "Group Development," in Kaklauskas and Greene, *Core Principles of Group Psychotherapy*, 101–9. Bernard et al., "Clinical Practice Guidelines."
43. I. Janis, *Groupthink: Psychological Studies of Policy Decisions and Fiascoes*, 2nd ed. (Boston: Houghton Mifflin, 1982). G. Hodson and R. Sorrentino, "Group- think and Uncertainty Orie ntation: Personality Differences in Reactivity to the Group Situation," *Group Dynamics: Theory, Research, and Practice* 1 (1997): 144–55.
44. K. MacKenzie, "The Clinical Application of a Group Climate Measure," in Dies and MacKen zie, *Advances in Group Therapy: Integrating Research and Practice*. K. MacKenzie, "Group De velopment," in Fuhriman and Burlingame, *Handbook of Group Psychotherapy*, 223–68. K. Ma cKenzie, "Clinical Application of Group De- velopmental Ideas," *Group Dynamics: Theory, Research, and Practice* 1 (1997): 275–87. Bakali et al., "Development of Group Climate."
45. K. MacKenzie and V. Tschuschke, "Relatedness, Group Work, and Out- come in Long-Term Inpatient Psychotherapy Groups," *Journal of Psychotherapy Practice and Research* 2 (1993): 147–56. G. Lo Coco, L. Gullo, and D. Kivlighan, "Examining Patients' and Other Group Me

mbers' Agreement About Their Alli- ance to the Group as a Whole and Changes in Patient Symptoms Using Response Surface Analysis," ***Journal of Counseling Psychology*** 59 (2012): 197–207.

46. Bakali et al., "Development of Group Climate." T. Bonsaken, F. Borge, and A. Hoffart, "Group Climate as Predictor of Short- and Long-Term Outcome in Group Therapy for Social Phob ia," ***International Journal of Group Psychotherapy*** 63 (2013): 394–417. Johnson, "Beware of St orming." D. Kivlighan and D. Kivlighan III, "Group Climate Research: Where Do We Go from Here?," ***International Journal of Group Psychotherapy*** 63 (2013): 419–31.
47. Lo Coco et al., "Group Relationships in Early and Late Sessions."
48. S. Drescher, G. Burlingame, and A. Fuhriman, "An Odyssey in Empirical Understanding," ***Small Group Behavior*** 16 (1985): 3–30.
49. I. Altman, A. Vinsel, and B. Brown, cited in K. MacKenzie, "Group Devel- opment," in Fuhri man and Burlingame, ***Handbook of Group Psychotherapy***, 223–68.
50. D. Barker, "The Behavioral Analysis of Interpersonal Intimacy in Group Development," ***Small Group Research*** 22 (1991): 76–91.
51. Kivlighan and Lilly, "Developmental Changes in Group Climate." L. Castonguay, A. Pincers, W. Agrees, and C. Hines, "The Role of Emotion in Group Cognitive-Behavioral Therapy for Binge Eating Disorder: When Things Have to Feel Worse Before They Get Better," ***Psycho-therapy Research*** 8 (1998): 225–38. Bur- lingame et al., "Small-Group Treatment."
52. D. Hamburg, personal communication, 1978.
53. M. Nitsun, ***The Anti-Group: Destructive Forces in the Group and Their Creative Potential*** (New York: Routledge, 1996). M. Nitsun, "The Future of the Group," ***International Journal of Group Psychotherapy*** 50 (2000): 455–72. M. Nitsun, ***Beyond the Anti-Group: Survival and Transfor-mation*** (London: Routledge, 2014).
54. B. Rasmussen, "Joining Group Psychotherapy: Developmental Consider- ations," ***Interna-tional Journal of Group Psychotherapy*** 49 (1999): 513–28. C. Marma- rosh, "Empirical Resear ch on Attachment in Group Psychotherapy: Moving the Field Forward," ***Psychotherapy*** 51 (2014): 88–92. C. Marmarosh, R. Markin, and E. Spiegel, ***Attachment in Group Psychotherapy*** (Washington, DC: American Psycholog- ical Association, 2013).
55. D. Jung and J. Sasik, "Effects of Group Characteristics on Work Group Performance: A Long itudinal Investigation," ***Group Dynamics: Theory, Research and Practice*** 3 (1999): 279–90.
56. I. Yalom, "A Study of Group Therapy Dropouts," ***Archives of General Psy- chiatry*** 14 (1966): 393–414.
57. A. Beck described a similar set of behavior for clients she termed "scape- goat leaders." Beck and Peters, "Research Evidence for Distributed Leadership."
58. D. Kiesler, ***Contemporary Interpersonal Theory and Research*** (New York: Wi-ley, 1996). Kiesl

er constructed a useful tool called the Impact Message Inventory as a tool to help therapists reflect on their reactions to their clients. He encourages the therapist's personal inquiry reg arding these four domains: what are your direct feelings with this client; what kind of beha vioral pulls on you are evoked by this client; what is it that the client does that evokes these reactions; and what fantasies does this client elicit in you.

59. AK Rice Institute training uses large group experience to study human behavior in groups through the integration of systems and psychodynamic theories. C. Hazell and M. Kiel, ***The Tavistock Learning Group: Exploration Outside the Tradi- tional Frame*** (London: Routledge, 2017).
60. E. Chen, D. Kakkad, and J. Balzano, "Multicultural Competence and Evidence-Based Practi ce in Group Therapy," ***Journal of Clinical Psychology*** 64 (2008): 1261–78.
61. L. Schiller, "Not for Women Only: Applying the Relational Model of Group Development with Vulnerable Populations," ***Social Work with Groups*** 30 (2007): 11–26.
62. Thorgeirsdottir et al., "Group Climate Development."
63. Johnson, "Beware of Storming."
64. P. Bieling, I. Milosevic, and R. McCabe, "Groups for Depression," in ***The Handbook of Group Counseling and Psychotherapy***, 2nd ed., ed. J. De-Lucia-Waack, C. Kalonder, and M. Riva (Thousand Oaks, CA: Sage Publications, 2014), 367–80.
65. W. Henry, H. Strupp, S. Butler, T. Schacht, and J. Binder, "Effects of Train- ing in Time-Lim ited Dynamic Psychotherapy: Changes in Therapist Behavior," ***Journal of Consulting and Clinical Psychology*** 61 (1993): 434–40. J. Waltz, M. Addis, K. Koerner, and N. Jacobson, "Test ing the Integrity of a Psychotherapy Protocol: Assess- ment of Adherence and Competen ce," ***Journal of Consulting and Clinical Psychology*** 61 (1993): 620–30. W. Piper and J. Ogrodni czuk, "Therapy Manuals and the Dilemma of Dynamically Oriented Therapists and Researc hers," ***American Journal of Psychother- apy*** 53 (1999): 467–82. H. Schottke, C. Flückiger, S. Goldberg, J. Eversmann, and J. Lange, "Predicting Psychotherapy Outcome Based on Thera pist Interpersonal Skills: A Five-Year Longitudinal Study of a Therapist Assessment Protoc ol," ***Psychotherapy Research*** 27 (2017): 642–52. C. Webb, R. Derubeis, and J. Barber, "Therap ist Adher- ence/Competence and Treatment Outcome: A Meta-Analytic Review," ***Journal of Consulting and Clinical Psychology*** 78 (2010): 2000–11. B. Wampold and Z. Imel. ***The Great Psychotherapy Debate*** (New York: Routledge, 2015).
66. M. Viederman, "Presence and Enactment as a Vehicle of Psychotherapeu- tic Change," ***Journal of Psychotherapy Practice and Research*** 8 (1999): 274–83.
67. A. Fjeldstad, P. Høglend, and S. Lorentzen, "Patterns of Change in Inter- personal Problems During and After Short-Term and Long-Term Psychodynamic Group Therapy: A Randomiz ed Clinical Trial," ***Psychotherapy Research*** 27 (2017): 350–61.

68. I. Yalom, P. Houts, S. Zimerberg, and K. Rand, "Predictions of Improve- ment in Group The rapy: An Exploratory Study," ***Archives of General Psychiatry*** 17 (1967): 159–68.

69. L. Lothstein, "The Group Psychotherapy Dropout Phenomenon Revis- ited," ***American Journal of Psychiatry*** 135 (1978): 1492–95.

70. W. Stone, M. Blase, and J. Bozzuto, "Late Dropouts from Group Therapy," ***American Journal of Psychotherapy*** 34 (1980): 401–13.

71. D. Kivlighan, M. Kivlighan, and O. Dorian Cole, "The Group's Absence Norm and Commitm ent to the Group as Predictors of Group Member Absence in the Next Session: An Actor-Par tner Analysis," ***Journal of Counseling Psychology*** 59 (2011): 41–49.

72. W. Stone and S. Rutan, "Duration of Treatment in Group Psychotherapy," ***International Journal of Group Psychotherapy*** 34 (1984): 101–17. R. MacNair and J. Corazzini, "Clinical Fac tors Influencing Group Therapy Dropout," ***Psychotherapy: Theory, Research, Practice and Training*** 31 (1994): 352–61.

73. S. Budman, A. Demby, and M. Randall, "Short-Term Group Psychother- apy: Who Succee ds, Who Fails," ***Group*** 4 (1980): 3–16. H. Roback and M. Smith, "Patient Attrition in Dynamic ally Oriented Treatment Groups," ***American Journal of Psychiatry*** 144 (1987): 426–43. W. Pip er, E. Debbane, J. Blenvenu, and J. Garant, "A Comparative Study of Four Forms of Psychot herapy," ***Journal of Consulting and Clin- ical Psychology*** 52 (1984): 268–79. M. McCallum, W. Piper, and A. Joyce, "Dropping Out from Short-Term Therapy," ***Psychotherapy*** 29 (1992): 206–15.

74. S. Naumann and M. Ehrhart, "Moderators of the Relationship Between Group Helping Nor ms and Individual Helping," ***Small Group Research*** 42 (2011): 225–48. Kivlighan et al., "Grou p's Absence Norm."

75. R. Tolman and G. Bhosley, "A Comparison of Two Types of Pregroup Preparation for Men Who Batter," ***Journal of Social Services Research*** 13 (1990): 33–44. S. Stosny, "Shadows of the Heart: A Dramatic Video for the Treatment Resis- tance of Spouse Abuse," ***Social Work*** 39 (1994): 686–94.

76. C. Taft, C. Murphy, J. Elliott, and T. Morrel, "Attendance-Enhancing Procedures in Group Counseling for Domestic Abusers," ***Journal of Counseling Psy- chology*** 48 (2001): 51–60.

77. G. Kunigiri, N. Gajebasia, and D. Sallah, "Improving Attendance in Psy- chiatric Outpatient Clinics by Using Reminders," ***Journal of Telemedicine and Telecare*** 20 (2014): 464–67.

78. Stone et al., "Late Dropouts."

79. W. Piper, M. McCallum, A. Joyce, J. Rosie, and J. Ogrodniczuk, "Patient Personality and Tim e-Limited Group Psychotherapy for Complicated Grief," ***Inter- national Journal of Group Psychotherapy*** 51 (2001): 525–52.

80. Yalom, "Study of Group Therapy Dropouts."

81. Lothstein, "Group Psychotherapy Dropout Phenomenon Revisited."
82. H. Bernard, "Guidelines to Minimize Premature Terminations," ***Inter- national Journal of Group Psychotherapy*** 39 (1989): 523–29. H. Roback, "Adverse Outcomes in Group Psychothe rapy: Risk Factors, Prevention and Research Direc- tions," ***Journal of Psychotherapy, Practice, and Research*** 9 (2000): 113–22. Bernard et al., "Clinical Practice Guidelines."
83. D. Miller, E. Spengler, and P. Spengler, "A Meta-Analysis of Confidence and Judgment Accur acy in Clinical Decision Making," ***Journal of Counseling Psy- chology*** 62 (2015): 553–67. Hay es et al., "Managing Countertransference." D. Fatter and J. Hayes, "What Facilitates Countert ransference Management? The Roles of Therapist Meditation, Mindfulness, and Self-Differe ntiation," ***Psychotherapy Re- search*** 23 (2013): 502–13. M. Crawford et al., "Patient Experien ce of Negative Ef- fects of Psychological Treatment: Results of a National Survey," ***British Journal of Psychiatry*** 208 (2016): 260–65.
84. D. Saxon, M. Barkham, A. Foster, and G. Parry, "The Contribution of Therapist Effects to Pa tient Dropout and Deterioration in the Psychological Ther- apies," ***Clinical Psychology and Psychotherapy*** 24 (2016): 575–88.
85. A. Werbart and M. Wang, "Predictors of Not Starting and Dropping Out from Psychotherapy in Swedish Public Service Settings," ***Nordic Psychology*** 64 (2012): 128–46. F. Falkenström, J. Grant, and R. Holmqvist, "Review of Or- ganizational Effects on the Outcome of Mental He alth Treatments," ***Psychotherapy Research*** 28 (2018): 76–90.
86. Wampold and Imel, ***Great Psychotherapy Debate***. B. Wampold, "How Im- portant Are the Co mmon Factors in Psychotherapy? An Update," ***World Psychiatry*** 14 (2015): 270–77.
87. Yalom, "Study of Group Therapy Dropouts."
88. Leszcz, "Evidence-Based Group Psychotherapist." S. Mitchell, ***Hope and Dread in Psychoanalysis*** (New York: Basic Books, 1993).
89. J. Safran and J. Kraus, "Alliance Ruptures, Impasses, and Enactments: A Relational Perspecti ve," ***Psychotherapy*** 51 (2014): 381–87.
90. M. McCallum, W. Piper, J. Ogrodniczuk, and A. Joyce, "Early Process and Dropping Out from Short-Term Group Therapy for Complicated Grief," ***Group Dynamics: Theory, Practice and Research*** 6 (2002): 243–54. L. Samstag, S. Batchelder, J. Muran, J. Safran, and A. Winst on, "Early Identification of Treatment Failures in Short-Term Psychotherapy," ***Journal of Psychotherapy Practice and Research*** 7 (1998): 126–43.
91. R. Westmacott and J. Hunsley, "Psychologists' Perspectives on Therapy Termination and the Use of Therapy Engagement/Retention Strategies," ***Clinical Psychology and Psychotherapy*** 24 (2017): 687–96.
92. J. Weinberg, "On Adding Insight to Injury," ***Gerontologist*** 16 (1976): 4–10.
93. Kaklauskas and Greene, ***Core Principles of Group Psychotherapy***.

94. M. Leszcz and P. Goodwin, "The Rationale and Foundations of Group Psychotherapy for Wo men with Metastatic Breast Cancer," ***International Journal of Group Psychotherapy*** 48 (1998): 245–73.
95. S. Foulkes and E. Anthony, ***Group Psychotherapy: The Psychoanalytic Ap- proach*** (Harmondsw orth, UK: Penguin, 1957).
96. Rasmussen, "Joining Group Psychotherapy." Shapiro and Ginzberg, "Per- sistently Neglected Sibling." S. Charalambides, "The Group in Two Minds: Sibling and Group-as-a-Whole Trans ference and Countertransference," ***Group*** 41 (2017): 229–42.
97. R. Crandall, "The Assimilation of Newcomers into Groups," ***Small Group Behavior*** 9 (1978): 331–37.
98. G. Tasca et al., "Modeling Longitudinal Data from a Rolling Therapy Group Program with Membership Turnover: Does Group Culture Affect Indi- vidual Alliance?," ***Group Dynamics: Theory, Research, and Practice*** 14 (2010): 151–62.

CHAPTER 11: THE ADVANCED GROUP

1. K. MacKenzie, ***Time-Managed Group Psychotherapy: Effective Clinical Appli- cations*** (Washing ton, DC: American Psychiatric Press, 1997). A. Berman and H. Weinberg, "The Advanced-St age Group," ***International Journal of Group Psychotherapy*** 48 (1998): 498–518. R. Levine, "A Modern Psychoanalytic Perspective on Group Therapy," ***International Journal of Group Psychotherapy*** 67 (2017): S109–90. H. Bernard et al., "Clinical Practice Guidelines for Group Psy chotherapy," ***International Journal of Group Psychotherapy*** 58 (2008): 455–542. M. Leszcz, "The Evidence-Based Group Psychotherapist," ***Psychoanalytic Inquiry*** 38 (2018): 285–98.
2. M. Nitsun, "The Future of the Group," ***International Journal of Group Psychotherapy*** 50 (2000): 455–72. Y. Agazarian, "Systems-Centered Group Psychotherapy: Putting Theory into Practi ce," ***International Journal of Group Psychotherapy*** 62 (2012): 171–95.
3. S. Gantt, "Systems-Centered Group Therapy," ***International Journal of Group Psychotherapy*** 67 (2017): S60–70. S. Gantt, "Functional Subgrouping and the Systems-Centred Approach to Group Therapy," in ***The Wiley-Blackwell Handbook of Group Psychotherapy***, ed. J. Kleinberg (New York: Wiley, 2012), 113–38. K. Whit- comb et al., "Measuring How Systems-Center ed® Members Connect with Group Dynamics: FSQ-2 Construct Validity," ***International Journal of Group Psychotherapy*** 28 (2018): 163–83.
4. J. Silverstein, "Acting Out in Group Therapy: Avoiding Authority Strug- gles," ***International Journal of Group Psychotherapy*** 47 (1997): 31–45. Bernard et al., "Clinical Practice Guidelin es."

5. R. White and R. Lippit, "Leader Behavior and Member Reaction in Three 'Social Climates,' " in ***Group Dynamics: Research and Theory***, ed. D. Cartwright and A. Zander (New York: Row, Peterson, 1962), 527–53.
6. G. Hodson and R. Sorrentino, "Groupthink and Uncertainty Orientation: Personality Differe nces in Reactivity to the Group Situation," ***Group Dynamics*** 2 (1997): 144–55.
7. I. Yalom, "A Study of Group Therapy Dropouts," ***Archives of General Psychi- atry*** 14 (1966): 393–414.
8. I. Yalom and P. Houts, unpublished data, 1965.
9. Agazarian, "Systems-Centered Group Psychotherapy." Gantt, "Systems- Centered Group The rapy." Gantt, "Functional Subgrouping." S. Gantt, "Systems- Centered Group Therapy," in ***The Sage Encyclopedia of Theory in Counseling and Psychotherapy***, ed. E. Neukrug (Thousand Oaks, CA: Sage Publications, 2015), 990–96. L. Finlay, A. Abernethy, and S. Garrels, "Scapeg oating in Group Therapy: Insights from Girard's Mimetic Theory," ***International Journal of Group Psychotherapy*** 66 (2016): 188–204. G. Burlingame, R. MacKenzie, and B. Strauss, "Sm all-Group Treatment: Evidence for Effectiveness and Mechanisms of Change," in ***Bergin and Garfield's Handbook of Psychotherapy and Behavior Change***, 5th ed., ed. M. Lambert (New York: Wiley, 2004), 647–96.
10. Agazarian, "Systems-Centered Group Psychotherapy."
11. L. Greene, "Group Structure and Levels of Analysis," in ***Core Principles of Group Psychotherapy: An Integrated Theory, Research, and Practice Training Manual***, ed. F. Kaklauskas and L. Greene (New York: Routledge, 2019), 48–55. D. Siegel, ***Pocket Guide to Interpersonal Neurobiology: An Integrative Handbook of the Mind*** (New York: W. W. Norton, 2012).
12. D. Scaturo and W. McPeak, "Clinical Dilemmas in Contemporary Psy- chotherapy: The Sear ch for Clinical Wisdom," ***Psychotherapy: Theory, Research, Prac- tice, Training*** 35 (1998): 1–1 2. M. Leszcz and J. Malat, "The Interpersonal Model of Group Psychotherapy," in Kleinberg, ***Wiley-Blackwell Handbook of Group Psycho- therapy***, 33–58.
13. M. Dubner, "Envy in the Group Therapy Process," ***International Journal of Group Psychotherapy*** 48 (1998): 519–31. W. Stone, ***Contributions of Self-Psychology to Group Psychotherapy*** (Ab ingdon, Oxon, UK: Routledge, 2009), 91–106.
14. J. Coché, ***Couples Group Psychotherapy: A Clinical Treatment Model***, 2nd ed. (Abingdon, Oxon, UK: Routledge, 2010). L. Abraham, ***The Husbands and Wives Club: A Year in the Life of a Couples Therapy Group*** (New York: Touchstone, 2010).
15. J. Kelly Moreno, "Group Treatment for Eating Disorders," in ***Handbook of Group Psychotherapy***, ed. A. Fuhriman and G. Burlingame (New York: Wiley, 1994): 416–57. J. Bohanske and R. Lemberg, "An Intensive Group Process Retreat Model for the Treatment of Bulimia," ***Group*** 11 (1987): 228–37.

16. I. Yalom and C. Greaves, "Group Therapy with the Terminally Ill," ***Amer- ican Journal of Psychiatry*** 134 (1977): 396–400. M. Leszcz and P. Goodwin, "The Rationale and Foundations of Group Psychotherapy for Women with Metastatic Breast Cancer," ***International Journal of Group Psychotherapy*** 48 (1998): 245–73. P. Goodwin et al., "The Effect of Group Psychologic al Support on Survival in Meta- static Breast Cancer," ***New England Journal of Medicine*** 345 (2001): 1719–26.
17. L. Ormont, ***The Technique of Group Treatment: The Collected Papers of Louis R. Ormont***, ed. L. Furgeri (Madison, CT: Psychosocial Press, 2001). L. Ormont, "Developing Emotional Insulati on," ***International Journal of Group Psychotherapy*** 44 (1994): 361–75. L. Ormont, "Meeting Maturational Needs in the Group Setting," ***International Journal of Group Psychotherapy*** 51 (2001): 343–59. P. Kauff, "Psychoana- lytic Group Psychotherapy: An Overview," in Kleinbe rg, ***Wiley-Blackwell Handbook of Group Psychotherapy***, 13–32. K. Moreno, L. Kramer, C. Sche idegger, and L. Weitz- man, "Gender and Group Psychotherapy: A Review," ***Group*** 29 (2005): 351–71.
18. Moreno et al., "Gender and Group Psychotherapy." A. González-Prendes, "Anger-Control Gr oup Counseling for Women Recovering from Alcohol or Drug Addiction," ***Research on Social Work Practice*** 18 (2017): 616–25. S. Nakell, J. Morris, and J. Bunker, "Women and Aggressi on," AGPA Connect Annual Meeting, Hous- ton, Texas, March 1, 2018.
19. B. Buchele, "Etiology and Management of Anger in Groups: A Psycho- dynamic View," ***International Journal of Group Psychotherapy*** 45 (1995): 275–85. A. Alonso, "Discussant Comm ents for Special Section on Anger and Aggression in Groups," ***International Journal of Group Psychotherapy*** 45 (1995): 331–39. J. Herman, ***Trauma and Recovery*** (New York: Basic Books, 1992). Kauff, "Psychoanalytic Group Psychotherapy." A. Black, "On Attacking and Being Att acked in Group Psycho- therapy," ***International Journal of Group Psychotherapy*** 67 (2017): 291–313. C. Strozier, D. Strug, K. Pinteris, and K. Kelley, "Heinz Kohut's Theory of Aggressi on and Rage," ***Psychoanalytic Psychology*** 34 (2017): 361–67.
20. Discussion of conflict in the therapy group draws much from essays by Jerome Frank and Carl Rogers. J. Frank, "Some Values of Conflict in Therapeutic Groups," ***Group Psychotherapy*** 8 (1955): 142–51. C. Rogers, "Dealing with Psycho- logical Tensions," ***Journal of Applied Behavioral Science*** 1 (1965): 6–24. J. Schlapober- sky, ***From the Couch to the Circle: Group-Analytic Psychotherapy in Practice*** (Abingdon, Oxon, UK: Routledge, 2016).
21. S. Foulkes and E. Anthony, ***Group Psychotherapy: The Psychoanalytic Approach*** (Harmondswo rth, UK: Penguin, 1957).
22. Frank, "Some Values of Conflict."
23. F. Dostoevsky, "The Double," in ***Great Short Works of Fyodor Dostoevsky***, ed. R. Hingley (New York: Harper and Row, 1968).

24. W. Goldstein, "Clarification of Projective Identification," ***American Journal of Psychiatry*** 148 (1991): 153–61. L. Horwitz, "Projective Identification in Dyads and Groups," ***International Journal of Group Psychotherapy*** 33 (1983): 254–79. J. Shay, "Projective Identification Simplifi ed: Recruiting Your Shadow," ***International Jour- nal of Psychotherapy*** 61 (2011): 238–61.
25. Horwitz, "Projective Identification in Dyads."
26. T. Ogden, ***Projective Identification and Psychotherapeutic Technique*** (London: Karnac Books, 2005).
27. M. Livingston and L. Livingston, "Conflict and Aggression in Group Psy- chotherapy: A Self Psychological Vantage Point," ***International Journal of Group Psy- chotherapy*** 48 (1998): 381–91. J. Gans and R. Weber, "The Detection of Shame in Group Psychotherapy: Uncovering the Hidden Emotion," ***International Journal of Group Psychotherapy*** 50 (2000): 381–96. W. St one, "Frustration, Anger, and the Sig- nificance of Alter-Ego Transference in Group Psychot herapy," ***International Journal of Group Psychotherapy*** 45 (1995): 287–302.
28. J. Gans, "Hostility in Group Therapy," ***International Journal of Group Psy- chotherapy*** 39 (1989): 499–517. Dubner, "Envy in the Group Therapy Process." S. Charalambides, "The Gro up in Two Minds: Sibling and Group-as-a-Whole Trans- ference and Countertransference," ***Group*** 41 (2017): 229–42.
29. A. Eig, "Rough and Tumble Play in the Adult Group," ***International Journal of Group Psychotherapy*** 67 (2017): 410–32.
30. A. Clark, "Scapegoating: Dynamics and Intervention in Group Coun- selling," ***Journal of Counseling and Development*** 80 (2002): 271–76. B. Cohen and V. Schermer, "On Scapegoati ng in Therapy Groups: A Social Constructivist and Intersubjective Outlook," ***International Journal of Group Psychotherapy*** 52 (2002): 89–109.
31. Kauff, "Psychoanalytic Group Psychotherapy."
32. Black, "On Attacking and Being Attacked."
33. J. Owen, K. Tao, Z. Imel, B. Wampold, and E. Rodolfa, "Addressing Racial and Ethnic Micro aggressions in Therapy," ***Professional Psychology: Research and Practice*** 45 (2014): 283–90. D. Sue et al., "Racial Microaggressions in Everyday Life: Implications for Clinical Practice," ***American Psychologist*** 62 (2007): 271–86. D. Sue, S. Alsaidi, M. Awad, E. Glaeser, C. Calle, and N. Mendez, "Disarming Racial Microaggressions: Microintervention Strategies for Targe ts, White Allies, and Bystanders," ***American Psychologist*** 74 (2019): 128–142.
34. A. Von der Lippe, J. Monsen, M. Rønnestad, and D. Eilertsen, "Treatment Failure in Psychot herapy: The Pull of Hostility," ***Psychotherapy Research*** 18 (2008): 420–32. Leszcz, "Evidence-Based Group Psychotherapist."
35. R. Giesler and W. Swann, "Striving for Confirmation: The Role of Self- Verification in Depre ssion," in ***The Interactional Nature of Depression***, ed. T. Joiner and J. Coyne (Washington, DC:

American Psychological Association, 1999), 189–217.

36. Owen et al., "Addressing Racial and Ethnic Microaggressions." D. Sue, ***Race Talk and the Conspiracy of Silence: Understanding and Facilitating Difficult Dialogues on Race*** (Hoboken, NJ: Wiley, 2016).
37. Black, "On Attacking and Being Attacked." D. Orange, G. Atwood, and R. Stolorow, ***Working Intersubjectively: Contextualism in Psychoanalytic Practice*** (Hills- dale, NJ: Analytic Press, 1997).
38. Terence, ***The Self-Tormentor***, trans. Betty Radice (New York: Penguin, 1965).
39. Black, "On Attacking and Being Attacked." P. Fonagy, G. Gergely, E. Ju- rist, and M. Target, ***Affect Regulation, Mentalization, and the Development of Self*** (New York: Other Press, 2004).
40. F. de Waal and S. Preston, "Mammalian Empathy: Behavioural Manifesta- tions and Neural Basis," ***Nature Reviews Neuroscience*** 18 (2017): 498–509.
41. S. Hassan, C. Cinq-Mars, and M. Sigman, "Conflict in Group Therapy of Chronic Schizophr enics," ***American Journal of Psychotherapy*** 54 (2000): 243–56.
42. P. Fonagy, "Multiple Voices Versus Meta-Cognition: An Attachment Theory Perspective," ***Journal of Psychotherapy Integration*** 7 (1997): 181–94. A. Wells, "GAD, Metacognition, and Mindfulness: An Information Processing Analysis," ***Clinical Psychology*** 9 (2002): 95–100. M. Leszcz, "Group Psychotherapy of the Characterologically Difficult Patient," ***International Journal of Group Psychotherapy*** 39 (1989): 311–35.
43. Ormont, "Meeting Maturational Needs."
44. D. Winnicott, ***Maturational Processes and the Facilitating Environment*** (Lon- don: Hogarth Pr ess, 1965).
45. L. Ormont, "The Leader's Role in Dealing with Aggression in Groups," ***International Journal of Group Psychotherapy*** 34 (1984): 553–72.
46. De Waal and Preston, "Mammalian Empathy." Siegel, ***Pocket Guide***.
47. J. Kleinberg, "Beyond Emotional Intelligence at Work: Adding Insight to Injury Through Gro up Psychotherapy," ***Group*** 24 (2000): 261–78.
48. R. Bryant et al., "Augmenting Cognitive Behaviour Therapy for Post- Traumatic Stress Disor der with Emotion Tolerance Training: A Randomized Con- trolled Trial," ***Psychological Medicine*** 43 (2013): 2153–60. S. Schweizer, J. Grahn, A. Hampshire, D. Mobbs, and T. Dalgleish, "Training the Emotional Brain: Improv- ing Affective Control Through Emotional Working Memory Training," ***Journal of Neuroscience*** 33 (2013): 5301–11. C. Arlo, "Group Therapy and Dialectical Behavior Therapy: An Integrative Response to a Clinical Case," ***International Journal of Group Psychotherapy*** 67 (2017): S13–23. A. Gerlock, "An Anger Management Inter ven- tion Model for Veterans with PTSD," ***National Center for PTSD Clinical Quarterly*** 6 (1996): 61–64.

49. S. Cohen, "Working with Resistance to Experiencing and Expressing Emotions in Group The rapy," ***International Journal of Group Psychotherapy*** 47 (1997): 443–58. D. Kivlighan and J. Ta rrant, "Does Group Climate Mediate the Group Leadership–Group Member Outcome Relati onship? A Test of Yalom's Hypotheses about Leadership Priorities," ***Group Dynamics: Theory, Research, and Practice*** 5 (2001): 220–34. D. Kivlighan, "Individual and Group Perceptions of Therapeutic Factors and Session Evaluation: An Actor-Partner Interdependence Analys is," ***Group Dy- namics, Theory, Research, and Practice*** 15 (2011): 147–60.
50. M. Livingston, "Vulnerability, Tenderness and the Experiences of Self- Object Relationship: A Self Psychological View of Deepening Curative Process in Group Psychotherapy," ***International Journal of Group Psychotherapy*** 49 (1999): 19–40.
51. V. Tschuschke and R. Dies, "Intensive Analysis of Therapeutic Factors and Outcome in Long -Term In-Patient Groups," ***International Journal of Group Psychotherapy*** 44 (1994): 185–208. Burlingame et al., "Small-Group Treatment." Kivlighan, "Individual and Group Perceptions."
52. P. Fonagy, C. Campbell, and A. Bateman, "Mentalizing, Attachment, and Epistemic Trust in Group Therapy," ***International Journal of Group Psychotherapy*** 67 (2017): 176–201. Siegel, ***Pocket Guide***.
53. C. Rogers, ***On Becoming a Person*** (Boston: Houghton Mifflin, 1954). C. Rogers, ***A Way of Being*** (Boston: Houghton Mifflin, 1980). J. Morgan, "The In- terpersonal Psychotherapy of Har ry Stack Sullivan: Remembering the Legacy," ***Journal of Psychology and Psychotherapy*** 4 (2014): 162.
54. Tschuschke and Dies, "Intensive Analysis of Therapeutic Factors." G. Bur- lingame, A. Fuhri man, and L. Johnson, "Cohesion in Group Therapy," in ***A Guide to Psychotherapy Relationships That Work***, ed. J. Norcross (Oxford: Oxford University Press, 2002), 71–88. P. Dierick and G. Lietaer, "Client Perception of Therapeutic Factors in Group Psychotherapy and Gro wth Groups: An Empirically-Based Hi- erarchical Model," ***International Journal of Group Psychotherapy*** 58 (2008): 203–30.
55. I. Yalom et al., "Predictions of Improvement in Group Therapy: An Ex- ploratory Study," ***Archives of General Psychiatry*** 17 (1967): 159–68.
56. M. Worthy, A. Gary, and G. Kahn, "Self-Disclosure as an Exchange Pro- cess," ***Journal of Personality and Social Psychology*** 13 (1969): 59–63. G. Burlingame, A. Fuhriman, and J. Johns on, "Cohesion in Group Psychotherapy," ***Psychotherapy: Theory, Research, Practice, Training*** 38 (2001): 373–79.
57. G. Burlingame, D. McClendon, and C. Yang, "Cohesion in Group Ther- apy," in ***Psychotherapy Relationships That Work***, vol. 1, ***Evidence-Based Therapist Contri- butions***, ed. J. Norcross and M. Lambert (New York: Oxford University Press, 2019), 205–44. S. Bloch and E. Crouch, ***Therapeutic Factors in Group Psychotherapy*** (New York: Oxford University Press, 1985), 99–

103. S. Bloch and E. Crouch, "Therapeutic Factors: Intrapersonal and Interpersonal Mechani sms," in ***Handbook of Group Psycho- therapy***, ed. A. Fuhriman and G. Burlingame (New York: Wiley, 1994), 269–317. D. Johnson and L. Ridener, "Self-Disclosure, Participation, and Percei ved Cohesive- ness in Small Group Interaction," ***Psychological Reports*** 35 (1974): 361–63.

58. P. Cozby, "Self-Disclosure, Reciprocity, and Liking," ***Sociometry*** 35 (1972): 151–60.
59. J. Gans, "The Leader's Illumination of Group Phenomena Hidden in Plain Sight: Why Is No One Talking About the Elephant in the Room?," ***International Journal of Group Psychotherapy*** 67 (2017): 337–59. Schlapobersky, ***From the Couch to the Circle***.
60. N. Brown, "Conceptualizing Process," ***International Journal of Group Psycho- therapy*** 53 (2003): 225–44.
61. C. Truax and R. Carkhuff, "Client and Therapist Transparency in the Psy- chotherapeutic Encounter," ***Journal of Consulting Psychology*** 12 (1965): 3–9. Dierick and Lietaer, "Client Per ception of Therapeutic Factors."
62. H. Peres, "An Investigation of Non-Directive Group Therapy," ***Journal of Consulting Psychology*** 11 (1947): 159–72.
63. M. Lieberman, I. Yalom, and M. Miles, ***Encounter Groups: First Facts*** (New York: Basic Boo ks, 1973).
64. S. Wiser and M. Goldfried, "Therapist Interventions and Client Emotional Experiencing in Expert Psychodynamic-Interpersonal and Cognitive-Behavioral Therapies," ***Journal of Consulting and Clinical Psychology*** 66 (1998): 634–40. J. Ablon and E. Jones, "Psychotherapy Proc ess in the National Institute of Mental Health Treatment of Depression Collaborative Resear ch Program," ***Journal of Consulting and Clinical Psychology*** 67 (1999): 64–75. B. Cohen and V. Schermer, "Therapist Self- Disclosure in Group Psychotherapy from an Intersubjective and Self-Psychological Standpoint," ***Group*** 25 (2001): 41–57.
65. R. Slavin, "The Significance of Here-and-Now Disclosure in Promoting Cohesion in Group Psychotherapy," ***Group*** 17 (1993): 143–50. J. Safran and Z. Segal, ***Interpersonal Process in Cognitive Therapy*** (New York: Basic Books, 1990). L. Mahon and M. Leszcz, "The Interperson al Model of Group Psychotherapy," ***Inter- national Journal of Group Psychotherapy*** 67 (2017): S121–30.
66. S. Mitchell, ***Hope and Dread in Psychoanalysis*** (New York: Basic Books, 1993).
67. D. Medeiros and A. Richards, "Sharing Secrets: Where Psychotherapy and Education Meet," in ***Studies in Humanistic Psychology***, vol. 29, ed. C. Aanstoos (Car- ollton, GA: West Georgia College Studies in the Social Sciences, 1991).
68. L. Vosen, "The Relationship Between Self-Disclosure and Self-Esteem" (PhD diss., University of California at Los Angeles, 1966), cited in S. Culbert, ***In- terpersonal Process of Self-Disclosure: It Takes Two to See One*** (Washington, DC: NTL Institute for Applied Behavioral Science,

1967).

69. Culbert, *Interpersonal Process*.

70. S. Gold-Steinberg and M. Buttenheim, "'Telling One's Story' in an Incest Survivors Group," *International Journal of Group Psychotherapy* 43 (1993): 173–89.

71. Y. Doran and L. Warhaftig-Aran, "Secrets in the Analytic Group," *Interna- tional Journal of Group Psychotherapy* 68 (2018): 135–46.

72. N. Sunderji, J. Malat, and M. Leszcz, "Group Day: Experiential Learning About Group Psych otherapy for Psychiatry Residents at University of Toronto," *Academic Psychiatry* 37 (2013): 352–54.

73. J. Sternbach, "Self-Disclosure with All-Male Groups," *International Journal of Group Psychotherapy* 53 (2003): 61–81. S. Bergman, *Men's Psychological Develop- ment: A Relational Perspective* (Wellesley, MA: Stone Center, 1991).

74. E. Goffman, *The Presentation of Self in Everyday Life* (Garden City, NY: Doubleday Anchor, 1959). S. Jourard and P. Lasakow, "Some Factors in Self- Disclosure," *Journal of Abnormal Social Psychology* 56 (1950): 91–98.

75. D. Strassberg and his colleagues studied eighteen patients with chronic schizophrenia for ten weeks in inpatient group therapy and concluded that high self-disclosing patients made less therapeutic progress than their counterparts who revealed less personal material. D. Str assberg, H. Roback, S. Abramowitz, and K. Anchor., "Self-Disclosure in Group Therapy with Schizophrenics," *Archives of Gen- eral Psychiatry* 32 (1975): 1259–61.

76. F. Wright, "Being Seen, Moved, Disrupted, and Reconfigured: Group Leadership from a Rela tional Perspective," *International Journal of Group Psychother- apy* 54 (2004): 235–50. Leszcz, "Evidence-Based Group Psychotherapist."

77. See I. Yalom, *The Schopenhauer Cure* (New York: HarperCollins, 2005), 237ff.

78. N. Fieldsteel, "The Process of Termination in Long-Term Psychoanalytic Group Therapy," *International Journal of Group Psychotherapy* 46 (1996): 25–39. N. Fieldsteel, "When the Ther apist Says Goodbye," *International Journal of Group Psy- chotherapy* 55 (2005): 245–79. Bern ard et al., "Clinical Practice Guidelines."

79. J. Pedder, "Termination Reconsidered," *International Journal of Psychoanal- ysis* 69 (1988): 495–505.

80. I. Yalom, *Existential Psychotherapy* (New York: Basic Books, 1980).

81. A. Joyce, W. Piper, J. Ogrodniczuk, and R. Klein, *Termination in Psychother- apy: A Psychodynamic Model of Processes and Outcomes* (Washington, DC: American Psychological Associat ion, 2007). Bernard et al., "Clinical Practice Guidelines."

82. M. Seligman, "The Effectiveness of Psychotherapy: The Consumer Re- ports Study," *American Psychologist* 50 (1995): 965–74. B. Wampold and Z. Imel, *The Great Psychotherapy De-*

bate: The Evidence for What Makes Psychotherapy Work, 2nd ed. (New York: Routledge, 2015).

83. G. Burlingame, K. Whitcomb, S. Woodland, J. Olsen, M. Beecher, and R. Gleave, "The Effec ts of Relationship and Progress Feedback in Group Psy- chotherapy Using the Group Questi onnaire and Outcome Questionnaire-45: A Randomized Clinical Trial," *Psychotherapy* 55 (2018): 116–31.
84. S. Kopta, K. Howard, J. Lowry, and L. Beutler, "Patterns of Symptom- atic Recovery in Time -Unlimited Psychotherapy," *Journal of Clinical and Consulting Psychology* 62 (1994): 1009–16. S. Kadera, M. Lambert, and A. Andrews, "How Much Therapy Is Really Enough: A Session-b y-Session Analysis of the Psycho- therapy Dose-Effect Relationship," *Journal of Psychotherapy Practice and Research* 5 (1996): 132–51. W. Stiles, M. Barkham, and S. Wheeler, "Durati on of Psychological Therapy: Relation to Recovery and Improvement Rates in UK Routine Practice," *British Journal of Psychiatry* 207 (2015): 115–22. K. Whitcomb, S. Woodland, and G. Burlingame, "Do Clinicians Really Use Feedback-Monitoring Systems? A Quali- tative An alysis of 16 Group Leaders," *Psychotherapy* 55 (2018): 132–43. P. Fonagy et al., "Pragmatic Randomized Controlled Trial of Long-Term Psychoanalytic Psy- chotherapy for Treatment-Resistant Depression: The Tavistock Adult Depression Study (TADS)," *World Psychiatry* 14 (2015): 312–21.
85. S. Freud, *Analysis Terminable and Interminable*, in S. Freud, *Standard Edition of the Complete Psychological Works of Sigmund Freud*, vol. 23 (London: Hogarth Press, 1968), 211–53.
86. Pedder, "Termination Reconsidered." B. Grenyer and L. Luborsky, "Dy- namic Change in Ps ychotherapy: Mastery of Interpersonal Conflicts," *Journal of Consulting and Clinical Psychology* 64 (1996): 411–16.
87. V. Schermer and R. Klein, "Termination in Group Psychotherapy from the Perspectives of Contemporary Object Relations Theory and Self Psychology," *International Journal of Group Psychotherapy* 46 (1996): 99–115.
88. C. Pistole, "Caregiving in Attachment Relationships: A Perspective for Counselors," *Journal of Counseling and Development* 77 (1999): 437–46. E. Hammond and C. Marmarosh, "The Infl uence of Individual Attachment Styles on Group Members' Experience of Therapist Transiti ons," *International Journal of Group Psy- chotherapy* 61 (2011): 596–620.
89. S. Rutan, personal communication, 1983.
90. Bernard et al., "Clinical Practice Guidelines."
91. Leszcz, "Group Psychotherapy of the Characterologically Difficult Pa- tient." M. Leszcz, "Gr oup Psychotherapy of the Borderline Patient," in *Handbook of Borderline Disorders*, ed. D. Si lver and M. Rosenbluth (Madison, CT: International Universities Press, 1992), 435–69.
92. As we were writing this edition of our book, a listserve for group psy- chotherapists hosted

by the American Group Psychotherapy Association (AGPA) focused vigorously on the questi on of rituals and celebrations in the group at devel- opmental nodal points, such as termin ation. It was a great illustration of members of a community of practice inquiring and learn ing from one another.

93. A. Smolar and A. Eichen, "A Developmental Approach to Gifts in Long- Term Group Psycho therapy Extending from an Anniversary Ritual," ***International Journal of Group Psychotherapy*** 63 (2013): 77–94. S. Akhtar, ***Unusual Interventions: Alterations of the Frame, Method, and Relationship in Psychotherapy and Psychoanalysis*** (London: Taylor and Francis, 2011). J. Rutan and W. Stone, "Termination in Group Psychotherapy," in ***Psychodynamic Group Therapy*** (New York: Guilford Press, 1993), 239–54. E. Shapiro and R. Ginzberg, "Parting Gifts: Termi nation Rituals in Group Psychotherapy," ***International Journal of Group Psychotherapy*** 52 (2002): 317–36.
94. D. Nathanson, "The Nature of Therapeutic Impasse," ***Psychiatric Annals*** 22(1992): 509–13.
95. C. Chemtob, G. Bauer, R. Hamada, S. Pelowski, and M. Muraoka, "Pa- tient Suicide: Occup ational Hazard for Psychologists and Psychiatrists," ***Professional Psychology: Research and Practice*** 20 (1989): 294–300.
96. S. O'Neill and K. Kueppenbender, "Suicide in Group Therapy: Trauma and Possibility," ***International Journal of Group Psychotherapy*** 62 (2012): 586–611. D. Miller, "When a Patient Dies by Suicide: A Physician's Silent Sorrow," ***New En- gland Journal of Medicine*** 380 (2019): 311–13.
97. K. Long, L. Pendleton, and B. Winters, "Effects of Therapist Termination on Group Process," ***International Journal of Group Psychotherapy*** 38 (1988): 211–22. Hammond and Marmarosh, "Influence of Individual Attachment Styles."
98. E. Counselman and R. Weber, "Changing the Guard: New Leadership for an Established Gro up," ***International Journal of Group Psychotherapy*** 52 (2002): 373–86.
99. Fieldsteel, "When the Therapist Says Goodbye." W. Stone, "Saying Goodbye: Exploring Attac hments as a Therapist Leaves a Group of Chronically Ill Persons," ***International Journal of Group Psychotherapy*** 55 (2005): 281–303.
100. A. Steiner, "The Therapist's Professional Will: A Backup Plan Every Clinician Needs," ***Group*** 35 (2011): 33–40.
101. Bernard et al., "Clinical Practice Guidelines."
102. F. Fawzy, A. Canada, and N. Fawzy, "Malignant Melanoma: Effects of a Brief, Structured Psy chiatric Intervention on Survival and Recurrence at 10-Year Follow-Up," ***Archives of General Psychiatry*** 60 (2003): 100–103.

CHAPTER 12: THE CHALLENGING GROUP MEMBER

1. F. Wright, "Discussion of Difficult Patients," ***International Journal of Group Psychotherapy*** 48 (1998): 339–48. J. Gans and A. Alonso, "Difficult Patients: Their Construction in Group Ther apy," ***International Journal of Group Psychotherapy*** 48 (1998): 311–26. P. Cohen, "The Practi ce of Modern Group Psychotherapy: Work- ing with Post Trauma in the Present," ***Interna-tional Journal of Group Psychotherapy*** 51 (2001): 489–503. G. Tasca, K. Francis, and L. Balfo ur, "Group Psychotherapy Levels of Interventions: A Clinical Process Commentary," ***Psycho-therapy*** 51 (2014): 25–29. K. Moreno, "Scapegoating in Group Psychotherapy," ***International Journal of Group Psychotherapy*** 57 (2007): 93–104.
2. R. Levine, "Progressing While Regressing in Relationships," ***International Journal of Group Psychotherapy*** 61 (2011): 621–43.
3. J. Gans, "What an Understanding of the Dynamics of Gossip Has to Teach About Group Dyn amics and Group Leadership," ***International Journal of Group Psy- chotherapy*** 64 (2014): 4–22.
4. S. Schiedlinger, "Group Dynamics and Group Psychotherapy Revisited Four Decades Later," ***International Journal of Group Psychotherapy*** 47 (1997): 141–59.
5. S. Gantt and Y. Agazarian, "Developing the Group Mind Through Func- tional Subgrouping: Linking Systems-Centered Training (SCT) and Interpersonal Neurobiology," ***International Journal of Group Psychotherapy*** 60 (2010): 514–44. H. Behr and L. Hearst, ***Group-Analytic Psychotherapy: A Meeting of Minds*** (London: Whurr Publishers, 2005).
6. I. Yalom and P. Houts, unpublished data, 1965.
7. L. Ormont, "Cultivating the Observing Ego in the Group Setting," ***Inter- national Journal of Group Psychotherapy*** 45 (1995): 489–502. L. Ormont, "Meeting Maturational Needs in the Gr oup Setting," ***International Journal of Group Psychother- apy*** 51 (2001): 343–59.
8. D. Payne, "Why Group Therapy Worked," ***New York Times***, August 11, 2015, https://opinion ator. blogs.nytimes.com/2015/08/11.
9. M. Lieberman, I. Yalom, and M. Miles, ***Encounter Groups: First Facts*** (New York: Basic Boo ks, 1973).
10. D. Lundgren and D. Miller, "Identity and Behavioral Changes in Training Groups," ***Human Relations Training News*** (Spring 1965).
11. R. Coyne and R. Silver, "Direct, Vicarious, and Vicarious-Process Ex- periences," ***Small Group Behavior*** 11 (1980): 419–29. R. Rosner, L. Beutler, and R. Daldrup, "Vicarious Emotio nal Experience and Emotional Expression in Group Psychotherapy," ***Journal of Counseling Psychology*** 56 (2000): 1–10.
12. V. Tschuschke and R. Dies, "Intensive Analysis of Therapeutic Factors and Outcome in Long -Term Inpatient Groups," ***International Journal of Group Psy- chotherapy*** (1994): 185–208. V.

Tschuschke, K. MacKenzie, B. Haaser, and G. Janke, "Self-Disclosure, Feedback, and Outcome in Long-Term Inpatient Psychotherapy Groups," ***Journal of Psychotherapy Practice and Research*** 5 (1996): 35–44.

13. J. Gans and E. Counselman, "Silence in Group Psychotherapy: A Powerful Communication," ***International Journal of Group Psychotherapy*** 50 (2000): 71–86. J. Rutan, "Growth Through Shame and Humiliation," ***International Journal of Group Psychotherapy*** 50 (2000): 511–16.
14. D. Davis et al., "The Multicultural Orientations Framework: A Narrative Review," ***Psychotherapy*** 55 (2018): 89–100.
15. T. Yildirim, "The Unheard Voice in Group Counseling: QUIETNESS," ***Educational Sciences: Theory and Practice*** 12 (2012): 129–34.
16. S. Phillips, "The Dangerous Role of Silence in the Relationship Between Trauma and Violence: A Group Response," ***International Journal of Group Psychother- apy*** 65 (2015): 64–87.
17. L. Mahon and M. Leszcz, "The Interpersonal Model of Group Psycho- therapy," ***International Journal of Group Psychotherapy*** 67 (2017): S121–30. S. Cohen, "Working with Resistance to Experiencing and Expressing Emotions in Group Therapy," ***International Journal of Group Psychotherapy*** 47 (1997): 443–58.
18. A. Schore, ***Right Brain Psychotherapy*** (New York: W. W. Norton, 2019).
19. M. McCallum, W. Piper, J. Ogrodniczuk, and A. Joyce, "Relationships Among Psychological Mindedness, Alexithymia and Outcome in Four Forms of Short-Term Psychotherapy," ***Psychology and Psychotherapy: Theory, Research and Prac- tice*** 76 (2003): 133–44. O. Luminet, M. Bagby, and G. Taylor, eds., ***Alexithymia: Advances in Research, Theory, and Clinical Practice*** (Cambridge: Cambridge Univer- sity Press, 2018).
20. H. Swiller, "Alexithymia: Treatment Utilizing Combined Individual and Group Psychotherapy," ***International Journal of Group Psychotherapy*** 38 (1988): 47–61. M. Beresnevaite, "Exploring the Benefits of Group Psychotherapy in Reducing Alexithymia in Coronary Heart Disease Patients: A Preliminary Study," ***Psycho- therapy and Psychosomatics*** 69 (2000): 117–22. H. Grabe et al., "Alexithymia and Outcome in Psychotherapy," ***Psychotherapy and Psychosomatics*** 77 (2008): 189–94.
21. P. Sifneos, "The Prevalence of 'Alexithymic' Characteristics in Psychoso- matic Patients," ***Psychotherapy and Psychosomatics*** 22 (1973): 255–62.
22. Beresnevaite, "Exploring the Benefits of Group Psychotherapy." The researchers in this study employed a sixteen-session integrative model of group ther- apy, combining the active identification of subjective feelings, role play, empathy exercises, and stress reduction in the treatment of patients with heart disease. The groups produced significant reductions in alexithymia ratings and improvements in cardiac functioning that were sustained over a two-year period.

23. S. Rutan, "Treating Difficult Patients in Group," in ***Complex Dilemmas in Group Therapy: Pathways to Resolution***, 2nd ed., ed. L. Motherwell and J. Shay (New York: Routledge, 2014), 35–45. W. Shields, "Hope and the Inclination to Be Trou- blesome: Winnicott and the Treat ment of Character Disorder in Group Therapy," ***International Journal of Group Psychotherapy*** 50 (2000): 87–103.
24. J. Kirman, "Working with Anger in Group: A Modern Analytic Ap- proach," ***International Journal of Group Psychotherapy*** 45 (1995): 303–29. D. Kiesler, "Therapist Countertransferen ce: In Search of Common Themes and Empirical Referents," ***In Session: Psychotherapy in Practice*** 57 (2001): 1053–63. G. Gabbard, "A Contemporary Psychoanalytic Model of Counte rtransference," ***In Session: Psy- chotherapy in Practice*** 57 (2001): 983–91. M. Leszcz, "The Evid ence-Based Group Psychotherapist," ***Psychoanalytic Inquiry*** 38 (2018): 285–98. J. Hayes, C. Gelso, S. Goldberg, and D. Kivlighan, "Countertransference Management and Effective Psyc hotherapy: Meta-Analytic Findings," ***Psychotherapy*** 55 (2018): 496–507.
25. J. Frank et al., "Behavioral Patterns in Early Meetings of Therapeutic Groups," ***American Journal of Psychiatry*** 108 (1952): 771–78.
26. E. Shapiro, "Dealing with Masochistic Behavior in Group Therapy from the Perspective of the Self," ***Group*** 25 (2002): 107–20. R. Maunder and J. Hunter, "An Integrated Approach to the Formulation and Psychotherapy of Medically Un- explained Symptoms: Meaning- and Attachment-Based Intervention," ***American Journal of Psychotherapy*** 58 (2004): 17–33. M. Be rger and M. Rosenbaum, "Notes on Help-Rejecting Complainers," ***International Journal of Group Psychotherapy*** 17 (1967): 357–70. S. Brody, "Syndrome of the Treatment-Rejecting Pat ient," ***Psychoanalytic Review*** 51 (1964): 75–84. C. Peters and H. Grunebaum, "It Could Be Wo rse: Ef- fective Group Psychotherapy with the Help-Rejecting Complainers," ***International Journal of Group Psychotherapy*** 27 (1977): 471–80.
27. Maunder and Hunter, "Integrated Approach."
28. R. Maunder and J. Hunter, ***Love, Fear and Health*** (Toronto: University of Toronto Press, 2015). Shapiro, "Dealing with Masochistic Behavior." Maunder and Hunter, "Integrated Approach." S. Foreman, "The Significance of Turning Passive into Active in Control Mastery: Theory," ***Journal of Psychotherapy Practice and Research*** 5 (1996): 106–21. Both self-psychological and attachment paradigms converge here. From an attachment perspective, the client relates in a preoccupied and insecure attachment pattern. The preoccupation with the caregiver is ro oted in the wish to connect. Complaining is intended to create closeness by pulling the care giver near. Simultaneously the client's past experience of inconsistent, un- reliable caregivi ng fuels his vigilance for any evidence that he will be eventually abandoned. Accepting help fuels the dread of this very abandonment.
29. N. Kanas, ***Group Therapy for Schizophrenic Patients*** (Washington, DC: American Psychiatric

Association Publishing, 1996). T. Lecomte, C. Leclerc, and T. Wykes, ***Group CBT for Psychosis: A Guidebook for Clinicians*** (New York: Oxford University Press, 2016). I. Urlić and M. de Chavez, eds., ***Group Therapy for Psychoses*** (Abingdon, Oxon, UK: Routledge, 2019).

30. E. McCay et al., "A Group Intervention to Promote Healthy Self-Concepts and Guide Recove ry in First Episode Schizophrenia: A Pilot Study," ***Psychiatric Re- habilitation Journal*** 30 (2006): 105–11. N. Kanas, "Nontraditional Group Therapy Approaches for Patients with Sch izophrenia," ***International Journal of Group Psycho- therapy*** 53 (2003): 388–92. J. Saksa, S. Co hen, V. Srihari, and S. Woods, "Cognitive Behavior Therapy for Early Psychosis: A Compreh ensive Review of Individual vs. Group Treatment Studies," ***International Journal of Group Psychotherapy*** 59 (2009): 357–83.
31. Wright, "Discussion of Difficult Patients." R. Jacobs and D. Campbell, "The Perpetuation of an Arbitrary Tradition Through Several Generations of a Laboratory Microculture," ***Journal of Abnormal and Social Psychology*** 62 (1961): 649–58. M. Nitsun, ***The Anti-Group: Destructive Forces in the Group and Their Creative Potential*** (London: Routledge, 2014).
32. R. Moos and I. Yalom, "Medical Students' Attitudes Toward Psychiatry and Psychiatrists," ***Mental Hygiene*** 50 (1966): 246–56. P. Corrigan, "How Stigma Interferes with Mental Health Care," ***American Psychologist*** 59 (2004): 614–25. H. Stuart, "Fighting the Stigma Caused by Mental Disorders: Past Perspectives, Pres- ent Activities, and Future Directions," ***World Psychiatry*** 7 (2008): 185–88.
33. S. Reeves, S. Lewin, S. Espin, and M. Zwarenstein, ***Interprofessional Team- work for Health and Social Care*** (Oxford: Wiley-Blackwell, 2010). M. Bruner, M. Eys, M. Beauchamp, and J. Côté, "Examining the Origins of Team Building in Sport: A Citation Network and Genealogi cal Approach," ***Group Dynamics: Theory, Research, and Practice*** 17 (2013): 30–42.
34. N. Kanas, ***Integrative Group Therapy for Psychosis: An Evidence-Based Ap- proach*** (New York: Routledge, 2020). I. Patelis-Siotis et al., "Group Cognitive- Behavioral Therapy for Bipolar Disorder: A Feasibility and Effectiveness Study," ***Journal of Affective Disorders*** 65 (2001): 145–53. M. Sajatovic, M. Davies, and D. Hrouda, "Enhancement of Treatment Adherence Among Patients with Bipolar Disorder," ***Psychiatric Services*** 55 (2004): 264–69. R. Weiss, L. Najavits, and S. Greenfield, "A Relapse Prevention Group for Patients with Bipolar and Subs tance Use Disorders," ***Journal of Substance Abuse Treatment*** 16 (1999): 47–54. F. Colom et al., "A Randomized Trial on the Efficacy of Group Psychoeducation in the Prophy- laxis of Rec urrences in Bipolar Patients Whose Disease Is in Remission," ***Archives of General Psychiatry*** 60 (2003): 402–7. C. Bouwkamp et al., "Interpersonal and Social Rhythm Group Therapy for Patients with Bipolar Disorder," ***International Journal of Group Psychotherapy*** 63 (2013): 97–115.
35. J. Baio, "Prevalence of Autism Spectrum Disorder Among Children Aged 8 Years—Autism

and Developmental Disabilities Monitoring Network, 11 Sites, United States, 2010—Surveilla nce Summaries," ***Morbidity and Mortality Weekly Re- port (MMWR)*** 63 (2014): 1–21.

36. P. Langdon et al., "Asperger Syndrome and Anxiety Disorders (PAsSa) Treatment Trial: A Stu dy Protocol of a Pilot, Multicentre, Single-Blind, Ran- domised Crossover Trial of Group Co gnitive Behavioural Therapy," ***BMJ Open*** 3 (2013): 9, https://doi.org/10.1136/bmjop en-2013-003449. D. Marshall et al., "Social Stories in Mainstream Schools for Children with Autism Spectrum Disor- der: A Feasibility Randomised Controlled Trial," ***BMJ Open*** 6 (2016), https://doi.org/10.1136/bmjopen-2016-011748. V. Gaus, ***Cognitive-Behavioral Therapy for Adults with Autism Spectrum Disorder***, 2nd ed. (New York: Guilford Press, 2018). National Co llaborating Centre for Mental Health, ***Autism: The Nice Guideline on Recognition, Referral, Diagnosis and Management of Adults on the Autism Spectrum*** (Leicester, UK: British Psychologic al Society; London: Royal College of Psychiatrists, 2012).
37. J. Sartre, ***The Age of Reason***, trans. Eric Sutton (New York: Knopf, 1952), 144.
38. L. Ormont, "Cultivating the Observing Ego in the Group Setting," ***In-ternational Journal of Group Psychotherapy*** 45 (1995): 489–506. L. Ormont, "Bring- ing Life into the Group Experi ence: The Power of Immediacy," ***Group*** 20 (1996): 207–21.
39. S. Budge, J. Moore, A. Del Re, B. Wampold, T. Baardseth, and J. Nien- huis, "The Effectiven ess of Evidence-Based Treatments for Personality Disorders When Comparing Treatment-as -Usual and Bona Fide Treatments," ***Clinical Psy- chology Review*** 33 (2013): 1057–66.
40. M. Leszcz, "Group Therapy," in ***Treatment of Psychiatric Disorders***, vol. 3, ed. J. Gunderson (Washington, DC: American Psychiatric Press, 1990), 2667–78. M. Leszcz, "Group Psychothe rapy of the Characterologically Difficult Patient," ***Inter- national Journal of Group Psychotherapy*** 39 (1989): 311–35. L. Ormont, "The Role of the Leader in Managing the Preoedipal Patient in the Group Setting," ***International Journal of Group Psychotherapy*** 39 (1989): 147–71. R. Klein, J. Orleans, and C. Soule, "The Axis II Group: Treating Severely Characterologic ally Disturbed Patients," ***International Journal of Group Psychotherapy*** 41 (1991): 97–115.
41. J. Shedler and D. Westen, "Refining Personality Disorder Diagnosis: In- tegrating Science and Practice," ***American Journal of Psychiatry*** 161 (2004): 1350–65.
42. American Psychiatric Association, ***Diagnostic and Statistical Manual of Mental Disorders (DSM-5)*** (Arlington, VA: American Psychiatric Association, 2013).
43. Gans and Alonso, "Difficult Patients." Rutan, "Treating Difficult Patients."
44. J. Herman, ***Trauma and Recovery*** (New York: HarperCollins, 1992). M. Zanarin, F. Frankenb urg, E. Dubo, A. Sickel, A. Trikha, and A. Levin, "Axis I Comorbidity of Borderline Personali ty Disorder," ***American Journal of Psychiatry*** 155 (1998): 1733–39. J. Ogrodniczuk, W. Piper, A. Joyce, and M. McCallum, "Using DSM Axis IV Formulation to Predict Outcome in Short-T erm Individual Psy- chotherapy," ***Journal of Personality Disorders*** 15 (2001): 110–22. C. Zlot

nick et al., "Clinical Features and Impairment in Women with Borderline Personality Disorder (BPD) with Posttraumatic Stress Disorder (PTSD), BPD Without PTSD, and Other Person ality Disorders with PTSD," ***Journal of Nervous and Mental Diseases*** 191 (2003): 706–13. C. Br ewin et al., "A Review of Current Evidence Regarding the ICD-11 Proposals for Diagnosing PTSD and Complex PTSD," ***Clinical Psychology Review*** 58 (2017): 1–15. J. Herman, ***Trauma and Recovery*** (New York: Basic Books, 1992).

45. American Psychiatric Association, ***DSM-5***.
46. J. Perry, "Problems and Considerations in the Valid Assessment of Person- ality Disorders," ***American Journal of Psychiatry*** 149 (1992): 1645–53.
47. O. Kernberg, "An Ego Psychology Object Relations Theory of the Struc- ture and Treatment of Pathologic Narcissism: An Overview," ***Psychiatric Clinics of North America*** 12 (1989): 723–29. O. Kernberg, ***Borderline Conditions and Pathological Narcissism*** (New York: Jason Arons on, 1975). H. Kohut, ***The Analysis of the Self*** (New York: International Universities Press, 1971). H. Kohut, ***The Restoration of the Self*** (New York: International Universities Press, 1977).
48. P. Cohen, "Working with the Difficult Group Patient," in ***The Wiley- Blackwell Handbook of Group Psychotherapy***, ed. J. Kleinberg (New York: Wiley, 2012), 299–320.
49. J. Gunderson, ***Borderline Personality Disorder: A Clinical Guide*** (Washington, DC: American Psychiatric Press, 2001). W. Piper and J. Rosie, "Group Treat- ment of Personality Disorde rs: The Power of the Group in the Intensive Treatment of Personality Disorders," ***In Session: Psychotherapy in Practice*** 4 (1998): 19–34. M. Leszcz, "Group Psychotherapy of the Borderli ne Patient," in ***Handbook of Borderline Disorders***, ed. D. Silver and M. Rosenbluth (Madison, CT: International Univer- sities Press, 1992), 435–70. E. Marziali and H. Monroe-Blum, ***Interpersonal Group Psychotherapy for Borderline Personality Disorder*** (New York: Basic Books, 1994). A. Bateman and P. Fonagy, "Treatment of Borderline Personality Disorder with Psych oanalytically Oriented Partial Hospitalization: An 18-Month Follow-Up," ***American Journal of Psychiatry*** 158 (2001): 36–42. American Psychiatric Association, "Practice Guideline for the Treatment of Patients with Borderline Personality Dis- order," ***American Journal of Psychiatry*** 158, no. S11 (2001): S1–52. S. Budman, A. Demby, S. Soldz, and J. Merry, "Time-Limi ted Group Psychotherapy for Patients with Personality Disorders: Outcomes and Dropouts," ***International Journal of Group Psychotherapy*** 46 (1996): 357–77. S. Budman, S. Cooley, A. De mby, G. Koppe- naal, J. Koslof, and T. Powers, "A Model of Time-Effective Group Psychoth erapy for Patients with Personality Disorders: A Clinical Model," ***International Journal of Group Psychotherapy*** 46 (1996): 329–55. W. Piper, J. Rosie, A. Joyce, and H. Azim, ***Time-Limited Day Treatment for Personality Disorders: Integration of Research and Practice in a Group Program*** (Washington, DC: American Psychological Association, 1996). M. Chiesa and P. Fo nagy, "Psychosocial Treatment for Severe Personality Dis- order: 36-Month Follow-Up,"

British Journal of Psychiatry 183 (2003): 356–62. S. Karterud, "A High-Quality Mentalization-Based Group Therapy Session," ***Group Analysis*** 51 (2018): 18–43. P. Fonagy, C. Campbell, and A. Bateman, "Mental- izing, Attachment, and Epistemic Trust in Group Therapy," ***International Jour- nal of Group Psychotherapy*** 67 (2017): 176–201. J. Kallekev and S. Karterud, "A Comparative Study of a Mentalization-Based Versus a Psychodynamic Group Therapy Sessi on," ***Group Analysis*** 51 (2018): 44–60. M. Linehan, ***DBT Skills Train- ing Manual***, 2nd ed. (New York: Guilford Press, 2015). M. Linehan, ***DBT Skills Training Handouts and Worksheets*** (New York: Guilford Press, 2014). M. Linehan, ***Skills Training Manual for Treating Borderline Personality Disorder*** (New York: Guil- ford Press, 1993). A. Joyce, "Group Therapy for Borderli ne Personality Disorder: A Non-Psychodynamic Approach," ***International Journal of Group Psychotherapy*** 63 (2013): 139–45. S. McLaughlin, S. Barkowski, G. Burlingame, B. Strauss, and J. Rosendahl, "Group Psychotherapy for Borderline Personality Disorder: A Meta- Analy sis of Randomized-Controlled Trials," ***Psychotherapy*** 56 (2019), https://doi.org/10.1037/pst0000211.

50. L. Horwitz, "Group Psychotherapy for Borderline and Narcissistic Pa- tients," ***Bulletin of the Menninger Clinic*** 44 (1980): 181–200. R. Kretsch, Y. Goren, and A. Wasserman, "Change Patt erns of Borderline Patients in Individual and Group Therapy," ***International Journal of Group Psychotherapy*** 37 (1987): 95–112. Klein et al., "Axis II Group." J. Grobman, "The Borderline Patient in Group Psy- chotherapy: A Case Report," ***International Journal of Group Psychotherapy*** 30 (1980): 299–318. B. Finn and S. Shakir, "Intensive Group Psychotherapy of Borde rline Patients," ***Group*** 14 (1990): 99–110. K. O'Leary et al., "Homogeneous Group Ther- apy of Borderline Personality Disorder," ***Group*** 15 (1991): 56–64. M. Leszcz, I. Yalom, and M. No rden, "The Value of Inpatient Group Psychotherapy: Patients' Perceptions," ***International Journal of Group Psychotherapy*** 35 (1985): 411–33. I. Yalom, ***Inpatient Group Psychotherapy*** (New York: Basic Books, 1983). N. Macaskill, "The Narcissistic Core as a Focus in the Group Therapy of the Borderline Patient," ***Brit- ish Journal of Medical Psychology*** 53 (1980): 137–43. Budman et al., "Time-Limited Group Psychotherapy."
51. Leszcz, "Group Psychotherapy of the Borderline Patient."
52. Leszcz, "Group Psychotherapy of the Borderline Patient."
53. Karterud, "A High-Quality Mentalization-Based Group Therapy Ses- sion." Fonagy et al., "Mentalizing, Attachment, and Epistemic Trust."
54. Klein et al., "Axis II Group."
55. M. Bond, E. Banon, and M. Grenier, "Differential Effects of Interventions on the Therapeut ic Alliance with Patients with Borderline Personality Disorders," ***Journal of Psychotherapy Practice and Research*** 7 (1998): 301–18.
56. K. Heffernan and M. Cloitre, "A Comparison of Posttraumatic Stress Disor- der With and Wi

thout Borderline Personality Disorder Among Women with a His- tory of Childhood Sexual Abuse: Etiological and Clinical Characteristics," ***Journal of Nervous and Mental Diseases*** 188 (2000): 589–95. M. Cloitre and K. Koenen, "The Im- pact of Borderline Personality Disorder on Process Group Outcomes Among Women with Posttraumatic Stress Disorder Related to Childhood Abuse," ***International Journal of Group Psychotherapy*** 51 (2001): 379–98.

57. Horwitz, "Group Psychotherapy for Borderline and Narcissistic Patients." N. Wong, "Clinical Considerations in Group Treatment of Narcissistic Disorders," ***International Journal of Group Psychotherapy*** 29 (1979): 325–45. N. Wong, "Com- bined Group and Individual Treatment of Borderline and Narcissistic Patients," ***International Journal of Group Psychotherapy*** 30 (1980): 389–403. Klein et al., "Axis II Group."
58. R. Bryant et al., "Augmenting Cognitive Behaviour Therapy for Post- Traumatic Stress Disor der with Emotion Tolerance Training: A Randomized Controlled Trial," ***Psychological Medicine*** 43 (2013): 2153–60. Schore, ***Right Brain Psychotherapy***.
59. Shedler and Westen, "Refining Personality Disorder Diagnosis."
60. American Psychiatric Association, ***DSM-5***.
61. Kernberg, "Ego Psychology Object Relations Theory." Kernberg, ***Borderline Conditions and Pathological Narcissism***.
62. M. Livingston and L. Livingston, "Conflict and Aggression in Group Psy- chotherapy: A Self Psychological Vantage Point," ***International Journal of Psychother- apy*** 48 (1998): 381–91. J. Horner, "A Characterological Contraindication for Group Psychotherapy," ***Journal of American Academy of Psychoanalysis*** 3 (1975): 301–05.
63. See the DVD of the ***Schopenhauer Cure***, with particular attention to the portrayal of Rebec ca. I. Yalom, ***The Schopenhauer Cure*** (New York: HarperCollins, 2005). I. Yalom and M. Lesz cz, "Group Therapy: A Live Demonstration," 2011, available at Psychotherapy.net, www.psy chotherapy.net/video/group-therapy.
64. The tasks of therapy may be facilitated by theoretical frames of reference such as a self-psy chological framework or an intersubjective framework. Both ap- proaches sharpen our foc us on the subjective experience of the narcissistically vul- nerable client. Leszcz, "Group Ps ychotherapy of the Characterologically Difficult Patient." Livingston and Livingston, "Confli ct and Aggression in Group Psycho- therapy." M. Baker and H. Baker, "Self-Psychological Contributions to the Theory and Practice of Group Psychotherapy," in ***Group Therapy in Clinical Practice***, ed. A. Alonso and H. Swiller (Washington, DC: American Psychiatric Press, 1993), 49–68. I. Harwood, "Distinguishing Between the Facilitating and the Self-Serving Cha ris- matic Group Leader," ***Group*** 27 (2003): 121–29. W. Stone, "Self Psychology and the High er Mental Functioning Hypothesis: Contemporary Theories," ***Group Analysis*** 29 (1996): 169–81. D. Brandchaft and R. Stolorow, "The Difficult Patient: Intersub- jective Perspective," in

Borderline and Narcissistic Patients in Therapy, ed. N. Slavinsky- Holy (Madison, CT: International Universities Press, 1988), 243–66. W. Shields, "Hope and the Inclination to Be Troublesome: Winnicott and the Treatment of Character Disorder in Group Therapy," ***International Journal of Group Psychotherapy*** 50 (2000): 87–103. Cohen, "Working with the Difficult Group Patient."

65. M. Pines, "Group Analytic Therapy of the Borderline Patient," ***Group Analysis*** 11 (1978): 115–26.
66. J. Norcross and M. Wampold, "Psychotherapy Relationships That Work III," ***Psychotherapy*** 55 (2018): 303–15.

CHAPTER 13: SPECIALIZED FORMATS AND PROCEDURAL AIDS

1. G. Burlingame et al., "Differential Effectiveness of Group, Individual, and Conjoint Treatments: An Archival Analysis of OQ-45 Change Trajectories," ***Psy- chotherapy Research*** 26 (2016): 556–72.
2. H. Bernard et al., "Clinical Practice Guidelines for Group Psychotherapy," ***International Journal of Group Psychotherapy*** 58 (2008): 455–542.
3. D. Davies, G. Burlingame, and C. Layne, "Integrating Small Group Pro- cess Principles into Trauma-Focused Group Psychotherapy: What Should a Group Trauma Therapist Know?," in ***Psychological Effects of Catastrophic Disasters: Group Approaches to Treatment***, ed. L. Schein, H. Spitz, G. Burlingame, and P. Muskin (New York: Haworth, 2006), 385–423. E. Paykel, "Psychotherapy, Medication Combinations, and Compliance," ***Journal of Clinical Psychiatry*** 56 (1995): 24–30. D. Greben, "Integrative Dimensions of Psychotherapy Training," ***Canadian Journal of Psychiatry*** 49 (2004): 238–48. L. Feldman and S. Feldman, "Integrating Therapeutic Modalities," in ***Handbook of Psychotherapy Integration***, 2nd ed., ed. J. Norcross and M. Goldried (New York: Oxford University Press, 2005), 362–81. D. Kivlighan and M. Kivlighan, "Counselor Intentions in Individual and Group Treatment," ***Journal of Counseling Psychology*** 51 (2004): 347–53.
4. H. Bernard and S. Drob, "The Experience of Patients in Conjoint Individ- ual and Group Therapy," ***International Journal of Group Psychotherapy*** 35 (1985): 129–46. R. Billow, "The Radical Nature of Combined Psychotherapy," ***International Journal of Group Psychotherapy*** 59 (2009): 1–28.
5. K. Schwartz, "Concurrent Group and Individual Psychotherapy in a Psy- chiatric Day Hospital for Depressed Elderly," ***International Journal of Group Psy- chotherapy*** 54 (2004): 177–201. K. Schwartz and M. Leszcz, "Group Therapy," in ***Comprehensive Textbook of Psychiatry***, 10th

ed., ed. B. Sadock, V. Sadock, and P. Ruiz (Philadelphia: Wolters Kluwer, 2017), 4201–208.

6. B. Roller and V. Nelson, "Group Psychotherapy Treatment of Borderline Personalities," ***International Journal of Group Psychotherapy*** 49 (1999): 369–85. F. De- Zuleta and P. Mark, "At tachment and Contained Splitting: A Combined Approach of Group and Individual Therapy to the Treatment of Patients from Borderline Per- sonality Disorder," ***Group Analysis*** 33 (2000): 486–500. M. Gilmour, "Working with Primitive Defenses in Group," in ***The Wiley-Blackwell Handbook of Group Psychother- apy***, ed. J. Kleinberg (New York: Wiley, 2012), 321–34. S. Karterud, M. Johansen, and T. Wilberg, "Conjoint Group and Individual Psychoth erapy in a Research Trial for Patients with Severe Personality Disorders," ***Group*** 31 (2007): 31–46. S. Karterud, ***Mentalizaton-Based Group Therapy (MBT-G): A Theoretical, Clinical, and Research Man- ual*** (Oxford: Oxford University Press, 2015).

7. K. Chard, T. Weaver, and P. Resick, "Adapting Cognitive Processing Ther- apy for Child Sex ual Abuse Survivors," ***Cognitive and Behavioral Practice*** 4 (1997): 31–52. N. Lutwack, "Shame, Women, and Group Psychotherapy," ***Group*** 22 (1998): 129–43.

8. L. Ormont, "Principles and Practice of Conjoint Psychoanalytic Treat- ment," ***American Journal of Psychiatry*** 138 (1981): 69–73.

9. J. Rutan and A. Alonso, "Group Therapy, Individual Therapy, or Both?," ***International Journal of Group Psychotherapy*** 32 (1982): 267–82. K. Porter, "Combined Individual and Group Psychotherapy," in ***Group Therapy in Clinical Practice***, ed. A. Alonso and H. Swiller (Washingt on, DC: American Psychiatric Association Press, 1993), 309–41.

10. Ormont, "Principles and Practice of Conjoint Psychoanalytic Treatment." M. Leszcz, "Group Psychotherapy of the Borderline Patient," in ***Handbook of Bor- derline Disorders***, ed. D. Silver and M. Rosenbluth (Madison, CT: International Universities Press, 1992), 435–69. J. Schact er, "Concurrent Individual and Indi- vidual-in-a-Group Psychoanalytic Psychotherapy," ***Journal of the American Psychoan- alytic Association*** 36 (1988): 455–71.

11. A. Berman, "Therapeutic Semi-Safe Space in Group Analysis," ***Group Analysis*** 52 (2018): 190–203.

12. J. Gans, "Broaching and Exploring the Question of Combined Group and Individual Thera py," ***International Journal of Group Psychotherapy*** 40 (1990): 123–37.

13. K. Ulman, "The Ghost in the Group Room: Countertransferential Pres- sures Associated with Conjoint Individual and Group Psychotherapy," ***International Journal of Group Psychotherapy*** 52 (2002): 387–407.

14. K. Porter, "Combined Individual and Group Psychotherapy." S. Lipsius, "Combined Individu al and Group Psychotherapy: Guidelines at the Interface," ***In- ternational Journal of Group Psychotherapy*** 41 (1991): 313–27. H. Swiller, "Alexithymia: Treatment Using Combined Indiv idual and Group Psychotherapy," ***International Journal of Group Psychotherapy*** 37 (1988):

47–61. J. Rutan and A. Alonso, "Common Dilemmas in Combined Individual and Group Tre atment," *Group* 14 (1990): 5–12. F. Kaklauskas and L. Greene, eds., ***Core Principles of Group Psychotherapy: An Inte- grated Theory, Research, and Practice Training Manual*** (New York: Ro utledge, 2019). B. Roth, "Some Problems with Treatment: Destructive Enactments in Combi ned Therapy," *International Journal of Group Psychotherapy* 59 (2009): 47–66.

15. E. Amaranto and S. Bender, "Individual Psychotherapy as an Adjunct to Group Psychothera py," *International Journal of Group Psychotherapy* 40 (1990): 91–101. S. Budman, personal co mmunication, 1993.
16. J. Rutan and W. Stone, "Duration of Treatment in Group Psychotherapy," *International Jour- nal of Group Psychotherapy* 34 (1984): 93–109. A study comparing conjoint and combined gr oup therapy for patients with eating disorders found that the combined format was far more effective at preventing dropouts. (More than three times as many patients dropped out of conjoint groups.) K. Scheuble et al., "Premature Termination: A Risk in Eating Disord er Groups," *Group* (1987): 85–93.
17. C. Raps, "The Necessity of Combined Therapy in the Treatment of Shame: A Case Report," *International Journal of Group Psychotherapy* 59 (2009): 67–84.
18. V. Brabender and A. Fallon, "Ethical Hot Spots of Combined Individual and Group Therapy: Applying Four Ethical Systems," *International Journal of Group Psychotherapy* 59 (2009): 127–47.
19. J. Gans and E. Counselman, "Patient Selection for Psychodynamic Group Psychotherapy: Pr actical and Dynamic Considerations," *International Journal of Group Psychotherapy* 60 (2010): 197–220.
20. R. Matano and I. Yalom, "Approaches to Chemical Dependency: Chem- ical Dependency and Interactive Group Therapy: A Synthesis," *International Journal of Group Psychotherapy* 41 (1991): 269–93. M. Freimuth, "Integrating Group Psy- chotherapy and 12-Step Work: A Collaborative Approach," *International Journal of Group Psychotherapy* 50 (2000): 297–314.
21. E. Khantzian, "Reflection on Group Treatments as Corrective Experiences in Addictive Vuln erability," *International Journal of Group Psychotherapy* 51 (2001): 11–20. Center for Behavio ral Health Statistics and Quality, "Behavioral Health Trends in the United States: Results from the 2014 National Survey on Drug Use and Health" (HHS Publication No. SMA 15-492 7, NSDUH Series H-50, 2015), www.samhsa.gov/data/sites/default/files/NSDUH-F RR1-2014/NSDUH-FRR1-2014.pdf. D. Patterson, S. Wolf, and T. Nochaski, "Combining the Trans- theoretical Stages of Change Model and the 12 Steps of Alcoholics Anonymous to Monitor Treatment Progression," *Journal of Social Work Practice in the Addictions* 10 (2010): 224–27.
22. P. Flores, "Addition as an Attachment Disorder: Implications for Group Therapy," *Interna-*

tional Journal of Group Psychotherapy 51 (2001): 63–82. M. Litt, R. Kadden, N. Cooney, and E. Kabela, "Coping Skills and Treatment Outcomes in Cognitive-Behavioral and Interactional Group Therapy for Alcoholism," ***Journal of Consulting and Clinical Psychology*** 71 (2003): 118–28. J. Malat et al., "Interpersonal Group Psychotherapy for Comorbid Alcohol Dependence and Non-Psychotic Psy- chiatric Disorders," ***American Journal on Addictions*** 17 (2008): 402–7.

23. R. Moos, "Active Ingredients of Substance Use–Focused Self-Help Groups," ***Addiction*** 103 (2008): 387–96.
24. Project MATCH Research Group, "Matching Alcoholism Treatments to Client Heterogeneity: Project MATCH Post-Treatment Drinking Outcomes," ***Journal of Studies in Alcohol*** 58 (1997): 7–29. S. Brown, personal communication, 2004. M. Seligman, "The Effectiveness of Psychot herapy: The Consumer Reports Study," ***American Psychologist*** 50 (1995): 965–74. R. Moos and B. Moos, "Participa- tion in Treatment and Alcoholics Anonymous: A 16-Year Follow-Up of Initially Untreated Individuals," ***Journal of Clinical Psychology*** 62 (2006): 735–50. L. Ka sku- tas, "Alcoholics Anonymous Effectiveness: Faith Meets Science," ***Journal of Addictive Diseases*** 28 (2009): 145–57.
25. The SMART Recovery system, also known as Self-Management and Re- covery Training, uses a social learning approach embedded in CBT techniques. It is an alternative to Alcohol ics Anonymous twelve-step groups for individuals who are put off by AA's spiritual roots. SMART Recovery has four main foci: motivation, dealing with urges, handling emotions, and finding balance in life. D. Adamson and A. Ahmed, ***Addiction and Co-Occurring Disorders from a SMART Recovery Perspective: A Manual for Group Therapists*** (Ontario, Canada: SMART Re- covery, 2011). M. Velasquez, C. Crouch, N. Stephens, and C. DiClemente, ***Group Treatment for Substance Abuse: A Stages of Change Therapy Manual***, 2nd ed. (New York: Guilf ord Press, 2017). S. Lilienfeld and H. Arkowitz, "Facts and Fictions in Mental Health: Does Al coholics Anonymous Work?," ***Scientific American*** 22 (2011): 64–65. L. Dodes and Z. Dodes, ***The Sober Truth: Debunking the Bad Science Behind 12-Step Programs and the Rehab Industry*** (Boston: Beacon Press, 2014). Alcoholics Anonymous 2014 Membership Survey (retrieved from www.aa.org). P. Ouimette, R. Moos, and J. Finney, "Influence of Outpatient Treatment and 12-Step Group Involvement on One Year Substance Abuse Treatment Outcomes," ***Journal of Stud- ies on Alcohol*** 59 (1998): 513–22. S. Lash, G. Petersen, E. O'Connor, and L. Lahmann, "Social Reinforcement of Substance Abuse Aftercare Care Group Therapy Attendan ts," ***Journal of Substance Abuse Treatment*** 20 (2001): 3–8. A. Laudet, V. Sta- nick, and B. San ds, "An Exploration of the Effect of On-site 12-Step Meetings on Post-Treatment Outcomes Among Polysubstance-Dependent Outpatient Clients," ***Evaluation Review*** 31 (2007): 613–46.
26. Moos, "Active Ingredients of Substance Use–Focused Self-Help Groups." M. Litt, R. Kadden, E. Kabela-Cormier, and N. Petry, "Changing Network Sup- port for Drinking: Network Sup

port Project 2-Year Follow-Up," *Journal of Consult- ing and Clinical Psychology* 77 (2009): 229–42.

27. Matano and Yalom, "Approaches to Chemical Dependency." Freimuth, "Integrating Group Psychotherapy and 12-Step Work."
28. M. Cleveland and Arlys G., *The Alternative 12 Steps: A Secular Guide to Recovery*, 2nd ed. (Ha milton, Ontario, Canada: AA Agnostica; BookBaby, 2014).
29. J. Kelly, M. Magill, and R. Stout, "How Do People Recover from Alcohol Dependence? A Syst ematic Review of the Research on Mechanisms of Behav- ior Change in Alcoholics Anonym ous," *Addiction Research and Theory* 17 (2009): 236–59.
30. J. Malat, S. Morrow, and P. Stewart, "Applying Motivational Interviewing Principles in a Mod ified Interpersonal Group for Comorbid Addiction," *Interna- tional Journal of Group Psychotherapy* 61 (2011): 556–75.
31. Research studies of therapists' preferences demonstrate that 75 to 90 percent prefer the co-therapy mode. I. Paulson, J. Burroughs, and C. Gelb, "Co-Therapy: What Is the Crux of the Relationship?," *International Journal of Group Psychotherapy* 26 (1976): 213–24. R. Dies, J. Mallet, and F. Johnson, "Openness in the Co-Leader Relationship: Its Effect on Group Proce ss and Outcome," *Small Group Behavior* 10 (1979): 523–46.
32. D. Kivlighan, K. London, and J. Miles, "Are Two Heads Better Than One? The Relationship Between Number of Group Leaders and Group Members, and Group Climate and Group Me mber Benefit from Therapy," *Group Dynamics: Theory, Research, and Practice* 16 (2012): 1–1 3. G. Burlingame, D. McClendon, and C. Yang, "Cohesion in Group Therapy: A Meta-Analys is," *Psychotherapy* 55 (2018): 384–98.
33. P. Fonagy, "Mentalization-Based Therapy in Groups," AGPA Connect, Special Presentation at the American Group Psychotherapy Association Annual Meeting, Houston, Texas, 2018.
34. M. Leszcz and P. Goodwin, "The Rationale and Foundations of Group Psychotherapy for Wo men with Metastatic Breast Cancer," *International Journal of Group Psychotherapy* 48 (1998): 245–74.
35. I. Harwood, "Creative Use of Gender in a Co-Therapy Group Compo- sition When Addressi ng Early Attachment, Trauma, and Cross-Cultural Issues," *Psychoanalytic Inquiry* 23 (2003): 697–712. L. Livingston, "Transferences Toward the Co-Therapist Couple: Dyadic Relationshi ps and Self-Object Needs," *Group* 25 (2001): 59–72.
36. W. Freedman and L. Diedrich, "Group Co-Facilitation: Creating a Collab- orative Partnersh ip," in *The College Counselor's Guide to Group Psychotherapy*, ed. M. Ribeiro, J. Gross, and M. Turner (New York: Routledge, 2018), 159–72. M. Luke and H. Hackney, "Group Coleadersh ip: A Critical Review," *Counselor Education and Supervision* 46 (2007): 280–93. B. Roller and V. Nelson, *The Art of Co-Therapy: How Therapists Work Together* (New York: Guilford Press,

1991).

37. I. Yalom, J. Tinklenberg, and M. Gilula, unpublished data, Department of Psychiatry, Stanfo rd University, 1967.
38. M. Berger, "Envy and Generosity Between Co-Therapists," *Group* 26 (2002): 107–21. S. McN ary and R. Dies, "Co-Therapist Modeling in Group Psy- chotherapy: Fact or Fiction?," *Group* 15 (1993): 131–42.
39. Freedman and Diederich, "Group Co-Facilitation."
40. Luke and Hackney, "Group Coleadership." B. Roller and V. Nelson, "Cotherapy," in *Comprehensive Group Psychotherapy*, ed. H. Kaplan and B. Sadock (Baltimore: Williams and Wilki ns, 1993), 304–12.
41. Paulson et al., "Co-Therapy: What Is the Crux."
42. M. Apman and B. Roller, "The Nequipos' Collusion with the Patient's Family of Origin in An alytic Group Therapy," *International Journal of Group Psycho- therapy* 45 (1995): 101–10.
43. Roller and Nelson, "Cotherapy."
44. L. Murphy, M. Leszcz, A. Collins, and J. Salvendy, "Some Observations on the Subjective Exp erience of Neophyte Group Therapy Trainees," *International Journal of Group Psychotherapy* (1996): 543–52.
45. A model for co-therapy development has been described that identifies nine stages: formi ng a contract about the work; forming an identity as a team; develop- ing mutuality and res pect; developing closeness; defining strengths and limitations; exploring possibilities; supp orting self-confrontation; implementing change; clos- ing or reorganizing. J. Dugo and A. Beck, "Significance and Complexity of Early Phases in the Development of the Co-Therapy Relationship," *Group Dynamics: The- ory, Research, and Practice* 1 (1997): 294–305. S. Wheel an, "Co-Therapists and the Creation of a Functional Psychotherapy Group: A Group Dynam ics Perspective," *Group Dynamics: Theory, Research, and Practice* 1 (1997): 306–10.
46. R. Friedman, "Dreamtelling as a Request for Containment: Three Uses of Dreams in Group Therapy," *International Journal of Group Psychotherapy* 58 (2008): 327–44. R. Friedman, "Dre ams and Dreamtelling: A Group Approach," in Klein- berg, *Wiley-Blackwell Handbook of Group Psychotherapy*, 479–97.
47. D. Derr and D. Zampfer, "Dreams in Group Therapy: A Review of Mod- els," *International Journal of Group Psychotherapy* 46 (1996): 501–15.
48. M. Livingston, "Self-Psychology, Dreams, and Group Psychotherapy: Working in the Play Sp ace," *Group* 25 (2001): 15–26. W. Stone and S. Karterud, "Dreams as Portraits of Self and Gr oup Interaction," *International Journal of Group Psychotherapy* 56 (2006): 47–61.
49. J. Pawlik et al., "The Use of Dreams in a Small Analytic Group," *Group Analysis* 23 (1990): 163–71. C. Kieffer, "Using Dream Interpretation to Resolve Group Developmental Impass

es," *Group* 20 (1996): 273–85.

50. M. Berger, "Use of Videotape in Group Psychotherapy," in Kaplan and Sadock, ***Comprehensive Group Psychotherapy***, 355–62.
51. S. Miller, M. Hubble, and J. Seidel, "Feedback-Informed Treatment," in ***The Sage Encyclopedia of Theory in Counseling and Psychotherapy***, ed. E. Neukrug (Thousand Oaks, CA: Sage Pu blications, 2015), 401–3.
52. Berger, "Use of Videotape in Group Psychotherapy."
53. N. Mayades and D. O'Brien, "The Use of Videotape in Group Therapy," in ***Videotape Techniques in Psychiatric Training and Treatment***, ed. M. Berger (New York: Brunner/Mazel, 1978), 216–29.
54. M. Ravensborg, "Debunking Video Magic," ***International Journal of Group Psychotherapy*** 38 (1988): 521–22.
55. M. Berger, "The Use of Videotape with Psychotherapy Groups in a Com- munity Mental He alth Program," ***International Journal of Group Psychotherapy*** 18 (1968): 504–15.
56. M. Alpert, "Videotaping Psychotherapy," ***Journal of Psychotherapy Practice and Research*** 5 (1996): 93–105.
57. M. Leszcz, "Psychotherapy Supervision and the Development of the Psy- chotherapist," in ***On Becoming a Psychotherapist: The Personal and Professional Journey***, ed. R. Klein, H. Berna rd, and V. Schermer (New York: Oxford University Press, 2011), 114–43.
58. C. Classen et al., "Effectiveness of a Training Program for Enhancing Therapists' Understan ding of the Supportive-Expressive Treatment Model for Breast Cancer Groups," ***Journal of Psychotherapy Practice and Research*** 6 (1997): 211–18. G. Waller and H. Turner, "Therapist Drift Redux: Why Well-Meaning Cli- nicians Fail to Deliver Evidence-Based Therapy, and How to Get Back on Track," ***Behaviour Research and Therapy*** 77 (2016): 129–37.
59. J. Waltz, M. Addis, K. Koerner, and N. Jacobson, "Testing the Integrity of a Psychotherapy Protocol: Assessment of Adherence and Competence," ***Journal of Consulting Clinical Psychology*** 61 (1994): 620–30. P. Goodwin et al., "Lessons Learned from Enrollment in the BEST Stu dy: A Multicenter Randomized Trial of Group Psychosocial Support in Metastatic Breast Can cer," ***Journal of Clinical Epide- miology*** 53 (2000): 47–55.
60. I. Yalom, S. Brown, and S. Bloch, "The Written Summary as a Group Psychotherapy Techniq ue," ***Archives of General Psychiatry*** 32 (1975): 605–13.
61. Atul Gawande, a Harvard surgeon writing in ***The New Yorker***, re- ported that the demand cr eated by electronic record keeping is a leading cause of mounting reports of physician burn out. A. Gawande, "Why Doctors Hate Their Computers," ***The New Yorker***, November 12, 2018, www.newyorker.com/magazine/2018/11/12/why-doctors-hate-their-computers.
62. R. Beck, "The Written Summary in Group Psychotherapy Revisited," ***Group*** 13 (1989): 102–11.

M. Aveline, "The Use of Written Reports in a Brief Group Psychotherapy Training," ***International Journal of Group Psychotherapy*** 36 (1986): 477–82.

63. It is noteworthy as well that in the past ten to twenty years there has been an explosion in narrative approaches in medicine and psychological treatments in which clients and/or car egivers write about their emotional experience and re- actions to illness, trauma, and the provision of treatment. Such writing results in significant benefits that include not only subj ective reports of psychological well- being but also objective measures of medical health and illness. M. White and D. Epston, ***Narrative Means to Therapeutic Ends*** (New York: W. W. Norton, 1990). R. Lieb and S. Kanofsky, "Toward a Constructivist Control Mastery Theory: An In- tegration with Narrative Therapy," ***Psychotherapy: Theory, Research, Practice, Training*** 40 (2003): 187–202. There are also reports of therapists writing letters to clients delineat ing obstacles to therapy during the course of the treatment or shortly af- ter termination. B. Laub and S. Hoffmann, "Dialectical Letters: An Integration of Dialectical Cotherapy and Nar rative Therapy," ***Psychotherapy: Theory, Research, Practice, Training*** 39 (2002): 177–83.

64. M. Leszcz, "The Evidence-Based Group Psychotherapist," ***Psychoanalytic Quarterly*** 38 (2018): 1–14. T. Rousmaniere, ***Deliberate Practice for Psychotherapists: A Guide to Improving Clinical Effectiveness*** (New York: Routledge, 2016).

65. M. Chen, J. Noosbond, and M. Bruce, "Therapeutic Document in Group Counseling: An Act ive Change Agent," ***Journal of Counseling and Development*** 76 (1998): 404–11.

66. S. Brown and I. Yalom, "Interactional Group Therapy with Alcoholics," ***Journal of Studies on Alcohol*** 38 (1977): 426–56.

67. M. Beecher, "A Clinician's Take on Evidence-Based Group Psychotherapy: A Commentary," ***Journal of Clinical Psychology*** 64 (2008): 1279–83. M. Lambert, J. Whipple, and M. Kleinstäub er, "Collecting and Delivering Progress Feedback: A Meta-Analysis of Routine Outcome Mon itoring," ***Psychotherapy*** 55 (2018): 520–37. G. Burlingame, K. Whitcomb, S. Woodland, J. Ols en, M. Beecher, and R. Gleave, "The Effects of Relationship and Progress Feedback in Gro up Psychotherapy Using the Group Questionnaire and Outcome Questionnaire-45: A Rand omized Clini- cal Trial," ***Psychotherapy*** 55 (2018): 116–31.

68. N. Slone, R. Reese, S. Mathews-Duvall, and J. Kodet, "Evaluating the Efficacy of Client Feedb ack in Group Psychotherapy," ***Group Dynamics: Theory, Re- search, and Practice*** 19 (2015): 122–36. D. Shuman, N. Slone, R. Reese, and B. Dun- can, "Efficacy of Client Feedback in Gr oup Psychotherapy with Soldiers Referred for Substance Abuse Treatment," ***Psychotherapy Research*** 25 (2015): 396–407. J. Bos- well, D. Kraus, S. Miller, and M. Lambert, "Implementing Routine Outcome Monitoring in Clinical Practice: Benefits, Challenges, and Solutions," ***Psychotherapy Research*** 25 (2015): 6–19. P. Janse, K. De Jong, M. Van Dijk, G. Hutschemaekers, and M. Verbraak, "Improving the Efficiency of Cognitive-Behavioural Therapy by Using For

mal Client Feedback," ***Psychotherapy Research*** 27 (2017): 525–38. C. Hannan et al., "A Lab Test and Algorithms for Identifying Clients at Risk for Treatment Failure," ***Journal of Clinical Psychology*** 61 (2005): 155–63. K. Shimokawa, M. Lambert, and D. Smart, "Enhancing Treatm ent Outcome of Patients at Risk of Treatment Failure: Meta-Analytic and Mega-Analytic Revi ew of a Psychotherapy Quality Assurance System," ***Journal of Consulting and Clinical Psychology*** 78 (2010): 298–311. S. Walfish, B. McAlister, P. O'Donnell, and M. Lambert, "An Investigation of Self-Assessment Bias in Mental Health Providers," ***Psychological Reports*** 110 (2012): 639–44. C. Chapman, G. Burlingame, R. Gleave, F. Rees, M. Beecher, and G. Porter, "Clinical Prediction in Group Psychotherapy," ***Psychotherapy Research*** 22 (2012): 673–81.

69. M. Lambert, J. Whipple, E. Hawkins, D. Vermeersch, S. Nielsen, and D. Smart, "Is It Time for Clinicians to Routinely Track Patient Outcome? A Meta- Analysis," ***Clinical Psychology: Science and Practice*** 10 (2003): 288–301. B. Duncan and R. Reese, "The Partners for Change Outcome Management System (PCOMS) Revisiting the Client's Frame of Reference," ***Psychotherapy*** 52 (2015): 391–401.
70. D. Griner et al., "Practice-Based Evidence Can Help! Using the Group Questionnaire to Enh ance Clinical Practice," ***Psychotherapy*** 55 (2018): 196–202.
71. A. Minieri, R. Reese, K. Miserocchi, and D. Pascale-Hague, "Using Cli- ent Feedback in Trai ning of Future Counseling Psychologists: An Evidence-Based and Social Justice Practice," ***Counselling Psychology Quarterly*** 28 (2015): 305–23.
72. B. Wampold, "Routine Outcome Monitoring: Coming of Age—With the Usual Development al Challenges," ***Psychotherapy*** 52 (2015): 458–62. C. Krä- geloh, K. Czuba, D. Billington, P. Kersten, and R. Siegert, "Using Feedback from Patient-Reported Outcome Measures in Ment al Health Services: A Scoping Study and Typology," ***Psychiatric Services*** 66 (2015): 224–41.
73. S. Goldberg et al., "Creating a Climate for Therapist Improvement: A Case Study of an Agen cy Focused on Outcomes and Deliberate Practice," ***Psychotherapy*** 53 (2016): 367–75. F. Falk enström, J. Grant, and R. Holmqvist, "Review of Or- ganizational Effects on the Outcome of Mental Health Treatments," ***Psychotherapy Research*** 28 (2016): 1–15. M. Whittingham and L. Graham, "The Impact of Provid- ing Group Performance Feedback on a Large Mental Heal th System," ***Psychotherapy*** 55 (2018): 203–6.
74. B. Straus, ***Healing in Action: Adventure-Based Counseling with Therapy Groups*** (Lanham, MD: Rowman and Littlefield, 2018). J. Dossick and E. Shea, ***Creative Therapy: 52 Exercises for Individuals and Groups*** (Sarasota, FL: Professional Resource Exchange, 1990).
75. M. Leszcz, "Group Therapy," in ***Comprehensive Review of Geriatric Psychia- try***, 3rd ed., ed. J. Sadavoy, L. Jarvik, G. Grossberg, and B. Meyers (New York: W. W. Norton, 2004), 1023–54. Schwartz and Leszcz, "Group Therapy." B. van der Kolk, ***The Body Keeps the Score: Brain, Mind, and Body in the Healing of Trauma*** (New York: Viking Press, 2014). M. Esplen, J. Wong,

E. Warner, and B. Toner, "Re- storing Body Image After Cancer (ReBIC): Results of a Rando mized Controlled Trial," ***Journal of Clinical Oncology*** 36 (2018): 749–56.

76. P. Goodwin et al., "The Effect of Group Psychosocial Support on Survival in Metastatic Brea st Cancer," ***New England Journal of Medicine*** 345 (2001): 1719–26.
77. A. Peterkin, M. Esplen, J. Hann, and A. Lawson, "A Pilot Study of a Nar- rative Competence Group to Enhance Coping and Quality of Life in Patients with HIV," ***Arts and Health*** 5 (2013): 5–18. A. Peterkin and J. Hann, ***Still Here: A Post- Cocktail AIDS Anthology*** (Toronto: Life Rattle Press, 2012).
78. J. Kabat-Zinn, ***Meditation Is Not What You Think: Mindfulness and Why It Is So Important*** (New York: Hachette, 2018). J. Teasdale, M. Williams, and Z. Segal, ***The Mindful Way Workbook: An 8-Week Program to Free Yourself from De- pression and Emotional Distress*** (New York: Guil ford Press, 2014). C. Hammond, "Mindfulness-Based Cognitive Therapy," in Neukrug, ***Sage Encyclopedia of Theory in Counseling and Psychotherapy***, 656–58.
79. M. Lieberman, I. Yalom, and M. Miles, ***Encounter Groups: First Facts*** (New York: Basic Boo ks, 1973).
80. Lieberman, Yalom, and Miles, ***Encounter Groups***.
81. L. Knauss, "Ethical Issues in Record Keeping in Group Psychotherapy," ***International Journal of Group Psychotherapy*** 56 (2006): 415–30. Bernard et al., "Clin- ical Practice Guidelines." American Psychological Association, "Record Keeping Guidelines," ***American Psychologist*** 62 (2007): 993–1004.
82. American Psychological Association, "Record Keeping."
83. Psychotherapy Program, "Recommendations for Psychotherapy Docu- mentation," Guidelines of the University of Toronto, Department of Psychiatry, Psychotherapy Program, 2018, from www.psychiatry.utoronto.ca/psychotherapy. Bernard et al., "Clinical Practice Guidelines."

CHAPTER 14: ONLINE PSYCHOTHERAPY GROUPS

1. H. Weinberg and A. Rolnick, eds., ***Theory and Practice of Online Therapy: Internet-Delivered Interventions for Individuals, Groups, Families, and Organizations*** (Lon- don: Routledge, 2019). This text is an excellent resource and we recommend it.
2. See J. Ducharme, "World Health Organization Declares COVID-19 a 'Pandemic.' Here's What That Means," ***Time***, March 11, 2020, https://time.com/5791661/who-coronavirus-pa ndemic-declaration. "COVID-19," American Group Psychotherapy Association, statements posted March 12, 13, and 18 and May 8, 2020, www.agpa.org/home/media/covid-19.
3. Weinberg and Rolnick, ***Theory and Practice of Online Therapy***. J. Schlapober- sky, ***From the***

Couch to the Circle: Group-Analytic Psychotherapy in Practice (Abingdon, Oxon, UK: Routledge, 2016).

4. K. Marton and N. Kanas, "Telehealth Modalities for Group Therapy: Com- parisons to In-Person Group Therapy," *International Journal of Group Psychotherapy* 66 (2016): 145–50. N. Khatri, E. Marziali, I. Tchernikov, and N. Shepherd, "Com- paring Telehealth-Based and Clinic-Based Group Cognitive Behavioral Therapy for Adults with Depression and Anxiety: A Pilot Study," *Clinical Interventions in Aging* 9 (2014): 765–70. L. Morland et al., "Cognitive Processing Therapy for Post- traumatic Stress Disorder Delivered to Rural Veterans Via Telemental Health: A Randomized Noninferiority Clinical Trial," *Journal of Clinical Psychiatry* 75 (2014): 470–76. T. Varker, R. Brand, J. Ward, S. Terhaag, and A. Phelps, "Efficacy of Synchronous Telepsychology Interventions for People with Anxiety, Depression, PTSD, and Adjustment Disorder: A Rapid Evidence Assessment," *Psychologi- cal Services* 16 (2019): 621–35. For additional reviews of VTC for diverse clinical populations, see M. Gentry, M. Lapid, M. Clark, and T. Rummans, "Evidence for Telehealth Group-Based Treatment: A Systematic Review," *Journal of Telemed Telecare* 25 (2019): 327–42, and A. Banbury, S. Nancarrow, J. Dart, L. Gray, and L. Parkinson, "Telehealth Interventions Delivering Home-Based Support Group Videoconferencing: Systematic Review," *Journal of Medical Internet Research* 20 (2018): e25, https://doi.org/10.2196/jmir.8090.
5. B. Pierce, P. Perrin, and S. McDonald, "Demographic, Organizational, and Clinical Practice Predictors of U.S. Psychologists' Use of Telepsychology," *Profes- sional Psychology: Research and Practice* 51 (2020): 184–93.
6. Gentry et al., "Evidence for Telehealth Group-Based Treatment." Banbury et al., "Telehealth Interventions Delivering Home-Based Support Group Vid- eoconferencing." A. Batastini and R. Morgan, "Connecting the Disconnected: Preliminary Results and Lessons Learned from a Telepsychology Initiative with Special Management Inmates," *Psychological Services* 13 (2016): 283–91. L. Morland et al., "Telemedicine for Anger Management Therapy in a Rural Population of Combat Veterans with Posttraumatic Stress Disorder: A Randomized Noninferi- ority Trial," *Journal of Clinical Psychiatry* 71 (2010): 855–63. T. Berger, "The Thera- peutic Alliance in Internet Interventions: A Narrative Review and Suggestions for Future Research," *Psychotherapy Research* 27 (2017): 511–24.
7. Weinberg and Rolnick, *Theory and Practice of Online Therapy*.
8. K. Aafjes-van Doorn, V. Bekes, and T. Prout, "Grappling with Our Thera- peutic Relationship and Professional Self-Doubt During COVID-19: Will We Use Video Therapy Again?," *Counselling Psychology Quarterly*, published online June 3, 2020, https://doi.org/10.1080/09515070.2020.1773404. Berger, "Therapeutic Al- liance in Internet Interventions."
9. J. Stoll, J. Muller, and M. Trachsel, "Ethical Issues in Online Psychotherapy: A Narrative Revi

ew," ***Frontiers in Psychiatry*** 10 (2020): 993, https://doi.org/10.3389/fpsyt.2019.00993. Weinb erg and Rolnick, ***Theory and Practice of Online Therapy***.

10. Joint Task Force for the Development of Telepsychology Guidelines for Psychologists, "Guid elines for the Practice of Telepsychology," ***American Psychologist*** 68 (2013): 791–800. E. Kru pinski and J. Bernard, "Standards and Guidelines in Telemedicine and Telehealth," ***Health-care*** 2 (2014): 74–93. New organizations are taking shape inspired by telehealth developmen ts, as are dedicated journals. See the American Telemedicine Association, www.americantel emed.org. J. Alleman, "On- line Counseling: The Internet and Mental Health Treatment," ***Psychotherapy: The- ory, Research, Practice, Training*** 39 (2002): 199–209. A. Ragusea and L. VandeCreek, "Suggestions for the Ethical Practice of Online Psychotherapy," ***Psychotherapy: The- ory, Research, Practice, Training*** 40 (2003): 94–102.
11. J. Scharf, "Technology Assisted Psychoanalysis," ***Journal of the American Psy-choanalytic Association*** 61(2012): 491–509.
12. H. Weinberg, "Community Unconscious on the Internet," ***Group Analysis*** 35 (2002): 165–83. Weinberg and Rolnick, ***Theory and Practice of Online Therapy***.
13. Aafjes-van Doorn et al., "Grappling with Our Therapeutic Relationship."
14. H. Weinberg, "Practical Considerations for Online Group Therapy," in Weinberg and Rolni ck, ***Theory and Practice of Online Therapy***, 202–4.
15. R. Armington, B. Badenoch, and S. Gantt, "Zooming Along in the Pan- demic and Beyond," ***Systems-Centered News*** 28, no. 2 (2020).
16. H. Weinberg, "Interview with Molyn Leszcz," in Weinberg and Rolnick, ***Theory and Practice of Online Therapy***, 166–73.
17. S. Brahnam, "Comparison of In-Person and Screen-Based Analysis Using Communication Models: A First Step Toward the Psychoanalysis of Telecommu- nications and Its Noise," ***Journal of Psychoanalytic Perspectives*** 14 (2017): 138–58. K. Murphy, "Why Zoom Is Terrib le," ***New York Times***, April 29, 2020, www.nytimes.com/2020/04/29/sunday-review/zoom-vi deo-conference.html.
18. V. Waldron, M. Lavitt, and K. Douglas, "The Nature and Prevention of Harm in Technology-Mediated Self-Help Settings: Three Exemplars," ***Jour- nal of Technology in Human Services*** 17 (2000): 267–93. M. White and S. Dorman, "Receiving Social Support Online: Implications for Health Education," ***Health Education Research*** 16 (2001): 693–707. R. Kraut, M. Patters on, V. Lundmark, S. Kiesler, T. Mukopadhyay, and S. Scherlis, "Internet Paradox: A Social Technol- ogy That Reduces Social Involvement and Psychological Well-Being," ***American Psychologist*** 53 (1998): 1017–31. J. Chung, "Social Interaction in Online Support Groups: Pre ference for Online Social Interaction over Offline Social Interaction," ***Computers in Human Behavior*** 29 (2013): 1408–14.

CHAPTER 15: SPECIALIZED THERAPY GROUPS

1. H. Weinberg and A. Rolnick, eds., ***Theory and Practice of Online Therapy: Internet-Delivered Interventions for Individuals, Groups, Families, and Organizations*** (New York: Routledge, 2019).
2. M. Ribeiro, J. Gross, and M. Turner, eds., ***The College Counselor's Guide to Group Psychotherapy*** (New York: Routledge, 2018). L. Denton, J. Gross, and C. Wojcik, "Group Counseling in the College: An International Survey of Center Directors," ***International Journal of Group Psychotherapy*** 67 (2017): 540–64.
3. Neither space limitations nor the rapidly growing numbers of specialized groups permit a comprehensive listing or bibliography in this text. Computer lit- erature searches are so acc essible and efficient that the interested reader may easily obtain a current bibliography of any specialized group. Listservs for professionals such as the AGPA are another resource.
4. H. Bernard et al., "Clinical Practice Guidelines for Group Psychotherapy," ***International Journal of Group Psychotherapy*** 58 (2008): 455–542. M. Leszcz and J. Kobos, "Evidence-Bas ed Group Psychotherapy: Using AGPA's Practice Guide- lines to Enhance Clinical Effectiven ess," ***Journal of Clinical Psychology*** 64 (2008): 1238–60. P. Cox, F. Ilfeld Jr., B. Squire Ilfeld, and C. Brennan, "Group Therapy Program Development: Clinician-Administrator Collabora tion in New Practice Settings," ***International Journal of Group Psychotherapy*** 50 (2000): 3–24. E. Lonergan, "Discussion of 'Group Therapy Program Development,' " ***International Journal of Group Psychotherapy*** 50 (2000): 43–45. G. Burlingame, D. Earnshaw, M. Hoag, and S. Barl ow, "A Systematic Program to Enhance Clinician Group Skills in an Inpa- tient Psychiatric Hospital," ***International Journal of Group Psychotherapy*** 52 (2002): 555–87.
5. M. Whittingham and C. Arlo, "The 2018 AGPA Agency Survey," pre- sented at the AGPA ann ual meeting in Los Angeles, 2019, www.agpa.org.
6. J. Lichtman et al., "Depression as a Risk Factor for Poor Prognosis Among Patients with Acu te Coronary Syndrome: Systematic Review and Recommenda- tion. A Scientific Statement from the American Heart Association," ***Circulation*** 129 (2014): 1350–69.
7. K. Orth-Gomér, N. Schneiderman, H. Wang, C. Walldin, M. Blom, and T. Jernberg, "Stress Reduction Prolongs Life in Women with Coronary Disease: The Stockholm Women's Interve ntion Trial for Coronary Heart Disease (SWITCHD)," ***Circulation, Cardiovascular Quality and Outcomes*** 2 (2014): 25–32. A. Roncella et al., "One-Year Results of the Randomized, Controll ed, Short-Term Psychotherapy in Acute Myocardial Infarction (STEP-IN-AMI) Trial," ***International Journal of Cardi- ology*** 170 (2013): 132–39. D. Seitz, C. Knaevelsrud, G. Duran, S. Waadt, S. Loos, and L. Goldbeck, "Efficacy of an Internet-Based Cognitive-Behavioral Interv en- tion for Long-Term Survivors of Pediatric Cancer: A Pilot Study," ***Supportive Care in***

Cancer 22 (2014): 2075–83.

8. J. Malat et al., "Interpersonal Group Psychotherapy for Comorbid Alcohol Dependence and Non-Psychotic Psychiatric Disorders," ***American Journal of Addic- tions*** 17 (2008): 402–7.
9. J. Salvendy, "Brief Group Therapy at Retirement," ***Group*** 13 (1989): 43–57. H. Nobler, "It's Never Too Late to Change: A Group Therapy Experience for Older Women," ***Group*** 16 (1992): 146–55. M. Agronin, "Group Therapy in Older Adults," ***Current Psychiatry Reports*** 11 (2009): 27–32. I. Sochting, E. O'Neal, B. Third, J. Rogers, and J. Ogrodniczuk, "An Integrati ve Group Therapy Model for Depression and Anxiety in Later Life," ***International Journal of Group Psychotherapy*** 63 (2013): 502–23. L. Mangione and R. Forti, "Beyond Midlife and Befo re Retire- ment: A Short-Term Women's Group," ***International Journal of Group Psychothera-py*** 68 (2018): 314–36.
10. K. Schwartz and M. Leszcz, "Group Therapy," in ***Comprehensive Textbook of Psychiatry***, 10th ed., ed. B. Sadock, V. Sadock, and P. Ruiz (Philadelphia: Wolters Kluwer, 2017), 4201–208. M. Chiu, V. Wesson, and J. Sadavoy, "Improving Care- giving Competence, Stress Coping, and Mental Well-Being in Informal Dementia Carers," ***World Journal of Psychiatry*** 3 (2013): 65–73.
11. S. Hobfoll et al., "Five Essential Elements of Immediate and Mid-Term Mass Trauma Interve ntion: Empirical Evidence," ***Psychiatry*** 70 (2007): 283–315. R. Maunder et al., "Applying the Lessons of SARS to Pandemic Influenza," ***Canadian Journal of Public Health*** 99 (2008): 486–488.
12. R. Klein and V. Schermer, "Introduction and Overview: Creating a Heal- ing Matrix," in ***Group Psychotherapy for Psychological Trauma***, ed. R. Klein and V. Schermer (New York: Gui lford Press, 2000), 3–46. J. Herman, ***Trauma and Recov- ery***, rev. ed. (New York: Basic Books, 1997). H. Lubin, M. Loris, J. Burt, and D. Johnson, "Efficacy of Psychoeducational Group Th erapy in Reducing Symptoms of Posttraumatic Stress Disorder Among Multiply Traumatized Women," ***American Journal of Psychiatry*** 155 (1998): 1172–77. M. Robertson, P. Rushton, D. Bartrum, and R. Ray, "Group-Based Interpersonal Psychotherapy for Posttraumatic Stress Disorder: Theoretical and Clinical Aspects," ***International Journal of Group Psychother- apy*** 54 (2004): 145–75. J. Krupnick, B. Green, P. Stockton, J. Miranda, E. Krause, and M. Mete, "Group Interpersonal Psychotherapy for Low-Income Women with Posttraumatic Stress Dis order," ***Psychotherapy Research*** 18 (2008): 497–507.
13. I. Kira, A. Ahmed, F. Wasim, V. Mahmoud, J. Colrain, and D. Rai, "Group Therapy for Refug ees and Torture Survivors: Treatment Model Innovations," ***In- ternational Journal of Group Psychotherapy*** 62 (2012): 69–88. K. Gotseva-Balgaranova, I. Popivanov, and M. Mutafchieva, "Impact Evaluation of the Evidence-Based Trauma Stabilization Programme for Refugee, As ylum Seeking and Immigrant Families," presentation at the International Association for Gr

oup Psychotherapy and Group Processes, June 15, 2019, Thessaloniki, Greece, http://iagpresearch congress2019.com/wp-content/uploads/2019/06/IAGP-final-program.pdf.

14. L. Lothstein, "The Science and Art of Brief Inpatient Group Therapy in the 21st Century: Commentary on Cook et al. and Ellis et al.," ***International Journal of Group Psychotherapy*** 64 (2014): 228–44. R. Taylor, L. Coombes, and H. Bartlett, "The Impact of a Practice Development Project on the Quality of In-Patient Small Group Therapy," ***Journal of Psychiatric and Mental Health Nursing*** 9 (2002): 213–20. R. Manderscheid, J. Atay, and R. Crider, "Changing Trends in State Psychiatric Hospital Use from 2002 to 2005," ***Psychiatric Services*** 60 (2009): 29–34.

15. M. Leszcz, I. Yalom, and M. Norden, "The Value of Inpatient Group Psychotherapy: Patients' Perceptions," ***International Journal of Group Psychotherapy*** 35 (1985): 411–33. J. Radcliffe and R. Smith, "Acute In-Patient Psychiatry: How Pa- tients Spend Their Time on Acute Psychiatric Wards," ***Psychiatric Bulletin*** 31 (2007): 167–70.

16. M. Kösters, G. Burlingame, B. Strauss, and C. Nachtigall, "A Meta- Analytic Review of the Effectiveness of Inpatient Group Psychotherapy," ***Group Dynamics: Theory, Research, and Practice*** 10 (2006): 146–63. This large meta-analytic review demonstrated that the effect size of inpatient group therapy was in the me- dium range. Put in other terms, for every 1,000 inpatients, without group therapy 360 will improve and 640 will not; with group therapy, 640 will improve and 360 will not. It is, of course, hard to ferret out cause and effect in inpatient care, because patients are exposed to multiple treatments and units are resourced differently. But the findings are noteworthy and support the value of group therapy in these settings.

17. In the following discussion, we draw heavily from I. Yalom, ***Inpatient Group Psychotherapy*** (New York: Basic Books, 1983), where interested readers may find more in-depth discussion. Although this model was developed for the inpatient ward, it has been modified and adapted to many other settings, including partial hospitalization groups and intensive two- to three-week programs for substance abusers. (In Chapter 9, we discuss a particularly common major group therapy modification, the time-limited, brief, closed therapy group.) See also Bernard et al., "Clinical Practice Guidelines"; Leszcz and Kobos, "Evidence-Based Group Psy- chotherapy"; E. Hopper and H. Weinberg, eds., ***The Social Unconscious in Persons, Groups, and Societies***, vol. 1, ***Mainly Theory*** (London: Karnac Books, 2011).

18. Lothstein, "Science and Art of Brief Inpatient Group Therapy."

19. P. Zeppegno et al., "Group Activities to Promote Early Rehabilitation in an Acute Psychiatric Ward: A Relationship-Based Approach Focusing on Movies," ***International Journal of Group Psychotherapy*** 68 (2018): 147–62.

20. Leszcz et al., "Value of Inpatient Group Psychotherapy." Yalom, ***Inpatient Group Psychother-***

apy, 313-35. Kösters et al., "Meta-Analytic Review."

21. M. Echternacht, "Fluid Group: Concept and Clinical Application in the Therapeutic Milieu," *Journal of the American Psychiatric Nurses Association* 7 (2001): 39–44.
22. M. Whittingham, "Innovations in Group Assessment: How Focused Brief Group Therapy Int egrates Formal Measures to Enhance Treatment Preparation, Process, and Outcomes," *Psychotherapy* 55 (2018): 186–90.
23. S. Green and S. Bloch, "Working in a Flawed Mental Health Care Sys- tem: An Ethical Challe nge," *American Journal of Psychiatry* 158 (2001): 1378–83. R. Taylor, L. Coombes, and H. Bar tlett, "The Impact of a Practice Development Project on the Quality of In-Patient Small Gro up Therapy," *Journal of Psychiatric Mental Health Nursing* 9 (2002): 213–20. K. Hajek, "Interp ersonal Group Therapy on Acute Inpatient Wards," *Groupwork* 17 (2007): 7–19.
24. S. Gantt and Y. Agazarian, "Developing the Group Mind Through Func- tional Subgrouping: Linking Systems-Centered Training (SCT) and Interpersonal Neurobiology," *International Journal of Group Psychotherapy* 60 (2010): 515–44.
25. K. Mörtl and J. Von Wietersheim, "Client Experiences of Helpful Factors in a Day Treatment Program: A Qualitative Approach," *Psychotherapy Research* 18 (2008): 281–93. M. Marshall et al., "Systematic Reviews of the Effectiveness of Day Care for People with Severe Mental Disorders: (1) Acute Day Hospital Versus Admission for Acute Psychiatric Disorders; (2) Voc ational Rehabilitation; (3) Day Hospital Versus Outpatient Care," *Health Technology Assessment* 5 (2001): 1–75. A. Alden et al., "Group Aftercare for Chronic Schizophrenics," *Journal of Clinical Psychiatry* 40 (1979): 249–52. L. Mosher and S. Smith, "Psychosocial Treatment: In dividual, Group, Family, and Community Support Approaches," *Schizophrenia Bulletin* 6 (1980): 10–41.
26. Leszcz et al., "Value of Inpatient Group Psychotherapy." Yalom, *Inpatient Group Psychotherapy*, 313-35.
27. Yalom, *Inpatient Group Psychotherapy*, 34.
28. A number of effective clinical models have been described, each predicated upon a differe nt conceptual frame such as psychoeducation, problem-solving, psy- choanalytic, cognitive -behavioral. V. Brabender and A. Fallow, *Models of Inpatient Group Psychotherapy* (Washingt on, DC: American Psychological Association, 1993). C. Deering, "Process-Oriented Inpatie nt Groups: Alive and Well?," *International Journal of Group Psychotherapy* 64 (2014): 164–79. W. Cook, A. Arechiga, L. Dobson, and K. Boyd, "Brief Heterogeneous Inpatient Psychothera py Groups: A Process- Oriented Psychoeducational (POP) Model," *International Journal of Group Psycho- therapy* 64 (2014): 180–206. C. Ellis, M. Peterson, R. Bufford, and J. Benson, "The Importance of Group Cohesion in Inpatient Treatment of Combat-Related PTSD," *International Journal of Group Psychotherapy* 64 (2014): 208–26. W. Cook, L. Dobson, and A.

Arechiga, "Brief Inpatient Group Programming or Therapy? Towards a POP Model for the RAPID Group," *International Journal of Group Psychotherapy* 64 (2014): 245–50. K. Sparrow and K. Tchanturia, "Inpatient Brief Group Therapy for An- orexia Nervosa: Patient Experie nce," *International Journal of Group Psychotherapy* 66 (2016): 431–42.

29. M. Vannicelli, "Supervising the Beginning Group Leader in Inpatient and Partial Hospital Se ttings," *International Journal of Group Psychotherapy* 64 (2014): 144–63.
30. N. Brown, "Conceptualizing Process," *International Journal of Group Psycho- therapy* 53 (2003): 225–44.
31. C. Williams-Barnard and A. Lindell, "Therapeutic Use of 'Prizing' and Its Effect on Self-Con cept of Elderly Clients in Nursing Homes and Group Homes," *Issues in Mental Health Nursing* 13 (1992): 1–17. J. Norcross and M. Lambert, "Psy- chotherapy Relationships That Work III," *Psychotherapy* 55 (2018): 303–15.
32. W. Stone, "Self Psychology and the Higher Mental Functioning Hypoth- esis: Contemporary Theories," *Group Analysis* 29 (1996): 169–81. M. Leszcz, "The Evidence-Based Group Psycho therapist," *Psychoanalytic Inquiry* 38 (2018): 285–98.
33. Yalom, *Inpatient Group Psychotherapy*, 134.
34. M. Pines, "On Mirroring in Group Psychotherapy," *Group* 7 (1983): 3–17. J. Schlapobersky, *From the Couch to the Circle: Group-Analytic Psychotherapy in Practice* (Abingdon, Oxon, UK: Routledge, 2016).
35. A. Novakovic, "Community Meetings on Acute Psychiatric Wards: Ra- tionale for Group Spe cialist Input for Staff Teams in the Acute Care Services," *Group Analysis* 44 (2011): 52–67.
36. Leszcz et al., "Value of Inpatient Group Psychotherapy."
37. M. Leszcz, "Inpatient Group Therapy," in *APA Annual Update V* (Wash- ington, DC: Americ an Psychiatric Association Press, 1986): 729–43. Deering, "Process-Oriented Inpatient Grou ps." Cook et al., "Brief Heterogeneous Inpa- tient Psychotherapy Groups." Ellis et al., "Impo rtance of Group Cohesion." Cook et al., "Brief Inpatient Group Programming." A. Bechdolf et al., "Randomized Comparison of Group Cognitive Behaviour Therapy and Group Psycho education in Acute Patients with Schizophrenia: Effects on Subjective Quality of Life," *Aus- tralian and New Zealand Journal of Psychiatry* 44 (2010): 144–50. F. Veltro et al., "Ef- fectiven ess and Efficiency of Cognitive-Behavioral Group Therapy for Inpatients: 4-Year Follow-Up Study," *Journal of Psychiatric Practice* 14 (2008): 281–88.
38. Leszcz et al., "Value of Inpatient Group Psychotherapy."
39. M. Lieberman, I. Yalom, and M. Miles, *Encounter Groups: First Facts* (New York: Basic Boo ks, 1973).
40. Whittingham, "Innovations in Group Assessment." D. Markham, "Max- imizing Group Psych otherapy Training for Population Health," *Group Circle* (Fall 2013): 1, 6.

41. Yalom, ***Inpatient Group Psychotherapy***.
42. W. Froberg and B. Slife, "Overcoming Obstacles to the Implementation of Yalom's Model of Inpatient Group Psychotherapy," ***International Journal of Group Psychotherapy*** 37 (1987): 371–88.
43. Leszcz et al., "Value of Inpatient Group Psychotherapy."
44. Leszcz et al., "Value of Inpatient Group Psychotherapy." Yalom, ***Inpatient Group Psychotherapy***.
45. A. Cunningham, "Adjuvant Psychological Therapy for Cancer Patients: Putting It on the Same Footing as Adjunctive Medical Therapies," ***Psycho-Oncology*** 9 (2000): 367–71. M. Lesz cz, "Gruppenpsychotherapie für brustkrebspatientin- nen," ***Psychotherapeut*** 49 (2004): 314–30. K. Lorig et al., "Evidence Suggesting That a Chronic Disease Self-Management Program Can Improve Health Status While Reducing Hospitalization," ***Medical Care*** 37 (1999): 5–14. A. Abbass, S. Kisley, D. Rasic, J. Town, and R. Johansson, "Long-Term Healthcare Cost Reducti on with Intensive Short-Term Dynamic Psychotherapy in a Tertiary Psychiatric Service," ***Journal of Psychiatric Research*** 64 (2015): 114–20. S. Lazar, ed., ***Psychotherapy Is Worth It: A Comprehensive Review of Its Cost-Effectiveness*** (Washington, DC: APA Press, 2010).
46. M. Antoni et al., "Reduction of Cancer-Specific Thought Intrusions and Anxiety Symptoms with a Stress Management Intervention Among Women Un- dergoing Treatment for Breast Cancer," ***American Journal of Psychiatry*** 163 (2006): 1791–97. A. Applebaum et al., "Factors Associated with Attrition from a Random- ized Controlled Trial of Meaning-Centered Group Psychotherapy for Patients with Advanced Cancer," ***Psycho-Oncology*** 21 (2012): 1195–204. E. Blanchard et al., "A Controlled Evaluation of Group Cognitive Therapy in the Treatment of Irritable Bowel Syndrome," ***Behaviour Research and Therapy*** 45 (2007): 633–48. C. Classen et al., "Supportive-Expressive Group Therapy for Primary Breast Cancer Patients: A Randomiz ed Prospective Multicenter Trial," ***Psycho-Oncology*** 17 (2008): 438–47. M. Cohen and G. Fri ed, "Comparing Relaxation Training and Cognitive-Behavioral Group Therapy for Women with Breast Cancer," ***Research on Social Work Practice*** 17 (2007): 313–23. A. Dinkel et al., "De terminants of Long-Term Response to Group Therapy for Dysfunctional Fear of Progression in Chronic Diseases," ***Behavioral Medicine*** 38 (2012): 1–5. P. Goodwin et al., "The Effect of Group Psychosocial Sup- port on Survival in Metastatic Breast Cancer," ***New England Journal of Medicine*** 345 (2001): 1719–26. K. Grady et al., "Does Self-Management Counseling in Patients with Heart Failure Improve Quality of Life? Findings from the Heart Failure Ad- her ence and Retention Trial (HART)," ***Quality of Life Research*** 23 (2014): 31–38. T. Heckman et al., "Supportive-Expressive and Coping Group Teletherapies for HIV- Infected Older Adults: A Randomized Clinical Trial," ***AIDS and Behavior*** 17 (2013): 3034–44. D. Kissane et al., "Sup portive-Expressive Group Therapy for Women with Metastatic Breast Cancer," ***Psycho-On-***

cology 16 (2007): 277–86. S. Lamb et al., "Group Cognitive Behavioural Treatment for Low-Back Pain in Primary Care," ***Lancet*** 375 (2010): 916–23. A. Molassiotis, P. Callaghan, S. Twinn, S. Lam, W. Chung, and C. Li, "A Pilot Study of the Effects of Cognitive-Behavioral Group Therapy and Peer Support/Counseling in Decreasing Psychologic Distress and Im- proving Quality of Life in Chinese Patients with Symptomatic HIV Disease," ***AIDS Patient Care and STDs*** 16 (2004): 83–96. Orth-Gomér et al., "Stress Reduction Prolongs Life in Women with Coronary Disease." Roncella et al., "One-Year Re- sults." R. Schaefert et al., "Specific Collaborative Group Intervention for Patients with Medically Unexplained Symptoms in General Practice: A Cluster Random- ized Controlled Trial," ***Psychotherapy and Psychosomatics*** 82 (2013): 106–19. Seitz et al., "Efficacy of an Internet-Based Cognitive-Behavioral Intervention." D. Spie- gel, J. Bloom, H. Kraemer, and E. Gottheil, "Effect of Psychosocial Treatment on Survival of Patients with Metastatic Breast Cancer," ***Lancet*** 8669 (1989): 888–91. J. Kelly, "Group Psychotherapy for Persons with HIV and AIDS-Related Illnesses," ***International Journal of Group Psychotherapy*** 48 (1998): 143–62. S. Abbey and S. Far- row, "Group Therapy and Organ Transplantation," ***International Journal of Group Psychotherapy*** 48 (1998): 163–85. M. Leszcz and P. Goodwin, "The Rationale and Foundations of Group Psychotherapy for Women with Metastatic Breast Cancer," ***International Journal of Group Psychotherapy*** 48 (1998): 245–73. J. Spira, ***Group Therapy for Medically Ill Patients*** (New York: Guilford Press, 1997). ENRICHD Investigators, "Enhancing Recovery in Coronary Heart Disease (ENRICHD) Study Interven- tion: Rationale and Design," ***Psychosomatic Medicine*** 63 (2001): 747–55. L. Paparella, "Group Psychotherapy and Parkinson's Disease: When Members and Therapist Share the Diagnosis," ***International Journal of Group Psychotherapy*** 54 (2004): 401–9. A. Sherman et al., "Group Interventions for Patients with Cancer and HIV Dis- ease, Part I: Effects on Psychosocial and Functional Outcomes at Different Phases of Illness," ***International Journal of Group Psychotherapy*** 54 (2004): 29–82. A. Sherman et al., "Group Interventions for Patients with Cancer and HIV Disease, Part II: Ef- fects on Immune, Endocrine, and Disease Outcomes at Different Phases of Illness," ***International Journal of Group Psychotherapy*** 54 (2004): 203–33. A. Sherman et al., "Group Interventions for Patients with Cancer and HIV Disease, Part III: Moderat- ing Variables and Mechanisms of Action," ***International Journal of Group Psychotherapy*** 54 (2004): 347–87. S. Dunbar et al., "Effect of a Psychoeducational Intervention on Depression, Anxiety, and Health Resource Use in Implantable Cardioverter De- fibrillator Patients," ***Pacing and Clinical Electrophysiology*** 32 (2009): 1259–71. M. Blair et al., "Dialectical Behavior Group Therapy Is Feasible and Reduces Emotional Dysfunction in Multiple Sclerosis," ***International Journal of Group Psychotherapy*** 67 (2017): 500–18.

47. S. Wong, A. Browne, J. Lavoie, M. Macleod, M. Chongo, and C. Ulrich, "Incorporating Group Medical Visits into Primary Healthcare: Are There Bene- fits?," ***Health Care Policy*** 11

(2015): 27–42.

48. R. Grant, J. Ashburner, C. Hong, Y. Chang, M. Barry, and S. Atlas, "Defining Patient Comple xity from the Primary Care Physician's Perspective: A Cohort Study," ***Annals of Internal Medicine*** 155 (2011): 797–804. R. Johnson, "Do 'Complex Needs' Need 'Complex Needs Servic es'? Part One," ***Mental Health and Social Inclusion*** 17 (2013): 127–34.
49. I. van der Heijden, N. Abrahams, and D. Sinclair, "Psychosocial Group Interventions to Imp rove Psychological Well-Being in Adults Living with HIV," ***Cochrane Database of Systematic Reviews*** 3 (2017), https://doi.org/10.1002/14651858.CD010806.pub2.
50. K. Sherman, G. Heard, and L. Cavanagh, "Psychological Effects and Me- diators of a Group Multi-Component Program for Breast Cancer Survivors," ***Jour- nal of Behavioral Medicine*** 33 (2010): 378–91. Sherman et al., "Group Interventions for Patients with Cancer and HIV Dise ase, Part I."
51. ENRICHD Investigators, "Enhancing Recovery in Coronary Heart Dis- ease." R. Allan and S. Scheidt, "Group Psychotherapy for Patients with Coro- nary Heart Disease," ***International Journal of Group Psychotherapy*** 48 (1988): 187–214. Lichtman et al., "Depression as a Risk Factor."
52. Sherman et al., "Group Interventions for Patients with Cancer and HIV Disease, Part I." Spi ra, ***Group Therapy for Medically Ill Patients***. H. Livneh and R. Antonak, "Psychosocial Adapta tion to Chronic Illness and Disability: A Primer for Counselors," ***Journal of Counseling and Development*** 83 (2011): 12–20.
53. M. Hewitt, N. Breen, and S. Devesa, "Cancer Prevalence and Survivor- ship Issues: Analyses of the 1992 National Health Interview Survey," ***Journal of the National Cancer Institute*** 91 (1999): 1480–86. American Society of Clinical Oncol- ogy, website, www.asco.org. M. Espl en, J. Wong, E. Warner, and B. Toner, "Re- storing Body Image After Cancer (ReBIC): Resul ts of a Randomized Controlled Trial," ***Journal of Clinical Oncology*** 36 (2018): 749–56.
54. M. Esplen, B. Toner, J. Hunter, G. Glendon, K. Butler, and B. Field, "A Group Therapy Appro ach to Facilitate Integration of Risk Information for Women at Risk for Breast Cancer," ***Canadian Journal of Psychiatry: Psychosomatics Edition*** 43 (1998): 375–80. M. Esplen et al., "A Multicenter Study of Supportive-Expressive Group Therapy for Women with BRCA1/BRCA2 Mutations," ***Cancer*** 101 (2004): 2327–40.
55. M. Esplen et al., "A Randomized Controlled Trial of a Supportive Ex- pressive Group Interve ntion for Women with a Family History of Breast Cancer," ***Psycho-Oncology*** 11 (2018): 2645–53. D. Wellisch, S. Ormseth, and A. Aréchiga, "Evolution of Emotional Symptoms over Time Among Daughters of Patients with Breast Cancer," ***Psychosomatics*** 56 (2015): 504–12.
56. Z. Dodd, C. Banga, K. Mason, C. Meaney, M. Leszcz, and S. Socka- lingam, "Engagement in Group Psychotherapy Among Marginalized Individuals with Hepatitis C," ***International Jour-***

nal of Group Psychotherapy 66 (2016): 338–60. Heckman et al., "Supportive-Expressive and Coping Group Teletherapies for HIV- Infected Older Adults." Paparella, "Group Psychothera py and Parkinson's Disease." H. Lunstad, T. Smith, and B. Layton, "Social Relationships and Mortality Risk: A Meta-Analytic Review," *PLOS Medicine* 7 (2010), https://doi.org/10.1371/jo urnal.pmed.1000316. A. Peterkin, M. Esplen, J. Hann, and A. Lawson, "A Pilot Study of a Na rrative Competence Group to Enhance Coping and Quality of Life in Patients with HIV," *Arts and Health* 5 (2013): 5–18.

57. M. Stuber, S. Gonzalez, H. Benjamino, and M. Golart, "Fighting for Re- covery," *Journal of Psychotherapy Practice and Research* 4 (1995): 286–96. M. Figue- iredo, E. Fries, and K. Ingr am, "The Role of Disclosure Patterns and Unsupportive Social Interactions in the Well-Bei ng of Breast Cancer Patients," *Psycho-Oncology* 13 (2004): 96–105. D. Spiegel, *Living Beyond Limits* (New York: Ballantine, 1994).
58. L. Fallowfield, S. Ford, and S. Lewis, "No News Is Not Good News: In- formation Preferences of Patients with Cancer," *Psycho-Oncology* 4 (1995): 197–202. M. Slevin et al., "Emotional Su pport for Cancer Patients: What Do Patients Really Want?," *British Journal of Cancer* 74 (1996): 1275–79. E. Verlinde, N. De Laender, S. De Maesschalck, M. Deveugele, and S. Wille ms, "The Social Gradient in Doctor- Patient Communication," *International Journal of Equity in Health* 11 (2012), https:// doi.org/10.1186/1475-9276-11-12. C. Bylund, R. Brown, P. Bialer, T. Levin, B. Lubrano di Ciccone, and D. Kissane, "Developing and Implementing an Advanced Communication Training Program in Oncology at a Comprehensive Cancer Center," *Journal of Cancer Education* 26 (2011): 604–11.
59. I. Yalom, *Existential Psychotherapy* (New York: Basic Books, 1980). I. Yalom, *Creatures of a Day: And Other Tales of Psychotherapy* (New York: Basic Books, 2016). S. Rubin and K. Licht anski, "Existential Therapy," in *The Sage Encyclo- pedia of Theory in Counseling and Psychotherapy*, ed. E. Neukrug (Thousand Oaks, CA: Sage Publications, 2015), 368. J. Vos, M. Cra ig, and M. Cooper, "Existential Therapies: A Meta-Analysis of Their Effects on Psychosocial Outcomes," *Journal of Consulting and Clinical Psychology* 83 (2015): 115–28. C. Maheu, S. Le bel, C. Tomei, M. Singh, and M. Esplen, "Breast and Ovarian Cancer Survivors' Experience of Participating in a Cognitive-Existential Group Intervention Addressing Fear of Cancer Re currence," *European Journal of Oncology Nursing* 19 (2015): 433–40.
60. L. Baider, "Psychological Intervention with Couples After Mastectomy," *Support Care Cancer* 3 (1995): 239–43. B. Bultz, M. Speca, P. Brasher, P. Geggie, and S. Page, "A Randomized Contr olled Trial of a Brief Psychoeducational Sup- port Group for Partners of Early Stage Breast Cancer Patients," *Psycho-Oncology* 9 (2000): 303–13.
61. Schwartz and Leszcz, "Group Therapy." Chiu et al., "Improving Care- giving Competence." M. Chiu, T. Pauley, V. Wesson, D. Pushpakumar, and J. Sa- davoy, "Evaluation of a Problem

-Solving (PS) Techniques-Based Intervention for Informal Carers of Patients with Dementia Receiving In-Home Care," ***International Psychogeriatrics*** 27 (2015): 937–48.

62. S. Folkman and S. Greer, "Promoting Psychological Well-Being in the Face of Serious Illne ss: When Theory, Research, and Practice Inform Each Other," ***Psycho-Oncology*** 9 (2000): 11–19. Not surprisingly, integrating these coping dimen- sions creates particularly powerful interventions, as noted by R. Lazarus, "Toward Better Research on Stress and Coping," ***American Psychologist*** 55 (2000): 665–73. D. Sivan-Donin, M. Ben-Ezra, and Y. Hamama-R az, "Quality or Quantity of Coping Resources: Why Not Both? An Integration of Common St ress Theories," ***Psychiatry Research*** 272 (2019): 164–70.

63. D. Kissane et al., "Cognitive-Existential Group Psychotherapy for Women with Primary Bre ast Cancer: A Randomized Controlled Trial," ***Psycho-Oncology*** 12 (2003): 532–46. V. Helges on, S. Cohen, R. Schulz, and J. Yasko, "Education and Peer Discussion Group Interventions and Adjustment to Breast Cancer," ***Archives of General Psychiatry*** 56 (1999): 340–47. D. Scatu ro, "Fundamental Clinical Dilemmas in Contem- porary Group Psychotherapy," ***Group Anal-ysis*** 37 (2004): 201–17. B. Lubrano di Ciccone, T. Floyd, and D. Kissane, "Group Support," in ***Enhancing Cancer Care: Complementary Therapy***, ed. J. Barraclough (New York: Oxford Univ ersity Press, 2007), 153–66.

64. F. Fawzy and N. Fawzy, "A Post-Hoc Comparison of the Efficiency of a Psychoeducational Intervention for Melanoma Patients Delivered in Group Versus Individual Formats: An Analy sis of Data from Two Studies," ***Psycho-Oncology*** 5 (1996): 81–89.

65. Sherman et al., "Group Interventions for Patients with Cancer and HIV Disease, Part III."

66. F. Bray, J. Ferlay, I. Soerjomataram, R. Siegel, L. Torre, and A. Jemal, "Global Cancer Statisti cs 2018: GLOBOCAN Estimates of Incidence and Mortality Worldwide for 36 Cancers in 185 Countries," ***CA: A Cancer Journal for Clinicians*** 68 (2018): 394–424.

67. D. Kissane et al., "Effect of Cognitive-Existential Group Therapy on Sur- vival in Early-Sta ge Breast Cancer," ***Journal of Clinical Oncology*** 22 (2004): 4255–60. Kissane et al., "Supportiv e-Expressive Group Therapy for Women." M. Greenstein and W. Breitbart, "Cancer and the Experience of Meaning: A Group Psychother- apy Program for People with Cancer," ***Ameri-can Journal of Psychotherapy*** 54 (2000): 486–500.

68. B. Siegel, ***Love, Medicine and Miracles: Lessons Learned About Self-Healing from a Surgeon's Experience with Exceptional Patients*** (New York: Harper and Row, 1986).

69. T. Brandão, R. Tavares, P. Mena Matos, and Marc Schulz, "Measuring Emotion Regulation and Emotional Expression in Women with Breast Cancer: A Systematic Review," ***Clinical Psy-chology Review*** 43 (2016): 114–27.

70. Leszcz and Goodwin, "Rationale and Foundations."

71. I. Yalom, ***The Gift of Therapy*** (New York: HarperCollins, 2002), 6–10. Yalom, ***Creatures of a***

Day.

72. SEGT addresses the following main areas: (1) medical illness and treat- ment; (2) cognitive and behavioral coping skills for the illness and treatment; (3) family and social network issu es; (4) relationships with health-care providers; (5) life values and priorities; (6) self-image; (7) death and dying; and (8) group func- tioning regarding task and engagement. Each gro up ends with a stress reduction exercise of relaxation and guided imagery. D. Spiegel and J. Spira, ***Supportive Ex- pressive Group Therapy: A Treatment Manual of Psychosocial Interventions for Women with Recurrent Breast Cancer*** (Stanford, CA: Psychosocial Treatment Laborat ories, 1991). Leszcz and Goodwin, "Rationale and Foundations." D. Spiegel and C. Classen, ***Group Therapy for Cancer Patients: A Research-Based Handbook of Psychosocial Care*** (New York: Basic Books, 2000). L. Walker, T. Bischoff, and J. Robinson, "Sup- portive Expressive Group Therapy for Women with Advanced Ovarian Cancer," ***International Journal of Group Psychotherapy*** 60 (2010): 407–27.
73. C. Classen et al., "Effectiveness of a Training Program for Enhancing Therapists' Understan ding of the Supportive-Expressive Treatment Model for Breast Cancer Groups," ***Journal of Psychotherapy Practice and Research*** 6 (1997): 211–18. D. Spiegel et al., "Group Psychothera py for Recently Diagnosed Breast Cancer Patients: A Multicenter Feasibility Study," ***Psycho-Oncology*** 8 (1999): 482–93. P. Goodwin et al., "Lessons Learned from Enrollment in the BEST Study: A Mul- ticenter, Randomized Trial of Group Psychosocial Support in Metastatic Breast Cancer," ***Journal of Clinical Epidemiology*** 53 (2000): 47–55.
74. Spiegel et al., "Group Psychotherapy for Recently Diagnosed." M. Esplen et al., "A Supportiv e-Expressive Group Intervention for Women with a Family History of Breast Cancer: Results of a Phase II Study," ***Psycho-Oncology*** 9 (2000): 243–52. Esplen et al., "Randomized Controll ed Trial of a Supportive Expressive Group Intervention."
75. I. Yalom and C. Greaves, "Group Therapy with the Terminally Ill," ***Amer- ican Journal of Psychiatry*** 134 (1977): 396–400. D. Spiegel, J. Bloom, and I. Yalom, "Group Support for Patients with Metastatic Cancer," ***Archives of General Psychiatry*** 38 (1981): 527–33. D. Spiegel and M. Glafkides, "Effects of Group Confronta- tion with Death and Dying," ***International Journal of Group Psychotherapy*** 33 (1983): 433–37. F. Fawzy et al., "Malignant Melanoma: Effects of an Early Structured Psychiatric Intervention, Coping, and Affective State on Recurrence and Su rvival 6 Years Later," ***Archives of General Psychiatry*** 50 (1993): 681–89. T. Kuchler et al.,"Imp act of Psychotherapeutic Support on Gastrointestinal Cancer Patients Under- going Surge ry: Survival Results of a Trial," ***Hepatogastroenterology*** 46 (1999): 322–35. S. Edelman, J. Lem on, D. Bell, and A. Kidman, "Effects of Group CBT on the Survival Time of Patients with Me tastatic Breast Cancer," ***Psycho-Oncology*** 8 (1999): 474–81. A. Ilnyckj, J. Farber, M. Cheang, and B. Weinerman, "A Randomized Controlled Trial of Psychotherapeutic Intervention in

Cancer Patients," ***Annals of the Royal College of Physicians and Surgeons of Canada*** 27 (1994): 93–96. Kissane et al., "Cognitive-Existential Group Psychotherapy." S. Newell, R. Sanson-Fis her, and N. Savolainen, "Systematic Review of Psychological Therapies for Cancer Patients: Overview and Recommendations for Future Research," ***JNCI: Journal of the Na- tional Cancer Institute*** 94 (2002): 558–84.

76. Spiegel noted that contemporary trials may now not demonstrate a sur- vival effect because the baseline of psychosocial care provided for all patients with cancer (including the contr ol sample) has improved significantly over the past ten to twenty years, a welcome advance emerging from the recognition that state of mind affects state of body. D. Spiegel, "Mind Ma tters: Group Therapy and Survival in Breast Cancer," ***New England Journal of Medicine*** 345 (2001): 1767–68. Spiegel et al., "Effect of Psychosocial Treatment on Survival." A. Cunningh am et al., "A Randomized Controlled Trial of the Effects of Group Psychological Therapy on Survival in Women with Metastatic Breast Cancer," ***Psycho-Oncology*** 7 (1998): 508–17. P. Go odwin et al., "Effect of Group Psychosocial Support on Survival."
77. C. Classen et al., "Supportive-Expressive Group Therapy and Distress in Patients with Metas tatic Breast Cancer: A Randomized Clinical Intervention Trial," ***Archives of General Psychiatry*** 58 (2001): 494–501. Spiegel et al., "Group Psy- chotherapy for Recently Diagnosed." S. Mirosevic, B. Jo, H. Kraemer, M. Ershadi, E. Neri, and D. Spiegel, "Not Just Another Meta-A nalysis: Sources of Heterogene- ity in Psychosocial Treatment Effect on Cancer Survival," ***Cancer Medicine*** 8 (2019): 363–73. D. Kissane, "Letting Go of the Hope That Psychotherapy Prolongs Cancer Survival," ***Journal of Clinical Oncology*** 25 (2007): 5689–90. D. Kissane, "Bey ond the Psychotherapy and Survival Debate: The Challenge of Social Disparity, Depression and Treatment Adherence in Psychosocial Cancer Care," ***Psycho-Oncology*** 18 (2009): 1–5. M. Mustafa, A. Carson-Stevens, D. Gillespie, and A. Edwards, "Psychologi- cal Interventions for Women with Metastatic Breast Cancer," ***Cochrane Database of Systematic Reviews*** 6 (2013), https://doi.org/10.1002/14651858.CD004253.pub4. A. Marziliano, H. Pessin, B. Rosenfeld, and W. Breitbart, "Measuring Cohesion and Self-Disclosure in Psychotherapy Groups for Pa tients with Advanced Cancer: An Analysis of the Psychometric Properties of the Group Ther apy Experience Scale," ***International Journal of Group Psychotherapy*** 68 (2018): 407–27.
78. A. Beck, ***Cognitive Therapy and the Emotional Disorders*** (New York: Interna- tional Universiti es Press, 1976). G. Klerman, M. Weissman, B. Rounsaville, and E. Chevron, ***Interpersonal Psychotherapy of Depression*** (New York: Basic Books, 1984).
79. Leszcz, "Gruppenpsychotherapie fur brustkrebspatientinnen."
80. Lieberman, Yalom, and Miles, ***Encounter Groups***.
81. B. Wampold and Z. Imel, ***The Great Psychotherapy Debate: The Evidence for What Makes Psychotherapy Work***, 2nd ed. (New York: Routledge, 2015). Norcross and Lambert, "Psychother

apy Relationships that Work III."

82. N. Morrison, "Group Cognitive Therapy: Treatment of Choice or Sub- Optimal Option?," *Behavioural and Cognitive Psychotherapy* 29 (2001): 311–32.
83. J. White, "Introduction," in *Cognitive-Behavioral Group Therapy for Specific Problems and Populations*, ed. J. White and A. Freeman (Washington, DC: American Psychological Associa tion, 2000), 3–25. G. Crosby and D. Altman, "Integra- tive Cognitive-Behavioral Group Ther apy," in *The Wiley-Blackwell Handbook of Group Psychotherapy*, ed. J. Kleinberg (New York: Wiley, 2012), 89–112. V. Pope, "Cognitive-Behavioral Group Therapy," in Neukrug, *Sage Encyclopedia of Theory in Counseling and Psychotherapy*, 185–88. P. Bieling, R. McCabe, and M. Anthony, *Cognitive-Behavioral Therapy in Groups* (New York: Guilford Press, 2006). M. Ta ube- Schiff, M. Suvak, M. Antony, P. Bieling, and R. McCabe, "Group Cohesion in Cognitive -Behavioral Group Therapy for Social Phobia," *Behaviour Research and Therapy* 45 (2007): 687–98. F. Kaklauskas and L. Greene, eds., *Core Principles of Group Psychotherapy: An Integrated Theory, Research, and Practice Training Manual* (New York: Routledge, 2019). I. Söchti ng, M. Lau, and J. Ogrodniczuk, "Predicting Compliance in Group CBT Using the Group The rapy Questionnaire," *International Journal of Group Psychotherapy* 68 (2018): 184–94.
84. Z. Imel, S. Baldwin, K. Bonus, and D. MacCoon, "Beyond the Individual: Group Effects in Mi ndfulness-Based Stress Reduction," *Psychotherapy Research* 18 (2008): 735–42.
85. Beck, *Cognitive Therapy and the Emotional Disorders*.
86. J. Safran and Z. Segal, *Interpersonal Process in Cognitive Therapy* (New York: Basic Books, 1990).
87. T. Oei and L. Sullivan, "Cognitive Changes Following Recovery from Depression in a Group Cognitive-Behaviour Therapy Program," *Australian and New Zealand Journal of Psychiatry* 33 (1999): 407–15. D. Wong, "Cognitive and Health-Related Outcomes of Group Cognitive Beha vioural Treatment for Peo- ple with Depressive Symptoms in Hong Kong: A Randomized Wai t-List Control Study," *Australian and New Zealand Journal of Psychiatry* 42 (2008): 702–11.
88. M. Enns, B. Coz, and S. Pidlubny, "Group Cognitive Behaviour Ther- apy for Residual Depress ion: Effectiveness and Predictors of Response," *Cognitive Behaviour Therapy* 31 (2002): 31–40.
89. A. Ravindran et al., "Treatment of Primary Dysthymia with Group Cognitive Therapy and Ph armacotherapy: Clinical Symptoms and Functional Im- pairments," *American Journal of Psychiatry* 156 (1999): 1608–17.
90. S. Ma and J. Teasdale, "Mindfulness-Based Cognitive Therapy for De- pression: Replication and Exploration of Differential Relapse Prevention Effects," *Journal of Consulting Clinical Psychology* 72 (2004): 31–40. W. Kuyken et al., "Efficacy of Mindfulness-Based Cognitive Th erapy in Prevention of Depressive Relapse: An Individual Patient Data Meta-Analysis from Randomized Trials," *JAMA Psychiatry* 73 (2016): 565–74.

91. C. Kutter, E. Wolf, and V. McKeever, "Predictors of Veterans' Partici- pation in Cognitive-B ehavioral Group Treatment for PTSD," ***Journal of Traumatic Stress*** 17 (2004): 157–62. D. Sor enson, "Healing Traumatizing Provider Interaction Among Women Through Short-Term Gr oup Therapy," ***Archives of Psychiatric Nurs- ing*** 17 (2003): 259–69.
92. I. Nyklíček, P. Mommersteeg, S. Van Beugen, C. Ramakes, and G. Van Boxtel, "Mindfulness-Based Stress Reduction and Psychological Activity During Acute Stress: A Randomized Contr olled Trial," ***Health Psychology*** 32 (2013): 1110–13.
93. C. Wiseman, S. Sunday, F. Klapper, M. Klein, and K. Halmi, "Short-Term Group CBT Versus Psycho-Education on an Inpatient Eating Disorder Unit," ***Eat- ing Disorders*** 10 (2002): 313–20. N. Leung, G. Waller, and G. Thomas, "Outcome of Group Cognitive-Behavior Therapy for Bulimia Nervosa: The Role of Core Beliefs," ***Behaviour Research and Therapy*** 38 (2000): 145–56. G. Tasca, L. Balfour, M. Presniak, and H. Bissada, "Outcomes of Specific Interperso nal Problems for Binge Eating Disorder: Comparing Group Psychodynamic Interpersonal Ps ychotherapy and Group Cognitive Behavioral Therapy," ***International Journal of Group Psy- chother- apy*** 62 (2012): 197–218.
94. C. Dopke, R. Lehner, and A. Wells, "Cognitive-Behavioral Group Ther- apy for Insomnia in Individuals with Serious Mental Illnesses: A Preliminary Evaluation," ***Psychiatric Rehabilita- tion Journal*** 3 (2004): 235–42. E. Koffel, J. Koffel, and P. Gehrman, "A Meta-Analysis of Gro up Cognitive Behavioral Therapy for Insomnia," ***Sleep Medicine Review*** 19 (2015): 6–16.
95. J. Lidbeck, "Group Therapy for Somatization Disorders in Primary Care," ***Acta Psychiatrica Scandinavia*** 107 (2003): 449–56. S. Moreno, M. Gili, N. Bauzá, M. Roca, Y. Del Hoyo, and J. Garcia-Campayo, "Effectiveness of Group Versus Individ- ual Cognitive-Behavioral Thera py in Patients with Abridged Somatization Disorder: A Randomized Controlled Trial," ***Psy- chosomatic Medicine*** 75 (2013): 600–8.
96. C. Taft, C. Murphy, P. Musser, and N. Remington, "Personality, In- terpersonal, and Motivat ional Predictors of the Working Alliance in Group Cognitive-Behavioral Therapy for Partner Violent Men," ***Journal of Consulting Clin- ical Psychology*** 72 (2004): 349–54. D. Lawson, "Com paring Cognitive Behavioral Therapy and Integrated Cognitive Behavioral Therapy/Psychod ynamic Therapy in Group Treatment for Partner Violent Men," ***Psychotherapy: Theory, Re- search, Prac- tice, Training*** 47 (2010): 122–33. J. Gergart, K. Holman, B. Seymour, B. Dinges, and G. Ronan, "Group Process as a Mechanism of Change in the Group Treatment of Anger and Aggression," ***International Journal of Group Psychotherapy*** 65 (2015): 180–208.
97. W. Rief, S. Trenkamp, C. Auer, and M. Fichter, "Cognitive Behaviour in Panic Disorder and Comorbid Major Depression," ***Psychotherapy and Psychosomatics*** 69 (2000): 70–8. D. Ericks on, A. Jance, and K. Tallman, "A Cognitive-Behavioral Group for Patients with Various Anxi ety Disorders," ***Psychiatric Services*** 58 (2007): 1205–11.

98. A. Volpato Cordioli et al., "Cognitive-Behavioral Group Therapy in Obsessive-Compulsive Disorder: A Randomized Clinical Trial," ***Psychotherapy and Psychosomatics*** 72 (2003): 211–16. R. Anderson and C. Rees, "Group Versus In- dividual Cognitive-Behavioural Treatment for Obsessive-Compulsive Disorder," ***Behaviour Research and Therapy*** 45 (2007): 123–37. P. Bla ck, D. Hanna, P. Quinn, and K. Dyer, "Examining the Experience of Undergoing Group Cog nitive Be- havioral Therapy for Obsessive Compulsive Disorder: An Interpretative Pheno me- nological Analysis," ***International Journal of Group Psychotherapy*** 68 (2018): 195–203.
99. A. Page and G. Hooke, "Outcomes for Depressed and Anxious Inpatients Discharged Before or After Group Cognitive Behaviour Therapy: A Naturalistic Comparison," ***Journal of Nervous and Mental Disease*** 191 (2003): 653–59. M. Dugas et al., "Group Cognitive-Behavioral Therapy for Generalized Anxiety Disorder: Treatment Outcome and Long-Term Follow-Up," ***Journal of Consulting and Clini- cal Psychology*** 71 (2003): 821–25. D. van Ingen and D. Novic ki, "An Effectiveness Study of Group Therapy for Anxiety Disorders," ***International Journal of Group Psy- chotherapy*** 59 (2009): 243–51.
100. R. Heimberg et al., "Cognitive Behavioural Group Therapy vs. Phenelzine Therapy for Soci al Phobia: 12-Week Outcome," ***Archives of General Psychiatry*** 55 (1998): 1133–41. S. Hoffm an, "Cognitive Mediation of Treatment Changes in Social Phobia," ***Journal of Consulting and Clinical Psychology*** 72 (2004): 393–99. P. McEvoy, D. Erceg-Hurn, K. Barber, J. Dupasquier, and D. Moscovitch, "Transportability of Imagery-Enhanced CBT for Social Anxiety Disord er," ***Behav- ior Research and Therapy*** 106 (2018): 86–94.
101. R. Siddle, F. Jones, and F. Awenat, "Group Cognitive Behaviour Therapy for Anger: A Pilot Study," ***Behavioural and Cognitive Psychotherapy*** 31 (2003): 69–83. F. Naeem, I. Clarke, and D. Kingdon, "A Randomized Controlled Trial to Assess an Anger Management Group Progra mme," ***Cognitive Behaviour Therapist*** 2 (2009): 20–31.
102. L. Johns, W. Sellwood, J. McGovern, and G. Haddock, "Battling Boredom: Group Cognitive Behaviour Therapy for Negative Symptoms of Schizo- phrenia," ***Behavioural and Cognitive Psychotherapy*** 30 (2002): 341–46. P. Chadwick, S. Sambrooke, S. Rasch, and E. Davies, "Cha llenging the Omnipotence of Voices: Group Cognitive Behaviour Therapy for Voices," ***Behaviour Research and Therapy*** 38 (2000): 993–1003. S. Klingberg, A. Wittorf, A. Fischer, K. Ja kob-Deters, G. Bu- chremer, and G. Wiedermann, "Evaluation of a Cognitive Behaviourally Oriented Service for Relapse Prevention in Schizophrenia," ***Acta Psychiatrica Scandinavica*** 121 (2010): 340–50. M. Pearson and G. Burlingame, "Cognitive Approaches to Group Thera py: Prevention of Relapse in Major Depressive and Bipolar Disorders," ***In- ternational Journal of Group Psychotherapy*** 63 (2013): 303–9. E. López-Navarro et al., "Mindfulness Improves Psychological Quality of Life in Community-Based Pa- tients with Severe Mental Health Pro blems: A Pilot Randomized Clinical Trial," ***Schizophrenia Research*** 168 (2015): 530–36. T. Lec

omte, C. Leclerc, and T. Wykes, "Group CBT for Early Psychosis—Are There Still Benefits One Year Later?," ***Inter- national Journal of Group Psychotherapy*** 62 (2012): 309–21.

103. S. Green, E. Haber, B. Frey, and R. McCabe, "Cognitive-Behavioral Group Treatment for Per inatal Anxiety: A Pilot Study," ***Archives of Women's Mental Health*** 18 (2015): 631–38.
104. G. Ben-Amitay, B. Rosental, and P. Toren, "Brief Parent-Child Group Therapy for Childho od Anxiety Disorders: A Developmental Perspective on Cognitive-Behavioral Group Treatm ent," ***International Journal of Group Psychother- apy*** 60 (2010): 389–406.
105. A. Rousaud et al., "Improvement of Psychosocial Adjustment to HIV-1 Infection Through a Cognitive-Behavioral Oriented Group Psychotherapy Pro- gram: A Pilot Study," ***AIDS Patient Care and STDs*** 21 (2007): 212–22. Blanchard et al., "Controlled Evaluation of Group Co gnitive Therapy." Cohen and Fried, "Comparing Relaxation Training and Cognitive-Behavio ral Group Therapy."
106. P. Schnurr et al., "Randomized Trial of Trauma-Focused Group Therapy for Post-Traumatic Stress Disorder: Results from a Department of Veterans Affairs Cooperative Study," ***Archives of General Psychiatry*** 60 (2003): 481–89. J. Swift and R. Greenberg, "A Treatment by Disorder Meta-Analysis of Dropout from Psychother- apy," ***Journal of Psychotherapy Integration*** 24 (2014): 193–207.
107. White, "Introduction."
108. Heimberg et al., "Cognitive Behavioral Group Therapy vs. Phenelzine." McEvoy et al., "Tran sportability of Imagery-Enhanced CBT."
109. Safran and Segal, ***Interpersonal Process in Cognitive Therapy***.
110. Crosby and Altman, "Integrative Cognitive-Behavioral Group Therapy." M. Antony and L. Roemer, ***Behavior Therapy*** (Washington, DC: American Psy- chological Association, 2011). M. Antony and R. Swinson, ***The Shyness and So- cial Anxiety Workbook: Proven, Step-by-Step Techniques for Overcoming Your Fear***, 3rd ed. (Oakland, CA: New Harbinger, 2017). McEvoy et al., "Transportability of Imagery-Enhanced CBT." V. Wuthrich and R. Rapee, "Randomiz ed Controlled Trial of Group Cognitive Behavioural Therapy for Comorbid Anxiety and Dep res- sion in Older Adults," ***Behaviour Research and Therapy*** 51 (2013): 779–86. J. Teasdale, M. William, and Z. Segal, ***The Mindful Way Workbook: An 8-Week Program to Free Yourself from Depression and Emotional Distress*** (New York: Guilford Press, 2013). M. Williams, J. Teasdale, Z. Segal, and J. Kabat-Zinn, ***The Mindful Way Through De- pression: Freeing Yourself from Chronic Unhappiness*** (New York: Guildford Press, 2007).
111. Heimberg et al., "Cognitive Behavioral Group Therapy vs. Phenelzine."
112. McEvoy et al., "Transportability of Imagery-Enhanced CBT."
113. Klerman et al., ***Interpersonal Psychotherapy of Depression***. M. Weissman, J. Markowitz, and G. Klerman, ***Comprehensive Guide to Interpersonal Therapy*** (New York: Basic Books, 2000).

114. I. Ivanova et al., "Negative Affect Mediates the Relationship Between In- terpersonal Proble ms and Binge-Eating Disorder Symptoms and Psychopathology in a Clinical Sample: A Test of the Interpersonal Model," ***European Eating Disorders Review*** 23 (2015): 133–38. Tasca et al., "Outcomes of Specific Interpersonal Prob- lems for Binge Eating Disorder."
115. D. Wilfley, K. MacKenzie, R. Welch, V. Ayers, and M. Weissman, ***Inter- personal Psychotherapy for Group*** (New York: Basic Books, 2000).
116. D. Wilfley et al., "Group Cognitive-Behavioral Therapy and Group In- terpersonal Psychoth erapy for the Nonpurging Bulimic Individual: A Controlled Comparison," ***Journal of Consulting and Clinical Psychology*** 61 (1993): 296–305. K. MacKenzie and A. Grabovac, "Interperson al Psychotherapy Group (IPT-G) for Depression," ***Journal of Psychotherapy Practice and Research*** 10 (2001): 46–51. C. Klier, M. Muzik, K. Rosenblum, and G. Lenz, "Interpersonal Psyc hotherapy Adapted for the Group Setting in the Treatment of Postpartum Depression," ***Journal of Psycho- therapy Practice and Research*** 10 (2001): 124–31. H. Verdeli et al., "Adapti ng Group Interpersonal Psychotherapy (IPT-G-U) for a Developing Country: Experience in Uganda," ***World Psychiatry*** 2 (2003): 114–20. J. Young, A. Kranzler, R. Gallop, and L. Mufs on, "Interpersonal Psychotherapy-Adolescent Skills Training: Effects on School and Social Functioning," ***School Mental Health*** 4 (2012): 254–64. R. Ray and R. Webster, "Group Interper sonal Psychotherapy for Veterans with Posttraumatic Stress Disorder: A Pilot Study," ***International Journal of Group Psychotherapy*** 60 (2010): 131–40. R. Reay, R. Mulcahy, R. Wilkins on, C. Owen, B. Shadbolt, and B. Ra- phael, "The Development and Content of an Interpers onal Psychotherapy Group for Postnatal Depression," ***International Journal of Group Psychotherapy*** 62 (2012): 221–51. C. Bouwkamp et al., "Interpersonal and Social Rhythm Group Th erapy for Patients with Bipolar Disorder," ***International Journal of Group Psychotherapy*** 63 (2013): 97–115. R. Mulcahy, R. Reay, R. Wilkinson, and C. Owen, "A Random- ized Control Trial for the Effectiveness of Group Interpersonal Psychotherapy for Postnatal Depression," ***Archives of Women's Mental Health*** 13 (2010): 125–39. J. Kao, J. Johnson, R. Todorova, and C. Zlotnick, "The Positive Effect of a Group Inter- vention to Reduce Postpartum Depression on Breastfeeding Outcomes in Low- Income Women," ***International Journal of Group Psychotherapy*** 65 (2015): 445–48.
117. Y. Levkovitz et al., "Group Interpersonal Psychotherapy for Patients with Major Depression Disorder: Pilot Study," ***Journal of Affective Disorders*** 60 (2000): 191–95.
118. Verdeli et al., "Adapting Group Interpersonal Psychotherapy." P. Bolton et al., "Group Inter personal Psychotherapy for Depression in Rural Uganda: A Randomized Controlled Trial," ***JAMA*** 289 (2003): 3117–24.
119. World Health Organization (WHO) and Columbia University, ***Group In- terpersonal Therapy (IPT) for Depression*** (Geneva: World Health Organization, 2016). This manual has also been

translated into Chinese, Russian, and Arabic with a view to international implementation of this brief and evidence-based model. P. Bolton et al., "Interventions for Depression Sympto ms Among Adolescent Survi- vors of War and Displacement in Northern Uganda: A Random ized Controlled Trial," *JAMA* 298 (2007): 519–27.

120. MacKenzie and Grabovac, "Interpersonal Psychotherapy Group."
121. Reay et al., "Development and Content of an Interpersonal Psychother- apy Group."
122. R. Kessler, K. Mickelson, and S. Zhao, "Patterns and Correlations of Self-Help Group Memb ership in the United States," ***Social Policy*** 27 (1997): 27–47. N. Pistrang, C. Barker, and K. Hu mphreys, "Mutual Help Groups for Mental Health Problems: A Review of Effectiveness Studi es," ***American Journal of Commu- nity Psychology*** 42 (2008): 110–21. K. Koch, ***Best Practices for Managing and Leading Self-Help Groups: A Manual for National MS Society Self-Help Group Leaders*** (New York: National Multiple Sclerosis Society, 2010).
123. Pistrang et al., "Mutual Help Groups for Mental Health Problems." M. Gugerty, P. Biscaye, and C. Anderson, "Delivering Development? Evidence on Self-Help Groups as Development Intermediaries in South Asia and Africa," ***De- velopment Policy Review*** 37 (2019): 129–51. See National Alliance on Mental Illness at www.nami.org.
124. Mental Health America, "Find Support Groups," www.mentalhealth america.net/find-suppo rt-groups. See also National Mental Health Consumers' Self-Help Clearinghouse, www.mhs elfhelp.org.
125. A. Parks-Savage, "Self-Help Groups," in Neukrug, ***Sage Encyclopedia of Theory in Counseling and Psychotherapy***, 914–17.
126. A. Bandura, "Guide for Constructing Self-Efficacy Scales," in ***Self-Efficacy Beliefs of Adoles-cents***, ed. F. Pajares and T. Urdan (Greenwich, CT: Information Age Publishing, 2006), 307–37. I. Stang and M. Mittelmark, "Learning as an Empow- erment Process in Breast Cancer Se lf-Help Groups," ***Journal of Clinical Nursing*** 18 (2009): 2049–57.
127. F. Riessman and E. Banks, "A Marriage of Opposites: Self-Help and the Health Care Syst em," ***American Psychologist*** 56 (2001): 173–74. K. Davison, J. Pennebaker, and S. Dickerson, "Who Talks? The Social Psychology of Support Groups," ***American Psychologist*** 55 (2000): 205–17. J. Kelly, "Self-Help for Substance- Use Disorders: History, Effectiveness, Knowledge Gaps, and Research Opportuni- ties," ***Clinical Psychology Review*** 23 (2003): 639–63. L. Adam sen, "'From Victim to Agent': The Clinical and Social Significance of Self-Help Group Partic ipation for People with Life-Threatening Diseases," ***Scandinavian Journal of Caring Sciences*** 16 (2002): 224–31. S. Barlow, G. Burlingame, R. Nebeker, and E. Anderson, "Meta- Analysis of Medical Self-Help Groups," ***International Journal of Group Psychotherapy*** 50 (2000): 53–69. K. Griffiths, A. Mackinnon, D. Crisp, H. Christensen, K. Ben- net, and L. Farrer, "The Effecti veness of an Online Support Group for Members of the Community with Depression," ***PLOS***

ONE 7 (2012): e53244, https://doi.org/10.1371/journal.pone.0053244. B. Lloyd-Evans et al., "A Systematic Review and Meta-Analysis of Randomised Controlled Trials of Peer Support for People with Severe Mental Illness," ***BMC Psychiatry*** 14 (2014): 39, https://bmcpsychiatry.biomedcentral.com/articles/10.1186/1471-244X-14-39.

128. Davison et al., "Who Talks?"
129. L. Roberts, D. Salem, J. Rappaport, P. Toro, D. Luke, and E. Seidman, "Giving and Receiving Help: Interactional Transactions in Mutual-Help Meet- ings and Psychosocial Adjustment of Members," ***American Journal of Community Psychology*** 27 (1999): 841–68. K. Prior and M. Bond, "The Roles of Self-Efficacy and Abnormal Illness Behaviour in Osteoarthritis Self-Ma nagement," ***Psychology, Health, and Medicine*** 9 (2004): 177–92. K. Humphries, E. Mankowski, R. Moos, and J. Finney, "Do Enhanced Friendship Networks and Active Coping Mediate the Effect of Self-Help Groups on Substance Abuse?," ***Annals of Behavioral Medicine*** 21 (1999): 54–60. A. Batenburg and E. Das, "Emotional Coping Differences Among Breast Cancer Patie nts from an Online Support Group: A Cross-Sectional Study," ***Journal of Medical Internet Research*** 16 (2014): e28, https://doi.org/10.2196/jmir.2831.
130. J. Giese-Davis et al., "Illustrating the Multi-Faceted Dimensions of Group Therapy and Supp ort for Cancer Patients," ***Healthcare*** 4 (2016): 48.
131. S. Nickel, A. Trojan, and C. Kofahl, "Involving Self-Help Groups in Health-Care Institutions: The Patients' Contribution to and Their View of 'Self- Help Friendliness' as an Approach to Implement Quality Criteria of Sustainable Co-Operation," ***Health Expectations*** 12 (2017): 274–87.
132. A. McDonald, J. Eccles, S. Fallahkair, and H. Critchley, "Online Psy- chotherapy: Trailblazi ng Digital Healthcare," ***British Journal Psychiatry Bulletin*** 44 (2020): 60–66. M. Gentry, M. La pid, M. Clark, and T. Rummans, "Evidence for Telehealth Group-Based Treatment: A System atic Review," ***Journal of Telemed Tele- care*** 25 (2019): 327–42.
133. D. Male, K. Fergus, and J. Stephen, "Professional Online Support Group Facilitators: Guaran tors of Maximal Group Utility," ***International Journal of Group Psychotherapy*** 67 (2017): 314–36. J. Alleman, "Online Counseling: The Internet and Mental Health Treatment," ***Psychotherapy: Theory, Research, Practice, Training*** 39 (2002): 199–209. M. White and S. Dorman, "Rece iving Social Support Online: Implications for Health Education," ***Health Education Research*** 16 (2001): 693–707. M. Lieberman, M. Golant, A. Winzelberg, and F. McTavish, "Compariso ns Be- tween Professionally Directed and Self-Directed Internet Groups for Women with Bre ast Cancer," ***International Journal of Self-Help and Self-Care*** 2 (2004): 219–35A.
134. S. Hopss, M. Pepin, and J. Boisvert, "The Effectiveness of Cognitive- Behavioral Group Ther apy for Loneliness via Inter-Relay-Chat Among People with Physical Disabilities," ***Psychotherapy: Theory, Research, Practice, Training*** 40 (2003): 136–47. J. Walther, "Computer-Medi

ated Communication: Impersonal, Interpersonal, and Hyperpersonal Interaction," ***Communication Research*** 23 (1996): 3–43. Alleman, "Online Counseling." White and Dorman, "Receiving Social Support Online."

135. E. Cooper, J. Hudson, M. Kranzberg, and L. Motherwell, "Current and Future Challenges in Group Therapy," ***International Journal of Group Psychotherapy*** 67 (2017): S219–39. H. Weinberg, ***The Paradox of Internet Groups: Alone in the Presence of Virtual Others*** (London: Karnac Books, 2014).
136. T. Houston, L. Cooper, and D. Ford, "Internet Support Groups for De- pression: A 1-Year Prospective Cohort Study," ***American Journal of Psychiatry*** 159 (2002): 2062–68.
137. Houston et al, "Internet Support Groups for Depression," 2066.
138. M. Lieberman, personal communication, 2004.
139. Lieberman et al., "Comparisons Between Professionally Directed and Self-Directed Internet Groups." Male et al., "Professional Online Support Group Facilitators."
140. E. McCaughan, K. Parahoo, I. Hueter, L. Northouse, and I. Bradbury, "Online Support Groups for Women with Breast Cancer," ***Cochrane Database of Systematic Reviews*** 3 (2017), https://doi.org//10.1002/14651858.CD011652.pub2.
141. R. Raufman and S. Shahak, "Anonymity as a Major Generator of Self- Disclosure in Online Groups," ***International Journal of Group Psychotherapy*** 67 (2017): 591–96. Weinberg, ***Paradox of Internet Groups***.

CHAPTER 16: TRAINING THE GROUP THERAPIST

1. G. Burlingame et al., "Differential Effectiveness of Group, Individual, and Conjoint Treatments: An Archival Analysis of OQ-45 Change Trajectories," ***Psy- chotherapy Research*** 26 (2016): 556–72. G. Burlingame et al., "Outcome Differences Between Individual and Group Formats When Identical and Nonidentical Treat- ments, Patients, and Doses Are Compared: A 25-Year Meta-Analytic Perspective," ***Psychotherapy*** 53 (2016): 446–61. G. Burlingame, T. Joyce, and B. Strauss, "Small- Group Treatment: Evidence for Effectiveness and Mechanisms of Change," in ***Bergin and Garfield's Handbook of Psychotherapy and Behavior Change***, 5th ed., ed. M. Lambert (New York: Wiley, 2013). W. Piper, "Underutilization of Short-Term Group Ther - apy: Enigmatic or Understandable?," ***Psychotherapy Research*** 18 (2008): 127–38.
2. American Group Psychotherapy Association (AGPA), "Group Psychology and Group Psychotherapy Recognized as a Specialty for Psychology Doctoral In- ternship, Postdoctoral and Post-Licensure Programs," press release, August 2018, www.agpa.org/docs/default- source/media- press- releases/2018- press- releases/group- psychology- and- group- psychotherapy-

recognized-as-a-specialty- for-psychology-doctoral-internship-postdoctoral-and-post-lice nsure-programs.pdf. S. Barlow, "An Application of the Competency Model to Group-Specia lty Prac- tice," ***Professional Psychology: Research and Practice*** 43 (2012): 442–51.

3. L. Denton, J. Gross, and C. Wojcik, "Group Counseling in the College Setting: An Internatio nal Survey of Center Directors," ***International Journal of Group Psychotherapy*** 67 (2017): 540–64.
4. H. Perrin-Boyle, "\'Ber\ing' It All," ***International Journal of Group Psycho- therapy*** 62 (2012): 343–49. M. Sammons, "Compulsive 'Helpfulness': Or, How I Learned to Stop Working So Hard and Love the Group," ***International Journal of Group Psychotherapy*** 62 (2012): 359–66. E. O'Connor, "The Anti-Candidate Considers Starting a Group," ***International Journal of Group Psychotherapy*** 62 (2012): 367–74. I. Yalom, "Problems of Neophyte Group Therapis ts," ***International Jour- nal of Social Psychiatry*** 7 (1996): 52–59. L. Murphy, M. Leszcz, A. Colli ngs, and J. Salvendy, "Some Observations on the Subjective Experience of Neophyte Group Therapy Trainees," ***International Journal of Group Psychotherapy*** (1996): 543–52. R. Billow, "The Therapist's Anxiety and Resistance to Group Therapy," ***International Journal of Group Psychotherapy*** 51 (2001): 225–42. R. Billow, "Transforming the Professional Self," ***International Journal of Group Psychotherapy*** 62 (2012): 381–86. S. Scheidlinger, "Response to 'The Therapist's Anxiety and Resistance to Group Psychotherapy,' " ***International Journal of Group Psychotherapy*** 52 (2002): 295–97. J. Gans, ***Difficult Topics in Group Psychotherapy: My Journey from Shame to Courage*** (Lon- don: Karnac Books, 2010). C. Hill and S. Knox, "Traini ng and Supervision in Psy- chotherapy," in Lambert, ***Bergin and Garfield's Handbook of Psychotherapy and Behavior Change***, 5th ed., 775–811. S. Goldberg et al., "Do Psychotherapists Improve with Time and Experience? A Longitudinal Analysis of Outcomes in a Clinical Setti ng," ***Journal of Counseling Psychology*** 63 (2016): 1–11.
5. Piper, "Underutilization of Short-Term Group Therapy." S. Feiner, "Course Design: An Integ ration of Didactic and Experiential Approaches to Grad- uate Training of Group Therapy," ***International Journal of Group Psychotherapy*** 48 (1998): 439–60. A. Fuhriman and G. Burling ame, "Group Psychotherapy Training and Effectiveness," ***International Journal of Group Psychotherapy*** 5 (2001): 399–416. H. Markus and A. Abernethy, "Joining with Resistance: Addres sing Reluctance to Engage in Group Therapy Training," ***International Journal of Group Psychotherapy*** 51 (2001): 191–204. H. Markus and D. King, "A Survey of Group Psychotherapy Training During Predoctoral Psychology Internship," ***Professional Psychology, Re- search, and Practice*** 34 (2003): 203–9.
6. M. Whittingham and C. Arlo, "The 2018 AGPA Agency Survey," presented at the AGPA annu al meeting in Los Angeles, 2019, www.agpa.org. Burlingame et al., "Differential Effectivene ss of Group, Individual, and Conjoint Treatments."

7. Barlow, "Application of the Competency Model." D. Kivlighan Jr. and D. Kivlighan III, "Trai ning Related Changes in the Ways That Group Trainees Structure Their Knowledge of Gro up Counseling Leader Interventions," ***Group Dynamics: Theory, Research, and Practice*** 13 (2009): 190–204. X. Li, D. Kivlighan, and P. Gold, "Errors of Commission and Omission in Novice Group Counseling Trainees' Knowledge Structures of Group Counseling Situations," ***Journal of Coun- seling Psychology*** 62 (2015): 159–72.
8. American Group Psychotherapy Association, International Board for Certi- fication of Gro up Psychotherapists, "What Is a Certified Group Psychotherapist?," www.agpa.org/cgp-cert ification. AGPA has also published a curriculum that is an excellent teaching resource. See F. Kaklauskas and L. Greene, eds., ***Core Principles of Group Psychotherapy: An Integrated The- ory, Research, and Practice Training Manual*** (New York: Routledge, 2019).
9. See, for example, Group Analytic Society, https://groupanalyticsociety.co.uk.
10. N. Taylor, G. Burlingame, K. Kristensen, A. Fuhriman, J. Johansen, and D. Dahl, "A Survey of Mental Health Care Provider's and Managed Care Orga- nization Attitudes Toward, Famil iarity with, and Use of Group Interventions," ***International Journal of Group Psychotherapy*** 51 (2001): 243–63.
11. J. de Groot et al., "An Analysis of Training Activities with Recommenda- tions," ***Academic Psychiatry*** 24 (2000): 139–46.
12. A. Weiss and S. Rutan, "The Benefits of Group Therapy Observation for Therapists-in-Train ing," ***International Journal of Group Psychotherapy*** 66 (2016): 246–60. T. Zukor, "Trainee Dev elopment in Group Psychotherapy," in ***The College Counselor's Guide to Group Psychotherapy***, ed. M. Ribeiro, J. Gross, and M. Turner (New York: Routledge, 2018), 101–14.
13. Weiss and Rutan, "Benefits of Group Therapy Observation."
14. J. Gans, J. Rutan, and E. Lape, "The Demonstration Group: A Tool for Observing Group Pro cess and Leadership Style," ***International Journal of Group Psy- chotherapy*** 52 (2002): 233–52.
15. See I. Yalom, ***Inpatient Group Psychotherapy*** (New York: Basic Books, 1983), 259–73, for a full discussion of this format.
16. I. Yalom and M. Leszcz, "Group Therapy: A Live Demonstration," 2011, available at Psychot herapy.net, www.psychotherapy.net/video/group-therapy. In "Videotape Resources for Gro up Psychotherapists: A 5-Year Retrospective," ***Inter- national Journal of Group Psychotherapy*** 52 (2002): 253–63, V. Brabender provided a detailed summary of video training resources av ailable at that time. A particularly effective approach in training that is often used in clinic al trials is an intensive workshop in which trainees watch videotaped segments of group therapy—some led well and others poorly. Trainees then discuss how they understand what they observed, what worked and why, what failed and why, and what alternative ap- proac hes could be used.

17. H. Bernard, "Introduction to Special Issue on Group Supervision of Group Psychotherapy," ***International Journal of Group Psychotherapy*** 49 (1999): 153–57. M. Leszcz, "Psychotherapy Supervision and the Development of the Psychotherapist," in ***On Becoming a Psychotherapist: The Personal and Professional Journey***, ed. R. Klein, H. Bernard, and V. Schermer (New York: Oxford University Press, 2011), 114–43. See also Klein et al., ***On Becoming a Psychotherapist***, more generally. A. Alonso, ***The Quiet Profession: Supervisors of Psychotherapy*** (Lond on: Macmillian, 1985). C. Watkins, "Con- vergence in Psychotherapy Supervision: A Comm on Factors, Common Processes, Common Practices Perspective," ***Journal of Psychotherapy Integration*** 27 (2017): 140–52.
18. F. Inskipp and B. Proctor, ***Making the Most of Supervision: Professional De-velopment for Counsellors, Psychotherapists, Supervisors and Trainees: A Workbook and 2 Audiotapes*** (Twicke nham, UK: Cascade, 1993). Leszcz, "Psychotherapy Supervision and the Development of the Psychotherapist."
19. A. Puig, E. Yoon, C. Callueng, S. An, and S. Lee, "Burnout Syndrome in Psychotherapists: A Comparative Analysis of Five Nations," ***Psychological Services*** 11 (2014): 87–96. R. Cieslak, K. Shoji, A. Douglas, E. Melville, A. Luszczynska, and C. Benight, "A Meta-Analysis of the Relati onship Between Job Burnout and Secondary Traumatic Stress Among Workers with Indirect Exposure to Trauma," ***Psychological Services*** 11 (2014): 75–86. R. Beck, "Care for the Caregiv ers," in ***The Wiley-Blackwell Handbook of Group Psychotherapy***, ed. J. Kleinberg (New York: Wiley, 2012), 571–85. G. Simionato and S. Simpson, "Personal Risk Factors As- sociated with Burnout Among Psychotherapists: A Systematic Review of the Liter- ature," ***Journal of Clinical Psychology*** 74 (2018): 1431–56. C. Maslach and S. Jackson, ***Maslach Burnout Inventory Manual***, 2nd ed. (Palo Alto, CA: Consulting Psychologists Press, 1986).
20. Watkins, "Convergence in Psychotherapy Supervision." C. Watkins, "The Generic Model of Psychotherapy Supervision: An Analogized Research-Informing Meta-Theory," ***Journal of Psychotherapy Integration*** 28 (2018): 521–35. Murphy et al., "Some Observations on the Subj ective Experience." J. Kleinberg, "The Supervi- sory Alliance and the Training of Psychodyn amic Group Psychotherapists," ***Inter- national Journal of Group Psychotherapy*** 49 (1999): 159–79. S. Shanfield, V. Hetherly, and D. Matthews, "Excellent Supervision: The Residents' Perspective," ***Journal of Psychotherapy Practice and Research*** 10 (2001): 23–7. M. Bowers Jr., "Supervision in Psychiatry and the Transmission of Values," ***Academic Psychiatry*** 23 (1999): 42–5. M. Leszcz, "Reflections on the Abuse of Power, Control, and Status in Group Therapy and Group Therapy Training," ***International Journal of Group Psychother- apy*** 54 (2004): 389–400. F. Hafferty, "Beyond Curriculum Reform: Confronting Medicine's Hidden Curriculum," ***Academic Medicine*** 73 (1998): 403–7. V. Rajput, A. Mookerjee, and C. Cagande, "The Contem porary Hidden Curriculum in Medical Education," ***MedEdPublish*** (2017), https://doi.

org/10.15694/mep.2017.000155.

21. A. Alonso, "On Being Skilled and Deskilled as a Psychotherapy Super- visor," ***Journal of Psychotherapy Practice and Research*** 9 (2000): 55–61. J. Foster, J. Lichtenberg, and V. Peyton, "The Supervisory Attachment Relationship as a Pre- dictor of the Professional Development of the Supervisee," ***Psychotherapy Research*** 17 (2007): 343–50.
22. E. Counselman and A. Abernethy, "Supervisory Reactions: An Import- ant Aspect of Supervi sion," ***International Journal of Group Psychotherapy*** 61 (2011): 197–216. Leszcz, "Psychothera py Supervision and the Development of the Psy- chotherapist." M. Leszcz and L. Murphy, "Supervision of Group Psychotherapy," in ***Clinical Perspectives on Psychotherapy Supervision,*** ed. S. Greben and R. Ruskin (Washington, DC: American Psychiatric Press, 1994), 99–120. Shanfield et al., "Excellent Supervision."
23. M. Hantoot, "Lying in Psychotherapy Supervision: Why Residents Say One Thing and Do An other," ***Academic Psychiatry*** 24 (2000): 179–87. S. Hess et al., "Predoctoral Interns' Nondisclo sure in Supervision," ***Psychotherapy Research*** 18 (2008): 400–11. E. Shapiro and J. Gans, "The Courage of the Group Therapist," ***International Journal of Group Psychotherapy*** 58 (2008): 345–61. S. Knox, A. Burkard, L. Edwards, J. Smith, and L. Schlosser, "Supervisors' Reports of the Effects of Su- pervisor Self-Disclosure on Supervisees," ***Psychotherapy Research*** 18 (2008): 543–59.
24. C. Cartwright, C. Barber, S. Cowie, and N. Thompson, "A Trans- Theoretical Training Desig ned to Promote Understanding and Management of Countertransference for Trainee Therap ists," ***Psychotherapy Research*** 28 (2018): 517–31.
25. G. Burlingame et al., "A Systematic Program to Enhance Clinician Group Skills in an Inpatie nt Psychiatric Hospital," ***International Journal of Group Psychother- apy*** 52 (2002): 555–87. M. Zaslav, "A Model of Group Therapist Development," ***International Journal of Group Psychotherapy*** 38 (1998): 511–19.
26. Murphy et al., "Some Observations on the Subjective Experience."
27. G. Ebersole, P. Leiderman, and I. Yalom, "Training the Nonprofessional Group Therapist," ***Journal of Nervous and Mental Disorders*** 149 (1969): 294–302.
28. J. Frank, R. Mungroo, Y. Ahmad, M. Wang, S. De Rossi, and T. Horsley, "Toward a Definiti on of Competency-Based Education in Medicine: A Systematic Review of Published Definiti ons," ***Medical Teacher*** 32 (2010): 631–37.
29. L. Tauber, "Choice Point Analysis: Formulation, Strategy, Intervention, and Result in Group Process Therapy and Supervision," ***International Journal of Group Psychotherapy*** 28 (1978): 163–83. M. Beecher, "A Clinician's Take on Evidence- Based Group Psychotherapy: A Com mentary," ***Journal of Clinical Psychology*** 64 (2008): 1279–83. M. Lambert, J. Whipple, and M. Kleinstäuber, "Collecting and Delivering Progress Feedback: A Meta-Analysis of Routine Ou

tcome Monitor- ing," ***Psychotherapy*** 55 (2018): 520–37. G. Burlingame, K. Whitcomb, S. Wo odland, J. Olsen, M. Beecher, and R. Gleave, "The Effects of Relationship and Progress Feed back in Group Psychotherapy Using the Group Questionnaire and Outcome Questionnai re-45: A Randomized Clinical Trial," ***Psychotherapy*** 55 (2018): 116–31.

30. Hess et al., "Predoctoral Interns' Nondisclosure." Hantoot, "Lying in Psy- chotherapy Superv ision."
31. Leszcz, "Psychotherapy Supervision and the Development of the Psycho- therapist." L. Shul man, "The Clinical Supervisor-Practitioner Working Alliance: A Parallel Process," ***Clinical Supervisor*** 24 (2006): 23–47. S. Wheeler and K. Rich- ards, "The Impact of Clinical Supervisi on on Counsellors and Therapists, Their Practice and Their Clients: A Systematic Review of the Literature," ***Counselling and Psychotherapy Research*** 7 (2007): 54–65.
32. E. Moss, "The Holding/Containment Function in Supervision Groups for Group Therapists," ***International Journal of Group Psychotherapy*** 58 (2008): 185–201. M.-L. Ögren, C. Jonnson, and E. Sundin, "Group Supervision in Psychother- apy: The Relationship Between Focus, Gr oup Climate and Perceived Attained Skill," ***Journal of Clinical Psychology*** 61 (2005): 373–89. M.-L. Ögren and E. Sun- din, "Group Supervision in Psychotherapy: Main Findings from a Swedish Re- search Project on Psychotherapy Supervision in a Group Format," ***British Journal of Guidance and Counseling*** 37 (2009): 129–39. P. Cohen, "Supervision: Dragons and Hero es," ***International Journal of Group Psychotherapy*** 62 (2012): 639–52.
33. A. Alonso, "Training for Group Psychotherapy," in ***Group Therapy and Clin- ical Practice***, ed. A. Alonso and H. Swiller (Washington, DC: American Psychiatric Press, 1993), 521–32. Leszcz and Murphy, "Supervision of Group Psychotherapy."
34. D. Altfeld, "An Experiential Group Model for Psychotherapy Supervi- sion," ***International Journal of Group Psychotherapy*** 49 (1999): 237–54. E. Counselman and R. Weber, "Organizi ng and Maintaining Peer Supervision Groups," ***Interna- tional Journal of Group Psychotherapy*** 54 (2004): 125–43.
35. D. Janoff and J. Schoenholtz-Read, "Group Supervision Meets Technol- ogy: A Model for Co mputer-Mediated Group Training at a Distance," ***International Journal of Group Psychotherapy*** 49 (1999): 255–72. M. Pennington, R. Patton, and H. Katafiasz, "Cybersupervision in Psyc hotherapy," in ***Theory and Practice of Online Therapy: Internet-Delivered Interventions for Individuals, Groups, Families, and Organi- zations***, ed. H. Weinberg and A. Rolnick (New York: Routledge, 2019), 77–93.
36. M. Leszcz and S. Law, "Training Group Therapists in China," Mount Si- nai Hospital Grand Rounds, May 14, 2014. Ruthellen Josselson and Molyn Leszcz have directed the group thera py training program of the Yalom Institute since 2008. See www.yalominstitute.com.
37. J. Hayes, J. Owen, and H. Nissen-Lie, "The Contribution of Client Cul- ture to Differential

Therapist Effectiveness," in ***How and Why Are Some Thera- pists Better Than Others? Understanding Therapist Effects***, ed. L. Castonguay and C. Hill (Washington, DC: American Psychol ogical Association, 2017), 158–74. D. Davis et al., "The Multicultural Orientation Framewo rk: A Narrative Review," ***Psychotherapy*** 55 (2018): 89–100. J. Hook, C. Watkins, D. Davis, J. Owen, D. Van Tongeren, and M. Ramos, "Cultural Humility in Psychotherapy Supervision," ***American Journal of Psychotherapy*** 70 (2016): 149–66. C. Watkins, J. Hook, J. Owen, and C. DeBlaere, "Multicultural Orientation in Psychotherapy Supervision: Cul- tural Humility, Cul tural Comfort, and Cultural Opportunities," ***American Journal of Psychotherapy*** 72 (2019): 38–46. American Psychological Association, ***Multicul- tural Guidelines: An Ecological Approach to Context, Identity, and Intersectionality***, 2017, www.apa.org/about/policy/multicultu ral-guidelines. American Psychological As- sociation, "Guidelines for Psychological Practi ce with Transgender and Gender Nonconforming People," ***American Psychologist*** 70, no. 9 (2015): 832–64, https:// doi.org/10.1037/a0039906.

38. D. Kivlighan and N. Chapman, "Extending the Multicultural Orientation (MCO) Framework to Group Psychotherapy: A Clinical Illustration," ***Psychotherapy*** 55 (2018): 39–44. J. Owen, K. Tao, J. Drinane, J. Hook, D. Davis, and N. Kune, "Client Perceptions of Therapists' Multicult ural Orientation: Cultural (Missed) Opportunities and Cultural Humility," ***Professional Psychology: Research and Practice*** 47 (2016): 30–37. D. Sue, "Race Talk: The Psychology of Raci al Dialogues," ***Amer- ican Psychologist*** 68 (2013): 663–72. J. Steffen, "Diversity Column: A Par adigm Shift from Safe Space to Brave Space Dialogues in Multicultural Group Therapy," ***Group Psychologist*** 25 (2015): 6. F. Kaklauskas and R. Nettles, "Towards Multicultural and Di versity Proficiency as a Group Psychotherapist," in Kaklauskas and Greene, ***Core Principles of Group Psychotherapy***, 25–47. F. Bemak and R. Chung, "Race Dialogues in Group Psychoth erapy: Key Issues in Training and Practice," ***International Journal of Group Psychotherapy*** 69 (2019): 172–91. C. Haen and N. Thomas, "Holding His- tory: Undoing Racial Unconsciousne ss in Groups," ***International Journal of Psycho- therapy*** 68 (2018): 498–520.
39. I. Khawaja, K. Pollock, and J. Westermeyer, "The Diminishing Role of Psychiatry in Group Psychotherapy," ***Innovations in Clinical Neurosciences*** 8 (2011): 20–23.
40. E. Counselman, "Why Study Group Therapy?," ***International Journal of Group Psychotherapy*** 58 (2008): 265–72. H. Swiller, "Process Groups," ***International Journal of Group Psychotherapy*** 61 (2011): 262–73.
41. C. Classen et al., "Effectiveness of a Training Program for Enhancing Therapists' Understan ding of the Supportive-Expressive Treatment Model for Breast Cancer Groups," ***Journal of Psychotherapy Practice and Research*** 6 (1997): 211–18. H. Verdeli et al., "Adapting Group Int erpersonal Psychotherapy for a Devel- oping Country: Experience in Rural Uganda," ***World Psychiatry*** 2 (2002): 114–20. Feiner, "Course Design." P. Goodwin et al., "The Effect of Gro

up Psychosocial Support on Survival in Metastatic Breast Cancer," ***New England Journal of Medicine*** 345 (2001): 1719–26.

42. N. Sunderji, J. Malat, and M. Leszcz, "Group Day: Experiential Learning About Group Psych otherapy for Psychiatry Residents at University of Toronto," ***Academic Psychiatry*** 37 (2013): 352–54.
43. M. Aveline, "Principles of Leadership in Brief Training Groups for Mental Health Profession als," ***International Journal of Group Psychotherapy*** 43 (1993): 107–29.
44. E. Coche, F. Dies, and K. Goettelmann, "Process Variables Mediating Change in Intensive Gr oup Therapy Training," ***International Journal of Group Psy- chotherapy*** 41 (1991): 379–98. V. Tschuschke and L. Greene, "Group Therapists' Training: What Predicts Learning?," ***International Journal of Group Psychotherapy*** 52 (2002): 463–82.
45. Aveline, "Principles of Leadership in Brief Training Groups."
46. D. Bike, J. Norcross, and D. Schatz, "Processes and Outcomes of Psy- chotherapists' Person al Therapy: Replication and Extension 20 Years Later," ***Psychotherapy Theory, Research, Practice, Training*** 46 (2009): 19–31.
47. J. Guy et al., "Personal Therapy for Psychotherapists Before and After En- tering Profession al Practice," ***Professional Psychology: Research and Practice*** 19 (1988): 474–76.
48. J. Norcross, "Personal Therapy for Therapists: One Solution," Sympo- sium: The Hazards of the Psychotherapeutic Practice for the Clinician, ***Psychother- apy in Private Practice*** 8 (1990): 45–59.
49. Bike et al., "Processes and Outcomes."
50. G. Hadjipavlou, P. Halli, C. Hernandez, and J. Ogrodniczuk, "Personal Therapy in Psychiat ry Residency Training: A National Survey of Canadian Psy- chiatry Residents," ***Academic Psychiatry*** 40 (2016): 30–37. J. Kovach, W. Dubin, and C. Combs, "Use and Characterization of Personal Psychotherapy by Psychiatry Residents," ***Academic Psychiatry*** 39 (2015): 99–103. S. Habi, D. Mintz, and A. Bailey, "The Role of Personal Therapy in Psychiatric Residency Tr aining: A Survey of Psychiatry Training Directors," ***Academic Psychiatry*** 34 (2010): 21–26.
51. Bike et al., "Processes and Outcomes."
52. N. Elman and L. Forrest, "Psychotherapy in the Remediation of Psy- chology Trainees: Expl oratory Interviews with Training Directors," ***Professional Psychology: Research and Practice*** 35 (2004): 123–30. L. Beutler et al., "Therapist Variables," in Lambert, ***Bergin and Garfield's Handbook of Psychotherapy and Behavior Change***, 5th ed., 647–96. The research in this area is problematic. There is sub- stantial evidence that therapist psychological well-being is ass ociated with better clinical outcomes but personal psychotherapy is not. Perhaps the best explanation for these findings is that engaging in personal psychotherapy by itself is not sy non- ymous with psychological well-being. Many practitioners may have long struggled per

sonally and not yet achieved what they need from their personal psychotherapy. Even so, personal psychotherapy makes therapists more resilient in the face of the demands of the clinical work.

53. A. Linley and S. Joseph, "Therapy Work and Therapists' Positive and Neg- ative Well-Bei ng," *Journal of Social and Clinical Psychology* 26 (2007): 385–403.

54. The Canadian Group Psychotherapy Association, as of 1986, required ninety hours of perso nal experience in either a bona fide therapy group or a pro- longed experiential workshop with other professionals. Kent Mahoney, personal communication, 1994. J. Salvendy, "Gro up Therapy Trainees as Bona Fide Mem- bers in Patient Groups," in *Group and Family Therapy*, ed. L. Wolberg and M. Aron- son (New York: Brunner/Mazel, 1983). M. Pines, "Group Psychotherapy: Frame of Reference for Training," in *Psychotherapy: Research and Training*, ed. W. DeMoor, W. Wijingaarden, and H. Wijngaarden (Amsterdam: Elsevier/North Holland Biomedical Press, 1980), 233–44. J. Salvendy, "Group Psychotherapy Training: A Quest for St andards," *Canadian Journal of Psychiatry* 25 (1980): 394–402. R. Batte- gay, "The Value of An alytic Self-Experiencing Groups in the Training of Psycho- therapists," *International Journal of Group Psychotherapy* 33 (1983): 199–213.

55. Coche et al., "Process Variables Mediating Change."

56. Counselman and Weber, "Organizing and Maintaining Peer Supervi- sion Groups." I. Yal om, *Becoming Myself: A Psychiatrist's Memoir* (New York: Basic Books, 2017). J. Moss, J. Tesh ima, and M. Leszcz, "Peer Group Mentoring of Ju- nior Faculty," *Academic Psychiatry* 32 (2008): 230–35.

57. B. Wampold, S. Baldwin, M. Holtforth, and Z. Imel, "What Characterizes Effective Therapis ts," in Castonguay and Hill, *How and Why Are Some Therapists Better Than Others?*, 37–53.

지은이

어빈 D. 얄롬

스탠퍼드 의과대학교 정신의학과 명예교수이며, 전미 집단치료협회 종신회원이자, 공인 집단치료자다. 1974년 Edward Strecker, 1979년 미국정신의학회가 수여하는 정신의학 연구 재단상(Foundations' Fund Prize in Psychiatry), 2017년 전미 집단치료협회 평생공로상, 2018년 미국 심리학회 평생공로상을 수상한 바 있다. 『니체가 눈물을 흘릴 때(When Nietzsche Wept)』(1993년 Commonwealth Club 소설 부문 금메달), 『나는 사랑의 처형자가 되기 싫다(Love's Executioner)』, 『나 자신이 되기(Becoming Myself)』, 『쇼펜하우어, 집단정신치료(The Schopenhauer Cure)』, 『엄마와 삶의 의미(Momma and the Meaning of Life)』의 저자이며, 저명한 교과서인 『실존적 정신치료(Existential Psychotherapy)』와 『입원환자 집단정신치료(Inpatient Group Psychotherapy)』를 저술했다. 이 밖에도 『카우치에 누워서(Lying on the Couch)』, 『치료의 선물(The Gift of Therapy)』, 『태양을 쳐다보며(Staring at the Sun)』, 『낮의 피조물(Creatures of a Day)』, 『매일 조금씩 가까워져요(Every Day Gets a Little Closer: A Twice-Told Therapy)』, 『집단 만남(Encounter Groups: First Facts)』, 『집단정신치료 안내서(Concise Guide to Group Psychotherapy)』, 『죽음과 삶의 문제(A Matter of Death and Life)』를 저술했다.

몰린 레쉬

토론토 대학교 정신의학과 교수로, 전미 집단치료협회 종신회원 및 회장이자, 캐나다 왕립 의학대학 펠로우이며, 공인 집단치료자다. 그는 2009년 Anne Alonso 심리역학 집단치료상을 비롯해 다수의 토론토 대학교 교육상을 수상했다. 『심리치료 필수 가이드: 심리치료의 효과성 달성(Psychotherapy Essentials to Go: Achieving Psychotherapy Effectiveness)』의 공동저자이며, 『심리치료 필수 가이드: 노년기의 변화 가능성(Treating the Elderly with Psychotherapy: The Scope for Change in Later Life)』을 공동 편집했다.

옮긴이

최해림

상담심리 전문가로, 서강대학교 심리학과 교수 및 한국상담심리학회 회장을 역임하였다. 서강대학교 학생생활상담연구소 소장으로 재직하며 시작한 인턴상담원 프로그램은 현재까지도 유능한 상담자를 양성하는 데 기여하고 있다. 현재는 해인심리상담연구소 소장으로서 많은 이들의 건강한 삶과 자기실현을 돕기 위한 상담과 수퍼비전을 계속하고 있다.

장성숙

가톨릭대학교 심리학과 명예교수로서 현재 극동상담심리연구원에서 상담자로 활동하고 있다. 한국인의 정서에 적합한 상담 접근법으로 '현실역동상담'을 일찍이 제안하였으며, 특히 '현실역동 집단상담'을 열정적으로 개최하며 많은 사람의 정신건강 증진에 주력하고 있다. 주요 저서로는 『한국인의 심리상담 이야기』를 비롯한 다수의 저작이 있다.

최신 집단정신치료 이론과 실제 제6판

초판 1쇄 발행 2025년 1월 31일
초판 2쇄 발행 2026년 2월 20일

지은이 | IRVIN D. YALOM, MOLYN LESZCZ
옮긴이 | 최해림, 장성숙
펴낸이 | 소정영

펴낸곳 | 도서출판 하나의학사
출판신고 | 1988년 4월 1일 제2022-000082호

주소 | 서울특별시 송파구 동남로 159, 302호(한흥빌딩)
전화 | 02-730-2555, 2556 **팩스** | 02-730-2557
이메일 | hanampc1@naver.com
홈페이지 | www.hanampc.co.kr

ISBN 979-11-91658-54-5 93180

The THEORY and PRACTICE of GROUP PSYCHOTHERAPY

6TH EDITION